통합 곱트어 사전

COPTIC-KOREAN INTEGRATED DICTIONARY

권 영 흠

스틸로그라프

머릿말

본 사전은, 곱트어의 여러 방언 중에서도 표준 방언으로 간주되는 사이딕 방언을 위한 사전으로서, 지난 2006년도에 출간된 리코폴리텐 방언용 '마니교 곱트어 사전'에 이은 후속편이다. 현존하는 곱트어 문서의 대부분이 사이딕 방언으로 기록되어 있고, 적지않은 양의 영지주의와 마니교 문서들이 리코폴리텐 방언으로 기록된 것을 감안할 때, 본 사전의 출간으로 말미암아 곱트어와 그 문서의 세계에 관심있는 국내의 모든 연구인들은 보다 완벽한 도구를 갖게 된 셈이다.

곱트어 사전의 바이블로 꼽히는 영국의 '크룸' 사전에는 가장 마지막으로 출토된 마니교나 영지주의 문서에서 나타나는 단어들이 대거 누락되어 있다. 따라서, 영지주의와 마니교에 대한 관심이 그 어느때보다도 더욱 고조되는 오늘의 현실에 맞추어, 본 사전을 구성하는 단어들은 사이딕 방언을 주로 하되 리코폴리텐 방언들을 추가로 수록하였기에, 사이딕 방언 전용 사전이 아닌 '통합 곱트어 사전'이라 명명한 이유도 거기에 있다.

본 사전은, 본인이 프랑스에서 곱트어를 접해나간 지난 20년 세월의 결실물로서, 개인적으로 분류하고 조금씩 추가해 온 단어들을 한 자리에 모은 것이다. 샹폴리옹의 나라답지 않게 프랑스어로 된 곱트어 사전이 아직 존재하지 않는 현실이 사전을 직접 만들게 한 동인이 되었었고, 아무리 훌륭한 외국어 사전이 존재할지라도 대외 의존도를 낮추고 주체적인 학문을 위해서는 자국 언어로 된 사전을 갖는 것이 바람직하기에 오늘 이 사전의 탄생이 있었다. 또한 본 사전의 후반부에는 한글로 곱트어를 찾는 단어집이 추가되었기에, 곱트어를 처음 접하는 한국인들에게는 더없이 유익한 학문의 동반자가 되리라 생각한다.

본 사전에 수록된 단어들의 뜻은, 영어와 프랑스어로 처음 자세히 기재된 것을 한두마디의 한글로 옮기는 과정에서 지나치리단치 간소화된 것이 결점이라면 결점이다. 그러기에, 단어의 뜻을 참조함에 있어 주어진 일차적 우리말 의미는 참고만 하되 보다 정확한 해석은 개개 문장을 대하는 연구자들의 몫이다.

프랑스에서 본인이 곱트어를 습득하는데 큰 도움을 주신 분들을 항상 잊지 못하는 데, 벨기에의 Christian Cannuyer 교수와, 빠리 소르본느의 Anne Boud'hors 교수, 그리고 남불 몽뻴리에의 Nathalie Bosson 교수를 기억하고, 이집트 상형문을 처음으로 가르쳐 주시던 꺄트린느 드뇌브를 닮은 Ann Gasse 교수와, 어려운 문법을 인내로서 숙지시켜주시던 벨기에의 Claude Obsomer 교수, 그리고 한자의 초서에 해당하는 사제문자 해독에 도움 주시던 소르본느의 Yvan Koenig 교수를 또한 기억한다. 이들은 모두 빠리 카톨릭 대학에서 곱트어와 이집트어를 공부하면서 만난 분들로서, 지금 이 순간 불어권 이집트학을 대표하는 중견 학자들이다.

끝으로, 본 사전은 앞서 출판된 세 권의 책이 그러하듯이, 본인이 참여하고 있는 인터넷 다음 카페 '오벨리스크' 회원들의 적극적인 협조로 출판되었고, 사전 출판에 요하는 경비를 전액 지원해주신 빠리에서 사업을 하시는 홍성부님과 수많은 오자를 일일이 지적하며 교정해 주신 서울의 백현자님께 감사드리고, 편집과 출판 디자인을 전담해주신 박영송 김윤정님 부부에게도 감사의 뜻을 전한다.

2008년 3월 28일
프랑스 Savigny sur Orge 에서

차례

서문

'곱트'라는 말의 의미

'곱트'라는 말은 고대 이집트를 정복했던 그리스인들의 '하이귑티오이' 또는 로마인들이 부르던 '에굽티오이'라는 칭호에서 비롯되며, 한마디로 '이집트인들'이라는 의미이다. 그러나 아랍의 정복 이후에는 이집트에 남아있는 소수의 기독교인들을 지칭하게 되는 전통이 오늘날까지 이어지고 있어, 처음에는 종족을 일걷던 단어가 지금에는 종교적 개념으로 바뀌어 우리 시대에서 '곱트'라는 말은 곧바로 곱트 기독교와 그 전통을 일컫는 말이 되고있는 중이다.

곱트어

현대 사회에서 곱트 문명에 대한 사람들의 관심을 크게 불러일으킨 것은 곱트어 덕분이었다.
곱트어에 대한 이해의 발전은 세 단계로 나누어 볼 수 있는데, 제일 첫 단계는, 16세기 르네상스 이래 빈번해지기 시작한 중동 방면의 여행자들로 인해 각지에 산재한 곱트 기독교 수도원에 소장되어 있던 초기 기독교 문서나 오래된 성서 필사본들이 점차로 소개되면서 부터이고, 두번째로는, 우리가 잘 아는 샹폴리옹에 의한 이집트 상형문자의 해독으로 촉발된 이집트학과 19세기말까지의 여러 연구의 결과이며, 마지막으로는, 20세기 중반에 이집트 나일강변 나그함마디에서 출토된 대량의 영지주의 문서들 때문이다.

곱트어는 고대 이집트어 발전의 마지막 단계이자, 기독교 이집트어이다.
이집트어의 발전은, 고대 상형문자를 지칭하는 히에로글리프에서부터 시작하여 그 다음이 사제문자라 할 수 있는 히에라티크, 그리고 민용문자라 부르는 데모티크를 거쳐 마지막으로 곱트어가 이어지는 데, 이 마지막 곱트어의 단계가 이집트 문명과 기독교 문명이 서로 만나는 지점이었기에 곱트어는 기독교 이집트어가 된 셈이다.

곱트어의 표기

곱트어로 인해 고대 이집트어는 현대어로 진입하여 오늘 우리들과도 만나게 된다.
곱트어는 당시의 국제 언어인 그리스어 철자 24개를 차용하고 그래도 부족한 발음표기를 위해 기존의 민용문자 중 7개 철자를 덧붙여 표기되는 언어이다. 하지만 표기만 그렇게함으로 현대화시켰을 뿐 어원에 있어서는

철저히 고대 이집트 상형문의 세계에 연원하고 있기에 곱트어를 깊이 연구하고자 하는 이들에게는 고대 이집트 상형문에 대한 이해가 필수적인 것이 당연한 일이다.

아래의 표는 우리들에게 익숙한 그리스어 철자표에는 없는 7개의 특수 곱트어 철자를 보여준다.

철자	이름	음가
ϣ	샤이	ch
ϥ	파이	f
ϧ	카이	kh (보하이리크 방언에서만 사용)
ϩ	호리	h
ϫ	쟝자	dj
ϭ	키마	tch, kui
ϯ	티이	ti

곱트어 방언

곱트어에는 지리적 여건에 따라 발음과 표기에 근소한 차이를 보이는 몇가지 방언들이 존재하고, 학자에 따라 더욱 세분화되기는 하지만 곱트어를 처음 접하는 이들이 반드시 알아두어야만할 주요한 방언 몇가지만 든다면 아래와 같고, 괄호 안의 알파벳 철자는 당해 방언을 표기하는 약식 기호이다.

사이딕 방언 (S)
곱트어에서 가장 중시되는 방언으로서 현존하는 곱트어 문서의 거의 다가 이 방언으로 기록되어 있기에 그러하다. 사이딕이란 말은 남쪽이란 뜻으로서 나일강 상류의 상부 이집트를 의미하고, 나일강 연안의 이집트 전역에 걸쳐 이 방언으로 기록된 문서들이 발견되고 있기에 서구에서 곱트어를 처음 접하는 이들에게 우선적으로 가르치는 방언이기도 하다.

보하이리크 방언 (B)
사이딕 방언 다음으로 중시되는 방언으로서, 이집트 기독교인 곱트 교회에서 시편 낭독과 같은 예배용 언어로 사용됨으로서 지금까지도 그 명맥을 유지하고 있는 특이한 방언이다.

아크미미크 방언 (A)

테베를 중심으로 아크밈과 아수완에 걸쳐 사용된 방언으로서, 사이딕 방언에 의해 밀려나기까지 존속했었기에 전반적으로 이 방언으로 기록된 문서들은 사이딕 방언으로 된 문서들보다 더욱 오래된 것들이 많다.

리코폴리텐 방언 (L)

이집트 중남부 아시웃을 중심한 방언으로서 1933년에 메디네 마디에서 발견된 마니교 문서들로 인해 중요성이 부각된 방언이다. 오랫동안 아크미미크 방언의 하부 방언으로 간주되어 왔었고 특히 곱트어 사전의 바이블로 통하는 영국의 크룸 사전에서조차 A^2라는 기호로 분류되어 있으나 오늘날에는 크게 수정되고 있는 중이다. 리코폴리텐 방언은 발견된 문서의 귀중함으로 인해 또다시 몇개의 그룹으로 세분되고 있는데, 마니교 문서는 L4로 분류하고 요한복음서는 L5, 그리고 나그함마디에서 출토된 영지주의 문서들은 L6로 분류하고 있다. 앞서 발간된 마니교 곱트어 사전은 리코폴리텐 방언에서도 마니교 문서를 중심으로 작성된 L4곱트어 사전인 셈이며, 이제 본 서의 출간으로 서구인들이 전통적으로 중시하는 사이딕 방언으로서의 S곱트어 사전이 탄생하게 된 셈이다.

메소케미크 방언 (M)

중부 이집트 방언으로서 옥시린크를 중심해서 사용되었기에 옥시린크 방언으로도 불리어 약식 기호 O로 표기하기도 한다.

파유미크 방언 (F)

나일강 하류이자 이집트 북부 오아시스 지역인 파윰을 중심한 방언으로서, 특히 곱트어 철자 ⲣ를 ⲗ로 대치하는 람다시즘 현상이 두드러지는 방언이다. 후일 보하이리크 방언과 사이딕 방언에 의해 대치된다.

곱트어 방언 표기법 비교

S	B	A	L	M	F	
ⲙ̄ⲙⲟϥ	ⲙ̄ⲙⲟϥ	ⲙ̄ⲙⲁϥ	ⲙ̄ⲙⲁϥ	ⲙ̄ⲙⲁϥ	ⲙ̄ⲙⲁϥ	
ⲛⲁⲓ	ⲛⲏⲓ	ⲛⲉï	ⲛⲏï	ⲛⲉï	ⲛⲏⲓ	
ⲛⲓⲙ	ϩⲗⲓ	ⲛⲓⲙ	ⲛⲓⲙ	ⲛⲓⲙ	ⲛⲓⲃⲓ	모든
ⲛϭⲓ	ⲛϫⲉ	ⲛϭⲉ	ⲛϫⲓ	ⲛϭⲏ	ⲛϫⲉ	즉
ⲁⲩⲱ	ⲟⲩⲟϩ	ⲁⲟⲩ	ⲁⲩⲱ	ⲁⲩⲱ	ⲁⲩⲱ	또한
ⲁⲁ⸗	ⲁⲓ⸗	ⲉⲉ⸗	ⲉⲉ(ⲓ)⸗	ⲉ⸗	ⲉⲓ⸗	행하다
ⲧⲁⲁ⸗	ⲧⲏⲓ⸗	ⲧⲉⲉ⸗	ⲧⲉⲉ(ⲓ)⸗	ⲧⲉ⸗	ⲧⲉⲓ⸗	주다
ⲥⲟⲛ	ⲥⲟⲛ	ⲥⲁⲛ	ⲥⲁⲛ	ⲥⲁⲛ	ⲥⲁⲛ	아들
ⲥⲁϩ	ⲥⲁϩ	ⲥⲁϩ	ⲥⲁϩ	ⲥⲉϩ	ⲥⲉϩ	쓰다

ⲣⲁⲛ	ⲣⲁⲛ	ⲣⲉⲛ	ⲣⲉⲛ	ⲣⲉⲛ	ⲗⲉⲛ	이름
ⲣⲱⲙⲉ	ⲣⲱⲙⲓ	ⲣⲱⲙⲉ	ⲣⲱⲙⲉ	ⲣⲟⲙⲉ	ⲗⲱⲙⲓ	사람
ⲥⲱⲧⲙ	ⲥⲱⲧⲉⲙ	ⲥⲱⲧⲙⲉ	ⲥⲱⲧⲙⲉ	ⲥⲟⲧⲙ	ⲥⲱⲧⲉⲙ	듣다
ⲧⲟⲟⲧ⸗	ⲧⲟⲧ⸗	ⲧⲟⲟⲧ⸗	ⲧⲟⲟⲧ⸗	ⲧⲁⲧ⸗	ⲧⲁⲧ⸗	손
ⲱⲛϩ	ⲱⲛϧ	ⲱⲛϩ	ⲱⲛϩ	ⲟⲛϩ	ⲱⲛϩ	살다
ϣⲱⲡⲉ	ϣⲱⲡⲓ	ϩⲱⲡⲉ	ϣⲱⲡⲉ	ϣⲟⲡⲉ	ϣⲱⲡⲓ	..이 되다
ϭⲱⲛⲧ	ϫⲱⲛⲧ	ϭⲱⲛⲧ	ϭⲱⲛⲧ	ϭⲟⲛⲧ	ϭⲱⲛⲧ	성내다
ϫⲓ	ϭⲓ	ϫⲓ	ϫⲓ	ϫⲓ	ϫⲓ	받아들이다
ⲕⲱ	ⲭⲱ	ⲕⲟⲩ	ⲕⲱ	ⲕⲱ	ⲕⲱ	놓다
ⲉⲧⲃⲉ	ⲉⲑⲃⲉ	ⲉⲧⲃⲉ	ⲉⲧⲃⲉ	ⲉⲧⲃⲉ	ⲉⲧⲃⲉ	...때문에
ⲣⲓⲙⲉ	ⲣⲓⲙⲓ	ⲣⲓⲙⲉ	ⲣⲓⲙⲉ	ⲣⲓⲙⲉ	ⲗⲓⲙⲓ	울다

문법표 일람

보다 상세한 문법 설명은 곱트어 문법서를 참조하기 바란다.

TABLEAU I : LES ARTICLES

1. ARTICLES DEFINIS ET INDEFINIS

		défini	indéfini	zéro
sg.	m.	ⲡ-, ⲡⲉ-	ⲟⲩ-	
	f.	ⲧ-, ⲧⲉ-	ⲟⲩ-	
pl.		ⲛ̄-, ⲛⲉ-	ϩⲛ̄-	

2. ARTICLES DEMONSTRATIFS

		ce... (ci)	ce...(là)
sg.	m.	ⲡⲉⲓ-	ⲡⲓ-
	f.	ⲧⲉⲓ-	ϯ-
pl.		ⲛⲉⲓ-	ⲛⲓ-

3. ARTICLES POSSESSIFS

possesseur			possédé		
			m.	f.	pl.
sg.	1		ⲡⲁ-	ⲧⲁ-	ⲛⲁ-
	2	m.	ⲡⲉⲕ-	ⲧⲉⲕ-	ⲛⲉⲕ-
		f.	ⲡⲟⲩ-	ⲧⲟⲩ-	ⲛⲟⲩ-
	3	m.	ⲡⲉϥ-	ⲧⲉϥ-	ⲛⲉϥ-
		f.	ⲡⲉⲥ-	ⲧⲉⲥ-	ⲛⲉⲥ-
pl.	1		ⲡⲉⲛ-	ⲧⲉⲛ-	ⲛⲉⲛ-
	2		ⲡⲉⲧⲛ̄-	ⲧⲉⲧⲛ̄-	ⲛⲉⲧⲛ̄-
	3		ⲡⲉⲩ-	ⲧⲉⲩ-	ⲛⲉⲩ-

TABLEAU II : LES PRONOMS

1. PRONOMS DEMONSTRATIFS

		celui (-ci)	celui (-là)
sg.	m.	ⲡⲁⲓ	ⲡⲏ
	f.	ⲧⲁⲓ	ⲧⲏ

pl.	ⲛⲁⲓ	ⲛⲏ

2. PRONOMS POSSESSIFS

possesseur			possédé		
			m.	f.	pl.
sg.	1		ⲡⲱⲓ	ⲧⲱⲓ	ⲛⲟⲩⲓ
	2	m.	ⲡⲱⲕ	ⲧⲱⲕ	ⲛⲟⲩⲕ
		f.	ⲡⲱ	ⲧⲱ	ⲛⲟⲩ
	3	m.	ⲡⲱϥ	ⲧⲱϥ	ⲛⲟⲩϥ
		f.	ⲡⲱⲥ	ⲧⲱⲥ	ⲛⲟⲩⲥ
pl.	1		ⲡⲱⲛ	ⲧⲱⲛ	ⲛⲟⲩⲛ
	2		ⲡⲱⲧⲛ̅	ⲧⲱⲧⲛ̅	ⲛⲟⲩⲧⲛ̅
	3		ⲡⲱⲟⲩ	ⲧⲱⲟⲩ	ⲛⲟⲩⲟⲩ

possesseur de	ⲡⲁ-	ⲧⲁ-	ⲛⲁ-

3. PRONOMS PERSONNELS

			état plein ou tonique	état réduit ou atone	
sg.	1		ⲁⲛⲟⲕ	ⲁⲛⲅ̅-	
	2	m.	ⲛ̅ⲧⲟⲕ	ⲛ̅ⲧⲕ̅-	
		f.	ⲛ̅ⲧⲟ	ⲛ̅ⲧⲉ-	
	3	m.	ⲛ̅ⲧⲟϥ	ⲛ̅ⲧϥ̅-	
		f.	ⲛ̅ⲧⲟⲥ		
pl.	1		ⲁⲛⲟⲛ	ⲁⲛ(ⲛ)-	
	2		ⲛ̅ⲧⲱⲧⲛ̅	ⲛ̅ⲧⲉⲧⲛ̅-	-ⲧⲏⲩⲧⲛ̅
	3		ⲛ̅ⲧⲟⲟⲩ		

4. PRONOMS SUFFIXES

sg.	1		-ⲓ	après voyelle simple
			-ⲧ	après consonne ou voyelle double
	2	m..	-ⲕ	g après n
		f.	-	après voyelle simple
			-ⲉ	après consonne
			-ⲧⲉ	après voyelle double
	3	m.	-ϥ	
		f.	-ⲥ	
pl..	1		-ⲛ	
	2		-ⲧⲛ̅, -ⲧⲏⲩⲧⲛ̅	
	3		-ⲟⲩ, -ⲥⲟⲩ, -ⲥⲉ	

TABLEAU III : LES PREPOSITIONS LES PLUS COURANTES

1. ⲛ̅ ACCUSATIF / GENITIF :

devant un nom	ⲛ̅-
devant un pronom suffixe	ⲙ̅ⲙⲟ⸗

sg.	1		ⲙ̄ⲙⲟⲓ̈
	2	m.	ⲙ̄ⲙⲟⲕ
		f.	ⲙ̄ⲙⲟ
	3	m.	ⲙ̄ⲙⲟϥ
		f.	ⲙ̄ⲙⲟⲥ
pl.	1		ⲙ̄ⲙⲟⲛ
	2		ⲙ̄ⲙⲱⲧⲛ̄
	3		ⲙ̄ⲙⲟⲟⲩ

2. ⲛ̄ DATIF :

devant un nom			ⲛ̄-
devant un pronom suffixe			ⲛⲁ⸗
sg.	1		ⲛⲁⲓ̈
	2	m.	ⲛⲁⲕ
		f.	ⲛⲉ
	3	m.	ⲛⲁϥ
		f.	ⲛⲁⲥ
pl.	1		ⲛⲁⲛ
	2		ⲛⲏⲧⲛ̄
	3		ⲛⲁⲩ

3. ⲁ- VERS, POUR, PAR RAPPORT A :

devant un nom			ⲉ-
devant un pronom suffixe			ⲉⲣⲟ⸗
sg.	1		ⲉⲣⲟⲓ̈
	2	m.	ⲉⲣⲟⲕ
		f.	ⲉⲣⲟ
	3	m.	ⲉⲣⲟϥ
		f.	ⲉⲣⲟⲥ
pl.	1		ⲉⲣⲟⲛ
	2		ⲉⲣⲱⲧⲛ̄
	3		ⲉⲣⲟⲟⲩ

4. ϩⲛ̄ DANS :

devant un nom			ϩⲛ̄-
			ϩⲙ̄- par assimilation devant ⲙ ou ⲡ
devant un pronom suffixe			ⲛ̄ϩⲏⲧ⸗
sg.	1		ⲛ̄ϩⲏⲧ(ⲧ)
	2	m.	ⲛ̄ϩⲏⲧⲕ̄
		f.	ⲛ̄ϩⲏⲧⲉ
	3	m.	ⲛ̄ϩⲏⲧϥ̄
		f.	ⲛ̄ϩⲏⲧⲥ̄
pl.	1		ⲛ̄ϩⲏⲧⲛ̄
	2		ⲛ̄ϩⲏⲧ ⲧⲏⲩⲧⲛ̄
	3		ⲛ̄ϩⲏⲧⲟⲩ

TABLEAU IV : PRESENT

	Présent I	prétérit	circonstanciel	relatif	Présent II

sg.	1		ϯ-	ⲛⲉï-	ⲉï-	ⲉϯ-	ⲉï-
	2	m.	ⲕ-	ⲛⲉⲕ-	ⲉⲕ-	ⲉⲧⲕ̄-	ⲉⲕ-
		f.	ⲧⲉ(ⲣ)-	ⲛⲉⲣⲉ-	ⲉⲣ(ⲉ)-	ⲉⲧⲉ-	ⲉⲣⲉ-
	3	m.	ϥ-	ⲛⲉϥ-	ⲉϥ-	ⲉⲧϥ̄-	ⲉϥ-
		f.	ⲥ-	ⲛⲉⲥ-	ⲉⲥ-	ⲉⲧⲥ̄-	ⲉⲥ-
pl.	1		ⲧⲛ̄-	ⲛⲉⲛ-	ⲉⲛ-	ⲉⲧⲛ̄-	ⲉⲛ-
	2		ⲧⲉⲧⲛ̄-	ⲛⲉⲧⲛ̄-	ⲉⲧⲉⲧⲛ̄-	ⲉⲧⲉⲧⲛ̄-	ⲉⲧⲉⲧⲛ̄-
	3		ⲥⲉ-, ⲥⲟⲩ-	ⲛⲉⲩ-	ⲉⲩ-	ⲉⲧⲟⲩ-	ⲉⲩ-
nominale				ⲛⲉⲣⲉ-	ⲉⲣⲉ-	ⲉⲧⲉⲣⲉ-	ⲉⲣⲉ-

TABLEAU V : FUTUR

			Futur I	prétérit	circonstanciel	relatif	Futur II
sg.	1		ϯⲛⲁ-	ⲛⲉïⲛⲁ-	ⲉïⲛⲁ-	ⲉϯⲛⲁ-	ⲉïⲛⲁ-
	2	m.	ⲕⲛⲁ-	ⲛⲉⲕⲛⲁ-	ⲉⲕⲛⲁ-	ⲉⲧⲕ̄ⲛⲁ-	ⲉⲕⲛⲁ-
		f.	ⲧⲉ(ⲣ)ⲛⲁ-	ⲛⲉⲣⲉⲛⲁ-	ⲉⲣⲉⲛⲁ-	ⲉⲧⲉⲛⲁ-	ⲉⲣⲉⲛⲁ-
	3	m.	ϥⲛⲁ-	ⲛⲉϥⲛⲁ-	ⲉϥⲛⲁ-	ⲉⲧϥ̄ⲛⲁ-	ⲉϥⲛⲁ-
		f.	ⲥⲛⲁ-	ⲛⲉⲥⲛⲁ-	ⲉⲥⲛⲁ-	ⲉⲧⲥ̄ⲛⲁ-	ⲉⲥⲛⲁ-
pl.	1		ⲧⲛ̄ⲛⲁ-	ⲛⲉⲛⲛⲁ-	ⲉⲛⲛⲁ-	ⲉⲧⲛ̄ⲛⲁ-	ⲉⲛⲛⲁ-
	2		ⲧⲉⲧⲛ̄ⲛⲁ-	ⲛⲉⲧⲛ̄ⲛⲁ-	ⲉⲧⲉⲛ̄ⲛⲁ-	ⲉⲧⲉⲧⲛ̄ⲛⲁ-	ⲉⲧⲉⲧⲛ̄ⲛⲁ-
	3		ⲥⲉⲛⲁ-	ⲛⲉⲩⲛⲁ-	ⲉⲩⲛⲁ-	ⲉⲧⲟⲩⲛⲁ-	ⲉⲩⲛⲁ-
nominale			...ⲛⲁ-	ⲛⲉⲣⲉ-...ⲛⲁ-	ⲉⲣⲉ-...ⲛⲁ-	ⲉⲧⲉⲣⲉ-...ⲛⲁ-	ⲉⲣⲉ-...ⲛⲁ-

TABLEAU VI : FUTUR ENERGIQUE

1. FUTUR ENERGIQUE :

			Futur énergique	prétérit	circonstanciel	relatif	Futur énerg. II
sg.	1		ⲉïⲉ-			ⲉⲧⲉïⲉ-	
	2	m.	ⲉⲕⲉ-			ⲉⲧⲉⲕⲉ-	
		f.	ⲉⲣⲉ-			ⲉⲧⲉⲣⲉ-	
	3	m.	ⲉϥⲉ-			ⲉⲧⲉϥⲉ-	
		f.	ⲉⲥⲉ-			ⲉⲧⲉⲥⲉ-	
pl.	1		ⲉⲛⲉ-			ⲉⲧⲉⲛⲉ-	
	2		ⲉⲧⲉⲧⲛ̄ⲉ-			ⲉⲧⲉⲧⲉⲧⲛ̄ⲉ-	
	3		ⲉⲩⲉ-			ⲉⲧⲉⲩⲉ-	
nominale			ⲉⲣⲉ-...(ⲉ)-			ⲉⲧⲉⲣⲉ-...(ⲉ)-	

2. FUTUR ENERGIQUE NEGATION :

			Futur énerg. nég.	prétérit	circonstanciel	relatif	Futur énerg. II nég.
sg.	1		ⲛ̄ⲛⲁ-		ⲉⲛⲛⲁ-	ⲉⲧⲉ ⲛ̄ⲛⲁ-	
	2	m.	ⲛ̄ⲛⲉⲕ-		ⲉⲛⲛⲉⲕ-	ⲉⲧⲉ ⲛ̄ⲛⲉⲕ-	
		f.	ⲛ̄ⲛⲉ-		ⲉⲛⲛⲉ-	ⲉⲧⲉ ⲛ̄ⲛⲉ-	
	3	m.	ⲛ̄ⲛⲉϥ-		ⲉⲛⲛⲉϥ-	ⲉⲧⲉ ⲛ̄ⲛⲉϥ-	
		f.	ⲛ̄ⲛⲉⲥ-		ⲉⲛⲛⲉⲥ-	ⲉⲧⲉ ⲛ̄ⲛⲉⲥ-	
pl.	1		ⲛ̄ⲛⲉⲛ-		ⲉⲛⲛⲉⲛ-	ⲉⲧⲉ ⲛ̄ⲛⲉⲛ-	
	2		ⲛ̄ⲛⲉⲧⲛ̄-		ⲉⲛⲛⲉⲧⲛ̄-	ⲉⲧⲉ ⲛ̄ⲛⲉⲧⲛ̄-	
	3		ⲛ̄ⲛⲉⲩ-		ⲉⲛⲛⲉⲩ-	ⲉⲧⲉ ⲛ̄ⲛⲉⲩ-	
nominale			ⲛ̄ⲛⲉ-		ⲉⲛⲛⲉ-	ⲉⲧⲉ ⲛ̄ⲛⲉ-	

TABLEAU VII : PARFAITF

1. PARFAIT

			Parfait I	prétérit	circonstanciel	relatif	Parfait II
sg.	1		ⲁⲓ̈-	ⲛⲉⲁⲓ̈-	ⲉⲁⲓ̈-	ⲉⲛⲧⲁⲓ̈-	ⲛ̄ⲧⲁⲓ̈-
	2	m.	ⲁⲕ-	ⲛⲉⲁⲕ-	ⲉⲁⲕ-	ⲉⲛⲧⲁⲕ-	ⲛ̄ⲧⲁⲕ-
		f.	ⲁⲣ(ⲉ)-, ⲁ-	ⲛⲉⲁⲣ(ⲉ)-	ⲉⲁⲣ(ⲉ)-	ⲉⲛⲧⲁⲣ(ⲉ)-	ⲛ̄ⲧⲁⲣ(ⲉ)-
	3	m.	ⲁϥ-	ⲛⲉⲁϥ-	ⲉⲁϥ-	ⲉⲛⲧⲁϥ-	ⲛ̄ⲧⲁϥ-
		f.	ⲁⲥ-	ⲛⲉⲁⲥ-	ⲉⲁⲥ-	ⲉⲛⲧⲁⲥ-	ⲛ̄ⲧⲁⲥ-
pl.	1		ⲁⲛ-	ⲛⲉⲁⲛ-	ⲉⲁⲛ-	ⲉⲛⲧⲁⲛ-	ⲛ̄ⲧⲁⲛ-
	2		ⲁⲛⲧⲉⲧⲛ̄-	ⲛⲉⲁⲧⲉⲧⲛ̄-	ⲉⲁⲧⲉⲧⲛ̄-	ⲉⲛⲧⲁⲧⲉⲧⲛ̄-	ⲛ̄ⲧⲁⲧⲉⲧⲛ̄-
	3		ⲁⲩ-	ⲛⲉⲁⲩ-	ⲉⲁⲩ-	ⲉⲛⲧⲁⲩ-	ⲛ̄ⲧⲁⲩ-
nominale			ⲁ-	ⲛⲉⲁ-	ⲉⲁ-	ⲉⲛⲧⲁ-	ⲛ̄ⲧⲁ-

2. PARFAIT NEGATION

			Parfait I nég.	prétérit	circonstanciel	relatif	Parfiat II nég.
sg.	1		ⲙ̄ⲡⲓ-	ⲛⲉⲙ̄ⲡⲓ-	ⲉⲙⲡⲓ-	ⲉⲧⲉ ⲙ̄ⲡⲓ-	ⲛ̄ⲧⲁⲓ̈-...ⲉⲛ
	2	m.	ⲙ̄ⲡⲉⲕ-	ⲛⲉⲙ̄ⲡⲉⲕ-	ⲉⲡⲉⲕ-	ⲉⲧⲉ ⲙ̄ⲡⲉⲕ-	ⲛ̄ⲧⲁⲕ-...ⲉⲛ
		f.	ⲙ̄ⲡⲉ(ⲣ)-, ⲙ̄ⲡⲟⲩ-	ⲛⲉⲙ̄ⲡⲉ(ⲣ)-	ⲉⲙⲡⲉ(ⲣ)-	ⲉⲧⲉ ⲙ̄ⲡⲉ(ⲣ)-	ⲛ̄ⲧⲁⲣ(ⲉ)-...ⲉⲛ
	3	m.	ⲙ̄ⲡⲉϥ-, ⲙ̄ⲡϥ̄-	ⲛⲉⲙ̄ⲡⲉϥ-, ⲛⲉⲙ̄ⲡϥ̄-	ⲉⲙⲡⲉϥ-	ⲉⲧⲉ ⲙ̄ⲡⲉϥ-	ⲛ̄ⲧⲁϥ-...ⲉⲛ
		f.	ⲙ̄ⲡⲉⲥ-	ⲛⲉⲙ̄ⲡⲉⲥ-	ⲉⲙⲡⲉⲥ-	ⲉⲧⲉ ⲙ̄ⲡⲉⲥ-	ⲛ̄ⲧⲁⲥ-...ⲉⲛ
pl.	1		ⲙ̄ⲡ(ⲉ)ⲛ-	ⲙ̄ⲡ(ⲉ)ⲛ-	ⲉⲙⲡⲉⲛ-	ⲉⲧⲉ ⲙ̄ⲡⲉⲛ-	ⲛ̄ⲧⲁⲛ-...ⲉⲛ
	2		ⲙ̄ⲡⲉⲧⲛ̄-	ⲛⲉⲙ̄ⲡⲉⲧⲛ̄-	ⲉⲙⲡⲉⲧⲛ̄-	ⲉⲧⲉ ⲙ̄ⲡⲉⲧⲛ̄-	ⲛ̄ⲧⲁⲧⲉⲧⲛ̄-...ⲉⲛ
	3		ⲙ̄ⲡⲟⲩ-	ⲛⲉⲙ̄ⲡⲟⲩ-	ⲉⲙⲡⲟⲩ-	ⲉⲧⲉ ⲙ̄ⲡⲟⲩ-	ⲛ̄ⲧⲁⲩ-...ⲉⲛ
nominale			ⲙ̄ⲡⲉ-	ⲛⲉⲙ̄ⲡⲉ-	ⲉⲙⲡⲉ-	ⲉⲧⲉ ⲙ̄ⲡⲉ-	ⲛ̄ⲧⲁ-...ⲉⲛ

TABLEAU VIII : EXPECTATIF

Expectatif : = ne pas encore.

			Expectatif	prétérit	circonstanciel	relatif	Expectatif II
sg.	1		ⲙ̄ⲡⲁϯ-	ⲛⲉⲙ̄ⲡⲁϯ-	ⲉⲙⲡⲁϯ-	ⲉⲧⲉ ⲙ̄ⲡⲁϯ-	
	2	m.	ⲙ̄ⲡⲁⲧⲕ̄-	ⲛⲉⲙ̄ⲡⲁⲧⲕ̄-	ⲉⲙⲡⲁⲧⲕ̄-	ⲉⲧⲉ ⲙ̄ⲡⲁⲧⲕ̄-	
		f.	ⲙ̄ⲡⲁⲧⲉ-	ⲛⲉⲙ̄ⲡⲁⲧⲉ-	ⲉⲙⲡⲁⲧⲉ)-	ⲉⲧⲉ ⲙ̄ⲡⲁⲧⲉ-	
	3	m.	ⲙ̄ⲡⲁⲧϥ̄-	ⲛⲉⲙ̄ⲡⲁⲧϥ̄-	ⲉⲙⲡⲁⲧϥ̄-	ⲉⲧⲉ ⲙ̄ⲡⲁⲧϥ̄-	
		f.	ⲙ̄ⲡⲁⲧⲥ̄-	ⲛⲉⲙ̄ⲡⲁⲧⲥ̄-	ⲉⲙⲡⲁⲧⲥ̄-	ⲉⲧⲉ ⲙ̄ⲡⲁⲧⲥ̄-	
pl.	1		ⲙ̄ⲡⲁⲧⲛ̄-	ⲛⲉⲙ̄ⲡⲁⲧⲛ̄-	ⲉⲙⲡⲁⲧⲛ̄-	ⲉⲧⲉ ⲙ̄ⲡⲁⲧⲛ̄-	
	2		ⲙ̄ⲡⲁⲧⲉⲧⲛ̄-	ⲛⲉⲙ̄ⲡⲁⲧⲉⲧⲛ̄-	ⲉⲙⲡⲁⲧⲉⲧⲛ̄-	ⲉⲧⲉ ⲙ̄ⲡⲁⲧⲉⲧⲛ̄-	
	3		ⲙ̄ⲡⲁⲧⲟⲩ-	ⲛⲉⲙ̄ⲡⲁⲧⲟⲩ-	ⲉⲙⲡⲁⲧⲟⲩ-	ⲉⲧⲉ ⲙ̄ⲡⲁⲧⲟⲩ-	
nominale			ⲙ̄ⲡⲁⲧⲉ-	ⲛⲉⲙ̄ⲡⲁⲧⲉ-	ⲉⲙⲡⲁⲧⲉ-	ⲉⲧⲉ ⲙ̄ⲡⲁⲧⲉ-	

TABLEAU IX : CONSUETUDINAL

1. CONSUETUDINAL

			Consuétudinal	prétérit	circonstanciel	relatif	Consuétudinal II
sg.	1		ϣⲁⲓ̈-	ⲛⲉϣⲁⲓ̈-	ⲉϣⲁⲓ̈-	ⲉ(ⲧⲉ) ϣⲁⲓ̈-	ⲉϣⲁⲓ̈-
	2	m.	ϣⲁⲕ-	ⲛⲉϣⲁⲕ-	ⲉϣⲁⲕ-	ⲉ(ⲧⲉ) ϣⲁⲕ-	ⲉϣⲁⲕ-
		f.	ϣⲁⲣ(ⲉ)-	ⲛⲉϣⲁⲣ(ⲉ)-	ⲉϣⲁⲣ(ⲉ)-	ⲉ(ⲧⲉ) ϣⲁⲣ(ⲉ)-	ⲉϣⲁⲣ(ⲉ)-
	3	m.	ϣⲁϥ-	ⲛⲉϣⲁϥ-	ⲉϣⲁϥ-	ⲉ(ⲧⲉ) ϣⲁϥ-	ⲉϣⲁϥ-
		f.	ϣⲁⲥ-	ⲛⲉϣⲁⲥ-	ⲉϣⲁⲥ-	ⲉ(ⲧⲉ) ϣⲁⲥ-	ⲉϣⲁⲥ-
pl.	1		ϣⲁⲛ-	ⲛⲉϣⲁⲛ-	ⲉϣⲁⲛ-	ⲉ(ⲧⲉ) ϣⲁⲛ-	ⲉϣⲁⲛ-
	2		ϣⲁⲧⲉⲧⲛ̄-	ⲛⲉϣⲁⲧⲉⲧⲛ̄-	ⲉϣⲁⲧⲉⲧⲛ̄-	ⲉ(ⲧⲉ) ϣⲁⲧⲉⲧⲛ̄-	ⲉϣⲁⲧⲉⲧⲛ̄-
	3		ϣⲁⲩ-	ⲛⲉϣⲁⲩ-	ⲉϣⲁⲩ-	ⲉ(ⲧⲉ) ϣⲁⲩ-	ⲉϣⲁⲩ-
nominale			ϣⲁⲣⲉ-	ⲛⲉϣⲁⲣⲉ-	ⲉϣⲁⲣⲉ-	ⲉ(ⲧⲉ) ϣⲁⲣⲉ-	ⲉϣⲁⲣⲉ-

2. CONSUETUDINAL NEGATION

			Cons. nég.	prétérit	circonstanciel	relatif	Cons. II nég.
sg.	1		ⲙⲉⲓ̈-	ⲛⲉⲙⲉⲓ̈-	ⲉⲙⲉⲓ̈-	ⲉⲧⲉ ⲙⲉⲓ̈-	ⲉϣⲁⲓ̈-...ⲁⲛ
	2	m.	ⲙⲉⲕ-	ⲛⲉⲙⲉⲕ-	ⲉⲙⲉⲕ-	ⲉⲧⲉ ⲙⲉⲕ-	ⲉϣⲁⲕ-...ⲁⲛ
		f.	ⲙⲉⲣⲉ-	ⲛⲉⲙⲉⲣⲉ-	ⲉⲙⲉⲣⲉ-	ⲉⲧⲉ ⲙⲉⲣⲉ-	ⲉϣⲁⲣ(ⲉ)-...ⲁⲛ
	3	m.	ⲙⲉϥ-	ⲛⲉⲙⲉϥ-	ⲉⲙⲉϥ-	ⲉⲧⲉ ⲙⲉϥ-	ⲉϣⲁϥ-...ⲁⲛ
		f.	ⲙⲉⲥ-	ⲛⲉⲙⲉⲥ-	ⲉⲙⲉⲥ-	ⲉⲧⲉ ⲙⲉⲥ-	ⲉϣⲁⲥ-...ⲁⲛ
pl.	1		ⲙⲉⲛ-	ⲛⲉⲙⲉⲛ-	ⲉⲙⲉⲛ-	ⲉⲧⲉ ⲙⲉⲛ-	ⲉϣⲁⲛ-...ⲁⲛ
	2		ⲙⲉⲧⲉⲧⲛ̄-	ⲛⲉⲙⲉⲧⲉⲧⲛ̄-	ⲉⲙⲉⲧⲉⲧⲛ̄-	ⲉⲧⲉ ⲙⲉⲧⲉⲧⲛ̄-	ⲉϣⲁⲧⲉⲧⲛ̄-...ⲁⲛ
	3		ⲙⲉⲩ-	ⲛⲉⲙⲉⲩ-	ⲉⲙⲉⲩ-	ⲉⲧⲉ ⲙⲉⲩ-	ⲉϣⲁⲩ-...ⲁⲛ
nominale			ⲙⲉⲣⲉ-	ⲛⲉⲙⲉⲣⲉ-	ⲉⲙⲉⲣⲉ-	ⲉⲧⲉ ⲙⲉⲣⲉ-	ⲉϣⲁⲣⲉ-...ⲁⲛ

TABLEAU X : CONJONCTIF

1. CONJONCTIF

			Conjonctif	Conjonctif futur	Conjonctif avec ϣⲁ-
sg.	1		(ⲛ̄)ⲧⲁ-	ⲧⲁ-	ϣⲁⲛⲧⲁ-, ϣⲁⲛϯ-
	2	m.	ⲛ̄ⲅ-	(ⲛ̄)ⲧⲁⲣⲉⲕ-	ϣⲁⲛⲧⲕ̄-
		f.	ⲛ̄ⲧⲉ-	(ⲛ̄)ⲧⲁⲣⲉ-	ϣⲁⲛⲧⲉ-
	3	m.	ⲛ̄ϥ-	(ⲛ̄)ⲧⲁⲣⲉϥ-	ϣⲁⲛⲧϥ̄-
		f.	ⲛ̄ⲥ-	(ⲛ̄)ⲧⲁⲣⲉⲥ-	ϣⲁⲛⲧⲥ̄-
pl.	1		ⲛ̄ⲧⲛ̄-	(ⲛ̄)ⲧⲁⲣⲛ̄-	ϣⲁⲛⲧⲛ̄-
	2		ⲛ̄ⲧⲉⲧⲛ̄-	(ⲛ̄)ⲧⲁⲣⲉⲧⲛ̄-	ϣⲁⲛⲧⲉⲧⲛ̄-
	3		ⲛ̄ⲥⲉ-	(ⲛ̄)ⲧⲁⲣⲟⲩ-	ϣⲁⲛⲧⲟⲩ-
nominale			ⲛ̄ⲧⲉ-	(ⲛ̄)ⲧⲁⲣⲉ-	ϣⲁⲛⲧⲉ-

2. CONJONCTIF NEGATION

	Conjonctif nég.	Conjonctif futur nég.	Conjonctif avec Sa- nég.

sg.	1		(ⲛ̄)ⲧⲁⲧⲙ̄-	ⲧⲁⲧⲙ̄-	ϣⲁⲧⲁⲧⲙ̄-, ϣⲁⲛϯⲧⲙ̄-
	2	m.	ⲛ̄ⲅⲧⲙ̄-	(ⲛ̄)ⲧⲁⲣⲉⲕⲧⲙ̄-	ϣⲁⲛⲧⲕ̄ⲧⲙ̄-
		f.	ⲛ̄ⲧⲉⲧⲙ̄-	(ⲛ̄)ⲧⲁⲣⲉⲧⲙ̄-	ϣⲁⲛⲧⲉⲧⲙ̄-
	3	m.	ⲛ̄ϥⲧⲙ̄-	(ⲛ̄)ⲧⲁⲣⲉϥⲧⲙ̄-	ϣⲁⲛⲧϥ̄ⲧⲙ̄-
		f.	ⲛ̄ⲥⲧⲙ̄-	(ⲛ̄)ⲧⲁⲣⲉⲥⲧⲙ̄-	ϣⲁⲛⲧⲥ̄ⲧⲙ̄-
pl.	1		ⲛ̄ⲧⲛ̄ⲧⲙ̄-	(ⲛ̄)ⲧⲁⲣⲛ̄ⲧⲙ̄-	ϣⲁⲛⲧⲛ̄ⲧⲙ̄-
	2		ⲛ̄ⲧⲉⲧⲛ̄ⲧⲙ̄-	(ⲛ̄)ⲧⲁⲣⲉⲧⲛ̄ⲧⲙ̄-	ϣⲁⲛⲧⲉⲧⲛ̄ⲧⲙ̄-
	3		ⲛ̄ⲥⲉⲧⲙ̄-	(ⲛ̄)ⲧⲁⲣⲟⲩⲧⲙ̄-	ϣⲁⲛⲧⲟⲩⲧⲙ̄-
nominale			ⲛ̄ⲧⲉⲧⲙ̄-	(ⲛ̄)ⲧⲁⲣⲉⲧⲙ̄-	ϣⲁⲛⲧⲉⲧⲙ̄-

TABLEAU XI : TEMPOREL

			Temporel	Temporel négation
sg.	1		ⲛ̄ⲧⲉⲣ(ⲉ)ⲓ-	ⲛ̄ⲧⲉⲣ(ⲉ)ⲓⲧⲙ̄-
	2	m.	ⲛ̄ⲧⲉⲣⲉⲕ-	ⲛ̄ⲧⲉⲣⲉⲕⲧⲙ̄-
		f.	ⲛ̄ⲧⲉⲣⲉ-	ⲛ̄ⲧⲉⲣⲉⲧⲙ̄-
	3	m.	ⲛ̄ⲧⲉⲣⲉϥ-	ⲛ̄ⲧⲉⲣⲉϥⲧⲙ̄-
		f.	ⲛ̄ⲧⲉⲣⲉⲥ-	ⲛ̄ⲧⲉⲣⲉⲥⲧⲙ̄-
pl.	1		ⲛ̄ⲧⲉⲣⲛ̄-	ⲛ̄ⲧⲉⲣⲛ̄ⲧⲙ̄-
	2		ⲛ̄ⲧⲉⲣⲉⲧⲛ̄-	ⲛ̄ⲧⲉⲣⲉⲧⲛ̄ⲧⲙ̄-
	3		ⲛ̄ⲧⲉⲣⲟⲩ-	ⲛ̄ⲧⲉⲣⲟⲩⲧⲙ̄-
nominale			ⲛ̄ⲧⲉⲣⲉ-	ⲛ̄ⲧⲉⲣⲉⲧⲙ̄-

TABLEAU XII : CONDITIONNEL

			Conditionnel	Conditionnel négation
sg.	1		ⲉⲓ̈(ϣⲁⲛ)-	ⲉⲓ̈(ϣⲁⲛ)ⲧⲙ̄-
	2	m.	ⲉⲕ(ϣⲁⲛ)-	ⲉⲕ(ϣⲁⲛ)ⲧⲙ̄-
		f.	ⲉⲣⲉ(ϣⲁⲛ)-	ⲉⲣⲉ(ϣⲁⲛ)ⲧⲙ̄-
	3	m.	ⲉϥ(ϣⲁⲛ)-	ⲉϥ(ϣⲁⲛ)ⲧⲙ̄-
		f.	ⲉⲥ(ϣⲁⲛ)-	ⲉⲥ(ϣⲁⲛ)ⲧⲙ̄-
pl.	1		ⲉⲛ(ϣⲁⲛ)-	ⲉⲛ(ϣⲁⲛ)ⲧⲙ̄-
	2		ⲉⲧⲉⲧⲛ̄(ϣⲁⲛ)-	ⲉⲧⲉⲧⲛ̄(ϣⲁⲛ)ⲧⲙ̄-
	3		ⲉⲩ(ϣⲁⲛ)-	ⲉⲩ(ϣⲁⲛ)ⲧⲙ̄-
nominale			ⲉⲣ(ϣⲁⲛ)-, (ⲉⲣⲉ-)	ⲉⲣϣⲁⲛⲧⲙ̄-, (ⲉⲣⲉϣⲁⲛⲧⲙ̄-)

TABLEAU XIII : INFINITIF CAUSATIF

Infinitifcausatif précédé de diverses prépositions :
ⲉⲧⲣⲁ- « pour que je ... »
ϩⲙ̄ ⲡⲧⲣⲁ- « en ce que je ... », « alors que je ... », « lorsque je ... »
ⲙⲛ̄ⲛ̄ⲥⲁⲧⲣⲁ- « après que je ... »
ⲉⲧⲙ̄ⲧⲣⲁ- négation, etc.

	Infinitif causatif	avec ϩⲙ̄	avec ⲙⲛ̄ⲛ̄ⲥⲁ	Négation

sg.	1		ⲉⲧⲣⲁ-	ϩⲙ̄ ⲡⲧⲣⲁ-	ⲙⲛ̄ⲛ̄ⲥⲁ ⲧⲣⲁ-	ⲉⲧⲙ̄ⲧⲣⲁ-
	2	m.	ⲉⲧⲣⲉⲕ-	ϩⲙ̄ ⲡⲧⲣⲉⲕ-	ⲙⲛ̄ⲛ̄ⲥⲁ ⲧⲣⲉⲕ-	ⲉⲧⲙ̄ⲧⲣⲉⲕ-
		f.	ⲉⲧⲣⲉ-	ϩⲙ̄ ⲡⲧⲣⲉ-	ⲙⲛ̄ⲛ̄ⲥⲁ ⲧⲣⲉ-	ⲉⲧⲙ̄ⲧⲣⲉ-
	3	m.	ⲉⲧⲣⲉϥ-	ϩⲙ̄ ⲡⲧⲣⲉϥ-	ⲙⲛ̄ⲛ̄ⲥⲁ ⲧⲣⲉϥ-	ⲉⲧⲙ̄ⲧⲣⲉϥ-
		f.	ⲉⲧⲣⲉⲥ-	ϩⲙ̄ ⲡⲧⲣⲉⲥ-	ⲙⲛ̄ⲛ̄ⲥⲁ ⲧⲣⲉⲥ-	ⲉⲧⲙ̄ⲧⲣⲉⲥ-
pl.	1		ⲉⲧⲣⲉⲛ-	ϩⲙ̄ ⲡⲧⲣⲉⲛ-	ⲙⲛ̄ⲛ̄ⲥⲁ ⲧⲣⲉⲛ-	ⲉⲧⲙ̄ⲧⲣⲉⲛ-
	2		ⲉⲧⲣⲉⲧⲉⲧⲛ̄-	ϩⲙ̄ ⲡⲧⲣⲉⲧⲉⲧⲛ̄-	ⲙⲛ̄ⲛ̄ⲥⲁ ⲧⲣⲉⲧⲉⲧⲛ̄-	ⲉⲧⲙ̄ⲧⲣⲉⲧⲉⲧⲛ̄-
	3		ⲉⲧⲣⲉⲩ-	ϩⲙ̄ ⲡⲧⲣⲉⲩ-	ⲙⲛ̄ⲛ̄ⲥⲁ ⲧⲣⲉⲩ-	ⲉⲧⲙ̄ⲧⲣⲉⲩ-
nominale			ⲉⲧⲣⲉ-	ϩⲙ̄ ⲡⲧⲣⲉ-	ⲙⲛ̄ⲛ̄ⲥⲁ ⲧⲣⲉ-	ⲉⲧⲙ̄ⲧⲣⲉ-

TABLEAU XIV : IMPERATIF CAUSATIF

Impératifcausatif :

pour la seconde personne du sg. et pl., il s'agit là d'un véritable impératif,
pour la première et la troisième personne, il s'agit d'un impératif causatif « qu'il soit fait que... »,
correspondant parfois à une sorted'optatif « qu'il soit fait que... », « puisse... ».

			Conditionnel	Conditionnel négation
sg.	1		ⲙⲁⲣⲓ-	ⲙ̄ⲡⲣ̄-
	2	m.	ⲙⲁ-	
		f.	ⲙⲁ-	
	3	m.	ⲙⲁⲣⲉϥ-	
		f.	ⲙⲁⲣⲉⲥ-	
pl.	1		ⲙⲁⲣⲉⲛ-	
	2		ⲙⲁ-	
	3		ⲙⲁⲣⲟⲩ-, ⲙⲁⲣⲉⲩ-	
nominale			ⲙⲁⲣⲉ-	

참고문헌

C.R.C ALLBERRY, H.IBSCER, *A Manichaean Psalmbook*, Stuttgart, 1938.

C. SCHMIDT, A. BÖHLIG, *Kephalaia*, Stuttgart, 1940.

H.J. POLOTSKY, H. IBSCHER, *Manichäische Homelien*, Stuttgart, 1934.

W.E. Crum, *A Coptic Dictionary*, Oxford, 1939.

Rodolphe KASSER, *Compléments au dictionnaire copte de Crum* (Bibliothèque d'Etudes Coptes VII), Le Caire, 1964.

Rodolphe KASSER, *Compléments morphologiques au dictionnaire de Crum* (B.I.F.A.O. LXIV, 1966, p.19-66).

J. CERNY, *A Coptic Etymological Dictionary*, Oxford, 1976.

W. WESTENDORF, *Koptisches Handwörterbuch*, Heidelberg, 1977.

W. VYCICHL, *Dictionnaire étymologique de la langue copte*, Louvain, Peeters, 1983.

Bernard BARC, *Dictionnaire inversé du copte* (Cahiers de la bibliothèque copte N° 2).

Walter C. TILL, *Koptische Dialektgrammatik*, München, 1961.

J. VERGOTE, *Grammaire copte* (Ia, IIa et b), Louvain, 1973 et 1983.

C.C. WALTERS, *An Elementary Coptic Grammar of the Sahidic Dialect*, Oxford, 1972.

Nathalie BOSSON, *Grammaire Copte*, (Grammaire succincte de la langue copte saïdique à l'usage des étudiants des cours d'épigraphie copte de l'Ecole du Louvre), Montpellier, 1996, inédit.

Nathalie BOSSON, *Vocabulaire de L4*, (vocabulaire de la langue copte lycopolitaine à l'usage des étudiants des cours copte de l'ELCOA de l'Institut Catholique de Paris, 76pages de manuscrit), 1987, inédit.

Michel TARDIEU, Jean-Daniel DUBOIS, *Introduction à la littérature gnostique. Tome I, Collections retrouvées avant 1945*, Cerf, Paris, 1986.

M. CARREZ – F. MOREL, *Dictionnaire grec-français du Nouveau Testament*, Labor et Fides (3e édition), Genève, 1984.

Anatole BAILLY, *Dictionnaire grec-français*, Hachette, Paris, 2000.

동사변형 및 약식기호

동사의 변형과 관련된 기호들의 의미는 다음과 같다.

ⲕⲁ-, ⲕⲁⲁ⸗, ⲕⲏ† → ⲕⲱ
동사의 여러 변형들은 기본형을 참조하라는 의미
ⲕⲱ
Form Infinitive / Absolute
ⲕⲁ-
Form Infinitive / Construct
ⲕⲁⲁ⸗
Form Infinitive / Pronominal
ⲕⲏ†
Form Qualitative

기타 약식 기호들의 의미는 다음과 같다.

n. = 명사
m. = 남성
sg. = 단수
Kell. = Kellis
cf. = 참고
infra = 후에
impér = 명령형
caus. = 사역형
sic. = 원문대로
(S) = 사이딕방언
(B) = 보하이리크 방언
(M) = 메소케미크 방언
adj. = 형용사
f. = 여성
pl. = 복수
idem = 상동
vide = 참고하라
vb. = 동사
neg. = 부정형
sens ? = 의미 불명
corr. = 수정
(L) = 리코폴리텐 방언
(A) = 아크미미크 방언
(F) = 파유미크 방언

곱트어 알파베트

곱트어 철자	발음 기호	상호 교환 가능성		현대 명칭
ⲁ	a	ⲁ ⲁⲓ	ⲉ, ⲟ ⲉ	alpha
ⲃ	b	ⲃ	ϥ, ⲟⲩ	bêta
ⲅ	g	ⲅ ⲅⲅ ⲅⲕ ⲅⲭ	ⲕ, ϭ ⲛⲅ ⲛⲕ ⲛⲭ	gamma
ⲇ	d	ⲇ	ⲧ	delta
ⲉ	é	ⲉ	ⲁ, ⲁⲓ, ⲏ	ei
ⲍ	z	ⲍ	ⲥ	zêta
ⲏ	ê	ⲏ	ⲉ, ⲓ, ⲩ	hêta
ⲑ	th (영어의 th)	ⲑ	ⲧ(ϩ)	thêta
(ⲉ)ⲓ	(e)i	(ⲉ)ⲓ	ⲏ, ⲩ	iota
ⲕ	k	ⲕ ⲕⲥ ⲕϩ	ⲅ, ⲭ, ϭ ⲝ ⲭ	kappa
ⲗ	l	ⲗ	ⲣ	lambda
ⲙ	m	ⲙ	ⲛ	mu
ⲛ	n	ⲛ	ⲙ	nu
ⲝ	ks	ⲝ	ⲕⲥ	ksi
ⲟ	o (bref)	ⲟ	ⲁ, ⲟⲩ, ⲱ	omicron
ⲡ	p	ⲡ ⲡⲥ ⲡϩ	ⲃ ⲯ ⲫ	pi
ⲣ	r	ⲣ ⲣⲣ	ⲗ ϩⲣ	rô
ⲥ	s	ⲥ	ⲍ, ϣ	sigma
ⲧ	t	ⲧ ⲧⲓ ⲧϣ ⲧϩ	ⲇ ϯ, ϫⲓ ϫ ϭ	tau
ⲩ, ⲟⲩ	u/ou	ⲟⲩ	ⲟ, ⲱ, ⲃ	upsilon/hou
ⲫ	ph	ⲫ	ⲡ(ϩ)	phi
ⲭ	kh	ⲭ	ⲕ(ϩ)	khi
ⲯ	ps	ⲯ	ⲡⲥ	psi
ⲱ	ô (long)	ⲱ	ⲟ, ⲟⲩ	oméga
ϣ	ch	ϣ	ⲥ, ϩ	chai
ϥ	f	ϥ	ⲃ	fai
ϩ	h (aspiration)	ϩ	ϣ, 생략	hori
ϫ	dj	ϫ	ⲧϣ, ϭ	djandja
ϭ	ky (guttural)	ϭ	ⲕ, ⲅ, ϫ	kyma
ϯ	ti	ϯ	ⲧⲓ, ⲇⲓ	ti

ⲁ

ⲁ 곱트어 첫 글자 *cf.* ⲭⲛ̄ⲛ̄ⲁ ϣⲁⲱ 처음부터 끝까지

ⲁ-, ⲛⲁ- 약, 대략

ⲁⲁ⸗ → ⲉⲓⲣⲉ

ⲁⲁⲥ 뺨을 치다, 때리다 *cf.* ϯⲁⲁⲥ 치다, 세게 때리다

ⲁⲃⲁⲗ → ⲃⲁⲗ

ⲁⲃⲁϭⲏⲉⲓⲛ *m. f.* 유리

ⲁⲃⲉ† (L) → ⲉⲓⲃⲉ

ⲁⲃⲏ (L) 끈, 사슬

ⲁⲃⲱ *f., pl.* ⲁⲃⲟⲟⲩⲉ 그물

ⲁⲃⲱⲕ *m. f.* ⲁⲃⲟⲕⲉ, *pl.* ⲁⲃⲟⲟⲕⲉ 까마귀

ⲁⲃϣ-, ⲁⲃϣ⸗, ⲁⲃϣ̄† → ⲱⲃϣ̄

ⲁⲃϩⲉ 치아 *cf.* ϣⲁⲗϭⲁⲃϩⲉ 송곳니

ⲁⲅⲁⲑⲟⲥ ἀγαθός 선한, 좋은

ⲁⲅⲁⲑⲟⲛ ἀγαθόν 선한 사람

ⲁⲅⲁⲛⲁⲕⲧⲉⲓ 성내다

ⲁⲅⲁⲡⲁ 사랑하다

ⲁⲅⲁⲡⲏ ἀγάπη 사랑

ⲁⲅⲁⲡⲏⲧⲟⲥ 사랑하는 자

ⲁⲅⲉⲗⲏ 양떼, 무리

ⲁⲅⲉⲛⲛⲏⲧⲟⲥ 독생자

ⲁⲅⲅⲉⲗⲓⲁ ἀγγελία 소식

ⲁⲅⲅⲉⲗⲓⲕⲏ ἀγγελική 천사단

ⲁⲅⲅⲉⲗⲟⲥ ἄγγελος 천사

ⲁⲅⲅⲏⲛ 꽃병

ⲁⲅⲅⲓⲟⲛ ἀγγεῖον 그릇, 꽃병

ⲁⲅⲉⲗⲏ ἀγέλε 목자

ⲁⲅⲗⲁⲟⲥ ἀγλαός 영광스러운

ⲁⲅⲟⲣⲁ ἀγορά 광장

ⲁⲅⲣⲓⲟⲥ 야생의, 조잡한

ⲁⲅⲱⲛ ἀγών 싸움

ⲡϣⲁⲣⲡ ⲛ̄ⲁⲅⲱⲛ 첫 싸움

ⲁⲅⲱⲛ ⲛ̄ϣⲁⲣⲡ 태초의 싸움

ⲁⲅⲱⲛⲓⲍⲉ (ⲟⲩⲃⲉ-, ⲉ-) 싸우다

ⲁⲇⲁⲙ 아담

ⲁⲇⲁⲙⲁⲥ ἄδαμας 아다마스

ⲁⲇⲓⲕⲏ ἀδικεῖν 불의를 행하다

ⲁⲇⲓⲕⲟⲥ 불의한 자

ⲁⲉⲓⲕ *m.* 봉헌, 서품, 성별

ⲁⲉⲧⲟⲥ ἀετός 독수리

ⲁⲏⲣ ἀήρ 공기

ⲁⲑⲁⲃ 누룩이 없는 → ⲧⲱϩⲃ 발효시키다

ⲁⲑⲁⲗⲓⲁ 캄캄해지다 (일식이나 월식 현상)

ⲁⲑⲉⲧⲉⲓ 밀치다, 어그러뜨리다

ⲁⲑⲏⲧ 미친 → ϩⲏⲧ 마음, 지각

ⲁⲑⲗⲏⲧⲏⲥ ἀθλητής 선수

ⲁⲑⲗⲟⲛ ἆθλον 싸움

ⲁⲑⲱⲣ *hathôr* → ϩⲁⲑⲱⲣ

ⲁⲓ̈ⲁⲓ̈, ⲁⲉⲓⲉⲉⲓ, ⲁⲉⲓ†, ⲟⲓ† 늘어가다, 성장하다, 커지다 *cf.* ⲁⲉⲓⲏⲥ, ⲛⲁⲁ(⸗), ⲟ, ⲧⲁⲓⲟ

ⲁⲓ̈ⲃⲉ 흠집, 때 *cf.* ⲁⲧⲁⲓ̈ⲃⲉ 흠 없는

ⲁⲓⲅⲟⲕⲉⲣⲱⲥ αἰγόκερως 염소 자리

ⲁⲓⲏⲥ *f.* 크기, 규격 *cf.* ⲁⲓⲁⲓ

ⲁⲓ̈ⲕ (L) 빵

ⲁⲓⲛⲓⲅⲙⲁ *m.* 비유, 비유의 말씀

ⲁⲓⲟ → ϩⲁⲓⲟ 예, 그렇다

ⲁⲓ̈ⲡⲉ 곡물의 양을 재는 단위

ⲙⲁϩⲁⲓ̈ⲡⲉ 완성, 완전

ⲁⲓⲥⲑⲁⲛⲉ αἰσθάνεσθαι 이해시키다

ⲁⲓⲥⲑⲏⲥⲓⲥ αἴσθησις 인지, 지각
ⲁⲓⲥⲑⲏⲧⲏⲣⲓⲟⲛ αἰσθητήριον 지각
ⲁⲓⲧⲓ αἰτεῖν 질문하다
ⲁⲓⲧⲉⲓ 요구하다
ⲁⲓⲧⲉⲓ → ⲉⲧⲓ 아직, 다시 한 번
ⲁⲓⲧⲏⲙⲁ αἴτημα 요구, 추구
ⲁⲓⲧⲓⲁ *f.* 원인, 잘못, 유죄
ⲁⲓⲧⲓⲟⲥ 유죄의, 죄인
ⲁⲓⲭⲙⲁⲗⲱⲥⲓⲁ αἰχμαλωσία 사로잡힘
ⲁⲓⲭⲙⲁⲗⲱⲧⲉⲩⲉ 가두다, 사로잡다
ⲁⲓⲭⲙⲁⲗⲱⲧⲓⲍⲉ αἰχμαλωτίζειν 가두다
ⲁⲓⲭⲙⲁⲗⲱⲧⲟⲥ αἰχμάλωτος 죄수
ⲁϊⲱⲛ αἰών 시간, 세상, 세대
ⲙⲡⲓⲁϊⲱⲛ 이 세대
ⲁϊⲱⲛ ⲛ̄ⲃⲣ̄ⲣⲉ 신세대
ⲁϊϣⲉ 외치다
ⲁϊϣ *m.* 외침, 선포, 예언
ⲁϊϩⲉ, ⲙⲛ̄ⲧⲁϊϩⲉ → ⲁϊⲁϊ, [ϩⲉ]
ⲁϊϩⲏⲧ → ⲁϊⲁϊ, ϩⲏⲧ
ⲁⲕⲁⲑⲁⲣⲥⲓⲁ ἀκαθαρσία 불결
ⲁⲕⲁⲑⲁⲣⲧⲟⲥ 불의한 자
ⲁⲕⲉ → ⲟⲕⲉ 참깨
ⲁⲕⲉⲣⲁⲓⲟⲥ ἀκέραιος 섞이지 않은, 순수한
ⲁⲕⲉⲥ 삽
ⲁⲕⲏⲥ *m.* 허리, 앞치마
ⲁⲕ(ⲏ)ⲧ 두꺼워지다, 굳게 되다
ⲁⲕⲙⲁⲇⲓⲟⲛ ἀκμάδιον 칼
ⲁⲕⲙⲉ† → ⲱⲕⲙⲉ
ⲁⲕⲙⲏⲛ ἀκμήν 아직까지, 여전히
ⲁⲕⲟⲗⲟⲩⲑⲉⲓ 함께 가다, 동행하다 (ⲛⲁ⸗)
ⲁⲕⲟⲗⲟⲩⲑⲓⲁ *f.* 호위, 수행
ⲁⲕⲣⲓⲃⲓⲁ *f.* 정밀, 세밀
ⲁⲕⲣⲟⲃⲩⲥⲧⲓⲁ *f.* 할례를 받지 않음, 방종
ⲁⲕⲣⲟⲛ ἄκρον 꼭대기
ⲁⲕⲧⲓⲛ ἀκτίς 광선
ⲁⲕⲱ *f.* 잔해, 폐허 *cf.* ⲧⲁⲕⲟ
ⲁⲗ 청각장애인
ⲁⲗ *m.* 조약돌, 우박, 씨앗, 불알, 알
ⲁⲗ → ⲁϣⲁⲗ 외침, 명성 *cf.* ⲱϣ
ⲁⲗ- → ⲱⲗ 잡다
ⲁⲗ⸗ → ⲱⲗ
ⲁⲗⲁⲩ, ⲁⲗⲏⲩ 흰, 하얀
ⲁⲗⲁⲕ → ϩⲁⲗⲁⲕ 반지
ⲁⲗⲉ, ⲁⲗⲟ⸗, ⲁⲗⲏⲩ† 올라가다 *cf.* ⲣⲉϥⲁⲗⲉ 기수, ⲧⲁⲗⲟ
ⲁⲗⲉⲕⲧⲱⲣ *m.* 수탉
ⲁⲗⲏⲑⲓⲛⲟⲥ 참, 진실
ⲁⲗⲏⲑⲱⲥ 참으로, 진실로
ⲁⲗⲏⲗ *m.* 기쁨
ⲁⲗⲓ-, ⲁⲗⲓⲧ⸗ → ⲱⲗ
ⲁⲗⲓⲗ *m.* 들쥐
ⲁⲗⲕ⸗ → ⲱⲗⲕ̄
ⲁⲗⲕⲉ *m.* 한 달의 마지막 날
ⲁⲗⲗⲁ ἀλλά 하지만, 그러나
ⲁⲗⲗⲱⲏ *ou* ⲁⲗⲗⲱⲓ *f.* 알로에
ⲁⲗⲗⲟⲅⲉⲛⲏⲥ 이방인
ⲁⲗⲗⲏⲗⲟⲩⲓⲁ 할렐루야!
ⲁⲗⲗⲟⲧⲣⲓⲟⲥ 이방인
ⲁⲗⲗⲟⲫⲩⲗⲟⲥ 이민족, 이방인
ⲁⲗⲙⲉ† → ⲱⲗⲙⲉ
ⲁⲗⲟ, ⲁⲗⲟⲕ → ⲗⲟ 멈추다
ⲁⲗⲟ⸗ → ⲁⲗⲉ
ⲁⲗⲟⲅⲟⲥ 이성에 어긋나는, 위법의
ⲁⲗⲟⲕ *m.* 각, 구석 *cf.* ⲱⲗⲕ̄
ⲁⲗⲟⲙ *m.* 가슴, 품
ⲁⲗⲟⲩ 어린아이, 처녀, 눈동자
ⲁⲗⲟⲩⲗⲁ 메뚜기
ⲁⲗⲟϭ *m.* 엉덩이, 넓적다리, 무릎, 어깨
ⲁⲗⲧⲕⲁⲥ, ⲁⲧⲕⲁⲥ, ⲁⲗⲧⲁⲥ 골수
ⲁⲗⲫⲁⲃⲏⲧⲟⲛ ἀλφάβητον 알파벳, 철자
ⲁⲗⲱ, ⲁⲗⲟⲩ *f., pl.* ⲁⲗⲟⲟⲩⲉ 눈동자, 처녀
ⲁⲗⲱ, ⲉⲗⲱ *f., pl.* ⲁⲗⲟⲟⲩⲉ 함정
ⲁⲗⲱⲗ, ⲉⲗⲱⲗ, ⲉⲗⲁⲁⲧ̄† 조급한
ⲁⲗⲱⲗ 갈망하다
ⲁⲗⲱⲧ *f.* 부역, 고역
ⲁⲗⲱⲧⲛ̄ → ⲗⲟ 멈추다

ⲀⲘ → ⲀⲚ

ⲀⲘⲀ *f.* 수녀원장

ⲀⲘⲀⲒⲎⲤ 본질, 제단

ⲀⲘⲀϨⲦⲈ, ⲈⲘⲀϨⲦⲈ, ⲀⲘⲀϨⲈ 잡다, 장악하다

ⲀⲘⲂⲢⲞⲤⲒⲀ ἀμβροσία 신들의 양식

ⲀⲘⲈ *m.(f.)* 진흙, 땅

ϬⲀϪⲀⲘⲈ 팽이

ⲀⲘⲈ *m., pl.* ⲀⲘⲎⲨ(Ⲉ) 목축, 양떼

ⲀⲘⲈ → ⲞⲘⲈ 진흙

ⲀⲘⲈⲔ† → ⲰⲘⲔ̅

ⲀⲘⲈⲖⲈⲒ 무시하다 (Ⲉ-)

ⲀⲘⲈⲖⲈⲒ ⲄⲈ ⲞⲨⲚ ἀμελει γε οὐν 분명히, 참으로

ⲀⲘⲈⲖⲎ ἀμελεῖν 무관심하다

ⲀⲘⲈⲖⲎⲤ 태만한 사람

ⲀⲘⲈⲖⲒⲀ *f.* 태만, 등한시

ⲀⲘⲈⲢⲒⲘⲚⲈⲒⲀ ἀμεριμνία 걱정없는

ⲀⲘⲈⲢⲒⲘⲚⲒⲀ *f.* 안심, 안전, 보장.

ⲀⲘⲎ 말벌

ⲀⲘⲎ, ⲀⲘⲎⲒ̈ⲚⲈ, ⲀⲘⲎⲈⲒⲦⲚ̅ → ⲀⲘⲞⲨ

ⲀⲘⲪⲒⲂⲞⲖⲒⲀ *f.* 의문, 반발

ⲀⲘⲪⲒⲂⲀⲖⲖⲈ 반발하다, 의문을 가지다

ⲀⲘⲎⲚ ἀμήν ⲀⲘⲔ⸗ → ⲰⲘⲔ̅

ⲀⲘⲘⲞⲤ 아모스

ⲀⲘⲚⲎⲤⲦⲒⲀ ἀμνηστία 은사, 대사

ⲀⲘⲚ̅ⲦⲈ *m.* 지옥, 죽은 자들의 세계 *cf.* ⲈⲘⲚ̅Ⲧ(Ⲉ)

ⲀⲘⲞⲒ → ϨⲀⲘⲞⲒ 제발 … !

ⲀⲘⲞⲨ → ⲈⲒ

ⲀⲘⲞⲨ, ⲀⲘⲎ, ⲀⲘⲎⲈⲒ(Ⲧ)Ⲛ̅, ⲀⲘⲢⲈ,

ⲀⲘⲢⲎⲨ 빵 굽는 사람

ⲀⲘⲢⲎϨⲈ *m.* 역청, 아스팔트

ⲀⲘⲰⲒⲚⲈ 오라!, 하자!

ⲀⲘⲤ-, ⲀⲘⲤ⸗ ⲰⲘⲤ̅ 잠기다

ⲀⲚ- *m.* 우두머리

ⲀⲚ- 집합 수량을 나타내는 접두사

ⲀⲚ, Ⲛ̅- … ⲀⲚ …이 아니다

ⲀⲚ, ⲀⲘ 다시 한 번, 역시, 여전히

ⲀⲚ-, ⲀⲚϬⲀⲘ 우두머리

ⲀⲚⲀⲂⲒⲂⲀⲌⲰⲚ ἀναβιβάζων 떠오르는

ⲀⲚⲀⲄⲔⲀⲒⲞⲤ 필수품

ⲀⲚⲀⲄⲔⲀⲌⲈ ἀναγκάζειν 강요하다

ⲀⲚⲀⲄⲔⲎ ἀνάγκη 필요성

ⲀⲚⲀⲄⲚⲰⲤⲦⲎⲤ ἀναγνώστης 독자, 낭독자

ⲀⲚⲀⲐⲈⲘⲀ *m.* 저주

ⲀⲚⲀⲐⲈⲘⲀⲦⲒⲌⲈ 저주하다

ⲀⲚⲀⲒ̈, ⲀⲚⲒⲦ†, ⲈⲚⲈ⸗ 기쁜, 즐거운, 선한

ⲀⲚⲀⲔⲢⲒⲚⲈ 조사하다

ⲀⲚⲀⲖⲀⲘⲂⲀⲚⲈ 올라가게 하다

ⲀⲚⲀⲖⲎ(Ⲙ)ⲮⲒⲤ *f.* ἀνάληψις 승천

ⲀⲚⲀⲘⲈⲖⲮ ἀναμέλψ 노래하다

ⲀⲚⲀⲠⲀⲨⲤⲒⲤ *f.* 휴식

ⲀⲚⲀⲤⲦⲀⲤⲒⲤ ἀνάστασις 부활

ⲀⲚⲀⲤⲦⲀ ἀναστῆναι 지속하다

ⲀⲚⲀⲤⲦⲢⲈⲪⲈ 살아가다, 오가다, 뒤엎다

ⲀⲚⲀⲤⲦⲢⲞⲪⲀⲨⲈ ἀναστροφή *pl.* 삶의 양태

ⲀⲚⲀⲦⲞⲖⲎ ἀνατολή 일출, 동쪽

ⲀⲚⲀⲨ 보라! → ⲚⲀⲨ 보다

ⲀⲚⲀⲪⲞⲢⲀ *f.* 제물, 제주, 제사

ⲀⲚⲀⲬⲰⲢⲈⲒ 은거하다

ⲀⲚⲀⲬⲰⲢⲎ ἀναχωρεῖν 후퇴, 은퇴, 묵상

ⲀⲚⲀⲬⲰⲢⲎⲤⲒⲤ *f.* 은둔지

ⲀⲚⲀⲬⲰⲢⲎⲦⲎⲤ *m.* 은둔자, 수도승

ⲀⲚⲀϢ *m., pl.* ⲀⲚⲀⲨϢ 서약

ⲀⲚⲀϨ 천의 가장자리

ⲀⲚ(Ⲁ)ϨⲦⲎⲨ 불다 *cf.* ⲦⲎⲨ

ⲀⲚⲄ- → ⲀⲚⲞⲔ 나, 나는

ⲀⲚⲆⲢⲈⲀⲤ 안드레아스

ⲀⲚⲆⲢⲈⲒⲀⲤ ἀνδριάς 상, 조상

ⲀⲚⲈ- → ⲰⲚⲈ

ⲀⲚⲈⲦⲰⲢ(Ⲧ) → ⲦⲰⲢⲦ̅

ⲀⲚⲈⲨ → ⲚⲈⲨ

ⲀⲚⲈⲬⲈ ἀνέχειν 경험하다, 고생하다, 견디다

ⲀⲚⲌⲎⲂⲈ → ⲀⲚⲤⲎⲂⲈ 학교

ⲀⲚⲌⲰⲚⲈ → ⲈⲚⲌⲰⲚⲎ 허리띠

ⲀⲚⲎϢ (L) *m.* 꽃다발

ⲁⲛⲏϣ (L) 맹세

ⲁⲛⲏϩⲉ 영원 *cf.* ϣⲁ ⲁⲛⲏϩⲉ 영원토록, ϣⲁⲛⲓ ⲁⲛⲏϩⲉ 영원히, ⲙⲛ̄ⲧϣⲁ ⲁⲛⲏϩⲉ *f.* 영원

ⲁⲛⲓ⁻, ⲁⲛⲓ⸗ ⲉⲓⲛⲉ 가져오다

ⲁⲛⲓⲕⲁⲙ *m.* 황산구리

ⲁⲛⲓⲛⲉ → ⲉⲓⲛⲉ

ⲁⲛⲓⲧ† → ⲁⲛⲁⲓ

ⲁⲛⲟⲏⲧⲟⲥ 어리석은, 이성이 결여된

ⲁⲛⲟⲕ *m.f.*, ⲁⲛⲅ̄⁻ 나, 나는

ⲁⲛⲟⲙⲉⲓ 죄를 짓다, 불법을 행하다

ⲁⲛⲟⲙⲓⲁ ἀνομία 치안부재, 죄악

ⲁⲛⲟⲙⲟⲥ ἄνομος 무법

ⲁⲛⲟⲙⲱⲥ 불법으로

ⲁⲛⲟⲛ *m. f.*, ⲁⲛ(ⲛ)⁻ 우리

ⲁⲛⲟⲩⲣ̄ϣⲉ → ⲟⲩⲣ̄ϣⲉ

ⲁⲛⲟⲭⲏ *f.* 기다림, 여가, 지체

ⲁⲛⲥⲏⲃⲉ, ⲁⲛⲥⲏⲃ, ⲁⲛⲍⲏⲃⲉ *f.* 학교

ⲁⲛⲥⲙ̄ⲙⲉ 명령, 지시 *cf.* ⲥⲙ̄ⲙⲉ

ⲁⲛⲧⲁϣ *m.* 재채기

ⲁⲛⲧⲉⲗⲙ, ⲁⲛⲧⲏⲗⲙ *m.* 두개골, 머리

ⲁⲛⲧⲓ ἀντί ~에 대하여

ⲁⲛⲧⲓⲅⲣⲁⲫⲟⲛ *m.* 복사, 필사

ⲁⲛⲧⲓⲇⲓⲕⲟⲥ ἀντίδικος 대적자

ⲁⲛⲧⲓⲇⲟⲧⲟⲥ ἀντίδοτος 해독제

ⲁⲛⲧⲓⲕⲉⲓⲙⲉⲛⲟⲥ *m.* 대적자, 적

ⲁⲛⲧⲓⲗⲉⲅⲉ 항의하다, 반론을 펴다

ⲁⲛⲧⲓⲗⲟⲅⲓⲁ *f.* 반대, 항의, 반론

ⲁⲛⲧⲓⲭⲣⲓⲥⲧⲟⲥ ἀντίχριστος 적그리스도

ⲁⲛϣ̄† → ⲱⲛϣ̄

ⲁⲛϣⲉⲩⲗⲉ 뱀장어

ⲁⲛϣⲧⲏⲩ 불다 *cf.* ⲧⲏⲩ

ⲁⲛϩ̄ → ⲟⲛϩ̄ 대 저택의 뜰

ⲁⲛϩ̄† → ⲱⲛϩ̄

ⲁⲛϩⲁⲗⲓⲥⲕⲉ 지출하다, 잃다

ⲁⲛϩⲁⲗⲱⲙⲁ *m.* 지출, 삯, 손실

ⲁⲛϫⲓⲣ *m.* 비누

ⲁⲛϫⲱϫ *m.* 두목 → ϫⲱϫ 머리

ⲁⲝⲓⲟⲥ 자격이 있는

ⲁⲝⲓⲟⲩ 적절하다고 판단하다, 권장하다

ⲁⲝⲓⲱⲙⲁ ἀξίωμα 추정하다

ⲁⲝⲓⲱⲙⲁⲧⲓⲕⲏ ἀξιωματικός 훌륭한

ⲁⲟⲩⲉⲛ → ⲟⲩⲉⲛ

ⲁⲟⲩⲏⲧ *m.* 모임, 회중

ⲁⲡ⸗ → ⲱⲡ 계산하다

ⲁⲡⲁ *m.* 수도원장, 신부 *cf.* ⲡⲁⲡⲁⲥ

ⲁⲡⲁⲓⲧⲏⲧⲏⲥ ἀπαιτητής 채권자

ⲁⲡⲁⲛⲧⲁ ἀπαντᾶν 만나다

ⲁⲡⲁⲣⲛⲁ 거부하다, 부인하다

ⲁⲡⲁⲣⲭⲏ ἀπαρχή 첫 결실, 만물

ⲁⲡⲁⲥ → ⲁⲥ 오래된, 낡은

ⲁⲡⲁⲧ *m.* 컵

ⲁⲡⲁⲧⲁ 속이다

ⲁⲡⲁⲧⲏ ἀπάτη 사기

ⲁⲡⲁⲧⲟⲟⲧ⸗ 도움 → ⲧⲱⲣⲉ 손

ⲁⲡⲁϭⲉ ⲟⲩⲃⲉ⁻ 대적하다

ⲁⲡⲉ *f.*, *pl.* ⲁⲡⲏⲩⲉ 머리, 우두머리, 정상

ⲁⲡⲉⲓ *m.* 주홍빛

ⲁⲡⲓⲗⲉ 위협하다 (ⲛⲁ⸗)

ⲁⲡⲓⲥⲧⲟⲥ 불신자

ⲁⲡⲓⲧⲛ(ⲉ) → ϊⲧⲛ̄

ⲁⲡⲟ⁻ 이전의, 오래된

ⲁⲡⲟⲃⲁⲗⲥⲁⲙⲟⲛ ἀποβάλσαμον 향고, 봉숭아

ⲁⲡⲟⲇⲏⲙⲉⲓ 여행을 떠나다, 부재하다

ⲁⲡⲟⲇⲏⲙⲏ ἀποδημεῖν 출발하다

ⲁⲡⲟⲇⲏⲙⲓⲁ ἀποδήμια 해외의, 이방, 출발

ⲁⲡⲟⲑⲏⲕⲏ ἀποθήκη 저장소, 납골당

ⲁⲡⲟⲕⲁⲑⲓⲥⲧⲁ 다시 데려오다, 회복시키다, 돌려보내다, 부족분을 지불하다

ⲁⲡⲟⲕⲁⲗⲩⲯⲓⲥ ἀποκάλυψις 계시

ⲁⲡⲟⲗⲁⲩⲉ ἀπολαύειν 즐기다

ⲁⲡⲟⲗⲁⲩⲥⲓⲥ *f.* 향유, 행복

ⲁⲡⲟⲗⲟⲅⲓⲁ ἀπολογία 방어하다

ⲁⲡⲟⲗⲟⲅⲓⲍⲉ 계산하다, 지불하다, 정당화시키다

ⲁⲡⲟ..ⲓⲁ ἀπόρροια 유출하는

ⲁⲡⲟⲛⲟⲓⲁ *f.* 이성에 반하는 일, 미친 짓

ⲀⲠⲞⲢⲈⲒ 지식의 결여, 무지

ⲀⲠⲞⲢⲒⲀ *f.* 부족, 결핍, 가난

ⲀⲠⲞⲢⲢⲞⲒⲀ *f.* 배출, 유출, 경과, 흐름

ⲀⲠⲞⲤⲈⲐⲎⲦⲞⲤ, ⲀⲠⲞⲤⲈⲐⲎⲦⲎⲤ *m.* 구전 종교 문서나 그 내용

ⲀⲠⲞⲤⲔⲈⲨⲎ *f.* 짐, 장비

ⲀⲠⲞⲤⲦⲀ 거리를 두다, 포기하다

ⲀⲠⲞⲤⲦⲀⲤⲒⲀ *f.* 배교, 탈퇴

ⲀⲠⲞⲤⲦⲀⲦⲎⲤ m. 배교자

ⲀⲠⲞⲤⲦⲞⲖⲎ ἀποστολή 사도직

ⲀⲠⲞⲤⲦⲞⲖⲞⲤ ἀπόστολος 사도

ⲀⲠⲞⲤⲨⲚⲀⲄⲰⲄⲞⲤ 회당에서의 추방

ⲀⲠⲞⲦ *m., pl.* **ⲀⲠⲎⲦ** 컵, 유리잔

ⲀⲠⲞⲦⲀⲤⲤⲈ ἀποτάσσεσθαι 포기하다

ⲀⲠⲞⲨⲰϩⲘⲈ → ⲞⲨⲰϩⲘⲈ

ⲀⲠⲞⲪⲀⲤⲒⲤ ἀπόφασις 심판

ⲀⲠⲢⲎⲦⲈ *f.* 순간

ⲀⲠⲤ̄ *f.* 수 *cf.* *ⲱⲡ* 셈하다

ⲀⲠϢⲞⲞⲤ → ⲠⲀϢⲞⲚⲤ

[ⲀⲠ]ϪⲒ ⲚϪⲎ → ϪⲒ, ϪⲎ

ⲀⲢⲀ⸗ → Ⲁ-

ⲀⲢⲀ 진실로, 아마도

ⲀⲢⲀ *m.* 작위

ⲀⲢⲀ *f.* 반지나 귀금속의 일종

ⲀⲢⲀ ἆρα 의문조사

ⲀⲢⲀⲨ *m.* **ⲤⲀⲢⲀⲢⲀⲨ** *m.* 짚

ⲀⲢⲀϢ (F) *m.* 추운

ⲀⲢⲂ† → ⲰⲢⲈⲂ 둘러싸다

ⲀⲢⲄⲞⲚ 태만한

ⲀⲢⲄⲞⲤ ἀργός 게으름뱅이

ⲀⲢⲈ *m.* 물병, 두레박

ⲀⲢⲈ 식물의 일종

ⲀⲢⲈⲤⲔⲈ 기쁘게 하다 (**ⲚⲀ⸗**)

ⲀⲢⲈⲦ⸗, ⲀⲢⲈⲦ ⲦⲎⲚⲈ → ⲢⲈⲦ⸗

ⲀⲢⲈⲦⲎ ἀρετή 우수함, 뛰어남

ⲀⲢⲈⲨ → ⲈⲨ

ⲀⲢⲈϩ → ϩⲀⲢⲈϩ 지키다

ⲀⲢⲎⲂ, (Ⲉ)ⲢⲎⲂ *m.* 저당, 보증, 급료

ⲀⲢⲎⲨ 아마도

ⲀⲢⲎⲨ, ⲈⲢⲎⲨ 아마도, 누가 알랴 …?

ⲀⲢⲎϪ⸗ 극지, 한계점

ⲀⲦⲀⲢⲎϪϤ̄ 무한한, 경계가 없는

ⲀⲢⲒ-, ⲀⲢⲒ⸗ → ⲈⲒⲢⲈ 하다

ⲀⲢⲒⲐⲘⲞⲤ ἀριθμός 수리적인

ⲀⲢⲒⲔⲈ *m.* 모독, 잘못 *cf.* ***ϬⲚ̄ ⲀⲢⲒⲔⲈ*** 비난하다, 꾸짖다, ***ⲢⲈϤϬⲚ̄ ⲀⲢⲒⲔⲈ*** 질책자, 엄격한 사람

ⲀⲢⲒⲘ 바다에 서식하는 식물의 일종

ⲀⲢⲚ̄- → ⲢⲞ

ⲀⲢⲚⲀ 부인하다

ⲀⲢⲚⲈ ἀρνεῖσθαι 부인하다

ⲀⲢⲚⲎⲦⲎⲤ ἀρνητής 부인하는 자

ⲀⲢⲞⲞⲨⲈ, ⲀⲢⲰⲞⲨ 엉겅퀴

ⲀⲢⲞⲞⲨⲈ → ⲢⲞⲞⲨⲈ 초가집

ⲀⲢⲞⲨ, *pl.* **ⲀⲢⲞⲞⲨⲈ → ⲀⲖⲰ** 눈동자

ⲀⲢⲞⲨϩⲈ → ⲢⲞⲨϩⲈ 저녁

ⲀⲢⲞϢ 차가와지다, 추위, 두려움

ⲀⲢⲦⲞⲂ → Ⲣ̄ⲦⲞⲂ 측량단위

ⲀⲢⲬⲀⲒⲞⲤ ἀρχαῖος 오래된

ⲀⲢⲬⲈⲒ (Ⲉ-) 시작하다, 명령하다, 이끌다 *cf.* ***ⲀⲢⲬⲈⲒⲤⲐⲈ*** 시작하다

ⲀⲢⲬⲒⲤⲐⲀⲒ ἄρχεσθαι 시작하다

ⲀⲢⲬⲎ ἀρχή 태초, 시원

ⲀⲢⲬⲎⲀⲄⲄⲈⲖⲞⲤ *m.* 천사장

ⲀⲢⲬⲎⲄⲞⲤ ἀρχηγός 지도자

ⲀⲢⲬⲎⲈⲠⲒⲤⲔⲞⲠⲞⲤ *m.* 대주교

ⲀⲢⲬⲒⲆⲒⲀⲔⲞⲚⲞⲤ *m.* 집사장

ⲀⲢⲬⲒⲆⲒⲔⲀⲒⲞⲤ ἀρχιδίκαιος 첫 의인

ⲀⲢⲬⲒⲈⲘⲠⲞⲢⲞⲤ ἀρχιεμπορός 상인 우두머리

ⲀⲢⲬⲒⲈⲢⲈⲨⲤ *m.* 대제사장, 교황

ⲀⲢⲬⲒⲌⲰⲄⲢⲀⲪⲞⲤ ἀρχιζωγράφος 수석 조각가

ⲀⲢⲬⲒⲘⲀⲚⲆⲢⲒⲦⲎⲤ *m.* 그리스 정교의 수도원장

ⲀⲢⲬⲒⲤⲨⲚⲀⲄⲰⲄⲞⲤ *m.* 회당장

ⲀⲢⲬⲒⲦⲈⲔⲦⲰⲚ ἀρχιτέκτων 건축가

ⲀⲢⲬⲒⲪⲨⲖⲀⲜ ἀρχιφύλαξ 수석 간수

ⲀⲢⲬⲞⲚⲦⲒⲔⲎ ἀρχοντική 지배 세력

ⲁⲣⲭⲱⲛ ἄρχων *m.* 영적 지배자, 아르콘 *cf.* *ⲁⲣⲭⲟⲛⲧⲓⲕⲏ* *f.* 아르콘 집단

ⲁⲣⲱ → **ⲟⲩⲣⲱ** 강낭콩

ⲁⲣϣⲓⲛ *m.* 렌즈콩 *cf.* **ⲁⲣϣⲁⲛ** 피부의 반점, 주근깨

ⲁⲣϥ† → **ⲱⲣⲉⲃ** 미워하다, 싫어하다

ⲁⲣϫ-, ⲁⲣϫ⸗, ⲁⲣϫ† → **ⲱⲣϫ** 단단한

ⲁⲥ, ⲁⲡⲁⲥ 오래된

ⲁⲥⲁⲓ, ⲁⲥⲱⲟⲩ†, ⲁⲥⲓ̈ⲱⲟⲩ† 편안한, 한숨 놓은, 건강한

ⲁⲥⲉ (L) 손실 *cf.* **ϯ ⲁⲥⲉ** 잃다, 상실하다

-ⲁⲥⲉ → **ⲥⲟⲟⲩ** 여섯

ⲁⲥⲉⲃⲏⲥ ἀσεβής 불경한

ⲁⲥⲏⲣ *m.* 저장 음식

ⲁⲥⲑⲉⲛⲓⲁ *f.* 허약함

ⲁⲥⲑⲉⲛⲏⲥ 노약자, 병약자

ⲁⲥⲓⲕ, ⲥⲓⲕ *m.* 주기적인 발열

ⲁⲥⲓ̈ⲱⲟⲩ† → **ⲁⲥⲁⲓ̈**

ⲁⲥⲕ̅† → **ⲱⲥⲕ̅** 느린

ⲁⲥⲕⲉ *f.* 지체, 늦어짐 *cf.* *ⲱⲥⲕ̅.*

ⲁⲥⲕⲉⲓ 고행하다

ⲁⲥⲕⲏ ἀσκεῖν 일하다

ⲁⲥⲕⲏⲙⲟⲛⲉⲓ 언행이 단정치 못한

ⲁⲥⲕⲏⲥⲓⲥ ἄσκησις 훈련

ⲁⲥⲕⲏⲧⲏⲥ *f.* 고행자, 금욕자

ⲁⲥⲕⲟⲥ ἀσκός 포도주 부대

ⲁⲥⲟⲩ *f.* 가격

ⲁⲥⲟⲩⲣ (L) 외양간

ⲁⲥⲡⲁⲍⲉ ἀσπάζεσθαι 포옹하다, 환영하다

ⲁⲥⲡⲁⲥⲙⲟⲥ ἀσπασμός 포옹, 인사

ⲁⲥⲡⲉ *f.* 언어, 방언

ⲁⲥⲥⲩⲣⲓⲟⲥ 앗시리아인

ⲁⲥⲧⲉⲓⲟⲥ 예쁜, 아담한, 교육을 받은

ⲁⲥⲫⲁⲗⲓⲁ *f.* 확실함, 보험, 믿을만한 문서

ⲁⲥⲭⲏⲙⲟⲥⲩⲛⲏ *f.* 추잡, 외설, 성기

ⲁⲥϩ⸗ → **ⲱⲥϩ̅**

ⲁⲥϩϥ̅ *m.* 낫 *cf.* *ⲱϩⲥ̅*

ⲁⲥϭ̅ *m.* 삽, 가래

ⲁⲧ- 결핍이나 부정을 나타내는 접두사

ⲁⲧⲃⲉⲥ → **ⲁϭⲃⲉⲥ** *cf.* *ⲱϭⲃ̅*

ⲁⲧⲉ *f.* 자궁 *cf.* *ⲕⲁⲗⲁϩⲏ, ⲙⲏⲧⲣⲁ*

ⲁⲧⲉ 그물

ⲁⲧⲓⲙⲁⲍⲉ ἀτιμάζειν 불명예스럽게 하다

ⲁⲧⲓⲙⲓⲁ ἀτιμία 불명예

ⲁⲧⲕⲁⲥ → **ⲁⲗⲧⲕⲁⲥ** 골수, 골

ⲁⲧⲕⲉⲥ → **ⲕⲉⲥ**

ⲁⲧⲙⲉⲧ → **ⲧⲙⲉⲧ**

ⲁⲧⲛ̅ → **ⲧⲱⲣⲉ**

ⲁⲧⲛ̅ ⲣⲉⲧ → **ⲁⲧ, ⲉⲓⲛⲉ, ⲣⲉⲧ⸗**

ⲁⲧⲟ, ⲁⲧⲉ- *m.* 다량, 대중

ⲁⲧⲟ 다량

ⲁⲧⲟ → **ⲧⲟ**

ⲁⲧⲟⲟⲧ⸗, ⲁⲧⲟⲧ⸗ → **ⲧⲱⲣⲉ**

ⲁⲧⲟⲩⲱ⸗ → **ⲧⲟⲩⲱ⸗**

ⲁⲧⲡ⸗, ⲁⲧⲡ̅† → **ⲱⲧⲡ̅** 짐 지우다

ⲁⲧⲡ⸗, ⲁⲧⲡ̅† → **ⲱⲧⲡ̅** 가두다

ⲁⲧⲡⲉ → **ⲡⲉ**

ⲁⲧϣⲁⲗ 이가 빠지다 → **ϣⲟⲗ** 이, 치아

ⲁⲧϩ̅† → **ⲱⲧϩ̅**

ⲁⲧϩⲉ 천으로 된 의복 → **ⲱⲧϩ̅** 직조하다

[ⲁⲧϩⲏ], ⲁⲑⲏ → **ϩⲏ**

ⲁⲧϩⲏⲧ → **ⲁⲧ, ϩⲏⲧ**

ⲁⲩ, ⲁⲩⲉⲓ(ⲥ) 가져오라!, 자, 어서!

ⲁⲩⲁⲛ, ⲁⲩⲉⲓⲛ *m.* 색 *cf.* *ⲁⲩⲁⲛ ⲛ̅ⲕⲣⲓⲛⲟⲛ* κρινοχροος 흰색 *ⲁⲩⲁⲛ ⲛ̅ⲉⲃⲓⲱ* μελιχροος 황갈색 *ⲁⲩⲁⲛ ⲙ̅ⲡⲧⲁϩⲧ* μολυβδωθης 진회색 *ⲁⲩⲁⲛ ⲙ̅ⲡⲏⲣⲡ̅* οινοχροος 자주색 *ⲁⲩⲁⲛ ⲛ̅ⲏϭⲉ* πράσινος 초록색 *ⲁⲩⲁⲛ ⲛ̅ⲧⲡⲉ* 푸른색 *ⲁⲩⲁⲛ ⲛ̅ⲥⲟⲩⲟ* σιτοκροος 노란색 *ⲁⲩⲁⲛ ⲛ̅ⲕⲣ̅ⲙⲉⲥ* σποδαιδης 연회색 *ⲁⲩⲁⲛ ⲛ̅ⲭⲓⲱⲛ* χιονωδης 순백색 *ⲁⲩⲁⲛ ⲙ̅ⲡⲛⲟⲩⲃ* χρυσοχροος 황금색 *ⲁⲩⲁⲛ ⲙ̅ⲡⲓⲛ* ψαρος 회백색 *ⲁⲩⲁⲛ ⲙ̅ⲡⲕⲱϩⲧ̅* πυρινος 주홍색 *ⲁⲩⲓⲛ ⲁⲩⲁⲛ* ποικιλος 알록달록한 *ⲣ̅ ⲁⲩⲁⲛ ⲙ̅ⲡⲏⲣϣ* ξανθιζειν 노랗게 되다 *ⲛ̅ⲁⲩⲉⲓ ⲁⲩⲁⲛ* 온갖 색깔의

ⲁⲩⲁⲛ, ⲁⲩⲓ̈ⲛ, ⲉⲟⲩⲓ̈ⲛ *m.* 뱃짐, 화물 *cf.* *ϫⲉⲟⲩⲓ̈ⲛ* 짐을 반만 실은

ⲁⲩⲉⲓⲛ, ⲁⲩⲁⲛ *m.* 뱃짐, 화물

ⲁⲩⲉⲓⲥ 가져오라! → **ⲁⲩ**

ⲁⲩⲉⲛ → **ⲟⲩⲉⲛ**

ⲁⲩⲏⲧ *m.* 회중, 모임 *cf.* ⲁⲟⲩⲏⲧ

ⲁⲩⲑⲁⲇⲏⲥ 거만한

ⲁⲩⲑⲉⲛⲧⲓⲁ *f.* 권위, 권력

ⲁⲩⲗⲏ αὐλή 회랑

ⲁⲩⲗⲟⲥ αὐλός 관

ⲁⲩⳅⲁⲛⲉ 늘어나다, 성장하다

ⲁⲩⲟⲩⲉⲛ → ⲟⲩⲉⲛ

ⲁⲩⲧⲟⲕⲣⲁⲧⲱⲣ *m.* 큰 인물, 큰 지도자, 황제

ⲁⲩⲧⲟⲩ αὐτοῦ 그러한

ⲧⲟⲩ ⲁⲩⲧⲟⲩ 동일한

ⲁⲩⲱ 그리고, 또한

ⲁⲫⲑⲁⲣⲧⲟⲥ 썩지 않는

ⲁⲫⲑⲟⲣⲟⲥ ἄφθορος 불사의

ⲁⲫⲟⲣⲙⲏ *f.* 원인, 가정, 기회

ⲁⲭⲁⲧⲏⲥ *m.* 마노

ⲁϣ 무엇? 어떤?

ⲛ̄ⲁϣ ⲛ̄ϩⲉ 어떻게

ⲁϣ *m.*용광로

ⲁϣ- ,ⲁϣ⸗ → ⲱϣ 외치다, 읽다

ⲁϣ ⲧⲁⲡ 나팔을 불다 *cf.* ⲁϣ ⲟⲉⲓϣ 선포하다 ⲁϣ ⲁϩⲟⲙ 한숨 쉬다 ⲁϣⲕⲁⲕ 외치다 ⲁϣⲁⲗ *m.* 외침, 명성 ⲁϣ ϭⲁⲡ 소리치다

ⲁϣ-, ⲁϣ† → ⲁϣⲉⲓ̈

ⲁϣⲁⲓ, ⲟϣ† 많아지다, 늘어나다 *cf.* ⲁϣⲏ *f.* 다수 ⲛⲁϣⲉ-, ⲧⲁϣⲟ

ⲁϣⲉ† → ⲉⲓϣⲉ 매달려있다

ⲁϣⲉⲓ̈ 많아지다 *cf.* ⲁϣⲉⲓ̈ⲧⲉ 많은 ⲁϣⲉⲓ̈ 군중 ⲁϣⲓⲣⲉ (ⲁϣⲁⲓ+ⲉⲓⲣⲉ) 부지런한 사람 ⲙⲛ̄ⲧⲁϣⲓⲣⲉ 바쁜 일 ⲡⲉⲧⲁϣⲓⲣⲉ 부지런함

ⲁϣⲉⲓ̈ⲧⲉ → ⲁϣⲉⲓ̈

ⲁϣⲉⲗ *m.* 신음, 외침, 명성 *cf.* ⲱϣ 외치다

ⲁϣⲓⲣⲉ → ⲁϣⲉⲓ̈

ⲁϣⲧ- → ⲉⲓϣⲉ 매달려있다

ⲁϣϭ⸗ → ⲱⲥϭ 기름 붓다

ⲁϣϭⲏⲗ → ϭⲏⲗ

ⲁϥ *m., pl.* ⲁϥⲟⲩⲓ 살, 고기 *cf.* ⲥⲁ ⲛ̄ⲁϥ 고기 장수 ϣⲁⲧⲁϥ 백정

ⲁϥ *m.f.* 파리 *cf.* ⲁϥ ⲛ̄ⲉⲃⲓⲱ 꿀벌

[ⲁ]ϥⲣⲉ† → ⲱⲣⲃ

ⲁϥⲧ⸗, ⲁϥⲧ̄† → ⲱϥⲧ̄ 못박다

ⲁϥⲧⲉ → ϥⲧⲟⲟⲩ 넷

ⲁϩ, ⲱϩ 오호!

ⲁϩⲁ → ⲉϩⲉ 그렇다

ⲁϩⲁⲛ 또한, 역시

ⲁϩⲉ† → ⲱϩⲉ 우뚝 서다

ⲁϩⲉ ⲣⲁⲧ⸗ → ⲱϩⲉ

ⲁϩⲉ *m.* 생의 기간, 존재 *cf.* ϣⲁⲣⲁϩⲉ 하루살이의

ⲁϩⲏ (L) 그래, 물론

ⲁϩⲏⲩ 벗은 → ⲕⲱⲕ ⲁϩⲏⲩ 벗기다

ⲁϩⲛ̄- → ⲁϩⲁⲛ 그리고, 역시

ⲁϩⲟ *m., pl.* ⲁϩⲱⲱⲣ 보물

ⲁϩⲟⲙ *m.* 한탄 *cf.* ⲁϣ ⲁϩⲟⲙ 한숨 쉬다

ⲁϩⲟⲣⲁⲧⲟⲥ 보이지 않는

ⲁϩⲟⲩⲛ → ϩⲟⲩⲛ

ⲁϩⲱⲙ *m.* 독수리

ⲁϩⲱⲱⲣ *pl.* → ⲁϩⲟ 보물

ⲁϩⲣⲁ⸗ 왜?

ⲁϩⲣ(ⲉ) *m.* 늪지대

ⲁϩⲣⲉ⸗ → ⲁϩⲣⲛ̄-

ⲁϩⲣⲏⲓ̈ 위에 → ϩⲣⲏⲓ̈ 상부

ⲁϩⲣⲛ̄-, ⲁϩⲣⲉ⸗ → ϩⲟ

ⲁϩⲣⲟ⸗ 왜?

ⲁϩⲣ̄ⲧⲁⲩ (L) 가마, 풀무

ⲁϩⲥ⸗, ⲁϩⲥϥ̄ → ⲱϩⲥ̄

ⲁϩⲱⲙ *m.* 독수리

ⲁϫⲉ 일격

ⲁϫⲓ-, (ⲁ)ϫⲓ⸗ → ϫⲱ 말하다

ⲁϫⲛ̄-, ⲁϫⲛ̄ⲧ⸗ ~없이

ⲁϫⲛ̄- → ϫⲱ⸗ 머리, 꼭대기

ⲁϫⲛⲉ⸗ → ⲱϫⲛⲉ

ⲁϫⲡ̄- → ϫⲡ̄- 시각

ⲁϫⲱ⸗ → ⲁϫⲛ̄-

ⲁϫⲱ → ⲉϫⲱ 집게

ⲁϭⲁⲛ 항아리 받침

ⲁϭⲃⲉ† → ⲱϭⲃⲉ

ⲁϭⲃⲉⲥ, ⲁⲧⲃⲉⲥ *f.* 습기 *cf.* ⲱϭⲃ̄

ⲁϭⲟⲗⲧⲉ, ⲁⲕⲟⲗⲧⲉ *f.* 수레

ⲃ ⲅ ⲇ ⲉ ⲍ ⲏ ⲑ ⲓ ⲕ ⲗ ⲙ ⲛ ⳅ ⲟ ⲡ ⲣ ⲥ ⲧ ⲩ ⲫ ⲭ ⲯ ⲱ ϣ ϥ ϩ ϫ ϭ ϯ

ⲁϭⲟⲛ 항아리 받침

ⲁϭⲣⲏⲛ, ⲁⲧϭⲣⲏⲛ *f.* 메마른, 무자의

ⲁϭⲧ⸗ → **ⲱϭⲧ̄** 목 조르다

ⲁϯⲙⲓⲁ → **ⲁⲧⲓⲙⲓⲁ**

ⲃ ⲅ ⲇ ⲉ ⲍ ⲏ ⲑ ⲓ ⲕ ⲗ ⲙ ⲛ ⲝ ⲟ ⲡ ⲣ ⲥ ⲧ ⲩ ⲫ ⲭ ⲯ ⲱ ϣ ϥ ϩ ϫ ϭ ϯ

Ⲃ

ⲂⲀ → **ⲂⲀⲈ(Ⲓ)** 야자수

ⲂⲀ-, ⲂⲈ-, ⲠⲈ- → **ⲂⲈⲚⲒⲠⲈ** 철 *cf.* ⲂⲀⲢⲰⲦ 구리 ⲂⲀⲤⲚ̄Ϭ 주석

ⲂⲀⲀⲂⲈ, ⲂⲀⲂⲰ-, ⲂⲀⲂⲰⲰ⸗, ⲂⲀⲂⲰ†, ⲂⲀⲂⲞⲦ† 무미건조한, 하찮은, 무시할만한, 바보 같은, 무시하다

ⲂⲀⲀⲘⲠⲈ, ⲂⲀⲀⲘⲠ- 염소, 숫양

ⲂⲀⲀⲢⲈ 선박의 일종

ⲂⲀⲂⲈ- 무시하다, 멸시하다

ⲂⲀⲂⲈ 하찮은, 바보 같은

ⲂⲀⲂⲨⲖⲰⲚ 바빌론

ⲂⲀⲂⲨⲖⲰⲚⲒⲞⲤ 바빌로니아인

ⲂⲀⲂⲨⲖⲰⲚⲒⲔⲞⲚ βαβυλωνικόν 마구

ⲂⲀⲈ(Ⲓ) *m., pl.* **ⲂⲀЇⲈ** 야자, 야자수 가지

ⲂⲀⲐⲘⲞⲤ βαθμός 계급

ⲂⲀⲒ *m.* 올빼미의 일종

ⲂⲀⲒ → **ϨⲢⲞⲨ(Ⲃ)ⲂⲀⲒ** 천둥 *cf.* ϨⲢⲞⲞⲨ

ⲂⲀЇ- → **ⲂⲒ**

ⲂⲀЇⲈ- → **ⲂⲀⲈ**

ⲂⲀЇⲚⲈ (L) 하프 *cf.* ϪⲀⲦⲂⲀЇⲚⲈ 하프 연주자

ⲂⲀЇⲦ *m.* 황소

ⲂⲀⲔⲈ, ⲂⲞⲔⲒ 임신

ⲂⲀⲔⲘⲀⲦⲞⲨ 독을 뿜는 → **ⲂⲰⲔ** 내뱉다, **ⲘⲀⲦⲞⲨ** 독

ⲂⲀⲔϢⲀⲀⲢ 무두질하는 사람 → **ⲂⲰⲔⲈ** 무두질하다, **ϢⲀⲀⲢ** 가죽

ⲂⲀⲖ *m.* 눈알 *cf.* ⲀⲦⲂⲀⲖ 파렴치한, 뻔뻔한 ⲠⲈⲦⲈⲞⲨⲚ̄ⲦⲀϤ Ⲛ̄ⲞⲨⲂⲀⲖ Ⲛ̄ⲞⲨⲰⲦ 외눈박이, 애꾸눈

ⲂⲀⲖ- → **ⲂⲰⲖ**

ⲂⲀⲖ *m.* 외부, 겉 *cf.* ⲀⲂⲀⲖ 바깥의, 철저히 ⲀⲂⲀⲖ ϨⲚ̄ 너머로 ⲀⲂⲎⲖ Ⲁ- 이외에 ⲠⲂⲖ̄ 바깥 ⲠⲤⲀⲚⲂⲀⲖ 외부 Ⲣ̄ ⲂⲀⲖ 도망치다 Ⲣ̄ ⲠⲂⲀⲖ 나가다 Ⲛ̄ⲂⲀⲖ 외부 ⲤⲀⲂⲖ̄ⲖⲈ 제외하고 ϨⲒⲂⲀⲖ 바깥 ϯ ⲀⲂⲀⲖ 팔아치우다

ⲂⲀⲖⲂⲖ̄ 캐내다, 파다

ⲂⲀⲖⲔ → **ⲂⲰⲖⲔ**

ⲂⲀⲖⲞⲦ → **ⲘⲎⲖⲰⲦⲎ** 양피

ⲂⲀⲖⲰⲦ → **ⲂⲀⲢⲰⲦ** 구리

ⲂⲀⲖϨⲎⲦ 순진한, 단순한, 솔직한 → **ⲂⲰⲖ** 풀다, **ϨⲎⲦ** 심장

ⲂⲀⲖϨⲒⲔ → **ⲂⲰⲖ, ϨⲒⲔ**

ⲂⲀⲘⲠⲈ 염소

ⲂⲀⲚⲒⲠⲈ *m.* 철, 쇠붙이

ⲂⲀⲚ ϢⲀЇ → **ⲂⲰⲰⲚ, ϢⲀЇ**

ⲂⲀⲠⲦⲒⲌⲈ 세례를 베풀다

ⲂⲀⲠⲦⲒⲤⲘⲀ βάπτισμα 세례단

ⲂⲀⲠⲦⲒⲤⲦⲎⲤ βαπτιστής 세례파

ⲂⲀⲢⲂⲀⲢⲞⲤ βάρβαρος 외국인, 미개인

ⲂⲀⲢⲈ† → **ⲂⲰⲰⲢⲈ**

ⲂⲀⲢⲈⲒ 과도하게 짐을 싣다, 무겁게 하다

ⲂⲀⲢⲞⲤ βάρος 무게

ⲂⲀⲢⲰⲦ, ⲂⲀⲖⲰⲦ *m., pl.* **ⲂⲀⲢⲀⲦⲈ** 놋쇠

ⲂⲀⲢⲰϨ *m., pl.* **ⲂⲀⲢⲀϨⲈ** 짐바리 동물

ⲂⲀⲤⲀⲚⲒⲌⲈ βασανίζειν 고문하다

ⲂⲀⲤⲀⲚⲞⲤ βάσανος 고문

ⲂⲀⲤⲒⲤ *f.* 기초, 발등, 초석

ⲂⲀⲤⲒϬ → **ⲂⲀⲤⲚ̄Ϭ** 주석

ⲂⲀⲤⲚ̄Ϭ, ⲂⲀⲤⲒϬ *m.* 주석 *cf.* ⲂⲀ-

ⲂⲀⲦ- *p.c.* → **ϤⲰⲦⲈ** 지우다

ⲂⲀⲦⲈ *f.* 질색, 증오

ⲂⲀⲨ *m.* 무덤, 작은 동산

ⲂⲀϢ⸗ → **ⲂⲰϢ**

ⲂⲀϢⲞⲢ (m.) *f., pl.* ⲂⲀϢⲞⲞⲢ 여우

ⲂⲀϢⲞⲨⲢ (m.) *f.* 톱

ⲂⲀϢⲞⲨϢ *m.* 운향

ⲂⲀϨ, ϤⲀϨ 남근 *cf.* ⲘⲀϨ ...앞에

ⲂⲀϨⲚ̅† → ⲂⲰϨⲚ̅

ⲂⲀϨⲤⲈ *f.* 어린 암소

ⲂⲀϬ⸗, ⲂⲀϬⲈ† → ⲂⲰϬⲈ

ⲂⲀϬⲤ† → ⲂⲰϬⲤ̅

Ⲃ̅ⲂⲢⲎϬⲈ → ⲈⲂⲢⲎϬⲈ 빛을 비추다

ⲂⲈⲂⲀⲒⲞⲨ 안심하다, 확신하다

ⲂⲈⲂⲈ 분출하다, 솟다

ⲂⲈⲈⲂⲈ 분출하다, 넘치다

ⲂⲈⲈⲢ (L) 광주리

ⲂⲈⲈⲢⲈ- → ⲂⲰⲰⲢⲈ

ⲂⲈⲔⲈ *m., pl.* ⲂⲈⲔⲎⲨⲈ 삯, 봉급 *cf.* ϪⲀⲒⲂⲈⲔⲈ 봉급자, 용병.

ⲂⲈⲔⲈ *f.* 구토

ⲂⲈⲔⲚⲈ *f.* 바퀴, 족제비

ⲂⲈⲖ (L) *m.* 눈, 눈알 *cf.* ϪⲀⲖ ⲂⲈⲖ 눈멀다

ⲂⲈⲖ- → ⲂⲰⲖ

ⲂⲈⲖⲎ 얽혀들다

ⲂⲈⲚⲒⲠⲈ, ⲠⲈⲚⲒⲠⲈ, ⲠⲒⲚⲒⲠⲈ *m.* 철 *cf.* ⲂⲀ- 금속

ⲂⲈⲢⲈϬⲰⲞⲨⲦ → Ⲃ̅Ⲣ̅ϬⲞⲞⲨⲦ

ⲂⲈⲢⲎϨ (L) *m.* 창

ⲂⲈⳲⲈ, ⲂⲈϬⲤⲈ → ⲂⲰϬⲤ̅

ⲂⲈⲢⲈⲆⲀⲢⲒⲞⲤ *m.* 전령, 공문서

ⲂⲈⲢⲰ *f.* 소용돌이

ⲂⲈⲤⲚⲎⲦ *m., pl.* ⲂⲈⲤⲚⲀⲦⲈ 대장장이

ⲂⲈϢ- → ⲂⲰϢ

ⲂⲈϨ- → ⲂⲰϨ

ⲂⲈϨⲚ̅- → ⲂⲰϨⲚ̅

ⲂⲈϨⲰⲖ *f.* 대추야자수

ⲂⲈϬⲦ⸗ → ⲂⲒϬⲈ

ⲂⲎ *f.* 무덤

ⲂⲎⲂ *m.* 동굴, 굴혈

ⲂⲎⲎϢ, ⲂⲈⲈϢ 움이 늦게 틈, 설익은 무화과

ⲂⲎⲔ† → ⲂⲰⲔ

ⲂⲎⲔⲈ *m.* 씨실, 골조, 대강의 줄거리

ⲂⲎⲖ† → ⲂⲰⲖ

ⲂⲎⲖⲞⲚ *m.* 돛

ⲂⲎⲘⲀ βῆμα 왕좌, 심판석, 베마

ⲂⲎⲚⲈ, ⲂⲎⲚⲚⲈ *(m.) f.* 제비

ⲂⲎⲢⲈ → Ⲃ̅Ⲣ̅ⲢⲈ 새로운

ⲂⲎⲢⲨⲖⲖⲞⲤ βήρυλλος *f.* 녹주석

ⲂⲎⲤⲈ *f.* 도장

ⲂⲎⲦ *m.* (F) 종려나무 *cf.* ⲂⲎⲦ ⲤⲠⲒⲢ 갈비

ⲂⲎⲦⲈ *f.* 비늘, 철판

ⲂⲎⲨ → ⲂⲒ

ⲂⲎⲨ (L) *m.* 모독, 죄

ⲂⲎϢ† → ⲂⲰϢ

ⲂⲎϨ† → ⲂⲰϨ

ⲂⲎϪⲈ → ⲞⲨⲈⲒϪⲈ 절단, 상처

ⲂⲎϬ, Ⲃ̅Ϭ̅ 매, 독수리

ⲂⲒ, ⲂⲀⲒ̈- 삭감하다, 치우다, 줄이다, 감당하다 *cf.* ⲂⲒ ⲘⲚ̅- 계약맺다 ⲂⲀⲒ̈ⲈⲦⲠⲰ 짐을 진 자 ⲂⲀⲒ̈ϢⲒⲚⲈ 전령 ⲦⲘⲚ̅ⲦⲂⲀⲒⲢⲀⲨϢ 염려

ⲂⲒⲀ βία 힘

ⲂⲒⲂⲖⲒⲆⲒⲞⲚ βιβλίδιον 긴 문장, 고발장

Ⲃ̅Ⲓ̈ⲎⲚ (L) 가난

ⲘⲚ̅ⲦⲂ̅Ⲓ̈ⲎⲚ 빈곤

ⲂⲒⲖⲦⲒ *f.* 허리, 엉덩이

ⲂⲒⲞⲤ βίος 삶, 생명

ⲂⲒⲢ *m., f.* ⲂⲀⲒⲢⲈ, *pl.* ⲂⲢⲎⲞⲨⲈ 휴지통

ⲂⲒⲤⲈ → ⲞⲨⲈⲒⲤⲈ 톱으로 켜다

ⲂⲒⲦ⸗ → ⲂⲒ

ⲂⲒⲦⲈ → ⲞⲨⲈⲒⲦⲈ 허물다

Ⲃ̅ⲒⲰ (L) *m.* 꿀

ⲂⲒⲰⲦⲒⲔⲞⲤ 일순간의, 세속적인, 일상사의

ⲂⲒϬⲈ (L) 좌초하다, 침몰하다

ⲂⲖⲀⲖⲈ (L) 방탕한 생활을 하다

ⲂⲖⲀⲠⲦⲈ βλάπτειν 흠내다

ⲂⲖⲀⲤⲪⲎⲘⲒ βλασφημεῖν 신성 모독

ⲂⲖ̅ⲂⲒⲖⲈ *f.* 씨앗

ⲂⲖ̅ⲂⲰⲖ⸗ → ⲂⲞⲖⲂⲖ̅

ⲂⲖⲔⲈ → ⲂⲰⲖⲔ

ⲂⲖ̅ⲖⲈ *m., f.* ⲂⲖ̅ⲖⲎ, *pl.* ⲂⲖ̅ⲖⲈⲈⲨ 봉사

ⲂⲖ̅ⲖⲀϪⲈ, ⲂⲖ̅ϪⲈ *f.* 도자기 조각

ⲂⲚ̅-, ⲂⲚ̅ⲚⲈ *f.* 야자수

ⲂⲞ *f.* 운하

ⲂⲞⲈⲒⲦ *m.f.* 소

ⲂⲞⲎⲐⲈⲒ βοηθεῖν 구제하다, 돕다 (Ⲉ-)

ⲂⲞⲎⲐⲈⲒⲀ βοήθεια *f.* 구제, 도움

ⲂⲞⲎⲐⲞⲤ βοηθός 구제자, 조력자, 보호인

ⲂⲞⲒⲚⲈ 하프

ⲂⲞⲖ⸗ → **ⲂⲰⲖ**

ⲂⲞⲖⲂⲖ̅, ⲂⲖ̅ⲂⲰⲖ⸗ 발굴하다, 땅을 파다

ⲂⲞⲖⲒⲤ *f.* 화살, 단창

ⲂⲞⲘ *m.* 올빼미, 부엉이

ⲂⲞⲚⲈ, ⲂⲞⲞⲚⲈ → **ⲂⲰⲰⲚ**

ⲂⲞⲚⲦⲈ, ⲂⲚ̅Ⲧ- *f.* 호박, 오이

ⲂⲞⲞⲢ⸗, ⲂⲞⲞⲢⲈ† → **ⲂⲰⲰⲢⲈ**

ⲂⲞⲞⲨ *m.* 더미, 언덕

ⲂⲞⲢⲂⲢ̅ → **ϨⲂⲞⲢⲂⲢ̅** 쓰러뜨리다

ⲂⲞⲦⲀⲚⲎ βοτάνη 식물

ⲂⲞⲨⲂⲞⲨ 반짝이다

ⲂⲞⲨⲆⲆⲀⲤ 부처

ⲂⲞⲨⲚⲞⲤ *m.* 언덕, 더미

ⲂⲞⲨϨⲈ, ⲂⲰϨⲈ *m.* 눈꺼풀

ⲂⲞⲨϨⲈ → **ⲞⲨⲰϨⲈ** 어부

ⲂⲞϢ⸗ → **ⲂⲰϢ**

ⲂⲢⲀ → **ⲈⲂⲢⲀ** 씨앗

ⲂⲢⲀⲂⲈⲒⲞⲚ βραβεῖον 상품, 포상

ⲂⲢ̅ⲂⲈ 그릇의 일종

ⲂⲢ̅ⲂⲞⲢⲦ̅† → **ϨⲂⲞⲢⲂⲢ̅** 때려눕히다

ⲂⲢ̅ⲂⲢ̅ 물이 끓다, 거품이 일다

ⲂⲢ̅ⲂⲰⲢ⸗ → **ϨⲂⲀⲢⲂⲢ** 죽이다, 쓰러뜨리다

Ⲃ̅ⲢⲂⲰⲢ† → **ϨⲂⲞⲢⲂⲢ̅** 때려눕히다

ⲂⲢⲈ *m.* 씨앗, 알갱이 *cf.* ***ⲠⲢⲈⲤⲰϢⲈ*** 종자

ⲂⲢ(Ⲉ)ϢⲎⲨ *m.* 고수의 씨

ⲂⲢⲎϬⲈ → **ⲈⲂⲢⲎϬⲈ** 빛, 번개

ⲂⲢ̅ⲢⲈ, ⲂⲎⲢⲈ 새로운, 젊은 *cf.* ***ⲢⲘ̅ⲚⲂⲢ̅ⲢⲈ*** 새로운 인간 ***ⲘⲚ̅ⲦⲂⲢ̅ⲢⲈ*** 새로움

ⲂⲢ̅ϬⲞⲞⲨⲦ, ⲂⲈⲢⲈϬⲰⲞⲨⲦ *f.* 수레

ⲂⲰ *f.* 나무 *cf.* ***ⲂⲰ Ⲛ̅ⲈⲖⲀⲀⲖⲈ*** 포도나무

ⲂⲰⲈ (L) *m.* 머리카락

ⲂⲰⲔ, ⲂⲎⲔ† 가다 *cf.* ***ⲂⲰⲔ ⲈϨⲢⲀЇ*** 올라가다 *[ⲦⲂ̅ⲔⲞ], [ⲦⲞⲨⲔⲞ]*

ⲂⲰⲔ, ⲂⲀⲔ⸗, *p.c.* **ⲂⲀⲔ-** 내치다, 돌려보내다 *cf.* ***ⲂⲀⲔⲘⲀⲦⲞⲨ***

ⲂⲰⲔⲈ, *p.c.* **ⲂⲀⲔ-** 무두질하다 *cf.* ***ⲂⲀⲔϢⲀⲀⲢ*** 무두질하는 사람

ⲂⲰⲖ, ⲂⲈⲖ-, ⲂⲞⲖ⸗, ⲂⲎⲖ†, *p.c.* **ⲂⲀⲖ-** 풀다, 해소하다, 폐하다 *cf.* ***ⲂⲰⲖ ⲀⲂⲀⲖ*** 파괴하다 ***ⲂⲀⲖϨⲒⲔ*** 마술사 ***ⲠⲂⲰⲖ*** 해석 ***ⲠⲈⲦⲂⲰⲖ ⲀⲂⲀⲖ*** 해방 ***ⲢⲈϤⲂⲰⲖ*** 파괴자 ***ϬⲒⲚⲢ̅ⲂⲀⲖ*** 해방 ***Ⲣ̅ (Ⲡ)ⲂⲞⲖ*** 모면하다, 도망치다 ***ⲔⲀ ⲂⲞⲖ*** 토하다

ⲂⲰⲖⲔ̅, ⲂⲰⲚⲔ̅ 성난, 노한 *cf.* ***ⲂⲀⲖⲔ*** 노하다 ***ⲂⲖ̅ⲔⲈ*** *f.* 분노 ***Ϯ ⲂⲖ̅ⲔⲈ*** 성내다

ⲂⲰⲖⲞⲤ βῶλος 덩이, 뭉치, 혹

ⲂⲰⲚⲈ → **ⲂⲰⲰⲚ**

ⲂⲰⲚⲔ̅ → **ⲂⲰⲖⲔ̅** 노하다

ⲂⲰⲢⲈ *m.* 물고기의 일종

[ⲂⲰⲤⲦ], ⲂⲞⲤⲦ†, *p.c.* **ⲂⲀⲤⲦ-** 메마른

ⲂⲰⲦ- → **ⲞⲨⲰⲰⲦⲈ** 돌려보내다

ⲂⲰⲦⲈ, ⲂⲈⲦ-, ⲂⲞⲦ-, ⲂⲎⲦ† 싫어하다, 미워하다, 더럽히다 *cf.* ***ⲂⲞⲦⲈ*** *f.* 가증한 것

ⲂⲰⲦⲈ 지우다, 없애다

ⲂⲰⲦⲈ *f.* 땀, 수고

ⲂⲰⲦⲤ̅, ⲂⲞⲦⲤ⸗ 추출하다, 과세하다, 전투를 준비하다

ⲂⲰⲰⲚ(Ⲉ) 사악한, 나쁜 *cf.* ***ⲂⲰⲰⲚ*** 악취 ***ϨⲈ ⲂⲰⲰⲚ*** 기근 ***ⲂⲞⲞⲚⲈ*** *f.* 악,불행. ***ⲈⲒⲈⲢⲂⲞⲞⲚⲈ*** 시기, 질투 ***Ⲣ̅ⲘⲚ̅ⲦⲂⲞⲚⲈ*** 악을 행하다 ***ⲘⲚ̅ⲦⲂⲞⲞⲚⲈ*** 행악 ***ⲘⲚ̅ⲦⲢ̅ⲘⲂⲰⲰⲚ*** 사악함 ***ⲤⲀⲚⲦⲘⲚ̅ⲦⲂⲞⲞⲚⲈ*** 악인 ***ⲤⲀⲚⲢ̅ⲘⲚ̅ⲦⲂⲞⲞⲚⲈ*** 행악자 ***ⲤϮⲂⲰⲰⲚ*** 악취 ***ⲢⲘⲂⲰⲚⲈϤ*** 악인 ***ϪⲀⲦⲂⲰⲰⲚ*** 훼방자 ***ⲂⲀⲚϢⲀⲒ*** 불행 ***ⲂⲀⲚⲒⲈⲒⲢⲈ*** 질시, 질투 ***ⲘⲚ̅ⲦⲂⲀⲚⲒⲈⲒⲢⲈ*** 행악

ⲂⲰⲰⲢⲈ, ⲂⲈⲈⲢⲈ-, ⲂⲞⲞⲢ⸗, ⲂⲞⲞⲢⲈ† 밀치다, 뿌리다

ⲂⲰϢ, ⲂⲈϢ-, ⲂⲞϢ⸗, ⲂⲎϢ†, *p.c.* **ⲂⲀϢ-** 옷 벗기다, 드러내다 *cf.* ***ⲂⲀϢ ⲀⲠⲈ*** 대머리 ***ⲂⲰϢ*** 하역하다

ⲂⲰϨ, ⲂⲈϨ-, ⲂⲎϨ† 머리를 수그리다

ⲂⲰϨⲚ̅, ⲂⲈϨⲚ̅-, ⲂⲀϨⲚ̅† 지붕을 덮다, 깃들다 *cf.* ***ⲂⲰϨⲚ̅, ⲂⲀϨⲚ̅*** 장막

ⲂⲰϨⲦ̅ (L) 솟아오르다

ⲂⲰϬⲈ 갑자기 움직이다, 돌출하다, 넘치다

ⲂⲰϬⲤ̅, ⲂⲀϬⲤ† 대항하다, 저항하다 *cf.*

ⲁ ⲃ ⲅ ⲇ ⲉ ⲍ ⲏ ⲑ ⲓ ⲕ ⲗ ⲙ ⲛ ⲝ ⲟ ⲡ ⲣ ⲥ ⲧ ⲩ ⲫ ⲭ ⲯ ⲱ ϣ ϥ ϩ ϫ ϭ ϯ

beϭce *f.* 저항, 혁명, 항거 *p̄beϭce* 폭동을 일으키다 *beϫe* *m., pl.* *beϫeye* 저항

B̄ϣe, ebϣe *f.* 잠, 망각, 무의식 *cf.* *ωbϣ*

B̄ϣe → ωbϣ̄ 잃다, 상실하다

ⲅ

ⲅⲁⲅⲟ → **ⲕⲁⲕⲟ** 루비

ⲅⲁⲍⲅⲁⲍ, **ⲅⲁⲍⲅⲓⲍ** 대추

ⲅⲁⲍⲟⲫⲩⲗⲁⲕⲓⲟⲛ *m.* 보물 창고

ⲅⲩⲙⲛⲁⲍⲉ 실행하다

ⲅⲁⲙⲟⲥ *m.* 결혼

ⲅⲁⲣ, **ⲛ̄ⲅⲁⲣ** γάρ 왜냐하면, 그래서

ⲅⲁϥⲅⲁϥ → **ϭⲁⲃϭⲁⲃ** 이집트 콩

ⲅⲉⲛⲉⲁ γενεά *f.* 세대 *cf.* ***ⲙⲏ ⲅⲉⲛⲟⲓⲧⲟ*** γίγνεστθαι 발생하다

ⲅⲉⲛⲛⲁⲓⲟⲥ 귀족

ⲅⲉⲛⲛⲏⲙⲁ *m.* 생산품

ⲅⲉⲛⲟⲥ γένος 종족 *cf.* ***ϣⲃⲣ̄ⲅⲉⲛⲟⲥ*** 친근관계

ⲅⲓⲅⲁⲥ γίγας 거대한 *cf.* ***ϫⲱⲙⲉ ⲛ̄ⲅⲓⲅⲁⲥ*** 거인의 서

ⲅⲓⲛϩⲏⲗ, **ⲅⲓⲛϩⲏⲣ** → **ⲕⲛ̄ϩⲏⲣ** 식물의 일종

ⲅⲛ̄⸗ → **ϭⲓⲛⲉ** 찾다

ⲅⲛⲟⲫⲟⲥ γνόφος 흑암

ⲅⲛⲱⲙⲏ γνώμη *f.* 의지, 의향, 상식

ⲅⲛⲱⲣⲓⲍⲉ γνωρίζειν 인지시키다

ⲅⲛⲱⲥⲓⲥ γνῶσις 인식, 지식, 영지

ⲅⲣⲁⲙⲙⲁⲧⲉⲩⲥ *m.* 서기

ⲅⲣⲁⲫⲉⲩⲥ̄ γραφεύς 기자

ⲅⲣⲁⲫⲏ γραφή *f., pl.* **ⲅⲣⲁⲫⲁⲩⲉ** 기록, 성서

ⲅⲣⲉⲁⲅⲣⲁ → **ⲕⲣⲁⲩⲣⲁ** 포크

Ⲇ

Ⲇ̅Ⲁ̅Ⲇ̅ 다윗왕

ⲆⲀⲒⲘⲞⲚⲒⲞⲚ *m.* 마귀

ⲆⲀⲒⲘⲰⲚ δαίμων 마귀

ⲆⲀⲘⲀⲌⲈ δαμάζειν 지배하다

ⲆⲀⲠⲀⲚⲎ *f.* 지출, 소득세

ⲆⲈ, Ⲛ̅ⲆⲈ δέ 그런데, 그래서

ⲆⲈⲎⲤⲒⲤ δέησις 기도, 탄원

ⲆⲈⲒⲠⲚⲞⲚ δεῖπνον 식사

ⲆⲈⲢⲢⲈ *f.* 피부, 가죽

ⲆⲈⲤⲠⲞⲦⲎⲤ δεσπότης 주인

ⲆⲈⲨⲦⲈⲢⲀ δευτέρα 두 번째

ⲆⲎⲖⲞⲨ 보여주다

ⲆⲎⲘⲒⲞⲨⲢⲄⲞⲤ δημιουργός 창조주

ⲆⲎⲘⲞⲤ *m.* 민족

ⲆⲎⲘⲞⲤⲒⲞⲚ *m.* 세관, 감옥

ⲆⲒⲀ → **ⲆⲒⲀ ⲦⲞⲨⲦⲞ** 바로 그 이유로

ⲆⲒⲀⲂⲞⲖⲞⲤ διάβολος 악마

ⲆⲒⲀⲐⲎⲔⲎ διαθήκη 약속, 계약 *cf.* ***ⲆⲒⲀⲐⲎⲔⲎ Ⲛ̅ⲂⲢ̅ⲢⲈ*** 신약

ⲆⲒⲀⲔⲞⲚⲈⲒ 봉사하다 (**ⲚⲀ⸗**)

ⲆⲒⲀⲔⲞⲚⲎ διακονεῖν 봉사하다

ⲆⲒⲀⲔⲞⲚⲒⲀ *f.* 봉사, 식당

ⲆⲒⲀⲔⲞⲚⲞⲤ *m.* 시종, 집사

ⲆⲒⲀⲔⲢⲒⲚⲈ διακρίνειν 구분하다

ⲆⲒⲀⲔⲢⲒⲤⲒⲤ διάκρισις 구분, 판단

ⲆⲒⲀⲔⲰⲚ *m.* 집사, 하인

ⲆⲒⲀⲚⲞⲒⲀ *f.* 지혜, 사상

ⲆⲒⲀ ⲦⲞⲨⲦⲞ 바로 그 이유로

ⲆⲒⲀⲦⲞⲬⲞⲤ διάδοχος 후계자

ⲆⲒⲀⲪⲞⲢⲀ διάφορα 구별, 차별

ⲆⲒⲆⲀⲤⲔⲀⲖⲞⲤ *m.* 스승, 선생

ⲆⲒⲆⲨⲘⲞⲤ δίδυμος 쌍둥이 자리

ⲆⲒⲔⲀⲒⲞⲤ δίκαιος 의인

ⲆⲒⲔⲀⲒⲞⲤⲨⲚⲎ δικαιοσύνη 의, 정의

ⲆⲒⲔⲀⲒⲰⲤ 정의롭게, 합법적으로

ⲆⲒⲔⲀⲤⲦⲎⲤ δικαστής 판사

ⲆⲒⲔⲎ δίκη 재판

ⲆⲒⲞⲒⲔⲈⲒ 행정 관리하다

ⲆⲒⲠⲚⲞⲚ *m.* 저녁 식사

ⲆⲒⲤⲔⲞⲤ δίσκος 원반

ⲆⲒⲤⲦⲀⲌⲈ 의심하다, 망설이다

ⲆⲒⲰⲄⲘⲞⲤ διωγμός 핍박

ⲆⲒⲰⲔⲈ διώκειν 핍박하다

ⲆⲒⲰⲔⲦⲎⲤ διώκτης 핍박자

ⲆⲞⲄⲘⲀ δόγμα 결정, 공포, 교의

ⲆⲒⲔⲀⲒⲰⲘⲀ *m.* 의로운 행위

ⲆⲞⲔⲈⲒ 그럴듯한, 드러나다 (**ⲚⲀ⸗**)

ⲆⲞⲔⲒⲘⲀⲌⲈ δοκιμάζειν 증거하다

ⲆⲞⲔⲒⲘⲎ δοκιμή *f.* 시련, 증거, 정통

ⲆⲞⲔⲒⲘⲞⲤ δόκιμος 증명된

ⲆⲞⲢⲨⲪⲞⲢⲞⲤ δορυφόρος 시동, 측근

ⲆⲞⲨⲜ *m.* 장군, 장관, 행정관

ⲆⲢⲀⲔⲰⲚ δράκων 용

ⲆⲢⲞⲘⲈⲞⲤ δρομεύς 주자

ⲆⲢⲞⲘⲞⲤ δρόμος 경기

ⲆⲢ̅ϨⲘ̅ⲘⲈ 따뜻한 바람

ⲆⲨⲚⲀⲘⲒⲤ *f.* 힘, 권력

ⲆⲨⲚⲀⲤⲦⲎⲤ *m.* 통치자, 주인

ⲆⲨⲚⲀⲦⲞⲤ δυνατός 힘찬

ⲆⲰⲆⲈⲔⲀⲤ δωδεκάς 열둘

ⲆⲰⲢⲈⲀ δωρεά 선물

ⲆⲰⲢⲞⲚ δῶρον 선물

ⲁ ⲃ ⲅ ⲇ ⲉ ⲍ ⲏ ⲑ ⲓ ⲕ ⲗ ⲙ ⲛ ⲝ ⲟ ⲡ ⲣ ⲥ ⲧ ⲩ ⲫ ⲭ ⲯ ⲱ ϣ ϥ ϩ ϫ ϭ ϯ

Ⲉ

ⲉ-, ⲉⲣⲟ⸗ …을 향하여, …을 위하여, …에게

ⲉⲁⲩ (L) *m.* 영광 *cf.* ⲡⲁⲡⲉⲁⲩ 영광스러운 자 ⲧ ⲉⲁⲩ 영화롭게 하다 ϫⲓ ⲉⲁⲩ 영광 받다

ⲉⲃⲁⲧ *m., pl.* **ⲉⲃⲉⲧⲉ** 달, 개월

ⲉⲃⲏ, ⲣ̄ ⲉⲃⲏ 어두워지다

ⲉⲃⲓⲏⲛ *m. f.* 가난한 자, 불쌍한 자

ⲉⲃⲓⲧ, *pl.* **ⲉⲃⲉⲓⲉⲧⲓ** 꿀 장수 *cf.* ⲉⲃⲓⲱ 꿀

ⲉⲃⲓⲱ *m.*, **ⲉⲃⲓⲉ-** 꿀

ⲉⲃⲟⲗ 바깥에, 끝까지, 완전히 *cf.* ⲉⲃⲟⲗ ϩⲛ̄- …의 바깥으로 ⲉⲃⲟⲗ ϫⲉ 왜냐하면 ⲃⲱⲗ 풀다

ⲉⲃⲟⲧ *m., pl.* **ⲉⲃⲁⲧⲉ, ⲉⲃⲉⲧⲉ** 달, 개월

ⲉⲃⲣⲁ, ⲃⲣⲁ, ⲃⲣⲉ-, ⲃⲣⲓ- *m., pl.* **(ⲉ)ⲃⲣⲏⲩⲉ** 씨앗, 곡식

ⲉⲃⲣⲏⲩⲉ *pl.* → **ⲃ̄ⲣⲉ**

ⲉⲃⲣⲏϭⲉ *pl.* → **ⲃ̄ⲣⲏϭⲉ**

ⲉⲃⲣⲏϭⲉ, (ⲃ)ⲃⲣⲏϭⲉ, ⲧⲉⲣⲃⲏϭ *f.* 섬광, 빛

ⲉⲃⲣⲓⲉⲓⲛ 옷감

ⲉⲃⲱ, *pl.* **ⲉⲃⲟⲟⲩⲉ** → **ⲙ̄ⲡⲟ** 말 없는

ⲉⲃⲱⲣ 상아

ⲉⲃϣ- → **ⲱⲃϣ** 잊어버리다, 잠들다

(ⲉ)ⲃϣⲉ *f.* 잠, 혼수상태 *cf.* ⲱⲃϣ̄

ⲉⲅⲕⲁⲕⲉⲓ 제멋대로의, 지나친, 비상식적인

ⲉⲅⲕⲁⲗⲉⲓ (ⲛⲁ⸗) 비난하다

ⲉⲅⲕⲁⲙⲟⲥ ἔγγαμος 결혼한

ⲉⲅⲕⲣⲁⲧⲉⲓⲁ ἐγκράτεια 순결한, 금욕의

ⲉⲅⲕⲣⲁⲧⲓⲁ *f.* 순결, 절제

ⲉⲅⲕⲣⲁⲧⲉⲩⲉ ἐγκρατεύειν 절제하다

ⲉⲅⲕⲣⲁⲧⲏⲥ ἐγκρατής 금욕자

ⲉⲅⲕⲱⲙⲓⲟⲛ *m.* 찬사, 칭찬

ⲉⲅⲣⲏⲅⲟⲣⲟⲥ 지키는 사람

ⲉ(ⲉ)⸗ → **ⲉⲓⲣⲉ**

ⲉⲉⲃⲧ → **ⲉⲓⲉⲃⲧ** 동쪽

ⲉⲉⲧ† 임신한 → **ⲱⲱ** 임신하다

ⲉⲉⲧ† → **ⲱ**

ⲉⲓ, ⲛⲏⲩ† 가다, 오다 *cf.* ⲁⲙⲟⲩ 오라 (명령형) ⲉⲓ ⲉϩⲟⲩⲛ 들어가다 ⲉⲓ ⲉⲃⲟⲗ 나가다 ⲉⲓ ⲉϩⲣⲁⲓ 올라가다, 내려가다 ⲉⲓ ⲉⲑⲏ 전진하다 ⲉⲓ ⲉⲡⲉⲥⲏⲧ 내려가다 ⲉⲓ ϩⲁⲧⲛ̄- …부근으로 가다 ⲉⲓ ⲉⲣⲁⲧϥ̄ ⲛ̄- 조심스레 접근하다 ⲉⲓ ⲉⲃⲟⲗ ⲉϩⲣⲛ̄- 맞이하다 ⲉⲓ ⲉⲃⲟⲗ ϩⲏⲧϥ̄ ⲛ̄- 맞이하다 ϭⲓⲛⲉⲓ ⲛ̄ⲉⲓ ⲉϩⲟⲩⲛ 출구 ⲙⲟⲉⲓⲧ ⲛ̄ⲉⲓ ⲉⲃⲟⲗ 출구 ⲉⲕⲓ ⲁ- 관여하다 ⲉⲓ (ⲙ)ⲛ̄ⲧϩⲟ 나쁘게 되다 ⲙⲁⲣⲁⲛ 오라! ϭⲓⲛⲉⲓ 다가옴

ⲉⲓⲁ *m.* 계곡, 협곡

ⲉⲓⲁ ⲧⲟⲟⲧ⸗ 포기하다 → **ⲉⲓⲱ** 씻다

ⲉⲓⲁ, ⲉⲓⲉⲣ-, ⲉⲓⲁⲧ⸗ 눈 *cf.* ⲉⲓⲉⲣ ⲃⲟⲟⲛⲉ 시샘의 눈으로 쳐다보다 ⲣ̄ ⲉⲓⲉⲣ ⲃⲟⲟⲛⲉ 질투하다 ⲙⲉϩ ⲓⲁⲧϥ̄ 자세히 쳐다보다 ⲕⲱ ⲉⲓⲁ ϩⲁ- …할 의도를 갖다 ⲧⲥⲁⲃⲉ ⲉⲓⲁⲧϥ̄ 가르치다 ⲧⲟⲩⲛⲟⲩ ⲉⲓⲁⲧϥ̄ 깨우쳐주다 ϥⲓ ⲉⲓⲁⲧϥ̄ ⲉϩⲣⲁⲓ 눈을 들어 바라보다 ⲙⲛ̄ⲧⲉⲓⲁ ⲛ̄ϭⲁⲩⲟⲛ 세심하게 돌보다 ⲛⲁⲓⲁⲧ⸗, ⲉⲓⲱⲣⲙ̄, ⲉⲓⲱⲣϩ̄

(ⲉⲓⲁ)ⲁⲛ 흡족한, 만족스러운 *cf.* ⲁⲛⲁⲓ

ⲉⲓⲁⲁⲩ, (ⲛ)ⲓⲁⲁⲩ, ⲓⲱ *m.* 아마포

(ⲉ)ⲓⲁⲃⲉ, ⲓⲁⲓⲃⲉ *f.* 전염성 병

ⲉⲓⲁⲗ, ⲓⲏⲗ *f.* 거울 *cf.* ⲓⲉⲗⲗⲉ

ⲉⲓⲁϩ, ⲣ̄ ⲉⲓⲁϩ 비슷함 *cf.* ⲉⲓⲱⲣϩ̄

ⲉⲓ̈ⲁϩ → **ⲓ̈ⲱⲣϩ**

ⲉⲓⲃ, ⲉⲓⲉⲃ(ⲏ) *m.* 손톱, 발굽

ⲉⲓⲃⲉ, ⲟⲃⲉ†, ⲁⲃⲉ† 목이 마른

ⲉⲓⲃⲧ, ⲉ(ⲓ)ⲉⲃⲧ *m.* 동방

ⲉⲓ ⲅⲟⲩⲛ εἰ γοῦν 그럴지라도

ⲉⲓⲇⲟⲥ εἶδος *m.* 양태, 보이는 물체, 상품

ⲉⲓⲇⲱⲗⲟⲛ εἴδωλον 우상

ⲈⲒ(Ⲉ), ϨⲒⲈ 그렇다면, 그래서, 혹시

ⲈⲒⲈⲂⲦ, ⲀⲈⲒⲂⲦⲈ 동쪽

ⲈⲒⲈⲢ- → **ⲈⲒⲀ** 눈

ⲈⲒⲈⲢⲞ *m., pl.* **ⲈⲒⲈⲢⲰⲞⲨ** 강, 나일강 *cf.* *ϫⲓⲟⲟⲣ, ⲉⲓⲟⲟⲣ*

ⲈⲒⲈⲢϨ̄- → **ⲈⲒⲰⲢϨ̄**

ⲈⲒ̄Ⲏ̄ 열여덟

ⲈⲒⲎⲦⲈ 사막의, 버려진

ⲈⲒⲔⲎ εἰκῆ 이유없이

ⲒⲈⲖⲖⲈ 번개, 반짝임 *cf.* *ⲉⲓⲁⲗ*

ⲈⲒⲘⲈ, Ⲙ̄ⲘⲈ (Ⲉ-) 알다, 이해하다 *cf.* *ⲁⲧⲉⲓⲙⲉ* 무지한, 바보 같은 *ⲙⲛ̄ⲧⲉⲓⲙⲉ* 무지, 어리석음 *ⲣ̄ ⲁⲧⲉⲓⲙⲉ* 모르다 *ⲛⲁϣⲧⲙ̄ⲙⲉ* 고집이 센, 거만한 *ⲙⲛ̄ⲧⲛⲁϣⲧⲙ̄ⲙⲉ* 오만

ⲈⲒ ⲘⲈⲚ εἰμέν 만일

ⲈⲒⲘⲎ, ⲈⲒⲘⲎⲦⲒ εἰ μήτι …을 제외하고

ⲈⲒⲚ → **ϨⲒⲚ** 컵, 물잔

ⲈⲒⲚⲈ, (Ⲉ)Ⲛ-, Ⲛ̄Ⲧ⸗, *impér.* **ⲀⲚⲒⲚⲈ, ⲀⲚⲒ-** 가져오다, 데려오다 *cf.* *ⲉⲓⲛⲉ ⲉϩⲟⲩⲛ* 들어가게 하다, 도입하다 *ⲉⲓⲛⲉ ⲉⲃⲟⲗ* 나가게 하다, 산출하다 *ⲉⲓⲛⲉ ⲉϩⲣⲁⲓ* 올라가게 하다, 내려가게 하다, 바치다, 더하다 *ⲉⲓⲛⲉ ⲉⲡⲉⲥⲏⲧ* 내려보내다, 쓰러뜨리다 *ⲉⲓⲛⲉ ⲉⲡⲁϩⲟⲩ* 물러서게 하다 *ⲣⲉϥⲉⲓⲛⲉ* 옮기는 사람

ⲈⲒⲚⲈ 비슷하다, 유사, 모양 *cf.* *ⲉⲧⲉⲓⲛⲉ* 비슷한 *ⲁⲩⲁⲛ* 색깔

ⲈⲒⲚⲈ *m.* 사슬, 연결

ⲈⲒⲚⲈ *f.* 엄지손가락

ⲈⲒⲚⲈ *f.* 도끼

ⲈⲒ̈Ⲟ → **ⲈⲒⲢⲈ**

ⲈⲒⲞⲘ *m.* 바다, 호수

ⲈⲒⲞⲞⲢ *m.* 운하 *cf.* *ϫⲓⲟⲟⲣ, ⲉⲓⲉⲣⲟ*

ⲈⲒⲞⲞⲨⲈ → **ⲘⲞⲨⲚⲈⲒⲞⲞⲨⲈ** 운하지역

ⲈⲒⲞⲠⲈ *f.,* **ⲈⲒⲈⲠ-** 제조업자, 기술자, 노동 *cf.* *ⲣ̄ ⲉⲓⲟⲡⲉ* 직조하다 *ⲣⲉϥⲣ̄ ⲉⲓⲟⲡⲉ* 수놓는 사람 *ϩⲁⲣ ⲉⲓⲟⲡⲉ* 잡다한 색의 작품 *ⲉⲓⲉⲡ ⲛⲟⲩⲃ* 금세공품 *ⲉⲓⲉⲡ ⲥⲁ* 끌로 정교하게 만든 작품 *ⲉⲓⲉⲡ ⲥⲟⲟⲩϩⲉ* 달걀 모양의 작품 *ⲉⲓⲉⲡ ϣⲉ* 목공예품*ⲉⲓⲉⲡ ϣⲱⲧ* 벌이가 좋은 장사, 이윤 *ⲣ̄ ⲉⲓⲉⲡ ϣⲱⲧ* 교역하다 *ⲉⲓⲉⲡ ϩⲁⲧ* 은세공품 *ⲉⲓⲉⲡ ϫⲏϭⲉ* 붉게 물들인 제품

ⲈⲒⲞⲠⲈ *f.* 기름을 다는 계량단위

ⲈⲒⲞⲢⲘ̄† → **ⲈⲒⲰⲢⲘ̄**

ⲈⲒⲞⲢϨ̄⸗ → **ⲈⲒⲰⲢϨ̄**

ⲈⲒⲞⲨⲖ, ⲈⲈⲒⲞⲨⲖ, ⲈⲒⲈⲞⲨⲖ *m. f.* 사슴 *cf.* *ⲙⲁⲥ ⲛ̄ⲉⲓⲟⲩⲗ* 사슴이나 노루의 새끼

ⲈⲒⲢⲈ, (Ⲉ)Ⲣ-, Ⲣ̄-, ⲢⲈϤ-, ⲀⲀ⸗, Ⲉ⸗, ⲈⲈ⸗, ⲈⲒⲦ⸗, Ⲧ⸗, ⲦⲢ̄⸗, Ⲟ†, ⲞⲒ̈†, *impér.* **ⲀⲢⲒⲢⲈ, ⲀⲢⲒ-, ⲀⲢⲒ⸗** 행하다, 이다, 만들다, 경과하다 *cf.* *ⲁⲣⲓ ⲙⲉⲧⲁⲛⲟⲓ̈ⲉ* 회개하라 *ⲁⲣⲓ ⲡⲙⲉⲩⲉ* 주의하라 *ⲁⲣⲓ ⲡⲁⲙⲉⲉⲩ* 나를 깨우쳐다오 *ⲁⲣⲓ ⲟⲩⲁⲓ̈ⲛⲉ* 깨우치라 *ⲁⲣⲓ ⲟⲩⲣⲉϥⲙⲟⲩⲧⲉ ⲛ̄ⲟⲩⲁⲓ̈ⲛⲉ* 빛의 마법사가 되라 *ⲁⲣⲓ ϩⲛ̄ⲟⲩⲁⲓ̈ⲉ ⲉⲩⲁⲛⲓⲧ* 좋은 농부가 되라 *ⲁⲣⲓ ⲧⲙⲛⲧⲟⲩⲁⲓ̈ⲉ ⲛ̄ⲧⲇⲓⲕⲁⲓⲟⲥⲩⲛⲏ* 의의 농사를 지으라 *ⲁⲣⲓ ϩⲙ̄ⲙⲉ* 인도하라 *ⲁⲣⲓ ϩⲛⲣⲉϥⲥⲱⲧϥ̄ ⲙⲛ ϩⲛⲣⲉϥⲥⲱⲧⲉ ⲛⲧⲉⲧⲛⲯⲩⲭⲏ* 네 영혼의 정화와 구속자가 되라 *ⲁⲣⲓ ϩⲛ̄ⲣⲱⲙⲉ ⲉⲩⲣⲁⲓ̈ⲥ* 주의 깊은 사람들이 되라*ⲁⲣⲓ ϣⲁⲓ̈ⲉ* 축제를 벌이라 *ⲁⲣⲓ ϫⲁⲩⲙⲁⲓ̈ⲧ* 지도자가 되라 *ⲣ̄ ⲁⲃⲏ* 인연 짓다 *ⲣ̄ ⲁⲇⲓⲕⲏ* 틀리게 되다 *ⲣ̄ ⲁⲅⲁⲑⲟⲛ* 선행을 베풀다 *ⲣ̄ ⲁⲅⲁⲡⲏ* 사랑이 되다 *ⲣ̄ ⲁⲓ̈ⲕ* 빵이 되다 *ⲣ̄ ⲁⲓⲥⲑⲁⲛ* 실현시키다 *ⲣ̄ ⲁⲓⲥⲑⲁⲛⲉ* 깨닫다 *ⲣ̄ ⲁⲓⲭⲙⲁⲗⲱⲧⲓⲍⲉ* 감옥에 가두다 *ⲣ̄ ⲁⲓ̈ϩⲏⲧ* 마음먹다 *ⲣ̄ ⲁⲙⲉⲗⲏ* 느슨한 *ⲣ̄ ⲁⲛⲁⲥⲧⲁⲥⲓⲥ* 부활하다 *ⲣ̄ ⲁⲛⲁⲭⲱⲣⲏ* 물러가다 *ⲣ̄ ⲁⲛⲉⲭⲉ* 견디다 *ⲣ̄ ⲁⲡⲉ* 지도자가 되다 *ⲣ̄ ⲁⲡⲟⲇⲏⲙⲓ* 떠나가다 *ⲣ̄ ⲁⲡⲟⲇⲏⲙⲓⲁ* 멀어지다 *ⲣ̄ ⲁⲡⲟⲥⲧⲟⲗⲟⲥ* 사도가 되다 *ⲣ̄ ⲁⲣⲛⲉ* 부인하다 *ⲣ̄ ⲁⲣⲛⲏ* 부인하다 *ⲣ̄ ⲁⲣⲭⲓⲍⲱⲅⲣⲁⲫⲟⲥ* 서기장이 되다 *ⲣ̄ ⲁⲥⲕⲏ* 연습하다 *ⲣ̄ ⲁⲥⲡⲁⲍⲉ* 포섭하다 *ⲣ̄ ⲁⲧⲉ* 임신하다 *ⲣ̄ ⲁⲧⲓⲙⲁⲍⲉ* 불명예가 되다 *ⲣ̄ ⲁⲧⲛⲁⲃⲉ* 죄없이 *ⲣ̄ ⲁⲧⲥⲱⲧⲙⲉ* 듣지 못하다 *ⲣ̄ ⲁϩⲉ* 지나치다 *ⲣ̄ ⲃⲁⲗ* 도망치다 *ⲧϭⲓⲛⲣ̄ⲃⲁⲗ* 해방 *ⲣ̄ ⲃⲁⲛⲓⲉⲓⲣⲉ* 노려보다 *ⲣ̄ ⲃⲉϭⲥⲉ* 반발하다 *ⲣⲉϥⲣ̄ⲃⲏⲩ* 범법자 *ⲣ̄ ⲃⲟⲏⲑⲉⲓ* 돕다 *ⲣ̄ ⲃⲟⲏⲑⲓ* 돕다 *ⲣ̄ ⲃⲟⲏⲑⲟⲥ* 도우미가 되다 *ⲣ̄ ⲃⲣ̄ⲣⲉ* 새롭게 되다 *ⲣ̄ ⲇⲓⲕⲁⲓⲟⲥ* 의를 행하다 *ⲣ̄ ⲇⲓⲱⲕⲉ* 박해하다 *ⲣ̄ ⲉⲅⲕⲣⲁⲧⲏⲥ* 극기자가 되다 *ⲣ̄ ⲉⲓⲛⲉ* 형상을 만들다 *ⲣ̄ ⲉⲕⲇⲓⲕⲉⲓ* 보복하다 *ⲣ̄ ⲉⲕⲕⲗⲏⲥⲓⲁ* 교회를 형성하다 *ⲣ̄ ⲉⲕⲗⲉⲕⲧⲟⲥ* 선택된 자가 되다 *ⲣ̄ ⲉⲛⲉ⸗* 흡족하게 되다 *ⲣ̄ ⲉⲛⲏ⸗* 기쁘게 하다 *ⲣ̄ ⲉⲛⲉⲣⲅⲏ* 일하다 *ⲣ̄ ⲉⲛⲧⲟⲗⲏ* 율법을 행하다 *ⲣ̄ ⲉⲝⲟⲩⲥⲓⲁ* 힘을 발하다 *ⲣ̄ ⲉⲡⲁⲛⲟⲣⲑⲟⲩ* 들어 올리다 *ⲣ̄ ⲉⲡⲏⲣⲉⲓⲁ* 비난하다 *ⲣ̄ ⲉⲡⲓⲑⲩⲙⲏ* 갈망하다 *ⲣ̄ ⲉⲥⲕⲉ* 기간을 허비하다 *ⲣ̄ ⲉⲩⲭⲁⲣⲓⲥⲧⲉⲩⲉ* 감사드리다 *ⲣ̄ ⲍⲱⲅⲣⲁⲫⲉ* 조각하다 *ⲣ̄ ⲏⲓ* 집을 형성하다 *ⲣ̄ ⲑⲉⲣⲁⲡⲓⲁ* 고치다 *ⲣ̄ ⲑⲗⲓⲃⲉ* 괴로워하다 *ⲣ̄ ⲓⲉⲡⲟⲩⲁⲓ̈ⲉ* 재배하다 *ⲣ̄ ⲓ̈ϥⲧ* 끓다 *ⲣ̄ ⲕⲁⲓⲣⲟⲥ* 시간을 쓰다 *ⲣ̄ ⲕⲁⲣⲡⲟⲥ* 열매 맺다 *ⲣ̄ ⲕⲁⲧⲁⲫⲣⲟⲛⲏ* 무시하다 *ⲣ̄ ⲕⲁⲧⲏⲭⲟⲩⲙⲉⲛⲟⲥ* 입문자가 되다 *ⲣ̄ ⲕⲁⲧⲥ̄* 수를 쓰다 *ⲣ̄ ⲕⲁϩ* 흙이 되다 *ⲣ̄ ⲕⲉⲕⲉ* 어두워지다 *ⲣ̄ ⲕⲉⲗⲉⲩⲉ* 명령하다 *ⲣ̄ ⲕⲓⲃⲱⲧⲟⲥ* 방주를 형성하다 *ⲣ̄ ⲕⲓⲛⲇⲩⲛⲟⲥ* 위험하다 *ⲣ̄ ⲕⲓⲑⲁⲣⲁ* 연주하다 *ⲣ̄ ⲕⲗⲁⲙ* 화관을 쓰다 *ⲣ̄ ⲕⲛ̄ϩⲉ* 제단이 되다 *ⲣ̄ ⲕⲟⲓⲛⲱⲛⲏ* 서로 돕고 교제하다 *ⲣ̄ ⲕⲟⲥⲙⲟⲥ* 세계를 형성하다 *ⲣ̄ ⲕⲟⲩⲓ̈* 작

게 되다 ⲣ̅ ⲕⲱⲗⲩ 멈추게 하다 ⲣ̅ ⲗⲁⲩⲉ 아무 것도 하지 않다 ⲣ̅ ⲗⲓⲕ 어둡게 하다 ⲣ̅ ⲗⲩⲡⲏ 슬퍼하다 ⲣ̅ ⲙⲁⲅⲓⲁ 마법을 행하다ⲣ̅ ⲙⲁⲓ̈ⲧ 길이 되다 ⲣ̅ ⲙⲁⲓ̈ϩⲉ 놀랍게 하다 ⲣ̅ ⲙⲁⲣⲅⲁⲣⲓⲧⲏⲥ 진주가 되다 ⲣ̅ ⲙⲁⲧⲛⲉⲥ 안착하다 ⲣ̅ ⲙⲁⲩ 물이 되다 ⲣ̅ ⲙⲉⲓ̈ⲛⲉ 징조가 되다 ⲣ̅ ⲙⲉⲣⲓⲧ 사랑받다 ⲣ̅ ⲙⲉⲥⲧ⸗ 미워하다 ⲣ̅ ⲙⲉⲧⲁⲛⲟⲓ̈ⲉ 회개하다 ⲣ̅ ⲙⲏⲧ 10이 되다 ⲣ̅ ⲙⲗⲁϩ 전쟁을 일으키다 ⲣ̅ ⲙⲛ̅ⲧⲁϣⲓⲣⲉ 적극적이다 ⲣ̅ ⲙⲛ̅ⲧⲃⲟⲛⲉ 흠 없이 행하다 ⲣ̅ ⲙⲛ̅ⲧⲃⲟⲟⲛⲉ 사악함이 없는 ⲣ̅ ⲙⲛ̅ⲧⲉϥⲧⲉ 14가 되다 ⲣ̅ ⲙⲛ̅ⲧⲛⲁⲉ 도움이 되다 ⲣ̅ ⲙⲛ̅ⲧⲛⲁϥⲣⲉ 선한 행위를 하다 ⲣ̅ ⲙⲛ̅ⲧⲣⲉ 증거하다 ⲣ̅ ⲙⲛ̅ⲧⲥⲛⲁⲩⲥ 12가 되다 ⲣ̅ ⲙⲛ̅ⲧϫⲙⲏⲛ 18이 되다 ⲣ ⲙⲟⲣⲫⲏ 형상을 짓다 ⲣ̅ ⲙⲟⲩ 죽음이 되다 ⲣ̅ ⲙⲟⲩⲓ̈ 사자가 되다 ⲣ̅ ⲙⲟⲩⲧⲉ 부르다 ⲣ̅ ⲙⲟⲩϫⲧ 합류하다 ⲣ̅ ⲛⲁⲃⲉ 죄짓다 ⲣ̅ ⲛⲁⲉ 동정하다 ⲣ̅ ⲛⲁϣⲧⲉ 보호하다 ⲣ̅ ⲛⲁϣⲧⲙ̅ⲙⲉ 완고하게 되다 ⲣ̅ ⲛⲁϥⲣⲉ 장점을 갖다 ⲣ̅ ⲛ̅ⲃⲁⲛ 악을 행하다 ⲣ̅ ⲛⲉⲉϥ 선원이 되었다 ⲣ̅ ⲛⲉⲓ̈ 이 일을 행하다 ⲣ̅ ⲛⲉⲡ 여주인이 되다 ⲣ̅ ⲛⲏⲥⲧⲉⲩⲉ 금식하다 ⲣ̅ ⲛⲏϩ 제조하다 ⲣ̅ ⲛⲟⲓ̈ⲉ 이해하다 ⲣ̅ ⲛⲟⲩⲥ 지혜로워지다 ⲣ̅ ⲛⲟⲩⲧⲉ 신이 되다 ⲣ̅ ⲟⲩⲁⲃⲉ 성화하다 ⲣ̅ ⲟⲩⲁⲓ̈ⲛⲉ 빛을 비추다 ⲣ̅ ⲟⲩⲁⲓ̈ϣ 시간을 쓰다 ⲣ̅ ⲟⲩⲉ 하나가 되다 ⲣ̅ ⲟⲩⲉⲣⲱⲧⲉ 따뜻하게 되다 ⲣ̅ ⲟⲩⲏϩ 휴지기를 갖다 ⲣ̅ ⲟⲩⲣⲉϥⲙⲟⲩⲧⲉ 환각상태가 되다 ⲣ̅ ⲟⲩⲣⲉϥϣⲱϥⲉ 상처를 입히다 ⲣ̅ ⲟⲩⲧⲁⲩ 산을 형성하다 ⲣ̅ ⲟⲩⲧⲓⲕ 불꽃이 되다 ⲣ̅ ⲟⲩⲱ 답하다 ⲣ̅ ⲟⲩⲱⲙ 먹다 ⲣ̅ ⲟⲩϭⲣⲏⲡⲉ 왕관이 되다 ⲣ̅ ⲡⲁⲛⲇⲟⲭⲓⲟⲛ 숙소가 되다 ⲣ̅ ⲡⲁⲣⲑⲉⲛⲟⲥ 처녀가 되다 ⲣ̅ ⲡⲁⲧⲟⲧⲟⲩ 싸우다 ⲣ̅ ⲡⲁϩⲣⲉ 고치다 ⲣ ⲡⲉⲓⲑⲉ 설득하다 ⲣ̅ ⲡⲉⲧⲟⲩⲁϣϥ 원했던 것을 하다 ⲣ̅ ⲡⲉϣⲉ 반을 하다 ⲣ̅ ⲡⲓⲣⲏⲧⲉ 이처럼 하다 ⲣ̅ ⲡⲗⲁⲛⲏ 타락시키다 ⲣ̅ ⲡⲗ̅ϭⲉ 낡아지지 않다 ⲣ̅ ⲡⲙⲉⲉⲩ 기념하다 ⲣ̅ ⲡⲙⲉⲟⲩⲉ 기억하다 ⲣ̅ ⲡⲙⲉⲩⲉ 기념하다 ⲣ̅ ⲟⲩⲣ̅ⲡⲙⲉⲟⲩⲉ 기억을 되새기다 ⲣ̅ ⲡⲙ̅ⲡϣⲁ 가치가 있는 ⲣ̅ ⲡⲥⲙ̅ⲡϣⲁ 의미 있는 ⲣ̅ ⲡⲙ̅ⲧⲁⲛ 쉬운 ⲣ̅ ⲡⲛ̅ⲁ 영이 되다 ⲣ̅ ⲡⲟⲗⲉⲙⲟⲥ 전쟁을 일으키다 ⲣ̅ ⲡⲟⲟϩ 달이 되다 ⲣ̅ ⲡⲟⲩⲱϣ 뜻대로 하다 ⲣ̅ ⲡⲣⲏ 태양이 되다 ⲣ̅ ⲡⲣⲟⲅⲛⲱⲥⲧⲏⲥ 연습하다 ⲣ̅ ⲡⲣⲟⲥⲫⲟⲣⲁ 제물을 바치다 ⲣ̅ ⲡⲥⲁⲛⲃⲁⲗ 밖에서 오다 ⲣ̅ ⲡⲥⲁⲛⲧⲡⲉ 위로 올라가다 ⲣ̅ ⲡⲱⲕ ⲛ̅ϩⲏⲧ 뜻을 행하다 ⲣ̅ ⲣⲁⲙⲡⲉ 해를 보내다 ⲣ̅ ⲣⲉϥⲃⲱⲗ 양도인이 되다 ⲣ̅ ⲣⲉϥⲥⲁⲡⲥⲡ 중재자가 되다 ⲣ̅ ⲣⲙ̅ⲙⲁⲟ 부자가 되다 ⲣ̅ ⲣⲙ̅ⲛϣⲱⲛⲉ 병자가 되다 ⲣ̅ ⲣⲙ̅ⲛ̅ϩⲏⲧ 이해에 도달하다 ⲣ̅ ⲣⲙ̅ϩⲉ 자유롭게 하다 ⲣ̅ ⲣ̅ⲣⲟ 지배하다 ⲣ̅ ⲣⲱⲙⲉ 사람이 되다 ⲣ̅ ⲥⲁⲃⲧ̅ 벽을 형성하다 ⲣ̅ ⲥⲁⲩ 6이 되다 ⲣ̅ ⲥⲁⲩⲛⲉ 지혜가 되다 ⲣ̅ ⲥⲕⲉⲟⲥ 선박이 되다 ⲣ̅ ⲥⲕⲉⲩⲟⲥ 선박이 되다 ⲣ ⲥ̅ⲗ̅ϭⲉ 십자가형에 처하다 ⲣ̅ ⲥⲟⲉ ⲛ̅ⲣⲁⲙⲡⲉ 6년이 흐르다 ⲣ̅ ⲥⲧⲁⲩⲣⲉ 십자가에 달다 ⲣ̅ ⲥⲧⲁⲩⲣⲟⲥ 십자가로 만들다 ⲣ̅ ⲥⲧⲟⲗⲏ 옷이 되다 ⲣ̅ ⲥⲩⲗⲁ 약탈당하다 ⲣ̅ ⲥⲫⲣⲁⲅⲓⲍⲉ 봉인하다 ⲣ̅ ⲥⲱⲙⲁ 육을 형성하다 ⲣ̅ ⲥⲱⲙⲁⲧⲓⲕⲟⲛ 육체가 되다 ⲣ̅ ⲥϭⲏⲣ 여행하다 ⲣ̅ ⲧⲁⲓ̈ⲉ 부분을 이루다 ⲣ̅ ⲧⲁⲕ 돌보다 ⲣ̅ ⲧⲁϫⲟ 판단하다 ⲣ̅ ⲧⲉⲭⲛⲏ 기술을 사용하다 ⲣ̅ ⲧⲟⲩϣⲏ 밤을 새우다 ⲣ̅ ⲧⲱⲣⲉ 기교가 뛰어난 ⲣ̅ ⲧⲱⲣⲧ̅ 계단을 형성하다 ⲣ̅ ⲧϩⲉ 똑같이 되다 ⲣ̅ ⲫⲑⲟⲛⲉ 갈망하다 ⲣ̅ ⲫⲑⲟⲛⲏ 갈망하다 ⲣ̅ ⲫⲟⲣⲉ 오래가다, 사용에 견디다 ⲣ̅ ⲫⲱⲥⲧⲏⲣ 빛을 비추다 ⲣ̅ ⲭⲁⲣⲓⲍⲉ 은혜가 되다 ⲣ̅ ⲭⲟⲗⲏ 분개한 ⲣ̅ ⲭⲣⲉⲓⲁ 필요로 하다 ⲣ̅ ⲭⲣⲓⲁ 필요하다 ⲣ̅ ⲭⲣⲟⲛⲟⲥ 세월을 보내다 ⲣ̅ ⲯⲁⲗⲉ 연주하다 ⲣ̅ ⲯⲩⲭⲓⲕⲟⲛ 혼이 되다 ⲣ̅ ⲱⲃϣ̅ 잊다 ⲣ̅ ⲱⲕ ⲛ̅ϩⲏⲧ 기쁨이 되다 ⲣ̅ ⲱⲛϩ̅ 생명이 되다 ⲣ̅ ϣⲁⲓ̈ 축제를 열다 ⲣ̅ ϣⲁⲓ̈ⲉ 축제를 열다 ⲣ̅ ϣⲁⲙⲧ 3을 형성하다 ⲣ̅ ϣⲁⲡⲥ̅ 환영하다 ⲣ̅ ϣⲁⲣⲡ̅ 앞서다, 먼저가 되다 ⲣ̅ ϣⲁⲥⲧⲏϣ 단단히 결심하다 ⲣ̅ ϣⲉ 100이 되다 ⲣ̅ ϣⲉⲩ 유익한 ⲣ̅ ϣⲏⲛ 3이 되다 ⲣ̅ ϣⲏⲣⲉ 어린애처럼 되다 ⲣ̅ ϣⲙ̅ⲙⲟ 이방인이 되다 ⲣ̅ ϣⲟⲩⲙⲁⲥⲧⲉ 미워하다 ⲣ̅ ϣⲟⲩϣⲟⲩ 자신하다 ⲣ̅ ϣⲡⲏⲣⲉ 놀라워하다 ⲣ̅ ϣϭⲁ 한대 치다 ⲣ̅ ϩⲁⲗⲩⲥⲓⲥ 사슬이 되다 ⲣ̅ ϩⲁⲛϩⲣ̅ⲧⲉ 이유가 되다 ⲣ̅ ϩⲁⲧⲉ 겁내다 ⲣ̅ ϩⲁⲩ 악하다 ⲣ̅ ϩⲁϩ 많게 하다 ⲣ̅ ϩⲃ̅ⲥⲱ 옷이 되다 ⲣ̅ ϩⲉⲗ 속이다 ⲙⲛ̅ⲧⲣ̅ϩⲉⲗ 기만 ⲣ̅ ϩⲉⲡ 심판하다 ⲣ̅ ϩⲏⲃⲉ 슬퍼하다 ⲣ̅ ϩⲏⲕⲉ 가난하게 되다 ⲣ̅ ϩⲏⲧ 마음을 갖다 ⲣ̅ ϩⲏⲩ 손해 보는 ⲣ̅ ϩⲓⲃⲁⲗ 나가다 ⲣ̅ ϩⲓⲣⲉⲧ 마중하다 ⲣ̅ ϩⲓϩⲟⲩⲛ 들어가다 ⲣ̅ ϩⲙⲁⲧ 은혜를 베풀다 ⲣⲉϥⲣ̅ϩⲙⲁⲧ 은혜를 베푸는 자 ⲣ̅ ϩⲙ̅ⲙⲉ 인도하다 ⲣⲉϥⲣ̅ϩⲙ̅ⲙⲉ 선원 ⲣ̅ ϩⲛⲉϥ 흡족하게 하다 ⲣ̅ ϩⲟⲟⲩⲉ 하루를 보내다 ⲣ̅ ϩⲟⲩⲏⲧ 승객이 되다 ⲣ̅ ϩⲟⲩⲟ 늘어나다 ⲣ̅ ϩⲟⲩϩⲉ 폐기하다 ⲣ̅ ϩⲣⲉ 음식이 되다 ⲣ̅ ϩⲧⲏ⸗ 후회하다 ⲣ̅ ϩⲱⲃ 일하다 ⲣ̅ ϩⲱⲙ 짓밟다 ⲣ̅ ϩⲱⲧ 항해하다 ⲣ̅ ϫⲁⲓ̈ 배로 실어나르다 ⲣ̅ ϫⲁⲓ̈ 배가 되다 ⲣ̅ ϫⲁⲓ̈ⲉ 정박해 있는 ⲣ̅ ϫⲁⲓ̈ⲥ 지배하다 ⲣ̅ ϫⲁⲩⲙⲁⲓⲧ 인도자가 되다 ⲣ ϫⲁϫⲉ 적이 되다 ⲣ̅ ϫⲣⲟ 승리하다 ⲣ̅ ϫⲱⲣⲉ 강성해지다 ⲣ̅ ϭⲁⲟⲩⲁⲛ 수종 들다 ⲣ̅ ϭⲁⲧ 유사하다 ⲣ̅ ϭⲁϫⲉ 불구가 된 ⲣ̅ ϭⲗⲟⲟϭⲉ 층계를 형성하다 ⲣ̅ ϭⲱⲃ 허약해지다

ⲈⲒⲢⲎⲚⲎ, ϨⲒⲢⲎⲚⲎ εἰρήνη 평화 *cf.* ⲧⲁⲓ̈ⲉⲓⲣⲏⲛⲏ 화평케 하는 자

ⲈⲒⲤ, ⲈⲤ (자주 ϩⲏⲧⲉ, ϩⲏⲏⲧⲉ ϩⲛ, ϩⲏⲡⲉ, ϩⲏⲛⲉ이 뒤따름) 보라! *cf.* ⲉⲓⲥⲧⲉ, ϩⲉⲥ

ⲈⲒⲤⲦⲈ 보라!

ⲈⲒⲤϪⲈ → **ⲈϢϪⲈ** 만일

ⲈⲒⲦ⸗ → **ⲈⲒⲢⲈ**

ⲈⲒⲦⲀ 곧바로

ⲈⲒⲦⲈ εἴτε 또는 *cf.* ⲉⲓⲧⲉ...ⲉⲓⲧⲉ ~이든 ~이든 ⲉⲓⲧⲉϭⲉ ~인지 어떤지

ⲈⲒⲦⲚ̅ *m.* 흙, 땅 *cf.* ⲉⲡⲓⲧⲛ̅, ⲙ̅ⲡⲓⲧⲛ̅

ⲉ(ⲓ)ⲱ, ⲉⲓⲁ- *m. f., pl.* **ⲉⲟⲟⲩ, ⲉⲱⲟⲩ, ⲉⲓⲱⲟⲩⲉ** 노새

ⲉⲓⲱ → ⲛⲁⲉⲓⲱ 말뚝

ⲉⲓⲱ, ⲉⲓⲁ-, ⲉⲓⲁⲁ⸗, ⲉⲓⲏ† 씻다 *cf.* *ⲉⲓⲁ ⲧⲟⲟⲧϥ̄* 손을 씻고 물러서다 *ϩⲛⲁⲁⲩ ⲛ̄ⲉⲓⲁ ⲧⲟⲟⲧϥ̄* 손 씻는 그릇

ⲉⲓⲱⲧ *m., eit-, pl.* **ⲉⲓⲟⲧⲉ** 아버지, 양친, 조상 *cf.* *ⲉⲓⲱⲧ ⲙ̄ⲡⲉⲓⲱⲧ* 할아버지, 선조 *ϣⲛ̄ ⲉⲓⲱⲧ* 친척 *ⲙⲛ̄ⲧⲉⲓⲱⲧ* 일가

ⲉⲓⲱⲧ, ⲉⲓⲟⲩⲧ *m.* 보리

ⲉⲓⲱⲧⲉ *f.* 이슬

ⲉⲓⲱⲣⲙ̄, ⲉⲓⲟⲣⲙ̄† 얼빠지다, 멍하니 바라보다, 눈을 깜박이다, 승락하다 *cf.* *ⲉⲓⲱⲣⲙ̄ ⲛ̄ⲥⲁ-* 기대하다 *ⲉϥ ⲉⲓⲟⲣⲙ̄* 얼간이, 멍청이 *ⲉⲓⲱⲣϩ, ⲉⲓⲁ* 눈

ⲉⲓⲱⲣϩ̄, ⲉⲓⲉⲣϩ̄-, ⲉⲓⲟⲣϩ̄⸗ 보다, 바라보다, 살피다 *cf.* *ⲙⲛ̄ⲧⲣⲉϥ ⲉⲓⲱⲣϩ̄* 통찰력, 혜안 *ⲉⲓⲉⲣϩⲉ f.* 시력 *ⲉⲓⲱⲣⲙ̄, ⲉⲓⲁ* 눈

ⲉⲓⲱϩⲉ *m.,* **ⲉⲓⲉϩ-**, *pl.* **ⲉⲓⲁϩⲟⲩ(ⲉ)** 논밭, 들판 *cf.* *ϣⲓ ⲉⲓⲱϩⲉ* 측량 *ⲉⲓⲉϩ ϣⲏⲛ* 초지 *ⲥⲧ(ⲉⲓ)ⲱϩⲉ*

ⲉⲓϥⲧ, (ⲉ)ⲓⲃⲧ *m.* 못

ⲉⲓϣⲉ, ⲁϣⲧ-, ⲉϣⲧ-, ⲁϣⲧ⸗, ⲁϣⲉ† 매달다, 못박다

ⲉⲓϣϫⲉ → ⲉϣϫⲉ 만일

ⲉⲓϩⲟⲟⲩⲧ → ϩⲟⲟⲩⲧ 수컷

ⲉⲓϫⲛ̄ → ⲉϫⲛ̄- …위에

ⲉⲕⲁⲧⲉ → ⲉⲕⲱⲧ

ⲉⲕⲇⲓⲕⲉⲓ ἐκδικεῖν 복수하다

ⲉⲕⲓ ⲁ- → ⲉⲓ

(ⲉ)ⲕⲓⲃⲉ *f.* 유방, 젖 *cf.* *ϯ ⲉⲕⲓⲃⲉ* 젖을 먹이다 *ϫⲓ ⲉⲕⲓⲃⲉ* 젖을 빨다

ⲉⲕⲕⲗⲏⲥⲓⲁ ἐκκλησία 교회, 믿음의 공동체

ⲉⲕⲗⲉⲕⲧⲏ ἐκλεκτή 선택된

ⲉⲕⲗⲉⲕⲧⲟⲥ ἐκλεκτός 선택된 사람

ⲉⲕⲗⲟⲅⲏ ἐκλογή 선택하다

ⲉⲕⲙ̄ → ⲱⲕⲙ̄ 어두침침한

ⲉⲕⲟ → ⲉⲓⲣⲉ

ⲉⲕⲥⲧⲁⲥⲓⲥ *f.* 엑스터시, 정신착란

ⲉⲕⲱⲧ *m.* 건축가, 목수 *cf.* *ⲕⲱⲧ*

ⲉⲕⲱⲧ, ⲉⲕⲁⲧⲉ → ⲕⲱⲧ

ⲉⲗ → ⲁϣ ⲉⲗ 외치다

ⲉⲗⲁ⸗ⲕ → ⲗⲟ

ⲉⲗⲁⲗⲉ *m.* 포도 *cf.* *ⲃⲱ ⲛ̄ⲉⲗⲁⲗⲉ* 포도나무 *ϣⲏⲛ ⲛ̄ⲉⲗⲁⲗⲉ* 포도나무 *ϭⲱⲙ ⲛ̄ⲉⲗⲁⲗⲉ* 포도원

ⲉⲗⲁⲗⲧ̄† → ⲁⲗⲱⲗ 조급한

ⲉⲗⲁⲙ 파피루스의 양을 재는 단위

ⲉⲗⲁⲩⲛⲉ ἐλαύνειν 이끌어가다

ⲉⲗⲁⲭⲓⲥⲧⲟⲥ 가장 작은 자, 겸손한 사람

ⲉⲗⲉⲩⲑⲉⲣⲁ ἐλευθέρα 자유로운

ⲉⲗⲉⲩⲑⲉⲣⲓⲁ ἐλευθέρια 자유

ⲉⲗⲉⲩⲑⲉⲣⲟⲥ ἐλεύθερος 자유로운

ⲉⲗⲕ̄- → ⲱⲗⲕ̄ 휜, 굽은

ⲉⲗⲕ ϣⲁ 비웃다 → **ⲱⲗⲕ̄, ϣⲁ** 코

ⲉⲗⲗⲏⲃ → ⲗⲗ̄ⲏⲃ 농담

ⲉⲗⲟⲟⲗⲉ *m.,* **(ⲉ)ⲗⲉⲗ-, ⲗⲓⲗ-** 포도 *cf.* *ⲃⲱ ⲛ̄ⲉⲗⲟⲟⲗⲉ* 포도나무 *ⲙⲁ ⲛ̄ⲉⲗⲟⲟⲗⲉ* 포도원 *ⲟⲩⲟⲉⲓⲉ ⲛ̄ⲉⲗⲟⲟⲗⲉ* 포도재배자 *ⲉⲗⲉⲗ ϩⲙ̄ϫ* 청포도 *ⲉⲗⲉⲗ ⲕⲏⲙⲉ* 타박상, 혈종

ⲉⲗⲟⲟϩⲉ → ⲗⲓⲗⲟⲟϩⲉ 야자수의 일종

ⲉⲗⲟⲩⲥⲉ 찌든 → **ⲗⲱⲱⲥ** 부서진

ⲉⲗⲱ, ⲁⲗⲱ *f.* 덫, 함정

ⲉⲗϩⲏⲙ → ⲗ̄ϩⲏⲙ 붉어지다

ⲉⲗϭⲱⲃ *m.* 왜가리

ⲉⲙ → ⲉⲛ 부정사

ⲉⲙⲁⲧⲉ 많은 *cf.* *ⲙⲁⲧⲉ*

ⲉⲙⲁⲩ 그곳에 *cf.* *ⲙⲁⲩ*

ⲉⲙⲁϣⲟ 수많은 → **ⲙⲁϣⲟ**

ⲉⲙⲁϩⲧⲉ 사로잡다, 장악하다 *cf.* *ⲉⲙⲁϩⲧⲉ ⲁϫⲛ̄-* 지배하다 *ⲡⲉⲙⲁϩⲧⲉ* 점유

ⲉⲙⲉ *f.* 곡괭이

ⲉⲙⲉϣϭⲉ 나일강에 서식하는 물고기의 일종

ⲉⲙⲏⲣⲉ *f.* 홍수, 범람

ⲉⲙⲏϣ *m.* 모루, 작업대

ⲉⲙⲓⲥⲉ *m.* 아미스 열매

ⲉⲙⲕ̄- → ⲱⲙⲕ̄ 삼키다

ⲉⲙⲛ̄ⲧ *m.* 서쪽 *cf.* *ⲁⲙⲛ̄ⲧⲉ*

ⲉⲙⲛ̄ⲧⲉ *m.* 지옥, 사자가 머무는 곳 *cf.* *ⲉⲙⲛⲧ* 서쪽 *ⲣⲙ̄ⲉⲙⲛ̄ⲧⲉ* 저승사자

ⲉⲙⲟⲩ *f., pl.* **ⲉⲙⲟⲟⲩⲉ** 고양이

ⲉⲙⲡⲟ → ⲙ̄ⲡⲟ 언어장애인의

ⲁ ⲃ ⲅ ⲇ ⲉ ⲍ ⲏ ⲑ ⲓ ⲕ ⲗ ⲙ ⲛ ⲝ ⲟ ⲡ ⲣ ⲥ ⲧ ⲩ ⲫ ⲭ ⲯ ⲱ ϣ ϥ ϩ ϫ ϭ ϯ

ⲈⲘⲠⲞⲢⲞⲤ ἔμπορος 상인

ⲈⲘⲠϢⲀ → **Ⲙ̄ⲠϢⲀ** 자격이 있는, 많은

ⲈⲘⲤ̄- → **ⲰⲘⲤ̄** 물에 잠기다

ⲈⲘⲤⲰⲂⲈ → **Ⲙ̄ⲤⲰⲂⲈ** 대침, 바늘

ⲈⲘⲦⲞ → **Ⲙ̄ⲦⲞ**

ⲈⲘⲦⲞⲚ → **Ⲙ̄ⲦⲞⲚ** 쉬다

ⲈⲘⲦⲰ → **Ⲙ̄ⲦⲰ** 깊이

ⲈⲘϢⲒⲢ → **Ⲙ̄ϢⲒⲢ** (곱트력 여섯 번째 달)

ⲈⲘϨⲒⲦ → **Ⲙ̄ϨⲒⲦ** 북쪽

ⲈⲘϪ- → **ⲰⲘϪ̄** 금하다, 떼어내다

ⲈⲘϪⲰⲖ → **Ⲙ̄ϪⲰⲖ** 양파

ⲈⲘϪⲚϨ̄ → **Ⲙ̄ϪⲚϨ̄** 눈썹 *cf.* *(ⲉ)ⲛϩ*

ⲈⲚ- → **ⲈⲒⲚⲈ** 가져가다

ⲈⲚ(Ⲉ), ⲚⲈ …인가?

ⲈⲚ, ⲈⲘ 부정을 나타내는 조사

ⲈⲚⲀⲚⲞⲨ → **ⲚⲀⲚⲞⲨ**

ⲈⲚⲄ̄, ⲈⲚⲞⲨⲚⲄ̄ 식물의 일종

ⲈⲚⲆⲨⲘⲀ ἔνδυμα 겉옷

ⲈⲚⲈ 만일, 단지 …했으면!

ⲈⲚⲈ- → **ⲰⲚⲈ** 돌

ⲈⲚⲈ⸗ 기쁘게 하다 *cf.* *ⲣ̄ ⲉⲛⲉ⸗* 만족하게 하다 *ⲁⲛⲁï*

ⲈⲚⲈⲢⲄⲈⲒⲀ ἐνέργεια 힘, 에너지 *cf.* *ⲣ̄ⲉⲛⲉⲣⲅⲏ* ἐνεργεῖν 힘쓰다

ⲈⲚⲈⲢⲄⲈⲒ 행동하다, 움직이다

ⲈⲚⲈⲢⲄⲒⲀ *f.* 힘, 행동, 효율성

ⲈⲚⲈϨ 영원 *cf.* *ϣⲁ ⲉⲛⲉϩ* 영원토록

ⲈⲚⲌⲰⲚⲎ, ⲀⲚⲌⲰⲚⲈ *f.* 허리띠

ⲈⲚⲐⲨⲘⲎⲤⲒⲤ ἐνθύμησις 사색, 생각

ⲈⲚⲒⲘ 추첨하다

ⲈⲚⲒⲞⲦⲈ ἐνίοτε 때때로

ⲈⲚⲔⲞⲦⲔ̄ → **Ⲛ̄ⲔⲞⲦⲔ̄** 잠자다

ⲈⲚⲞⲨⲚⲄ̄ → **ⲈⲚⲄ̄** 식물의 일종

ⲈⲚⲞⲬⲖⲈⲒ 방해하다, 문제를 일으키다 (ⲚⲀ⸗)

ⲈⲚⲞⲬⲞⲤ 고정시키다, 위험에 노출되다

ⲈⲚⲦⲎⲢ → **ⲚⲞⲨⲦⲈ** 신

ⲈⲚⲦⲎϬ → **Ⲛ̄ⲦⲎϬ** 초목

ⲈⲚⲦⲞⲖⲎ ἐντολή 법, 율법 *pl.* **ⲈⲚⲦⲞⲖⲀⲨⲈ**

ⲈⲚϢⲞⲦ → **Ⲛ̄ϢⲞⲦ**

(Ⲉ)ⲚϨ 속눈썹 *cf.* *ⲙ̄ϫⲛϩ̄*

ⲈⲜⲀⲄⲎ ἐξάγειν 이끌어나가다

ⲈⲜⲀⲠⲀⲦⲀ 철저히 속이다

ⲈⲜⲀⲠⲒⲚⲀ 즉시, 갑자기

ⲈⲜⲈⲤⲦⲒ 허용되다 (ⲚⲀ⸗)

ⲈⲜⲈⲦⲀⲌⲈ ἐξετάζειν 검사하다

ⲈⲜⲎⲄⲎⲤⲒⲤ *f.* 설화, 강화, 설교

ⲈⲜⲞⲘⲞⲖⲞⲄⲈⲒ 고백하다, 선언하다

ⲈⲜⲞⲘⲞⲖⲞⲄⲎⲤⲒⲤ *f.* 고백

ⲈⲜⲞⲨⲤⲒⲀ ἐξουσία 권력, 권위

ⲈⲜⲞⲨⲤⲒⲀⲤⲦⲎⲤ ἐξουσιαστής 권력자

ⲈⲞⲞⲨ *m.* 영광 *cf.* *ϯ ⲉⲟⲟⲩ* 영광 돌리다 *ϩⲁ ⲉⲟⲟⲩ* 영광스럽게

ⲈⲞⲨⲈⲚ → **ⲞⲨⲈⲚ**

ⲈⲞⲨⲒ̈Ⲛ *m.* 배를 바꿔 타기, 하역 *cf.* *ⲁⲩⲁⲛ* 적재

ⲈⲠ- → **ⲰⲠ** 계산하다

ⲈⲠⲀⲚⲞⲢⲐⲞⲨ ἐπανορθοῦν 바로 세우다

ⲈⲠⲀⲢⲬⲒⲀ *f.* 행정구역, 정부

ⲈⲠⲀⲢⲬⲞⲤ ἔπαρχος 주지사, 군장

ⲈⲠⲀⲦ → **ⲀⲠⲀⲦ** 컵

ⲈⲠⲀϨⲞⲨ 뒤로 *cf.* *ⲡⲁϩⲟⲩ*

ⲈⲠⲈⲒ ἐπεί 왜냐하면

ⲈⲠⲈⲒⲆⲎ ἐπειδή ~에 의하면, ~이기에

ⲈⲠⲈⲔⲢⲞ (Ⲛ̄-) …너머로 *cf.* *ⲕⲣⲟ*

ⲈⲠⲈⲤⲎⲦ 아래쪽으로 *cf.* *ⲉⲥⲏⲧ*

ⲈⲠⲎⲠ 곱트력 열한 번째 달

ⲈⲠⲎⲢⲒⲀ ἐπήρεια 오만, 건방짐 *cf.* *ⲣ̄ⲉⲡⲏⲣⲉⲓⲁ* 꾸짖다 *ϫⲓ ⲉⲡⲏⲣⲓⲁ* 성내다

ⲈⲠⲒⲂⲞⲨⲖⲈⲨⲈ 공모하다, 모의하다

ⲈⲠⲒⲂⲞⲨⲖⲎ *f.* 의도, 모의, 공모

ⲈⲠⲒⲐⲨⲘⲈⲒ 원하다 (Ⲉ-)

ⲈⲠⲒⲐⲨⲘⲒ ἐπιθυμεῖν 원하다

ⲈⲠⲒⲐⲨⲘⲒⲀ ἐπιθυμία 욕망, 갈망

ⲈⲠⲒⲔⲀⲖⲈⲒ ἐπικαλεῖσθαι 빌다, 호소하다

ⲈⲠⲒⲔⲖⲎⲤⲒⲤ ἐπίκλησις 호소

ⲈⲠⲒⲤⲎⲘⲞⲤ ἐπίσημος 구분된

ⲈⲠⲒⲤⲔⲞⲠⲎ *f.* 교회 사역, 관리, 섭리

ⲉⲡⲓⲥⲕⲟⲡⲟⲥ ἐπίσκοπος 주교, 감독

ⲉⲡⲓⲥⲧⲏⲙⲏ *f.* 가르침, 과학, 신중함, 조심성

ⲉⲡⲓⲥⲧⲟⲗⲁⲩⲉ, ⲉⲡⲓⲥⲧⲟⲗⲟⲟⲩⲉ 서신

ⲉⲡⲓⲥⲧⲟⲗⲏ ἐπιστολή 서한, 서신

ⲉⲡⲓⲧⲁⲅⲏ ἐπιταγή 명령

ⲉⲡⲓⲧⲓⲙⲁ 비난하다, 욕하다 (ⲛⲁ⸗)

ⲉⲡⲓⲧⲓⲙⲏ ἐπιτιμή 비난하다, 책망하다, 벌주다

ⲉⲡⲓⲧⲓⲙⲓⲁ ἐπιτιμία 벌, 책망

ⲉⲡⲓⲧⲛ̄ 아래로, 아래에 *cf.* *ⲉⲓⲧⲛ̄*

ⲉⲡⲓⲧⲣⲟⲡⲟⲥ ἐπίτροπος 간수, 행정관

ⲉⲡⲙⲁ (ⲛ̄-) …대신에 *cf.* *ⲙⲁ* 장소

ⲉⲡⲟⲩⲉ 멀리서 *cf.* *ⲟⲩⲉ* 멀리 떨어진

ⲉⲡⲣⲁ *pl.* 헛된 일, 허영

ⲉⲡⲥ̄, ⲏⲡⲥ̄ 숫자 → ⲱⲡ

ⲉⲡⲱ *f.* 문의 일부분

ⲉⲡϣⲱⲓ 위를 향해, 위에 *cf.* *ϣⲱⲓ*

ⲉⲡϫⲓⲛϫⲏ 헛되이 *cf.* *ϫⲓ* 잡다 *ϫⲏ* 허영

ⲉⲡϫⲱ 독, 독소

ⲉⲣ- → ⲉⲓⲣⲉ 하다, 이다

ⲉⲣⲁⲧ⸗ …의 발아래에, …부근에 *cf.* *ⲣⲁⲧ⸗*

ⲉⲣⲃ̄- → ⲱⲣ(ⲉ)ⲃ 에워싸다

ⲉⲣⲃⲧ → ⲣ̄ⲃⲧ *cf.* *ϣⲧⲏⲛ ⲛ̄ⲣⲃⲧ* 쇠사슬 갑옷

ⲉⲣⲅⲁⲥⲓⲁ *f.* 일

ⲉⲣⲅⲁⲥⲧⲏⲣⲓⲟⲛ *m.* 작업장, 공장

ⲉⲣⲅⲁⲧⲏⲥ ἐργάτης 노동자

ⲉⲣⲉϩ, ⲉⲣⲏϩ → ϩⲁⲣⲉϩ 지키다.

ⲉⲣⲏⲃ → ⲁⲣⲏⲃ 보증

ⲉⲣⲏⲙⲓⲁ ἐρημία 사막, 황무지

ⲉⲣⲏⲙⲟⲥ ἔρημος 황폐한

ⲉⲣⲏⲙⲱⲥⲓⲥ ἐρήμωσις 황폐케 하다

ⲉⲣⲏⲧ, (ⲣ̄)ⲣⲏⲧ 서원하다, 기도하다, 약속

ⲉⲣⲏⲩ 서로서로, 쌍방으로 *cf.* *ⲙⲛ̄ ⲛⲉⲛⲉⲣⲏⲩ* 우리 서로 *ⲙⲛ̄ ⲛⲉⲩⲉⲣⲏⲩ* 그들끼리

ⲉⲣⲛ̄-, ⲉⲣⲱ⸗ 문전에서 *cf.* *ⲣⲟ*

ⲉⲣⲟ *m. f.* ⲉⲣⲱ → *m.* ⲣ̄ⲣⲟ 왕 *f.* ⲣ̄ⲣⲱ 왕비

ⲉⲣⲟ⸗ → ⲉ- …을 향해, …을 위해

ⲉⲣⲡ → ⲏⲣⲡ̄ 포도주

ⲉⲣⲣⲟ → ⲣ̄ⲣⲟ 왕

ⲉⲣⲥⲱ, *pl.* ⲉⲣⲥⲟⲟⲩⲉ 축사, 외양간

ⲉⲣⲧⲟⲃ → ⲣ̄ⲧⲟⲃ ἀρτάβη, 페르시아 측량단위, 약 56 리터

ⲉⲣⲧⲱ → ⲣ̄ⲧⲱ 한 뼘

ⲉⲣⲱ⸗ → ⲉⲣⲛ̄- 앞에 *cf.* *ⲣⲟ*

ⲉⲣⲱⲧⲉ *m.f.* 우유 *cf.* *ⲟⲩⲁⲙⲉⲣⲱⲧⲉ* 젖을 빨다

ⲉⲣϣⲁⲛ → ⲁⲣϣⲓⲛ 렌즈콩, 주근깨

ⲉⲣϣⲱⲛ → ⲣ̄ϣⲱⲛ 외투

ⲉⲣϫ- → ⲱⲣϫ̄ 단단한

ⲉⲥ → ⲉⲓⲥ 보라!

ⲉⲥ 오래된 *cf.* *ⲣⲙ̄ⲛ̄ⲉⲥ* 노인

ⲉⲥⲁⲩ (L) *m.* 양 *cf.* *ⲙⲁⲛⲉⲥⲁⲩ* *m.* 양 우리

-ⲉⲥⲉ → ⲥⲁⲩ

ⲉⲥⲉⲓ̈, ⲉⲥⲉⲓ̈ⲧⲉ → ⲁⲥⲁⲓ̈

ⲉⲥⲏⲧ *m.* 하위의, 바닥, 땅 *cf.* *ⲉⲡⲉⲥⲏⲧ* 아래쪽으로 *ⲥⲁ ⲡⲉⲥⲏⲧ* 아래에 *ⲉⲧϩⲁ ⲡⲉⲥⲏⲧ* 밑에 있는, 지하

ⲉⲥⲕⲉ *f.* 늦은 *cf.* *ⲱⲥⲕ̄* 늦다

ⲉⲥⲟⲟⲩ *m., f.* ⲉⲥⲱ 양 *cf.* *ⲙⲁⲛⲉⲥⲟⲟⲩ* 목장

ⲉⲥⲟⲩ *f.* 값, 가치

ⲉⲥⲡⲉ *f.* 언어

ⲉⲥⲧⲟ → ⲧⲟ

ⲉⲥϣⲉ → ϣⲉ

ⲉⲥϭ- → ⲱⲥϭ 기름 붓다

ⲉⲧⲁϩ *m.* 짐, 부담

ⲉⲧⲃⲉ-, ⲛ̄ⲧϥⲉ, ⲉⲧⲃⲏⲧ⸗, ⲉⲧⲃⲏⲏⲧ⸗ …때문에 *cf.* *ⲉⲧⲃⲉ ⲡⲁⲓ̈* 그 이유로 *ⲉⲧⲃⲉ ⲟⲩ* 무엇 때문에 ? *ⲉⲧⲃⲉ ⲉⲩ* 무엇 때문에 ? *ⲉⲧⲃⲉ ϫⲉ* 왜냐하면

ⲉⲧⲉ, ⲉⲧ- …한 사람

ⲉⲧⲓ ἔτι, ⲁⲓⲧⲉⲓ 아직

ⲉⲧⲙ̄ⲙⲁⲩ 거기 *cf.* *ⲡⲣⲱⲙⲉ ⲉⲧⲙ̄ⲙⲁⲩ* 거기 그 사람 *ⲡⲉⲧⲙ̄ⲙⲁⲩ* 저기 저 사람

ⲉⲧⲙ̄ⲙⲉⲩ → ⲙⲉⲩ

ⲉⲧⲛ̄-, ⲉⲧⲟⲟⲧ⸗ …을 향해, …에게 *cf.* *ⲧⲱⲣⲉ* 손

ⲉⲧⲟ → ⲉⲓⲣⲉ

ⲉⲧⲟ → ⲧⲟ

ЄⲦⲞⲨ(Є)Ⲛ-, **ЄⲦⲞⲨⲰ⸗** …의 부근에 *cf.* *ϩⲒ ⲦⲞⲨⲰ⸗* 이웃의 *ⲦⲞⲨⲰ⸗* 젖가슴

ЄⲦⲞⲨⲰ⸗ → **ЄⲦⲞⲨ(Є)Ⲛ-**

ЄⲦⲞϨ, **ЄⲦⲀϨ** *m.* 의복의 일종 *cf.* *ⲰⲦϨ̄* 직조하다

ЄⲦⲠ̄- → **ⲰⲦⲠ̄** 가두다

ЄⲦⲠⲰ *f.* 짐, 죄짐 *cf.* *ⲰⲦⲠ̄* 짐을 싣다

ЄⲦⲠⲰ → **ⲰⲦⲠ̄** 짐을 싣다

ЄⲦⲢⲒⲘ → **ⲦⲢⲒⲘ** 토끼풀

ЄⲦⲬΗⲨ *pl.* → **ⲬⲀЇ** 선박

ЄⲨ, **Ⲟ** 무엇 ? *cf.* *ⲀⲢЄⲨ* 소용없이 *ЄⲦⲂЄ ЄⲨ* 왜? *ϨⲚ̄ЄⲨ* 무슨 이유로? *ⲬЄ ЄⲨ* 어떤 이유로?

ЄⲨⲀⲄⲄЄⲖⲒⲌЄ 복음을 전하다

ЄⲨⲀⲄⲄЄⲖⲒⲞⲚ εὐαγγέλιον 복음

ЄⲨⲀⲄⲄЄⲖⲒⲤⲦΗⲤ *m.* 복음 전파자

ЄⲨⲄЄⲚΗⲤ εὐγενής 귀족

ЄⲨⲆⲀⲒⲘⲞⲚⲒⲀ εὐδαιμονία 축복, 행복

ЄⲨⲔⲀⲒⲢⲒⲀ εὐκαιρία 기회 *cf.* *ⲔⲀⲦⲀ ⲞⲨЄⲨⲔⲀⲒⲢⲒⲀ* 적시에

ЄⲨⲖⲞⲄⲒⲀ *f.* 축복, 축성된 빵

ЄⲨⲤЄⲂΗⲤ 신앙인 *cf.* *ⲘⲚ̄ⲦЄⲨⲤЄⲂΗⲤ* 종교, 신앙

ЄⲨⲪⲢⲀⲚЄ 즐거워하다

ЄⲨⲪⲢⲀⲦΗⲤ 유프라테스 강

ЄⲨⲪⲢⲞⲤⲨⲚΗ *f.* 기쁨, 즐거움

ЄⲨⲬⲀⲢⲒⲤⲦЄⲨЄ εὐχαριστεύειν 감사드리다

ЄⲨⲬⲀⲢⲒⲤⲦЄⲒ (**ⲚⲀ⸗**) 고마와하다

ЄⲨⲬⲀⲢⲒⲤⲦⲒⲀ *f.* 고마움, 감사, 관용

ЄⲨⲬΗ *f.* 기도, 간구

ЄⲨⲰ *f.*, *pl.* **ЄⲨⲞⲞⲨЄ**, **ЄⲞⲨⲀⲞⲨЄ** 보증

ЄⲨϨⲀ 이브

ЄⲪⲞⲤⲞⲚ …할 때에

ЄⲰ, **ЄⲞⲞⲨ**, **ЄⲰⲞⲨ** → **ЄⲒⲰ** 노새

ЄⲰⲚ → **ⲀЇⲰⲚ**

ЄϢ- → **Ϣ̄-** 권력

ЄϢ- → **ⲰϢ** 외치다, 읽다

ЄϢ 어떤 ?, 무엇 ?

ЄϢⲀⲦЄ → **ϢⲰⲦ**

ЄϢⲘ̄- → **ⲰϢⲘ̄** 시들다

ЄϢⲦ-, **ЄϢⲦ⸗** → **ЄⲒϢЄ**

ЄϢⲦ̄- → **ЄⲒϢЄ** 매달다

ЄϢⲦЄⲔⲞ → **ϢⲦЄⲔⲞ** 감옥

ЄϢⲰ, **ϢⲞⲨ** *f.*, *pl.* (**Є**)**ϢⲀⲨ** 돼지

ЄϢⲰ → **ϢⲰ** 질병의 일종

ЄϢⲰⲠЄ 만일에, …할 때에 *cf.* *ϢⲰⲠЄ*

ЄϢⲰⲠЄ → **ϢⲰⲠЄ**

ЄϢⲰⲦ, **ЄϢⲰⲰⲦ** → **ϢⲰⲦ** 상인

ЄϢϢЄ → **ϢϢЄ** 합당한, 어울리는

ЄϢⲬЄ, **ЄϢⲬⲠЄ** 만일

ЄϤ *m.* 고기, 살

ЄϤ- → **ⲰϤЄ** 짓누르다, 으깨다

ЄϤⲦ- → **ⲰϤⲦ̄** 못박다

-ЄϤⲦЄ → **ϤⲦⲀⲨ**

ЄϤⲦⲞ → **ⲦⲞ**

ЄϨⲀⲘ (L) *m.* 한숨, 오열, 신음

ЄϨЄ *m. f.*, *pl.* **ЄϨⲞⲞⲨ**, **ЄϨΗⲨ** 소, 소고기

ЄϨЄ, **ⲀϨⲀ**, (**Ⲁ**)**ϨЄ** 그렇다, 확실하다, 좋다

ЄϨЄⲚ-, **ЄϨⲞⲨⲚ** …안에 *cf.* *ϨⲞⲨⲚ*

ЄϨΗ → **ϨΗ** 이전의, …앞의

ЄϨΗ, **ЄϨΗⲦ⸗** → **ϨΗ** 시초

ЄϨⲐⲀⲒ → **ϨⲦⲀЄⲒ** 두꺼워지다

ЄϨⲒЄⲒⲂ → **ϨⲒЄⲒⲂ** 양

ЄϨⲔⲞ → **ϨⲔⲞ** 허기지다

ЄϨⲚЄ, **ЄϨⲚⲀ⸗** → **ϨⲚЄ** 원하다

ЄϨⲚΗ⸗ → **ϨⲚЄ-**

ЄϨⲞ *pl.* **ЄϨⲰⲢ** 보물

ЄϨⲞⲞⲨⲦ → **ϨⲞⲞⲨⲦ** 수컷

ЄϨⲞⲨⲞ Є- → **ϨⲞⲨⲞ** 여분

ЄϨⲞⲨⲞ ЄⲒⲤⲦЄ → **ϨⲞⲨⲞ**

ЄϨⲢⲀⲒ 위를 향해, 위에, 아래쪽으로, 아래

ЄϨⲢⲚ̄-, **ЄϨⲢⲀ⸗** 앞을 향해 *cf.* *ϨⲞ*

ЄϨⲤ̄ → **ⲰϨⲤ̄** 낫으로 베다

ЄϨⲤ̄ → **ⲰϨⲤ̄**

ЄϨⲦⲞ *m.*, *pl.* **ЄϨⲦⲰⲰⲢ** → **ϨⲦⲞ** 말

ЄⲬΗ *pl.* → **ⲬⲞ** 성벽

ЄⲬΗⲨ *pl.* → **ⲬⲞⲒ** 선박

ЄⲬΗⲨ → **ⲬⲀЇ**

ⲁ ⲃ ⲅ ⲇ ⲉ ⲍ ⲏ ⲑ ⲓ ⲕ ⲗ ⲙ ⲛ ⲝ ⲟ ⲡ ⲣ ⲥ ⲧ ⲩ ⲫ ⲭ ⲯ ⲱ ϣ ϥ ϩ ϫ ϭ ϯ

ⲉϫⲛ̄-, ⲉϫⲱ⸗ …위에 *cf.* ϫⲱϫ 머리

ⲉϫⲛ̄- → ⲱϫⲛ̄ 마르다, 고갈되다

ⲉϫⲱ, ⲁϫⲱ *f.* 집게

ⲉϭⲃ̄- → ⲱϭⲃ̄ 차가워지다

ⲉϭⲗⲟϭ → ϭⲗⲟϭ 호박

ⲉϭⲧ̄- → ⲱϭⲧ̄ 목 조르다

ⲉϭⲱϣ *m., f.* ⲉϭⲟⲟϣⲉ, *pl.* ⲉϭⲟⲟϣ 누비아인, 에티오피아인, 흑인

ⲉϯϣⲉ → ⲉⲓϣⲉ

ⲁ ⲃ ⲅ ⲇ ⲉ ⲍ ⲏ ⲑ ⲓ ⲕ ⲗ ⲙ ⲛ ⲝ ⲟ ⲡ ⲣ ⲥ ⲧ ⲩ ⲫ ⲭ ⲯ ⲱ ϣ ϥ ϩ ϫ ϭ ϯ

Ⲍ

ⲌⲀⲢⲀⲆⲎⲤ 자라투스트라

ⲌⲈⲨⲤ 제우스

ⲌⲒⲌⲀⲚⲒⲞⲚ ζιζάνιον 잡초

ⲌⲨⲄⲞⲤ ζυγός 천칭자리

ⲌⲰⲄⲢⲀⲪⲈ, **ⲌⲰⲄⲢⲀⲪⲈⲒ** ζωγραφεῖν 형상을 만들다, 조각하다

ⲌⲰⲄⲢⲀⲪⲈⲒⲀ ζωγραφία 그림을 그리다

ⲌⲰⲄⲢⲀⲪⲞⲤ ζωγράφοὼς 조각가

ⲌⲰⲆⲒⲞⲚ ζῴδιον 12궁

ⲌⲰⲚⲎ ζώνη → **ⲈⲚⲌⲰⲚⲎ** 천체 영역, 띠

ⲌⲰⲞⲚ *m.* 동물

Ⲏ

Ⲏ 정말로, 틀림없이, 그런가 ?

Ⲏ ἤ 또는

ⲎⲆⲎ 벌써, 이미

ⲎⲒ *m., pl.* **ⲎⲞⲨ** 집, 저택 *cf.* ***ⲘⲈⲤ ϨⲚ̄ ⲎⲒ*** 집에서 태어난 종 ***ⲢⲘ̄ Ⲛ̄ⲎⲒ*** 가족, 일가친척

ⲎⲒ *m.* 쌍, 커플

ⲎⲔ† → **ⲰⲔ**

ⲎⲖ† → **ⲰⲖ** 잡다

ⲎⲖⲖⲈ *f.* 측량 단위

ⲎⲚ *m.* 원숭이

ⲎⲠ†, **ⲎⲠⲈ†** → **ⲰⲠ** 계산하다

ⲎⲠⲈ *f.*, **ⲎⲠ̄Ⲥ̄** *f.* 숫자 *cf.* ***ϪⲒ ⲎⲠⲈ*** 계산하다 ***ⲰⲠ*** 계산하다

ⲎⲢⲠ̄ *m.* (*f.*), (**Ⲉ**)**ⲢⲠ-** 포도 *cf.* ***ⲤⲀⲨⲎⲢⲠ̄***, ***ⲢⲈϤⲤⲈ ⲎⲢⲠ̄*** 술주정꾼 ***ⲎⲢⲠ̄ Ⲛ̄ⲦⲀⲎ*** 술, 알코올 ***ⲎⲢⲠ̄ Ⲛ̄ⲰϤⲈ*** 포도 찌끼로 만든 브랜디

ⲎⲢϪ *m. f.* 작은 새, 병아리

ⲎⲦ† → **ⲰⲦ**

ⲎϬⲈ *m.* 파 *cf.* **ⲀⲨⲀⲚ**

ⲑ

ⲑⲁⲃ *m.* 누룩 *cf.* ⲁⲑⲁⲃ 누룩 없는 빵 ⲧⲱϩⲃ̄ 발효시키다

ⲑⲁϊⲃⲉⲥ̄ → ϩⲁϊⲃⲥ̄

ⲑⲁⲗⲁⲥⲥⲁ θάλασσα 바다

ⲑⲁⲗⲃⲱϣⲉ → ϩⲁⲗⲃⲱϣⲉ

ⲑⲁⲗⲉ → ϩⲁⲗⲉ

ⲑⲁⲗⲙⲉ → ϩⲁⲗⲙⲉ

ⲑⲁⲗⲡⲉⲓ 귀여워하다, 사랑을 불태우다

ⲑⲁⲣⲣⲉ θαρρεῖν 신뢰할 수 있는

ⲑⲁⲧⲉ → ϩⲁⲧⲉ

ⲑⲁⲩⲙⲁ θαῦμα 놀라다

ⲑⲃ̄ⲃⲓⲟ, ⲧϩⲃ̄ⲃⲓⲟ, ⲑⲃ̄ⲃⲓⲉ-, ⲑⲃ̄ⲃⲓⲟ⸗, ⲑⲃ̄ⲃⲓⲏⲩ† 겸비해지다 *cf.* ϩⲓⲃⲉ 낮추다

ⲑⲃ̄ⲓ̈ⲟ (L) 겸비해지다, 가치를 떨어뜨리다

ⲡⲑⲃ̄ⲓ̈ⲟ *nn.* 겸비

ⲑⲉ → ϩⲉ 양태, 방법

ⲑⲉⲁⲧⲣⲟⲛ *m.* 연극

ⲑⲉⲓⲕⲱⲛ → ϩⲓⲕⲱⲛ

ⲑⲉⲗⲡⲓⲥ → ϩⲉⲗⲡⲓⲥ

ⲑⲉⲙⲉⲗⲓⲟⲥ θεμέλιος 기초

ⲑⲉⲟⲛⲁ 테오나 (마니교 시편에 나오는 여성 이름)

ⲑⲉⲟⲥⲉⲃⲏⲥ 신앙인

ⲑⲉⲣⲁⲡⲓⲁ θεραπεία 고침, 치유

ⲑⲉⲣⲁⲡⲉⲩⲉ θεραπεύειν 고치다, 낫게 하다

ⲑⲉⲣⲙⲏⲛⲉⲓⲁ, ⲑⲉⲣⲙⲏⲛⲓⲁ → ϩⲉⲣ-ⲙⲏⲛⲓⲁ

ⲑⲉⲣⲙⲟⲥ, ⲑⲁⲣⲙⲟⲩⲥ *m.* 층층이 부채꽃

ⲑⲉⲱⲣⲉ θεωρεῖν 관조하다

ⲑⲉⲱⲣⲉⲓ 보다

ⲑⲉⲱⲣⲓⲁ θεωρία *f.* 관조, 관찰, 공연, 시야, 사색, 전개

ⲑⲏⲃⲉ → ϩⲏⲃⲉ

ⲑⲏⲇⲟⲛⲏ → ϩⲏⲇⲟⲛⲏ

ⲑⲏⲛ *m.* 유황

ⲑⲏⲣⲓⲟⲛ θηρίον 야수

ⲑⲏⲥⲁⲩⲣⲟⲥ θησαυρός 보물

ⲑⲓⲕⲱⲛ → ϩⲓⲕⲱⲛ

ⲑ̄ⲓ̄(ⲗ̄)ⲏ̄ⲙ̄ *f.* 예루살렘

ⲑⲓⲟ, ⲑⲓⲉ-, ⲑⲓⲟ-, ⲑⲓⲟ⸗, ⲑⲓⲏⲩ† 떨어뜨리다 *cf.* ϩⲉ 떨어지다

ⲑⲓ̈ⲟ, ⲑⲓⲁ⸗, ⲑⲓ̈ⲁⲓ̈ⲧ† 떨어뜨리다

ⲑⲗⲓⲃⲉ θλίβεσθαι 고통 받다

ⲑⲗⲓⲯⲓⲥ θλῖψις 고통, 아픔.

ⲑⲗⲟ, ⲧϩⲗⲟ, ⲑⲗⲟ⸗ 날아가게 하다 *cf.* ϩⲱⲗ 날아가다

ⲑⲙ̄ⲕⲟ, ⲧϩⲙ̄ⲕⲟ, ⲑⲙ̄ⲕⲉ-, ⲑⲙ̄ⲕⲟ⸗, ⲑⲙ̄ⲕⲏⲩ† 괴롭히다, 학대하다 *cf.* ⲙ̄ⲕⲁϩ 괴로워하다

ⲑⲙⲟ, ⲧϩⲙ(ⲙ)ⲟ 데우다 *cf.* ϩⲙ̄ⲥⲙ̄ 뜨거운

ⲑⲙ̄ⲥⲟ, ⲧϩⲙ̄ⲥⲟ, ⲑⲙ̄ⲥⲉ- , ⲑⲙ̄ⲥⲟ⸗, ⲑⲙ̄ⲥⲟⲉⲓⲧ† 앉게 하다 *cf.* ϩⲙⲟⲟⲥ 앉아있다

ⲑⲛⲟ, ⲑⲛⲟ-, ⲑ(ⲉ)ⲛⲟ⸗, ⲑⲛⲱ⸗, ⲑⲁⲛⲟ⸗, ⲑ(ⲉ)ⲛⲏⲩ† 짓이기다 *cf.* ⲧⲛ̄ⲛⲟ 부수다

ⲑⲛⲟ, ⲧϩⲛⲟ, ⲑⲛⲉ-, ⲑⲛⲟ⸗, ⲑⲛⲏⲩ† 다가서게 하다, 고용하다 *cf.* ϩⲱⲛ 접근하다

ⲑⲟ, ⲧϩⲟ 더 나빠지다 *cf.* ϩⲟⲟⲩ† 나쁜

ⲑⲟⲟⲩⲧ, ⲑⲱⲑ, ⲧⲟⲟⲩⲧ 곱트력 첫째 달

ⲑⲟⲩⲓ̈ⲧⲉ → ϩⲟⲩⲓ̈ⲧ

ⲑⲡⲁ⸗ → ⲧϩⲡⲟ

ⲑⲡⲟ, ⲧϩⲡⲟ, ⲑⲡⲟ⸗ 동행하다 *cf.* ⲡⲱϩ 도

달하다

ⲑⲣ̄ⲕⲟ (L), **ⲑⲣ̄ⲕⲁ⸗**, **ⲑⲣ̄ⲕⲟ-** 다가서게 하다, 고용하다

ⲑⲣⲟⲛⲟⲥ θρόνος 왕관

ⲑⲣ̄ϣⲟ, **ⲧϩⲣ̄ϣⲟ**, **ⲑⲣ̄ϣⲉ-**, **ⲑⲣ̄ϣⲟ⸗** 무겁게 하다, 더 악화시키다 *cf.* *ϩⲣⲟϣ* 무거운

ⲑⲩⲗⲏ → **ϩⲩⲗⲏ**

ⲑⲩⲙⲟⲥ θυμός 분노

ⲑⲩⲣⲱⲣⲟⲥ θυρωρός 문지기

ⲑⲩⲥⲓⲁ θυσία 희생물

ⲑⲩⲥⲓⲁⲍⲉ θυσιάζειν 제물을 바치다

ⲑⲩⲥⲓⲁⲥⲧⲏⲣⲓⲟⲛ θυσιαστήριον 제단

ⲑⲩⲣⲱⲛ *m.* 방패

ⲑⲱⲑ → **ⲑⲟⲟⲩⲧ**

ⲑⲱⲙ, **ⲑⲱⲙⲁⲥ** 토마스

ⲓ̈

ⲓ̈ⲁ⸗ (L) 건강한 *cf.* ***ϫⲣⲟ ⲙⲛ̄ⲓ̈ⲁⲕ*** 강건하길, 안녕 ***ϫⲣⲟ ⲙⲛ̄ⲓ̈ⲟ*** 굳세기를

ⲓ̈ⲁⲁⲃⲉ *f.* 병, 질환

ⲓ̈ⲁⲕⲕⲱⲃⲟⲥ, ⲓ̈ⲁⲕⲱⲃⲟⲥ 야고보

ⲓ̈ⲁⲙ (L) 바다

ⲓ̈ⲁⲡⲉ (L), *pl.* **ⲓ̈ⲉⲡϣⲁⲧⲉ** 기술자, 상인 *cf.* ***ⲣ̄ⲓ̈ⲉⲡⲟⲩⲁⲓ̈ⲉ*** 양육하다 ***ⲣⲉϥⲣ̄ⲓ̈ⲁⲡⲉ*** 기술자 ***ⲓ̈ⲉⲡϣⲱⲧ*** 상인

ⲓ̈ⲁⲧⲉ → ⲓ̈ⲱⲧ

ⲓ̈ⲁⲧⲟⲧϥ ⲥⲁ → ⲓ̈ⲱⲉ

ⲓ̈ⲁⲣⲙⲉ → ⲓ̈ⲱⲣⲙⲉ

ⲓ̈ⲁⲣϩ → ⲓ̈ⲱⲣϩ

ⲓ̈ⲁϩ → ⲓ̈ⲱϩⲉ

ⲓ̈ⲃ̄ → ⲉⲓⲃⲉ

ⲓ̈ⲉ → ⲉⲓⲉ 그러면

ⲓ̈ⲉⲃⲉ, ⲓⲉⲉⲃⲉ 발톱 *cf.* ***ⲓⲓⲃ***

ⲓ̈ⲉⲓⲣⲉ, ⲓ̈ⲁⲧ⸗, ⲓ̈ⲉⲧ⸗ 눈 *cf.* ***ⲃⲁⲛ ⲓⲉⲓⲣⲉ*** 시기, 질투 ***ⲛⲉⲓⲉⲧ⸗*** 복 있을지니! ***ⲧⲟⲩⲛⲟⲩⲉⲧ⸗*** 가르치다

ⲓ̈ⲉⲗ (L) 거울

ⲓ̈ⲉⲡϣⲁⲧⲉ, ⲓ̈ⲉⲡϣⲱⲧ → ϣⲱⲧ

ⲓ̈ⲉⲣⲟ, *pl.* **ⲓ̈ⲉⲣⲱⲟⲩ** 강, 하천 *cf.* ***ϫⲓⲟⲣⲉ*** 건너다 ***ϫⲓⲓ̈ⲟⲟⲣⲉ*** 건너다 ***ⲙⲁⲛϫⲓⲓ̈ⲟⲟⲣⲉ*** 배, 선박 ***ⲙⲁⲛ̄ϫⲓⲟⲣⲉ*** 부두, 정박지

ⲓ̄ⲏ̄ⲗ̄ *m.* 이스라엘

ⲓⲏⲥ† → ⲓ̈ⲱⲥ

ⲓ̄ⲏ̄ⲥ̄, ⲓ̈ⲏⲥⲟⲩⲥ Ἰησοῦς 예수 *cf.* ***ⲓ̄ⲏ̄ⲥ̄ ⲡⲭ̄ⲣ̄ⲥ̄*** 예수 그리스도 ***ⲓ̄ⲏ̄ⲥ̄ ⲡⲥ̄ⲏ̄ⲣ̄*** 구세주 예수 ***ⲓ̄ⲏ̄ⲥ̄ ⲡⲁⲗⲟⲩ*** 아기 예수 ***ⲓ̄ⲏ̄ⲥ̄ ⲡⲙⲟⲛⲟⲅⲉⲛⲏⲥ*** 독생자 ***ⲓ̄ⲏ̄ⲥ̄ ⲡⲡⲣ̄ⲓ̈ⲉ*** 빛 되신 예수

ⲓⲓⲃ (L), *pl.* **ⲓ̈ⲉⲃⲉ** *m.* 발굽, 손톱

ⲓ̄(ⲗ̄)ⲏ̄ⲙ̄ → ⲑ̄ⲓ̄(ⲗ̄)ⲏ̄ⲙ̄ 예루살렘

ⲓⲟⲣⲇⲁⲛⲏⲥ 요르단

ⲓ̈ⲟⲩⲇⲁⲓⲁ 유다 지방

ⲓ̈ⲟⲩⲇⲁⲓⲟⲥ 유대인

ⲓ̈ⲟⲩⲇⲁⲥ 유다 *cf.* ***ⲓ̈ⲟⲩⲇⲁⲥ ⲡⲓⲥⲕⲁⲣⲓⲱⲧⲏⲥ*** 협객 유다

ⲓⲟⲩⲛⲁⲙ → ⲟⲩⲛⲁⲙ 오른쪽

ⲓ̄ⲥ̄, ⲓ̄ⲏ̄ⲥ̄ 예수

ⲓ̈ⲧⲛ̄ (L), **ⲓⲧⲛⲉ** 낮은 곳, 땅, 티끌 *cf.* ***ⲁⲡⲓⲧⲛ̄*** 아래로 ***ⲁⲡⲓⲧⲛⲉ*** 낮은 곳으로 ***ⲙ̄ⲡⲓⲧⲛ̄*** 아래의 ***ⲙ̄ⲡⲓⲧⲛⲉ*** 아래에 ***ϣⲁⲡⲓⲧⲛⲉ*** 아래로 내려가다 ***ϫⲛ̄ ⲙⲡⲓⲧⲛⲉ*** 밑에서부터

ⲓⲭⲑⲩⲥ ἰχθύς 물고기

ⲓ̈ⲱⲁⲛⲛⲏⲥ, ⲓ̈ⲱϩⲁⲛ 요한

ⲓ̈ⲱⲉ (L), **ⲓ̈ⲁⲁ⸗** 씻다 *cf.* ***ⲓ̈ⲁⲧⲟⲧϥ ⲥⲁ-*** 손을 씻다, 포기하다

ⲓ̈ⲱⲣⲙⲉ, ⲓ̈ⲱⲣⲙ̄, ⲓ̈ⲁⲣⲙⲉ† 응시하다, 주시하다

ⲓ̈ⲱⲣϩ, ⲓ̈ⲁⲣϩ⸗ 보다, 관찰하다 *cf.* ***ⲙⲁⲛⲓⲱⲣϩ*** 눈 ***ⲉⲓ̈ⲁϩ*** 눈빛 ***ⲣ̄ⲓ̈ⲁϩ*** 눈에 뜨이다

ⲓ̈ⲱⲥ (L), **ⲓⲏⲥ†** 서둘다

ⲓ̈ⲱⲧ *m., pl.* **ⲓ̈ⲁⲧⲉ** 아버지 *cf.* ***ⲓ̈ⲱⲧ ⲛ̄ⲧⲉ ⲧⲙⲛ̄ⲧⲛⲁϭ*** 위대한 아버지 ***ϣⲁⲣⲡ ⲛ̄ⲓ̈ⲱⲧ*** 첫 아버지 ***ⲓ̈ⲱⲧ ⲛ̄ⲛⲟⲩⲁⲓ̈ⲛⲉ*** 빛의 아버지 ***ⲓ̈ⲱⲧ ⲛ̄ⲧⲉ ⲡⲱⲛϩ̄*** 빛의 아버지 ***ⲙⲁϩϣⲁⲙⲧ ⲛ̄ⲓ̈ⲱⲧ*** 제3의 아버지 ***ⲁⲧⲓ̈ⲱⲧ*** 아비 없는

ⲓ̈ⲱⲧ *m.* 밀, 귀리

ⲓ̈ⲱⲧⲉ *f.* 이슬

ⲓ̈ⲱϩⲉ *m., pl.* **ⲓ̈ⲁϩⲟⲩ, ⲓ̈ⲁϩ-** 밭, 전원, 농토

ⲓϣ *f.* 오줌

ⲓ̈ϥⲧ *m.* 못 *cf.* ***ⲱϥⲧ̄*** 못박다

ⲓ̈ϩ (L) *m.* 사탄, 마귀

ⲕ

ⲕⲁ-, ⲕⲁ⸗, ⲕⲁⲁ⸗, ⲕⲁⲁⲛⲉ, ⲕⲁⲁⲩⲉ, ⲕⲁⲩⲉ, ⲕⲁⲧ†, ⲕⲁⲁⲧ† → ⲕⲱ

ⲕⲁ⸗, ⲕⲁⲕ⸗ → ⲕⲱⲕ

ⲕⲁⲃ⸗ → ⲕⲱⲃ

ⲕⲁⲃⲟⲗ 토하다 → ⲕⲱ 허용하다

ⲕⲁⲇⲟⲥ κάδος 그릇 → ⲕⲁⲧⲟⲩⲥ

ⲕⲁⲑⲁⲣⲓⲍⲉ καθαρίζειν 정화시키다

ⲕⲁⲑⲁⲣⲓⲟⲥ 카타르파

ⲕⲁⲑⲁⲣⲓⲥⲙⲟⲥ καθαρισμός 정화

ⲕⲁⲑⲁⲣⲟⲥ καθαρός 순수한

ⲕⲁⲑⲉⲇⲣⲁ, ⲕⲁⲑⲏⲇⲣⲁ καθέδρα *f.* 좌석

ⲕⲁⲑⲏⲅⲉⲓ, ⲕⲁⲑⲏⲕⲉⲓ 가르치다

ⲕⲁⲑⲏⲕⲏⲥⲓⲥ *f.* 교육, 교리, 교리문답

ⲕⲁⲑⲏⲕⲟⲩⲙⲉⲛⲟⲥ 교리 문답 생도

ⲕⲁⲑⲓⲥⲧⲁ καθίσταναι 자리잡다

ⲕⲁⲑⲟⲗⲓⲕⲟⲥ 가톨릭, 범세계적인

ⲕⲁⲓ → ϭⲁⲓ 그릇의 일종

ⲕⲁⲓ καί 그리고 *cf.* *ⲕⲁⲓ ⲅⲁⲣ* καὶ γάρ 또 왜냐하면 *ⲕⲁⲓ ⲧⲁⲩⲧⲁ* καὶ ταῦτα ~일지라도

ⲕⲁϊⲉ *f.* 전원

ⲕⲁϊⲛ 카인

ⲕⲁⲓⲟⲩⲉ, ⲕⲉⲟⲩⲉ 또 다른 ⲕⲉ 다른, ⲟⲩⲉ 하나

ⲕⲁⲓⲣⲉ *f.* 목구멍, 후두

ⲕⲁⲓⲣⲟⲥ καιρός *m.* 시간, 계절

ⲕⲁⲓⲥⲉ, ⲕⲉⲓⲥⲉ *f.* 장례 준비, 장례

ⲕⲁⲓⲧⲟⲓⲅⲉ καίτοιγε ~할지라도

ⲕⲁⲕ- 껍질을 벗기다, 옷을 벗기다 *cf.* *ⲕⲱⲕ ⲁϩⲏⲩ* 옷을 벗기다 *ⲉϥⲕⲏⲕ ⲁϩⲏⲩ* 발가벗은

ⲕⲁⲕⲉ *m.* 흑암, 어둠

ⲕⲁⲕⲉ → ϭⲁ(ⲁ)ϭⲉ 과자

ⲕⲁⲕⲓⲁ κακία *f.* 악, 사악, 사나움

ⲕⲁⲕⲓⲛ ⲕⲁⲕⲱⲥ κακὴν κακῶς 사납게, 무섭게

ⲕⲁⲕⲟ, ⲅⲁⲅⲟ 붉은 물체, 루비

ⲕⲁⲕⲟⲩⲡⲁⲧ *m.f.* 오디새

ⲕⲁⲕⲧⲉ, ⲕⲁⲧⲕⲉ *f.* 이, 벼룩

ⲕⲁⲕⲱⲥ κακῶς 간악하게, 악

ⲕⲁⲗⲁⲃⲓⲛ, ⲕⲉⲗⲉⲃⲓⲛ 도끼

ⲕⲁⲗⲁⲛⲕⲉϩ *m.* 팔굽

ⲕⲁⲗⲁϣⲓⲧ → ⲕⲁⲗⲁϣⲓϣⲧⲉ 집 구조물의 일부

ⲕⲁⲗⲁϩⲏ *f.* 복부, 아랫배, 자궁

ⲕⲁⲗⲁϩⲧ → ϭⲁⲗⲁϩⲧ(ⲉ) 항아리

ⲕⲁⲗ(ⲁ)ϫⲧⲱⲣⲧ̅ *f.* 집 구조물의 일부

ⲕⲁⲗⲉ *m.* 소다

ⲕⲁⲗⲉ καλεῖν 초대하다

ⲕⲁⲗⲉ-, ⲕⲁⲗⲱ- → ϭⲟ(ⲉ)ⲓⲗⲉ 되돌리다

ⲕⲁⲗⲉⲁⲅⲣⲁ γαλεάγρα 새장, 우리

ⲕⲁⲗⲉⲗⲉ, ⲕⲉⲗⲉⲉⲗⲉ *f.* 종 모양의 악기

ⲕⲁⲗⲉϫ† → ⲕⲱⲗϫ

ⲕⲁⲗⲡ⸗ → ⲕⲱⲗⲡ̅

ⲕⲁⲗⲱⲡⲟⲩ, ϭⲁⲗⲟⲡⲟⲩ *m.f.* 강아지

ⲕⲁⲗⲱⲥ καλῶς 좋은, 선한

ⲕⲁⲗϥⲧ, ⲕⲗⲃ̅ⲧ *f.* 모자, 터번

ⲕⲁⲗϫ⸗ → ⲕⲱⲗϫ

ⲕⲁⲙ, ϭⲉⲙ *m.* 갈대

ⲕⲁⲙⲁⲧⲟⲥ κάματος 빵

ⲕⲁⲙⲉ, ⲕⲁⲙⲏ *pl.* ⲕⲁⲙⲁⲩⲉ 검은 *cf.* *ⲕⲙⲟⲙ*

ⲔⲀⲘⲒⲚⲞⲤ κάμινος 화로, 가마

ⲔⲀⲘⲞⲨⲖ → **ϬⲀⲘⲞⲨⲖ** 낙타

ⲔⲀⲘⲦⲈ *f.* 기름 그릇

ⲔⲀⲚ κἄν ~하지만

ⲔⲀⲚⲈ, **ⲔⲀⲞⲨⲈ** → **ⲔⲰ**

ⲔⲀⲚⲔⲖⲀⲰ → **ϬⲒⲚϬⲈⲖⲰ** 박쥐

ⲔⲀⲚⲰⲚ *m.* 수도원 규율, 정경, 조세 기준

ⲔⲀⲚⲤ⸗ → **ⲔⲰⲚⲤ̅**

ⲔⲀⲠ *m.* 하프의 현, 줄, 머리카락

ⲔⲀⲠ, **ϬⲀⲠ** *m.* 밀의 양을 측량하는 그릇

ⲔⲀⲠ → **ϬⲞⲠ** 발등, 발바닥

ⲔⲀⲠ-, **ⲔⲎⲠ†** → **ⲔⲰⲠ**

ⲔⲀⲠⲀⲒ 꿩, 자구

ⲔⲀⲠⲎⲖⲈⲨⲈ καπηλεύειν 간음하다

ⲔⲀⲠⲒϪⲈ → **ϬⲀⲠⲈⲒϪⲈ** 물품을 세는 단위

ⲔⲀⲠⲚⲞⲤ καπνός 연기

ⲔⲀ ⲠⲦⲎⲨ 숨을 내쉬다 → **ⲔⲰ**, **ⲦⲎⲨ**

ⲔⲀⲠϢⲀ *m.* 야자수의 가시

ⲔⲀⲢⲀⲈⲒⲦ† 조용한 → **ⲔⲰ**, **ⲢⲞ**

ⲔⲀⲢⲀÏⲦϤ, **ⲔⲀⲢⲀÏⲦ†** → **ⲢⲞ**

ⲔⲀⲢⲔⲒⲚⲞⲤ κάρκινος 게자리

ⲔⲀⲢⲞⲒⲀ *f.* 호두나무

ⲔⲀⲢⲞⲨⲤ 곱슬머리

ⲔⲀⲢⲠⲞⲤ καρπός *m.* 열매, 결실의 계절

ⲔⲀⲢⲰϤ 침묵하다 → **ⲔⲰ**, **ⲢⲞ**

ⲔⲀⲤ, **ⲔⲈⲈⲤ**, **ⲔⲎⲤ**, **ⲔⲒⲤ** *m., pl.* **ⲔⲈⲈⲤ**, **ⲔⲀⲀⲤ** 뼈, 골수 *cf.* *ⲕⲁⲥ ⲛ̅ⲉⲗⲟⲟⲗⲉ* 씨, 종자 *ⲙⲁⲣⲕⲁⲥ* 의사, 치병자

ⲔⲀⲤ *m.* 화폐의 일종

ⲔⲀⲤⲈ, **ⲔⲈⲤⲈ**, **ⲔⲎⲤⲈ** *m.* 구두수선공

ⲔⲀⲤⲔⲤ̅, **ⲔⲈⲤⲔⲰⲤ⸗**, **ⲔⲤ̅ⲔⲀⲤⲦ̅†**, **ⲔⲈⲤⲔⲀⲤⲦ̅†** 퍼뜨리다, 속삭이다

ⲔⲀⲤⲦ → **ϬⲞⲤⲦ** 길이를 재는 단위

ⲔⲀⲦ-, **ⲔⲀⲦ⸗** → **ⲔⲰⲦ**

ⲔⲀⲦ, **ⲔⲀⲦ⸗** → **ⲔⲰⲦⲈ**

ⲔⲀⲦⲀ κατά ~에 의하여

ⲔⲀⲦⲀⲂⲞⲖⲎ *f.* 기초, 산출, 지불

ⲔⲀⲦⲀ ⲐⲈ …처럼

ⲔⲀⲦⲀⲔⲖⲨⲌⲈ κατακλύζειν 쏟다, 엎지르다

ⲔⲀⲦⲀⲔⲖⲨⲤⲘⲞⲤ κατακλυσμός 홍수, 범람

ⲔⲀⲦⲀⲖⲀⲖⲈⲒ 욕하다, 비난하다

ⲔⲀⲦⲀⲖⲀⲖⲒⲀ καταλαλιά *f.* 욕설, 비난

ⲔⲀⲦⲀⲖⲨ(Ⲉ) καταλύειν 파괴하다, 취소하다, 폐기하다

ⲔⲀⲦⲀ ⲘⲈⲢⲞⲤ 세밀하게 열거하다, 선집

ⲔⲀⲦⲀⲚⲦⲀ καταντᾶν 만나다, 도달하다

ⲔⲀⲦⲀⲜⲒⲞⲨ 겸손해지다, 위신을 떨어뜨리다

ⲔⲀⲦⲀⲠⲀⲦⲈⲒ 발로 밟다

ⲔⲀⲦⲀⲠⲈⲦⲀⲤⲘⲀ καταπέτασμα *m.* 장막, 얼굴 가리개

ⲔⲀⲦⲀⲢⲄⲈⲒ 폐지하다

ⲔⲀⲦⲀⲤⲦⲀⲤⲒⲤ *f.* 설치, 기초, 상태, 훈련, 평온

ⲔⲀⲦⲀ ⲦⲨⲬⲎ 우연하게

ⲔⲀⲦⲀⲪⲢⲞⲚⲈ, **ⲔⲀⲦⲀⲪⲢⲞⲚⲎ** καταφρονεῖν 경멸하다, 멸시하다

ⲔⲀⲦⲀⲪⲢⲞⲚⲈⲒ 무시하다, 멸시하다

ⲔⲀⲦⲀⲪⲢⲞⲚⲎⲤⲒⲤ *f.* 무시

ⲔⲀⲦⲀⲪⲢⲞⲚⲎⲦⲎⲤ 무시하는 사람

ⲔⲀⲦⲈⲬⲈ 만류하다, 억제하다

ⲔⲀⲦⲎⲄⲞⲢⲈ, **ⲔⲀⲦⲎⲄⲞⲢⲈⲒ** κατηγορεῖν 고발하다

ⲔⲀⲦⲎⲄⲞⲢⲒⲀ κατηγορία *f.* 고발

ⲔⲀⲦⲎⲄⲞⲢⲞⲤ κατήγορος *m.* 고발자

ⲔⲀⲦⲎⲬⲞⲨⲘⲈⲚⲞⲤ κατηχούμενος 교리문답을 배우는 초신자

ⲔⲀⲦⲔⲈ → **ⲔⲀⲔⲦⲈ** 이, 벼룩

ⲔⲀⲦⲞ *f.* 작은 선박

ⲔⲀⲦⲞⲞⲦ⸗ → **ⲔⲰ**, **ⲦⲰⲢⲈ**

ⲔⲀⲦⲞⲨⲤ, **ⲔⲀⲆⲞⲤ**, **ϬⲀⲦⲞⲨⲤ** *m.* 물동이, 항아리

ⲔⲀⲦⲤ̅ → **ⲔⲰⲦⲈ** 돌리다

ⲔⲀⲦⲰⲘⲒⲌⲈ κατωμίζειν 채찍질하다

ⲔⲀⲦϤ-, **ⲔⲀⲦϤ⸗** → **ⲔⲰⲦϤ̅**

ⲔⲀⲨⲈ → **ⲔⲰ**

ⲔⲀⲨⲘⲀ καῦμα *m.* 뜨거운 열기

ⲔⲀⲨⲚⲀⲔⲈⲤ → **ϬⲰⲚⲀϬ** 털외투

ⲁ ⲃ ⲅ ⲇ ⲉ ⲍ ⲏ ⲑ ⲓ ⲗ ⲙ ⲛ ⲝ ⲟ ⲡ ⲣ ⲥ ⲧ ⲩ ⲫ ⲭ ⲯ ⲱ ϣ ϥ ϩ ϫ ϭ ϯ

ⲕⲁⲩⲟⲛ → ϭⲁⲩⲟⲛ 노예

ⲕⲁⲩⲥⲱⲛ *m.* 열기, 회오리

ⲕⲁϣ *m.f.* 갈대 *cf.* ⲙⲁ ⲛ̄ⲕⲁϣ 늪

ⲕⲁϣⲁⲃⲉⲗ *m.* 귀고리

ⲕⲁϣⲟϣ 초목의 일종

ⲕⲁϥ *m.* 나무 등걸

ⲕⲁϥⲕⲁϥ → ϭⲁⲃϭⲁⲃ 이집트 콩

ⲕⲁϩ *m.(f.)* 땅, 흙, 나라 *cf.* ⲡⲟϭⲉ ⲛ̄ⲕⲁϩ 토지 ⲣⲙ̄ ⲛ̄ⲕⲁϩ 지상의, 세속의 ⲣⲱⲙⲉ ⲙ̄ⲡⲕⲁϩ 토착민, 원주민

ⲕⲁϩ- → ⲕⲱϩ 평평하게 하다

ⲕⲁϩⲏⲩ 벗은 몸 → ⲕⲱⲕ

ⲕⲁϩⲕ̄, ⲕⲁϩⲕϩ̄, ⲕⲁϩⲕ̄, ⲕⲉϩⲕⲉϩ-, ⲕⲉϩⲕⲱϩ⸗, ⲕⲉϩⲕⲱϩ† 재단하다, 조각하다 *cf.* ⲕⲱϩ

ⲕⲁϩⲕϩ 치유하다

ⲕⲁϩⲧⲏ⸗, ⲕⲁϩⲧⲁïⲧ† → ⲕⲱ, ϩⲏⲧ

ⲕⲁϫⲓϥ → ϭⲁϫⲓϥ 개미

ⲕⲁ ϭⲏⲗ → ⲕⲱ, ϭⲏⲗ

ⲕⲃⲁ 보복 → ⲕⲱⲱⲃⲉ 강요하다

ⲕⲃ̄ⲃⲉ 주름, 주름살

ⲕⲃⲟ, ⲕⲃⲁ, ⲕⲃⲉ-, ⲕⲏⲃ† ⲕⲃⲁ 차가워지다 *cf.* ⲕⲃ̄ⲃⲉ 추위

ⲕⲃϩⲱ, ⲕⲃϩⲱ⸗ 굽히다, 숙이다

ⲕⲉ, ϭⲉ, ⲕⲉ-, ⲕⲟⲩ- *m. f., pl.* ⲕⲟⲟⲩⲉ 다른, 역시 *cf.* ⲛ̄ⲕⲉ ⲙⲁ 다른 곳 ⲏ ⲕⲉ 또 다시 ⲡⲕⲉ ⲣⲱⲙⲉ 그 사람 역시 ⲛ̄ⲕⲉ ⲥⲙⲟⲧ 달리 말하여 ⲛ̄ⲕⲉ ⲥⲟⲡ 새로이, 다시, 더는 …아닌 ⲕⲉ ⲟⲩⲁ 다른 하나 ⲕⲉ ϩⲱⲃ 어떤 사람, 아무도 ⲕⲉⲧ

ⲕⲉ, ⲕⲁⲓ-, ϭⲉ, *pl.* ⲕⲉⲕⲁⲩⲉ 다른, 역시, 아직

ⲕⲉⲉⲥ → ⲕⲉⲥ

ⲕⲉⲉⲥⲉ → ⲕⲱⲱⲥ

ⲕⲉⲕⲉ, ⲕⲁⲕⲉ *m. f.* 어린아이, 눈동자

ⲕⲉⲕⲉ *m.* 어둠, 흑암

ⲕⲉⲗ- → ⲕⲗ̄ⲗⲉ 자물쇠

ⲕⲉⲗ†, ⲕⲟⲗ⸗ → ϭⲱⲗ 그러모으다

ⲕⲉⲗⲉⲃⲓⲛ, ⲕⲁⲗⲁⲃⲓⲛ *m.* 도끼

ⲕⲉⲗⲉⲛⲕⲉϩ *m.* 팔굽 *cf.* ⲕⲗ̄ⲗⲉ

ⲕⲉⲗⲉⲩⲉ κελεύειν 명령을 내리다, 지휘하다 (ⲛⲁ⸗)

ⲕ(ⲉ)ⲗⲏ *m.* 물그릇의 일종

ⲕⲉⲗⲕⲱⲗⲉ 종기, 물집

ⲕⲉⲗⲗⲁⲣⲓⲧⲏⲥ κελλαρίτης 식료품 보관인

ⲕⲉⲗⲗⲏⲥ → ϫⲓⲗⲗⲉⲥ 가방

ⲕⲉⲗⲙ → ϭ(ⲉ)ⲗⲙ 마른 나무

ⲕⲉⲗⲙⲁ → ϭⲉⲗⲙⲁ 항아리

ⲕⲉⲗⲟⲓⲉⲧ† → ϭⲟ(ⲉ)ⲓⲗⲉ 되돌리다

ⲕⲉⲗⲱⲗ, ⲕⲟⲩⲗⲱⲗ, ⲕⲟⲗⲟⲗ *m., pl.* ⲕⲉⲗⲟⲟⲗⲉ 물병, 항아리

ⲕⲉⲗϣⲱⲧ, ⲕⲉⲧϣⲱⲗ 식물의 일종

ⲕⲉⲙ (L) *m.* 갈대

ⲕⲉⲙⲧ⸗, ⲕⲉⲙⲧ- → ⲕⲓⲙ

ⲕⲉⲛⲥ̄ → ⲕⲱⲛⲥ̄

ⲕⲉⲛⲧⲏⲛⲁⲣⲓⲟⲛ κεντηνάριον *m.* 곡물을 재는 백단위 단위

ⲕⲉⲛⲧⲩⲣⲓⲱⲛ *m.* 백부장

ⲕⲉⲣⲁ κεράννυμι 뒤섞다

ⲕⲉⲣⲁ̀ⲙⲉⲩⲥ *m.* 옹기장이

ⲕⲉⲣⲁⲧⲓⲟⲛ *m.* 화폐 단위

ⲕⲉⲣⲏ, ϭⲉⲣⲏ *f.* 붕대, 띠

ⲕⲉⲣⲙⲉ → ⲕⲣ̄ⲙⲉⲥ 재

ⲕⲉⲣⲥⲟ *m.* 웅장한 입구 *cf.* ϭⲁⲣⲁⲧⲉ

ⲕⲉⲣϩⲉ *m.* 대머리

ⲕⲉⲥ† → ϭⲱⲥ 단단한, 메마른

ⲕⲉⲥ, ⲕⲉⲉⲥ *m.* 뼈 *cf.* ⲕⲉⲥ ⲛ̄ϫⲓⲥⲉ 등뼈 ⲁⲧⲕⲉⲥ 골수

ⲕⲉⲥⲁ 다른 곳에 → ⲕⲉ, ⲥⲁ

ⲕⲉⲥⲁⲣ 카이사르, 시저

ⲕⲉⲥⲕⲁⲥⲧ̄†, ⲕⲉⲥⲕⲱⲥ⸗ → ⲕⲁⲥⲕⲥ̄

ⲕⲉⲫⲁⲗⲁⲓⲟⲛ κεφάλαιον *m.* 우수한 가르침을 담은 장절로 이루어진 책, 핵심적인 가르침

ⲕⲉϣ (L) *m.(f).* 갈대

ⲕⲉϩⲕⲉϩ-, ⲕⲉϩⲕⲱϩ⸗ → ⲕⲁϩⲕ̄

ⲕⲉϩⲧⲉ *f.* 허리, 옆구리

ⲕⲏ† → ⲕⲱ

ⲕⲏⲕ† → ⲕⲱⲕ

ⲕⲏⲙ† → ⲕⲙⲟⲙ 검다

ⲕⲏⲙⲉ *m.(f.)* 이집트, 상이집트, 붉은 사막 지역

ⲁ ⲃ ⲅ ⲇ ⲉ ⲍ ⲏ ⲑ ⲓ ⲗ ⲙ ⲛ ⲝ ⲟ ⲡ ⲣ ⲥ ⲧ ⲩ ⲫ ⲭ ⲯ ⲱ ϣ ϥ ϩ ϫ ϭ ϯ

에 대비한 나일 계곡의 흑토지 *cf.* *ⲣⲘ ⲚⲔⲎⲘⲈ* 이집트인 *ⲘⲚⲦⲣⲘ ⲚⲔⲎⲘⲈ* 이집트 민족 *ⲔⲘⲞⲘ*

ⲔⲎⲠⲈ, ϬⲈⲠⲎ *f.* 시렁, 지하 창고

ⲔⲎⲠⲞⲤ *m.* 정원, 공원

ⲔⲎⲠⲞⲨⲣⲞⲤ κηπουρός 정원사

ⲔⲎⲣⲨⲜ *m.* 전령

ⲔⲎⲣⲨⲤⲤⲈ 선포하다, 설교하다 (ⲚⲀ⸗)

ⲔⲎⲣⲰⲚ *m.* 초, 촛대

ⲔⲎⲦ† → **ⲔⲰⲦ**

ⲔⲎⲦⲞⲤ κῆτος *m.* 고래, 바다 괴물

ⲔⲎϨ† → **ⲔⲰϨ**

ⲔⲒⲂⲈ → **ⲈⲔⲒⲂⲈ** 젖가슴

ⲔⲒⲂⲰⲦⲞⲤ κιβωτός *f.* 상자, 방주

ⲔⲒⲐⲀⲣⲀ, ϬⲒⲐⲀⲣⲀ κιθάρα *f.* 고대나 중세의 현악기

ⲔⲒⲐⲀⲣⲒⲌⲈ 현악기를 연주하다

ⲔⲒⲘ, ⲔⲈⲘⲦ⸗, ⲔⲘⲦ⸗, ⲔⲈⲘⲦ-, ⲔⲘ-(Ⲉ-) 움직이다, 흔들리다, 떨리다 *cf.* *ⲚⲈⲦⲔⲒⲘ* 동산 *ⲚⲈⲦⲔⲒⲘ ⲀⲚ* 부동산 *ⲚⲈⲦⲔⲒⲘ ⲈⲣⲞⲞⲨ* 스스로 움직이는 것 *ⲀⲦⲔⲒⲘ* 부동의 *ⲔⲒⲘ Ⲁ-* 분발하다*ϬⲒⲚⲔⲒⲘ* 진동하다, 뒤섞다 *ⲔⲒⲘ* 주저하다, 그치다 *ⲔⲘⲦⲞ* 지진

ⲔⲒⲚ- → **ϬⲒⲚ-** 추상형을 만드는 접두사

ⲔⲒⲚⲂⲎⲖ → **ϬⲒⲚⲞⲨⲎⲖ** 선박의 일종

ⲔⲒⲚⲆⲨⲚⲈⲨⲈ, ϬⲚⲦⲈⲚⲈⲨⲈ κινδυνεύειν 위험에 빠지다

ⲔⲒⲚⲆⲨⲚⲞⲤ κίνδυνος 위험

ⲔⲒⲚⲎⲤⲒⲤ κίνησις 움직임, 동요

ⲔⲒⲠ 측량단위 (*ⲤⲞⲈⲒϢ* 보다 작은 단위)

ⲔⲒⲤⲈ *f.* 병의 일종

ⲔⲒⲦⲈ *f.* 두 드라크마 *cf.* *ϬⲒⲤⲔⲒⲦⲈ* 드라크마 화폐

ⲔⲒⲦⲈ *f.* 수면, 잠 *cf.* *ⲚⲔⲞⲦⲔ*

ⲔⲒⲦⲣⲈ, ⲔⲒⲦⲣⲒⲞⲚ → **ϬⲒⲦⲣⲈ** 시트론

ⲔⲒⲰⲞⲨ† → **ⲔⲚⲚⲈ** 기름진

ⲔⲔⲀⲤ → **ⲦⲔⲀⲤ** 고통

ⲔⲖⲀ → **ϬⲖⲀ** 파도

ⲔⲖⲀⲆⲞⲤ κλάδος *m.* 나뭇가지

ⲔⲖⲀⲖ, ⲔⲖⲎⲖ *m.* 목걸이

ⲔⲖⲀⲘ *m., pl.* **ⲔⲖⲞⲞⲘ** 왕관 *cf.* *ⲂⲀⲒ̈ⲔⲖⲀⲘ* 왕관을 쓴 *† ⲔⲖⲀⲘ Ⲁ-* 관을 씌우다

ⲔⲖⲀⲤⲘⲀ κλάσμα 조각, 단편

ⲔⲖⲀⲨⲣⲀ → **ⲔⲣⲀⲨⲣⲀ** 포크

ⲔⲖⲂⲀⲨⲖⲈ 개

ⲔⲖⲂⲦ → **ⲔⲖⲀϤⲦ** 덮개, 외투에 달린 모자

ⲔⲖⲈⲞⲠⲀⲦⲣⲀ 클레오파트라

ⲔⲖⲎ, ⲔⲀⲖⲎ *f.* 고양이

ⲔⲖⲎⲖ 조약돌, 물방울

ⲔⲖⲎⲣⲒⲔⲞⲤ *m.* 승려

ⲔⲖⲎⲣⲞⲚⲞⲘⲈⲒ, ⲔⲖⲎⲣⲞⲚⲞⲘⲎ κληρονομεῖν 상속하다

ⲔⲖⲎⲣⲞⲚⲞⲘⲒⲀ κληρονομία *f.* 상속

ⲔⲖⲎⲣⲞⲚⲞⲘⲞⲤ κληρονόμος 상속인

ⲔⲖⲎⲣⲞⲤ κλῆρος *m.* 상속 재산

ⲔⲖⲒⲘⲀ κλίμα 지역, 지점, 기후

ⲔⲖⲔⲀ *m.* 종기, 농, 혹

ⲔⲖⲔⲰⲖ⸗ → **ϬⲞⲖϬⲈⲖ** 말리기 위해 널다

ⲔⲖⲖⲈ, Ⲕ(Ⲉ)Ⲗ- *m. f.* 자물쇠, 관절, 무릎 *cf.* *ϨⲀⲘⲔⲖⲖⲈ* 대장장이

ⲔⲖⲘⲈ *f.* 이불에 솜을 넣기, 붕대를 감기

ⲔⲖⲞ *m.* 화살촉에 바르는 독

ⲔⲖⲞⲄⲈ → **ϬⲖⲞⲞϬⲈ** 계단

ⲔⲖⲞⲘ *m.* 왕관

ⲔⲖⲞⲘ, ⲦⲖⲞⲘ 서둘다

ⲔⲖⲞⲘⲖⲘ → **ϬⲖⲞⲘⲖⲘ** 휘감다

ⲔⲖⲞⲞⲖⲈ, ⲔⲖⲞⲞⲚⲈ *f.* 구름, 안개

ⲔⲖⲞⲞⲘⲈ *f.* 타박상, 멍

ⲔⲖⲮ 일격, 따귀

ⲔⲖⲰ → **ϬⲖⲰ** 잔가지

ⲔⲖϨ- → **ⲔⲰⲖϨ**

ⲔⲖϪⲈ → **ⲔⲰⲖϪ**

ⲔⲘⲈ *f.* 어두움 *cf.* *ⲔⲘⲞⲘ*

ⲔⲘⲎⲘⲈ 어두움, 흑암

ⲔⲘⲔⲘ, ⲔⲞⲨ(Ⲙ)ⲔⲘ 악기 연주 소리 *cf.* *ⲖⲀⲔⲘⲔⲘ* *m.* 악기의 일종

ⲔⲘⲞⲘ, ⲔⲎⲘ† 어두워지다 *cf.* *ⲔⲀⲘⲈ, ⲔⲘⲈ, ⲔⲎⲘⲈ, ⲔⲘⲎⲘⲈ*

ⲔⲘⲦ⸗, ⲔⲘⲦⲞ → **ⲔⲒⲘ**

ⲔⲘⲦⲞ *m.* 지진 *cf.* *ⲔⲒⲘ, ⲦⲞ*

ⲔⲘϢ- → **ⲔⲰⲘϢ**

ⲔⲚ- → **ϪⲒⲚ-** …이후로

KN̄- → ϬINE 발견하다

KNⲀⲀⲨ *m.* 한 아름

KN̄ÏE (L) 기름, 비계

KNMOⲨT → ϬINMOⲨT 묘성, 플라이아데스 성단

KN̄NE, KIⲰOⲨ† 기름진

KNOC, KNⲰⲰC, KONC† 악취를 풍기다

KNOⲫOC 흑암

KNT⸗ → ϬINE 발견하다

KN̄TE *m.* 무화과 *cf.* *BⲰ N̄KN̄TE* 무화과 나무

KN̄ϨE *f.* 무덤, 사당

KOEIC, KⲀEIC *m.* 그릇의 일종

KOEIϨ *m.* 칼집, 책장, 벽돌집

KOIⲀϨK̄, ϪOIⲀϪ, KIⲀϨK̄ 곱트력의 여섯 번째 달

KOI(E), KⲀ(I)E *f.* 전원, 논밭 *cf.* *P̄M N̄TKOI* 농부

KOIⲖE → ϬOEIⲖE 유랑하다

KOINⲰNE, KOINⲰNH κοινωνεῖν 친교를 나누다

KOINⲰNEI 함께하다, 친교를 나누다

KOINⲰNIⲀ κοινωνία *f.* 친교, 공유

KOINⲰNOC 참여자, 친구, 동반자

KOITⲰN κοιτών *m.* 방

KOKKOC *m.* 붉은 물체 *cf.* *KⲀKO*

KOⲖ⸗ → ϬⲰⲖ 모으다

KOⲖⲀZE 벌하다

KOⲖⲀCIC κόλασις *f.* 벌, 징계

[KOⲖK̄Ⲗ̄], KEⲖKⲰⲖ† 둥근 *cf.* *KⲀⲖK-IⲖ m.* 바퀴

KOⲖⲖⲀPION κολλάριον 쇠사슬

KOⲖⲠC̄ *f.* 절도, 도둑질

KOⲖⲨMBON *m.* 작은 단위의 화폐

KOⲖϨ⸗, KOⲖϨ† → KⲰⲖϨ̄

KOM → ϬⲰM 정원

KOMME, KM̄ME, KHME, KOMH, KOMI *m.* 고무, 송진

KOMϢ⸗ → KⲰMϢ̄

KONIⲀ *f.* 재, 먼지

KONC⸗, KONC̄† → KⲰNC̄

KOOMϤ̄ 병충해

KOOⲨ, KⲰOⲨ, KⲀⲨ *m.* 일정한 시기

KOOϨ *m.(f.)* 각도, 구석, 꼭대기 *cf.* *N̄ϤTOOⲨ N̄KOOϨ* 직사각형

KOⲠIC κόπις 영리한, 익숙한

KOⲠPIⲀ *f.* 더러움, 퇴적더미

KOPⲜ 철로 만든 고문 기구

KOPTE → ϬOPTE 단도

KOPϢϤ̄ *m.* 아첨꾼 → KⲰPϢ̄

KOPϤ⸗ → ϬⲰPϤ̄ 할퀴다

KOC → ϬOC 절반

KOCKC̄, KECKⲰC⸗ 잠자기 위해 드러눕다

KOCME, KOCMH κοσμεῖν 꾸미다, 장식하다

KOCMEI 정리하다, 단장하다

KOCMHCIC κόσμησις *f.* 몸치장, 장식

KOCMIKOC κοσμίκος 세상적으로

KOCMOC κόσμος *m.* 세계, 우주

KOT, KⲀT *m.* 회전운동, 방문, 회전체 *cf.* *KⲰTE*

KOTC̄ *f.* 회전

KOⲨ → KⲰ

KOⲨI, KOⲨ- 작은 *cf.* *(KⲀTⲀ) KOⲨI KOⲨI* 조금씩 *N̄OⲨ KOⲨI* 소량의 *M̄NTKOⲨI* 소년기, 청년기 *P̄ KOⲨI* 어리다 *ⲠⲀ TKOⲨI M̄ⲠICTIC* 믿음이 약한 자 *ϢHPE KOⲨI* 어린이 *KOⲨI N̄ϨHT* 소심한 사람

KOⲨKE → KⲰK 옷 벗기다

KOⲨKⲖⲀ, KOⲨKⲖE *f.* 외투에 달린 모자, 머리 덮개

KOⲨKOⲨ 비둘기 우는 소리

KOⲨKOⲨMⲀⲨ 냄비

KOⲨMⲠIZE 작살로 찌르다, 고문하다

KOⲨN⸗, KOⲨOⲨN⸗ 가슴, 품

KOⲨⲠP *f.* 꽃

KOⲨP 청각장애인

KOⲨϢⲀN 쿠샨 왕조

KOⲨϪB̄ → ϬⲰϪB̄ 줄이다

KOⲨϪO → KOⲨNϪOⲨ 그릇의 일종

KOϪ⸗ → ϬⲰϬ 불에 익히다

ⲁ ⲃ ⲅ ⲇ ⲉ ⲍ ⲏ ⲑ ⲓ ⲕ ⲗ ⲙ ⲛ ⲝ ⲟ ⲡ ⲣ ⲥ ⲧ ⲩ ⲫ ⲭ ⲯ ⲱ ϣ ϥ ϩ ϫ ϭ ϯ

ⲕⲣⲁϥ (L) *m.* 속임수, 꾀 *cf.* *ⲣⲙ̅ⲛ̅ⲕⲣⲁϥ* 교활한 사람

ⲕⲣⲁⲙⲙⲁⲧⲓⲍⲉ 당기다, 매달다, 고문하다

ⲕⲣⲁⲙⲡⲉ → **ϭⲣⲟⲟⲙⲡⲉ** 비둘기 모양의 그릇

ⲕⲣⲁⲙⲣⲙ̅ (L), **ⲕⲣⲙ̅ⲣⲁⲙⲧ**† 어두운

ⲕⲣⲁⲡⲉⲡ *m.* 오디새

ⲕⲣⲁⲩⲣⲁ, **ⲕⲗⲁⲩⲣⲁ**, **ⲅⲣⲉⲗⲅⲣⲁ** *f.* 포크

ⲕⲣⲏⲡⲓⲥ κρηπίς 항구

ⲕⲣⲓ, **ⲕⲗⲓ** *m.* 향수의 일종

ⲕⲣⲓⲙⲁ *m.* 심판, 판결

ⲕⲣⲓⲛⲉ ρίνειν 심판하다

ⲕⲣⲓⲛⲟⲛ *m.* 백합꽃

ⲕⲣⲓⲟⲥ κριός 백양궁

ⲕⲣⲓⲥⲓⲥ *f.* 심판

ⲕⲣⲓⲧⲏⲣⲓⲟⲛ *m.* κριτήριον 재판정, 판결

ⲕⲣⲓⲧⲏⲥ *m.* κριτής 재판관

ⲕⲣ̅ⲙⲉⲥ, **ⲕⲉⲣⲙⲉ** 재, 먼지 *cf.* *ⲁⲩⲁⲛ ⲛ̅ⲕⲣ̅ⲙⲉⲥ* 잿빛, 회색

ⲕⲣ̅ⲙⲉⲥ → **ⲕⲱⲣⲙⲉ**

ⲕⲣⲙ̅(ⲛ)ⲧⲥ̅ *f.* 연기, 자욱한 안개 *cf.* *ⲕⲣⲟⲙⲣⲙ̅*

ⲕⲣⲙ̅ⲣⲙ̅ 항의하다, 불평하다 *cf.* *ⲣⲉϥⲕⲣⲙ̅ⲣⲙ̅* 불평하는 사람, 항거하는 자

ⲕⲣⲙ̅ⲧⲥ̅ → **ⲕⲣⲙ̅(ⲛ)ⲧⲥ̅** 연기

ⲕⲣⲟ *m., pl.* **ⲕⲣⲱⲟⲩ** 연안, 선착장 *ⲉⲡⲓⲕⲣⲟ* 저 강 언덕 너머에

ⲕⲣⲟⲙⲣⲙ̅, **ⲕⲣⲙ̅ⲣⲱⲙ**† 어두침침하다, 흐리다 *cf.* *ⲕⲣⲙ̅(ⲛ)ⲧⲥ̅, ⲕⲱⲣⲙ̅*

ⲕⲣⲟⲩⲣ *m.* 개구리

ⲕⲣⲟⲩϫ, **ⲕⲣⲟϫ** 과자의 일종

ⲕ̅ⲣ̅ⲥ̅ 크리스토스, 그리스도

ⲕⲣⲩⲥⲧⲁⲗⲗⲟⲥ *m.* 크리스털, 수정

ⲕⲣⲱⲙ *m.* 타는 불

ⲕⲣⲱϭⲱϭ *pl.* 씨앗 → **ϭⲣⲟϭ**

ⲕⲣⲱϩ → **ϭⲣⲱϩ** 줄이다

ⲕ̅ⲥ̅ → **ⲕ̅ⲩ̅** κυριος 주님

ⲕⲥ̅ⲕⲁⲥⲧ̅† → **ⲕⲁⲥⲕⲥ̅** 퍼뜨리다, 드러눕다

ⲕⲥⲟⲩⲣ 반지 → **ⲝⲟⲩⲣ**

ⲕⲧⲁ⸗, **ⲕⲧⲁⲓ̈ⲧ**† → **ⲕⲧⲟ**

ⲕⲧⲏⲥⲓⲥ κτῆσις *f.* 소유, 장악

ⲕⲧⲏⲥⲓⲫⲟⲛ 크테시퐁, 주전 3세기경 티그리스 강변에 건설된 사산 왕조의 수도, 현 이라크에 위치

ⲕⲧⲏⲣ *m.* 송아지

ⲕⲧⲓⲥⲓⲥ *f.* 창조

ⲕⲧⲟ, **ⲕⲧⲉ-**, **ⲕⲧⲥ**⸗, **ⲕⲧⲏⲩ**†, **ⲕⲧⲟⲉⲓⲧ**† 돌리다, 돌아가다, 에워싸다, 진을 치다

ⲕⲧⲟ, **ⲕⲧⲁ**⸗, **ⲕⲧⲁⲓ̈ⲧ**† 돌리다, 둘러싸다, 돌아가다

ⲕ̅ⲩ̅, **ⲕ̅ⲩ̅ⲥ̅**, **ⲕ̅ⲥ̅** κύριος 주인, 주님

ⲕⲩⲗⲙⲁⲛ → **ϭⲉⲗⲙⲁⲓ** 항아리

ⲕⲩⲛⲏⲕⲟⲥ κυνηγός 사냥하다

ⲕⲩⲣⲁ *f.* 마나님, 여주인

ⲕⲩⲣⲓⲁⲕⲏ κυριακή 주일

ⲕⲩⲣⲓⲟⲥ κύριος *m.* 주인

ⲕⲱ, **ⲕⲱⲉ**, **ⲕⲁ-**, **ⲕⲁⲁ**⸗, **ⲕⲁ**⸗, **ⲕⲟⲟ**⸗, **ⲕⲏ**†, **ⲕⲁⲁⲧ**† 놓다, 위치하다, 허용하다, 존재하다 *cf.* *ⲉⲧ ⲕⲏ†* …에 있는 *ⲕⲁ ⲃⲟⲗ* 토하다 *ⲕⲱ ⲉⲃⲟⲗ* 풀어주다, 부채를 없애주다 *ⲕⲱ ⲉⲡⲉⲥⲏⲧ* 내려가게 하다 *ⲕⲱ ⲉϫⲛ̅-* 설립하다 *ⲕⲱ ϩⲁ ⲉⲓⲁⲧ⸗* 시아에 드러나다 *ⲕⲁ ⲡⲙⲁ* 허용하다 *ⲕⲱ ⲛⲁ⸗* 획득하다, 소유하다 *ⲕⲱ ⲛ̅ⲥⲁ-* 포기하다 *ⲕⲁⲣⲱϥ (= ⲕⲁ ⲣⲱϥ)* 침묵하다 *ⲕⲁⲣⲁⲉⲓⲧ†* 조용한 *ⲕⲁ ⲧⲟⲟⲧϥ̅ ⲉⲃⲟⲗ* 싸움을 포기하다 *ⲕⲁ ⲡⲧⲏⲩ* 숨을 내쉬다 *ⲣⲉϥⲕⲁ ⲟⲩⲛⲟⲩ ⲛ̅ⲧⲡⲉ* 천문학자 *ⲉⲧⲕⲏ ⲉⲡϣⲱ* 휴경지 *ⲕⲱ ⲛ̅ϩⲧⲏ⸗* 신뢰를 갖다, 희망하다 *(ϭⲓⲛ)ⲕⲱ ⲉϩⲣⲁⲓ̈* 저장물, 소유물 *ⲕⲱ ⲕⲁϩⲏⲩ* 옷을 벗기다

ⲕⲱ → **ϭⲱ** 남다

ⲕⲱ 우상

ⲕⲱⲃ, **ⲕ(ⲉ)ⲃ-**, **ⲕⲟⲃ**⸗, **ⲕⲏⲃ**† 배가하다, 여러 개로 만들다 *cf.* *ⲉϥⲕⲏⲃ†* 두 배의 *(ⲛ̅ⲥⲁϣϥ̅) ⲛ̅ⲕⲱⲃ* 일곱 배 *ⲕⲃ̅ⲃⲉ, ⲕⲟⲟⲃⲉϥ*

ⲕⲱⲃϩ̅, **ⲕⲟⲟⲃϩ̅** 신경, 힘줄, 현

ⲕⲱⲕ, **ⲕⲁⲕ**⸗, **ⲕⲏⲕ**† 옷을 벗기다 *cf.* *ⲕⲟⲩⲕⲉ* 껍질을 까다

ⲕⲱⲕ ⲁϩⲏⲩ 알몸으로 만들다 → **ⲕⲱ**

ⲕⲱⲗ 오그라들다

ⲕⲱⲗⲉ → **ϭⲱⲱⲗⲉ** 크고 둥근 빵

ⲕⲱⲗ(ⲉ) → **ϭⲱⲗ** 밀어내다

ⲕⲱⲗⲙ̅ *m.* 눈가

ⲕⲱⲗⲙⲉ → **ⲕⲗⲁⲙ**

ⲕⲱⲗⲡ̄ → **ϭⲱⲗⲡ̄** 찾아내다, 드러내다

ⲕⲱⲗⲡ̄, ⲕⲁⲗⲡ⸗ 빼앗다, 훔치다

ⲕⲱⲗⲩ, ⲕⲱⲗⲩⲉ κωλύειν 방해하다, 막다

ⲕⲱⲗϩ̄, ⲕⲗϩ̄-, ⲕⲟⲗϩ⸗, ⲕⲟⲗϩ† 때리다, 부딪치다, 상처를 입히다 *cf.* ⲕⲗ̄ϩⲉ *f.* 타격

ⲕⲱⲗϫ, ⲕⲗ̄ϫ-, ⲕⲟⲗϫ⸗, ⲕⲟⲗϫ†, *p.c.* **ⲕⲁⲗϫ̄-, ϭⲱⲗϫ, ϭⲗ̄ϫ-** 꺾다, 숙이다, 접다 *cf.* ⲉϥⲕⲟⲗϫ 꼬부라진 ⲕⲗ̄ϫⲉ *f.* 각도 ⲕⲁⲗ(ⲁ)ϫⲧⲱⲣⲧ̄

ⲕⲱⲙⲁⲣⲓⲛ, ⲕⲱⲙⲁⲣⲓⲟⲛ κωμάριον *m.* 정원

ⲕⲱⲙⲏ κώμη 마을

ⲕⲱⲙϣ̄, ⲕⲙ̄ϣ-, ⲕⲟⲙϣ⸗ 비웃다, 놀리다

ⲕⲱⲛ (L) 그치다

ⲕⲱⲛⲥ̄, ⲕⲉⲛⲥ̄, ⲕⲟⲛⲥ⸗, ⲕⲁⲛⲥ⸗, ⲕⲟⲛⲥ̄† 찌르다, 상처를 입히다, 죽이다

ⲕⲱⲛⲥ̄ → **ⲕⲱⲱⲥ** 파묻다

ⲕⲱⲛϭ → **ϭⲱⲛⲧ̄** 화내다

ⲕⲱⲡ, ⲕⲁⲡ-, ⲕⲏⲡ† 숨기다

ⲕⲱⲡ⸗, ⲕⲱⲡⲉ → **ϭⲱⲡⲉ** 사로잡다

ⲕⲱⲣ, ϭⲱⲣ 캐럿보다 작은 화폐 단위

ⲕⲱⲣⲉ (L) 깎다, 자르다

ⲕⲱⲣⲙⲉ (L) 재, 연기 *cf.* ⲕⲣ̄ⲙⲉⲥ 잿빛의

ⲕⲱⲣϣ̄ 아양 떨다

ⲕⲱⲣϥ̄ 죽이다, 취소하다, 파괴하다

ⲕⲱⲧ, ⲕⲉⲧ-, ⲕⲁⲧ-, ⲕⲟⲧ⸗, ⲕⲁⲧ⸗, ⲕⲏⲧ†, *p.c.* **ⲕⲁⲧ-** 건축하다, 짓다, 설립하다 *cf.* ⲣⲉϥⲕⲱⲧ 건축가 ⲉⲕⲱⲧ, ⲥⲉⲕⲱⲧ

ⲕⲱⲧⲉ, ⲕⲉⲧ-, ⲕⲟⲧ⸗, ⲕⲏⲧ† 돌리다, 되돌아가다, 토론하다, 둘러싸다 *cf.* (ϩ)ⲙ̄ ⲡⲕⲱⲧⲉ 주변에 ⲕⲱⲧⲉ ⲉⲃⲟⲗ 되돌려보내다 ⲕⲱⲧⲉ ⲛ̄ⲥⲁ- 찾다, 추적하다 ⲣⲉϥⲕⲱⲧⲉ ⲛ̄ⲥⲁ- 연구원, 조사원 ⲕⲟⲧ, ⲕⲧⲟ, ⲕⲟⲧⲥ̄, ⲕⲟⲧϥ̄

ⲕⲱⲧⲉ, ⲕⲁⲧ⸗ 돌리다 *cf.* ⲕⲱⲧⲉ ⲁ- 둘러싸다 ⲕⲱⲧⲉ ⲥⲁ- 추구하다 ⲕⲁⲧ 바퀴 ⲕⲁⲧ ⲛ̄ⲟⲩⲣⲏⲧⲉ ⲁ- 발을 들여놓다 ⲕⲁⲧⲥ̄ 회전 ⲣ̄ⲕⲁⲧⲥ̄ 계교, 속임수

ⲕⲱⲧϥ 원주, 주변 *cf.* ⲕⲱⲧⲉ

ⲕⲱⲧϥ̄, ⲕⲁⲧϥ-, ⲕⲁⲧϥ⸗ 따다, 모으다

ⲕⲱⲧϩ̄ → **ϭⲱⲧϩ̄** 찌르다

ⲕⲱⲱⲃⲉ, ⲕⲉⲉⲃⲉ-, ⲕⲁⲁⲃⲉ-, ⲕⲟⲟⲃⲉ⸗ 강요하다 *cf.* ⲕⲃⲁ *m.* 강제 노역, 보복 ϫⲓ ⲕⲃⲁ 보복하다 ⲣⲉϥϫⲓ ⲕⲃⲁ 보복자

ⲕⲱⲱⲣⲉ, ⲕⲉⲉⲣⲉ-, ⲕⲟⲟⲣⲉ⸗ 자르다, 칼로 밀다

ⲕⲱⲱⲥ, ⲕⲱⲱⲥⲉ, ⲕⲱⲛⲥ̄, ⲕⲟⲟⲥ⸗, ⲕⲏⲥ† 장례를 준비하다, 파묻다 *cf.* ⲕⲉⲉⲥⲉ 매장 ⲙⲛ̄ⲧⲕⲱⲱⲥ 땅에 묻힐 존재 ⲕⲁⲓⲥⲉ

ⲕⲱⲱϣⲉ, ⲕⲟⲟϣⲉ† 부러뜨리다

ⲕⲱⲣⲙ̄ *m.* 연기 *cf.* ⲕⲣⲟⲙⲣⲙ̄

ⲕⲱⲣϣ̄, ⲕⲉⲣϣ-, ⲕⲟⲣϣ⸗ (ⲉ-), ϭⲱⲣϣ 설득하다, 아첨 *cf.* ⲕⲟⲣϣϥ̄ *m.* 아첨꾼

ⲕⲱⲣϥ̄, ϭⲱⲣⲃ̄, ⲕⲟⲣϥ̄† 무력화시키다, 폐하다 *cf.* ⲉⲧ ⲕⲟⲣϥ̄† 아무 의욕도 없는

ⲕⲱⲣϩ̄ → **ϭⲱⲣϩ̄** 밤

ⲕⲱⲧϩ̄ → **ϭⲱⲧϩ̄** 구멍을 뚫다

ⲕⲱϥ, ⲕⲟϥ⸗ 둥글게 말다

ⲕⲱϩ, ⲕⲏϩ† 시기하는, 극도로 노한 *cf.* ⲣⲉϥⲕⲱϩ 광신자 † ⲕⲱϩ 시기심을 일으키다

ⲕⲱϩ, ⲕⲁϩ-, ⲕⲉϩ-, ⲕⲁϩ⸗, ⲕⲏϩ† 평탄하게 하다, 부드럽게 하다 *cf.* ⲕⲁϩⲕϩ̄

ⲕⲱϩⲧ̄ *m.* 불, 불꽃 *cf.* ⲁⲩⲁⲛ ⲛ̄ⲕⲱϩⲧ̄ 붉은색

ⲁ ⲃ ⲅ ⲇ ⲉ ⲍ ⲏ ⲑ ⲓ ⲕ ⲗ ⲙ ⲛ ⲝ ⲟ ⲡ ⲣ ⲥ ⲧ ⲩ ⲫ ⲭ ⲯ ⲱ ϣ ϥ ϩ ϫ ϭ ϯ

ⲗ

ⲗⲁ *m.* 질투, 중상, 비방 *cf.* ϩⲓ ⲗⲁ 욕하다, 비방하다

ⲗⲁ- …에 재능이 있는 → **ⲗⲓⲃⲉ** …에 미친

ⲗⲁⲁⲩ, ⲗⲁⲟⲩⲉ 어떤 것, 어떤 사람, 아무것도 아닌 *cf.* ⲛ̄ⲗⲁⲁⲩ 전부, 전혀, 아무도

ⲗⲁⲃⲁï, ⲗⲁⲃⲟⲓ *f.* 곰, 암사자

ⲗⲁⲃⲉ† → **ⲗⲓⲃⲉ**

ⲗⲁⲃⲗⲁ 험담하는 사람 *cf.* ⲗⲓⲃⲉ, ⲗⲁ 질투, 비방

ⲗⲁⲃⲙⲁϩⲧ̄, ⲗⲁⲙⲁϩⲧ̄ 대식가 *cf.* ⲗⲓⲃⲉ, ⲙⲁϩⲧ̄

ⲗⲁⲃⲥϩⲓⲙⲉ 몸이 단 수컷 *cf.* ⲗⲓⲃⲉ, ⲥϩⲓⲙⲉ

ⲗⲁⲃⲱ → **ⲗⲁⲩⲟ** 돛

ⲗⲁⲃϣ̄⸗ → **ⲗⲱⲃϣ̄**

ⲗⲁⲃϩⲏ, ⲗⲁϩⲉ 대식가 *cf.* ⲗⲓⲃⲉ, ϩⲏ 복부

ⲗⲁïⲛ, ⲗⲉⲉⲓⲛ, ⲗⲁïⲛⲏ *m.* 강철

ⲗⲁïϭⲉ *f.* 이유 *cf.* ⲛ̄ⲧⲗⲁⲓϭⲉ ~때문에

ⲗⲁⲕⲁⲛⲏ λακάνη 물병

ⲗⲁⲕⲗⲁⲕ 사탕과자 *cf.* ⲗⲱⲕ

ⲗⲁⲕⲙ̄, ⲗⲁⲕⲙⲉ *m.f.* 파편, 부스러기

ⲗⲁⲕⲛ̄ⲧ, ⲗⲁϭⲛ̄ⲧ *f.* 프라이팬

ⲗⲁⲕⲟⲟⲧⲉ, ⲗⲁ(ⲁ)ⲕⲟⲧⲉ *f.* 액체의 무게를 다는 측량 단위

ⲗⲁⲕϩ̄ *m.(f.)* 꼭지, 끝부분, 조각, 구석

ⲗⲁⲗⲉ, ⲗⲟⲟⲗⲉ, ⲗⲁⲗⲱ-, ⲗⲁⲗⲱ(ⲱ)⸗, ⲗⲁⲗⲱ(ⲟⲩ), ⲗⲁⲗⲏⲩ†, ⲗⲟⲟⲗⲉ† 기름 붓다

ⲗⲁⲗⲉϩ → **ⲗⲁϩⲗⲉϩ**

ⲗⲁⲗⲓⲁ λαλιά 방언

ⲗⲁⲙⲁϩⲧ 대식가 *cf.* ⲗⲓⲃⲉ, ⲙⲁϩⲧ

ⲗⲁⲙⲉ† → **ⲗⲱⲱⲙⲉ**

ⲗⲁⲙⲡⲁⲥ λαμπάς *f.* 등불

ⲗⲁⲙⲥ̄† → **ⲗⲱⲙⲥ̄**

ⲗⲁⲙϫⲁⲧⲡ, ⲗⲁⲙϫⲉⲧⲡ̄, ⲗⲁϫⲁⲧⲡ, ⲗⲁⲙϫⲁⲧ, ⲗⲁⲙϫⲁⲡ(ⲧ) *m.* 송진

ⲗⲁⲛⲟⲩⲧ (L) 구덩이 *cf.* ⲛⲟⲩⲧ *f.* 저수지

ⲗⲁⲝⲟⲥ λαοξόος 석공

ⲗⲁⲟⲥ λαός *m.* 백성

ⲗⲁⲥ *m.* 혀 *cf.* ϭⲁϫⲉⲗⲁⲥ 혀가 짧은 ⲙ̄ⲛ̄ⲧ̄ⲗⲁⲥ ⲥⲛⲁⲩ *f.* 두 가지 언어를 구사하는

ⲗⲁⲥ *m.* 천, 포목

ⲗⲁⲧ, ⲗⲉⲧ 파슬리, 미나리과의 식물

ⲗⲁⲧⲃⲥ̄, ⲗⲁⲧⲃⲉ *f.* 수선용 천조각 *cf.* ϩⲓ ⲗⲁⲧⲃⲥ̄ 수선하다 ϩⲓⲟⲩⲉ

ⲗⲁⲧⲡ̄ *m.* 무, 홍당무

ⲗⲁⲩⲉ, ⲗⲁⲁⲩ, ⲗⲁⲁⲩⲉ 아무것도 아닌

ⲗⲁⲩⲟ, ⲗⲁⲃⲱ *m.f.* 배의 돛 *cf.* ϭⲓⲥⲗⲁⲩⲟ 뒷쪽 돛

ⲗⲁⲭⲁⲛⲟⲛ άχανον 풀

ⲗⲁϣⲁⲛⲉ *m., pl.* **ⲗⲁϣⲁⲛⲏ(ⲟ)ⲩ, ⲗⲁϣⲁⲛⲓⲟⲩ** 시장, 마을의 유력자

ⲗⲁϥⲗⲉϥ, ⲗⲉϥⲗⲁϥⲧ† 썩다, 헐다, 시들다

ⲗⲁϩⲉ 대식가 *cf.* ⲗⲓϩⲉ, ϩⲏ 배

ⲗⲁϩⲏ *f.* 액체를 다는 측량단위

ⲗⲁϩⲗⲉϩ, ⲗⲉϩⲗⲱϩ†, ⲗⲉϩⲗⲁϩⲧ† 높아지다, 과시욕, 훌륭한

ⲗⲁϩⲙϥ̄ *m.f.* 노동자

ⲗⲁϫⲁⲧⲡ̄ → **ⲗⲁⲙϫⲁⲧⲡ̄** 송진

ⲗⲁϫⲕⲉ → **ⲗⲁϫⲧⲉ** 점토, 진흙

ⲗⲁϫⲗⲉϫ, ⲗⲉϫⲗⲁϫⲧ† 병든, 허약한

ⲗⲁϫⲧ⸗, ⲗⲁϫⲧ† → **ⲗⲱϫⲧ̄**

ⲗⲁϫⲧⲉ, ⲗⲁϫⲕⲉ 점토, 진흙

ⲁ ⲃ ⲅ ⲇ ⲉ ⲍ ⲏ ⲑ ⲓ ⲕ ⲗ ⲙ ⲛ ⲝ ⲟ ⲡ ⲣ ⲥ ⲧ ⲩ ⲫ ⲭ ⲯ ⲱ ϣ ϥ ϩ ϫ ϭ ϯ

ⲗⲁϫϩ† → ⲗⲱϫϩ̄
ⲗⲁϭⲉ 고통이 그치다, 낫다
ⲗⲁϭⲓⲧⲱⲛ → ϭⲁϭⲓⲧⲱⲛ 삼 부스러기, 솜뭉치
ⲗⲁϭⲗⲉϭ → ⲗⲟⲕⲗⲕ̄ 부드러워지다
ⲗⲁϭⲛ̄ⲧ → ⲗⲁⲕⲛ̄ⲧ 프라이팬
ⲗⲉⲃⲁⲛ, ⲗⲉⲃⲉⲛ *m.* 밧줄
ⲗⲉⲃⲓⲧⲟⲩ, ⲗⲁⲃⲓⲧⲉ, ⲗⲉⲃⲓⲧⲟⲛ *m.* 성직자의 긴 가운
ⲗⲉⲃⲧ⸗ → ⲗⲓⲃⲉ
ⲗⲉⲉ(ⲓ)ⲗⲉ† 뾰족한 나무 꼭대기
ⲗⲉⲓ̈ⲛⲉ (L) *m.* 강철
ⲗⲉⲓⲧⲟⲩⲣⲅⲓⲁ λειτουργία *f.* 봉사
ⲗⲉⲓⲧⲟⲩⲣⲅⲟⲥ 성직을 수행하는 사람
ⲗⲉⲕⲱⲧⲉ → ϩⲟⲗⲟⲕⲟⲧⲧⲓⲛⲟⲥ 금화의 일종
ⲗⲉⲗ-, ⲗⲓⲗ- → ⲉⲗⲟⲟⲗⲉ 포도
ⲗⲉⲗⲟⲩ *m.f., pl.* (ⲗⲉ)ⲗⲁⲩⲉ, ⲗⲁⲁⲩ 어린 아이
ⲗⲉⲙⲏⲏϣⲉ, ⲗⲉⲙⲏϣⲉ *m.* 군인, 전사, 영웅
ⲗⲉⲙⲗⲱⲙ⸗ → ϭⲗⲟⲙⲗⲙ̄ 말려들다
ⲗⲉⲛⲧⲏⲛ, ⲗⲁⲛⲑⲉⲛ *m.* 톱
ⲗⲉⲛⲧⲓⲟⲛ, ⲗⲏⲛⲧⲥⲉ *m.* 내의, 손수건
ⲗⲉⲟⲛ 귀고리
ⲗⲉⲡⲥⲉ → ⲗⲉⲯⲉ 부스러기
ⲗⲉⲥ *m.* 언어, 혀
ⲗⲉⲩⲓⲥ 레위
ⲗⲉⲩⲕⲟⲛ ευκόν 흰옷
ⲗⲉϫϩ̄ (L) *m.* 극점, 바닥
ⲗⲉⲱⲛ έων 사자자리
ⲗⲉϥⲗⲁϥⲧ† → ⲗⲁϥⲗⲉϥ
ⲗⲉϥⲗⲱϥ⸗ → ⲗⲟϥⲗ(ⲉ)ϥ
ⲗⲉϩ *m.* 근심, 걱정
ⲗⲉϩⲗⲁϩⲧ† → ⲗⲁϩⲗⲉϩ
ⲗⲉϩⲙⲉⲛ (L) *m.* 석류
ⲗⲉϫⲗⲁϫⲧ† → ⲗⲁϫⲗⲉϫ
ⲗⲉϭ- → ⲗⲱϭⲉ
ⲗⲉϭⲗⲉϭ (L) 다투다, 싸우다
ⲗⲉⲕⲗⲱⲕ⸗, ⲗⲉⲕⲗⲱϭ† → ⲗⲟⲕⲗⲕ̄

ⲗⲏⲅⲉⲱⲛ *legio* 로마의 군단
ⲗⲏⲥⲧⲏⲥ ληστής *m.* 강도, 도둑
ⲗⲏϩ (L) *m.* 근심, 걱정 *cf.* ***ⲃⲓ ⲗⲏϩ*** 돌보다 ⲗⲉϩ 두려움
ⲗⲏϭ† → ⲗⲱϭⲉ
ⲗⲓⲃⲁⲛⲟⲥ λίβανος *m.* 향, 레바논
ⲗⲓⲃⲉ, ⲗⲉⲃⲧ⸗, ⲗⲟⲃⲉ†, ⲗⲁⲃⲉ†, *p.c.* ⲗⲁ(ⲃ)- 미친, 실성한
ⲗⲓⲅⲛⲉ, ⲗⲓⲕⲛⲉ 휴지통
ⲗⲓⲕ *m.* 병, 단지
ⲗⲓⲕⲧ, ⲗⲓⲕⲧ⸗ *m.* 돛, 장막
ⲗⲓⲗⲟⲟϩⲉ, ⲗⲉⲗⲱϩⲉ, (ⲉ)ⲗⲟ(ⲟ)ϩⲉ *f.* 야자수의 일종
ⲗⲓⲗⲟⲩ (L) *m.f., pl.* ⲗⲓⲗⲁⲩⲉ 어린아이 *cf.* *ⲗⲓⲗⲁⲩⲉ ⲛⲥϩⲓⲙⲉ* 여자 아이
ⲗⲓⲙⲏⲛ *m.* 초상화
ⲗⲓⲙⲏⲛ λιμήν *m.* 항구
ⲗⲓⲙⲛⲏ λίμνη *f.* 늪
ⲗⲓⲧⲏ λιτή 기도자
ⲗⲓⲧⲟⲩⲣⲅⲟⲥ λειτουργός 행정관
ⲗⲓⲧⲣⲁ, ⲗⲓⲧⲣⲉ *f.* 화폐 이름
ⲗⲓⲯⲁⲛⲟⲛ λείψανον 자취, 흔적
ⲗⲓϩⲙⲉ (L) *m.* 액체
ⲗⲕ̄- → ⲱⲗⲕ̄ 휜, 굽은
ⲗ̄ⲕⲉ 안쪽으로 휘어짐, 각도
ⲗ̄ⲕϣⲁ 놀리다 → ⲱⲗⲕ̄, ϣⲁ 코
ⲗ̄ⲗⲏⲃ, ⲉⲗⲗⲏⲃ 농담
ⲗⲙ̄ⲗⲏⲙ† → ϭⲗⲟⲙⲗⲙ̄ 감싸다
ⲗⲝ- → ⲗⲱⲕⲥ̄ 물다, 찌르다
ⲗⲟ 그치다, 병이 낫다 *impér.* ***ⲁⲗⲟⲕ*** *m., f.* ***ⲁⲗⲟ***, *pl.* ***ⲁⲗⲱⲧⲛ̄***
ⲗⲟⲃⲉ† → ⲗⲓⲃⲉ
ⲗⲟⲅⲓⲕⲟⲥ 이성에 합당한
ⲗⲟⲅⲓⲥⲙⲟⲥ *m.* 수리능력, 지각, 이성
ⲗⲟⲅⲕⲏ, ⲗⲟⲅⲭⲏ λόγχη *f.* 창
ⲗⲟⲅⲟⲥ λόγος 말씀, 설교
ⲗⲟⲓⲙⲟⲥ *m.* 역병
ⲗⲟⲓⲡⲟⲛ λοιπόν 게다가, 적어도, 하지만
ⲗⲟⲓϩⲏ *m.f.* 진흙탕
ⲗⲟⲓϭⲉ *f.* 원인, 사전 의도, 구실, 핑계

ⲗⲟⲕ, ⲗⲁⲕ, ⲗⲟϭ *m.* 그릇, 물잔

ⲗⲟⲕⲗⲕ̅, ⲗⲁϭⲗⲉϭ, ⲗⲉⲕⲗⲱⲕ⸗, ⲗⲉⲕⲗⲱϭ† 부드러워지다 *cf.* ⲗⲱⲕ

ⲗⲟⲙⲉ† → **ⲗⲱⲱⲙⲉ**

ⲗⲟⲙⲥ̅† → **ⲗⲱⲙⲥ̅**

ⲗⲟⲟⲙⲉ, ⲙⲟⲟⲗⲉ *m.f.* 미끼 *cf.* ⲙⲟⲟⲗϥ̅

ⲗⲟⲟⲩ, ⲗⲟⲟⲩⲉ, ⲗⲱⲟⲩ, ⲗⲁ(ⲁ)ⲩ *m.* 머릿결, 속눈썹, 술 *cf.* ⲛ̅ⲗⲟⲟⲩ 술 장식의 ⲗⲟⲟⲩ ⲛ̅ⲃⲛ̅ⲛⲉ 야자수 가지 뭉치

ⲗⲟⲩⲃⲟⲓⲉ *pl.* 나일강 위의 배의 일종

ⲗⲟⲩⲕⲟϫⲓ → **ϩⲟⲗⲟⲕⲟⲧⲧⲓⲛⲟⲥ** 금화의 일종

ⲗⲟⲩⲗⲁï *m.* 갈채, 환호, 탄성 *cf.* (ⲉ)ϣ ⲗⲟⲩⲗⲁï 탄성을 지르다 ⲛⲉϫ ⲗⲟⲩⲗⲁï 환호하다 ⲛⲟⲩϫⲉ, ⲱϣ 읽다, 외치다

ⲗⲟⲩⲗⲱⲟⲩ† → **ϩⲗⲟⲩⲗⲱⲟⲩ†** 높아진

ⲗⲟⲩϫ *pl.* 눈물샘의 분비

ⲗⲟϥⲗ(ⲉ)ϥ, ⲗⲉϥⲗⲱϥ⸗, ⲗⲉϥⲗⲱϥ†, ⲗⲉϥⲗⲟϥⲧ† 썩다, 벌레 먹다 *cf.* ⲗⲉϥⲗⲓϥⲉ *f.* 썩은 부스러기

ⲗⲟϩⲧⲉ → **ⲣⲁϩⲧⲉ** 가마솥

ⲗⲟϫⲗϫ̅, ⲗⲟϭⲗⲉϫ, ⲗⲟϭⲗⲉϭ 비비다, 으깨다, 누르다,병을 얻다, 질병

ⲗⲟϭ⸗ → **ⲗⲱϭⲉ**

ⲗⲟϭ 귀찮은, 성가신

ⲗⲩⲡⲉⲓ 슬픈, 괴로워하는

ⲗⲩⲡⲏ λύπη *f.* 슬픔

ⲗⲩⲭⲛⲓⲁ *f.* 등, 촛대

ⲗⲱⲃϣ̅, ⲗⲟⲃϣ̅† 불타는, 타오르는

ⲗⲱⲃϣ̅ *m.* 덮어씌우다, 관을 씌우다, 지붕, 덮개

ⲗⲱⲕ, ⲗⲏⲕ† 미묘한, 부드러운, 신선한 *cf.* ⲗⲟⲕⲗⲕ̅, ⲗⲁⲕⲗⲁⲕ

ⲗⲱⲕⲥ̅, ⲗⲟⲩⲝ, ⲗⲝ-, ⲗⲟⲕⲥ⸗ 물다, 찌르다

ⲗⲱⲕϣ̅, ⲗⲟⲕϣ̅† 연약한

ⲗⲱⲙ → **ⲗⲱⲱⲙⲉ**

ⲗⲱⲙⲥ̅, ⲗⲟⲙⲥ̅†, ⲗⲁⲙⲥ̅† 썩다, 냄새나다

ⲗⲱⲟⲩ 감탄

ⲗⲱⲧⲓⲝ *f.* 덮개

ⲗⲱⲱⲙⲉ, ⲗⲱⲙ, ⲗⲟⲙⲉ†, ⲗⲁⲙⲉ† 시들다, 빛이 바래다

ⲗⲱ(ⲱ)ⲥ, ⲗⲉⲥ-, ⲗⲁⲁⲥ(ⲉ)† 부러뜨리다, 부수다, 흩트리다 *cf.* ⲉⲗⲟⲩⲥⲉ 상처, 멍

ⲗⲱⲱⲥ *m.* 무화과 나무 열매

ⲗⲱ(ⲱ)ⲧⲉ 굳게 하다, 멍울이 생기다

ⲗⲱⲱϥⲉ, ⲗⲟⲟϥⲉ† 폐허가 되다 *cf.* ⲗⲟϥⲗ(ⲉ)ϥ.

ⲗⲱϩⲙ̅, ⲗⲉϩⲙ̅-, ⲗⲟϩⲙ⸗, ⲗⲟϩⲙ† 요리하다 *cf.* (ⲉϥ)ⲗⲟϩⲙ 익은

ⲗⲱϩⲙ̅, ⲗⲉϩⲙ̅- 반죽하다 *cf.* ⲗⲁϩⲙⲉ *f.* 반죽통

ⲗⲱϫ, ⲗⲉϫ-, ⲗⲟϫ⸗, ⲗⲟϫ† 들러붙다, 핥다, 붙다

ⲗⲱϫⲕ̅, ⲗⲱϫⲧ̅, ⲗⲱϫϭ̅, ⲗⲟϫⲕ⸗, ⲗⲁϫⲧ⸗, ⲗⲟϫⲧ̅†, ⲗⲁϫⲧ† 들러붙는

ⲗⲱϫϩ̅, ⲗⲉϫϩ̅-, ⲗⲟϫϩ⸗, ⲗⲟϫϩ̅†, ⲗⲁϫϩ† 억압받다, 고통받다 *cf.* ⲗⲱϫϩ̅ *m.* 응집, 시련, 화

ⲗⲱϫϭ̅ → **ⲗⲱϫⲕ̅** 끈적끈적한

ⲗⲱϭⲉ, ⲗⲉϭ-, ⲗⲟϭ⸗, ⲗⲏϭ† 숨기다, 앗아가다

ⲗⲱϭⲥ̅ → **ⲗⲱⲕⲥ̅** 물다

ⲗ̅ϩⲏⲙ, ⲉⲗϩⲏⲙ, ⲗ̅ϩⲙ̅, ⲣ̅ϩⲏⲙ 부르짖다, 포효하다

ⲗϩⲱⲃ *m.* 연기, 증기

ⲗ̅ϩⲱⲙ → **ϩⲗⲱⲙ** 벼룩, 진드기

Ⲙ

ⲙ̄- → **ⲉⲓⲛⲉ**

ⲙⲁ *m.* 장소 *cf.* ⲁⲡⲓⲙⲁ 여기 ⲙⲁ ⲛ̄ⲃⲱⲕ ⲉϩⲟⲩⲛ 입구 ⲙⲁ ⲛ̄ⲉⲗⲟⲟⲗⲉ 포도원 ⲙⲁ ⲙⲙⲁⲛⲉ 방목지 ⲙⲁ ⲙⲙⲁⲛⲉ 정박지 ⲙⲁ ⲙ̄ⲙⲟⲟϣⲉ 도로 ⲙⲁ ⲙ̄ⲡⲱⲧ 도피처 ⲙⲁ ⲛⲉⲓⲇⲱⲗⲟⲛ 우상 안치소 ⲙⲁ ⲛ̄ϣⲁ 동방 ⲙⲁ ⲛ̄ϩⲱⲧⲡ̄ 서방 ⲙⲁ ⲛ̄ϣⲱⲡⲉ 거실 ⲙⲁ ⲛ̄ϫⲟⲉⲓⲧ 올리브 농원 ⲉⲡⲙⲁ …대신에 ⲙ̄ⲡⲓⲙⲁ 이곳 ϩⲙ̄ ⲡⲙⲁ ⲉⲧ(ⲉⲣⲉ) ... ⲙ̄ⲙⲁⲩ 거기 그곳에서 (ϩ)ⲙ̄ ⲡⲉⲓⲙⲁ, ϩⲙ̄ ⲡⲙⲁ ⲉⲧⲙ̄ⲙⲁⲩ 거기 ⲉⲃⲟⲗ ϩⲙ̄ ⲡⲉⲓⲙⲁ 거기로부터 ϩⲛ̄ ⲁϣ ⲙ̄ⲙⲁ 어디에? (ⲛ)ⲉϣ ⲙⲙⲁ 어디 ⲛ̄ⲕⲉⲙⲁ 다른 곳 (ϩⲙ̄) ⲙⲁ ⲛⲓⲙ 사방에서 ϩⲓ ⲟⲩ ⲙⲁ 모두 함께 ⲕⲁⲧⲁ ⲙⲁ (ⲙⲁ) 모든 곳 ⲕⲁ ⲡⲙⲁ 허용하다 ⲣ̄ ⲡⲙⲁ 계승하다 ϯ ⲙⲁ 자리를 내주다 ⲙⲁ ⲛⲉⲥⲁⲩ 양 우리 ⲙⲁ ⲛⲓϣⲣϩ 눈 ⲙⲁ ⲛⲕⲟⲗⲁⲥⲓⲥ 벌 받는 곳 ⲙⲁ ⲛⲙ̄ⲧⲁⲛ 쉴 곳 ⲙⲁ ⲛⲛ̄ⲕⲁⲧⲉ 침실 ⲙⲁ ⲛⲟⲩⲉⲗ 비둘기 장 ⲙⲁ ⲛⲟⲩⲱⲧⲛⲉ 제단 ⲙⲁ ⲛⲟⲩⲱⲧϩ 용광로 ⲙⲁ ⲛⲟⲩⲱϣⲧ 예배처 ⲙⲁ ⲛⲟⲩⲱϩ 거소ⲙⲁ ⲛⲟⲩϣϭⲁ 상처 부위 ⲙⲁ ⲙⲡⲕⲟⲥⲙⲟⲥ 세상이 있는 곳 ⲙⲁ ⲙⲡⲛⲟⲩⲧⲉ 신이 거하는 곳 ⲙⲁ ⲛⲡϩⲉⲛⲟⲩϥⲉ 넘치는 곳 ⲙⲁ ⲛⲣⲁïⲥ 경비소 ⲙⲁ ⲛⲣⲉϣⲉ 기쁨의 곳 ⲙⲁ ⲛⲥⲱⲟⲩϩ 집회소 ⲙⲁ ⲛⲥⲱⲧⲙ(ⲉ) 귀 ⲙⲁ ⲛⲧⲁⲗⲏⲗ 희락의 곳 ⲙⲁ ⲛⲧⲁⲙⲉⲓⲟⲛ 저장소 ⲙⲁ ⲛⲧⲉⲗⲟ 탈것 ⲙⲁ ⲛⲧⲉⲗⲱⲛⲏⲥ 세관 ⲙⲁ ⲛⲧⲟⲩⲃⲟ 정화시키는 곳 ⲙⲁ ⲛⲧⲱⲃⲉ 지불하는 곳 ⲙⲁ ⲛⲧⲱⲙⲥ 매장지 ⲙⲁ ⲛⲱⲧⲡ 형무소 ⲙⲁ ⲛⲱϣ 악기 ⲙⲁ ⲛϣⲗⲏⲗ 기도처 ⲙⲁ ⲛϣⲱⲗⲙ̄(ⲉ) 콧구멍 ⲙⲁ ⲛϣⲉⲗⲉ(ⲉ)ⲧ 신방 ⲙⲁ ⲛϣⲟⲩϣⲟⲩ 영광의 곳 ⲙⲁ ⲛϩⲁⲩⲧ 남성을 상징하는 곳 ⲙⲁ ⲛϩⲙⲉⲥ(ⲧ) ⲙⲁ ⲛϩⲱⲡ 숨긴 곳 ⲙⲁ ⲛϫⲁïⲉ 황무지 ⲙⲁ ⲛϫⲁϫⲉ 적지 ⲙⲁ ⲛϫⲓ(ⲓ)(ⲟ)ⲟⲣⲉ 선박 ⲙⲁ ⲛϫⲓϯⲡⲉ 혀 ⲙⲁ ⲛϫⲱⲕ 완전한 곳 ⲙⲁ ⲛϫⲱⲕⲙⲉ 깨끗이 하는 곳 ⲙⲁ ⲛϭⲁïⲗⲉ 머무는 곳 ⲙⲁ ⲛϯϩⲉⲡ 법정

ⲙⲁ, ⲙⲁ-, ⲙⲁϯ → **ϯ** 주다

ⲙⲁ- → **ⲙ̄ⲙⲛ̄-** …이 없는

ⲙⲁⲁⲃ *m., f.* **ⲙⲁⲁⲃⲉ, ⲙⲁ(ⲁ)ⲃ-** 서른

ⲙⲁⲁⲛⲕ⸗ → **ⲙⲟⲩⲛ̄ⲕ̄**

ⲙⲁⲁⲧⲥⲉ → **ⲙⲁ(ⲁ)ϫⲉ**

ⲙⲁⲁⲩ *f.* 어머니 *cf.* ⲙⲁⲁⲩ ⲙ̄ⲙⲁⲁⲩ 할머니 ⲣⲉϥⲥⲉϣⲙⲁⲁⲩ 불효자식 ϣⲛ̄ⲙⲁⲁⲩ 모계 선조

ⲙⲁⲁϩⲉ → **ⲙⲁϩⲉ**

ⲙⲁⲁϫⲉ *m.* 귀

ⲙⲁⲅⲁⲇ → **ⲙⲁⲕⲟⲧ** 창, 단검

ⲙⲁⲅⲉⲗⲗⲓⲧⲏⲥ μακελλίτης 도살자

ⲙⲁⲅⲓⲁ μαγεία 마법

ⲙⲁⲅⲓⲥ, ⲙⲁⲅⲟⲥ μάγος 마법승

ⲙⲁⲅⲓⲥⲧⲱⲣ μαγίστωρ 주인

ⲙⲁⲅⲟⲩⲥⲁⲓⲟⲥ μαγουσαῖος 마법사

ⲙⲁⲉⲓⲛ 상징, 기적, 표지, 증거 *cf.* ⲣ̄ ⲙⲁⲉⲓⲛ 표식을 하다 ϯ ⲙⲁⲉⲓⲛ 이적을 행하다

ⲙⲁⲉⲓⲥ 측량단위

ⲙⲁⲑⲏⲧⲉⲩⲉ μαθητεύειν 제자가 되다

ⲙⲁⲑⲏⲧⲏⲥ μαθητής 제자

ⲙⲁⲓⲏ, ⲙⲁⲉⲓⲏ *f.* 큼, 성장

ⲙⲁⲓⲣⲉ *f.* 꽃다발 *cf.* ⲙⲟⲩⲣ

ⲙⲁïⲧ *m.* 길 *cf.* ⲣⲉϥϫⲓⲙⲁïⲧ 인도자 ⲣⲉϥϫⲁⲩⲙⲁïⲧ 지도자 ϫⲁⲩⲙⲁïⲧ 안내자

ⲙⲁïϩⲉ *f.* 기적 *cf.* ⲣ̄ ⲙⲁⲓϩⲉ 놀라다

ⲙⲁⲕⲁⲥ *f.* 수염

ⲙⲁⲕⲁⲣⲓⲁ μακαρία 복 있는

ⲙⲁⲕⲁⲣⲓⲟⲥ μακάριος 복 있는 자

ⲙⲁⲕⲁⲣⲓⲥⲙⲟⲥ μακαρισμός 축복

ⲙⲁⲕⲙⲉⲕ, ⲙⲉⲕⲙⲟⲩⲕ⸗ 깊이 생각하다, 고려하다

ⲙⲁⲕⲟⲧ, ⲙⲁⲕⲱⲧ, ⲙⲁⲅⲁⲧ, ⲙⲁⲅⲁⲇ *m.f.* 창, 단검

ⲙⲁⲕϩ̄ *m.* 목, 목덜미, 어깨 *cf.* ⲛⲁϣⲧⲙⲁⲕϩ̄ 목이 곧은 사람

ⲙⲁⲕϩ† → **ⲙ̄ⲕⲁϩ**

ⲙⲁⲗⲁ ⲙⲟⲅⲓⲥ μάλα μόγις 거의 ~않다

ⲁ ⲃ ⲅ ⲇ ⲉ ⲍ ⲏ ⲑ ⲓ ⲕ ⲗ ⲙ ⲛ ⲝ ⲟ ⲡ ⲣ ⲥ ⲧ ⲩ ⲫ ⲭ ⲯ ⲱ ϣ ϥ ϩ ϫ ϭ ϯ

ⲘⲀⲖⲖⲒⲚ, ⲘⲀⲖⲒⲖ → ⲘⲀⲚⲒⲚ

ⲘⲀⲖϨ̅† → ⲘⲞⲨⲖϨ

ⲘⲀⲚ̅- → ⲘⲀ 장소

ⲘⲀⲚ- 목동 → ⲘⲞⲞⲚⲈ 풀을 먹이다

ⲘⲀⲚⲈ → ⲘⲞⲞⲚⲈ

ⲘⲀⲚⲈ 꼴을 먹이다 *cf.* ⲘⲈⲚⲎⲨ 목자 ⲘⲀⲘ̅ⲘⲀⲚⲈ 목초지

ⲘⲀⲚⲈ, ⲘⲈⲚⲰ⸗, ⲘⲈⲚⲒⲦ† 정박하다 *cf.* ⲘⲀⲘ̅ⲘⲀⲚⲈ 정박지 Ⲙ̅ⲢⲰ Ⲙ̅ⲘⲀⲚⲈ 항구

ⲘⲀⲚⲈⲤⲞⲞⲨ → ⲘⲞⲞⲚⲈ

ⲘⲀⲚⲒⲀ μανία 미침

ⲘⲀⲚⲒⲚ, ⲘⲀⲖⲖⲒⲚ, ⲘⲀⲖⲒⲖ 연결, 줄

ⲘⲀⲚⲒⲬⲀⲒⲞⲤ, Ⲙ̅ⲚⲬⲤ̅ (영생의) 마니 *cf.* Ⲙ̅ⲚⲬⲀⲒⲞⲤ 마니교도

ⲘⲀⲚⲔ-, ⲘⲀⲚⲔ⸗ → ⲘⲞⲨⲚⲔ̅ 만들다

ⲘⲀⲚⲔ⸗ → ⲘⲞⲨⲚⲔ̅ 그치다

ⲘⲀ Ⲛ̅ⲦⲎⲨ 영혼 → ⲘⲀ 장소 ⲦⲎⲨ 바람

ⲘⲀⲚⲦⲒⲤ μάντις 점쟁이, 예언자

ⲘⲀ Ⲛ̅ϢⲀ 동방 → ⲘⲀ 장소, ϢⲀ 해가 뜨다

ⲘⲀ Ⲛ̅ϨⲀⲦⲈ 운하 → ⲘⲀ 장소, ϨⲀⲦⲈ 흐르다

ⲘⲀ Ⲛ̅ϨⲰⲦⲠ̅ 서방 → ⲘⲀ 장소, ϨⲰⲦⲠ̅ 합류하다, 만나다

ⲘⲀ Ⲛ̅ϬⲰϬ → ⲘⲀ, ϬⲰϬ

ⲘⲀⲢ-, ⲘⲀⲢ⸗ → ⲘⲞⲨⲢ

ⲘⲀⲢⲄⲀⲢⲒⲦⲎⲤ μαργαρίτης 진주

ⲘⲀⲢⲎⲤ 남방, 상 이집트 → ⲘⲀ 장소, ⲢⲎⲤ 남쪽

ⲘⲀⲢⲒⲀ 마리아

ⲘⲀⲢⲒϨⲀⲘⲘⲎ 마리암

ⲘⲀⲢⲔⲀⲤ, ⲘⲈⲢⲔⲀⲤ *m.* 의사, 치병인

ⲘⲀⲢⲞⲨⲞϬⲈ, Ⲙ(Ⲉ)ⲢⲞⲨⲞ(Ⲟ)ϬⲈ 턱

ⲘⲀⲢⲦⲨⲢⲈ μάρτυρος 순교하다

ⲘⲀⲢⲦⲨⲢⲒⲀ μαρτυρία 순교

ⲘⲀⲢϪⲰϪⲈ *pl.* ⲘⲀⲢϪⲞⲞϪⲈ 의복

ⲘⲀⲤ 작은, 새끼 *cf.* ⲘⲀⲤⲠⲞⲢⲔ̅ *m.* 노새

ⲘⲀⲤⲦⲈ, ⲘⲈⲤⲦⲈ-, Ⲙ̅ⲤⲦⲈ-, ⲘⲈⲤⲦⲰ⸗, Ⲙ̅ⲤⲦⲰ⸗ 미워하다 *cf.* ⲘⲀⲤⲦⲈ 미움 ⲘⲈⲤⲦⲞⲨ 적, 미운 사람 Ⲣ̅ⲘⲈⲤⲦⲞⲨ 미워하다 ϢⲞⲨⲘⲀⲤⲦⲈ 적개심 가득한

ⲘⲀⲦⲀⲒ̈ *m.* 군인

ⲘⲀⲦⲈ, ⲘⲀⲦⲰⲞⲨ† 다다르다, 손에 넣다, 누리다, 요구하다 *cf.* Ϯ ⲘⲀⲦⲈ 일치하다, 합의하다 Ϯ ⲘⲀⲦⲈ 목표에 도달하다

ⲘⲀⲦⲈ, ⲈⲘⲀⲦⲈ 수많은

ⲘⲀⲦⲈ, Ⲙ̅ⲘⲀⲦⲈ 단지, 오직

ⲘⲀⲦⲈϬⲦⲈ 군대

ⲘⲀⲦⲐⲀⲒⲞⲤ 마태

ⲘⲀⲦⲒ → ⲘⲀⲀϪⲈ 측량단위

ⲘⲀⲦⲚⲈ- → ⲘⲞⲨⲦⲚⲈ

ⲘⲀⲦⲚⲈ†, ⲘⲀⲦⲚⲈⲤ → Ⲙ̅ⲦⲀⲚ 쉬다

ⲘⲀⲦⲞⲒ *m.* 군인 *cf.* ⲀⲢⲬⲰⲚ Ⲛ̅ⲘⲘⲀⲦⲞⲒ 장군 Ⲣ̅ ⲘⲀⲦⲞⲒ 군인이 되다 Ⲙ̅Ⲛ̅ⲦⲘⲀⲦⲞⲒ 군대

ⲘⲀⲦⲞⲨ, ⲘⲀⲦ(ⲞⲨ)Ⲉ *f.* 독, 극약 *cf.* ⲂⲀⲔ-ⲘⲀⲦⲞⲨ 독을 내뱉는

ⲘⲀⲦⲢ̅ 풀, 접착제

ⲘⲀⲦⲢⲰⲚⲀ ματρώνα 귀부인

ⲘⲀⲨ 거기, 그곳 *cf.* Ⲙ̅ⲘⲀⲨ 거기, 여기 ϨⲘ̅ ⲠⲘⲀ ⲈⲦⲘ̅ⲘⲀⲨ 그곳에서 ϨⲘ̅ ⲠⲘⲀ ⲈⲦ(ⲈⲢⲈ)... Ⲙ̅ⲘⲀⲨ 그곳에서 ⲈⲂⲞⲖ ϨⲘ̅ ⲠⲘⲀ ⲈⲦⲘ̅ⲘⲀⲨ 그곳을 제외한, 그곳을 떠나서 ⲈⲘⲀⲨ 그곳을 향해서 ⲠⲀⲒ ⲈⲦⲘ̅ⲘⲀⲨ, ⲠⲈⲦⲘ̅ⲘⲀⲨ 그 사람, 저 사람 ⲠⲢⲰⲘⲈ ⲈⲦⲘ̅ⲘⲀⲨ 저기 저 사람

ⲘⲀⲨ *m., pl.* ⲘⲞⲨⲒ̈Ⲉ, ⲘⲞⲨⲒ̈ⲈⲨⲈ 물 *cf.* ⲦⲀⲠⲘⲀⲨ 물에 속한 자 ⲘⲀⲨ ⲈⲦⲀⲚϨ̅ 살아있는 물 ⲘⲞⲨ Ⲛ̅ⲒⲰⲦⲈ 이슬 ⲘⲞⲨ Ⲛ̅ⲔⲂ̅ⲂⲈ 냉수 ⲘⲞⲨ Ⲛ̅ⲖⲒⲂⲈ 미치게 하는 물 ⲘⲞⲨ ϨⲘ̅ⲘⲈ 온수 ⲘⲞⲨ Ⲛ̅ϨⲰⲖϬ 민물 ⲘⲞⲨ Ⲛ̅ϨⲰⲞⲨ 빗물

ⲘⲀⲨⲀⲀ⸗ 홀로, …도 역시

ⲘⲀⲨⲦ†, ⲘⲀⲨⲦ⸗ → ⲘⲞⲨ

ⲘⲀϪϨ̅†, ⲘⲀϪϨⲤ̅ → Ⲙ̅ⲔⲀϨ

ⲘⲀϢⲈ → ⲘⲀϨⲈ 걷다

ⲘⲀϢⲈ *m., f.* 저울

ⲘⲀϢⲞ, ⲈⲘⲀϢⲞ 수많은

ⲘⲀϢⲢ̅Ⲧ, ⲘⲀϢⲈⲢⲦ *m., f.* 줄, 현

ⲘⲀϢⲈⲤϢⲠ → ⲘⲀϨⲈ 측정하다

ⲘⲀϢⲦ-, ⲘⲀϢⲦ⸗ → ⲘⲞⲨϢⲦ

ⲘⲀϨ-, ⲘⲀϨ⸗ → ⲘⲞⲨϨ

ⲘⲀϨ, Ⲙ̅ⲘⲀϨ 앞에서

ⲘⲀϨ, ⲘⲀⲀϨ *m.* 둥지 *cf.* ⲘⲀϨⲞⲨⲀⲖ, ⲘⲀϨⲂⲀⲖ

ⲘⲀϨⲀⲒ̈ⲠⲈ → ⲘⲞⲨϨ 채우다

МⲀϨВⲀⲀ *m.* 비둘기 둥지

МⲀϨЄ *m.* 길이를 재는 단위 *cf.* *МⲀϢЄСϢП* 저울

МⲀϨЄ *m.* 아마포

МⲀϨЄ 걷다 *cf.* *МⲀϨЄ Є- +inf.* ~하는 중 *МⲀМ̄МⲀϨЄ* 여행 장소 *МⲀϢЄ ⲀϨРΗΪ* 여행을 떠나다 *Р̄ϢВРМⲀϨЄ М̄N* 함께 여행하다 *ϨΙΗ М̄МⲀϨЄ* 여행로 *ϬΙΝМⲀϨЄ* 경주

МⲀϨN̄ТѠП → **МЄϨТѠП**

МⲀϨN̄ϬΝΟΥΤ 화환

МⲀϨΟΥⲀⲀ, МⲀϨΟΥЄⲀ *m.* 비둘기 둥지

МⲀϨТ̄, МЄϨТ *m.* 창자, 배 *cf.* *МЄϨТ Ο* 큰창자 *ϢⲀΝМⲀϨТ̄* 복통, 설사

МⲀϪЄ *m.* 곡괭이

МⲀϪКЄ, МΙϪ(Є)КЄ, МΙϪϬЄ, МЄКϪЄ 여성의 의복

МⲀϪТ† → **МΟΥϪТ**

М̄ВΟΝ 성나다, 화내다, 노하다

МЄ, МЄРЄ-, МЄРΙТ⸗, *p.c.* **МⲀΙ-** 사랑하다, 귀여워하다, 좋아하다 *cf.* *МⲀΙΝΟΥТЄ* 신을 사랑하기 *МⲀΙПⲀΘΟС* 신경이 예민한 사람 *МⲀΙРѠМЄ* 사람을 사랑하는 이 *МⲀΙϮ ТѠΝ* 분쟁을 좋아하는 사람 *МⲀΙТΟ N̄ϨΟΥΟ* 욕심꾸러기, 야심꾼 *МⲀΙϢΙВЄ* 쉽사리 변하는 사람 *МⲀΙϨΗⲀΟΝΗ* 쾌락을추구하는 사람 *М̄N̄ТМⲀΙΝΟΥТЄ* 신을 사랑함, 신앙 *М̄N̄ТМⲀΙРѠМЄ* 사람을 사랑함, 애인 *М̄N̄ТМⲀΙϢМ̄МΟ* 섬김, 대접, 후대 *М̄N̄ТМⲀΙϨΟМN̄Т* 돈을 사랑함, 탐욕 *Р̄ МⲀΙϢМ̄МΟ* 접대하다, 후대하다 *ϨN̄ ΟΥМ̄N̄ТМⲀΙϨΗΥ* 천박한 방법으로

МЄ *f.* 진실, 정의 *cf.* *М̄МЄ* 정말, 진실, 참됨 *ѠΝЄ М̄МЄ, ЄΝЄ М̄МЄ* 보석 *МΝТМЄ* 정의로운 행위, 정의 *ΝⲀМЄ* 참으로 *РМ̄МЄ* 참된 인간, 진실된 사람 *ϨN̄ ΟΥМЄ* 진실로 *ϨN̄ ΟΥМ̄N̄ТМЄ* 참으로

МЄЄРЄ *f.* 나무의 일종

МЄРЄ → **МЄ** 사랑하다

МЄГΙСТⲀΝΟС μεγιστᾶνος 대장, 수장

МЄЄΥЄ 생각하다, 사상, 정신력 *cf.* *МЄЄΥЄ N̄ΟΥѠТ* 만장일치, 합의 *Р̄ ПМЄЄΥЄ* 회상하다

МЄЄΥ, МЄΥЄ 생각하다 *cf.* *МЄЄΥ nn.* 이성, 사색 *ПМЄΟΥЄ ПΝΟΥС* *Light-Nous.* *Р̄ ПМЄЄΥ. Р̄ ПМЄΥЄ* 기억하다 *ПР̄ПМЄЄΥ. ПР̄ПМЄΥЄ* 기억

МЄЄΥ → **МЄΥ**

МЄΪЄ, МЄРЄ, МЄРΙ-, МЄРΙТ⸗, *pl.* **МЄРЄТЄ** 사랑하다 *cf.* *ПМЄΪЄ nn.* 사랑 *ϢΟΥМЄΪЄ* 사랑스러운 *ΟΥМЄΪЄ* 사랑스러운 *МЄРΙТ* 사랑하는 자 *МⲀΙ-* ~좋아하는

МЄΪΝЄ *m.* 징조, 이적 *cf.* *Ϯ МЄΪΝЄ* 이적을 보이다

МЄΙΖѠΝ μείζων 큰 자

МЄΙⲀΙΟΝ μείλιον 선물

МЄКМΟΥК⸗ → **МⲀКМЄК**

МЄКРЄ 불타다

МЄКϪЄ → **МⲀϪКЄ** 옷, 의복

МЄⲀЄТⲀ μελετᾶν 성실한, 주의 깊은 *cf.* *МЄⲀЄТΗ* μελέτη *nn.* 실행, 연습

МЄⲀΟС μέλος 지체

МЄⲀѠТ *f. (m.), pl.* **МЄⲀⲀТЄ** 천장, 지붕, 돔

МЄⲀϨ̄- → **МΟΥⲀϨ̄**

МЄΝ μέν 참으로, 한편으로는

МЄΝΗΥ → **МⲀΝЄ**

МЄΝΙΤ†, МЄΝѠ⸗, МЄΝѠѠ⸗ → **МⲀΝЄ**

М(Є)Р- → **МΟΥР**

МЄРЄϨ, МЄРϨ̄ 창, 단검 *cf.* *М̄РΗϨ* 수레 축

МЄРΙ- → **МЄΪЄ**

МЄРΙМΝЄ μέριμνα 보살핌

МЄРΙТ, *pl.* **МЄРⲀТЄ** 사랑하는 *cf.* *МЄ*

МЄРΙТ⸗ → **МЄ** 사랑하다

МЄРΙТ, МЄРΙТ⸗, МЄРЄТЄ → **МЄΪЄ**

МЄРΟС μέρος 부분

М(Є)РϢ 붉은색, 황토색

МЄСЄ *m., pl.* **М̄СΗΥ** 송아지, 어린 황소

МЄСΘΗТ, МЄСТN̄ϨΗТ *f.* 가슴, 흉부

МЄСΙΟ → **ТМЄСΙΟ** 해산하다

МЄСΪΟ → **МΙСЄ**

МЄСΟТΗС μεσότης 중간

МЄСТ → **ϨМЄС**

МЄСТ⸗ → **МΙСЄ**

МЄСТЄ, МЄСТΟΥ, МЄСТѠ⸗ → **МⲀСТЄ**

МЄСТN̄ϨΗТ → **МЄСΘΗТ** 가슴

МЄСТϨΗТ *f.* 가슴

МЄСѠРΗ, МΗСΟΥРЄ, МΟΥСѠРΗ 곱

ⲁ в г ⲇ є z н ө ı к ⲗ м ν ξ ο π ρ ϲ τ υ φ χ ψ ω ϣ ϥ ϩ ϫ ϭ ϯ

트력 열두 번째 달

ⲘⲈⲤϨⲰⲖ *m.* 줄(연장)

ⲘⲈⲤϨⲰⲨ *f.* 종양 주머니

ⲘⲈⲦⲀⲄⲄⲒⲤⲘⲞⲤ μεταγγισμός 윤회

ⲘⲈⲦⲀⲚⲞⲒⲀ μετάνοια 회개, 개심

ⲘⲈⲦⲀⲚⲞЇⲈ μετανοεῖν 개심하다

ⲘⲈⲦⲀⲜⲞⲚ μέταξον 비단

ⲘⲈⲦⲈ, **ϯ ⲘⲈⲦⲈ** 동의하다

ⲘⲈⲦⲈ, **Ⲙ̄ⲘⲈⲦⲈ** 다만

ⲘⲈⲦⲚ̄- → **ⲘⲞⲨⲦⲚ̄**

ⲘⲈⲦⲞⲨ (L) *f.* 독

ⲘⲈⲦⲢⲎ → **ⲘⲚ̄ⲦⲢⲈ** 증인

ⲘⲈⲦⲢⲞⲚ μέτρον 지배

ⲘⲈⲨ, **ⲀⲘⲈⲨ**, **Ⲙ̄ⲘⲈⲨ**, **Ⲙ̄ⲘⲞ⸗**, **ⲈⲦⲘ̄ⲘⲈⲨ** 거기에

ⲘⲈⲨ, **ⲘⲈⲈⲨ**, **ⲘⲞ** *f.* 어머니 *cf.* ***ⲘⲈⲨ Ⲙ̄ⲠⲰⲚϨ̄*** 생명의 어머니 ***ⲘⲈⲨ Ⲛ̄ⲚⲞⲨⲀⲒⲚⲈ*** 빛의 어머니 ***ⲘⲞ Ⲛ̄ⲦⲈ ⲚⲈⲦⲀⲚϨ̄*** 산 자의 어머니

ⲘⲈⲨⲈ, **ⲘⲈⲨⲞⲨⲈ** → **ⲘⲈⲈⲨ**

ⲘⲈⲬⲒⲢ → **Ⲙ̄ϢⲒⲢ**

ⲘⲈⲬⲢⲒ μέχρι ~하기까지

ⲘⲈⲬϨ̄ (L) *m.* 어깨, 목덜미

ⲘⲈϢⲀⲔ → **ⲘⲈϢⲈ**

ⲘⲈϢⲈ, **ⲘⲈϢⲀ⸗** 알지 못하는 *cf.* ***ⲘⲈϢⲈ ⲚⲒⲘ*** 어떤, 누구든지 ***ⲘⲈϢⲀⲔ***, ***ⲘⲎϢⲀⲔ*** 혹시나, 어쩌면

ⲘⲈϢⲔⲞⲖ 엉덩이

ⲘⲈϢⲠⲰⲰⲚⲈ → **ⲘⲈϪⲠⲰⲰⲚⲈ**

ⲘⲈϢⲤⲰⲖϤ (L) *m.* 거르는 채

ⲘⲈϢⲦ̄- → **ⲘⲞⲨϢⲦ̄**

ⲘⲈϢⲦⲈ (L), **ⲘⲈϪⲈ** 귀

ⲘⲈϢϢⲈ 합당치 않은, 필요없는 *cf.* ***ϢϢⲈ***

ⲘⲈϢϯⲂⲤ̄ *m.* 돌쩌귀, 경첩

ⲘⲈϤⲢⲰⲚ → **ⲘⲈⲘⲂⲢⲀⲚⲞⲚ** 양피지

ⲘⲈϨⲈ → **ⲘⲎϨⲈ**

ⲘⲈϨⲘⲞⲨϨⲈ *f.* 쇠비름

ⲘⲈϨⲢⲞ *m.* 퇴비

ⲘⲈϨⲦⲈ (L) *m.* 창자

ⲘⲈϨⲦⲰⲠ, **ⲘⲀϨⲚ̄ⲦⲰⲠ**, **ϨⲀⲘⲚ̄ⲦⲰⲠ** → **ⲦⲰⲠ** 바느질하다

ⲘⲈϪⲈ → **ⲘⲈϢⲦⲈ**

ⲘⲈϪⲎⲖ 그을음, 재

ⲘⲈϪⲠⲰⲰⲚⲈ, **ⲘⲈϢⲠⲰⲚⲈ** *m., f.* 궤양

ⲘⲈϪⲦⲰⲖ → **ⲘⲈϬⲦⲰⲖ**

ⲘⲈϬⲦⲰⲖ, **ⲘⲈⲔⲆⲰⲖ**, **ⲘⲒⲄⲆⲰⲖ** 탑

ⲘⲎ, **ⲘⲒ** *f.* 오줌 *cf.* ***ⲘⲎ Ⲛ̄ⲞⲈⲒⲔ*** 똥 ***ⲘⲀ Ⲛ̄Ⲣ̄ ⲘⲎ*** 항문, 화장실

ⲘⲎ → **ⲘⲚⲎ**

ⲘⲎⲈ *f.* 진리, 정의 *cf.* ***ⲘⲎⲈ*** *adj.* 진실로, 사실 ***ⲚⲀⲘⲎⲈ*** 참으로, 진실로, 사실 ***ϨⲚ̄ⲞⲨⲘⲎⲈ*** 정말로, 참으로

ⲘⲎⲎⲦⲈ *f.* 중간 *cf.* ***ⲠⲈⲦⲈⲒ ⲈⲦⲘⲎⲦⲈ*** 중간자, 조정자 ***Ⲛ̄ⲦⲘⲎⲦⲈ... ⲘⲚ̄*** 전자와 후자 사이에서 ***ⲘⲀⲢ-ⲘⲎⲦⲈ***

ⲘⲎⲎϢⲈ, **ⲘⲎϢⲈ** *m.* 숱한 군중 *cf.* ***Ⲙ̄ⲠⲈⲒ-ⲘⲎⲎϢⲈ*** 심히 많은 ***ⲞⲨⲘⲎⲎϢⲈ Ⲛ̄ⲤⲞⲠ*** 자주, 빈번하게

ⲘⲎⲎϢⲈ → **ⲘⲎϢⲈ**

ⲘⲎⲖⲞⲚ μῆλον 사과

ⲘⲎⲚⲈ, **ⲘⲎⲎⲚⲈ** 일상의 *cf.* ***Ⲙ̄ⲘⲎⲚⲈ*** 매일

ⲘⲎⲠⲰⲤ μήπως ~하지 않도록

ⲘⲎⲢ† → **ⲘⲞⲨⲢ**

ⲘⲎⲢ *m.* 제방, 강 저편 언덕

ⲘⲎⲢϨ̄ → **ⲘⲞⲨⲖϨ̄** 소금

ⲘⲎⲤⲈ 탄생, 출생 → **ⲘⲒⲤⲈ**태어나다

ⲘⲎⲦ *m., f.* **ⲘⲎⲦⲈ**, **ⲘⲚ̄Ⲧ-** 열 *cf.* ***ⲘⲈϨⲘⲎⲦ*** 열 번째 ***ⲢⲈⲘⲎⲦ*** 십일조

ⲘⲎⲦ *m.* 심연

ⲘⲎⲦ 참된, 적법의 *cf.* ***ⲘⲈ*** 진실, 정의

ⲘⲎⲦ → **Ⲙ̄ⲦⲞ** 현존, 참여

ⲘⲎⲦⲈ → **ⲘⲎⲦ** 열

ⲘⲎⲦⲈ *f.* 중간, 가운데 *cf.* ***ⲂⲒ Ⲛ̄ⲦⲘⲎⲦⲈ*** 가져가다

ⲘⲎⲦⲢⲀ μήτρα 자궁

ⲘⲎϢⲈ, **ⲘⲎⲎϢⲈ** *m.* 군중, 다수의

ⲘⲎϢⲦⲈ, **ⲘⲒϢⲦⲈ** *f.* 얕은 개울

ⲘⲎϨ† → **ⲘⲞⲨϨ** 채우다

ⲘⲎϨⲈ *f.* 종기, 종양

ⲘⲎϨⲈ, **ⲘⲈϨⲈ** *m.* 깃털

ⲘⲒⲄⲘⲀ μῖγμα 뒤섞임

ⲘⲒⲔⲈ 쉬다, 놀리다, 휴경지로 남기다

ⲁ ⲃ ⲅ ⲇ ⲉ ⲍ ⲏ ⲑ ⲓ ⲕ ⲗ Ⲙ ⲛ ⲝ ⲟ ⲡ ⲣ ⲥ ⲧ ⲩ ⲫ ⲭ ⲯ ⲱ ϣ ϥ ϩ ϫ ϭ ϯ

MINE *f.* 종류, 양태 *cf.* *N̄ aϢ M̄MINE* 어떤 모양의 *N̄TEIMINE* 이처럼, 이러한 모양으로 *M̄MINE MINE* 온갖 형태로, 갖가지로

MIO⸗ 잘 지내다, 평안한 *cf.* *MIOK* 안녕, 잘 있었니 *MIWTN̄* 안녕하신지요, 잘 계셨습니까 *MIOq aN...* 불행하게도

MICE, MAC-, MEC(T)-, MAC(T)⸗, MECT⸗, MOCE† *p.c.* **MAC-, MEC-** 출산하다, 탄생, 산출물 *cf.* *2OYMICE* 생일 *ϢPΠ M̄MICE* 첫 소산 *MN̄TϢPΠ M̄MICE* 초태생 *Ϣa MICE* 맏이 *ϬINMICE* 근원, 태생, 친근관계 *2BOPBP̄ MICE* 난산 *MEC 2N̄HI* 집에서 출생하다 *MHCE f.* 해산 *MaCE* 송아지 *MH(H)CE f.* 이자, 이윤 *MECIW, MECIO f.* 산파 *MAC, MECOPH, (T)MECIO*

MIT *m.* 미나리, 샐러리

MIϢE 싸우다 *cf.* *Ma M̄MIϢE* 전열 *PEqMIϢE* 전사, 군인 *MIϢE E-* 무엇을 위해 싸우다 *MIϢE E2PAÏ EXN̄-* 누구를 위해 싸우다 *ETMIϢE aN* 호전적이지 않는, 우호적인 *MaIMIϢE* 호전적인

MIϢTWTE, MϢTWTE *f.* 빚

MIXϬE → MAXKE

M̄KA2, MOK2̄† 고통을 겪다, 슬퍼하다, 괴로워하다 *cf.* *M̄KA2 m., pl.* *M̄KOO2* 고통 *ETMOK2̄* 어려운, 고통스러운 *aTM̄Ka2* 고통 없는 *† M̄KA2* 고통을 주다 *ϢΠ̄ M̄KA2* 시달리다 *M̄KA2 N̄2HT* 심적 고통, 슬픔 *P̄ M̄KA2 N̄2HT* 슬퍼하다 *† M̄KA2 N̄2HT* 마음을 괴롭히다

M̄λA2 싸우다, 다투다, 싸움 *cf.* *CWP M̄λA2* 싸움을 종식시키다 *XI M̄λA2* 싸우다 *XAÏ M̄λA2* 군인, 전사

MλA2 → MOYλ2

M̄MAN (L) 참으로

M̄MAN (L) 그러므로, 왜냐하면, 또는 *cf.* *H M̄MAN* 그렇지않으면 *H M̄MAN N̄TAq* 그렇지않으면 *M̄MAN N̄TAq* 또는 *XN̄ M̄MAN* 또는

M̄MATE 오직 **→ MATE**

M̄MAY → MAY 거기

M̄ME → EIME 알다

M̄MHEITN̄ → MO

M̄MHNE 매일 **→ MHNE** 매일의, 항상

M̄MIN, M̄MINE, M̄MO⸗ 역시, 동일하게 *cf.* *M̄MIN M̄MOq* 그도 역시

M̄MINE MINE 천연두, 다양함 **→** *MINE* 종류, 모양

M̄MN-, M̄N-, MA-, MN̄T(E)⸗ 없는, 아닌 *cf.* *MN̄THÏ* 나는 갖고 있지 않다 *MN̄TE⸗* 못 가진 *MN̄ ϬAM* 불가능하다 *MN̄ Ϣ ϬAM* 그럴 수 없다

M̄MO → MEY 거기에

M̄MO → MO

M̄MO⸗ → N̄-

M̄MON, MON 아니다, 그렇지 않다

M̄MON 참으로, 그러하기에

M̄MON 우리 **→ N̄-, M̄MO⸗**

MN̄ → M̄MN̄- 없는

MN̄-, NM̄, NM̄MA⸗, NM̄ME⸗ 함께, 그리고

MNH (B) 거기 *cf.* *CAMH CAMEÏ* 여기저기

M̄NN̄CA-, M̄NN̄CW⸗ 후에, 뒤에 *cf.* *M̄NN̄CA NAI, M̄NN̄CWC* 그 이후에

M̄NOYT *m., f.* **M̄NO(O)TE** 문지기

MN̄T- *f.* 추상 접두사 *cf.* *NOYTE m.* 신 *cf.* *MN̄TNOYTE f.* 신성

MN̄T *m.* 곡식 측량단우

MN̄T- → MHT 열

MN̄TE- 없는, 가지지 않은

MN̄TNA 구제 **→ NA** 동정하다

MN̄TOYHE → MHT 열

MN̄TPE, METPH *m., pl.* **MN̄TPEEY** 증인 *cf.* *MN̄TMN̄TPE* 증건 *P̄ MN̄TPE* 증언하다

MN̄TCNAYC → MHT 열

MN̄ϢE⸗ (L) 알지 못하는 *cf.* *MN̄ϢHÏ* 나는 모른다

MN̄ϢϬOM 할 수 없는 **→ M̄MN̄-** 없는, **Ϣ̄** 가능성, **ϬOM** 힘, 권력

MN̄ ϬOM → M̄MN̄-, ϬOM

MO → MEY 어머니

MOEIT *m.* 길, 골목길 *cf.* *MOEIT (N̄EI) EBOλ* 출구 *MOEIT N̄EI E2OYN* 입구 *XI MOEIT* 인도하다, 안내하다 *PEqXI MOEIT* 안내인

MOEI2, MOIA2 *m.* 측량단위

MOEI2E, MA2EIE *f.* 기적, 이적 *cf.* *M̄MOEI2E* 놀랍게도 *P̄ MOEI2E* 놀라운, 믿기 힘든

MOIXIA μοιχεία 간음

MOKMEK, MEKMOYK⸗ 곰곰이 생각하다, 사색하다, 숙고하다

MOK2C̄ *f.* 고통, 번민

a B Γ λ E Z H Θ I K λ M N ξ O Π P C T Y Φ X Ψ W Ϣ q 2 X Ϭ †

ⲀⲂⲄⲆⲈⲌⲎⲐⲒⲔⲖ**Ⲙ**ⲚⲜⲞⲠⲢⲤⲦⲨⲪⲬⲮⲰϢϤϨϪϬϮ

ⲘⲞⲖϨ⸗ → **ⲘⲞⲨⲖϨ̄**

ⲘⲞⲘⲈ 찌끼, 암 → **ⲞⲘⲈ** 진흙

ⲘⲞⲘⲈ, ⲘⲞⲞⲘⲈ *m.* 혈관

ⲘⲞⲚ → **ⲘⲘⲞⲚ** 아니다

ⲘⲞⲚⲞⲄⲈⲚⲎⲤ μονογενής 독생자

ⲘⲞⲞⲖⲈ → **ⲖⲞⲞⲘⲈ** 미끼, 실마리 *cf.* *ⲘⲞⲞⲖϤ̄* *m.* 미끼

ⲘⲞⲞⲚⲈ, ⲘⲈⲚⲈ-, ⲘⲀⲚⲞⲨ(ⲞⲨ)⸗ 꼴을 먹이다 *cf.* *ⲘⲀ ⲘⲘⲞⲞⲚⲈ* 목초지 *ⲢⲈϤⲘⲞⲞⲚⲈ* 목동 *ⲘⲀⲚⲈⲤⲞⲞⲨ* 목양 *ⲘⲀⲚⲦⲂ̄ⲚⲎ* 목축 *ⲘⲀⲚϬⲀⲘⲞⲨⲖ* 낙타 몰이 *ⲘⲀⲚⲈ, pl. ⲘⲀⲚⲎⲨ* 양을 치다

ⲘⲞⲞⲚⲈ, ⲘⲈⲚⲈ-, ⲘⲀⲚⲈ-, ⲘⲀⲚⲞⲨ-, ⲘⲀⲚⲞⲞⲨⲦ† 접안하다, 강변에 정박하다 *cf.* *ⲘⲀ ⲘⲘⲞⲞⲚⲈ* 항구, 포구

ⲘⲞⲞⲚⲈ 유모 *cf.* *ⲤⲞⲚ ⲘⲘⲞⲞⲚⲈ* 젖을 나눈 형제

ⲘⲞⲞⲨ, ⲘⲞⲨ-, ⲘⲀⲞⲨ *m., pl.* **ⲘⲞⲨⲈⲒ(Ⲉ), ⲘⲞⲨⲈⲒⲎ, ⲘⲞⲨ(Ⲛ) ⲈⲒⲞⲞⲨⲈ** 물, 액체, 즙, 고름 *cf.* *ⲠⲈⲦⲈⲢⲈⲠⲘⲞⲞⲨ ⲚⲈⲢⲞϬ ϢⲞⲨⲞ ⲘⲘⲞϤ ⲚⲤⲰϤ* 몽정으로 정액을 빼앗기는 사람 *ⲘⲞⲨ ⲚⲤⲰⲢⲘ* 개울 *ⲘⲞⲨ ⲚⲤ ⲖϨⲞ* 미지근한 물 *ⲘⲞⲨ ⲚϨⲰⲞⲨ* 비, 소낙비 *ⲘⲞⲨ ⲚϨⲞⲨⲚ* 머리, 뇌 *ⲘⲞⲞⲨ ⲈⲦϨⲀⲢⲞ⸗* 소스액 *ⲘⲞⲞⲨ ⲚϨⲀⲦ* 수은 *ⲘⲀ ⲚⲀⲦⲘⲞⲞⲨ* 물 없는 사막, 황무지 *ⲘⲀ ⲈⲘⲚⲘⲞⲞⲨ ⲚϨⲎⲦϤ* 메마른 땅 *ⲘⲀ Ⲛ̄ϮⲘⲞⲞⲨ* 화장실 *ⲘⲀ ⲚϪⲒ ⲘⲞⲞⲨ* 급수지, 물관 *ⲢⲈϤⲘⲈϨⲘⲞⲞⲨ* 물 나르는 사람 *ⲤⲈⲔⲘⲞⲞⲨ* 물 푸다 *ⲮⲰⲢⲀ ⲘⲘⲞⲞⲨ* 곪은 상처 *ϤⲞ ⲘⲘⲞⲞⲨ* 급수관, 배수관

ⲘⲞⲞⲨⲦ†, ⲘⲀⲨⲦ† → **ⲘⲞⲨ**

ⲘⲞⲞϢⲈ, ⲘⲞϢⲈ 걷다, 가다, 행하다 *cf.* *ⲘⲀ ⲘⲘⲞⲞϢⲈ* 길, 보도 *ϨⲒⲎ ⲘⲘⲞⲞϢⲈ* 길, 도로 *Ⲣ ϨⲒⲎ ⲘⲘⲞⲞϢⲈ* 지나가다 *ⲘⲞⲞϢⲈ ⲈⲂⲞⲖ* 출발하다 *ⲘⲞⲞϢⲈ ⲈⲐⲎ* 전진하다 *ⲘⲞⲞϢⲈ ⲘⲚ-* 길에서 마주치다 *ⲘⲞⲞϢⲈ ⲚⲢⲀⲦ* 도보로 여행하다 *ⲘⲞⲞϢⲈ ϨⲒⲐⲎ* 동행하다 *ⲘⲞⲞϢⲈ ϨⲎⲦϤ* 전진하다, 다가가다 *ⲀⲦⲘⲞⲞϢⲈ* 접근이 불가능한

ⲘⲞⲢ⸗ → **ⲘⲞⲨⲢ**

ⲘⲞⲢⲤ̄ *f.* 제한 *cf.* *ⲘⲞⲨⲢ*

ⲘⲞⲢⲦ 수염 *cf.* *ⲠⲀ ⲦⲘⲞⲢⲦ* 털보 *ⲠⲀⲦⲘⲞⲢⲦ* 털 없는, 풋내기

ⲘⲞⲢⲪⲎ μορφή 형태, 양태 *cf.* *ⲘⲞⲢⲪⲀⲨⲈ pl.*

ⲘⲞⲤⲚⲈ, ⲘⲞⲤⲚ̄ 그릇

ⲘⲞⲤⲦⲈ, ⲘⲈⲤⲦⲈ-, ⲘⲈⲤⲦⲰ⸗ *p.c.* **ⲘⲀⲤⲦ-** 미워하다, 미움, 불화 *cf.* *ⲘⲚⲦⲘⲀⲤⲦϢⲘⲘⲞ* 외국인 기피 *ⲘⲀⲤⲦⲢⲰⲘⲈ* 사람 기피 *ϢⲞⲨⲘⲞⲤⲦⲈ* 미워할 만한 *ⲘⲈⲤⲦⲈ m., f. ⲘⲈⲤⲦⲎ* 싫어하는 인물

ⲘⲞⲦⲚ⸗ → **ⲘⲞⲨⲦⲚ̄**

ⲘⲞⲦⲚⲈⲤ *f.* 편안함, 쉬움 *cf.* *ⲘⲦⲞⲚ*

ⲘⲞⲨ, ⲘⲀⲨⲦ⸗, ⲘⲞⲞⲨⲦ†, ⲘⲀⲨⲦ† 죽다, 사망하다 *cf.* *ⲀⲦⲘⲞⲨ* 죽지 않는 *ⲘⲚⲦⲀⲦⲘⲞⲨ* 불사 *ⲠⲈϢⲘⲞⲨ* 반죽음 *ⲢⲈϤⲘⲞⲨ* 죽을 운명의 사람, 멸망할 자 *ⲢⲈϤⲘⲞⲞⲨⲦ* 시체

ⲘⲞⲨⲞⲨⲦ 죽이다

ⲘⲞⲨ → **ⲘⲀⲨ** 물

ⲘⲞⲨⲈ, ⲘⲞⲨ(ⲈⲒ) *f.* 섬

ⲘⲞⲨⲒ *m. f.* 사자 *cf.* *ⲘⲀⲤ ⲘⲘⲞⲨⲒ* 사자 새끼

ⲘⲞⲨΪⲈ, ⲘⲞⲨΪⲈⲨⲈ → **ⲘⲀⲨ** 물

ⲘⲞⲨⲔ → **ⲘⲞⲨⲚⲔ̄** 그치다, 늦추다

ⲘⲞⲨⲔϨ̄, ⲘⲈⲔϨ̄-, ⲘⲞⲔϨ⸗ 괴롭히다, 방해하다, 힘들게 하다

ⲘⲞⲨⲖϨ̄, ⲘⲈⲖϨ̄-, ⲘⲞⲖϨ⸗, ⲘⲀⲖϨ̄†, ⲘⲞⲖϨ̄† 짜게 하다 *cf.* *ⲘⲈⲖϨ̄, ⲘⲎⲢϨ̄* 소금 *ⲘⲈⲖϨⲈ f.* 짠맛

ⲘⲞⲨⲖϨ̄, ⲘⲞⲖϨ⸗, ⲘⲞⲖϨ̄†, ⲘⲀⲖϨ̄† 말려들다, 얽혀들다, 옭아매다, 방해하다

ⲘⲞⲨⲖϨ̄, ⲘⲞⲨⲖⲀϨ, ⲘⲞⲨⲢϨ̄ *m.* 밀랍, 양초

ⲘⲞⲨⲖϬ̄ 나뭇가지

ⲘⲞⲨⲘⲈ *f.* 샘, 근원

ⲘⲞⲨⲘϢ̄ 허락, 허가

ⲘⲞⲨⲚ, ⲘⲎⲚ† 남다, 머물다, 걸리다, 지속되다, 거치다 *cf.* *ⲘⲞⲨⲚ Ⲉ-* 고집하다, 견디다, 고수하다 *ⲘⲞⲨⲚ ⲈⲂⲞⲖ* 견디다, 참다 *ⲈϤⲘⲎⲚ* 변함없는

ⲘⲞⲨⲚⲄⲔ, ⲘⲞⲨⲚⲔ̄ → **ⲘⲞⲨⲚⲔ̄**

ⲘⲞⲨⲚⲈⲒⲞⲞⲨⲈ → **ⲘⲞⲞⲨ** 물

ⲘⲞⲨⲚⲔ̄, ⲘⲞⲨⲚⲄ̄, → **ⲘⲈⲚⲔ̄-, ⲘⲀⲚⲔ-, ⲘⲀⲚⲔ⸗, ⲘⲀⲀⲚⲔ⸗, ⲘⲞⲚⲔ⸗, ⲘⲞⲚⲄ̄†** 만들다, 형성하다 *cf.* *ⲘⲞⲨⲚⲔ̄ ⲚϬⲒϪ* 손으로 만든

ⲘⲞⲨⲚⲔ, ⲘⲞⲨⲔ, ⲘⲞⲨⲚⲄ̄, ⲘⲀⲚⲔ⸗ 그치게 하다, 고갈시키다, 죽이다

ⲘⲞⲨ ⲚⲤⲰⲢⲘ̄ → **ⲘⲞⲞⲨ** 물

ⲘⲞⲨⲞⲨⲚⲔ̄ → **ⲘⲞⲨⲚⲔ̄**

ⲘⲞⲨⲞⲨⲦ, ⲘⲈⲨⲦ-, ⲘⲞⲞⲨⲦ⸗ 죽이다, 죽게 하다 *cf.* *ⲘⲞⲨ* 죽다

ⲘⲞⲨⲢ, Ⲙ(Ⲉ)Ⲣ-, ⲘⲞⲢ⸗, ⲘⲎⲢ† *p.c.* **ⲘⲀⲢ-, ⲘⲈⲢ-** 묶다, 매다, 엮다 *cf.* *ⲘⲀ ⲘⲘⲞⲨⲢ* 감옥 *ⲈⲦⲘⲎⲢ* 감금된 *ⲠⲈⲦϨⲒϪⲚ ⲚⲈⲦⲘⲎⲢ* 간수 *ⲘⲀ(Ⲁ)Ⲣ, ⲘⲎⲢ, ⲘⲈⲢ m.* 꽃다발, 한 묶음 *ⲘⲢ̄ⲢⲈ* 연결, 묶음

ⲘⲞⲨⲢϢ 두리번거리다

ⲘⲞⲨⲢϨ̄ → **ⲘⲞⲨⲖϨ̄** 밀랍

ⲘⲞⲨⲤ 끈, 벨트

ⲘⲞⲨⲤⲔ̄, **ⲘⲀⲤⲔ⸗** 때리다, 치다

ⲘⲞⲨⲦ *m.* 힘줄, 신경, 등 *cf.* *ⲘⲞⲨⲦ Ⲙ̄ⲘⲀⲤⲈ* 등심 *ⲘⲞⲦⲈ* *m.* 목덜미, 어깨

ⲘⲞⲨⲦⲈ 부르다, 지명하다, 상기시키다, 신탁을 전하다 *cf.* *ⲢⲈϤⲘⲞⲨⲦⲈ* *m.* 마법사

ⲘⲞⲨⲦⲚ̄, **ⲘⲈⲦⲚ̄-**, **ⲘⲞⲦⲚ⸗** *p.c.* **ⲘⲀⲦⲚ̄-** 쉬게 하다, 동의하다, 허락하다 *cf.* *ⲘⲞⲦⲚⲈⲤ*

ⲘⲞⲨⲦⲚⲈ (L), **ⲘⲀⲦⲚ(Ⲉ)** 쉬다, 휴식하다 *cf.* *Ⲙ̄ⲦⲀⲚ* 쉬다

ⲘⲞⲨϢⲦ̄, **ⲘⲈϢⲦ̄-**, **ⲘⲞϢⲦ⸗**, **ⲘⲞϢⲦ†** *p.c.* **ⲘⲀϢⲦ̄-** 살피다, 관찰하다, 감시하다, 탐색하다 *cf.* *ⲈⲦⲘⲞⲨϢⲦ* 간첩, 밀고자 *ⲘⲞϢⲦⲈ*

ⲘⲞⲨϨ, **ⲘⲈϨ-**, **ⲘⲀϨ-**, **ⲘⲀϨ⸗**, **ⲘⲞϨ⸗**, **ⲘⲈϨ†**, **ⲘⲎϨ†** 채우다, 정산하다, 완전한 *cf.* *ⲢⲈϤⲘⲈϨ ⲘⲞⲞⲨ* 물 지게꾼 *ⲈⲦⲘⲎϨ* 가득 찬 *ⲈⲦⲘⲎϨ Ⲛ̄ⲈⲞⲞⲨ* 영광으로 가득한 *ⲈⲦⲘⲎϨ Ⲛ̄ϪⲢⲞ* 승리로 가득 찬 *ⲘⲈϨ-* 숫자 앞에서 서수를 만드는 역할 *ϢⲞⲘⲚ̄Ⲧ* 셋 *ⲘⲈϨϢⲞⲘⲚ̄Ⲧ* 세 번째 *ⲘⲈϨϮⲞⲨ* 연속 5일 *ⲘⲈϢⲤⲀϢϤ̄* 매 칠일 *ⲘⲈϨϢⲘⲞⲨⲚ* 팔 일째 *ⲘⲈϨⲘⲎⲦ* 열 번째의

ⲘⲞⲨϨ 불태우다 *cf.* *ⲦⲘ̄ϨⲞ*

ⲘⲞⲨϨ 바라보다 *cf.* *ⲘⲀϨⲒⲀⲒ̈ⲦϤ* *m.* 지키다 *ⲘⲞⲨϨ Ⲓ̈ⲀⲦϤ̄* 응시하다 *ⲘⲞⲨϨ Ⲛ̄ⲤⲀ* 명상하다

ⲘⲞⲨϪⲔ̄ → **ⲘⲞⲨϪϬ̄** 섞다

ⲘⲞⲨϪⲦ̄, **ⲘⲀϪⲦ†** 뒤섞다

ⲘⲞⲨϪϬ̄, **ⲘⲞⲨϪⲔ̄**, **ⲘⲞⲨϪⲦ̄**, **ⲘⲈϪⲦ̄-**, **ⲘⲞϪϬ⸗**, **ⲘⲞϪϬ†**, **ⲘⲀϪⲦ†** 섞다, 혼합하다, 끌어들이다

ⲘⲞⲬⲖⲞⲤ μοχλός 막대기, 창살

ⲘⲞϢⲈ → **ⲘⲞⲞϢⲈ**

ⲘⲞϢⲦ⸗ → **ⲘⲞⲨϢⲦ̄**

ⲘⲞϢⲦⲈ, **ⲘⲞⲞϢ(Ⲧ)Ⲉ** *pl.* 인근

ⲘⲞϪ → **ⲘⲞϪϨ̄**

ⲘⲞϪⲔϤ̄ → **ⲘⲞϪϨ̄**

ⲘⲞϪϨ̄, **ⲘⲀϪϨ̄**, **ⲘⲞⲦϪϨ̄**, **ⲘⲞϪ(ⲔϨ̄)**, **ⲘⲞϪϨϤ̄**, **ⲘⲞϪⲔϤ̄**, **ⲘⲞϪϤ̄ϨϤ̄**, **ⲘⲞϪϤ** *m.* 허리띠

ⲘⲞϪϨϤ̄ → **ⲘⲞϪϨ̄**

Ⲙ̄ⲠⲀⲒ 물레 가락

ⲘⲠⲀⲦⲈ …하기 전에

Ⲙ̄ⲠⲈ 아니요

Ⲙ̄ⲠⲈⲤⲎⲦ (Ⲛ̄) → **ⲈⲤⲎⲦ**

Ⲙ̄ⲠⲒⲦⲚ̄ 아래에

Ⲙ̄ⲠⲘ̄ⲦⲞ ⲈⲂⲞⲖ 면전에서 → **Ⲙ̄ⲦⲞ** 면전

Ⲙ̄ⲠⲞ, **ⲈⲘⲠⲞ**, **ⲈⲂⲰ** *m., f.* **ⲎⲘⲠⲰ** *pl.* **ⲈⲂⲞⲞⲨⲈ** 소리 없음

Ⲙ̄ⲠⲞⲞⲨ 오늘 → **ϨⲞⲞⲨ** 낮

Ⲙ̄ⲠⲞⲨⲈ 멀리 → **ⲞⲨⲈ** 떨어진, 먼

Ⲙ̄ⲠⲤⲀⲘϨⲒⲦ → **ⲤⲀ**, **Ⲙ̄ϨⲒⲦ**

Ⲙ̄ⲠⲤⲀⲚⲂⲀⲖ (Ⲛ̄) → **ⲤⲀ**, **ⲂⲀⲖ**

Ⲙ̄ⲠⲤⲀⲚⲠⲒⲦⲚ̄, **ⲘⲠⲤⲀⲚⲠⲒⲦⲚⲈ** (Ⲛ̄) → **ⲤⲀ**, **Ⲓ̈ⲦⲚ̄**

Ⲙ̄ⲠⲤⲀ(Ⲛ)ⲦⲠⲈ → **ⲤⲀ**, **ⲠⲈ**

Ⲙ̄ⲠⲰⲢ, **Ⲙ̄ⲠⲢ̄-** 하지 마라

Ⲙ̄ⲠϢⲀ, **ⲈⲘⲠϢⲀ**, **Ⲙ̄ϢⲀ** 할 가치가 있는 *cf.* *ⲈⲦⲘ̄ⲠϢⲀ*, *Ⲣ̄ Ⲙ̄ⲠϢⲀ* 초대하다

Ⲙ̄ⲠϢⲀ 많은

Ⲙ̄ⲠϢⲒⲢ → **Ⲙ̄ϢⲒⲢ**

Ⲙ̄ⲠϨⲞⲦ ⲈⲂⲞⲖ → **ϨⲞⲦ**

Ⲙ̄ⲢⲀⲨⲦ (L) *f.* 비옥한 땅 *cf.* *Ⲙ̄ⲢⲰ* 항구

Ⲙ̄ⲢⲒⲤ *m.* 포도즙, 새 술

Ⲙ̄ⲢⲞϢ, **ⲘⲞⲢϢ̄** 붉은, 황토빛의 *cf.* *ⲘⲎⲢϢ*, *Ⲙ̄ⲢⲰϢⲈ* 흙으로 빚은 쟁반

Ⲙ̄ⲢⲢⲈ *f.* 연결 *cf.* *ⲘⲞⲨⲢ* 묶다

Ⲙ̄ⲢⲰ, **ⲈⲘⲠⲢⲰ** *f., pl.* **Ⲙ̄ⲢⲞⲞⲨⲈ**, **ⲘⲢⲀⲨⲦ** 항구

Ⲙ̄ⲢⲰⲘ, **ⲞⲨⲢⲰⲘ**, **ⲞⲨⲖⲰⲘ** *m.* 베개

Ⲙ̄ⲢⲰϨⲈ 철제 쟁반

Ⲙ̄ⲤⲀϨ *m., pl.* **Ⲙ̄ⲤⲞⲞϨ** 악어

Ⲙ̄ⲤⲈ, **ⲈⲘⲤⲈ** 침몰 *cf.* *ⲰⲘⲤ̄*

ⲘⲤ̄ⲦⲰ⸗ → **ⲘⲀⲤⲦⲈ**

ⲘⲤⲰⲂⲈ, **ⲈⲘⲤⲰⲂⲈ**, **Ⲙ̄ⲤⲰⲠⲈ** 큰 바늘

Ⲙ̄ⲤⲰⲠⲈ → **ⲘⲤⲰⲂⲈ**

Ⲙ̄ⲦⲀⲚ 쉬다, 휴식하다 *cf.* *ⲘⲀⲦⲚⲈ†* 쉬운, 만족스러운 *ⲘⲀⲦⲚⲈⲤ* 휴식, 평화

Ⲙ̄ⲦⲀⲦ *f.* 재갈, 구속

Ⲙ̄ⲦⲀϨ (L) 유익한, 합당한

Ⲙ̄ⲦⲞ *m.* 면전, 얼굴 *cf.* *Ⲙ̄ⲠⲈⲘⲦⲞ ⲈⲂⲞⲖ Ⲛ̄-* 면전에서 *ⲈⲦⲘ̄ⲠⲈⲘⲦⲞ ⲈⲂⲞⲖ* 일치하는 *Ⲙ̄ⲠⲈϤⲘ̄ⲦⲞ ⲈⲂⲞⲖ* 그의 면전에서

M̄TON, ЄMTON, MOTN̄† 쉬다, 휴식을 취하다, 편안하다, 마음을 놓다, 병에서 놓임 받다 *cf.* ***MA N̄M̄TON*** 휴식처, 안식처 ***ЄTMOTN̄*** 쉬운, 편한 ***MOTN̄*** *m.* 건강, 안정

M̄TⲰ, ЄMTⲰ, M̄TO *f.* 심해, 심연 *cf.* ***BⲰK ЄN̄M̄TⲰ*** 표류하다, 침몰하다

MYPIZЄ μυρίζειν 부드럽게 하다

MYCTHPION μυστήριον 비밀 *cf.* ***ϪⲰMЄ N̄MMYCTHPION*** 비밀의 책 ***ϢBP̄MYCTHPION*** 비밀결사

M̄Ϣⲁ → **M̄ΠϢⲁ**

M̄ϢIP, ЄMϢIP, MЄϪIP, M̄ΠϢIP 곱트력 여섯 번째 달

M̄ϢIP *m.* 통, 용기

M̄ϨⲁⲁY, M̄ϨⲁY *m.* 무덤, 묘지

M̄ϨH (L) 신선한 바람, 숨

M̄ϨIT, ЄMϨIT *m.* 북쪽 *cf.* ***TOYM̄ϨIT*** 북풍

M̄Ϫⲁ TϨ̄ → **M̄Ϫⲁ ϨT̄**

M̄Ϫⲁ ϨT̄, M̄Ϫⲁ TϨ̄, M̄Ϫⲁ ϨϪ̄ *f.* 회반죽, 여물통

M̄Ϫⲁ ϨϪ̄ → **MϪⲁ ϨT̄**

M̄ϪNϨ̄, ЄMϪNϨ̄ *m.* 눈썹 *cf.* ***ЄNϨ̄***

M̄ϪⲰλ, ЄMϪⲰλ, M̄ϪⲰP, ϪⲰλ *m.* 양파

M̄ϪⲰP → **M̄ϪⲰλ**

Ⲛ

Ⲛ̄- → **ⲈⲒⲚⲈ** 가져가다

Ⲛ̄-, Ⲙ̄ (Ⲑ,Ⲙ,Ⲡ,Ⲫ,Ⲯ앞에서), **Ⲙ̄ⲘⲞ⸗, ⲚⲀ⸗** 전치사 *cf.* *ⲁϥϯ ⲙ̄ⲡⲟⲉⲓⲕ ⲙ̄ⲡⲥⲟⲛ ⲙ̄ⲡⲉϥϣⲃⲏⲣ* 그는 빵을 친구의 아들에게 주었다 *ⲁϥϯ ⲙ̄ⲙⲟϥ ⲛⲁϥ* 그는 그것을 그에게 주었다

Ⲛ̄- ... **ⲀⲚ** ... 아니다 (**Ⲛ̄**은 자주 생략)

ⲚⲀ → **ⲚⲞⲨ** 가다

ⲚⲀ → **ⲚⲀⲘⲈ** 진실로

ⲚⲀ, ⲚⲎⲨ† 가다

ⲚⲀ, ⲚⲀⲀ, ⲚⲀⲈ, ⲚⲀ(Ⲉ)Ⲓ(Ⲏ), *p.c.* **ⲚⲀ-** 동정심을 갖다, 인자한 *cf.* *ⲁⲧⲛⲁ* 무정한 *ⲙⲛ̄ⲧⲛⲁ* 구제, 자선 *ϣⲓⲧⲉ ... ⲛ̄ϩⲉⲛⲙⲛ̄ⲧⲛⲁ* 구걸하다 *ⲛⲁⲏⲧ* 자선의 *ⲙⲛ̄ⲧⲛⲁⲏⲧ* 동정, 자선

ⲚⲀⲀ, ⲚⲀⲈ, ⲚⲀⲀ(Ⲁ)⸗ 커지다 *cf.* *ⲉⲧⲛⲁⲁϥ* 거대한 *ⲁⲓⲁⲓ*

ⲚⲀⲀⲔⲈ *f.* 산고 *cf.* *ϯ ⲛⲁⲁⲕⲉ* 해산의 고통을 당하다

ⲚⲀⲂⲈ *m.* 죄, 잘못, 범죄 *cf.* *ⲁⲧⲛⲁⲃⲉ* 죄 없는 *ⲕⲱ ⲛⲁⲃⲉ ⲁⲃⲁⲗ* 용서하다 *ⲡⲕⲁⲛⲁⲃⲉ ⲁⲃⲁⲗ* 용서

ⲚⲀⲂⲦ⸗ → **ⲚⲞⲨⲂⲦ̄**

ⲚⲀⲎⲦ → **ⲚⲀ** 동정심을 갖다

ⲚⲀⲒ → **ⲠⲀⲒ**

ⲚⲀⲒ 내게 → **Ⲛ̄-, ⲚⲀ⸗**

ⲚⲀⲒ ναί 참으로, 그렇다

ⲚⲀⲒⲀⲦ⸗ 복되도다 *cf.* *ⲉⲓⲁ* 눈

ⲚⲀⲒ̈Ⲕ (L) *m.* 행음자 *cf.* *ⲙⲛⲧⲛⲁⲓ̈ⲕ* 간음

ⲚⲀⲒ̈ⲚⲈ (L) 뒤흔들다

ⲚⲀⲒⲰ, (Ⲛ)ⲈⲒⲰ *f.* 말뚝

ⲚⲀⲒ̈Ϣ *m.* 정도, 률

ⲚⲀⲔ → **ⲚⲞϬ** 크다

ⲚⲀⲔ 너에게 → **Ⲛ̄-, ⲚⲀ⸗**

ⲚⲀⲘⲈ → **ⲘⲈ** 진실, 정의

ⲚⲀⲘⲎⲈ → **ⲘⲎⲈ**

ⲚⲀⲚⲞⲨ-, ⲚⲀⲚⲈ-, ⲚⲀⲚⲞⲨ⸗ 좋은, 선한 *cf.* *ⲛⲁⲛⲟⲩϥ...* 당연히 좋은 *ⲉⲧⲛⲁⲛⲟⲩϥ* 좋은 *ⲡⲉⲧⲛⲁⲛⲟⲩϥ* 좋은 것, 선 *ⲣ̄ ⲡⲉⲧⲛⲁⲛⲟⲩϥ* 선을 행하다 *ⲣⲉϥⲣ̄ ⲡⲉⲧⲛⲁⲛⲟⲩϥ* 선한 사람 *ⲙⲛ̄ⲧⲣⲉϥⲣ̄ⲡⲉⲧⲛⲁⲛⲟⲩϥ* 선행을 베풀기

ⲚⲀⲚⲞⲨ → **ⲚⲞⲨⲚⲈ** 뿌리

ⲚⲀⲠⲢⲈ, ⲚⲀⲠⲚⲈ, ⲚⲈⲠⲢⲈ *f.* 씨앗

ⲚⲀⲢⲐⲎⲜ νάρθηξ 약상자

ⲚⲀⲦ, ⲚⲎⲦ, ⲚⲈⲦ *m.* 물레

ⲚⲀⲦⲘ̄†, ⲚⲀⲦⲘⲈ† → **ⲚⲞⲨⲦⲘ̄**

ⲚⲀⲨ *imper.* **ⲀⲚⲀⲨ** 보다, 관찰하다 *cf.* *ⲛⲁⲩ ⲉⲃⲟⲗ* 보게 되다, 눈뜨다 *ⲁⲧⲛⲁⲩ ⲉⲣⲟϥ* 보이지 않는

ⲚⲀⲨ, ⲚⲞⲨ 시간, 시기, 한나절 *cf.* *ⲛⲁⲩ ⲛ̄ⲣⲟⲩϩⲉ* 저녁 *ⲛⲁⲩ ⲙ̄ⲙⲉⲉⲣⲉ* 정오 *ⲛⲁⲩ ⲛ̄ϣⲱⲣⲡ̄* 아침 *ⲛⲁⲩ ⲛ̄ϩⲧⲟⲟⲩⲉ* 오전, 아침 *ϩⲙ̄ ⲡⲛⲁⲩ ⲛ̄-...* …할 때, …한 때 *ϣⲁⲧⲛⲁⲩ* 언제까지 *ϫⲓⲛ ⲡⲉⲓⲛⲁⲩ* 지금 이 순간부터, (부정적으로 쓰일 때; 더는 …않다)

ⲚⲀⲨϨ 줄

ⲚⲀϢⲈ-, ⲚⲀϢⲰ⸗ 수많은, 다량의 *cf.* *ⲉⲛⲁϣⲉ ⲣⲓⲛⲟⲩ* 큰 명성의 *ⲉⲛⲁϣⲉ ⲥⲟⲩⲛⲧϥ̄* 높은 가격의 *ⲁϣⲁⲓ*

Ⲛ̄ⲀϢ Ⲛ̄ϨⲈ 어떻게 → **ϨⲈ** 방법

ⲚⲀϢⲠ̄-, ⲚⲀϢⲠ⸗ → **ⲚⲞⲨϢⲠ̄**

ⲚⲀϢⲤ† → **ⲚⲞⲨϢⲤ**

ⲚⲀϢⲦ-, ⲚⲀϢⲦⲈ, ⲚⲀϢⲦ† → **Ⲛ̄ϢⲀⲦ**

ⲚⲀϢⲦⲈ *m. f.* 보호자, 방어

ⲚⲀϤⲢⲈ *f.* 장점 *cf.* *ⲙⲛ̄ⲧⲛⲁϥⲣⲉ* 선행 *ⲛⲁϥⲣ̄ⲧⲱⲣⲉ* 재주있는, 숙달된 *ⲛⲁϥⲣ̄ϣⲁⲓ̈* 성공, 기회 *ⲛⲟⲩϥⲉ* 선함

ⲚⲀϤⲦ⸗ → **ⲚⲒϤⲈ**

ⲚⲀϨ-, ⲚⲀϨ⸗ → **ⲚⲞⲨϨⲈ**

ⲚⲀϨⲂ̄-, ⲚⲀϨⲂ⸗, ⲚⲀϨⲂ̄† → ⲚⲞⲨϨⲂ̄

ⲚⲀϨⲂⲈ *f.* 목덜미, 어깨 *cf.* *ⲛⲁϩⲃⲉϥ m.* 멍에 *ⲛⲟⲩϩⲃⲉ* 멍에를 지우다

ⲚⲀϨⲘ̄-, ⲚⲀϨⲘ⸗, ⲚⲀϨⲘ̄† → ⲚⲞⲨϨⲘ̄

ⲚⲀϨⲘⲈ⸗ → ⲚⲞⲨϨⲘⲈ

ⲚⲀϨⲢⲚ̄-, ⲚⲀϨⲢⲀ⸗ Ⲛ̄ⲚⲀϨⲢⲚ̄-, Ⲛ̄ⲚⲀϨⲢⲀ⸗ …의 앞에

ⲚⲀϨⲦⲈ, Ⲛ̄ϨⲈⲦ-, Ⲛ̄ϨⲞ(Ⲩ)Ⲧ† 신앙을 갖다, 믿다, 희망을 갖다 *cf.* *ⲁⲧⲛⲁϩⲧⲉ* 불신의 *ⲙⲛ̄ⲧⲁⲧⲛⲁϩⲧⲉ* 불신 *ⲣ̄ ⲁⲧⲛⲁϩⲧⲉ* 불신을 보이다 *ⲉⲧⲛ̄ϩⲟⲧ* 굳게 신뢰하는, 신앙의 *ⲧⲁⲛϩⲟⲩⲧ*

ⲚⲀϨϤ̄ ⲚⲀϨⲂ(Ⲉ) 목덜미, 어깨

ⲚⲀϪ-, ⲚⲀϪ⸗ → ⲚⲞⲨϪⲈ

ⲚⲀϬ 큰, 위대한 *cf.* *ⲛ̄ⲟⲩⲛⲁϭ* 크게, 위대하게, 많이

ⲚⲀϬⲚⲈϬ 다툼 *cf.* *ⲛⲉϫⲛⲉϫ* 다투다 *ⲛⲉϭⲉ* 다툼, 신경질

ⲚⲀϬⲤ† → ⲚⲞⲨϬⲤ̄

ⲚⲀϪ-, ⲚⲀϪ⸗ → ⲚⲞⲨϪⲈ

ⲚⲀϪ⸗ → ⲚⲞⲨϪⲔ̄ 물을 뿌리다

ⲚⲀϪⲈ, ⲚⲈϪⲈ → ⲚⲀϪϨⲈ 이빨

ⲚⲀϪϨⲈ, ⲚⲀ(Ⲁ)Ϫ(Ϩ)Ⲉ, ⲚⲈϪⲈ *f.* 이빨

Ⲛ̄ⲂⲀⲖ → ⲂⲀⲖ

Ⲛ̄ⲂⲀⲚ (L) *m.* 성냄

Ⲛ̄ⲂⲖ̄-, Ⲛ̄ⲂⲖ̄Ⲗ(Ⲁ)⸗ …을 제외한 *cf.* *ⲃⲱⲗ*

ⲚⲈ → ⲠⲀⲒ

ⲚⲈ → ⲈⲚⲈ 의문형

ⲚⲈⲂⲈ → ⲚⲎⲂⲈ

ⲚⲈⲈ (L) *f.* 정해진 기간

ⲚⲈⲈ-, ⲚⲈⲈ⸗, ⲚⲈⲈⲈ⸗ 큰

ⲚⲈⲈⲨ → ⲚⲈⲈϤ 수부, 선원

ⲚⲈⲈϤ, ⲚⲈⲂ, ⲚⲈⲈⲨ, ⲚⲎ(Ⲏ)Ϥ *m.* 수부, 선원 *cf.* *ⲛⲟϭ ⲛ̄ⲛⲉⲉϥ* 선장, 갑판장

ⲚⲈЇⲈⲦ⸗, ⲚⲈЇⲦ⸗ 복되도다! *cf.* *ⲛⲉⲉ-* 큰 *ïⲉⲓⲣⲉ* 눈

ⲚⲈⲔⲈ (L) *f.* 출산의 고통, 수고

ⲚⲈⲘⲈ⸗ → ⲘⲚ̄- 그리고, 함께

ⲚⲈⲠ (L) 주인

ⲚⲈⲠⲎⲒ 집주인 *cf.* *ⲛⲏⲃ*

ⲚⲈⲤⲂⲈ-, ⲚⲈⲤⲂⲰⲰ⸗ 깨친

ⲚⲈⲤⲈ 깨어나다

ⲚⲈⲤⲈ-, ⲚⲈⲤⲰ⸗, ⲚⲈⲤⲞ⸗ 아름다운 *cf.* *ⲉⲧⲛⲉⲥⲱϥ* 아름다운, 예쁜 *ϣⲁϫⲉ ⲉⲧⲛⲉⲥⲱϥ* 유창한 언변 *ⲥⲁ* 선한

ⲘⲈⲤⲦ → ϨⲘⲈⲤ† 앉아있는

ⲚⲈⲨ, ⲚⲞ 보다 *cf.* *ⲁⲛⲉⲩ* 보라! *ⲙ̄ⲡⲓⲛⲉⲩ* 나는 못 보았다

ⲚⲈⲨ, ⲚⲞ 시간 *cf.* *ⲙ̄ⲡⲓⲛⲉⲩ* ~할 때 *ⲛ̄ⲉϣ ⲛ̄ⲉⲩ* 언제 *ϫⲛ̄ⲙ̄ⲡⲓⲛⲉⲩ* 지금부터

ⲚⲈϢ 불가능한 → **Ϣ** 가능한

ⲚⲈϢⲠ̄- → ⲚⲞⲨϢⲠ̄

ⲚⲈϤⲞ, ⲚⲈϤⲦ⸗ → ⲚⲒϤⲈ

ⲚⲈϤⲦ⸗ → ⲚⲒϤⲈ

ⲚⲈϨ, Ⲛ(Ⲏ)Ϩ *m.* 기름 *cf.* *ⲥⲁ ⲛ̄ⲛⲉϩ* 기름장수 *ⲛⲉϩ ⲛ̄ϫⲟⲉⲓⲧ* 올리브 기름

ⲚⲈϨ-, ⲚⲎϨ†, ⲚⲈϨ† → ⲚⲞⲨϨⲈ

ⲚⲈϨⲘ̄- → ⲚⲞⲨϨⲘ̄

ⲚⲈϨⲚⲞⲨϨ⸗, ⲚⲈϨⲚⲞⲨϨ† → ⲚⲞϨⲚϨ̄

ⲚⲈϨⲠⲈ 슬퍼하다, 장례를 치르다

ⲚⲈϨⲤⲈ 깨어나다, 일어나다

ⲚⲈϪ-, ⲚⲎϪ† → ⲚⲞⲨϪⲈ

ⲚⲈϪⲈ *f.* 이빨

ⲚⲈϪⲚⲈϪ → ⲚⲀϬⲚⲈϬ 다툼

ⲚⲈϬⲈ, ⲚⲈϬⲰ(Ⲱ)⸗ 못생긴, 추한 *cf.* *ϭⲁ*

ⲚⲈϬⲈ → ⲚⲀϬⲚⲈϬ 다툼

ⲚⲎ → ⲠⲎ

ⲚⲎⲂ *m., f.* 주인

ⲚⲎⲂ → ϨⲒⲚⲎⲂ 잠, 수면

ⲚⲎⲎⲂⲈ, ⲚⲎⲂⲈ, ⲚⲒⲂⲈ 헤엄치다

ⲚⲎⲤⲈ *f.* 의자, 층

ⲚⲎⲤⲦⲒⲀ νηστεία 금식

ⲚⲎⲤⲦⲈⲨⲈ νηστεύειν 금식하다

ⲚⲎⲨ† → ⲚⲞⲨ 가다

ⲚⲎⲨ† → ⲚⲀ 가다

ⲚⲎϨ 기름

ⲚⲎϨ† → ⲚⲞⲨϨⲈ

ⲚⲎϪ† → ⲚⲞⲨϪⲈ

ⲚⲎϬⲈ *f.* 자궁, 배, 위

ⲚⲒ- *neg. 1st sing. fut.III*

ⲚⲒⲔⲎ νίκη 승리

ⲚⲒⲘ 누구 *cf.* *ⲙⲉϣⲉ ⲛⲓⲙ* 어떤 사람

NIM 모든 *cf.* ***PⲰME NIM*** 모든 사람 ***N̄PⲰME THPOY*** 모든 사람들 ***OYON NIM*** 누구든지 ***ϨN̄ MA NIM*** 온 사방에서 ***N̄CHY NIM, N̄OYOEIϢ NIM*** 항상 ***ϨⲰB NIM*** 만물, 모든 것

N̄IϢ → **IϢ** 오줌

NIϤE, NAϤT⸗, NEϤT⸗, NIϤT⸗ 바람 불다 *cf.* ***NIϤE EϨOYN*** 바람을 넣다 ***NIϤE*** 숨결 ***NIϤ*** 불다 ***NEϤO*** 태풍

N̄KA, N̄KO *m.* 물건, 소지품 *cf.* ***N̄KA NIM*** 모든 것, 만물 ***N̄KA N̄EIⲰ*** 세면대 ***N̄KA N̄OYⲰM*** 음식물

N̄KATE 잠자다

N̄KOTK̄, ENKOTK̄, N̄KOTE 잠자다 *cf.* ***MA N̄N̄KOTK̄*** 침실 ***MA N̄N̄KOTK̄ M̄BENIΠE*** 딱딱한 철침대 ***PEϤN̄KOTK̄ MN̄ϨOOYT*** 호모

NM̄, NM̄MA⸗ → **MN̄-** 함께, 그리고

N̄NAN 아니오!

N̄NAϨPN̄-, NAϨPN̄-, (N̄)NAϨPA⸗ ~의 앞에 *cf.* ***ϨO*** 얼굴

NO → **NEY** 보다

NO → **NEY** 시간

NOBE *m.* 죄 *cf.* ***ATNOBE*** 죄 없는 ***P̄ NOBE*** 죄를 짓다 ***PEϤP̄NOBE*** 죄인

NOBE *f.* 마니에게 비난받은 종파와 그 교리

NOBPOY 늪지에 피는 꽃

NOBT⸗ → **NOYBT̄**

NOEIK *m.* 간음 *cf.* ***MN̄TNOEIK*** 간음 ***P̄ NOEIK*** 간음을 행하다

NOEIN 떨다, 뒤흔들다, 요동하다 *cf.* ***ATNOEIN*** 부동의

NOEIϢ *m.* 비장

NOEPON νοερόν 지혜자, 지혜로운

NOHMA νόημα 깨달음

NOÏE νοεῖν 깨닫다

NOKNEK 경향을 띠다

NOM, NAM *m.* 전나무의 일종

NOMTE *f.* 능력, 힘 *cf.* ***ϬM̄ NOMTE***달래다, 위로하다

NOMICMA νόμισμα 주화, 동전

NOMOC νόμος 법, 율법

NOY, NA, NHY†, N̄NHY†, NHOY†, NHYE† 가다, …하려고 한다 *cf.* ***NOY E-*** …할 순간에, 아직 …하지 못하다 ***NHY EBOλ*** 나가는 중이다 ***NHY EΠECHT*** 내려가는 중이다 ***NHY EϨPAI (EϪN̄-)*** 올라가는 중이다, 일어나는 중이다 ***EI***

N̄OY → **NAY** 시간

NOY → **NOYϨE** 밀치다

NOYB, NOϤ *m.* 금 *cf.* ***N̄AYAN M̄ΠNOYB*** 황금빛의 ***N̄EIEΠNOYB*** 금세공 ***ϨAMNOYB, ϨAY-NOYB, ϨOYNOYB*** 금은세공사

NOYB 자칼

NOYBT̄, NOBT⸗, NABT⸗ 짜다, 엮다 *cf* ***NHBTE*** *f.* 엮기, 짜기

NOYE → **NA** ~하려는 중

N̄OYEϢ N̄- 없이 → **OYⲰϢ** 간격

NOYλE → **NOYPE** 독수리

NOYN *m.* 심연

NOYNE *f., pl.* **NANOY** 뿌리 *cf* ***ETϪENOY-NE EBOλ*** 뿌리를 뽑다

NOYOYϨ (L), **NAYϨ-, NAYϨ⸗, NAYϨ†** 되돌아가다

NOYPE, NOYλE *m. f.* 독수리

NOYPC̄ (L), **NAPC⸗, NAPC̄†** 파괴하다

NOYC νοῦς *m.* 지혜, 마음

NOYT, NAT⸗ 갈다, 빻았간, 수차 *cf* ***NOEIT*** *m.* 밀가루

NOYT *f.* 저수지 *cf.* ***λANOYT*** 해자

NOYTE *m., f.* **N̄TⲰPE** *pl.* **ENTHP, N̄THHP, N̄TAIPE** 신, 여신 *cf* ***ATNOYTE*** 무신론자, 불신자 ***MAINOYTE*** 신을 사랑하는, 신의 사랑을 받는 ***MN̄TNOYTE*** 신성, 신앙 ***N̄NOYTE*** 신성한 ***PM̄N̄NOYTE*** 신앙인 ***PEϤϢM̄ϢE NOYTE*** 신을 섬기는 사람 ***MN̄TϢM̄ϢE NOYTE*** 신을 섬김, 제사 ***PEϤϢAϪE MN̄TNOYTE*** 신을 논하는 자, 신학자 ***ϢOYTAIE ΠNOYTE*** 신을 숭배하기 ***PEϤϪΠEΠNOYTE*** 신을 낳은 자

NOYTM̄, NOTM̄†, NATME†, NATM̄† 즐거운, 행복한, 부드러운, 쉬운, 유쾌한 *cf* ***ϪITNOYTM̄*** 풍작, 번영

NOYTϤ̄, NOYTϤ̄T, NAϤT̄, NETϤ̄-, NOTϤ̄† 누그러지다, 녹다, 긴장을 풀다

N̄OYⲰϢ N̄- → **OYⲰϢ**

NOYϢΠ̄, NEϢΠ̄-, NAϢΠ̄-, NAϢΠ⸗ 바람 불다, 흔들리다, 고심하다, 놀라게 하다

NOYϢP̄ *m.* 독수리

NOYϢC̄, NOϢC⸗, NAϢC† 무감각

ⲁ ⲃ ⲅ ⲇ ⲉ ⲍ ⲏ ⲑ ⲓ ⲕ ⲗ ⲙ N ⲝ ⲟ ⲡ ⲣ ⲥ ⲧ ⲩ ⲫ ⲭ ⲯ ⲱ ϣ ϥ ϩ ϫ ϭ ϯ

해지다, 이가 시리다, 나무라다, 비난하다 *cf.* ⲛⲟϣϲϥ̄

ⲚⲞⲨϢⲦ̄ 굳다, 단단해지다 *cf.* ⲛ̄ϣⲟⲧ

ⲚⲞⲨϤⲈ 좋은, 우수한, 선한, 착한 *cf.* ⲥϯⲛⲟⲩϥⲉ 좋은 냄새, 향기 ϣⲙⲛⲟⲩϥⲉ 좋은 소식, 복음 ϩⲉ-ⲛⲟⲩϥⲉ 번영 ⲛⲟⲩϥⲣ̄, ⲛⲁϥⲣⲉ 이득, 장점

ⲚⲞⲨϤⲢ̄, ⲚⲈϤⲢ̄-, ⲚⲞϤⲢ̄- *p.c.* **ⲚⲀϤⲢ̄-** 좋은, 유리한 *cf.* ⲛⲟⲩϥⲉ, ⲛⲟϥⲣⲉ

ⲚⲞⲨϤⲦ̄ 부풀다, 거만해지다

ⲚⲞⲨϤⲦ̄ → ⲚⲞⲨⲦϤ̄

ⲚⲞⲨϨ, ⲚⲰϨ *m.* 줄, 밧줄

ⲚⲞⲨϨ → ⲚⲞⲨϨⲈ

ⲚⲞⲨϨⲂ̄, ⲚⲀϨⲂ̄-, ⲚⲀϨⲂ⸗, ⲚⲞϨⲂ⸗, ⲚⲀϨⲂ̄† 짐을 지우다, 멍에를 매다, 출산하다, 기름지게 하다 *cf.* ⲛⲁϩⲃ(ⲉ), ⲛⲁϩⲃ(ⲉϥ)

ⲚⲞⲨϨⲈ, ⲚⲞⲨϨ, ⲚⲰϨ, ⲚⲞϨ, ⲚⲈϨ-, ⲚⲀϨ-, ⲚⲀϨ⸗, ⲚⲎϨ†, ⲚⲈϨ† 뒤로 밀다, 수정하다, 밀치다, 선별하다 *cf.* ⲛⲟⲩϩⲉ ⲉⲃⲟⲗ 창설하다 ⲛⲉϩ ϣⲗⲁϩϥ̄ 떨다 ⲛⲟϩⲛϩ̄

ⲚⲞⲨϨⲈ *f.* 무화과 나무의 일종

ⲚⲞⲨϨⲘ̄, ⲚⲈϨⲘ̄-, ⲚⲀϨⲘ̄-, ⲚⲀϨⲘ⸗, ⲚⲀϨⲘ̄† 구하다, 위험에서 구출하다

ⲚⲞⲨϨⲘⲈ (L), **ⲚⲞⲨϨⲘⲈ-, ⲚⲀϨⲘⲈ⸗** 구원하다 *cf.* ⲣⲉϥⲛⲟⲩϩⲙⲉ 구세주 ϭⲓⲛⲛⲟⲩϩ-ⲙⲉ 구제, 구원

ⲚⲞⲨϪ 거짓된, 가짜의 *cf.* ⲙⲛ̄ⲧⲛⲟⲩϫ 거짓말 ⲡⲣⲟⲫⲏⲧⲏⲥ ⲛ̄ⲛⲟⲩϫ 거짓 선지자 ⲣⲉϥⲱⲣⲕ̄ ⲛ̄ⲛⲟⲩϫ 무고자 ϩⲓⲗⲁⲛ̄ⲛⲟⲩϫ 저주하다

ⲚⲞⲨϪⲈ, ⲚⲞⲨϪ, ⲚⲈϪ-, ⲚⲀϪ-, ⲚⲀϪ⸗, ⲚⲞϪ⸗, ⲚⲎϪ† 던지다, 엎드리다, 펼치다 *cf.* ⲛⲟⲩϫⲉ ⲉⲃⲟⲗ 밀쳐내다, 내치다, 내쫓다, 떠나가게 하다 ⲛⲟⲩϫⲉ ⲉϩⲟⲩⲛ 끌어들이다 ⲛⲟⲩϫⲉ ⲉϫⲛ̄- 옷을 입히다 ⲛⲟⲩϫⲉ ⲉⲡⲉⲥⲏⲧ 내리치다 ⲛⲉϫⲱⲛⲉ 돌로 치다 ⲛⲉϫϩⲣⲟⲟⲩ 소리치다, 휘파람 불다 ⲛⲉϫ ⲟⲩⲡⲁϭⲥⲉ, ⲛⲉϫⲧⲁϥ 침을 뱉다 ⲛⲟϫϥ̄ ϩⲁⲣⲁⲧϥ̄ 발 앞에 엎드리다 ⲙⲁ ⲛ̄ⲛⲟϫϥ̄ ⲛ̄ϣⲟⲣⲡ 최고 상석 ⲙⲁ ⲛ̄ⲛⲉϫⲥⲟⲧⲉ 암살을 위해 몰래 숨는 자리

ⲚⲞⲨϪⲔ̄, ⲚⲞⲨϪ(Ϭ), ⲚⲞϪⲔ⸗, ⲚⲀϪ⸗ 물을 뿌리다

ⲚⲞⲨϪϬ → ⲚⲞⲨϪⲔ̄ 물을 뿌리다

ⲚⲞⲨϪ 거짓, 잘못

ⲚⲞⲨϬⲤ̄, ⲚⲞϬⲤ̄†, ⲚⲀϬⲤ† 성이 난, 분내다 *cf.* ⲛⲁϭⲥⲉ 분노

ⲚⲞⲨϬⲦⲈ → ⲚⲞϬ 큰

ⲚⲞϢⲤ⸗ → ⲚⲞⲨϢⲤ̄

ⲚⲞϢⲤϤ̄ 사나운 사람 *cf.* ⲛⲟⲩϣⲥ̄

ⲚⲞϤⲢⲈ 이윤, 장점, …했으면 좋으련만 *cf.* ⲣ̄ ⲛⲟϥⲣⲉ 유리한 ⲉⲧⲣ̄ⲛⲟϥⲣⲉ 요긴한, 소득이 있는 ⲁⲧⲛⲟϥⲣⲉ 불필요한 ⲙⲛ̄ⲧⲁⲧⲛⲟϥⲣⲉ 소용없음 ⲛⲟⲩϥⲣ̄

ⲚⲞϨⲂ⸗ → ⲚⲞⲨϨⲂ̄

ⲚⲞϨⲚϨ̄, ⲚⲈϨⲚⲞⲨϨ⸗, ⲚⲈϨⲚⲞⲨϨ† 뒤흔들다 *cf.* ⲛⲟⲩϩⲉ

ⲚⲞϪ⸗ → ⲚⲞⲨϪⲈ

ⲚⲞϪⲔ⸗ → ⲚⲞⲨϪⲔ̄

ⲚⲞϬ, ⲚⲀⲔ, ⲚⲞⲨϬⲦⲈ 큰, 거대한 *cf.* ⲛ̄ⲛⲟϭ 귀인들, 위인들 ⲛⲟϭ ⲙ̄ⲡⲟⲗⲓⲥ 대도시 ⲛⲟϭ ⲛ̄ⲛⲉⲉϥ 선장 ⲡⲉⲓⲛⲟϭ 이 위대한 사람 ⲙⲛ̄ⲧⲛⲟϭ 위대함 ⲣ̄ ⲛⲟϭ 커지다, 높아지다 ⲣⲉϥϫⲉⲛⲟϭ ⲛ̄ϣⲁϫⲉ 명연설가

ⲚⲞϬⲚⲈϬ, ⲚⲈϬⲚⲈϬ-, ⲚⲈϬⲚⲞⲨϬ⸗ 나무라다, 비난하다, 약올리다, 비웃다

Ⲛ̄ⲢⲀⲦ⸗ 추적하다 → **ⲚⲈ** 가져가다 *cf.* ⲣⲁⲧ⸗ 발

Ⲛ̄ⲢⲈⲦⲤ̄ → ⲢⲈⲦ⸗

Ⲛ̄ⲢⲢⲞ → Ⲣ̄ⲢⲞ

Ⲛ̄ⲤⲀ-, Ⲛ̄ⲤⲰ⸗ 뒤에, 후에, 반하여, 제외한 *cf.* ⲛ̄ⲥⲁ ⲟⲩⲥⲁ 개별적으로, 따로따로 ⲥⲁ 방향, 측면

Ⲛ̄ⲤⲀⲂⲎⲖ- 제외한 *cf.* ⲛ̄ⲥⲁⲃⲏⲗ ϫⲉ- …만을 제외하고 ⲃⲱⲗ 풀 다.

Ⲛ̄ⲤⲀⲤⲀ 모든 *cf.* ⲥⲁ 방향

Ⲛ̄ⲤⲀ ⲞⲨⲤⲀ 따로따로 *cf.* ⲥⲁ 방향

Ⲛ̄ⲤⲀⲦⲞⲞⲦ⸗ 즉시 *cf.* ⲧⲱⲣⲉ 손

Ⲛ̄ⲤⲀϤ 어제 → **ⲤⲀϤ**

Ⲛ̄Ⲧ-, Ⲛ̄Ⲧ⸗ → ⲈⲒⲚⲈ 가져가다

Ⲛ̄ⲦⲈ-, Ⲛ̄ⲦⲀ⸗ 소속이나 기원을 나타내는 전치사 *cf.* ⲟⲩⲣⲱⲙⲉ ⲛ̄ⲧⲉ ⲡⲛⲟⲩⲧⲉ 하나님의 사람 ⲡⲉⲓⲱⲧ ⲛ̄ⲧⲁϥ 그의 부친

Ⲛ̄ⲦⲈⲈⲢ, Ⲛ̄ⲦⲈⲢⲈ → ⲚⲞⲨⲦⲈ

Ⲛ̄ⲦⲈⲨⲚⲞⲨ 즉시 → **ⲞⲨⲚⲞⲨ** 시각

Ⲛ̄ⲦⲎϬ, ⲈⲚⲦⲎϬ, *pl.* **Ⲛ̄ⲦⲈϬⲈ** *m.* 식물, 풀

Ⲛ̄ⲦⲚ̄-, Ⲛ̄ⲦⲞⲞⲦ⸗ …의, …에 의해 *cf.* ⲧⲱⲣⲉ

Ⲛ̄ⲦⲚ̄(Ⲛ)ⲀⲨ 언제 → **ⲚⲀⲨ** 시간

Ⲛ̄ⲦⲞ *f.*, **Ⲛ̄ⲦⲈ-** 너 (여성형)

Ⲛ̄ⲦⲞⲔ *m.*, **Ⲛ̄ⲦⲔ̄-** 너 (남성)

Ⲛ̄ⲦⲞⲞⲦ⸗ → Ⲛ̄ⲦⲚ̄-

Ⲛ̄ⲦⲞⲞⲨ *pl.* 그들 *cf.* ⲛ̄ⲧⲟⲟⲩ ⲛ̄ⲧⲟⲟⲩ 그들 스스로

N̄TOOYN, N̄TWOYN 왜냐하면, 그래서, 반면에

N̄TOC *f.* 그녀; 그러나

N̄TOTO 얼룩덜룩한 → **TOE** 반점

N̄TOϥ, N̄Tϥ̄- 그 사람, 그러나, 차라리

N̄TOϥ N̄TOϥ 그 스스로, 그와 동일하게

N̄TΠE 위에서 → **ΠE** 하늘

N̄TWPE 여신 → **NOYTE** 신

N̄TWTN̄, N̄TETN̄-, -THYTN̄, 당신

N̄TϨE, N̄ΘE → **ϨE** 방법

NYMΦWN νυμφών 신방

NW⸗ → **ΠW⸗**

NWϨ → **NOYϨE**

NWϨE 노아

N̄ϢAT (L), **NAϢT-, NAϢT̄†** 단단한, 굳어지다 *cf.* ***MN̄TNAϢTM̄ME*** 고집스러움 ***NAϢTE*** *f.* 방어

N̄ϢOT, ENϢOT, NAϢT̄† *p.c.* **NAϢT̄-** 딱딱해지다, 두꺼워지다, 무거워지다 *cf.* ***ETNACT̄*** 뚱뚱한, 굳은, 거친 ***NAϢTM̄ME*** 건방진 ***NAϢTMAKϨ*** 거만한, 뻐기는 ***NAϢTϨHT*** 고집 센, 못 말리는 ***MN̄TNAϢTϨHT*** 고집 ***NOYϢT, NAϢTE***

N̄ϢOY- 없이 → **ϢOY**

NϨ̄ → **ENϨ̄** 눈썹

N̄ϨAE → **ϨAE**

N̄ϨET-, N̄ϨO(Y)T† → **NAϨTE**

N̄ϨHT⸗ → **ϨN̄-**

N̄ϨOYN → **ϨOYN**

N̄ϨPHÏ ϨN̄- → **ϨPHÏ**

N̄ϪE → **N̄ϭⲓ**

N̄ϪI 즉, 말하자면

N̄ϪOϥTN̄ → **ϪOϥTN̄**

NϬE → **ϬE** 그래서, 반면에

N̄ϬI, N̄ΓI, N̄ϪE 주어를 동사 뒤로 돌리는 문법 요소 (아래의 두 문장 참조) *cf.* ***AΠAEIWT EI*** 내 아버지께서 오셨다 ***AϥEI N̄ϬI ΠAEIWT***

a b g d e z h th i k l m n ks o p r s t y ph kh ps ō š f h j č ti

ⳋ

ⳋ- → ϭⲥ- 중간, 반

ⳋⲉⲟⲩⲓ̈ⲛ *m.* 반만 실음 → ϭⲥ- 반, ⲉⲟⲩⲓ̈ⲛ 적재

ⳋⲟⲩⲣ, ⲕⲥⲟⲩⲣ, ϭⲥⲟⲩⲣ 반지

Ⲟ

ⲟ, ⲱ 큰, 거대한 *ex.* *ⲉⲓⲉⲣⲟ, ⲣⲙ̅ⲙⲁⲟ, ⲣ̅ⲣⲟ, ⲣ̅ⲣⲧⲱ, ⲥⲁϫⲟ, ϩⲁⲕⲟ, ϩⲗ̅ⲗⲟ, ϩⲣⲟⲩⲟ cf. ⲁⲓⲁⲓ*

ⲟ → **ⲉⲩ** 무엇

ⲟ†, ⲟⲓ† → **ⲉⲓⲣⲉ**

ⲟⲃⲉ 운하, 관개수로

ⲟⲃⲉ† 목마른 → **ⲉⲓⲃⲉ** 갈증을 느끼다

ⲟⲃⲉⲛ, ⲟⲃⲛⲉ, ⲁⲃⲉⲛ *m.* 명반

ⲟⲃϣ⸗ → **ⲱⲃϣ̅** 잊다

ⲟⲃϣⲥ̅ *f.* 망각, 무지 *cf. ⲱⲃϣ̅* 잊다, 잠자다

ⲟⲃϩⲉ, ⲟⲃϩ̅ *f.* 이빨, 치아

ⲟⲉⲓⲕ *m.* 빵, 음식물 *cf. ⲟⲉⲓⲕ* 떡 *ⲙⲏ ⲛ̅ⲟⲉⲓⲕ* 대변

ⲟⲉⲓⲕ *m.* 이슬

ⲟⲉⲓⲗⲉ *m.* 염소

ⲟⲉⲓⲙⲉ, ⲟⲉⲓⲙ *f.* 갈고리, 낚싯바늘

ⲟⲉⲓⲧ → **ⲱⲧ** 베개

ⲟⲉⲓⲧ → **ⲟⲩⲱⲉⲓⲧ** 기둥

ⲟⲑⲉ *f.* 우물, 샘 *cf. ⲟⲩⲱⲧϩ̅* 물을 긷다, 물을 붓다

ⲟⲓ† → **ⲁⲓⲁⲓ**

ⲟⲓⲕⲟⲛⲟⲙⲓⲁ οἰκονομία 질서, 경영, 행정 *cf. ⲣ̅ⲟⲓⲕⲟⲛⲟⲙⲏ* οἰκονομεῖν 경영하다

ⲟⲓⲕⲟⲥ οἶκος 집

ⲟⲓⲕⲟⲩⲙⲉⲛⲏ οἰκουμένη 인간 세상

ⲟⲕⲉ, ⲁⲕⲉ *m.* 참깨

ⲟⲕⲉⲙ† 어두운 → **ⲱⲕⲙ̅** 어두워지다

ⲟⲗ- → **ⲱⲗ** 잡다

ⲟⲗⲃⲉ → **ⲟⲣⲃⲉ**

ⲟⲗⲕ⸗ → **ⲱⲗⲕ̅**

ⲟⲗⲕ(ⲉ)ⲥ ⲱⲗⲕ̅

ⲟⲗⲙ⸗ → **ⲱⲗⲉⲙ**

ⲟⲗⲥ 주운 물건 *cf. ⲱⲗ* 잡다

ⲟⲙⲉ, ⲟⲟⲙⲉ, ⲁⲙⲉ, ⲁⲙ- *m. f.* 진흙, 흙 *cf. ⲧⲱⲱⲃⲉ ⲛ̅ⲟⲙⲉ* 구운 벽돌 *ⲟⲩⲁⲙⲟⲙⲉ* 부식, 파먹기 *ⲙⲟⲙⲉ* 썩다, 잠식하다 *ⲣ̅ⲟⲩⲁⲙⲟⲙⲉ* 장악하다, 점령하다

ⲟⲙⲕ⸗ → **ⲱⲙⲕ̅** 삼키다

ⲟⲙⲕ⸗ → **ⲱⲛⲕ̅** 튀어오르다

ⲟⲙⲥ⸗ → **ⲱⲙⲥ̅** 잠기다

ⲟⲙϫ⸗ → **ⲱⲙϫ̅** 젖을 떼다, 금하다

ⲟⲛ 새로이, 역시, 아직도, 더는 …않다

ⲟⲛⲕ⸗, ⲟⲛⲅ⸗ → **ⲱⲛⲕ̅** 튀어오르다

ⲟⲛϣ⸗ → **ⲱϣ** 진입하다, 소유하다

ⲟⲛϣ† → ⲱⲛϣ̅ 말문을 잃다, 황당해지다

ⲟⲛϩ̅, ⲁⲛϩ̅ *m.* 뜰

ⲟⲛϩ̅† 살아있는 → ⲱⲛϩ̅ 살다

ⲟⲟⲧ† 한숨 쉬는, 신음하는

ⲟⲟⲧⲉ, ⲟⲧⲉ, ⲧⲟⲧⲉ *f.* 자궁

ⲟⲟⲩϣ *m.* 죽, 수프

ⲟⲟϩ, ⲟϩ, ⲱϩ *m.* 달

ⲟⲡ⸗ → ⲱⲡ 계산하다

ⲟⲡⲥ̅ 회계 *cf.* *ⲱⲡ*

ⲟⲡⲧ̅† → ⲱⲧⲡ̅ 가두다

ⲟⲡⲱⲣⲁ ὀπώρα 과실

ⲟⲣⲃ⸗ → ⲱⲣⲉⲃ 둘러싸다

ⲟⲣⲃⲉ, ⲟⲗⲃⲉ 전병 *cf.* *ⲥⲁ ⲛ̅ⲟⲣⲃⲉ* 빵 장사

ⲟⲣⲃⲉⲥ *f.* 압박 *cf.* *ⲱⲣⲉⲃ* 둘러싸다

ⲟⲣⲅⲁⲛⲟⲛ ὄργανον 기관, 기구

ⲟⲣⲕ⸗ → ⲱⲣⲕ̅ 맹세하다

ⲟⲣⲫⲁⲛⲟⲥ ὀρφανός 고아

ⲟⲣϣ̅† 차가운 → ⲱⲣϣ̅ 차갑게 하다

ⲟⲣϫ⸗ → ⲱⲣϫ̅ 굳은, 단단하게 하다

ⲟ̅ⲥ̅ → ϫⲟⲉⲓⲥ 주님

ⲟⲥⲉ *m.* 손실, 결손, 벌칙 *cf.* *ϯ ⲟⲥⲉ* 손해를 입다

ⲟⲥⲕ̅† 느린 → ⲱⲥⲕ̅ 느리다, 시간을 끌다

ⲟⲥϩ⸗ → ⲱϩⲥ̅ 추수하다

ⲟⲥϩϥ̅ *m.* 낫 *cf.* *ⲱϩⲥ̅* 추수하다

ⲟⲥϭ̅- → ⲱⲥϭ̅ 기름 붓다

ⲟⲧⲡ⸗ → ⲱⲧⲡ̅ 가두다 *cf.* *ⲱⲧⲡ̅* 맡다, 돌보다

ⲟⲧⲡ̅† → ⲱⲧⲡ̅ 짐을 싣다

ⲟⲧϩ⸗ → ⲱⲧϩ̅ 고정시키다

ⲟⲩ 무엇?, 어떤 것? *cf.* *ⲉⲧⲃⲉ ⲟⲩ* 왜? *ⲟⲩ ⲙⲛ̅ ⲟⲩ* 이러저러한 것들 *ϣⲁⲛⲧⲉⲟⲩ* 언제까지?

ⲟⲩ- → ⲟⲩⲁ

ⲟⲩ → ⲱ 임신하다

ⲟⲩⲁ *m., f.* **ⲟⲩ(ⲉ)ⲓ, -ⲟⲩⲉ(ⲓ)** 하나 *cf.* *ⲟⲩⲁ ⲟⲩⲁ* 하나하나씩 *ⲡⲟⲩⲁ ⲡⲟⲩⲁ* 각자 *ⲛ̅ⲟⲩⲁ* 간단한 *ϩⲉⲛⲟⲩⲁ* 어떤 이들 *ⲕⲉⲟⲩⲁ* 다른 이들 *ⲟⲩⲁ(ⲛ̅)ⲟⲩⲱⲧ* 단독적으로, 하나로 일치되어, 상호 모순 없이 *ⲙⲛ̅ⲧⲟⲩⲁ* 일치함 *ϣ(ⲉ)ⲛ̅ⲟⲩⲁ, ϣⲟⲩⲁ* 사촌 *ⲟⲩⲁⲁ(ⲧ)⸗, ⲙⲁⲩⲁⲁ⸗* 홀로

ⲟⲩⲁ *m.* 신성모독 *cf.* *ϫⲓⲟⲩⲁ, ϫⲉⲟⲩⲁ* 신성모독을 하다 *ⲣⲉϥϫⲓⲟⲩⲁ* 신성을 모독하는 자 *ⲙⲛ̅ⲧⲣⲉϥϫⲓⲟⲩⲁ* 불경죄

ⲟⲩⲁⲁ⸗, ⲟⲩⲁⲁⲧ⸗, ⲟⲩⲟⲟⲧ⸗ 홀로, 유일한 *cf.* *ⲟⲩⲁ* 하나

ⲟⲩⲁⲁⲃ† → ⲟⲩⲟⲡ 순수한, 성스러운

ⲟⲩⲁ(ⲁ)ⲃⲉ† → [ⲟⲩⲟⲡ]

ⲟⲩⲁⲃϣ̅† → ⲟⲩⲃⲁϣ

ⲟⲩⲁⲑ → ⲟⲩⲁⲧϩⲉ 한 입, 한 잔

ⲟⲩⲁï *m.* 도약, 전진 *cf.* *ϯ ⲛ̅ⲟⲩⲁï* 나아가다 *ϫⲓ ⲟⲩⲁï* 접근하다, 들어가다

ⲟⲩⲁï 불행하도다 !, 화로다 ! *cf.* *ϫⲓ ⲟⲩⲁï* 저주를 받다

ⲟⲩⲁïⲉ, *pl.* **ⲟⲩⲁïⲏ** *m.* 농부

ⲟⲩⲁïⲛⲉ *m.* 빛 *cf.* *ⲣ̅ ⲟⲩⲁïⲛⲉ* 빛을 비추다, 빛나다

ⲟⲩⲁïϣ (L) *m.* 시간, 순간 *cf.* *(ⲟⲩ)ⲡⲣⲟⲥ ⲟⲩⲁïϣ* 시한부의 *ⲟⲩⲡⲣⲟⲥ ⲡⲟⲩⲁïϣ* 일순간의 *ⲕⲁⲧⲁ ⲟⲩⲁïϣ ⲟⲩⲁïϣ* 매 순간마다

ⲟⲩⲁⲗⲉ⸗, ⲟⲩⲁⲗⲉ† → ⲟⲩⲱⲗⲉ

ⲟⲩⲁⲗⲥ⸗, ⲟⲩⲁⲗⲥ̅† → ⲟⲩⲱⲗⲥ̅

ⲟⲩⲁⲙ-, ⲟⲩⲁⲙ⸗, ⲟⲩⲁⲙⲉ⸗ → ⲟⲩⲱⲙ

ⲟⲩⲁⲙⲁϩⲃ̅ → ⲟⲩⲟⲙϥ̅ 구유

ⲟⲩⲁⲙⲧⲉ (L) *f.* 탑

ⲟⲩⲁⲛ 누군가, 무언가 *cf.* *ⲟⲩⲁⲛ ⲛⲓⲙ* 누구든지, 모든 사람

ⲟⲩⲁⲛ⸗ → ⲟⲩⲱⲛϩ̅

ⲟⲩⲁⲛⲉϥ (L) *m.* 구유, 먹이통

ⲟⲩⲁⲛϩ-, ⲟⲩⲁⲛϩ⸗, ⲟⲩⲁⲛϩ† → ⲟⲩⲱⲛϩ̅

ⲟⲩⲁⲣⲟⲩⲣ (L), **ⲟⲩⲣⲟⲩⲱⲣ(ⲉ)⸗, ⲟⲩⲣⲱⲣ⸗, ⲟⲩⲱⲣⲟⲩⲱⲣ(ⲉ)⸗, ⲟⲩⲣⲟⲩⲁⲣⲧ†** 무너지다, 떨어지다

ⲟⲩⲁⲣϣϥ̅ → ⲟⲩⲣ̅ϣⲉ

ⲟⲩⲁⲥⲧⲛ̅ 넓히다, 넓은 *cf.* *ϯ ⲟⲩⲁⲥⲧⲛ̅* 쉽게 하다 *ⲣⲉϥϯⲟⲩⲁⲥⲧⲛ̅* 수월케 하는 자

ⲟⲩⲁⲥϥ⸗ → ⲟⲩⲱⲥϥ̅

ⲟⲩⲁⲥϥⲉ *f.* 무기력한 상태 *cf.* *ⲟⲩⲱⲥϥ̅* 무기력하게 하다

ⲟ[ⲩⲁ]ⲧ → ⲟⲩⲱⲱⲧⲉ

ⲟⲩⲁⲧⲃ⸗ → ⲟⲩⲱⲧⲃ̅

ⲟⲩⲁⲧⲃⲉ† → ⲟⲩⲱⲧⲃⲉ

ⲟⲩⲁⲧⲃⲉⲥ *f.* 구멍, 간격 *cf.* *ⲟⲩⲱⲧⲃ̅* 바꾸다

ⲟⲩⲁⲧⲉ → **ⲟⲩⲱⲱⲧⲉ**

ⲟⲩⲁⲧϩ⸗, **ⲟⲩⲁⲧϩ̅†** → **ⲟⲩⲱⲧϩ̅**

ⲟⲩⲁⲧϥⲉ, **ⲟⲩⲁⲧⲃⲉ** *f.* 바늘 구멍 *cf.* *ⲟⲩⲱⲧⲃ̅* 자리를 바꾸다, 뚫다

ⲟⲩⲁϣ⸗ → **ⲟⲩⲱϣⲉ**

ⲟⲩⲁϣⲁⲩⲉ → **ⲟⲩϣⲏ**

ⲟⲩⲁϣⲃⲉ⸗ → **ⲟⲩⲱϣⲃⲉ**

ⲟⲩⲁϣⲙⲉ† → **ⲟⲩⲱϣⲙⲉ**

ⲟⲩⲁϣⲣⲉ 그치다, 멈추다

ⲟⲩⲁϣⲥ̅†, **ⲟⲩⲁϣⲥⲉ** → **ⲟⲩⲱϣⲥ̅**

ⲟⲩⲁϣⲥⲉ, **ⲟⲩⲟϣⲥⲉ** *f.* 넓이 *cf.* *ⲟⲩⲱϣⲥ̅* 넓히다

ⲟⲩⲁϣⲧ⸗ → **ⲟⲩⲱϣⲧ̅**

ⲟⲩⲁϣⲧⲉ *f.* 경배, 섬김 *cf.* *ⲟⲩⲱϣⲧ̅* 무릎꿇다

ⲟⲩⲁϣϥ̅ *m.* 원함, 소원 *cf.* *ⲟⲩⲱϣ* 원하다

ⲟⲩⲁϣϥ⸗ → **ⲟⲩⲟϣϥ̅**

ⲟⲩⲁϣϥⲉ → **ⲟⲩⲱϣⲃⲉ**

ⲟⲩⲁϩ *m.* 장대, 막대기 *cf.* *ⲟⲩⲱϩ* 두다

ⲟⲩⲁϩⲃⲉϥ, **ⲟⲩⲟϩⲃⲉϥ**, **ⲟⲩⲁϩⲙⲉϥ** 짖다, 으르릉거리다

ⲟⲩⲁϥ *m.* 허파

ⲟⲩⲁϩ-, **ⲟⲩⲁϩ⸗** → **ⲟⲩⲱϩ**

ⲟⲩⲁϩⲉ 오아시스

ⲟⲩⲁϩⲉ† → **ⲟⲩⲓϩⲉ**

ⲟⲩⲁϩⲉⲧ⸗, **ⲟⲩⲁϩⲉⲉⲧ** → **ⲟⲩⲁⲁ⸗**

ⲟⲩⲁϩⲓⲏⲧ → **ⲟⲩⲓ̈ϩⲉ**

ⲟⲩⲁϩⲓ(ϩ)ⲏⲧ 무자비한 → **ⲟⲩⲱϩⲉ** 잔인한, **ϩⲏⲧ** 심장

ⲟⲩⲁϩⲙ⸗ → **ⲟⲩⲱϩⲙ̅**

ⲟⲩⲁϩⲙⲉ⸗ → **ⲟⲩⲱϩⲙⲉ**

ⲟⲩⲁϩⲙⲉ *f.* 층 *cf.* *ⲟⲩⲱϩⲙ̅* 대답하다

ⲟⲩⲁϩⲙⲉϥ 통역인 *cf.* *ⲟⲩⲱϩⲙ̅* 대답하다

ⲟⲩⲁϩⲙⲉϥ → **ⲟⲩⲁϩⲃⲉϥ** 울부짖다

ⲟⲩⲁϫ† → **ⲟⲩϫⲉⲓ̈**

ⲟⲩⲁϫⲉ → **ⲁϫⲉ** 일격

ⲟⲩⲁϫⲉ⸗ → **ⲟⲩⲱϫⲉ**

ⲟⲩⲁϭⲉ, **ⲟⲩⲱϭⲉ** 일격 *cf.* *ⲁϫⲉ* 때림

ⲟⲩⲁϭⲉ *f.* 뺨 *cf.* *ⲟⲩⲁϭⲟⲩⲉ[ϭ]* 씹다

ⲟⲩⲁϭⲡ-, **ⲟⲩⲁϭⲡ⸗** → **ⲟⲩⲱϭⲡ̅**

ⲟⲩⲃⲁϣ, **ⲟⲩⲁⲃϣ̅†**, **ⲟⲩⲟⲃϣ̅†** 흰, 깨끗한 *cf.* *ⲉⲧⲟⲩⲟⲃϣ̅* 하얀 *† ⲉⲡⲟⲩⲃⲁϣ* 빛이 나다

ⲟⲩⲃⲉ-, **ⲟⲩ(ϥ)ⲉ-**, **ⲟⲩⲃⲏ⸗**, **ⲟⲩⲏ⸗** 대항하여, …에 반대하여 *cf.* *†ⲟⲩⲃⲉ* 대항하여 싸우다 *ⲉⲧⲕⲏⲟⲩⲃⲉ-* 반대편의 *ⲉⲧϣⲟⲟⲡ ⲟⲩⲃⲉ* 대적자의.

ⲟⲩⲃⲓϩ → **ϭⲁⲗⲟⲩⲃⲓϩ** 대머리

ⲟⲩⲇⲉ → **ⲟⲩⲧⲉ** …사이에

ⲟⲩⲇⲉ οὐδέ 그리고 ~않은, ~또한 아닌

ⲟⲩⲉ, **ⲟⲩⲏ(ⲏ)ⲩ†** 멀다, 외지다 *cf.* *ⲉⲧⲟⲩⲏⲩ* 멀리 떨어진 *ⲉⲡⲟⲩⲉ* 멀리서 *ⲙ̅ⲡⲟⲩⲉ* 먼 곳에서부터 *ⲧⲟⲩ(ⲉ)ⲓⲟ* 분배하다

ⲟⲩⲉ-, **ⲟⲩⲏ⸗** → **ⲟⲩⲃⲉ-** …에 대항하여

ⲟⲩⲉ *m., f.* **ⲟⲩⲓ̈ⲉ** 하나 *cf.* *ⲡⲟⲩⲉ ⲡⲟⲩⲉ* 각각의 *ⲕⲁⲓⲟⲩⲉ* 또 다른 *-ⲟⲩⲏⲉ* (열 자리에 사용)

ⲟⲩⲉⲉⲧⲉ → **ⲟⲩⲓⲧⲉ**

ⲟⲩⲉ(ⲉ)ϫ(ⲉ)- → **ⲟⲩⲱ(ⲱ)ϫⲉ**

ⲟⲩ(ⲉ)ⲓ → **ⲟⲩⲁ** 하나

ⲟⲩⲉⲓ̈ⲉ → **ⲟⲩⲉ**

ⲟⲩⲉⲓ̈ⲉ, **ⲟⲩⲏⲩ†**, **ⲟⲩⲏⲟⲩ†** 먼

ⲟⲩ(ⲉ)ⲓⲛ *m.* 수로, 관

ⲟⲩⲉⲓⲛⲉ 스쳐가다, 한순간의, 떠나가다

ⲟⲩⲉⲓⲥⲉ, **ⲃⲓⲥⲉ**, **ⲟⲩⲁⲥⲧ⸗** 자르다, 켜다

ⲟⲩⲉⲓϫⲉ, **ⲃⲏϫⲉ** 칼에 베임, 상처 *cf.* *ⲟⲩⲱ(ⲱ)ϫⲉ* 자르다

ⲟⲩ(ⲉ)ⲗⲗⲉ 음악, 멜로디 *cf.* *ⲟⲩⲗ̅ⲗⲉ ⲛ̅ⲕⲱⲃϩ̅* 현악의 일종

ⲟⲩⲉⲗⲟⲩⲉⲗⲉ 울부짖다, 소리치다

ⲟⲩⲉⲗⲥ̅- → **ⲟⲩⲱⲗⲥ̅**

ⲟⲩ(ⲉ)ⲛ → **ⲟⲩⲱⲛ** 부분

ⲟⲩⲉⲛ, **ⲟⲩⲁⲛⲉ⸗**, **ⲟⲩⲉⲛ†**, **ⲟⲩⲏⲛ†** 열다

ⲟⲩⲉⲛⲧ-, **ⲟⲩⲛ̅ⲧ⸗** 가지다 → **ⲟⲩⲟⲛ**

ⲟⲩⲉⲣⲏⲧⲉ, **ⲟⲩⲣⲏ(ⲏ)ⲧⲉ** *f.* 다리, 발

ⲟⲩⲉⲣϣⲉ, **ⲟⲩ(ⲏ)ⲣϣⲉ** *f.* 파수대, 야간 경계 *cf.* *ⲁⲛⲟⲩⲉⲣϣⲉ* 보초, 경비원

ⲟⲩⲉⲥⲧⲱⲛ† → **ⲟⲩⲟⲥⲧⲛ̅**

ⲟⲩⲉⲥϥ̅- → **ⲟⲩⲱⲥϥ̅**

ⲟⲩⲉⲧⲃ̅- → **ⲟⲩⲱⲧⲃ̅**

ⲟⲩⲉⲧⲟⲩⲱⲧ† → **ⲟⲩⲟⲧⲟⲩⲉⲧ**

ⲟⲩⲉⲧϩ̄- → ⲟⲩⲱⲧϩ̄

ⲟⲩⲉⲥⲧⲁⲛⲧ† → ⲟⲩⲁⲥⲧⲛ̄

ⲟⲩⲉⲧϩⲓⲧ → ⲟⲩⲱⲧϩ̄

ⲟⲩⲉϣ- → ⲟⲩⲱϣ

ⲟⲩⲉϣⲙ̄- → ⲟⲩⲱϣⲙ̄

ⲟⲩⲉϣⲟⲩⲉϣ, ⲟⲩⲉϣⲟⲩⲱϣ⸗ 때리다

ⲟⲩⲉϣⲥ̄ⲥⲉ → ⲟⲩⲁϣⲥⲉ

ⲟⲩⲉϣⲧⲉ → ⲟⲩⲱϣⲧ̄

ⲟⲩⲉϣϥ̄- → ⲟⲩⲟϣϥ̄

ⲟⲩⲉϩ- → ⲟⲩⲱϩ

ⲟⲩⲉϩⲙ̄- → ⲟⲩⲱϩⲙ̄

ⲟⲩⲉϩⲥⲟⲓ 다락, 지붕 → ⲟⲩⲱϩ 두다, ⲥⲟⲓ 서까래

ⲟⲩⲉϭⲡ̄- → ⲟⲩⲱϭⲡ̄

ⲟⲩⲉϭⲣⲟ 문지방 *cf.* *ⲟⲩⲟⲟϭⲉ* 뺨

ⲟⲩⲉϭⲥ̄ → ⲱⲥϭ̄ 기름 붓다

ⲟⲩⲏ⸗ → ⲟⲩⲃⲉ

ⲟⲩⲏⲃ → [ⲟⲩⲟⲡ]

ⲟⲩⲏⲏⲃ *m.* 사제 *cf.* *ⲙⲛ̄ⲧⲟⲩⲏⲏⲃ* 사제의, 성직의 *ⲟⲩⲟⲡ* 성스러운

ⲟⲩⲏⲗⲟⲛ οὐῆλον 장막

ⲟⲩⲏⲛ† → ⲟⲩⲱⲛ

ⲟⲩⲏⲣ, ⲟⲩⲏⲏⲣ, ⲟⲩⲏⲣⲉ 얼마나 많이?

ⲟⲩⲏⲧⲉ, ⲟⲩⲉⲧ(ⲉ) 버려두다, 포기하다

ⲟⲩⲏⲩ†, ⲟⲩⲏⲟⲩ† → ⲟⲩⲉϊⲉ

ⲟⲩⲏϩ† → ⲟⲩⲱϩ

ⲟⲩϊⲛⲉ → ⲟⲩⲉϊⲛⲉ

ⲟⲩϊⲥⲉ (L) 톱질하다

ⲟⲩϊⲥⲉ (L) 부풀게 하다

ⲟⲩⲓⲧⲉ, ⲃⲓⲧⲉ, ⲟⲩⲉⲉⲧⲉ 황폐케 하다, 붕괴시키다, 파괴하다

ⲟⲩⲓϩⲉ (L), **ⲟⲩⲁϩⲉ†** 사나운, 무서운, 쓴

ⲟⲩⲗ̄ⲗⲉ, ⲟⲩⲗ̄ⲉ *f.* 음악 *cf.* *ϫⲓ ⲟⲩⲗ̄ⲗⲉ* 연주하다, 노래하다

ⲟⲩⲗⲱⲙ → ⲙ̄ⲙⲣⲱⲙ 베개

ⲟⲩ ⲙⲟⲛⲟⲛ οὐ μόνον ~않을 뿐만 아니라 *cf.* *ⲟⲩ ⲙⲟⲛⲟⲛ ⲁⲗⲗⲁ* ~뿐 아니라 ~도

ⲟⲩⲙⲟⲧ, ⲟⲩⲟⲙ(ⲛ̄)ⲧ† 뚱뚱해지다 *cf.* *ⲟⲩⲟⲙⲧⲉ* 뚱뚱한 여자

ⲟⲩⲛ- → ⲟⲩⲱⲛ 열다

ⲟⲩⲛ̄(-) → ⲟⲩⲟⲛ 이다, 있다, 가지다

ⲟⲩⲛ οὖν 그러므로, 그러기에

ⲟⲩⲛⲁⲙ, ⲟⲩ(ⲉ)ⲓⲛⲁⲙ, ⲓⲟⲩⲛⲁⲙ, (ⲓ) ⲟⲩⲛⲟⲙ *f.* 오른손 *cf.* *ⲧⲏⲩ ⲛ̄ⲟⲩⲛⲁⲙ* 유리한 바람

ⲟⲩⲛⲁϥ 기뻐하다

ⲟⲩⲛⲉⲙ *f.* 오른손

ⲟⲩⲛⲟⲩ *f., pl.* **ⲟⲩⲛⲟⲟⲩⲉ** 시간, 시각 *cf.* *ϭⲓⲥⲟⲩⲛⲟⲩ* 반 시간 *(ϩ)ⲛ̄ⲧⲉ(ⲟ)ⲩⲛⲟⲩ* 즉시 *ⲣⲉϥⲕⲁⲟⲩⲛⲟⲩ ⲛ̄ⲧⲡⲉ* 천문학자 *ⲧⲉⲛⲟⲩ* 지금

ⲟⲩⲛⲟⲩ *f., pl.* **ⲟⲩⲛⲁⲩⲉ, ⲟⲩⲛⲁⲟⲩⲛⲉ** 시간, 순간 *cf.* *ⲛ̄ⲧⲟⲩⲛⲟⲩ* 즉시 *ⲛ̄ⲧⲟⲩⲛⲟⲩ ⲧⲟⲩⲛⲟⲩ* 매 시간 *ϯⲛⲟⲩ* 지금

ⲟⲩⲛⲟϥ 즐거워하다 *cf.* *ϯ ⲟⲩⲛⲟϥ* 기뻐하다

ⲟⲩⲛ̄ϣϭⲟⲙ 능력이 있는 → ⲟⲩⲟⲛ 있다, ϣ- 할 수 있는, ϭⲟⲙ 능력

ⲟⲩⲛ̄ (ϣ) ϭⲁⲙ ~이 가능하다 → ⲟⲩⲛ̄ 있다, ϣ- 가능하다, ϭⲁⲙ 능력, 힘

ⲟⲩⲛ̄ϭⲟⲙ 능력이 있는 → ⲟⲩⲟⲛ, ϭⲟⲙ

ⲟⲩⲟ(ⲉ)ⲓ 애석하게도, 불행하게도

ⲟⲩⲟ(ⲉ)ⲓ 그렇다, 확실하다

ⲟⲩⲟ(ⲉ)ⲓ, ⲛ̄ⲟⲩⲟⲉⲓ 약진, 충동 *cf.* *ϯ (ⲡ) ⲟⲩⲟⲉⲓ* 약진하다, 전진하다

ⲟⲩⲟⲉⲓⲉ, ⲟⲩⲟⲓⲉⲓⲉ, ⲟⲩⲉⲓⲏ *m., pl.* **ⲟⲩⲉⲉⲓⲏ** 농부 *cf.* *ⲟⲩⲟⲉⲓⲉ ⲛ̄ⲉⲗⲟⲟⲗⲉ* 포도재배자 *ⲉⲓⲉⲡⲟⲩⲟⲉⲓⲉ* 농사 *ⲙⲁⲛ̄ⲟⲩⲟⲉⲓⲉ* 농촌

ⲟⲩⲟⲉⲓⲛ, ⲟⲩⲁⲉⲓⲛ(ⲉ), ⲟⲩⲟϊⲛ *m.* 빛 *cf.* *ⲣⲙ̄ⲛ̄ⲟⲩⲟⲉⲓⲛ* 빛의 사람 *ⲣ̄ ⲟⲩⲟⲉⲓⲛ* 빛을 비추다 *ⲣⲉϥⲣ̄ ⲟⲩⲟⲉⲓⲛ* 빛을 비추는 사람

ⲟⲩⲟⲉⲓⲧ *m.* 기둥, 비석

ⲟⲩⲟⲉⲓϣ, ⲟⲩⲁⲉⲓϣ 순간, 때 *cf.* *ⲙ̄ⲡⲉⲓⲟⲩⲟⲉⲓϣ* 이때 *ⲙ̄ⲡⲓⲟⲩⲟⲉⲓϣ* 지금 이 순간 *ⲙ̄ⲡⲉⲟⲩⲟⲉⲓϣ ⲉ-* …할 때 *ⲛ̄ⲟⲩⲟⲩⲟⲉⲓϣ* 언젠가, 예전에 *ϩⲛ̄ ⲁϣⲛ̄ⲟⲩⲟⲉⲓϣ* 언제? *ⲛ̄ⲟⲩⲟⲉⲓϣ ⲛⲓⲙ* 언제나 *ⲡⲁⲣⲁ ⲡⲟⲩⲟⲉⲓϣ* 시기가 적절치 않게 *ⲡⲣⲟⲥⲟⲩⲟⲉⲓϣ* 하루살이의 *ⲣ̄ ⲟⲩⲟⲉⲓϣ* 시절을 보내다 *ϩⲉ ⲉⲡⲟⲩⲟⲉⲓϣ* 기회를 갖다 *ϩⲙ̄ ⲡⲟⲩⲟⲉⲓϣ* 시기적절하게

ⲟⲩⲟⲗⲥ̄† → ⲟⲩⲱⲗⲥ̄

ⲟⲩⲟⲙⲛ̄ⲧ → ⲟⲩⲙⲟⲧ 두꺼움

ⲟⲩⲟⲙⲧⲉ, ⲟⲩⲟⲟⲙⲧⲉ, ⲟⲩⲟⲙⲡⲧⲉ, ⲟⲩⲟ(ⲟ)ⲙⲡⲉ *f.* 탑, 성곽 *cf.* *ⲟⲩⲙⲟⲧ* 두꺼운

ⲟⲩⲟⲙϥ̄, ⲟⲩⲁⲙⲁϩⲃ̄ *m.* 구유 *cf.* *ⲟⲩⲱⲙ* 먹다

ⲟⲩⲟⲛ, ⲟⲩⲛ̄(-), ⲟⲩ(ⲟ)ⲛⲧⲉ-, ⲟⲩⲛⲧⲁ⸗, ⲟⲩⲛⲧ(ⲉ)⸗ 이다, 있다, 가지다 *cf.* *ⲟⲩⲟⲛ ⲉ-* 빚지다

ⲛⲉⲧⲉⲟⲩⲛⲧⲁ⸗... ⲉⲣⲟ⸗ 전자가 후자에게 빚지다

ⲉⲧⲉⲟⲩⲛ̄ⲧⲁϥ ⲟⲩⲃⲁⲗ ⲛ̄ⲟⲩⲱⲧ 애꾸눈을 가진

ⲟⲩⲛ̄ϭⲟⲙ, ⲟⲩⲛ̄ϣϭⲟⲙ 능력을 지닌

ⲟⲩⲟⲛ 누군가, 어떤 사람, 아무도 *cf.* *ⲟⲩⲟⲛ ⲛⲓⲙ* 누구든지

ⲟⲩⲟⲟⲗ(ⲉ)ⲥ 차고 넘침 *cf.* *ⲟⲩⲱ(ⲱ)ⲗⲉ* 번창하다

ⲟⲩⲟⲟⲙⲡⲉ, ⲟⲩⲟⲙⲡⲧⲉ → ⲟⲩⲟⲙⲧⲉ 뚱뚱한 여자

ⲟⲩⲟⲟⲧⲉ 초목, 풀 *cf.* *ⲙⲁⲛ̄ⲟⲩⲟⲟⲧⲉ* 정원 *ⲟⲩⲱⲧ* 푸르른, 신선한

ⲟⲩⲟⲟⲧⲉ† → ⲟⲩⲱ(ⲱ)ⲧⲉ

ⲟⲩⲟ(ⲟ)ϫ⸗ → ⲟⲩⲱ(ⲱ)ϫⲉ

ⲟⲩⲟⲟϭⲉ, ⲟⲩⲟ(ⲓ)ϭⲉ *f.* 뺨 *cf.* *ⲟⲩⲉϭⲣⲟ* 문지방 *ⲙⲁⲣⲟⲩⲟϭⲉ* 턱 *ⲟⲩⲟϭⲟⲩⲉϭ* 씹다

ⲟⲩⲟⲡ, ⲟⲩⲁⲁⲃ†, ⲟⲩⲁⲃⲉ† 순수한, 성스러운 *cf.* *ⲉⲧⲟⲩⲁⲁⲃ* 성스러운, 순수한, 죄 없는 *ⲙⲁ ⲉⲧⲟⲩⲁⲁⲃ* 성소 *ⲟⲩⲏⲏⲃ, ⲟⲩⲏⲃ* 사제 *ⲧⲃ̄ⲃⲟ* 정화시키다

ⲟⲩⲟⲣ- → ⲟⲩⲱⲣϩ̄ 열린

ⲟⲩⲟⲣϣϥ̄ *m.* 비보호 지역

ⲟⲩⲟⲥ 점

ⲟⲩⲟⲥⲣ *m.* 배의 노

ⲟⲩⲟⲥϥ† → ⲟⲩⲱⲥϥ̄

ⲟⲩⲟⲧⲃ⸗ → ⲟⲩⲱⲧⲃ̄

ⲟⲩⲟⲥⲧⲛ̄, ⲟⲩⲁⲥⲧⲛ̄, ⲟⲩⲉⲥⲧⲱⲛ† 넓히다, 풀어지다, 넓이

(ⲟⲩ)ⲟⲧϩ⸗ → ⲟⲩⲱⲧϩ̄

ⲟⲩⲟⲥϭ⸗ → ⲱⲥϭ̄ 기름 붓다

ⲟⲩⲟⲧⲟⲩⲉⲧ, ⲟⲩⲉⲧⲟⲩⲱⲧ† 풀로 뒤덮히다, 초원 *cf.* *ⲉⲧⲟⲩⲉⲧⲟⲩⲱⲧ* 녹음이 우거진*ⲙⲁⲛ̄ⲕⲁϣ ⲉⲧⲟⲩⲉⲧⲟⲩⲱⲧ* 초원 *ⲟⲩⲱⲧ* 푸르른, 신선한

ⲟⲩⲟⲧϩ(ⲉ), ⲟⲩⲁⲑ 한 입, 한 잔 *cf.* *ⲟⲩⲱⲧϩ̄* 물을 푸다, 붓다, 녹이다

ⲟⲩⲟⲩⲕⲉ 뽑다, 꼬집다, 자르다

ⲟⲩⲟϣ⸗ → ⲟⲩⲱϣ

ⲟⲩⲟϣⲙ† → ⲟⲩⲱϣⲙ̄

ⲟⲩⲟϣⲟⲩⲉϣ, ⲟⲩⲱϣⲟⲩⲉϣ, ⲟⲩⲉϣⲟⲩⲉϣ, ⲟⲩⲉϣⲟⲩⲱϣ⸗ 깨뜨리다, 부수다

ⲟⲩⲟϣϥ⸗ → ⲟⲩⲟϣϥ̄

ⲟⲩⲟϥ, ⲟⲩⲱϥ *m.* 허파

ⲟⲩⲟϩⲃⲉϥ → ⲟⲩⲁϩⲃⲉϥ

ⲟⲩⲟϩⲙ̄† → ⲟⲩⲱϩⲙ̄

ⲟⲩⲟϭⲟⲩⲉϭ, ⲟⲩϭⲃϭ̄, ⲟⲩⲉϭⲟⲩ(ⲱ)ϭ⸗ 씹다 *cf.* *ⲟⲩⲟⲟϭⲉ* 뺨

ⲟⲩⲟϭⲡ† → ⲟⲩⲱϭⲡ̄

ⲟⲩⲣⲁⲙ (L) *m.* 흐름

ⲟⲩⲣⲁⲥ 지팡이, 지휘봉

ⲟⲩⲣⲁⲧ, ⲣⲁⲩⲧ† 기쁜,즐거운

ⲟⲩⲣⲏⲧⲉ 다리

ⲟⲩⲣⲏϩ → ⲟⲩⲱⲣϩ̄

ⲟⲩⲣⲟ → ⲣ̄ⲣⲟ 왕

ⲟⲩⲣⲟⲧ, ⲣⲟⲟⲩⲧ† 즐거운, 활짝 핀 *cf.* *ⲛ̄ⲟⲩⲣⲟⲧ* 즐겁게 *ϩⲛ̄ⲟⲩⲟⲩⲣⲟⲧ* 기꺼이 *ϯⲟⲩⲣⲟⲧ* 기쁨을 자극하다 *ⲉⲧⲣⲟⲟⲩⲧ†* 즐거운, 기쁨이 넘치는

ⲟⲩⲣⲟⲩⲁⲣⲧ†, ⲟⲩⲣⲟⲩⲱⲣ(ⲉ)⸗ → ⲟⲩⲁⲣⲟⲩⲣ

ⲟⲩⲣⲧ̄, ⲟⲩⲁⲣⲧ̄, ⲟⲩ(ⲁ)ⲣⲏⲧ, ⲟⲩⲉⲣⲧ *m. f.* 장미

ⲟⲩⲣⲱ, ⲁⲣⲱ *m.* 강낭콩

ⲟⲩⲣⲱⲣ⸗ → ⲟⲩⲁⲣⲟⲩⲣ

ⲟⲩⲣ̄ϣⲉ *f.* 파수대, 망대 *cf.* *ⲁⲛⲟⲩⲣϣⲉ* *m.* 보초 *ⲟⲩⲁⲣϣϥ̄* *m.* 초소

ⲟⲩⲥ *m.* 대머리

ⲟⲩⲥⲓⲁ οὐσία 본질

ⲟⲩⲧⲁϩ *m.* 과실, 열매 *cf.* *ⲛ̄ⲧⲁïⲟⲩⲧⲁϩ* 유실수

ⲟⲩⲧⲉ οὔτε ~도 아닌

ⲟⲩⲧⲉ-, ⲟⲩⲧⲱ⸗, ⲟⲩⲇⲉ- …사이에 *cf.* *ⲟⲩⲧⲉ... ⲙⲛ̄ ⲟⲩⲧⲉ...* …와 …사이에서 *ⲉⲃⲟⲗ ⲟⲩⲧⲉ* …주변에서

ⲟⲩⲱ 그치다, 끝내다 *cf.* *ⲟⲩⲱ ⲉ-* 마치다 *ϯ ⲟⲩⲱ* 끝내다

ⲟⲩⲱ *m.* 소식, 회신, 대답 *cf.* *ⲛ̄ⲡⲟⲩⲱ* 소식을 가져오다, 방문하다 *ⲣ̄ ⲟⲩⲱ* 답변하다 *ϯ ⲟⲩⲱ, ϫⲓ (ⲡ)ⲟⲩⲱ* 발표하다 *ⲣⲉϥϫⲓⲟⲩⲱ* 소식을 전하는 자 *ϩⲗ̄ⲟⲩⲱ, ϩⲣ̄ⲟⲩⲱ* 논쟁을 벌이다 *ⲙⲛ̄ⲧ ϩⲗ̄ⲟⲩⲱ* 논쟁, 다툼 *ϥⲁⲓⲟⲩⲱ* 메신저

ⲟⲩⲱ *m.* 새싹, 꽃망울 *cf.* *ϯⲟⲩⲱ ⲉⲃⲟⲗ* 꽃이

피다, 새싹이 나다 *ϯⲟⲩⲱ ⲉϩⲣⲁï* 꽃이 피다, 열매 맺다 *ϫⲓⲟⲩⲱ, ϫ(ⲉ)ⲟⲩⲱ* 임신하다

ⲟⲩⲱ → ϥⲱ 머리카락

ⲟⲩⲱ- → ⲟⲩⲱⲙ 먹다

ⲟⲩⲱⲑ → ⲟⲩⲱⲧϩ̄ 물을 푸다

ⲟⲩⲱⲗⲉ, ⲟⲩⲁⲗⲉ⸗, ⲟⲩⲁⲗⲉ† 활짝 피다

ⲟⲩⲱⲗⲥ̄, ⲟⲩⲉⲗⲥ̄-, ⲟⲩⲟⲗⲥ⸗, ⲟⲩⲁⲗⲥ⸗, ⲟⲩⲟⲗⲥ̄†, ⲟⲩⲁⲗⲥ̄† 기울다, 굽은, 겸비한, 의기소침한, 넘어진

ⲟⲩⲱⲙ, ⲟⲩⲟⲟⲙ, ⲟⲩ(ⲉ)ⲙ-, ⲟⲩⲱⲙ-, ⲟⲩⲟ(ⲟ)ⲙ⸗, *p.c.* **ⲟⲩⲁⲙ-** 먹다, 삼키다, 식사 *cf.* *ⲁⲧⲟⲩⲱⲙ* 먹지 않는, 금식의 *ⲛ̄ⲕⲁⲛ̄ⲟⲩⲱⲙ* 음식물 *ⲣⲉϥⲟⲩⲱⲙ* 먹는 사람 *ⲛ̄ⲟⲩⲉⲥ ⲛ̄ⲟⲩⲱⲙ* 금식하는 *ⲟⲩⲁⲙⲟⲙⲉ* 암 *(ⲧ)ϩⲏⲧ ⲟⲩⲱⲙ ⲛ̄(ⲥⲁ)-* 후회하는 *ϭⲓⲛⲟⲩⲱⲙ* 음식물 *ⲟⲩⲟⲙϥ̄*

ⲟⲩⲱⲛ, ⲟⲩⲛ-, ⲟⲩⲏⲛ†, *p.c.* **ⲟⲩⲁⲛ-,** *imper.* **ⲁⲟⲩⲱⲛ, ⲟⲩⲛ̄-** 열다, 열리다, 문제를 해결하다 *cf.* *ⲧⲟⲩⲛⲟ* 열리게 하다

ⲟⲩⲱⲛ, ⲟⲩ(ⲉ)ⲛ- *m.* 일부분, 한 조각 *cf.* *ⲟⲩⲱⲛ ⲛ̄ϥⲧⲟⲟⲩ* 넷으로 나뉜 한 조각

ⲟⲩⲱⲛ → ⲟⲩⲱⲛϩ̄

ⲟⲩⲱⲛϣ̄, ⲱⲛϣ̄ *m.* 이리, 늑대

ⲟⲩⲱⲛϩ̄, ⲟⲩⲱⲛⲁϩ, ⲟⲩⲉⲛϩ̄-, ⲟⲩⲱⲛϩ-, ⲟⲩⲁⲛϩ-, ⲟⲩⲟⲛϩ⸗, ⲟⲩⲁⲛϩ⸗, ⲟⲩⲁⲛⲉϩ⸗, ⲟⲩⲟⲛϩ†, ⲟⲩⲁⲛϩ†, ⲟⲩⲁⲛⲉϩ† 드러내다, 나타나게 하다, 공표하다, 신앙을 고백하다 *cf.* *ⲁⲧⲟⲩⲱⲛϩ̄ ⲉⲃⲟⲗ* 보이지 않는 *ϩⲛ̄ⲟⲩⲟⲩⲱⲛϩ̄ ⲉⲃⲟⲗ* 현저하게, 공공연하게 *ϭⲓⲛⲟⲩⲱⲛϩ̄ ⲉⲃⲟⲗ* 광경, 전시, 자유로운 연출 *ⲉⲧⲟⲩⲟⲛϩ̄ ⲉⲃⲟⲗ* 보이는, 드러나는

ⲟⲩⲱⲣⲟⲩⲱⲣ(ⲉ)⸗ → ⲟⲩⲁⲣⲟⲩⲣ

ⲟⲩⲱⲣⲡ̄, ⲟⲩⲱⲣⲉⲡ, ⲟⲩⲟⲣⲡ⸗ 보내다 *cf.* *ⲟⲩⲱⲣⲡ̄ ⲉⲃⲟⲗ* 파견하다, 사명

ⲟⲩⲱⲣϩ̄, ⲟⲩ(ⲉ)ⲣϩ̄-, ⲟⲩⲟⲣ(ⲉϩ)-, ⲟⲩⲱⲣ(ϩ)-, ⲟⲩⲁⲣ-, ⲟⲩⲟⲣ(ϩ)⸗, ⲟⲩⲁⲣ(ϩ)⸗, ⲟⲩⲱⲣ⸗, ⲟⲩⲟⲣϩ̄†, ⲟⲩⲁⲣϩ† 열린 *cf.* *ⲟⲩⲣⲉϩ, ⲟⲩⲣⲏϩ* 여유가 있는 *ⲟⲩⲱϩⲣ̄* 거리를 둔

ⲟⲩⲱⲣϫ̄ → ⲱⲣϫ̄ 단단한

ⲟⲩⲱⲥϥ̄, ⲟⲩⲉⲥϥ̄-, ⲟⲩⲟⲥϥ⸗, ⲟⲩⲁⲥϥ⸗, ⲟⲩⲟⲥϥ† *p.c.* **ⲟⲩⲁⲥϥ-** 폐지하다, 취소하다, 무기력한, 게으른 *cf.* *ⲉⲧⲟⲩⲟⲥϥ̄* 할 일 없는 *ⲟⲩⲁⲥϥⲉ* 무기력

ⲟⲩⲱⲧ, ⲟⲩⲉⲧ-, ⲟⲩⲉⲧ⸗ 청청한, 신선한, 익히지 않은 *cf.* *ⲟⲩⲟⲧⲟⲩⲉⲧ* 풀로 뒤덮히다 *ⲟⲩⲟ(ⲟ)ⲧⲉ* 녹색 초목

ⲟⲩⲱⲧ 유일한 *cf.* *ⲟⲩⲁ (ⲛ̄)ⲟⲩⲱⲧ* 홀로, 유일하게, 하나로 일치하여 *cf.* *ⲡⲉⲧⲉⲟⲩⲛ̄ⲧⲁϥ ⲛ̄ⲟⲩⲃⲁⲗ ⲛ̄ⲟⲩⲱⲧ* 애꾸눈의 *ϩⲛ̄ⲟⲩⲥⲙⲏ ⲛ̄ⲟⲩⲱⲧ* 한목소리로, 일치하여 *ⲡⲁⲡⲧⲁⲡ ⲛ̄ⲟⲩⲱⲧ* 일각수 *ⲧⲱϣⲛ̄ⲟⲩⲱⲧ* 행정구역 *ϣⲏⲣⲉⲛ̄ⲟⲩⲱⲧ ⲟⲩⲁ* 독생자 *ⲟⲩⲱⲧ . . ⲟⲩⲱⲧ* 하나는… 또 하나는…

ⲟⲩⲱⲧ, ⲟⲩⲉⲧ 서로 다른 *cf. Jn.4 ,37* *ⲟⲩⲉⲧ ⲡⲉⲧϫⲟ ⲟⲩⲉⲧ ⲡⲉⲧⲱϩⲥ̄* 심은 사람 다르고 거두는 사람 다르다 *ⲟⲩⲱⲱⲧⲉ* 되돌려보내다, 다르게 하다

ⲟⲩⲱⲧ → ⲱⲧ 기름기

ⲟⲩⲱⲧⲃ̄, ⲟⲩⲉⲧⲃ̄-, ⲟⲩⲟⲧⲃ⸗, ⲟⲩⲁⲧⲃ⸗, ⲟⲩⲟⲧ(ⲉ)ⲃ† 자리를 바꾸다, 이동하다, 이전시키다 *cf.* *ⲟⲩⲱⲧⲃ̄ ⲉⲃⲟⲗ* 떠나가다, 이사하다 *ⲉⲧⲟⲩⲟⲧⲃ* 다른 *ⲉⲧⲟⲩⲟⲧⲃ̄ (ⲡⲁⲣⲁ)* 능가하다, 상회하다 *ⲟⲩⲁⲧⲃⲉ(ⲥ), ⲟⲩⲁⲧϥⲉ* 구멍, 간격

ⲟⲩⲱⲧⲃⲉ (L), ⲟⲩⲁⲧⲃⲉ† 바꾸다, 건너다 *cf.* *ⲟⲩⲱⲧⲃⲉ* *nn.* 통과

ⲟⲩⲱⲧⲛ̄, ⲟⲩⲟⲧⲛ⸗ 붓다, 술을 따르다, 녹다 *cf.* *ⲟⲩⲱⲧⲛ̄ ⲉⲃⲟⲗ* 술을 따름

ⲟⲩⲱⲧⲛⲉ (L) 술을 따르다

ⲟⲩⲱⲧϩ̄, ⲱⲧϩ̄, ⲟⲩⲉⲧϩ̄-, (ⲟⲩ)ⲟⲧϩ⸗, ⲟⲩⲁⲧϩ⸗, ⲟⲩⲱⲑ† 금속을 녹이다, 물을 푸다, 물을 붓다 *cf.* *ⲙⲁⲛ̄ⲟⲩⲱⲧϩ̄* 용광로 *ⲣⲉϥⲟⲩⲱⲧϩ̄* 시중드는 사람 *(ϩⲛⲁⲁⲩ) ⲛ̄ⲟⲩⲱⲧϩ̄* 주물로 만든 작품 *ⲟⲩⲟⲧϩ(ⲉ)* 입, 잔, *ⲟⲑⲉ* 샘

ⲟⲩⲱⲧϩ̄ → ⲱⲧϩ̄ 고정시키다, 직조하다 *cf.* *ⲟⲩⲁⲧϩⲉ* *m.* 직조 장치 *ⲱⲧϩ̄* 고정시키다, 직조하다

ⲟⲩⲱ(ⲱ)ⲗⲉ , ⲟⲩⲟ(ⲟ)ⲗⲉ† 번창하는, 차고 넘치는 *cf.* ⲟⲩⲟⲟⲗ(ⲉ)ⲥ 넘쳐남

ⲟⲩⲱⲱⲙⲉ, ⲟⲩⲟ(ⲟ)ⲙ⸗ 졸아들다, 왜소해지다, 번민하다

ⲟⲩⲱ(ⲱ)ⲧⲉ, ⲟⲩⲁⲁⲧⲉ-, ⲃⲱⲧ-, ⲟⲩⲟ(ⲟ)ⲧ⸗, ⲟⲩⲱⲁ(ⲁ)ⲧ⸗, ⲟ[ⲩⲁ]ⲧ⸗, ⲟⲩⲟⲟⲧⲉ†, ⲟⲩⲁⲧⲉ†되돌리다, 차이를 내다, 가르다 *cf.* *ⲉⲧⲟⲩⲟⲟⲧⲉ* 차이가 나는, 같지 않은 *ⲣⲙ̄ⲛ̄ⲟⲩⲱⲧⲉ* 전언자 *ⲟⲩⲱⲧ* 다른

ⲟⲩⲱ(ⲱ)ϣⲉ, ⲟⲩⲁϣ⸗ 소멸되다, 탕진되다

ⲟⲩⲱ(ⲱ)ϫⲉ, ⲟⲩⲉ(ⲉ)ϫ(ⲉ)-, ⲟⲩⲟ(ⲟ)ϫ⸗ 자르다, 가르다 *cf.* *ⲟⲩⲉⲓϫⲉ* 자름, 상처

ⲟⲩⲱϣ, ⲟⲩ(ⲱ)ϣⲉ, ⲟⲩⲉϣ-, ⲟⲩⲱϣ-, ⲟⲩⲁϣ⸗, ⲟⲩⲟϣ⸗ 원하다,

갈구하다, 선호하다, 좋아하다, 원함, 의도, 계획 *cf.* ⲉϥⲟⲩⲱϣ 스스로 원하여 ⲟⲩⲁϣϥ̄ 욕구

ⲟⲩⲱϣ *m.* 간격, 틈새, 거리 **ⲛ̄ⲟⲩⲱϣ ⲛ̄-, ⲛ̄ⲟⲩⲉϣ ⲛ̄-** …없이 *cf.* ⲛ̄ⲟⲩⲉϣ ⲛ̄ⲟⲩⲱⲙ 먹지 않고

ⲟⲩⲱϣ, ⲟⲩⲱϣ- → ⲟⲩⲱϣⲉ

ⲟⲩⲱϣⲃ̄, ⲟⲩⲉϣⲃ̄-, ⲟⲩⲁϣⲃ≠ 대답하다 *cf.* ϭⲓⲛⲟⲩⲱϣⲃ̄ 대답, 답변

ⲟⲩⲱϣⲃⲉ, ⲟⲩⲁϣⲃⲉ≠ 대답하다

ⲟⲩⲱϣⲉ → ⲟⲩⲱϣ 원하다

ⲟⲩⲱϣⲉ, ⲟⲩⲱϣ-, ⲟⲩⲁϣ≠ 원하다

ⲟⲩⲱϣⲙ̄ → ⲱϣⲙ̄ 고갈시키다, 마르다

ⲟⲩⲱϣⲙ̄, ⲟⲩⲉϣⲙ̄-, ⲟⲩⲟϣⲙ≠, ⲟⲩⲟϣⲙ†, ⲟⲩⲁϣⲙⲉ† 반죽하다, 짓이기다, 빻다, 반죽 *cf.* ⲙⲁⲛ̄ⲟⲩⲱⲥⲙ̄ 빵집

ⲟⲩⲱⲥⲙ̄ ⲉⲧϩⲏⲡ 재에 묻어 구운 빵

ⲟⲩⲱϣⲟⲩⲉϣ 부수다

ⲟⲩⲱϣⲡ̄ → ⲟⲩⲱϭⲡ̄ 꺾다

ⲟⲩⲱϣⲥ̄, ⲟⲩⲉϣⲥ̄-, ⲟⲩⲟϣⲥ≠, ⲟⲩⲁϣⲥ≠, ⲟⲩⲟϣⲥ̄†, ⲟⲩⲁϣⲥ̄† 넓히다, 넓게, 여유있게 *cf.* ⲟⲩⲱϣⲥ̄ ⲉⲃⲟⲗ 편안하게 처신하다 ⲙⲁ ⲉⲧⲟⲩⲟϣⲥ̄ 너른 장소 ⲟⲩⲁϣⲥⲉ 넓이

ⲟⲩⲱϣⲧ̄, ⲟⲩⲁϣⲧ≠ 발 앞에 엎드리다, 경배하다 *cf.* ⲣⲉϥⲟⲩⲱϣⲧ̄ 숭배자 ⲟⲩⲁϣⲧⲉ 경배, 섬김

ⲟⲩⲱϣϥ̄, ⲟⲩⲉϣϥ̄-, ⲟⲩⲟϣϥ≠, ⲟⲩⲁϣϥ≠, ⲟⲩⲟϣϥ̄† 깨뜨리다, 짓밟다, 파괴하다 *cf.* ⲟⲩⲱϣϥ̄ ⲙ̄ⲡⲣⲟ 문을 박차고 들어가다

ⲟⲩⲱϩ, ⲟⲩⲉϩ-, ⲟⲩⲱϩ-, ⲟⲩⲁϩ≠, ⲟⲩⲏ(ⲏ)ϩ†, *p.c.* **ⲟⲩⲁϩ-** 두다, 배치하다, 더하다, 남다, 거주하다, 보유하다 *cf.* ⲟⲩⲱϩ ⲉⲧⲟⲟⲧ≠ 되풀이하다, 덧붙이다, 대답하다ⲟⲩⲱϩ ⲉϫⲛ̄- 신경쓰이게 하다, 지나친 부담을 주다 ⲟⲩⲱϩ ⲛ̄ⲥⲁ- 결과가 나타나다, 귀결, 결과 ⲙⲁ ⲛ̄ⲟⲩⲱϩ 거주지, 거하다, 주택 ⲟⲩⲉϩⲥⲟⲓ 지붕, 다락 ⲟⲩⲉϩ ⲥⲁϩⲛⲉ 지시하다, 명령, 법령 ⲟⲩⲉϩϩⲓⲥⲉ 많은 일로 지치다 ⲟⲩⲁϩ 장대

ⲟⲩⲱϩ, ⲟⲩⲉϩ- 통역하다, 추측하다 *cf.* ⲣⲉϥⲟⲩⲉϩⲣⲁⲥⲟⲩ 통역인, 해몽가

ⲟⲩⲱϩⲉ, ⲟⲩⲟϩⲉ†, *p.c.* **ⲟⲩⲁϩⲓ-** 무서운, 사나운 *cf.* ⲟⲩⲁϩⲓϩⲏⲧ, ⲟⲩⲁϩⲉⲓⲏⲧ 몰인정한, 사나운

ⲟⲩⲱϩⲉ, ⲟⲩⲟ(ⲟ)ϩⲉ *f.* 전갈

ⲟⲩⲱϩⲉ, ⲟⲩ(ⲟⲟ)ϩⲉ, ⲃⲟⲩϩⲉ *m.* 어부

ⲟⲩⲱϩⲙ̄, ⲟⲩⲱϩⲙⲉ, ⲟⲩⲉϩⲙ̄-, ⲟⲩⲁϩⲙ≠, ⲟⲩⲟϩⲙ≠, ⲟⲩⲁϩⲙⲉ≠, ⲟⲩⲟϩⲙ̄† 응수하다, 대답하다, 되풀이하다, 번역하다 *cf.* ⲛ̄ⲟⲩⲱϩⲙ̄ 다시 한 번, 재차, 더는 -않다 ⲟⲩⲁϩⲙⲉ 층, ⲟⲩⲁϩⲙⲉϥ 통역인

ⲟⲩⲱϩⲣ̄, ⲟⲩⲟϩⲣ≠ 간격을 두다 *cf.* ⲟⲩⲱⲣϩ̄ 열려진, 자유로운

ⲟⲩⲱϫⲉ, ⲟⲩⲁϫⲉ≠ 자르다

ⲟⲩⲱϫⲡ̄ ⲟⲩⲱϭⲡ̄ 꺾다

ⲟⲩⲱϭⲥ̄ 세금을 징수하다, 모으다

ⲟⲩⲱϭⲡ̄, ⲟⲩⲱϫⲡ̄, ⲟⲩⲁϭⲡ-, ⲟⲩⲉϭⲡ̄-, ⲟⲩⲁϭⲡ≠, ⲟⲩⲟϭⲡ≠, ⲟⲩⲟϭⲡ† 꺾다, 짓밟다, 부러뜨리다

ⲟⲩϣⲁⲡ *m.* 융자, 빌림

ⲟⲩϣⲉⲡ (L) *m.* 차용, 빌림

ⲟⲩϣⲏ *f., pl.* **ⲟⲩϣⲟⲟⲩⲉ, ⲟⲩϣⲁⲩⲉ, ⲟⲩⲁϣⲁⲩⲉ** 밤, 야간 *cf.* ⲡⲁϣⲉ ⲛ̄ⲧⲉⲩϣⲏ 자정 ⲣ̄ ⲟⲩϣⲏ (ⲛ̄ⲣⲟⲉⲓⲥ) 밤을 지새우다 ⲛ̄ⲧⲟⲩϣⲏ 밤에

ⲟⲩϥ → ⲱϥ 상치, 샐러드

ⲟⲩϩⲁⲣ *m., pl.* **ⲟⲩϩⲟⲟⲣ** 개

ⲟⲩϩⲟⲣ *m., f.* **ⲟⲩϩⲟ(ⲟ)ⲣⲉ, ⲟⲩϩⲱⲣⲉ** *pl.* **ⲟⲩϩⲟⲟⲣ** 개

ⲟⲩϫⲁⲓ, ⲟⲩⲟϫ† 건강한, 구제된, 구원 *cf.* ⲁⲧⲟⲩϫⲁⲓ 구제불능의 (ⲕ)ⲟⲩⲟϫ 좋구먼, 잘될 거야 ⲉⲧⲟⲩⲟϫ 무사한, 아무 일 없는 ⲧⲟⲩϫⲟ 병이 낫다

ⲟⲩϫⲉï, ⲟⲩⲁϫ† 건강한, 구제된 *cf.* ⲟⲩϫⲉï 건강, 구원

ⲟⲩϫϩⲁⲓ → ⲟⲩϫⲁⲓ 건강, 구원

ⲟⲩϭⲃϭ̄ → ⲟⲩⲟϭⲟⲩⲉϭ 씹다

ⲟⲉⲓϣ 외침, 선포 *cf.* ⲁϣⲟⲉⲓϣ 크게 수선떨기 ⲧⲁϣⲉ ⲟⲉⲓϣ 선포하다, 설교하다 ⲣⲉϥⲧⲁϣⲉ ⲟⲉⲓϣ 전도자, 설교자 ⲱϣ

ⲟϣ≠ → ⲱϣ 외치다 *cf.* ⲱϣ 미치다

ⲟϣ† 많은 **→ ⲁϣⲁⲓ** 많아지다

ⲟϣⲙ≠ → ⲱϣⲙ̄ 태우다

ⲟϣⲙⲉϥ *m.* 담금질

ⲟϥ≠ → ⲱϥⲉ 으깨다, 짓누르다

ⲟϥⲧ≠ → ⲱϥⲧ̄ 못박다

ⲟϩⲉ, ⲟⲟϩⲉ, ⲱϩⲉ *m.* 사육장, 우리, 목축

ⲟϩⲉ† → ⲱϩⲉ 굳게 버티다

ⲟϩⲥ≠ → ⲱϩⲥ̄ 추수하다

ⲟϩⲥ̄ *m.* 낫 *cf.* *ⲱϩⲥ̄* 추수하다

ⲟϫ → **ⲱϫ** 도둑

ⲟϫⲛ⸗ → **ⲱϫⲛ̄** 고갈시키다

ⲟϭⲃ̄† → **ⲱϭⲃ** 얼다

ⲟϭⲃⲥ̄ 차가움 *cf.* *ⲱϭⲃ̄* 차갑게 되다

ⲟϭⲣ̄⸗ → **ⲱϭⲉⲣ** 굳어지다

ⲟϭⲧ⸗ → **ⲱϭⲧ̄** 목을 조르다

ⲟϭϥ̄† 차가운 → **ⲱϭⲃ̄** 차갑게 되다, 얼다

ⲁ ⲃ ⲅ ⲇ ⲉ ⲍ ⲏ ⲑ ⲓ ⲕ ⲗ ⲙ ⲛ ⲝ ⲟ ⲡ ⲣ ⲥ ⲧ ⲩ ⲫ ⲭ ⲯ ⲱ ϣ ϥ ϩ ϫ ϭ ϯ

ⲡ

ⲡⲁ- *m.*, **ⲧⲁ** *f.*, **ⲛⲁ** *pl.* ~에 속한 (소유대명사) *f.* **ⲡⲱ⸗** *et* **ⲡⲁ-**, **ⲡⲉⲕ-**, **ⲡⲉϥ-** *cf.* ***ⲡⲁ ⲡⲇⲓⲁⲃⲟⲗⲟⲥ*** 사탄처럼 악한 자 ***ⲡⲁ ⲧⲇⲓⲁⲕⲟⲛⲓⲁ*** 집사 ***ⲡⲁ ⲧⲕⲟⲩⲓ ⲛ̄ⲡⲓⲥⲧⲓⲥ*** 믿음이 적은 자 ***ⲡⲁ ⲡⲕⲟⲥⲙⲟⲥ*** 세속적인 사람 ***ⲡⲁ ⲡⲧⲁⲡ ⲛ̄ⲟⲩⲱⲧ*** 일각수 ***ⲡⲁ ⲧϣⲉⲗⲉⲉⲧ*** 신랑 ***ⲡⲁ ⲧⲉϣⲛⲏ*** 정원사

ⲡⲁ- 나의 (문법 참조)

ⲡⲁⲁⲛⲉ⸗ → **ⲡⲱⲱⲛⲉ**

ⲡⲁⲁⲡⲉ 곱트력의 두 번째 달

ⲡⲁⲑⲟⲥ πάθος 열정

ⲡⲁï- *m.*, **ⲧⲁï** *f.*, **ⲛⲁï** *pl.* 이것, 이 사람 *cf.* ***ϩⲙ̄ ⲡⲁï*** 이처럼 ***ⲧⲁï ⲧⲉ ⲑⲉ*** 그와 같이 ***ⲙⲛ̄ⲛ̄ⲥⲁ ⲛⲁï*** 그 이후에 ***ϩⲓ ⲛⲁï*** 그처럼 ***ⲉⲧⲃⲉ ⲡⲁï*** 이러한 이유로

ⲡⲁⲓⲇⲉⲥ → **ⲡⲉⲇⲏⲥ**

ⲡⲁⲓⲇⲉⲩⲉ παιδεύειν 교육시키다

ⲡⲁⲓⲇⲉⲩⲥⲓⲥ παίδευσις 교육

ⲡⲁ(ⲓ)ϣⲉ, **ⲡⲉϣⲉ**, **ⲡⲓϣⲉ**, **ⲡⲓϩⲉ** *f.* 피부병의 일종

ⲡⲁⲗⲁⲧⲓⲟⲛ παλάτιον 궁전

ⲡⲏⲗⲏ πάλη 격투

ⲡⲁⲗⲓⲛ πάλιν 다시

ⲡⲁⲛ⸗ → **ⲡⲱⲛ**

ⲡⲁⲛⲇⲟⲩⲣⲁ πανδοῦρα 삼현악기

ⲡⲁⲛⲇⲟⲭⲓⲟⲛ πανδοχεῖον 숙박소

ⲡⲁⲛⲉ → **ⲡⲱⲱⲛⲉ**

ⲡⲁⲛⲉ⸗ → **ⲡⲱⲛⲉ**

ⲡⲁⲛⲕ⸗ → **ⲡⲱⲛⲕ̄**

ⲡⲁⲛⲛⲩⲭⲓⲥⲙⲟⲥ παννυχισμός 밤샘, 철야

ⲡⲁⲛϩⲟⲡⲗⲓⲁ πανοπλία 갑옷

ⲡⲁⲛϩⲟⲡⲗⲓⲍⲉ πανοπλίζειν 무장하다

ⲡⲁⲛⲟⲩⲣⲅⲓⲁ πανουργία 악행

ⲡⲁⲛⲧⲏⲡⲁⲛⲧⲱⲥ παντηπάντως 철저히, 완전히

ⲡⲁⲛⲧⲱⲥ πάντως 모든

ⲡⲁⲟⲡⲉ, **ⲡⲟⲡⲉ**, **ⲡⲁⲁⲡⲓ** 곱트력 두 번째 달

ⲡⲁⲡⲁ → **ⲡⲁⲡⲁ(ⲥ)**

ⲡⲁⲡⲉⲓⲧ 벽돌 찍는 도구 *cf.* ***ⲡⲱⲱⲡⲉ*** 진흙을 빚다

ⲡⲁⲡⲓⲗⲓⲟⲛ παπυλίων 천막

ⲡⲁⲡⲟⲓ, **ⲡⲁⲡⲁⲓ** *m.* 새, 닭

ⲡⲁ ⲡⲣⲟ 문지기 → **ⲣⲟ** 문

ⲡⲁⲣⲁ παρά ~로 부터, ~을 향해, ~을 넘어

ⲡⲁⲣⲁⲃⲁ παραβαίνειν 잘못을 저지르다

ⲡⲁⲣⲁⲃⲟⲗⲏ παραβολή 비유

ⲡⲁⲣⲁⲅⲅⲉⲗⲓⲁ παραγγελία 명령

ⲡⲁⲣⲁⲅⲉ παράγειν 지나치다

ⲡⲁⲣⲁⲇⲉⲓⲥⲟⲥ παράδειδος 천국

ⲡⲁⲣⲁⲇⲓⲇⲟⲩ παραδιδόναι 건네주다

ⲡⲁⲣⲁⲑⲏⲕⲏ παραθήκη 창고

ⲡⲁⲣⲁⲕⲗⲏⲧⲟⲥ, **ⲡ̅ⲕ̅ⲗ̅ⲥ̅**, **ⲡ̅ⲣ̅ⲕ̅ⲗ̅ⲥ̅**, **ⲡ̅ⲣ̅ⲕ̅ⲗ̅ⲧ̅ⲥ̅** παράκλητος 변호인, 영적 인도자, 보혜사

ⲡⲁⲣⲁⲧⲏⲣⲏ παρατηρεῖν 관찰하다

ⲡⲁⲣⲁⲧⲏⲣⲏⲥⲓⲥ παρατήρησις 관찰

ⲡⲁⲣⲉⲙⲡⲟⲗⲏ παρεμβολή 진영

ⲡⲁⲣⲉⲧⲓ παραιτεῖσθαι 거절하다, 면책을 요구하다

ⲡⲁⲣⲑⲉⲛⲓⲁ παρθενία 처녀성

ⲡⲁⲣⲑⲉⲛⲟⲥ παρθένος 처녀

ⲡⲁⲣⲕ-, **ⲡⲁⲣⲕ⸗** → **ⲡⲱⲣⲕ̄**

ⲡⲁⲣⲕⲉ → **ⲡⲱⲗϭ̄**

ⲁ ⲃ ⲅ ⲇ ⲉ ⲍ ⲏ ⲑ ⲓ ⲕ ⲗ ⲙ ⲛ ⲝ ⲟ ⲡ ⲣ ⲥ ⲧ ⲩ ⲫ ⲭ ⲯ ⲱ ϣ ϥ ϩ ϫ ϭ ϯ

ⲡⲁⲣⲙⲟⲩⲧⲉ, ⲫⲁⲣⲙⲟⲩⲧⲉ, ⲡⲁⲣⲙⲟⲩϯ 곱트력의 여덟 번째 달 이름

ⲡⲁⲣⲙ̄ϩⲟⲧⲡ̄, ⲡⲁⲣⲉⲙϩⲟⲧ, ⲡⲁⲙⲛ̄ϩⲁⲧⲡ̄, ⲫⲁⲙⲉⲛⲁⲧⲡ̄ 곱트력의 일곱 번째 달 이름

ⲡⲁⲣⲣⲏⲥⲓⲁ, ⲡⲁⲣϩⲏⲥⲓⲁ παρρησία 자유, 해방

ⲡⲁⲣⲥ† → **ⲡⲱⲣⲥ̄**

ⲡⲁⲣϣ̄-, ⲡⲁⲣϣ̄⸗, ⲡⲁⲣϣ̄† → **ⲡⲱⲣⲥ̄**

ⲡⲁⲣϣ† → **ⲡⲱⲣϣ̄**

ⲡⲁⲣϩⲥ̄ *f.* 항아리 덮개

ⲡⲁⲣϫ-, ⲡⲁⲣϫ⸗, ⲡⲁⲣϫ† → **ⲡⲱⲣϫ**

ⲡⲁⲥⲧ⸗ → **ⲡⲓⲥⲉ**

ⲡⲁⲥⲭⲁ πάσχα 유월, 넘어감

ⲡⲁⲧ *f.* 무릎, 다리

ⲡⲁⲧ† → **ⲡⲱⲧ**

ⲡⲁⲧⲡⲉⲧ, ⲡⲱⲧⲡⲱⲧ⸗ 찢다

ⲡⲁⲧⲣⲓⲥ πατρίς 고국, 고향

ⲡⲁⲧⲣⲱⲛⲓⲁ πατρωνία 보호, 후견

ⲡⲁⲧⲥ̄† → **ⲡⲱⲧⲥ̄**

ⲡⲁⲧⲥⲉ *f.* 판자 *cf.* ***ⲡⲱⲧⲥ̄*** 나누다

ⲡⲁⲧⲥⲉ → **ⲡⲁϭⲥⲉ** 침

ⲡⲁⲩⲗⲟⲥ 바울

ⲡⲁⲩⲣⲉ (L) 증가하다

ⲡⲁⲭⲟⲛⲥ̄ → **ⲡⲁϣⲟⲛⲥ̄**

ⲡⲁⲱⲛⲉ, ⲡⲁⲏⲛⲉ, ⲡⲁⲟⲩⲛⲓ 곱트력의 열 번째 달

ⲡⲁϣ *m.* 함정 *cf.* ***ⲡⲁϣϥ̄***

ⲡⲁϣ⸗ → **ⲡⲱϣⲉ**

ⲡⲁϣⲉ, ⲡⲉϣⲉ, ⲡⲏϣⲉ, ⲡⲓϣⲉ, ⲡⲁϣ-, ⲡ(ⲉ)ϣ-, ⲡⲓϣ- 반 토막, 조각 *cf.* ***ⲣ̄ ⲡⲁϣⲉ*** 중간에 위치하다 ***ⲡⲁϣⲉ ⲛ̄ⲧⲉⲩϣⲏ*** 자정 ***ⲡⲉϣⲙⲟⲩ*** 반죽음 ***ⲡⲱϣ*** 나누다

ⲡⲁϣⲛⲉ† → **ⲡⲱϣⲛ̄**

ⲡⲁϣⲛⲉ† → **ⲡⲱϣⲛⲉ** 섬기다

ⲡⲁϣⲛⲉⲥ *f.* 사제 서품 *cf.* ***ⲡⲱϣⲛ̄***

ⲡⲁϣⲟⲛⲥ̄, ⲡⲁϣⲁⲛⲥ̄, ⲡⲁⲭⲟⲛⲥ̄, ⲡⲁϩⲁⲛⲉⲥ, ⲁⲡϣⲟⲟⲥ 곱트력의 아홉 번째 달 이름

ⲡⲁϣⲥ† → **ⲡⲱϣⲥ̄**

ⲡⲁϣⲥ̄ *m.* 크게 놀람

ⲡⲁϣϥ̄ *m.* 함정 *cf.* ***ⲡⲁϣ***

ⲡⲁϩ-, ⲡⲁϩ⸗ → **ⲡⲱϩ**

ⲡⲁϩⲉ *f., pl.* **ⲡⲟⲟϩⲉⲩⲉ** 조각 *cf.* ***ⲡⲱϩ*** 쪼개다

ⲡⲁϩⲟⲩ *m.* 엉덩이 *cf.* ***ⲉⲡⲁϩⲟⲩ*** 뒤에, 뒤를 향해 ***ϩⲓⲡⲁϩⲟⲩ*** 뒤에서 ***ⲉⲧⲱⲗⲕ̄ ⲛ̄ⲥⲁⲡⲁϩⲟⲩ*** 병으로 인해 뒤로 쓰러지다

ⲡⲁϩⲣⲉ *m. f.* 약품 *cf.* ***ⲡⲁϩⲣⲉ ⲛ̄ⲛⲟϭ*** 특효약 ***ⲡⲁϩⲣⲉ ⲛ̄ⲥⲁⲓⲉ*** 양약 ***ⲣ̄ ⲡⲁϩⲣⲉ*** 시약하다, 치료하다 ***ⲣⲉϥⲣ̄ ⲡⲁϩⲣⲉ*** 약사, 치료자, 마법사 ***ⲙⲛ̄ⲧⲣⲉϥⲣ̄ ⲡⲁϩⲣⲉ*** 약의 복용, 치료

ⲡⲁϩⲥ̄ 동물의 사체 *cf.* ***ⲡⲱϩ*** 찢다

ⲡⲁϩⲧ⸗, ⲡⲁϩⲧ† → **ⲡⲱϩⲧ̄**

ⲡⲁϩⲧⲥ̄ *f.* 경배, 무릎을 꿇고 배알하다

ⲡⲁϩϥ̄ *m.* 파편, 돌조각 *cf.* ***ⲡⲱϩ***

ⲡⲁϫⲉ (L), **ⲡⲁϫⲉ⸗** 말하다

ⲡⲁϭⲉ 조각, 널빤지 *cf.* ***ⲁⲡⲁϭⲉ ⲟⲩⲃⲉ*** 대적하다, 공격을 준비하다

ⲡⲁϭⲗⲉ (L) 더미, 송이

ⲡⲁϭⲥⲉ, ⲡⲁⲧⲥⲉ 침, 가래 *cf.* ***ⲛⲉϫ ⲟⲩⲡⲁϭⲥⲉ*** 침을 뱉다

ⲡⲉ *m.*, **ⲧⲉ** *f.*, **ⲛⲉ** *pl.* …이다 *cf.* ***ⲡⲁⲓ ⲡⲉ ⲡⲁⲥⲟⲛ*** 이는 내 아들이다 ***ⲧⲉⲕⲥϩⲓⲙⲉ ⲧⲉ*** 네 아내이다 ***ⲟⲩⲁϣ ⲛ̄ϩⲉ ⲡⲉ*** 그는 어떤 종류인가

ⲡⲉ 과거형에 따라붙는 조사 *cf.* ***ⲛⲉϥⲙⲟⲟϣⲉ ⲡⲉ*** 그는 걸었다

ⲡⲉ- 금속의 일종 → **ⲡⲉⲛⲓⲡⲉ** 철 → **ⲃⲉⲛⲓⲡⲉ**

ⲡⲉ- 의혹이나 의문을 나타내는 조사 *cf.* ***ⲡⲉⲁⲡⲉⲕϩⲏⲧ ⲙ̄ⲕⲁϩ*** 마음의 고통을 느꼈던가

ⲡⲉ *f., pl.* **ⲡⲏⲩⲉ** 하늘, 상층부 *cf.* ***ⲁⲩⲁⲛ ⲙ̄ⲡⲉ*** 하늘색, 파란색 ***ⲁⲗ ⲙ̄ⲡⲉ*** 우박 ***ⲉⲧⲡⲉ*** 위를 향해 ***ⲙⲁ ⲛ̄ⲧⲡⲉ*** 위층 ***ⲛ̄ⲧⲡⲉ*** 하늘의, 위로부터의 ***ⲣⲙ̄ⲙⲡⲉ*** 하늘의 사람 ***ⲣⲉϥⲕⲁ ⲟⲩⲛⲟⲩ ⲛ̄ⲧⲡⲉ*** 천문관측인 ***ⲛ̄ⲧⲉ ⲧⲡⲉ*** 천상의 ***ⲥⲁⲛ̄ⲧⲡⲉ*** 상부 , 윗부분 ***ϩⲟⲩⲙ̄ⲡⲉ*** 비 ***ϩⲣⲟⲩⲙ̄ⲡⲉ*** 천둥

ⲡⲉⲇⲏⲥ πέδη 족쇄

ⲡⲉⲉⲛ- → **ⲡⲱⲛ**

ⲡⲉ(ⲉ)ⲛⲉ- → **ⲡⲱⲱⲛⲉ**

ⲡⲉⲓ → **ⲡⲓ** 입맞추다

ⲡⲉⲓ- *m.*, **ⲧⲉⲓ-** *f.*, **ⲛⲉⲓ-** *pl.* 이것

ⲡⲉⲓⲑⲉ πείθειν 설득하다

ⲡⲉⲓⲑⲉ πείθεσθαι 납득, 신뢰

ⲡⲉⲓⲣⲁ πείρα 시험

ⲡⲉⲓⲣⲁⲍⲉ πειράζειν 시험하다

ⲡⲉⲓⲣⲁⲥⲙⲟⲥ πειρασμός 재판, 송사

ⲡⲉⲓⲣⲉ, ⲡⲓⲣⲉ, ⲡⲣ̅ⲣ̅ⲉ, ⲡⲟⲣⲉ†, ⲡⲣⲉⲓⲱⲟⲩ†, ⲡⲣⲣⲓⲱⲟⲩ† 터져나오다, 방출되다, 피어나다, 싹이 트다 *cf.* ***ⲡⲉⲓⲣⲉ ⲉⲃⲟⲗ*** 싹이 나오다 ***ⲉϥⲡⲟⲣⲉ*** 빛이 발산되는 ***ⲙⲁ ⲙ̅ⲡⲉⲓⲣⲉ*** 동방

ⲡⲉⲕ- 너의

ⲡⲉⲗⲁⲅⲟⲥ πέλαγος 바다

ⲡⲉⲗⲏ πάλη 싸움

ⲡⲉⲗⲙⲁ πέλμα 발바닥

ⲡⲉⲛ⸗ → **ⲡⲱⲱⲛⲉ**

ⲡⲉⲛ- 우리의

ⲡⲉⲛ(ⲉ)- → **ⲡⲱⲛ**

ⲡⲉⲛⲓⲡⲉ, ⲡⲓⲛⲓⲡⲉ, ⲡⲁⲛⲓⲡ ⲃⲉⲛⲓⲡⲉ 철

ⲡⲉⲛⲕ- → **ⲡⲱⲛⲕ̅**

ⲡⲉⲛⲛⲉ, ⲡⲉⲛⲛⲏ 더러운 벌레, 벼룩

ⲡⲉⲛⲧⲏⲕⲟⲥⲧⲏ πεντηκοστή 오순절

ⲡⲉⲣⲁⲥ πέρας 결과

ⲡⲉⲣⲉ- → **ⲡⲱⲱⲣⲉ**

ⲡ(ⲉ)ⲣⲕ- → **ⲡⲱⲣⲕ̅**

ⲡ(ⲉ)ⲣϣ̅- → **ⲡⲱⲣϣ̅**

ⲡⲉⲣϫ̅- → **ⲡⲱⲣϫ̅**

ⲡⲉⲣⲥⲓⲥ 페르시아

ⲡⲉⲥ- 그녀의

ⲡⲉⲥ(ⲧ)-, ⲡⲁⲥⲧ⸗ ⲡⲓⲥⲉ 요리하다

ⲡⲉⲥⲧ⸗ → **ⲡⲓⲥⲉ**

ⲡⲉⲧ 무릎, 다리

ⲡⲉⲧⲁⲗⲓⲟⲛ πετάλιον 꽃잎

ⲡⲉⲧⲃⲉ → **ⲧⲱⲱⲃⲉ** 고루 나누어주다

ⲡⲉⲧⲛ̅- 당신들의

ⲡⲉⲧⲣⲁ πέτρα 바위, 돌

ⲡⲉⲧⲣⲟⲥ 베드로 *cf.* ***ϣⲓⲙⲱⲛ ⲡⲉⲧⲣⲟⲥ*** 시몬 베드로

ⲡⲉⲩ- 그들의

ⲡⲉϣ- → **ⲡⲱϣ**

ⲡⲉϣⲉ 절반 → **ⲡⲱϣⲉ** 나누다

ⲡⲉϣⲛ̅- → **ⲡⲱϣⲛ̅**

ⲡⲉϣⲥ̅- → **ⲡⲱϣⲥ̅**

ⲡⲉϥ- 그의

ⲡⲉϩ† → **ⲡⲱϩ**

ⲡⲉϩⲥ̅- → **ⲡⲱϩⲥ̅**

ⲡⲉϩⲧ̅- → **ⲡⲱϩⲧ̅**

ⲡⲉϫⲉ-, ⲡⲁϫⲉ-, ⲡⲁϫⲉ⸗, ⲡⲉϫⲁ⸗ 말하다 *cf.* ***ϫⲱ***

ⲡⲉϭⲥⲉ 침, 가래

ⲡⲏ *m.*, **ⲧⲏ** *f.*, **ⲛⲏ** *pl.* 이 사람(지시형용사)

ⲡⲏⲅⲏ πηγή 샘

ⲡⲏⲓ 솟구치다, 반발하다, 벼룩

ⲡⲏⲛ† → **ⲡⲱⲛ**

ⲡⲏⲣⲉ, ⲡⲏⲣⲁ *m.* 비늘

ⲡⲏⲣϣ̅ 붉은, 적색 *cf.* ***ⲣ̅ ⲁⲩⲁⲛ ⲙ̅ⲡⲏⲣϣ̅*** 붉게 되다

ⲡⲏⲥ† → **ⲡⲓⲥⲉ**

ⲡⲏⲥⲥⲉ πήσσειν 고정하다

ⲡⲏⲧ† → **ⲡⲱⲧ**

ⲡⲏϣ† → **ⲡⲱϣ**

ⲡⲏϣ† → **ⲡⲱϣⲉ**

ⲡⲏϣⲉ 놀라다

ⲡⲏϩ† → **ⲡⲱϩ**

ⲡⲓ- 금속의 일종 → **ⲡⲓⲛⲓⲡⲉ** 철 → **ⲃⲉⲛⲓⲡⲉ**

ⲡⲓ *f.* 입맞춤

ⲡⲓⲑⲉ → **ⲡⲉⲓⲑⲉ**

ⲡⲓⲗⲁⲧⲟⲥ 빌라도

ⲡⲓⲛ *m.* 생쥐 *cf.* ***ⲁⲩⲁⲛ ⲙ̅ⲡⲓⲛ*** 쥐색

ⲡⲓⲡⲣⲉ *m.* 후춧가루

ⲡⲓⲣⲁⲥⲙⲟⲥ → **ⲡⲉⲓⲣⲁⲥⲙⲟⲥ**

ⲡⲓⲣⲉ → **ⲡⲉⲓⲣⲉ**

ⲡⲓⲥⲙⲟⲛⲏ πεισμονή 확신, 신념

ⲡⲓⲥⲉ, ⲡⲓⲥ, ⲡⲉⲥ(ⲧ)-, ⲡⲓⲥ-, ⲡⲁⲥⲧ⸗, ⲡⲓⲥⲧ⸗, ⲡⲉⲥⲧ⸗, ⲡⲟⲥⲉ†, ⲡⲏⲥ† *p.c.* **ⲡⲁⲥ-** 요리하다, 녹이다, 익히다 *cf.* ***ⲉⲧⲡⲓⲥⲉ*** 요리하는 ***ⲁⲧⲡⲓⲥⲉ*** 요리하지 않은 날 음식 ***ⲡⲁⲥⲉ*** 익은 음식 ***ⲧⲉⲣⲡⲟⲥⲉ(ⲛ)***

ⲡⲓⲥⲧⲉⲩⲉ πιστεύειν 믿다

ⲡⲓⲥⲧⲓⲥ πίστις 신앙, 믿음

ⲡⲓⲥⲧⲟⲥ πιστός 신실한

ⲡⲓⲧⲉ *f.* 활

ⲡⲓϩⲉ → **ⲡⲁ(ⲓ)ϣⲉ** 병의 일종

ⲡⲓϭⲁ, ⲡⲓϭⲏ, ⲡⲓϭⲓ 허영

ⲡⲗⲁⲓ̈ⲗⲉ 드높이다, 높이 *cf.* ***ⲡⲗⲁⲗⲱⲱ⸗*** 들어 올리다

ⲡⲗⲁⲛⲏ πλανᾶσθαι 헤매다 *cf.* ***ⲣ̄ⲡⲗⲁⲛⲏ*** 잘못 인도하다

ⲡⲗⲁⲛⲏ πλάνη 잘못, 오류

ⲡⲗⲁⲛⲟⲥ πλάνος 행악자

ⲡⲗⲁⲥⲙⲁ πλάσμα 조형물, 형상, 구조물

ⲡⲗⲁⲥⲥⲉ πλάσσειν 형성하다, 창조하다

ⲡⲗⲁⲥⲧⲏⲥ πλάστης 만들다, 빚다

ⲡⲗⲁⲧⲓⲁ πλατεῖα 거리

ⲡⲗⲁⲧⲩⲛⲉ πλατύνειν 늘이다

ⲡⲗⲉⲁ πλεῖν 항해하다

ⲡⲗⲏⲅⲏ πληγή 상처,다침

ⲡⲗⲟⲩⲥⲓⲁ πλούσιος 유복한

ⲡⲗⲟϭ *m.* 부분, 한 조각

ⲡⲗ̄ϭ- → **ⲡⲱⲗϭ̄**

ⲡⲗ̄ϭⲉ, ⲡⲉⲗϫⲉ, ⲡⲣ̄ϫⲉ *m.* 걸레, 헝겊 *cf.* ***ⲣ̄ ⲡⲗ̄ϭⲉ*** 옷이 너덜너덜해지다

ⲡⲛⲉⲩⲙⲁ, ⲡ̄ⲛ̄ⲁ̄ πνεῦμα 숨, 정신

ⲡⲛⲉⲩⲙⲁⲧⲓⲕⲟⲛ πνευματικόν 영의 사람

ⲡⲛ̄ⲛⲉ- → **ⲡⲱⲱⲛⲉ**

ⲡⲛ̄ⲛⲏ, ⲡⲛⲏ *f.* 문지방, 문턱, 입구

ⲡⲛⲟⲏ πνοή 바람

ⲡⲟⲅ⸗ → **ⲡⲱϭⲉ** 부수다

ⲡⲟⲅⲉ† → **ⲡⲱϭⲉ**

ⲡⲟⲓ *m.* 의자, 좌석

ⲡⲟⲕ⸗ → **ⲡⲱϭⲉ** 부수다

ⲡⲁⲕⲉ, ⲡⲟⲕ(ⲉ)† 날씬해지다 *cf.* ***ⲡⲟⲕϥ̄***

ⲡⲟⲅ⸗, ⲡⲟⲅⲉ† → **ⲡⲱϭⲉ**

ⲡⲟⲕ⸗ → **ⲡⲱϭⲉ**

ⲡⲟⲕϥ̄ *m.* 철판, 갑옷의 비늘 *cf.* ***ⲡⲁⲕⲉ***

ⲡⲟⲗⲉⲙⲟⲥ πόλεμος 전쟁

ⲡⲟⲗⲡⲉⲗ 부풀다

ⲡⲟⲗⲓⲥ πόλις 도시

ⲡⲟⲗⲓⲧⲉⲓⲁ πολιτεία 시민권을 가진

ⲡⲟⲗⲓⲧⲉⲩⲉ πολιτεύεσθαι 시민으로 살다

ⲡⲟⲗⲓⲧⲉⲩⲙⲁ πολίτευμα 도성

ⲡⲟⲗⲓⲧⲏⲥ πολίτης 시민

ⲡⲟⲗϭ⸗ → **ⲡⲱⲗϭ̄**

ⲡⲟⲛ⸗ → **ⲡⲱⲛ**

ⲡⲟⲛⲏⲣⲓⲁ πονηρία 사악함

ⲡⲟⲛⲏⲣⲟⲥ πονηρός 사악한 사람

ⲡⲟⲛⲕ⸗ → **ⲡⲱⲛⲕ̄**

ⲡⲟⲟⲛⲉ† → **ⲡⲱⲱⲛⲉ**

ⲡⲟⲟⲣ⸗ → **ⲡⲱⲱⲣⲉ**

ⲡⲟⲟⲩ 오늘 → **ϩⲟⲟⲩ** 하루

ⲡⲟⲟⲩ ⲛ̄ϩⲟⲟⲩ 오늘 → **ϩⲟⲟⲩ** 하루

ⲡⲟⲣⲉ† → **ⲡⲉⲓⲣⲉ**

ⲡⲟⲣⲕ̄ *f.* 외투 *cf.* ***ϩⲁⲡⲟⲣⲕ̄, ϩⲁⲡⲟⲣⲧ***

ⲡⲟⲣⲕ̄ *m. f.* 망아지, 송아지 *cf.* ***ⲙⲁⲥⲡⲟⲣⲕ̄, ⲙⲉⲥⲡⲟⲣⲕ̄*** 노새 ***ϩⲁⲡⲟⲣⲕ̄*** 마구

ⲡⲟⲣⲛⲓⲁ πορνεία 간음

ⲡⲟⲣⲛⲉⲩⲉ πορνεύειν 간음을 행하다

ⲡⲟⲣⲧⲁ πόρτα 문

ⲡⲟⲣϣ̄† → **ⲡⲱⲣϣ̄**

ⲡⲟⲣϣⲥ̄ *f.* 책상 *cf.* ***ⲡⲱⲣϣ̄*** 책상 ***ⲡⲣⲏϣ*** 돗자리

ⲡⲟⲣϩ̄† 다친 → **ⲡⲱⲗϩ̄** 상처를 입히다

ⲡⲟⲣϫ̄† → **ⲡⲱⲣϫ̄**

ⲡⲟⲥⲉ† → **ⲡⲓⲥⲉ**

ⲡⲟⲧⲡⲧ̄ 쓰러뜨리다

ⲡⲟⲧⲥ̄† → **ⲡⲱⲧⲥ̄**

ⲡⲟⲧϩ̄⸗ → **ⲡⲱⲧϩ̄**

ⲡⲟⲩ- 그녀의, 그녀에게

ⲡⲟⲩⲁ → **ⲟⲩⲁ** 하나

ⲡⲟⲩⲁ ⲡⲟⲩⲁ 각자 → **ⲟⲩⲁ** 하나

ⲡⲟϣ⸗ → **ⲡⲱϣ**

ⲡⲟϣⲛ̄† → **ⲡⲱϣⲛ̄**

ⲡⲟϣⲥ† → **ⲡⲱϣⲥ̄**

ⲡⲟϩ⸗ → **ⲡⲱϩ**

ⲡⲟϩⲥ̄† → **ⲡⲱϩⲥ̄**

ⲡⲟϩⲧ̄† → **ⲡⲱⲧϩ̄**

ⲡⲟϫ† 사랑에 빠진

ⲡⲟϫⲧ̄† 납작한 → **ⲡⲱϫϭ̄** 평평한

ⲡⲟϭ⸗ → **ⲡⲱϭⲉ**

ⲡⲟϭⲉ, ⲡⲱϭⲉ, ⲡⲟⲕⲉ, ⲡⲁϭⲉ, ⲡⲁⲕⲉ 조각, 단편, 파편 *cf.* ***ⲡⲟϭⲉ ⲡⲟϭⲉ*** 한

조각씩 따로 *ⲡⲱϭⲉ ⲛ̅ⲕⲁϩ* 땅 한 조각

ⲡⲣⲁ → **ⲉⲡⲣⲁ** *pl.* 허영

ⲡⲣⲁⲅⲙⲁⲧⲉⲓⲁ πραγματεία 집약서, 논술

ⲡⲣⲁⲅⲙⲁⲧⲉⲩⲧⲏⲥ πραγματευτής 구매자

ⲡⲣⲁⲓⲧⲱⲣⲓⲟⲛ 본부

ⲡⲣⲁϫ → **ⲡⲱⲣϫ̅**

ⲡⲣⲉⲓⲱⲟⲩ† → **ⲡⲉⲓⲣⲉ**

ⲡⲣⲉⲡⲣ̅ⲣⲟ *m.* 왕궁

ⲡⲣⲉⲥⲃⲉⲩⲧⲏⲥ πρεσβευτής 파견자, 전언자, 대사

ⲡⲣⲉⲥⲃⲓⲁ πρεσβεία 사절, 사명

ⲡⲣⲉⲥⲃⲩⲧⲉⲣⲟⲥ πρεσβύτερος 감독, 장로

ⲡⲣⲉⲥⲣⲁⲥⲧ̅† 단단한 *cf.* *ⲡⲱⲣⲥ̅*

ⲡⲣⲉⲥⲱϣⲉ 씨앗 → **ⲃⲣⲉ** 씨, **ⲥⲱϣⲉ** 논밭

ⲡⲣⲏϣ, **ⲡⲣⲁϣ** *m.* 돗자리 *cf.* *ⲡⲱⲣϣ̅* 펼치다 *ⲡⲟⲣϣⲥ̅* 책상

ⲡⲣ̅ⲓ̈ⲉ, **ⲡⲣ̅ⲓ̈ⲱⲟⲩ**†, **ⲡⲣ̅ⲓ̈ⲱⲩ**† 솟구치다, 꽃이 피다, 싹이 트다 *cf.* *ⲥⲁⲛ(ⲙ)ⲡⲣ̅ⲓ̈ⲉ* 해뜨는 곳, 동쪽 *ϭⲓⲙ̅ⲡⲣ̅ⲓ̈ⲉ* 해돋이, 일출

ⲡⲣⲟⲃⲟⲗⲏ προβολή 유출

ⲡⲣⲟⲅⲛⲱⲥⲧⲏⲥ προγνώστης 선지자

ⲡⲣⲟⲇⲓⲇⲟⲩ προδιδόναι 배반하다

ⲡⲣⲟⲇⲟⲧⲏⲥ προδότης 배신자

ⲡⲣⲟⲑⲉⲥⲙⲓⲁ προθεσμία 적절한 시기

ⲡⲣⲟⲑⲩⲙⲟⲥ πρόθυμος 열망하는, 갈망하는

ⲡⲣⲟⲥ πρός ~앞에, ~에 대항해, ~을 향하여, ~에 의한

ⲡⲣⲟⲥⲉⲭⲉ προσέχειν 주의하다, 유의하다

ⲡⲣⲟⲥⲫⲟⲣⲁ προσφορά 예물, 제물

ⲡⲣⲟⲥⲭⲁⲣⲓⲍⲉ προσχαρίζεσθαι 승인하다, 허가하다

ⲡⲣⲟⲥⲱⲡⲓⲟⲛ προσωπεῖον 가면

ⲡⲣⲟⲥⲱⲡⲟⲛ πρόσωπον 인격

ⲡⲣⲟⲧⲟⲙⲏ προτομή 흉상

ⲡⲣⲟⲧⲣⲟⲡⲏ προτροπή 권고, 장려, 훈계

ⲡⲣⲟⲫⲏⲧⲏⲥ προφήτης 예언자

ⲡⲣ̅ⲣⲉ → **ⲡⲉⲓⲣⲉ**

ⲡⲣⲣⲓⲱⲟⲩ† → **ⲡⲉⲓⲣⲉ**

ⲡⲣⲱ *f.* 겨울 *cf.* *ⲣ̅ ⲧⲉⲡⲣⲱ* 겨울을 나다

ⲡⲣⲱⲧⲟⲡⲟⲗⲓⲧⲏⲥ πρωτοπολίτης 제1 시민

ⲡⲥⲧⲁⲓ̈ⲟⲩ *m. f.*, **ⲯⲁⲓ̈ⲧ-** 아흔

ⲡⲧⲱⲙⲁ πτῶμα 시체

ⲡⲩⲗⲏ πύλη 문

ⲡⲩⲣⲅⲟⲥ πύργος 탑

ⲡⲩⲣⲅⲓⲥⲕⲟⲥ πυργίσκος 탑

ⲡⲱ πω 아직

ⲡⲱⲉⲓϣ *m.* 사닥다리의 층…

ⲡⲱⲗⲕ̅ → **ⲡⲱⲗϭ̅** 결정하다

ⲡⲱⲗϩ̅ 상처를 입히다, 구박하다

ⲡⲱⲗϫ̅ → **ⲡⲱⲗϭ̅** 합의하다, 결정하다

ⲡⲱⲗϭ̅, **ⲡⲱⲗⲕ̅**, **ⲡⲁⲣⲕⲉ**, **ⲡⲱⲗϫ̅**, **ⲡⲗ̅ϭ-**, **ⲡⲟⲗϭ⸗** 합의하다, 결정하다 *cf.* *ⲡⲱⲗϭ̅ … ϩⲏⲙⲉ* 급여를 정하다, 가격을 결정하다, 대여하다

ⲡⲱⲛ, **ⲡⲱⲱⲛⲉ**, **ⲡⲉⲛ(ⲉ)-**, **ⲡⲉⲉⲛ-**, **ⲡⲟⲛ⸗**, **ⲡⲁⲛ⸗**, **ⲡⲏⲛ**† 흐르다, 붓다 *cf.* *ⲡⲱⲛ ⲉⲃⲟⲗ* 넘쳐흐르다, 넘침

ⲡⲱⲛⲉ → **ⲡⲱⲱⲛⲉ**

ⲡⲱⲛⲉ (L), **ⲡⲁⲛⲉ⸗** 바꾸다

ⲡⲱⲛⲕ̅, **ⲡⲱⲛⲅ̅**, **ⲡⲱⲛϭ̅**, **ⲡⲉⲛⲕ-**, **ⲡⲟⲛⲕ⸗**, **ⲡⲁⲛⲕ⸗** 붓다, 푸다, 끌어올리다, 옮기다

ⲡⲱⲛϭ̅ → **ⲡⲱⲛⲕ̅** 붓다, 푸다

ⲡⲱⲣⲕ̅, **ⲡ(ⲉ)ⲣⲕ-**, **ⲡⲁⲣⲕ-**, **ⲡⲟⲣⲕ⸗**, **ⲡⲁⲣⲕ⸗** 뿌리를 뽑다

ⲡⲱⲣⲡ̅ (L) 드러내다, 펼치다

ⲡⲱⲣⲥ̅, **ⲡⲣ̅ⲥ-**, **ⲡⲟⲣⲥ̅**† 부드러운, 여린 *cf.* *ⲡⲟⲣⲥ̅ f.* 여린 물건 *ⲡⲣⲉⲥⲣⲁⲥⲧ̅*†

ⲡⲱⲣⲥ̅, **ⲡⲁⲣⲥ**† 싸우다

ⲡⲱⲣϣ̅, **ⲡⲱⲣϫ̅**, **ⲡ(ⲉ)ⲣϣ̅-**, **ⲡⲁⲣϣ-**, **ⲡⲟⲣϣ⸗**, **ⲡⲁⲣϣ⸗**, **ⲡⲟⲣϣ̅**†, **ⲡⲁⲣϣ**† 늘어놓다, 펼치다 *cf.* *ⲡⲱⲣϣ̅ ⲉⲃⲟⲗ* 전개하다 *ⲡⲱⲣϣ̅ ⲉⲃⲟⲗ ϩⲓϫⲛ̅-* 덮다, 넓게 펼치다 *ⲡⲟⲣϣⲥ̅* 책상 *ⲡⲣⲏϣ* 돗자리

ⲡⲱⲣϫ̅ → **ⲡⲱⲣϣ̅** 펼치다, 늘어놓다

ⲡⲱⲣϫ̅, **ⲡⲉⲣϫ̅-**, **ⲡⲁⲣϫ-**, **ⲡⲟⲣϫ⸗**, **ⲡⲁⲣϫ⸗**, **ⲡⲟⲣϫ̅**†, **ⲡⲁⲣϫ**† 나뉘다, 가르다 *cf.* *ⲡⲱⲣϫ̅ ⲉⲃⲟⲗ* 나누다, 분배하다 *ⲙⲁ ⲉⲧⲡⲟⲣϫ̅ ⲉⲃⲟⲗ* 저장소 *ⲣⲉϥⲡⲱⲣϫ̅* 분배자

ⲡⲱⲥ πῶς 어떻게?

ⲡⲱⲥϣ̅ → **ⲡⲱϣⲥ̅** 당황하다

ⲁ ⲃ ⲅ ⲇ ⲉ ⲍ ⲏ ⲑ ⲓ ⲕ ⲗ ⲙ ⲛ ⲝ ⲟ ⲡ ⲣ ⲥ ⲧ ⲩ ⲫ ⲭ ⲯ ⲱ ϣ ϥ ϩ ϫ ϭ ϯ

ⲡⲱⲧ, ⲡⲁⲧ†, ⲡⲏⲧ† 달리다, 도망치다, 피하다 *cf.* *ⲡⲱⲧ ⲉⲃⲟⲗ* 도망가다 *ⲡⲱⲧ ⲉⲣⲁⲧϥ̅* 달려가서 숨다 *ⲡⲱⲧ ⲛ̅ⲥⲁ-* 추적하다 *ⲡⲱⲧ ϩⲏⲧϥ̅* 도피 중, 몸을 숨기다 *ⲙⲁ ⲙ̅ⲡⲱⲧ* 도피처, 은신처 *ⲙⲁ ⲙ̅ⲡⲱⲧ ⲛ̅ⲛⲉϩⲧⲱⲱⲣ* 경마장 *ⲣⲉϥⲡⲱⲧ* 주자, 전령 *ϭⲓⲛⲡⲱⲧ* 달리기

ⲡⲱⲧⲡⲱⲧ⸗ → [ⲡⲁⲧⲡⲉⲧ]

ⲡⲱⲧⲥ̅, ⲡⲟⲧⲥ̅†, ⲡⲁⲧⲥ̅† → 나누다, 쪼개다 *cf.* *ⲡⲁⲧⲥⲉ* 판자

ⲡⲱⲧϩ̅, ⲡⲟⲧϩ̅⸗, ⲡⲟϩⲧ̅† 조각하다, 새기다 *cf.* *ⲙ̅ⲡⲱⲧϩ̅* 새겨진

ⲡⲱⲱⲛⲉ → ⲡⲱⲛ

ⲡⲱⲱⲛⲉ, ⲡⲱⲛⲉ, ⲡⲉ(ⲉ)ⲛⲉ-, ⲡⲛ̅ⲛⲉ-, ⲡⲟⲟⲛⲉ⸗, ⲡⲉⲛ⸗, ⲡⲁⲁⲛⲉ⸗, ⲡⲟⲟⲛⲉ† *p.c.* **ⲡⲁⲛⲉ** 바뀌다, 변모하다, 상속인 바뀌다 *cf.* *ⲡⲱⲱⲛⲉ ⲉⲃⲟⲗ* 제거하다, 이사하다, 옮기다, 떠나가다 *ⲁⲧⲡⲱⲱⲛⲉ* 움직이지 않는, 흔들리지 않는

ⲡⲱⲱⲛⲉⲥ, ⲡⲟⲟⲛⲉⲥ 움직임

ⲡⲱⲱⲡⲉ, ⲡⲁⲡ(ⲉ)-, ⲡⲁⲡⲱ⸗ 진흙을 빚다 *cf.* *ⲡⲁⲡⲉⲓⲧ*

ⲡⲱⲱⲣⲉ, ⲡⲉⲣⲉ-, ⲡⲟⲟⲣ⸗ 꿈꾸다 *cf.* *ⲡⲱⲱⲣⲉ ⲛ̅ϩⲉⲛⲣⲁⲥⲟⲩ* 꿈을 꾸다

ⲡⲱϣ, ⲡⲱϣⲉ, ⲡⲉϣ-, ⲡⲟϣ⸗, ⲡⲏϣ† 나누다, 분배하다, 둘로 찢다 *cf.* *ⲡⲱϣ ⲉϩⲣⲛ̅-* 나누어 갖다 *ⲡⲱϣ ⲉϫⲛ̅-* 분배하다 *ⲙⲁ ⲙ̅ⲡⲱϣ* 분배처 *ⲡⲱϣ ⲛ̅ϩⲏⲧ* 고통, 가슴앓이 *ⲡⲁϣⲉ, ⲡⲉϣⲉ* 절반 *ⲡϣ̅ⲙⲟⲩ* 반죽음

ⲡⲱϣⲛ̅, ⲡⲱϣⲛⲉ, ⲡⲉϣⲛ̅-, ⲡⲟϣⲛ⸗, ⲡⲟϣⲛ̅†, ⲡⲁϣⲛⲉ† 봉사하다, 섬기다 *cf.* *ⲣⲉϥⲡⲱϣⲛ̅* 사제, 군인 *ⲡⲁϣⲛⲉ, ⲡⲁϣⲛⲉⲥ*

ⲡⲱϣⲥ̅, ⲡⲱⲥϣ̅, ⲡⲉϣⲥ̅-, ⲡⲟϣⲥ⸗, ⲡⲟϣⲥ†, ⲡⲁϣⲥ† 놀라다, 정신을 잃다

ⲡⲱϩ, ⲡⲉϩ-, ⲡⲏϩ† 도달하다, 성숙하다 *cf.* *ⲑⲡⲟ*

ⲡⲱϩ, ⲡⲉϩ-, ⲡⲁϩ-, ⲡⲟϩ⸗, ⲡⲁϩ⸗, ⲡⲏϩ†, ⲡⲉϩ† 쪼개다, 찢다, 꺾다 *cf.* *ⲡⲁϩⲉ, ⲡⲁϩⲥ̅, ⲡⲁϩϥ̅*

ⲡⲱϩⲣⲉ 낫다 → **ⲡⲁϩⲣⲉ** 약품

ⲡⲱϩⲥ̅, ⲡⲉϩⲥ̅-, ⲡⲟϩⲥ̅† 물다, 찌르다, 치다, 상처를 입히다

ⲡⲱϩⲧ̅, ⲡⲉϩⲧ̅-, ⲡⲁϩⲧ̅-, ⲡⲁϩⲧ⸗, ⲡⲁϩⲧ̅† 뒤엎다, 엎드리다 *cf.* *ⲡⲱϩⲧ̅ ⲉⲃⲟⲗ* 엎지르다 *ⲡⲱϩⲧ̅ ⲉⲡⲉⲥⲏⲧ* 머리를 조아리다 *ⲡⲱϩⲧ̅ ⲉϩⲣⲁï ⲉϫⲛ̅-* 널리 퍼뜨리다 *ⲡⲱϩⲧ̅ ⲉϫⲛ̅-* 첨가하다, 더하다 *ⲡⲁϩⲧϥ̅ (ϩⲁ)-* 무릎을 꿇다 *ⲡⲁϩⲧⲥ̅*

ⲡⲱϫⲕ̅ → **ⲡⲱϫϭ̅** 평평한

ⲡⲱϫϭ̅, ⲡⲱϫⲕ̅, ⲡⲱϫⲧ̅, ⲡⲟϫⲧ̅† *p.c.* **ⲡⲁϫϭ̅-** 평평하게 하다, 납작한, 너른

ⲡⲱϭⲉ, ⲡⲟϭ⸗, ⲡⲟⲅ⸗, ⲡⲟⲕ⸗, ⲡⲟⲅⲉ† 꺾다, 쪼개다, 찢다 *cf.* *ⲡⲟϭⲉ*

ⲡⲱϭⲥ̅ 숨을 내쉬다, 침을 흘리다 *cf.* *ⲡⲁϭⲥⲉ*

ⲡϣ̅ⲙⲟⲩ 반죽음 → **ⲡⲉϣⲉ** 절반, **ⲙⲟⲩ** 죽다

ⲡϥ̅ⲣⲉ → **ⲃⲣⲉ**

ⲡϩ ⲛ̅- → **ⲡⲱϩ**

ⲡϫⲁ⸗ → **ϫⲡⲟ** 출산하다

ⲡϫⲱⲱⲗⲉ 곱트력의 열두 번째 달 이름

ⲣ

ⲣ̄ → ⲉⲓⲣⲉ 하다, 행하다

ⲣⲁ, ⲣⲟ, ⲣⲁ- *m.* 상태 *cf.* ϩⲁ ⲡⲣⲁ …에 관하여, …을 위하여 ⲣⲁ ⲙ̄ⲡⲓⲧⲉ 활 쏘는 창, 저격 구멍 ⲣⲁ ⲧⲏⲩ 공중 ⲣⲁ (ⲛ̄)ϣⲁ 동편 ϩⲁ ⲡⲣⲁ ⲛ̄- ~에 관해서는 ⲣⲁ ϭⲱⲗ *m.* 종결, 말아넣음

ⲣⲁ- 분할된 한 조각 → **ⲣⲟ** 도관, 배기구

ⲣⲁⲁⲣ *f.* 그릇의 일종

ⲣⲁⲃⲃⲓ 랍비

ⲣⲁⲓⲣⲉ *m. f.* 돼지 새끼 *cf.* ⲣⲓⲣ 돼지

ⲣⲁⲓ̈ⲥ 감시하다, 지키다 *cf.* ⲙⲁⲛ̄ⲣⲁⲓ̈ⲥ 망대 ⲣⲉϥⲣⲁⲓ̈ⲥ 감시인

ⲣⲁⲓ̈ⲧⲉ *f.* 친족관계

ⲣⲁⲕⲉ† → **ⲣⲓⲕⲉ**

ⲣⲁⲕⲧ- → **ⲣⲓⲕⲉ** 기울다

ⲣⲁⲕⲧⲥ̄ *f.* 기울기 *cf.* ⲣⲓⲕⲉ

ⲣⲁⲙⲉ, ⲣⲁⲁⲙⲉ, ⲣⲁⲙⲏ *m. f.* 물고기의 일종

ⲣⲁⲙⲡⲉ, *pl.* **ⲣⲙ̄ⲡⲉⲩⲉ, ⲣⲙ̄ⲡⲏⲩⲉ** 년, 해

ⲣⲁⲙⲥ̄ (L) 선박의 일종

ⲣⲁⲛ, ⲣⲉⲛ, ⲣⲓⲛ, ⲣⲓⲛ⸗, ⲣⲉ(ⲛ)ⲧ⸗ ⲣⲓⲛⲧ⸗, ⲣⲁⲛⲧ⸗ *m.* 이름 *cf.* ⲣⲙ̄ⲛ̄ⲣⲁⲛ 명성 ϩⲟⲟⲩ ⲛ̄ⲣⲁⲛ 이름있는 날 ϯ ⲣⲁⲛ, ϯ ⲣⲓⲛϥ̄, ⲧⲁⲩⲉ ⲣⲁⲛ, ϫⲉ ⲡⲣⲁⲛ ⲉϫⲛ̄ 이름 짓다, 이름지어 부르다 ⲉⲣⲉⲡⲉϥⲣⲁⲛ ⲛ̄ⲃⲟⲗ, ⲉⲛⲁϣⲉ ⲣⲓⲛⲟⲩ 이름난, 유명한

ⲣ̄ ⲁⲛⲁ⸗, ⲣ̄ ⲁⲛ⸗ 기쁘게 하다 → **ⲁⲛⲁⲓ** 흡족한

ⲣⲁⲛⲡⲓ → **ⲣⲁⲙⲡⲉⲓ** 해, 년도

ⲣⲁⲥⲟⲩ, ⲣⲉⲥⲟⲩⲉ *f.* 꿈 *cf.* ⲡⲱϫⲣⲉ ⲛ̄ϩⲉⲛⲣⲁⲥⲟⲩ 꿈을 꾸다 ⲣⲉϥⲟⲩⲉϩ ⲣⲁⲥⲟⲩ 해몽가

ⲣⲁⲥⲧⲉ *m.* 내일, 다음 날 *cf.* ⲙ̄ⲡⲉϥⲣⲁⲥⲧⲉ 그 다음 날 ⲛ̄ⲥⲁⲣⲁⲥⲧⲉ 모레

ⲣⲁⲧ⸗ *m.* 발 *cf.* ⲁϩⲉⲣⲁⲧ⸗ 일어서다 ⲱϩⲉ (ⲉ)ⲣⲁⲧ⸗ 일어서 있는 ⲉⲧⲁϩⲉⲣⲁⲧ⸗ 굳게 서 있는 ⲙⲁⲛ̄ⲁϩⲉⲣⲁⲧ⸗ 정거장 ⲕⲁⲣⲁⲧ⸗ ⲉⲃⲟⲗ 뒤돌아보다 ⲙⲟⲟϣⲉⲛ̄ⲣⲁⲧ⸗ 걸어가다 ⲛ̄ⲣⲁⲧ⸗ 추적하다ⲣⲙ̄ⲛ̄ⲣⲁⲧ⸗ 보행자 ⲥⲣ̄ⲣⲁⲧ⸗ 배설하다 ⲧⲁϩⲟ ⲉⲣⲁⲧ⸗ 설치하다, 자리잡다 ⲙⲁ ⲛ̄ⲟⲩⲉϩⲣⲁⲧ⸗ 발판 ⲱϩⲉ (ⲉ)ⲣⲁⲧ⸗ 튼튼히 입지하다 ϭⲛ̄ⲣⲁⲧ⸗ 발자취를 따라 추적하다 ⲁⲧϭⲛ̄ⲣⲁⲧ⸗ 접근이 불가능한 ⲉⲣⲁⲧ⸗, ϩⲁⲣⲁⲧ⸗

ⲣⲁⲧⲏⲩ 허공 → **ⲣⲁ** 상태, **ⲧⲏⲩ** 바람

ⲣⲁⲩⲉ 초가

ⲣⲁⲩⲏ, ⲣⲁⲩⲉ(ⲓ,) ⲣⲏⲩⲉ *f.* 도시의 한 구역, 네거리, 인접구역 *cf.* ⲣⲙ̄ⲣⲁⲩⲏ 이웃 사람

ⲣⲁⲩⲛⲉ 처녀

ⲣⲁⲩⲧ†, ⲣⲁⲩⲧϥ̄ → **ⲟⲩⲣⲁⲧ**

ⲣⲁⲩϣ (L) 신경 쓰다, 걱정하다

ⲣⲁϫ⸗, ⲣⲁϫϩ⸗ → **ⲣⲱⲕϩ̄**

ⲣⲁϫⲛⲉ *f.* 옷의 일종

ⲣⲁϣ 부드러운, 친절한 *cf.* ⲣⲙ̄ⲣⲁϣ 친절한 사람 ⲙⲛ̄ⲧⲣⲙ̄ⲣⲁϣ 친절, 부드러움 ϩⲱⲥ ⲣⲙ̄ⲣⲁϣ 친절하게, 온화하게 ⲣ̄ ⲣⲙ̄ⲣⲁϣ 고요하게, 온화하게

ⲣⲁϣⲁ 동방 → **ⲣⲁ** 상태, **ϣⲁ** 떠오르다

ⲣⲁϣⲉ 기뻐하다

ⲣⲁϣⲣⲉϣ 기쁨으로 환해지다

ⲣⲁϣ(ⲧ)⸗ → **ⲣⲱϣⲉ**

ⲣⲱϣⲉ, ⲣⲉϣⲧ-, ⲣⲁϣⲧ-, ⲣⲁϣ(ⲧ)⸗ 족하다, 충족시키다 *cf.* ⲣⲱϣⲉ ⲉ- ~을 책임지다 ⲉⲡⲣⲱϣⲉ 넉넉하게, 적당하게

ⲣⲁϩⲉ† → **ⲣⲱϩⲉ**

ⲣⲁϩⲣⲉϩ, ⲣⲉϩⲣⲱϩ⸗ 씻다 *cf.* ⲣⲱϩⲉ

ⲣⲁϩⲧ 세척 통 *cf.* ⲣⲁϩⲧ̄ ⲛ̄ⲧⲱϭⲥ̄ 직물 축융기, 가죽 무두질 용 큰 통 ⲣⲱϩⲉ 씻다

ⲣⲁϩⲧ-, ⲣⲁϩⲧ⸗, ⲣⲁϩⲧ̄† → **ⲣⲱϩⲧ̄**

ⲣⲁϩⲧⲉ, ⲣⲁϩⲧ, ⲣⲟϩⲧⲉ, ⲗⲟϩⲧⲉ *f.* 솥

ⲣⲁϩⲧⲟⲩ 수도승의 옷의 일종

ⲣⲁϩⲧⲥ̅ 도살, 대량학살, 상처를 내다 *cf.* *ⲣⲱϩⲧ̅* 때리다, 치다

ⲣⲁϭⲣⲉϭ 탁탁 튀다, 오그라들다

ⲣⲁϭⲱⲗ → **ϭⲱⲗ**

ⲣ̅ⲃⲉ, ⲉⲣⲃⲉ *f.* 우리, 외양간 *cf.* *ϣⲣⲉⲃ*

ⲣ̅ ⲃⲟⲗ- 벗어나다 → **ⲃⲱⲗ** 풀다

ⲣⲃ̅ⲧ, ⲉⲣⲃⲧ, ⲣϥ̅ⲧ *cf.* *ϣⲧⲏⲛ ⲛ̅ⲣⲃ̅ⲧ* 낡은 옷, 겉옷

ⲣⲉ- → **ⲣⲟ** 배기구

ⲣ̅ ⲉⲓⲁϩ 비슷함 → **ⲉⲓⲱⲣϩ̅** 보다

ⲣⲉⲓ̈ⲧⲉ (L), **ⲣⲉⲓ̈ⲉⲧⲉ** 인종

ⲣⲉⲕⲧ⸗ → **ⲣⲓⲕⲉ**

ⲣ(ⲉ)ⲕⲣⲓⲕⲉ, ϩⲣⲕ̅ⲣⲓⲕⲉ, ⲣ̅ⲕⲣⲓⲕⲉ 잠, 졸다

ⲣⲉⲛ 이름 *cf.* *ϯ ⲣⲉⲛ* 이름 짓다

ⲣⲉⲟⲩⲏ (L) 구역, 이웃

ⲣⲉⲣⲙⲏ *m.* 넓이 측정 단위

ⲣⲉⲧ⸗, ⲛ̅ⲣⲉⲧ⸗ 발 *cf.* *ⲁⲧⲛ̅ ⲣⲉⲧ⸗* 더는 미치지 못하는 *ϩⲁⲣⲉⲧ⸗ ⲛ̅-* 발 앞에 *ⲁⲣⲉⲧ⸗* 앞에, 곁에 *ϩⲓⲣⲉⲧ⸗* 앞에, 곁에, 부근에

ⲣⲉⲧⲕ- → **ⲣⲓⲕⲉ** 기울다

ⲣⲉϣⲉ 기뻐하다 *cf.* *ⲣⲉϣⲉ* 비웃다 *ⲣⲉϣⲉ nn.* 기쁨 *ϯⲣⲉϣⲉ* 기쁘게 하다

ⲣⲉϣⲣⲉϣ, ϩⲟⲩⲣⲉϣⲣⲉϣ 피어나다

ⲣⲉϣⲧ- → **ⲣⲱϣⲉ**

ⲣⲉϣϥ̅, ⲣⲙ̅ⲣⲉϣϥ̅ 온유한 사람

ⲣⲉϥ- (**ⲣⲱⲙⲉ ⲉϥ-, ⲣⲙ̅ ⲉϥ-**) ~한 사람 → **ⲣⲱⲙⲉ** 사람

ⲣⲉϩⲧ̅- → **ⲣⲱϩⲧ̅**

ⲣⲉϫ- → **ⲱⲣϫ̅** 단단한, 확고한

ⲣⲉϭⲣⲉϭ (L) 반짝이다

ⲣⲏ *m.* 태양 *cf.* *ⲙⲁⲛ̅ϣⲁ (ⲙ̅ⲡⲣⲏ)* 해 뜨는 곳, 동방 *ⲙⲁ ⲛ̅ϩⲱⲧⲡ̅ (ⲙ̅ⲡⲣⲏ)* 해 지는 곳, 서방

ⲣⲏ → **ϣⲟⲩⲣⲏ** 향로

ⲣⲏⲃ → **ⲁⲣⲏⲃ** 저당, 인질

ⲣⲏⲓ *m.* 물고기의 일종

ⲣⲏⲗ → **ⲣⲓⲣ** 돼지

ⲣⲏⲥ *m.* 남쪽 *cf.* *ⲙⲁ ⲣⲏⲥ, ⲥⲁⲣⲏⲥ* 남방, 상 이집트 *ⲧⲟⲩⲣⲏⲥ* 남풍

ⲣⲏⲥ† → **ⲣⲟⲉⲓⲥ**

ⲣⲏⲧ → **ⲉⲣⲏⲧ** 기원하다

ⲣⲏⲧ† → **ⲣⲱⲧ**

ⲣⲏⲧⲉ *m.* 방법, 종류 *cf.* *ⲙ̅ⲡⲣⲏⲧⲉ* ~방법으로 *ⲙ̅ⲡⲓⲣⲏⲧⲉ* 이러한 방법으로 *ⲡ̅ⲡⲓⲣⲏⲧⲉ* 이처럼

ⲣⲓ *f.* 독방, 칸막이 방

ⲣ̅ⲓⲉⲡⲟⲩⲁⲓ̈ⲉ → **ⲓ̈ⲁⲡⲉ**

ⲣⲓⲕⲉ, ⲣⲉⲕ(ⲧ)-, ⲣⲁⲕⲧ-, ⲣⲉⲕⲧ⸗, ⲣⲟⲕⲉ†, ⲣⲁⲕ(ⲧ)ⲉ† 숙이다, 기울다, 굽다, 돌리다 *cf.* *ⲣⲓⲕⲉ ⲉⲃⲟⲗ* 방향을 바꾸다, 극도로 조심하다 *ⲣⲉⲕⲣⲓⲕⲉ, ⲣⲁⲕⲧⲥ̅*

ⲣⲓⲙⲉ 울다 *cf.* *ⲣ̅ⲙⲉⲓⲏ* 눈물

ⲣⲓⲣ, ⲣⲏⲗ, ⲣ̅ⲣ- *m.* 돼지 *cf.* *ⲣⲓⲣ ⲛ̅ϩⲟⲟⲩⲧ* 멧돼지 *ⲣⲁⲓⲣⲉ*

ⲣ̅ⲙⲉⲓⲏ, ⲣ̅ⲙⲉⲓⲉ, ⲣ̅ⲙⲙⲓⲏ *f., pl.* **ⲣ̅ⲙⲉⲓⲟⲟⲩⲉ** 눈물 *cf.* *ϯ ⲣ̅ⲙⲉⲓⲏ* 눈물을 흘리다, 애도하다

ⲣⲙ̅ⲓ̈ⲁⲩⲉ, ⲣⲙ̅ⲓ̈ⲏ → **ⲣⲓⲙⲉ**

ⲣⲙ̅ⲙⲁⲟ *m.(f.)* 부자 → **ⲣⲱⲙⲉ** 사람

ⲣⲙ̅ⲡ(ⲉ)- 해, 년도 *cf.* *ⲧⲛ̅ⲣⲟⲙⲡⲉ* 해마다

ⲣⲙ̅ⲡⲉⲩⲉ, ⲣⲙ̅ⲡⲏⲩⲉ → **ⲣⲁⲙⲡⲉ** 년

ⲣⲙ̅ϩⲉ, ⲣⲙ̅ⲛ̅ϩⲉ m, f. **ⲣⲙ̅ϩⲏ** *pl.* **ⲣⲙ̅ϩⲉⲉⲩⲉ** 자유함 *cf.* *ⲙⲛ̅ⲧⲣⲙ̅ϩⲉ* 자유, 해방 *ⲣ̅ ⲣⲙ̅ϩⲉ* 자유를 얻다

ⲣⲙ̅ϩⲛⲉϩ *m.* 수레의 축

ⲣⲛ̅ⲧ⸗ → **ⲣⲉⲛ**

ⲣⲟ, ⲣⲉ-, ⲣⲱ⸗ *m., pl.* **ⲣⲱⲟⲩ** 배기구, 구멍, 문 *cf.* *ⲕⲱ ⲛ̅ⲣⲱ⸗, ⲕⲁ ⲣⲱ⸗* 입 다물다 *ⲕⲁⲣⲱϥ* 고요 *ⲕⲁⲣⲁⲉⲓⲧ†* 조용한 *ⲧⲱⲙ ⲉⲣⲱ⸗, ϣⲧⲙ̅ ⲣⲱ⸗* 입 다물다 *ⲟⲩⲛ̅ ⲣⲟ* 입을 열다 *ⲡⲁ ⲡⲣⲟ* 문지기 *ⲣⲁ-, ⲣⲉ-, ⲧⲣⲉ-* 분할된 *ⲣⲁ ϣⲟⲙⲛ̅ⲧ* 3분지 1 *ⲣⲉⲙⲏⲧ* 십분지 일 *(ϩ)ⲁⲛⲣⲟ* 접안, 배를 항구에 대기 *ⲉⲣⲛ̅-, ϩⲓⲣⲛ̅-* …앞에, 입구에서

ⲣⲟ *m.* 실 가닥, 줄

ⲣⲟ *m.* 거위

ⲣⲟ → **ⲣⲁ** 상태

ⲣⲟⲉⲓⲥ, ⲣⲏⲥ† 지키다, 경계심을 갖다 *cf.* *ⲉⲧⲣⲏⲥ* 깨어있는 *ⲙⲁⲛ̅ⲣⲟⲉⲓⲥ* 초소 *ⲣⲉϥⲣⲟⲉⲓⲥ* 보초 *ⲣ̅ ⲟⲩϣⲏ ⲛ̅ⲣⲟⲉⲓⲥ* 밤새 지키다

ⲣⲟⲕⲉ† → **ⲣⲓⲕⲉ**

ⲣⲟⲕϩⲉ, ⲣⲁⲕϩⲉ, ⲣⲟⲭⲏ *f.* 불, 불꽃 *cf.* *ⲣⲱⲕϩ̅* 불태우다

ⲣⲟⲙⲡⲉ *f.*, **ⲣⲁⲙⲡ(ⲉ)-** 년도

ⲣⲟⲟⲩⲉ, ⲁⲣⲟⲟⲩⲉ, ⲣⲟⲉⲓⲟⲩⲉ *m.* 초가집 *cf.* *ⲥⲃ̅ⲣⲟⲟⲩⲉ* 밀짚

ⲁ ⲃ ⲅ ⲇ ⲉ ⲍ ⲏ ⲑ ⲓ ⲕ ⲗ ⲙ ⲛ ⲝ ⲟ ⲡ ⲣ ⲥ ⲧ ⲩ ⲫ ⲭ ⲯ ⲱ ϣ ϥ ϩ ϫ ϭ ϯ

ⲣⲟⲟⲩⲛⲉ *m.* 처녀 *cf.* ⲙⲛ̄ⲧⲣⲟⲟⲩⲛⲉ 처녀성

ⲣⲟⲟⲩⲧ† → ⲟⲩⲣⲟⲧ 즐거운

ⲣⲟⲟⲩϣ 돌보다, 걱정하다 *cf.* ⲁⲧⲣⲟⲟⲩϣ 걱정없는 ⲙⲛ̄ⲧⲁⲧⲣⲟⲟⲩϣ 평온한 상태 ⲣ̄ ⲣⲟⲟⲩϣ, ϥⲓ (ⲡ)ⲣⲟⲟⲩϣ, ϩⲓ ⲣⲟⲟⲩϣ (ϩⲁ-) 걱정하다, 미리 근심하다, 예상하다

ⲣ̄ ⲟⲩⲱ 대답하다 → ⲉⲓⲣⲉ 하다, ⲟⲩⲱ 소식

ⲣⲟⲩϩⲉ *f.* 저녁 *cf.* (ϣ)ⲁⲣⲟⲩϩⲉ, ϩⲓⲣⲟⲩϩⲉ 늦게

ⲣⲟⲭⲏ → ⲣⲟⲕϩⲉ 불, 불꽃

ⲣⲟⲭϩ̄† 그은, 탄 → ⲣⲱⲕϩ̄ 태우다

ⲣⲟϥⲣⲃ̄⸗ → ⲥⲣⲟϥⲣ(ⲉ)ϥ

ⲣⲟϩⲧ⸗ → ⲣⲱϩⲧ̄

ⲣⲟϩϫ̄ 불에 탄 → ⲣⲱⲕϩ̄ 태우다

ⲣⲟϫⲣⲉϫ 빛나다

ⲣ̄ⲡ- → ⲏⲣⲡ̄ 포도주

ⲣ̄ⲡⲁⲥ 오래 묵은 술 → ⲏⲣⲡ̄ 포도주, ⲁⲥ 오래된

ⲣ̄ⲡⲃⲟⲗ 피하다 → ⲉⲓⲣⲉ 하다, ⲃⲟⲗ 바깥 (ⲃⲱⲗ 풀다)

ⲣ̄ⲡⲉ *m., pl.* ⲣ̄ⲡⲏⲩⲉ, ⲣ̄ⲡⲉⲟⲩⲉ 신전

ⲣ̄ⲣⲏⲧ → ⲉⲣⲏⲧ 소원을 빌다

ⲣ̄ⲣⲟ, ⲉⲣ(ⲣ)ⲟ, ⲟⲩⲣⲟ *m. f.* ⲣ̄ⲣⲱ, ⲉⲣⲱ *pl.* ⲣ̄ⲣⲱⲟⲩ, ⲣ̄ⲣⲟⲟⲩ 왕, 왕비, 황제 *cf.* ⲛ̄ⲣ̄ⲣⲟ 왕권의, 황제의 ⲙⲛ̄ⲧⲣ̄ⲣⲟ 왕국, 지배 ⲣ̄ ⲣ̄ⲣⲟ 지배하다, 다스리다

ⲣ̄ⲥⲱ, ⲉⲣⲥⲱ *f., pl.* (ⲉ)ⲣⲥⲟⲟⲩⲉ 목축용 우리

ⲣ̄ⲧ⸗ ϭⲁⲧ → ϭⲁⲧ

ⲣ̄ⲧⲟⲃ, ⲉⲣⲧⲟⲃ, ⲁⲣⲧⲟⲃ *m.* 측정 단위

ⲣ̄ⲧⲱ, ⲉⲣⲧⲱ *f.* 측정 단위

ⲣⲱ, ⲣⲱⲱ 마찬가지로, 그러나, 실은, 달리, 게다가, 다시, 아직

ⲣⲱ⸗ → ⲣⲟ 입

ⲣⲱ⸗ → ⲣⲟ 문

ⲣⲱⲕϩ̄, ⲣⲉⲕϩ̄-, ⲣⲟⲕϩ⸗, ⲣⲁⲕϩ⸗, ⲣⲟⲕϫ⸗, ⲣⲟⲕϩ̄†, ⲣⲟⲭϩ̄†, ⲣⲟϩϫ̄†, ⲣⲱϫ† 불태우다 *cf.* ⲣⲟⲕϩⲉ 불

ⲣⲱⲙⲉ, ⲣⲙ̄-, ⲣⲉϥ- 사람, 남자 *cf.* ⲙⲛ̄ⲧⲣⲱⲙⲉ 인류 ⲛ̄ⲁⲧⲣⲱⲙⲉ 아무도 ⲟⲩⲁⲙⲣⲱⲙⲉ 식인 ⲟⲩⲙⲁⲓ̈ⲣⲱⲙⲉ 사람을 사랑함 ⲡⲣⲱⲙⲉ ⲉⲧϫⲏⲕ 완전인 ⲡⲣⲱⲙⲉ ⲙ̄ⲡⲓⲥⲧⲟⲥ 신앙인 ⲡⲣⲱⲙⲉ ⲙ̄ⲡⲛⲟⲩⲧⲉ 하나님의 사람 ⲡⲣⲱⲙⲉ ⲛ̄ⲇⲓⲕⲁⲓⲟⲥ 의인 ⲡⲣⲱⲙⲉ ⲛ̄ⲉⲕⲗⲉⲕⲧⲟⲥ 선택된 사람 ⲡⲣⲱⲙⲉ ⲛ̄ⲭⲣⲓⲥⲧⲓⲁⲛⲟⲥ 기독교인 ⲡⲣⲱⲙⲉ ⲛ̄ⲥⲁⲃⲉ 지혜자 ⲡϣⲁⲣⲡ̄ ⲛ̄ⲣⲱⲙⲉ 첫 사람 ⲡϣⲏⲣⲉ ⲙ̄ⲡⲣⲱⲙⲉ 사람의 아들, 인자 ϩⲁⲧⲃⲉⲣⲱⲙⲉ 살인자 ⲣⲙ̄ⲃⲱⲛⲉϥ 악인 ⲣⲙ̄ⲙⲁⲟ 부자ⲣⲙ̄ⲙ̄ⲙⲏⲉ, ⲣⲙ̄ⲛ̄ⲙⲏⲉ 진리의 사람 ⲣⲙ̄ⲛ̄ⲃⲣ̄ⲣⲉ 새 사람 ⲣⲙ̄ⲛ̄ⲉⲥ 옛 사람 ⲣⲙ̄ⲛ̄ⲏⲓ̈ 집안 사람 ⲣⲙ̄ⲛ̄ⲕⲁϩ 땅에 속한 사람 ⲣⲙ̄ⲛ̄ⲕⲣⲁϥ 교활한 사람 ⲣⲙ̄ⲛ̄ⲛⲟⲩⲧⲉ 하나님의 사람 ⲣⲙ̄ⲛ̄ⲟⲩⲁⲓ̈ⲛⲉ 빛의 사람 ⲣⲙ̄ⲛ̄ⲟⲩⲱⲧ 고독한 사람 ⲣⲙ̄ⲛ̄ⲡⲣⲓ̈ⲉ 빛을 발하는 사람 ⲣⲙ̄ⲛ̄ⲥⲁⲩⲛⲉ 지식인 ⲣⲙ̄ⲛ̄ⲧⲡⲉ 하늘에 속한 사람 ⲣⲙ̄ⲛ̄ϣⲱⲛⲉ 병자 ⲣⲙ̄ⲛ̄ϩⲏⲧ 심성이 고운 사람 ⲣⲙ̄ⲛ̄ϭⲁⲓ̈ⲗⲉ 거주인 ⲣⲙ̄ⲣⲉϣⲉ 이방인 ⲣⲙ̄ⲣⲉϣϥ̄ 이방인 ⲣⲉϥ- ~하는 사람 ⲣⲉϥⲁⲡⲁⲧⲏ 사기꾼 ⲣⲉϥⲃⲱⲗ 전달자, 해방자 ⲣⲉϥⲃⲓ 착용자 ⲣⲉϥⲑⲣ̄ⲕⲟ 말 없는 사람 ⲣⲉϥⲑⲃⲓ̈ⲟ 참는 사람 ⲣⲉϥⲓ̈ⲱⲣϩ 인지자 ⲣⲉϥⲕⲁⲟⲩⲛⲟⲩ 점쟁이 ⲣⲉϥⲕⲁⲧⲁⲫⲣⲟⲛⲏ 멸시하는 사람 ⲣⲉϥⲕⲓⲙ 적극적인 사람ⲣⲉϥⲕⲱ ⲁⲃⲁⲗ 용서하는 사람 ⲣⲉϥⲕⲱⲧ 건축자 ⲣⲉϥⲗⲱϫϩ̄ 억압자 ⲣⲉϥⲙⲟⲩⲧⲉ 혼을 부르는 자ⲣⲉϥⲛⲟⲩϣⲡ̄ 복종케 하는 사람 ⲣⲉϥⲛⲉϩⲥⲉ 깨우치는 사람 ⲣⲉϥⲛⲟⲩϩⲙⲉ 구속자 ⲣⲉϥⲟⲩⲱⲙ 삼키는 사람 ⲣⲉϥⲟⲩⲱϩ 거주인 ⲣⲉϥⲟⲩⲱⲛϩ̄ 드러내는 사람 ⲣⲉϥⲟⲩⲱϭⲡ̄ 파괴자 ⲣⲉϥⲣⲁⲓ̈ⲥ 지키는 사람 ⲣⲉϥⲣ̄ⲃⲏⲩ 일꾼 ⲣⲉϥⲣ̄ⲓ̈ⲁⲡⲉ 기술자 ⲣⲉϥⲣ̄ⲙⲛ̄ⲧⲛⲁϩⲣⲉ 선행자 ⲣⲉϥⲣ̄ⲛⲁⲃⲉ 죄인 ⲣⲉϥⲣ̄ⲟⲩⲁⲓ̈ⲛⲉ 빛을 비추는 사람 ⲣⲉϥⲣ̄ⲡⲉⲑⲁⲩ 행악자 ⲣⲉϥⲣ̄ⲥⲧⲁⲩⲣⲉ 십자가에 달린 사람 ⲣⲉϥⲣ̄ⲯⲁⲗⲉ 가수 ⲣⲉϥⲣⲱϩⲧ̄ 치는 사람 ⲣⲉϥⲣ̄ϩⲓⲕ 마법사 ⲣⲉϥⲣ̄ϩⲙ̄ⲙⲉ 선원 ⲣⲉϥⲥⲁⲛⲉϣ 유모 ⲣⲉϥⲥⲁⲛⲉϣⲙ̄ⲉⲥⲉ 목축업자 ⲣⲉϥⲥⲁⲡⲥⲡ 중재자 ⲣⲉϥⲥⲁⲣⲙⲉⲣⲱⲙⲉ 잘못 인도하는 자 ⲣⲉϥⲥⲁⲩⲛⲉ 지식인 ⲣⲉϥⲥⲉϩⲟ 부활자 ⲣⲉϥⲥⲉϫⲉ 연설자 ⲣⲉϥⲥⲙⲁⲙⲉ 찬양인 ⲣⲉϥⲥⲙⲓⲛⲉ 건축가 ⲣⲉϥⲥⲱⲟⲩϩ 소집자 ⲣⲉϥⲥⲱⲧⲉ 구세주 ⲣⲉϥⲥⲱⲧⲙⲉ 치유자 ⲣⲉϥⲥⲱⲧⲡ̄ 선별하는 자 ⲣⲉϥⲥⲱⲧϥ̄ 정화자 ⲣⲉϥⲥⲱⲩϩ 모으는 사람 ⲣⲉϥⲧⲁϣⲉⲁⲓ̈ϣ 설교자 ⲣⲉϥⲧⲉⲕⲟ 파괴자 ⲣⲉϥⲧⲉⲟⲩⲟ 선포자 ⲣⲉϥⲧⲛⲁϩⲥⲟ 사육자. ⲣⲉϥⲧⲛϩⲟ 생명을 주는 자 ⲣⲉϥⲧⲟⲩⲃⲟ 깨끗케 하는 자 ⲣⲉϥⲧⲟⲩⲛⲟⲥ 부활하는 이 ⲣⲉϥⲧⲟⲩⲛⲟⲩⲥ 부활 ⲣⲉϥⲧⲱⲣⲡ̄ 게걸스레 먹는 자 ⲣⲉϥⲧⲱϭⲉ 재버자, 이민 ⲣⲉϥϣⲓⲛⲉ 질문자 ⲣⲉϥϣⲙ̄ϣⲉ 경영인ⲣⲉϥϣⲱⲡ 고통받는 이 ⲣⲉϥϣⲱϭⲉ 부상자 ⲣⲉϥϩⲱⲧⲃⲉ 살인자 ⲣⲉϥϫⲁⲩⲙⲁⲓ̈ⲧ 인도자 ⲣⲉϥϫⲓⲉⲓⲛⲉ 모방자 ⲣⲉϥϫⲓⲓ̈ⲟⲟⲣⲉ 선박의 승객 ⲣⲉϥϫⲓⲙⲁⲓ̈ⲧ 안내자 ⲣⲉϥϫⲓⲟⲩⲁ 신성 모독자 ⲣⲉϥϫⲓⲟⲩⲉ 도둑 ⲣⲉϥϫⲓⲧⲁⲓ̈ⲉ 참여자, 관계자 ⲣⲉϥϫⲓϣⲓⲛⲉ 수신인 ⲣⲉϥϫⲡⲟ 산모 ⲣⲉϥϫⲧⲟ 법집행인 ⲣⲉϥϫⲱⲕ 완결시키는 이 ⲣⲉϥϭⲛ 선견자ⲣⲉϥϭⲛϩⲏⲩ 이득을 찾는 자 ⲣⲉϥϭⲣⲟ 정복자ⲣⲉϥϭⲱⲗⲡ̄ 드러내는 자 ⲣⲉϥϯⲃⲗ̄ⲕⲉ 화내는 사람 ⲣⲉϥϯⲕⲗⲁⲙ 면류관을 주는 자 ⲣⲉϥϯⲙⲁⲧⲛⲉⲥ 안식을 주는 이 ⲣⲉϥϯ-

ⲁ ⲃ ⲅ ⲇ ⲉ ⲍ ⲏ ⲑ ⲓ ⲕ ⲗ ⲙ ⲛ ⲝ ⲟ ⲡ ⲣ ⲥ ⲧ ⲩ ⲫ ⲭ ⲯ ⲱ ϣ ϥ ϩ ϫ ϭ ϯ

ⲙⲉⲓ̈ⲛⲉ 예고자ⲣⲉϥϯⲙ̄ⲡⲣⲉϣⲉ 기쁨을 주는 이 ⲣⲉϥϯⲙ̄ⲡⲣ̄ⲡⲙⲉⲉⲩⲉ 기억시키는 자 ⲣⲉϥϯⲙ̄ⲡϭⲣⲟ 승리하게 하는 이 ⲣⲉϥϯⲛⲁϣⲧⲉ 굳세게 하는 이 ⲣⲉϥϯⲛⲟⲩⲧⲉ 비난자 ⲣⲉϥϯⲛ̄ⲧⲁⲡⲟⲇⲏⲙⲓⲁ 떠나게 하는 이 ⲣⲉϥϯⲟⲩⲁⲓ̈ⲛⲉ 빛을 주시는 이 ⲣⲉϥϯⲟⲩⲁⲥⲧⲛ̄ 수월케 하는 이 ⲣⲉϥϯⲟⲩⲛⲁϥ 기쁨을 주는 이 ⲣⲉϥϯⲟⲩⲱ 구속자 ⲣⲉϥϯⲥⲃⲱ 교사 ⲣⲉϥϯⲧⲟⲟⲧϥ̄ 협조자 ⲣⲉϥϯⲧⲱϣ 운명을 관장하는 이 ⲣⲉϥϯϣⲓⲡⲉ 부끄럽게 하는 이 ⲣⲉϥϯϣⲙ̄ⲛⲟⲩϥⲉ 선을 허락하는 이 ⲣⲉϥϯϩⲉⲡ 판사 ⲣⲉϥϯϩⲓⲕ 점치는 사람 ⲣⲉϥϯϩⲙⲁⲧ 은총을 베푸는 이 ⲣⲉϥϯϭⲁⲙ 힘 주시는 이 ⲣⲉϥϯϭⲣⲟ 승리하게 하는 이

ⲣⲱⲟⲩ → ⲣⲟ 입

ⲣⲱⲟⲩ → ⲣⲟ 문

ⲣⲱⲧ, ⲣⲉⲧ-, ⲣⲏⲧ† *p.c.* **ⲣⲁⲧ-** 성장하다, 싹이 트다 *cf.* ⲣⲱⲧ *m., pl.* ⲣⲁⲧⲉ 성장

ⲣⲱⲧⲃ̄, ⲣⲟⲧⲃ⸗ 앉다

ⲣⲱⲭϩ̄ ⲣⲱⲕϩ̄ 태우다

ⲣⲱϣⲉ 만족시키다

ⲣⲱϩⲉ, ⲣⲁϩⲉ† 씻다, 물을 뿌리다 *cf.* ⲉⲧⲣⲁϩⲉ 깨끗한 ⲣⲁϩⲧ̄ 세척 통, ⲣⲁϩⲣⲉϩ 세척하다

ⲣⲱϩⲧ̄, ⲣⲉϩⲧ̄-, ⲣⲁϩⲧ-, ⲣⲁϩⲧ⸗, ⲣⲟϩⲧ⸗, ⲣⲁϩⲧ̄† 때리다, 치다 *cf.* ⲣⲁϩⲧⲥ̄ 도살

ⲣ̄ϣⲱⲛ, ⲉⲣϣⲱⲛ *m.* 외투

ⲣ̄ϩⲏⲙ → ⲗ̄ϩⲏⲙ 울부짖다

ⲣ̄ ϩⲧⲏ⸗ 후회하다 → **ⲉⲓⲣⲉ** 하다, **ϩⲏⲧ** 가슴

ⲣ̄ ϩⲱⲃ 일하다 → **ⲉⲓⲣⲉ** 하다, **ϩⲱⲃ** 일

ⲣ̄ϩⲱ(ⲱ)ⲧ 돛을 펼치다, 떠나다 → **ⲉⲓⲣⲉ** 하다, **ϩⲱ(ⲱ)ⲧ** 돛

ⲣ̄ϩⲱϥ → ϣⲱϥ

ⲣ̄ϫⲛⲟⲟⲩ, ⲣⲉϫⲛⲟⲟⲩ, ⲣⲓϫⲛⲟⲟⲩ, ⲣ̄ϫⲛⲟⲟⲩⲉ, ⲗⲉϫⲛⲟⲟⲩ *f.* 마당, 더미, 현장 *cf.* ϫⲛⲟⲟⲩ 마당, 공터

ⲣ̄ ϫϩⲓⲙ 무시하다 → **ⲉⲓⲣⲉ** 하다, **ϫϩⲓⲙ** 포기

ⲁ ⲃ ⲅ ⲇ ⲉ ⲍ ⲏ ⲑ ⲓ ⲕ ⲗ ⲙ ⲛ ⲝ ⲟ ⲡ ⲣ ⲥ ⲧ ⲩ ⲫ ⲭ ⲯ ⲱ ϣ ϥ ϩ ϫ ϭ ϯ

ⲥ

ⲥⲁ *m.* 측면, 방향 *cf.* ⲉⲡⲥⲁ ⲛ̄- …을 향해, …가까이로 ⲕⲉⲥⲁ 다른 곳 ⲛ̄ⲥⲁⲥⲁ 모든 방향으로부터ⲛ̄ⲥⲁ ⲟⲩⲥⲁ 제각기 따로 ϩⲓ ⲡⲥⲁ ⲛ̄- …가까이 ϩⲓ ⲡⲉⲓⲥⲁ ⲙⲛ̄ ⲡⲁⲓ 이쪽저쪽으로 ⲥⲁ(ⲛ̄)ⲃⲟⲗ 바깥 ⲥⲁ ⲡⲉⲥⲏⲧ 아래쪽 ⲙⲁ ⲉⲧⲥⲁ ⲡⲉⲥ-ⲏⲧ 하부층, 지면 ⲥⲁ(ⲛ̄)ⲧⲡⲉ 상층부, 하늘 ⲥⲁ (ⲛ̄) ϩⲟⲩⲛ 내부의 ⲛ̄ⲥⲁ- …뒤에, …후에 ⲙⲛ̄ⲛ̄ⲥⲁ -한 후에 ⲙⲛ̄ⲥⲱⲥ 나중에 ⲙⲛ̄ⲛ̄ⲥⲁⲧⲣⲉ⸗ ~하고 난 후에 ⲙⲡⲥⲁⲛⲃⲁⲗ (ⲛ̄-) 외부에 ⲙ̄ⲡⲥⲁⲛⲡⲓⲧⲛ̄ⲉ (ⲛ̄-) 아래에 ⲥⲁⲛ(ⲙ)ⲡⲣ̄ⲓ̈ⲉ 동쪽 ⲥⲁⲛϩⲱⲧⲡ̄ 서쪽 ⲥⲁⲣⲏⲥ 남쪽 ⲥⲁⲙϩⲓⲧ 북쪽 ⲥⲁⲙⲏ ⲥⲁⲙⲉⲓ̈ 여기저기에 ⲙ̄ⲡⲥⲁⲧⲡⲉ (ⲛ̄-) ~위에 ⲥⲁⲥⲡⲓⲣ 옆쪽 ⲥⲁⲟⲩⲛⲉ[ⲙ] 오른쪽 ⲥⲁⲛ̄ⲟⲩⲛⲉⲙ *Ke. 174,24* ⲥⲁϭⲃⲟⲩⲣ 왼쪽 ⲥⲁⲛϩⲟⲩⲛ 내부 (ϯ) ⲥⲁⲑⲏ 전진하다 ⲥⲁϫⲱ⸗ 머리 쪽, 머리를 아래로 향하고 ⲥⲁ ⲥⲁ 모든 방향에서 ⲥⲁ ~후에 ⲥⲁ ~를 제외하고

ⲥⲁ 장인, 제조인, 상인 *cf.* ⲥⲁⲛ̄ⲁϭⲁϭⲏⲉⲓⲛ 유리세공업자 ⲥⲁⲛ̄ⲛⲉϩ 기름제조업자, 기름장수 ⲥⲁⲛ̄ⲟⲣⲃⲉ 음식장수 ⲥⲁⲛ̄ϣⲁϫⲉ 수다쟁이 ⲥⲁⲙ̄ⲡⲉⲑⲟⲟⲩ 행악자 ⲥⲁⲛ̄ϩⲙⲟⲩ 소금장수ⲥⲁⲛ̄ϩⲟⲙⲛ̄ⲧ 냄비장수 ⲥⲁⲛ̄ϫⲏϭⲉ 물감장수 ⲥⲁⲛⲣ̄ⲙⲛ̄ⲧⲛⲁϥⲣⲉ 선행을 하는 이 ⲥⲁⲛⲧⲙⲛ̄ⲧⲃⲟⲟⲛⲉ 행악자

ⲥⲁ, ⲥⲁⲉⲓⲟⲟⲩ† 아름다운 *cf.* ⲉⲓⲉⲡⲥⲁ 잘 다듬은 ⲥⲁ(ⲓ) 아름다움 ⲥⲁⲓⲉ 미인 ⲛⲉⲥⲉ- 아름다운 ⲧⲥⲁⲓⲟ 아름답게 치장하다

ⲥⲁ-, ⲥⲁⲩ- → **ⲥⲱ**

ⲥⲁⲁⲙⲉ⸗ → **ⲥⲱⲱⲙⲉ**

ⲥⲁ(ⲁ)ⲛϣ̄, ⲥⲁⲛϫ, ⲥⲁ(ⲁ)ⲛϣ-, ⲥⲁⲛⲟⲩϣ⸗ 먹이다 *cf.* ⲣⲉϥⲥⲁⲁⲛϣ 유모 ϣⲃⲏⲣ ⲥⲁⲁⲛϣ 젖먹이 형제 ⲱⲛϩ̄ 살다

ⲥⲁ(ⲁ)ⲥⲉ 삼 부스러기, 솜뭉치

ⲥⲁⲁⲧ⸗, ⲥⲟⲟⲧ⸗ → **ⲥⲓⲛⲉ** 지나가다

ⲥⲁⲁⲧ⸗, ⲥⲁⲧ⸗ → **ⲥⲱⲧ**

ⲥⲁⲃⲁⲛ(ⲉ) *m.* 수건

ⲥⲁⲃⲃⲁⲧⲟⲛ σάββατον 안식일

ⲥⲁⲃⲉ *m., f.* **ⲥⲁⲃⲏ**, *pl.* **ⲥⲁⲃⲉⲉⲩ(ⲉ), ⲥⲁⲃⲉⲩⲉ, ⲥⲁⲃⲏⲩ** 현자, 지혜자 *cf.* ⲁⲧⲥⲁⲃⲉ 어리석은 ⲥⲃⲟⲩⲓ 제자, 생도 ⲧⲥⲁⲃⲟ 교육ⲥ(ⲁ)ⲃⲟ 배우다 ⲁⲛⲥⲏⲃⲉ 학교 ⲛⲉⲥⲃⲉ- 지식을 갖춘, 배운

ⲥⲁⲃⲉⲕ, ⲥⲁⲃⲕ̄† → **ⲥⲃⲁⲕ**

ⲥ(ⲁ)ⲃⲟ, ⲥⲃⲱ, ⲥⲉⲃ- 배우다, 가르치다 *cf.* ⲥⲁⲃⲉ 현자, 지혜자

ⲥⲁⲃⲟⲗ 외부 → **ⲥⲁ** 측면, **ⲃⲱⲗ** 풀다

ⲥⲁⲃⲧ̄ (L), **ⲥⲃ̄ⲧⲉⲩⲉ** 성벽

ⲥⲁⲃⲧⲉ, ⲥⲃ̄ⲧⲱⲧ⸗, ⲥⲃ̄ⲧⲁⲓ̈ⲧ†, ⲥⲃ̄ⲧⲁⲓ̈† 준비하다

ⲥⲁⲉⲓⲛ *m., f.* **ⲥⲁⲓⲛⲉ** 의사 *cf.* ⲛ̄ⲥⲁⲉⲓⲛ 의학적인

ⲥⲁⲉⲓⲟⲟⲩ† → **ⲥⲁ**

ⲥⲁⲉⲓⲣⲉ → **ⲥⲓⲣ** 버터

ⲥⲁⲑⲏ 전방에 → **ⲥⲁ** 방향, **ϩⲏ** 안쪽

ⲥⲁ(ⲓ) *m.* 아름다움, 미 *cf.* ⲥ̄ⲁⲓⲉ, ⲥⲁ(ⲓ)ⲏ *m. f.* 미인, 미녀 ⲥⲁ 아름다운

ⲥⲁⲓ̈ 기둥

ⲥⲁⲓ̈ⲉ, *f.* **ⲥⲁⲓ̈ⲏ** 아름다운, 아름다움

ⲥⲁⲓ̈ⲧ 유명한 *cf.* ϫ̄ⲓⲥⲁⲓ̈ⲧ 유명해지다

ⲥⲁⲓ̈ϣ *i)* 짝 *ii)* 복사관 *iii)* 동료

ⲥⲁⲓ̈ϫ 선수 → **ⲥⲱϫⲉ** 싸우다

ⲥⲁⲕ 자신만만한 표정, 능력 *cf.* ϩ̄ⲉⲡⲥⲁⲕ ⲉ- 능히 할 수 있는 ϯⲥⲁⲕ 기회를 제공하다

ⲥⲁⲕ-, ⲥⲁⲕ⸗ → **ⲥⲱⲕ**

ⲥⲁⲕⲥⲕ̄ (L) 끌다, 긁어모으다 *cf.* ⲥⲱⲕ 잡아당기다

ⲥⲁⲕⲧ⸗ → **ⲥⲓⲕⲉ**

ⲥⲁⲗⲁⲡⲓⲛ 제목

ⲥⲁⲗⲁϭⲱⲱϣ, ϭⲁⲗⲁⲛϭⲱϣ *m.* 산토끼

ⲥⲁⲗⲁϭⲱϣ → **ⲥⲁⲣⲁϭⲱⲟⲩϣ** 산토끼

ⲥⲁⲗⲕ⸗, ⲥⲁⲗϭ- → ⲥⲱⲗϭ̅ 기름 붓다

ⲥⲁⲗⲙⲉ (L) 구름

ⲥⲁⲗⲙⲉ → ⲥⲱⲗⲙⲉ

ⲥⲁⲗⲟ, ⲥⲁⲗⲱ, ⲥⲁⲣⲟ *f.* 광주리

ⲥⲁⲗⲡ̅† → ⲥⲱⲗⲡ̅

ⲥⲁⲗⲡⲓⲅⲝ σάλπιγξ 나팔

ⲥⲁⲗⲥⲗ̅ (L), ⲥⲁⲗⲥⲗ̅-, ⲥⲗ̅ⲥⲱⲗ⸗ 기도하다, 기원하다

ⲥⲁⲙ⸗ → ⲥⲱⲙ

ⲥⲁⲙⲁⲑⲉ *f.* 물통

ⲥⲁⲙⲁϩⲏⲣ 회향, 시금치

ⲥⲁⲙⲉï 여기 → ⲥⲁ 방향

ⲥⲁⲙⲉⲧ → ⲥⲁⲙⲛ̅ⲧ 저장 창고

ⲥⲁⲙⲏ 저기 → ⲥⲁ 방향

ⲥⲁⲙⲛ̅ⲧ, ⲥⲁⲙⲉⲧ *f.* 저장소

ⲥⲁⲙⲧ̅† → ⲥⲱⲙⲧ̅

ⲥⲁⲙϩⲓⲧ, ⲙ̅ⲡⲥⲁⲙϩⲓⲧ 북방의 → ⲥⲁ 방향, ⲙ̅ϩⲓⲧ 북쪽

ⲥⲁⲛ, *f.* ⲥⲱⲛⲉ, *pl.* ⲥⲛⲏⲩ 형제, 자매

ⲥⲁⲛⲁϣⲧ† → ⲥⲁⲛⲉϣ

ⲥⲁⲛ̅ⲁϥ 백정 ⲥⲁ 장사꾼, ⲁϥ 고기

ⲥⲁⲛⲃⲁⲗ 외부의 ⲥⲁ 방향, ⲃⲁⲗ 바깥

ⲥⲁⲛⲉ (L) 도둑

ⲥⲁⲛⲉ → ⲥⲁⲩⲛⲉ

ⲥⲁⲛⲉϣ (L), ⲥⲁⲛⲟⲩϣ-, ⲥⲁⲛⲟⲩϣ⸗, ⲥⲁⲛⲁϣⲧ† 양육하다

ⲥⲁⲛⲓⲥ 의심, 의혹 *cf.* ϫⲓⲥⲁⲛⲓⲥ 의심하다

ⲥⲁⲛⲛⲉϩ *m.* 메뚜기

ⲥⲁⲛ̅ⲛⲉϩ 기름장수 → ⲥⲁ 제조인, ⲛⲉϩ 기름

ⲥⲁⲛⲟⲩϣ⸗ → ⲥⲁ(ⲁ)ⲛϣ̅, ⲥⲁⲛⲉϣ

ⲥⲁⲛⲡⲓⲧⲛ̅, ⲥⲁⲙⲡⲓⲧⲛⲉ, ⲙ̅ⲡⲥⲁⲛⲡⲓⲧⲛ̅ (ⲛ̅)- 아래에 → ⲥⲁ 방향, ïⲧⲛ̅ 하부

ⲥⲁⲛ̅ⲧⲡⲉ 위에 → ⲥⲁ 방향, ⲡⲉ 하늘, ⲧⲡⲉ 상부

ⲥⲁⲛϩ-, ⲥⲁⲛϩ⸗, ⲥⲁⲛϩ̅† → ⲥⲱⲛϩ̅

ⲥⲁⲛϩⲟⲩⲛ 내부의 → ⲥⲁ 방향, ϩⲟⲩⲛ 내부

ⲥⲁⲟⲩⲛⲉ[ⲙ] 오른편의 → ⲥⲁ 방향, ⲟⲩⲛⲉⲙ 오른쪽

ⲥⲁⲡ 한 번, ~하는 때 *cf.* ⲛ̅ⲕⲁⲓⲥⲁⲡ, ⲛⲕⲉⲥⲁⲡ 또 한 번, 다시 ⲥⲁⲡ ⲛⲓⲙ 매번, 언제나 ϩⲓⲟⲩⲥⲁⲡ 다 같이, 동시에 ⲛ̅ⲟⲩⲥⲁⲡ ⲛ̅ⲟⲩⲱⲧ 단 한 번에 ⲧⲙ̅ⲡⲥⲁⲡ 언제든지

ⲥⲁⲡⲉⲥⲏⲧ (ⲛ̅-) 아래에 → ⲥⲁ 방향, ⲉⲥⲏⲧ 하부

ⲥⲁⲡⲥ̅, ⲥⲁⲡⲥⲡ̅ 기도하다, 요구하다

ⲥⲁⲡⲧ⸗ → ⲥⲱⲧⲡ̅

ⲥⲁⲣ-, ⲥⲁⲣ⸗, ⲥⲏⲣ† → ⲥⲱⲣ

ⲥⲁⲣⲁⲕⲱⲧⲉ, ⲥⲁⲣⲁⲕⲟⲧ(ⲧ)ⲉ, ⲥⲁⲣⲁⲕⲟⲥⲧⲉ, ⲥⲁⲣⲁⲕⲱⲧⲱⲛ *pl.* 유목민, 방랑자

ⲥⲁⲣⲁⲛϭⲱϣ → ⲥⲁⲣⲁϭⲱⲟⲩϣ 산토끼

ⲥⲁⲣⲁⲣⲁⲩ 초가 → ⲥⲟⲩⲣⲉ 바늘

ⲥⲁⲣⲁϭⲁⲧⲥⲉ *f.* 방귀

ⲥⲁⲣⲁϭⲱⲟⲩϣ, ⲥⲁⲣⲁ(ⲛ)ϭⲱϣ 산토끼

ⲥⲁⲣⲅⲁⲛⲏ σαργάνη 광주리

ⲥⲁⲣⲏⲥ 남향 ⲥⲁ 방향, ⲣⲏⲥ 남쪽

ⲥⲁⲣⲕⲓⲕⲟⲛ σαρκικόν 육적인

ⲥⲁⲣⲙⲉ 찌꺼기

ⲥⲁⲣⲙⲉ† → ⲥⲱⲣⲙ̅

ⲥⲁⲣⲙⲉ-, ⲥⲁⲣⲙⲉ† → ⲥⲱⲣⲙⲉ

ⲥⲁⲣⲝ σάρξ 육, 살

ⲥⲁⲣⲟ → ⲥⲁⲗⲟ 광주리

ⲥⲁⲣⲧ 양모

ⲥⲁⲣϣ⸗ → ⲥⲱⲣϣ̅ 잘게 썰다

ⲥⲁⲥⲉ, ⲥⲉⲥⲉ 따다, 뽑다

ⲥⲁⲥⲡⲓⲣ 옆쪽에 → ⲥⲁ 방향, ⲥⲡⲓⲣ 갈비뼈

ⲥⲁⲧ, ⲥⲏⲧ *m.* 꼬리 *cf.* ⲥⲏⲧ

ⲥⲁⲧ⸗ → ⲥⲓⲧⲉ

ⲥⲁⲧⲁⲛⲁⲥ 사탄

ⲥⲁⲧⲃⲉ 씹다, 되새김질 하다

ⲥⲁⲧⲉ, ⲥⲁⲁⲧⲉ, ⲥⲟⲧⲉ *f.* 불

ⲥⲁⲧⲉ 부채질하다, 돛을 펴다 *cf.* ⲥⲁⲧⲱ, ⲥⲁⲧⲟ 부채

ⲥⲁⲧⲉ 화살 *cf.* ⲥⲓⲧⲉ 던지다

ⲥⲁⲧⲙ⸗, ⲥⲁⲧⲙⲉ⸗ → ⲥⲱⲧⲙⲉ

ⲥⲁⲧⲡ̅-, ⲥⲁⲧⲡ̅⸗, ⲥⲁⲧⲡ† → ⲥⲱⲧⲡ̅

CATPATTHC σατράπης 수령, 태수

CATQ⸗, CATQ† → **CWTQ̄**

CAY, ϕ. COE, -(T)ECE 여섯 cf. *MAϨCAY, MAϨCOE* 여섯 번째 *CE* 예순

CAYNE, CN̄OYWN-, COYN̄-, COYWN-, CN̄OYWN⸗, CN̄OYWNE⸗, COYWN⸗, COYANT† 알다, 지식, 앎

CAYNEM 오른편의 → **CA** 방향, **OYNEM** 우편

CAYTN̄, COYTWN⸗, COYTANT̄†, COYTWN† 곧게 펴다, 바로 세우다 cf. *ϨN̄OYCAYTN̄* 곧바로, 즉시

CAYϨ⸗ (L), **CAYϨ†, CAYϨC̄** → **CWOYϨ** 불러 모으다

CAXO, CAXW m. f. 마을 서기 cf. *CϨAI* 글을 쓰다

CAϢ m. f. **CϢ-, ϢC(E)-, CC̄-, Ϣ(E)-, ϢTE-,** pl. **CHϢE** 일격 cf. *† CAϢ* 때리다 *ϢN̄ϨHT* 슬픔 *ϨN̄OYϢC̄* 단번에, 갑자기

CAϢ m.f., pl. **CHϢE** 상처 cf. *ϢC̄NCHQE* 칼자국

CAϢE† → **CIϢE**

CAϢT̄ → **CAϨT̄** 직조공

CAϢT-, CAϢT⸗, CAϢT† → **CWϢT̄**

CAϢQ̄ m., f. **CAϢQE, -CAϢQ(E)** 일곱 *MEϨCAϢQ* 일곱 번째 cf. *ϢQE* 일흔

CAQ, N̄CAQ 어제

CAϨ, CAϨQ̄, CϨ̄ m. 바늘

CAϨ 선생, 교수, 교사, 박사 cf. *CAϨ (Ϩ)M̄TTNOMOC* 법학박사 *CAϨ ϨIKWN* 성화 화가 *CϨAI* 글을 쓰다

CAϨ, CAϨ-, CAϨ⸗ → **CϨAI, CϨEÏ**

CAϨ⸗ → **CWOYϨ**

CAϨAÏT† → **CEϨO**

CAϨE-, CAϨHY† → **COOϨE**

CAϨHT⸗ 곧바로, 즉시

CAϨM̄† → **CWϨM̄**

CAϨME (L) 멀어지다

CAϨMEλW (L) 함정 cf. *EλW* 덫

CAϨMEC 절굿공이

CAϨNE 임명하다, 지시하다 cf. *OYEϨ CAϨNE* 명령을 내리다

CAϨOY, CAϨOYE, CϨOY(E)P-, CϨOYWP⸗, CϨOYOPT̄†, CϨOYWPT̄†, CϨOYAPT̄† 저주하다, 욕하다

CAϨC̄, CEϨC̄- 문지르다, 광내다, 처방하다 cf. *CAϨCϨ̄* 평평하게 하다

CAϨC (L) 약탈하다, 때리다, 못을 박다

CAϨCϨ̄, CEϨCWϨ-, CEϨCWϨ⸗, CEϨCWϨ† 휘게 하다, 짓이기다 cf. *CAϨC̄* 문지르다

CAϨT̄, CAϢT̄ 직조공 cf. *CWϨE* 직조하다

CAϨT† → **CWϨE**

CAϨT⸗ → **CIϨE**

CAϨT̄T̄† → **CWϨT̄T̄**

CAϨP⸗, CAϨPE⸗ → **CWϨPE**

CAϨP̄† → **CWϨP̄**

CAϨT† → **CWϨE**

CAϨTE 불을 피우다, 요리하다

CAϨWW⸗ → **CEϨO**

CAϪNE 토의하다, 숙고하다, 권유하다 cf. *CAϪNE* 권고

CAϪNOYQE 조언

CAϪT̄⸗, CAϪT̄† → **CWϪT̄**

CAϪW⸗ 거꾸로 → **CA** 방향, **ϪW⸗** 머리

CAϬ CEϬE 미친

CB̄ → **CHBE** 갈대

CBAK (L), **CABEK, CABK̄†** 줄이다, 고갈되다

CB̄BE, CB̄BE-, CB̄BHT⸗, CB̄BHY(T)† 할례를 행하다 cf. *ATCB̄BE* 무할례의

MN̄TATCB̄BE 무할례, 이방인

CBE m.,pl. **CBHY** 문

CBHHTE → **CϨBHHTE** 거품, 찌끼

CBλ̄TE, Cλ̄BTE 밀치다, 굴리다

CBOK, COBK̄† 줄이다, 작아지다 cf. *ETCOBK̄* 작은 *TCB̄KO* 작게 하다 *CB̄KE* m. 자그마함, 소량 *CBOK* 줄이다

CBOYI m. 제자, 생도 cf. *CABE* 지혜자

CB̄POOYE f. 밀짚 cf. *POOYE* 초가집

CB̄TAÏT† → **CABTE**

ⲁ ⲃ ⲅ ⲇ ⲉ ⲍ ⲏ ⲑ ⲓ ⲕ ⲗ ⲙ ⲛ ⲝ ⲟ ⲡ ⲣ ⲥ ⲧ ⲩ ⲫ ⲭ ⲯ ⲱ ϣ ϥ ϩ ϫ ϭ ϯ

ⲤⲂⲦⲈⲈⲨ, **ⲤⲂⲦⲈⲞⲨⲈ**, **ⲤⲂⲦⲈⲨⲈ** → **ⲤⲀⲂⲦ**

ⲤⲂⲦⲰⲦ† → **ⲤⲞⲂⲦⲈ**

ⲤⲂⲦⲰⲦ⸗ → **ⲤⲀⲂⲦⲈ**

ⲤⲂⲰ → **Ⲥ(Ⲁ)ⲂⲞ**

ⲤⲂⲰ *f., pl.* **ⲤⲂⲞⲞⲨⲈ**, **ⲤⲂⲰⲞⲨⲈ**, **ⲤⲂⲀⲨⲈ** 가르침, 교육 *cf.* *ⲀⲦⲤⲂⲰ* 무식한, 무학의 *ⲘⲚⲦⲀⲦⲤⲂⲰ* 무식, 무원칙 *ϨⲚⲞⲨⲘⲚⲦⲤⲂⲰ* 제멋대로 *ϯ ⲤⲂⲰ* 가르치다 *ⲢⲈϤϯⲤⲂⲰ* 선생, 교수, 스승 *ϪⲒ ⲤⲂⲰ* 배우다 *ⲘⲀⲚϪⲒ ⲤⲂⲰ* 학교 *ⲢⲈϤϪⲒⲤⲂⲰ* 생도, 학생, 제자 *ⲤⲀⲂⲈ* 지혜자

ⲤⲂⲂⲎⲦ⸗, **ⲤⲂⲂⲎⲨ(Ⲧ)†** → **ⲤⲂⲂⲈ**

ⲤⲂⲰϨ (L) 간구하다, 사정하다

ⲤⲂϢⲈ, **ⲤϢⲂⲈ**, **ϢⲂϢⲈ†** 끓다

ⲤⲈ 그렇다

ⲤⲈ *m. f.* 예순 *cf.* *ⲤⲞⲞⲨ* 여섯

ⲤⲈ, **ⲤⲈ-**, **ⲤⲒ**, **ⲤⲒ-** *f.* 장소, 작업공간 *cf.* *ⲤⲈⲔⲰⲦ* 항아리 공장

ⲤⲈ-, **ⲤⲈⲨ-** → **ⲤⲰ**

ⲤⲈⲂ- → **Ⲥ(Ⲁ)ⲂⲞ**

ⲤⲈⲂⲈⲤⲐⲀⲒ σέβεσθαι 숭배하다

ⲤⲈⲂⲞⲞⲚ *pl.* 지지, 받침

ⲤⲈⲈⲂⲈ- → **ⲤⲰⲰϤ**

ⲤⲈ(Ⲉ)ⲠⲈ, **ⲤⲒⲠⲈ** 남다 *cf.* *ⲈⲦⲤⲈⲈⲠⲈ* 남아있는

ⲤⲈⲒ, **ⲤⲒ**, **ⲤⲎⲨ†** 만족스런, 충분히 먹은 *cf.* *ⲦⲤⲒⲞ* 충분히 먹다

ⲤⲈⲒ, **ⲤⲒⲈ**, **ⲤⲒⲤⲞⲨ** *f.* 나무의 일종

ⲤⲈⲒ̈ⲚⲈ, **ⲤⲈⲒ̈Ⲛ**, **ⲤⲈⲒ̈** 의사

ⲤⲈⲔ 외관

Ⲥ(Ⲉ)Ⲕ- → **ⲤⲰⲔ**

ⲤⲈⲔⲦ- → **ⲤⲒⲔⲈ**

ⲤⲈⲔⲰⲦ, **ⲤⲒⲔⲰⲦ** *f.* 항아리 공장 *cf.* *ⲔⲰⲦ* 만들다

ⲤⲈⲖⲈⲠⲒⲚ *m.* 비장 *cf.* *ⲤⲈⲖⲈⲠⲒⲚ ⲚϨⲎⲦϤ* 계륵 부위, 심기증

ⲤⲈⲖⲈⲠⲒⲚ, **ⲤⲀⲖⲀⲠⲒⲚ** *m.* 새끼손가락

ⲤⲈⲖⲒⲖⲈⲚ, **ⲤⲈⲖⲒⲖⲒⲚ** 독수리

Ⲥ(Ⲉ)ⲖⲠ- → **ⲤⲰⲖⲠ**

ⲤⲈⲖϬⲀⲘ → **ϢⲖϬⲞⲘ** 겨자

ⲤⲈⲚⲞ⸗ → **ⲦⲤⲀⲚⲞ** 장식하다

ⲤⲈⲚ(Ⲧ)-, **ⲤⲚⲦ⸗** → **ⲤⲒⲚⲈ**

Ⲥ(Ⲉ)ⲚⲦ- → **ⲤⲰⲚⲦ**

ⲤⲈⲞⲨⲰⲚ⸗ → **ⲤⲞⲞⲨⲚ**

Ⲥ(Ⲉ)Ⲡ- → **ⲤⲰⲠ**

ⲤⲈⲠⲈ 남다, 머물다

ⲤⲈⲠⲤⲰⲠ⸗ → **ⲤⲀⲠⲤⲠ**

ⲤⲈⲠⲤⲰⲠ† → **ⲤⲞⲠⲤⲠ**

Ⲥ(Ⲉ)Ⲣ-, **ⲤⲎⲢ†** → **ⲤⲰⲢ**

ⲤⲈⲢⲈ → **ⲤⲒⲢ** 효모균

ⲤⲈⲢⲈⲂ → **ⲤⲢⲀϤ** 상처

ⲤⲈⲢⲘ- → **ⲤⲰⲢⲘ**

ⲤⲈⲦ *m.* 꼬리

ⲤⲈⲦ-, **ⲤⲈⲦ⸗** → **ⲤⲒⲦⲈ**

ⲤⲈⲦⲂⲈ 씹다

ⲤⲈⲦⲈ (L) 불

ⲤⲈⲦⲎ, **ⲤⲒⲦⲈ**, **ⲤⲚⲦⲈ** *f.* 무화과

ⲤⲈⲦⲘ- → **ⲤⲰⲦⲘ**

Ⲥ(Ⲉ)ⲦⲘⲎⲦ, **ⲤⲘⲎⲦ** 복종하는, 유순한 *cf.* *ⲤⲰⲦⲘ* 듣다

ⲤⲈⲦϤ- → **ⲤⲰⲦϤ**

ⲤⲈⲨ → **ⲤⲞⲞⲨ** 여섯

ⲤⲈⲨϨ- → **ⲤⲰⲞⲨϨ**

ⲤⲈϢ- → **ⲤⲰϢ**

ⲤⲈϢⲦ- → **ⲤⲰϢⲦ**

ⲤⲈϢϤ- → **ⲤⲰϢϤ**

ⲤⲈϨ-, **ⲤⲈϨⲦ⸗** → **ⲤⲒϨⲈ**

ⲤⲈϨⲀⲒ̈Ⲧ† → **ⲤⲈϨⲞ**

ⲤⲈϨⲞ (L), **ⲤⲈϨⲞ-**, **ⲤⲀϨⲰⲰ⸗**, **ⲤⲈϨⲀ⸗**, **ⲤⲈϨⲰ⸗**, **ⲤⲀϨⲀⲒ̈Ⲧ†**, **ⲤⲈϨⲀⲒ̈Ⲧ†** 수정하다, 바로 세우다

ⲤⲈϨⲠ- → **ⲤⲰϨⲠ**

ⲤⲈϨⲤⲰϨ† → **ⲤⲀϨⲤϨ**

ⲤⲈϨⲦ *m.* 문둥병자

ⲤⲈϨ(Ⲧ)⸗ → **ⲤⲒϨⲈ**

ⲤⲈϨⲦ⸗ → **ⲤϨⲀⲒ**

ⲤⲈϪⲈ 말하다

ⲤⲈϬ- → **ⲤⲰϬ**

ⲤⲈϬⲈ (L) *m., pl.* **ⲤⲈϬⲈⲞⲨⲈ** 바보, 미친 사람

ⲁ ⲃ ⲅ ⲇ ⲉ ⲍ ⲏ ⲑ ⲓ ⲕ ⲗ ⲙ ⲛ ⲝ ⲟ ⲡ ⲣ ⲥ ⲧ ⲩ ⲫ ⲭ ⲯ ⲱ ϣ ϥ ϩ ϫ ϭ ϯ

ⲤⲎⲂⲈ, ⲤⲂ̅- *f.* 갈대, 피리, 뼈 *cf.* *ⲥⲏⲃⲉ ⲛ̅ⲣⲁⲧ* 경골 *ⲥⲏⲃⲉ ⲛ̅ϫⲱ* 피리

ⲤⲎⲂⲈ → ⲤⲎϤⲈ 칼

ⲤⲎⲈⲢ̅- → ⲤⲰϨⲢ̅

ⲤⲎⲔϯ → ⲤⲰⲔ

ⲤⲎⲘϯ → ⲤⲰⲘ

ⲤⲎⲘⲀⲚⲈ σημαίνειν 의미하다

ⲤⲎⲘⲈⲒⲞⲚ σημεῖον 표식

ⲤⲎⲚⲈ, ⲤⲈⲚⲎ, ⲤⲈⲚⲈ *f.* 창고, 벽장

ⲤⲎⲢⲈ → ⲤⲒⲢ 버터

ⲤⲎⲦ, ⲤⲈⲈⲦ 남자의 성기 *cf.* *ⲥⲁⲧ* 꼬리

ⲤⲎⲦ, ⲤⲞⲦⲈ 실을 잣다 *cf.* *ⲥⲏⲧⲉ* 실을 뽑음

ⲤⲎⲦϯ → ⲤⲒⲦⲈ

ⲤⲎⲦⲈ *f.* 실을 뽑음 *cf.* *ⲥⲏⲧ* 실을 잣다

ⲤⲎⲨ, ⲤⲞⲨ- *m.* 시기, 계절, 시대 *cf.* *ⲛ̅ⲟⲩⲥⲏⲩ* 언젠가, 과거 한 때 *(ϩ)ⲙ̅ⲡⲉⲓⲥⲏⲩ* 이번에, 지금, 현재 *ⲛ̅ⲥⲏⲩ ⲛⲓⲙ* 언제든지, 항상 *ⲥⲟⲩⲁ, ⲥⲟⲩⲟⲩⲁ* 첫째 날 *ⲥⲟⲩ ⲥⲛⲁⲩ* 둘째 날 *ⲥⲟⲩⲥⲟⲩ* 순간, 짧은 시간 *ⲙ̅ⲡⲓⲥⲏⲩ, ⲙ̅ⲡⲥⲏⲩ* 당시에는 *ⲛ̅ⲟⲩⲥⲏⲩ* 언젠가, 한 번은 *ⲛ̅ⲥⲏⲩ ⲛⲓⲙ* 언제든지, 항상 *ⲕⲁⲧⲁ ⲥⲏⲩ* 가끔 *ⲡⲣⲟⲥ ⲟⲩⲥⲏⲩ* 당분간 *ⲥⲟⲩ-* 한 달 중 하루

ⲤⲎⲨϯ → ⲤⲒ

ⲤⲎϢϯ → ⲤⲰϢ

ⲤⲎϢϯ 경직된 **→ ⲤⲰϬ** 뻣뻣하게 하다

ⲤⲎϢϯ → ϢⲰϢ 일치시키다

ⲤⲎϢⲈ → ⲤⲀϢ

ⲤⲎϤⲈ *m. f.* 단검

ⲤⲎϤⲈ *f.* 피리

ⲤⲎϨϯ → ⲤϨⲀⲒ, ⲤϨⲈⲒ̈

ⲤⲎϬ *m., f.* **ⲤⲈⲈϬⲈ** 망아지

ⲤⲎϬϯ → ⲤⲰϬ

ⲤⲐⲞ → (Ⲧ)ⲤⲦⲞ 반복하다

ⲤⲒ → ⲤⲈⲒ 충분히 먹다

ⲤⲒⲂ *m.* 진드기

ⲤⲒⲂⲦ̅, ⲤⲒⲂⲈⲦ *f.* 언덕 *cf.* *ⲛ̅ⲥⲓⲃⲧ* 가파른

ⲤⲒⲄⲎ → ⲤⲞϬ 미친 사람

ⲤⲒⲄⲚⲞⲚ *signum* 표준

ⲤⲒⲈ → ⲤⲈⲒ 나무의 일종

ⲤⲒⲔ → ⲀⲤⲒⲔ 열기

ⲤⲒⲔⲀⲒⲢⲞⲚ σίκερα 발효성 음료수

ⲤⲒⲔⲈ, ⲤⲈⲔⲦ-, ⲤⲒⲔⲦ⸗, ⲤⲀⲔⲦ⸗, ⲤⲞ(Ⲟ)ⲔⲈϯ 빻다, 가루로 만들다 *cf.* *(ⲕⲟⲧ ⲛ̅) ⲥⲓⲕⲉ, ⲱⲛⲉ ⲛ̅ⲥⲓⲕⲉ* 방아

ⲤⲒⲖⲈϤⲈ → ⲤⲢⲀϤ 상처

ⲤⲒⲘ, Ⲥ(Ⲓ)Ⲙ- *m.* 풀, 식물

ⲤⲒⲘⲈ → ⲤϨⲒⲘⲈ

ⲤⲒⲘⲤⲒⲘ, ⲤⲘⲤⲘ, ⲤⲈⲘⲤⲎⲘ *m.* 참깨

ⲤⲒⲚⲈ *f.* 보습의 날

ⲤⲒⲚⲈ, ⲤⲚ̅(Ⲧ)-, ⲤⲀ(Ⲁ)Ⲧ-, ⲤⲈⲚ(Ⲧ)-, ⲤⲀⲀⲦ⸗, ⲤⲞ(Ⲟ)Ⲧ⸗, ⲤⲚ̅Ⲧ⸗ 지나가다, 가로지르다 *cf.* *ⲥⲓⲛⲉ ⲉⲃⲟⲗ* 지나가서 멀어지다

ⲤⲒⲞⲞⲨⲚ(Ⲉ), ⲤⲒⲀⲞⲨⲚ *f.* 목욕 *cf.* *ⲡⲁⲧ-ⲥⲓⲟⲟⲩⲛ* 때밀이 소년

ⲤⲒⲞⲨ, ⲤⲞⲨ- *m.* 별, 반점 *cf.* *ⲥⲟⲩⲃⲱⲱⲛ* 불길한 별, 악재 *ⲥⲟⲩⲛϩⲱⲣ* 오리온 별자리 *ⲥⲟⲩⲛ-ⲧⲟⲟⲩⲉ* 저녁별 *ⲥ(ⲓ)ⲟⲩⲥⲓⲟⲩ* 별이 가득한

ⲤⲒⲞⲨⲢ *m., pl.* **ⲤⲒⲞⲨⲢⲈ** 고자, 내시 *cf.* *ⲣ̅ ⲥⲓⲟⲩⲣ* 거세되다

Ⲥ(Ⲓ)ⲞⲨⲤⲒⲞⲨ ⲤⲒⲞⲨ 별

ⲤⲒⲢ, ⲤⲀⲈⲒⲢ(Ⲉ), ⲤⲎⲢⲈ *m.* 산모의 초유, 버터

ⲤⲒⲢ, ⲤⲈⲢⲈ *m.* 효모균

ⲤⲒⲢⲈϤⲈ, ⲤⲒⲖⲈϤⲈ *f.* 상처가 아문 딱지 *cf.* *ⲥⲣⲁϥ*

ⲤⲒⲤⲞⲨ → ⲤⲈⲒ 나무의 일종

ⲤⲒⲦ *m.* 뱀

ⲤⲒⲦ(Ⲉ) *m.* 박하

ⲤⲒⲦⲈ → ⲤⲈⲦⲎ 무화과

ⲤⲒⲦⲈ, ⲤⲈⲦ-, ⲤⲀⲦ-, ⲤⲒⲦ-, ⲤⲀⲦ⸗, ⲤⲈⲦ⸗, ⲤⲒⲦ⸗, ⲤⲎⲦϯ 던지다, 쏘다, 뿌리다, 심다 *cf.* *ⲥⲓⲧⲉ ⲉⲃⲟⲗ* 배척하다 *ⲥⲓⲧⲛⲟⲩϥⲉ* 좋은 씨 *ⲥⲟⲧⲉ, ⲥⲁⲧⲉ* 화살

ⲤⲒⲬⲀⲚⲈ σιχαίνεσθαι 그만두다, 주춤하다, 무시하다

ⲤⲒϢⲈ, ⲤⲒϨⲈ, ⲤⲀϢⲈϯ 쓰디쓴, 포악한

ⲤⲒϢϤ̅, ⲤⲒϢⲠ̅, ⲤⲒϤ 조각, 부스러기

ⲤⲒϤ → ⲤⲒϢϤ̅ 단편, 조각

ⲤⲒϤⲈ, ⲤⲎϤⲈ *m.* 송진 *cf.* *ϣⲉⲛ̅ⲥⲓϥⲉ* 시트론

ⲤⲒϨⲈ ⲤⲒϢⲈ 쓰디쓴

ⲤⲒϨⲈ, ⲤⲈϨ-, ⲤⲀϨⲦ⸗, ⲤⲈϨⲦ⸗ 움직이다, 이동하다, 자리를 내어주다, 물러가다

ⲤⲒϨⲠⲈ 한 모금

ⲥⲓϭⲉ 마비되다, 굳어지다 *cf.* *ⲥⲱϭ* 딱딱해지다

ⲥⲓϭⲉ *m.* 심판, 재판

ⲥⲕⲁⲓ, ⲥⲉⲕ-, ⲥⲟⲕ⸗ 노동하다

ⲥⲕⲁⲛⲇⲁⲗⲓⲍⲉ σκανδαλίζεσθαι 당황하다, 비틀거리다

ⲥⲕⲁⲛⲇⲁⲗⲓⲥⲙⲟⲥ σκανδαλισμός 난처하게 하다

ⲥⲕⲁⲛⲇⲁⲗⲟⲛ σκάνδαλον 함정

ⲥⲕⲁⲣⲕⲣ̄ (L), **ⲥⲕⲣ̄ⲕⲱⲣ⸗, ⲥⲕⲣ̄ⲕⲣ̄†, ⲥⲕⲣ̄ⲕⲁⲣⲧ†** 구르다, 말다

ⲥⲕⲉï (L) 밭 갈다, 노동하다

ⲥⲕⲉⲗⲁⲕⲓⲣ 경사 → **ⲥⲕⲟⲣⲕⲣ̄** 굴리다

ⲥⲕⲉⲛ-, ⲥⲁⲕⲛⲉ- → **ⲥⲟϭⲛ̄** 향기

ⲥⲕⲉⲛⲉⲡⲓⲥⲉ 고약

ⲥⲕⲉⲡⲧⲉ σκέπτεσθαι 살피다, 고려하다

ⲥⲕⲉⲣⲕⲟⲣⲧ† → **ⲥⲕⲟⲣⲕⲣ̄**

ⲥⲕⲉⲩⲏ σκεύη 도구, 장비

ⲥⲕⲉⲩⲟⲥ σκεῦος 그릇, 기명

ⲥⲕⲉⲯⲓⲥ σκέψις 구도, 설계

ⲥⲕⲏⲛⲏ, *pl.* **ⲥⲕⲏⲛⲁⲩⲉ** σκηνή 천막

ⲥⲕⲏⲣ → **ⲥϭⲏⲣ** 돛을 올리다

ⲥⲕⲓⲙ, ⲥϭⲓⲙ *m.* 머리털, 흰머리

ⲥⲕⲟⲣⲇⲓⲥⲕⲟⲥ σκόρδισκος 안장

ⲥⲕⲟⲣⲕⲣ̄, ⲥⲕⲣ̄ⲕⲣ̄-, ⲥⲕⲣ̄ⲕⲱⲣ⸗, ⲥⲕⲉⲣⲕⲱⲣ†, ⲥⲕⲉⲣⲕⲟⲣⲧ† 굴리다, 움직이게 하다

ⲥⲕⲁⲣⲁⲕⲓⲣ, ⲥⲕⲟⲣⲁⲕⲓⲣ, ⲥⲕⲉⲗⲁⲕⲓⲣ 경사

ⲥⲕⲟⲣⲡⲓⲟⲥ σκορπίος 전갈자리

ⲥⲕⲣ̄ⲕⲁⲣⲧ†, ⲥⲕⲣ̄ⲕⲣ̄†, ⲥⲕⲣ̄ⲕⲱⲣ⸗ → **ⲥⲕⲁⲣⲕⲣ̄**

ⲥⲕⲣ̄ⲕⲣ̄-, ⲥⲕⲣ̄ⲕⲱⲣ⸗ → **ⲥⲕⲟⲣⲕⲣ̄**

ⲥⲗⲁ(ⲁ)ⲧⲉ 비틀거리다, 넘어지다

ⲥⲗⲁⲡⲗⲉⲡ, ⲥⲗⲉⲡⲗⲉⲡ- 베다, 가르다 *cf.* *ⲥⲱⲗⲡ̄* 자르다

ⲥⲗ̄ⲃⲧⲉ → **ⲥⲃⲗ̄ⲧⲉ** 움직이게 하다

ⲥⲗⲉⲡⲗⲉⲡ- → **ⲥⲱⲗⲡ̄**

ⲥⲗⲕ̄ⲗⲱⲕ† 납작한 → **ⲥⲗⲟϭⲗϭ̄** 평평하게 하다

ⲥⲗⲟⲡⲗⲉⲡ, ⲥⲗⲉⲡⲗⲱⲡ⸗ 갈기갈기 찢다 *cf.* *ⲥⲱⲗⲡ̄* 자르다

ⲥⲗⲟⲩⲗⲟⲗ⸗ → **ⲥⲟⲩⲟⲗⲟⲩⲁ**

ⲥⲗⲟϭⲗϭ̄, ⲥⲗⲉϭⲗⲱϭ-, ⲥⲗⲉϭⲗⲱϭ†, ⲥⲗⲕ̄ⲗⲱⲕ† 평평하게 하다, 윤기나게 하다 *cf.* *ⲥⲱⲗϭ̄* 기름 붓다

ⲥⲗ̄ⲡⲉ *f.* 조각, 동강이 *cf.* *ⲥⲱⲗⲡ̄* 자르다

ⲥⲗ̄ⲥⲗ̄-, ⲥⲗ̄ⲥⲟⲗⲧ† → **ⲥⲟⲗⲥⲗ̄**

ⲥⲗ̄ⲥⲱⲗ⸗ → **ⲥⲁⲗⲥⲗ̄**

ⲥⲗ̄ϩⲟ, ⲥⲉⲗϩⲱ 열기

ⲥⲗ̄ϭⲉ (L) 송진을 바르다 *cf.* *ⲥⲱⲗϭ* 기름칠하다

ⲥⲙⲁⲁⲛⲧ† → **ⲥⲙⲓⲛⲉ**

ⲥⲙⲁⲙⲁⲁⲧ†, ⲥⲙⲁⲙⲁⲛⲧ† → **ⲥⲙⲟⲩ** 축복하다

ⲥⲙⲁⲙⲉ, ⲥⲙⲁⲙⲉ-, ⲥⲙⲁⲙⲟⲩ⸗, ⲥⲙⲁⲙⲟⲩⲟⲩ⸗, ⲥⲙⲁⲙⲁⲁⲧ†, ⲥⲙⲁⲙⲁⲧ† → **ⲥⲙⲟⲩ**

ⲥⲙⲁⲛⲧ† → **ⲥⲙⲓⲛⲉ**

ⲥⲙⲁⲧ (L), *pl.* **ⲥⲙⲟⲟⲧ** *m.* 형태, 외관, 모양, 방법 *cf.* *ⲥⲙⲁⲧ ⲥⲙⲁⲧ* 모든 형태로 *ⲡⲓⲥⲙⲁⲧ ⲡⲓⲥⲙⲁⲧ* 동일한 형태로

ⲥⲙⲁⲩ, ⲥⲙⲁⲁⲩ *m. pl.* 관자놀이, 눈꺼풀

ⲥⲙⲁϩ *m.* 열매, 가지

ⲥⲙⲉ-, ⲥⲙⲱ → **ⲥⲙⲟⲩ**

ⲥⲙ(ⲉ)ⲛ-, ⲥⲙⲛⲧ† → **ⲥⲙⲓⲛⲉ**

ⲥⲙⲉⲩ (L) *m.* 때, 시기

ⲥⲙⲏ *f.* 목소리 *cf.* *ⲛ̄ⲥⲙⲏ* 들을 수 있는 *ϫⲓⲥⲙⲏ* 듣다

ⲥⲙⲏⲧ → **ⲥ(ⲉ)ⲧⲙⲏⲧ** 복종하는

ⲥⲙⲓⲛⲉ, ⲥⲙ(ⲉ)ⲛ-, ⲥⲙⲓⲛ-, ⲥⲙⲛ̄ⲧ-, ⲥⲙⲛ̄ⲧ⸗, ⲥⲙⲟⲛⲧ†, ⲥⲙⲁⲛⲧ†, ⲥⲙⲛⲧ†, ⲥⲙⲁⲁⲛⲧ† 설립하다 *cf.* *ⲣ̄ⲉϥⲥⲙⲛ̄ⲛⲟⲙⲟⲓ* 입법자 *ⲉⲧⲥⲙⲟⲛⲧ†* 요지부동의 *ⲥⲙⲛ̄ ⲧⲟⲧⲟⲩ* 팔을 뻗다 *ⲥⲙⲛ̄ⲧⲉ̄ ⲙⲛ̄-* ~와 합의하다

ⲥⲙ̄ⲙⲉ (ⲉ-) 명령을 내리다, 청구하다, 비난하다, 부르다 *cf.* *ϭⲓⲛⲥⲙ̄ⲙⲉ* 고발 *ⲁⲛⲥⲙ̄ⲙⲉ* 명령서

ⲥⲙⲟⲟⲧ → **ⲥⲙⲁⲧ**

ⲥⲙⲟⲧ *m., f.* **ⲥⲙⲟⲩⲧ, ⲥⲙⲱⲧ** 형상, 외관, 형식, 예, 방식, 태도 *cf.* *ⲟ̄ ⲛ̄ⲥⲙⲟⲧ ⲛ̄-* ~와 같다 *ⲟ ⲙ̄ⲡⲉⲥⲙⲟⲧ ⲛ̄-* ~에 비견하다 *ⲛ̄ⲟⲩⲁⲧⲟ ⲛ̄ⲥⲙⲟⲧ* 여러가지 형태로 *ⲛ̄ⲁⲧⲉⲥⲙⲟⲧ* 다양하게 *ⲛ̄ⲁϣ ⲛ̄ⲥⲙⲟⲧ* 어떻게 *ⲛ̄ⲕⲉⲥⲙⲟⲧ* 달리하여 *ϯⲥⲙⲟⲧ* 형성하다, 표를 내다 *ϫⲓ ⲥⲙⲟⲧ* 방식을 받아 들이다 *ⲛ̄ϣⲟⲙⲛ̄ⲧ ⲛ̄ⲥⲙⲟⲧ* 세 가지 종류

ⲁ ⲃ ⲅ ⲇ ⲉ ⲍ ⲏ ⲑ ⲓ ⲕ ⲗ ⲙ ⲛ ⲝ ⲟ ⲡ ⲣ ⲥ ⲧ ⲩ ⲫ ⲭ ⲯ ⲱ ϣ ϥ ϩ ϫ ϭ ϯ

CMOY, CMΩ, CMAME, CME-, CMAME-, CMAMOY⸗, CMAMOYOY⸗, CM(AM)AAT†, CMAMANT†, CMAMAT†, CMAMAAT† 축복하다, 찬양하다, 기도하다, 기도, 제물

CMOYNE *f.* 나일강변의 오리

CNAEIN 산책하다

CNAT 두려워하다

CNAY *m., f.* **CN̄TE**; **-CNOOYC** *m., f.* **-CNOOYCE** 둘 *cf.* *M̄ΠECNAY, N̄TCN̄TE* 둘 다 *MEϨCNAY* 두 번째 *P̄ CNAY* 둘로 나누다 *ETO N̄CNAY* 복사된 *MN̄TAAC CNAY* 복사 *P̄ ϨHTCNAY* 합의에 이르지 못하다, 의심하다 *MN̄TCNOOYC* 열둘 *XOYTCNOOYC* 스물둘

-CNAYC → CNEY *m.* 둘

-CNAYC → CNEY

CNAYϨ, CNOOYϨ *m.* 연결, 쇠사슬, 결합

CNAQ *m.* 피

CNAϨ, CNEYϨ → CΩNϨ̄ 묶다

CNEÏNE (L) 움직이다, 뛰어오르다

CNEY (L), **CNO, -CNAYC,** *f.* **CN̄TE, -CNAYCE** *m.* 둘 *cf.* *M̄ΠCNEY* 둘 다 *MAϨCNEY* 두 번째 *MN̄TCNAYC* 열둘 *ΠMAϨMN̄TCNAYC* 열두 번째 *ϢBECNAYC* 일흔둘 *XOYTCNAYC* 스물둘 *IB̄* 열둘

CNEYϨ → CNAϨ

CNEYϨ *pl.* **CΩNϨ̄**

CNHY → CAN

CNO → CNEY *m.* 둘

CNOOYC → CNAY 둘

CN̄OYΩN-, CN̄OYΩN⸗, CN̄OYΩNE⸗ → CAYNE 인식하다, 알다

CNOQ *m., pl.* **CNΩΩQ** 피, 혈액 *cf.* *PEQCE-ϨΠCNOQ* 흡혈귀

CN̄CN̄, CENCEN 공명을 울리다, 메아리치다, 조목조목 따지다

CN̄T- → CINE 지나가다

CN̄TE → CNAY 둘

CN̄TE *f.* 기초 *cf.* *CMN̄CN̄TE* 기초를 놓다 *CΩNT̄* 설립하다, 창조하다

CN̄TE → CETH 설익은 무화과

CO 보호 *cf.* *† CO* 아끼다, 절약하다 *MN̄TAT†CO* 무자비함

CO → COOY 여섯

COAT⸗ → CPIT

COBK̄† → CBOK

COBN̄, COBNE 부채질하다, 바람쐬다

COBT̄ *m.* 성벽

COBTE, C(E)BTE-, CB̄TΩT⸗, CB̄TΩT† 준비하다, 준비물, 장비 *cf.* *ETCB̄TΩT* 준비된 *ATCOBTE* 예기치않은

COE *f.* **CAY** *m.* 여섯

COEIT *m.* 이름이 알려짐, 명성 *cf.* *N̄COEIT* 명성이 자자한 *P̄COEIT* 자랑스레 보여주다 *PMN̄COEIT* 유명인사 *†COEIT* …으로 인해 유명한, 명예가 주어진

COEIϢ, COEIϨ 암수 한 쌍, 교미하다

COEIϢ, ϢOEIC 측정 단위

COEIQ *m.* 어리석음

COEIϨ → COEIϢ 교접하다

COI *m.* 등

COI *m. f.* 기둥 *cf.* *OYEϨCOI* 지붕

COK⸗ → CΩK

COK, CAK, COOK, CΩ(Ω)K *m.* 가방

COKCEK, CEKCEK-, CEKCOK⸗ 잡아끌다, 끌어모으다 *cf.* *CΩK* 당기다

COλ *m.* 불씨

COλEϬ† → CΩλϬ̄

COλIB → COλQ̄ 체

COλCλ̄, CλCλ̄- 치장하다

COλCλ̄, CλCλ̄-, CEλCΩλ-, CλCΩλ⸗, CλCOλT† 칭찬하다, 위로하다

COλQ̄, CΩλQ̄, COλIB, COPQ̄ *m.* 체

COME⸗ → CΩΩME

COM(N)T† → CΩMT̄

COMC̄ 바라보다

COMϨ̄ *m.* 굴대, 차축

CON *m., f.* **CΩNE, C(E)N-** *pl.* **CNHY** 형제, 자매 *cf.* *CONM̄MOONE* 젖먹이 형제자매 *MN̄TCON* 형제관계 *MN̄TMAICON* 형제애

CONT̄† → CΩNT̄

CONTE *m.* 송진

CONTQ̄ *m.* 확장 *cf.* *CΩMT̄* 넓히다

ⲁ ⲃ ⲅ ⲇ ⲉ ⲍ ⲏ ⲑ ⲓ ⲕ ⲗ ⲙ ⲛ ⲝ ⲟ ⲡ ⲣ ⲧ ⲩ ⲫ ⲭ ⲯ ⲱ ϣ ϥ ϩ ϫ ϭ ϯ

ⲤⲞⲚϨ̄† → ⲤⲰⲚϨ̄

ⲤⲞⲞ⸗ → ⲤⲰ

ⲤⲞ(Ⲟ)ⲔⲈ† → ⲤⲒⲔⲈ

ⲤⲞ(Ⲟ)ⲚⲈ *m.* 강도, 도둑 *cf.* ⲘⲀⲚ̄ⲤⲞⲞⲚⲈ 도둑의 소굴

ⲤⲞ(Ⲟ)ⲚⲦ⸗ → ⲤⲰⲚ̄Ⲧ

ⲤⲞ(Ⲟ)Ⲣ⸗ → ⲤⲰⲢ

ⲤⲞ(Ⲟ)Ⲧ⸗ → ⲤⲒⲚⲈ

ⲤⲞ(Ⲟ)Ⲧ⸗ → ⲤⲰⲦ

ⲤⲞⲞⲦ, ⲤⲞⲦ, ⲤⲀⲦ *m., pl.* ⲤⲀⲀⲦⲈ 대변, 똥

ⲤⲞⲞⲨ *m., f.* ⲤⲞ(Ⲉ), ⲤⲞⲞⲨⲈ, ⲤⲈⲨ- 여섯 *cf.* -(Ⲧ)ⲀⲤⲈ 십자리에 쓰임

ⲤⲞⲞⲨⲚ, ⲤⲞⲨ(Ⲉ)Ⲛ-, ⲤⲞⲨⲰⲚ-, ⲤⲞⲨⲰⲚ⸗, ⲤⲈⲞⲨⲰⲚ⸗ 알다, 깨치다, 영지 *cf.* ⲀⲦⲤⲞⲞⲨⲚ 모르고 있는 ⲘⲚ̄ⲦⲀⲦⲤⲞⲞⲨⲚ 무지, 무식 Ⲣ̄ ⲀⲦⲤⲞⲞⲨⲚ 무시하다

ⲤⲞⲞⲨⲦⲚ̄, ⲤⲞⲨⲦ(Ⲱ)Ⲛ-, ⲤⲞⲨⲦⲰⲚ⸗, ⲤⲞⲨⲦⲰⲚ† 곧바로 서다 *cf.* (Ϩ)Ⲛ̄(ⲞⲨ) ⲤⲞⲞⲨⲦⲚ̄ 곧장, 즉시 ⲦⲰⲞⲨⲚ 일어서다

ⲤⲞⲞⲨϢⲈ ϢⲞⲨⲤⲞⲞⲨϢⲈ 흠향할 제물

ⲤⲞⲞⲨϨ† → ⲤⲰⲞⲨϨ

ⲤⲞⲞⲨϨⲈ *f.* 달걀, 대머리의 꼭대기 *cf.* ⲈⲒⲈⲠ ⲤⲞⲞⲨϨⲈ 구슬, 구형

ⲤⲞⲞⲨϨⲤ̄, ⲤⲞⲞⲨⲀϨⲤ̄ *f.* 회합, 모임, 사회 *cf.* ⲤⲰⲞⲨϨ 집결시키다

ⲤⲞⲞϤ → ⲤⲰⲰϤ

ⲤⲞⲞϨⲈ, ⲤⲀϨⲈ-, ⲤⲀϨⲰ(Ⲱ)⸗, ⲤⲀϨⲎⲨ† 회복시키다, 고치다, 멀리하다

ⲤⲞⲞϨⲈ ⲈⲂⲞⲖ 멀리 돌아가게 하다, 고장나게 하다 *cf.* ⲰϨⲈ 굳세게 견디다

ⲤⲞⲠ, Ⲥ(Ⲉ)Ⲡ-, ⲤⲰ(Ⲱ)Ⲡ, ⲤⲞⲞⲠ *m.* 한 번, 한 때 *cf.* ⲤⲞⲠ ... ⲤⲞⲠ... 어떤 때는 - 또 어떤 때는- ⲘⲠⲤⲞⲠ 단 한 번으로 Ⲛ̄ⲞⲨⲤⲞⲠ 단 한 번 Ⲛ̄ⲦⲀⲠⲤ̄ Ⲛ̄ⲤⲞⲠ 매번에 걸쳐 Ⲛ̄ⲔⲈⲤⲞⲠ 또다시 ⲞⲨⲘⲎⲎϢⲈ Ⲛ̄ⲤⲞⲠ 자주 ⲦⲘ̄ⲠⲤⲞⲠ 모든 때에 ϨⲒⲞⲨⲤⲞⲠ 동시에, 함께 ϨⲀϨⲚ̄ⲤⲞⲠ 빈번하게

ⲤⲞⲠ⸗ → ⲤⲰⲠ

ⲤⲞⲠ 측량단위

ⲤⲞⲠⲤ̄, Ⲥ(Ⲉ)ⲠⲤ̄- 기도하다, 요구하다 *cf.* ⲢⲈϤⲤⲞⲠⲤ̄ 기도자, 간구자, 중보자 ⲤⲞⲠⲤⲠ̄

ⲤⲞⲠⲤⲠ̄, ⲤⲠ̄ⲤⲠ̄-, ⲤⲠ̄ⲤⲰⲠ-, Ⲥ(Ⲉ)ⲠⲤⲰⲠ⸗, ⲤⲈⲠⲤⲰⲠ† 기도하다, 간구하다, 요구하다 *cf.* ⲤⲞⲠⲤ̄

ⲤⲞⲢⲘ̄, ⲤⲀⲢⲘ̄ *m.* 찌끼

ⲤⲞⲢⲘ̄† → ⲤⲰⲢⲘ̄

ⲤⲞⲢⲘⲈⲤ 떠돌이, 유랑 *cf.* ⲤⲰⲢⲘ̄ 떠돌다

ⲤⲞⲢⲠ̄† 잘라진 → ⲤⲰⲖⲠ̄ 자르다

ⲤⲞⲢⲤⲢ̄, ⲤⲢ̄ⲤⲰⲢ† 번지다, 펼치다

ⲤⲞⲢⲦ̄, ⲤⲀⲢⲦ *m. f.* 양털

ⲤⲞⲢϤ̄ → ⲤⲞⲖϤ̄ 체

ⲤⲞⲦⲂⲈϤ, ⲤⲀⲦⲂⲈϤ, ⲤⲞⲦϤ̄, ⲤⲞⲦϨϤ̄ *m.* 도구, 무기, 화살 *cf.* ⲤⲦⲈⲂⲀⲈⲒϨ 투구

ⲤⲞⲦⲈ *m., f. pl.* ⲤⲞⲞⲦⲈ 화살, 침 *cf.* ⲘⲀⲚ̄ⲚⲈϪⲤⲞⲦⲈ 활 쏘는 창구 ϨⲚⲀⲀⲨⲚ̄ⲔⲀⲤⲞⲦⲈ 화살 통 ⲤⲒⲦⲈ 던지다

ⲤⲞⲦⲈ, ⲤⲀⲦⲈ 측정 단위

ⲤⲞⲦⲈ → ⲤⲎⲦ 실을 잣다

ⲤⲞⲦⲈ → ⲤⲀⲦⲈ 불

ⲤⲞⲦⲘ⸗ → ⲤⲰⲦⲘ̄

ⲤⲞⲦⲠ̄† → ⲤⲰⲦⲠ̄

ⲤⲞⲦϤ̄† → ⲤⲰⲦϤ̄

ⲤⲞⲦϤ̄ → ⲤⲞⲦⲂⲈϤ 도구

ⲤⲞⲦϨϤ̄ → ⲤⲞⲦⲂⲈϤ 도구

ⲤⲞⲨ 물을 붓다

ⲤⲞⲨ- → ϢⲞⲨ-, Ⲛ̄ϢⲞⲨ …없이

ⲤⲞⲨ- → ⲤⲒⲞⲨ 별

ⲤⲞⲨ- → ⲤⲎⲨ 때, 시기

ⲤⲞⲨ- → ⲤⲰ 마시다

ⲤⲞⲨⲀⲚⲦ†, ⲤⲞⲨⲚ̄- → ⲤⲀⲨⲚⲈ

ⲤⲞⲨⲈⲚ- → ⲤⲞⲞⲨⲚ 알다

ⲤⲞⲨⲖⲞⲖ⸗ → ⲤⲞⲨⲞⲖⲞⲨⲀ

ⲤⲞⲨⲚ̄- → ⲤⲀⲨⲚⲈ

ⲤⲞⲨⲚⲦ⸗ *m.* 가격

ⲤⲞⲨⲞ *m.* 밀알, 밀가루 *cf.* ⲀⲨⲀⲚⲚ̄ⲤⲞⲨⲞ 밝은 노란색

ⲤⲞⲨⲞⲖⲞⲨⲀ, ⲤⲞⲨ(Ⲉ)ⲖⲞⲨⲰⲖ⸗, ⲤⲞⲨⲖⲰⲖ⸗, ⲤⲞⲨⲖⲞⲖ⸗, ⲤⲤⲖⲞⲨⲖⲰ⸗, ⲤⲖⲞⲨⲖⲞⲖ⸗ 감싸다, 둘러싸다

ⲤⲞⲨⲢⲈ, ⲤⲞⲨⲢ-, ⲤⲀⲢ-, Ⲥ(Ⲉ)Ⲣ- *f.* 가시, 바늘 *cf.* ⲤⲀⲢⲀⲢⲀⲨ 엉겅퀴

ⲤⲞⲨⲤⲒⲞⲨ 액체의 무게를 측정하는 단위

ⲤⲞⲨⲤⲞⲞⲨϢⲈ → ϢⲞⲞⲨ 향기

ⲤⲞⲨⲤⲞⲨ *m.* 한순간 *cf.* ⲥⲏⲩ 시간

ⲤⲞⲨⲤⲞⲨ 안내하다

ⲤⲞⲨⲦⲀⲚⲦ̄†, ⲤⲞⲨⲦⲰⲚ⸗, ⲤⲞⲨⲦⲰⲚ† → **ⲤⲀⲨⲦⲚ̄**

ⲤⲞⲨⲦⲰⲚ† → **ⲤⲞⲞⲨⲦⲚ̄**

ⲤⲞⲨⲰⲚ-, ⲤⲞⲨⲰⲚ⸗ → **ⲤⲀⲨⲚⲈ**

ⲤⲞⲨⲰⲚ⸗ → **ⲤⲞⲞⲨⲚ**

ⲤⲞⲪⲒⲀ σοφία 지혜

ⲤⲞⲪⲞⲤ σοφός 지혜자

ⲤⲞϢ⸗ → **ⲤⲰϢ**

ⲤⲞϢⲘ̄† → **ⲤⲰϢⲘ̄**

ⲤⲞϢⲦ† → **ⲤⲰϢⲦ̄**

ⲤⲞϢϤ̄† → **ⲤⲰϢϤ̄**

ⲤⲞϨⲈ → **ⲤⲈϨⲞ**

ⲤⲞϨⲘ̄† → **ⲤⲰϨⲘ̄**

ⲤⲞϪ⸗ → **ⲤⲰϢⲦ̄** 막다, 저지하다

ⲤⲞϬ, ⲤⲎϬⲈ, ⲤⲈϬⲎ, ⲤⲒⲄⲎ *m.* 바보, 미치광이 *cf.* ϣⲝ̄ⲥⲟϭ 헛소리 ⲙⲛ̄ⲧⲥⲟϭ 실성, 미침

ⲤⲞϬⲚ̄, ⲤⲀⲔⲚⲈ, ⲤⲔⲈⲚ- *m.* 향유 *cf.* ⲥⲡ, ⲥⲉⲡ *f.* 년도

ⲤⲠⲀⲦⲀⲖⲒⲀ σπαταλεία 방탕

ⲤⲠⲀⲦⲀⲖⲞⲤ σπάταλος 음란한

ⲤⲠⲀⲦⲞⲨ (L) 입술 *cf.* ⲛⲟⲩϫⲉ ⲥⲡⲁⲧⲟⲩ 눈살 찌푸리다

ⲤⲠⲈⲒⲢⲀ σπεῖρα 군단

ⲤⲠⲈⲢⲘⲀ σπέρμα 씨앗

ⲤⲠⲎⲖⲀⲒⲞⲚ σπήλαιον 공동, 움푹한 곳

ⲤⲠⲒⲢ *m., pl.* **ⲤⲠⲒⲢⲞⲞⲨⲈ, ⲤⲠⲒⲢⲈⲈⲨ, ⲤⲠⲒⲢⲈⲨⲈ** 갈비 *cf.* ⲃⲏⲧ ⲥⲡⲓⲣ 갈비뼈 ⲥⲁⲥⲡⲓⲣ 옆면

ⲤⲠⲞⲄⲄⲞⲤ σπόγγος 해면체

ⲤⲠⲞⲦⲞⲨ *pl.* 입술

ⲤⲠⲞⲨⲆⲀⲒⲞⲤ σπουδαῖος 열광적인

ⲤⲠⲞⲨⲆⲎ σπουδή 열정, 신속

ⲤⲠ̄ⲤⲠ̄- → **ⲤⲞⲠⲤⲠ̄**

ⲤⲢⲀⲘⲢⲘ̄, ⲤⲢⲘ̄ⲢⲀⲘⲦ̄† 어리둥절하다

ⲤⲢⲀϨ 예, 시범

ⲤⲢⲀϤ, ⲤⲈⲢⲈⲂ *m.* 상처 *cf.* ⲥⲓⲣⲉϥⲉ 딱지

ⲤⲢⲀϤⲢⲈϤ (L), **ⲤⲢϤ̄ⲢⲀϤⲦ†** 떨어지게 하다, 시들게 하다

ⲤⲢⲀϤⲦ → **ⲤⲢ̄ϤⲈ**

ⲤⲢⲂ̄ⲢⲰⲂ⸗ → **ⲤⲢⲞϤⲢ(Ⲉ)Ϥ**

ⲤⲢⲈϤⲈⲰϤ⸗ → **ⲤⲢⲞϤⲢ(Ⲉ)Ϥ**

ⲤⲢⲈϤⲢⲒϤⲈ, ⲤⲢⲈϤⲢⲈϤ *pl.* 부스러기 *cf.* ⲥⲣⲟϥⲣ(ⲉ)ϥ 떨어뜨리다

ⲤⲢⲒⲦ, ⲤⲞⲀⲦ⸗, ⲤⲢⲒⲦ⸗ 이삭을 줍다

ⲤⲢ̄ⲘⲈ, ⲤⲈⲢⲘⲎ 유랑자, 유혹하는 사람 *cf.* ⲥⲱⲣⲙ̄, ⲥⲱⲣⲙⲉ 떠돌다, 길을 잃다

ⲤⲢⲘ̄ⲢⲀⲘⲦ̄† → **ⲤⲢⲀⲘⲢⲘ̄** 정신 잃게 하다

ⲤⲢⲚϨ̄ *pl.* 눈썹 *cf.* ⲉⲛϩ̄

ⲤⲢⲞϤⲢ(Ⲉ)Ϥ, ⲢⲞϤⲢⲂ̄⸗, ⲤⲢⲈϤⲈⲰϤ⸗, ⲤⲢⲂ̄ⲢⲰⲂ⸗ 떨어뜨리다, 말리다, 시들게 하다 *cf.* ⲥⲣⲉϥⲣⲓϥⲉ *pl.* 부스러기

ⲤⲢⲞϤⲦ† → **ⲤⲢ̄ϤⲈ**

ⲤⲢ̄ϤⲈ, ⲤⲎⲢϤⲈ, ⲤⲢⲞϤⲦ† 여유를 갖다, 시간을 들여 돌보다, 한가한, 게으른

ⲤⲢϤ̄ⲢⲀϤⲦ† → **ⲤⲢⲀϤⲢⲈϤ**

ⲤⲤ̄ → **ⲤⲀϢ** 때림, 일격

ⲤⲦⲀ⸗ → **ⲦⲤ̄ⲦⲞ**

ⲤⲦⲀⲀⲦⲈ → **ⲦⲀⲀⲦⲈ** 손뼉치다

ⲤⲦⲀⲒ̈ 냄새 *cf.* ⲥϯⲛⲟⲩϥⲉ 향기 ⲥϯⲃⲱⲱⲛ 악취

ⲤⲦⲀⲦⲈⲈⲢ στατήρ 화폐 단위

ⲤⲦⲀⲨⲢⲞⲤ σταυρός 십자가

ⲤⲦⲀⲨⲢⲈ σταυροῦν 십자가에 달다

ⲤⲦⲀⲨⲢⲰⲤⲒⲤ σταύρωσις 십자가형

ⲤⲦⲈⲂⲀⲈⲒϨ *pl.* 도구, 각종 장비 *cf.* ⲥⲟⲧⲃⲉϥ 도구

ⲤⲦⲈⲒⲰϨⲈ, ⲤⲦⲰϨⲈ *f.* 넓이 측정 단위 *cf.* ⲉⲓⲱϩⲉ 밭, 전원

ⲤⲦⲈⲢⲈⲰⲘⲀ στερέωμα 천궁, 천상계

ⲤⲦⲈⲦⲀϢ (L) *f.* 국경선

ⲤⲦⲈⲪⲀⲚⲞⲤ στέοανος 화관

ⲤⲦⲈⲪⲀⲚⲞⲨ στεοανοῦν 화관을 씌우다

ⲤⲦⲒⲌⲈ στίζειν 중단시키다, 강조하다

ⲤⲦⲘⲎⲦ 순종하는 → **ⲤⲰⲦⲘⲈ**듣다

ⲤⲦⲞ **ⲦⲤ̄ⲦⲞ** 되풀이하다

ⲤⲦⲞⲒ, Ⲥϯ-, ⲤⲦⲞⲒ-, ⲤⲦⲈ- *m.* 향기 *cf.* ϩⲁϭⲓⲛⲛ̄ⲥⲧⲟⲓ 박하 ⲥϯⲃⲱⲱⲛ 악취 ⲥϯⲕⲉⲙⲉ 미나리과의 까만 씨 ⲥϯⲛⲟⲩϥⲉ 좋은 냄새

ⲤⲦⲞⲒⲬⲈⲒⲰⲚ, ⲤⲦⲞⲒⲬⲈⲒⲞⲚ στοιχεῖον 요소

ⲤⲦⲞⲖⲎ, ⲤⲦⲞⲖⲀⲨⲈ στολή 옷

ⲤⲦⲞⲘⲀⲬⲞⲤ στόμαχος 위장

Ⲥ̅Ⲧ̅Ⲣ̅ → ⲤⲰⲦⲎⲢ

ⲤⲦⲢⲀⲦⲈⲨⲘⲀ στράτευμα 파병, 원정

ⲤⲦⲢⲀⲦⲎⲖⲀⲦⲎⲤ στρατηλάτης 장군

ⲤⲦⲢ̅ⲦⲢ̅ 떨다

ⲤⲦⲨⲖⲞⲤ στῦλος 기둥

ⲤⲦⲰ *f.* 둔덕, 방목 언덕, 강둑

ⲤⲦⲰⲦ 떨다, 떨게 하다, 무섭게 하다

ⲤⲦⲰⲦⲈ *f.* 넓이 측정 단위 *cf.* ⲥⲱⲧ

ⲤⲨⲄⲄⲈⲚⲒⲀ συγγένεια 가족

ⲤⲨⲄⲄⲈⲚⲎⲤ συγγενής 친척, 동류

ⲤⲨⲄⲔⲖⲎⲦⲒⲔⲞⲤ συγκλητικός 조언자

ⲤⲨⲄⲔⲢⲀⲤⲒⲤ σύγκρασις 혼합, 뒤섞음, 간통

ⲤⲨⲄⲬⲰⲢⲈ συγχωρεῖν 허용하다, 수용하다

ⲤⲨⲖⲀ συλᾶν 약탈하다

ⲤⲨⲘⲂⲞⲨⲖⲈⲨⲈ συμβουλεύειν 상의하다.

ⲤⲨⲘⲂⲞⲨⲖⲒⲀ συμβουλία 조언, 상담

ⲤⲨⲘⲂⲞⲨⲖⲞⲤ σύμβουλος 조언자

ⲤⲨⲚⲀⲄⲰⲄⲎ συναγωγή 회중

ⲤⲨⲚⲀⲜ σύναξ[ις] 모임, 운집

ⲤⲨⲚⲈⲒⲆⲎⲤⲒⲤ συνείδησις 양심, 의식

ⲤⲨⲚⲎⲐⲒⲀ συνήθεια 교제

ⲤⲨⲚⲞⲨⲤⲒⲀ συνουσία 교제, 교통

ⲤⲨⲚⲦⲈⲖⲈⲒⲀ συντέλεια 성취, 완수, 종말

ⲤⲨⲚⲦⲞⲘⲒⲀ συντομία 간결

ⲤⲨⲢⲒⲌⲈ συρίζειν 바람 소리를 내다

ⲤⲪⲀⲒⲢⲀ σφαῖρα 공, 천구

ⲤⲪⲀⲖⲘⲀ σφάλμα 재앙

ⲤⲪⲢⲀⲄⲒⲌⲈ σφραγίζειν 봉하다

ⲤⲪⲢⲀⲄⲒⲤ σφραγίς 인장, 봉인

ⲤⲬⲀⲦ, ⲤⲬⲞⲦ → ⲤϢⲞⲦ 지참금

ⲤⲬⲈⲆⲞⲚ σχεδόν 거의, 긴밀하게, 간신히

ⲤⲬⲎⲘⲀ σχῆμα 형태, 꼴, 천정

ⲤⲰ 갈대로 엮은 바구니

ⲤⲰ, ⲤⲈ-, ⲤⲀ-, ⲤⲈⲨ-, ⲤⲞⲨ-, ⲤⲞⲞ⸗, *p.c.* ⲤⲀⲨ- 마시다 *cf.* ⲙⲁⲛ̅ⲥⲱ 술자리 ϭⲓⲛⲥⲱ 술, 음식 ⲣⲉϥⲥⲉϩⲣ̅ⲡ̅, ⲥⲁⲩϩⲣ̅ⲡ̅ 술꾼, 취객

ⲤⲰⲂⲈ 웃다, 비웃다, 연극하다 *cf.* ⲥⲱⲃⲉ ⲛ̅ⲥⲁ 누구를 비웃다 ϣⲟⲩⲥⲱⲃⲉ 웃기는 ϣϫ̅ⲥⲱⲃⲉ 농담 ⲱⲛⲉ ⲛ̅ⲥⲱⲃⲉ 주사위

ⲤⲰⲂⲈ, ⲤⲰⲠⲈ *f.* 옷 가장자리

ⲤⲰⲂϨ̅, ⲤⲞⲂϨ̅-, ⲤⲞⲂϨ̅⸗ ⲤⲞⲂϨ̅† 문둥병에 걸리다 *cf.* ⲕⲱⲕ ⲉⲡⲥⲟⲃϩ̅ 문둥병자

ⲤⲰⲔ, Ⲥ(Ⲉ)Ⲕ-, ⲤⲀⲔ-, ⲤⲰⲔ-, ⲤⲀⲔ⸗, ⲤⲞⲔ⸗, ⲤⲎⲔ† *p.c.* ⲤⲀⲔ- 잡아당기다, 끌어들이다, 뽑다 *cf.* ⲥⲱⲕ ⲉϩⲣⲁϊ 올라가다 ⲥⲱⲕ ϩⲁϫⲛ̅- 운전하다, 이끌다 ⲡⲉⲧⲥⲱⲕ ϩⲏⲧⲟⲩ ⲛ̅ⲙⲙⲁⲧⲟⲓ 군대의 지휘관 ϭⲓⲛⲥⲱⲕ 물결, 물의 흐름 ⲥⲉⲕⲙⲟⲟⲩ 물을 긷다 ⲥⲉⲕ ⲥⲧⲁⲩⲣⲟⲩ 십자가 성호를 그리다 ⲥⲱⲕ ⲉⲃⲟⲗ 다른 곳으로 유도하다 ⲥⲟⲕⲥⲉⲕ 끌어당기다

ⲤⲰⲖ, ⲤⲎⲖ† 사방으로 훑다

ⲤⲰⲖⲘⲈ (L), *pl.* ⲤⲀⲖⲘⲈ 증기

ⲤⲰⲖⲠ̅, Ⲥ(Ⲉ)ⲖⲠ̅-, ⲤⲖⲈⲠⲖⲈⲠ-, ⲤⲞⲖⲠ̅⸗, ⲤⲞⲖⲠ̅†, ⲤⲀⲖⲠ̅† *p.c.* ⲤⲀⲖⲠ̅- 자르다, 꺾다, 찢다 *cf.* ⲥⲗⲟⲡⲗⲉⲡ

ⲤⲰⲖϬ̅, ⲤⲀⲖϬ-, ⲤⲞⲖϬ⸗, ⲤⲀⲖⲔ⸗ ⲤⲞⲖⲈϬ† 기름 붓다, 회칠하다

ⲤⲰⲘ, ⲤⲞⲘ⸗, ⲤⲀⲘ⸗, ⲤⲎⲘ† 억압하다, 짓누르다, 지배하다 *cf.* ⲥⲱϫⲱⲙⲉ

ⲤⲰⲘⲀ σῶμα 몸, 육체

ⲤⲰⲘⲀⲦⲒⲔⲞⲚ σωματικόν 육체의, 육적 존재

ⲤⲰⲘⲄ̅, ⲤⲰⲘⲔ̅ → ⲤⲰⲚⲔ̅ 빨다

ⲤⲰⲘⲔ̅ → ⲤⲰⲚⲔ̅ 빨다

ⲤⲰⲘⲚ̅Ⲧ → ⲤⲰⲘⲦ̅ 넓히다

ⲤⲰⲘⲦ̅, ⲤⲰⲘⲚ̅Ⲧ, ⲤⲞⲘ(Ⲛ)Ⲧ⸗, ⲤⲞⲘ(Ⲛ)Ⲧ → , ⲤⲀⲘⲦ̅† 넓히다, 늘이다, 기다리다 *cf.* ⲥⲟⲛⲧϥ̅ 넓힘

ⲤⲰⲚⲄ̅, → ⲤⲰⲚⲔ̅

ⲤⲰⲚⲈ 자매 → ⲤⲀⲚ 형제

ⲤⲰⲚⲔ̅, ⲤⲰⲚⲄ̅, ⲤⲰⲘⲔ̅, ⲤⲰⲘⲄ̅ 빨다, 젖 빨다 *cf.* ⲧⲥⲛ̅ⲕⲟ 젖 먹이다

ⲤⲰⲚⲦ̅, ⲤⲰⲰⲚⲦ̅, Ⲥ(Ⲉ)ⲚⲦ-, ⲤⲞ(Ⲟ)ⲚⲦ⸗, ⲤⲞⲚⲦ̅† 창조하다, 설립하다 *cf.* ⲣⲉϥⲥⲱⲛⲧ̅ 창조자, 제조인 ϣⲁⲥⲱⲛⲧ̅ 첫 창조물 ⲥⲛ̅ⲧⲉ 기초

ⲤⲰⲚⲦ̅ *m.* 습관, 전통 *cf.* ⲕⲁⲧⲁ ⲡⲉϥⲥⲱⲛⲧ̅ 관습에 따라

ⲤⲰⲚⲦ̅, ⲤⲞⲚⲦ̅† 바라보다 *cf.* ⲥⲱⲛⲧ̅ ⲉⲃⲟⲗ ϩⲏⲧ⸗ 희망하다

ⲁ ⲃ ⲅ ⲇ ⲉ ⲍ ⲏ ⲑ ⲓ ⲕ ⲗ ⲙ ⲛ ⲝ ⲟ ⲡ ⲣ ⲥ ⲧ ⲩ ⲫ ⲭ ⲯ ⲱ ϣ ϥ ϩ ϫ ϭ ϯ

ⲥⲱⲛϩ̅, ⲥⲁⲛϩ-, ⲥⲁⲛϩ⸗, ⲥⲟⲛϩ⸗, ⲥⲁⲛϩ̅†, ⲥⲟⲛϩ̅† *pl.* ⲥⲛⲉⲩϩ 묶다 *cf.* ⲉⲧⲥⲟⲛϩ̅ 감금된, 죄수 ⲥⲛⲁⲩϩ 연결

ⲥⲱⲟⲩϩ, ⲥⲉⲩϩ-, ⲥⲁϩ⸗, ⲥⲁⲩϩ⸗, ⲥⲟⲟⲩϩ⸗, ⲥⲁⲩϩ†, ⲥⲟⲟⲩϩ† 함께 모이다 *cf.* ⲥⲟⲟⲩϩⲥ̅ 의회

ⲥⲱⲡ, ⲥ(ⲉ)ⲡ-, ⲥⲟⲡ⸗ 물에 잠기다, 적시다

ⲥⲱⲡ(ⲉ) *m.* 관자놀이

ⲥⲱⲡⲉ → ⲥⲱⲃⲉ 옷 가장자리

ⲥⲱⲡⲧ̅ → ⲥⲱⲧⲡ̅ 선택하다

ⲥⲱⲣ, ⲥⲁⲣ-, ⲥ(ⲉ)ⲣ-, ⲥⲁⲣ⸗, ⲥⲟ(ⲟ)ⲣ⸗, ⲥⲏⲣ† *p.c.* ⲥⲁⲣ- 분산되다, 넓게 펼치다 *cf.* ⲥⲱⲣ ⲉⲃⲟⲗ 소문이 번지다 ⲥⲱⲣ...ⲙ̅ⲗⲁϩ 군대를 배치하다 ⲥⲣ̅ⲣⲁⲧ⸗ 묽게 하다, 여과하다 ⲥⲟⲣⲥⲣ̅ 번지다

ⲥ̅ⲱ̅ⲣ̅ → ⲥⲱⲧⲏⲣ

ⲥⲱⲣⲙ̅, ⲥⲱⲣⲙⲉ, ⲥⲉⲣⲙ̅-, ⲥⲁⲣⲙⲉ-, ⲥⲟⲣⲙ⸗, ⲥⲟⲣⲙ̅†, ⲥⲁⲣⲙⲉ† *p.c.* ⲥⲁⲣⲙ̅- 방황하다, 헤매다, 상실하다, 실수하다, 떠돌이로 살다 *cf.* ⲙⲟⲩⲛ̅ⲥⲱⲣⲙ̅ 개울물 ⲥⲣ̅ⲙⲉ *nn.* 유혹자 ⲥⲣⲁⲙⲣⲙ̅ 정신 잃다

ⲥⲱⲣϣ̅, ⲥⲁⲣϣ⸗ 잘게 썰다

ⲥⲱⲥ, ⲥⲟⲥ⸗, ⲥⲏⲥ† 넘어뜨리다, 떨어뜨리다

ⲥⲱⲧ 넓이 측정 단위 *cf.* ⲥⲧⲱⲧⲉ

ⲥⲱⲧ 펼치다, 늘이다

ⲥⲱⲧ, ⲥⲱⲧⲉ, ⲥⲟ(ⲟ)ⲧ⸗, ⲥⲱⲧ⸗, ⲥⲁⲁⲧ⸗, ⲥⲁⲧ⸗ 되찾다, 다시 하다, 몸값을 주고 사다 *cf.* ⲥⲟⲧϥ̅ ⲉ- 되풀이하다 (ⲧ)ⲥⲧⲟ 다시 하다, 뒤로 밀다

ⲥⲱⲧⲉ, ⲥⲉⲧ-, ⲥⲟⲧ-, ⲥⲱⲧ-, ⲥⲟ(ⲟ)ⲧ⸗, ⲥⲁ(ⲁ)ⲧ⸗ 구하다, 몸값을 지불하다, 구출하다 *cf.* ⲣⲉϥⲧⲱⲧⲉ 구속자

ⲥⲱⲧⲉ → ⲥⲱⲧ

ⲥⲱⲧⲏⲣ, ⲥ̅ⲏ̅ⲣ̅, ⲥ̅ⲱ̅ⲣ̅ σωτήρ 구세주

ⲥⲱⲧⲙ̅, ⲥⲱⲧⲙⲉ, ⲥⲉⲧⲙ̅-, ⲥⲁⲧⲙ⸗, ⲥⲁⲧⲙⲉ⸗, ⲥⲟⲧⲙ⸗ 듣다, 귀를 기울이다 *cf.* ⲥⲱⲧⲙ̅ ⲛ̅ⲥⲁ- 따르다, 복종하다 ⲁⲧⲥⲱⲧⲙ̅ 불복의, 제멋대로인 ⲙⲛ̅ⲧⲁⲧⲥⲱⲧⲙ̅ 불복 ⲣ̅ ⲁⲧⲥⲱⲧⲙ̅ 말 듣지 않다 ⲙⲁⲛ̅ⲥⲱⲧⲙ̅ 청각기관 ⲣⲉϥⲥⲱⲧⲙ̅ 청취인 ⲙⲛ̅ⲧⲣⲉϥⲥⲱⲧⲙ̅ 복종, 유순함 ⲥ(ⲉ)ⲧⲙⲏⲧ 순종

ⲥⲱⲧⲡ̅, ⲥⲱⲡⲧ̅, ⲥⲉⲧⲡ̅-, ⲥⲁⲧⲡ̅- ⲥⲟⲧⲡ⸗, ⲥⲁⲡⲧ⸗, ⲥⲁⲧⲡ̅⸗, ⲥⲟⲧⲡ̅†, ⲥⲁⲧⲡ† 선택하다, 뽑다, 우수한 *cf.* ⲙⲛ̅ⲧⲥⲱⲧⲡ̅ 선택 ⲉⲧⲥⲟⲧⲡ̅ 선택된, 우수한

ⲥⲱⲧⲣ̅, ⲥⲟⲧⲣ̅† 뒤틀어지다, 굽다

ⲥⲱⲧϥ̅, ⲥⲉⲧϥ̅-, ⲥⲱⲧϥ̅-, ⲥⲟⲧϥ⸗, ⲥⲁⲧϥ⸗, ⲥⲟⲧϥ̅†, ⲥⲁⲧϥ† 정화시키다, 걸러내다

ⲥⲱϫⲉ → ⲥⲱϣⲉ 밭, 전원

ⲥⲱⲱⲙⲉ, ⲥⲁⲁⲙⲉ-, ⲥⲟⲙⲉ⸗, ⲥⲁⲁⲙⲉ⸗ 문지르다, 윤기나게 하다 *cf.* ⲥⲱⲙ 짓누르다

ⲥⲱⲱⲛⲧ̅ → ⲥⲱⲛⲧ̅

ⲥⲱⲱϥ, ⲥⲉ(ⲉ)ϥ-, ⲥⲉⲉⲃⲉ-, ⲥⲟⲟϥ-, ⲥⲱⲱϥ-, ⲥⲟ(ⲟ)ϥ⸗, ⲥⲟⲟϥ† 더럽히다 *cf.* ⲉⲧⲥⲟⲟϥ 불결한, 더럽혀진.

ⲥⲱⲱϥ *pl.* 물 마시기 *cf.* ⲥⲱ 마시다

ⲥⲱϣ, ϣⲱⲥ, ⲥⲉϣ-, ⲥⲟϣ⸗, ⲥⲏϣ† 무시하다, 굴욕감을 주다, 창피해지다 *cf.* ⲣⲉϥⲥⲱϣ 무시하는 사람 ϫⲓ ⲥⲱϣ 창피한, 단정치 못한 ⲣⲉϥⲥⲉϣⲉⲓⲱⲧ 아비를 무시하는 자 ⲣⲉϥⲥⲉϣⲙⲁⲁⲩ 어미를 거스리는 자 ⲉⲧⲥⲏϣ 비천한, 값싼 ⲥⲱϣϥ̅ 무시하다

ⲥⲱϣ, ⲥⲉϣ-, ϣⲉⲥ-, ⲥⲟϣ⸗ 치다, 때리다, 손해를 끼치다 *cf.* ⲥⲱϣ ⲙ̅ⲡϥ̅ⲥⲛⲁϥ 피를 뿌리다 ⲥⲁϣ 상처

ⲥⲱϣⲉ, ⲥⲱϫⲉ, ⲥⲱϩⲉ *f., pl.* ⲥⲟⲟϣⲉ 전원, 밭 *cf.* ⲥⲱϣⲉ ⲛ̅ϣⲏⲛ 수풀 ⲡⲣⲉⲥⲱϣⲉ 씨앗 ϫⲓ ⲥⲱϣⲉ 치임을 당하다

ⲥⲱϣⲉ 기어오르다, 뻗어가다

ⲥⲱϣⲉ → ⲥⲱϩⲉ 천을 짜다

ⲥⲱϣⲉ → ϣⲱϣ 동일하게 하다

ⲥⲱϣⲙ̅, ⲥⲱϩⲙ̅, ϣⲱⲥ(ⲉ)ⲙ, ⲥⲟϣⲙ̅† 실신하다, 졸도하다, 감퇴하다, 시들다, 애매해지다 *cf.* ϣⲟⲥⲙⲉⲥ *f.* 피곤, 지침

ⲥⲱϣⲧ̅, ⲥⲱϩⲧ̅, ϣⲱϣⲧ̅, ⲥⲉϣⲧ̅-, ⲥⲱϣⲧ̅-, ⲥⲁϣⲧ-, ⲥⲟϣⲧ⸗, ⲥⲟϫ⸗, ⲥⲁϣⲧ⸗, ⲥⲟϣⲧ†, ⲥⲁϣⲧ̅† 막다, 멈추게 하다, 방해하다 *cf.* ϣⲱϣⲧ̅ 자물쇠, 열쇠

ⲥⲱϣϥ̅, ⲥⲉϣϥ̅-, ⲥⲟϣϥ⸗, ⲥⲟϣϥ̅† 무시하다, 발로 짓밟다 *cf.* ⲉⲧⲥⲟϣϥ̅ 사악한, 형편없는 ⲥⲱϣ 무시하다

ⲥⲱϥⲉ → ϣϥⲉ 일흔

ⲥⲱϥⲧ̅ → ⲥⲱⲧϥ̅ 깨끗하게 하다

ⲥⲱϩ *m.* 청각장애인

ⲥⲱϩ, ⲥⲁϩ⸗ → ⲥⲱⲟⲩϩ 모으다

ⲥⲱϩⲉ, ⲥⲱϣⲉ, ⲥⲱϩⲧ, ⲥⲁϩⲧ-,

ⲥⲁϩⲧ⸗, ⲥⲁϩⲧ† *p.c.* ⲥⲁϩⲧ- 직조하다 *cf.* ⲥⲁϩⲧ 직조공

ⲥⲱϩⲙ̄ → ⲥⲱϣⲙ̄

ⲥⲱϩⲙ̄ 잡다, 끌다

ⲥⲱϩⲙ̄, ⲥⲁϩⲙ⸗, ⲥⲁϩⲙ̄†, ⲥⲟϩⲙ̄† 쓰러뜨리다, 부수다, 누르다, 박다 *cf.* ⲥⲁϩⲙⲉⲥ 절굿공이

ⲥⲱϩⲙⲉ (L) 쓰러뜨리다

ⲥⲱϩⲛⲉ, ⲥⲁϩⲛ- 가까이 오게 하다 *cf.* ϩⲱⲛ 접근하다

ⲥⲱϩⲡ̄, ⲥⲉϩⲡ̄-, ⲥⲁϩⲡ⸗, ⲥⲁϩⲡ̄† 삼키다, 빨다, 탕진되다, 가라앉다 *cf.* ⲣⲉϥⲥⲉϩⲡ̄ ⲥⲛⲟϥ 흡혈귀

ⲥⲱϩⲣ̄, ⲥⲱϩⲣⲉ, ⲥⲏϩⲣ̄-, ⲥⲁϩⲣ⸗, ⲥⲁϩⲣⲉ⸗, ⲥⲁϩⲣ̄† 치우다, 내치다, 쓸어내다, 거부하다

ⲥⲱϩⲧ̄ → ⲥⲱϣⲧ̄ 멈추게 하다

ⲥⲱϩⲧ̄ → ⲥⲱϩⲉ 천을 짜다

ⲥⲱϫⲉ 싸우다 *cf.* ⲥⲁϊϫ 선수, 전사

ⲥⲱϫⲡ̄, ⲥⲁϫⲡ⸗, ⲥⲁϫⲡ† 남다, 머물다

ⲥⲱϭ, ⲥⲉϭ-, ⲥⲟϭ⸗, ⲥⲏϭ†, ⲥⲏϣ† 굳어지다, 마비되다 *cf.* ⲉⲧⲥⲏϭ 마비된 ⲥⲓϭⲉ 마비되다

ⲥϣ̄ⲃⲉ → ⲥⲃ̄ϣⲉ 방패

ⲥϣⲉ → ϣⲉ

ⲥϣⲉ → ϣϣⲉ 합당한

ⲥϣ̄ⲛⲉ → ϣⲥ̄ⲛⲉ 순간

ⲥϣⲟⲧ, ⲥϫⲟⲧ, ⲥϫⲁ(ⲁ)ⲧ, ⲥϩⲁⲧ, ϣϫⲁⲧ *m.* 결혼 지참금; 증여금

ⲥϣϭⲣⲁϩⲧ̄ → ⲥϭⲣⲁϩⲧ̄ 쉬다

ⲥϩⲁⲓ, ⲥϩⲁⲓ-, ⲥⲉϩ-, ⲥϩⲁⲓⲥ⸗, ⲥϩⲁⲓⲧ⸗, ⲥⲁϩ⸗, ⲥϩⲁⲓ⸗, ⲥⲁϩⲧ⸗, ⲥⲉϩⲧ⸗, ⲥⲏϩ† 글을 쓰다, 그림을 그리다, 새기다, 글자 *cf.* ⲥϩⲁⲓ ⲉϩⲟⲩⲛ 기록하다 ⲥϩⲁⲓ ⲛ̄ⲥⲁ- 등록하다 ⲣⲉϥⲥϩⲁⲓ 서기, 필사자 ϣⲣ̄ⲡⲥϩⲁⲓ 미리 기록하다 ϩⲛ̄ⲟⲩⲥϩⲁⲓ 기록으로 ⲥϩⲁⲓⲛ̄ϩⲟⲙⲛ̄ⲧ 신임, 신용장 ⲥϩⲁⲓⲛ̄ⲡ̄ϩⲓⲥⲟⲛ 필사본을 작성하다 ⲡⲉⲧⲥⲏϩ 등기 ⲥⲁϩ 교수, ⲥⲁⲗⲟ 마을 서기

ⲥϩⲁⲛⲧ† → ⲥⲁϩⲛⲉ

ⲥϩⲁⲧ → ⲥϣⲟⲧ 지참금

ⲥϩⲃⲏⲏⲧⲉ, ⲥⲃⲏ(ⲏ)ⲧⲉ, ⲥⲃⲉⲉⲧⲉ, ⲥⲃⲏⲓⲧⲉ, ϩⲃⲏ(ⲏ)ⲧⲉ *m.* 거품, 찌꺼기

ⲥϩⲉ → ⲥϩⲓⲙⲉ 여자

ⲥϩⲉї, ⲥⲁϩ-, ⲥϩⲉї-, ⲥⲁϩ⸗, ⲥⲏϩ† 쓰다, 적다, 그리다 *cf.* ⲙⲛ̄ⲧⲥⲁϩ 숙달, 지배 ⲙⲁї-ⲥⲁϩ 선생 사랑

ⲥϩⲓⲙⲉ, ϩⲓⲙⲉ, ⲥϩⲉ *f., pl.* ϩⲓⲟⲙⲉ, ϩⲓⲁⲙⲉ, ⲥϩⲓⲁⲙⲉ 여자, 암컷 *cf.* ⲃⲁⲁⲙⲡⲉ ⲛ̄ⲥϩⲓⲙⲉ 암염소 ⲙⲛ̄ⲧⲥϩⲓⲙⲉ 여성 ϣⲏⲣⲉ ⲛ̄ⲥϩⲓⲙⲉ 여자 아이 ϩⲙ̄ϩⲁⲗ ⲛ̄ⲥϩⲓⲙⲉ 여자 하인 ϫⲓ ⲥϩⲓⲙⲉ 부인을 맞다, 결혼하다

ⲥϩⲛⲏⲩⲧ† → ⲥⲁϩⲛⲉ

ⲥϩⲟ *m.* 쟁기의 손잡이

ⲥϩⲟⲩⲁⲣⲧ̄†, ⲥϩⲟⲩⲟⲣⲧ† → ⲥⲁϩⲟⲩ

ⲥϩⲟⲩⲱⲣ⸗ → ⲥⲁϩⲟⲩ

ⲥϭⲁ → ϣϭⲁ 일격

ⲥϭⲉⲗϭⲓⲗ → ϣⲕ(ⲉ)ⲗⲕⲓⲗ 둥근 공, 종

ⲥϭⲏⲣ, ⲥⲕⲏⲣ, ϣⲥϭⲏⲣ, ϣⲕⲉⲣ, ϣϭⲏⲣ 돛을 달다, 항해하다 *cf.* ⲥϭⲏⲣ ⲉⲃⲟⲗ 출범하다

ⲥϭⲓⲙ → ⲥⲕⲓⲙ 잿빛 머리털

ⲥϭⲟⲗ → ϣϭⲟⲣ 급료, 월세

ⲥϭⲣⲁϩⲧ̄, ⲥϭⲣⲉϩⲧ̄, ϣϭⲣⲁϩⲧ̄, ⲥϣϭⲣⲁϩⲧ̄ 휴식을 취하다, 평안히 쉬다 *cf.* ⲉϥⲥϭⲣⲁϩⲧ̄ 고요한, 평온한 ϩⲛ̄ⲟⲩⲥϭⲣⲁϩⲧ̄ 조용하게, 고요하게

ⲥϯ- → ⲥⲧⲟⲓ 향기

ⲥϯⲃⲱⲱⲛ 악취를 풍기다 → ⲥⲧⲟⲓ 냄새, ⲃⲱⲱⲛ 나쁜

ⲥϯⲛⲟⲩϥⲉ 향취 → ⲥⲧⲟⲓ 향기, ⲛⲟⲩϥⲉ 좋은

ⲁ ⲃ ⲅ ⲇ ⲉ ⲍ ⲏ ⲑ ⲓ ⲕ ⲗ ⲙ ⲛ ⲝ ⲟ ⲡ ⲣ ⲥ ⲧ ⲩ ⲫ ⲭ ⲯ ⲱ ϣ ϥ ϩ ϫ ϭ ϯ

Ⲧ

ⲧⲁ- …을 향해서 *cf.* ⲡⲏⲓ ⲧⲁⲣⲏⲥ 남향집

ⲧⲁ- 나의

ⲧⲁⲁⲧⲉ, ⲧⲁⲁⲧⲉ†, ⲧⲟⲟⲧⲉ, ⲧⲟⲟⲧⲉ† 반짝이다, 빛나다

ⲧⲁⲁⲧⲉ, ⲥⲧⲁⲁⲧⲉ 손뼉치다

ⲧⲁⲃ⸗, ⲧⲁⲃⲉ⸗, ⲧⲁⲃⲉ† → ⲧⲱⲃⲉ 봉인하다

ⲧⲁⲃⲉ† → ⲧⲱⲃⲉ 아로새기다

ⲧⲁⲃⲉ⸗ → ⲧⲱⲃⲉ 보수를 주다

ⲧⲁⲃⲉϥ (L) *m.* 인감 *cf.* ⲧⲱⲃⲉ 봉인하다

ⲧⲁⲃⲟ → ⲧⲁⲩⲟ 보내다

ⲧⲁⲃⲧⲃ̅ (L), ⲧⲃ̅ⲧⲁⲃⲧ̅† 날조하다, 꾸미다 *cf.* ⲁⲧⲧⲁⲃⲧⲃ 꾸밈이 없는

ⲧⲁⲃϩ-, ⲧⲁⲃϩ⸗ → ⲧⲱⲃϩ̅

ⲧⲁⲅⲙⲁ τάγμα 장교

ⲧⲁⲑ → ⲧⲁϩⲧ̅ *m.* 납

ⲧⲁⲓ̈ → ⲡⲁⲓ̈

ⲧⲁⲓ̈ 여기, 거기

ⲧⲁⲓ̈ⲁ⸗, ⲧⲁⲓ̈ⲁⲓ̈ⲧ† → ⲧⲁⲓ̈ⲟ

ⲧⲁⲓ̈ⲃⲉ, ⲧⲏ(ⲏ)ⲃⲉ, ⲧⲉⲃⲓ *f.* 상자, 관, 요람

ⲧⲁⲓ̈ⲉ *f.* 부분, 조각

ⲧⲁⲓ̈ⲏⲩ† → ⲧⲁⲓ̈ⲟ

ⲧⲁⲓ̈ⲗⲉ (L) 올라가다

ⲧⲁⲓ̈ⲙⲉ (L) 돕다

ⲧⲁⲓ̈ⲟ, ⲧⲁⲓⲉ-, ⲧⲁⲓ̈ⲟ-, ⲧⲁⲓⲟ⸗, ⲧⲁⲓ̈ⲁ⸗, ⲧⲁ(ⲉⲓ)ⲏⲩ† ⲧⲁⲓ̈ⲏⲩ†, ⲧⲁⲓ̈ⲁⲓ̈ⲧ† 영광을 돌리다, 경외하다 *cf.* ⲁⲓ̈ⲁⲓ̈ 증가하다

ⲧⲁⲓ̈ⲟⲩ (L) 쉰 *cf.* ϯⲟⲩ 다섯

ⲧⲁⲓ̈ ⲟⲩⲧⲁϩ 과실수 → ϯ 주다, ⲟⲩⲧⲁϩ 열매

ⲧⲁⲓ̈ⲥ (L) 걸레조각

ⲧⲁⲕ *m.* 기둥 *cf.* ⲧⲱⲕ 발산하다

ⲧⲁⲕ → ⲧⲁϭ 작은 덩어리

ⲧⲁⲕ *m.* 칼

ⲧⲁⲕ 강한, 단단한 *cf.* ⲧⲱⲕ 견고한

ⲧⲁⲕ⸗ → ⲧⲱⲕ 불을 지피다

ⲧⲁⲕⲙ̅† → ⲧⲱⲕⲙ̅ 잡아끌다

ⲧⲁⲕⲙⲉ† → ⲧⲱⲕⲙⲉ

ⲧⲁⲕⲟ, ⲧⲁⲕⲉ-, ⲧⲁⲕⲟ⸗, ⲧⲁⲕⲏⲩ(ⲧ)† 부수다, 망하게 하다 *cf.* ⲣⲉϥⲧⲁⲕⲟ 파괴자 ⲁⲧⲧⲁⲕⲟ 망하지 않는, 불멸의 ⲙⲛ̅ⲧⲁⲧⲧⲁⲕⲟ 불멸 ⲁⲕⲱ 파괴, 파편

ⲧⲁⲕⲣⲉ⸗, ⲧⲁⲕⲣⲉ† → ⲧⲱⲕⲣⲉ

ⲧⲁⲕⲥ- → ⲧⲱⲕⲥ̅ 뚫다

ⲧⲁⲕⲥⲉ → ⲧⲁϭⲥⲉ 발자국

ⲧⲁⲗ, ⲧⲟⲗ *m.* 작은 언덕, 구릉

ⲧⲁⲗⲁ⸗ → ⲧⲉⲗⲟ

ⲧⲁⲗⲁⲓⲡⲱⲣⲓⲁ ταλαιπωρία 궁핍, 고통

ⲧⲁⲗⲏⲗ (L) 기뻐하다

ⲧⲁⲗⲟ, ⲧⲁⲗⲉ-, ⲧⲁⲗⲟ⸗, ⲧⲁⲗⲏⲩ† ⲧⲁⲗⲉ† 올라타다, 앉다, 상륙하다, 적용하다 *cf.* ⲧⲁⲗⲟ ⲉϩⲣⲁⲓ̈ 헌납하다, 제물 ⲧⲁⲗⲉ ⲑⲩⲥⲓⲁ ⲉϩⲣⲁⲓ̈ 제물을 바치다 ⲧⲁⲗⲟ...ⲉϫⲛ̅- 약을 투여하다 ϭⲓⲛⲧⲁⲗⲉ ϭⲓϫ 안수로 임명하다 ⲉⲧⲧⲁⲗⲏⲩ 말을 탄 ⲁⲗⲉ 올라가다

ⲧⲁⲗϭⲟ, ⲧⲁⲗϭⲉ-, ⲧⲁⲗϭⲟ⸗, ⲧⲁⲗϭⲏⲩ† 낫게 하다 *cf.* ⲁⲧⲧⲁⲗϭⲟ 불치의 ⲗⲁϭⲉ 멈추다

ⲧⲁⲙⲉ† → ⲧⲱⲙⲉ

ⲧⲁⲙⲓⲟ, ⲧⲁⲙⲓⲉ-, ⲧⲁⲙⲓⲟ-, ⲧⲁⲙⲓⲟ⸗, ⲧⲁⲙⲓⲏⲩ → 만들다, 창안하다 *cf.* ⲣⲉϥⲧⲁⲙⲓⲟ 창조주, 작가

ⲧⲁⲙⲓⲟⲛ, ⲧⲁⲙⲉⲓⲟⲛ ταμιεῖον 창고, 술창고

ⲧⲁⲙⲟ, ⲧⲁⲙⲉ-, ⲧⲁⲙⲟ⸗, ⲧⲁⲙⲁ⸗ 알

리다, 인지시키다, 보여주다, 이야기하다, 전달하다

ⲦⲀⲘⲤ- → **ⲦⲰⲘⲤ̅**

ⲦⲀⲘⲦ† → **ⲦⲰⲘⲦ̅**

ⲦⲀⲚⲞ, ⲦⲀⲚⲞ-, ⲦⲀⲚⲞ⸗, ⲦⲀⲚⲀ⸗ 만들다, 시키다

ⲦⲀⲚⲦⲚ̅ (†), **ⲦⲚ̅ⲦⲰⲚ⸗, ⲦⲚ̅ⲦⲀⲚⲦ̅†** 흉내 내다, 비교하다

ⲦⲀⲚϨ̅ ~하고자 하는 **ⲦⲰⲚϨ̅** 얽어매다

ⲦⲀⲚϨⲞ, ⲦⲀⲚϨⲈ-, ⲦⲀⲚϨⲞ⸗, ⲦⲀⲚϨⲎⲨ† 살아나게 하다 *cf.* *ⲢⲈϤⲦⲀⲚϨⲞ* 살리는 자, 삶의 원천 *ⲰⲚϨ̅* 살아가다

ⲦⲀⲚϨⲞⲨⲦ, ⲦⲀⲚϨⲈⲦ-, ⲦⲀⲚϨⲞⲨⲦ⸗, ⲦⲚ̅ϨⲞⲨⲦ⸗, ⲦⲀⲚϨⲎⲨⲦ†, ⲦⲚ̅ϨⲀⲦ† 믿다, 신뢰하다 *cf.* *ⲚⲀϨⲦⲈ* 신뢰하다

ⲦⲀⲜ *m.* 어금니, 이빨

ⲦⲀⲜⲒⲤ τάξις 서열, 계층

ⲦⲀⲠ *m.* 뿔, 나팔 *cf.* *ⲠⲀⲠⲦⲀⲠ Ⲛ̅ⲞⲨⲰⲦ* 일각수 *ⲀϢⲦⲀⲠ* 나팔을 불다

ⲦⲀⲠ *m.* 상층부, 꼭대기

ⲦⲀⲠ → **ⲦⲰⲠ**

ⲦⲀⲠ- → **ⲦⲰⲠⲈ**

ⲦⲀⲠⲈⲚ, ⲦⲀⲠⲚ̅, ⲦⲈⲠⲚⲈ 미나리과 식물

ⲦⲀⲠⲎⲨ† → **ⲦⲰⲰⲠ** 적응되다

ⲦⲀⲠⲢⲞ *f.* 입, 구멍

ⲦⲀⲠⲤ̅ → **ⲦⲰⲠ** 적응하다

ⲦⲀⲠⲤⲀⲦⲈ 곱트력의 열한 번째 달

ⲦⲀⲢ *m. f.* 가지, 가지 끝 *cf.* *ϢⲀⲖⲒϬ Ⲛ̅ϢⲞⲘⲚ̅Ⲧ Ⲛ̅ⲦⲀⲢ* 삼지창

ⲦⲀⲢⲀⲬⲎ ταραχή 혼합, 동요

ⲦⲀⲢⲔⲞ, ⲦⲀⲢⲔⲈ-, ⲦⲀⲢⲔⲞ⸗ (Ⲧ(Ⲉ)ⲢⲔⲞ⸗) 재액을 쫓다, 간청하다 *cf.* *ⲰⲢ̅Ⲕ* 선서하다

ⲦⲀⲢⲞ → **ⲦⲀⲖⲞ** 올라가게 하다

ⲦⲀⲢⲠ-, ⲦⲀⲢⲠ⸗ → **ⲦⲰⲢⲠ̅**

ⲦⲀⲢϨ† → **ⲦⲰⲢϨ̅** 극도로 조심하는

ⲦⲀⲤ- → **ⲦⲰⲤ** 굳어지다

-ⲦⲀⲤⲈ → **ⲤⲞⲞⲨ** 여섯

ⲦⲀⲦϪ → **ⲦⲀϬ** 작은 덩어리

ⲦⲀⲨ, *pl.* **ⲦⲞⲨⲒ̈ⲈⲨⲈ** *m.* 산

ⲦⲀⲨ, ⲦⲀⲨ-, ⲦⲀⲨ⸗ 사다, 구입하다

ⲦⲀⲨⲞ, ⲦⲀⲨⲞⲨⲞ, ⲦⲀⲂⲞ, ⲦⲀ(Ⲟ)ⲨⲈ-, ⲦⲀ(Ⲟ)ⲨⲞ⸗ 보내다, 산출하다, 이야기하다 *cf.* *ⲀⲦⲦⲀⲨⲞ* 설명할 수 없는 *ⲦⲀⲨⲞ ⲈⲂⲞⲖ* 생산하다 *ϢⲢ̅ⲠⲦⲀⲨⲞ ⲈⲂⲞⲖ* 첫 수확, 초태생 *ⲦⲀⲨⲞ ⲈⲠⲈⲤⲎⲦ* 뒤엎다 *ⲦⲀⲨⲈ...ⲢⲀⲚ* 부르다

ⲦⲀⲨⲢⲈⲀ ταυρεία 채찍

ⲦⲀⲨⲢⲞⲤ ταῦρος 황소자리

ⲦⲀⲪⲞⲤ τάφος 무덤

ⲦⲀⲬⲀ τάχα 아마도

ⲦⲀϢ → **ⲦⲰϢ**

ⲦⲀϢⲈ ⲀⲒ̈Ϣ 선포하다 → **ⲦⲀϢⲞ** 거듭되다, **ⲀⲒ̈Ϣ** 선포

ⲦⲀϢⲞ, ⲦⲀϢⲈ-, ⲦⲀϢⲞ⸗, 배가하다, 되풀이하다, 증가시키다 *cf.* *ⲦⲀϢⲈⲞⲈⲒϢ* 선포하다

ⲢⲈϤⲦⲀϢⲈ ⲞⲈⲒϢ 선포자, 전령, 복음전파자 *cf.* *ⲀϢⲀⲒ* 많아지다

ⲦⲀϢⲚⲞⲨϤⲈ 좋은 기회 → **ⲦⲰϢ** 경계를 정하다 , **ⲚⲞⲨϤⲈ** 좋은

ⲦⲀϤ *m.* 가래, 침 *cf.* *ⲚⲈϪⲦⲀϤ* 침을 뱉다

ⲦⲀϤⲈ† 야만의, 거친

-ⲦⲀϤⲦⲈ → **ϤⲦⲞⲞⲨ** 넷

ⲦⲀϨ-, ⲦⲀϨ⸗ → **ⲦⲰϨ**

ⲦⲀϨⲂ† → **ⲦⲰϨⲂ̅** 물에 적시다

ⲦⲀϨⲘ⸗ → **ⲦⲰϨⲘ̅** 추적하다

ⲦⲀϨⲘ̅† → **ⲦⲰϨⲘ̅** 초대하다

ⲦⲀϨⲘ-, ⲦⲀϨⲘ⸗, ⲦⲀϨⲘⲈ⸗, ⲦⲀϨⲘⲈ† → **ⲦⲰϨⲘⲈ**

ⲦⲀϨⲘⲈ† → **ⲦⲰϨⲘⲈ** 호출하다

ⲦⲀϨⲚⲞ, ⲦⲀϨⲚⲈ⸗ 방해하다, 가로막다, 잡아두다

ⲦⲀϨⲞ, ⲦⲀϨⲈ-, ⲦⲀϨⲞ⸗, ⲦⲀϨⲎⲨ† 설립하다, 정립시키다, 다다르다, 명령, 법령 *cf.* *ⲦⲀϨⲞ... ⲂⲈⲔⲈ* 급료를 정해 지급하다 *ⲦⲀϨⲞ ⲈⲢⲀⲦ⸗* 우뚝 서다 *ⲀⲦⲦⲀϨⲞ* 믿기지 않는 *ⲰϨⲈ* 굳게 서다

ⲦⲀϨⲤ̅ → **ⲦⲰϨ** 얽혀들다

ⲦⲀϨⲤ̅† → **ⲦⲰϨⲤ̅** 기름 붓다

ⲦⲀϨⲦ̅, ⲦⲀϨⲦϨ̅, ⲦⲀⲐ *m.* 납 *cf.* *Ⲛ̅ⲀⲨⲀⲚ Ⲙ̅ⲠⲦⲀϨⲦ* 회색

ⲦⲀϨⲦ(Ϩ), ⲦⲈϨⲦⲰϨ⸗, ⲦⲈϨⲦⲰϨ† 섞다, 혼합하다 *cf.* *ⲦⲞϨⲦⲈϨ* 뒤섞음, 혼합. *ⲦⲰϨ* 뒤섞다

ⲁ ⲃ ⲅ ⲇ ⲉ ⲍ ⲏ ⲑ ⲓ ⲕ ⲗ ⲙ ⲛ ⲝ ⲟ ⲡ ⲣ ⲥ ⲩ ⲫ ⲭ ⲯ ⲱ ϣ ϥ ϩ ϫ ϭ ϯ

ⲧⲁϩⲧϩ̅ → **ⲧⲁϩⲧ̅** 납

ⲧⲁϫⲟ, ⲧⲁϫⲟ-, ⲧⲁϫⲟ⸗, ⲧⲁϫⲁ⸗, ⲧⲁϫⲁⲓ̈ⲧ† 판단하다, 비난하다

ⲧⲁϫⲣⲟ, ⲧⲁϫⲣⲉ-, ⲧⲁϫⲣⲟ-, ⲧⲁϫⲣⲟ⸗, ⲧⲁϫⲣⲁ⸗, ⲧⲁϫⲣⲏⲩ†, ⲧⲁϫⲣⲁⲓ̈ⲧ† 확고히 하다, 더욱 강하게 하다, 신뢰감을 주다, 지반을 공고히 하다 *cf.* *ⲉⲧⲧⲁϫⲣⲏⲩ* 굳건한, 확실한 *ⲱⲣϫ̅* 단단한

ⲧⲁϭ, ⲧⲁⲕ, ⲧϫ 작은 덩어리, 조각 *cf.* *ⲧⲁϭ ⲛ̅ⲃⲛ̅ⲛⲉ* 대추야자로 만든 과자

ⲧⲁϭ-, ⲧⲁϭ⸗ → **ⲧⲱϭⲉ**

ⲧⲁϭⲛ⸗ → **ⲧⲱϭⲛ̅**

ⲧⲁϭⲥ⸗, ⲧⲁϭⲥ̅† → **ⲧⲱϭⲥ̅**

ⲧⲁϭⲥⲉ, ⲧⲁⲕⲥⲉ *f.* 발바닥, 발걸음, 발자국 *cf.* *ϫⲓ ⲧⲁϭⲥⲉ* 추적하다

ⲧⲃⲁ 일만, 무수한 *cf.* *ϭⲓⲥ ⲧⲃⲁ* 오천

ⲧⲃ̅ⲃⲉ *f.* 도장 *cf.* *ⲉⲱϫⲱⲃⲉ* 인장을 찍다

ⲧⲃ̅ⲃⲟ, ⲧⲃ̅ⲃⲉ-, ⲧⲃ̅ⲃⲟ⸗, ⲧⲃ̅ⲃⲏⲩ† 정화시키다, 성스럽게 하다, 성, 덕 *cf.* *ⲟⲩⲟⲡ* 순수한, 성스러운

ⲧⲃ̅ⲃⲟ⸗ → **ⲧⲱ(ⲱ)ⲃⲉ** 분배하다

ⲧⲃⲏⲗ *m.* 양우리

ⲧⲃⲏⲣ *m.* 발길질 *cf.* *ϯ ⲧⲃⲏⲣ* 말이 발길질하다

ⲧⲃ̅ⲕⲟ, ⲧⲃ̅ⲕⲉ-, ⲧⲃ̅ⲕⲟ⸗ 보내다 *cf.* *ⲃⲱⲕ* 가다

ⲧⲃ̅ⲛⲏ *m., pl.* **ⲧⲃ̅ⲛⲟⲟⲩⲉ, ⲧⲉⲃⲛⲏⲟⲩ, ⲧⲃ̅ⲛⲉⲩ, ⲧϥ̅ⲛⲏⲩ, ⲧⲃ̅ⲛⲁⲩⲉ** 가축

ⲧⲃ̅ⲧ, ⲧⲏⲃⲧ̅ *m.* 물고기

ⲧⲃ̅ⲧⲁⲃⲧ̅† → **ⲧⲁⲃⲧⲃ̅**

ⲧⲃ̅ⲧⲃ̅ 잘 준비된 요리 *cf.* *ⲧⲟⲃⲧⲃ̅*

ⲧⲃ̅ⲧⲱⲃ⸗ → **ⲧⲟⲃⲧⲃ̅**

ⲧⲉ → **ⲡⲉ**

ⲧⲉ → **ⲧⲏ** 계절, 때

ⲧⲉ- → **ⲧⲧⲟ** 주게 하다

ⲧⲉ- → **ϫⲧⲟ** 땅에 드러눕다

-ⲧⲉ → **ϯⲟⲩ** 다섯

ⲧⲉⲃⲉ- → **ⲧⲱ(ⲱ)ⲃⲉ** 분배하다

ⲧⲉⲃⲗⲉ *f.* 식물의 일종

ⲧⲉⲉⲩ, ⲧⲉⲟⲩ, ⲧⲉⲩⲉ, ⲧⲉⲟⲩⲉ 그것들을 주다 → **ϯ** 주다

ⲧⲉⲓ̈ⲃⲉ (L) *f. m.* 상자

ⲧⲉⲕ⸗, ⲧⲏⲕ† → **ⲧⲱⲕ**

ⲧⲉⲕⲟ, ⲧⲉⲕⲟ-, ⲧⲉⲕⲁ⸗ 파괴하다

ⲧⲉⲕⲥ- → **ⲧⲱⲕⲥ̅** 뚫다

ⲧⲉⲗⲁ⸗, ⲧⲉⲗⲁⲓ̈ⲧ† → **ⲧⲉⲗⲟ**

ⲧⲉⲗⲉⲓⲟⲥ τέλειος 완벽한

ⲧⲉⲗⲏⲗ, ⲧⲗ̅ⲗ̅ 기뻐하다

ⲧⲉⲗⲕⲟ⸗ → **ⲧⲁⲗϭⲟ** 낫게 하다

ⲧⲉⲗⲟ, ⲧⲉⲗⲁ⸗, ⲧⲁⲗⲁ⸗, ⲧⲉⲗⲁⲓ̈ⲧ† 올라가게 하다, 싣다 *cf.* *ⲙⲁⲛⲧⲉⲗⲟ* 탈것

ⲧⲉⲗⲱⲛⲏⲥ τελώνης 세관원

ⲧ(ⲉ)ⲙ-, ⲧⲏⲙ† → **ⲧⲱⲙ** 닫다

ⲧ(ⲉ)ⲙⲥ̅- → **ⲧⲱⲙⲥ̅** 땅에 묻다

ⲧⲉⲙⲧⲱⲙ† → **ⲧⲙ̅ⲧⲙ̅** 치다

ⲧⲉⲛⲉ 우리에게 주다 → **ϯ** 주다

ⲧⲉⲛⲟⲩ, ϯⲛⲟⲩ 지금 *cf.* *ⲟⲩⲛⲟⲩ* 시간

ⲧⲉⲟⲩⲟ, ⲧⲉⲟⲩⲟ-, ⲧⲉⲩ̈ⲉ-, ⲧⲉⲟⲩⲁ⸗, ⲧⲉⲩⲁ⸗ 보내다, 생산하다

ⲧⲉⲡ *m.* 뿔

ⲧⲉⲡ- → **ⲧⲱⲡⲉ** 맛보다

ⲧⲉⲡ-, ⲧⲏ(ⲏ)ⲡ† → **ⲧⲱⲱⲡ** 적응되다

ⲧⲉⲣ *m.f.* 나뭇 가지

ⲧⲉⲣⲃⲏϭ → **ⲉⲃⲣⲏϭⲉ** 번개

ⲧⲉⲣⲟⲙⲡⲉ → **ⲧⲛ̅ⲣⲟⲙⲡⲉ** 매년마다

ⲧ(ⲉ)ⲣⲡ̅- → **ⲧⲱⲣⲡ̅** 약탈하다

ⲧⲉⲣⲡⲟⲥⲉ(ⲛ) 구운 벽돌 *cf.* *ⲡⲓⲥⲉ* 굽다

ⲧⲉⲣⲯⲓⲥ τέρψις 기쁨

ⲧⲉⲥ†, ⲧⲏⲥ† → **ⲧⲱⲥ** 굳어지다

-(ⲧ)ⲉⲥⲉ → **ⲥⲁⲩ** *m.* 여섯

ⲧⲉⲧ-, ⲧⲏⲧ† → **ⲧⲱⲧ** 설득하다

ⲧⲉⲩ- → **ⲧⲟⲟⲩ** 사다

ⲧⲉⲩ̈ⲉ-, ⲧⲉⲩⲟ → **ⲧⲉⲟⲩⲟ**

ⲧⲉⲭⲛⲏ τέχνη 기술

ⲧⲉⲭⲛⲓⲧⲏⲥ τεχνίτης 기술자

ⲧⲉϣ-, ⲧⲏϣ† → **ⲧⲱϣ** 경계를 정하다

ⲧⲉϣⲉ *m. f., pl.* **ⲧⲉϣⲉⲉⲩ** 인근 지방 *cf.* *ⲧⲱϣ* 국경

-ⲧⲉϥⲧⲉ → **ϥⲧⲁⲩ** 넷

ⲧⲉϩ-, ⲧⲏϩ† → **ⲧⲱϩ** 섞다

ⲧⲉϩⲛⲉ *f.* 이마

ⲧⲉϩⲟ, ⲧⲉϩⲟ-, ⲧⲉϩⲁ⸗ 설립하다, 곧

게 세우다

ⲧⲉϩⲥ̄- → **ⲧⲱϩⲥ̄** 기름 붓다

ⲧⲉϩⲧⲓϩ (L) 정신이 산만한

ⲧⲉϩⲧⲱϩ† → **ⲧⲁϩⲧ(ϩ)**,

ⲧⲉϭ-, **ⲧⲏϭ†** → **ⲧⲱ(ⲱ)ϭⲉ** 접붙이다

ⲧⲉϭⲛ̄- → **ⲧⲱϭⲛ̄**

ⲧⲉϭⲥⲉ 발자국 *cf.* *ϯ ⲧⲉϭⲥⲉ* 발걸음을 내딛다 *ϫⲓ ⲧⲉϭⲥⲉ* 추적하다 *ⲧⲱϭⲥ̄* 고정시키다

ⲧⲏ, **ⲧⲉ** 계절, 시절 *cf.* *ⲙ̄ⲡⲉϥⲧⲏ* 그의 시대에 *ⲣ̄ ⲧⲏ* 나이가 되다, 성인이 되다

ⲧⲏ → **ⲡⲏ**

-ⲧⲏ → **ϯⲟⲩ** 다섯

ⲧⲏⲃⲉ, **ⲧⲏⲏⲃⲉ**, **ⲧⲉⲃⲉ**, **ϯⲃⲉ** *m.* 손가락

ⲧⲏⲏⲃⲉ → **ⲧⲁⲓ̈ⲃⲉ** 상자

ⲧⲏⲕ† → **ⲧⲱⲕ**

ⲧⲏⲙ† → **ⲧⲱⲙ** 날카롭게 하다

ⲧⲏⲙ† → **ⲧⲱⲙ** 닫다

ⲧⲏⲛⲉ, **ⲧⲛⲏ** *m.* 먼지, 둑, 제방

ⲧⲏⲡ† → **ⲧⲱⲡ**

ⲧⲏⲣ⸗ 전부, 전체 *cf.* *ⲡⲣⲱⲙⲉ ⲧⲏⲣϥ̄* 모든 남자 *ⲛ̄ⲣⲱⲙⲉ ⲧⲏⲣⲟⲩ* 전 인류 *ⲡⲧⲏⲣϥ̄* 완전자, 우주 전체 (신을 지칭) *ⲉⲡⲧⲏⲣϥ̄* 끝까지, 완전히, 모두 *ϣⲁⲡⲧⲏⲣϥ̄* 끝까지

ⲧⲏⲧ† → **ⲧⲱⲧ**

ⲧⲏⲩ, **ⲧⲟⲩ-** *m.* 바람 *cf.* *ⲁⲛϣ̄ⲧⲏⲩ*, *ⲁⲛⲁϩⲧⲏⲩ* 숨 쉬다 *ⲕⲁⲡⲧⲏⲩ* 숨을 내쉬다 *ⲙⲁⲛ̄ⲧⲏⲩ* 영혼, 생명 *ⲣⲁⲧⲏⲩ* 공중 *ϩⲏⲛ̄ⲧⲏⲩ* 산들바람 *ϩⲁⲧⲏⲩ* 태풍*ϫⲛ̄ⲧⲏⲩ* 바람에 의한 파손 *ⲧⲟⲩⲙ̄ϩⲓⲧ* 북풍 *ϯ ⲡϥ̄ⲧⲏⲩ* 숨을 내쉬다

ⲧⲏϩ† → **ⲧⲱϩ**

ⲧⲏϭ† → **ⲧⲱϭⲉ**

ⲧⲓⲕ (L) *m.* 불씨

ⲧⲓⲕⲣⲓⲥ → **ϯⲅⲣⲓⲥ** 티그리스 강

ⲧⲓⲙⲏ τιμή 가격, 급료

ⲧⲓⲙⲱⲣⲓⲁ τιμωρία 벌, 고문

ⲧⲕⲁⲓ̈ⲟ (L) 극지, 가장자리

ⲧⲕⲁⲥ, **ⲕ(ⲕ)ⲁⲥ** *m.* 고통 *cf.* *ϯ ⲧⲕⲁⲥ* 고통을 가하다

ⲧⲕ̄ⲃⲟ, **ⲧⲕ̄ⲃⲁ⸗** 차게 하다

ⲧⲕⲉⲥ (L) *m.* 고통

ⲧⲕ̄ⲧⲟ, **ⲧⲕⲧⲟ-**, **ⲧⲕⲁⲧⲟ-**, **ⲧⲕ̄ⲧⲉ-**, **ⲧⲕⲧⲁ⸗** 빙빙 돌다, 이리저리 돌아다니다, 건너가다

ⲧⲗⲁⲕⲗⲉⲕ → **ⲧⲱⲗⲕ** 뽑다, 찢다

ⲧⲗⲏ 점점이 떨어지다 *cf.* *ⲏⲣⲡ̄ ⲛ̄ⲧⲗⲏ* 정제된 포도주 *ⲧⲗ̄ⲧⲗ̄* 똑똑 떨어지다 *ⲧⲗ̄ϯⲗⲉ* 물방울

ⲧⲗⲟⲕⲗⲉⲕ 뽑다 *cf.* *ⲧⲱⲗⲕ̄* 뽑다

ⲧⲗⲟⲙ, **ⲕⲗⲟⲙ** 서둘다.

ⲧⲗⲟⲙ, **ⲧⲛⲟⲙ**, **ⲧⲗⲟⲟⲙ** 밭고랑

ⲧⲗⲟⲟϭⲉ → **ϭⲗⲟⲟϭⲉ** 사다리

ⲧⲗⲟϭ → **ϭⲗⲟϭ** 침대

ⲧⲗ̄ⲧⲗ̄ 점점이 떨어지다 *cf.* *ⲧ̄ⲗⲏ* 똑똑 떨어지다 *ⲧⲗ̄ϯⲗⲉ* 물방울

ⲧⲗ̄ϭⲟ, **ⲧⲗ̄ϭⲁ⸗** 치료하다

ⲧⲗ̄ϯⲗⲉ *m. f.* 물방울 *cf.* **ⲧ̄ⲗⲏ**, **ⲧⲗ̄ⲧⲗ̄**

ⲧⲙ̄- 부정하는 어법을 만드는 조사

ⲧⲙⲁⲓⲟ, **ⲧⲙⲁⲓⲉ-**, **ⲧⲙⲁⲓⲟ⸗**, **ⲧⲙⲁⲓ̈ⲁ⸗**, **ⲧⲙⲁⲓⲏⲩ†**, **ⲧⲙⲁⲓ̈ⲧ†**, **ⲧⲙⲁⲓ̈ⲁⲓ̈ⲧ†** 정의롭게 하다, 영광스럽게 하다, 찬양하다 *cf.* *ⲙⲉ* 정의, 진실

ⲧⲙⲉ *pl.* → **ϯⲙⲉ** 마을

(ⲧ)ⲙⲉⲥⲓⲟ, **ⲙⲉⲥⲓⲟ⸗** 낳다, 출산하다 *cf.* *ⲙⲓⲥⲉ* 아이를 낳다

ⲧⲙⲉⲧ (L) 완전하게 *cf.* *ⲁⲛⲏϩⲉ (ⲁ)ⲧⲙⲉⲧ* 영원토록

ⲧⲙⲏ *f.* 갈대로 짠 거적 *cf.* *ⲧⲟⲙ* 돗자리

ⲧⲙ̄(ⲙ)ⲟ, **ⲧⲙ̄(ⲙ)ⲉ-**, **ⲧⲙ̄(ⲙ)ⲟ⸗**, **ⲧⲙ̄(ⲙ)ⲉ⸗**, **ⲧⲙ̄ⲙⲏⲩ†** 젖 먹이다, 양육하다 *cf.* *ⲟⲩⲱⲙ* 먹다

ⲧⲙⲟ → **ⲧⲙ̄ⲙⲟ** 젖 먹이다

ⲧⲙ̄ⲡⲥⲁⲡ 언제든지 → **ⲥⲁⲡ** 때, 시기

ⲧⲙ̄ⲡⲥⲟⲛ 항상 → **ⲱⲡ** 계산하다, **ⲥⲟⲡ** 한 번

ⲧⲙ̄ⲧⲙ̄, **ⲧⲙ̄ⲧⲙ̄-**, **ⲧⲉⲙⲧⲱⲙ†** 치다, 종을 울리다

ⲧⲙ̄ϩⲟ, **ⲧⲙ̄ϩⲉ-**, **ⲧⲙ̄ϩⲟ⸗** 불을 붙이다 *cf.* *ⲙⲟⲩϩ* 태우다

ⲧⲛⲁⲙ *m.* 밭고랑

ⲧⲛⲁⲩ, **(ⲛ̄)ⲧⲛ̄(ⲛ)ⲛⲁⲩ** 언제? *cf.* *ⲛⲁⲩ* 시간

ⲧⲛⲁϩⲥⲟ (L), **ⲧⲛⲁϩⲥⲟ-**, **ⲧⲛⲁϩⲥⲉ-** 일깨우다

ⲧⲛ̄- → **ϯ** 주다

ⲧⲛ̄- → **ⲧⲱⲣⲉ** 손

ⲦⲚⲈⲨ- → **ⲦⲚ̄ⲚⲞⲞⲨ** 보내다

ⲦⲚⲎ 흙 → **ⲦⲎⲚⲈ** 먼지

ⲦⲚ̄ⲚⲀⲨ → **ⲦⲚⲀⲨ** 언제?

ⲦⲚ̄ⲚⲀⲨ, ⲦⲚⲀⲨ, ⲦⲚ̄ⲚⲀ⸗, ⲦⲚ̄ⲚⲀⲨ⸗, ⲦⲚ̄ⲚⲀⲨⲤ⸗ 보내다, 파견하다

ⲦⲚ̄(Ⲛ)Ⲟ, ⲦⲚⲀ, ⲦⲚ(Ⲛ)Ⲟ⸗, ⲦⲀⲚⲀ⸗, ⲦⲚ̄ⲚⲎⲨ†, ⲐⲚ̄ⲚⲎⲨ† 부수다, 으깨다 *cf.* ***ⲑⲛⲁ*** 으깨다

ⲦⲚ̄ⲚⲞⲞⲨ, ⲦⲚ̄(Ⲛ)ⲈⲨ-, ⲦⲚ̄(ⲚⲞ)ⲞⲨ⸗, ⲦⲚ̄ⲚⲞⲨⲦ⸗, ⲦⲚ̄ⲚⲞⲞⲨⲤ⸗ 보내다 *cf.* ***ⲛⲁ*** 가다

ⲦⲚⲞⲘ → **ⲦⲖⲞⲘ** 밭고랑

ⲦⲚ̄ⲦⲀⲚⲦ̄†, ⲦⲚ̄ⲦⲰⲚ⸗ → **ⲦⲰⲔ**

ⲦⲚ̄ⲦⲀⲚⲦ̄† → **ⲦⲀⲚⲦⲚ̄**

ⲦⲚ̄ⲦⲰⲚ† → **ⲦⲞⲚⲦⲚ̄** 흉내 내다

ⲦⲚ̄ⲢⲞⲘⲠⲈ, ⲦⲢ̄ⲢⲞⲘⲠⲈ, ⲦⲈⲢⲞⲘⲠⲈ 매년 *cf.* ***ⲣⲟⲙⲡⲉ*** 년도, 해

ⲦⲚϨ̄, ⲦⲈⲚⲀϨ *m.* 날개, 지느러미

ⲦⲚ̄ϨⲀⲦ† → **ⲦⲀⲚϨⲞⲨⲦ**

ⲦⲚ̄ϨⲞ, ⲦⲚ̄ϨⲞ-, ⲦⲚ̄ϨⲀ⸗, ⲦϨⲚⲀⲒⲦ† 살리다, 되살리다

ⲦⲚ̄ϨⲞⲨⲦ⸗ → **ⲦⲀⲚϨⲞⲨⲦ**

ⲦⲞ *m.* 땅, 나라, 지방 *cf.* ***ⲕⲙ̄ⲧⲟ*** 지진

ⲦⲞ 어디? *cf.* ***ⲁⲧⲟ*** 어디에? ***ⲁⲃⲁⲗ ⲧⲟ*** 어데서부터? ***ϩⲛ̄ⲁⲃⲁⲗ ⲧⲟⲟ ⲛⲉ*** 그들은 어디에서 오는가 ?

ⲦⲞⲂⲦⲂ̄, ⲦⲂ̄Ⲧ(Ⲉ)Ⲃ-, ⲦⲂ̄ⲦⲰⲂ⸗ 모양을 빚다, 구성하다, 만들어내다 *cf.* ***ⲧⲃ̄ⲧⲃ̄***

ⲦⲞⲈ, ⲦⲞ(ⲒⲈ), ⲦⲀ(Ⲉ) 부분, 조각 *cf.* ***ⲙⲁⲓ ⲧⲟ ⲛ̄ϩⲟⲩⲟ*** 욕심 많은 ***ⲙⲛ̄ⲧⲙⲁⲓⲧⲟⲛ̄ϩⲟⲩⲟ*** 욕심, 야욕

ⲦⲞ(Ⲉ) *m. f.* 점, 흠 *cf.* ***ⲛ̄ⲧⲟ(ⲉ)ⲧⲟ(ⲉ)*** 반점이 있는

ⲦⲞⲈⲒⲤ, ⲦⲞⲈⲒⲤⲈ *f.* 천 조각

ⲦⲞⲈⲒⲦ 울다, 슬퍼하다

ⲦⲞЇⲈ† 주어진 → **Ϯ** 주다

ⲦⲞⲒⲖⲈ 올라가다 *cf.* ***ⲱⲗⲉ*** 올라가다

ⲦⲞⲔ, ⲦⲞϬ *m.* 작은 칼

ⲦⲞⲔⲘ̄† → **ⲦⲰⲔⲘ̄** 잡아끌다

ⲦⲞⲖⲘ̄† → **ⲦⲰⲖⲘ̄** 더러운

ⲦⲞⲖⲘⲀ, ⲦⲞⲖⲘⲎ τολμᾶν 감행하다, 도전하다

ⲦⲞⲘ⸗ → **ⲦⲰⲘ** 닫다

ⲦⲞⲘ *m.* 돗자리 *cf.* ***ⲧⲙⲏ***

ⲦⲞⲘⲤ̄† → **ⲦⲰⲘⲤ̄** 땅에 묻다

ⲦⲞⲚ → **ⲦⲰⲚ** 다투다

ⲦⲞⲚⲦⲚ̄, Ⲧ(Ⲉ)ⲚⲦⲚ̄-, ⲦⲚ̄ⲦⲰⲚ⸗, ⲦⲚ̄ⲦⲰⲚ†, ⲦⲚ̄ⲦⲞⲚⲦ† 흉내 내다, 비교하다, 비유, 신탁 *cf.* ***ⲉⲧⲧⲛ̄ⲧⲱⲛ*** 흡사한

ⲦⲞⲚⲰ 매우, 대단히

ⲦⲞⲚϨ̄† → **ⲦⲰⲚϨ̄** 옭아매다

ⲦⲞⲜⲞⲦⲎⲤ τοξότης 사수자리, 인마궁

ⲦⲞⲞⲂ⸗ → **ⲦⲰ(Ⲱ)ⲂⲈ** 분배하다

ⲦⲞⲞⲂⲈⲤ *f.* 도장, 인장 *cf.* ***ⲧⲱⲱⲃⲉ*** 도장 찍다

ⲦⲞⲞⲂⲈϤ *m.* 잎이 무성함

ⲦⲞⲞⲂ(Ⲉ)Ϥ *m.* 도장, 표식 *cf.* ***ⲧⲱⲱⲃⲉ*** 도장 찍다

ⲦⲞⲞⲦⲈ → **ⲦⲀⲀⲦⲈ** 빛나다

ⲦⲞⲞⲦⲈ, ⲦⲀⲀⲦⲈ 뒤돌아서다, 철수하다

ⲦⲞⲞⲦⲤ̄ → **ⲦⲞϬⲤ̄** 고정된 물체

ⲦⲞⲞⲨ *m., pl.* **ⲦⲞⲨⲒⲎ** 산, 큰 무덤, 사막, 사막에 있는 수도원 *cf.* ***ⲛ̄ⲧⲟⲟⲩ*** 사막에 은둔하는 ***ϩⲁⲛ̄ⲧⲟⲟⲩ*** 산악지방

ⲦⲞⲞⲨ, ⲦⲈⲨ-, ⲦⲞⲨⲈ-, ⲦⲞⲞⲨ⸗ 사다, 구입하다 *cf.* **Ϯ** 주다

ⲦⲞⲞⲨⲈ *m.* 신발

ⲦⲞⲞⲨⲦ → **ⲐⲞⲞⲨⲦ** 첫 번째 달 이름

ⲦⲞⲞⲨⲦⲈ, ⲦⲞⲨⲎⲦ⸗, ⲦⲞⲨⲎⲦ† 소집하다, 의회, 회중

ⲦⲞⲞϬⲈ† → **ⲦⲰ(Ⲱ)ϬⲈ** 접붙이다

ⲦⲞⲠ 가장자리, 기슭, 내면, 꼭대기, 끝 지점.

ⲦⲞⲠ⸗ → **ⲦⲰⲠ** 바느질하다

ⲦⲞⲠ⸗ → **ⲦⲰⲠⲈ** 맛보다

ⲦⲞⲠ⸗ → **ⲦⲰⲰⲠ** 적응되다

ⲦⲞⲠⲎ → **ⲦⲰⲰⲂⲈ** 다섯 번째 달

ⲦⲞⲠⲞⲤ τόπος 장소

ⲦⲞⲠⲤ̄, ⲦⲀ(Ⲁ)ⲠⲤ̄ *f.* 습관 *cf.* ***ⲧⲱⲱⲡ*** 습관이 되다

ⲦⲞⲢⲠ⸗ → **ⲦⲰⲢⲠ̄** 약탈하다

ⲦⲞⲢⲦⲢ̄, ⲦⲢ̄Ⲧ(Ⲱ)Ⲣ-, ⲦⲢ̄ⲦⲰⲢ⸗, ⲦⲢ̄ⲦⲰⲢ† 박다, 심다, 뚫다

ⲦⲞⲢϨ† → **ⲦⲰⲢϨ̄** 극도로 조심하는

ⲦⲞⲤ⸗ → **ⲦⲰⲤ** 굳어지다

ⲦⲞⲤⲦⲤ̄ 다시 치솟다

ⲦⲞⲦ⸗ → **ⲦⲰⲦ** 설득하다

ⲁ ⲃ ⲅ ⲇ ⲉ ⲍ ⲏ ⲑ ⲓ ⲕ ⲗ ⲙ ⲛ ⲝ ⲟ ⲡ ⲣ ⲥ ⲧ ⲩ ⲫ ⲭ ⲯ ⲱ ϣ ϥ ϩ ϫ ϭ ϯ

ⲦⲞⲦⲈ τότε 그러면

ⲦⲞⲦⲞ → ⲦⲞⲈ 반점

ⲦⲞⲨ- → ⲦⲎⲨ 바람

ⲦⲞⲨⲀ *m. f.* 문지방

ⲦⲞⲨⲂ → ⲦⲰⲰⲂⲈ 다섯 번째 달

ⲦⲞⲨⲂⲞ, ⲦⲞⲨⲂⲈ-, ⲦⲞⲨⲂⲀ⸗, ⲦⲞⲨⲂⲀЇⲦ†, ⲦⲞⲨⲂⲎⲨ† 깨끗하게 하다

ⲦⲞⲨⲈЇⲈ, ⲦⲞⲨЇⲈⲞⲨⲈ, ⲦⲞⲨЇⲈⲨⲈ → ⲦⲀⲨ

ⲦⲞⲨⲒⲞ, ⲦⲞⲨⲈⲒⲞ, ⲦⲞⲨЇⲞ-, ⲦⲞⲨЇⲈ-, ⲦⲞⲨⲒⲞ⸗, ⲦⲞⲨЇⲀ⸗ 멀리하다, 선악을 분립하다, 배분하다, 기부금을 내다 *cf.* ϪⲰⲰⲘⲈ ⲚⲦⲞⲨⲒⲞ 이혼장 ⲞⲨⲈ 멀리 떨어진

ⲦⲞⲨⲔⲞⲞⲨ, ⲦⲞⲨⲔⲈ-, ⲦⲞⲨⲔⲞ⸗ ⲦⲞⲨⲔⲰ⸗ 보내다

ⲦⲞⲨⲘϨⲒⲦ 북풍 → ⲦⲎⲨ 바람, ⲘϨⲒⲦ 북쪽.

ⲦⲞⲨⲚ- → ⲦⲰⲞⲨⲚ 일어나다

ⲦⲞⲨⲚⲞ, ⲦⲞⲨⲚ(Ⲉ)-, ⲦⲞⲨⲚⲞ(Ⲩ)- 열리게 하다 *cf.* ⲦⲞⲨⲚⲞⲨ ⲈⲒⲀⲦ⸗ 알게 하다, 깨닫게 하다 ⲞⲨⲰⲚ 열다

ⲦⲞⲨⲚⲞⲤ, ⲦⲞⲨⲚⲞⲨⲤ, ⲦⲞⲨⲚⲈⲤ-, ⲦⲞⲨⲚⲞⲨⲤ-, ⲦⲞⲨⲚⲞⲤ⸗ 일으켜 세우다, 부활하다 *cf.* ⲦⲞⲨⲰⲚ 일어나다

ⲦⲞⲨⲚⲞⲨ, ⲦⲞⲨⲚⲞⲨⲈⲦ⸗, ⲦⲞⲨⲚⲞⲨЇⲈⲦ⸗ 가르치다 *cf.* ЇⲈⲒⲢⲈ 눈

ⲦⲞⲨⲞ, ⲦⲞⲨⲞ⸗ 보이다, 가르치다

ⲦⲞⲨⲞⲤ (L) 창의 끝 부분

ⲦⲞⲨⲢⲈ (L) 대적자

ⲦⲞⲨⲢⲎⲤ 남풍 → ⲦⲎⲨ 바람

ⲦⲞⲨⲰ⸗ 젖가슴 *cf.* ⲈⲦϨⲒⲦⲞⲨⲰϤ 이웃, 동반자 ⲈⲦⲞⲨ(Ⲉ)Ⲛ- …주변의 ⲀⲦⲞⲨⲰ⸗ 부근에, 주변에 ϨⲚⲦⲞⲨⲰ⸗, ϨⲚⲦⲞⲨⲀЇⲦ† 차려진 ϨⲒⲦⲞⲨⲰ⸗ ~전에 ⲠⲈⲦϨⲒⲦ<ⲞⲨ>ⲰⲔ 네 이웃 † ⲦⲞⲨⲰ⸗ 용기를 잃다

ⲦⲞⲨⲰⲦ *m., f.* ⲦⲞⲨⲞⲞⲦⲈ 우상, 석상, 돌단

ⲦⲞⲨϢⲈⲈⲨⲈ, ⲦⲞⲨϢⲈⲨⲈ → ⲦⲰϢ

ⲦⲞⲨϪⲞ, ⲦⲞⲨϪⲈ-, ⲦⲞⲨϪⲞ⸗, ⲦⲞⲨϪⲀ⸗, ⲦⲞⲨϪⲎⲨ† 건강을 되찾게 하다, 낫게 하다 *cf.* ⲢⲈϤⲦⲞⲨϪⲞ 구원자 ⲞⲨϪⲀⲒ 건강한, 구제된

ⲦⲞϢ⸗ → ⲦⲰϢ 경계를 정하다

ⲦⲞϨⲤ⸗ → ⲦⲰϨⲤ 기름 붓다

ⲦⲞϬ → ⲦⲞⲔ 작은 칼

ⲦⲞϬ⸗ → ⲦⲰⲔ 불을 지피다

ⲦⲞϬⲚ⸗ → ⲦⲰϬⲚ

ⲦⲞϬⲢ† → ⲦⲰϬⲈⲢ

ⲦⲞϬⲤ† → ⲦⲰϬⲤ

ⲦⲞϬⲦϬ, ⲦⲈϬⲦⲰϬ† 압축하다, 누르다 *cf.* ⲦⲰⲰϬⲈ 붙이다, 고정시키다

ⲦⲠⲈ 윗부분, 상층부 ⲤⲀⲚⲦⲠⲈ 윗부분

ⲦⲢⲀ, ϬⲢⲀ *f.* 끝 지점, 접합 부분

ⲦⲢⲀЇⲦ† (L) 고정된

ⲦⲢⲀⲠⲈⲌⲀ τράπεζα 식탁

ⲦⲢⲂⲎⲒⲚ, ⲦⲎⲢⲂⲎⲒⲚ, ⲦⲈⲢⲂⲈⲈⲒⲚ, ⲦⲈⲢϤⲈⲈⲒⲚ, ⲦⲈⲢⲂⲀⲈⲒⲚ *m.* 파피루스

ⲦⲢⲈ, ⲦⲢⲎ *m. f.* 솔개

ⲦⲢⲈ, ⲦⲢⲎ *m.* 조직의 일부분

ⲦⲢⲈ- 부분 → ⲢⲞ 입, 입구

ⲦⲢⲈⲒⲰⲞⲨ† → ⲦⲢⲢⲈ 겁을 먹다

ⲦⲢЇⲈ, ⲦⲢЇⲰ(Ⲟ)Ⲩ† → ⲦⲢⲢⲈ 겁먹다

ⲦⲢⲒⲘ, ⲈⲦⲢⲒⲘ *m.* 토끼풀

ⲦⲢⲒⲢ *f.* 화덕, 가마

ⲦⲢⲔⲞ (L) 좇다, 간청하다

ⲦⲢⲘⲒⲞ (L) 울게 하다

ⲦⲢⲞ, ⲦⲢⲈ-, ⲦⲈ-, ⲦⲢ⸗, Ⲧ⸗ ~하게 하다

ⲦⲢⲞⲠ 일격

ⲦⲢⲞⲠⲞⲤ τρόπος

ⲦⲢⲞⲨⲀЇⲚⲈ 빛을 발하다 → ⲞⲨⲀЇⲚⲈ 빛

ⲦⲢⲞⲪⲎ, *pl.* ⲦⲢⲞⲪⲀⲨⲈ τροφή 식량

ⲦⲢⲞⲬⲞⲤ τροχός 바퀴

ⲦⲢⲞϢⲢ(Ⲉ)Ϣ, ⲦⲢ(Ⲉ)ϢⲢⲰϢ† ⲦⲢⲈϢⲢⲀϢ† 붉은, 적갈색의 *cf.* ⲦⲰⲢϢ

ⲦⲢⲢⲈ, ⲦⲢⲈⲒⲰⲞⲨ†, ⲦⲢЇⲰⲞⲨ† 겁을 먹다

ⲦⲢⲢⲞⲘⲠⲈ → ⲦⲚⲢⲞⲘⲠⲈ 매년, 해마다

ⲦⲢⲦⲰⲢ¢" → ⲦⲞⲢⲦⲢ 박다, 심다, 뚫다

ⲦⲢⲰⲘ *m.* 태풍

ⲦⲤⲀ⸗ → ⲦⲤⲞ

ⲦⲤⲀⲂⲞ, ⲦⲤⲀⲂⲈ-, ⲦⲤⲀⲘⲂⲈ-, ⲦⲤⲈⲂⲈ-, ⲦⲤ(Ⲁ)ⲂⲞ⸗, ⲦⲤⲀⲘⲞ⸗, ⲦⲤⲀⲂⲎⲨⲦ†, ⲦⲤⲀⲂⲞⲈⲒⲦ† 가르치다, 보여주다, 공개하다 *cf.* ⲦⲤⲀⲂⲞⲚⲈⲒⲀⲦ⸗, ⲦⲤⲀ-

ⲂⲈⲈⲒⲀⲦ⸗ 교육하다, 이해시키다, 인도하다 *ⲤⲀⲂⲈ* 지혜자

ⲦⲤⲀⲒⲞ, ⲦⲤⲀⲒⲈ-, ⲦⲤⲀⲈⲒⲞ⸗, ⲦⲤⲀⲒ̈Ⲁ⸗, ⲦⲤⲀⲒⲎⲨ†, ⲦⲤⲀⲒ̈ⲀⲒ̈Ⲧ† 아름답게 하다, 장식하다 *cf. ⲈⲦⲦⲤⲀⲒⲎⲨ ⲀⲚ* 장식 없이, 단순하게 *ⲤⲀ* 아름다운

ⲦⲤⲀⲘⲂⲈ- → **ⲦⲤⲀⲂⲞ** 가르치다

ⲦⲤⲀⲘⲒⲞ, ⲦⲤⲀⲘⲒⲈ-, ⲦⲤⲀⲘⲒⲞ⸗, ⲦⲤⲀⲘⲒⲎⲨ† 장식하다

ⲦⲤⲀⲘⲞ⸗ → **ⲦⲤⲀⲂⲞ** 가르치다

ⲦⲤ(Ⲁ)ⲚⲞ, ⲦⲤⲀⲚⲈ-, (Ⲧ)ⲤⲈⲚⲞ⸗, ⲦⲤⲀⲚⲎⲨ(Ⲧ)† 장식하다, 정리하다, 꾸미다 *cf. ⲈⲦⲦⲤⲀⲚⲎⲨⲦ†* 잘 꾸며진, 잘 정돈된

ⲦⲤⲂ̄ⲔⲞ, ⲦⲤⲂ̄ⲔⲈ-, ⲦⲤⲂⲈⲔ-, ⲦⲤⲂ̄ⲔⲞ⸗, ⲦⲤⲂ̄ⲔⲀ⸗, ⲦⲤⲂ̄ⲔⲎⲨ† 줄게 하다 *cf. ⲤⲂⲞⲔ* 감소하다

ⲦⲤⲈⲂⲞ, ⲦⲤⲈⲂⲞ-, ⲦⲤⲈⲂⲈ-, ⲦⲤⲈⲂⲀ⸗, ⲦⲤⲀⲂⲀ⸗, ⲦⲤⲈⲂⲀⲒ̈Ⲧ† 가르치다

ⲦⲤⲒⲞ, ⲦⲤⲒⲈ-, ⲦⲤⲒⲞ⸗, (Ⲧ)ⲤⲒⲎⲨ† 배불리 먹다 *cf. Ⲥ(Ⲉ)Ⲓ* 만족한, 싫증 난

ⲦⲤⲘ̄ⲔⲞ- → **ⲦⲤ(Ⲉ)ⲚⲔⲞ** 젖 먹이다

ⲦⲤⲚ̄ⲔⲞ (L), **ⲦⲤⲚ̄ⲔⲞ-** 젖을 주다

ⲦⲤⲞ, ⲦⲤⲈ-, ⲦⲤⲞ⸗, ⲦⲤⲀ⸗, ⲦⲤⲎⲨ*cf.* 물을 마시다 *cf. ⲤⲰ* 마시다

ⲦⲤⲦⲞ, ⲤⲦⲞ, ⲤⲐⲞ, ⲦⲤ̄ⲦⲈ-, ⲦⲤ̄ⲦⲞ⸗, ⲦⲤ̄ⲦⲀ⸗, ⲤⲦⲀ⸗, ⲦⲤ̄ⲦⲎⲨ†, ⲦⲤⲦⲀⲒ̈Ⲧ† 되풀이하다, 거부하다, 자리를 바꾸다 *cf. ⲦⲤ̄ⲦⲞ ⲈⲂⲞⲖ* 거부하다, 축출하다 *ⲈⲦⲦⲤ̄ⲦⲎⲨ* 폐품의, 무시할만한 *ⲤⲰⲦ* 되돌리다

ⲦⲨⲠⲞⲤ τύπος 유형, 모양

ⲦⲨⲢⲀⲚⲚⲈⲨⲈ τυραννεύειν 폭정을 하다

ⲦⲨⲢⲀⲚⲚⲒⲀ τυραννία 폭정

ⲦⲨⲢⲀⲚⲚⲞⲤ τύραννος 폭군, 독재자

ⲦⲨⲬⲎ τύχη 운명, 행운

ⲦⲰ⸗ → **ⲠⲰ⸗**

ⲦⲰⲂⲈ, ⲦⲀⲂⲈ⸗, ⲦⲀⲂⲈ† 아로새기다, 인쇄하다 *cf. ⲦⲀⲂⲈϤ m.* 도장 *ⲦⲂ̄ⲂⲈ f.* 인봉, 봉인

ⲦⲰⲂⲈ, ⲦⲀⲂⲈ⸗ 할당하다, 보수를 주다

ⲦⲰⲂⲤ̄, Ⲧ(Ⲉ)ⲂⲤ̄, ⲦⲞⲂⲤ⸗ 자극하다, 콕콕 찌르다, 나쁜 의식

ⲦⲰⲂϨ̄, Ⲧ(Ⲉ)ⲂϨ̄-, ⲦⲀⲂϨ-, ⲦⲞⲂϨ⸗, ⲦⲀⲂϨ⸗ 기도하다, 간구하다 *cf. ⲢⲈϤⲦⲰⲂϨ̄* 애걸하는 사람, 거지

ⲦⲰⲈⲦⲰ 동일하게

ⲦⲰⲔ, ⲦⲈⲔ-, ⲦⲞⲔ⸗, ⲦⲎⲔ† 확고한, 용기있는 *cf. ⲦⲰⲔ ⲈϨⲞⲨⲚ* 끈질기게 견디다 *ⲦⲰⲔ Ⲛ̄ϨⲎⲦ* 용기를 갖다 *Ϯ ⲦⲰⲔ* 더욱 강하게 되다 *ⲈⲦⲦⲎⲔ* 견고한, 단단한, 용기있는 *ⲦⲰⲔ ⲀⲢⲈⲦ⸗* 굳게 서다 *ⲦⲀⲔ* 기둥

ⲦⲰⲔ, ⲦⲈⲔ-, ⲦⲈⲔ⸗, ⲦⲎⲔ† *p.c.* **ⲦⲀⲔ-** 던지다 *cf. ⲦⲈⲔϨⲢⲎⲢⲈ ⲈⲂⲞⲖ* 꽃을 생산하다 *ⲦⲰⲔⲈ* 발산하다

ⲦⲰⲔ, ⲦⲰϬ(Ⲉ), ⲦⲰϪ, ⲦⲰⲔ-, ⲦⲞⲔ⸗, ⲦⲀⲔ⸗, ⲦⲞϬ⸗ 불을 지피다, 요리하다

ⲦⲰⲔⲈ → **ⲦⲰ(Ⲱ)ϬⲈ** 접붙이다

ⲦⲰⲔⲈ, ⲦⲰϬⲈ 발산하다, 방출하다 *cf. ϮⲔ* 불씨 *ⲦⲰⲔ* 던지다

ⲦⲰⲔⲈⲖ → **ⲦⲰⲖⲔ̄** 뽑다

ⲦⲰⲔⲘ̄, Ⲧ(Ⲉ)ⲔⲘ̄-, ⲦⲞⲔⲘ⸗, ⲦⲀⲔⲘ⸗, → **ⲦⲞⲔⲘ̄†, ⲦⲀⲔⲘ̄†** 잡아끌다, 따다, 뽑다 *cf. ⲦⲰⲔⲘ̄Ⲛ̄ϨⲎⲦ* 칼을 막 휘두르다

ⲦⲰⲔⲘⲈ, ⲦⲀⲔⲘ⸗, ⲦⲀⲔⲘⲈ† 칼을 뽑다

ⲦⲰⲔⲢ̄ → **ⲦⲰϬⲈⲢ** 고정된.

ⲦⲰⲔⲢⲈ (L), **ⲦⲀⲔⲢⲈ⸗, ⲦⲀⲔⲢⲈ†** 깨끗게 하다

ⲦⲰⲔⲤ̄, ⲦⲰⲦⲤ̄, ⲦⲈⲔⲤ-, ⲦⲞⲔⲤ⸗, ⲦⲞⲔⲤ̄† *p.c.* **ⲦⲀⲔⲤ-** 뚫다, 상처를 입히다, 심다, 박다

ⲦⲰⲖⲈ → **ⲦⲀⲒ̈ⲖⲈ** 올라가다

ⲦⲰⲖⲔ̄, ⲦⲰⲖϬ̄, ⲦⲰⲔⲈⲖ, ⲦⲞⲖⲔ⸗ 뽑다, 찢다 *cf. ⲦⲖⲞⲔⲖⲈⲔ, ⲦⲖⲀⲔⲖⲈⲔ* 뽑다

ⲦⲰⲖⲘ̄, ⲦⲰⲖⲘⲈ, ⲦⲞⲖⲘ⸗, ⲦⲞⲖⲘ̄† 더러운, 사악한, 더럽혀진 *cf. ⲀⲦⲦⲰⲖⲘ̄* 깨끗한, 결점이 없는 *ⲈⲦⲦⲞⲖⲘ̄* 불결한

ⲦⲰⲖⲤ̄, ⲦⲞⲖⲤ̄† 곤경에 빠지다

ⲦⲰⲖϬ̄ → **ⲦⲰⲖⲔ̄** 뽑다

ⲦⲰⲘ, Ⲧ(Ⲉ)Ⲙ-, ⲦⲞⲘ⸗, ⲦⲎⲘ† 닫다, 잠그다 *cf. ⲦⲰⲘ ⲈϪⲚ̄-* 속박하다 *ⲦⲘ̄*

ⲦⲰⲘ, ⲦⲎⲘ† 날카롭게 하다 *cf. ⲈϤⲦⲎⲘ* 뾰족한

ⲦⲰⲘⲈ, ⲦⲀⲘⲈ† 연결된, 접붙인, 의견을 같이하는

ⲦⲰⲘⲚ̄Ⲧ → **ⲦⲰⲘ̄Ⲧ** 만나다

ⲦⲰⲘⲚ̄Ⲧ → **ⲦⲰⲘ̄Ⲧ** 멍한

ⲦⲰⲘⲤ̄, Ⲧ(Ⲉ)ⲘⲤ̄-, ⲦⲀⲘⲤ-, ⲦⲞⲘ(Ⲉ)Ⲥ⸗, ⲦⲞⲘⲤ̄† 땅에 묻다 *cf. ⲘⲀⲚ̄ⲦⲰⲘⲤ̄* 무덤

ⲁ ⲃ ⲅ ⲇ ⲉ ⲍ ⲏ ⲑ ⲓ ⲕ ⲗ ⲙ ⲛ ⲝ ⲟ ⲡ ⲣ ⲥ ⲧ ⲩ ⲫ ⲭ ⲯ ⲱ ϣ ϥ ϩ ϫ ϭ ϯ

ⲧⲱⲙⲧ̄, ⲧⲱⲙⲛ̄ⲧ, ⲧⲟⲙⲛ̄ⲧ† 만나다, 기회를 잡다, 우연

ⲧⲱⲙⲧ̄, ⲧⲱⲙⲛ̄ⲧ, ⲧⲁⲙⲧ† 예기치 않은 일을 당하다, 어리둥절하다, 이 빠진

ⲧⲱⲛ 일어나다, 부활하다 *cf.* *ⲧⲱⲛ ϩⲁ-* 감당하다 *ⲧⲱⲱⲛ* *nn.* 부활 *ⲧⲱⲛ ϩⲁ-* 옮기다 *ϭⲓⲛⲧⲱⲛⲉ* 부활

ⲧⲱⲛ 어디? *cf.* *ⲉⲃⲟⲗ ⲧⲱⲛ* 어디로부터?

ⲧⲱⲛ, ⲧⲟⲛ 다투다, 싸우다 *cf.* *ϯ ⲧⲱⲛ* 다투다 *ⲙⲁⲓϯⲧⲱⲛ* 호전적인 *ⲙⲛ̄ⲧⲣⲉϥϯⲧⲱⲛ* 호전적임, 사나움

ⲧⲱⲛⲛⲁ → ⲧⲱⲛⲟⲩ 참으로

ⲧⲱⲛⲟⲩ, ⲧⲱⲛⲉ, ⲧⲱⲛⲛⲁ, ⲧⲟⲛ(ⲛ)ⲉ, ⲧⲟⲛⲏ, ⲧⲟⲛⲛⲟⲩ 참으로, 물론

ⲧⲱⲛϩ̄, ⲧⲟⲛϩ⸗, ⲧⲁⲛϩ⸗, ⲧⲟⲛϩ̄†, ⲧⲁⲛϩ† 옭아매다, 뒤얽히다, 방해하다, 끌어들이다

ⲧⲱⲟⲩⲛ, ⲧⲱⲱⲛ, ⲧⲟⲩⲛ-, ⲧⲱ(ⲟⲩ)ⲛ⸗ 일어나다, 깨어나다 *cf.* *ⲧⲱⲟⲩⲛ ⲉⲃⲟⲗ* 일어나 떠나가다 *ⲧⲱⲟⲩⲛ ⲉⲃⲟⲗ ϩⲓϫⲛ̄-* 자리를 뜨다 *ⲧⲱⲟⲩⲛ ⲉϫⲛ̄-* 항거해 일어나다 *ⲧⲱⲟⲩⲛ* 드높이다 *ⲧⲱⲟⲩⲛ ⲙⲛ̄* 합의하다, 호응하다 *ϭⲓⲛⲧⲱⲟⲩⲛ* 부활 *ⲧⲟⲩⲛⲟⲥ* 일으켜 세우다

ⲧⲱⲡ, ⲧⲟⲡ⸗ *p.c.* **ⲧⲁⲡ-** 바느질하다 *cf.* *ⲙⲉϩⲧⲱⲡ, ⲙⲁϩⲛ̄ⲧⲱⲡ, ϩⲁⲙⲛ̄ⲧⲱⲡ* 바늘

ⲧⲱⲡ → ⲧⲱⲱⲡ 적응되다

ⲧⲱⲡⲉ, ⲧⲉⲡ-, ⲧⲱⲡ-, ⲧⲁⲡ-, ⲧⲟⲡ⸗, ⲧⲱⲡ⸗ 맛보다 *cf.* *ϯⲡⲉ* 맛

ⲧⲱⲣⲉ 버드나무

ⲧⲱⲣⲉ, (ⲧⲟⲣⲉ), ⲧⲟⲟⲧ, ⲧⲉⲧ-, ⲧⲛ̄-, ⲧⲟⲟⲧ⸗ 손 *cf.* *ⲣ̄ ⲧⲱⲣⲉ* 때리다 *ⲉⲓⲣⲉ ⲛ̄ⲁ(ⲡⲁ)ⲧⲟⲟⲧ⸗* 노력하다 *ⲣ̄ ⲁ(ⲡⲁ)ⲧⲟⲟⲧ⸗* 힘쓰다 *ⲕⲱ ⲛ̄ⲧⲟⲟⲧ⸗* 내버려두다 *ⲕⲁ ⲧⲟⲟⲧ⸗ ⲉⲃⲟⲗ* 포기하다 *ⲉⲓⲁ ⲧⲟⲟⲧ⸗ ⲛ̄ⲥⲁ-* 흥미를 잃다 *ϩⲛⲁⲁⲩ ⲛ̄ⲉⲓⲁⲧⲟⲟⲧ⸗* 세수통 *ⲥⲙⲛ̄ⲧⲟⲟⲧ⸗* 합의하다 *ϣ(ⲉ)ⲡⲧⲱⲣⲉ* 보증하다 *ϣⲧⲱⲣⲉ* 지지하다 *ⲣⲉϥϣⲉⲡⲧⲱⲣⲉ* 보증인 *ϣⲉ)ⲡⲧⲟⲟⲧ* 인사하다 *ⲛ̄ⲥⲁⲧⲟⲟⲧ⸗* 즉시 *ⲉⲧⲛ̄-* …을 향하여 *ⲛ̄ⲧⲛ̄-* …으로부터 *ϩⲁⲧⲛ̄-* …앞에 *ϩⲓⲧⲛ̄* …에 의해서

ⲧⲱⲣⲉ, ⲧⲟⲟⲧ⸗, ⲧⲟⲧ⸗ 손 *cf.* *ⲁ̄ⲧⲛ̄-, ⲛⲧⲛ̄-* ~에 의해 *ⲁⲧⲟⲟⲧ⸗, ⲁⲧⲟⲧ⸗* ~에 의해 *ⲛ̄ⲧⲟⲟⲧ⸗, ⲛ̄ⲧⲟⲧ⸗* ~에 의해 *ϩⲁⲧⲟⲟⲧ⸗*에 의해 *ⲛⲁϥⲣ̄ⲧⲱⲣⲉ* 익숙한 *ⲕⲁ ⲧⲟⲟⲧ⸗* 손을 놓다 *ⲕⲁ ⲧⲟⲧ⸗*, 포기하다 *ϩⲁⲧⲛ̄-* ~곁에 *ϩⲓⲧⲛ̄-, ϩⲓⲧⲙ̄-* ~때문에 *ϩⲓⲧⲟⲟⲧ⸗, ϩⲛⲧⲟⲟⲧ⸗* ~에 의해 *ϩⲟⲩⲧⲟⲟⲧ⸗* 손을 대다, 시도하다 *ϯ ⲁⲧⲟⲟⲧ⸗, ϯ ⲁⲧⲟⲧ⸗* 명령하다 *ϯ ⲧⲟ(ⲟ)ⲧ⸗, ϯ ⲛ̄ⲧⲟⲧ⸗* 돕다 *ⲣⲉϥϯⲧⲟⲟⲧϥ̄* 조력자 *ⲛⲓⲛ̄ⲧⲱⲣⲉ* 여신

ⲧⲱⲣⲕ̄ → ⲧⲱϭⲣ̄ 고정되다

ⲧⲱⲣⲡ̄, ⲧ(ⲉ)ⲣⲡ̄-, ⲧⲁⲣⲡ-, ⲧⲱⲣⲡ̄-, ⲧⲟⲣⲡ⸗, ⲧⲁⲣⲡ⸗ 약탈하다 *cf.* *ⲣ̄ⲉϥⲧⲱⲣⲡ̄* 약탈자

ⲧⲱⲣⲧ̄ *m.* 계단 *cf.* *ⲧⲱ(ⲣ)ⲧⲣ̄* 사다리

ⲧⲱⲣⲧⲣ̄ 사다리, 단계, 단어집 *(scala)* *cf.* *ⲧⲱⲣⲧ̄* 계단

ⲧⲱⲣϣ̄, ⲧⲣⲟϣ, ⲧⲟⲣϣ̄† 붉은, 황색의 *cf.* *ⲧⲣⲟϣⲣ(ⲉ)ϣ*

ⲧⲱⲣϩ̄, (ⲧⲱϩⲣ̄), ⲧⲱⲣϩ̄⸗, ⲧⲟⲣϩ†, ⲧⲁⲣϩ† 극도로 조심하는, 엄격한, 용을 쓰는 *cf.* *ⲉⲧⲧⲟⲣϩ̄* 정신을 차리는

ⲧⲱⲣϭ̄ → ⲧⲱϭⲉⲣ 고정된

ⲧⲱⲥ, ⲧⲉⲥ-, ⲧⲟⲥ⸗, ⲧⲏⲥ†, ⲧⲉⲥ† *p.c.* **ⲧⲁⲥ-** 굳어지다, 고정하다, 메말라지다

ⲧⲱⲧ, ⲧⲉⲧ-, ⲧⲟⲧ⸗, ⲧⲏⲧ† 설득하다, 합의를 보다 *cf.* *ⲧ̄ⲱⲧⲛ̄ϩⲏⲧ* 설득하다, 달래다 *ⲁⲧⲧⲱⲧⲛ̄ϩⲏⲧ* 다루기 힘든 *ϩⲛⲟⲩⲧⲱⲧⲛ̄ϩⲏⲧ* 기꺼이, 당연히 *ⲧⲱⲧⲛ̄ϩⲏⲧ ⲉϫⲛ̄-* …에 믿음을 두다

ⲧⲱⲧⲉ, ⲧⲱⲱⲧⲉ, ⲧⲟⲧⲉ 장식, 가장자리

ⲧⲱⲧⲣ̄ → ⲧⲱⲣⲧⲣ̄ 계단

ⲧⲱⲧⲥ̄ → ⲧⲱⲕⲥ̄ 뚫다

ⲧⲱⲧⲥ̄ → ⲧⲱϭⲥ̄ 희게 하다

ⲧⲱⲱⲃⲉ, ⲧⲱⲃⲉ, ⲧⲟⲩⲃ, ⲧⲟⲡⲏ 다섯 번째 달

ⲧⲱ(ⲱ)ⲃⲉ *m. f.* 벽돌 *cf.* *ⲧⲱⲱⲃⲉ ⲛ̄ⲟⲙⲉ* 구운 벽돌

ⲧⲱⲱⲃⲉ, ⲧⲟⲟⲃ⸗, ⲧⲟ(ⲟ)ⲃⲉ† 도장 찍다 *cf.* *ⲧⲃ̄ⲃⲟ, ⲧⲟⲟⲃⲉⲥ, ⲧⲟⲟⲃⲉϥ* 도장

ⲧⲱ(ⲱ)ⲃⲉ, ⲧⲉⲃⲉ-, ⲧⲟⲟⲃ⸗, ⲧⲃ̄ⲃⲟ⸗ 분배하다, 선악을 부여하다 *cf.* *ⲡⲉⲧⲃⲉ* 선악을 관장하는 신

ⲧⲱⲱⲙⲉ, ⲧⲟ(ⲟ)ⲙⲉ† ⲉ- 연결되다, 접착하다, 꿰매다 *cf.* *ⲉ̄ⲧⲧⲟⲟⲙⲉ* 적절한, 일치하는

ⲧⲱⲱⲙⲉ, ⲧⲱⲙⲉ, ⲧⲟⲟⲙⲉ *f.* 돈자루

ⲧⲱⲱⲡ, ⲧⲱⲡ, ⲧⲉⲡ-, ⲧⲟⲡ⸗, ⲧⲏ(ⲏ)ⲡ†, ⲧⲁⲡⲏⲩ† 적응되다, 습관이 되다 *cf.* *ⲧⲟⲡⲥ̄* 습관, 습성

ⲧⲱ(ⲱ)ϭⲉ, ⲧⲱⲕⲉ, ⲧⲉϭ-, ⲧⲟⲟϭ⸗, ⲧⲟⲟϭⲉ†, ⲧⲏϭ† 접붙이다, 고정시키다, 법령을 정하다, 심다, 찌르다 *cf.* *ⲧⲟϭⲧϭ̄* 압축하다, 누르다

ⲧⲱϣ, ⲧⲉϣ-, ⲧⲟϣ-, ⲧⲟϣ⸗,

ⲧⲏϣ† 경계를 정하다, 결정하다, 법령, 명령, 지방행정구역

ⲧⲱϣ, ⲧⲟϣ, ⲧⲣϣ- *m., pl.* **ⲧⲟⲟϣ** 경계, 국경, 지방 *cf.* *ⲧⲉϣⲉ* 인근 지방

ⲧⲱϩ, ⲧⲱⲁϩ *m.* 사료, 지푸라기

ⲧⲱϩ, ⲧⲉϩ-, ⲧⲁϩ-, ⲧⲱϩ-, ⲧⲁϩ⸗, ⲧⲏϩ† 섞다, 흔들다 *cf.* *ⲣⲉϥⲧⲱϩ* 멍청이 *ⲥⲁⲛⲧⲱϩ* 간섭자 *ⲧⲁϩⲥ̄* 혼란 *ⲧⲁϩⲧ(ϩ)* 섞다, 혼합하다 *ⲧⲁϩⲥ̄†* → *ⲧⲱϩⲥ̄* 기름 붓다

ⲧⲱϩⲃ̄, ⲧⲁϩⲃ̄⸗, ⲧⲁϩⲃ† 물에 적시다 *cf.* *ⲑⲁⲃ* 누룩, 효모

ⲧⲱϩⲙ̄, ⲧⲁϩⲙ⸗ 추적하다

ⲧⲱϩⲙ̄, ⲧⲉϩⲙ̄-, ⲧⲁϩⲙ⸗, ⲧⲁϩⲙ̄† 초대하다, 소환하다 **ⲉⲧⲧⲁϩⲙ** 초대된, 부름 받은

ⲧⲱϩⲙⲉ (L), **ⲧⲱϩⲙ̄, ⲧⲁϩⲙ-, ⲧⲁϩⲙⲉ⸗, ⲧⲁϩⲙ⸗, ⲧⲁϩⲙⲉ†** 호출하다, 초대하다

ⲧⲱϩⲣ̄ → **ⲧⲱⲣϩ̄** 조심하는

ⲧⲱϩⲥ̄, ⲧⲉϩⲥ̄-, ⲧⲁϩⲥ̄-, ⲧⲁϩⲥ⸗, ⲧⲟϩⲥ̄⸗, ⲧⲁϩⲥ̄† 기름 붓다

ⲧⲱϭⲉ, ⲧⲁϭ-, ⲧⲁϭ⸗, ⲧⲏϭ† 덧붙이다, 나무를 심다 *cf.* *ϯϭⲉ* 호박

ⲧⲱϭⲉⲣ, ⲧⲱⲕⲣ̄, ⲧⲱⲣϭ̄, ⲧⲱⲣⲕ̄, ⲧⲟϭⲣ̄† 고정되다, 잠잠해지다

ⲧⲱϭⲛ̄, ⲧⲉϭⲛ̄-, ⲧⲁϭⲛ̄-, ⲧⲟϭⲛ⸗, ⲧⲁϭⲛ⸗ 밀치다

ⲧⲱϭⲛⲉ (L) 밀어내다

ⲧⲟϭⲥ̄, ⲧⲟⲟⲧⲥ̄ 튼튼히 박힌 물체 *cf.* *ⲧⲁⲝ* 어금니, *ⲧⲁϭⲥⲉ* 발바닥

ⲧⲱϭⲥ̄, ⲧⲟϭⲥ⸗, ⲧⲁϭⲥ⸗, ⲧⲟϭⲥ̄†, ⲧⲁϭⲥ̄† 발로 밟아 고정시키다, 발로 밟아 세척하다 *cf.* *ⲧⲉϭⲥⲉ* 발자국

ⲧϣⲃⲟ (L) 흐느낌

ⲧϩⲃ̄ⲃⲓⲟ → **ⲑⲃ̄ⲃⲓⲟ**

ⲧϩⲓⲟ → **ⲑⲓⲟ** 떨어지게 하다

ⲧϩⲟ → **ⲑⲟ** 나쁘게 하다

ⲧϩⲙ̄ⲕⲟ → **ⲑⲙ̄ⲕⲟ**

ⲧϩⲙⲥⲟ → **ⲑⲙ̄ⲥⲟ** 앉게 하다

ⲧϩⲛⲁ⸗ → **ⲑⲛⲟ**

ⲧϩⲛⲁⲓⲧ† → **ⲧⲛ̄ϩⲟ**

ⲧϩⲛⲟ → **ⲑⲛⲟ**

ⲧϩⲡⲟ, ⲑⲡⲟ, ⲧϩⲡⲁ⸗, ⲑⲡⲁ⸗ 동반하다, 호위하다, 다다르게 하다

ⲧϩⲣⲕⲟ- → **ⲑⲣ̄ⲕⲟ**

ⲧϩⲣ̄ϣⲟ → **ⲑⲣ̄ϣⲟ**

ⲧϫⲁⲓⲟ, ϫⲁⲓⲟ, ϭⲁⲓⲟ, ϫⲁⲓⲥ⸗ 과시하다, 드러내다

ⲧϭⲁⲓⲟ, ⲧϭⲁⲉⲓⲟ, ϭⲁⲓⲟ, ⲧϭⲁⲓⲉ-, ϭⲁⲉⲓⲉ-, ⲧϭⲁⲓⲟ⸗, ⲧϭⲁⲓⲏⲩ† 잘못을 지적하다, 정죄하다 *cf.* *ⲉⲧⲧϭⲁⲓⲏⲩ* 정죄된, 어두운 기색의 *ϭⲁ* 용모가 추한

Υ

ϔⲘⲚⲞⲒⲤ → ϩⲨⲘⲚⲞⲤ 찬송
ⲨⲠⲞⲆⲈⲬⲈ → ϩⲨⲠⲞⲆⲈⲬⲈ 받다
ⲨⲠⲞⲘⲈⲒⲚⲈ → ϩⲨⲠⲞⲘⲈⲒⲚⲈ 지탱하다

Φ

ⲪⲀⲘⲈⲚⲀⲦⲠ̅ → ⲠⲀⲢⲘ̅ϩⲞⲦⲠ̅ 곱트력 일곱 번째 달 이름

ⲪⲀⲚⲦⲀⲤⲒⲀ φαντασία 전경, 광경

ⲪⲀⲢⲘⲀⲔⲞⲤ φαρμακός 독약을 먹이다

ⲪⲀⲢⲘⲞⲨⲦⲈ → ⲠⲀⲢⲘⲞⲨⲦⲈ 곱트력 여덟 번째 달 이름

Ⲫⲁϥ → ϩⲁϥ 뱀

ⲪⲈⲄⲄⲞⲔⲀⲦⲞⲬⲞⲤ φεγγοκάτοχος 마니교 신명의 하나

ⲪⲐⲞⲚⲎ φθονεῖν 시기하다, 질투하다

ⲪⲐⲞⲚⲞⲤ φθόνος 시기, 질투, 선망

ⲪⲒⲖⲞⲚⲒⲔⲒⲀ φιλονικία 다툼

ⲪⲖⲨⲀⲢⲒⲀ φλυαρία 어리석은 짓

ⲪⲖⲨⲀⲢⲞⲤ φλύαρος 헛소리

ⲪⲞⲚⲞⲤ φόνος 살인자

ⲪⲞⲢⲈ φορεῖν 지탱하다, 감당하다, 옮기다

ⲪⲞⲤⲤⲀ φοσσα 도랑, 수로

ⲪⲞⲤⲤⲀⲦⲞⲚ φοσσᾶτον *m.* 군대, 변경, 무리

ⲪⲢⲀⲄⲈⲖ φλαγελλυμ 채찍

ⲪⲨⲖⲀⲔⲎ φύλακή 감옥

ⲪⲨⲖⲀⲜ φύλαξ 보초

ⲪⲨⲖⲎ φυλή 경주

ⲪⲨⲤⲒⲤ φύσις 본질, 성질

ⲪⲰⲔⲎ φώκη 인장

ⲪⲰⲚⲎ φωνή 소리

ⲪⲰⲤ φῶς 빛

ⲪⲰⲤⲦⲎⲢ φωστήρ 마니교 신명의 하나

Ⲭ

ⲬⲀⲒⲢⲈ χαῖρε 기뻐하다

ⲬⲀⲖⲀ χαλᾶν 타락시키다

ⲬⲀⲖⲀⲌⲀ χάλαζα 기쁨, 환영

ⲬⲀⲖⲔⲒⲞⲚ χαλκεῖον 솥, 주전자

ⲬⲀⲢⲀⲔⲦⲎⲢ χαρακτήρ 인상

ⲬⲀⲢⲒⲌⲈ χαρίζεσθαι 호의를 보이다

ⲬⲀⲢⲒⲤ χάρις 은혜

ⲬⲀⲢⲒⲤⲘⲀ χάρισμα 은사, 영적 권위

ⲬⲀⲦⲒⲖⲀ → **ϢⲀⲦⲒⲖⲀ** 가방

ⲬⲀⲨⲚⲞⲤ χαῦνος 허풍떨다 *cf.* ⲘⲚ̄ⲦⲬⲀⲨⲚⲞⲤ 허풍.

ⲬⲒⲘⲰⲚ χειμών 폭우

ⲬⲈⲒⲢⲞⲦⲞⲚⲒ χειροτόνειν 안수하다

ⲬⲈⲒⲢⲞⲦⲞⲚⲒⲀ χειροτονία 안수

ⲬⲎⲢⲀ χήρα 과부

ⲬⲒⲰⲚ χιών 흰눈

ⲬⲖⲀⲘⲨⲤ χλαμύς 외투

ⲬⲖⲈⲨⲀⲌⲈ χλευάζειν 조롱하다

ⲬⲞⲒⲀⲬ → **ⲔⲞⲒⲀϨⲔ̄** 여섯 번째 달 이름

ⲬⲞⲖⲎ χολή 원한, 분노

ⲬⲞⲢⲞⲤ χορός 합창단, 성가대

ⲬⲞⲢⲦⲞⲤ χόρτος 풀, 초원, 목장

ⲬⲢⲈⲒⲀ χρεία 필요성

ⲬⲢⲎⲘⲀ χρῆμα 보물, 재물

ⲬⲢⲀⲤⲦⲈ χρῆσθαι 이용하다

ⲬⲢⲎⲤⲒⲘⲈⲨⲈ χρησιμεύειν 유익한

ⲬⲢⲎⲤⲦⲒⲀⲚⲞⲤ 크리스천

ⲬⲢⲎⲤⲦⲞⲤ χρηστός 선함

ⲬⲢⲒⲤⲦⲞⲤ, **Ⲭ̄Ⲣ̄Ⲥ̄**, **Ⲭ̄Ⲥ̄** 그리스도

ⲬⲢⲞⲚⲞⲤ χρόνος 때, 시기

ⲬⲰⲖⲞⲤ χωλός 불구의

ⲬⲰⲢⲀ χώρα 전원

ⲬⲰⲢⲒⲤ χωρίς ~을 제외하고, ~없이

ⲯ

ⲯⲁⲓⲧ- ⲡ̄ⲥ̄ⲧⲁⲓ̈ⲟⲩ 아흔

ⲯⲁⲗⲉ ψάλλειν 연주하다 *cf.* *ⲣⲉϥⲣ̄ⲯⲁⲗⲉ* 가수

ⲯⲁⲗⲙⲟⲥ ψαλμός 시편

ⲯⲁⲗⲙⲱⲇⲟⲥ ψαλμῳδός 시편 기자

ⲯⲁⲗⲧⲏⲥ ψάλτης 시편 기자

ⲯⲓⲥ, ⲯⲓⲧ *m., f.* ⲯⲓⲧⲉ, ⲯⲓⲥⲉ 아홉 *cf.* *ⲙⲁϩⲯⲓⲥ* 아홉 번째

ⲯⲓⲧ(ⲉ) ⲯⲓⲥ 아홉

ⲯⲩⲗⲏⲧⲏⲥ ψιλητής 빛으로 무장한

ⲯⲩⲭⲏ ψυχή 목숨, 영혼

ⲯⲩⲭⲓⲕⲟⲛ ψυχικόν 육적인

ⲱ

ⲱ̄ 오메가 *cf.* *ϫⲛ̄ⲛ̄ⲁ ϣⲁⲱ* 처음부터 끝까지

ⲱ → ⲟ 큰

ⲱ → ⲱⲱ 임신하다

ⲱ, ⲟⲩ, ⲉⲉⲧ† 임신하다

ⲱ ὦ 감탄사 *ⲱϩ ⲱϩ* 오호라!

ⲱⲃⲧ̄ *f.* 거위, 기러기

ⲱⲃϣ̄, ⲉⲃϣ̄-, ⲁⲃϣ-, ⲟⲃϣ⸗, ⲁⲃϣ⸗, ⲟⲃϣ̄†, ⲁⲃϣ̄† 잊다, 잠자다 *cf.* *ⲣ̄ ⲡⲱⲃϣ̄* 잊어버리다

ⲟⲃϣⲥ̄ 망각, 무지 *cf.* *(ⲉ)ⲃϣⲉ* 잠, 망각, 무감각

ⲱⲕ 기꺼이, 즐거이

ⲱⲕ, ⲏⲕ† 원하다, 뜻 *cf.* *ⲱⲕ ⲛ̄ϩⲏⲧ* 의지

ⲱⲕ ⲛ̄ϩⲏⲧ 흡족하게 생각하다, 원하다

ⲱⲕⲉⲁⲛⲟⲥ *m.* 대양, 바다

ⲱⲕⲙ̄, ⲉⲕⲙ̄-, ⲟⲕ(ⲉ)ⲙ† 어두운, 슬픈 *cf.* *ⲉⲧⲟⲕⲙ̄* 침울한, 무뚝뚝한

ⲱⲕⲙⲉ (L), ⲁⲕⲙⲉ† 침울한, 흐린

ⲱⲗ, ⲟⲗ-, ⲟⲗ⸗, ⲁⲗ⸗, ⲏⲗ†, *p.c.* ⲁⲗ-, *imper.,* ⲁⲗⲓ, ⲁⲗⲓⲧ⸗ 잡다, 모으다, 보유하다 *cf.* *ⲱⲗ ⲉⲃⲟⲗ* 데려가다, 제거하다 *ⲱⲗ ⲉϩⲟⲩⲛ* 들어오게 하다, 집결하다 *ⲱⲗ ⲁϩⲟⲩⲛ* 제한하다 *ⲟⲗⲥ̄* 끌어모은 것, 전리품

ⲱⲗ 헝겊

ⲱⲗⲕ̄, (ⲉ)ⲗⲕ̄-, ⲟⲗⲕ⸗, ⲁⲗⲕ⸗, ⲟⲗⲕ̄† 휜, 굽은, 뒤틀린 *cf.* *ⲉⲧⲱⲗⲕ̄ ⲛ̄ⲥⲁⲡⲁϩⲟⲩ* 허리가 휘는 *(ⲱ)ⲗⲕ̄ϣⲁ* 놀리다, 비웃다 *ⲟⲗ(ⲉ)ⲕⲥ ⲗ̄ⲕⲉ* 안쪽으로 휘어짐 *ⲁⲗⲕ ϣⲉ* 비웃다 *ⲁⲗⲟⲕ* 각도

ⲱⲗⲙ̄, ⲟⲗⲙ⸗, ⲟⲗⲙ̄† 끌어안다

ⲱⲗⲙⲉ (L), ⲱⲗⲙ̄, ⲁⲗⲙⲉ† 둘둘 감다, 묶다

ⲱⲙⲕ̄, ⲉⲙⲕ̄-, ⲱⲙⲕ̄-, ⲟⲙ(ⲉ)ⲕ⸗, ⲁⲙⲕ⸗, ⲁⲙⲉⲕ† 삼키다

ⲱⲙⲟⲫⲟⲣⲟⲥ Ὠμοφόρος 마니교 신명의 하나

ⲱⲙⲥ̄, ⲉⲙⲥ̄-, ⲁⲙⲥ-, ⲟⲙⲥ⸗, ⲁⲙⲥ⸗,

ⲟⲙⲥ̄† 잠기다, 적시다, 침례를 행하다 *cf.* ϫⲁⲗⲁⲕⲙ̄ⲥⲉ 진주 조개잡이 (ⲉ)ⲙⲥⲉ, ⲙ̄ⲥⲉ 침수, 깊이

ⲱⲙϫ̄, ⲉⲙϫ̄-, ⲟⲙϫ⸗ 젖 떼다, 금하다

ⲱⲛⲉ, ⲉⲛⲉ-, ⲁⲛⲉ- *m. f.* 돌, 조약돌 *cf.* ⲃⲁⲕⲱⲛⲉ 투석기 ⲣⲉϥⲕ̄ϩⲕ̄ϩⲱⲛⲉ 석공 ⲙⲁⲛ̄ⲱⲛⲉ 자갈밭 ϩⲓⲱⲛⲉ 돌로 치다 ⲙⲁⲉⲧⲧⲟϭⲥ̄ ⲛ̄ⲱⲛⲉ 포장된 곳 ⲱⲛⲉ ⲙ̄ⲙⲉ, ⲉⲛⲉ ⲙ̄ⲙⲉ 진리의 돌 ⲱⲛⲉ ⲙ̄ⲙⲏⲉ 보석 ⲱⲛⲉ ⲛ̄ⲥⲓⲕⲉ 방앗돌

ⲱⲛⲕ → ⲱⲕ

ⲱⲛⲕ̄, ⲟⲛⲕ⸗, ⲟⲙⲕ⸗, ⲟⲛⲅ† 반발하다

ⲱⲛⲧ̄, ⲱⲛϭ̄ 수축하다, 줄다

ⲱⲛϣ̄, ⲟ(ⲟ)ⲛϣ̄†, ⲁⲛϣ̄† 어리둥절하다, 어안이 벙벙하다 *cf.* ⲉⲧⲟⲛϣ̄ 할 말을 잃은 ⲟⲛϣⲥ̄ 정신이상

ⲱⲛϣ̄ → ⲟⲩⲱⲛϣ̄ 늑대

ⲱⲛϩ̄, ⲟⲛϩ̄†, ⲟⲛⲁϩ†, ⲁⲛϩ̄† 살다, 생명 *cf.* ⲥⲁ(ⲁ)ⲛϣ̄ 먹여 살리다 ⲁⲛⲁϩ 생명의 십자가 ⲧⲁⲛϩⲟ 살리다

ⲱⲛϭ̄ → ⲱⲛⲧ̄ 수축되다

ⲱⲡ, ⲱⲡⲉ, ⲉⲡ-, ⲟⲡ⸗, ⲁⲡ⸗, ⲏⲡ†, ⲏⲡⲉ† 계산하다 *cf.* ⲱⲡ ⲛ̄ⲥⲁ- ...을 믿다 ϯ ⲱⲡ, ϥⲓ ⲱⲡ 계산하다 ϣⲡ̄ⲱⲡ 기도하다, 서원을 하다 ⲉⲧⲏⲡ ⲉ- ...의 소속인 ⲉⲧⲏⲡ ⲙⲛ̄- ...에 속해있는 ⲥⲏⲡ (ⲉ-) ...할 필요가 있는 ⲏ(ⲏ)ⲡⲉ, ⲁⲡⲥ̄ 숫자 ⲟⲡⲥ̄ 계산

ⲱⲣ(ⲉ)ⲃ, ⲱⲣⲃⲉ, ⲉⲣⲃ̄-, ⲟⲣⲃ⸗, ⲟⲣⲃ†, ⲁⲣⲃ† 둘러싸다, 격리하다, 안전하게 두다, 조용히 하다, 평화로운 *cf.* ⲱⲣⲉⲃ ⲉϩⲟⲩⲛ 경계를 짓다

ⲱⲣⲉⲃ, ⲁⲣϥ† 환멸하다, 가증스럽게 여기다

ⲱⲣⲕ̄, ⲱⲣⲕⲉ, ⲱⲣⲕ̄-, ⲟⲣⲕ⸗ 맹세하다 *cf.* ⲣⲉϥⲁϣⲁⲓ ⲛ̄ⲱⲣⲕ̄ 쉽게 맹세하는 사람 ⲧⲁⲣⲕⲟ

ⲱⲣϣ̄, (ϩ)ⲟⲣϣ̄† 부식제로 처리하다, 마비시키다, 더위나 추위로 피부가 상하다 *cf.* ⲉⲧⲟⲣϣ 추운, 상쾌한 ⲁⲣⲟϣ 차가워지다

ⲱⲣϫ̄, ⲟⲩⲱⲣϫ̄, ⲱⲣϭ̄, (ⲉ)ⲣϫ̄-, ⲁⲣϫ̄-, ⲣⲉϫ-, ⲱⲣⲏϫ-, ⲁⲣϫ-, ⲟⲣϫ⸗, ⲁⲣϫ⸗, ⲟⲣ(ⲉ)ϫ†, ⲁⲣϫ† 단단한, 완고한 *cf.* ϩⲛ̄ⲟⲩⲱⲣϫ̄ 확실하게 ⲉⲧⲟⲣϫ 확실하게, 분명하게 ⲙⲁⲉⲧⲟⲣϫ 방어진지, 튼튼한 성곽 ϫⲣⲟ 완고한, ϫⲱⲱⲣⲉ 강한 ϫⲟⲣϫⲣ̄ 승리의, 강력한 ⲧⲁϫⲣⲟ 확언하다

ⲱⲥⲕ̄†ⲱⲥϭ̄ 기름 붓다

ⲱⲥⲕ̄, ⲟⲥⲕ̄†, ⲁⲥⲕ̄† 느린, 늦어지다, 오래 끌다 *cf.* ⲁⲥⲕⲉ, ⲉⲥⲕⲉ 지연, 연기

ⲱⲥϩ̄ 추수하다

ⲱⲥϭ̄, ⲱⲥⲕ̄, ⲱϭⲥ̄, ⲉⲥϭ̄-, ⲟⲥϭ̄-, ⲟⲩⲉϭⲥ̄-, ⲟⲥϭ⸗, ⲟⲩⲟⲥϭ⸗, ⲁϣϭ⸗, ⲟⲥϭ̄† 기름 붓다, 몸에 기름을 바르다

ⲱⲧ, ⲏⲧ† ~을 돌보다, 걱정하다

ⲱⲧ, ⲟⲩⲱⲧ, ⲟⲉⲓⲧ *m.* 기름

ⲱⲧⲡ̄, ⲉⲧⲡ̄-, ⲟⲧⲡ⸗, ⲁⲧⲡ⸗, ⲟⲧⲡ̄†, ⲟⲡⲧ̄†, ⲁⲧⲡ̄† 가두다 *cf.* ⲙⲁⲛ̄ⲱⲧⲡ̄ ⲉϩⲟⲩⲛ 감옥

ⲱⲧⲡ̄, ⲟⲧⲡ⸗, ⲁⲧⲡ⸗, ⲟⲧⲡ̄†, ⲁⲧⲡ̄† 짐을 싣다 *cf.* ⲃⲁⲓ̈ⲉⲧⲡⲱ 짐꾼 ⲉⲧⲡⲱ 짐, 짐을 싣기

ⲱⲧϩ̄, ⲁⲧϩ̄† 고정시키다, 끌어당기다

ⲱⲧϩ̄, ⲟⲩⲱⲧϩ̄, ⲟⲧϩ⸗, ⲟⲧϩ̄† 실을 잣다, 직조하다 *cf.* ⲁⲧϩⲉ 옷, ⲟⲩⲁⲧϩⲉ 직조기계 ⲁⲧϩⲥ̄ 천 조각 ⲉⲧⲟϩ, ⲉⲧⲁϩ 옷의 일종

ⲱⲧϩ̄ → ⲟⲩⲱⲧϩ̄ 물을 긷다

ⲱⲧϭ̄ → ⲱϭⲧ̄ 목을 조이다

ⲱⲱ, ⲱ, ⲉ(ⲉ)ⲧ† 임신하다 *cf.* ⲉⲥⲉⲉⲧ 임산부

ⲱⲱ⸗ 등 → **ϩⲓⲱⲱ⸗** ···위에

ⲱϣ, (ⲉ)ϣ-, ⲁϣ-, ⲱϣ-, ⲟϣ⸗, ⲁϣ⸗ 외치다, 낭독하다 *cf.* ⲱϣ ⲉⲃⲟⲗ 외치다 ⲱϣ ⲉⲃⲟⲗ ⲉϩⲣⲁⲓ̈ ⲉ- 누구를 향해 소리치다, 신을 향해 탄원하다 ⲁϣ ⲁϩⲟⲙ 신음하다, 한탄하다 ⲁϣ ⲁⲗ 외침 (ⲉ)ϣⲗⲟⲩⲗⲁⲓ 한탄하다 ⲁϣⲧⲁⲡ 나팔을 불다 ⲁϣⲕⲁⲕ, ⲁϣϣⲕⲁⲕ 크게 외치다 ⲁϣϭⲁⲡ, ⲁϣϣϭⲁⲡ 소리치다 ⲙⲁⲛ̄ⲱϣ 읽을 거리 ⲣⲉϥⲱϣ 독자 ϭⲓⲛⲱϣ 독서 ⲱϣ ⲉϩⲁⲙ 신음하다 ⲙⲛⲧⲁϣ ⲥⲓⲟⲩ 천체 관측 ⲁϣ ⲉⲗ *m.* 소리침, 명성 ⲁϣ ϭⲏⲗ 고통을 호소하다 ⲙⲁⲛ̄ⲱϣ 악기

ⲱϣ, (ϩ)ⲟϣ⸗, ⲟⲛϣ⸗, ⲁϣ⸗ 악령이 틈타다

ⲱϣⲙ̄, ⲟⲩⲱϣⲙ̄, ⲉϣⲙ̄-, ⲟϣⲙ⸗, ⲟϣⲙ̄† 시들게 하다, 꺼지다 *cf.* ⲁⲧⲱϣⲙ̄ 끌 수 없는 ⲟϣⲙⲉϥ 담금질

ⲱϣⲙ̄, ⲱϣⲙⲉ, ⲟϣⲙ⸗ 태우다, 고갈시키다, 소진시키다, 사그러지다

ⲱϣⲛ̄ϥⲧⲟ (L) 연결, 사슬, 고리

ⲱϥ, ⲟⲩϥ *m.* 시금치, 상치

ⲱϥ → ϩⲱⲃ 작품, 일

ⲱϥ(ⲉ), ⲉϥ-, ⲱϥ-, ⲟϥ⸗ 짜다, 으깨다 *cf.* ⲏⲣⲡ̄ ⲛ̄ⲱϥⲉ 포도 찌끼로 만든 즙

ⲱϥⲧ̄, ⲉϥⲧ̄-, ⲟϥⲧ⸗, ⲁϥⲧ⸗, ⲟϥⲧ̄†, ⲁϥⲧ̄† 못박다, 고정시키다 *cf.* (ⲉ)ⲓϥⲧ 못, 쐐기

ⲱϩ, ⲁϩ 감탄사

ⲱϩ → ⲟⲟϩ 달

ⲱϩⲉ, ⲟϩⲉ, ⲁϩⲉ† 지탱하다, 유지하다, 견디다 *cf.* ***ⲁϩⲉ*** 출석, 사인하다 ***ⲱϩⲉ ⲣⲁⲧ⸗*** 견디다 ***ⲁϩⲉ (ⲉ)ⲣⲁⲧ⸗*** 굳세게 버티다 ***ⲁϩⲉⲣⲁⲧ⸗ ⲟⲩⲃⲉ-*** 대항하여 서다 ***ⲉⲧ ⲁϩⲉⲣⲁⲧ⸗*** 굳게 버티는 자 ***ⲙⲁ ⲛ̅ⲁϩⲉⲣⲁⲧ⸗*** 역, 정거장 ***ⲧⲁϩⲟ*** 설립하다 ***ⲥⲟⲟϩⲉ*** 일으켜 세우다 ***ⲁϩⲉ*** 요구하는

ⲱϩⲉ *m.* 외양간, 우리

ⲱϩⲥ̅, ⲉϩⲥ̅-, ⲱϩⲥ̅-, ⲟϩⲥ⸗, ⲟⲥϩ⸗, ⲁϩⲥ⸗ 낫질하다, 추수하다 *cf.* ***ϫⲁⲓⲱϩⲥ̅*** 추수꾼 ***ⲟϩⲥ̅*** 농기구, ***ⲟⲥϩϥ̅*** 낫

ⲱϫ, ⲟϫ 도둑, 악한

ⲱϫⲛ̅, ⲱϫⲛⲉ, ⲉϫⲛ̅(ⲉ)-, ⲱϫⲛ̅-, ⲟϫⲛ⸗, ⲁϫⲛⲉ⸗ 시들게 하다, 멈추게 하다 *cf.* ***ⲁⲧⲱϫⲛ̅*** 쉼없는 ***ⲁϫⲛ̅ⲱϫⲛ̅*** 끊임없이, 꾸준하게

ⲱϫⲧ̅ → ⲱϭⲧ̅ 목을 조이다

ⲱϭⲃ̅, ⲱϭⲃⲉ, ϩⲱϭⲃ̅, ⲉϭⲃ̅-, ⲟϭⲃ̅†, ⲁϭⲃⲉ† 차게 되다, 얼다, 축축하게 되다 *cf.* ***ⲁϭⲃⲉⲥ*** 축축함 ***ⲟϭⲃⲥ̅*** 추위

ⲱϭⲣ̅, ⲱϭⲉⲣ, ⲟϭⲣ⸗, ⲟϭⲣ̅† 굳어지다, 응고되다

ⲱϭⲥ̅ → ⲱⲥϭ̅ 기름 붓다

ⲱϭⲧ̅, ⲱⲧϭ̅, ⲁϭⲧ⸗ 목을 조이다, 숨막히게 하다

ϣ

ϣ-, ⲉϣ- …할 수 있는 *cf.* ϣ(ϭⲙ̄)ϭⲟⲙ …할 능력 ⲛⲉϣ- …할 수 없는

ϣ- → ⲱϣ 외치다

ϣⲁ-, ϣⲁⲣⲟ⸗, ϣⲁⲁⲣⲟ⸗, ϣⲁⲣⲁ⸗, ϣⲁⲣⲱ⸗ …까지, …을 향해 *cf.* ϣⲁⲃⲟⲗ 끝까지, 영원히 ϣⲁⲉⲛⲉϩ 영원토록 ⲙ̄ⲡⲁⲧⲉ... ϣⲁⲧⲉⲛⲟⲩ 아직 …아니다 ϣⲁⲧⲛⲁⲩ 언제까지 ϣⲁϩⲣⲁï ⲉ- …까지 ϣⲁⲛⲧⲉ- …하기까지 ϣⲁⲛⲧⲉⲟⲩ ϣⲱⲡⲉ 언제까지? ϣⲁⲃⲁⲗ 끝까지, 영원토록 ϣⲁϩⲟⲩⲛ 속 깊이까지 ϣⲁϩⲣⲏï ~에 이르도록

ϣⲁ 시작하다 *cf.* ϣⲁⲙⲓⲥⲉ 초태생 ϣⲁⲥⲱⲛⲧ 태초, 창세

ϣⲁ 뜨다, 솟다, 빛이 비취다 *cf.* ⲙⲁⲛ̄ϣⲁ, ⲡⲁ(ⲛ̄) ϣⲁ 동방, 해뜨는 곳 ϣⲁ 축제 ϣⲁⲱ 큰 축제 ⲣ̄ ϣⲁ 축제를 벌이다 ϯ ϣⲁ 성체배령하다 ϣⲁⲙ̄ⲡϫⲱⲕⲙ̄ 신현 축제

ϣⲁ, ϣⲉ, ϣⲁⲛⲧϥ̄, ϣⲁ(ⲁ)ⲛⲧ⸗, ϣⲁ(ⲁ)ⲧ⸗, ϣⲁⲧⲧ⸗, ϣ(ⲉ)ⲛⲧ⸗ 코 ϭⲱⲃⲉⲛ̄ϣⲁ, ϭⲃ̄ϣⲁ 후각기관의 (ⲱ)ⲗⲕϣⲁ -을 놀리다

ϣⲁ → ϣⲉ …에 의해

ϣⲁⲁⲃ, ϣⲟⲟⲃ *m.* 살갗

ϣⲁ(ⲁ)ⲣ, ϣⲁ(ⲁ)ⲣ- *m., pl.* ϣⲁⲁⲣⲉ 동물의 가죽 *cf.* ⲃⲁⲕϣⲁⲁⲣ 무두질하다 ϣⲧⲏⲛⲛ̄ϣⲁⲁⲣ 가죽옷

ϣⲁⲁⲣ, ϣⲁ(ⲁ)ⲣ(ⲉ) *m.* 가격 ϯ ϣⲁⲁⲣ 가격을 매기다

ϣⲁⲁⲣ(ⲉ), ϣⲁⲓⲣⲉ, ϣⲟⲟⲣ, ϣⲁⲣⲉ-, ϣⲁⲣ⸗, ϣⲁⲣ† 때리다, 치다 *cf.* ⲣⲉϥϣⲁⲁⲣ, ⲣⲉϥϣⲟⲟⲣ 치는 자, 사탄

ϣⲁⲁⲧ⸗ → ϣⲁ 코

ϣⲁⲁⲧ-, ϣⲁⲁⲧ† → ϣⲱ(ⲱ)ⲧ

ϣⲁⲁⲧ- → ϣⲓⲧⲉ 구걸하다

ϣⲁⲁⲧⲉ, ϣⲁⲁⲧⲥ̄ 조각, 덩어리 *cf.* ϣⲱϫⲱⲧ 자르다

ϣⲁⲁⲧⲥ̄ → ϣⲁⲁⲧⲉ 조각, 덩어리

ϣⲁ(ⲁ)ϥⲉ → ϣⲓϥⲉ 붓게 하다

ϣⲁⲃ⸗ → ϣⲱⲃ

ϣⲁⲃⲉ† → ϣⲓⲃⲉ

ϣⲁⲃⲓϩⲟ 얼굴이 수시로 바뀌는, 매우 무서운 → ϣⲓⲃⲉ 바뀌다, ϩⲟ 얼굴

ϣⲁⲃⲟⲗ 끝까지, 영원토록 *cf.* ϣⲁ- …까지, ⲃⲱⲗ 풀다

ϣⲁⲃⲣⲁ → ϣⲁⲣⲃⲁ 뜨거운 열기

ϣⲁⲓ 새로운

ϣⲁⲓ *m.* 운명, 기회, 행운 *cf.* ⲃⲁⲛϣⲁï 불운한 ⲛⲁϥⲣ̄ ϣⲁï 좋은 기회, 성공

ϣⲁïⲉ 일출, 솟아오르다, 빛나기 시작하다

ϣⲁïⲉ 축제

ϣⲁïⲙⲉ *m., f.* ϣⲓⲙⲉ 정돈된 상태, 밭고랑, 선

ϣⲁⲓⲣⲉ *f.* 거주지, 침상

ϣⲁⲓⲣⲉ → ϣⲁⲁⲣ(ⲉ) 때리다

ϣⲁⲕⲧ⸗ → ϣⲓⲕⲉ 구멍을 파다

ϣⲁⲗ *m.* 몰약

ϣⲁⲗ *m.* 꽃다발

ϣⲁⲗ-, ϣⲁⲗⲥ̄ → ϣⲱⲗ

ϣⲁⲗ⸗ → ϣⲱⲗ

ϣⲁⲗⲓⲟⲩ, ϣⲁⲗⲏⲟⲩ, ϣⲁⲣⲓⲟⲩ *m.* 세무 공무원

ϣⲁⲗⲕ⸗ → ϣⲱⲗⲕ̄, ϣⲱⲗϭ̄ 자르다

ϣⲁⲗⲙ[ⲉ]- → ϣⲱⲗⲙ̄

ϣⲁⲗⲙⲉ- → ϣⲱⲗⲙⲉ

ϣⲁⲗⲟⲟⲩ *f.* 관개용 풍차

ϣⲁⲗⲥ̄ (L) *f.* 약탈 *cf.* ϣⲱⲗ 약탈하다

ϣⲁⲗϣⲗ̄, ϣⲗ̄ϣⲱⲗ⸗ 침투해 들어가다, 스며들다

ⲁ ⲃ ⲅ ⲇ ⲉ ⲍ ⲏ ⲑ ⲓ ⲕ ⲗ ⲙ ⲛ ⲝ ⲟ ⲡ ⲣ ⲥ ⲧ ⲩ ⲫ ⲭ ⲯ ⲱ ϣ ϥ ϩ ϫ ϭ ϯ

ϣⲁⲗϩ̅† → ϣⲱⲗϩ̅

ϣⲁⲗϫ- → ϣⲱⲗϭ̅ 자르다

ϣⲁⲗϭ† → ϣⲱⲗϭ

ϣⲁⲗϭⲁⲃϩⲉ → ϣⲱⲗϭ̅

ϣⲁⲙⲁⲣ 회향 *cf.* *ⲥⲁⲙⲁϩⲏⲣ* 회향, 시금치

ϣⲁⲙⲓⲥⲉ 초태생 → ϣⲁ- 시작하다, ⲙⲓⲥⲉ 출산하다

ϣⲁⲙⲧ̅, ϣⲙ̅ⲧ-, *f.* ϣⲁⲙⲧⲉ 셋

ϣⲁⲛ- → ϣⲱⲛⲉ 병

ϣⲁⲛ⸗, ϣⲁⲛⲉ-, ϣⲁⲛⲉ⸗ → ϣⲱϣⲱⲛⲉ

ϣⲁⲛⲉ- → ϣⲱ(ⲱ)ⲛⲉ 빼앗다

ϣⲁⲛⲧ⸗, ϣⲁⲛⲧ† → ϣⲱⲛⲧ̅

ϣⲁⲛⲧⲉ ~까지

ϣⲁⲛⲧⲉ *f.* 가시

ϣⲁⲛⲧϥ̅- → ϣⲁ …하기까지

ϣⲁⲛϣ̅† → ϣⲛⲁϣ

ϣⲁⲛϩⲧⲏϥ → ϣⲱⲛⲉ

ϣⲁⲡ 남자의 결혼 지참금

ϣⲁⲡ- → ϭⲱⲡⲉ 잡다

ϣⲁⲡ-, ϣⲁⲡ⸗ → ϣⲱⲡ

ϣⲁⲡⲥ̅ (L) *f.* 만찬회, 잔치 *cf.* *ϣⲱⲡ* 접견하다

ϣⲁⲡϩⲕⲟ → ϣⲱⲡ, ϩⲕⲟ

ϣⲁⲣ† → ϣⲁⲁⲣ(ⲉ) 때리다

ϣⲁⲣ- *p.c.* 작은, 짧은 *cf.* *ϣⲁⲣⲁϩⲉ* 짧은 생, 하루살이의 *ϣⲓⲣⲉ* 작은, 젊은 *ϩⲉⲣϣⲓⲣⲉ* 청소년 *ϣⲁⲣⲕⲉ* 가뭄 *ϣⲏⲣⲉ* 아들

ϣⲁⲣⲁ⸗ → ϣⲁ- ~까지

ϣⲁⲣⲁϩⲉ 하루살이의 → ϣⲁⲣ- 작은, 짧은, ⲁϩⲉ 존재, 삶

ϣⲁⲣⲃⲁ, ϣⲁⲃⲣⲁ *m.* 뜨거운 열기

ϣⲁⲣⲉ → ϣⲁⲁⲣ

ϣⲁⲣⲓⲟⲩ → ϣⲁⲗⲓⲟⲩ 세무원

ϣⲁⲣⲕⲉ *m.* 가뭄 *cf.* *ϣⲁⲣ* 작은, 짧은

ϣⲁⲣⲟ⸗ → ϣⲁ- …까지

ϣⲁⲣⲡ, ϣⲁⲣ- 첫번째 *cf.* *ⲛ̅ϣⲁⲣⲡ̅* 처음으로 *ϫⲓⲛ̅ ⲛ̅ϣⲁⲣⲡ̅* 애초부터 *ⲣ̅ ϣⲁⲣⲡ̅* 앞서다, 선행하다

ϣⲁⲣⲧ̅† → ϣⲱⲣⲧ̅

ϣⲁⲣϣⲣ̅ (L), ϣⲣ̅ϣⲱⲣ⸗, ϣⲱⲣϣⲱⲣ⸗ 뒤엎다

ϣⲁⲥ⸗ → ϣⲱⲥ

ϣⲁⲧ-, ϣⲁⲧ⸗ → ϣⲱ(ⲱ)ⲧ

ϣⲁⲧⲁϥ 정육점 주인 → ϣⲱⲱⲧ 자르다, ⲁϥ 고기

ϣⲁⲧⲓⲗⲁ, ϣⲁⲧⲉⲗⲁ, ϫⲁⲧⲓⲗⲁ *m.* 가방

ϣⲁⲧⲙ⸗, ϣⲁⲧⲙⲉ† → ϣⲧⲉⲙ 닫다

ϣⲁⲧⲙⲉ† → ϣⲧⲉⲙ

ϣⲁⲧⲛ̅-, ϣⲁⲁⲧⲛ̅-, ϣⲁⲧⲉ- -이 면제된 *cf.* *ϣⲱⲱⲧ* 자르다

ϣⲁⲧⲟⲟⲛⲧϥ̅ *f.* 배의 일종

ϣⲁⲧⲡ̅† → ϣⲱⲧⲡ̅

ϣⲁⲧⲧ⸗ → ⲥϣ 코

ϣⲁⲩ, ϣⲁⲟⲩ, ϣⲟⲟⲩ, ϣⲟⲩ- *m.* 효용, 가치 *cf.* *ⲁⲧϣⲁⲩ* 무가치한, 부도덕한 *ⲣ̅ ⲁⲧϣⲁⲩ* 무용의, 해로운 *ⲣ̅ ϣⲁⲩ* 유익한, 이익되는 *ⲉⲧⲣ̅ ϣⲁⲩ* 유익한, 편리한 *ⲛ̅ϣⲁⲩ* 유효한, 가치 있는, 대우할만한 *ϣⲟⲩⲣ̅ ϣⲡⲏⲣⲉ* 놀랄만한 *ϣⲟⲩⲧⲁⲓⲉ ⲡⲛⲟⲩⲧⲉ* 신을 찬양할만한

ϣⲁⲩ *m.* 측정 *cf.* *ⲉⲡϣⲁⲩ ⲛ̅-* 정해진 가격에 따라

ϣⲁⲩ *m., pl.* ϣⲏⲩ 나무등걸, 나뭇조각

ϣⲁⲩ → ⲉϣⲱ 돼지

ϣⲁⲩ 향, 향내

ϣⲁϫϩ̅† → ϣⲱⲕϩ̅ 파다

ϣⲁⲱ 큰 축제 → ϣⲁ 해 뜨다

ϣⲁϣ 그릇의 일종

ϣⲁϣ⸗ → ϣⲱϣ 동일하게 하다

ϣⲁϣⲉ, ϣⲁϣ⸗ → ϣⲱϣ 불다

ϣⲁϣⲟⲩ *m.* 흙 단지, 항아리

ϣⲁϣⲡⲉ (L) *f.* 위장

ϣⲁϣⲧ 자물쇠

ϣⲁϥ 창고, 헛간

ϣⲁϥⲉ → ϣⲓϥⲉ 붓게 하다, 과장하다

ϣⲁϥⲉ *m.* 사막 *cf.* *ϣⲱϥ* 황폐한

ϣⲁϥⲟⲩⲣ *f.* 물고기의 일종

ϣⲁϥⲧ̅ → ϣⲱϥⲧ̅

ϣⲁϥⲧ(ⲉ) 죄인, 부정한 사람 *cf.* *ϣⲱϥⲧ̅* 정도를 벗어난, 부정을 저지르다

ϣⲁϥϣϥ̅ → ϣⲟϥϣϥ̅ 뿌리다, 파다

ϣⲁϩ *m.* 불꽃

ϣⲁϩⲟⲩⲛ 속 깊이까지 → **ϣⲁ-** ~까지, **ϩⲟⲩⲛ** 내부

ϣⲁϩⲣⲏï ~에 이르기까지 → **ϣⲁ-** ~까지, **ϩⲣⲏï** 내부 또는 외부

ϣⲁϫⲉ, ϣ(ⲉ)ϫ- 말하다, 선포하다, 연설하다, 말 *cf.* *ⲁⲧϣⲁϫⲉ* 말할 수 없는, 말로 표현할 수 없는 *ⲣⲉϥϣⲁϫⲉ ⲙ̄(ⲛ) ⲡⲛⲟⲩⲧⲉ* 신학자 *ϣⲁϫⲉ ⲛ̄ⲥⲁ-* 저주하다, 욕하다 *ⲉϥϫⲉ ⲛⲟϭ ⲛ̄ϣⲁϫⲉ* 호언장담의, 과장된 *ϣⲁϫⲉ ⲉⲧⲛⲉⲥⲱⲥ* 명연설 *ⲣⲉϥϣⲁϫⲉ* 연설가 *ⲥⲁⲛ̄ϣⲁϫⲉ* 말 많은 사람, 잔소리꾼 *ⲡⲉⲧϣⲁϫⲉ ⲉⲃⲟⲗ ⲛ̄ϩⲏⲧϥ̄* 복화술사 *ⲣ̄ ϩⲁϩⲛ̄ϣⲁϫⲉ* 말을 너무 많이 늘어놓다 *ⲣⲉϥϫⲉ ϣⲁϫⲉ ⲛ̄ⲉⲡⲣⲁ* 허튼 말 하는 사람 *ϣⲁϫⲉ ⲛ̄ϫⲱⲙ* 가계, 족보학 *ϭⲓⲛϣⲁϫⲉ* 연설 *ϣϫ̄ⲥⲱⲃⲉ* 농담 *ϣϫ̄ⲥⲟϭ* 헛소리

ϣⲁϫⲛⲉ → **ϣⲟϫⲛⲉ** 토의하다

ϣⲁϭⲉ-, ϣⲁϭⲉ⸗, ϣⲁϭⲉ† → **ϣⲱϭⲉ**

ϣⲃ̄- → **ϣⲱⲃ** 밀다

ϣⲃ̄- → **ϣⲓⲃⲉ** 바꾸다

ϣⲃ̄ⲃⲓⲁⲉⲓⲧ† → **ϣⲉⲃⲓⲟ** 변경하다

ϣⲃ̄ⲃⲓⲏⲩ† → **ϣⲉⲃⲓⲟ** 변경하다

ϣⲃⲃⲓⲱ → **ϣⲃ(ⲉ)ⲓⲱ** 변경

ϣⲃⲉ → **ϣϥⲉ** 일흔

ϣⲃ̄ⲉⲓⲁⲉⲓⲧ† → **ϣⲉⲃⲓⲟ** 변경하다

ϣⲃ(ⲉ)ⲓⲱ, ϣⲃ̄ⲃⲓⲱ *f.* 변경, 교환, 교호 *cf.* **ϯ** *ϣⲃ(ⲉ)ⲓⲱ* 동일하게 갚다, 선악을 계산하다, 벌주다 *ϫⲓ ϣⲃ(ⲉ)ⲓⲱ* 상벌을 받다 *ϣⲓⲃⲉ* 변경하다

ϣⲃⲏⲣ *m., f.* **ϣⲃⲉⲉⲣⲉ, ϣⲃ(ⲏ)ⲣ-**, *pl.* **ϣⲃⲉⲉⲣ, ϣⲃⲉⲣⲉ** 친구, 동료 *cf.* *ⲣ̄ ϣⲃⲏⲣ* 참여하다 *ϣⲃⲣ̄ⲛⲁⲥⲕⲏⲧⲏⲥ* 고행의 동지 *ϣⲃⲣ̄ⲁⲓⲭⲙⲁⲗⲱⲧⲟⲥ* 동료 죄수 *ϣⲃⲣ̄ⲕⲗⲏⲣⲟⲛⲟⲙⲟⲥ* 공동상속인 *ϣⲃⲣ̄ⲕⲟⲓⲛⲱⲙⲟⲥ* 동참자 *ⲣ̄ ϣⲃⲣ̄ϩⲟⲙⲟⲗⲟⲅⲉⲓ* 공동 신앙고백자 *ϣⲃⲏⲣⲛ̄ⲟⲩⲥⲓⲁ* 결합에 의한 공동체 *ϣⲃⲣ̄ⲣ̄ϩⲱⲃ* 공모자

ϣⲃïⲁïⲧ†, ϣⲃ̄ïⲁⲧ† → **ϣⲓⲃⲉ**

ϣⲃⲓⲃ → **ϣⲟⲩⲏⲏⲃ** 나무의 일종

ϣⲃ̄ïⲱ *f., pl.* **ϣⲃ̄ïⲁⲩⲉ** 바꿈, 교환 *cf.* **ϯ** *ϣⲃ̄ïⲱ* 보상하다, 갚다, 벌주다 *ϫⲓ ϣⲃ̄ïⲱ* 벌 받다, 보상받다 *ϣⲓⲃⲉ* 바꾸다

ϣⲃⲣ̄ⲥⲩⲙⲡⲟⲗⲓⲧⲏⲥ συμπολίτης 동류 시민

ϣⲃ̄ⲧ⸗ → **ϣⲓⲃⲉ**

ϣⲃ̄ⲧⲥ̄ 변경

ϣⲃⲱⲛ 곡식의 일종

ϣⲃⲱⲧ, ϣⲃⲟⲧ *m., pl.* **ϣⲃⲁⲧⲉ** 막대기, 지휘봉 *cf.* *ϥⲁⲓϣⲃⲱⲧ* 법 집행자

ϣⲃⲱϣⲥ *f.* 거리 측정 단위

ϣⲃ̄ϣⲉ† → **ⲥⲃ̄ϣⲉ** 방패

ϣⲉ, ϣⲏ 가다 *cf.* *ϣⲉ ⲉⲃⲟⲗ* 나가다 *ϣⲉ ⲉϩⲟⲩⲛ* 들어가다 *ϣⲉⲉⲓ* 오가다, 산보하다 *ϣϣⲉ* 적절하다, 올바르다 *ϣⲉ ⲛⲉ⸗, ϣⲉ ⲛⲏ⸗* 출발하다

ϣⲉ 코 *ⲁⲗⲕ ϣⲉ* 비웃다, 놀리다

ϣⲉ, ϣⲏ, ϣⲓ *m. f.* 나무 *cf.* *ϣⲉⲛ̄ⲥⲓϥⲉ* 전나무 *ϣⲉⲛ̄ϩⲱⲧ* 막대기 *ϩⲁⲙϣⲉ* 목수, 석수, 조각가

ϣⲉ 백, *pl.* **ϣⲏⲧ** 이백 *cf.* *ϣⲙϫⲉ* (= *ϣⲙ̄ⲧ ϣⲉ*) 삼백 *ⲙⲏⲧ ⲛ̄ϣⲉ* 천

ϣⲉ, ϣⲏ, ϣⲓ *m.* 작은 동전

ϣⲉ, ϣⲁ …에 의해 *cf.* *ϣⲉ ⲡⲟⲩϫⲁⲓ ⲙ̄ⲫⲁⲣⲁⲱ* 파라오의 구제력에 의존하여

ϣⲉ- → **ⲥⲁϣ** 일격

ϣⲉ-, ϣⲓ- → **ϣⲏⲣⲉ** 아들

ϣⲉⲃⲓⲟ, ϣⲉⲃⲓⲏⲩ†, ϣⲃ̄ⲉⲓⲁⲉⲓⲧ†, ϣⲃ̄ⲃⲓⲏⲩ†, ϣⲃ̄ⲃⲓⲁⲉⲓⲧ† 변경하다 *cf.* *ⲉⲧϣⲃ̄ⲃⲓⲁⲉⲓⲧ* 모방하는, 흉내 내는 *ϣⲓⲃⲉ* 바꾸다

ϣⲉⲃⲧ⸗ → **ϣⲱϥⲧ̄** 정도를 벗어난

ϣ(ⲉ)ⲃⲧ⸗ → **ϣⲓⲃⲉ** 바꾸다

ϣⲉⲉⲓ 오가다, 산책하다 *cf.* *ϣⲉ* 가다

ϣⲉ(ⲉ)ⲛⲉ- → **ϣⲱ(ⲱ)ⲛⲉ** 빼앗다

ϣⲉⲉⲣ, ϣⲉⲉⲣⲉ → **ϣⲏⲣⲉ**

ϣⲉ(ⲉ)ϭⲉ- → **ϣⲱⲱϭⲉ** 때리다

ϣⲉⲓⲣⲉ (L) *f.* 목장, 우리

ϣⲉⲕ-, ϣⲏⲕ† → **ϣⲱⲕ** 파다

ϣⲉⲕⲧ⸗ → **ϣⲓⲕⲉ**

ϣⲉⲕϣⲱⲕ⸗ → **ϣⲟⲕϣⲉⲕ** 파다

ϣⲉⲕϩ- → **ϣⲱⲕϩ** 땅을 파다

ϣⲉⲗ (L) *m.* 몰약

ϣ(ⲉ)ⲗ-, ϣⲏⲗ → **ϣⲱⲗ** 박탈하다

ϣⲉⲗⲉⲉⲧ, ϣⲉⲗⲏⲧ f. 신부 *cf.* *ⲙⲁⲛ̄ϣⲉⲗⲉⲉⲧ* 신방, 결혼식장 *ⲡⲁⲧϣⲉⲗⲉⲉⲧ* 신랑

ϣⲉⲛ, ϣⲏⲛ-- → **ϣⲏⲣⲉ** 아들.

ϣⲉⲛ- → **ϫⲓⲛ** …부터

ϣⲉⲛⲥ̄ → **ϣⲏⲧⲥ̄** 식물의 일종

ϣⲈⲚ̄ⲤⲒϤⲈ → ⲤⲒϤⲈ 송진
ϣ(Ⲉ)ⲚⲦ- → ϣⲰ(Ⲱ)Ⲛ̄Ⲧ̄ 짜다
ϣⲈⲚ̄Ⲧ- → ϣⲒⲚⲈ 찾다
ϣⲈⲚⲦⲤ̄ → ϣⲎⲦⲤ̄ 식물의 일종
ϣⲈⲚϤ̄- → ϣⲰⲚϤ̄ -에 결합하다
ϣⲈⲚϤⲈ, ϣⲚ̄ϤⲈ, ϣⲎ(Ⲏ)ϤⲈ, ϣⲒϤⲈ *f.* 비늘
ϣ(Ⲉ)Ⲡ-, ϣⲎⲠ† → ϣⲰⲠ 받아 들이다
ϣ(Ⲉ)Ⲡϣⲡ̄- → ϣⲞⲠϣⲠ̄ 감싸안다
ϣⲈⲢⲈ → ϣⲎⲢⲈ
ϣⲈⲤ → ⲤⲰϣ 때리다
ϣⲈⲦ⸗ → ϣⲒⲦⲈ 구걸하다
ϣⲈⲦ-, ϣⲎⲦ† → ϣⲰⲰⲦ 자르다
ϣ(Ⲉ)ⲦⲘ̄- → ϣⲰⲦⲘ̄ 닫다
ϣⲈⲦⲈ (L) 토하다
ϣⲈⲦϣⲰⲦ† → ϣⲞⲦϣⲦ̄ 동강 내다
ϣⲈⲨ 가치, 효능 *cf.* ⲘⲠϣⲈⲨ ~정도까지 ϣⲞⲨ- 가치 있는
ϣⲈϣ-, ϣⲎϣ† → ϣⲰϣ 일치시키다
ϣⲈϣ-, ϣⲎϣ† → ϣⲰϣ 실을 땋다
ϣⲈϣ-, ϣⲎϣ† → ϣⲰϣ 불다
ϣⲈϤ-, ϣⲎϤ† → ϣⲰϤ 황폐케 하다
ϣⲈϤⲈ, ϣⲎϤⲈ → ϣⲒϤⲈ 붓게 하다
ϣⲈϤⲦ̄- → ϣⲰϤⲦ̄ 정도를 벗어난
ϣⲈϤⲦⲈ *m., pl.* ϣϤ[Ⲧ]ⲈⲨⲈ 불신, 불성실, 불효 *cf.* ϣⲰϤⲦ̄ 불성실한
ϣⲈϤϣⲀϤⲦ† → ϣⲰϤϣϤ̄
ϣⲈϤϣⲰϤ† → ϣⲰϤϣϤ̄ 파다
ϣⲈϩⲂ̄- → ϣⲰϩⲂ̄ 바싹 마르다
ϣⲎⲂ† → ϣⲰⲂ 밀다
ϣⲎⲂ → ϣⲞⲨⲎⲎⲂ 나무의 일종
ϣⲎⲂⲈ *m.* 녹 ϣ(Ⲉ)ⲂⲈ 불결, 더러움
ϣⲎⲂⲈ → ϣⲈⲚϤⲈ 비늘
ϣⲎⲒ, ϣⲀⲒ *m.* 해자, 함정, 웅덩이, 연못
ϣⲎⲖ† → ϣⲰⲖ 약탈하다
ϣⲎⲖ† → ϣⲰⲖ 침몰시키다
ϣⲎⲖ† → ϣⲰⲖ 흐르게 하다
ϣⲎⲘ, ϣⲘ̄ 작은, 젊은 *cf.* ϣⲎⲢⲈ ϣⲎⲘ 소년 ϣⲈⲈⲢⲈ ϣⲎⲘ 소녀 ⲘⲚ̄Ⲧϣⲏⲣⲉ ϣⲎⲘ 젊음 ⲘⲚ̄ⲦϣⲈⲢⲈ ϣⲎⲘ 처녀성 ⲔⲀⲦⲀ ϣⲎⲘ 조금씩 ϣⲎⲘ ϣⲎⲘ 조금조금, 조금씩
ϣⲎⲘ 신성한 표식 *cf.* ϪⲒ ϣⲎⲘ 성징을 받다
ϣⲎⲘⲈ, ϣⲒⲘⲈ, ϣⲞⲒⲘⲈ → ϣⲞⲈⲒⲘ 정돈된
ϣⲎⲚ *m.* 나무 *cf.* ⲈⲒⲀϩϣⲎⲚ, ⲘⲀⲚ̄ϣⲎⲚ, ⲤⲰϣⲈ Ⲛ̄ϣⲎⲚ 삼림지역, 수풀 ϣⲚⲎ 정원
ϣⲎⲠ† → ϣⲰⲠ
ϣⲎⲢ- → ϣⲎⲢⲈ
ϣⲎⲢ† → ϣⲰⲢ 쌓다
ϣⲎⲢⲈ *m., f.* ϣⲈⲈⲢⲈ, ϣⲈⲢⲈ, ϣⲢ̄-, ϣ(Ⲉ)Ⲛ-, ϣⲈ-, ϣⲒ-, ϣⲞⲨ-, ϣⲎⲚ-, ϣⲎⲢ- *pl.* ϣⲢⲎⲨ, ϣⲢⲈⲨ 아들, 딸 *cf.* ⲘⲚ̄ⲦϣⲎⲢⲈ 입양 ϣⲚ̄ⲤⲞⲚ 조카 ϣⲚ̄ⲤⲚⲀⲨ 육촌 Ⲥ(Ⲛ̄)ⲞⲨⲀ 사촌 ϣⲎⲢⲈ Ⲛ̄Ⲥϩⲓⲙⲉ 딸, 여식 ϣⲎⲢⲈ Ⲛ̄ⲞⲨⲰⲦ 독자 ϣⲎⲢⲈ ϣⲎⲘ 소년 ϣⲈⲈⲢⲈ ϣⲎⲘ 소녀 ⲘⲚ̄ⲦϣⲎⲢⲈ ϣⲎⲘ 소년기, 청년기, 처녀성 ϣⲀⲢ- 작은, 짧은
ϣⲎⲤ† → ϣⲰⲤ 무시하다
ϣⲎⲦ 이백 → ϣⲈ 백
ϣⲎⲦⲤ̄, ϣ(Ⲉ)Ⲛ(Ⲧ)Ⲥ *m.* 식물의 일종
ϣⲎⲨ → ⲂⲢ(Ⲉ)ϣⲎⲨ 씨앗의 일종
ϣⲎⲨ† → ϣⲒ 측정하다
ϣⲎⲨⲈ *f., pl.* ϣⲞⲞⲨⲈ 신전, 제단 *cf.* ϣⲞⲞⲨ 향로
ϣⲎϣ† → ϣⲰϣ 동일하게 하다
ϣⲎϣ† → ϣⲰϣ 바람이 불다
ϣⲎϤ† → ϣⲰϤ 황폐케 하다
ϣⲎⲨⲈ → ϣⲞⲨⲎⲎⲂ 나무의 일종
ϣⲒ, ϣⲒ-, ϣⲒⲦ⸗, ϣⲎⲨ† 측정하다 *cf.* ϣⲒⲈⲒⲰϩⲈ 측량 ⲀⲦϣⲒ(ⲦϤ̄) 무제한의, 약분되지 않는 ⲀⲦϣϣⲒ 측량할 수 없는 ⲀⲦ†ϣⲒ 재지 않고 ϣⲒⲀⲒ 길이가 긴
ϣⲒⲀⲒ, ϣⲒⲀⲈⲒⲀ(Ⲉ)Ⲓ, ϣⲀⲒ(Ⲉ), ϣⲞⲒ†, ϣⲀⲒ†, ϣⲎⲨ† 길이가 긴 *cf.* ϣⲒⲎ 길이, ϣⲒ 길이를 재다
ϣⲒⲂⲈ, ϣⲂ̄-, ϣ(Ⲉ)ⲂⲦ̄-, ϣ(Ⲉ)ⲂⲦ⸗, ϣⲞ(Ⲟ)ⲂⲈ†, ϣⲀⲂⲈ†, ϣⲂⲒ̈ⲀⲒ̈Ⲧ†, ϣⲂ̄Ⲓ̈ⲀⲦ† *p.c.* ϣⲀⲂⲈ- 바꾸다, 변경하다, 변화시키다 *cf.* ϣⲒⲂⲈ Ⲙ̄ⲠⲈϤⲤⲬⲎⲘⲀ 변모하다 ϣⲒⲂⲈ... Ⲛ̄ϩⲠ̄Ⲃ̄ 변신하다 ⲘⲀⲒϣⲒⲂⲈ 변덕스런 사람, 궤변가 ⲈⲦϣⲞⲂⲈ 다른, 다양한 ϣⲂ̄ⲦⲤ̄ 변경 ϣⲈⲂⲒⲞ 변화하다 ϣⲂ(Ⲉ)ⲒⲰ 변화 ϣⲒⲂⲦⲈ 바꾸다 ϣⲀⲂⲈϩⲞ 안색을 바꾸는 ϣⲂ̄Ⲓ̈Ⲱ 교환 ϣⲀ-ⲂⲒϩⲞ 무서운
ϣⲒⲂⲦⲈ 변경하다 *cf.* ϣⲒⲂⲈ 바꾸다

ϣⲓⲏ, ϣⲓ(ⲏ)ⲉ, ϩⲓⲏ *m. f.* 길이, 면적, 한계

ϣⲓⲏⲏⲥ (L) *f.* 거리, 넓이

ϣⲓⲕ, ϣⲉⲓⲕ, ϣⲏⲕ *m.* 깊이, 심연 *cf.* ϣⲱⲕ 파다

ϣⲓⲕⲉ, ϣⲉⲕⲧ-, ϣⲁⲕⲧ⸗, ϣⲓⲕⲧ⸗, ϣⲉⲕⲧ⸗, ϣⲟⲕⲉ† 구멍을 파다 *cf.* ϣⲱⲕ

ϣⲓⲕϩ *m.* 깊이 *cf.* ϣⲱⲕ

ϣⲓⲙⲉ → ϣⲁⲓ̈ⲙⲉ 가지런히 쌓다

ϣⲓⲛⲉ, ϣⲉⲛ(ⲧ)-, ϣⲛⲧ⸗ 찾다, 방문하다, 요구하다 *cf.* ϣⲓⲛⲉ, ϣⲛ̅- 탐문하다 ϣⲓⲛⲉ ⲉ- 인사하다 ϣⲓⲛⲉ ⲙⲛ̅- -와 토론하다 ϣⲓⲛⲉ ⲛ̅ⲥⲁ- 면밀히 조사하다, 연구하다 ⲙⲁⲛ̅ϣⲓⲛⲉ 신탁의 장소 ⲣⲉϥϣⲓⲛⲉ, ⲣⲉϥϣⲛ̅ ϩⲓⲛ 신성이 임한 사람 ⲙⲛ̅ⲧⲣⲉϥϣⲓⲛⲉ 신성이 임함 ϫⲓ ⲙ̅ⲡϣⲓⲛⲉ, ϭⲓⲛⲉ ⲙ̅ⲡϣⲓⲛⲉ, ϭⲙ̅ⲡϣⲓⲛⲉ 탐사하다, 조사하다 ϣⲙ̅ⲛⲟⲩϥⲉ 복음 ϥⲁⲓϣⲓⲛⲉ, ⲃⲁⲓ̈ϣⲓⲛⲉ 전령, 복음전파자 ϫⲛⲟⲩ 질문하다

ϣⲓⲡⲁ 땅의 넓이를 측정하는 단위

ϣⲓⲡⲉ 창피해하다 *cf.* ϣⲓⲡⲉ ϩⲏⲧ⸗ 오그라들다, 비참해지다 ⲙⲛ̅ⲧⲣⲉϥϣⲓⲡⲉ 수치심 ⲁⲧϣⲓⲡⲉ 뻔뻔스러운 ϣⲡⲓⲏⲧ 겸손한 사람 ϫⲡⲓⲟ 나무라다, 욕하다

ϣⲓⲣⲉ, ϣⲏⲣⲉ *m., f.* **ϣⲉⲉⲣⲉ** 젊은이, 어린이 *cf.* ϩ(ⲉ)ⲣϣⲓⲣⲉ 청소년 ϣⲁⲣ- 작은, 짧은

ϣⲓⲣⲉ 초목의 잎

ϣⲓⲥⲙⲉ (L) *m.* 불상, 조각

ϣⲓⲧ⸗ → ϣⲓ

ϣⲓⲧⲉ, ϣⲱⲧ, ϣⲱⲧ-, ϣⲁⲁⲧ-, ϣⲉⲧ-, ϣⲓⲧ-, ϣⲁ(ⲁ)ⲧ⸗, ϣⲓⲧ⸗, ϣⲉⲧ⸗ 구걸하다, 애걸하다 *cf.* ϣⲓⲧⲉ ⲛ̅ϩⲉⲛⲙⲛ̅ⲧⲛⲁ 적선을 애걸하다

ϣⲓϫϩϥ̅ (L), **ϣⲓϫϥ̅** *m.* 심연 *cf.* ϣⲓⲕⲉ, ϣⲱⲕϩ̅ 파다

ϣⲓⲱ *f.* 단지의 일종

ϣⲓϥⲉ, ϣⲏϥⲉ, ϣⲉϥⲉ, ϣⲁ(ⲁ)ϥⲉ, ϣⲟⲃⲉ† 붓게 하다, 과장하다

ϣⲓϥⲉ *m.* 식물의 일종

ϣⲓϥⲉ → ϣⲉⲛϥⲉ 비늘

ϣⲓϭ → ϣϩⲓϭ 먼지

ϣⲓϭ *m.* 때림, 침 *cf.* ϣⲱϭⲉ 때리다

ϣⲕⲁⲕ *m.* 외침 *cf.* ϫⲓϣⲕⲁⲕ (ⲉⲃⲟⲗ), ⲁϣⲕⲁⲕ (ⲉⲃⲟⲗ) 소리치다

ϣⲕ(ⲉ)ⲗⲕⲓⲗ, ϣⲕⲉⲗⲕⲉⲗ, ϣⲕⲓⲗϭⲓⲗ, ϣⲕⲉⲣ → ⲥϭⲏⲣ 닻을 올리다, 항해하다

ϣⲕⲓⲗ, ϣⲕⲏⲗ 머리띠 *cf.* ϣⲕ(ⲉ)ⲗⲕⲓⲗ

ϣⲕ̅ⲗⲕⲉⲗ, ϣⲕⲏⲗⲕⲉⲗ *m.* 이를 갈기

ϣⲕⲟⲗ *m.* 구멍

ϣⲕⲱ *m.* 소비

ϣⲗⲁⲉⲓⲛ, ϣⲗⲉⲓⲛ *m.* 물냉이

ϣⲗⲁϩ, ϣⲟⲗϩ̅† 놀라다, 겁먹다 *cf.* ϣⲗⲁϩ ⲛ̅ϩⲏⲧ 크게 놀람, 겁먹음 ϣⲗ(ϩ)ϥ 공포

ϣⲗⲏ 스며들다, 침투하다

ϣⲗⲏⲗ, ϣⲗ̅ⲗ̅ 기도하다

ϣⲗⲟⲡ *m.* 끈, 밧줄

ϣⲗⲟϥ *m.* 부끄러움, 창피함

ϣⲗ̅ⲧⲁⲙ → ϣⲗ̅ϭⲟⲙ 겨자

ϣⲗⲱⲧ *f.* 계곡, 골짜기

ϣⲗ̅ϣⲓⲗ *m.* 청포도

ϣⲗ̅ϣⲱⲗ⸗ → ϣⲁⲗϣⲗ̅ 침투하다

ϣⲗϣⲱⲗ⸗ → ϣⲟⲗϣⲗ

ϣⲗ̅ϩ̅, ϣⲗⲉϩ, ϣⲉⲗϩ̅ 나뭇가지, 막대기 *cf.* ϣⲗⲉϩ, ϣⲗⲏϩ 울타리를 치다

ϣⲗ(ϩ)ϥ 공포 *cf.* ⲛⲉϩϣⲗϩϥ 전율하다, 겁먹다 ϣⲗⲁϩ 놀라다

ϣⲗ̅ϭⲟⲙ, ϣⲗ̅ⲧⲁⲙ, ⲥⲉⲗϭⲁⲙ, ϣ(ⲉ)ⲗⲧ(ⲉ)ⲙ, ϣⲁⲗⲧⲉⲙ, ϣⲁⲗⲧⲏⲙ, ϣⲉⲗⲧⲏⲙ, ϣⲁⲗⲧⲁⲙ *m. f.* 겨자

ϣⲙ̅ → ϣⲏⲙ

ϣⲙ̅- → ϣⲓⲛⲉ 찾다

ϣⲙⲁ, ϣⲟ(ⲟ)ⲙⲉ†, ϣⲙⲁⲁⲧ† ⲡ.ⲝ. ϣⲁⲙⲁ- 가벼운, 날씬한, 예민한 *cf.* ϣⲱⲱ-ⲙⲉ 가는, 가벼운

ϣⲙⲏⲛⲉ → ϣⲙⲟⲩⲛ

ϣⲙ̅ⲙⲟ, ϣⲙⲟ, ϣⲙⲱ, ⲙ., ⲫ. ϣⲙ̅ⲙⲱ ⲡⲗ. ϣⲙ̅ⲙⲟⲓ, ϣⲙ̅ⲙⲁⲓ̈ 외국인, 이방인 *cf.* ⲉⲓⲣⲉ ⲛ̅ϣⲙ̅ⲙⲟ 소원해하다, 거리를 두다 ⲣ̅ ϣⲙ̅ⲙⲟ 외국에 살다, 이방인이 되다 ⲙⲁⲓ̈ϣⲙ̅ⲙⲟ 외국인을 좋아하기, 손님을 후대하기 ⲣ̅ⲙⲁⲓ̈ϣⲙ̅ⲙⲟ 외국인을 잘 대접하다 ⲙⲛ̅ⲧϣⲙ̅ⲙⲟ 이방인의 처지 ⲙⲛ̅ⲧⲙⲁⲓϣⲙ̅ⲙⲟ 외국인 후대 ⲙⲛ̅ⲧⲙⲁⲥⲧϣⲙ̅ⲙⲟ 외국인 기피

ϣⲙ̅ⲛⲟⲩϥⲉ 복음 **ϣⲓⲛⲉ** 찾다, **ⲛⲟⲩϥⲉ** 좋은

ϣⲙⲟⲙ → ϩⲙⲟⲙ 더운

ϣⲙⲟⲩⲉ, ϣⲙⲟⲩ(ⲓ) *f.* 못.

ϣⲙⲟⲩⲗ *m.* 북쪽

ϣⲙⲟⲩⲛ *m., f.* **ϣⲙⲟⲩⲛⲉ, -ϣⲙⲏⲛⲉ** 여덟 *cf.* *ⲙⲉϩϣⲙⲟⲩⲛ* 여덟번째 *ϩⲙⲉⲛⲉ*

ϣⲙ̄ⲧ- → **ϣⲁⲙⲧ̄**

ϣⲙ̄ϣⲉ, ϣⲙ̄ϣⲉ-, ϣⲙ̄ϣⲏⲧ⸗, ϣⲙ̄ϣⲏⲩ† 봉사하다, 시중들다 *cf.* *ⲉⲓⲣⲉ ⲙ̄ⲡϣⲙ̄ϣⲉ* 성직을 수행하다 *ⲣⲉϥϣⲙ̄ϣⲉ* 집사, 성직자 *ⲣⲉϥϣⲙ̄ϣⲉ ⲉⲓⲇⲱⲗⲟⲛ* 우상숭배자, 이방인 *ⲙⲛ̄ⲧⲣⲉϥϣⲙ̄ϣⲉ ⲉⲓⲇⲱⲗⲟⲛ* 우상숭배 *ⲣⲉϥϣⲙ̄ϣⲉⲛⲟⲩⲧⲉ* 신앙인 *ⲙⲛ̄ⲧⲣⲉϥϣⲙ̄ϣⲉⲛⲟⲩⲧⲉ* 신앙 *ϭⲓⲛϣⲙ̄ϣⲉ* 종교, 숭배 *ϣⲙ̄ϣⲓⲧ* 하인, 신도

ϣⲙ̄ϣⲏⲩ† → **ϣⲙ̄ϣⲉ**

ϣⲙ̄ϣⲏⲩ† → **ϣⲙ̄ϣⲉ** 시중들다

ϣⲙ̄ϣⲏϭⲉ 소근거리다, 야유하다

ϣⲙ̄ϣⲓⲧ 하인, 신도 *cf.* *ϣⲙ̄ϣⲉ* 시중들다

ϣⲙ̄ϫ- → **ϣⲱⲙϫ̄** 관통하다

ϣⲗⲏ- → **ϣⲱⲗⲙ̄** 냄새 맡다

ϣⲗ̄ϭ- → **ϣⲱⲗϭ̄** 자르다

ϣⲛ̄- → **ϣⲓⲛⲉ** 찾다

ϣⲛ̄- → **ϣⲱⲛⲉ** 병

ϣⲛⲁ *m.* 휴경지

ϣⲛⲁ, ϣⲛⲁⲁ 낭비하는, 소용없는 *cf.* *ⲙⲛ̄ⲧϣⲛⲁ* 방탕한 삶

ϣⲛⲁ *m.* 소굴

ϣⲛⲁϣ (L), **ϣⲁⲛϣ̄†, ϣⲛⲉϣⲧ†** 악취를 풍기다

ϣⲛⲉ, ϣⲛⲏ *m., pl.* **ϣⲛⲏⲩ, ϣⲛⲉⲩⲉ** 그물 *cf.* *ϩⲁⲩϣⲛⲉ* *ϩⲓⲟⲩⲉ* 때리다, 던지다

ϣⲛ̄ⲉⲓⲱⲧ → **ϣⲏⲣⲉ** 아들

ϣⲛⲉϣⲧ† → **ϣⲛⲁϣ** 악취를 풍기다

ϣⲛⲏ *f.* 정원, 목장 *cf.* *ϣⲛⲏ ⲛ̄ϫⲟⲉⲓⲧ* 올리브 농원 *ⲡⲁⲧⲉϣⲛⲏ* 정원사 *ϣⲏⲛ* 나무

ϣⲛ̄ⲙⲁⲁⲩ → **ϣⲏⲣⲉ** 아들

ϣⲛⲟϣ, ϣⲟⲛϣ̄† 냄새가 고약한

ϣⲛ̄ⲥ *m.* 천, 비단

ϣⲛ̄ⲧ⸗ → **ϣⲓⲛⲉ**

ϣⲛ̄ⲧⲁⲉⲥⲉ 술의 양을 재는 단위

ϣⲛ̄ϣⲱⲧⲉ, ϣⲓⲛϣⲱⲧⲉ *f.* 방석

ϣⲛ̄ϩⲏⲧ 슬픔, 연민 → **ⲥⲁϣ** 일격, **ϩⲏⲧ** 심장

ϣⲛ̄ϩⲧⲏ⸗ → **ϣⲱⲛⲉ**

ϣⲟ 천 *cf.* *ⲁⲛϣⲟ* 천명의 군사를 거느리는 군장

ϣⲟ 그렇다

ϣⲟⲃ⸗ → **ϣⲱⲃ** 밀다

ϣⲟⲃⲉ† → **ϣⲁϥⲉ** 붓다, 과장하다

ϣⲟⲃⲉ† → **ϣⲓⲃⲉ** 변경하다

ϣⲟⲃⲉ† → **ϣⲓϥⲉ** 붓게 하다

ϣⲟⲃϩ̄† → **ϣⲱⲃϩ̄** 피부가 상하다

ϣⲟⲃⲧⲥ̄ 실수, 죄 *cf.* *ϣⲱϥⲧ̄*

ϣⲟⲉⲓⲙ *m., f.* *ϣ(ⲟ)ⲓⲙⲉ, ϣⲏⲙⲉ* 질서정연한

ϣⲟⲉⲓⲥ → **ⲥⲟⲉⲓϣ** 측량 단위

ϣⲟⲉⲓⲧ 미친, 악령에 잡힌

ϣⲟⲉⲓϣ *m.* 먼지 *cf.* *ϣⲱϣ* 입김을 불다

ϣⲟⲉⲓϫ *m. f.* 선수 *cf.* *ϣⲱϫⲉ* 싸우다

ϣⲟⲉⲓϫϥ̄ *m.* 운동선수 *cf.* *ϣⲱϫⲉ* 싸우다

ϣⲟⲓ 올라가다, 우쭐거리다

ϣⲟⲕⲉ† → **ϣⲓⲕⲉ** 구멍을 파다

ϣⲟⲕϣⲉⲕ, ϣⲉⲕϣⲱⲕ-, ϣⲉⲕϣⲱⲕ⸗ 파다 *cf.* *ϣⲱⲕ*

ϣⲟⲕϩ̄† → **ϣⲱⲕϩ** 땅을 파다

ϣⲟⲗ⸗ → **ϣⲱⲗ** 박탈하다

ϣⲟⲗ⸗ → **ϣⲱⲗ** 흐르게 하다

ϣⲟⲗ, ϣⲱⲗ *m.* 어금니 *cf.* *ⲁⲧϣⲁⲗ* 이가 빠진

ϣⲟⲗ, ϣⲁⲗ *m.* 꽃다발

ϣⲟⲗⲙⲉⲥ *f.* 심지

ϣⲟⲗⲥ̄ *f.* 박탈 *cf.* *ϣⲱⲗ*

ϣⲟⲗϣⲗ̄, ϣ(ⲉ)ⲗϣⲱⲗ⸗, ϣ(ⲉ)ⲗϣⲱⲗ†, ϣⲣ̄ϣⲱⲣ† 체로 거르다 *cf.* *ϣⲗⲏ* 침투하다

ϣⲟⲗϩ̄† → **ϣⲗⲁϩ** 놀라다

ϣⲟⲗϩ̄† → **ϣⲱⲗϩ̄** 표식을 하다

ϣⲟⲗϭ̄† → **ϣⲱⲗϭ̄** 자르다

ϣⲟⲙ, ϣⲟⲟⲙ *m., f.* **ϣⲱⲙⲉ** *pl.* **ϣⲙⲟⲩⲓ** 장인, 장모, 사위, 며느리

ϣⲟⲙⲛ̄ⲧ, ϣⲟⲙⲧ̄, ϣ(ⲉ)ⲙⲛ̄ⲧ, ϣⲙⲧ̄- ⲙ., ϥ. ϣⲟⲙⲧⲉ, -ϣⲟⲙⲧⲉ 셋 *cf.* *ⲙⲉϩϣⲟⲙⲛ̄ⲧ* 세 번째 *ⲛ̄ϣⲟⲙⲛ̄ⲧ ⲛ̄ⲥⲙⲟⲧ* 세 가지 종류의, 삼겹의 *ϣⲗⲓϭ ⲛ̄ϣⲟⲙⲛ̄ⲧ ⲛ̄ⲧⲁⲡ* 삼지창 *ⲛ̄ϣⲙ̄ⲧϭⲟⲙ* 세 가지 능력으로

ϣⲟⲙⲧ̄ → **ϣⲟⲙⲛ̄ⲧ** 셋

ϣⲟⲙϫ̄† → **ϣⲱⲙϫ̄** 관통하다

ϣⲟⲛⲧ† → **ϣⲱⲛⲧ̄** 싸우다

ϣⲟⲛⲧ̄† → **ϣⲱ(ⲱ)ⲛⲧ̄** 짜다

ϣⲟⲛⲧⲉ *f.* 가시

ϣ(ⲟ)ⲛⲧⲉ *f.* 엮은 장식품

ϣⲟⲛϥ̄† → **ϣⲱⲛϥ̄** …에 결합하다

ϣⲟ(ⲟ)ⲃⲉ† → **ϣⲓⲃⲉ** 바꾸다

ϣⲟ(ⲟ)ⲙ⸗ → **ϣⲱⲙ** 세탁하다

ϣⲟⲟⲛⲉ 동정심이 많은 *cf.* *ϣⲱⲛⲉ* 아프다

ϣⲟⲟⲛⲉ† → **ϣⲱⲛⲉ** 병나다

ϣⲟⲟⲛⲉ† → **ϣⲱ(ⲱ)ⲛⲉ** 빼앗다

ϣⲟ(ⲟ)ⲡ, ϣⲱⲡ *m.* 손바닥, 한 뼘

ϣⲟⲟⲡ† → **ϣⲱⲡⲉ**

ϣⲟ(ⲟ)ⲣ⸗ → **ϣⲱⲣ** 쌓다

ϣⲟⲟⲣ → **ϣⲁⲁⲣ(ⲉ)** 때리다

ϣⲟ(ⲟ)ⲣⲧ̄ *m.* 천막

ϣⲟⲟⲩⲉ, ϣⲟⲩⲱⲟⲩ†, ϣⲟⲩⲱⲩ† 마르다 ⲉⲧϣⲟⲩⲱⲟⲩ 마른, 메마른.

ϣⲟⲟⲩⲉ → **ϣⲟⲟⲩ** 향

ϣⲟⲟⲩⲉ → **ϣⲏⲩⲉ** 제단

ϣⲟ(ⲟ)ϭⲉ† → **ϣⲱⲱϭⲉ** 때리다

ϣⲟⲡ⸗ → **ϣⲱⲡ** 받아 들이다

ϣⲟⲡⲥ̄ *f.* 잔치, 만찬 *cf.* *ϣⲱⲡ* 받아 들이다

ϣⲟⲡϣⲡ̄, ϣ(ⲉ)ⲡϣⲡ̄-, ϣⲡ̄ϣⲱⲡ⸗, 감싸안다, 먹이다 *cf.* *ϣⲱⲡ* 받아 들이다

ϣⲟⲣⲡ̄ *m., f.* **ϣⲟⲣⲡⲉ, ϣ(ⲉ)ⲣⲡ̄-** 처음, 첫 소산 *cf.* *ϫⲓⲛⲛ̄ϣⲟⲣⲡ̄* 처음부터 *ⲉⲧⲕⲏ ⲉϩⲣⲁⲓ ϫⲓⲛⲛ̄ϣⲟⲣⲡ̄* 처음부터 존재한, 선행한 *ⲣ̄ ϣⲟⲣⲡ̄* 앞서 가다, 선행하다 *ⲣ̄ ϣⲟⲣⲡ̄ ⲉϫⲛ̄-* 앞에서 인도하다 *ϣⲟⲣⲡ̄ ⲛ̄ⲁⲣⲭⲱⲛ* 아르콘의 두목 *ϣⲣⲡ̄ ⲛ̄ⲉⲓⲱⲧ* 첫 조상 *ϣⲣⲡ̄ⲥϩⲁⲓ* 처음 기록 *ϣⲣⲡ̄ⲛ̄ⲥⲟⲟⲩⲛ* 선험적 지식 *ϣⲣⲡ̄ⲧⲁⲩⲟⲉⲃⲟⲗ* 첫 산출물 *ϣⲣⲡ̄ⲙ̄ⲙⲓⲥⲉ* 초태생 *ⲙⲛ̄ⲧϣⲣⲡ̄ⲙ̄ⲙⲓⲥⲉ* 장자출생 *ⲙⲁⲛ̄ϩⲙⲟⲟⲥ ⲛ̄ϣⲟⲣⲡ* 상석

ϣⲟⲣϣⲣ̄, ϣⲣ̄ϣⲣ̄-, ϣⲣ̄ϣⲱⲣ⸗, ϣⲣ̄ϣⲱⲣ†, ϣⲣ̄ϣⲟⲣⲧ† 뒤엎다, 넘어뜨리다

ϣⲟⲥⲙⲉⲥ *f.* 피로 *cf.* *ⲥⲱϣⲙ̄* 실신하다

ϣⲟⲧ, ϣⲱⲧ *m., pl.* *ϣ̄ϣⲱⲧⲉ* 방석

ϣⲟⲧⲙ̄† → **ϣⲱⲧⲙ̄** 닫다

ϣⲟⲧϣⲧ̄, ϣⲟϫⲧ̄, ϣⲉⲧϣⲱⲧ⸗, ϣⲉⲧϣⲱⲧ† 동강 내다, 파다, 새기다 *cf.* *ⲉⲧϣⲉⲧϣⲱⲧ* 끌질하다 *ϣⲱⲱⲧ* 자르다

ϣⲟⲩ → **ⲉϣⲱ** 돼지

ϣⲟⲩ, ⲥⲟⲩ 결핍 *cf.* *ⲛ̄ϣⲟⲩ-, ⲛ̄ⲥⲟⲩ-* …없이

ϣⲟⲩ- → **ϣⲟⲟⲩ** 향

ϣⲟ(ⲩ)ⲉⲓⲧ† → **ϣⲟⲩⲟ** 흘러나가다

ϣⲟⲩⲏ(ⲏ)ⲃ, ϣⲃⲓⲃ, ϣⲟⲩⲉⲃⲉ, ϣⲏⲃ, ϣⲏⲩⲉ, ϣⲟⲩⲏⲟⲩ, ϣⲟⲩⲉ *m.* 나무의 일종

ϣⲟⲩϊⲧ† → **ϣⲟⲩⲟ** 흘러나가다

ϣⲟⲩⲕⲣⲉ 식물의 일종

ϣⲟⲩⲟ, ϣⲟⲟⲩⲉ, ϣⲟⲩ- 향, 연기 *cf.* *ϣⲟⲩⲥⲟⲟⲩϣⲉ* 향을 피우다 *ϣⲟⲩⲧⲁⲗⲟ* 향을 올림 *ϣⲟⲩϩⲏⲛⲉ* 향 *ϣⲏⲩⲉ* 제단 *ϣⲟⲩⲣⲏ* 향로, 제단

ϣⲟⲩⲟ, ϣⲟⲩ(ⲉ)-, ϣⲟⲩⲟ-, ϣⲟⲩⲱ⸗, ϣⲟⲩⲟ⸗, ϣⲟ(ⲩ)ⲉⲓⲧ†, ϣⲟⲩϊⲧ† 흘러나가다, 비다, 고갈되다 *cf.* *ⲡⲉⲧⲉⲣⲉⲡⲙⲟⲟⲩ ⲛ̄ϭⲣⲟϭ ϣⲟⲩⲟ ⲙ̄ⲙⲟϥ ⲉⲃⲟⲗ* 정액이 유출되어 버린 사람 *ⲉⲧϣⲟⲩⲉⲓⲧ* 텅 빈 *ⲉⲡⲉⲧϣⲟⲩⲉⲓⲧ* 헛되이, 소용없는

ϣⲟⲩⲟ *f.* 그릇의 일종

ϣⲟⲩⲣⲏ *f.* 향로, 제단 *cf.* *ϣⲟⲟⲩ* 향, 향기, 연기

ϣⲟⲩⲥⲟⲟⲩϣⲉ, ϣⲟⲩⲥⲱⲟⲩϣⲉ, ϣⲟⲩⲥⲟⲟⲩϩⲉ, ⲥⲟⲩⲥⲟⲟⲩϣⲉ *m.* 향기로운 제물, 희생물 *cf.* *ϣⲉⲧϣⲟⲩⲥⲟⲟⲩϣⲉ* 제물을 바치다 *ϣⲟⲟⲩ* 향, 향로

ϣⲟⲩⲧⲁⲗⲟ 향을 피우다 *cf.* *ϣⲟⲟⲩ* 향, 연기

ϣⲟⲩⲱ⸗ → **ϣⲟⲩⲟ** 흘러나가다

ϣⲟⲩⲱⲃⲉ, ϣⲟⲩⲟⲃⲉ *f.* 목구멍

ϣⲟⲩⲱⲟⲩ†, ϣⲟⲩⲱⲩ† → **ϣ[ⲟ]ⲟⲩⲉ**

ϣⲟⲩⲱⲩ† → **ϣⲟⲟⲩⲉ** 마르다

ϣⲟϣ⸗ → **ϣⲱϣ** 불다

ϣⲟϣⲟⲩ, ϣⲁϣⲟⲩ, ϣⲟϣⲟ *m.* 옹기, 단지 *cf.* *ⲕⲁⲧϣⲟϣⲟⲩ* 옹기장이

ϣⲟⲩϣⲟⲩ → **ϣⲱϣ** 평등하게 하다

ϣⲟⲩϣⲟⲩ → **ϣⲱϣ** 입김을 불다

ϣⲟⲩϣⲟⲩ, ϣⲟⲩϣⲟ 자랑하다, 자만하다 *cf.* *ⲉⲧϣⲟⲩϣⲟⲩ* 허풍쟁이 *ⲣⲉϥϣⲟⲩϣⲟⲩ* 거만한 사람 *ⲙⲛ̄ⲧϣⲟⲩϣⲟⲩ* 허풍, 자만, 허영심

ϣⲟⲩϣⲧ̄, ϣⲱϣⲧ̄ *m.* 창문

ϣⲟⲩϩⲏⲛⲉ *m.* 향 *cf.* *ϣⲟⲟⲩ*

ϣⲟϣ *m., f. pl.* **ϣⲟⲟϣ** 영양

ϣⲟϣ⸗ → **ϣⲱϣ** 일치시키다

ϣⲟϣⲧ̅ *m.* 자물쇠, 열쇠 *cf.* ***ⲥⲱϣⲧ̅*** 가로막다

ϣⲟϣⲧ̅ → **ⲥⲱϣⲧ̅** 가로막다

ϣⲟϥ⸗ → **ϣⲱϥ** 황폐케 하다

ϣⲟϥⲧ̅† → **ϣⲱϥⲧ̅** 정도를 벗어난

ϣⲟϥⲧⲥ̅, ϣⲁϥⲧⲥ̅ 큰 잘못, 범죄, 죄 *cf.* ***ϣⲱϥⲧ̅*** 상도를 벗어난

ϣⲟϥϣϥ̅, ϣⲁϥϣϥ 굴을 파다, 땅을 파다 ***ϣⲉϥϣⲁϥⲧ̅†*** 속이 빈

ϣⲟϩⲃ⸗ → **ϣⲱϩⲃ̅** 바싹 마르다

ϣⲟϫⲛⲉ, ϣⲁϫⲛⲉ 토의하다, 심의하다, 결정하다 ***ⲁⲧϣⲟϫⲛⲉ*** 몰상식한, 어리석은 ***ϫⲓ ϣⲟϫⲛⲉ*** 조언을 구하다 ***ⲣⲉϥϫⲓ ϣⲟϫⲛⲉ*** 조언자 ***ϯ ϣⲟϫⲛⲉ*** 조언하다, 의견을 말하다

ϣⲟϫⲡ̅† → **ϣⲱϫⲡ̅** 남다

ϣⲟϫⲧ̅ → **ϣⲟⲧϣⲧ̅** 동강 내다

ϣⲡ̅- → **ϣⲱⲡ** 받아 들이다

ϣⲡⲁⲧ (L) 격막, 횡경막

ϣⲡⲏⲣⲉ *f.* 진기한 현상, 이적, 기적 ***ⲣ̅ ϣⲡⲏⲣⲉ*** 놀라다, 감탄하다

ϣⲟⲩⲣ̅ ϣⲡⲏⲣⲉ 놀랄만한, 감탄할만한

ϣⲡⲓⲏⲧ *m., f.* **ϣⲡⲓⲉⲉⲧⲉ** 보통 사람, 겸손한 사람 *cf.* ***ϣⲓⲡⲉ*** 부끄러워하다

ϣⲡ̅ⲛ̅ϣⲱⲡ 순간 → **ϣⲱⲡ**

ϣⲡ̅ⲛ̅ϣⲱⲡⲉ → **ϣⲱⲡⲉ** 순간

ϣⲡⲟⲛⲟⲩ *f.* 젊은 처녀

ϣⲡ̅ⲧⲱⲣⲉ 보증 서다 → **ϣⲱⲡ** 받아 들이다, **ⲧⲱⲣⲉ** 손

ϣⲡⲱⲡ 약속하다 → **ϣⲱⲡ** 받아 들이다, **ⲱⲡ** 계산하다

ϣⲡ̅ϣⲱⲡ⸗ → **ϣⲟⲡϣⲡ̅** 감싸안다

ϣⲣ̅- → **ϣⲏⲣⲉ**

ϣⲣⲁ → **ϩⲣⲁ** 앞으로 밀다

ϣⲣ̅ⲕⲉ (L) *m.* 가뭄

ϣⲣⲱ, ϣⲣⲟ *f.* 월경

ϣⲣ̅ϣⲟⲣⲧ̅† → **ϣⲟⲣϣⲣ̅** 뒤엎다

ϣⲣ̅ϣⲣ̅- → **ϣⲟⲣϣⲣ̅** 뒤엎다

ϣⲣ̅ϣⲱⲣ† → **ϣⲟⲗϣⲗ̅** 체로 거르다

ϣⲣ̅ϣⲱⲣ† → **ϣⲟⲣϣⲣ̅** 뒤엎다

ϣⲣ̅ϣⲱⲣ⸗ → **ϣⲁⲣϣⲣ̅**

ϣⲥ̅ⲛⲁⲥ 빰을 치다 → **ⲥⲁϣ** 일격, **ⲁⲁⲥ** 빰을 치다

ϣⲥ̅ⲛⲉ, ϣⲥ̅ⲛⲛⲉ, ⲥϣ̅ⲛⲉ 순간 *cf.* ***ϩⲛ̅ⲟⲩϣⲥ̅ⲛⲉ*** 순식간에, 갑자기

ϣⲥⲛ̅ⲥⲏϥⲉ → **ⲥⲁϣ**

ϣⲥⲛ̅ϩⲏⲧ 슬픔 → **ⲥⲁϣ** 일격, **ϩⲏⲧ** 심장

ϣⲥ̅ⲣⲟⲧ 일순간 ***ⲛ̅ϣⲥ̅ⲣⲟⲧ*** 일순간에

ϣⲥϭⲏⲣ → **ⲥϭⲏⲣ** 닻을 올리다

ϣⲧⲁ 줄어들다, 고갈되다, 부족하다

ϣⲧⲁⲙ, ϣⲧⲟⲙ, ϣⲧⲁⲙ- 닫다 *cf.* ***ϣⲱⲧⲙ̅*** 닫다

ϣⲧⲁⲙ → **ϣⲧⲉⲙ** 닫다

ϣⲧⲁⲙⲉ 닫기 → **ϣⲱⲧⲙ̅** 닫다

ϣⲧⲁⲣⲧⲣⲉ, ϣⲧⲁⲣⲧⲣ̅, ϣⲧⲣ̅ⲧⲱⲣ⸗, ϣⲧⲣ̅ⲧⲁⲣⲧ† 문제를 일으키다, 뒤집다 *cf.* ***ϣⲧⲣ̅ⲧⲓⲣ*** 발작적으로 움직이는 사람

ϣ̅ⲧⲃⲟ 이를 갈다, 신음하다 *cf.* ***ϣⲱⲧⲃ̅*** 입을 다물다

ϣⲧⲉ, ϣⲧⲏ *m., pl.* **ϣⲧⲏⲩ** 기둥

ϣⲧⲉ 둥지

ϣⲧⲉ → **ⲥⲁϣ** 일격

ϣⲧⲉⲕⲟ, ⲉϣⲧⲉⲕⲟ *m., pl.* **ϣⲧⲉⲕⲱⲟⲩ** 감옥 *cf.* ***ⲡⲉⲧϩⲓϫⲙ̅ ⲡⲉϣⲧⲉⲕⲟ*** 간수장 ***ϣⲧⲉⲕⲁⲧ†*** 옥에 갇힌

ϣⲧⲉⲙ, ϣⲧⲁⲙ, ϣⲁⲧⲙ̅-, ϣⲁⲧⲙ⸗, ϣⲁⲧⲙⲉ† 닫다

ϣⲧ(ⲉ)ⲣⲧⲓⲣ 서두르는 사람, 정신이 없는 사람

ϣⲧⲏ *m.* 도랑

ϣⲧⲏⲛ *f.* 겉옷, 외투

ϣⲧⲙ̅ⲟⲩⲱⲛ 접합부 *cf.* ***ϣⲱⲧⲙ̅*** 닫다, ***ⲟⲩⲱⲛ*** 열다

ϣⲧⲟ, ϣⲧⲟ⸗, ϣⲧⲏⲩ† 드러눕다, 가라앉다 *cf.* ***ϫⲧⲟ†*** 눕다

ϣⲧⲟⲃ 부리망, 고삐 *cf.* ***ϣⲱⲧⲃ̅*** 입을 닫다

ϣⲧⲟⲙ *m.* 닫기, 문 *cf.* ***ϣⲱⲧⲙ̅*** 닫다

ϣⲧⲟⲣⲧⲣ̅, ϣⲧⲣ̅ⲧⲣ̅-, ϣⲧⲣ̅ⲧⲱⲣ⸗, ϣⲧⲣ̅ⲧⲱⲣ† 뒤흔들다, 뒤엎다 *cf.* ***ⲁⲧϣⲧⲟⲣⲧⲣ̅*** 아무 일 없는, 조용한 ***ϣⲧ(ⲉ)ⲣⲧⲓⲣ*** 서두르는 사람

ϣⲧⲟⲩⲏⲧ 고발, 비방 *cf.* ***ϯ ϣⲧⲟⲩⲏⲧ*** 고발하다, 비방하다 ***ⲣⲉϥϯϣⲧⲟⲩⲏⲧ*** 참소자, 사탄

ϣⲧⲟⲩⲗ 갈고리

ϣⲧⲣ̅ⲧⲁⲣⲧ†, ϣⲧⲣ̅ⲧⲓⲣ, ϣⲧⲣ̅ⲧⲱⲣ⸗

→ ϣⲧⲁⲣⲧⲣⲉ

ϣⲧⲣ̄ⲧⲣ̄- → ϣⲧⲟⲣⲧⲣ̄ 뒤흔들다

ϣⲧⲣ̄ⲧⲱⲣ† → ϣⲧⲟⲣⲧⲣ̄ 뒤흔들다

ϣⲧⲱⲣⲉ 보증 서다 → ϣⲱⲡ 받아 들이다, ⲧⲱⲣⲉ 손

ϣϫⲓϩϥ → ϣⲓϫϩϥ̄

ϣⲱ *m.* 모래 *cf.* ⲉⲧⲕⲏ ⲉⲡϣⲱ 휴한지로 남기다

ϣⲱ, ⲉϣⲱ 병의 일종

ϣⲱⲃ, ϣⲃ̄-, ϣⲟⲃ⸗, ϣⲁⲃ⸗, ϣⲏⲃ† 밀다, 수염을 깎다 *cf.* ϣⲃ̄ϫⲱ 머리를 밀다

ϣⲱⲃϩ̄, ϣⲱⲟⲩϩ, ϣⲟⲃϩ⸗, ϣⲟⲃϩ̄† 피부가 상하다, 붓다

ϣⲱⲓ 위에 있는 것, 상층부 *cf.* ⲉⲡϣⲱⲓ 위에서, 위를 향해

ϣⲱⲕ, ϣⲉⲕ-, ϣⲏⲕ† 파다, 구멍을 뚫다 *cf.* ⲉⲧϣⲏⲕ 파여진, 구멍이 난, 깊은 ϣⲓⲕ 깊이 ϣⲓⲕϩ̄ 깊이 ϣⲱⲕϩ̄ 파다 ϣⲟⲕϣⲉⲕ 파다 ϣⲓⲕⲉ 파다

ϣⲱⲕϩ, ϣⲉⲕϩ-, ϣⲟⲕϩ⸗, ϣⲟⲕϩ̄†, ϣⲁϫϩ̄† 땅을 파다 *cf.* ϣⲱⲕ, ϣⲓⲕⲉ 파다 ϣⲓϫϩϥ̄ 심연

ϣⲱⲗ, ϣ(ⲉ)ⲗ-, ϣⲟⲗ⸗, ϣⲏⲗ†, *p.c.* ϣⲁⲗ- 박탈하다, 약탈하다 *cf.* ⲁⲧϣⲟⲗ⸗ 박탈할 수 없는 ϣⲟⲗⲥ̄, ϣⲁⲗⲥ̄ 노략질

ϣⲱⲗ, ϣⲟⲗ⸗, ϣⲁⲗ⸗, ϣⲏⲗ† 흐르게 하다, 유출시키다, 희박하게 하다, 마비시키다 *cf.* ϣⲗⲏ 침투하다 ϣⲟⲗϣⲗ̄ 지나가다 ϣⲱⲗ → ϣⲟⲗ 어금니

ϣⲱⲗⲁϩ → ϣⲱⲗϩ̄ 표식을 하다

ϣⲱⲗⲉ → ϫⲱⲱⲗⲉ 모으다

ϣⲱⲗⲕ̄, ϣ(ⲱ)ⲗⲕ̄- 실로 잇다, 엮다

ϣⲱⲗⲙ̄, ϣⲗⲏ-, ϣⲁⲗⲙ[ⲉ]⸗ 냄새 맡다 *cf.* ϭⲓⲛϣⲱⲗⲙ̄ 후각기관 ⲙⲁⲛϣⲱⲗⲙⲉ *m.* 코

ϣⲱⲗⲙⲉ (L), ϣⲁⲗⲙⲉ-, ϣⲱⲗⲙⲉ- 칼을 뽑다

ϣⲱⲗϩ̄, ϣⲱⲗⲁϩ, ϣⲱⲗϩ̄-, ϣⲟⲗϩ⸗, ϣⲟⲗϩ†, ϣⲁⲗϩ† 표식을 하다, 줄을 긋다, 철자, 부호

ϣⲱⲗϭ, ϣⲗ̄ϭ-, ϣⲁⲗⲕ⸗, ϣⲟⲗϭ†, ϣⲁⲗϭ† ⲡ.ϫ. ϣⲁⲗϫ- 자르다 *cf.* ϣⲗⲓϭ, ϣⲗⲉϭ, ϣϩⲗⲓϭ 송곳, 창 ϣⲗⲓϭ ⲛ̄ϣⲟⲙⲛ̄ⲧ ⲛ̄ⲧⲁⲣ 삼지창

ϣⲱⲙ 여름, 세금 *cf.* ⲣⲉϥϫⲓϣⲱⲙ 징수원

ϣⲱⲙ, ϣⲟ(ⲟ)ⲙ⸗ 세탁하다

ϣⲱⲙⲉ → ϣⲟⲙ 사위

ϣⲱⲙϫ̄, ϣⲙ̄ϫ-, ϣⲟⲙϫ̄† 관통하다

ϣⲱⲛⲉ, ϣⲟⲟⲛⲉ† 병나다, 아프다 *cf.* ϣⲱⲛⲉ, ϣ(ⲉ)ⲛ-, ϣⲁⲛ- 병, 허약 ϣⲁⲛⲙⲁϩⲧ̄ 설사 ϣⲁⲛϩⲧⲏ⸗ 동정이 넘치는 ⲙⲛ̄ⲧϣⲁⲛϩⲧⲏ⸗ 자비, 동정 ϣⲛ̄ϩⲏⲧ 슬픔 ϣⲛ̄ϩⲧⲏ⸗ 감동적인 ϣⲁⲛϩⲧⲏϥ 마음이 움직이는 ϣⲟⲟⲛⲉ 동정심이 많은

ϣⲱⲛⲉ → ϣⲱⲱⲛⲉ 빼앗다

ϣⲱⲛⲧ̄, ϣⲟⲛⲧ̄, ϣⲟⲛⲧ† 싸우다, 다투다

ϣⲱⲛⲧ̄, ϣⲁⲛⲧ⸗, ϣⲁⲛⲧ† 줄을 땋다, 화관을 만들다

ϣⲱⲛϥ̄, ϣⲉⲛϥ̄-, ϣⲟⲛϥ⸗, ϣⲟⲛϥ̄† …에 결합하다, …와 조화를 이루다, 의견을 일치하다 *cf.* ϩⲛ̄ⲟⲩϣⲱⲛϥ̄ 의견이 일치하여

ϣⲱⲟⲩϩ → ϣⲱⲃϩ̄ 피부가 일어나다

ϣⲱⲡ, ϣ(ⲉ)ⲡ-, ϣⲁⲡ-, ϣⲡ̄-, ϣⲟⲡ⸗, ϣⲁⲡ⸗, ϣⲏⲡ† 받아 들이다, 맞이하다, 사다, 결혼하다 *cf.* ϣⲱⲡ ⲉ- 지탱하다, 돌보다 ϣⲡ̄ⲙⲕⲁϩ 고통을 당하다 ϣⲉⲡⲧⲱⲣⲉ 보증 서다, 인사하다 ⲣⲉϥϣⲉⲡⲧⲱⲣⲉ 보증인 ϣⲡⲱⲡ 소원, 약속 ϣⲡ̄ϩⲙⲟⲧ 감사드리다, 축복하다 ⲛ̄ⲣⲉϥϣⲡ̄ϩⲙⲟⲧ 은혜의 표시 ϣⲡ̄ϩⲓⲥⲉ 괴로워하다 ϣⲡ̄ϩⲓⲥⲉ ⲙ̄ⲛ- _로 고생하다 ⲉⲧϣⲏⲡ 환영하는, 흡족히 여기는 ϣⲱⲡ ϩⲁϩⲟⲙⲛ̄ⲧ 획득하다, 구입하다 ϣⲁⲡϩⲕⲟ 배고픈 ϣⲱⲡ ϩⲣⲉ⸗ 받아들이다 ϣⲱⲡ ⲙ̄ⲕⲁϩ 고통을 감수하다 ⲣϣⲁⲡⲥ̄ 환영하는 ϣⲁⲡⲥ̄ 접견식

ϣⲱⲡ 순간 ϣ(ⲉ)ⲡⲛ̄ϣⲱⲡ 일순간 ϣⲡⲉ ⲛ̄ϣⲱⲡ 한순간 ϩⲛ̄ⲟⲩϣⲡ̄ⲛ̄ϣⲱⲡ 순식간에

ϣⲱⲡ → ϣⲟ(ⲟ)ⲡ 손바닥

ϣⲱⲡ- → ϣⲱⲡⲉ 오이

ϣⲱⲡⲉ, ϣⲟⲟⲡ†, ϣⲟⲡ† 이다, 되다, 일어나다 *cf.* ⲙⲁⲣⲉⲥϣⲱⲡⲉ 그렇게 될지어다, 아멘 ⲙ̄ⲡⲣ̄ⲧⲣⲉⲥϣⲱⲡⲉ 설마 그럴 리가 있나, 당치도 않다 ⲙⲁⲛ̄ϣⲱⲡⲉ 주거지 ϣⲱⲡⲉ ⲛⲁ⸗ 가지다, 소유하다 ϣⲱⲡⲉ ϩⲛ̄ⲧⲁⲥⲕⲏⲥⲓⲥ 금욕적인 삶을 살다 ϣⲱⲡⲉ ⲛ̄ⲕⲟⲓⲛⲱⲛⲟⲥ 참여하다 ϣⲱⲡⲉⲛ̄ⲕⲣⲓⲧⲏⲥ 판단하다 ϣⲱⲡⲉ ϩⲁ- 명령하에 ϣⲟⲟⲡ 거기에 있다 ⲉϣⲱⲡⲉ 만일, ϫⲡⲟ 낳다

ϣⲱⲡⲉ 잠시 *cf.* ϩⲛ̄ ⲟⲩϣⲡ̄ ⲛ̄ϣⲱⲡⲉ 갑자기

ϣⲱⲡⲉ, ϣⲱⲱⲡⲉ, ϣⲱ(ⲱ)ⲃⲉ, ϣⲟⲟⲃⲉ, ⲉϣⲱⲡⲉ, ϣⲱⲡ- *f.* 오이, 호박

ϣⲱⲡⲉ → ϭⲱⲡⲉ 사로잡다

ϣⲱⲡϣ̄ *f.* 어깨, 앞발

ϣⲱⲣ, ϣⲟ(ⲟ)ⲣ⸗, ϣⲏⲣ† 쌓다, 모으다, 가득 채우다, 틀어막다

ϣⲱⲣⲡ̄, ϣⲣ̄ⲡ-, ϣⲉⲣⲉⲡ-, ϣⲟⲣⲡ⸗, ϣⲟⲣⲡ̄† 처음, 먼저, 이른 *ϣⲱⲣⲡ̄* 새벽, 여명 *ⲛ̄ϣⲱⲣⲡ̄* 이른 새벽에, 일찌기

ϣⲱⲣⲧ̄, ϣⲁⲣⲧ̄† 미치다, 정신이상이 되다

ϣⲱⲣϣⲱⲣ⸗ → ϣⲁⲣϣⲣ̄

ϣⲱⲥ *m., pl.* **ϣⲟⲟⲥ, ϣⲱⲱⲥ, ϣⲱⲟⲥ** 목자 *ⲁⲣⲭⲓϣⲱⲥ* 우두머리 목동

ϣⲱⲥ → ⲥⲱϣ 무시하다

ϣⲱⲥ, ϣⲁⲥ⸗, ϣⲏⲥ† 무시하다

ϣⲱⲥⲙ̄ → ⲥⲱϣⲙ̄ 실신하다

ϣⲱⲥⲙⲉ (L), **ϣⲱⲥⲙ̄** 쇠퇴하다, 실신하다

ϣⲱⲧ → ϣⲟⲧ 방석

ϣⲱⲧ- → ϣⲓⲧⲉ 구걸하다

ϣⲱⲧ, ⲉϣⲱ(ⲱ)ⲧ *m., f.* **ⲉϣⲱⲧⲉ** *pl.* **ⲉϣⲟⲧⲉ, ⲉϣⲁⲧⲉ** 상인, 장사꾼 *cf.* *ⲉⲓⲉⲡϣⲱⲧ* 상업, 장사 *ⲣ̄ ⲉⲓⲉⲡϣⲱⲧ* 상담하다, 팔다 *ⲙⲁⲛ̄ⲉϣⲱⲧ* 시장 *ⲙⲛ̄ⲧⲉϣⲱⲧ* 상업행위, 상정신 *ϊⲉⲡϣⲱⲧ* 상품

ϣⲱⲧ-, ϣⲱⲧ⸗, ϣⲱⲧⲉ → ϣⲱ(ⲱ)ⲧ

ϣⲱⲧⲃ̄, ϣ(ⲉ)ⲧⲃ̄- 입을 다물다 *cf.* *ϣ̄ⲧⲃⲟ* 이를 갈다 *ϣⲧⲟⲃ* 부리망

ϣⲱⲧⲉ, ϣⲱⲱⲧⲉ *f.* 우물

ϣⲱⲧⲉ *m.* 밀가루

ϣⲱⲧⲙ̄, ϩⲱⲧⲙ̄, ϣ(ⲉ)ⲧⲙ̄-, ϣⲟⲧⲙ̄† 닫다 *cf.* *ϣⲧⲙ̄ⲣⲱϥ* 입 다물다, 조용해지다 *ϣⲧⲙ̄ⲟⲩⲱⲛ* 관절, 접합부 *ϣⲧⲁⲙ, ϣⲧⲟⲙ* 닫다

ϣⲱⲧⲡ̄, ϣⲁⲧⲡ̄† 서둘다 *cf.* *ϣⲱⲧⲡ̄ⲧⲏⲛⲉ* 서둘러라

ϣⲱⲧϥ̄ 말 못하게 하다, 막다 → **ϣⲱϥⲧ̄** 불경건한

ϣⲱⲱⲃⲉ → ϣⲱⲱⲡⲉ 오이

ϣⲱ(ⲱ)ⲙⲉ 틈새, 절벽

ϣⲱ(ⲱ)ⲛⲉ, ϣⲉ(ⲉ)ⲛⲉ-, ϣⲁⲛⲉ-, ϣⲟ(ⲟ)ⲛ⸗, ϣⲁⲛ(ⲉ)⸗, ϣⲟⲟⲛⲉ† 빼앗다, 축출하다, 밀쳐내다, 쫓아내다

ϣⲱ(ⲱ)ⲛⲧ̄, ϣ(ⲉ)ⲛⲧ-, ϣⲟⲛⲧ⸗, ϣⲟⲛⲧ̄† 짜다, 엮다 *cf.* *ϣ(ⲟ)ⲛⲧ*

ϣⲱⲱⲧ, ϣⲱ(ⲱ)ⲧ(ⲉ), ϣⲉⲧ-, ϣ(ⲉⲉ)ⲧ-, ϣⲱⲱⲧ-, ϣⲁ(ⲁ)ⲧ⸗, ϣⲁ(ⲁ)ⲧ†, ϣⲏⲧ† ⲡ.ⲝ. ϣⲁⲧ- 자르다, 재단하다, 가르다, 목을 따다 *cf.* *ϣⲱⲱⲧ ⲉⲃⲟⲗ* 토막 내다 *ⲉⲧϣⲱⲱⲧ, ⲣⲉϥϣⲱⲱⲧ* 예리한, 날카로운 *ϣⲉⲧϣⲟⲩⲥⲟⲟⲩϣⲉ* 동물 희생을 드리다 *ⲉⲧϣⲁⲁⲧ* 결핍이 심한 *ϣⲁⲁⲧⲉ* 덩어리, 조각 *ϣⲁ(ⲁ)ⲧⲥ̄* 절단 *ϣⲧⲁ* 부족함 *ϣⲟⲧϣⲧ̄* 토막 내다 *ϣⲁ(ⲁ)ⲧⲛ̄-* …을 제외한 *ϣⲟⲩⲟ* 흘리다, 발산하다

ϣⲱⲱϥⲉ *m.* 불임, 고갈 *cf.* *ϣⲱϥ* 메마르다

ϣⲱⲱϫⲉ → ϣⲱϫⲉ 싸우다

ϣⲱⲱϭⲉ → ϣⲱϭⲉ 때리다

ϣⲱϣ, ϣⲁϣⲉ, ϣⲉϣ-, ϣⲁϣ⸗, ϣⲟϣ⸗, ϣⲏϣ† 불다, 냄새를 발산하다 *cf.* *ϣⲱϣ ⲉⲃⲟⲗ* 키질하다 *ϣⲟⲉⲓϣ* 먼지

ϣⲱϣ, ⲥⲱϣⲉ, ϣⲟⲩϣⲟⲩ, ϣⲉϣ-, ϣⲁϣ⸗, ϣⲟϣ⸗, ϣⲏϣ†, ⲥⲏϣ† 일치시키다, 동일하게 하다, 비교하다 *cf.* *ⲉⲧϣⲏϣ* 동일한, 평평한 *ⲉⲧϣⲏϣ ϩⲙ̄ⲡⲉϥⲭⲣⲟⲛⲟⲥ* 같은 나이 *ⲉⲧϣⲏϣ ϩⲛ̄ⲧⲉϥϭⲟⲙ* 능력이 동등한 *ϣⲱϣ ⲛ̄ⲟⲩⲱⲧ* *nn.* 평등, 동등

ϣⲱϣ, ϣⲉϣ-, ϣⲱϣ-, ϣⲏϣ† 실을 땋다, 천을 짜다

ϣⲱϣⲧ̄ → ϭⲱϣⲧ̄ 바라보다

ϣⲱϣⲧ̄ → ⲥⲱϣⲧ̄ 막다

ϣⲱϥ, ϣⲉϥ-, ϣⲟϥ⸗, ϣⲏϥ† 황폐케 하다, 파괴하다 *cf.* *ⲉⲧϣⲏϥ* 살 수 없는, 황무지의 *ϣⲱⲱϥⲉ* 무자의, 빈곤한 *ϣⲁϥⲉ* 사막

ϣⲱⲱϭⲉ, ϣⲉ(ⲉ)ϭⲉ-, ϣⲟ(ⲟ)ϭ⸗, ϣⲟ(ⲟ)ϭⲉ† 때리다, 상처를 입히다, 타살하다 *cf.* *ϣϭⲁ* 일격

ϣⲱϥⲧ̄, ϣⲉϥⲧ̄-, ϣⲉⲃⲧ⸗, ϣⲟϥⲧ̄† 정도를 벗어난, 부정을 행하다, 죄를 짓다 *cf.* *ⲙⲛ̄ⲧϣⲁϥⲧⲉ* 부정 *ϣⲟϥⲧⲥ̄* 큰 잘못, 죄 **ϣⲁϥⲧ(ⲉ)** 부정한 사람

ϣⲱϥⲧ̄, ϣⲟϥⲧ̄ *m.* 한 뼘, 한 줌

ϣⲱϥϣϥ̄, ϣⲉϥϣⲱϥ† 파다, 뒤지다

ϣⲱϩⲃ̄, ϣⲉϩⲃ̄-, ϣⲟϩⲃ⸗ 바싹 마르다

ϣⲱϫⲉ, ϣⲱⲱϫⲉ 싸우다 *cf.* *ⲙⲁⲛ̄ϣⲱϫⲉ* 전투장, 경기장 *ϣⲟⲉⲓϫ, ϣⲟⲉⲓϫϥ̄* 운동선수, 검투사

ϣⲱϫⲡ̄, ϣⲉϫⲡ̄-, ϣⲟϫⲡ⸗, ϣⲟϫⲡ̄† 남다, 존속하다 *cf.* *ⲉⲧϣⲱϫⲡ̄* 남은

ϣⲱϭⲉ, ϣⲱϭⲉ-, ϣⲁϭⲉ-, ϣⲁϭ(ⲉ)⸗, ϣⲁϭⲉ† 때리다, 상처입히다

cf. ϣϭⲁ 때림, 상처

ϣϣⲁⲩ 원하다 *cf.* ϫⲓ ϣϣⲁⲩ 갈망하다, 수태하다

ϣϣⲉ, (ⲉϣ)ϣⲉ, ⲥϣⲉ …할 필요 있는, …가 적합한 *cf.* ⲙⲉϣϣⲉ ⲙⲁⲉⲧⲉϣϣⲉ 화장실 ⲉⲧⲉⲙⲉϣϣⲉ …할 필요없는. 적합치 못한, 금지된 ϣⲉ 가다

ϣϣⲉ → ϣⲉ

ϣϣⲱⲧⲉ *pl.* ϣⲟⲧ 방석

ϣϥⲉ, ⲥϣϥⲉ 일흔 *cf.* ⲥⲁϣϥ̄ 일곱

ϣϥ̄ⲓⲱ → ϣⲃ̄ⲓⲱ

ϣϥ̄ⲧⲉⲩⲉ → ϣⲱϥⲧ̄

ϣϥⲱ *f.* 동화, 역사

ϣϥⲱ *f.* 길이 측정 단위

ϣϩⲗⲓϭ → ϣⲗⲓϭ 날카로운 창끝

ϣϩⲓϫ → ϣϩⲓϭ 먼지

ϣϩⲓϭ, ϣϩⲓϫ, ϣⲓϭ *m.* 먼지

ϣϫⲁ → ϩϫⲁ 냄비

ϣϫⲉ *m., pl.* ϣϫⲏⲩ 메뚜기

ϣϫⲉ 새싹

ϣϫⲏⲛ *m.* 마늘, 파

ϣϫⲓⲧ, ϣϫⲓϭ *m.* 염색공

ϣϫⲓϭ → ϣϫⲓⲧ 염색공

ϣϫⲟⲥ → ϭϩⲟⲥ 영양

ϣϫⲥⲱⲃⲉ 농담 → ϣⲁϫⲉ 말하다, ⲥⲱⲃⲉ 비웃다

ϣϫ̄ⲥⲟϭ 헛소리 → ϣⲁϫⲉ 말하다, ⲥⲟϭ 바보, 미친 사람

ϣϫⲱⲧ *f.* 밧줄

ϣϫϩⲟⲥ → ϭϩⲟⲥ 영양

ϣϭⲁ → ϣⲱϭⲉ

ϣϭⲁ, ⲥϭⲁ *m.* 일격 *cf.* ϣⲱⲱϭⲉ 때리다

ϣ ϭⲁⲙ 할 수 있는 → ϣ- 가능한, ϭⲁⲙ 힘

ϣϭⲁⲡ 외침 *cf.* ⲁϣ(ϣ)ϭⲁⲡ 외치다

ϣϭⲁⲣ (L) *m.* 월세, 봉급

ϣϭⲁϭⲉ (L) 치다 *cf.* ϣⲱϭⲉ 때리다

ϣϭⲏⲣ → ⲥϭⲏⲣ 닻을 올리다, 항해하다

ϣϭ(ⲓ)ⲗϭⲓⲗ, ⲥϭⲉⲗϭⲓⲗ 머리띠 *cf.* ϣⲕⲓⲗ

ϣϭⲓⲧ (L) *m.* 문둥병자

ϣϭⲗ̄ϭⲓⲗ → ϣⲕ(ⲉ)ⲗⲕⲓⲗ 머리띠, 작은 종, 방울

ϣϭⲟⲗ → ϣϭⲟⲣ 월세

ϣϭⲟⲙ, ϣϭⲙ̄ϭⲟⲙ - 할 수 있는 → ϣ 가능한, ϭⲓⲛⲉ 찾다, ϭⲟⲙ 능력

ϣϭⲟⲥ → ϭϩⲟⲥ 영양

ϣϭⲟⲣ, ϣϭⲟⲗ, ⲥϭⲟⲗ *m.* 월세, 월급 *cf.* ⲣⲙ̄ⲛϣϭⲟⲣ 노동자, 월급쟁이

ϣϭⲣⲁϩⲧ̄ → ⲥϭⲣⲁϩⲧ̄ 쉬다

ϣϯⲧ *m.* 직조공

ⲁ ⲃ ⲅ ⲇ ⲉ ⲍ ⲏ ⲑ ⲓ ⲕ ⲗ ⲙ ⲛ ⲝ ⲟ ⲡ ⲣ ⲥ ⲧ ⲩ ⲫ ⲭ ⲯ ⲱ ϣ ϥ ϩ ϫ ϭ ϯ

ϥ

ϥⲁⲓⲛⲁϩⲃ(ⲉϥ) → **ϥⲓ** 짊어지다, **ⲛⲁϩⲃ(ⲉϥ)** 멍에

ϥⲁⲓϣⲓⲛⲉ 전령 → **ϥⲓ** 가져가다, **ϣⲓⲛⲉ** 찾다

ϥⲉⲧ- → **ϥⲱⲧⲉ** 지우다

ϥⲓ, ϥⲓ-, ϥⲓⲧ⸗, ϥⲏⲩ† *p.c.* **ϥⲁⲓ-** 제거하다, 축소하다, 감당하다, 가져가다, 짊어지다, 두다 *cf.* *ϥⲓ ⲛ̄ⲁⲓⲭⲙⲁⲗⲱⲧⲟⲥ* 가두다 *ϥⲓ ⲉⲃⲟⲗ* 제거하다, 뽑아내다 *ϥⲓ ⲉϩⲣⲁï* 낮추다 *ϥⲓ ⲉϩⲣⲁï* 드높이다 *ϥⲓ ⲉⲓⲁⲧ⸗ ⲉϩⲣⲁⲓ* 눈을 들다 *ϥⲓ ⲙⲛ̄-* 합의하다, 도우러 오다 *ϥⲓ (ⲡ)ⲣⲟⲟⲩϣ* 돌보다, 걱정하다 *ϥⲓ ⲱⲡ* 계산하다 *ϥⲓ ϣⲙ̄ϣⲏϭⲉ* 야유하다 *ϥⲁⲓ ⲕⲗⲟⲙ* 왕관을 쓰다, 승리자가 되다 *ϥⲁⲓⲙⲉⲣⲉϩ* 창기병 *ϥⲁⲓ ⲙⲩⲥⲧⲏⲣⲓⲟⲛ* 신비 입문자 *ϥⲁⲓⲛⲁϩⲃ(ⲉϥ)* 짐바리 짐승 *ϥⲁⲓⲟⲩⲱ* 전언자, 대사 *ϥⲁⲓϣⲃⲱⲧ* 법집행인, 집달관 *ϥⲁⲓϣⲓⲛⲉ* 전령 *ϥⲓⲧ*

ϥⲓ ⲁϩⲟⲙ 탄식하다 → **ϥⲓ** 가져가다, **ⲁϩⲟⲙ** 한숨

ϥⲓⲧ⸗ → **ϥⲓ** 제거하다, 짊어지다

ϥⲛ̄ⲧ, ϥⲉⲛⲧ, ⲟⲩⲉⲛⲧ *m. f.* 벌레

ϥⲟ, ⲃⲟⲟ *f.* 운하, 관 *cf.* *ϥⲟ ⲙ̄ⲙⲟⲟⲩ* 송수관

ϥⲟⲧ⸗ → **ϥⲱⲧⲉ** 지우다

ϥⲉϭ-, ϥⲏϭ† → **ϥⲱϭⲉ** 서둘다

ϥⲟϭ⸗ → **ϥⲱϭⲉ** 서둘다

ϥⲟϭⲥ̄ 반발, 들고일어남 *cf.* *ϥⲱϭⲉ* 뛰어오르다

ϥⲟϭϥ̄ 약탈자 *cf.* *ϥⲱϭⲉ* 탈취하다

ϥⲣⲉ (B) → **ⲃⲣⲉ** 씨앗

ϥⲧⲟⲟⲩ, ϥⲧⲁⲩ *m., f.* **ϥⲧⲟ(ⲉ), ϥⲧⲟ(ⲟ)ⲩ-, ϥⲧⲉⲩ-, -(ⲧ)ⲁϥⲧⲉ** 넷 *cf.* *ⲛ̄ϥⲧⲟⲟⲩ ⲛ̄ⲕⲟⲟϩ* 사각형 *ⲟⲩⲱⲛ ⲛ̄ϥⲧⲟⲟⲩ* 사분의 일 *ⲙⲉϩϥⲧⲟⲟⲩ* 네 번째

ϥⲧⲱⲧϥ̄ *m.* 식물의 일종

ϥⲱ, ϥⲱⲉ, ⲟⲩⲱ *m.* 머리카락, 털 *ϣⲧⲏⲛ ⲛ̄ϥⲱ* 털옷

ϥⲱⲧⲉ, ϥⲉⲧ-, ϥⲟⲧ⸗ *p.c.* **ⲃⲁⲧ-** 지우다, 닦다 *cf.* *ϥⲱⲧⲉ ⲉⲃⲟⲗ* 파괴하다, 제거하다

ϥⲱⲧⲉ *m. f.* 땀

ϥⲱⲱϭⲉ → **ϥⲱϭⲉ** 서둘다

ϥⲱϭⲉ, ϥⲱⲱϭⲉ, ϥⲉϭ-, ϥⲟϭ⸗, ϥⲏϭ† 서둘다, 갑작스레 움직이다, 들고일어나다, 반발하다, 잡아뽑다, 탈취하다 *cf.* *ϥⲱϭⲉ ⲉϩⲣⲁï ⲉϫⲛ̄-* 반발하다 *ⲣⲉϥϥⲱϭⲉ ⲉⲃⲟⲗ* 혈기가 많은 사람 *ϭⲓⲛϥⲱϭⲉ* 솟구치기 *ϥⲟϭϥ̄* 약탈자 *ϥⲱϭⲥ̄* 항거하다 *ϥⲟϭⲥ̄* 반발, 들고일어남

ϥⲱϭⲥ̄ 항거하다, 반란을 일으키다 *cf.* *ϥⲱϭⲉ* 갑자기 움직이다

ϩ

ϩ- → **ϩⲏ** 계절

ϩⲁ-, ϩⲁⲣⲟ⸗ …을 향하여

ϩⲁ, ϩⲟ, ϩⲁⲉ *m.* 장대, 돛대

ϩⲁ → **ϩⲟ** 얼굴

ϩⲁ-, ϩⲁⲣⲟ⸗, ϩⲁⲣⲁ⸗, ϩⲁⲣⲱ⸗ …아래, …속에, …에게, …을 위해, …에 관하여 *cf.* ϩⲁⲉⲟⲟⲩ 영광스러운 ϩⲁ(ⲧⲉϥ) ⲉⲝⲟⲩⲥⲓⲁ …에 굴복하여 ϩⲁⲡⲟⲣⲕ̄ 안장 ϩⲁⲣⲁⲧ⸗ …의 아래에 ϩⲁⲑⲏ (ⲛ̄)- …앞에 ϩⲁϩⲧⲛ̄- …가까이, …주변에 ϩⲁⲣⲓϩⲁⲣⲟ⸗ …와 같게, …도 역시 ϩⲁⲣⲓ ϩⲁⲣⲁ⸗ 자기 스스로 ϩⲁⲣⲟ 너를 위해 ϩⲁⲣⲉⲧ⸗ ⲛ̄- ~앞에 ϩⲁⲧⲏ⸗ ~곁에 ϩⲁⲧⲉϩⲏ ~앞에 ϩⲁ ⲡⲣⲁ ⲛ̄- ~에 관해서는 ϩⲁϫⲱ⸗ ~앞에

ϩⲁ⸗ (L) 말하다 *cf.* ϩⲁϥ 그가 말하다, ϩⲁⲩ 그들이 말하다-

ϩⲁⲁⲃ *m.* 땅, 더러움, 찌끼

ϩⲁ(ⲁ)ⲕ *m.* 의복 수선인, 재단사

ϩⲁ(ⲁ)ⲙ† → **ϩⲱⲱⲙⲉ** 쇠퇴하다

ϩⲁⲁⲧⲉ, ϩⲁⲁⲧ⸗ → **ϩⲁⲧⲉ** 흐르다

ϩⲁ(ⲁ)ϭⲉ *m.* 새덫

ϩⲁⲃⲁϭⲏⲉⲓⲛ → **ⲁⲃⲁϭⲏⲉⲓⲛ** 유리

ϩⲁⲃⲉ† → **ϩⲓⲃⲉ**

ϩⲁⲃⲟⲩⲓ → **ϩⲓⲃⲟⲓ** 따오기

ϩⲁⲃⲟⲩⲉⲓ, ϩⲁⲃⲓⲟⲩⲓ *pl.* 말벌

ϩⲁⲃⲥ̄, ϩⲁⲃⲥ⸗ → **ϩⲱⲃⲥ̄** 덮다, 숨기다

ϩⲁⲃⲧⲥ (L) 폭풍

ϩⲁⲅⲓⲁ ἁγία 거룩한

ϩⲁⲅⲛⲓⲥⲧⲏⲥ ἁγνιστής 깨끗게 하다

ϩⲁⲅⲟ → **ϩⲁⲕⲟ** 마술사

ϩⲁⲉ, ϩⲁ(ⲉ)ⲓⲏ, ϩⲁⲓ̈ⲉ *m., f.* **ϩⲁⲏ, ϩⲁⲉ** *pl.* **ϩⲁ(ⲉ)ⲉⲩ, ϩⲁⲉⲟⲩ** 끝, 극점 *cf.* ⲉⲡϩⲁⲉ 최종적으로 ⲛ̄ϩⲁⲉ 뒤늦게, 마침내 ⲛ̄ϩⲁⲏ 마지막 ⲣ̄ ϩⲁⲉ 끝에 다다르다, 모자라다 ⲉⲧⲣ̄ ϩⲁⲉ 부족한, 모자라는

ϩⲁⲉⲓ 그렇다!

ϩⲁⲉⲓⲧ, ϩⲁⲓⲉⲓⲧ, ϩⲁⲓ(ⲉⲓⲏ)ⲧ, ϩⲉⲉⲓⲧ, ϩⲏ(ⲓ)ⲉⲓⲧ, ϩⲟⲉⲓⲧ *f.* 작은 문, 문턱

ϩⲁⲏ → **ϩⲁⲉ** 끝, 극점

ϩⲁⲑⲏ 앞, 전방 → **ϩⲁ-** 아래, **ϩⲏ** 태초

ϩⲁⲑⲏ ⲛ̄- 앞에 → **ϩⲁ-** 아래에, **ϩⲏ** 내면

ϩⲁⲑⲱⲣ, ϩⲑⲱⲣ, ⲁⲑⲱⲣ 곱트력 세 번째 달 이름

ϩⲁⲓ *m.* 남편, 신랑 *cf.* ϩⲙⲟⲟⲥ ⲙⲛ̄ϩⲁⲓ 시집가다 ⲉⲧ ϩⲙⲟⲟⲥ ⲙⲛ̄ϩⲁⲓ 결혼한 여인의 ⲁⲧϩⲁⲓ 독신녀

ϩⲁⲓⲃⲉ → **ϩⲁⲓⲃⲉⲥ** 그림자

ϩⲁⲓ̈ⲃⲉ(ⲥ), ϩⲁⲉⲓⲃⲉⲥ, ϩⲟⲓⲃⲉⲥ *f.* 그림자 *cf.* ⲣ̄ ϩⲁⲓⲃⲉⲥ 그림자를 드리우다, 숨기다 ϫⲓ ϩⲁⲓⲃⲉⲥ 숨다

ϩⲁⲓ̈ⲙⲉ (L) *f., pl.* **ϩⲓⲙⲉⲉⲩ, ϩⲓⲙⲉⲩⲉ** 파도 *cf.* ⲃⲓ ϩⲁⲓ̈ⲙⲉ 파도에 시달리는

ϩⲁⲓ̈ⲛⲉ (L) 어떤 이들은 *cf.* ϩⲛ̄- 복수 부정 관사

ϩⲁⲓⲟ, (ϩ)ⲁⲓⲱ, ⲁ(ⲉ)ⲓⲟ 그렇다, 정말로, 확실히

ϩⲁⲓⲣⲉⲥⲓⲥ αἵρεσις 이단

ϩⲁⲓ̈ⲧⲉ *m.f.* 옷

ϩⲁⲕ⸗ → **ϩⲱⲕ** 허리끈

ϩⲁⲕ⸗, ϩⲏⲕ† → **ϩⲱⲕ** 치다

ϩⲁⲕ⸗ → **ϩⲱⲕ** 허리를 두르다

ϩⲁⲕ 둥글둥글한, 부드러운 *cf.* ⲙⲛ̄ⲧϩⲁⲕ 부드러움, 모나지 않은 성격

ϩⲁⲕⲗϥ̄, ϩⲁⲕⲏⲗϥ̄, ϩⲁⲕⲉⲗ, ϩⲁⲛⲕⲗϥ *m.* 도마뱀의 일종

ϩⲁⲕⲟ, ϩⲁⲅⲱ *m.* 마법사 *cf.* ⲙⲛ̄ⲧϩⲁⲕⲟ 마법, 요술 ϩⲓⲕ 마법

ϩⲁⲗ⸗ → **ϩⲱⲗ** 던지다

ϩⲁⲗ, ϩⲁⲗ- 속임수 *cf.* ⲣ̄ ϩⲁⲗ 속이다, 갖고 놀다 ⲙⲛ̄ⲧⲣ̄ ϩⲁⲗ 속임, 사기

ϩⲁⲗ *m. f., pl.* ϩⲗⲟⲩⲓⲉ 종, 하인, -하는 사람 ⲣ̄ ϩⲁⲗ 시중들다 ϩⲙ̄ϩⲁⲗ 하인, 종

ϩⲁⲗ- → ϩⲱ(ⲱ)ⲗⲉ 따다

ϩⲁⲗⲁⲕ, ⲁⲗⲁⲕ, ϩⲁⲗⲏⲕ *f.* 문고리

ϩⲁⲗⲁⲧⲏⲩ (L) 폭풍 *cf.* ⲧⲏⲩ 바람

ϩⲁⲗⲃⲉ- (L), ϩⲁⲗⲃⲉϩⲟ 속이다

ϩⲁⲗⲃϣⲉ (L) *f.* 갑옷

ϩⲁⲗⲉ 썩은

ϩⲁⲗⲏⲧ *m., pl.* ϩⲁⲗⲁ(ⲁ)ⲧⲉ, ϩⲁⲗⲉⲧⲉ 새, 날짐승 *cf.* ϩⲱⲗ 날아가다

ϩⲁⲗⲓⲃ 그물의 일종

ϩⲁⲗⲗⲟⲩⲥ → ϩⲁⲗⲟⲩⲥ 거미줄

ϩⲁⲗⲙⲏϩⲉ, ϩⲁⲗⲙⲏϩ, ϩⲁⲗⲙⲉϩⲉ, ϩⲁⲗⲙⲉϩⲏ, ϩⲉⲗⲙⲉϩⲉ *f.* 선박의 일종

ϩⲁⲗⲟⲩⲥ, ϩⲁⲗⲗⲟⲩⲥ *m.* 거미줄

ϩⲁⲗⲱⲙ, ϩⲁⲗⲟⲙ *m.* 치즈

ϩⲁⲗⲙⲉ (L) *f.* 분수, 물의 근원

ϩⲁⲗⲩⲥⲓⲥ ἅλυσις 족쇄

ϩⲁⲗϩⲗ̄ (L), ϩⲗ̄ϩⲱⲗ⸗, ϩⲗ̄ϩⲁⲗⲧ† 목 졸라 죽이다

ϩⲁⲗϭ†, ϩⲁⲗϭⲏⲧ → ϩⲗⲁϭ 부드러운

ϩⲁⲗϭ- *p.c.* → ϩⲗⲟϭ 부드럽다

ϩⲁⲙ, ϩⲁⲙ- *m., pl.* ϩⲙⲏⲩ, ϩⲙⲉⲩ 기술자, 제조업자, …을 만드는 사람 *cf.* ϩⲁⲙⲕⲗ̄ⲗⲉ 열쇠공, 대장장이 ϩⲁⲙϣⲉ 목수

ϩⲁⲙⲉ *f.* 못, 말뚝

ϩⲁⲙⲏⲣ *m.* 둥근 어깨 *cf.* ⲣ̄ϩⲁⲙⲏⲣ 끌어안다

ϩⲁⲙⲕⲗ̄ⲗⲉ 열쇠공 → ϩⲁⲙ 제조인, ⲕⲗ̄ⲗⲉ 자물쇠

ϩⲁⲙⲛⲟⲩⲃ 연금술사 → ϩⲁⲙ 제조업자, ⲛⲟⲩⲃ 금

ϩⲁⲙⲛ̄ⲧⲱⲡ → ⲙⲉϩⲧⲱⲡ 바늘

ϩⲁⲙⲟⲓ, ⲁⲙⲟⲓ 제발 …하였으면

ϩⲁⲙϣⲉ 목수 → ϩⲁⲙ 장인, ϣⲉ 나무

ϩⲁⲙⲁï 오!, 제발!

ϩⲁⲙⲏⲧ (L), *pl.* ϩⲁⲙⲉⲧⲉ 포도를 밟는 이들 *cf.* ϩⲱⲙ 발로 밟다

ϩⲁⲙⲧ *m.* 은, 동전

ϩⲁⲙϣⲉ 목수 → ϩⲁⲙ- 기술자, ϣⲉ 나무

ϩⲁⲙϫ† 신맛 → ϩⲙⲟϫ 식초

ϩⲁⲛⲕ⸗ → ϩⲱⲛⲕ̄

ϩⲁⲛⲕⲗϥ̄ → ϩⲁⲕⲏⲗϥ̄ 도마뱀의 일종

ϩⲁⲛⲣⲟ 현관, 문턱 *cf.* ⲣⲟ 문, 배기구

ϩⲁⲛⲧ̄† → ϩⲱⲛⲧ̄

ϩⲁⲛⲧⲟⲟⲩ 산악지대 → ⲧⲟⲟⲩ 산

ϩⲁⲟⲩⲉ *m.* 재단사

ϩⲁⲡ, ϩⲟⲡ 심판, 재판, 처형, 판관 *cf.* ⲁⲧϩⲁⲡ 소송이 불필요한 ϯ ϩⲁⲡ 판결을 내리다 ⲙⲁⲛ̄ϯϩⲁⲡ 법정 ⲣⲉϥϯϩⲁⲡ 재판관 ϫⲓ ϩⲁⲡ 판결을 받다 ⲉⲧϫⲓ ϩⲁⲡ ⲟⲩⲃⲉ 소송 상대의

ϩⲁⲡ- → ϩⲟⲡ 잔치

ϩⲁⲡ-, ϩⲁⲡ⸗ → ϩⲱⲡ

ϩⲁⲡⲁⲝ ἅπαξ 단 한 번

ϩⲁⲡⲗⲱⲙⲁ ἅπλωμα 접히지 않은, 열린

ϩⲁⲡⲗⲱⲥ ἁπλῶς 단순히

ϩⲁⲡⲛⲉ† → ϩⲡⲁⲛ

ϩⲁⲡⲟⲣⲕ̄, ϩⲁⲡⲟⲣⲧ̄ 안장 → ⲡⲟⲣⲕ̄ 겉옷

ϩⲁⲡⲣⲁ …에 관해서 → ϩⲁ- …아래, ⲣⲁ 상태, 장소

ϩⲁ ⲡⲣⲁ ⲛ̄- ~에 관해서는 → ϩⲁ- ~아래, ~에 관해서, ⲣⲁ 상태

ϩⲁⲡⲥ̄ → ϩⲱⲃⲥ̄ 덮개

ϩⲁⲡⲥ̄, ϩⲟⲡⲥ̄ 필요하다

ϩⲁⲣⲁ⸗, ϩⲁⲣⲓ → ϩⲁ- ~아래에

ϩⲁⲣⲉⲧ⸗ (ⲛ̄-) ~앞에 → ϩⲁ- ~아래에, ⲣⲉⲧ⸗ 다리

ϩⲁⲣⲉϩ, ⲁⲣⲉϩ, ϩⲁⲣⲏϩⲉ, ⲉⲣⲉϩ, ⲉⲣⲏϩ 지키다, 간직하다 *cf.* ⲙⲁⲛ̄ϩⲁⲣⲉϩ 초소, 감옥 ⲣⲉϥϩⲁⲣⲉϩ 보초 ϭⲓⲛϩⲁⲣⲉϩ 계율

ϩⲁⲣⲏⲩ → ⲁⲣⲏⲩ 어쩌면

ϩⲁⲣⲏϩⲉ → ϩⲁⲣⲉϩ 지키다

ϩⲁⲣⲓ ϩⲁⲣⲁ⸗ 자기 자신 → ϩⲁ- ~아래에

ϩⲁⲣⲓϩⲁⲣⲟ⸗ …도, 마찬가지로 *cf.* ϩⲁⲣⲓϩⲁⲣⲟϥ 그 역시

ϩⲁⲣⲕ† → ϩⲣⲁⲕ

ϩⲁⲣⲙⲁ ἅρμα 탈것

ϩⲁⲣⲟ⸗ → ϩⲁ- …아래, ϩⲁ- …를 향해

ϩⲁⲣⲟⲩϩⲉ, ϩⲓⲣⲟⲩϩⲉ → ⲣⲟⲩϩⲉ 저녁

ϩⲁⲣⲡⲁⲅⲏ ἁρπαγή 전리품

ϩⲁⲣⲡⲥ̄ (L) → *f.* 손, 손바닥

ϩⲁⲣⲱ⸗ …앞에

ϩⲁⲣϣ̄† → ϩⲣⲁϣ

ϩⲁⲣϣ̄- *p.c.* → ϩⲱⲣϣ무겁다

ϩⲁⲣϣ̄† → ϩⲱⲣϣ̄ 꺾어지다

ϩⲁⲣϣⲏⲧ → ϩⲁϣⲏⲧ 매

ϩⲁⲣϣϩⲏⲧ, *pl.* ϩⲁⲣϣϩⲉⲧⲉ 인내하는 → ϩⲣⲁϣ 무거운, ϩⲏⲧ 심장

ϩⲁⲣϭ⸗, ϩⲁⲣϭ† → ϩⲱⲣϭ̄

ϩⲁⲥ *m.* 말똥

ϩⲁⲥⲃⲉ (L) *f.* 시장

ϩⲁⲥⲉ† → ϩⲓϣⲉ

ϩⲁⲥⲉ† → ϩⲓⲥⲉ 수고하다

ϩⲁⲥⲓⲉ, ϩⲁⲥⲓⲏ 난파한, 바다에 표류하는 *cf.* *ⲃⲱⲕ ⲛ̄ϩⲁⲥⲓⲉ* 난파하다 *ϣⲉ ⲛ̄ϩⲁⲥⲓⲉ* 물에 빠지다 *ⲟ† ⲛ̄ϩⲁⲥⲓⲉ* 난파한, 물에 빠진 *ϫⲏⲩ† ⲛ̄ϩⲁⲥⲓⲉ* 난파시키다

ϩⲁⲥⲧ⸗ → ϩⲓⲥⲉ 줄을 감다

ϩⲁⲥⲧ⸗ → ϩⲓⲥⲉ 수고하다

ϩⲁⲧ, ϩⲁ(ⲁ)ⲧⲉ *m.* 은 *cf.* *ⲛ̄ϩⲁⲧ* 은으로 된 *ⲛ̄ⲉⲓⲉⲡϩⲁⲧ* 은세공의, 은으로 만든 *ⲣⲉϥⲣ̄ϩⲁⲧ* 은세공인

ϩⲁⲧ- → ϩⲱ 집

ϩⲁⲧ† 뚱뚱한, 풍만한 ϩⲧⲉï 두꺼운, 살찐

ϩⲁⲧ⸗ → ϩⲓⲧⲉ 비비다

ϩⲁⲧ† → ϩⲧⲁ(ⲉ)ï 두꺼워지다

ϩⲁⲧⲁⲓⲗⲉ, ϩⲁⲧⲁⲗ(ⲉ), ϩⲁⲧⲁⲓⲗⲏ, ϩⲁⲧⲁⲗⲉⲉⲗⲉ 눈병

ϩⲁⲧⲃⲉ-, ϩⲁⲧⲃⲉ⸗, ϩⲁⲧⲃⲉ† → ϩⲱⲧⲃⲉ

ϩⲁⲧⲃⲉⲥ, ϩⲟⲧⲃⲉⲥ 살육, 시체 *cf.* ϩⲱⲧⲃ̄ 죽이다

ϩⲁⲧⲉ, ϩⲁⲁⲧⲉ, ϩⲉⲧⲉ, ϩⲁⲁⲧ⸗ 흐르다, 흘러넘치다, 유출 *cf.* *ϩⲁⲧⲉ ⲉⲃⲟⲗ* 흘러가다 *ⲙⲁⲛ̄ϩⲁⲧⲉ* 물관

ϩⲁⲧⲉ- → ϩⲁϩⲧⲛ̄- …주변에

ϩⲁⲧⲉ *f.* 순간, 때

ϩⲁⲧⲉ *f.* 겁, 두려움 *cf.* *ⲣ̄ ϩⲁⲧⲉ* 놀라다, 겁먹다 *† ϩⲁⲧⲉ* 겁주다

ϩⲁⲧⲉϩⲏ → ϩⲏ

ϩⲁⲧⲏ⸗ 부근에 → ϩⲁ- 아래에, ϩⲏⲧ 심장

ϩⲁⲧⲏⲣ, ϩⲁⲧⲏⲣⲉ *m. f.* 망치

ϩⲁⲧⲏⲩ 태풍 → ⲧⲏⲩ 바람

ϩⲁⲧⲗⲟⲟⲩⲓ 귀찮게 하는 사람

ϩⲁⲧⲙⲉ 그릇의 일종

ϩⲁⲧⲛ̄-, ϩⲁⲧⲟⲟⲧ⸗ …주변에 *cf.* *ϩⲁ-* …아래, *ⲧⲱⲣⲉ* 손

ϩⲁⲧⲟⲟⲧ⸗ ~에 의해 → ϩⲁ- 아래에, ⲧⲱⲣⲉ 손

ϩⲁⲧⲟⲟⲧϩ⸗ → ϩⲁⲧⲛ̄- …주변에

ϩⲁⲧⲡ̄† → ϩⲱⲧⲡ̄

ϩⲁⲧⲣⲉ *m., pl.* ϩⲁⲧⲣⲉ(ⲉ)ⲩ(ⲉ) 쌍둥이, 쌍방울 *cf.* *ϩⲱⲧⲉⲣ, ϩⲱⲧⲣⲉ* 합치다

ϩⲁⲧⲣⲉⲥ *f.* 한 쌍 *cf.* *ϩⲱⲧⲉⲣ* 합치다

ϩⲁⲧϩⲏ → ϩⲏ

ϩⲁⲧϩⲧ̄ 찾다, 조사하다

ϩⲁⲩ† (L) 나쁜 *cf.* *ⲡⲉⲧϩⲁⲩ* 나쁜 사람

ϩⲁⲩ 그들이 말하다 → ϩⲁ⸗ 말하다

ϩⲁⲩ- *p.c.* → ϩⲓⲟⲩⲉ치다

ϩⲁⲩⲛⲟⲩⲃ 연금술사 → ϩⲁⲙ 제조업자, ⲛⲟⲩⲃ 금

ϩⲁⲩⲣⲉ (L) 훔치다 *cf.* *ϩⲟⲟⲩⲣⲉ* 빼앗다

ϩⲁⲩⲧ, ϩⲏⲩⲧ *m.* 남성, 야성의, 사나운

ϩⲁⲩϣ 모욕하다, 폭행하다

ϩⲁⲩϣⲛⲉ 그물 치는 사람 → ϩⲓⲟⲩⲉ 던지다, ϣⲛⲉ 그물

ϩⲁⲩϭⲁⲗ *m.* 닻

ϩⲁⲫⲁⲩⲉ ἁφή *pl.* 불을 붙이다

ϩⲁⲯⲓⲥ ἁψίς 궁형의, 아치형의

ϩⲁϣ, ϩⲁϣ⸗ → ϩⲱϣ

ϩⲁϣⲏⲧ, ϩⲁϣⲓⲧ, ϩⲁⲣϣⲏⲧ *m.* 매

ϩⲁϣⲥ̄ *f.* 강요 *cf.* *ϩⲱϣ* 압박하다

ϩⲁϣϩϣ̄ (L), ϩⲉϣϩⲱϣ⸗, ϩⲉϣϩⲁϣⲧ†, ϩϣϩⲁϣⲧ† 독촉하다, 압력을 넣다 *cf.* *ϩⲱϣ*

ϩⲁϥ, ⲫⲁϥ, → *f.* ϩⲃⲱ *m.* 뱀

ϩⲁϥ 그가 말하다 → ϩⲁ⸗ 말하다

ϩⲁϥⲉ (L) *m.* 땅, 더러움

ϩⲁϥⲗⲉⲗⲉ, ϩⲁϥⲗⲗⲉ, ⲁϥⲗⲉⲗⲉ, ϩⲁⲃⲗⲉⲗⲉ *f.* 도마뱀의 일종

ϩⲁϩ 많은 *cf.* *ϩⲛ̄ϩⲁϩⲙ̄ⲡⲉⲣⲟⲥ* 여러 *ϩⲁϩⲛ̄ⲥⲟⲡ* 자주 *ⲣ̄ ϩⲁϩⲛ̄ϣⲁϫⲉ* 말을 많이 하다

ϩⲁϩ *m.* 목덜미

ϩⲁϩⲧⲏ⸗ → ϩⲏⲧ

ϩⲁϩⲧⲛ̄-, ϩⲁ(ϩ)ⲧⲉ-, ϩⲁ(ϩ)ⲧⲏ⸗ …주변에 *cf.* ϩⲁ- …아래, ϩⲏⲧ 심장

ϩⲁϫ *m.* 신경성 병의 일종

ϩⲁϫⲛ̄-, ϩⲁϫⲱ⸗ …위에, …앞에 *cf.* ϩⲁ- …아래에, ϫⲱ 머리

ϩⲁϫϩϫ, ϩⲉϫϩⲁϫⲧ† 충동을 받다, 괴로워하다

ϩⲁϫϩ(ϫ) → ϩⲟϫϩ(ⲉ)ϫ 강요하다

ϩⲁϭⲃ*p.c.* → ϩⲱϭⲃ̄ 시들게 하다

ϩⲁϭⲓⲛ *m.* 박하 *cf.* ϩⲁϭⲓⲛ ⲛ̄ⲥⲧⲟⲓ 박하

ϩⲁϭⲙⲉ- → ϩⲱϭⲙⲉ

ϩⲁϯⲗ (L) 하층민의

ϩⲃⲁ *m.* 불행, 고민 *cf.* ⲣ̄ ϩⲃⲁ 고통 속에 빠지다

ϩⲃⲁⲓ 짧음 *cf.* ϩⲓⲃⲉ 낮은

ϩⲃⲁⲣⲃⲣ̄ (L), ϩⲃⲣ̄ⲃⲣ̄-, ϩⲃⲣ̄ⲃⲱⲣ⸗, ⲃⲣ̄ⲃⲱⲣ⸗, ϩⲃⲣ̄ⲃⲁⲣⲧ† → 죽이다, 넘어뜨리다

ϩⲃⲁⲥ 옷 → ϩⲱⲃⲥ̄ 덮다

ϩⲃⲁϣⲃⲉϣ (L) 희망하다

ϩⲃ̄ⲃⲉ, ϩⲉⲃⲃⲉ, ϩⲏⲩⲃⲉ, ϩⲏⲃ(ⲃ)ⲉ *m.* 쟁기, 멍에

ϩⲃ̄ⲃⲉ, ϩⲃ̄ⲱⲟⲩ† 낮추다, 짧은, 작아진 *cf.* ϩⲓⲃⲉ 낮은

ϩⲃ̄ⲃⲥ̄ → ϩⲱⲃⲥ 덮개

ϩⲃⲏⲏⲧⲉ → ⲥϩⲃⲏⲏⲧⲉ 거품, 찌끼

ϩⲃⲏⲟⲩⲉ → ϩⲱⲃ

ϩⲃⲏⲧⲉ 침, 거품

ϩⲃⲏⲩⲉ → ϩⲱⲃ

ϩⲃⲟⲕ, ϩⲃⲟϭ 주사 *cf.* ϩⲱⲃⲕ̄ 찌르다

ϩⲃⲟⲟⲥ, ϩⲃⲱⲥ *m. f., pl.* ϩⲃⲱⲱⲥ 의복, 옷 *cf.* ϩⲱⲃⲥ̄ 덮다

ϩⲃⲟⲣⲃⲣ̄, ⲃⲟⲣⲃⲣ̄, (ϩ)ⲃⲣ̄ⲃⲣ̄-, ϩⲃⲣ̄ⲃⲱⲣ⸗, ⲃ̄ⲣⲃⲱⲣ†, ⲃⲣ̄ⲃⲟⲣⲧ̄† 때려눕히다, 쓰러뜨리다 *cf.* ϩⲃⲟⲣⲃⲣ̄ ⲉⲃⲟⲗ 갈가리 찢어지다, 쇠스랑으로 땅을 고르다 ϩⲃⲟⲣⲃⲣ̄ ⲙⲓⲥⲉ 고통스레 출산하다

ϩⲃⲟⲩⲓ *pl.* → ϩⲟϥ 뱀

ϩⲃⲟⲩⲣ *f.* 왼쪽, 좌측

ϩⲃⲟϭ → ϩⲃⲟⲕ 주사

ϩⲃⲣ̄ⲃⲁⲣⲧ, ϩⲃⲣ̄ⲃⲣ̄-, ϩⲃⲣ̄ⲃⲱⲣ⸗ → ϩⲃⲁⲣⲃⲣ̄

ϩⲃ̄ⲥ, ϩⲃ̄ⲥⲁⲩⲉ, ϩⲃ̄ⲥⲱ → ϩⲱⲃⲥ̄ 덮다

ϩⲃⲱ *f.* 보호

ϩⲃⲱ *f.* → ϩⲁϥ 뱀

ϩⲃϩⲉ *f.* 손바닥

ϩⲉ, ϩⲓⲏ *f.* 형태, 종류, 방법, 모양 *cf.* ⲛ̄ⲑⲉ (ⲛ̄)-, ⲕⲁⲧⲁ ⲑⲉ (ⲛ̄)- …처럼 ⲛ̄ⲧⲉⲓϩⲉ 이처럼, 이와 같이 ⲛ̄ⲁϣ ⲛ̄ϩⲉ 어떻게 ⲧⲁï ⲧⲉ ⲑⲉ 그래서, 그러한 이유로 ⲣ̄ ⲑⲉ, ⲟ ⲛ̄ⲑⲉ …에 비교하다, 비슷하다 ϯ ⲑⲉ ⲉ- …할 가능성을 주다, 허용하다 ⲛ̄ϯϩⲉ 이러한 방법으로

ϩⲉ, ϩⲉⲉ, ϩⲏⲉ, ϩⲉ⸗, ϩⲏⲩ† 떨어지다, 쓰러지다, 타락하다 *cf.* ϩⲉ ⲉϩⲣⲁï ⲉⲛ̄ϭⲓϫ ⲛ̄- …의 손안에 떨어지다 ⲡⲉⲛⲧⲁϥϩⲉ ⲉⲃⲟⲗ 실족한 자, 배교자, 배신자 ϩⲉ ⲉ- 발견하다

ϩⲉ → ϩⲏ 배

ϩⲉ- → ϩⲏ 계절

ϩⲉⲛⲟⲩϥⲉ → ϩⲏ 계절

ϩⲉ → ϩⲏ 층

ϩⲉ- → ϩⲓ- …위에

ϩⲉ, ϩⲏ- → ⲉϩⲉ 그렇다

ϩⲉⲃⲇⲟⲙⲁⲥ ἑβδομάς 일곱 마귀

ϩⲉⲃⲉⲧⲱⲣⲉ → ϩⲙ̄ⲛ̄ⲧⲱⲣⲉ 통과 암호

ϩ(ⲉ)ⲃⲥ̄-, ϩⲟⲃⲥ̄† → ϩⲱⲃⲥ̄ 덮다

ϩ(ⲉ)ⲃⲥⲱ *f., pl.* ϩⲃ̄ⲥⲟⲟⲩⲉ 의상 *cf.* ϩⲱⲃⲥ̄ 덮다

ϩⲉⲃⲱⲱⲛ 기근 → ϩⲏ 계절, ⲃⲱⲱⲛ(ⲉ) 나쁜

ϩⲉⲑⲛⲟⲥ ἔθνος 민족

ϩⲉⲉ, ϩⲉ⸗ → ϩⲉ 떨어지다

ϩⲉ(ⲉ)ⲕⲉ- → ϩⲱⲱⲕⲉ 긁다

ϩⲉï *m.* 남편

ϩⲉï 나오다, 돌출하다

ϩⲉï(ⲉ) 떨어지다

ϩⲉⲕ-, ϩⲏⲕ† → ϩⲱⲕ 치다

ϩⲉⲕ-, ϩⲏⲕ† → ϩⲱ(ⲱ)ⲕ 무장하다

ϩⲉⲕ- → ϩⲱⲱⲕⲉ 긁다

ϩⲉⲗ 속이다

ⲙⲛ̄ⲧⲣ̄ϩⲉⲗ 속임수

ϩ(ⲉ)ⲗ- → ϩⲱⲗ 던지다

ⲁ ⲃ ⲅ ⲇ ⲉ ⲍ ⲏ ⲑ ⲓ ⲕ ⲗ ⲙ ⲛ ⲝ ⲟ ⲡ ⲣ ⲥ ⲧ ⲩ ⲫ ⲭ ⲯ ⲱ ϣ ϥ ϩ ϫ ϭ ϯ

ϩⲉⲗⲉⲓⲗⲉ → ϩⲗⲟⲉⲓⲗⲉ 헤엄치다

ϩⲉⲗⲏϭ (L) 계속 간직하다, 기다리다

ϩⲉⲗⲕⲟⲩ, ϩⲗ̄ⲕⲟⲩ *m. f.* 낫

ϩⲉⲗⲟⲥ ἕλος 늪, 풀밭

ϩⲉⲗⲡⲓⲥ, ϩⲗ̄ⲡⲓⲥ, ⲉⲗⲡⲓⲥ, ⲑⲉⲗⲡⲓⲥ ἐλπίς 희망

ϩⲉⲗϩⲓⲗⲉ *f.* 헐떡거리기 *cf.* ϩⲱⲗ 던지다

ϩⲉⲗϩⲱⲗ† → ϩⲟⲗϩⲗ̄ 물을 뿌리다

ϩⲉⲗϩⲱⲗ⸗ → ϩⲟⲗϩⲗ̄ 목 조르다

ϩ(ⲉ)ⲗϭⲉ, ϩⲗⲏϭⲉ *f.* 부드럽고 달콤함, 맛있는 것 *cf.* ϩⲗⲱϭϥ̄, ϩⲗⲟϭϥ̄ 쉬운, 기분 좋은 ϩⲗⲟϭ 부드럽다

ϩ(ⲉ)ⲙ-, ϩⲏⲙ† → ϩⲱⲙ 발로 밟다

ϩⲉⲙⲉⲧⲱⲣⲉ → ϩⲙ̄ⲛ̄ⲧⲱⲣⲉ 통과 암호

ϩⲉⲙⲥ̄, ϩⲙ̄ⲥ̄ ϩⲙ̄ⲯ, ϩⲏⲙⲥ̄ *m.* 이삭

ϩⲉⲛ- → ϩⲟⲉⲓⲛⲉ 어떤 이들

ϩⲉⲛⲉ(ⲉ)ⲧⲉ, ϩⲉⲛⲉ(ⲉ)ⲧⲏ, ϩⲉⲛⲏⲧⲏ, ϩⲏⲛⲏ(ⲏ)ⲧⲉ *f.* 수도원, 수녀원

ϩⲉⲛⲅ̄- → ϩⲱⲛⲕ̄ 헌신하다

ϩⲉⲛⲟⲩϥⲉ 풍년 → ϩⲏ 계절, ⲛⲟⲩϥⲉ 좋은

ϩ(ⲉ)ⲛⲧ̄-, ϩⲏⲛⲧ† → ϩⲱⲛⲧ̄ 다가가다

ϩⲉⲛⲧⲟⲩ, ϩ(ⲏ)ⲛⲧⲟⲩ *m.* 인도, 인도인

ϩⲉⲝⲓⲥ ἕξις 위치

ϩⲉⲡ 심판 *cf.* ϯϩⲉⲡ 판결하다 ⲣⲉϥϯϩⲉⲡ 판사 ⲙⲁⲛϯϩⲉⲡ 재판정

ϩⲉⲡ-, ϩⲏⲡ† → ϩⲱⲡ 숨기다

ϩ(ⲉ)ⲣ- → ϩⲱⲣ 젖을 짜다

ϩⲉⲣ- → ϩⲉⲣϣⲓⲣⲉ 청소년

ϩⲉⲣⲙⲁⲛ, ϩⲣ̄ⲙⲁⲛ *m.* 석류 *cf.* ⲙⲁⲛ̄ϩⲣ̄ⲙⲁⲛ 석류 재배지

ϩⲉⲣⲙⲏⲛⲓⲁ ἑρμηνεία 해석

ϩⲉⲣⲙⲏⲛⲉⲩⲉ ἑρμηνεύειν 해석하다

ϩⲉⲣⲙⲏⲛⲉⲩⲥ ἑρμηνεύς 주석을 달다

ϩⲉⲣⲙⲏⲛⲉⲩⲧⲏⲥ ἑρμηνευτής 해석자

ϩⲉⲣⲙⲏⲧⲁⲣⲓⲟⲛ ἑρμητάριον 선반, 시렁

ϩ(ⲉ)ⲣⲡ̄- → ϩⲱⲣⲡ̄ 적시다

ϩ(ⲉ)ⲣϣ̄- → ϩⲱⲣϣ 무겁다

ϩ(ⲉ)ⲣϭ̄- → ϩⲱⲣϭ 쌓다

ϩⲉⲥ 보라 *cf.* ⲉⲓⲥ 보라

ϩⲉⲥ- → ϩⲱⲥ 가로막다

ϩⲉⲥⲧ-, ϩⲉⲥⲧ⸗ → ϩⲓⲥⲉ

ϩⲉⲧ *m.* 동전, 은화 *cf.* ⲥⲁⲛⲣ̄ϩⲁⲧ 은 매매자 ϭⲣⲁⲙⲡϩⲉⲧ, ϭⲣⲁⲙⲡⲉ

ϩⲉⲧ⸗ → ϩⲓⲧⲉ

ϩⲉⲧⲃ̄- → ϩⲱⲧⲃ̄ 죽이다

ϩⲉⲧⲉ, ϩⲉⲧⲓ̈ⲉ, ϩⲉϯⲉ 흐르게 하다

ϩⲉⲧⲉ → ϩⲏⲧ

ϩⲉⲧⲉ → ϩⲁⲧⲉ 흐르다

ϩⲉⲧ(ⲉ)ⲣ- → ϩⲱⲧⲉⲣ 결합하다

ϩⲉⲧⲟⲓⲙⲟⲥ ἕτοιμος 준비된

ϩⲉⲧⲡ̄- → ϩⲱⲧⲡ̄ 재결합하다

ϩⲉⲧϩ(ⲉ)ⲧ- → ϩⲟⲧϩⲧ̄ 발굴하다

ϩⲉⲧϩⲱⲧ† → ϩⲟⲧϩⲧ̄ 발굴하다

ϩⲉⲱⲥ ἕως 아직까지

ϩⲉϣ-, ϩⲏϣ† → ϩⲱϣ 짓누르다

ϩⲉϣϩⲁϣⲧ†, ϩⲉϣϩⲱϣ⸗ → ϩⲁϣϩϣ

ϩⲉϥⲧ̄- → ϩⲱϥⲧ̄ 방출하다

ϩⲉϥⲧ̄- → ϩⲱϥⲧ̄ 강탈하다

ϩⲉϫ-, ϩⲏϫ† → ϩⲱϫ 불안해하다

ϩⲉϫⲡ̄- → ϩⲱϫⲡ̄ 닫다

ϩⲉϫϩⲁϫⲧ† → ϩⲁϫϩϫ 충동을 받다

ϩⲉϫϩⲱϫ† → ϩⲟϫϩ(ⲉ)ϫ 강요하다

ϩ(ⲉ)ϫ(ϩ)ϫ → ϩⲟϫϩ(ⲉ)ϫ 강요하다

ϩⲉϭⲃ̄-, ϩⲉϭⲙ̄- → ϩⲱϭⲃ̄ 시들게 하다

ϩⲉϭⲙ̄- → ϩⲱϭⲃ̄ 허약해지다.

ϩⲏ, ϩⲉ *f.* 층

ϩⲏ 채석장

ϩⲏ, ⲉϩⲏ *m., f.* ϩⲓⲏ, (ⲉ)ϩⲏⲧ⸗ 이전 상태, 선행된 부분, 초기, 태초 *cf.* ϩⲓϩⲏ ⲛ̄-, ϩⲏⲧ(ϥ̄) ⲛ̄- 앞, 전면 ⲁⲑⲏ 앞을 향해 ⲥⲁⲑⲏ 전진하다 ⲥⲁϩⲏⲧ⸗ 곤두박질하다 ϩⲁⲑⲏ ⲛ̄- ~앞에 ϩⲁⲧⲏ⸗ ~부근에 ϩⲁⲧⲉϩⲏ 전면에 ϩⲁⲧϩⲏ ϩⲓⲑⲏ ⲛ̄- 전방에서 ϩⲓⲧⲉϩⲏ ⲛ̄- ~앞에 ϩⲓⲧϩⲏ ⲛ̄- ~앞에 ϩⲓⲧⲉ⸗ϥ ⲉϩⲏ ~전면에서

ϩⲏ, ϩⲏⲧ⸗ *f.* 배, 자궁, 생각 *cf.* ⲛ̄ϩⲏⲧ⸗, ϩⲛ̄- … 속에 ϣⲱⲛⲉ... ϩⲏ 설사 ⲡⲉⲧϣⲁϫⲉ ⲉⲃⲟⲗ ⲛ̄ϩⲏⲧϥ̄ 복화술사 ⲥⲉⲗⲉⲡⲓⲛ ⲛ̄ϩⲏⲧϥ̄ 늑골 ⲙⲛ̄ⲧⲁⲓ̈ϩⲉ *f.* 기질

ϩⲏ, ϩ(ⲉ)- *m.* 계절, 시기 *cf.* ϩ(ⲉ)ⲃⲱⲱⲛ 기근 ϩⲉⲛⲟⲩϥⲉ 풍작기

ϩⲏⲃⲉ, ϩⲏⲏⲃⲉ, ϩⲓⲃⲉ *m. f.* 상을 당함, 초상 *cf.* ⲣ̄ϩⲏⲃⲉ 애도하다, 통곡하다

ϩⲏⲃⲥ̄, ϩ(ⲉ)ⲃⲥ̄ *m.* 등불

ϩⲏⲅⲉⲙⲱⲛ ἡγεμών 행정관, 장관

ϩⲏⲇⲟⲛⲏ, ⲑⲏⲇⲟⲛⲏ, ϩⲏⲇⲟⲛⲁⲩⲉ ἡδονή 욕망

ϩⲏⲉ, ϩⲏⲩ† → **ϩⲉ** 떨어지다

ϩⲏⲏⲛⲉ *cf.* ⲉⲓⲥ ϩⲏⲏⲛⲉ → ⲉⲓⲥ 보라

ϩⲏⲏⲡⲉ *cf.* ⲉⲓⲥ ϩⲏⲏⲡⲉ → ⲉⲓⲥ 보라

ϩⲏⲏⲧⲉ 보라 → **ⲉⲓⲥ** 보라

ϩⲏⲕⲉ 가난한 **ⲙⲛ̄ⲧϩⲏⲕⲉ** 가난 *cf.* ⲣ̄ϩⲏⲕⲉ 구걸하다 ϩⲕⲟ 허기진

ϩⲏⲕⲉ *f.* 곡식 측량 단위

ϩⲏⲗⲝ → **ϩⲱⲗ**

ϩⲏⲗⲉ 그릇이나 음식물 계수 단위

ϩⲏⲗⲓⲕⲓⲁ ἡλικία 크기

ϩⲏⲙ† → **ϩⲙⲁⲙ**

ϩⲏⲙⲉ, ϩⲉⲙⲉ, ϩⲙ̄ⲙⲉ, ϩⲓⲙⲉ *f.* 운임 *cf.* ⲡⲱⲗϭ ... ϩⲏⲙⲉ 삯을 주고 빌리다

ϩⲏⲛ† → **ϩⲱⲛ**

ϩⲏⲛⲉ *f.* 마차의 중간축

ϩⲏⲛⲉ *m.* 향료, 향수 *cf.* ϣⲟⲩϩⲏⲛⲉ 향

ϩⲏⲛ̄ⲧⲏⲩ 미풍 → **ⲧⲏⲩ** 바람

ϩⲏⲡ† → **ϩⲱⲡ**

ϩⲏⲡⲁⲣ ἧπαρ 간, 간장

ϩⲏⲣ† → **ϩⲱⲣ**지키다

ϩⲏⲣⲱⲇⲏⲥ 헤롯

ϩⲏⲧ *m.*, **ϩⲉⲧⲉ** *pl.*, **ϩⲧⲏ⸗** 심장, 마음, 지혜, 이성 *cf.* ⲁⲧϩⲏⲧ, ⲁⲑⲏⲧ 비이성적인 ⲙⲛ̄ⲧⲁⲧϩⲏⲧ 상식을 벗어남 ⲃⲁⲗϩⲏⲧ 순진한, 단순한 ⲙⲛ̄ⲧⲃⲁⲗϩⲏⲧ 순진 ⲕⲱ ⲛ̄ϩⲏⲧ 신뢰를 갖다 ⲕⲁϩⲧⲏ⸗ 신뢰를 갖다, 믿다 ⲕⲁϩⲏⲧ ⲁⲃⲁⲗ 신뢰하는 ⲙ̄ⲕⲁϩⲛ̄ϩⲏⲧ 슬퍼하다 ⲛⲁⲏⲧ 친절한 ⲙⲛ̄ⲧⲛⲁϣⲧϩⲏⲧ 고집 ⲣⲙⲛ̄ϩⲏⲧ 이성을 갖춘 사람 ⲙⲛ̄ⲧⲣⲙⲛ̄ϩⲏⲧ 이성 ϩⲏⲧ ⲥⲛⲉⲩ 망설이는 ϩⲏⲧ ⲥⲛⲁⲩ 두 마음의, 망설이는 ⲣ̄ ϩⲧⲏ⸗ 숙고하다 ϯ ϩⲧⲏ⸗ 주의를 기울이다 ⲧⲱⲧⲛ̄ϩⲏⲧ 기꺼워하는, 납득하는 ϣⲗⲁϩⲛ̄ϩⲏⲧ 당황하는, 난처한 ϣⲁⲛϩⲧⲏ⸗ 동정의, 연민을 가지는 ⲁϊϩⲏⲧ 마음을 다지다 ϣⲛ̄ϩⲏⲧ 고통, 비탄 ϩⲁϩⲧⲏ⸗ ~의 곁에, 함께 ϩⲁⲣϣϩⲏⲧ 대담한, 참을성 있는 ⲙⲛ̄ⲧϩⲁⲣϣϩⲏⲧ 인내 ⲙⲛ̄ⲧϫⲁⲥⲓϩⲏⲧ 자만심 ϩⲏⲧ ⲃⲱϫⲱⲛ 악한 마음의 ϩⲏⲧ ϣⲏⲙ 참을성 없는

ϩⲏⲧ *m.* 북쪽, 나일 하류

ϩⲏⲧ, ϩⲧⲏ⸗, ϩⲧⲉ⸗, ϩⲏⲧ⸗, ϩⲉⲧ⸗ *m.*, *pl.* **ϩⲧⲉⲉⲩ** 정상, 꼭대기

ϩⲏⲧ⸗ → **ϩⲏ** 앞부분

ϩⲏⲧ⸗ → **ϩⲏ** 복부

ϩⲏⲧⲃⲉ → **ϩⲱⲧⲃⲉ**

ϩⲏⲧⲉ, ⲉⲓⲥ ϩⲏⲧⲉ 보라 !

ϩⲏⲧⲉ → **ⲃⲏⲧⲉ** 껍질

ϩⲏⲩ *m.* 이익, 이윤 *cf.* ϯ ϩⲏⲩ, ϭⲛ̄ϩⲏⲩ 유익하다 ϩⲛ̄ⲟⲩⲙⲛ̄ⲧⲙⲁⲓϩⲏⲩ 흥미로운 방법으로, 작은 이익을 보고

ϩⲏ(ⲩ)ⲃⲉ → **ϩⲃ̄ⲃⲉ** 쟁기

ϩⲏⲩⲧ → **ϩⲁⲩⲧ**

ϩⲏϣ† → **ϩⲱϣ**

ϩⲏϭⲉ 고민되다, 걱정되다

ϩⲓ-, ϩⲓⲧ⸗ → **ϩⲓⲟⲩⲉ** 치다

ϩⲓ, ϩⲓⲧ⸗, ϩⲁⲧ⸗ 키질하다, 타작하다

ϩⲓ-, (ϩⲉ-), ϩⲓⲱⲱ⸗ …위에, …에 덧붙여서, 그리고, 또는 *cf.* ϩⲓⲡⲉⲕⲣⲟ ⲛ̄- …을 넘어서서 ϩⲓⲟⲩⲙⲁ 다 함께, 동일한 장소에서 ϩⲓⲟⲩⲥⲟⲡ 함께, 동시에 (ⲡ)ⲉⲧϩⲓⲧⲟⲩⲱ(ϥ) 이웃, 친지 ⲉⲧϩⲓⲡϫⲓⲥⲉ 고지대, 산악지방 ϩⲓⲡⲉⲓⲥⲁ ⲙⲛ̄ⲡⲁⲓ 이리저리 ⲉⲃⲟⲗ ϩⲓ …으로부터 멀리 ϩⲓⲃⲟⲗ …바깥에서, …을 넘어 ϩⲓⲟⲩⲥⲁⲡ 모두 함께, 단 한 번에 ϩⲓϩⲟⲩⲛ ~내부에 ϩⲓⲃⲁⲗ 바깥에 ϩⲓⲡⲁϩⲟⲩ ~의 뒤에 ϩⲓⲣⲛ̄- ~전면에 ϩⲓⲣⲱ⸗ ~앞에 ϩⲓⲧⲛ̄-, ϩⲓⲧⲙ̄- ~때문에 ϩⲓϫⲛ̄-, ϩⲓϫⲙ̄- ~위에 ϩⲓⲱ⸗ ~의 등 위에, 그리고, 또는 ϩⲓⲡϫⲓⲥⲉ ~위에서 ⲡⲉⲧϩⲓⲧ<ⲟⲩ>ⲱⲕ 네 이웃 ϩⲓ ⲑⲏ ⲛ̄- ~앞에서

ϩⲓⲁⲙⲉ *pl.* → **ⲥϩⲓⲙⲉ** 여성

ϩⲓⲁⲩⲉ → **ϩⲓⲏ**

ϩⲓⲃⲁⲗ 바깥에 → **ϩⲓ-** ~위에, **ⲃⲁⲗ** 외부

ϩⲓⲃⲉ, ϩⲟⲃⲉ†, ϩⲁⲃⲉ† 낮은, 짧은, 작아진 *cf.* ϩⲃⲁⲓ 짧음 ⲑⲃ̄ⲃⲓⲟ 겸손하다 ϩⲃ̄ⲃⲉ 낮추다

ϩⲓⲃⲟⲓ, ϩⲉⲃⲱⲓ, ϩ(ⲓ)ⲃⲟⲩⲓ, ϩⲁⲃⲟⲩⲓ *m.* 따오기, 이비스

ϩⲓⲃⲟⲗ 바깥에 → **ϩⲓ-** …위에, **ⲃⲱⲗ** 풀다

ϩⲓⲉ, ϩⲓⲏ, ϩⲓⲉⲓ *m. f.*, *pl.* **ϩⲓⲏⲩ** 키

ϩⲓⲉ → **ⲉⲓⲉ** 그래서, 그런데

ϩⲓⲉⲃⲉ → **ϩⲓⲓⲃ**

ϩⲓⲉⲉⲩⲉ → **ϩⲟⲓ** 전원, 도랑

ϩⲓⲉⲓⲃ, ⲉϩⲓⲉⲓⲃ, ϩⲓ(ⲉ)ⲃ *m.*, *f.* **ϩⲓⲁⲓⲃⲉ, ϩⲓ(ⲉⲓ)ⲁⲃⲉ, ϩⲓ(ⲉⲓ)ⲃⲉ, ϩⲓⲏⲃⲉ, ϩⲁⲓⲃⲉ, ⲉϩⲁⲉⲓⲃⲉ** 양, 암양

ϨⲈⲒⲦ, **ϨⲒⲦ** *m.* 구덩이

ϨⲒⲈⲢⲞⲨⲤⲀⲖⲎⲘ 예루살렘

ϨⲒⲎ *f. pl.* **ϨⲒⲞⲞⲨⲈ**, **ϨⲒⲎⲨ**, **ϨⲒⲀⲨⲈ** 길, 도로 *cf.* *ϨⲒⲎ Ⲙ̄ⲘⲞⲞϢⲈ* 도로, 단계 *Ⲣ̄ ϨⲒⲎ Ⲙ̄ⲘⲞⲞϢⲈ* 지나가다 *ⲤⲞⲞⲨⲦⲚ̄ Ⲛ̄ⲦⲈϨⲒⲎ* 만족스러운 여행을 하다

ϨⲒⲎ → **ϢⲒⲎ** 길이

ϨⲒⲎ → **ϨⲈ** 방법

ϨⲒⲎ → **ϨⲎ** 태초, 앞부분

ϨⲒⲎ → **ϨⲒⲈ** 키

ϨⲒⲐⲎ Ⲛ̄-, **ϨⲒ ⲦⲈϨⲎ Ⲛ̄-**, **ϨⲒ Ⲧ(ⲈϤ)ⲈϨⲎ** ~앞에 **ϨⲒ-** ~위에, **ϨⲎ** 이전 상태

ϨⲒⲒⲂ (L), *pl.* **ϨⲒⲈⲂⲈ** 양

ϨⲒЇⲦ → **ϨⲒⲦ**

ϨⲒⲔ *m.* 마술 *cf.* *Ⲣ̄ ϨⲒⲔ* 마법을 행하다 *ⲢⲈϤⲢ̄ϨⲒⲔ* 마술사 *ⲂⲀⲖϨⲒⲔ* 마법사 *ϨⲀⲔⲞ* 마법사

ϨⲒⲔⲀⲚⲞⲤ ἱκανός 충분한, 능력 있는

ϨⲒⲔⲞⲚⲞⲄⲢⲀⲪⲒⲀ εἰκονογραφία 묘사, 그리기

ϨⲒⲔⲰⲚ, **ⲐⲒⲔⲰⲚ** εἰκών 형상 *cf.* *ⲤⲀϨϨⲒⲔⲰⲚ* 초상 화가

ϨⲒⲖⲀ 비방하다 → **ϨⲒⲞⲨⲈ** 치다, **ⲖⲀ** 비방

ϨⲒⲘⲈ, **ϨⲒⲞⲘⲈ** *pl.* → **ⲤϨⲒⲘⲈ** 여자

ϨⲒⲘⲈ → **ϨⲎⲘⲈ** 운임

ϨⲒⲘⲈⲈⲨ, **ϨⲒⲘⲈⲨⲈ** → **ϨⲀЇⲘⲈ**

ϨⲒⲘⲎ *pl.* **ϨⲞⲈⲒⲘ** 파도

ϨⲒⲘⲎⲢ 건너편 → **ϨⲒ** …위에, **ⲘⲎⲢ** 강 언덕

ϨⲒⲚ, **ⲈⲒⲚ** *m.* 꺾기, 측정 단위 *cf.* *ⲢⲈϤⲘ̄ⲠϨⲒⲚ ⲈϨⲞⲨⲚ* 점쟁이

ϨⲒⲚⲀЇ 그래서, 그렇게 → **ϨⲒ** …위에, **ⲠⲀЇ** 그것

ϨⲒⲚⲈ, **ϨⲒⲚⲒⲈ** 노를 저어 앞으로 가다 *cf.* *ϨⲒⲚⲈ* 움직이다

ϨⲒⲚⲈ, **ϨⲚ̄Ⲧ⸗** 조금씩 움직이다, 다가서다, 멀어지다 *cf.* *ϨⲚ̄Ⲧ⸗ ⲈⲂⲞⲖ* 멀어지다, 떠나가다 *ⲠⲈⲚⲦⲀϤ ϨⲚ̄ⲦϤ̄ⲤⲀⲂⲞⲖ* 배교자, 배신자 *ϨⲒⲚⲈ* 노를 저어 나아가다

ϨⲒⲚⲎⲂ 잠, 잠자다

ϨⲒⲚⲒⲈ *m., pl.* **ϨⲈⲚⲈⲒⲈ** 키 *cf.* *ϨⲒⲚⲈ* 노를 저어 나아가다

ϨⲒⲞⲞⲨⲈ *pl.* → **ϨⲒⲎ** 길

ϨⲒⲞⲨⲈ, **ϨⲒ-**, **ϨⲞⲨ-**, **ϨⲒⲦ⸗** *p.c.* **ϨⲀⲨ-** 치다, 때리다, 버리다 *cf.* *ϨⲒⲞⲨⲈ ⲈⲂⲞⲖ* 거부하다, 내치다, 떠나게 하다, 축출하다 *ϨⲒⲖⲀ (Ⲛ̄ⲚⲞⲨϪ)* 저주하다, 욕하다 *ⲢⲈϤϨⲒⲖⲞⲄⲬⲎ* 창기병 *ϨⲒⲔⲰⲚⲈ* 돌로 치다 *ϨⲒⲔⲰⲠ* 추첨하다 *ϨⲒϢⲈⲚ ⲚⲞⲨϤⲒ* 복음을 전하다 *ϨⲒϨⲦⲀⲒ* 파문하다 *ϨⲒⲢⲞⲞⲨϢ ϨⲀ-* …에 전념하다, …을 걱정하다 *ϨⲒⲦϤ̄ ⲈϨⲢⲀЇ Ⲉ-* …의 발밑에 몸을 던지다 *ϨⲀⲨϢⲚⲈ* 그물 치는 사람

ϨⲒⲢ *m.* 길, 네거리, 구역 *cf.* *ϨⲒⲢϨⲒⲢⲈ* 도로

ϨⲒⲢⲈⲦ⸗ ~의 발밑에, 부근에 → **ϨⲒ-** ~위에, **ⲢⲈⲦ⸗** 발

ϨⲒⲢⲚ̄-, **ϨⲒⲢⲰ⸗** …앞에 → **ⲢⲞ** 문

ϨⲒⲢϨⲒⲢⲈ, **ϨⲈⲢϨⲒⲢⲈ**, **ϨⲎⲢϨⲒⲢⲈ** *f.* 거리 *cf.* *ϨⲒⲢ* 길

ϨⲒⲤⲈ, **ϨⲒⲤⲦ⸗**, **ϨⲀⲤⲦ⸗**, **ϨⲞⲤⲈ†** 줄을 감다

ϨⲒⲤⲈ, **ϨⲀⲤⲦ-**, **ϨⲈⲤⲦ-**, **ϨⲀⲤⲦ⸗**, **ϨⲞⲤⲦ⸗**, **ϨⲈⲤⲦ⸗**, **ϨⲞⲤⲈ†**, **ϨⲀⲤⲈ†** 수고하다, 고통을 당하다, 힘들게 일하다 *cf.* *Ϯ ϨⲒⲤⲈ, ⲞⲨⲈϨ ϨⲒⲤⲈ* 방해하다, 괴롭히다 *Ⲙ̄ⲚⲦⲢⲈϤϢⲠ̄ ϨⲒⲤⲈ* 고통 *ϨⲰⲤ* 허약한 사람

ϨⲒⲤⲈ 찬양하다, 영광 돌리다 *cf.* *ϪⲢⲞ Ⲙ̄Ⲛ̄ ϨⲒⲤⲈ* 능력과 영광 *ϨⲎⲤⲈ*

ϨⲒⲤⲦ⸗ → **ϨⲒⲤⲈ** 줄을 감다

ϨⲒⲦ⸗ → **ϨⲒⲞⲨⲈ** 때리다

ϨⲒⲦ → **ϨⲈⲒⲦ** 구덩이

ϨⲒⲦⲈ, **ϨⲈⲦ-**, **ϨⲀⲦ⸗**, **ϨⲈⲦ⸗** 비비다, 마찰하다, 닳다, 낡아지다, 늙다, 병나다

ϨⲒⲦⲈϨⲎ → **ϨⲎ**

ϨⲒⲦⲚ̄-, **ϨⲒⲦⲞⲞⲦ⸗** …에 의해

ⲈⲂⲞⲖ ϨⲒⲦⲚ̄- …에 의하여, …때문에 *cf.* *ϨⲒ-* …위에, *ⲦⲰⲢⲈ* 손

ϨⲒⲦⲞⲞⲦ⸗ → **ϨⲒⲦⲚ̄-** …에 의해

ϨⲒⲦⲞⲞⲦ⸗ 착수하다 → **ϨⲒⲞⲨⲈ** 치다, **ⲦⲰⲢⲈ** 손

ϨⲒⲦⲞⲨⲰ⸗ 이웃의 → **ϨⲒ-** …위에, **ⲦⲞⲨⲰ⸗** 젖가슴

ϨⲒⲰⲘⲈ, **ϨⲰⲘⲈ**, **ϨⲒⲞⲘⲈ** *f.* 손바닥, 앞발

ϨⲒϨⲞⲨⲚ ~속에 → **ϨⲒ-** ~위에, **ϨⲞⲨⲚ** 내부의

ϨⲒϨⲦⲀⲒ 속이다 → **ϨⲒⲞⲨⲈ** 때리다, **ϨⲦⲀⲒ** 속임수

ϨⲒϨⲢⲀ⸗ …의 앞에서 → **ϨⲒ-** …위에, **ϨⲞ** 얼굴

ϨⲒϪⲚ̄-, **ϨⲒϪⲰ⸗** …위에 *cf.* *ϨⲒ-* …위에, *ϪⲰ* 머리

ϨⲔⲞ, **ⲈϨⲔⲞ**, **ϨⲔⲀⲈⲒⲦ†**, **ϨⲔⲞⲈⲒⲦ†**,

ϩⲟⲕⲣ̄†, ϩⲕⲉⲉⲧ†, ϩⲕⲉïⲧ† 허기진 *cf.* ϣⲁⲡϩⲕⲟ 허기진 ϩⲏⲕⲉ 가난한

ϩⲗ̄ → ϩⲗ̄ⲟⲩⲱ 말다툼하다

ϩⲗⲁïⲗⲉ 물에 뜨다

ϩⲗⲁⲕ → ϩⲗⲟϭ 부드러운

ϩⲗⲁⲙⲗⲙ̄ (L) 연루되다, 얽혀들다

ϩⲗⲁⲥⲧⲛ̄ *m.* 안개

ϩⲗⲁϭ (L), ϩⲁⲗϭ†, ϩⲁⲗⲉϭ†, *pl.* ϩⲗ̄ϭⲁⲧⲉ 부드러운, 달콤한 *cf.* ϩⲱⲗϭ 부드러운

ϩⲗⲉⲉⲓⲗⲉ → ϩⲗⲟⲉⲓⲗⲉ 헤엄치다

ϩⲗⲉⲡⲗⲱⲡ† 맥이 풀리다, 피곤해지다, 지겨워하다, 낙심하다

ϩⲗⲓ, ϩⲗⲉⲓ 아무것도, 아무도

ϩⲗ̄ⲗⲟ *m., f.* ϩⲗ̄ⲗⲱ *pl.* ϩⲗ̄ⲗⲟⲓ, ϩⲗ̄ⲗⲁï 노인, 원로 *cf.* ⲣ̄ ϩⲗ̄ⲗⲟ 늙어가다 ⲙⲛ̄ⲧϩⲗ̄ⲗⲟ 늙음 ϩⲁⲗ 하인

ϩⲗⲟⲉⲓⲗⲉ, ϩⲗⲟⲉⲓⲗ, ϩⲣⲟⲉⲓⲣⲉ, ϩⲗⲉⲉⲓⲗⲉ, ϩⲉⲗⲉⲓⲗⲉ 헤엄치다, 떠다니다

ϩⲗⲟⲙⲗⲙ̄ 뒤섞인, 복잡하게 얽힌

ϩⲗⲟⲟⲗⲉ, ϩⲗⲱⲗⲉ 젖 먹이다, 돌보다

ϩⲗⲟⲡ *m.* 자루 달린 바가지

ϩⲗⲟⲡⲗⲉⲡ, ϩⲗⲟⲡⲗⲡ̄, ϩⲗⲡ̄ⲗⲱⲡ⸗,

ϩⲗⲟⲩⲗⲱⲟⲩ†, ⲗⲟⲩⲗⲱⲟⲩ† 높이 들린

ϩⲗⲟⲥⲧⲛ *f.* 연기

ϩⲗⲟⲩⲗⲱⲟⲩ† → ϩⲗⲟⲡⲗⲉⲡ 높이 들린

ϩⲗ̄ⲟⲩⲱ 다툼 → ⲟⲩⲱ 소식, 답변

ϩⲗⲟϭ, ϩⲗⲁⲕ, ϩⲟⲗϭ̄† *p.c.* ϩⲁⲗϭ- 부드럽다, 달콤하다 ⲉⲧϩⲟⲗϭ̄ 부드러운 ϩⲗⲱϭϥ̄ 쉬운, 기분 좋은 ϩ(ⲉ)ⲗϭⲉ 부드러움

ϩⲗ̄ⲡⲉ, ϩⲉⲗⲡⲉ *f.* 배꼽

ϩⲗⲡ̄ⲗⲱⲡ⸗ → ϩⲗⲟⲡⲗⲉⲡ 높이 들린

ϩⲗⲱⲗⲉ → ϩⲗⲟⲟⲗⲉ 젖 먹이다

ϩⲗⲱⲙ, ϩⲗⲟⲙ, ⲗ̄ϩⲱⲙ *m.* 벼룩

ϩⲗ̄ϩⲁⲗⲧ†, ϩⲗ̄ϩⲱⲗ⸗ → ϩⲁⲗϩⲗ̄

ϩⲗ̄ϩⲱⲗ⸗ → ϩⲁⲗϩⲗ̄ 목 졸라 죽이다

ϩⲗ̄ϭⲁⲧⲉ, ϩⲗϭⲏⲧ → ϩⲗⲁϭ

ϩⲙ̄- → ϩⲛ̄- …속에

ϩⲙ̄ → ϣⲏⲙ 작은

ϩⲙ̄- → ϩⲙ̄ϩⲁⲗ 노예

ϩⲙⲁⲓⲥ *m.* 엉덩이 *cf.* ϩⲙⲟⲟⲥ 앉다

ϩⲙⲁⲙ, ϩⲏⲙ† 뜨거운 *cf.* ϩⲙ̄ⲙⲉ 열기

ϩⲙⲁⲥ†, ϩⲙⲁⲥⲧ̄ → ϩⲙⲉⲥ† 앉아있는

ϩⲙⲁⲧ, *pl.* ϩⲙⲟⲟⲧ 은혜, 선물 *cf.* ⲣ̄ ϩⲙⲁⲧ 주다, 선사하다 ϣⲱⲡ ⲙ̄ⲡ(ⲉϥ) ϩⲙⲁⲧ 고마워하다 ⲡϩⲙⲁⲧ ϣⲏⲡ ⲛ̄- ~에 감사하다

ϩⲙⲉ 마흔 *cf.* ⲙⲉϩϩⲙⲉ 사십 대의 ϩⲙⲉⲧⲉϥⲧⲉ 마흔넷

ϩⲙⲉⲛⲉ, ϩⲙⲉⲛⲉ- 여든 *cf.* ϣⲙⲟⲩⲛ 여덟

ϩⲙⲉⲥ† (L), ϩⲙⲁⲥ†, ϩⲙⲉⲥⲧ, ⲙⲉⲥⲧ, ϩⲙⲁⲥⲧ̄ 앉아있는 *cf.* ⲙⲁⲛϩⲙⲉⲥ(ⲧ) 자리 ϭⲓⲛϩⲙⲉⲥ 앉아있는

ϩⲙ̄ⲙⲉ → ϩⲏⲙⲉ 운임

ϩⲙ̄ⲙⲉ *m. f.* 열기 *cf.* ϩⲙⲟⲙ, ϩⲙⲁⲙ 뜨거운

ϩⲙ̄ⲙⲉ, ⲣ̄ ϩⲙ̄ⲙⲉ 운전하다, 안내하다 *cf.* ⲣⲉϥⲣ̄ ϩⲙ̄ⲙⲉ 운전사, 조종사, 항해사

ϩⲙ̄ⲛⲧⲱⲣⲉ, ϩⲉⲙⲉⲧⲟⲣⲉ, ϩⲉⲃⲉⲧⲱⲣⲉ, ϩⲉⲙⲛ̄ⲧⲱⲣ, ϩⲁⲙⲛ̄ⲧⲱⲣ, ϩ(ⲉ)ⲙ(ⲉ)ⲧⲱⲣ, ϩⲟⲙⲱⲧⲱⲣ *m.* 통과 암호, 약속 부호

ϩⲙⲟⲙ, ϣⲙⲟⲙ, ϩⲏⲙ† 뜨거운, 열기 *cf.* ⲉⲧϩⲏⲙ 익힌, 데운 ⲑⲙ̄ⲟ 데우다 ϩⲙ̄ⲙⲉ 더위, 열기

ϩⲙⲟⲟⲥ 앉아있다, 머무르다 *cf.* ϩⲙⲟⲟⲥ ⲙⲛ̄ϩⲁⲓ 시집가다 ⲙⲁⲛ̄ϩⲙⲟⲟⲥ 의자 ⲙⲁⲛ̄ϩⲙⲟⲟⲥ ⲛ̄ϣⲟⲣⲡ̄ 상석 ⲑⲙ̄ⲥⲟ 앉게 하다 ϩⲙⲁⲓⲥ 엉덩이

ϩⲙⲟⲟⲧ → ϩⲙⲁⲧ

ϩⲙⲟⲧ *m.* 은혜, 고마움 *cf.* ⲣ̄ ϩⲙⲟⲧ 은혜를 베풀다 ϣⲡ̄ϩⲙⲟⲧ 은혜를 갚다, 고마와하다. ⲣⲉϥⲥⲡ̄ϩⲙⲟⲧ 은혜를 베푸는 사람, 성례. ⲁⲧϣⲡ̄ϩⲙⲟⲧ 은혜를 모르는

ϩⲙⲟⲩ *m.* 소금 *cf.* ⲥⲁⲛ̄ϩⲗⲟⲩ 소금장수

ϩⲙ̄ϩⲙ̄ 부르짖다

ϩⲙⲟϫ, ϩⲟⲙϫ̄†, ϩⲟⲙⲏϫ†, ϩⲁⲙϫ̄† → 시어지다, 발효되다 *cf.* ϩⲙ̄ϫ 식초

ϩⲙ̄ⲯ → ϩⲉⲙⲥ̄ 이삭

ϩⲙ̄ϩⲁⲗ *m. f.* 하인, 종 *cf.* ϩⲙ̄ϩⲁⲗ ⲛ̄ⲥϩⲓⲙⲉ 여자 하인, 여종 ⲣ̄ ϩⲙ̄ϩⲁⲗ 시중들다 ⲙⲛ̄ⲧϩⲙ̄ϩⲁⲗ 종살이 ϣⲃⲣ̄ϩⲙ̄ϩⲁⲗ 동류 노예 ϩⲁⲗ 하인, 노예

ϩⲙ̄ϩⲙ̄ 포효하다, 울부짖다

ϩⲙ̄ϫ, ϩⲉⲙϫ, ϩⲏⲙϫ *m.* 식초, 산 *cf.* ϩⲙⲟϫ 시어지다

ϨⲚ̅- → **ϨⲰⲚ** 접근하다

ϨⲚ̅-, **ϨⲘ̅-**(Ⲡ-앞에서), **Ⲛ̅ϨⲎⲦ⸗** …안에, …에 의해 *cf.* (ⲈⲂⲞⲖ) ϨⲚ̅- …을 떠나 ϨⲘ̅ⲠⲈⲒⲘⲀ 거기에서 ⲈⲂⲞⲖ ϨⲘ̅ⲠⲈⲒⲘⲀ 거기로부터 ϨⲘ̅ⲠⲈⲒⲤⲎⲨ 이 순간 ϨⲚ̅ⲀϢ Ⲙ̅ⲘⲀ 어디 ϨⲚ̅ⲀϢ Ⲛ̅ⲞⲨⲞⲈⲒϢ 언제 ⲈϨ(Ⲉ)Ⲛ- …속에 ϨⲞⲨⲚ 내부

ϨⲚⲀⲀⲨ, **ϨⲚⲀ(Ⲟ)Ⲩ**, **ϨⲚⲞ(Ⲟ)Ⲩ** 물병, 물건, 집기, 소유물 *cf.* ⲖⲀⲀⲨ Ⲛ̅ϨⲚⲀⲀⲨ 아무것도 아닌 ϨⲚⲀⲀⲨ Ⲛ̅ⲈⲒⲀⲦⲞⲞⲦ⸗ 손을 씻는 그릇 ϨⲚⲀⲀⲨ Ⲛ̅ⲔⲀⲤⲞⲦⲈ 화살통 ϨⲚⲀⲀⲨ Ⲛ̅ⲤϨⲀⲒ 필기도구 ϨⲚⲀⲀⲨ Ⲛ̅ⲞⲨⲰⲦϨ̅ 주조물

ϨⲚⲈ-, **ⲈϨⲚⲈ-**, **(Ⲉ)ϨⲚⲀ⸗**, **ϨⲚⲈ⸗**, **ⲈϨⲚⲈ⸗** 원하다 *cf.* Ⲣ̅ ϨⲚⲀϤ 즐거이 응하다 ⲈϨⲚⲀϤ 기꺼이 ⲠⲈⲦⲈϨⲚⲀϤ 욕망

ϨⲚⲈⲈⲨ (L) *m.* 자기, 꽃병, 소유물

ϨⲚⲎⲨⲦ† → **ϨⲰⲚ** 접근하다

ϨⲚ̅Ⲧ⸗ → **ϨⲒⲚⲈ** 움직이다

ϨⲚ̅ⲦⲞⲨ *m.* 인도, 인도인

ϨⲚ̅ⲦⲞⲨⲀⲒ̈Ⲧ† → **ϨⲰⲚ̅Ⲧ** 다가서다, **ⲦⲞⲨⲰ⸗** 가슴, 무릎, 슬하

ϨⲞ, **ϨⲀ**, **ϨⲰ**, **ϨⲀ-**, **ϨⲢⲚ̅-**, **ϨⲢⲀ⸗**, **ϨⲢⲈ⸗** 얼굴, 면 *cf.* ⲀϨⲢⲚ̅-, ⲀϨⲢⲈ⸗, ⲀϨⲢⲰ⸗ ~을 향하여 ⲂⲒ ϨⲢⲈ⸗ 얼굴을 들다 ⲘⲚ̅ⲦⲢⲈϤϪⲒϨⲞ 불공평, 편중 ⲚⲀϨⲢⲚ̅-, ⲚⲀϨⲢⲈ⸗ ~의 면전에서 ⲢⲈϤϪⲒϨⲞ 불공평한 ϢⲀⲂⲒϨⲞ 흉악한, 무서운 ϢⲰⲠ ϨⲢⲈ 받아 들이다 ϨⲞ ⲤⲚⲈⲨ 두 얼굴의 ϪⲒ ϨⲞ 참작하다, 고려하다, 대우하다 ϪⲒ ϨⲢⲀ⸗ …와 토론하다 ϪⲒ ϨⲢⲈ⸗ ~에 주의를 기울이다 Ϯ ϨⲞ …을 향해 돌아서다, 탄원하다

ϨⲞ → **ϨⲀ** 장대

ϨⲞ → **ⲈϨⲞ** 보물

ϨⲞⲂⲤⲦ̅ 폭풍

ϨⲞⲈⲒⲘ, **ϨⲀⲈⲒⲘ** *m., pl.* **ϨⲎⲘⲈ**, **ϨⲒⲘⲎ** 파도

ϨⲞⲈⲒⲚⲈ, **ϨⲞⲒ̈Ⲛ(Ⲉ)**, **ϨⲈⲚ-** 어떤 사람들은 *cf.* ϨⲈⲚ- 부정관사 복수형

ϨⲞⲈⲒⲢⲈ, **ϨⲞⲒⲖⲈ** *f.* 분뇨

ϨⲞⲈⲒⲦⲈ, **ϨⲞⲒⲦⲈ** *m., f.* **ϨⲒⲦ-** 의복 *cf.* ϨⲞⲈⲒⲦⲈ ⲈⲦϨⲒⲂⲞⲖ 윗옷

ϨⲞⲈⲒⲦⲈ, **ϨⲞⲒⲦⲈ** *f.* 하이에나

ϨⲞⲒ, **ϨⲀⲒ** *m., pl.* **ϨⲒⲈⲈⲨ(Ⲉ)** 전원, 관개용 수로

ϨⲞⲒ 애씀, 방해 *cf.* Ϯ ϨⲞⲒ 짜증 나게 하다, 싫증 나게 하다

ϨⲞⲒⲖⲈ → **ϨⲞⲈⲒⲢⲈ** 분뇨

ϨⲞⲔⲈ, **ϨⲞⲔ⸗** → **ϨⲰⲔ** 치다

ϨⲞⲔⲘⲈⲤ 가마, 침상

ϨⲞⲔⲢ̅† 허기진 → **ϨⲔⲞ** 배고프다

ϨⲞⲖ⸗ → **ϨⲰⲖ** 던지다

ϨⲞⲖⲔ⸗ → **ϨⲰⲖⲔ̅** 접다

ϨⲞⲖⲞⲔⲞⲦⲒⲚⲞⲤ ὁλοκόττινος 동전

ϨⲞⲖⲞⲦⲈⲖⲰⲤ ὁλοτελῶς 절대적으로, 완전히

ϨⲞⲖⲰⲤ ὅλως 전체적으로, 전혀

ϨⲞⲖϨⲖ̅, **ϨⲈⲖϨⲰⲖ-**, **ϨⲈⲖϨⲰⲖ⸗**, **ϨⲈⲖϨⲰⲖ**† 물을 뿌리다, 물을 튀기다, 해를 끼치다 *cf.* **ϨⲰⲖ** 던지다

ϨⲞⲖϨⲖ̅, **ϨⲈⲖϨⲰⲖ⸗** 목 조르다, 죽이다

ϨⲞⲖϬ̅† → **ϨⲰⲖϬ̅** 얼싸안다

ϨⲞⲖϬ̅† → **ϨⲖⲞϬ** 부드럽다

ϨⲞⲘ⸗ → **ϨⲰⲘ** 발로 밟다

ϨⲞⲘⲈ *f.* 잔

ϨⲞⲘⲎϪ† → **ϨⲘⲞϪ** 시어지다

ϨⲞⲘⲒⲖⲒⲀ, **ϨⲞⲘⲎⲖⲒⲀ** ὁμιλία 가르침, 교훈

ϨⲞⲘⲚ̅Ⲧ, **ϨⲞⲘ(Ⲉ)Ⲧ** *m.* 구리, 동전, 가격 *cf.* ⲘⲚ̅ⲦⲘⲀⲒϨⲞⲘⲚ̅Ⲧ 재물을 밝힘, 탐욕 ϢⲰⲠ ϨⲀϨⲞⲘⲚ̅Ⲧ 구매하다 ⲤϨⲀⲒⲚ̅ϨⲞⲘⲚ̅Ⲧ 신용, 신임 ϨⲞⲘⲚ̅ⲦⲚ̅ⲂⲀⲢⲰⲦ 구리의 일종

ϨⲞⲘⲞⲖⲞⲄⲎ ὁμολογεῖν 고백하다

ϨⲞⲘⲞⲖⲞⲄⲒⲀ ὁμολογία 고백

ϨⲞⲘⲞⲒⲞⲨⲤⲒⲰⲤ ὁμοιουσίως 동질의

ϨⲞⲘⲦ̅ → **ϨⲞⲘⲚ̅Ⲧ** 구리

ϨⲞⲘⲰⲤ ὅμως 마찬가지로, 그렇지만, 아직

ϨⲞⲘϪ̅† → **ϨⲘⲞϪ** 시어지다

ϨⲞⲚ⸗ → **ϨⲰⲚ** 접근하다

ϨⲞⲚ⸗ → **ϨⲰⲚ** 명령을 내리다

ϨⲞⲚⲂⲈ *f.* 샘, 우물

ϨⲞⲚⲦ *m., pl.* **ϨⲰⲚⲦ** 이방의 제사장

ϨⲞⲚⲦ⸗ → **ϨⲰⲚ̅Ⲧ** 다가가다

ϨⲞ(Ⲟ)Ⲕ⸗ → **ϨⲰ(Ⲱ)Ⲕ** 무장하다

ϨⲞⲞⲔⲈ† → **ϨⲰⲰⲔⲈ** 긁다

ϨⲞ(Ⲟ)Ⲗ⸗ → **ϨⲰ(Ⲱ)ⲖⲈ** 따다

ϨⲞ(Ⲟ)ⲖⲈ, **ϨⲀⲖⲈ** *m. f.* 썩음, 벌레 먹음 *cf.* Ⲣ̅ϨⲞⲞⲖⲈ 벌레 먹은 ⲀⲦⲢ̅ϨⲞⲞⲖⲈ 썩지 않는

ϩⲟ(ⲟ)ⲙⲉⲥ *m., f.* ϩⲟⲟⲙⲏⲥ 물병

ϩⲟⲟⲩ, ϩⲟⲩ- *m.* 하루, 날 *cf.* ϫⲓⲥⲉ ⲛ̄ⲛⲉϩⲟⲟⲩ 장수 ⲡⲟⲟⲩ (ⲛ̄ϩⲟⲟⲩ) 오늘

ϩⲟⲟⲩ† 나쁜, 썩은 *cf.* ⲉⲧϩⲟⲟⲩ 나쁜, 어려운 ⲡⲉⲑⲟⲟⲩ 악 ⲉⲓⲣⲉ ⲙ̄(ⲡ)ⲡⲉⲑⲟⲟⲩ 악을 행하다, 죄를 짓다 ⲣⲉϥⲣ̄ ⲡⲉⲑⲟⲟⲩ 악행자, 악인 ⲥⲁⲙ̄ⲡⲉⲑⲟⲟⲩ 악한 ⲙⲉⲉⲩⲉ ⲉⲑⲟⲟⲩ 나쁜 생각, 사악함 ⲑⲟ 악하게 대하다

ϩⲟⲟⲩⲉ, ϩⲟⲟⲩ *m., pl.* ϩⲣⲉⲩ 낮, 하루 *cf.* ϩⲟⲩⲙⲓⲥⲉ 생일 ⲛⲓϩⲟⲟⲩⲉ 근자에, 근래에 ⲙ̄ⲡⲟⲟⲩ, ⲙ̄ⲡⲟⲟⲩⲉ 오늘 ⲡⲟⲟⲩ, ⲡⲟⲟⲩⲉ 낮의 ϣⲁⲡⲟⲟⲩ 오늘까지 ϫⲛ̄ ⲙ̄ⲡⲟⲟⲩⲉ 오늘부터

ϩⲟⲟⲩⲣⲉ, ϩⲟⲩⲣ(ⲉ)-, ϩⲟⲩⲣⲱ-, ϩⲟⲩⲣⲱ(ⲱ)⸗, ϩⲟⲩⲣⲟ⸗ 빼앗다, 앗아가다

ϩⲟⲟⲩⲧ, ⲉ(ⲓ)ϩⲟⲟⲩⲧ, ϩⲉⲟⲩⲧ, ϩⲟⲩⲧ- 수컷, 야성 ⲃⲁⲁⲙϩ̄ⲟⲟⲩⲧ 숫양 ⲡⲓⲣϩⲟⲟⲩⲧ 멧돼지 ⲥⲱⲙⲁ ⲛ̄ϩⲟⲟⲩⲧ 남성, 남성의 성기 ϩⲟⲩⲧⲥϩⲓⲙⲉ 남여 양성의

ϩⲟⲟⲩⲧⲛ̄ *m.* 길, 거리를 재는 단위

ϩⲟⲟⲩϣ 욕하다, 비난하다

ϩⲟⲡ, ϩⲟⲟⲡ, ϩⲁⲡ- *m.* 잔치, 결혼식장

ϩⲟⲡ → ϩⲁⲡ 심판

ϩⲟⲡ → ϩⲟϥ 뱀

ϩⲟⲡ⸗ → ϩⲱⲡ 숨기다

ϩⲟⲡⲗⲟⲛ ὅπλον 무기

ϩⲟⲡϩⲡ̄ *m.* 격동, 자극

ϩⲟⲣ⸗ → ϩⲱⲣ 지키다

ϩⲟⲣ⸗ → ϩⲱⲣ 젖을 짜다

ϩⲟⲣⲃ⸗, ϩⲟⲣ(ⲉ)ϥ† → ϩⲱⲣⲃ̄ 꺾다

ϩⲟⲣⲕ̄† → ϩⲣⲟⲕ 멈추다

ϩⲟⲣⲡ̄† → ϩⲱⲣⲡ̄ 잠자다

ϩⲟⲣⲡ̄† → ϩⲱⲣⲡ̄ 적시다

ϩⲟⲣϣ̄† 무거운 → ϩⲣⲟϣ 무게가 나가다

ϩⲟⲣϣ̄† 신선한 → ⲱⲣϣ̄ 신선하게 하다

ϩⲟⲣϣ̄† → ϩⲱⲣϣ 무겁다

ϩⲟⲣϩ(ⲉ)ⲣ 앞으로 밀다 *cf.* ϩⲣⲁ 앞으로 밀다

ϩⲟⲣϫ⸗, ϩⲟⲣϭ† → ϩⲱⲣϭ 쌓다

ϩⲟⲥ⸗ → ϩⲱⲥ 가로막다

ϩⲟⲥⲃ̄, ϩⲟⲥⲃⲉ *f.* 시장

ϩⲟⲥⲉ† → ϩⲓⲥⲉ 수고하다

ϩⲟⲥⲉ† → ϩⲓⲥⲉ 줄을 감다

ϩⲟⲥⲏⲙ, ϩⲟⲥⲙ̄, ϩⲟⲥⲙⲉ, ϩⲱⲥⲏⲙ *m.* 고체 소다

ϩⲟⲥⲟⲛ ὅσον ~할 동안

ϩⲟⲥⲧ⸗ → ϩⲓⲥⲉ 수고하다

ϩⲟⲧ, ϩⲟⲧⲉ, ϩⲱⲧ(ⲉ) 현존, 전면 *cf.* ⲙ̄ⲡϩⲟⲧ ⲉⲃⲟⲗ …의 앞에서, 면전에서

ϩⲟⲧⲁⲛ ὅταν ~할 때

ϩⲟⲧⲃ̄† → ϩⲱⲧⲃ̄ 죽이다

ϩⲟⲧⲉ *f.* 겁, 두려움 *cf.* ⲣ̄ ϩⲟⲧⲉ ϩⲏⲧ⸗ 두려워하다 ⲣⲉϥⲣ̄ϩⲟⲧⲉ 신을 경외하는 자, 신자 ϯ ϩⲟⲧⲉ 겁주다, 위협하다 ⲛ̄ϩⲟⲧⲉ 두려운

ϩⲟⲧⲉ *f.* 순간, 때

ϩⲟⲧⲉ → ϩⲟⲧ 현존

ϩⲟⲧⲥ̄, ϩⲁⲧⲥ̄ *f.* 그릇의 일종

ϩⲟⲧⲡ̄† → ϩⲱⲧⲡ̄ 재결합하다

ϩⲟⲧⲣ(ⲉ)† → ϩⲱⲧⲉⲣ 결합하다

ϩⲟⲧϩⲧ̄, ϩⲉⲧϩ(ⲉ)ⲧ-, ϩⲉⲧϩⲱⲧ⸗, ϩⲉⲧϩⲱⲧ† 발굴하다, 검사하다, 시험하다 *cf.* ⲣⲉϥϩⲟⲧϩⲧ̄ 연구원, 검사원

ϩⲟⲩ- → ϩⲓⲟⲩⲉ

ϩⲟⲩⲉⲓⲧ, ϩⲟⲩ(ⲉ)ⲓⲧⲉ *f., pl.* ϩⲟⲩⲁⲧⲉ 처음, 태초 *cf.* ϩⲟⲩⲉⲓⲧ ⲛ̄ⲁⲣⲭⲱⲛ 수석 아르콘. ϩⲟⲩⲉⲓⲧⲉ ⲛ̄ⲉⲛⲛⲟⲓⲁ 선험적 지식 ϯ ⲛⲉϩⲟⲩⲁⲧⲉ 첫 수확을 바치다

ϩⲟⲩⲉⲓⲧⲉ *f.* → ϩⲟⲩⲉⲓⲧ *m.* 첫 번째

ϩ(ⲟⲩⲉ)ⲣⲟⲩⲱⲣ⸗ → ϩⲃⲟⲣⲃⲣ̄ 쓰러뜨리다

ϩⲟⲩⲏⲧ *pl.* ϩⲟⲩⲁⲧⲉ 선박의 승객

ϩⲟⲩϊⲧ (L) *m., f.* ϩⲟⲩϊⲧⲉ 처음, 태초

ϩⲟⲩⲙⲓⲥⲉ 생일 → ϩⲟⲟⲩ 날, ⲙⲓⲥⲉ 태어나다

ϩⲟⲩⲙ̄ⲡⲉ 비 → ϩⲱⲟⲩ 비 오다, ⲡⲉ 하늘

ϩⲟⲩⲛ *m.* 내부 *cf.* ⲉϩⲟⲩⲛ 그 속에 ⲉϩⲟⲩⲛ ⲉ- 안쪽으로, 속으로, 반하여 ⲙⲟⲩ ⲛ̄ϩⲟⲩⲛ 뇌, 뇌수 ⲥⲁⲛ̄ϩⲟⲩⲛ 내면 ϩⲓϩⲟⲩⲛ 내부에 ϩⲛ̄- …속에

ϩⲟⲩⲟ, ϩⲟⲩⲉ- 더함, 게다가, 거기에 덧붙여, 더욱 좋기는 *cf.* ⲛ̄ϩⲟⲩⲟ 특별히, 고급의, 초과하는 ⲣ̄ϩⲟⲩⲟ 더하다, 증폭시키다 ⲙⲁⲓⲧⲟ ⲛ̄ϩⲟⲩⲟ 욕심많은, 탐욕스러운. ⲙⲛ̄ⲧⲙⲁⲓⲧⲟ ⲛ̄ϩⲟⲩⲟ 탐욕, 야심 ⲉⲡⲉϩⲟⲩⲟ 많이, 거대하게 ⲣ̄ϩⲟⲩⲉ ⲁⲩⲝⲁⲛⲉ 엄청나게 자라다

ϩⲟⲩⲣ(ⲉ)- → ϩⲟⲟⲩⲣⲉ 빼앗다

ϩⲟⲩⲣⲓⲧ, ϩⲱⲣⲓⲧ *m., pl.* ϩⲟⲩⲣⲁⲧⲉ,

ϩⲱⲣⲁⲧⲉ, ϩⲟⲩⲣⲉⲧⲉ 간수 *cf.* ⲁⲡⲉ ⲛ̄ϩⲟⲩⲣⲓⲧ 간수장

ϩⲟⲩⲣⲟ⸗ → **ϩⲟⲟⲩⲣⲉ** 빼앗다

ϩⲟⲩⲣⲱ(ⲱ)⸗ → **ϩⲟⲟⲩⲣⲉ** 빼앗다

ϩⲟⲩⲧⲉⲛ (L) 훌륭한, 완벽한

ϩⲟⲩⲧⲥϩⲓⲙⲉ 남여 양성의 → **ϩⲟⲟⲩⲧ** 남성, **ⲥϩⲓⲙⲉ** 여성

ϩⲟⲩϥ *m.* 갈퀴덩굴

ϩⲟⲩϩⲉ, ϩⲟⲩϩⲏⲧ⸗ 유산하다, 유산

ϩⲟϣ → **ϩⲱϣ** 짓누르다

ϩⲟϣ⸗ → **ⲱϣ** 들어가다

ϩⲟϥ, ϩⲟⲡ, ϩⲁⲡ, ϩⲱⲃ, ϩϥⲱ, ϩⲃⲱ *pl.* **ϩⲃⲟⲩⲓ** *f.* 뱀

ϩⲟϥⲧ̄⸗ → **ϩⲱϥⲧ̄** 강탈하다

ϩⲟϥⲧ⸗ → **ϩⲱϥⲧ̄** 방출하다

ϩⲟϩ⸗ → **ϩⲱϩ** 긁다

ϩⲟϫ → **ϩⲱϫ** 불안해하다

ϩⲟϫⲉ *f.* 신경병의 일종 *cf.* ϩⲱϫ 억압하다

ϩⲟϫⲡ̄† → **ϩⲱϫⲡ̄** 닫다

ϩⲟϫϩ(ⲉ)ϫ, ϩⲟϫϫ̄, ϩⲁϫϩ(ϫ), ϩ(ⲉ)ϫ(ϩ)ϫ, ϩⲉϫϩⲱϫ⸗, ϩⲉϫϩⲱϫ† 강요하다, 억압하다, 고통을 주다, 강박감, 고통 *cf.* ⲉⲧϩⲉϫϩⲱϫ 협소한, 불안한 ϩⲱϫ 불안해하다

ϩⲟϫϫ̄ → **ϩⲟϫϩ(ⲉ)ϫ** 강요하다

ϩⲟϭⲃ̄† → **ϩⲱϭⲃ̄** 시들게 하다

ϩⲡⲁϭⲡϭ̄ (L) 발로 밟다

ϩⲡⲟⲧ, ϩⲡⲱⲧ 길이 측정 단위

ϩⲡⲟϫⲡϭ̄, ϩⲡⲟϭⲡϭ̄† → **ϩϫⲟⲡϫⲡ̄** 만져보다

ϩⲡⲣⲕⲏⲧ (L) 조용한 *cf.* ϩⲣⲁⲕ 멈추다

ϩⲣ̄- → **ϩⲱⲣ** 지키다

ϩⲣ-, ϩⲣⲉ- …에 따라, 매번 *cf.* ϩⲣⲉⲃⲟⲧ 매월

ϩⲣⲁ⸗ → **ϩⲟ** 얼굴

ϩⲣⲁ⸗ → **ϩⲣⲟⲟⲩ** *m.* 소리

ϩⲣⲁ, ϣⲣⲁ 앞으로 밀려가다, 추적받다 *cf.* ϩⲟⲣϩ(ⲉ)ⲣ 앞으로 몰아붙이다

ϩⲣⲁⲃⲇⲟⲥ ῥάβδος 참모, 직원

ϩⲣⲁⲓ *m.* 상부, 위 *cf.* ϩⲣⲁⲓ ϩⲛ̄ …안에 ⲉϩⲣⲁⲓ 위를 향해 ⲃⲱⲕ ⲉϩⲣⲁⲓ 올라가다 ⲉϩⲣⲁⲓ ⲉϫⲛ̄ … 위에, …에 관해

ϩⲣⲁⲓ *m.* 아래, 하부 *cf.* ⲉϩⲣⲁⲓ 아래에, 아래를 향해 ⲃⲱⲕ ⲉϩⲣⲁⲓ 내려가다

ϩⲣⲁⲕ, ϩⲁⲣⲕ† 멈추다, 남다, 쉬다 *cf.* ϩⲣ̄ⲕⲏⲧ 고요한

ϩⲣⲁⲡⲣⲉⲡ (L) 눈을 깜박이다 ϩⲛ̄ ⲟⲩϩⲣⲁⲡⲣⲉⲡ ⲛ̄ⲃⲉⲗ 눈 깜짝할 순간 *cf.* ϩⲱⲣⲡ̄ 적시다, 잠기게 하다

ϩⲣⲁⲩ *m., pl.* **ϩⲣⲟⲟⲩ** 소리, 외침 *cf.* ϩⲣⲟⲩ ⲙ̄ⲡⲉ 천둥

ϩⲣⲁϣ, ϩⲁⲣϣ̄† 무거운, 중한, 어려운 *cf.* ϩⲁⲣϣϩⲏⲧ 참을성 있는 ⲙⲛ̄ⲧϩⲁⲣϣϩⲏⲧ 인내 ϩⲣⲁϣ *nn.* ϩⲣⲏϣⲉ *f.* 하중, 무게

ϩⲣ̄ⲃ *m.* 형태, 유사함, 비유

ϩⲣ̄ⲃ 다리, 막대

ϩⲣ̄ⲃⲉ (L) *m.* 형태, 외양

ϩⲣⲃⲱⲧ, ϩⲉⲣⲃⲱⲧ, ϩⲉⲣⲃⲟⲟⲑⲉ *f.* 막대기

ϩⲣⲉ- → **ϩⲣ-** …에 따라

ϩⲣⲉ, ϩⲉⲣⲉ *m. f., pl.* **ϩⲣⲏⲩⲉ, ϩⲣⲉⲟⲩⲉ, ϩⲣⲉⲟⲟⲩ** 음식물, 식량

ϩⲣⲉ⸗ → **ϩⲟ**

ϩⲣⲉⲃ, ϩⲣⲏϥ *m.* 가위

ϩⲣⲉⲃⲟⲧ 매달 → **ϩⲣ̄-** …에 따라서, **ⲉⲃⲟⲧ** 달

ϩⲣⲉⲕⲣⲓⲕⲉ → **ⲣⲉⲕⲣⲓⲕⲉ** 잠, 휴식

ϩⲣⲉⲥⲓⲛ *m.* 안장

ϩⲣⲉⲩ *pl.* → **ϩⲟⲟⲩ** 하루

ϩⲣⲉⲩⲙⲁ ῥεῦμα 방심, 농담

ϩⲣⲏⲓ̈ 상층부 *cf.* ⲛ̄ϩⲣⲏⲓ̈ ϩⲛ̄- ~의 안에 ⲁϩⲣⲏⲓ̈ 상방으로

ϩⲣⲏⲓ̈ 하부 *cf.* ⲁϩⲣⲏⲓ̈ 밑으로

ϩⲣⲏⲣⲉ *m.* 꽃 *cf.* ⲧⲉⲕϩⲣⲏⲣⲉ ⲉⲃⲟⲗ 꽃을 피우다

ϩⲣⲏϣⲉ, ϩⲉⲣϣⲉ *f.* 무게 *cf.* ϩⲣⲟϣ, ϩⲣⲁϣ 무게가 나가다

ϩⲣⲓⲙ *m.* 펠리칸

ϩⲣⲛ̄- → **ϩⲟ**

ϩⲣⲟⲉⲓⲣⲉ → **ϩⲗⲟⲉⲓⲗⲉ** 부비다

ϩⲣⲟⲕ, ϩⲟⲣⲕ̄† 멈추다, 주저앉다, 조용히 머물다 *cf.* ⲉⲧϩⲟⲣⲕ̄ 평화로운 ϩⲣⲏϭ, ϩⲣⲏϫ 조용한

ϩⲣⲟⲟⲩ, ϩⲣ(ⲟⲩ)-, ϩⲣⲁ⸗ *m.* 소리 *cf.* ϯ ϩⲣⲟⲟⲩ 소리를 내다, 신호를 보내다 ⲛⲉϫϩⲣⲟⲟⲩ 발성하다, 호파람불다 ϩⲣⲟⲩⲟ 과장된 말. ϩⲣⲟⲩⲙ̄ⲡⲉ 천둥소리

ⲁ ⲃ ⲅ ⲇ ⲉ ⲍ ⲏ ⲑ ⲓ ⲕ ⲗ ⲙ ⲛ ⲝ ⲟ ⲡ ⲣ ⲥ ⲧ ⲩ ⲫ ⲭ ⲯ ⲱ ϣ ϥ ϫ ϭ ϯ

ϨⲢⲞⲞⲨ → ϨⲢⲀⲨ

ϨⲢⲞⲠⲢⲈⲠ 눈을 깜박이다, 날개를 치다

ϨⲢ(ⲞⲨ)- → ϨⲢⲞⲞⲨ *m.* 소리

ϨⲢⲞⲨⲂ(Ⲃ)ⲀⲒ → ϨⲢⲞⲨ Ⲙ̄ⲠⲈ 천둥

ϨⲢⲞⲨⲘ̄ⲠⲈ, ϨⲢⲞⲨⲂ(Ⲃ)ⲀⲒ *m.f.* 천둥 *cf.* *ϩⲣⲟⲟⲩ* 소리, *ⲡⲉ* 하늘

ϨⲢⲞⲨⲞ, ϨⲢⲞⲨⲰ 허풍, 수다 *cf.* *ϩⲣⲟⲟⲩ* 소리

ϨⲢⲞⲨⲞⲨϪϤ̄, Ⲣ̄ ϨⲢⲞⲨⲞⲨϪϤ̄ 분해되다, 망치다, 썩다

ϨⲢⲞⲨⲰ 다투다 → ⲞⲨⲰ 소식, 답변

ϨⲢⲞⲨϪ(Ⲉ)Ⲃ *pl.* 조약돌

ϨⲢⲞϢ → ϨⲰⲢϢ 무겁다

ϨⲢⲞϪ 쌓다 *cf.* *ϩⲱⲣϭ* 쌓다

ϨⲢⲞϪⲢⲈϪ, ϨⲢⲞϪⲢϪ̄, ϨⲢⲞϬⲢⲈϬ 이를 갈다

ϨⲢⲞϬⲢⲈϬ ϨⲢⲞϪⲢⲈϪ 이를 갈다

ϨⲢ̄ⲢⲈ 멈추다, 그치다

ϨⲢ̄ⲦⲈ *f.* 겁, 두려움 *cf.* *ϯ ϩⲣ̄ⲧⲉ* 무섭게 하다

ϨⲢⲰ *f.* 용광로

ϨⲢⲰⲘⲀⲒⲞⲤ 로마인

ϨⲢⲰⲦ *f.* 압착기

ϨⲢⲰϪⲈ *pl.* 국경선

ϨⲢ̄ϢⲒⲢⲈ, ϨⲈⲢϢⲒⲢⲈ 청소년 *cf.* *ϩⲁⲗ* 노예, …하는 사람, *ϣⲓⲣⲉ* 작은

ϨⲢ̄ϨⲢ̄ 코골다, 힘겹게 숨쉬다

ϨⲦⲀⲒ, ϨⲒϨⲦⲀⲒ 속이다, 밀어내다

ϨⲦⲀⲒ 굵어지다 *cf.* *ⲉⲧϩⲧⲁⲓ* 굵은, 두꺼운, 살찐

ϨⲦⲀⲘⲦⲘⲈ (L), ϨⲦⲘ̄ⲦⲰⲘ⸗ 어두워지다

ϨⲦⲀⲢ (L) 필요

ϨⲦⲀⲠ *m.* 타락, 파괴

ϨⲦⲀⲨⲈ *m.* 새벽, 아침

ϨⲦⲀ(Ⲉ)Ⲓ̈ (L), ϨⲀⲦ† 두꺼워지다

ϨⲦⲎ⸗ → ϨⲎⲦ 심장

ϨⲦⲎ *f.* 창자루

ϨⲦⲎ⸗ → ϨⲎⲦ 정상, 꼭대기

ϨⲦⲘ̄ⲦⲘ̄- → ϨⲦⲞⲘⲦⲘ̄ 어둡다

ϨⲦⲘ̄ⲦⲞⲘⲦ̄† → ϨⲦⲞⲘⲦⲘ̄ 어둡다

ϨⲦⲘ̄ⲦⲰⲘ† → ϨⲦⲞⲘⲦⲘ̄ 어둡다

ϨⲦⲘ̄ⲦⲰⲘ⸗ → ϨⲦⲀⲘⲦⲘⲈ 어두워지다

ϨⲦⲞ, ϨⲦⲰ, ⲈϨⲦⲞ *m., f.* ϨⲦⲰⲢⲈ, ϨⲦⲞⲞⲢⲈ, ϨⲦⲞⲢⲎ *pl.* ϨⲦⲰ(Ⲱ)Ⲣ, (Ⲉ)ϨⲦⲰⲰⲢ(Ⲉ), ϨⲦⲰⲢⲎ 말, 조랑말 *cf.* *ⲙⲁⲙ̄ⲡⲱⲧ ⲛ̄ⲛⲉϩⲧⲱⲱⲣ* 경마장

ϨⲦⲞⲘⲦⲘ̄, ϨⲦⲘ̄ⲦⲘ̄-, ϨⲦⲘ̄ⲦⲰⲘ†, ϨⲦⲘ̄ⲦⲞⲘⲦ† 어둡다 *cf.* *ⲕⲁⲕⲉ* *ⲉⲧϩⲧⲙ̄ⲧⲱⲙ* 어두운, 캄캄한

ϨⲦⲞⲞⲨⲈ, ⲦⲞⲞⲨⲈ *m.* 새벽, 여명, 아침 *cf.* *ⲛⲁⲩ ⲛ̄ϩⲧⲟⲟⲩⲉ* 아침나절 *ⲥⲟⲩ ⲛ̄ϩⲧⲟⲟⲩⲉ* 새벽별

ϨⲦⲞⲠ *m.* 타락, 파괴

ϨⲦⲞⲠ, ϨⲞⲦⲠ̄ *m.* 측정 단위

ϨⲦⲞⲢ *m.* 필요, 절실함 *cf.* *ⲣ̄ ϩⲧⲟⲣ* 억지로 하게 한다 *ϯ ϩⲧⲟⲣ* -할 능력을 주다 *ϩⲱⲧⲉⲣ* 결합하다, 계약을 이행하다

ϨⲦⲰⲢ, ϨⲦⲰⲢⲎ *pl.* → ϨⲦⲞ 말

ϨⲨⲆⲢⲎⲬⲞⲞⲤ ὑδρηχόος 수병좌

ϨⲨⲖⲎ, ⲐⲨⲖⲎ ὕλη 질료, 재료, 물질

ϨⲨⲘⲚⲈⲨⲈ ὑμνεύειν 찬송하다

ϨⲨⲘⲚⲞⲤ, Ⲩ̈ⲘⲚⲞⲒⲤ ὕμνος 찬송

ϨⲨⲘⲚⲰⲆⲈⲒⲀ ὑμνῳδία 찬송가

ϨⲨⲠⲎⲢⲈⲦⲎⲤ ὑπηρέτης 보조자

ϨⲨⲠⲞⲆⲈⲬⲈ ὑποδέχεσθαι 받다

ϨⲨⲠⲞⲆⲞⲬⲈⲨⲤ ὑποδοχεύς 접견인

ϨⲨⲠⲞⲘⲈⲒⲚⲈ ὑπομένειν 견디다

ϨⲨⲠⲞⲘⲞⲚⲎ ὑπομονή 인내

ϨⲨⲠⲞⲠⲞⲆⲒⲞⲚ ὑποπόδιον 받침

ϨⲨⲠⲞⲤⲬⲈⲤⲒⲤ ὑπόσχεσις 약속

ϨⲨ̈ⲠⲞⲮⲒⲀ ὑποψία 의심

ϨⲰ 충분한, 족한

ϨⲰ, ϨⲀⲦ- *f.* 집, 거소, 무덤

ϨⲰⲂ, ϨⲀⲂ⸗ 보내다

ϨⲰⲂ, ϨⲰϤ, ϨⲞϤ *m., pl.* ϨⲂⲎⲨⲈ 작품, 일 *cf.* *ⲣ̄ ϩⲱⲃ* 노동하다 *ⲣ̄ ϩⲱⲃ ⲉ-* -에 노력을 투입하다, 조정하다 *ⲉⲧⲣ̄ ϩⲱⲃ* 효과적인 *ⲉⲧⲣ̄ϩⲱⲃ ⲉⲧⲉⲓⲟⲡⲉ* 노동자, 제조업자 *ⲣⲉϥⲣ̄ ϩⲱⲃ* 노동자 *ϭⲓⲛⲣ̄ ϩⲱⲃ* 작업, 봉사 *ϩⲱⲃ, ⲕⲉϩⲱⲃ* (부정적으로 쓰여) 더이상 …않다 *ϣⲃⲣ̄ⲣ̄ϩⲱⲃ* 동역자 *ⲟ ⲛ̄ⲥⲃⲣ̄ⲣ̄ ϩⲱⲃ* -와 동업하다, 돕다 *ⲁϫⲛ̄ϩⲱⲃ* 한가한, 무료한 *ϩⲱⲃ ⲛⲓⲙ* 만물, 모든 것 *ϩⲃ̄ ⲛϣⲡⲏⲣⲉ* 놀라운 일

ϨⲰⲂⲔ̄ 앞으로 밀다, 찌르다 *cf.* *ϩⲃⲟⲕ* 주사

ϨⲰⲂⲤ̄, Ϩ(Ⲉ)ⲂⲤ̄-, ϨⲞⲂⲤ⸗, ϨⲞⲂⲤ̄†

ⲁ ⲃ ⲅ ⲇ ⲉ ⲍ ⲏ ⲑ ⲓ ⲕ ⲗ ⲙ ⲛ ⲝ ⲟ ⲡ ⲣ ⲥ ⲧ ⲩ ⲫ ⲭ ⲯ ⲱ ϣ ϥ ϩ ϫ ϭ ϯ

덮다, 숨기다 *cf.* ϩⲱⲃⲥ̄ ⲉⲃⲟⲗ ⲉϫⲛ̄- 덮다 ⲣⲉϥϩⲱⲃⲥ̄ 보호자 ⲙⲁⲉⲧϩⲟⲃⲥ̄ 지붕 ϩⲃ̄ⲥⲛⲁϩⲃ̄ 성직자의 긴 겉옷

ϩⲱⲃⲥ̄, ϩ(ⲟ)ⲃⲥ̄, ϩⲃ̄ⲃⲥ̄, ϩⲏⲃⲥ̄, ϩⲁⲡⲥ̄ *m.* 덮개 *cf.* ϩⲃⲟⲟⲥ, ϩ(ⲉ)ⲃⲥⲱ 옷, 의복

ϩⲱⲃⲥ̄, ϩⲁⲃⲥ⸗, *pl.* **ϩⲃ̄ⲥⲁⲩⲉ** 덮다, 숨기다 *cf.* ϩⲁⲃⲥ̄ 덮개 ϩⲃⲁⲥ, ϩⲃⲥ *m. f.* 옷 ϩⲃ̄ⲥⲱ 의복

ϩⲱⲕ, ϩⲁⲕ⸗ 허리를 두르다, 무장하다

ϩⲱⲕ, ϩⲟⲕⲉ, ϩⲱⲕⲉ, ϩⲉⲕ-, ϩⲟⲕ⸗, ϩⲁⲕ⸗, ϩⲏⲕ† 치다, 부수다

ϩⲱⲕ- → ϩⲱⲕⲉ

ϩⲱⲕⲉ, ϩⲱⲱⲕⲉ, ϩⲱⲕ- 긁다, 지우다, 청소하다

ϩⲱⲕⲉ → ϩⲱⲕ

ϩⲱⲕⲙ̄ → ϩⲱϭⲃ̄ 허약해지다

ϩⲱⲗ, ϩⲏⲗ† 날아가다, 빨리가다 *cf.* ϩⲱⲗ ⲉⲃⲟⲗ 떠나가다 ⲑⲗⲟ 날아가게 하다 ϩⲁⲗⲏⲧ 새

ϩⲱⲗ, ϩ(ⲉ)ⲗ-, ϩⲟⲗ-, ϩⲟⲗ⸗, ϩⲁⲗ⸗ 던지다, 가져오다 *cf.* ϩⲁⲗ ⲣⲉⲧ⸗ ⲁϩⲟⲩⲛ 발을 들여놓다, 들어가다 ϩⲟⲗϩⲗ̄ 흩뿌리다

ϩⲱⲗ, ϩⲱ(ⲱ)ⲗⲉ 목이 쉬다

ϩⲱⲗⲕ̄, ϩⲱⲗϭ̄, ϩⲟⲗⲕ⸗ 접다, 말다, 짜다

ϩⲱⲗϭ̄, ϩⲱⲗϭ⸗, ϩⲟⲗϭ̄† 얼싸안다, 둘둘 감다

ϩⲱⲗϭ̄ → ϩⲱⲗⲕ̄ 접다

ϩⲱⲗϭ̄ → ϩⲱⲣϭ̄ 쌓다

ϩⲱⲙ ϩⲱⲱⲙⲉ 쇠퇴하다

ϩⲱⲙ, ϩ(ⲉ)ⲙ-, ϩⲟⲙ⸗, ϩⲏⲙ† 발로밟다, 짓이기다

ϩⲱⲙⲉ *f.* 손바닥

ϩⲱⲙ(ⲉ) → ϩⲱⲱⲙⲉ 쇠퇴하다

ϩⲱⲛ, ϩⲟⲛ⸗ 명령을 내리다, 지시하다 *cf.* ϩⲱⲛ ⲉⲧⲟⲟⲧ 규정에 따라 지시하다 ϯϩⲱⲛ 명령하다

ϩⲱⲛ, ϩⲱⲛⲉ, ϩⲛ̄-, ϩⲟⲛ⸗, ϩⲏⲛ†, ϩⲛⲏⲩⲧ† 접근하다 *cf.* ϩⲱⲛ ⲉϩⲟⲩⲛ 다가가다 ⲉⲧϩⲏⲛ (ⲉϩⲟⲩⲛ) 가까운, 이웃의 ϩⲱⲛ ⲉ(ϥ)- …할 참에 ⲥⲱϩⲛⲉ, ⲑⲛⲟ 가까이하다

ϩⲱⲛ 배가 모래톱에 올라앉다 *cf.* ⲙⲁ(ⲉϥⲟ)ⲛ̄ϩⲱⲛ 물밑 토사지역

ϩⲱⲛⲅ̄ → ϩⲱⲛⲕ̄ 헌신하다

ϩⲱⲛⲕ̄, ϩⲱⲛⲅ̄, ϩⲉⲛⲅ̄- 헌신하다, 자리잡다 *cf.* ϩⲉⲛⲅⲧϭⲓϫ 만족하다

ϩⲱⲛⲧ̄, ϩ(ⲉ)ⲛⲧ̄-, ϩⲟⲛⲧ⸗, ϩⲏⲛⲧ†, ϩⲁⲛⲧ̄† 다가가다, 접근하다 *cf.* ϩⲛ̄ⲧⲟⲩⲁⲓ̈ⲧ† 자리를 펴다

ϩⲱⲛϫ̄ 간구하다

ϩⲱⲟⲩ, ϩⲟⲩ- 비 오다 *cf.* ϩⲟⲩ ⲙ̄ⲡⲉ 비 ⲙⲟⲩⲛ̄ϩⲱⲟⲩ 소나기

ϩⲱⲡ, ϩⲉⲡ-, ϩⲱⲡ-, ϩⲁⲡ-, ϩⲟⲡ⸗, ϩⲁⲡ⸗, ϩⲏⲡ† 숨기다, 비밀로하다 *cf.* ϩⲱⲡ ⲉϫⲛ̄- 숨기다 ϩⲛ̄ⲟⲩϩⲱⲡ 비밀리에 ⲉⲧϩⲏⲡ 비밀의 ⲟⲩⲱϣⲙ̄ ⲉⲧϩⲏⲡ 재에 묻어 구운 빵 ϩⲛ̄ ⲟⲩⲡⲉⲧϩⲏⲡ 은밀하게, 비밀로

ϩⲱⲡⲧ̄ → ϩⲱⲧⲡ̄ 재결합하다

ϩⲱⲡϣ̄ *m.* 야자수 가지

ϩⲱⲣ, ϩⲣ̄-, ϩⲟⲣ⸗, ϩⲏⲣ† 지키다, 보초서다

ϩⲱⲣ, ϩ(ⲉ)ⲣ-, ϩⲟⲣ⸗ 젖을 짜다

ϩⲱⲣⲃ̄, ϩⲟⲣⲃ⸗ ϩⲟⲣ(ⲉ)ϥ† 꺾다, 빻다, 갈다

ϩⲱⲣⲡ̄, ϩⲟⲣⲡ̄† 잠자다

ϩⲱⲣⲡ̄, ϩ(ⲉ)ⲣⲡ̄-, ϩⲟⲣⲡ⸗, ϩⲟⲣⲡ̄† 적시다, 물에 담그다

ϩⲱⲣⲧ̄ (L) 사로잡다

ϩⲱⲣϣ, ϩⲣⲟϣ, ϩ(ⲉ)ⲣϣ̄-, ϩⲟⲣϣ̄† *p.c.* **ϩⲁⲣϣ̄-** 무겁다 *cf.* ⲉⲧϩⲟⲣϣ̄ 무거운, 어려운, 힘든 ϩⲣⲟϣ ⲉϫⲛ̄- 혼수상태에 빠지다 ϩⲣⲟϣ ⲛ̄ϩⲏⲧ 참을성이 있는 ⲣ̄ ϩⲁⲣϣϩⲏⲧ 인내하는 ⲙⲛ̄ⲧϩⲁⲣϣϩⲏⲧ 인내심 ⲑⲣ̄ϣⲟ 무거워지다 ϩⲣⲏϣⲉ 무게

ϩⲱⲣϣ̄, ϩⲁⲣϣ̄† 꺾어지다

ϩⲱⲣϫ̄ → ϩⲱⲣϭ̄ 쌓다

ϩⲱⲣϭ̄, ϩⲱⲗϭ, ϩⲱⲣϫ̄, ϩ(ⲉ)ⲣϭ̄-, ϩⲟⲣϫ⸗, ϩⲁⲣϭ⸗, ϩⲟⲣϭ̄† 쌓다, 정리하다 *cf.* ϩⲣⲟϫ 쌓다

ϩⲱⲥ 노래하다, 연주하다

ϩⲱⲥ, ϩⲉⲥ-, ϩⲱⲥ-, ϩⲟⲥ⸗ 가로막다, 막다, 족쇄를 채우다

ϩⲱⲥ 나약한 사람, 고통받는 사람 *cf.* ϩⲓⲥⲉ 고통을 느끼다

ϩⲱⲥ ὡς ~처럼, ~할 때, 그처럼, 대략

ϩⲱⲥⲧⲉ ὥστε 그래서, 그렇기 때문에, 그처럼

ϩⲱⲧ 나 자신 → **ϩⲱⲱ⸗** 자기 스스로

ϩⲱⲧ 향해 *cf.* ⲣ̄ ϩⲱⲧ 향해하다, 출범하다

ϩⲱⲧ, ϩⲟⲧ *m.* 배낭, 행낭 *cf.* ϣⲉ ⲛ̄ϩⲱⲧ 행낭 막대기

ϩⲱⲧⲃ̄, ϩⲱⲧⲉⲃ, ϩⲉⲧⲃ̄-, ϩⲟⲧⲃ⸗, ϩⲟⲧⲃ̄† 죽이다, 살상하다 *cf.* ⲣⲉϥϩⲱⲧⲃ̄ 죽이는 자 ⲣⲉϥϩⲉⲧⲃ̄ⲣⲱⲙⲉ 살인자 ϩⲁⲧⲃⲉⲥ 살육

ϩⲱⲧⲃⲉ, ϩⲁⲧⲃⲉ-, ϩⲁⲧⲃⲉ⸗, ϩⲁⲧⲃⲉ† 죽이다 *cf.* ⲣⲉϥϩⲱⲧⲃⲉ 살인자 ϩⲉⲧⲃⲉ *f.* 살인

ϩⲱⲧⲉ 부비다, 문지르다, 뚫다

ϩⲱⲧⲉ *m.* 세금, 조공, 월세

ϩⲱⲧⲉⲣ, ϩⲉⲧ(ⲉ)ⲣ-, ϩⲟⲧ(ⲉ)ⲣ-, ϩⲟⲧⲣ⸗, ϩⲟⲧⲣ(ⲉ)† 결합하다, 합의하다, 합치다, 고용계약을 맺다 *cf.* ⲣⲙ̄ⲛ̄ϩⲱⲧⲣ̄ 월급쟁이 ϣⲃⲏⲣⲛ̄ϩⲱⲧⲉⲣ 동료 ϭⲓⲛϩⲱⲧⲉⲣ 급료 ϩⲁⲧⲣⲉ, ϩⲁⲧⲣⲉⲥ 한 쌍

ϩⲱⲧⲙ̄ → **ϣⲱⲧⲙ̄** 닫다

ϩⲱⲧⲡ̄, ϩⲱⲡⲧ̄, ϩⲉⲧⲡ̄-, ϩⲟⲧⲡ⸗, ϩⲟⲧⲡ̄†, ϩⲁⲧⲡ̄† 재결합하다, 저물다 *cf.* ϩⲱⲧⲡ̄ ⲉ- 수렴하다 ⲙⲁⲛ̄ϩⲱⲧⲡ̄ 해지는 곳, 서방 ⲥⲁⲛ̄ϩⲱⲧⲡ̄ 서쪽 ϭⲓⲛ̄ϩⲱⲧⲡ̄ 일출

ϩⲱⲧⲣⲉ 합치다, 허락하다, 계약을 맺다 *cf.* ϩⲁⲧⲣⲉ 쌍둥이

ϩⲱⲩ, ϩⲱⲱⲩ, ϩⲱⲩⲉ → **ϩⲱ(ⲱ)⸗**

ϩⲱⲱ⸗ …도, 마찬가지로 *cf.* ϩⲱⲧⲧⲏⲛⲉ 당신들 스스로 ⲧϩⲉ ϩⲱϥ ⲁⲛ ⲧⲉ ⲧⲉï 이것이 또한 그러한 경우이다

ϩⲱ(ⲱ)ⲕ, ϩⲉⲕ-, ϩⲟ(ⲟ)ⲕ⸗, ϩⲏⲕ† 무장을 갖추다, 갑옷을 입다, 군사 장비

ϩⲱⲱⲕⲉ, ϩⲱⲕ(ⲉ), ϩⲱⲱⲕ, ϩⲉ(ⲉ)ⲕⲉ-, ϩⲉⲕ-, ϩⲟ(ⲟ)ⲕ, ϩⲟⲟⲕⲉ† 긁다, 가렵다, 긁어 청소하다, 풀을 깎다 *cf.* ϩⲱⲱⲕⲉ 털, ϩⲁⲕ 대머리

ϩⲱ(ⲱ)ⲗⲉ, ϩⲁⲗ-, ϩⲟ(ⲟ)ⲗ⸗ 따다, 뽑다

ϩⲱⲱⲗⲉ → **ϩⲱⲗ** 목이 쉬다

ϩⲱⲱⲙⲉ, ϩⲱⲙ(ⲉ), ϩⲁ(ⲁ)ⲙ† 쇠퇴하다, 작아지다, 여위어지다

ϩⲱ(ⲱ)ⲛ *m.* 약혼 선물 *cf.* ϯ ϩⲱⲛ, ϫⲓ ϩⲱⲛ 약혼하다

ϩⲱ(ⲱ)ⲥ *m.* 줄

ϩⲱ(ⲱ)ⲧ 배로 떠나다 *cf.* ⲣ̄ ϩⲱ(ⲱ)ⲧ

ϩⲱϣ, ϩⲁϣ, ϩⲉϣ-, ϩⲟϣ, ϩⲱϣ⸗, ϩⲁϣ⸗, ϩⲏϣ† 짓누르다, 억압하다, 압박하다, 한덩어리로 모으다, 괴롭히다, 탄압하다 *cf.* ⲉⲧϩⲏϣ 걱정으로 맘졸이는 ϩⲁϣⲥ̄ 강요

ϩⲱϣϥ̄ 꺾다

ϩⲱϥ → **ϩⲱⲃ**

ϩⲱϥⲧ̄, ϩⲟϥⲧ̄, ϩⲉϥⲧ̄-, ϩⲟϥⲧ̄⸗ 강탈하다, 훔치다 *cf.* ⲣⲉϥϩⲱϥⲧ̄ 도둑

ϩⲱϥⲧ̄, ϩⲉϥⲧ̄-, ϩⲟϥⲧ⸗ 방출하다

ϩⲱϩ, ϩⲟϩ⸗ 긁다, 가렵다

ϩⲱϩϥ̄ *f.* 한 뼘

ϩⲱϫ, ϩⲱϫⲉ, ϩⲟϫ, ϩⲉϫ-, ϩⲏϫ† 불안해하다, 억압하다, 위협하다, 낙담하다 *cf.* ϩⲟϫϩ(ⲉ)ϫ 강압하다 ϩⲁϫ *m., f.* ϩⲟϫⲉ 신경병의 일종

ϩⲱϫⲡ̄, ϩⲉϫⲡ̄-, ϩⲟϫⲡ⸗, ϩⲟϫⲡ̄† 닫다 *cf.* ϩⲱϫⲧ̄ 닫다

ϩⲱϫⲧ̄ 닫다 *cf.* ϩⲱϫⲡ̄ 닫다

ϩⲱϭⲃ̄, ϩⲱⲕⲙ̄, ϩⲉϭⲃ̄-, ϩⲉϭⲙ̄-, ϩⲟϭⲃ⸗, ϩⲟϭⲃ̄† *p.c.* **ϩⲁϭⲃ** 시들게 하다, 메마르게 하다, 파괴하다

ϩⲱϭⲃ̄ → **ⲱϭⲃ̄** 얼다

ϩⲱϭⲙⲉ (L), **ϩⲱϭⲙ̄, ϩⲁϭⲙⲉ-** 시들게 하다 *cf.* ⲁⲧϩⲱϭⲙⲉ 시들지 않는

ϩϣ̄ϩⲁϣⲧ† → **ϩⲁϣϩϣ̄**

ϩϫⲁ, ϣϫⲁ *f.* 조리기구의 일종

ϩϫⲟⲡϫⲡ̄, ϩⲡⲟϭⲡϭ̄, ϩⲡⲟϫⲡϭ̄, ϫⲟⲡϫⲡ̄ 더듬다, 발로 밟다

ϩϯⲧ *m.* 무우, 파, 양파

ϫ

ϫⲁ⸗ → ϫⲟ 나무를 심다

ϫⲁ(ⲁ)ⲛⲉ, ϫⲟⲟⲛⲉ, ϫⲁⲛⲏ 상자

ϫⲁⲁⲛϥ̅† → ϫⲱⲛϥ̅

ϫⲁ(ⲁ)ⲧⲉ, ϫⲟⲧⲉ† 성숙한 나이가 되다 *cf.* ϫⲧⲁⲓ 무르익다

ϫⲁ(ⲁ)ϫⲉ, ϫⲁϫⲱ(ⲟⲩ)† 단단한, 조악한, 거친 *cf.* ⲉⲧϫⲁϫⲱ† 거친, 거만한

ϫⲁⲁϫⲉ 동의의 표시로 손이나 술잔을 마주치다

ϫⲁⲃⲁⲁⲧ† 거센, 굳은

ϫⲁⲉⲓⲥ → ϫⲁⲓ̈ⲥ

ϫⲁⲉⲓⲧ- *p.c.* → ϫⲟⲉⲓⲧ 나무를 심다

ϫⲁⲓ̈ *m., pl.* ⲉϫⲏⲩ 배, 선박

ϫⲁⲓ- *p.c.* → ϫⲓ 잡다

ϫⲁⲓ̈ⲁ⸗ → [ϫⲁⲓ̈ⲟ]

ϫⲁⲓⲉ *m.* 사막 *cf.* ⲣ̅ ϫⲁⲓⲉ 황폐하게 되다

ϫⲁⲓⲟ, ϫⲁⲓⲥ⸗ → ⲧϫⲁⲓⲟ

ϫⲁⲓ̈ⲟ, ϫⲁⲓ̈ⲁ⸗ 정죄하다

ϫⲁⲓ̈ⲥ, ϫⲁⲉⲓⲥ 주인 *cf.* ⲣ̅ ϫⲁⲓ̈ⲥ 주인이 되다, 다스리다 ⲙ̅ⲛⲧϫⲁⲓ̈ⲥ 지배

ϫⲁⲓ̈ⲧ (L) *m.* 올리브

ϫⲁⲕ 손뼉을 치다, 날개를 퍼덕이다

ϫⲁⲕ, ϫⲁⲕ⸗ 자르다

ϫⲁⲕ- ϫⲱϫⲱϭⲉ 색칠한

ϫⲁⲕ *m.* 머리카락, 털

ϫⲁⲕ-, ϫⲁⲕ⸗ → ϫⲱⲕ

ϫⲁⲕⲉϥ → ϫⲱⲕⲉ 뾰족하게 하다, 찌르다

ϫⲁⲕⲙ̅, ϫⲁⲕⲙⲉ†, ϫⲁⲕⲙⲛ̅ → ϫⲱⲕⲙⲉ 목욕하다

ϫⲁⲕⲟⲩⲗ *m.* 참새

ϫⲁⲗ-, ϫⲁⲗ⸗ → ϫⲱⲗⲉ

ϫⲁⲗⲁⲩ(ϫ) *pl.* → ϭⲁⲗⲟϫ 발

ϫⲁⲗ ⲃⲉⲗ 미운 눈으로 → ϫⲱⲗⲉ 가로막다, ⲃⲉⲗ 눈

ϫⲁⲗ⸗, ϫⲁⲗⲉ⸗, ϫⲁⲗ⸗ⲟⲩ → ϫⲱⲗⲉ

ϫⲁⲗⲉϫ† → ϫⲱⲗϫ̅

ϫⲁⲗⲕ⸗ → ϫⲱⲗⲕ̅

ϫⲁⲗⲕ-, ϫⲁⲗⲕⲙ̅ⲥⲉ → ϫⲱⲗⲕ̅

ϫⲁⲗϩ⸗ → ϫⲱⲗϩ̅

ϫⲁⲗϫ⸗, ϫⲁⲗϫ̅† → ϫⲱⲗϫ̅

ϫⲁⲗϫⲗ̅ 담으로 막다

ϫⲁⲙ- → ϫⲱⲙ

ϫⲁⲙⲏ → ϭⲁϫⲙⲏ 주먹

ϫⲁⲙⲏ *f.* 고요

ϫⲁⲙⲏⲧ 집요한 → ϫⲱⲙ 애쓰다

ϫⲁⲛⲉ 상자

ϫⲁⲛⲧ⸗ → ϫⲱⲛⲧ̅ 시도하다

ϫⲁⲛϥ̅† → ϫⲱⲛϥ̅ 우연히 만나다

ϫⲁⲡ *m.* 사발, 그릇

ϫⲁⲡⲟⲣ, ϫⲁⲡⲱⲣ 식물의 일종

ϫⲁⲡϫⲡ̅ (L), ϫⲉⲡϫⲱⲡ⸗ 짓밟다 *cf.* ϫⲁⲡϫⲡ 발판

ϫⲁⲣ- *p.c.* → ϫⲱⲱⲣⲉ 강한

ϫⲁⲣⲙⲉ⸗ → ϫⲱⲣⲙⲉ

ϫⲁⲣⲡ̅- → ϫⲱⲣⲡ̅

ϫⲁⲥⲉ†, *p.c.* ϫⲁⲥⲓ- → ϫⲓⲥⲉ 드높이다

ϫⲁⲥⲧ⸗ → ϫⲓⲥⲉ 드높이다

ϫⲁⲥϥⲉ, ϫⲓ ϫⲁⲥϥⲉ 정돈하다

ϫⲁⲧ- 이야기꾼 → ϫⲱ 말하다

ϫⲁⲧ-, ϫⲁⲧ⸗ → ϫⲱⲧⲉ 뚫다

ϫⲁⲧⲁ⸗ → ⲧⲁϫⲟ 비난하다

ϫⲁⲧⲙⲉ 곡식 더미

ϫⲁⲧϥⲉ *m.* 뱀, 파충류

ϫⲁⲩ-, ϫ(ⲁⲩ)ⲟⲩ⸗ → ϫⲟⲟⲩ 보내다

ϫⲁⲩ, ϫⲁⲩ-, ϫⲁⲩ⸗ 보내다 *cf.* ϫⲁⲩⲙⲁïⲧ 안내자 ⲣⲉϥϫⲁⲩⲙⲁïⲧ 인도자 ϫⲟⲩ 보내다, 발산하다

ϫⲁⲩⲗⲉ (L), ϫⲉⲗⲱ⸗ 감당하다, 지탱하다

ϫⲁⲩⲱⲧ- *m., f.* ϫⲟⲩ(ⲱ)ⲧⲉ 스물

ϫⲁϥ *m.* 눈, 얼음

ϫⲁϥ⸗, *p.c.* ϫⲁϥ- → ϫⲟⲩϥ 뜨거운

ϫⲁϥ† → ϫⲟⲩϥ 고귀한

ϫⲁϩ⸗ ϫⲱϩ 기름 붓다

ϫⲁϩⲙ̄†, ϫⲁϩⲙⲉ⸗, ϫⲁϩⲙⲉ† → ϫⲱϩⲙⲉ

ϫⲁϩⲙ(ⲉ)† → ϫⲱϫⲙ̄ 더럽히다

ϫⲁϩϫ̄, ϫⲁϩϭ ϫⲁϩϫϩ̄ 이를 갈다

ϫⲁϩϫϩ̄, ϫⲁϩϫ̄, ϫⲁϩϭ, ϭⲁϩϫϩ̄, ϭⲁϩⲉ(ⲉ)ϩ, ϭⲟϩϭ(ⲉ)ϩ, ϭⲁϩϭ, ϭⲟϩϭ, ϫⲉϩϫⲱϩ⸗ 이를 갈다, 막대기로 두드리다, 손뼉을 치다, 이빨을 갈다

ϫⲁϫ *m.* 참새 *cf.* ϫⲁϫⲛ̄ⲗⲓⲗ 작은 새의 일종

ϫⲁϫⲉ *m. f., pl.* ϫⲓϫⲉⲉⲩ, ϫⲓϫⲉⲟⲩ, ϫⲓⲛϫⲉ(ⲉ)ⲩ(ⲉ) 적, 대적자 ⲥⲙⲁⲓϫⲁϫⲉ 싸움을 즐기는 사람, 난폭한 사람 ⲙⲛ̄ⲧϫⲁϫⲉ 적개심, 미움

ϫⲁϫⲱ(ⲟⲩ)† → ϫⲁ(ⲁ)ϫⲉ 단단한

ϫⲁϫϩ̄ → ϫⲁϩϫϩ̄ 이를 갈다

ϫⲃ̄ⲃⲉⲥ, ϫ(ⲉ)ⲃ(ⲃ)ⲥ, ϫⲏ(ⲏ)ⲃⲥ̄, ϫⲏⲓⲃⲥ̄, ϫⲁïⲃⲉⲥ *f.* 이글거리는 불, 불에 푹 굽다

ϫⲃⲓⲛ *m* 결점, 흠 *cf.* ⲁⲧϫⲃⲓⲛ 흠 없는

ϫⲃ̄ⲥ- → ϫⲃ̄ⲃⲉⲥ 불에 굽다

ϫⲉ- → ϭⲉ 그래서

ϫⲉ- → ϫⲟ 성벽

ϫⲉ 그래서, 그러므로, …하도록, 왜냐하면, 다시 말해, ~하기 위해서 *cf.* ϫⲉ ⲉⲩ 어떤 이유로?

ϫⲉ- → ϫⲟ 보내다

ϫⲉ- → ϫⲱ 말하다

ϫⲉ-, ϫⲏⲩ† → ϫⲓ 잡다

ϫⲉ-, ϫⲏⲩ† → ϫⲟ 나무를 심다

ϫⲉⲃⲏⲗ, ϫ(ⲓ)ⲃⲏⲗ, ϫⲉⲃⲉⲗ *m.* 창, 가시, 바늘

ϫⲉⲉⲃⲉ- → ϫⲱⲱⲃⲉ 지나가다

ϫⲉⲉⲕⲉ- → ϫⲱ(ⲱ)ⲕⲉ 바늘로 찌르다

ϫⲉ(ⲉ)ⲗⲉ- → ϫⲱⲱⲗⲉ 모으다

ϫⲉ(ⲉ)ⲣⲉ- → ϫⲉⲣⲟ 태우다

ϫⲉ(ⲉ)ⲣⲉ- → ϫⲱⲱⲣⲉ 분산시키다

ϫⲉⲕ *m.* 조개, 조개껍질

ϫⲉⲕ-, ϫⲏⲕ† → ϫⲱⲕ 끝마치다

ϫⲉⲕ- ϫⲱ(ⲱ)ⲕⲉ 바늘로 찌르다

ϫⲉⲕⲁⲁⲥ, ϫⲉⲕⲁⲥⲉ …하기 위하여

ϫⲉⲕⲙ̄- → ϫⲱⲕⲙ̄ 물에 담그다

ϫⲉⲕⲣ̄- → ϫⲱⲕⲣ̄ 짜게 하다

ϫⲉⲕϫⲓⲕ 개미

ϫⲉⲕϫⲟⲕⲧ̄†, ϫⲉⲕϫⲱⲕ† → ϫⲟⲕϫⲕ̄ 자극하다

ϫⲉⲗⲉϩ- → ϫⲱⲗϩ̄ 물을 푸다

ϫⲉⲗⲕ̄- → ϫⲱⲗⲕ̄ 늘이다

ϫⲉⲗⲗⲏⲥ- ϫⲱⲗϩⲥ̄, ϫ(ⲉ)ⲗϩⲏⲥ 기력이 쇠진하다, 숨이 막히다

ϫⲉⲗⲗⲏⲥ- → ϫⲟⲗϩⲥ̄ 헐떡거리다

ϫⲉⲗⲗⲏⲥ → ϫⲉⲗϩⲏⲥ 기력이 쇠진하다

ϫⲉⲗⲗⲏⲥ- → ϫⲓⲗⲗⲏⲥ 가방

ϫⲉⲗⲱ- → ϫⲁⲩⲗⲉ 지탱하다

ϫⲉⲗϩⲏⲥ, ϫⲗ̄ϩⲥ̄, ϫⲉⲗⲗⲏⲥ 기력이 쇠진하다, 숨이 막히다 *cf.* ϫⲱⲗϩⲥ̄ 지치다

ϫⲉⲙⲡⲉϩ, ϫⲙ̄ⲡⲉϩ, ϫ(ⲉ)(ⲙ)ⲡⲏϩ, ϫⲏⲡⲉϩ, ϫⲓⲡⲉϩ, ϫⲱⲡⲉϩ *m.* 사과

ϫⲉⲛⲁ, ϫⲛⲉ, ϫⲛⲉ-, ϫⲉⲛⲁ⸗ 시들게 하다, 그치게 하다, 꺼지다 *cf.* ⲁⲧϫⲉⲛⲁ 꺼지지 않는

ϫⲉⲛⲉ 시들게 하다, 그치다, 꺼지다

ϫⲉⲛⲉⲡⲱⲣ *f.* 지붕

ϫⲉⲛ(ⲉ)ⲧⲙⲏⲧⲉ 간막이 → ϫⲟ 벽, ⲙⲏⲧⲉ 중간

ϫⲉⲛⲟⲩⲟⲩ⸗ → ϫⲛⲟⲩ 질문하다

ϫ(ⲉ)ⲛⲧ̄- → ϫⲱⲛⲧ̄ 시도하다

ϫⲉⲟⲩⲁ 불경한 말을 하다 → ϫⲱ 말하다, ⲟⲩⲁ 저주

ϫⲉⲡⲉϩ → ϫⲉⲙⲡⲉϩ 사과

ϫⲉⲡⲣⲟ → ϭⲱⲡⲣⲟ 작은 마을, 촌락

ⲁ ⲃ ⲅ ⲇ ⲉ ⲍ ⲏ ⲑ ⲓ ⲕ ⲗ ⲙ ⲛ ⲝ ⲟ ⲡ ⲣ ⲥ ⲧ ⲩ ⲫ ⲭ ⲯ ⲱ ϣ ϥ ϩ ϫ ϭ ϯ

ϫⲉⲡϫⲱⲡ⸗ → **ϫⲁⲡϫⲡ̄**

ϫⲉⲣ-, ϫⲏⲣ† → **ϫⲱ(ⲱ)ⲣ** 날카롭게 하다

ϫⲉⲣ- → **ϫⲱⲱⲣⲉ** 강한

ϫⲉⲣⲟ, ϫⲉⲣⲱ, ϫⲉ(ⲉ)ⲣⲉ-, ϫⲉⲣⲟ-, ϫⲉⲣⲟ⸗, ϫⲉⲣⲱ⸗ 태우다, 불태우다

ϫⲉⲣⲟ-, ϫⲉⲣⲟ⸗, ϫⲉⲣⲁⲓ̈ⲧ† 말하다

ϫⲉⲣⲱ⸗ ϫⲉⲣⲟ 태우다

ϫⲉⲣϩⲟϥ 병의 일종

ϫⲉⲣϫⲣ̄ 방탕한 삶을 살다 *cf.* ϫⲏⲣ

ϫⲉⲥⲧ- → **ϫⲓⲥⲉ** 높이다, 드높임

ϫⲉⲧ- → **ϫⲱⲧⲉ** 뚫다

ϫⲉⲧϥⲉ (L), **ϫⲉϥⲧⲉ** 뱀, 파충류

ϫⲉⲩ *m.* 동물의 일종

ϫⲉⲩ- → **ϫⲟⲟⲩ** 보내다

ϫⲉϥ (L) *m.* 얼음, 눈

ϫⲉϥ-, ϫⲏϥ† → **ϫⲟⲩϥ** 뜨거운

ϫⲉϥⲧⲉ → **ϫⲉⲧϥⲉ** 파충류, 뱀

ϫⲉϥϫⲱϥ† → **ϫⲟϥϫ(ⲉ)ϥ** 불태우다

ϫⲉϩ-, ϫⲏϩ† → **ϫⲱϩ** 기름 붓다

ϫⲉϩ-, ϫⲏϩ† → **ϫⲱϩ** 접촉하다

ϫⲉϩⲙ̄- → **ϫⲱϫⲙ̄** 더럽히다

ϫⲉϩϫⲱϩ⸗ → **ϫⲁϩϫϩ̄** 이를 갈다

ϫⲉϫ- → **ϭⲱⲱϫⲉ** 자르다, 재단하다

ϫⲉϭ-, ϫⲏϭ† → **ϫⲱ(ⲱ)ϭⲉ** 색을 칠하다

ϫⲉ ϭⲁⲗ, ϫⲓ ϭⲁⲗ 거짓말하다 → **ϫⲱ** 말하다, **ϭⲁⲗ** 거짓

ϫⲉϭⲟⲗ, ϫⲓϭⲟⲗ 거짓말하다 **ϫⲱ** 말하다, **ϭⲟⲗ** 거짓말

ϫⲏ *f.* 접시, 그릇, 향로 *cf.* ϫⲏⲏⲥ 향로

ϫⲏ, ϫⲓ *m.* 지푸라기, 부스러기

ϫⲏ, ϫⲓ ⲛ̄ϫⲏ *m.* 허영, 무익함, 아무것도 아님 *cf.* ⲉⲡϫⲓⲛ̄ϫⲏ 헛되이, 공짜로, 아무 이유 없이 ϫⲏⲏⲥ *f.* 향로 ϫⲏ 향단, 향로

ϫⲏⲕ† → **ϫⲱⲕ**

ϫⲏⲕⲉ- → **ϫⲏϭⲉ** 붉은

ϫⲏⲗ *m.* 물고기의 일종

ϫ(ⲏ)ⲛⲏ → **ϫⲛⲉ** 채소

ϫⲏⲣ 방탕한 삶을 살다, 즐겁게 살다 *cf.* ⲉⲓⲣⲉ ⲛ̄ϩⲉⲛⲛⲟϭ ⲛ̄ϫⲏⲣ 방탕하게 살다, 잘못된 삶을 살다 ⲣⲉϥϫⲏⲣ 사기꾼 ϫⲉⲣϫⲣ̄, ϫⲣ̄ϫⲣ̄ 방탕

ϫⲏⲣ† → **ϫⲱⲣ** 검사하다

ϫⲏⲣ† → **ϫⲱⲣ** 검어지다

ϫⲏⲣⲉ, ϫⲉⲉⲣⲉ *f.* 타작마당, 키로 까부른 곡식

ϫⲏⲥ† → **ϫⲱⲥ** 단단하게 하다

ϫⲏⲧ† 숨이 가쁜

ϫⲏⲧ† → **ϫⲧⲁⲓ** 무르익다

ϫⲏⲧ† → **ϫⲟⲩⲱⲧ** 성숙하다

ϫⲏⲩ† → **ϫⲓ** 잡다

ϫⲏϥ† → **ϫⲟⲩϥ** 불타다

ϫⲏϥ† → **ϫⲟⲩϥ** 높은 가격의

ϫⲏϩ† → **ϫⲱϩ** 기름 붓다

ϫⲏϭⲉ, ϫⲏⲕⲉ, ϫⲉⲕⲉ 붉은색, 자주빛 *cf.* ⲛ̄ⲉⲓⲉⲡϫⲏϭⲉ 붉은색의 ⲥⲁⲛ̄ϫⲏϭⲉ 물감장수

ϫⲓ, ϫⲓ-, ϫⲉ-, ϫⲓⲧ⸗, ϫⲏⲩ† *p.c.* **ϫⲁⲓ-** 잡다, 받아 들이다, 데려오다 *cf.* ϫⲓ ⲉⲃⲟⲗ 데려오다, 가져오다 ϫⲓ ⲉⲃⲟⲗ ϩⲛ̄ 나누다, 참여하다 ϫⲓ ⲉⲟⲟⲩ 영광을 받다 ϫⲓ ⲉϩⲟⲩⲛ …에 속하다, 들어가다 ϫⲓ ⲙⲛ̄- 연관되다, 접하다 ϫⲓ ⲥⲱϣ 천한, 무례한 ϫⲓ ⲛ̄ϭⲟⲛⲥ̄ 불의하게 행동하다 ⲙⲛ̄ⲧϫⲓ ⲛ̄ϭⲟⲛⲥ̄ 불의 ⲣⲉϥϫⲓ ⲛ̄ϭⲟⲛⲥ̄ 악행자 ϩⲛ̄ⲟⲩϫⲓ ⲛ̄ϭⲟⲛⲥ̄ 불의한 방법으로 ϫⲓⲕⲃⲁ 복수 ⲣⲉϥϫⲓⲙⲁⲓ̈ⲧ 안내인 ϫⲓ ϩⲟ 공경하다 ϫⲓ ϩⲣⲉ⸗, ϫⲓ ϩⲣⲏ⸗ 주의를 기울이다 ϫⲓ ϯⲡⲉ 맛보다 ⲙⲁⲛ̄ϫⲓϯⲡⲉ 혀

ϫⲓ-, ϫⲓⲧ⸗ *imper.* → **ϫⲱ** 말하다

ϫⲓ *m.* 포유동물 *cf.* ϯ ϫⲓ 젖 먹이다

ϫⲓ- → **ϫⲓ** 잡다

ϫⲓ- → **ϫⲟ** 보내다

ϫⲓ- → **ϫⲟ** 성벽

ϫⲓⲉ (L) *m.* 지푸라기

ϫⲓⲏⲡⲉ 계산하다 → **ϫⲓ** 잡다, **ⲏⲡⲉ** 수

ϫⲓⲓ̈ⲟⲟⲣⲉ (L), **ϫⲓⲓ̈ⲟⲣⲉ, ϫⲓⲟⲣⲉ** 강을 건너다 *cf.* ⲙⲁⲛ̄ϫⲓⲟⲣⲉ 선박 ⲓ̈ⲉⲣⲟ 강

ϫⲓⲓ̈ⲟⲣⲉ → **ϫⲓⲓ̈ⲟⲟⲣⲉ** 강을 건너다

ϫⲓⲗⲗⲉⲥ, ϫⲉⲗⲗⲏⲥ, ⲕⲉⲗⲗⲏⲥ, ⲭⲉⲗⲗⲉⲥ 가방, 도구함, 상자 *cf.* ϫⲱⲱⲗⲉ 모으다, 거두다

ϫⲓⲛ-, ϫ(ⲓ)ⲛⲛ-, ϫⲓⲛⲉ-, ϫ(ⲉ)ⲛ-, ϭ(ⲉ)ⲛ-, ⲕⲛ̄-, ϣⲉⲛ- …이후부터 *cf.* ϫⲓⲛ ⲧ(ⲉϥ)ⲙⲛ̄ⲧⲕⲟⲩⲓ 어린 시절부터 ϫⲓⲛ ⲛ̄ϣⲟⲣⲡ̄ 태초부터 ⲕⲱ ϫⲓⲛ ⲛ̄ϣⲟⲣⲡ̄ 미리 배치

하다 ϫⲓⲛ ⲧⲉⲛⲟⲩ 지금부터, 더이상 아닌 ϫⲓⲛ (ⲙ̄) ⲡⲛⲟⲩⲧⲉ ⲉⲃⲟⲗ 신은 제외하고

ϫⲓⲛ- → ϭⲓⲛ- …행위

ϫⲓⲛ *m.* 힘, 가능성

ϫ(ⲓ)ⲛⲟⲩ⸗ → ϫⲛⲟⲩ 질문하다

ϫⲓⲛϫⲉⲉⲩⲉ → ϫⲁϫⲉ 대적자

ϫⲓⲛ̄ϫⲏ 무용지물 → ϫⲓ 잡다, ϫⲏ 허영

ϫⲓⲛϫⲓⲛ- → ϭⲉⲛϭⲉⲛ 음악을 연주하다

ϫⲓⲛ̄ϫⲛⲁϩ 폭력을 휘두르다 → ϫⲓ 잡다

ϫⲓⲛ̄ϭⲟⲛⲥ̄ 불의 ϫⲓ 잡다, ϭⲟⲛⲥ̄ 폭력, 불의

ϫⲓⲟⲟⲣ 가로지르다 → ⲉⲓⲟⲟⲣ 수로

ϫⲓⲟⲣⲉ → ϫⲓϊⲟⲟⲣⲉ

ϫⲓⲟⲩⲁ 신성을 모독하다 → ϫⲱ 말하다, ⲟⲩⲁ 신성모독

ϫⲓⲟⲩⲉ 강탈하다, 훔치다 *cf.* ⲛ̄ϫⲓⲟⲩⲉ 비밀리에 ⲣⲉϥϫⲓⲟⲩⲉ 도둑

ϫⲓⲟⲩⲱ 선포하다 → ⲟⲩⲱ 소식, ϫⲓ 잡다

ϫⲓⲟⲩⲱ, ϫⲉⲟⲩⲱ 수태하다 → ϫⲓ 받아 들이다, ⲟⲩⲱ 싹

ϫⲓⲡⲟⲩⲱ 알리다 → ϫⲓ 잡다, ⲟⲩⲱ 소식

ϫⲓⲣ 소금에 절인 작은 생선, 소금물, 간수 *cf.* ⲁⲛϫⲓⲣ 비누

ϫⲓⲥⲁⲛⲓⲥ 의심하다 → ϫⲓ 잡다, ⲥⲁⲛⲓⲥ 의혹

ϫⲓⲥⲉ, ϫⲉⲥⲧ-, ϫⲁⲥⲧ-, ϫⲁⲥⲧ⸗, ϫⲓⲥⲧ⸗, ϫⲉⲥⲧ⸗, ϫⲟⲥⲉ†, ϫⲁⲥⲉ† ⲡ.ϫ. ϫⲁⲥⲓ- 드높이다, 상승, 높이 *cf.* ⲉⲡϫⲓⲥⲉ 위를 향해, 위에서 ⲡⲉⲧϩⲓ ⲡϫⲓⲥⲉ 고산지대 ϫⲓⲥⲉⲛ̄ⲛⲉϩⲟⲟⲩ 장수, 수명 ⲉⲧϫⲟⲥⲉ 높여진, 칭송받는 ⲙⲁⲉⲧϫⲟⲥⲉ 고지, 산악지대 ϫⲁⲥⲓϩⲏⲧ 교만한 ⲙⲛ̄ⲧϫⲁⲥⲓϩⲏⲧ 교만, 자만 ϫⲓⲥⲉ ⲛ̄ϩⲏⲧ 교만한

ϫⲓⲥⲉ, ϫⲉⲥⲉ, ϫⲏⲥⲉ *f.* 넓이를 재는 단위

ϫⲓⲥⲉ *f.* 등, 등뼈

ϫⲓⲥⲟⲟⲩ(ⲉ), ϫⲓⲥⲏⲏⲩⲉ 주, 주님, 주인 *cf.* ⲙⲛ̄ⲧϫⲟⲉⲓⲥ 영지, 주권, 독립 ⲣ̄ ϫⲟⲉⲓⲥ(ⲉ-) 지배하다, 다스리다

ϫⲓⲥⲧ⸗ → ϫⲓⲥⲉ 드높이다

ϫⲓⲧ⸗ → ϫⲓ

ϫⲓϩ *m.* 침, 가래

ϫⲓϩⲟ 고려하다 ϫⲓ 잡다, ϩⲟ 얼굴

ϫⲓϫⲉⲉⲩⲉ *pl.* → ϫⲁϫⲉ 대적자

ϫⲓϫⲉⲩⲉ → ϫⲁϫⲉ

ϫⲓϫⲣⲟⲡ 비틀거리다 → ϫⲓ 잡다, ϫⲣⲟⲡ 방해물

ϫⲓϫⲱⲓ, ϭⲓϫⲱⲓ 땋은 머리

ϫⲓϯ 장사를 하다 → ϫⲓ 잡다, ϯ 주다, 팔다

ϫⲓϯⲡⲉ- 맛보다 → ϫⲓ 잡다, ϯⲡⲉ 맛

ϫⲕⲟ, ϫⲕⲱ, ϫⲕⲱ⸗ 팔다

ϫ(ⲉ)ⲗϫⲗ̄- ϫⲟⲗϫⲗ̄ 끝마치다

ϫⲗⲁⲕ *m.* 형기 연장 *cf.* ϫⲱⲗⲕ̄ 늘이다, 길다

ϫⲗⲁϣ (L) 물방울이 떨어지다, 물을 뿌리다

ϫⲗⲁϩ, ϫⲟⲗϩ̄† 아주 작은, 미세한

ϫⲗⲉ 방해 ϫⲱⲗⲉ 막다

ϫⲗ̄ⲗⲉ *f.* 이삭, 포도송이 *cf.* ϫⲱϫⲱⲗⲉ 모으다, 수확하다

ϫⲗⲱⲃ- → ϫⲗⲱⲙ 불에 굽다

ϫⲗⲱⲙ, ϫⲗⲱⲃ *m.* 불에 굽기

ϫⲗ̄ϩ- → ϫⲱⲗ(ⲉ)ϩ 자르다

ϫⲗ̄ϩⲥ̄ → ϫⲉⲗϩⲏⲥ 기력이 쇠진하다

ϫⲗ̄ϫ- → ϫⲱⲗϫ̄

ϫⲗ̄ϫⲗ̄-, ϫⲗ̄ϫⲱⲗ⸗ → ϫⲟⲗϫ(ⲉ)ⲗ 떨어지게 하다

ϫⲗ̄ϫⲱⲗ† → ϫⲟⲗϫⲗ̄ 끝마치다

ϫⲙⲁⲁⲩ *pl.* 남성의 불알

ϫⲙⲉ *m.* 씨뿌리기, 파종

ϫⲙⲉ → ϫⲱⲙⲉ

ϫⲙ̄ϫⲙ̄ → ϭⲉⲛϭⲉⲛ 음악을 연주하다

ϫⲛ̄-, ϫⲙ̄- ~이래로

ϫⲛ̄-, ϫⲉ(ⲛ)-, ϫⲓⲛ-, ϫⲛ̄ ⲙ̄ⲙⲟⲛ, ϫⲛ̄ ⲙ̄ⲡⲱⲣ …인가 아닌가, 또는, 설마, 차라리, 제발, 그럴 리가

ϫⲛⲁ⸗, ϫⲛⲟ⸗ 때리다

ϫⲛⲁ⸗ 보내다

ϫⲛⲁ(ⲁ)ⲩ, ϫⲛⲟ 늦다, 느리다, 지연, 게으름

ϫⲛⲁⲁⲩ → ϫⲛⲟⲟⲩ 무더기

ϫⲛⲁϩ, ϫⲛ̄ϩ *m., pl.* ϫⲛⲁⲩϩ 앞발, 폭력 *cf.* ⲙⲟⲩⲣ ϫⲛⲁϩ 수도사의 어깨에 걸치는 옷, 수녀의 앞가슴에 두른 스카프 ϫⲓ ⲛ̄ϫⲛⲁϩ 폭력을 휘두르다 ⲣⲉϥϫⲓⲛ̄ϫⲛⲁϩ 폭군 ⲙⲛ̄ⲧϫⲓⲛϫⲛⲁϩ 힘, 권력

ϫⲛⲉ, ϫ(ⲏ)ⲛⲏ *m.* 채소, 잎

ϫⲛⲉ → **ϫⲉⲛⲁ** 꺼지다

ϫⲛⲉ- → **ϭⲛⲟⲛ** 머리를 수그리다

ϫⲛ(ⲉ)- → **ϫⲛⲟⲩ** 질문하다

ϫⲛⲉ- → **ϫⲉⲛⲁ** 시들게 하다

ϫⲛⲓⲧ 시험, 시련 *cf.* ***ϫⲓ ϫⲛⲓⲧ*** 시도하다, 시험하다 ***ϫⲱⲛ̅ⲧ̅*** 시도하다

ϫⲛ̅ⲙ̅ⲙⲟⲛ …인가 아닌가 → **ϫⲛ̅-** 또는, **ⲙ̅ⲙⲟⲛ** 아니다

ϫⲛ̅ⲙ̅ⲡⲱⲣ 차라리, 제발 → **ϫⲛ̅-** 또는, **ⲙ̅ⲡⲱⲣ** 아니다

ϫⲛⲟ → **ϫⲛⲁⲁⲩ** 늦어지다

ϫⲛⲟ → **ϫⲛⲟⲩ** 질문하다

ϫⲛⲟⲟⲩ, ϫⲛⲁⲁⲩ, ϭⲛⲟⲟⲩ *m., pl.* **ϫⲛⲟⲟⲩⲉ** 무더기, 공간 *cf.* ***ⲣ̅ϫⲛⲟⲟⲩ*** 무더기, 공간

ϫⲛⲟⲩ, ϫⲓⲛⲟⲩ, ϫⲛⲟ, ϫⲛ(ⲉ)-, ϫⲛⲟⲩ-, ϫ(ⲓ)ⲛⲟⲩ⸗ ϫⲉⲛⲟⲩⲟⲩ⸗ 질문하다, 설명하다 *cf.* ***ϫⲟⲛϫⲛ̅*** 질문하다

ϫⲛⲟⲩϥ → **ϫⲟⲩϥ** 뜨거운

ϫⲛⲟϥ, ϫⲉⲛⲟϥ *m.* 바구니

ϫⲛ̅ⲧ- → **ϫⲱⲛ̅ⲧ̅** 시도하다

ϫⲛ̅ⲧⲉ (ⲧϣⲛ̅ⲧⲉ) → **ⲥⲱⲛ̅ⲧ̅** 창조하다

ϫⲛ̅ϫⲱⲛ⸗ ϫⲟⲛϫⲛ 질문하다

ϫⲟ, ϫⲱ, ϫⲉ-, ϫⲟ-, ϫⲟ⸗, ϫⲁ⸗, ϫⲏⲩ† 나무를 심다, 씨를 뿌리다 *cf.* ***ⲉⲧϫⲉ ⲛⲟⲩⲛⲉ ⲉⲃⲟⲗ*** 근원적인, 타고난 ***ⲙⲁ ⲉⲧϫⲏⲩ*** 씨 뿌린 밭 ***ϫⲟⲉⲓⲧ*** 심다

ϫⲟ⸗, ϫⲟⲟ⸗, ϫⲟⲟⲩⲉ → **ϫⲱ**

ϫⲟ, ϫⲱ, ϫⲉ-, ϫⲓ-, ϫⲟ⸗ 보내다, 발산하다, 낭비하다 *cf.* ***ϫⲟ ⲉⲃⲟⲗ*** 소모하다, 팔다 ***ϫⲟⲟⲩ*** 파견하다

ϫⲟ *m.* 곱추

ϫⲟ *m., pl.* **ϫⲱⲟⲩ** 겨드랑이

ϫⲟ, ϫⲟⲉ, ϫⲟⲓⲉ, ϫⲟⲉⲓ *f., p.c.* **ϫⲉ-, ϫⲓ-** *pl.* **ⲉϫⲏ** 성벽, 벽 *cf.* ***ϫⲉ ⲛ(ⲉ)ⲧⲙⲏⲧⲉ*** 간막이

ϫⲟⲃⲉ- → **ϭⲱⲃ** 허약한 사람

ϫⲟⲉⲓ- → **ϫⲟ** 성벽

ϫⲟⲉⲓⲥ, ϫⲟⲓ̈ⲥ, ϫⲁⲉⲓⲥ, ϫⲁⲓ̈ⲥ, ϫ̅ⲥ̅, ϭ̅ⲥ̅, ⲟ̅ⲥ̅ *m. f., pl.* 주인, 주님

ϫⲟⲉⲓⲧ 올리브, 올리브 농원, 고환 *cf.* ***ⲃⲱⲛ̅ϫⲟⲉⲓⲧ*** 올리브 나무 ***ⲙⲁⲛ̅ϫⲟⲉⲓⲧ*** 올리브 밭 ***ϣⲛⲏ ⲛ̅ϫⲟⲉⲓⲧ*** 올리브 경작지 ***ⲛⲉϩⲛ̅ϫⲟⲉⲓⲧ*** 올리브 기름

ϫⲟⲉⲓⲧ, ϫⲱⲉⲓⲧ, ϫⲟⲉⲓⲧ⸗ *p.c.* **ϫⲁⲉⲓⲧ-** 나무를 심다, 씨를 뿌리다 *cf.* ***ϫⲟ*** 나무를 심다

ϫⲟⲓ *m., pl.* **ⲉϫⲏⲩ** 선박

ϫⲟⲕ, ϫⲁⲕ *m.* 털, 머리카락

ϫⲟⲕ⸗ → **ϫⲱⲕ** 끝마치다

ϫⲟⲕⲙ̅† → **ϫⲱⲕⲙ̅** 물에 담그다

ϫⲟⲕⲣ̅† → **ϫⲱⲕⲣ̅** 짜게 하다

ϫⲟⲕϫⲕ̅, ϫⲉⲕϫⲱⲕ⸗, ϫⲉⲕϫⲱⲕ†, ϫⲉⲕϫⲟⲕⲧ̅† 자극하다, 바늘로 찌르다 *cf.* ***ϫⲱ(ⲱ)ⲕⲉ*** 바늘로 찌르다

ϫⲟⲗ(ⲉ)ⲥ → **ϫⲟⲗϩ̅(ⲉ)ⲥ** 기력이 쇠진하다

ϫⲟⲗⲕ̅† → **ϫⲱⲗⲕ̅** 늘이다

ϫⲟⲗⲙ̅† ϫⲱⲗⲙ̅ 축제를 벌이다

ϫⲟⲗⲕⲥ̅ *f.* 긴장, 형의 엄함 *cf.* ***ϫⲱⲗⲕ̅*** 늘이다, 길다

ϫⲟⲗⲙ(ⲉ)ⲥ, ϫⲟⲣⲙⲉⲥ 근심, 방심 *cf.* ***ϫⲱⲗⲙ̅*** 혼란이 일어나다

ϫⲟⲗⲥ̅- → **ϫⲟⲗϩ(ⲉ)ⲥ** 인장

ϫⲟⲗϩ⸗ → **ϫⲱⲗ(ⲉ)ϩ** 자르다

ϫⲟⲗϩ† → **ϫⲱⲗϩ̅** 물을 푸다

ϫⲟⲗϩ̅(ⲉ)ⲥ, ϫⲟⲗ(ⲉ)ⲥ, ϫⲱⲗϩ̅, ϫⲱⲗϩⲥ̅ 기력이 쇠진하다, 숨이 막히다 *cf.* ***ϫⲉⲗϩⲏⲥ*** 지치다

ϫⲟⲗϫ(ⲉ)ⲗ, ϫⲗ̅ϫⲗ̅-, ϫⲗ̅ϫⲱⲗ⸗ 떨어지게 하다, 물이 방울져 떨어지다

ϫⲟⲗϫⲗ̅, ϫ(ⲉ)ⲗϫⲗ̅-, ϫⲗ̅ϫⲱⲗ⸗, ϫⲗ̅ϫⲱⲗ† 끝마치다, 닫히다, 둘러싸이다

ϫⲟⲛⲧ̅† → **ϫⲱⲛⲧ̅** 시도하다

ϫⲟⲛⲧⲥ̅ 유혹, 사련 *cf.* ***ϫⲱⲛ̅ⲧ̅*** 시도하다

ϫⲟⲛϫⲛ, ϫⲛ̅ϫⲱⲛ⸗ 질문하다 *cf.* ***ϫⲛⲟⲩ*** 질문하다, 설명하다

ϫⲟⲟⲃ⸗ → **ϫⲱⲱⲃⲉ** 지나가다

ϫⲟⲟⲕ⸗ → **ϫⲱ(ⲱ)ⲕⲉ** 바늘로 찌르다

ϫⲟ(ⲟ)ⲗ⸗ → **ϫⲱⲱⲗⲉ** 모으다

ϫⲟⲟⲗⲉ† → **ϫⲱⲱⲗⲉ** 가로막다

ϫⲟⲟⲗⲉⲥ 썩은 것 *cf.* ***ⲣ̅ ϫⲟⲟⲗⲉⲥ*** 썩다, 벌레 먹다

ϫⲟⲟⲛⲉϥ → **ϫⲱⲛϥ̅** 우연히 만나다

ϫⲟⲟⲣ⸗ → ϫⲱⲣ 검사하다

ϫⲟⲟⲣ† → ϫⲱⲱⲣⲉ 강한

ϫⲟ(ⲟ)ⲣ⸗ → ϫⲱ(ⲱ)ⲣ 날카롭게 하다

ϫⲟⲟⲣⲉ → ϫⲱ(ⲱ)ⲣⲉ 강한

ϫⲟⲟⲣⲉ† → ϫⲱⲱⲣⲉ 분산시키다

ϫⲟⲟⲩ, ϫⲟⲩ, ϫⲉⲩ-, ϫⲟⲟⲩ-, ϫⲁⲩ-, ϫⲟⲟⲩ⸗, ϫ(ⲁⲩ)ⲟⲩ⸗ 보내다, 파견하다 *cf.* ϫⲟ 보내다, 방출하다

ϫⲟⲟⲩⲧ 보잘것 없는 물건이나 사람.

ϫⲟⲟⲩϥ *m.* 파피루스

ϫⲟⲡ *m.* 사발, 공기

ϫⲟⲡϫⲡ̄ → ϩϫⲟⲡϫⲡ̄ 만지다, 더듬다

ϫⲟⲣⲙ̄† → ϫⲱⲣⲙ̄ 관찰하다

ϫⲟⲣⲙⲉⲥ → ϫⲟⲗⲙ(ⲉ)ⲥ 걱정, 방심

ϫⲟⲣϫⲣ̄, ϭⲉⲣϭⲱⲣ⸗, ϫⲉⲣϫⲱⲣ† 강한, 단단한, 승리의 *cf.* ⲉⲧϫⲉⲣϫⲱⲣ 강력한, 굳건한 ⲱⲣϫ̄ 단단한

ϫⲟⲥ⸗ → ϫⲱⲥ 단단하게 하다

ϫⲟⲥⲉ† → ϫⲓⲥⲉ 드높이다

ϫⲟⲧ⸗ → ϫⲱⲧⲉ 뚫다

ϫⲟⲧⲉ† → ϫⲁ(ⲁ)ⲧⲉ 성숙한 나이가 되다

ϫⲟⲧϩ̄† → ϫⲱⲧϩ̄ 그치다

ϫⲟⲩ, ϫⲉ- 보내다 *cf.* ϫⲁⲩ 보내다

ϫⲟⲩ → ϫⲟⲟⲩ 보내다.

ϫⲟⲩ → ϫⲱ

ϫⲟⲩⲕⲣⲉ 식용 풀의 일종

ϫⲟⲩⲟⲩⲕⲉ ϫⲱ(ⲱ)ⲕⲉ 바늘로 찌르다

ϫⲟⲩⲧ- → ϫⲟⲩⲱⲧ 성숙하다

ϫⲟⲩⲱⲧ, ϫⲟⲩⲧ-, ϫ(ⲟⲩ)ⲱⲧ-, ϫⲧⲁⲓ, ϫⲏⲧ† 성숙하다, 충분히 성장한 *cf.* ϫⲁ(ⲁ)ⲧⲉ 성숙한 나이가 되다

ϫⲟⲩⲱⲧ, *f.* ϫⲟⲩⲱⲧⲉ, ϫⲟⲩⲟⲩⲱⲧⲉ, ϫⲟⲩⲧ- 스물 *cf.* ϫⲟⲩⲧⲏ 스물다섯 ϯⲟⲩ 다섯

ϫⲟⲩϥ, ϫⲛⲟⲩϥ, ϫⲱϥ, ϫⲉϥ-, ϫⲁϥ⸗, ϫⲏϥ† *p.c.* ϫⲁϥ- 뜨거운, 불붙는, 쓰디쓴 *cf.* ϫⲟϥϫ(ⲉ)ϥ 태우다, 불에 익히다

ϫⲟⲩϥ, ϫⲱϥ, ϫⲱⲃ⸗, ϫⲏϥ†, ϫⲁϥ† 고귀한, 고가의, 비싼, 희귀한

ϫⲟⲩϫⲟⲩ, ϭⲟⲩϭⲟⲩ 기뻐하다, 신나다.

ϫⲟϥⲧⲛ̄, ⲛ̄ϫⲟϥⲧⲛ̄ 아래위가 뒤바뀐

ϫⲟϥϫ(ⲉ)ϥ, ϫⲉϥϫⲱϥ⸗, ϫⲉϥϫⲱϥ† 불태우다, 불에 익히다 *cf.* ϫⲟⲩϥ 불붙은

ϫⲟⲩϩⲉ 절다

ϫⲟⲩϫⲟⲩ 즐거이 놀다, 즐겁게 하다

ϫⲟϩ → ϫⲱϩ 접촉하다

ϫⲟϩⲧ̄† → ϫⲱⲧϩ̄ 멈추다

ϫⲟϫ⸗ → ϭⲱϭ 요리하다

ϫⲟϫⲉ → ϭⲱ(ⲱ)ϫⲉ 땅을 파다

ϫⲟϭ⸗ → ϫⲱ(ⲱ)ϭⲉ 색을 칠하다

ϫⲡ-, ⲁϫⲡ̄-, ϫⲉⲡ- *m. f.* 시간 *cf.* ϫⲡ̄ϯ 다섯 번째 시간

ϫⲡⲁ⸗ → ϫⲡⲱ

ϫⲡⲁ⸗, ϫⲡⲁⲉⲓⲧ† → ϫⲡⲟ 얻다

ϫⲡⲉ- → ϫⲡⲟ 받아 들이다, 낳다

ϫⲡⲉ- → ϫⲡⲓ- …할 필요가 있는

ϫⲡⲓ-, ϫⲡⲉ- …할 필요가 있는

ϫⲡⲓⲁ⸗, ϫⲡⲓⲉ-, ϫⲡⲓⲏⲧ† → ϫⲡⲓⲟ 욕하다

ϫⲡⲓⲟ, ϫⲡⲓⲉ-, ϫⲡⲓⲟ⸗, ϫⲡⲓⲁ⸗, ϫⲡⲓⲏⲧ† 욕하다, 나무라다, 폭력을 행하다, 저주하다, 혼동하다 *cf.* ϣⲓⲡⲉ 창피한

ϫⲡⲟ, ϫⲡⲉ-, ϫⲡⲟ⸗, ϫⲡⲁ⸗, ϫⲡⲁⲉⲓⲧ† 얻다, 받아 들이다, 달성하다, 산출하다, 낳다, 만들다 *cf.* ⲉⲧⲣ̄ϣⲟⲣⲡ̄ ⲛ̄ϫⲡⲟ 창세 이전의 아버지로서 ϭⲓⲛϫⲡⲟ 근원, 탄생 ⲣⲉϥϫⲡⲉ ⲛⲟⲩⲧⲉ 신을 낳은 자 ⲁⲧϫⲡⲟ⸗ 태어난 존재가 아닌 ϣⲱⲡⲉ 존재

ϫⲣⲁⲡ *m.* 방해물 → ϫⲱⲣⲡ̄ 비틀거리다

ϫⲣⲁⲣⲁⲁⲧ†, ϫⲣⲁⲣⲁⲧ† → ϫⲣⲁⲣⲉ 사방으로 흩다

ϫⲣⲁⲣⲉ (L), ϫⲣⲁⲣⲱ⸗, ϫⲣⲁⲣⲱⲱ⸗, ϫⲣⲁⲣⲁⲧ†, ϫⲣⲁⲣⲁⲁⲧ† 사방으로 흩다

ϫⲣⲏⲩⲧ† → ϫⲣⲟ 단호한

ϫⲣⲟ, ϭⲣⲟ, ϫⲣⲟⲉⲓⲧ†, ϫⲣⲏⲩⲧ† 단호한, 강한, 승자 *cf.* ⲉⲧⲙⲏϩ ⲛ̄ϫⲣⲟ 승리자의 ⲣⲉϥϫⲣⲟ ⲕⲗⲟⲙ 승리의 관을 쓴 ⲱⲣϫ̄ 단단한

ϫⲣⲟ 인사, 찬양 *cf.* ϫⲣⲟ ⲙⲛ̄ ϩⲓⲥⲉ 건강과 평안을 빌며! ⲣ̄ ϫⲣⲟ 승리하다

ϫⲣⲟⲉⲓⲧ† → ϫⲣⲟ 단호한

ϫⲣⲟⲡ *m.* 방해물, 걸림돌, 사건 *cf.* ⲣ̄ϫⲣⲟⲡ 사건으로 번지다 ϫⲓ ϫⲣⲟⲡ 걸려 넘어지다 ϫⲱⲣⲡ̄ 걸려 넘어지다

ⲁ ⲃ ⲅ ⲇ ⲉ ⲍ ⲏ ⲑ ⲓ ⲕ ⲗ ⲙ ⲛ ⲝ ⲟ ⲡ ⲣ ⲥ ⲧ ⲩ ⲫ ⲭ ⲯ ⲱ ϣ ϥ ϩ ϫ ϭ ϯ

ϫⲣ̄ϫⲓⲣ, ϫⲣ̄ϫⲣ̄ → ϫⲏⲣ

ϫ̄ⲥ̄ → ϫⲟⲉⲓⲥ 주, 주님

ϫⲧⲁⲓ → ϫⲟⲩⲱⲧ 성숙하다

ϫⲧⲏⲩ† → ϫⲧⲟ 땅에 드러눕다

ϫⲧⲟ, ϫⲧⲉ-, ϫⲧⲟ⸗, ϫⲧⲏⲩ† 땅에 드러눕다 *cf.* ϣⲧⲟ 자리에 눕다, 엎드리다

ϫⲱ, ϫⲉ-, ϫⲓ-, ϫⲟⲟ⸗, ϫⲟ⸗, ϫⲓⲧ⸗ *imper.* ⲁϫⲓ-, (ⲁ)ϫⲓ⸗ *p.c.* ϫⲁⲧ- 말하다, 노래하다 *cf.* ϫⲱ ⲛ̄ϩⲉⲛⲙⲩⲑⲟⲥ 신화를 서술하다 ⲣⲉϥϫⲱ 가수, 연주가 ⲣⲉϥϫⲉ- -를 이야기하는 사람 ϫⲉⲡⲣⲁⲛⲉϫⲛ̄- 명명하다 ⲥⲏⲃⲉ ⲛ̄ϫⲱ 악기 …을 말하다

ϫⲉ 그래서, -한즉슨

ϫⲉⲕⲁⲁⲥ -하기 위하여

ϫⲉ ⲟⲩⲁ, ϫⲓ ⲟⲩⲁ 모독하다

ϫⲓ ⲟⲩⲗ̄ⲗⲉ 연주하다

ϫⲁⲧⲃⲱⲱⲛ 중상하다

ϫⲁⲧⲃⲁⲓ̈ⲛⲉ 하프 연주자 *cf.* ϣⲁϫⲉ 발언하다 ⲡⲉϫⲉ-, ⲡⲁϫⲉ-, ⲡⲁϫⲉ⸗, ⲡⲉϫⲁ⸗ 말하다

ϫⲱ⸗ *m.* 머리, 꼭대기 *cf.* ϣⲃ̄ϫⲱ⸗ 머리를 밀다 ⲃⲉϩϫⲱ⸗ 머리를 숙이다 ⲉϫⲛ̄-, ϩⲓϫⲛ̄-, ⲁϫⲛ̄-, ⲁϫⲙ̄ …위에 ϩⲁϫⲛ̄- …앞에 ⲁϫⲱ⸗ …위에, …에게 ⲥⲁϫⲱ⸗ 거꾸로 뒤집혀 ϩⲁϫⲱ⸗ ~앞에 ϩⲓϫⲛ̄-, ϩⲓϫⲙ̄- ~위로

ϫⲱ *m.* 잔, 컵

ϫⲱ → ϫⲟ 보내다

ϫⲱ → ϫⲟ 나무를 심다

ϫⲱⲃ⸗ → ϫⲟⲩϥ 고귀한

ϫⲱⲃⲉ 건너가다

ϫⲱⲃⲥ (L) 머리를 숙이다

ϫⲱⲉⲓⲧ → ϫⲟⲉⲓⲧ 나무를 심다

ϫⲱⲕ, ϫⲉⲕ-, ϫⲁⲕ-, ϫⲟⲕ⸗, ϫⲁⲕ⸗, ϫⲏⲕ† 끝마치다, 완벽을 기하다, 종료, 완성, 총정리 *cf.* ⲉⲧϫⲏⲕ ⲉⲃⲟⲗ 완벽한, 충분한 ϩⲛ̄ⲟⲩϫⲱⲕ ⲉⲃⲟⲗ 완전히, 완벽하게 ⲁⲧϫⲱⲕ 불완전한, 미완성의

ϫⲱⲕⲉ 찌르다, 자극하다 *cf.* ϫⲁⲕⲉϥ *m.* 바늘, 침

ϫⲱⲕⲙ̄, ϫⲉⲕⲙ̄-, ϫⲟⲕⲙ⸗, ϫⲟⲕⲙ̄† 물에 담그다, 씻다, 침례를 행하다

ϫⲱⲕⲙⲉ, ϫⲁⲕⲙ̄, ϫⲁⲕⲙⲛ̄, ϫⲁⲕⲙⲉ⸗, ϫⲁⲕⲙⲉ† 목욕하다, 씻다 *cf.* ϫⲓ ϫⲱⲕⲙⲉ 씻긴

ϫⲱⲕⲣ̄, ϫⲉⲕⲣ̄-, ϫⲟⲕⲣ⸗, ϫⲟⲕⲣ̄† 짜게 하다, 양념을 치다

ϫⲱⲕⲣⲉ 짜게 하다, 간을 치다

ϫⲱⲗ- → ⲙ̄ϫⲱⲗ 양파

ϫⲱⲗⲁϩ → ϫⲱⲗϩ̄ 물을 푸다

ϫⲱⲗⲉ (L), ϫⲱⲗ-, ϫⲱⲗⲉ-, ϫⲱⲱⲗⲉ-, ϫⲁⲗ-, ϫⲁⲗ⸗ 막다, 멈추게 하다 *cf.* ϫⲁⲗ ⲃⲉⲗ 냉혹한 눈으로 ϫⲗⲉ 막음, 방해

ϫⲱⲗⲉ (L), ϫⲁⲗ⸗, ϫⲁⲗⲉ⸗ 거두어들이다, 추수하다

ϫⲱⲗⲉ- → ϫⲱⲱⲗⲉ 모으다

ϫⲱⲗ(ⲉ)ϩ, ϫⲗ̄ϩ̄-, ϫⲟⲗϩ⸗ 자르다, 가지치다

ϫⲱⲗⲕ̄, ϫⲉⲗⲕ̄-, ϫⲟⲗⲕ⸗, ϫⲁⲗⲕ⸗, ϫⲟⲗⲕ̄† 늘이다, 시위를 당기다, 옷을 깁다 *cf.* ϫⲗⲁⲕ 연장 ϫⲟⲗⲕⲥ̄ 긴장

ϫⲱⲗⲕ̄, ϫⲁⲗⲕ- 굴에 잠기다

ϫⲁⲗⲕⲙ̄ⲥⲉ 진주조개 잡는 사람

ϫⲱⲗⲙ̄- → ϫⲱⲣⲙ̄ 신호를 보내다

ϫⲱⲗⲙ̄, ϫⲱⲗⲙⲉ, ϫⲱⲣⲙ̄, ϫⲟⲗⲙ̄† 축제를 벌이다, 혼란이 일어나다 *cf.* ϫⲟⲗⲙ(ⲉ)ⲥ 근심

ϫⲱⲗⲙ̄ ϫⲱⲣⲙ̄ 관찰하다

ϫⲱⲗϩ̄, ϫⲁⲗϩ⸗ 자르다

ϫⲱⲗϩ̄, ϫⲱⲗⲁϩ, ϫⲱⲣⲁϩ, ϫⲉⲗⲉϩ-, ϫⲟⲗϩ† 물을 푸다, 추출하다

ϫⲱⲗϩ̄, ϫⲱⲗϩⲥ̄ → ϫⲟⲗϩ̄(ⲉ)ⲥ 기력이 쇠진하다

ϫⲱⲗϫ̄, ϫⲗ̄ϫ-, ϫⲁⲗϫ⸗, ϫⲁⲗϫ̄†, ϫⲁⲗⲉϫ† 뒤섞다, 휘말려 들다 *cf.* ϭⲱⲗϫ̄

ϫⲱⲗϭ̄ → ϭⲱⲗϫ̄ 뒤섞다

ϫⲱⲙ, ϫⲙ̄- *m.* 세대

ϫⲱⲙ, ϫⲁⲙ- 적극적으로 임하다, 열정을 갖다 *cf.* ⲙⲛ̄ⲧϫⲁⲙⲏⲧ *f.* 끈기, 인내

ϫⲱⲙ, ϫⲱⲱⲙⲉ *m.* 세대 *cf.* ϣⲁϫⲉ ⲛ̄ϫⲱⲙ 족보학

ϫⲱⲙⲉ, ϫⲱⲱⲙⲉ, *pl.* ϫⲙⲉ *m.* 책

ϫⲱⲛⲧ̄, ϫ(ⲉ)ⲛⲧ̄-, ϫⲟⲛⲧ̄-, ϫⲱⲛⲧ-, ϫⲛ̄ⲧ-, ϫⲟⲛⲧ⸗, ϫⲁⲛⲧ⸗, ϫⲟⲛⲧ̄† 시도하다, 시험하다, 도모하다 *cf.* ϫⲱⲛⲧ̄ ⲉ(ϣ)- …할 준비가 된 ⲙⲁⲛ̄ϫⲱⲛⲧ̄ 시험의 장소 ϫⲟⲛⲧⲥ̄, ϫⲛⲓⲧ 시험, 유혹

ϫⲱⲛϥ̄, ϫⲟⲟⲛⲉϥ, ϫⲁⲛϥ̄†, ϫⲁⲁⲛϥ̄† 우연히 만나다, 마주치다, 갑자기 발생하다 *cf.* ϣⲱⲛϥ̄ 합류하다

ϫⲱⲣ, ϫⲟⲟⲣ⸗, ϫⲏⲣ† 검사하다, 조사하다, 연구하다

ϫⲱⲣ, ϫⲏⲣ† 검어지다, 피부를 태우다

ϫⲱⲣ → **ϫⲱ(ⲱ)ⲣⲉ** 강한

ϫⲱⲣ → **ϫⲱⲱⲣⲉ** 분산시키다

ϫⲱⲣ, ϫⲏⲣ† 뾰족하게 깎다

ϫⲱⲣⲁϩ 절뚝거리다, 힘들게 걷다

ϫⲱⲣⲁϩ → **ϫⲱⲗϩ̄** 물을 푸다

ϫⲱⲣⲉ, ϫⲱⲱⲣⲉ 강한 *cf.* ⲙⲛⲧϫⲱⲣⲉ 힘 있는, 능력 있는 ⲣ ϫⲱⲣⲉ 강하게 되다 ϭⲣⲟ 굳센

ϫⲱⲣ(ⲉ) → **ϫⲱⲱⲣⲉ** 분산시키다

ϫⲱⲣⲙ̄ → **ϫⲱⲗⲙ̄** 잔치를 열다

ϫⲱⲣⲙ̄, ϫⲱⲣⲙⲉ, ϫⲱⲗⲙ̄, ϫⲁⲣⲙⲉ⸗, ϫⲟⲣⲙ̄† 관찰하다, 바라보다, 눈치를 주다 *cf.* ⲣⲉϥϫⲱⲣⲙ̄ 감시자, 간첩

ϫⲱⲣⲡ̄, ϫⲁⲣⲡ̄- 걸려 넘어지다, 휘청거리다 *cf.* ϫⲣⲟⲡ, ϫⲣⲁⲡ *m.* 방해

ϫⲱⲥ, ϫⲟⲥ⸗, ϫⲏⲥ† 단단하게 하다, 포장하다, 짐을 싣다

ϫⲱⲥⲧ-, ϫⲉⲥⲧ⸗ → **ϫⲓⲥⲉ**

ϫⲱⲧ 감성에 젖다, 갈망하다

ϫⲱⲧⲉ, ϫⲉⲧ-, ϫⲁⲧ-, ϫⲱⲧ-, ϫⲟⲧ⸗, ϫⲁⲧ⸗ 뚫다, 구멍을 내다, 직시하다, 가로지르다, 상처를 입히다

ϫⲱⲧϩ̄, ϫⲟϩⲧ̄†, ϫⲟⲧϩ̄† 그치다, 부족하다, 늦어지다

ϫⲱⲧϩ̄ → **ϭⲱⲧϩ̄** 뚫다

ϫⲱⲱⲃⲉ, ϫⲉⲉⲃⲉ-, ϫⲟⲟⲃ⸗ 지나가다, 가로지르다

ϫⲱ(ⲱ)ⲕⲉ, ϫⲟⲩⲟⲩⲕⲉ, ϫⲉⲉⲕⲉ-, ϫⲉⲕ-, ϫⲟⲟⲕ⸗ 바늘로 찌르다, 자극하다 *cf.* ϫⲟⲕϫⲕ̄ 자극하다

ϫⲱⲱⲗⲉ, ϣⲱⲗⲉ, ϫⲉ(ⲉ)ⲗⲉ-, ϫⲱⲗⲉ-, ϫⲟ(ⲟ)ⲗ⸗ 모으다, 거두다, 추수하다 *cf.* ϫⲗ̄ⲗⲉ 이삭 ϫⲓⲗⲗⲉⲥ 가방

ϫⲱⲱⲗⲉ, ϫⲟⲟⲗⲉ† 가로막다, 방해하다, 멈추게 하다

ϫⲱⲱⲗⲉ → **ϫⲱⲗⲉ**

ϫⲱ(ⲱ)ⲙⲉ *m.* 책, 문서, 두루마리

ϫⲱⲱⲙⲉ → **ϫⲱⲙ** 세대

ϫⲱⲱⲙⲉ → **ϫⲱⲙⲉ**

ϫⲱ(ⲱ)ⲣ, ϫⲉⲣ-, ϫⲟ(ⲟ)ⲣ⸗, ϫⲏⲣ† 날카롭게 하다 *cf.* ⲉⲧϫⲏⲣ 뾰족한

ϫⲱⲱⲣⲉ → **ϫⲱⲣⲉ**

ϫⲱⲱⲣⲉ, ϫⲉⲣ-, ϫⲟⲟⲣ† *p.c.* **ϫⲁⲣ-** 강한 *cf.* ⲉⲧϫⲟⲟⲣ 굳건한, 건장한 ϫⲱ(ⲱ)ⲣⲉ 강한, ⲱⲣϫ̄ 단단한

ϫⲱ(ⲱ)ⲣⲉ, ϫⲱ(ⲱ)ⲣ, ϫⲟⲟⲣⲉ 강한, 건장한, 단단한 *cf.* ⲙⲛ̄ⲧϫⲱⲱⲣⲉ 강한 정신, 용기 ϫⲱⲱⲣⲉ 강한, ⲱⲣϫ̄ 단단한

ϫⲱⲱⲣⲉ, ϫⲱⲣ(ⲉ), ϫⲉ(ⲉ)ⲣⲉ-, ϫⲟⲟⲣ⸗, ϫⲟⲟⲣⲉ† 분산시키다, 바람에 날리다

ϫⲱ(ⲱ)ϭⲉ, ϫⲱϫⲉ, ϫⲉϭ-, ϫⲟϭ⸗, ϫⲁⲕ⸗, ϫⲏϭ† 색을 칠하다, 물감을 들이다 *cf.* ϫⲏϭⲉ† 붉은색

ϫⲱϥ → **ϫⲟⲩϥ** 뜨거운

ϫⲱϥ → **ϫⲟⲩϥ** 고귀한

ϫⲱϩ, ϫⲱϩⲉ, ϫⲟϩ, ϫⲉϩ-, ϫⲏϩ† 접촉하다, 만지다, 오염시키다, 친척 관계 *cf.* ϫⲱϩ ⲛ̄ϫⲱϩ 먼 친척

ϫⲱϩ, ϫⲉϩ-, ϫⲁϩ⸗, ϫⲏϩ† 기름 붓다, 매끄럽게 하다 *cf.* ⲉⲧϫⲏϩ 매끈한, 윤기나는

ϫⲱϩⲙⲉ (L), **ϫⲱϩⲙ̄, ϫⲁϩⲙⲉ⸗, ϫⲁϩⲙ̄†, ϫⲁϩⲙⲉ†** 더럽히다

ϫⲱϫ 머리, 우두머리 **ϫⲱϫ ⲛ̄-** 첫 번째의, 두목의 *cf.* ⲁⲛϫⲱϫ 우두머리

ϫⲱϫ, ϫⲟϫ 바늘

ϫⲱϫⲉ → **ϫⲱⲱϭⲉ** 유색의

ϫⲱϫⲙ̄, ϫⲉϩⲙ̄-, ϫⲁϩⲙ⸗, ϫⲁϩⲙ(ⲉ)† 더럽히다 *cf.* ⲉⲧϫⲁϩⲙ 더럽혀진, 불결한 ⲙⲛ̄ⲧϫⲱϩⲙ̄ 불결함

ϫϩⲓⲙ 버림 *cf.* ⲣ̄ϫϩⲓⲙ 무시한, 버림받은

ϫϩⲟⲥ → **ϭϩⲟⲥ** 영양

ϭ

-ϭⲁ 못생김, 추함, 비열함 *cf.* *(ⲧ)ϭⲁⲓⲟ* 정죄하다 *ϭⲁⲓⲉ* 추함 *ⲛⲉϭⲉ-* 못생긴

ϭⲁ, ⲕⲁⲓ *m.* 그릇의 일종

ϭⲁⲁⲙⲉ† → ϭⲱⲱⲙⲉ 비틀다

ϭⲁ(ⲁ)ϫⲉ- *p.c.* **→ ϭⲱⲱϫⲉ**자르다

ϭⲁ(ⲁ)ϭⲉ, ⲕⲁⲕⲉ, ϭⲉϭⲉ, ϭⲟⲟϭⲉ, ⲕⲁⲕ- *m.f.* 과자 *cf.* *ϭⲱϭ* 요리하다

ϭⲁⲃ† → [ϭⲃ̄ⲃ̄ⲉ]

ϭⲁⲃ† → ϭⲱⲃ

ϭⲁⲃϭⲁⲃ, ⲕⲁϥⲕⲁϥ, ⲅⲁϥⲕⲁϥ, ϭⲁⲃϭⲏⲃ 이집트 콩

ϭⲁⲉⲓⲉ- → ⲧϭⲁⲓⲟ

ϭⲁⲓⲉ, ϭⲁⲓⲏ *m.f., pl.* **ϭⲁⲓ̈ⲉⲩⲉ** 못생김 *cf.* *ϭⲁ* 추함

ϭⲁⲓ̈ⲗⲉ (L), **ϭⲉⲗⲓⲧ†** 유목생활을 하다, 천막 치다 *cf.* *ⲙⲁⲛϭⲁⲓ̈ⲗⲉ* 진을 친 곳 *ⲣⲙ̄ⲛϭⲁⲓ̈ⲗⲉ* 유목민

ϭⲁⲓⲙⲉ 닭, 날짐승

ϭⲁⲓⲟ → (ⲧ)ϭⲁⲓⲟ 정죄하다

ϭⲁⲓⲟ → ⲧϫⲁⲓⲟ 나타나게 하다

ϭⲁⲓ̈ⲟ, ϭⲁⲓ̈ⲟ-, ϭⲁⲓ̈ⲱⲩ†, ϭⲁⲓ̈ⲧ† 흉하게 하다, 나쁘다고 판단하다 *cf.* *ϭⲁⲓ̈ⲉ* 흉한

ϭⲁⲓ̈ⲧ† (L), **ϭⲁⲓ̈ⲱⲩ† → ϭⲁⲓ̈ⲟ** 흉하게 보다

ϭⲁⲓ̈ϣⲉ (L) 소용돌이

ϭⲁⲗ, ϭⲗ̄ *m.* 무기, 방패

ϭⲁⲗ *m.f.* 거짓말 *cf.* *ϫⲉ ϭⲁⲗ, ϫⲓ ϭⲁⲗ* 거짓말하다

ϭⲁⲗ⸗ → ϭⲱⲱⲗⲉ 감싸다

ϭⲁⲗ- *p.c.* **→ ϭⲱⲗ** 끌어모으다

ϭⲁⲗⲁⲛϭⲱϣ → ⲥⲁⲣⲁϭⲱⲟⲩϣ 산토끼

ϭⲁⲗⲁϣⲓⲣⲉ (L) *m.* 영웅, 승리자

ϭⲁⲗⲁϩⲧ, ϭⲁⲗⲁϩⲧⲉ, ϭⲁⲗⲉϩⲧ, ⲕⲁⲗⲁϩⲧ *f.* 물병, 단지

ϭⲁⲗⲉ, ϭⲁⲗⲏ *pl.* **ϭⲁⲗⲉ(ⲉ)ⲩ(ⲉ)** 절름발이, 무능력자, 불구자

ϭⲁⲗⲉ⸗, ϭⲁⲗⲉ†, ϭⲁⲗ⸗ⲧ → ϭⲱⲗⲉ

ϭⲁⲗⲉ-, ϭⲁⲗⲏⲩ(ⲧ)† → ϭⲟⲉⲓⲗⲉ 유랑하다

ϭⲁⲗⲉ-, ϭⲁⲗⲏⲩ(ⲧ)† → ϭⲟ(ⲉ)ⲓⲗⲉ 되돌리다

ϭⲁⲗⲓⲧⲉ *f.* 그릇의 일종

ϭⲁⲗⲟⲟⲩⲧ† → ϭⲟⲉⲓⲗⲉ 유랑하다

ϭⲁⲗⲟⲡⲟⲩ → ⲕⲁⲗⲱⲡⲟⲩ 강아지

ϭⲁⲗⲟⲩⲃⲓϩ *m.* 대머리

ϭⲁⲗⲟϫ *f., pl.* **ϫⲁⲗⲁⲩ(ϫ)** 발, 무릎, 무릎관절

ϭⲁⲗⲡ-, ϭⲁⲗⲡ⸗, ϭⲁⲗⲡ̄† → ϭⲱⲗⲡ̄

ϭⲁⲗ(ⲱ)ⲱ⸗, ϭⲁⲗⲱⲟⲩ† → ϭⲟ(ⲉ)ⲓⲗⲉ 되돌리다

ϭⲁⲗⲱⲱ⸗, ϭⲁⲗⲱⲟⲩ† → ϭⲟⲉⲓⲗⲉ 유랑하다

ϭⲁⲗϭⲗ̄ (L) 널다, 펼치다

ϭⲁⲙ 황소

ϭⲁⲙ (L) *f.* 힘, 능력 *cf.* *ⲁⲛϭⲁⲙ* 권력자, 지도자 *ⲙⲛ̄ⲧⲁⲧϭⲁⲙ* 힘 잃은, 약한 *ⲟⲩⲛ̄ (ϣ) ϭⲁⲙ* ~할 수 있다 *ⲙⲛ̄ (ϣ) ϭⲁⲙ* ~할 수 없는 *ϭⲛ̄ ϭⲁⲙ* ~할 능력이 있는

ϭⲁⲙⲟⲩⲗ, ⲕⲁⲙⲟⲩⲗ *f., pl.* **ϭⲁⲙⲁⲩⲗⲉ, ⲕⲁⲙⲟⲟⲩⲗⲉ, ⲕⲁⲙⲏⲗⲉ, ⲕⲁⲙⲁⲩⲗⲉ, ⲕⲁⲙⲟⲟⲩⲗⲉ, ϭⲁⲙⲟⲩⲗⲉ** 낙타 *cf.* *ⲙⲁⲛϭⲁⲙⲟⲩⲗ* 낙타 부리는 사람

ϭⲁⲙϭⲙ̄, ϭⲁⲙϭⲙ̄-, ϭⲙ̄ϭⲱⲙ⸗ 만지다

ϭⲁⲛ† → ϭⲛⲁⲛ

ϭⲁⲛⲁϩ 불구의, 불구자

ϭⲁⲛⲥ̄ (L) 폭행, 불의 *cf.* ϫⲓ ⲛ̄ϭⲁⲛⲥ̄ 불의하게 행동하다, 범죄를 저지르다

ϭⲁⲛⲧ† → ϭⲱⲱⲛⲧ̄ 화내다

ϭⲁⲟⲩⲁⲛ, ϭⲁⲩⲁⲛ *m., pl.* ϭⲁⲟⲩⲟⲛⲉ 노예, 종 *cf.* ϭⲁⲩⲛⲃⲱⲱⲛ 사악한 종

ϭⲁ(ⲟ)ⲩⲟⲛ, ϭⲁⲩ(ⲟⲩ)ⲟⲛ, ⲕⲁⲩⲟⲛ *m., pl.* ϭⲁⲩⲱⲛⲉ 노예 *cf.* ⲙⲛ̄ⲧⲉⲓⲁⲛ̄ϭⲁⲩⲟⲛ 마음대로 부리기

ϭⲁ(ⲟ)ⲩⲟⲛ *m.* 음료수의 일종

ϭⲁⲡ *f.* 발바닥

ϭⲁⲡ 홍기

ϭⲁⲡ-, ϭⲁⲡ⸗ → ϭⲱⲡⲉ 잡다

ϭⲁⲡⲁⲧ *f.* 쇄골, 작은 뼈

ϭⲁⲡⲉⲧ (L) 야자수 껍질

ϭⲁⲡⲓ 원숭이

ϭⲁⲡⲓϫⲉ, ϭⲁⲡⲓϫⲏ, ϭⲁⲡⲓϫⲟⲩ, ⲕⲁⲡⲓϫⲉ *m. f.* 고체를 측량하는 단위

ϭⲁⲡϭⲉⲡ, ϭⲉⲡϭⲡ̄ 급한, 조바심내는 *cf.* ϭⲉⲡⲏ 서둘다

ϭⲁⲣϭⲁⲧⲁⲛⲉ, ϭⲁⲣⲁⲧⲏⲛⲏ *f.* 빵 바구니

ϭⲁⲣⲁⲧⲏⲛⲏ → ϭⲁⲣϭⲁⲧⲛⲉ 빵 바구니

ϭⲁⲣϭ⸗, ϭⲁⲣϭⲥ̄, ϭⲁⲣϭ† → ϭⲱⲣϭ̄ 사냥하다

ϭⲁⲣϭ⸗ → ϭⲱⲣϭ 준비하다

ϭⲁⲥⲙⲉ (L), ϭⲁⲥⲙ̄ *m.* 폭풍

ϭⲁⲧ (L) *f.* 상태, 양태, 크기, 종류 *cf.* ⲣ̄ⲧ⸗ ϭⲁⲧ ~처럼

ϭⲁⲧⲡ-, ϭⲁⲧⲡ⸗ → ϭⲱⲧⲡ̄

ϭⲁⲧⲥ̄† → ϭⲱⲧⲥ̄ 휘어지다

ϭⲁⲧϩⲉ 구멍 *cf.* ϭⲱⲧϩ̄ 구멍을 뚫다

ϭⲁⲩϭ† → ϭⲱⲟⲩϭ 접힌

ϭⲁϣⲧ̄† → ϭⲱϣⲧ̄ 바라보다

ϭⲁϩⲉ(ⲉ)ϩ̄, ϭⲁϩϫϩ̄, ϭⲁϩϭ̄, ϭⲁϩϭ(ϩ̄) → ϫⲁϩϫϩ̄ 이를 갈다

ϭⲁϫⲁⲙⲉ 곡괭이 → ϭⲱϫⲉ 파다, ⲁⲙⲉ 흙

ϭⲁϫⲃ̄† → ϭⲱϫⲃ̄ 단축하다

ϭⲁϫⲃⲉ† ϭⲱϫⲃⲉ 줄이다

ϭⲁϫⲉ *m.* 귀고리

ϭⲁϫⲓϥ, ⲕⲁϫⲓϥ *m.* 개미

ϭⲁϫⲙ, ϭⲁϫⲙⲉ, ϫⲁⲙⲏ *f.* 주먹, 한줌 *cf.* ϭⲁϫⲙⲉⲥ 한주먹

ϭⲁϫⲙⲉⲥ 주먹, 한줌 *cf.* ϭⲁϫⲙ 한주먹

ϭⲁϫϭϫ̄ (L), ϭⲁϫϫ̄ 잘게 부수다 *cf.* ϭⲱϫⲉ 파다, 끊다

ϭⲁϭ⸗ → ϭⲱϭ 요리하다

ϭⲁϭⲓⲧⲱⲛ, ϭⲁϭⲓⲧⲱⲛⲉ *m. f.* 천으로 만든 의복

ϭⲁϭⲣⲏⲥ → ϫⲓⲕⲣⲓⲥ 티그리스 강

ϭⲃ- → ϭⲱⲃⲉ

ϭⲃⲁï (F) *m.* 어깨, 팔

ϭⲃ̄ⲃⲉ, ϭⲟⲟⲃ†, ϭⲁⲃ† *p.c.* ϭⲁⲃ- 허약한, 무능한 *cf.* ⲣ̄ ϭⲃ̄ⲃⲉ 불행한 ⲉⲧϭⲟⲟⲃ† 약한, 가벼운 ϭⲁⲃϩⲏⲧ 느슨한, 맥빠진 ϭⲟⲃϭⲃ̄ 부서지다 ϭⲉⲃϭⲓⲃ 조각 ϭⲃïⲉ 허약한 ϭⲱⲃ 노약자

ϭⲃïⲉ 허약한, 약해지다 → ϭⲃ̄ⲃⲉ 허약한

ϭⲃⲟⲓ, ϭⲃⲟⲉ *m.* 팔, 앞발

ϭⲃⲟⲩⲣ, ϭⲃⲣ- 왼손, 왼편

ϭⲃⲥⲉⲓⲣⲉ 얇은 조각 *cf.* ϭⲃ- 잎 모양의, ⲥⲉⲓⲣⲉ 버터

ϭⲃ̄ϣⲁ 콧구멍 → ϭⲱ(ⲱ)ⲃⲉ 나뭇잎, ϣⲁ 코

ϭⲃ̄ϭⲱⲃ⸗ → ϭⲟⲃϭⲃ̄ 조각나다

ϭⲉ, ⲛ̄ϭⲉ, ϫⲉ 그래서, 그런데, 반면에 *cf.* ⲉⲧⲃⲉⲡⲁⲓϭⲉ 그러한 이유로, 그래서 ϭⲉ (부정과 함께 쓰여) 더는 …아닌

ϭⲉ → ⲕⲉ 다른 쪽

ϭⲉ(ⲉ)ⲗⲉ- → ϭⲱⲱⲗⲉ 감싸다

ϭⲉ(ⲉ)ⲙⲉ- → ϭⲱⲱⲙⲉ 비틀다

ϭⲉⲉⲧ† → ϭⲱ

ϭⲉⲓⲗϭⲓⲗ → ⲕⲁⲗⲕⲓⲗ 바퀴 *cf.* ⲕⲟⲗⲕⲗ 둥근 원만한

ϭ(ⲉ)ⲗ- → ϭⲱⲗ 끌어모으다

ϭⲉⲗⲓⲧ† → ϭⲁïⲗⲉ 유목생활을 하다

ϭ(ⲉ)ⲗⲙ̄, ϭ(ⲗ)ⲗⲙ̄, ⲕⲉⲗⲙ 마른 잔가지, 불쏘시개

ϭⲉⲗⲙⲁⲓ, ϭⲉⲗⲙⲁ, ϭⲁⲗⲙⲁⲓ, ϭⲉⲗⲙⲏⲛ, ⲕⲩⲗⲙⲁⲛ, ⲕⲉⲗⲙⲁ *m.* 단지, 항아리

ϭⲉⲗⲙⲏⲛ → ϭⲉⲗⲙⲁⲓ 항아리

ϭ(ⲉ)ⲗⲡ̄- → ϭⲱⲗⲡ̄ 발굴하다

ϭⲉⲗϩ̄, ϭⲗ̄ϩ̄, ϭⲗⲁϩ *m.* 어깨

ϭⲉⲙ → ⲕⲁⲙ 갈대

ϭⲉⲛ- → **ϫⲓⲛ-** …이래로

ϭ(ⲉ)ⲛ-, ϭ(ⲉ)ⲛⲧ⸗ → **ϭⲓⲛⲉ** 찾다

ϭ(ⲉ)ⲛϭ- → **ϭⲱⲛϭ̅** 긁다

ϭⲉⲛϭⲉⲛ, ϭⲛ̅ϭⲛ̅, ϭⲙ̅ϭⲙ̅, ϫ(ⲓ)ⲛϫ(ⲓ)ⲛ, ϫⲙ̅ϫⲙ̅ 음악을 연주하다, 노래하다

ϭⲉⲡ†, ϭⲏⲡ† → **ϭⲱⲡⲉ** 잡다

ϭⲉⲡⲏ, ϭⲓⲡⲏ 서둘다 *cf.* ***ⲣⲉϥϭⲉⲡⲏ*** 서두르는 사람 ***ⲙⲛ̅ⲧⲣⲉϥϭⲉⲡⲏ*** 재빠름, 신속함 ***ϩⲛ̅ⲟⲩϭⲉⲡⲏ*** 서둘러서, 빠르게 ***ϭⲁⲡϭⲉⲡ*** 급한, 조바심내는

ϭⲏⲡⲉ → **ⲕⲏⲡⲉ** 지하 창고

ϭⲏⲡⲉ *f.* 구름

ϭⲉⲣⲉⲡϣⲁⲛ → **ϭⲣⲙ̅ⲡϣⲁⲛ** 멧비둘기

ϭⲉⲣⲉϭⲉ *pl.* → **ϭⲱⲣϭ̅** 사냥하다

ϭⲉⲣⲏϭ *m., pl.* **ϭⲉⲣⲁϭⲉ, ϭⲉⲣⲉϭⲉ** 사냥꾼 *cf.* ***ϭⲱⲣϭ̅*** 사냥하다

ϭⲉⲣⲱⲃ *m., pl.* **ϭⲉⲣⲟⲟⲃ, ϭⲉⲣⲱⲱⲃ** 막대기, 나뭇가지

ϭⲉⲣϭⲱⲣ⸗ → **ϫⲟⲣϫⲣ̅** 강한, 확고한

ϭⲉⲧⲡ̅- → **ϭⲱⲧⲡ̅** 이기다

ϭⲉⲧϭⲱⲧ⸗ → **ϭⲟϫϭⲉϫ** 적을 물리치다

ϭⲉⲧϭⲱϫ⸗ → **ϭⲟϫϭⲉϫ** 싸워 이기다

ϭⲉⲩ- → **ϭⲱⲟⲩ** 밀다, 가게 하다

ϭⲉϣϭⲉϣ-, ϭⲉϣϭⲱϣ† → **ϭⲟϣϭⲉϣ** 물을 뿌리다

ϭⲉϫ-, ϭⲏϫ† → **ϭⲱ(ⲱ)ϫⲉ** 땅을 파다

ϭⲉϫ-, ϭⲏϫ† → **ϭⲱϭ** 요리하다

ϭⲉϫⲃ̅- → **ϭⲱϫⲃ̅** 단축하다

ϭⲉϫϭⲱϫ⸗, ϭⲉϫϭⲱϫⲧ̅† → **ϭⲟϫϭ(ⲉ)ϫ** 적을 물리치다

ϭⲉϭ⸗, ϭⲏϭ† → **ϭⲱϭ** 요리하다

ϭⲏⲏⲧ† → **ϭⲱ** 남다

ϭⲏⲗ *m.* 외침, 주장자 *cf.* ***ⲁϣ ϭⲏⲗ*** 고통을 호소하다 ***ⲁϣ ϭⲏⲗ*** *nn.* 외침 ***ⲕⲁ ϭⲏⲗ*** 소리치다

ϭⲏⲗ† → **ϭⲱⲗ** 둘둘 말다

ϭⲏⲛ† 부드러운 → **ϭⲛⲟⲛ** 부드럽다

ϭⲏⲛⲧ⸗ → **ϭⲓⲛⲉ** 찾다

ϭⲏⲟⲩ† → **ϭⲱⲟⲩ** 슬픈

ϭⲏⲡⲉ *f.* 구름

ϭⲏⲩ† → **ϭⲱⲟⲩ** 슬픈, 위축된

ϭⲏϣⲉ, ϭⲉϣⲉ *m.* 거위, 오리

ϭⲓ *m.* 경계

ϭⲓⲉ, ϭⲓⲉⲓⲉ, ϭⲓⲏ *m.* 숫염소

ϭⲓⲛ-, ϭⲛ̅-, ⲕⲓⲛ-, ϫⲓⲛ- *f.* …한 행동이나 행위, 물건 *cf.* **ⲟⲩⲱⲙ** 먹다, **ϭⲓⲛⲟⲩⲱⲙ** 음식물

ϭⲓⲛⲃⲁⲗ → **ϭⲓⲛⲟⲩⲏⲗ** 선박의 일종

ϭⲓⲛⲉ, ϭ(ⲉ)ⲛ-, ⲕⲛ̅-, ϭⲓⲛ-, ϭ(ⲉ)ⲛⲧ⸗, ϭⲏⲛⲧ⸗, ⲅⲛ̅⸗ 찾다, 발견하다 *cf.* ***ϭⲛ̅ⲁⲣⲓⲕⲉ*** 책임을 묻다, 잘못을 인정하다, 비난하다 ***ⲣⲉϥϭⲛ̅ⲁⲣⲓⲕⲉ*** 잘못을 추궁하는 사람 ***ϭⲛ̅ⲣⲁⲧ⸗*** 추적하다 ***ϭⲙ̅ⲡϣⲓⲛⲉ*** 방문하다, 조사하다, 방문 ***ϭⲛ̅ϩⲏⲩ*** 유리한, 소용 있는 ***(ϣ)ϭⲙ̅ϭⲟⲙ*** ~할 능력이 있는 ***ⲣⲉϥ ϭⲛ̅ ⲡϣⲓⲛⲉ*** 탐사자, 검사원 ***ⲣⲉϥ ϭⲛ̅ϩⲏⲩ*** 이윤을 추구하는 자 ***ϭⲛ̅ ϭⲁⲙ*** ~할 수 있는

ϭⲓⲛⲙⲟⲩⲧ, ϭⲓⲛⲙⲟⲧ, ϭ(ⲓ)ⲙⲙⲟⲩⲧ, ϭⲓⲛϩⲟⲩⲧ, ϭⲓⲙϩⲟⲩⲧ, ϭⲉⲙϩⲟⲩⲧ, ⲕⲛ̅ⲙⲟⲩⲧ *m.* 묘성, 좀생이, 육련성

ϭⲓⲛⲟⲩⲏⲗ, ϭⲓⲛⲟⲩⲉⲗ, ϭⲉⲛⲟⲩⲏⲗ, ϭⲓⲛⲟⲩ(ⲃ)ⲏⲗ, ⲕⲓⲛⲃⲏⲗ 작은 선박의 일종

ϭⲓⲛⲟⲩⲱⲙ 음식 → **ϭⲓⲛ-** …하는 행위, **ⲟⲩⲱⲙ** 먹다

ϭⲓⲛⲧⲗⲱ → **ϭⲓⲛϭⲉⲗⲱ** 박쥐

ϭⲓⲛ̅ⲱ → **ⲱ**

ϭⲓⲛϩⲟⲩⲧ → **ϭⲓⲛⲙⲟⲩⲧ** 묘성

ϭⲓⲛϭⲉⲗⲱ, ϭⲛ̅ϭⲗⲱ, ϭⲓⲛϭⲗⲟ, ϭⲓⲛϭⲓⲛ 유채과의 식물

ϭⲓⲛϭⲗⲟⲩ, ϭⲓⲛⲧⲗⲱ, ϭⲉⲛϭⲗⲱ, ϭⲓⲛϭⲱⲣ *m.* 화폐 이름

ϭⲓⲣⲁ⸗ ϭⲓⲣⲉ-, ϭⲓⲣⲁ⸗ ϭⲓⲣⲟ- ~비슷한 종류의, ~류의

ϭⲓⲥⲕⲓⲧⲉ 드라크마 → **ϭⲟⲥ** 절반, **ⲕⲓⲧⲉ** 두 드라크마

ϭⲓⲥⲗⲁⲩⲟ 뒷돛 → **ϭⲟⲥ** 절반, **ⲗⲁⲩⲟ** 돛

ϭⲓⲥⲟⲩⲛⲟⲩ 반 시각 → **ϭⲟⲥ** 절반, **ⲟⲩⲛⲟⲩ** 시간

ϭⲓⲣⲟ⸗, ϭⲓⲣⲓ- …을 닮다, 비슷하다 *cf.* ***ϭⲓⲣⲟⲛ ϭⲓⲣⲓ ⲛⲉⲛⲉⲣⲏⲩ*** 우리는 서로 닮았다

ϭⲓϫ *f.* 손 *cf.* ***ⲙⲟⲩⲛⲕ̅ⲛ̅ϭⲓϫ*** 사람의 손에 의한 ***ⲁⲧⲙⲟⲩⲛⲕ̅ ⲛ̅ϭⲓϫ*** 초자연적인 ***ⲥϩⲁⲓⲛ̅ϭⲓϫ*** 필사본 ***ϭⲓⲛⲧⲁⲗⲉϭⲓϫ*** 사제 서품, 안수 ***ϩⲱⲃ ⲛ̅ϭⲓϫ*** 수작업

ϭⲓϫⲱⲓ → **ϫⲓϫⲱⲓ** 땋은 머리

ϭⲓϭⲗⲟⲩ → **ϭⲓⲛϭⲉⲗⲱ** 박쥐

ϭⲗ- → ϭⲱϫⲗⲉ 감싸다

ϭⲗ̄- → ϭⲱⲗ 둘둘 말다

ϭⲗⲁ, ⲕⲗⲁ, ϭⲗⲟ *m.* 물결, 파도 *cf.* ϯϭⲗⲁ, ϩⲓϭⲗⲁ 흔들리게 하다

ϭⲗⲁⲙ (L) 서둘다 *cf.* ⲛ̄ϭⲗⲁⲙ 서둘러, 급히

ϭⲗⲁⲙⲗⲙ̄ (L), ϭⲗⲙ̄ⲗⲱⲙ⸗, ϭⲗⲙ̄ⲗⲱⲙ†, ϭⲗⲁⲙϭⲗⲙ† 비비 꼬인, 뒤섞인

(ϭ)ⲗⲙ̄ⲗⲱⲙ† → ϭⲗⲟⲙⲗⲙ̄ 감싸다

ϭⲗⲁⲙϭⲗⲙ† → ϭⲗⲁⲙⲗⲙ̄ 비비 꼬인

ϭⲗⲁⲛⲃⲁⲗ (L) 태풍

ϭⲗⲁⲧⲉ → ϭⲗⲱⲧ

ϭⲗⲁϭ (L) *m.* 침대

ϭⲗ̄ⲃⲟⲟⲩ, ϭⲉⲗⲃⲁⲩ 메기

ϭⲗⲓⲗ *m.* 번제, 희생

ϭⲗⲙ̄ⲗⲱⲙ⸗, ϭⲗⲙ̄ⲗⲱⲙ† → ϭⲗⲁⲙⲗⲙ̄

ϭⲗⲟ *m.* 소용없음, 헛됨

ϭⲗⲟ *f.* 클로신트, 대가리

ϭⲗⲟ → ϭⲗⲁ 파도

ϭⲗⲟⲙⲗⲙ̄, ⲕⲗⲟⲙⲗⲙ̄, ϭⲗ(ⲉ)ⲙⲗⲱⲙ-, (ⲉ)ⲗ(ⲉ)ⲙⲗⲱⲙ⸗, (ϭ)ⲗⲙ̄ⲗⲱⲙ†, ϭⲗⲙ̄ⲗⲟⲙ(ⲧ)†, ⲗⲙ̄ⲗⲏⲙ† 감싸다, 휘감다, 말려들다, 복잡해지다

ϭⲗⲟ(ⲟ)ϭⲉ, ϭⲗⲟϭⲉ, ⲕⲗⲟⲅⲉ, ⲧⲗⲟⲟϭⲉ, ⲧⲗⲱϭⲉ 사다리

ϭⲗⲟⲟϭⲉ *pl.* → ϭⲗⲱⲧ 신장

ϭⲗⲟϭ, ⲧⲗⲟϭ *m.* 장례용 침상, 운구, 관

ϭⲗⲟϭ → ϭⲣⲟϭ 씨, 알갱이

ϭⲗⲟϭ, ⲉϭⲗⲟϭ *m.* 호박, 멍청이, 대가리

ϭⲗⲱ, ϭⲗⲟⲩ, ⲕⲗⲱ *f.* 작은 나뭇가지, 불쏘시개

ϭⲗⲱⲧ *m. f., pl.* ϭⲗⲟ(ⲟ)ⲧⲉ, ϭⲗⲱⲧⲉ, ϭⲗⲁⲧⲉ, ϭⲗⲟⲟϭⲉ 신장, 간

ϭⲗ̄ϭⲓϫ 장갑 → ϭⲱϫⲗⲉ 둘러싸다, ϭⲓϫ 손

ϭⲙⲉ, ϭⲙⲏ *m., pl.* ϭⲙⲏ(ⲟ)ⲩ, ϭⲙⲉⲉⲩ 정원사 *cf.* ϭⲙⲉⲛ̄ϭⲱⲙ 정원사 ϭⲱⲙ 정원

ϭⲙ̄ⲙⲟⲩⲧ → ϭⲓⲛⲙⲟⲩⲧ 묘성, 7성좌

ϭⲙ̄ⲡϣⲓⲛⲉ 방문하다 ϭⲓⲛⲉ 발견하다, ϣⲓⲛⲉ 찾다

ϭⲙ̄ϭⲙ̄ 음악을 연주하다 → ϭⲉⲛϭⲉⲛ

ϭⲙ̄ϭⲟⲙ …할 능력이 있는 → ϭⲓⲛⲉ 발견하다, ϭⲟⲙ 능력

ϭⲙ̄ϭⲱⲙ⸗ → ϭⲁⲙϭⲙ̄

ϭⲛ̄- → ϭⲓⲛⲉ

ϭⲛⲁⲛ, ϭⲁⲛ† 부드러운

ϭⲛⲁⲧ 성내다 *cf.* ⲣⲉϥϭⲛⲁⲧ 분내는 사람 ϭⲱⲛⲧ̄ 분노하다

ϭⲛⲟ, ϭⲉⲛⲛⲏⲩⲧ† 굳은, 응고된, 단단한

ϭⲛⲟⲛ, ϭⲏⲛ†, ϭⲟⲛ† 부드러운, 무른, 신선한 *cf.* ϭⲟⲛ 부드러운

ϭⲛⲟⲛ, ϫⲛⲉ- 접다 *cf.* ϫⲛⲉϫⲱ⸗ 머리를 숙이다, 복종하다

ϭⲛⲟⲟⲩ → ϫⲛⲟⲟⲩ 더미

ϭⲛ̄ⲣⲁⲧ⸗ 추적하다 → ϭⲓⲛⲉ 찾다, ⲣⲁⲧ⸗ 발

ϭⲛⲧ⸗ → ϭⲓⲛⲉ

ϭⲛ̄ϩⲟⲩⲧ → ϭⲓⲛⲙⲟⲩⲧ 묘성

ϭⲛ̄ ϭⲁⲙ 능력 → ϭⲓ̄ⲛⲉ 찾다, ϭⲁⲙ 권력

ϭⲛ̄ϭⲉⲗⲱ *f.* 박쥐

ϭⲛ̄ϭⲉⲛⲉϩ → ϭⲛ̄ϭⲉϩ 상피병

ϭⲛ̄ϭⲉϩ, ϭⲉⲛϭⲉⲛⲉϩ 상피병

ϭⲛ̄ϭⲛ̄- → ϭⲱⲛϭ̄ 긁다

ϭⲛ̄ϭⲛ̄ 연주하다

ϭⲟⲃϭⲃ̄, ϭⲃ̄ϭⲱⲃ⸗ 조각나다 *cf.* ϭⲃ̄ⲃⲉ 허약한

ϭⲟⲉⲓⲗⲉ, ⲕⲟⲓⲗⲉ, ϭⲁⲗⲉ-, ϭⲁⲗⲱⲱ⸗, ϭⲁⲗⲱⲟⲩ†, ϭⲁⲗⲏⲩ(ⲧ)†, ϭⲁⲗⲟⲟⲩⲧ† 유랑하다, 캠프를 치다, 이주하다 *cf.* ⲙⲁⲛ̄ϭⲟⲉⲓⲗⲉ 정착, 거주 ⲣⲙ̄ⲛ̄ϭⲟⲉⲓⲗⲉ 유목민 ⲉⲧϭⲁⲗⲱⲟⲩ 이방인, 떠돌이 ϭⲟⲉⲓⲗⲉ 되돌리다

ϭⲟ(ⲉ)ⲓⲗⲉ, ϭⲁⲗⲉ-, ⲕⲁⲗⲉ-, ⲕⲁⲗⲱ-, ϭⲁⲗ(ⲱ)ⲱ⸗, ϭⲁⲗⲱⲟⲩ†, ϭⲁⲗⲏⲩ(ⲧ)†, ⲕⲉⲗⲟⲓⲉⲧ† 되돌리다, 맡기다 *cf.* ϭⲟⲉⲓⲗⲉ 유랑하다

ϭⲟⲗ *m. f.* 거짓말 *cf.* ϫⲓϭⲟⲗ, ϫⲉϭⲟⲗ 거짓말하다 ⲣⲉϥϫⲓϭⲟⲗ 거짓말쟁이

ϭⲟⲗⲃⲉ *f.* 털옷

ϭⲟⲗⲡ̄† → ϭⲱⲗⲡ̄ 발굴하다

ϭⲟⲗϫ̄†, ϭⲟⲗϭ⸗ → ϭⲱⲗϫ̄ 말려들다

ϭⲟⲗϭ̄† → ϭⲱⲣϭ̄ 준비하다

ϭⲟⲗϭ⸗ → ϭⲱⲗϫ̄ 말려들다

ⲁ ⲃ ⲅ ⲇ ⲉ ⲍ ⲏ ⲑ ⲓ ⲕ ⲗ ⲙ ⲛ ⲝ ⲟ ⲡ ⲣ ⲥ ⲧ ⲩ ⲫ ⲭ ⲯ ⲱ ϣ ϥ ϩ ϫ ϭ ϯ

ϭⲟⲗϭⲉⲗ, ϭⲟⲗϭⲗ̄, ϭ(ⲉ)ⲗϭⲱⲗ⸗, ⲕⲗ̄ⲕⲱⲗ⸗, ϭ(ⲉ)ⲗϭⲱⲗ† 말리기 위해 널다

ϭⲟⲙ 힘, 권능, 기적 *cf.* **ⲁⲧϭⲟⲙ** 무능력한, 무기력한 **ⲣ̄ ⲁⲧϭⲟⲙ** 힘이 없어지다, 권력이 없어지다 **ⲙⲛ̄ⲧⲁⲧϭⲟⲙ** 무기력, 약함 **ⲣⲙⲛ̄ϭⲟⲙ** 권력자, 왕자 **ⲟⲩⲛ̄ϭⲟⲙ, ⲟⲩⲛ̄ϣϭⲟⲙ, ϭⲙ̄ϭⲟⲙ, ϣ̄ϭⲙ̄ϭⲟⲙ** …할 능력이 있는, …할 힘이 있는 **ⲛ̄ϣⲙ̄ⲧϭⲟⲙ** 삼중의 힘으로 **ⲉϥϣⲏϣ ϩⲛ̄ⲧⲉϥϭⲟⲙ** 같은 힘으로 **(ⲙ)ⲙⲛ̄ϭⲟⲙ, ⲙⲛ̄ϣϭⲟⲙ** …할 능력이 없는

ϭⲟⲙ 복도 *cf.* **ϭⲱⲙ** 뜰, 정원

ϭⲟⲙϭⲉⲙ, ϭⲟⲙϭⲙ̄, ϭⲙ̄ϭⲱⲙ⸗ 만지다, 더듬다, 살피다

ϭⲟⲛ† 부드러운 → **ϭⲛⲟⲛ** 부드럽다

ϭⲟⲛ *m.* 움푹 팬 땅, 협곡 *cf.* **ϭⲟⲟⲛⲉ**

ϭⲟⲛⲥ̄ 폭력, 불의 *cf.* **ϫⲓ ⲛ̄ϭⲟⲛⲥ̄** 불의하게 행동하다 **ⲙⲛ̄ⲧϫⲓⲛ̄ϭⲟⲛⲥ̄** 불의 **ⲣⲉϥϫⲓⲛ̄ϭⲟⲛⲥ̄** 불의한 자 **ⲙⲛ̄ⲧⲣⲉϥϫⲓⲛ̄ϭⲟⲛⲥ̄** 불의한 행동 **ϩⲛ̄ⲟⲩϫⲓⲛ̄ϭⲟⲛⲥ̄** 불의하게, 불법으로

ϭⲟⲛⲧ̄† → **ϭⲱⲛⲧ̄** 분내다

ϭⲟⲟⲃ† 약한 → **ϭⲃ̄ⲃⲉ** 허약한

ϭⲟ(ⲟ)ⲗ⸗ → **ϭⲱⲗ** 끌어모으다

ϭⲟ(ⲟ)ⲗ⸗ → **ϭⲱⲗ** 둘둘 말다

ϭⲟⲟⲗ⸗, ϭⲟⲟⲗⲉ† → **ϭⲱⲱⲗⲉ** 감싸다

ϭⲟⲟⲗⲉⲥ *f.* 허벅지

ϭⲟ(ⲟ)ⲗⲉⲥ 덮개, 의복 *cf.* **ϭⲱⲱⲗⲉ** 감싸다

ϭⲟⲟⲙ, ϭⲟⲟⲙⲉ → **ϭⲱⲙ**

ϭⲟⲟⲙⲉ† → **ϭⲱⲱⲙⲉ** 비틀다

ϭⲟⲟⲛⲉ *m. f.* 움푹 패인 땅, 협곡 *cf.* **ϭⲟⲛ**

ϭⲟⲟⲩ⸗† → **ϭⲱⲟⲩ** 슬픈

ϭⲟⲟⲩⲛⲉ, ϭⲁⲩⲛⲉ *f.* 가방, 지갑

ϭⲟⲟⲩⲣⲉ, ϭⲁⲩⲣⲉ 노예

ϭⲟⲟϫⲉ† → **ϭⲱⲱϫⲉ** 자르다

ϭⲟⲟⲩϭ† → **ϭⲱⲟⲩϭ** 접힌

ϭⲟⲡ, ⲕⲁⲡ *f.* 발바닥

ϭⲟⲡ *f.* 둔기, 흉기

ϭⲟⲡ → **ϭⲟⲡⲉ** 작은 그릇

ϭⲟⲡ⸗ → **ϭⲱⲡⲉ** 잡다

ϭⲟⲡⲉ, ϭⲟⲡ, ϭⲁⲡⲉ, ϭⲁⲡⲏ, ϭⲁⲡⲉⲓ, ⲕⲁⲡⲏ 작은 그릇

ϭⲟⲣ → **ⲕⲟⲩⲣ** 경첩, 돌쩌귀

ϭⲟⲣⲧⲉ, ϭⲁⲣⲧⲉ, ⲕⲟⲣⲧⲉ *f.* 단도, 검

ϭⲟⲣϥ⸗ → **ϭⲱⲣϥ̄** 할퀴다

ϭⲟⲣϫ, ϭⲟⲣϫⲉ *m.* 더러움, 불결함

ϭⲟⲣϭ̄† → **ϭⲱⲣϭ̄** 사냥하다

ϭⲟⲣϭ̄† ϭⲱⲣϭ̄ 서둘다

ϭⲟⲣϭⲥ̄ *f.* 사냥꾼의 덫, 포획하다 *cf.* **ϭⲱⲣϭ̄** 사냥하다

ϭⲟⲥ, ⲕⲟⲥ, ϭⲓⲥ-, ϭⲉⲥ-, ϭⲁⲥ- 절반, 반 *cf.* **ϭⲓⲥⲕⲓⲧⲉ** 드라크마 **ϭⲓⲥⲗⲁⲩⲟ** 뒷돛

ϭⲓⲥⲟⲩⲛⲟⲩ 반 시각

ϭⲟⲥⲙ̄ *m.* 태풍, 먹구름

ϭⲟⲥⲧ, ϭⲁⲥⲧ, ⲅⲁⲥⲧ, ⲕⲁⲥⲧ *m.* 길이의 단위

ϭⲟⲥϭⲉⲥ, ϭⲟⲥϭⲥ̄ 춤추다

ϭⲟⲧ *f.* 종류, 연령, 형태, 상태 *cf.* **ⲁϣⲛ̄ϭⲟⲧ** 어떤, 어떤 종류의 **ⲛ̄ⲧⲉⲓϭⲟⲧ** 이런 종류로, 이런 나이의

ϭⲟⲧⲡ̄† → **ϭⲱⲧⲡ̄** 이기다

ϭⲟⲧⲡⲥ̄ *f.* 패배 *cf.* **ϭⲱⲧⲡ̄** 이기다

ϭⲟⲧϩ̄† → **ϭⲱⲧϩ̄** 구멍을 뚫다

ϭⲟⲩⲏⲗ *m.* 메뚜기의 일종

ϭⲟⲩⲗⲏ 납작한 빵 *cf.* **ϭⲱⲱⲗⲉ** 과자

ϭⲟⲩⲛⲁϭⲉⲥ → **ϭⲱⲛⲁϭ** 의복의 일종

ϭⲟⲩϫ, ϭⲱϫ, ϭⲟⲩϭ, ⲕⲟⲩϫ, ⲕⲟⲩⲕ *m.* 사프란, 식물의 일종

ϭⲟⲩϭ → **ϭⲟⲩϫ** 사프란 꽃

ϭⲟⲩϭ 부기, 과장 *cf.* **ϭⲱϭ** 불리다, 과장하다

ϭⲟⲩϭⲟⲩ → **ϫⲟⲩϫⲟⲩ** 기쁨으로 들썩이다

ϭⲟϣ⸗ → **ϭⲱϣ** 녹이다

ϭⲟϣⲧ̄† → **ϭⲱϣⲧ̄** 바라보다

ϭⲟϣϭⲉϣ, ϭⲟϣϭϣ̄, ϭⲉϣϭⲉϣ-, ϭ(ⲉ)ϣϭⲱϣ⸗, ϭⲉϣϭⲱϣ† 물을 뿌리다, 적시다

ϭⲟϩϭ(ⲉ)ϩ, ϭⲟϩϭ̄ → **ϫⲁϩϫϩ̄** 이를 갈다

ϭⲟϫⲃ̄† → **ϭⲱϫⲃ̄** 단축하다

ϭⲟϫϩ⸗ → **ϭⲱⲱϫⲉ** 자르다, 깎다

ϭⲟϫϭ(ⲉ)ϫ, ϭⲉϫϭⲱϫ⸗, ϭⲉⲧϭⲱϫ⸗, ϭⲉⲧϭⲱϭ⸗, ϭⲉϫϭⲱϫⲧ̄† 적을 물리치다, 분쇄하다, 자르다 *cf.* **ϭⲱⲱϫⲉ** 자르다

ϭοϭ⸗ → ϭωϭ 요리하다

ϭρⲁ → τρⲁ 끝, 종말, 극단

ϭρⲁ⸗, ϭρⲁϊτ† → ϭρο 견고한

ϭρⲁ 다리

ϭρⲁϊτ† → ϭρο

ϭρⲁμπε (L) *m.f.* 비둘기 *cf.* *ϭρⲁμπϩετ f.* 흰 비둘기

ϭρⲁ⸗ϥ → ϭρο

ϭρⲁϭ 씨앗

ϭρη 땅을 파다

ϭρηπε *f.* 왕관, 월계관 *cf.* *ϫι ϭρηπε* 왕관을 쓰다

ϭρηϭε *f.* 지참금

ϭρμ̄πϣⲁν, ϭερεπϣⲁν 멧비둘기 *cf.* *ϭροομπε* 비둘기

ϭρο → ϫρο 확고한, 강력한

ϭρο, ϭρⲁ⸗, ϭρⲁϊτ† 견고한, 군센, 승리자 *cf.* *ϭρο m.* 승리, 우승 *ρεϥϭρο* 승리자 *ρεϥϯϭρο* 이기게 하는 자 *ϫωρε* 힘센

ϭροομπε, ϭερομπε *m.f.* 비둘기 *cf.* *ϲιμ̄ϭροομπε* 풀 이름 *ϭρο(ο)μπε* 그릇의 일종 *ϭρμ̄πϣⲁν* 멧비둘기

ϭρο(ο)μπε, γρομπε, κρⲁμπε 그릇의 일종 *cf.* *ϭροομπε* 비둘기

ϭροϭ, ϭροοϭ, ϭλοϭ *m., pl.* ϭρωωϭ, ϭροοϭ, κρωωϭ 밀알, 씨앗 *cf.* *πετερεπμογ ν̄ϭροϭ ϣογρ μ̄μοϥ* 정액을 빼앗기는 자

ϭρωωϩ → ϭρωϩ 줄이다

ϭρωϩ, ϭρωωϩ, κρωϩ 줄이다, 모자라다, 필요로하다 *cf.* *ⲁτϭρωϩ* 모자라지 않는, 그치지 않는 *ρ̄ ϭρωϩ* 모자라게 되다, 필요로 하게 되다 *ετρ̄ ϭρωϩ* …을 필요로하는, …이 모자라는

ϭϲ-, ϫ- *m.* 절반 *cf.* *ϫεογϊν* 반만 실은

ϭ̄ϲ̄ → ϫοειϲ 주인, 주님

ϭϲογρ → ϫογρ 반지

ϭω, κω, ϭεετ†, ϭηητ† 남다, 지속되다, 멈추다, 지탱하다

ϭωβ *m., f.* ϫοβε 노약자 *cf.* *ρ̄ ϭωβ* 허약한 *μν̄τϭωβ* 병약함 *ϭβ̄βε* 허약한

ϭωβ → ϭβ̄βε

ϭωβε, ϭβ- *m. f.* 잎

ϭωβϭωβε 멜론 잎 → ϭωωβε 잎

ϭωκ⸗ ϭωωκ 준비하다

ϭωλ, ϭ(ε)λ-, ϭωλ-, ϭο(ο)λ⸗, κολ⸗, κελ† *p.c.* ϭⲁλ- 끌어모으다, 줍다

ϭωλ, ϭωωλε, κωλ(ε), ϭλ̄-, ϭο(ο)λ⸗, ϭηλ† 둘둘 말다, 되돌아가다, 뒤로밀다, 끝내다, 부인하다 *cf.* *ρⲁϭωλ m.* 말이, 종말

ϭωλε, ϭⲁλ(ε)⸗, ϭⲁλε† 감싸다, 둘러싸다, 덮다

ϭωλπ̄, κωλπ̄, ϭ(ε)λπ̄-, ϭωλπ̄-, ϭⲁλπ-, ϭολπ⸗, ϭⲁλπ⸗, ϭολπ̄†, ϭⲁλπ̄† 발굴하다, 드러내다, 계시하다 *cf.* *ϭωλπ ηρπ̄* 술독을 열다 *κλ̄πϲ̄* 계시

ϭωλϫ̄, ϫωλϫ̄, ϫωλϭ, ϭ(ε)λϫ̄-, ϭολϫ̄⸗, ϭολϭ⸗, ϭολϫ̄† 말려들다, 연루되다, 붙다

ϭωλϫ̄ → κωλϫ̄ 굽다, 휘다

ϭωλϭελω → ϭινϭελω 박쥐

ϭωμ, ϭομ, κομ, ϭωμε *m., pl.* ϭοομ, ϭοομε, κⲁⲁμ 정원, 뜰, 포도원 *cf.* *ϭμε* 정원사, *ϭομ* 복도

ϭωντ̄, ϭωωντ̄, κωνϭ̄, ϭοντ̄† 분내다, 성나다 *cf.* *ϭνⲁτ* 화를 내다

ϭωνϭ̄, ϭωϭ, ϭωνϭν̄, ϭ(ε)νϭ- 긁다, 할퀴다

ϭωογ, ϭοογ⸗, ϭη(ο)γ† 슬픈, 억압받은, 괴로운 *cf.* *ετϭηγ* 압박감을 느끼는, 고민에 빠진

ϭωογ, ϭεγ- 밀다, 가게 하다

ϭωογϭ, ϭοογϭ†, ϭⲁγϭ† 접힌, 굽은, 정도에서 벗어난 *cf.* *ετϭοογϭ* 비뚤어진

ϭωπε, ϭωπ, κωπ(ε), ϣωπε, ϭ(ε)π-, ϭωπ-, ϭοπ-, ϭⲁπ-, ϣⲁπ-, ϭοπ⸗, ϭⲁπ⸗, ϭωπ⸗, κωπ⸗, ϭηπ†, ϭεπ† 잡다, 사로잡다, 받아 들이다 *cf.* *ρεϥϭεπρωμε* 사람을 낚는 어부 *ετϭηπ* …에 굴복한, 수동적인, 책임을 져야 하는, 공모자의

ϭωπρο, ϫεπρο *f.* 작은 마을, 촌락

ϭωπτ̄ → ϭωτπ̄ 때려잡다, 적을 무찌르다

ϭωρ → κωρ 측정 단위의 일종

ϭωρⲁϩ → ϭωρϩ̄ *m.* 밤

ϭωρβ → κωρϥ̄ 제압하다

ϭωρβε → κωρϥ̄ 제거하다, 취소하다

ϭⲱⲣⲉ (L) 넘치다

ϭⲱⲣϣ̄ → ⲕⲱⲣϣ̄ 귀여워하다, 어르다

ϭⲱⲣϥ̄, ϭⲟⲣϥ⸗, ⲕⲟⲣϥ⸗ 손톱으로 긁어내다, 할퀴다

ϭⲱⲣϩ̄, ϭⲱⲣⲁϩ, ⲕⲱⲣϩ̄ *m.* 밤, 야간 *cf.* ***ⲛ̄ϭⲱⲣϩ̄*** 밤에

ϭⲱⲣϭ̄, ϭⲁⲣϭ⸗, ϭⲟⲣϭ̄†, ϭⲁⲣϭ†, *pl.* **ϭⲉⲣⲉϭⲉ** 사냥하다, 사로잡다 *cf.* ***ⲙⲁⲛ̄ϭⲱⲣϭ̄*** 사냥터 ***ϭⲟⲣϭⲥ̄, ϭⲁⲣϭⲥ̄*** 덫 ***ϭⲉⲣⲏϭ*** 사냥하다 ***ϭⲉⲣⲏϭ*** 사냥꾼

ϭⲱⲣϭ̄, ϭⲟⲣϭ⸗, ϭⲁⲣϭ⸗, ϭⲟⲣϭ̄†, ϭⲟⲗϭ̄† 준비하다, 맡다

ϭⲱⲣϭ̄, ϭⲟⲣϭ⸗, ϭⲟⲣϭ̄† 서둘다

ϭⲱⲥ, ⲕⲉⲥ† 단단한

ϭⲱⲧ *f.* 물통, 가축이나 새가 물 마시는 곳

ϭⲱⲧⲡ̄, ϭⲱⲡⲧ̄, ϭⲉⲧⲡ̄-, ϭⲱⲧⲡ̄-, ϭⲁⲧⲡ-, ϭⲟⲧⲡ⸗, ϭⲁⲧⲡ⸗, ϭⲟⲧⲡ̄† 이기다, 격파하다, 물리치다, 힘을 못쓰게 하다 *cf.* ***ϭⲟⲧⲡⲥ̄*** 패배

ϭⲱⲧⲥ̄, ϭⲁⲧⲥ̄† 휘어지다, 굽히다

ϭⲱⲧϩ̄, ϫⲱⲧϩ̄, ⲕⲱⲧϩ̄, ϭⲟⲧϩ⸗, ϭⲟⲧϩ̄† 구멍을 뚫다 *cf.* ***ϭⲁⲧϩⲉ*** 구멍

ϭⲱⲩ → ϭⲱⲟⲩ

ϭⲱ(ⲱ)ⲃⲉ, ϭⲃ̄- *m. f.* 나뭇잎 *cf.* ***ϭⲱⲃϭⲱⲃⲉ*** 멜론잎

ϭⲱⲱⲕ, ϭⲱⲕ⸗ 준비하다

ϭⲱⲱⲗⲉ, ϭⲉ(ⲉ)ⲗⲉ-, ϭⲗ-, ϭⲟⲟⲗ⸗, ϭⲁⲗ⸗, ϭⲟⲟⲗⲉ†, ϫⲟⲟⲗⲉ† 감싸다, 두르다, 덮다, 옷 입히다 *cf.* ***ϭⲟ(ⲟ)ⲗⲉⲥ*** 봉투, 보자기 ***ϭ(ⲉ)ⲗϭⲓϫ*** 장갑

ϭⲱⲱⲗⲉ → ϭⲱⲗ 둘둘 말다

ϭⲱⲱⲗⲉ, ⲕⲱⲗⲉ 과자 *cf.* ***ϭⲟⲩⲗⲏ*** 납작한 빵

ϭⲱⲱⲙⲉ, ϭⲉ(ⲉ)ⲙⲉ-, ϭⲟⲟⲙⲉ†, ϭⲁⲁⲙⲉ† 비틀다, 쥐어짜다, 접다 *cf.* ***ⲉⲧϭⲟⲟⲙⲉ*** 비뚤어진, 타락한

ϭⲱⲱⲛⲧ̄, ϭⲁⲛⲧ† 화내다

ϭⲱⲱⲛⲧ̄ → ϭⲱⲛⲧ̄ 분내다

ϭⲱⲱϫⲉ, ϭⲱϫ(ⲉ), ϫⲉϫ-, ϭⲟϫϩ̄⸗, ϭⲟⲟϫⲉ† *p.c.* **ϭⲁ(ⲁ)ϫⲉ-** 자르다, 깎다, 재단하다, 파다 *cf.* ***ϭⲁϫⲉⲗⲁⲥ*** 말을 더듬는 사람 ***ϭⲟϫϭ(ⲉ)ϫ*** 격파하다, 분쇄하다 ***ϭⲱ(ⲱ)ϫⲉ*** 땅을 파다

ϭⲱ(ⲱ)ϫⲉ, ϫⲟϫⲉ, ϭⲉϫ-, ϭⲏϫ† 땅을 파다, 깎다 *cf.* ***ϭⲱⲱϫⲉ*** 자르다

ϭⲱϣ, ϭⲟϣ⸗ 녹이다, 흐르게 하다

ϭⲱϣⲧ̄, ϣⲱϣⲧ̄, ϭⲟϣⲧ̄†, ϭⲁϣⲧ̄† 바라보다, 응시하다, 살피다, 감시하다 *cf.* ***ϭⲱϣⲧ̄ ⲉⲃⲟⲗ*** 바라다 ***ϭⲱϣⲧ̄ ⲉⲃⲟⲗ-ϩⲏⲧ⸗*** 간절히 바라다 ***ϭⲱϣⲧ̄ ⲉⲃⲟⲗ ϩⲁϫⲛ̄-*** 기다리다 ***ϭⲱϣⲧ̄ ⲉϩⲟⲩⲛ*** 관찰하다 ***ⲙⲁⲛ̄ϭⲱϣⲧ̄*** 관측소 ***ⲣⲉϥϭⲱϣⲧ̄*** 관찰자, 감시자, 간첩 ***ϭⲓⲛϭⲱϣⲧ̄*** 명상, 관찰

ϭⲱϫⲃ̄, ϭⲱϫⲉⲃ, ⲕⲟⲩϫⲃ̄, ϭⲉϫⲃ̄-, ϭⲟϫⲃ̄⸗, ϭⲟϫⲃ̄†, ϭⲁϫⲃ̄† 단축하다, 줄이다, 적게 하다, 저급의 *cf.* ***ⲉⲧϭⲟϫⲃ̄*** 짧은, 최소, 가치가 적은

ϭⲱϫⲃⲉ (L), **ϭⲁϫⲃⲉ†** 줄이다, 삭감하다

ϭⲱϫⲉ 땅을 파다, 자르다 *cf.* ***ϭⲁϫⲁⲙⲉ*** 곡괭이 ***ϭⲁϫϭϫ̄*** 조각내다

ϭⲱϫ(ⲉ) → ϭⲱⲱϫⲉ 자르다

ϭⲱϫⲉⲃ → ϭⲱϫⲃ̄ 단축하다

ϭⲱϭ, ϭⲉϭ-, ϭⲉϫ-, ϭⲟϭ⸗, ϭⲁϭ⸗, ϭⲉϭ⸗, ⲕⲟϫ⸗, ϫⲟϫ⸗, ϭⲏϭ†, ϭⲏϫ† 요리하다, 굽다 *cf.* ***ⲙⲁⲛ̄ϭⲱϭ*** 익힌 음식 ***ϭⲁⲁϭⲉ*** 과자

ϭⲱϭ → ϭⲱⲛϭ̄ 구기다

ϭⲱϭ → ϭⲱⲛϭ̄ 긁다

ϭⲱϭ 붓다, 불리다, 과장하다 *cf.* ***ϭⲟⲩϭ*** 부기, 과장

ϭϩⲟⲥ, ϭⲟϩⲥ̄, ϫϩⲟⲥ, ϣϭⲟⲥ, ϣϫ(ϩ)ⲟⲥ, ϭⲟϩⲥⲉ, ϭⲁϩⲥⲉ *f.* 영양

ϭⲉϫ- → ϭⲱϭ 요리하다

ⲁ ⲃ ⲅ ⲇ ⲉ ⲍ ⲏ ⲑ ⲓ ⲕ ⲗ ⲙ ⲛ ⲝ ⲟ ⲡ ⲣ ⲥ ⲧ ⲩ ⲫ ⲭ ⲯ ⲱ ϣ ϥ ϩ ϫ ϭ ϯ

ϯ

ϯ → ϯⲟⲩ 다섯

ϯ 십자가

ϯ, ϯ-, ⲧⲉ-, ⲧⲁ(ⲁ)⸗, ⲧⲉ⸗, ⲧⲉⲉ⸗, ⲧⲉⲓ̈ⲧ⸗, ⲧⲉⲧ⸗, ⲧⲛ̄ⲛⲉ⸗, ⲧⲟ†, ⲧⲟⲓ̈ⲉ† *p.c.* ⲧⲁⲓ- 주다, 두다, 싸우다 *cf.* *ⲙⲛ̄ⲧⲣⲉϥϯ* 관대함 *ⲣⲉϥϯ* 기부자, 싸우는 자 *ⲛ̄ϯ* 전투적인 *ϯ ⲉⲃⲟⲗ* 팔다, 소비하다, 지불하다 *ϯ ⲉⲧⲛ̄-* 명령을 내리다 *ϯ ⲉⲡⲉⲥⲏⲧ* 내려가게 하다 *ϯ ⲉϩⲣⲁï* 올라가게 하다 *ϯ ⲉⲙⲏⲥⲉ* 빌려주다 *ϯ ⲙⲛ̄* 대항하여 싸우다 *ⲉⲧϯⲙⲛ̄* 대적자 *ϯ ⲟⲩⲃⲉ* 싸우다 *ϯ ⲛ̄ⲥⲁ-* 넉넉하게 공급하다 *ϯ ϩⲓⲱⲱ⸗* 옷 입히다 *ϯ ⲉⲟⲟⲩ* 영광 돌리다 *ϯ ⲕⲟⲗⲁⲥⲓⲥ* 벌을 주다 *ϯ ⲕⲁⲣⲡⲟⲥ* 열매 맺다 *ϯ ⲙⲟⲣⲫⲏ* 꼴을 갖추다, 형성하다 *ϯ ⲙ̄ⲡⲉϥⲡ̄ⲛⲁ* 숨을 거두다 *ϯ ⲁⲁⲥ* → *ⲁⲁⲥ* 뺨을 때리다 *ϯ ⲁⲃⲁⲗ* 팔다 *ϯ ⲁⲥⲉ* → *ⲁⲥ* 손실 *ϯ ⲁⲧⲟⲟⲧ⸗* 엄금하다 → *ⲧⲱⲣⲉ* 손 *ϯⲛⲟⲩ* 지금 → *ⲟⲩⲛⲟⲩ* 시간 *ϯ ⲟⲩⲱ* 그치게 하다 → *ⲟⲩⲱ* 멈추다 *ϯ ⲟⲩⲱ* 꽃을 피우다 → *ⲟⲩⲱ* 새싹 *ϯ ⲥⲁⲑⲏ* 전진하다 *ϯ ⲥⲟ* 아끼다 *ϯ ⲧⲕⲉⲥ* 고통스럽게 하다 *ϯ ⲧⲟⲟⲧ⸗* 돕다 → *ⲧⲱⲣⲉ* 손 *ϯ ⲧⲟⲩⲱ⸗* 낙심하다 → *ⲧⲟⲩⲱ⸗* 가슴 *ϯ ⲧⲱⲛ* 싸우다 → *ⲧⲱⲛ* 다툼 *ϯ ϩⲟ ⲁⲃⲁⲗ* → *ϩⲟ* 얼굴 *ⲙⲁ, ⲙⲁϯ, ⲙⲁ-, ⲙⲁⲧ⸗, ⲙⲏⲉⲓ⸗* 주라(명령형)

ϯ- → ϯ 주다

ϯ- → ⲡⲓ

ϯⲃⲉ 멀미가 나다

ϯⲃⲉ → ⲧⲏⲏⲃⲉ 손가락

ϯⲃⲥ̄, ⲧ(ⲉ)ⲃⲥ̄ *m.* 발뒤꿈치, 말발굽

ϯⲅⲣⲓⲥ, ⲧⲓⲕⲣⲓⲥ 티스리스 강

ϯⲉ ⲫ. → ϯⲟⲩ *m.* 다섯

ϯⲑⲉ ⲉ- 방법을 강구하다 → ϯ 주다, ϩⲉ 방법

ϯⲕ *m.* 작은 불씨 *cf.* *ⲧⲱⲕⲉ* 발산하다

ϯⲙⲉ *m., pl.* ⲧⲙⲉ 마을, 소도시, 성 *cf.* *ⲣⲙ̄ⲛϯⲙⲉ* 시민, 도시민

ϯⲙⲱⲣⲉ, ϯⲙⲱⲣⲏ τιμωρεῖν 벌주다

ϯⲟⲥⲉ 손해를 입히다 → ϯ 주다, ⲟⲥⲉ 손실

ϯⲟⲩ *m., f.* ϯ(ⲉ), -ⲧⲏ, -ⲧⲉ 다섯 *cf.* *ⲙⲉϩϯⲟⲩ* 다섯 번째 *ⲙⲁϩϯⲟⲩ* *m., f.* *ⲙⲁϩϯⲉ* 다섯 번째 *ⲧⲁⲓⲟⲩ* 쉰 *ⲙⲛ̄ⲧⲏ* 열다섯

ϯⲡⲉ *f.* 입맛 *cf.* *ⲧⲱⲡⲉ* 맛보다 *ϫⲓ ϯⲡⲉ* 맛보다 *ⲙⲁⲛ̄ϫⲓϯⲡⲉ* 혀

ϯⲡⲉ *f.* 신장, 콩팥, 허리

ϯⲥⲟ 남기다 → ϯ 주다, ⲥⲟ 보호

ϯ ⲧⲕⲁⲥ 고통을 주다 → ⲧⲕⲁⲥ 고통

ϯⲧⲱⲛ 다투다 → ⲧⲱⲛ 싸움

ϯϩⲉ, ⲧⲁϩⲉ† 술 취하다 *cf.* *ⲣⲉϥϯϩⲉ* 술주정꾼

ϯϩⲙⲉ, ⲧⲉϩⲙ(ⲉ) *m.* 액체를 담는 용기 *cf.* *ϯϩⲙⲉϥ* 상자

ϯϩⲙⲉϥ, ⲧⲓϩⲙⲉϥ *m.* 상자, 바구니 *cf.* *ϯϩⲙⲉ* 용기

ϯϩⲟ 권고하다 → ϯ 주다, ϩⲟ 얼굴

ϯϫⲓ 젖 먹이다 → ϯ 주다, ϫⲓ 젖

ϯϭⲉ *f.* 호박, 오이, 과일, 야채

ϯϭⲗⲁ 물결 치다 → ϯ 주다, ϭⲗⲁ 파도

통합 곱트어 사전

COPTIC-KOREAN INTEGRATED DICTIONARY

ㄱ

가까이 ϩⲓ ⲡⲥⲁ ⲛ̄-

가까이 오게 하다 ⲥⲱϩⲛⲉ, ⲥⲁϩⲛ-

가까이, 주변에 ϩⲁϩⲧⲛ̄-

가까이로 ⲉⲡⲥⲁ ⲛ̄-

가게 하다 ϭⲱⲟⲩ, ϭⲉⲩ-

가격 ⲁⲥⲟⲩ, ϣⲁⲁⲣ, ϣⲁ(ⲁ)ⲣ(ⲉ), ⲥⲟⲩⲛⲧ⸗

가격, 급료 ⲧⲓⲙⲏ τιμή

가계, 족보학 ϣⲁϫⲉ ⲛ̄ϫⲱⲙ

가끔 ⲕⲁⲧⲁ ⲥⲏⲩ

가난 ⲃ̄ⲓ̈ⲏⲛ (L), ⲁⲡⲟⲣⲓⲁ, ⲙⲛ̄ⲧϩⲏⲕⲉ

가난한 ϩⲏⲕⲉ

가난한 자, 불쌍한 자 ⲉⲃⲓⲏⲛ

가능성 ϫⲓⲛ *m.*

가다 ⲃⲱⲕ, ⲃⲏⲕ†, ⲙⲟⲟϣⲉ, ⲙⲟϣⲉ, ⲛⲁ, ⲛⲏⲩ†, ϣⲉ, ϣⲏ

가다, 오다 ⲉⲓ, ⲛⲏⲩ†

가다, 하려고 한다 ⲛⲟⲩ, ⲛⲁ, ⲛⲏⲩ†, ⲛ̄ⲛⲏⲩ†, ⲛⲏⲟⲩ†, ⲛⲏⲩⲉ†

가두다 ⲁⲓⲭⲙⲁⲗⲱⲧⲓⲍⲉ αἰχμαλωτίζειν, ϥⲓ ⲛ̄ⲁⲓⲭⲙⲁⲗⲱⲧⲟⲥ

가두다 ⲱⲧⲡ̄, ⲉⲧⲡ̄-, ⲟⲧⲡ⸗, ⲁⲧⲡ⸗, ⲟⲧⲡ̄†, ⲟⲡⲧ̄†, ⲁⲧⲡ̄†

가두다, 사로잡다 ⲁⲓⲭⲙⲁⲗⲱⲧⲉⲩⲉ

가득 채우다, 틀어막다 ϣⲱⲣ, ϣⲟ(ⲟ)ⲣ⸗

가라앉다 ϣⲧⲟ, ϣⲧⲟ⸗, ϣⲧⲏⲩ†, ⲥⲱϩⲡ̄, ⲥⲉϩⲡ̄-, ⲥⲁϩⲡ⸗, ⲥⲁϩⲡ̄†

가래 ⲁⲥϭ̄, ϫⲓϩ *m.*, ⲡⲁϭⲥⲉ, ⲡⲁⲧⲥⲉ, ⲡⲉϭⲥⲉ

가래, 침 ⲧⲁϥ

가렵다 ϩⲱϩ, ϩⲟϩ⸗

가로막다, 막다, 족쇄를 채우다 ϩⲱⲥ, ϩⲉⲥ-, ϩⲱⲥ-, ϩⲟⲥ⸗

가로막다, 방해하다, 멈추게 하다 ϫⲱⲱⲗⲉ, ϫⲟⲟⲗⲉ†

가로막다, 잡아두다 ⲧⲁϩⲛⲟ, ⲧⲁϩⲛⲉ⸗

가로지르다 ϫⲱⲱⲃⲉ, ϫⲉⲉⲃⲉ-, ϫⲟⲟⲃ⸗

가로지르다 ⲥⲓⲛⲉ, ⲥⲛ̄(ⲧ)-, ⲥⲁ(ⲁ)ⲧ-, ⲥⲉⲛ(ⲧ)-, ⲥⲁⲁⲧ⸗, ⲥⲟ(ⲟ)ⲧ⸗, ⲥⲛ̄ⲧ⸗

가로지르다, 상처를 입히다 ϫⲱⲧⲉ, ϫⲉⲧ-, ϫⲁⲧ-, ϫⲱⲧ-, ϫⲟⲧ⸗, ϫⲁⲧ⸗

가루로 만들다 ⲥⲓⲕⲉ, ⲥⲉⲕⲧ-, ⲥⲓⲕⲧ⸗, ⲥⲁⲕⲧ⸗, ⲥⲟ(ⲟ)ⲕⲉ†

가르다 ⲟⲩⲱ(ⲱ)ϫⲉ, ⲟⲩⲉ(ⲉ)ϫ(ⲉ)-, ⲟⲩⲟ(ⲟ)ϫ⸗

가르다 ⲟⲩⲱ(ⲱ)ⲧⲉ, ⲟⲩⲁⲁⲧⲉ-, ⲃⲱⲧ-, ⲟⲩⲟ(ⲟ)ⲧ⸗, ⲟⲩⲱⲁ(ⲁ)ⲧ⸗, ⲟ[ⲩⲁ]ⲧ⸗, ⲟⲩⲟⲟⲧⲉ†, ⲟⲩⲁⲧⲉ†

가르다 ⲡⲱⲣϫ̄, ⲡⲉⲣϫ̄-, ⲡⲁⲣϫ-, ⲡⲟⲣϫ⸗, ⲡⲁⲣϫ⸗, ⲡⲟⲣϫ̄†, ⲡⲁⲣϫ†

가르다 ⲥⲗⲁⲡⲗⲉⲡ, ⲥⲗⲉⲡⲗⲉⲡ-

가르다, 목을 따다 ϣⲱⲱⲧ, ϣⲱ(ⲱ)ⲧ(ⲉ), ϣⲉⲧ-, ϣ(ⲉⲉ)ⲧ-, ϣⲱⲱⲧ-, ϣⲁ(ⲁ)ⲧ⸗, ϣⲁ(ⲁ)ⲧ†, ϣⲏⲧ† *p.c.* ϣⲁⲧ-

가르치다 ⲕⲁⲑⲏⲅⲉⲓ, ⲕⲁⲑⲏⲕⲉⲓ, ⲥ(ⲁ)ⲃⲟ, ⲥⲃⲱ, ⲥⲉⲃ-, † ⲥⲃⲱ

가르치다 ⲧⲟⲩⲛⲟⲩ, ⲧⲟⲩⲛⲟⲩⲉⲧ⸗, ⲧⲟⲩⲛⲟⲩⲓ̈ⲉⲧ⸗, ⲧⲟⲩⲟ, ⲧⲟⲩⲟ⸗

가르치다 ⲧⲥⲉⲃⲟ, ⲧⲥⲉⲃⲟ-, ⲧⲥⲉⲃⲉ-, ⲧⲥⲉⲃⲁ⸗, ⲧⲥⲁⲃⲁ⸗, ⲧⲥⲉⲃⲁⲓ̈ⲧ†

가르치다, 보여주다, 공개하다 ⲧⲥⲁⲃⲟ, ⲧⲥⲁⲃⲉ-, ⲧⲥⲁⲙⲃⲉ-, ⲧⲥⲉⲃⲉ-, ⲧⲥ(ⲁ)ⲃⲟ⸗, ⲧⲥⲁⲙⲟ⸗, ⲧⲥⲁⲃⲏⲩⲧ†, ⲧⲥⲁⲃⲟⲉⲓⲧ†

가르침, 과학, 신중함, 조심성 ⲉⲡⲓⲥⲧⲏⲙⲏ

가르침, 교육 ⲥⲃⲱ *f.*, *pl.* ⲥⲃⲟⲟⲩⲉ

가르침, 교훈 ϩⲟⲙⲓⲗⲓⲁ, ϩⲟⲙⲏⲗⲓⲁ ὁμιλία

가마 ⲕⲁⲙⲓⲛⲟⲥ κάμινος

가마, 풀무 ⲁϩⲣ̄ⲧⲁⲩ (L), ⲧⲣⲓⲣ *f.*

가면 ⲡⲣⲟⲥⲱⲡⲓⲟⲛ προσωπεῖον

가뭄 **ϣⲣ̄ⲕⲉ** (L), **ϣⲁⲣⲕⲉ**

가방 **ϣⲁⲧⲓⲗⲁ, ϣⲁⲧⲉⲗⲁ, ⲭⲁⲧⲓⲗⲁ, ⲥⲟⲕ, ⲥⲁⲕ, ⲥⲟⲟⲕ, ⲥⲱ(ⲱ)ⲕ**

가방, 도구함, 상자 **ϫⲓⲗⲗⲉⲥ, ϫⲉⲗⲗⲏⲥ, ⲕⲉⲗⲗⲏⲥ, ⲭⲉⲗⲗⲉⲥ**

가방, 지갑 **ϭⲟⲟⲩⲛⲉ, ϭⲁⲩⲛⲉ** *f.*

가벼운, 날씬한, 예민한 **ϣⲙⲁ, ϣⲟ(ⲟ)ⲙⲉ†, ϣⲙⲁⲁⲧ†** *p.c.* **ϣⲁⲙⲁ-**

가수, 연주가 **ⲣⲉϥϫⲱ, ⲣⲉϥⲣ̄ⲯⲁⲗⲉ**

가슴, 품 **ⲁⲗⲟⲙ, ⲕⲟⲩⲛ⸗, ⲕⲟⲩⲟⲩⲛ⸗, ⲙⲉⲥⲧϩⲏⲧ, ⲙⲉⲥⲑⲏⲧ, ⲙⲉⲥⲧⲛ̄ϩⲏⲧ**

가슴앓이 **ⲡⲱϣ ⲛ̄ϩⲏⲧ**

가시, 바늘 **ϫⲉⲃⲏⲗ, ϫ(ⲓ)ⲃⲏⲗ, ϫⲉⲃⲉⲗ, ⲥⲟⲩⲣⲉ, ⲥⲟⲩⲣ-, ⲥⲁⲣ-, ⲥ(ⲉ)ⲣ-** *f.*

가시 **ϣⲁⲛⲧⲉ** *f.*, **ϣⲟⲛⲧⲉ** *f.*

가운데 **ⲙⲏⲧⲉ**

가위 **ϩⲣⲉⲃ, ϩⲣⲏϥ**

가장 작은 자, 겸손한 사람 **ⲉⲗⲁⲭⲓⲥⲧⲟⲥ**

가장자리 **ⲧⲕⲁⲓ̈ⲟ** (L), **ⲧⲱⲧⲉ, ⲧⲱⲱⲧⲉ, ⲧⲟⲧⲉ**

가장자리, 기슭, 내면, 꼭대기, 끝지점 **ⲧⲟⲡ**

가정, 기회 **ⲁⲫⲟⲣⲙⲏ**

가져오다 **ϩⲱⲗ, ϩ(ⲉ)ⲗ-, ϩⲟⲗ-, ϩⲟⲗ⸗, ϩⲁⲗ⸗**

가져오다, 데려오다 **ⲉⲓⲛⲉ, (ⲉ)ⲛ-, ⲛ̄ⲧ⸗,** *impér.* **ⲁⲛⲓⲛⲉ, ⲁⲛⲓ-**

가져오라!, 자, 어서! **ⲁⲩ, ⲁⲩⲉⲓ(ⲥ)**

가족 **ⲥⲩⲅⲅⲉⲛⲓⲁ** συγγένεια

가죽 **ⲇⲉⲣⲣⲉ**

가죽 무두질 용 큰 통 **ⲣⲁϩⲧ̄ ⲛ̄ⲧⲱϭⲥ̄**

가증스럽게 여기다 **ⲱⲣⲉⲃ, ⲁⲣϥ†**

가지, 가지 끝 **ⲧⲁⲣ** *m. f.*, **ⲥⲙⲁϩ** *m.*

가지다 **ⲟⲩⲟⲛ, ⲟⲩⲛ̄(-), ⲟⲩ(ⲟ)ⲛⲧⲉ-, ⲟⲩⲛⲧⲁ⸗, ⲟⲩⲛⲧ(ⲉ)⸗**

가지치다 **ϫⲱⲗ(ⲉ)ϩ, ϫⲗ̄ϩ̄-, ϫⲟⲗϩ⸗**

가짜의 **ⲛⲟⲩϫ**

가축 **ⲧⲃ̄ⲛⲏ** *m., pl.* **ⲧⲃ̄ⲛⲟⲟⲩⲉ, ⲧⲉⲃⲛⲏⲟⲩ, ⲧⲃ̄ⲛⲉⲩ, ⲧϥ̄ⲛⲏⲩ, ⲧⲃ̄ⲛⲁⲩⲉ**

가치, 효능 **ϣⲉⲩ, ⲉⲥⲟⲩ, ϣⲁⲩ, ϣⲁⲟⲩ, ϣⲟⲟⲩ, ϣⲟⲩ-**

가치 있는, 대우할만한 **ⲛ̄ϣⲁⲩ**

가치가 적은 **ⲉⲧϭⲟϫⲃ̄**

가톨릭, 범세계적인 **ⲕⲁⲑⲟⲗⲓⲕⲟⲥ**

까마귀 **ⲁⲃⲱⲕ** *m. f.* **ⲁⲃⲟⲕⲉ,** *pl.* **ⲁⲃⲟⲟⲕⲉ**

까지, 을 향해 **ϣⲁ-, ϣⲁⲣⲟ⸗, ϣⲁϩⲣⲁⲓ̈ ⲉ-, ϣⲁⲛⲧⲉ**

각도, 구석, 꼭대기 **ⲕⲟⲟϩ**

각자 **ⲡⲟⲩⲁ ⲡⲟⲩⲁ**

각종 장비 **ⲥⲧⲉⲃⲁⲉⲓϩ** *pl.*

깎다, 재단하다, 파다 **ϭⲱ(ⲱ)ϫⲉ, ϫⲟϫⲉ, ϭⲉϫ-, ϭⲏϫ†**

깎다 **ϩⲱⲱⲕⲉ, ϩⲱⲕ(ⲉ), ϩⲱⲱⲕ, ϩⲉ(ⲉ)ⲕⲉ-, ϩⲉⲕ-, ϩⲟ(ⲟ)ⲕ, ϩⲟⲟⲕⲉ†**

깎다, 자르다 **ⲕⲱⲣⲉ** (L)

간 **ϭⲗⲱⲧ** *m. f., pl.* **ϭⲗⲟ(ⲟ)ⲧⲉ, ϭⲗⲱⲧⲉ, ϭⲗⲁⲧⲉ, ϭⲗⲟⲟϭⲉ**

간, 간장 **ϩⲏⲡⲁⲣ** ἧπαρ

간격, 틈새, 거리 **ⲟⲩⲱϣ, ⲟⲩⲁⲧⲃⲉⲥ** *f.*

간격을 두다 **ⲟⲩⲱϩⲣ̄, ⲟⲩⲟϩⲣ⸗**

간결 **ⲥⲩⲛⲧⲟⲙⲓⲁ** συντομία

간구 **ⲉⲩⲭⲏ**

간구하다 **ϩⲱⲛϫ̄, ⲧⲱⲃϩ̄, ⲧ(ⲉ)ⲃϩ̄-, ⲧⲁⲃϩ-, ⲧⲟⲃϩ⸗, ⲧⲁⲃϩ⸗**

간구하다, 사정하다 **ⲥⲃⲱϩ** (L), **ⲥⲃⲱⲟⲩⲉ, ⲥⲃⲁⲩⲉ**

간단한 **ⲛ̄ⲟⲩⲁ**

간섭자 **ⲥⲁⲛⲧⲱϩ**

간수 **ϩⲟⲩⲣⲓⲧ, ϩⲱⲣⲓⲧ** *m., pl.* **ϩⲟⲩⲣⲁⲧⲉ, ϩⲱⲣⲁⲧⲉ, ϩⲟⲩⲣⲉⲧⲉ**

간수 **ϫⲓⲣ, ⲡⲉⲧϩⲓϫⲛ̄ ⲛⲉⲧⲙⲏⲣ**

간수, 행정관 **ⲉⲡⲓⲧⲣⲟⲡⲟⲥ** ἐπίτροπος

간수장 **ⲁⲡⲉ ⲛ̄ϩⲟⲩⲣⲓⲧ, ⲡⲉⲧϩⲓϫⲙ̄ ⲡⲉϣⲧⲉⲕⲟ.**

간신히 **ⲥⲭⲉⲇⲟⲛ** σχεδόν

간악하게, 악 **ⲕⲁⲕⲱⲥ** κακῶς

간을 치다 **ϫⲱⲕⲣⲉ**

간음 **ⲛⲟⲉⲓⲕ** *m.*, **ⲙⲛ̄ⲧⲛⲟⲉⲓⲕ, ⲙⲛⲧⲛⲁⲓ̈ⲕ**

간음 **ⲙⲟⲓⲭⲓⲁ** μοιχεία

간음 **ⲡⲟⲣⲛⲓⲁ** πορνεία

간음을 행하다 **ⲣ̄ ⲛⲟⲉⲓⲕ**

간음을 행하다 **ⲡⲟⲣⲛⲉⲩⲉ** πορνεύειν

간음하다 **ⲕⲁⲡⲏⲗⲉⲩⲉ** καπηλεύειν

간직하다 **ϩⲁⲣⲉϩ, ⲁⲣⲉϩ, ϩⲁⲣⲏϩⲉ, ⲉⲣⲉϩ, ⲉⲣⲏϩ**

간첩, 밀고자 **ⲉⲧⲙⲟⲩϣⲧ, ⲣⲉϥϭⲱϣ̄ⲧ̄, ⲣⲉϥϫⲱⲣⲙ̄**

간청하다 ⲧⲣ̄ⲕⲟ (L), ⲧⲁⲣⲕⲟ, ⲧⲁⲣⲕⲉ-, ⲧⲁⲣⲕⲟ⸗ (ⲧ(ⲉ)ⲣⲕⲟ⸗)

간통 ⲥⲩⲅⲕⲣⲁⲥⲓⲥ σύγκρασις

갈고리, 낚싯바늘 ⲟⲉⲓⲙⲉ, ⲟⲉⲓⲙ *f.*, ϣⲧⲟⲩⲗ

갈기갈기 찢다 ⲥⲗⲟⲡⲗⲉⲡ, ⲥⲗⲉⲡⲗⲱⲡ⸗

갈다, 방앗간, 수차 ⲛⲟⲩⲧ, ⲛⲁⲧ⸗, ϩⲱⲣⲃ̄, ϩⲟⲣⲃ⸗ ϩⲟⲣ(ⲉ)ϥ†

갈대 ⲕⲁⲙ, ϭⲉⲙ, ⲕⲁϣ, ⲕⲉⲙ (L), ⲕⲉϣ (L)

갈대, 피리, 뼈 ⲥⲏⲃⲉ, ⲥⲃ̄-

갈대로 엮은 바구니 ⲥⲱ

갈대로 짠 거적 ⲧⲙⲏ *f.*

갈망 ⲉⲡⲓⲑⲩⲙⲓⲁ ἐπιθυμία

갈망하는 ⲡⲣⲟⲑⲩⲙⲟⲥ πρόθυμος

갈망하다 ⲁⲗⲱⲗ, ϫⲱⲧ

갈비 ⲥⲡⲓⲣ *m.*, *pl.* ⲥⲡⲓⲣⲟⲟⲩⲉ, ⲥⲡⲓⲣⲉⲉⲩ, ⲥⲡⲓⲣⲉⲩⲉ

갈비뼈 ⲃⲏⲧ ⲥⲡⲓⲣ

갈채, 환호, 탄성 ⲗⲟⲩⲗⲁï

갈퀴덩굴 ϩⲟⲩϥ *m.*

감금된, 죄수 ⲉⲧⲥⲟⲛϩ̄, ⲉⲧⲙⲏⲣ

감당하다, 옮기다ⲫⲟⲣⲉ φορεῖν

감당하다, 지탱하다ϫⲁⲩⲗⲉ (L), ϫⲉⲗⲱ⸗, ⲃⲓ, ⲃⲁï-

감독 ⲉⲡⲓⲥⲕⲟⲡⲟⲥ ἐπίσκοπος

감독, 장로 ⲡⲣⲉⲥⲃⲩⲧⲉⲣⲟⲥ πρεσβύτερος

감사 ⲉⲩⲭⲁⲣⲓⲥⲧⲓⲁ

감사드리다 ⲉⲩⲭⲁⲣⲓⲥⲧⲉⲩⲉ εὐχαριστεύειν

감사하다 ⲡϩⲙⲁⲧ ϣⲏⲡ ⲛ̄-

감성에 젖다, 갈망하다 ϫⲱⲧ

감시자, 간첩 ⲣⲉϥϫⲱⲣⲙ̄, ⲣⲉϥⲣⲁïⲥ, ⲣⲉϥϭⲱϣⲧ̄

감시하다 ϭⲱϣⲧ̄, ϣⲱϣⲧ̄, ϭⲟϣⲧ̄†, ϭⲁϣⲧ̄†, ⲣⲁïⲥ

감싸다, 두르다, 덮다, 옷 입히다 ϭⲱⲱⲗⲉ, ϭⲉ(ⲉ)ⲗⲉ-, ϭⲗ-, ϭⲟⲟⲗ⸗, ϭⲁⲗ⸗, ϭⲟⲟⲗⲉ†, ϫⲟⲟⲗⲉ†, ⲥⲟⲩⲟⲗⲟⲩⲁ, ⲥⲟⲩ(ⲉ)ⲗⲟⲩⲱⲗ⸗, ⲥⲟⲩⲗⲱⲗ⸗, ⲥⲟⲩⲗⲟⲗ⸗, ⲥⲥⲗⲟⲩⲗⲱ⸗, ϭⲱⲗⲉ, ϭⲁⲗ(ⲉ)⸗, ϭⲁⲗⲉ†

감싸안다, 먹이다 ϣⲟⲡϣⲡ̄, ϣ(ⲉ)ⲡϣⲡ̄-, ϣⲡ̄ϣⲱⲡ⸗,

감옥 ⲇⲏⲙⲟⲥⲓⲟⲛ, ⲙⲁ ⲙ̄ⲙⲟⲩⲣ, ⲙⲁⲛ̄ϩⲁⲣⲉϩ, ⲙⲁⲛ̄ⲱⲧⲡ̄ ⲉϩⲟⲩⲛ, ϣⲧⲉⲕⲟ, ⲉϣⲧⲉⲕⲟ *m.*, *pl.* ϣⲧⲉⲕⲱⲟⲩ

감옥 ⲫⲩⲗⲁⲕⲏ φύλακή

감탄 ⲗⲱⲟⲩ

감탄사 ⲱ ὦ

감탄하다 ⲣ̄ ϣⲡⲏⲣⲉ

감탄할만한 ϣⲟⲩⲣ̄ ϣⲡⲏⲣⲉ

감퇴하다, 시들다, 애매해지다 ⲥⲱϣⲙ̄, ⲥⲱϩⲙ̄, ϣⲱⲥ(ⲉ)ⲙ, ⲥⲟϣⲙ̄†

감행하다, 도전하다 ⲧⲟⲗⲙⲁ, ⲧⲟⲗⲙⲏ τολμᾶν

갑옷 ϩⲁⲗⲃϣⲉ (L) *f.*

갑옷 ⲡⲁⲛϩⲟⲡⲗⲓⲁ πανοπλία

갑옷을 입다, 무장하다 ⲡⲁⲛϩⲟⲡⲗⲓⲍⲉ πανοπλίζειν

갑옷의 비늘 ⲡⲟⲕϥ̄

갑자기 ⲉⲝⲁⲡⲓⲛⲁ, ϩⲛ̄ⲟⲩϣⲥ̄, ϩⲛ̄ⲟⲩϣⲥ̄ⲛⲉ

갑자기 울다, 슬퍼하다 ⲧⲟⲉⲓⲧ

갑자기 움직이다, 돌출하다, 넘치다 ⲃⲱϭⲉ

갑작스레 움직이다, 들고일어나다, 반발하다, 잡아뽑다, 탈취하다 ϥⲱϭⲉ, ϥⲱⲱϭⲉ, ϥⲉϭ-, ϥⲟϭ⸗, ϥⲏϭ†

갑판장 ⲛⲟϭ ⲛ̄ⲛⲉⲉϥ

값, 가치 ⲉⲥⲟⲩ

강 저편 언덕 ⲙⲏⲣ

강, 나일강 ⲉⲓⲉⲣⲟ *m.*, *pl.* ⲉⲓⲉⲣⲱⲟⲩ, ïⲉⲣⲟ, *pl.* ïⲉⲣⲱⲟⲩ

강낭콩 ⲟⲩⲣⲱ, ⲁⲣⲱ *m.*

강도, 도둑 ⲗⲏⲥⲧⲏⲥ λῃστής

강도, 도둑 ⲥⲟ(ⲟ)ⲛⲉ *m.*

강둑 ⲥⲧⲱ *f.*

강변에 정박하다 ⲙⲟⲟⲛⲉ

강아지 ⲕⲁⲗⲱⲡⲟⲩ, ϭⲁⲗⲟⲡⲟⲩ

강요 ϩⲁϣⲥ̄ *f.*

강요하다 ⲁⲛⲁⲅⲕⲁⲍⲉ ἀναγκάζειν

강요하다 ⲕⲱⲱⲃⲉ, ⲕⲉⲉⲃⲉ-, ⲕⲁⲁⲃⲉ-, ⲕⲟⲟⲃⲉ⸗

강을 건너다 ϫⲓïⲟⲟⲣⲉ (L), ϫⲓïⲟⲣⲉ, ϫⲓⲟⲣⲉ

강조하다 ⲥⲧⲓⲍⲉ στίζειν

강철 ⲗⲁïⲛ, ⲗⲉⲉⲓⲛ, ⲗⲁïⲛⲏ, ⲗⲉïⲛⲉ (L)

강탈하다, 훔치다 ϩⲱϥⲧ̄, ϩⲟϥⲧ̄, ϩⲉϥⲧ̄-, ϩⲟϥⲧ̄⸗, ϫⲓⲟⲩⲉ

강한 ϫⲣⲟ, ϭⲣⲟ, ϫⲣⲟⲉⲓⲧ†, ϫⲣⲏⲩⲧ†, ϫⲱⲣⲉ, ϫⲱⲱⲣⲉ, ϫⲱⲱⲣⲉ, ϫⲉⲣ-, ϫⲟⲟⲣ† *p.c.* ϫⲁⲣ-

강한, 건장한, 단단한 ϫⲱ(ⲱ)ⲣⲉ, ϫⲱ(ⲱ)ⲣ, ϫⲟⲟⲣⲉ, ⲧⲁⲕ

강한, 단단한, 승리의 ϫⲟⲣϫⲣ̄, ϭⲉⲣϭⲱⲣ⸗, ϫⲉⲣϫⲱⲣ†

강화, 설교 ⲉⲝⲏⲅⲏⲥⲓⲥ

갖고 놀다 ⲣ̄ ϩⲁⲗ

같게, 역시ϩⲁⲣⲓϩⲁⲣⲟ⸗

같은 나이 ⲉⲧϣⲏϣ ϩⲙ̄ⲡⲉϥⲭⲣⲟⲛⲟⲥ

같지 않은 ⲉⲧⲟⲩⲟⲟⲧⲉ

개 ⲕⲗ̄ⲃⲁⲩⲗⲉ, ⲟⲩϩⲁⲣ *m., pl.* ⲟⲩϩⲟⲟⲣ, ⲟⲩϩⲟⲣ *m., f.* ⲟⲩϩⲟ(ⲟ)ⲣⲉ, ⲟⲩϩⲱⲣⲉ

개구리 ⲕⲣⲟⲩⲣ

개미 ϭⲁϫⲓϥ, ⲕⲁϫⲓϥ *m.*, ϫⲉⲕϫⲓⲕ

개별적으로, 따로따로 ⲛ̄ⲥⲁ ⲟⲩⲥⲁ

개심 ⲙⲉⲧⲁⲛⲟⲓⲁ μετάνοια

개심하다 ⲙⲉⲧⲁⲛⲟⲓ̈ⲉ μετανοεῖν

개울물 ⲙⲟⲩⲛ̄ⲥⲱⲣⲙ̄

개월 ⲉⲃⲟⲧ *m., pl.* ⲉⲃⲁⲧⲉ, ⲉⲃⲉⲧⲉ

깨끗게 하다 ϩⲁⲅⲛⲓⲥⲧⲏⲥ ἁγνιστής

깨끗게 하다 ⲧⲟⲩⲃⲟ, ⲧⲟⲩⲃⲉ-, ⲧⲟⲩⲃⲁ⸗, ⲧⲟⲩⲃⲁⲓ̈ⲧ†, ⲧⲟⲩⲃⲏⲩ†, ⲧⲱⲕⲣⲉ (L), ⲧⲁⲕⲣⲉ⸗, ⲧⲁⲕⲣⲉ†

깨끗케 하는 자 ⲣⲉϥⲧⲟⲩⲃⲟ

깨끗한 ⲉⲧⲣⲁϩⲉ, ⲟⲩⲃⲁϣ, ⲟⲩⲁⲃϣ̄†, ⲟⲩⲟⲃϣ̄†

깨닫다 ⲛⲟⲓ̈ⲉ νοεῖν

깨달음 ⲛⲟⲏⲙⲁ νόημα

깨뜨리다, 부수다 ⲟⲩⲟϣⲟⲩⲉϣ, ⲟⲩⲱϣⲟⲩⲉϣ, ⲟⲩⲉϣⲟⲩⲉϣ, ⲟⲩⲉϣⲟⲩⲱϣ⸗

깨뜨리다, 짓밟다, 파괴하다 ⲟⲩⲱϣϥ̄, ⲟⲩⲉϣϥ̄-, ⲟⲩⲟϣϥ⸗, ⲟⲩⲁϣϥ⸗, ⲟⲩⲟϣϥ̄†

깨어나다, 일어나다 ⲛⲉϩⲥⲉ, ⲛⲉⲥⲉ, ⲧⲱⲟⲩⲛ, ⲧⲱⲱⲛ, ⲧⲟⲩⲛ-, ⲧⲱ(ⲟⲩ)ⲛ⸗

깨어있는 ⲉⲧⲣⲏⲥ

깨우치는 사람 ⲣⲉϥⲛⲉϩⲥⲉ

깨치다, 영지 ⲥⲟⲟⲩⲛ, ⲥⲟⲩ(ⲉ)ⲛ-, ⲥⲟⲩⲱⲛ-, ⲥⲟⲩⲱⲛ⸗, ⲥⲉⲟⲩⲱⲛ⸗

깨친 ⲛⲉⲥⲃⲉ-, ⲛⲉⲥⲃⲱⲱ⸗

거기, 그곳 ⲙⲁⲩ, ⲉⲧⲙ̄ⲙⲁⲩ, ⲙⲛⲏ (B), ⲧⲁⲓ̈

거기로부터 ⲉⲃⲟⲗ ϩⲙ̄ⲡⲉⲓⲙⲁ

거기에 ⲙⲉⲩ, ⲁⲙⲉⲩ, ⲙ̄ⲙⲉⲩ, ⲙ̄ⲙⲟ⸗, ⲉⲧⲙ̄ⲙⲉⲩ

거기에서 ϩⲙ̄ⲡⲉⲓⲙⲁ

거대한 ⲅⲓⲅⲁⲥ γίγας

거대한 ⲉⲧⲛⲁⲁϥ, ⲛⲟϭ, ⲛⲁⲕ, ⲛⲟⲩϭⲧⲉ, ⲟ, ⲱ

거두다, 추수하다 ϫⲱⲱⲗⲉ, ϣⲱⲗⲉ, ϫⲉ(ⲉ)ⲗⲉ-, ϫⲱⲗⲉ-, ϫⲟ(ⲟ)ⲗ⸗

거두어 들이다, 추수하다 ϫⲱⲗⲉ (L), ϫⲁⲗ⸗, ϫⲁⲗⲉ⸗

거룩한 ϩⲁⲅⲓⲁ ἁγία

거르는 채 ⲙⲉϣⲥⲱⲗϥ (L)

거리 ϩⲓⲣϩⲓⲣⲉ, ϩⲉⲣϩⲓⲣⲉ, ϩⲏⲣϩⲓⲣⲉ *f.*

거리 ⲟⲩⲱϣ

거리 ⲡⲗⲁⲧⲓⲁ πλατεῖα

거리, 넓이 ϣⲓⲏⲏⲥ (L) *f.*

거리를 두다, 포기하다 ⲁⲡⲟⲥⲧⲁ

거만한 사람 ⲣⲉϥϣⲟⲩϣⲟⲩ

거만한, 뻐기는 ⲛⲁϣⲧⲙⲁⲕϩ, ⲁⲩⲑⲁⲇⲏⲥ

거만해지다 ⲛⲟⲩϥⲧ̄

거미줄 ϩⲁⲗⲟⲩⲥ, ϩⲁⲗⲗⲟⲩⲥ

거부하다, 부인하다 ⲁⲡⲁⲣⲛⲁ, ⲥⲱϩⲣ̄, ⲥⲱϩⲣⲉ, ⲥⲏⲉⲣ̄-, ⲥⲁϩⲣ⸗, ⲥⲁϩⲣⲉ⸗, ⲥⲁϩⲣ̄†

거부하다, 자리를 바꾸다 ⲧⲥⲧⲟ, ⲥⲧⲟ, ⲥⲑⲟ, ⲧⲥ̄ⲧⲉ-, ⲧⲥ̄ⲧⲟ⸗, ⲧⲥ̄ⲧⲁ⸗, ⲥⲧⲁ⸗, ⲧⲥ̄ⲧⲏⲩ†, ⲧⲥⲧⲁⲓ̈ⲧ†

거센, 굳은 ϫⲁⲃⲁⲁⲧ†

거소, 무덤 ϩⲱ, ϩⲁⲧ- *f.*

거울 ⲉⲓⲁⲗ, ⲓⲏⲗ, ⲓ̈ⲉⲗ (L)

거위, 기러기 ⲱⲃⲧ̄ *f.*, ⲣⲟ *m.*

거위, 오리 ϭⲏϣⲉ, ϭⲉϣⲉ

거의 않다 ⲙⲁⲗⲁ ⲙⲟⲅⲓⲥ μάλα μόγις

거의, 긴밀하게, 간신히 ⲥⲭⲉⲇⲟⲛ σχεδόν

거인의 서 ϫⲱⲙⲉ ⲛ̄ⲅⲓⲅⲁⲥ

거절하다, 면책을 요구하다 ⲡⲁⲣⲉⲧⲓ παραιτεῖσθαι

거주 ⲙⲁⲛ̄ϭⲟⲉⲓⲗⲉ

거주인 ⲣⲙ̄ⲛ̄ϭⲁⲓ̈ⲗⲉ, ⲣⲉϥⲟⲩⲱϩ

거주지, 거하다, 주택 ⲙⲁ ⲛ̄ⲟⲩⲱϩ

거주지, 침상 ϣⲁⲓⲣⲉ *f.*

거짓 선지자 ⲡⲣⲟⲫⲏⲧⲏⲥ ⲛ̄ⲛⲟⲩϫ

거짓, 잘못 ⲛⲟⲩϫ

거짓된, 가짜의 ⲛⲟⲩϫ

거짓말 ϭⲁⲗ *m.f.*, ϭⲟⲗ *m. f.*

거짓말 ⲘⲚ̄ⲦⲚⲞⲨϪ

거짓말쟁이 ⲣⲉϥϫⲓϭⲟⲗ

거짓말하다 ϫⲓϭⲟⲗ, ϫⲉϭⲟⲗ

거친 ⲉⲧⲛⲁⲥⲧ̄, ϫⲁ(ⲁ)ϫⲉ, ϫⲁϫⲱ(ⲟⲩ)†

거친 ⲧⲁϥⲉ†

거품 ϩⲂⲎⲦⲈ

거품, 찌꺼기 ⲤϨⲂⲎⲎⲦⲈ, ⲤⲂⲎ(Ⲏ)ⲦⲈ, ⲤⲂⲈⲈⲦⲈ, ⲤⲂⲎⲒⲦⲈ, ϨⲂⲎ(Ⲏ)ⲦⲈ *m.*

거품이 일다 ⲂⲢ̄ⲂⲢ̄

꺼지다 ϫⲉⲛⲁ, ϫⲛⲉ, ϫⲛⲉ-, ϫⲉⲛⲁ⸗, ϫⲉⲛⲉ

꺼지다 ⲱϣⲙ̄, ⲟⲩⲱϣⲙ̄, ⲉϣⲙ̄-, ⲟϣⲙ⸗, ⲟϣⲙ̄†

걱정 ⲗⲉϩ, ⲗⲏϩ (L)

걱정되다 ϩⲏϭⲉ

걱정없는 ⲁⲙⲉⲣⲓⲙⲛⲉⲓⲁ ἀμεριμνία

걱정없는 ⲁⲧⲣⲟⲟⲩϣ

걱정하다 ϥⲓ (ⲡ)ⲣⲟⲟⲩϣ, ϩⲓⲣⲟⲟⲩϣ ϩⲁ-, ⲣⲁⲩϣ (L), ⲣⲟⲟⲩϣ, ⲱⲧ, ⲏⲧ†

걱정하다, 미리 근심하다, 예상하다 ⲣ̄ ⲣⲟⲟⲩϣ, ϥⲓ (ⲡ)ⲣⲟⲟⲩϣ, ϩⲓ ⲣⲟⲟⲩϣ (ϩⲁ-)

꺾기, 측정 단위 ϩⲓⲛ, ⲉⲓⲛ *m.*

꺾다 ϩⲱϣϥ̄, ⲡⲱϩ, ⲡⲉϩ-, ⲡⲁϩ-, ⲡⲟϩ⸗, ⲡⲁϩ⸗, ⲡⲏϩ†, ⲡⲉϩ†

꺾다, 빻다, 갈다 ϩⲱⲣⲃ̄, ϩⲟⲣⲃ⸗ ϩⲟⲣ(ⲉ) ϥ†

꺾다, 숙이다, 접다 ⲕⲱⲗϫ, ⲕⲗ̄ϫ-, ⲕⲟⲗϫ⸗, ⲕⲟⲗϫ†, *p.c.* ⲕⲁⲗϫ̄-, ϭⲱⲗϫ, ϭⲗ̄ϫ-

꺾다, 짓밟다, 부러뜨리다 ⲟⲩⲱϭⲡ̄, ⲟⲩⲱϫⲡ̄, ⲟⲩⲁϭⲡ-, ⲟⲩⲉϭⲡ̄-, ⲟⲩⲁϭⲡ⸗, ⲟⲩⲟϭⲡ⸗, ⲟⲩⲟϭⲡ†

꺾다, 쪼개다, 찢다 ⲡⲱϭⲉ, ⲡⲟϭ⸗, ⲡⲟⲅ⸗, ⲡⲟⲕ⸗, ⲡⲟⲅⲉ†

꺾다, 찢다 ⲥⲱⲗⲡ̄, ⲥ(ⲉ)ⲗⲡ̄-, ⲥⲗⲉⲡⲗⲉⲡ-, ⲥⲟⲗⲡ⸗, ⲥⲟⲗⲡ̄†, ⲥⲁⲗⲡ̄† *p.c.* ⲥⲁⲗⲡ̄-

꺾어지다 ϩⲱⲣϣ̄, ϩⲁⲣϣ̄†

건강, 구원 ⲟⲩϫⲉⲓ̈, ⲙⲟⲧⲛ̄

건강과 평안을 빌며! ϫⲣⲟ ⲙⲛ̄ ϩⲓⲥⲉ

건강을 되찾게 하다, 낫게 하다 ⲧⲟⲩϫⲟ, ⲧⲟⲩϫⲉ-, ⲧⲟⲩϫⲟ⸗, ⲧⲟⲩϫⲁ⸗, ⲧⲟⲩϫⲏⲩ†

건강한 ⲁⲥⲁⲓ, ⲁⲥⲱⲟⲩ†, ⲁⲥⲓ̈ⲱⲟⲩ†, ⲓ̈ⲁ⸗ (L)

건강한, 구제된, 구원 ⲟⲩϫⲁⲓ, ⲟⲩⲟϫ†, ⲟⲩϫⲉⲓ̈, ⲟⲩⲁϫ†

건너가다 ϫⲱⲃⲉ, ⲧⲕ̄ⲧⲟ, ⲧⲕⲧⲟ-, ⲧⲕⲁⲧⲟ-, ⲧⲕ̄ⲧⲉ-, ⲧⲕⲧⲁ⸗

건너다 ⲟⲩⲱⲧⲃⲉ (L), ⲟⲩⲁⲧⲃⲉ†

건네주다 ⲡⲁⲣⲁⲇⲓⲇⲟⲩ παραδιδόναι

건방진 ⲛⲁϣⲧⲙ̄ⲙⲉ

건방짐 ⲉⲡⲏⲣⲓⲁ ἐπήρεια

건장한 ⲉⲧϫⲟⲟⲣ, ϫⲱ(ⲱ)ⲣⲉ, ϫⲱ(ⲱ)ⲣ, ϫⲟⲟⲣⲉ

건축가 ⲁⲣⲭⲓⲧⲉⲕⲧⲱⲛ ἀρχιτέκτων

건축가, 목수 ⲉⲕⲱⲧ, ⲣⲉϥⲕⲱⲧ, ⲣⲉϥⲥⲙⲓⲛⲉ, ⲣⲉϥⲕⲱⲧ

건축하다, 짓다, 설립하다 ⲕⲱⲧ, ⲕⲉⲧ-, ⲕⲁⲧ-, ⲕⲟⲧ⸗, ⲕⲁⲧ⸗, ⲕⲏⲧ†, *p.c.* ⲕⲁⲧ-

걷다, 가다, 행하다 ⲙⲟⲟϣⲉ, ⲙⲟϣⲉ, ⲙⲁϩⲉ

걸러내다 ⲥⲱⲧϥ̄, ⲥⲉⲧϥ̄-, ⲥⲱⲧϥ̄-, ⲥⲟⲧϥ⸗, ⲥⲁⲧϥ⸗, ⲥⲟⲧϥ̄†, ⲥⲁⲧϥ†

걸레, 헝겊 ⲡⲗ̄ϭⲉ, ⲡⲉⲗϫⲉ, ⲡⲣ̄ϫⲉ *m.*

걸레조각 ⲧⲁⲓ̈ⲥ (L)

걸려 넘어지다, 휘청거리다 ϫⲱⲣⲡ̄, ϫⲁⲣⲡ̄-, ϫⲓ ϫⲣⲟⲡ

걸리다 ⲙⲟⲩⲛ

걸림돌, 사건 ϫⲣⲟⲡ *m.*

걸어가다 ⲙⲟⲟϣⲉⲛ̄ⲣⲁⲧ⸗

검 ϭⲟⲣⲧⲉ, ϭⲁⲣⲧⲉ, ⲕⲟⲣⲧⲉ *f.*

검사원 ⲣⲉϥϩⲟⲧϩⲧ̄

검사하다 ⲉⲝⲉⲧⲁⲍⲉ ἐξετάζειν

검사하다, 시험하다 ϩⲟⲧϩⲧ̄, ϩⲉⲧϩ(ⲉ)ⲧ-, ϩⲉⲧϩⲱⲧ⸗, ϩⲉⲧϩⲱⲧ†

검사하다, 조사하다, 연구하다 ϫⲱⲣ, ϫⲟⲟⲣ⸗, ϫⲏⲣ†

검어지다, 피부를 태우다 ϫⲱⲣ, ϫⲏⲣ†

검은 ⲕⲁⲙⲉ, ⲕⲁⲙⲏ *pl.* ⲕⲁⲙⲁⲩⲉ

겁, 두려움 ϩⲣ̄ⲧⲉ *f.*, ϩⲁⲧⲉ *f.*, ϩⲟⲧⲉ *f.*

겁먹다 ⲣ̄ ϩⲁⲧⲉ, ϣⲗⲁϩ, ϣⲟⲗϩ̄†

겁을 먹다 ⲧⲣ̄ⲣⲉ, ⲧⲣⲉⲓⲱⲟⲩ†, ⲧⲣⲓ̈ⲱⲟⲩ†

겁주다, 위협하다 † ϩⲟⲧⲉ, † ϩⲁⲧⲉ

껍질을 벗기다, 옷을 벗기다 ⲕⲁⲕ-

겉 ⲃⲁⲗ

겉옷 ⲉⲛⲇⲩⲙⲁ ἔνδυμα

겉옷, 외투 ϣⲧⲏⲛ *f.*

게걸스레 먹는 자 ⲣⲉϥⲧⲱⲣⲡ̄

ㄴ ㄷ ㄹ ㅁ ㅂ ㅅ ㅇ ㅈ ㅊ ㅋ ㅌ ㅍ ㅎ

게다가, 다시, 아직 ⲣⲱ

게다가, 적어도, 하지만 ⲗⲟⲓⲡⲟⲛ λοιπόν

게으른 ⲟⲩⲱⲥϥ̄, ⲟⲩⲉⲥϥ̄-, ⲟⲩⲟⲥϥ⸗, ⲟⲩⲁⲥϥ⸗, ⲟⲩⲟⲥϥ† *p.c.* ⲟⲩⲁⲥϥ-

게으른 ⲥⲣ̄ϥⲉ, ⲥⲏⲣϥⲉ, ⲥⲣⲟϥⲧ†

게으름 ϫⲛⲁ(ⲁ)ⲩ, ϫⲛⲟ

게으름뱅이 ⲁⲣⲅⲟⲥ

게자리 ⲕⲁⲣⲕⲓⲛⲟⲥ κάρκινος

겨드랑이 ϫⲟ *m.*, *pl.* ϫⲱⲟⲩ

겨울 ⲡⲣⲱ *f.*

겨울을 나다 ⲣ̄ ⲧⲉⲡⲣⲱ

겨자 ϣⲗ̄ϭⲟⲙ, ϣⲗ̄ⲧⲁⲙ, ⲥⲉⲗϭⲁⲙ, ϣ(ⲉ)ⲗⲧ(ⲉ)ⲙ, ϣⲁⲗⲧⲉⲙ, ϣⲁⲗⲧⲏⲙ, ϣⲉⲗⲧⲏⲙ, ϣⲁⲗⲧⲁⲙ *m. f.*

격동, 자극 ϩⲟⲡϩⲡ̄ *m.*

격막, 횡경막 ϣⲡⲁⲧ (L)

격투 ⲡⲏⲗⲏ πάλη

견고한, 굳센, 승리자 ϭⲣⲟ, ϭⲣⲁ⸗, ϭⲣⲁⲓ̈ⲧ†

견디다 ⲁⲛⲉⲭⲉ ἀνέχειν

견디다 ϩⲩⲡⲟⲙⲉⲓⲛⲉ ὑπομένειν

견디다 ⲱϩⲉ ⲣⲁⲧ⸗, ⲱϩⲉ, ⲟϩⲉ, ⲁϩⲉ†

결과 ⲡⲉⲣⲁⲥ πέρας

결과가 나타나다, 귀결, 결과 ⲟⲩⲱϩ ⲛ̄ⲥⲁ-

결손, 벌칙 ⲟⲥⲉ *m.*

결실의 계절 ⲕⲁⲣⲡⲟⲥ καρπός

결점, 흠 ϫⲃⲓⲛ *m*

결정, 공포, 교의 ⲇⲟⲅⲙⲁ δόγμα

결정하다 ⲡⲱⲗϭ̄, ⲡⲱⲗⲕ̄, ⲡⲁⲣⲕⲉ, ⲡⲱⲗϫ̄, ⲡⲗ̄ϭ-, ⲡⲟⲗϭ⸗

결정하다 ϣⲟϫⲛⲉ, ϣⲁϫⲛⲉ, ⲧⲱϣ, ⲧⲉϣ-, ⲧⲟϣ-, ⲧⲟϣ⸗, ⲧⲏϣ†

결핍, 가난 ⲁⲡⲟⲣⲓⲁ, ϣⲟⲩ, ⲥⲟⲩ

결합 ⲥⲛⲁⲩϩ, ⲥⲛⲟⲟⲩϩ *m.*

결합에 의한 공동체 ϣⲃⲏⲣⲛ̄ⲟⲩⲥⲓⲁ

결합하다, 합의하다, 합치다, 고용계약을 맺다 ϩⲱⲧⲉⲣ, ϩⲉⲧ(ⲉ)ⲣ-, ϩⲟⲧ(ⲉ)ⲣ-, ϩⲟⲧⲣ⸗, ϩⲟⲧⲣ(ⲉ)†

결혼 ⲅⲁⲙⲟⲥ

결혼 지참금; 증여금 ⲥϣⲟⲧ, ⲥⲭⲟⲧ, ⲥⲭⲁ(ⲁ)ⲧ, ⲥϩⲁⲧ, ϣⲭⲁⲧ *m.*

결혼식장 ϩⲟⲡ, ϩⲟⲟⲡ, ϩⲁⲡ- *m.*, ⲙⲁⲛ̄ϣⲉⲗⲉⲉⲧ

결혼하다 ϫⲓ ⲥϩⲓⲙⲉ, ϣⲱⲡ, ϣ(ⲉ)ⲡ-, ϣⲁⲡ-, ϣⲡ̄- , ϣⲟⲡ⸗, ϣⲁⲡ⸗, ϣⲏⲡ†

결혼한 ⲉⲅⲕⲁⲙⲟⲥ ἔγγαμος

결혼한 여인의 ⲉⲧ ϩⲙⲟⲟⲥ ⲙⲛ̄ϩⲁⲓ

겸비 ⲡⲉⲃⲓ̈ⲟ

겸비해지다, 가치를 떨어뜨리다 ⲑⲃⲓ̈ⲟ (L), ⲑⲃ̄ⲃⲓⲟ, ⲧϩⲃ̄ⲃⲓⲟ, ⲑⲃ̄ⲃⲓⲉ-, ⲑⲃ̄ⲃⲓⲟ⸗, ⲑⲃ̄ⲃⲓⲏⲩ†

겸손하다 ⲑⲃ̄ⲃⲓⲟ

겸손한 사람 ⲉⲗⲁⲭⲓⲥⲧⲟⲥ, ϣⲡⲓⲏⲧ *m.*, *f.* ϣⲡⲓⲉⲉⲧⲉ

겸손해지다, 위신을 떨어뜨리다 ⲕⲁⲧⲁⲝⲓⲟⲩ

경계 ϭⲓ *m.*

경계, 국경, 지방 ⲧⲱϣ, ⲧⲟϣ, ⲧⲣϣ- *m.*, *pl.* ⲧⲟⲟϣ

경계가 없는 ⲁⲧⲁⲣⲏϫϥ̄

경계를 정하다, 결정하다, 법령, 명령, 지방 행정구역 ⲧⲱϣ, ⲧⲉϣ-, ⲧⲟϣ-, ⲧⲟϣ⸗, ⲧⲏϣ†

경계심을 갖다 ⲣⲟⲉⲓⲥ, ⲣⲏⲥ†

경과, 흐름 ⲁⲡⲟⲣⲣⲟⲓⲁ

경과하다 ⲉⲓⲣⲉ, (ⲉ)ⲣ-, ⲣ̄-, ⲣⲉϥ-, ⲁⲁ⸗, ⲉ⸗, ⲉⲉ⸗, ⲉⲓⲧ⸗, ⲧ⸗, ⲧⲣ̄⸗, ⲟ†, ⲟⲓ̈†, *impér.* ⲁⲣⲓⲣⲉ, ⲁⲣⲓ-, ⲁⲣⲓ⸗

경기 ⲇⲣⲟⲙⲟⲥ δρόμος

경기장 ⲙⲁⲛ̄ϣⲱϫⲉ, ⲙⲁ ⲙ̄ⲡⲱⲧ ⲛ̄ⲛⲉϩⲧⲱⲱⲣ

경멸하다, 멸시하다 ⲕⲁⲧⲁⲫⲣⲟⲛⲉ, ⲕⲁⲧⲁⲫⲣⲟⲛⲏ καταφρονεῖν

경배, 무릎을 꿇고 배알하다 ⲡⲁϩⲧⲥ̄ *f.*, ⲟⲩⲁϣⲧⲉ *f.*, ⲟⲩⲱϣⲧ̄, ⲟⲩⲁϣⲧ⸗

경비원 ⲁⲛⲟⲩⲉⲣϣⲉ

경영, 행정 ⲟⲓⲕⲟⲛⲟⲙⲓⲁ οἰκονομία, ⲃⲁϩⲛ̄†

경영인 ⲣⲉϥϣⲙ̄ϣⲉ

경영하다 ⲣ̄ⲟⲓⲕⲟⲛⲟⲙⲏ οἰκονομεῖν

경외하다 ⲧⲁⲓ̈ⲟ, ⲧⲁⲓⲉ-, ⲧⲁⲓ̈ⲟ-, ⲧⲁⲓⲟ⸗, ⲧⲁⲓ̈ⲁ⸗, ⲧⲁ(ⲉⲓ)ⲏⲩ† ⲧⲁⲓ̈ⲏⲩ†, ⲧⲁⲓ̈ⲁⲓ̈ⲧ†

경주 ⲫⲩⲗⲏ φυλή

경첩 ⲙⲉϣⲧ̄ⲃⲥ̄

경향을 띠다 ⲛⲟⲕⲛⲉⲕ

경험하다, 고생하다, 견디다 ⲁⲛⲉⲭⲉ ἀνέχειν

곁에, 부근에 ϩⲓⲣⲉⲧ⸗, ⲁⲣⲉⲧ⸗, ϩⲁⲧⲏ⸗, ϩⲁϩⲧⲏ⸗

계곡, 골짜기 ϣⲁⲗⲱⲧ *f.*, ⲉⲓⲁ

계급 ⲃⲁⲑⲙⲟⲥ βαθμός

계단 **ⲧⲱⲣⲧ̄** *m.*

계산하다 **ϥⲓ ⲱⲡ, † ⲱⲡ, ϥⲓ ⲱⲡ, ⲱⲡ, ⲱⲡⲉ, ⲉⲡ-, ⲟⲡ⸗, ⲁⲡ⸗, ⲏⲡ†, ⲏⲡⲉ†**

계속 간직하다, 기다리다 **ϩⲉⲗⲏϭ** (L)

계시 **ⲁⲡⲟⲕⲁⲗⲩⲯⲓⲥ** ἀποκάλυψις

계시하다 **ϭⲱⲗⲡ̄, ⲕⲱⲗⲡ̄, ϭ(ⲉ)ⲗⲡ̄-, ϭⲱⲗⲡ̄-, ϭⲁⲗⲡ-, ϭⲟⲗⲡ⸗, ϭⲁⲗⲡ⸗, ϭⲟⲗⲡ̄†, ϭⲁⲗⲡ̄†**

계약 **ⲇⲓⲁⲑⲏⲕⲏ** διαθήκη

계약을 맺다 **ϩⲱⲧⲣⲉ**

계율 **ϭⲓⲛϩⲁⲣⲉϩ**

계절 **ⲕⲁⲓⲣⲟⲥ** καιρός

계절, 시기 **ϩⲏ, ϩ(ⲉ)-** *m.*, **ⲥⲏⲩ, ⲥⲟⲩ-, ⲧⲏ, ⲧⲉ**

계층 **ⲧⲁⲝⲓⲥ** τάξις

계획 **ⲟⲩⲱϣ, ⲟⲩ(ⲱ)ϣⲉ**

고갈 **ϣⲱⲱϥⲉ** *m.*

고갈되다, 부족하다 **ϣⲧⲁ, ⲥⲃⲁⲕ** (L), **ⲥⲁⲃⲉⲕ, ⲥⲁⲃⲕ̄†**

고갈되다 **ϣⲟⲩⲟ, ϣⲟⲩ(ⲉ)-, ϣⲟⲩⲟ-, ϣⲟⲩⲱ⸗, ϣⲟⲩⲟ⸗, ϣⲟ(ⲩ)ⲉⲓⲧ†, ϣⲟⲩϊⲧ†**

고갈시키다, 죽이다 **ⲙⲟⲩⲛⲕ, ⲙⲟⲩⲕ, ⲙⲟⲩⲛⲅ̄, ⲙⲁⲛⲕ⸗**

고국, 고향 **ⲡⲁⲧⲣⲓⲥ** πατρίς

고기, 살 **ⲉϥ, ⲁϥ** *m., pl.* **ⲁϥⲟⲩⲓ**

고기 장수 **ⲥⲁ ⲛ̄ⲁϥ**

고대나 중세의 현악기 **ⲕⲓⲑⲁⲣⲁ, ϭⲓⲑⲁⲣⲁ** κιθάρα

고독한 사람 **ⲣⲙ̄ⲛ̄ⲟⲩⲱⲧ**

고래, 바다 괴물 **ⲕⲏⲧⲟⲥ** κῆτος

고려하다, 대우하다 **ϫⲓ ϩⲟ, ⲙⲁⲕⲙⲉⲕ, ⲙⲉⲕⲙⲟⲩⲕ⸗**

고려하다 **ⲥⲕⲉⲡⲧⲉ** σκέπτεσθαι

고르다 **ϩⲃⲟⲣⲃⲣ̄ ⲉⲃⲟⲗ**

고름 **ⲙⲟⲟⲩ**

고리 **ⲱϣⲛ̄ϥⲧⲟ** (L)

고마움 **ϩⲙⲟⲧ** *m.*

고마움, 감사, 관용 **ⲉⲩⲭⲁⲣⲓⲥⲧⲓⲁ**

고마워하다 **ⲉⲩⲭⲁⲣⲓⲥⲧⲉⲓ (ⲛⲁ⸗), ϣⲡ̄ϩⲙⲟⲧ, ϣⲱⲡ ⲙ̄ⲡ(ⲉϥ) ϩⲙⲁⲧ**

고무, 송진 **ⲕⲟⲙⲙⲉ, ⲕⲙ̄ⲙⲉ, ⲕⲏⲙⲉ, ⲕⲟⲙⲏ, ⲕⲟⲙⲓ**

고문 **ⲃⲁⲥⲁⲛⲟⲥ** βάσανος, **ⲧⲓⲙⲱⲣⲓⲁ** τιμωρία

고문하다 **ⲃⲁⲥⲁⲛⲓⲍⲉ** βασανίζειν, **ⲕⲟⲩⲙⲡⲓⲍⲉ, ⲕⲣⲁⲙⲙⲁⲧⲓⲍⲉ**

고민 **ϩⲃⲁ** *m.*

고민에 빠진 **ⲉⲧϭⲏⲩ**

고발, 비방 **ϣⲧⲟⲩⲏⲧ, ϭⲓⲛⲥⲙⲙⲉ, ⲕⲁⲧⲏⲅⲟⲣⲓⲁ** κατηγορία

고발자 **ⲕⲁⲧⲏⲅⲟⲣⲟⲥ** κατήγορος

고발장 **ⲃⲓⲃⲗⲓⲇⲓⲟⲛ** βιβλίδιον

고발하다, 비방하다 **† ϣⲧⲟⲩⲏⲧ, ⲕⲁⲧⲏⲅⲟⲣⲉ, ⲕⲁⲧⲏⲅⲟⲣⲉⲓ** κατηγορεῖν

고백 **ⲉⲝⲟⲙⲟⲗⲟⲅⲏⲥⲓⲥ, ϩⲟⲙⲟⲗⲟⲅⲓⲁ** ὁμολογία

고백하다, 선언하다 **ⲉⲝⲟⲙⲟⲗⲟⲅⲉⲓ, ϩⲟⲙⲟⲗⲟⲅⲏ** ὁμολογεῖν

고백하다 **ⲟⲩⲱⲛϩ̄, ⲟⲩⲱⲛⲁϩ, ⲟⲩⲉⲛϩ̄-, ⲟⲩⲱⲛϩ-, ⲟⲩⲁⲛϩ-, ⲟⲩⲟⲛϩ⸗, ⲟⲩⲁⲛϩ⸗, ⲟⲩⲁⲛⲉϩ⸗, ⲟⲩⲟⲛϩ†, ⲟⲩⲁⲛϩ̄†, ⲟⲩⲁⲛⲉϩ†**

고삐 **ϣⲧⲟⲃ**

고생하다 **ⲁⲛⲉⲭⲉ** ἀνέχειν

고수의 씨 **ⲃⲣ(ⲉ)ϣⲏⲩ**

고심하다, 놀라게 하다 **ⲛⲟⲩϣⲡ̄, ⲛⲉϣⲡ̄-, ⲛⲁϣⲡ̄-, ⲛⲁϣⲡ⸗**

고아 **ⲟⲣⲫⲁⲛⲟⲥ** ὀρφανός

고약 **ⲥⲕⲉⲛⲉⲡⲓⲥⲉ**

고양이 **ⲉⲙⲟⲩ** *f., pl.* **ⲉⲙⲟⲟⲩⲉ, ⲕⲗⲏ, ⲕⲁⲗⲏ**

고역 **ⲁⲗⲱⲧ**

고요 **ⲕⲁⲣⲱϥ, ϫⲁⲙⲏ** *f.*

고요하게, 온화하게 **ⲣ̄ ⲣⲙ̄ⲣⲁϣ, ϩⲛ̄ⲟⲩⲥϭⲣⲁϩⲧ̄**

고요한, 평온한 **ⲉϥⲥϭⲣⲁϩⲧ̄**

고용계약을 맺다 **ϩⲱⲧⲉⲣ, ϩⲉⲧ(ⲉ)ⲣ-, ϩⲟⲧ(ⲉ)ⲣ-, ϩⲟⲧⲣ⸗, ϩⲟⲧⲣ(ⲉ)†**

고용하다 **ⲑⲣ̄ⲕⲟ** (L), **ⲑⲣ̄ⲕⲁ⸗, ⲑⲣ̄ⲕⲟ-, ⲑⲛⲟ, ⲧϩⲛⲟ, ⲑⲛⲉ-, ⲑⲛⲟ⸗, ⲑⲛⲏⲩ†**

고자, 내시 **ⲥⲓⲟⲩⲣ** *m., pl.* **ⲥⲓⲟⲩⲣⲉ**

고정되다, 잠잠해지다 **ⲧⲱϭⲉⲣ, ⲧⲱⲕⲣ̄, ⲧⲱⲣϭ̄, ⲧⲱⲣⲕ̄, ⲧⲟϭⲣ̄†**

고정된 **ⲧⲣⲁϊⲧ†** (L)

고정시키다 **ⲱϥⲧ̄, ⲉϥⲧ̄-, ⲟϥⲧ⸗, ⲁϥⲧ⸗, ⲟϥⲧ̄†, ⲁϥⲧ̄†**

고정시키다, 끌어당기다 **ⲱⲧϩ̄, ⲁⲧϩ̄†**

고정시키다, 위험에 노출되다 **ⲉⲛⲟⲭⲟⲥ, ⲧⲱⲥ, ⲧⲉⲥ-, ⲧⲟⲥ⸗, ⲧⲏⲥ†, ⲧⲉⲥ†** *p.c.* **ⲧⲁⲥ-**

고정하다 **ⲡⲏⲥⲥⲉ** πήσσειν

고지대, 산악지방 **ⲉⲧϩⲓⲡϫⲓⲥⲉ**

고집 **ⲙⲛ̄ⲧⲛⲁϣⲧϩⲏⲧ**

고집 센, 못 말리는 **ⲛⲁϣⲧϩⲏⲧ**

고집스러움 **ⲙⲛ̄ⲧⲛⲁϣⲧⲙ̄ⲙⲉ**

고체 소다 **ϩⲟⲥⲏⲙ, ϩⲟⲥⲙ̄, ϩⲟⲥⲙⲉ, ϩⲱⲥⲏⲙ** *m.*

고치다, 낫게 하다 **ⲑⲉⲣⲁⲡⲉⲩⲉ** θεραπεύειν

고치다, 멀리하다 **ⲥⲟⲟϩⲉ, ⲥⲁϩⲉ-, ⲥⲁϩⲱ(ⲱ)⸗, ⲥⲁϩⲏⲩ†**

고침, 치유 **ⲑⲉⲣⲁⲡⲓⲁ** θεραπεία

고통 **ⲙ̄ⲕⲁϩ, ⲙⲛ̄ⲧⲣⲉϥϣⲡ̄ ϩⲓⲥⲉ, ⲧⲕⲁⲥ, ⲕ(ⲕ)ⲁⲥ** *m.*, **ⲧⲕⲉⲥ** (L) *m.*

고통 **ϩⲟϫϩ(ⲉ)ϫ, ϩⲟϫϫ̄, ϩⲁϫϩ(ϫ), ϩ(ⲉ)ϫ(ϩ)ϫ, ϩⲉϫϩⲱϫ⸗, ϩⲉϫϩⲱϫ†**

고통 **ⲧⲁⲗⲁⲓⲡⲱⲣⲓⲁ** ταλαιπωρία

고통 받다 **ⲑⲗⲓⲃⲉ** θλίβεσθαι

고통 속에 빠지다 **ⲣ̄ ϩⲃⲁ**

고통, 가슴앓이 **ⲡⲱϣ ⲛ̄ϩⲏⲧ, ⲙⲟⲕϩⲥ̄, ϣⲛ̄ϩⲏⲧ, ⲑⲗⲓⲯⲓⲥ** θλῖψις

고통받는 사람 **ϩⲱⲥ, ⲣⲉϥϣⲱⲡ**

고통스레 출산하다 **ϩⲃⲟⲣⲃⲣ̄ ⲙⲓⲥⲉ**

고통을 겪다, 슬퍼하다, 괴로워 하다 **ⲙ̄ⲕⲁϩ, ⲗⲱϫϩ̄**

고통을 당하다, 힘들게 일하다 **ϩⲓⲥⲉ, ϩⲁⲥⲧ-, ϩⲉⲥⲧ-, ϩⲁⲥⲧ⸗, ϩⲟⲥⲧ⸗, ϩⲉⲥⲧ⸗, ϩⲟⲥⲉ†, ϩⲁⲥⲉ†**

고통이 그치다, 낫다 **ⲗⲁϭⲉ**

고행의 동지 **ϣⲃⲣ̄ⲛⲁⲥⲕⲏⲧⲏⲥ**

고행자, 금욕자 **ⲁⲥⲕⲏⲧⲏⲥ**

고행하다 **ⲁⲥⲕⲉⲓ**

고향 **ⲡⲁⲧⲣⲓⲥ** πατρίς

고환 **ϫⲟⲉⲓⲧ**

꼬리 **ⲥⲁⲧ, ⲥⲏⲧ, ⲥⲉⲧ** *m.*

꼬집다, 자르다 **ⲟⲩⲟⲩⲕⲉ**

곡괭이 **ⲉⲙⲉ, ϭⲁϫⲁⲙⲉ, ⲙⲁϫⲉ**

곡식 **ⲉⲃⲣⲁ, ⲃⲣⲁ, ⲃⲣⲉ-, ⲃⲣⲓ-** *m., pl.* **(ⲉ)ⲃⲣⲏⲩⲉ**

곡식 더미 **ϫⲁⲧⲙⲉ**

곡식 측량 단위 **ϩⲏⲕⲉ** *f.*

꼭대기 **ⲁⲕⲣⲟⲛ** ἄκρον, **ϫⲱ⸗** *m.*, **ⲕⲟⲟϩ, ⲧⲁⲡ** *m.*, **ⲧⲟⲡ**

꼭대기 **ϩⲏⲧ, ϩⲧⲏ⸗, ϩⲧⲉ⸗, ϩⲏⲧ⸗, ϩⲉⲧ⸗** *m., pl.* **ϩⲧⲉⲉⲩ**

꼭지, 끝부분, 조각, 구석 **ⲗⲁⲕϩ̄**

곤경에 빠지다 **ⲧⲱⲗⲥ̄, ⲧⲟⲗⲥ̄†**

곤두박질하다 **ⲥⲁϩⲏⲧ⸗**

곧게 세우다 **ⲧⲉϩⲟ, ⲧⲉϩⲟ-, ⲧⲉϩⲁ⸗**

곧게 펴다, 바로 세우다 **ⲥⲁⲩⲧⲛ̄, ⲥⲟⲩⲧⲱⲛ⸗, ⲥⲟⲩⲧⲁⲛⲧ̄†, ⲥⲟⲩⲧⲱⲛ†**

곧바로 서다 **ⲥⲟⲟⲩⲧⲛ̄, ⲥⲟⲩⲧ(ⲱ)ⲛ-, ⲥⲟⲩⲧⲱⲛ⸗, ⲥⲟⲩⲧⲱⲛ†**

곧바로, 즉시 **ϩⲛ̄ⲟⲩⲥⲁⲩⲧⲛ̄, ⲥⲁϩⲏⲧ⸗, ⲉⲓⲧⲁ, (ϩ)ⲛ̄(ⲟⲩ)ⲥⲟⲟⲩⲧⲛ̄**

골목길 **ⲙⲟⲉⲓⲧ**

골수 **ⲁⲗⲧⲕⲁⲥ, ⲁⲧⲕⲁⲥ, ⲁⲗⲧⲁⲥ, ⲁⲧⲕⲉⲥ,**

골수 **ⲕⲁⲥ, ⲕⲉⲉⲥ, ⲕⲏⲥ, ⲕⲓⲥ** *m., pl.* **ⲕⲉⲉⲥ, ⲕⲁⲁⲥ**

골조, 대강의 줄거리 **ⲃⲏⲕⲉ**

꼴, 천정 **ⲥⲭⲏⲙⲁ** σχῆμα

꼴을 먹이다 **ⲙⲁⲛⲉ, ⲙⲟⲟⲛⲉ**

곰, 암사자 **ⲗⲁⲃⲁⲓ̈, ⲗⲁⲃⲟⲓ**

곱슬머리 **ⲕⲁⲣⲟⲩⲥ**

곱추 **ϫⲟ** *m.*

곱트력의 첫 번째 달 **ⲑⲟⲟⲩⲧ, ⲑⲱⲑ, ⲧⲟⲟⲩⲧ**

곱트력의 두 번째 달 **ⲡⲁⲁⲡⲉ, ⲡⲁⲟⲡⲉ, ⲡⲟⲡⲉ, ⲡⲁⲁⲡⲓ**

곱트력의 세 번째 달 **ϩⲁⲑⲱⲣ, ϩⲑⲱⲣ, ⲁⲑⲱⲣ**

곱트력의 다섯 번째 달 **ⲧⲱⲱⲃⲉ, ⲧⲱⲃⲉ, ⲧⲟⲩⲃ, ⲧⲟⲡⲏ**

곱트력의 여섯 번째 달 **ⲙ̄ϣⲓⲣ, ⲉⲙϣⲓⲣ, ⲙⲉⲭⲓⲣ, ⲙ̄ⲡϣⲓⲣ, ⲕⲟⲓⲁϩⲕ̄, ⲭⲟⲓⲁⲭ, ⲕⲓⲁϩⲕ̄**

곱트력의 일곱 번째 달 이름 **ⲡⲁⲣⲙ̄ϩⲟⲧⲡ̄, ⲡⲁ-ⲣⲉⲙϩⲟⲧ, ⲡⲁⲙⲛ̄ϩⲁⲧⲡ̄, ⲫⲁⲙⲉⲛⲁⲧⲡ̄**

곱트력의 여덟 번째 달 **ⲡⲁⲣⲙⲟⲩⲧⲉ, ⲫⲁⲣ-ⲙⲟⲩⲧⲉ, ⲡⲁⲣⲙⲟⲩϯ**

곱트력의 아홉 번째 달 **ⲡⲁϣⲟⲛⲥ̄, ⲡⲁϣⲁⲛⲥ̄, ⲡⲁⲭⲟⲛⲥ̄, ⲡⲁϩⲁⲛⲉⲥ, ⲁⲡϣⲟⲟⲥ**

곱트력의 열 번째 달 **ⲡⲁⲱⲛⲉ, ⲡⲁϩⲛⲉ, ⲡⲁⲟⲩⲛⲓ**

곱트력의 열한 번째 달 **ⲉⲡⲏⲡ, ⲧⲁⲡⲥⲁⲧⲉ**

곱트력의 열두 번째 달 **ⲙⲉⲥⲱⲣⲏ, ⲙⲏⲥⲟⲩⲣⲉ, ⲙⲟⲩⲥⲱⲣⲏ, ⲡϫⲱⲱⲗⲉ**

공, 천구 **ⲥⲫⲁⲓⲣⲁ** σφαῖρα, **ⲥⲗⲟⲩⲗⲟⲗ⸗**

공간 **ϫⲛⲟⲟⲩ, ϫⲛⲁⲁⲩ, ϭⲛⲟⲟⲩ** *m., pl.* **ϫⲛⲟⲟⲩⲉ**

공개하다 **ⲧⲥⲁⲃⲟ, ⲧⲥⲁⲃⲉ-, ⲧⲥⲁⲙⲃⲉ-, ⲧⲥⲉ-**

ⲃⲉ-, ⲧⲥ(ⲁ)ⲃⲟ⸗, ⲧⲥⲁⲙⲟ⸗, ⲧⲥⲁⲃⲏⲩⲧ†, ⲧⲥⲁⲃⲟⲉⲓⲧ†

공격을 준비하다 ⲁⲡⲁϭⲉ ⲟⲩⲃⲉ

공경하다 ϫⲓ ϩⲟ

공고히 하다 ⲧⲁϫⲣⲟ, ⲧⲁϫⲣⲉ-, ⲧⲁϫⲣⲟ-, ⲧⲁϫⲣⲟ⸗, ⲧⲁϫⲣⲁ⸗, ⲧⲁϫⲣⲏⲩ†, ⲧⲁϫⲣⲁⲓ̈ⲧ†

공공연하게 ϩⲛ̄ⲟⲩⲟⲩⲱⲛϩ̄ ⲉⲃⲟⲗ

공기 ⲁⲏⲣ ἀήρ, ϫⲟⲡ *m.*

공동 신앙고백자 ⲣ̄ ϣⲃⲣ̄ϩⲟⲙⲟⲗⲟⲅⲉⲓ

공동, 움푹한 곳 ⲥⲡⲏⲗⲁⲓⲟⲛ σπήλαιον

공동상속인 ϣⲃⲣ̄ⲕⲗⲏⲣⲟⲛⲟⲙⲟⲥ

공명을 울리다, 메아리치다, 조목조목 따지다 ⲥⲛ̄ⲥⲛ̄, ⲥⲉⲛⲥⲉⲛ

공모 ⲉⲡⲓⲃⲟⲩⲗⲏ

공모자 ϣⲃⲣ̄ⲣ̄ϩⲱⲃ

공모하다, 모의하다 ⲉⲡⲓⲃⲟⲩⲗⲉⲩⲉ

공문서 ⲃⲉⲣⲉⲇⲁⲣⲓⲟⲥ

공연 ⲑⲉⲱⲣⲓⲁ θεωρία

공원 ⲕⲏⲡⲟⲥ

공유 ⲕⲟⲓⲛⲱⲛⲓⲁ κοινωνία

공장 ⲉⲣⲅⲁⲥⲧⲏⲣⲓⲟⲛ

공중 ⲣⲁ ⲧⲏⲩ

공짜로, 아무 이유 없이 ⲉⲡϫⲓⲛ̄ϫⲏ

공포 ϣⲗ(ϩ)ϥ

공표하다, 신앙을 고백하다 ⲟⲩⲱⲛϩ̄, ⲟⲩⲱⲛⲁϩ, ⲟⲩⲉⲛϩ̄-, ⲟⲩⲱⲛϩ-, ⲟⲩⲁⲛϩ-, ⲟⲩⲟⲛϩ⸗, ⲟⲩⲁⲛϩ⸗, ⲟⲩⲁⲛⲉϩ⸗, ⲟⲩⲟⲛϩ†, ⲟⲩⲁⲛϩ̄†, ⲟⲩⲁⲛⲉϩ†

꽃 ⲕⲟⲩⲡⲣ, ϩⲣⲏⲣⲉ *m.*

꽃다발, 한 묶음 ⲙⲁ(ⲁ)ⲣ, ⲙⲏⲣ, ⲙⲉⲣ *m.*, ⲁⲛⲏϣ (L), ⲙⲁⲓⲣⲉ, ϣⲁⲗ *m.*, ϣⲟⲗ, ϣⲁⲗ *m.*

꽃망울 ⲟⲩⲱ *m.*

꽃병, 소유물 ϩⲛⲉⲉⲩ (L) *m.*, ⲁⲅⲅⲏⲛ, ⲁⲅⲅⲓⲟⲛ ἀγγεῖον

꽃을 피우다 ⲧⲉⲕϩⲣⲏⲣⲉ ⲉⲃⲟⲗ

꽃이 피다, 새싹이 나다 ϯⲟⲩⲱ ⲉⲃⲟⲗ, ϯⲟⲩⲱ ⲉϩⲣⲁⲓ̈

꽃잎 ⲡⲉⲧⲁⲗⲓⲟⲛ πετάλιον

과거 한 때 ⲛ̄ⲟⲩⲥⲏⲩ

과거형에 따라붙는 조사 ⲡⲉ

과도하게 짐을 싣다, 무겁게 하다 ⲃⲁⲣⲉⲓ

과부 ⲭⲏⲣⲁ χήρα

과세하다, 전투를 준비하다 ⲃⲱⲧⲥ̄, ⲃⲟⲧⲥ⸗

과시욕 ⲗⲁϩⲗⲉϩ, ⲗⲉϩⲗⲱϩ†, ⲗⲉϩⲗⲁϩⲧ†

과시하다, 드러내다 ⲧϫⲁⲓⲟ, ϫⲁⲓⲟ, ϭⲁⲓⲟ, ϫⲁⲓⲥ⸗

과실, 열매 ⲟⲩⲧⲁϩ *m.*, ⲟⲡⲱⲣⲁ ὀπώρα

과일, 야채 ϯϭⲉ

과자 ϭⲱϫⲗⲉ, ⲕⲱⲗⲉ, ϭⲁ(ⲁ)ϭⲉ, ⲕⲁⲕⲉ, ϭⲉϭⲉ, ϭⲟⲟϭⲉ, ⲕⲁⲕ- *m. f.*

과자의 일종 ⲕⲣⲟⲩϫ, ⲕⲣⲟϫ

과장 ϭⲟⲩϭ

과장된 ⲉϥϫⲉ ⲛⲟϭ ⲛ̄ϣⲁϫⲉ

과장된 말 ϩⲣⲟⲩⲟ

과장하다 ϭⲱϭ, ϣⲓϥⲉ, ϣⲏϥⲉ, ϣⲉϥⲉ, ϣⲁ(ⲁ)ϥⲉ, ϣⲟⲃⲉ†

과학 ⲉⲡⲓⲥⲧⲏⲙⲏ

관 ⲁⲩⲗⲟⲥ αὐλός, ϥⲟ, ⲃⲟⲟ *f.*, ϭⲗⲟϭ, ⲧⲗⲟϭ *m.*, ⲟⲩ(ⲉ)ⲓⲛ *m.*

관, 요람 ⲧⲁⲓ̈ⲃⲉ, ⲧⲏ(ⲏ)ⲃⲉ, ⲧⲉⲃⲓ *f.*

관개용 수로 ϩⲟⲓ, ϩⲁⲓ *m.*, *pl.* ϩⲓⲉⲉⲩ(ⲉ), ⲟⲃⲉ

관개용 풍차 ϣⲁⲗⲟⲟⲩ *f.*

관계자 ⲣⲉϥϫⲓⲧⲁⲓ̈ⲉ

관대함 ⲙⲛ̄ⲧⲣⲉϥϯ

관리 ⲉⲡⲓⲥⲕⲟⲡⲏ

관용 ⲉⲩⲭⲁⲣⲓⲥⲧⲓⲁ

관을 씌우다, 지붕, 덮개 ⲗⲱⲃϣ̄

관자놀이, 눈꺼풀 ⲥⲙⲁⲩ, ⲥⲙⲁⲁⲩ *m. pl.*, ⲥⲱⲡ(ⲉ) *m.*

관절, 무릎 ⲕⲗ̄ⲗⲉ, ⲕ(ⲉ)ⲗ-

관절, 접합부 ϣⲧⲙ̄ⲟⲩⲱⲛ

관조, 관찰, 공연, 시야, 사색, 전개 ⲑⲉⲱⲣⲓⲁ θεωρία

관조하다 ⲑⲉⲱⲣⲉ θεωρεῖν

관찰 ⲡⲁⲣⲁⲧⲏⲣⲏⲥⲓⲥ παρατήρησις, ⲑⲉⲱⲣⲓⲁ θεωρία, ϭⲓⲛϭⲱϣⲧ̄

관찰자, 감시자, 간첩 ⲣⲉϥϭⲱϣⲧ̄

관찰하다 ⲓ̈ⲱⲣϩ, ⲓ̈ⲁⲣϩ⸗, ⲛⲁⲩ *imper.* ⲁⲛⲁⲩ, ⲡⲁⲣⲁⲧⲏⲣⲏ παρατηρεῖν

관찰하다, 바라보다, 눈치를 주다 ϫⲱⲣⲙ̄, ϫⲱⲣⲙⲉ, ϫⲱⲗⲙ̄, ϫⲁⲣⲙⲉ⸗, ϫⲟⲣⲙ̄†

관측소 ⲙⲁⲛ̄ϭⲱϣⲧ̄

관통하다 ϣⲱⲙϫ̄, ϣⲙ̄ϫ-, ϣⲟⲙϫ̄†

관하여, 위하여 ϩⲁ ⲡⲣⲁ, ϩⲁ-, ϩⲁⲣⲟ⸗, ϩⲁⲣⲁ⸗, ϩⲁⲣⲱ⸗, ϩⲁ ⲡⲣⲁ ⲛ̄-

광경 ⲫⲁⲛⲧⲁⲥⲓⲁ φαντασία

광경, 전시, 자유로운 연출 ϭⲓⲛⲟⲩⲱⲛϩ̄ ⲉⲃⲟⲗ

광내다, 처방하다 ⲥⲁϩⲥ̄, ⲥⲉϩⲥ̄-

광선 ⲁⲕⲧⲓⲛ ἀκτίς

광신자 ⲣⲉϥⲕⲱϩ

광장 ⲁⲅⲟⲣⲁ ἀγορά

광주리 ⲃⲉⲉⲣ (L), ⲥⲁⲗⲟ, ⲥⲁⲗⲱ, ⲥⲁⲣⲟ, ⲥⲁⲣⲅⲁⲛⲏ σαργάνη

꿰매다 ⲧⲱϫⲙⲉ, ⲧⲟ(ⲟ)ⲙⲉ† ⲉ-

괴로운 ϭⲱⲟⲩ, ϭⲟⲟⲩ⸗, ϭⲏ(ⲟ)ⲩ†

괴로워하는 ⲗⲩⲡⲉⲓ, ⲙ̄ⲕⲁϩ, ϩⲁϫϩϫ, ϩⲉϫϩⲁϫⲧ†

괴롭히다, 방해하다, 힘들게 하다 ⲙⲟⲩⲕϩ̄, † ϩⲓⲥⲉ, ⲟⲩⲉϩ ϩⲓⲥⲉ

괴롭히다, 탄압하다 ϩⲱϣ, ϩⲁϣ, ϩⲉϣ-, ϩⲟϣ, ϩⲱϣ⸗, ϩⲁϣ⸗, ϩⲏϣ†

괴롭히다, 학대하다 ⲑⲙ̄ⲕⲟ, ⲧϩⲙ̄ⲕⲟ, ⲑⲙ̄ⲕⲉ-, ⲑⲙ̄ⲕⲟ⸗, ⲑⲙ̄ⲕⲏⲩ†

꾀 ⲕⲣⲁϥ (L)

교리 ⲕⲁⲑⲏⲕⲏⲥⲓⲥ

교리문답 ⲕⲁⲑⲏⲕⲏⲥⲓⲥ

교리 문답 생도 ⲕⲁⲑⲏⲕⲟⲩⲙⲉⲛⲟⲥ

교리문답을 배우는 초신자 ⲕⲁⲧⲏⲭⲟⲩⲙⲉⲛⲟⲥ κατηχούμενος

교미하다 ⲥⲟⲉⲓϣ, ⲥⲟⲉⲓϩ

교수, 교사, 박사, 스승 ⲥⲁϩ, ⲣⲉϥ†ⲥⲃⲱ

교육 ⲡⲁⲓⲇⲉⲩⲥⲓⲥ παίδευσις

교육, 교리, 교리문답 ⲕⲁⲑⲏⲕⲏⲥⲓⲥ, ⲥⲃⲱ *f.*, *pl.* ⲥⲃⲟⲟⲩⲉ, ⲥⲃⲱⲟⲩⲉ, ⲥⲃⲁⲩⲉ, ⲧⲥⲁⲃⲟ

교육을 받은 ⲁⲥⲧⲉⲓⲟⲥ

교의 ⲇⲟⲅⲙⲁ δόγμα

교제, 교통 ⲥⲩⲛⲟⲩⲥⲓⲁ συνουσία, ⲥⲩⲛⲏⲑⲉⲓⲁ συνήθεια

교호 ϣⲃ(ⲉ)ⲓⲱ, ϣⲃ̄ⲃⲓⲱ *f.*

교환, 교호 ϣⲃ(ⲉ)ⲓⲱ, ϣⲃ̄ⲃⲓⲱ *f.*, ϣⲃ̄ⲓ̈ⲱ *f.*, *pl.* ϣⲃ̄ⲓ̈ⲁⲩⲉ

교활한 사람 ⲣⲙ̄ⲛ̄ⲕⲣⲁϥ

교황 ⲁⲣⲭⲓⲉⲣⲉⲩⲥ

교회 사역, 관리, 섭리 ⲉⲡⲓⲥⲕⲟⲡⲏ

교회, 믿음의 공동체 ⲉⲕⲕⲗⲏⲥⲓⲁ ἐκκλησία

교훈 ϩⲟⲙⲓⲗⲓⲁ, ϩⲟⲙⲏⲗⲓⲁ ὁμιλία

구걸하다, 애걸하다 ϣⲓⲧⲉ, ϣⲱⲧ, ϣⲱⲧ-, ϣⲁⲁⲧ-, ϣⲉⲧ-, ϣⲓⲧ-, ϣⲁ(ⲁ)ⲧ⸗, ϣⲓⲧ⸗, ϣⲉⲧ⸗, ⲣ̄ϩⲏⲕⲉ

구구거리다 ⲕⲟⲩⲕⲟⲩ

구덩이 ⲗⲁⲛⲟⲩⲧ (L), ϩⲓⲉⲓⲧ, ϩⲓⲧ *m.*

구도, 설계 ⲥⲕⲉⲯⲓⲥ σκέψις

구두 수선공 ⲕⲁⲥⲉ, ⲕⲉⲥⲉ, ⲕⲏⲥⲉ

구르다, 말다 ⲥⲕⲁⲣⲕⲣ̄ (L), ⲥⲕⲣ̄ⲕⲱⲣ⸗, ⲥⲕⲣ̄ⲕⲣ̄†, ⲥⲕⲣ̄ⲕⲁⲣⲧ†

구름, 안개 ⲕⲗⲟⲟⲗⲉ, ⲕⲗⲟⲟⲛⲉ, ⲥⲁⲗⲙⲉ (L), ϭⲏⲡⲉ *f.*

구릉 ⲧⲁⲗ, ⲧⲟⲗ *m.*

구리, 동전, 가격 ϩⲟⲙⲛ̄ⲧ, ϩⲟⲙ(ⲉ)ⲧ *m.*

구리의 일종 ϩⲟⲙⲛ̄ⲧⲛ̄ⲃⲁⲣⲱⲧ

구매자 ⲡⲣⲁⲅⲙⲁⲧⲉⲩⲧⲏⲥ πραγματευτής

구매하다 ϣⲱⲡ ϩⲁϩⲟⲙⲛ̄ⲧ

구멍, 간격 ⲟⲩⲁⲧⲃⲉⲥ *f.*, ϭⲁⲧϩⲉ, ϣⲕⲟⲗ *m.*, ⲧⲁⲡⲣⲟ *f.*

구멍, 문 ⲣⲟ, ⲣⲉ-, ⲣⲱ⸗ *m.*, *pl.* ⲣⲱⲟⲩ

구멍을 내다, 직시하다, 가로지르다, 상처를 입히다 ϫⲱⲧⲉ, ϫⲉⲧ-, ϫⲁⲧ-, ϫⲱⲧ-, ϫⲟⲧ⸗, ϫⲁⲧ⸗

구멍을 뚫다 ϭⲱⲧϩ̄, ϫⲱⲧϩ̄, ⲕⲱⲧϩ̄, ϭⲟⲧϩ⸗, ϭⲟⲧϩ̄†, ϣⲱⲕ, ϣⲉⲕ-, ϣⲏⲕ†

구멍을 파다 ϣⲓⲕⲉ, ϣⲉⲕⲧ-, ϣⲁⲕⲧ⸗, ϣⲓⲕⲧ⸗, ϣⲉⲕⲧ⸗, ϣⲟⲕⲉ†

구멍이 난, 깊은 ⲉⲧϣⲏⲕ

구박하다 ⲡⲱⲗϩ̄

구별, 차별 ⲇⲓⲁⲫⲟⲣⲁ διάφορα

구분, 판단 ⲇⲓⲁⲕⲣⲓⲥⲓⲥ διάκρισις

구분된 ⲉⲡⲓⲥⲏⲙⲟⲥ ἐπίσημος

구분하다 ⲇⲓⲁⲕⲣⲓⲛⲉ διακρίνειν

구석 ⲁⲗⲟⲕ, ⲕⲟⲟϩ, ⲗⲁⲕϩ̄

구성하다, 만들어 내다 ⲧⲟⲃⲧⲃ̄, ⲧⲃ̄ⲧ(ⲉ)ⲃ-, ⲧⲃ̄ⲧⲱⲃ⸗

구세주 ⲣⲉϥⲛⲟⲩϩⲙⲉ, ⲣⲉϥⲥⲱⲧⲉ, ⲥⲱⲧⲏⲣ, ⲥ̄ⲏ̄ⲣ̄, ⲥ̄ⲱ̄ⲣ̄ σωτήρ

구속 ⲙ̄ⲧⲁⲧ

구속자 ⲣⲉϥⲛⲟⲩϩⲙⲉ, ⲣⲉϥ†ⲟⲩⲱ, ⲣⲉϥⲧⲱⲧⲉ

구슬, 구형 ⲉⲓⲉⲡ ⲥⲟⲟⲩϩⲉ

구실, 핑계 ⲗⲟⲓϭⲉ

구역, 이웃 ⲣⲉⲟⲩⲏ (L), ϩⲓⲣ *m.*

구운 벽돌 ⲧⲱⲱⲃⲉ ⲛ̄ⲱⲙⲉ

구원 ϭⲓⲛⲛⲟⲩϩⲙⲉ, ⲟⲩϫⲁⲓ, ⲟⲩⲟϫ†, ⲟⲩϫⲉⲓ̈

구원자 ⲣⲉϥⲧⲟⲩϫⲟ

구원하다 ⲛⲟⲩϩⲙⲉ (L), ⲛⲟⲩϩⲙⲉ-, ⲛⲁϩⲙⲉ⸗

구유, 먹이통 ⲟⲩⲁⲛⲉϥ (L) *m.*, ⲟⲩⲟⲙϥ̄, ⲟⲩⲁⲙⲁϩⲃ̄ *m.*

구입하다 ⲧⲟⲟⲩ, ⲧⲉⲩ-, ⲧⲟⲩⲉ-, ⲧⲟⲟⲩ⸗

구전 종교 문서나 그 내용 ⲁⲡⲟⲥⲉⲑⲏⲧⲟⲥ, ⲁⲡⲟⲥⲉⲑⲏⲧⲏⲥ

구제, 자선 ⲙⲛ̄ⲧⲛⲁ, ϭⲓⲛⲛⲟⲩϩⲙⲉ, ⲃⲟⲏⲑⲉⲓⲁ βοήθεια

구제된 ⲟⲩϫⲉⲓ̈, ⲟⲩⲁϫ†

구제불능의 ⲁⲧⲟⲩϫⲁⲓ

구제자, 조력자, 보호인 ⲃⲟⲏⲑⲟⲥ βοηθός

구제하다, 돕다 ⲃⲟⲏⲑⲉⲓ βοηθεῖν

구조물 ⲡⲗⲁⲥⲙⲁ πλάσμα

구출하다 ⲥⲱⲧⲉ, ⲥⲉⲧ-, ⲥⲟⲧ-, ⲥⲱⲧ-, ⲥⲟ(ⲟ)ⲧ⸗, ⲥⲁ(ⲁ)ⲧ⸗

구토 ⲃⲉⲕⲉ

구하다, 몸값을 지불하다, 구출하다 ⲥⲱⲧⲉ, ⲥⲉⲧ-, ⲥⲟⲧ-, ⲥⲱⲧ-, ⲥⲟ(ⲟ)ⲧ⸗, ⲥⲁ(ⲁ)ⲧ⸗

구하다, 위험에서 구출하다 ⲛⲟⲩϩⲙ̄, ⲛⲉϩⲙ̄-, ⲛⲁϩⲙ̄-, ⲛⲁϩⲙ⸗, ⲛⲁϩⲙ̄†

꾸미다 ⲧⲁⲃⲧⲃ̄ (L), ⲧⲃ̄ⲧⲁⲃⲧ̄†, ⲧⲥ(ⲁ)ⲛⲟ, ⲧⲥⲁⲛⲉ-, (ⲧ)ⲥⲉⲛⲟ⸗, ⲧⲥⲁⲛⲏⲩ(ⲧ)†

꾸미다, 장식하다 ⲕⲟⲥⲙⲉ, ⲕⲟⲥⲙⲏ κοσμεῖν

꾸준하게 ⲁϫⲛ̄ⲱϫⲛ̄, ϣⲁⲁⲣⲟ⸗, ϣⲁⲣⲁ⸗, ϣⲁⲣⲱ⸗

꾸짖다 ϭⲛ̄ ⲁⲣⲓⲕⲉ

국경 ⲧⲱϣ, ⲧⲟϣ, ⲧⲣϣ- *m.*, *pl.* ⲧⲟⲟϣ

국경선 ϩⲣⲱϫⲉ *pl.*, ⲥⲧⲉⲧⲁϣ (L) *f.*

군단 ⲥⲡⲉⲓⲣⲁ σπεῖρα

군대, 변경, 무리 ⲫⲟⲥⲥⲁⲧⲟⲛ φοσσᾶτον *m.*, ⲙⲛ̄ⲧⲙⲁⲧⲟⲓ, ⲙⲁⲧⲉϭⲧⲉ

군인, 전사, 영웅 ⲗⲉⲙⲏⲏϣⲉ, ⲗⲉⲙⲏϣⲉ, ⲙⲁⲧⲁⲓ̈, ⲙⲁⲧⲟⲓ, ⲣⲉϥⲙⲓϣⲉ, ⲣⲉϥⲡⲱϣⲛ̄

군인이 되다 ⲣ̄ ⲙⲁⲧⲟⲓ

군장 ⲉⲡⲁⲣⲭⲟⲥ ἔπαρχος

군중, 다수의 ⲙⲏϣⲉ, ⲙⲏⲏϣⲉ

굳건한, 건장한 ⲉⲧϫⲟⲟⲣ, ⲉⲧⲁϩⲉⲣⲁⲧ⸗

굳게 하다, 멍울이 생기다 ⲗⲱ(ⲱ)ⲧⲉ

굳다, 단단해지다 ⲛⲟⲩϣⲧ̄

굳세게 버티다 ⲁϩⲉ (ⲉ)ⲣⲁⲧ⸗

굳세게 하는 이 ⲣⲉϥϯⲛⲁϣⲧⲉ

굳어지다 ⲛ̄ϣⲁⲧ (L), ⲛⲁϣⲧ-, ⲛⲁϣⲧ̄†, ⲥⲓϭⲉ

굳어지다, 고정하다, 메말라지다 ⲧⲱⲥ, ⲧⲉⲥ-, ⲧⲟⲥ⸗, ⲧⲏⲥ†, ⲧⲉⲥ† *p.c.* ⲧⲁⲥ-

굳어지다, 마비되다 ⲥⲱϭ, ⲥⲉϭ-, ⲥⲟϭ⸗, ⲱϭⲣ̄, ⲱϭⲉⲣ, ⲟϭⲣ⸗, ⲟϭⲣ̄†

굳은, 거친 ⲉⲧⲛⲁⲥⲧ̄, ϫⲁⲃⲁⲁⲧ†

굴대, 차축 ⲥⲟⲙϩ̄ *m.*

굴리다 ⲥⲃⲗ̄ⲧⲉ, ⲥⲗ̄ⲃⲧⲉ

굴리다, 움직이게 하다 ⲥⲕⲟⲣⲕⲣ̄, ⲥⲕⲣ̄ⲕⲣ̄-, ⲥⲕⲣ̄ⲕⲱⲣ⸗, ⲥⲕⲉⲣⲕⲱⲣ†, ⲥⲕⲉⲣⲕⲟⲣⲧ †

굴복하여 ϩⲁ(ⲧⲉϥ) ⲉⲝⲟⲩⲥⲓⲁ

굴욕감을 주다, 창피해지다 ⲥⲱϣ, ϣⲱⲥ, ⲥⲉϣ-, ⲥⲟϣ⸗, ⲥⲏϣ†

굴을 파다, 땅을 파다 ϣⲟϥϣϥ̄, ϣⲁϥϣϥ

굴혈 ⲃⲏⲃ

꿀 ⲃ̄ⲓⲱ (L), ⲉⲃⲓⲱ *m.*, ⲉⲃⲓⲉ-

꿀 장수 ⲉⲃⲓⲧ, *pl.* ⲉⲃⲉⲓⲉⲧⲓ

꿀벌 ⲁϥ ⲛ̄ⲉⲃⲓⲱ

굵어지다 ϩⲧⲁⲓ

굵은, 두꺼운, 살찐 ⲉⲧϩⲧⲁⲓ

꿈 ⲣⲁⲥⲟⲩ, ⲣⲉⲥⲟⲩⲉ *f.*

꿈꾸다 ⲡⲱⲱⲣⲉ, ⲡⲉⲣⲉ-, ⲡⲟⲟⲣ⸗, ⲡⲱⲱⲣⲉ ⲛ̄ϩⲉⲛⲣⲁⲥⲟⲩ

굽다 ϭⲱϭ, ϭⲉϭ-, ϭⲉϫ-, ϭⲟϭ⸗, ϭⲁϭ⸗, ϭⲉϭ⸗, ⲕⲟϫ⸗, ϫⲟϫ⸗, ϭⲏϭ†, ϭⲏϫ†

굽다, 돌리다 ⲣⲓⲕⲉ, ⲣⲉⲕ(ⲧ)-, ⲣⲁⲕⲧ-, ⲣⲉⲕⲧ⸗, ⲣⲟⲕⲉ†, ⲣⲁⲕ(ⲧ)ⲉ†, ⲥⲱⲧⲣ̄, ⲥⲟⲧⲣ̄†

굽은, 뒤틀린 ⲱⲗⲕ̄, (ⲉ)ⲗⲕ̄-, ⲟⲗⲕ⸗, ⲁⲗⲕ⸗, ⲟⲗⲕ̄†

굽은, 정도에서 벗어난 ϭⲱⲟⲩϭ, ϭⲟⲟⲩϭ†, ϭⲁⲩϭ†

굽히다 ϭⲱⲧⲥ̄, ϭⲁⲧⲥ̄†

궁전 ⲡⲁⲗⲁⲧⲓ̈ⲟⲛ παλάτιον

궁핍, 고통 ⲧⲁⲗⲁⲓⲡⲱⲣⲓⲁ ταλαιπωρία

궁형의, 아치형의 ϩⲁⲯⲓⲥ ἁψίς

권고, 장려, 훈계 ⲡⲣⲟⲧⲣⲟⲡⲏ προτροπή, ⲥⲁ-

ㄱ ㄴ ㄷ ㄹ ㅁ ㅂ ㅅ ㅇ ㅈ ㅊ ㅋ ㅌ ㅍ ㅎ

ϫⲛⲉ

권능, 기적 ϭⲟⲙ

권력, 권위 ⲉⲝⲟⲩⲥⲓⲁ ἐξουσία, ⲁⲩⲑⲉⲛⲧⲓⲁ, ⲇⲩⲛⲁⲙⲓⲥ, ⲙⲛ̄ⲧϫⲓⲛϫⲛⲁϩ

권력자, 왕자 ⲣⲙ̄ⲛ̄ϭⲟⲙ, ⲁⲛϭⲁⲙ, ⲉⲝⲟⲩⲥⲓⲁⲥⲧⲏⲥ ἐξουσιαστής

권위, 권력 ⲁⲩⲑⲉⲛⲧⲓⲁ, ⲉⲝⲟⲩⲥⲓⲁ ἐξουσία

권유하다 ⲥⲁϫⲛⲉ, ⲁⲝⲓⲟⲩ

꿩, 자구 ⲕⲁⲡⲁⲓ

궤양 ⲙⲉϫⲡⲱϫⲱⲛⲉ, ⲙⲉϣⲡⲱⲛⲉ

귀 ⲙⲁⲁϫⲉ, ⲙⲉϣⲧⲉ (L), ⲙⲉϫⲉ

귀걸이 ϭⲁϫⲉ *m.*

귀고리 ⲕⲁϣⲁⲃⲉⲗ, ⲗⲉⲟⲛ

귀를 기울이다 ⲥⲱⲧⲙ̄, ⲥⲱⲧⲙⲉ, ⲥⲉⲧⲙ̄-, ⲥⲁⲧⲙ⸗, ⲥⲁⲧⲙⲉ⸗, ⲥⲟⲧⲙ⸗

귀리 ϊⲱⲧ

귀부인 ⲙⲁⲧⲣⲱⲛⲁ ματρώνα

귀여워하다, 좋아하다 ⲙⲉ, ⲙⲉⲣⲉ-, ⲙⲉⲣⲓⲧ⸗, *p.c.* ⲙⲁⲓ-, ⲑⲁⲗⲡⲉⲓ

귀인들, 위인들 ⲛ̄ⲛⲟϭ

귀족 ⲉⲩⲅⲉⲛⲏⲥ εὐγενής, ⲅⲉⲛⲛⲁⲓⲟⲥ

귀찮게 하는 사람 ϩⲁⲧⲗⲟⲟⲩⲓ

귀찮은, 성가신 ⲗⲟϭ

규격 ⲁⲓⲏⲥ

그 다음 날 ⲙ̄ⲡⲉϥⲣⲁⲥⲧⲉ

그 사람, 그러나, 차라리 ⲛ̄ⲧⲟϥ, ⲛ̄ⲧϥ̄-

그 스스로, 그와 동일하게 ⲛ̄ⲧⲟϥ ⲛ̄ⲧⲟϥ

그 이유로 ⲉⲧⲃⲉ ⲡⲁϊ

그 이후에 ⲙ̄ⲛ̄ⲛ̄ⲥⲁ ⲛⲁⲓ, ⲙ̄ⲛ̄ⲛ̄ⲥⲱⲥ

그가 말하다 ϩⲁϥ

그곳에 ⲉⲙⲁⲩ

그녀의, 그녀에게 ⲡⲟⲩ-, ⲡⲉⲥ-

그는 걸었다 ⲛⲉϥⲙⲟⲟϣⲉ ⲡⲉ

그는 어떤 종류인가 ⲟⲩⲁϣ ⲛ̄ϩⲉ ⲡⲉ

그들 ⲛ̄ⲧⲟⲟⲩ *pl.*

그들 스스로 ⲛ̄ⲧⲟⲟⲩ ⲛ̄ⲧⲟⲟⲩ

그들의 ⲡⲉⲩ-

그들이 말하다 ϩⲁⲩ

그래, 물론 ⲁϩⲏ (L)

그래서 ⲇⲉ, ⲛ̄ⲇⲉ δέ, ⲉⲧⲃⲉⲡⲁⲓϭⲉ, ⲅⲁⲣ, ⲛ̄ⲅⲁⲣ γάρ

그래서, 그러므로, 하도록, 왜냐하면, 다시 말해, 하기 위해서 ϫⲉ

그래서, 그러한 이유로 ⲧⲁϊ ⲧⲉ ⲑⲉ

그래서, 그런데, 반면에 ϭⲉ, ⲛ̄ϭⲉ, ϫⲉ

그래서, 그렇기 때문에, 그처럼 ϩⲱⲥⲧⲉ ὥστε

그래서, 반면에 ⲛ̄ⲧⲟⲟⲩⲛ, ⲛ̄ⲧⲱⲟⲩⲛ

그러기에 ⲟⲩⲛ οὖν

그러나 ⲛ̄ⲧⲟϥ, ⲛ̄ⲧϥ̄-, ⲛ̄ⲧⲟⲥ *f.*, ⲁⲗⲗⲁ ἀλλά

그러나, 실은, 달리, 게다가, 다시, 아직 ⲣⲱ

그러면 ⲧⲟⲧⲉ τότε, ϫⲉ

그러므로, 그러기에 ⲟⲩⲛ οὖν

그러므로, 왜냐하면, 또는 ⲙ̄ⲙⲁⲛ (L)

그러하기에 ⲙ̄ⲙⲟⲛ

그러한 ⲁⲩⲧⲟⲩ αὐτοῦ

그러한 이유로, 그래서 ⲉⲧⲃⲉⲡⲁⲓϭⲉ, ⲧⲁϊ ⲧⲉ ⲑⲉ

그런가 ? ⲏ

그런데 ϭⲉ, ⲛ̄ϭⲉ, ϫⲉ, ⲇⲉ, ⲛ̄ⲇⲉ δέ

그럴 리가 ϫⲛ̄-, ϫⲉ(ⲛ)-, ϫⲓⲛ-, ϫⲛ̄ ⲙ̄ⲙⲟⲛ, ϫⲛ̄ ⲙ̄ⲡⲱⲣ

그럴듯한, 드러나다 ⲇⲟⲕⲉⲓ (ⲛⲁ⸗)

그럴지라도 ⲉⲓ ⲅⲟⲩⲛ εἰ γοῦν

그렇게 될지어다, 아멘 ⲙⲁⲣⲉⲥϣⲱⲡⲉ.

그렇기 때문에 ϩⲱⲥⲧⲉ ὥστε

그렇다, 정말로, 확실히 ϩⲁⲓⲟ, (ϩ)ⲁⲓⲱ, ⲁ(ⲉ)ⲓⲟ, ⲟⲩⲟ(ⲉ)ⲓ

그렇다, 확실하다, 좋다 ⲉϩⲉ, ⲁϩⲁ, (ⲁ)ϩⲉ, ⲛⲁⲓ ναί, ⲥⲉ, ϣⲟ, ϩⲁⲉⲓ

그렇다면, 그래서, 혹시 ⲉⲓ(ⲉ), ϩⲓⲉ

그렇지 않다 ⲙ̄ⲙⲟⲛ, ⲙⲟⲛ

그렇지만, 아직 ϩⲟⲙⲱⲥ ὅμως

그릇, 기명 ⲥⲕⲉⲩⲟⲥ σκεῦος, ϫⲁⲡ *m.*, ⲙⲟⲥⲛⲉ, ⲙⲟⲥⲛ̄

그릇, 꽃병 ⲁⲅⲅⲓⲟⲛ ἀγγεῖον

그릇, 물잔 ⲗⲟⲕ, ⲗⲁⲕ, ⲗⲟϭ

그릇, 향로 ϫⲏ *f.*

그릇의 일종 ⲃⲣ̄ⲃⲉ, ϩⲁⲧⲙⲉ, ϩⲟⲧⲥ̄, ϩⲁⲧⲥ̄ *f.*, ⲣⲁⲁⲣ *f.*

그릇이나 음식물 계수 단위 ϩⲏⲗⲉ

그리고, 또한 ⲁⲩⲱ, ϩⲓ-, ϩⲉ-, ϩⲓⲱⲱ⸗, ϩⲓⲱ⸗, ⲕⲁⲓ καί, ⲙⲛ̄-, ⲛⲙ̄, ⲛⲙ̄ⲙⲁ⸗, ⲛⲙ̄ⲙⲉ⸗

그리고 않은, 또한 아닌 ⲟⲩⲇⲉ οὐδέ

그리기 ϩⲓⲕⲟⲛⲟⲅⲣⲁⲫⲓⲁ εἰκονογραφία

그리다 ⲥϩⲉï, ⲥⲁϩ-, ⲥϩⲉï-, ⲥⲁϩ⸗, ⲥⲏϩ†

그리스 정교의 수도원장 ⲁⲣⲭⲓⲙⲁⲛⲇⲣⲓⲧⲏⲥ

그리스도 ⲕ̅ⲣ̅ⲥ̅, ⲭⲣⲓⲥⲧⲟⲥ, ⲭ̅ⲣ̅ⲥ̅, ⲭ̅ⲥ̅

그림을 그리다 ⲥϩⲁⲓ, ⲥϩⲁⲓ-, ⲥⲉϩ-, ⲥϩⲁⲓⲥ⸗, ⲥϩⲁⲓⲧ⸗, ⲥⲁϩ⸗, ⲥϩⲁⲓ⸗, ⲥⲁϩⲧ⸗, ⲥⲉϩⲧ⸗, ⲥⲏϩ†, ⲍⲱⲅⲣⲁⲫⲉⲓⲁ ζωγραφία

그림자 ϩⲁïⲃⲉ(ⲥ), ϩⲁⲉⲓⲃⲉⲥ, ϩⲟⲓⲃⲉⲥ *f.*

그림자를 드리우다, 숨기다 ⲣ̄ ϩⲁⲓⲃⲉⲥ

그만두다, 주춤하다,무시하다 ⲥⲓⲭⲁⲛⲉ σιχαίνεσθαι

그물 ⲁⲃⲱ *f.*, *pl.* ⲁⲃⲟⲟⲩⲉ, ⲁⲧⲉ, ϣⲛⲉ, ϣⲛⲏ *m.*, *pl.* ϣⲛⲏⲩ, ϣⲛⲉⲩⲉ

그물 치는 사람 ϩⲁⲩϣⲛⲉ

그물의 일종 ϩⲁⲗⲓⲃ

그와 같이 ⲧⲁï ⲧⲉ ⲑⲉ

그와 동일하게 ⲛ̄ⲧⲟϥ ⲛ̄ⲧⲟϥ

그을음, 재 ⲙⲉϫⲏⲗ

그의 ⲡⲉϥ-

그의 부친 ⲡⲉⲓⲱⲧ ⲛ̄ⲧⲁϥ

그처럼, 대략 ϩⲱⲥ ὡς, ϩⲓ ⲛⲁï, ϩⲱⲥⲧⲉ ὥστε

그치게 하다, 고갈시키다, 죽이다 ⲙⲟⲩⲛⲕ, ⲙⲟⲩⲕ, ⲙⲟⲩⲛ̄ⲅ, ⲙⲁⲛⲕ⸗

그치다, 꺼지다 ϫⲉⲛⲁ, ϫⲛⲉ, ϫⲛⲉ-, ϫⲉⲛⲁ⸗, ϫⲉⲛⲉ, ⲟⲩⲱ, ⲟⲩⲁϣⲣⲉ, ϩⲣ̄ⲣⲉ, ⲕⲱⲛ (L)

그치다, 병이 낫다 ⲗⲟ

그치다, 부족하다, 늦어지다 ϫⲱⲧϩ̄, ϫⲟϩⲧ̄†, ϫⲟⲧϩ̄†

극도로 노한 ⲕⲱϩ, ⲕⲏϩ†

극도로 조심하는, 엄격한, 용을 쓰는 ⲧⲱⲣϩ̄, (ⲧⲱϩⲣ̄), ⲧⲱⲣϩ̄⸗, ⲧⲟⲣϩ†, ⲧⲁⲣϩ†

극도로 조심하다 ⲣⲓⲕⲉ ⲉⲃⲟⲗ

극약 ⲙⲁⲧⲟⲩ, ⲙⲁⲧ(ⲟⲩ)ⲉ

극점, 바닥 ⲗⲉϫϩ̄ (L)

극지, 한계점 ⲁⲣⲏϫ⸗

근래에 ⲛⲓϩⲟⲟⲩⲉ

근심, 걱정 ⲗⲉϩ, ⲗⲏϩ (L), ϫⲟⲗⲙ(ⲉ)ⲥ, ϫⲟⲣⲙⲉⲥ

근원, 태생, 친근관계 ϭⲓⲛⲙⲓⲥⲉ, ϭⲓⲛϫⲡⲟ, ⲙⲟⲩⲙⲉ

근자에, 근래에 ⲛⲓϩⲟⲟⲩⲉ

끈, 밧줄, 사슬 ϣⲗⲟⲡ *m.*, ⲙⲟⲩⲥ, ⲁⲃⲏ (L)

끈기, 인내 ⲙⲛ̄ⲧϫⲁⲙⲏⲧ *f.*

끊임없이, 꾸준하게 ⲁϫⲛ̄ⲱϫⲛ̄, ϣⲁⲁⲣⲟ⸗, ϣⲁⲣⲁ⸗, ϣⲁⲣⲱ⸗

글을 쓰다, 그림을 그리다, 새기다, 글자 ⲥϩⲁⲓ, ⲥϩⲁⲓ-, ⲥⲉϩ-, ⲥϩⲁⲓⲥ⸗, ⲥϩⲁⲓⲧ⸗, ⲥⲁϩ⸗, ⲥϩⲁⲓ⸗, ⲥⲁϩⲧ⸗, ⲥⲉϩⲧ⸗, ⲥⲏϩ†

끌다, 긁어모으다 ⲥⲁⲕⲥⲕ̄ (L), ⲥⲱϩⲙ̄

끌어당기다 ⲱⲧϩ̄, ⲁⲧϩ̄†

끌어들이다 ⲙⲟⲩϫϭ̄, ⲙⲟⲩϫⲕ̄, ⲙⲟⲩϫⲧ̄, ⲙⲉϫⲧ̄-, ⲙⲟϫϭ⸗, ⲙⲟϫϭ†, ⲙⲁϫⲧ†

끌어들이다 ⲛⲟⲩϫⲉ ⲉϩⲟⲩⲛ, ⲧⲱⲛϩ̄, ⲧⲟⲛϩ⸗, ⲧⲁⲛϩ⸗, ⲧⲟⲛϩ̄†, ⲧⲁⲛϩ†

끌어들이다, 뽑다 ⲥⲱⲕ, ⲥ(ⲉ)ⲕ-, ⲥⲁⲕ-, ⲥⲱⲕ-, ⲥⲁⲕ⸗, ⲥⲟⲕ⸗, ⲥⲏⲕ† *p.c.* ⲥⲁⲕ-

끌어모으다 ⲥⲟⲕⲥⲉⲕ, ⲥⲉⲕⲥⲉⲕ-, ⲥⲉⲕⲥⲟⲕ⸗

끌어모으다, 줍다 ϭⲱⲗ, ϭ(ⲉ)ⲗ-, ϭⲱⲗ-, ϭⲟ(ⲟ)ⲗ⸗, ⲕⲟⲗ⸗, ⲕⲉⲗ† *p.c.* ϭⲁⲗ-

끌어안다 ⲣ̄ϩⲁⲙⲏⲣ, ⲱⲗⲙ̄, ⲟⲗⲙ⸗, ⲟⲗⲙ̄†

끌어올리다, 옮기다 ⲡⲱⲛⲕ̄, ⲡⲱⲛⲅ̄, ⲡⲱⲛϭ̄, ⲡⲉⲛⲕ-, ⲡⲟⲛⲕ⸗, ⲡⲁⲛⲕ⸗

긁다, 가렵다 ϩⲱϩ, ϩⲟϩ⸗

긁다, 지우다, 청소하다 ϩⲱⲕⲉ, ϩⲱⲱⲕⲉ, ϩⲱⲕ-

긁다, 할퀴다 ϭⲱⲛϭ̄, ϭⲱϭ, ϭⲱⲛϭⲛ̄, ϭ(ⲉ)ⲛϭ-

긁어모으다 ⲥⲁⲕⲥⲕ̄ (L)

끓다 ⲥⲃ̄ϣⲉ, ⲥϣⲃⲉ, ϣⲃ̄ϣⲉ†

금 ⲛⲟⲩⲃ, ⲛⲟϥ *m.*

금세공 ⲛ̄ⲉⲓⲉⲡⲛⲟⲩⲃ

금식 ⲛⲏⲥⲧⲓⲁ νηστεία

금식의 ⲁⲧⲟⲩⲱⲙ

금식하다 ⲛⲏⲥⲧⲉⲩⲉ νηστεύειν, ⲛ̄ⲟⲩⲉⲥ ⲛ̄ⲟⲩⲱⲙ

금욕의 ⲉⲅⲕⲣⲁⲧⲉⲓⲁ ἐγκράτεια

금욕자 ⲁⲥⲕⲏⲧⲏⲥ, ⲉⲅⲕⲣⲁⲧⲏⲥ ἐγκρατής

금은세공사 ϩⲁⲙⲛⲟⲩⲃ, ϩⲁⲩⲛⲟⲩⲃ, ϩⲟⲩⲛⲟⲩⲃ

금하다 ⲱⲙϫ̄, ⲉⲙϫ̄-, ⲟⲙϫ⸗

급료 ⲁⲣⲏⲃ, (ⲉ)ⲣⲏⲃ, ϭⲓⲛϩⲱⲧⲉⲣ, ⲧⲓⲙⲏ τιμή

급수지, 물관 ⲙⲁ ⲛ̄ϫⲓ ⲙⲟⲟⲩ

급여를 정하다, 가격을 결정하다, 대여하다 ⲡⲱⲗϭ ... ϩⲏⲙⲉ

급한, 조바심내는 ϭⲁⲡϭⲉⲡ, ϭⲉⲡϭⲡ̄

급히 ⲛ̄ϭⲗⲁⲙ

끝, 극점 ϩⲁⲉ, ϩⲁ(ⲉ)ⲓⲏ, ϩⲁⲓ̈ⲉ *m., f.* ϩⲁⲏ, ϩⲁⲉ *pl.* ϩⲁ(ⲉ)ⲉⲩ, ϩⲁⲉⲟⲩ

끝까지, 영원토록 ϣⲁⲃⲁⲗ, ϣⲁⲃⲟⲗ, ϣⲁⲡⲧⲏⲣϥ̄

끝까지, 완전히, 모두 ⲉⲡⲧⲏⲣϥ̄, ⲉⲃⲟⲗ

끝내다,말이, 종말 ⲣⲁϭⲱⲗ *m.*, ⲟⲩⲱ, ϯ ⲟⲩⲱ

끝마치다, 닫히다, 둘러싸이다 ϫⲟⲗϫⲗ̄, ϫ(ⲉ)ⲗϫⲗ̄-, ϫⲗ̄ϫⲱⲗ⸗, ϫⲗ̄ϫⲱⲗ†

끝마치다, 완벽을 기하다, 종료, 완성, 거두어 들이다, 추수하다 ϫⲱⲗⲉ (L), ϫⲁⲗ⸗, ϫⲁⲗⲉ⸗

끝부분 ⲗⲁⲕϩ̄

끝에 다다르다, 모자라다 ⲣ̄ ϩⲁⲉ

끝지점, 접합 부분 ⲧⲣⲁ, ϭⲣⲁ *f.*, ⲧⲟⲡ

기관, 기구 ⲟⲣⲅⲁⲛⲟⲛ ὄργανον

기근 ϩ(ⲉ)ⲃⲱϫⲱⲛ

기꺼워하는, 납득하는 ⲧⲱⲧⲛ̄ϩⲏⲧ

기꺼이, 즐거이 ⲱⲕ, ⲉϩⲛⲁϥ, ϩⲛ̄ⲟⲩⲟⲩⲣⲟⲧ

기다리다 ϩⲉⲗⲏϭ (L), ⲥⲱⲙⲧ̄, ⲥⲱⲙⲛ̄ⲧ, ⲥⲟⲙ(ⲛ)ⲧ⸗, ⲥⲟⲙ(ⲛ)ⲧ†, ⲥⲁⲙⲧ̄†

기다림, 여가, 지체 ⲁⲛⲟⲭⲏ

기도, 간구 ⲉⲩⲭⲏ, ⲇⲉⲏⲥⲓⲥ δέησις

기도자 ⲗⲓⲧⲏ λιτή

기도하다 ϣⲗⲏⲗ, ϣⲗ̄ⲗ, ⲧⲱⲃϩ̄, ⲧ(ⲉ)ⲃϩ̄-, ⲧⲁⲃϩ-, ⲧⲟⲃϩ⸗, ⲧⲁⲃϩ⸗

기도하다, 간구하다, 요구하다 ⲥⲟⲡⲥⲡ̄, ⲥⲡ̄ⲥⲡ̄-, ⲥⲡ̄ⲥⲱⲡ-, ⲥ(ⲉ)ⲡⲥⲱⲡ⸗, ⲥⲉⲡⲥⲱⲡ†

기도하다, 기원하다 ⲥⲁⲗⲥⲗ̄ (L), ⲥⲁⲗⲥⲗ̄-, ⲥⲗ̄ⲥⲱⲗ⸗, ϣⲡ̄ⲱⲡ

기도하다, 약속 ⲉⲣⲏⲧ, (ⲣ̄)ⲣⲏⲧ, ⲥⲁⲡⲥ̄, ⲥⲁⲡⲥⲡ̄, ⲥⲟⲡⲥ̄, ⲥ(ⲉ)ⲡⲥ̄-

기독교인 ⲡⲣⲱⲙⲉ ⲛ̄ⲭⲣⲓⲥⲧⲓⲁⲛⲟⲥ

기둥 ⲥⲁⲓ̈, ⲥⲟⲓ *m. f.*, ϣⲧⲉ, ϣⲧⲏ *m.*, *pl.* ϣⲧⲏⲩ, ⲥⲧⲩⲗⲟⲥ στῦλος, ⲧⲁⲕ *m.*

기둥, 비석 ⲟⲩⲟⲉⲓⲧ *m.*

기러기 ⲱⲃⲧ̄ *f.*

기력이 쇠진하다, 숨이 막히다 ϫⲉⲗϩⲏⲥ, ϫⲱⲗϩⲥ̄, ϫⲟⲗϩ̄(ⲉ)ⲥ, ϫⲟⲗ(ⲉ)ⲥ, ϫⲱⲗϩ̄

기록, 성서 ⲅⲣⲁⲫⲏ γραφή *f.*, *pl.* ⲅⲣⲁⲫⲁⲩⲉ

기름 ⲛⲉϩ, ⲛ(ⲏ)ϩ *m.*, ⲛⲏϩ, ⲱⲧ, ⲟⲩⲱⲧ, ⲟⲉⲓⲧ *m.*

기름 그릇 ⲕⲁⲙⲧⲉ

기름 붓다 ⲗⲁⲗⲉ, ⲗⲟⲟⲗⲉ, ⲗⲁⲗⲱ-, ⲗⲁⲗⲱ(ⲱ)⸗, ⲗⲁⲗⲱ(ⲟⲩ), ⲗⲁⲗⲏⲩ†, ⲗⲟⲟⲗⲉ†

기름 붓다 ⲧⲱϩⲥ̄, ⲧⲉϩⲥ̄-, ⲧⲁϩⲥ̄-, ⲧⲁϩⲥ⸗, ⲧⲟϩⲥ̄⸗, ⲧⲁϩⲥ̄†

기름 붓다, 매끄럽게 하다 ϫⲱϩ, ϫⲉϩ-, ϫⲁϩ⸗, ϫⲏϩ†

기름 붓다, 몸에 기름을 바르다 ⲱⲥϭ̄, ⲱⲥⲕ̄, ⲱϭⲥ̄, ⲉⲥϭ̄-, ⲟⲥϭ̄-, ⲟⲩⲉϭⲥ̄-, ⲟⲥϭ⸗, ⲟⲩⲟⲥϭ⸗, ⲁϣϭ⸗, ⲟⲥϭ̄†

기름 붓다, 회칠하다 ⲥⲱⲗϭ̄, ⲥⲁⲗϭ-, ⲥⲟⲗϭ⸗, ⲥⲁⲗⲕ⸗ ⲥⲟⲗⲉϭ†

기름, 비계 ⲕⲛ̄ⲓ̈ⲉ (L)

기름제조업자, 기름장수 ⲥⲁⲛ̄ⲛⲉϩ, ⲥⲁ ⲛ̄ⲛⲉϩ

기름지게 하다 ⲛⲟⲩϩⲃ̄, ⲛⲁϩⲃ̄-, ⲛⲁϩⲃ⸗, ⲛⲟϩⲃ⸗, ⲛⲁϩⲃ̄†

기름진 ⲕⲛ̄ⲛⲉ, ⲕⲓⲱⲟⲩ†

기명 ⲥⲕⲉⲩⲟⲥ σκεῦος

기부금을 내다 ⲧⲟⲩⲓⲟ, ⲧⲟⲩⲉⲓⲟ, ⲧⲟⲩⲓ̈ⲟ-, ⲧⲟⲩⲓ̈ⲉ-, ⲧⲟⲩⲓⲟ⸗, ⲧⲟⲩⲓ̈ⲁ⸗

기부자, 싸우는 자 ⲣⲉϥϯ

기분 좋은 ϩⲗⲱϭϥ̄, ϩⲗⲟϭϥ̄

기뻐하다 ⲟⲩⲛⲁϥ, ⲣⲁϣⲉ, ⲣⲉϣⲉ, ϯ ⲟⲩⲛⲟϥ,

기뻐하다 ⲧⲉⲗⲏⲗ, ⲧⲗ̄ⲗ, ϫⲗ̄ϩⲥ̄, ϫⲉⲗⲗⲏⲥ, ⲧⲁⲗⲏⲗ (L),

기뻐하다, 신나다 ϫⲟⲩϫⲟⲩ, ϭⲟⲩϭⲟⲩ, ⲭⲁⲓⲣⲉ χαῖρε

기쁘게 하다 ⲁⲣⲉⲥⲕⲉ (ⲛⲁ⸗), ⲉⲛⲉ⸗, ϯⲣⲉϣⲉ

기쁜, 즐거운, 선한 ⲁⲛⲁⲓ̈, ⲁⲛⲓⲧ†, ⲉⲛⲉ⸗, ⲟⲩⲣⲁⲧ, ⲣⲁⲩⲧ†

기쁨, 즐거움 ⲉⲩⲫⲣⲟⲥⲩⲛⲏ, ⲁⲗⲏⲗ, ⲣⲉϣⲉ *nn.*, ⲧⲉⲣⲯⲓⲥ τέρψις

기쁨, 환영 ⲭⲁⲗⲁⲍⲁ χάλαζα

기쁨으로 환해지다 ⲣⲁϣⲣⲉϣ

기쁨을 자극하다 ϯⲟⲩⲣⲟⲧ

기쁨을 주는 이 ⲣⲉϥϯⲙ̄ⲡⲣⲉϣⲉ, ⲣⲉϥϯⲟⲩⲛⲁϥ

기쁨이 넘치는 ⲉⲧⲣⲟⲟⲩⲧ†

기수 ⲣⲉϥⲁⲗⲉ

기술 ⲧⲉⲭⲛⲏ τέχνη

기술자, 상인 ⲓ̈ⲁⲡⲉ (L), *pl.* ⲓ̈ⲉⲡϣⲁⲧⲉ, ⲣⲉϥⲣ̄ⲓ̈ⲁⲡⲉ, ⲧⲉⲭⲛⲓⲧⲏⲥ τεχνίτης

기술자, 노동 ⲉⲓⲟⲡⲉ *f.*, ⲉⲓⲉⲡ-

기술자, 제조업자, 을 만드는 사람 ϩⲁⲙ, ϩⲁⲙ- *m.*, *pl.* ϩⲙⲏⲩ, ϩⲙⲉⲩ

기슭 ⲧⲟⲡ

기어오르다, 뻗어가다 ⲥⲱϣⲉ

기억시키는 자 ⲣⲉϥϯⲙ̄ⲡⲣ̄ⲡⲙⲉⲩⲉ

기울기 ⲣⲁⲕⲧⲥ̄ *f.*

기울다, 굽다, 돌리다 ⲣⲓⲕⲉ, ⲣⲉⲕ(ⲧ)-, ⲣⲁⲕⲧ-, ⲣⲉⲕⲧ⸗, ⲣⲟⲕⲉ†, ⲣⲁⲕ(ⲧ)ⲉ†

기원하다 ⲥⲁⲗⲥⲗ̄ (L), ⲥⲁⲗⲥⲗ̄-, ⲥⲗ̄ⲥⲱⲗ⸗

기자 ⲅⲣⲁⲫⲉⲩⲥ̄ γραφεύς

기적, 이적 ⲙⲟⲉⲓϩⲉ, ⲙⲁϩⲉⲓⲉ, ϭⲟⲙ, ⲙⲁⲓ̈ϩⲉ, ϣⲡⲏⲣⲉ *f.*

기적, 표지, 증거 ⲙⲁⲉⲓⲛ

기질 ⲙⲛ̄ⲧⲁⲓ̈ϩⲉ *f.*

기초 ⲑⲉⲙⲉⲗⲓⲟⲥ θεμέλιος, ⲥⲛ̄ⲧⲉ *f.*

기초, 발등, 초석 ⲃⲁⲥⲓⲥ, ⲕⲁⲧⲁⲃⲟⲗⲏ

기초, 상태, 훈련, 평온 ⲕⲁⲧⲁⲥⲧⲁⲥⲓⲥ

기회 ⲁⲫⲟⲣⲙⲏ, ⲉⲩⲕⲁⲓⲣⲓⲁ εὐκαιρία, ⲛⲁϥⲣ̄ϣⲁⲓ̈

기회, 행운 ϣⲁⲓ *m.*

기회를 갖다 ϩⲉ ⲉⲡⲟⲩⲟⲉⲓϣ

기회를 잡다, 우연 ⲧⲱⲙⲧ̄, ⲧⲱⲙⲛ̄ⲧ, ⲧⲟⲙⲛ̄ⲧ†

기회를 제공하다 ϯⲥⲁⲕ

기후 ⲕⲗⲓⲙⲁ κλίμα

끼치다 ϩⲟⲗϩⲗ̄, ϩⲉⲗϩⲱⲗ-, ϩⲉⲗϩⲱⲗ⸗, ϩⲉⲗϩⲱⲗ†

긴 문장, 고발장 ⲃⲓⲃⲗⲓⲇⲓⲟⲛ βιβλίδιον

긴밀하게 ⲥⲭⲉⲇⲟⲛ σχεδόν

긴장, 형의 엄함 ϫⲟⲗⲕⲥ̄ *f.*

길, 거리를 재는 단위 ϩⲟⲟⲩⲧⲛ̄ *m.*

길, 골목길 ⲙⲟⲉⲓⲧ, ⲙⲁⲓ̈ⲧ

길, 네거리, 구역 ϩⲓⲣ *m.*

길, 도로 ϩⲓⲏ ⲙ̄ⲙⲟⲟϣⲉ, ⲙⲁ ⲙ̄ⲙⲟⲟϣⲉ

길, 도로 ϩⲓⲏ *f. pl.* ϩⲓⲟⲟⲩⲉ, ϩⲓⲏⲩ, ϩⲓⲁⲩⲉ

길이, 면적, 한계 ϣⲓⲏ, ϣⲓ(ⲏ)ⲉ, ϩⲓⲏ *m. f.*

길이가 긴 ϣⲓⲁⲓ, ϣⲓⲁⲉⲓⲁ(ⲉ)ⲓ, ϣⲁⲓ(ⲉ), ϣⲟⲓ†, ϣⲁⲓ†, ϣⲏⲩ†

깃들다 ⲃⲱϩⲛ̄, ⲃⲉϩⲛ̄-

깃털 ⲙⲏϩⲉ, ⲙⲉϩⲉ

깊은 ⲉⲧϣⲏⲕ

깊이 생각하다, 고려하다 ⲙⲁⲕⲙⲉⲕ, ⲙⲉⲕⲙⲟⲩⲕ⸗

깊이, 심연 ϣⲓⲕ, ϣⲉⲓⲕ, ϣⲏⲕ *m.*, ϣⲓⲕ, ϣⲓⲕϩ̄

ㄴ

나, 나는 ⲁⲛⲟⲕ *m.f.*, ⲁⲛⲅ̄-

나가는 중이다 ⲛⲏⲩ ⲉⲃⲟⲗ

나가다 ϣⲉ ⲉⲃⲟⲗ

나누다, 분배하다, 둘로 찢다 ⲡⲱϣ, ⲡⲱϣⲉ, ⲡⲉϣ-, ⲡⲟϣ⸗, ⲡⲏϣ†

나누다, 분배하다 ⲡⲱⲣϫ̄ ⲉⲃⲟⲗ, ⲡⲱⲧⲥ̄, ⲡⲟⲧⲥ̄†, ⲡⲁⲧⲥ̄†

나누어 갖다 ⲡⲱϣ ⲉϩⲣⲛ̄-

나뉘다, 가르다 ⲡⲱⲣϫ̄, ⲡⲉⲣϫ̄-, ⲡⲁⲣϫ-, ⲡⲟⲣϫ⸗, ⲡⲁⲣϫ⸗, ⲡⲟⲣϫ̄†, ⲡⲁⲣϫ†

나는 못 보았다 ⲙ̄ⲡⲓⲛⲉⲩ

나라, 지방 ⲧⲟ *m.*, ⲕⲁϩ

나무 ⲃⲱ, ϣⲉ, ϣⲏ, ϣⲓ *m. f.*, ϣⲏⲛ *m.*

나무 등걸 ⲕⲁϥ

나무등걸, 나뭇조각 ϣⲁⲩ *m.*, *pl.* ϣⲏⲩ

나무라다 ϩⲣⲁϣ, ϩⲁⲣϣ̄†

나무라다, 폭력을 행하다, 저주하다, 혼동하다 ϫⲡⲓⲟ, ϫⲡⲓⲉ-, ϫⲡⲓⲟ⸗, ϫⲡⲓⲁ⸗, ϫⲡⲓⲏⲧ†

나무를 심다, 씨를 뿌리다 ϫⲟ, ϫⲱ, ϫⲉ-, ϫⲟ-, ϫⲟ⸗, ϫⲁ⸗, ϫⲏⲩ†

나무를 심다, 씨를 뿌리다 ϫⲟⲉⲓⲧ, ϫⲱⲉⲓⲧ, ϫⲟⲉⲓⲧ⸗ *p.c.* ϫⲁⲉⲓⲧ-

나무를 심다 ⲧⲱϭⲉ, ⲧⲁϭ-, ⲧⲁϭ⸗, ⲧⲏϭ†

나뭇가지 ϭⲉⲣⲱⲃ *m.*, *pl.* ϭⲉⲣⲟⲟⲃ, ϭⲉⲣⲱⲱⲃ

나뭇가지 ⲕⲗⲁⲇⲟⲥ κλάδος, ⲙⲟⲩⲗϭ̄, ⲧⲉⲣ *m.f.*, ϣⲗ̄ϩ̄, ϣⲗⲉϩ, ϣⲉⲗϩ̄

나뭇잎 ϭⲱ(ⲱ)ⲃⲉ, ϭⲃ̄-

나뭇조각 ϣⲁⲩ *m.*, *pl.* ϣⲏⲩ

나쁘다고 판단하다 ϭⲁïⲟ, ϭⲁïⲟ-, ϭⲁïⲱⲩ†, ϭⲁïⲧ†

나쁜 ⲃⲱⲱⲛ(ⲉ), ϩⲁⲩ† (L)

나쁜 사람 ⲡⲉⲧϩⲁⲩ

나쁜 생각, 사악함 ⲙⲉⲉⲩⲉ ⲉⲑⲟⲟⲩ

나쁜 의식 ⲧⲱⲃⲥ̄, ⲧ(ⲉ)ⲃⲥ̄, ⲧⲟⲃⲥ⸗

나쁜, 썩은 ϩⲟⲟⲩ†, ⲉⲧϩⲟⲟⲩ

나아가다 ϯ ⲛ̄ⲟⲩⲁï

나약한 사람, 고통받는 사람 ϩⲱⲥ

나오다, 돌출하다 ϩⲉï

나의 (문법 참조) ⲡⲁ-

나일 강 위의 배의 일종 ⲗⲟⲩⲃⲟⲓⲉ

나일 하류 ϩⲏⲧ *m.*

나일강 ⲉⲓⲉⲣⲟ *m.*, *pl.* ⲉⲓⲉⲣⲱⲟⲩ

나일강변의 오리 ⲥⲙⲟⲩⲛⲉ *f.*

나중에 ⲙⲛ̄ⲥⲱⲥ

나팔 ⲧⲁⲡ *m.*, ⲥⲁⲗⲡⲓⲅⲝ σάλπιγξ

나팔을 불다 ⲁϣⲧⲁⲡ

낙담하다 ϩⲱϫ, ϩⲱϫⲉ, ϩⲟϫ, ϩⲉϫ-, ϩⲏϫ†

낙심하다 ϩⲗⲉⲡⲗⲱⲡ†

낙타 ϭⲁⲙⲟⲩⲗ, ⲕⲁⲙⲟⲩⲗ *f.*, *pl.* ϭⲁⲙⲁⲩⲗⲉ, ⲕⲁⲙⲟⲟⲩⲗⲉ, ⲕⲁⲙⲏⲗⲉ, ⲕⲁⲙⲁⲩⲗⲉ, ⲕⲁⲙⲟⲟⲩⲗⲉ, ϭⲁⲙⲟⲩⲗⲉ

낚싯바늘 ⲟⲉⲓⲙⲉ, ⲟⲉⲓⲙ *f.*

난산 ϩⲃⲟⲣⲃⲣ̄ ⲙⲓⲥⲉ

난처하게 하다 ⲥⲕⲁⲛⲇⲁⲗⲓⲥⲙⲟⲥ σκανδαλισμός

난처한 ϣⲗⲁϩⲛ̄ϩⲏⲧ

난파시키다 ϫⲏⲩ† ⲛ̄ϩⲁⲥⲓⲉ

난파하다 ⲃⲱⲕ ⲛ̄ϩⲁⲥⲓⲉ

난파한, 물에 빠진 ⲟ† ⲛ̄ϩⲁⲥⲓⲉ

난파한, 바다에 표류하는 ϩⲁⲥⲓⲉ, ϩⲁⲥⲓⲏ

날 ϩⲟⲟⲩ, ϩⲟⲩ- *m.*

날개, 지느러미 ⲧⲛϩ̄, ⲧⲉⲛⲁϩ *m.*

날개를 치다 ϩⲣⲟⲡⲣⲉⲡ, ϫⲁⲕ

ㄱ ㄴ ㄷ ㄹ ㅁ ㅂ ㅅ ㅇ ㅈ ㅊ ㅋ ㅌ ㅍ ㅎ

날씬한 ϣⲙⲁ, ϣⲟ(ⲟ)ⲙⲉ†, ϣⲙⲁⲁⲧ† *p.c.* ϣⲁⲙⲁ-

날씬해지다 ⲡⲁⲕⲉ, ⲡⲟⲕ(ⲉ)†

날아가게 하다 ⲑⲗⲟ, ⲧϩⲗⲟ, ⲑⲗⲟ⸗

날아가다, 빨리가다 ϩⲱⲗ, ϩⲏⲗ†

날조하다, 꾸미다 ⲧⲁⲃⲧⲃ̄ (L), ⲧⲃ̄ⲧⲁⲃⲧ̄†

날짐승 ϭⲁⲓⲙⲉ, ϩⲁⲗⲏⲧ *m., pl.* ϩⲁⲗⲁ(ⲁ)ⲧⲉ, ϩⲁⲗⲉⲧⲉ

날카로운 ⲉⲧϣⲱϫⲧ, ⲣⲉϥϣⲱϫⲧ

날카롭게 하다 ϫⲱ(ⲱ)ⲣ, ϫⲉⲣ-, ϫⲟ(ⲟ)ⲣ⸗, ϫⲏⲣ†, ⲧⲱⲙ, ⲧⲏⲙ†

남근 ⲃⲁϩ, ϥⲁϩ

남다, 머물다, 걸리다, 지속되다, 거치다 ⲙⲟⲩⲛ

남다, 머물다 ⲥⲱϫⲡ̄, ⲥⲁϫⲡ⸗, ⲥⲁϫⲡ†, ⲥⲉ(ⲉ)ⲡⲉ, ⲥⲓⲡⲉ

남다, 쉬다 ϩⲣⲁⲕ, ϩⲁⲣⲕ†

남다, 존속하다 ϣⲱϫⲡ̄, ϣⲉϫⲡ̄-, ϣⲟϫⲡ⸗, ϣⲟϫⲡ̄†

남다, 지속되다, 멈추다, 지탱하다 ϭⲱ, ⲕⲱ, ϭⲉⲉⲧ†, ϭⲏⲏⲧ†

남방, 상 이집트 ⲙⲁ ⲣⲏⲥ, ⲥⲁⲣⲏⲥ

남성, 남성의 성기 ⲥⲱⲙⲁ ⲛ̄ϩⲟⲟⲩⲧ

남성, 야성의, 사나운 ϩⲁⲩⲧ, ϩⲏⲩⲧ *m.*

남성의 불알 ϫⲙⲁⲁⲩ *pl.*

남여 양성의 ϩⲟⲩⲧⲥϩⲓⲙⲉ

남은 ⲉⲧϣⲱϫⲡ̄

남자 ⲣⲱⲙⲉ, ⲣⲙ̄-, ⲣⲉϥ-

남자의 결혼 지참금 ϣⲁⲡ

남자의 성기 ⲥⲏⲧ, ⲥⲉⲉⲧ

남쪽 ⲣⲏⲥ *m.*, ⲥⲁⲣⲏⲥ

남편, 신랑 ϩⲁⲓ *m.*, ϩⲉϊ *m.*

남풍 ⲧⲟⲩⲣⲏⲥ

남향 집 ⲡⲏⲓ ⲧⲁⲣⲏⲥ

납 ⲧⲁϩⲧ̄, ⲧⲁϩⲧϩ̄, ⲧⲁⲑ *m.*

납골당 ⲁⲡⲟⲑⲏⲕⲏ ἀποθήκη

납득, 신뢰 ⲡⲉⲓⲑⲉ πείθεσθαι

납득하는 ⲧⲱⲧⲛ̄ϩⲏⲧ

납작한, 너른 ⲡⲱϫϭ̄, ⲡⲱϫⲕ̄, ⲡⲱϫⲧ̄, ⲡⲟϫⲧ̄†

낫 ⲁⲥϩϥ̄, ϩⲉⲗⲕⲟⲩ, ϩⲗ̄ⲕⲟⲩ *m. f.*, ⲟϩⲥ̄ *m.*, ⲟⲥϩϥ̄ *m.*

낫게 하다 ⲑⲉⲣⲁⲡⲉⲩⲉ θεραπεύειν

낫게 하다 ⲧⲁⲗϭⲟ, ⲧⲁⲗϭⲉ-, ⲧⲁⲗϭⲟ⸗, ⲧⲁⲗϭⲏⲩ †

낫게 하다 ⲧⲟⲩϫⲟ, ⲧⲟⲩϫⲉ-, ⲧⲟⲩϫⲟ⸗, ⲧⲟⲩϫⲁ⸗, ⲧⲟⲩϫⲏⲩ†

낫다 ⲗⲁϭⲉ

낫질하다, 추수하다 ⲱϩⲥ̄, ⲉϩⲥ̄-, ⲱϩⲥ̄-, ⲟϩⲥ⸗, ⲟⲥϩ⸗, ⲁϩⲥ⸗

낭독자 ⲁⲛⲁⲅⲛⲱⲥⲧⲏⲥ ἀναγνώστης

낭독하다 ⲱϣ, (ⲉ)ϣ-, ⲁϣ-, ⲱϣ-, ⲟϣ⸗, ⲁϣ⸗

낭비하는, 소용없는 ϣⲛⲁ, ϣⲛⲁⲁ

낭비하다 ϫⲟ, ϫⲱ, ϫⲉ-, ϫⲓ-, ϫⲟ⸗

낮, 하루 ϩⲟⲟⲩⲉ, ϩⲟⲟⲩ *m., pl.* ϩⲣⲉⲩ

낮은 곳, 땅, 티끌 ϊⲧⲛ̄ (L), ⲓⲧⲛⲉ

낮은, 짧은, 작아진 ϩⲓⲃⲉ, ϩⲟⲃⲉ†, ϩⲁⲃⲉ†

낮의 ⲡⲟⲟⲩ, ⲡⲟⲟⲩⲉ

낮추다, 짧은, 작아진 ϩⲃ̄ⲃⲉ, ϩⲃ̄ⲱⲟⲩ†, ϥⲓ ⲉϩⲣⲁϊ

낳다, 만들다 ϫⲡⲟ, ϫⲡⲉ-, ϫⲡⲟ⸗, ϫⲡⲁ⸗, ϫⲡⲁⲉⲓⲧ†

낳다, 출산하다 (ⲧ)ⲙⲉⲥⲓⲟ, ⲙⲉⲥⲓⲟ⸗

내려가는 중이다 ⲛⲏⲩ ⲉⲡⲉⲥⲏⲧ

내려가다 ⲃⲱⲕ ⲉϩⲣⲁⲓ,

내리치다 ⲛⲟⲩϫⲉ ⲉⲡⲉⲥⲏⲧ

내면 ⲧⲟⲡ

내버려두다 ⲕⲱ ⲛ̄ⲧⲟⲟⲧ⸗

내부 ϩⲟⲩⲛ *m.*, ⲥⲁⲛ̄ϩⲟⲩⲛ

내부에 ϩⲓϩⲟⲩⲛ, ⲥⲁ (ⲛ̄)ϩⲟⲩⲛ

내시 ⲥⲓⲟⲩⲣ *m., pl.* ⲥⲓⲟⲩⲣⲉ

내의, 손수건 ⲗⲉⲛⲧⲓⲟⲛ, ⲗⲏⲛⲧⲥⲉ

내일, 다음 날 ⲣⲁⲥⲧⲉ *m.*

내쫓다, 떠나가게 하다 ⲛⲟⲩϫⲉ ⲉⲃⲟⲗ

내치다, 내쫓다 ⲛⲟⲩϫⲉ ⲉⲃⲟⲗ, ⲃⲱⲕ, ⲃⲁⲕ⸗, *p.c.* ⲃⲁⲕ-

내치다, 쓸어내다, 거부하다 ⲥⲱϩⲣ̄, ⲥⲱϩⲣⲉ, ⲥⲏϩⲣ̄-, ⲥⲁϩⲣ⸗, ⲥⲁϩⲣⲉ⸗, ⲥⲁϩⲣ̄†

냄비 ⲕⲟⲩⲕⲟⲩⲙⲁⲩ

냄비장수 ⲥⲁⲛ̄ϩⲟⲙⲛ̄ⲧ

냄새 ⲥⲧⲁϊ

냄새 맡다 ϣⲱⲗⲙ̄, ϣⲗⲏ-, ϣⲁⲗⲙ[ⲉ]⸗

냄새가 고약한ϣⲛⲟϣ, ϣⲟⲛϣ̄†

냄새나다 λωμc̄, λομc̄†, λαμc̄†

냄새를 발산하다 ϣωϣ, ϣαϣε, ϣεϣ-, ϣαϣ⸗, ϣοϣ⸗, ϣηϣ†

냉수 μογ n̄κb̄bε

너 (남성) n̄τοκ *m.*, n̄τκ̄-

너 (여성형) n̄το *f.*, n̄τε-

너른 장소 μα ετογοϣc̄

너른 πωϫϭ, πωϫκ̄, πωϫτ̄, ποϫτ̄†

너를 위해 ϩαρο

너머로 επεκρο (n̄-)

너의 πεκ-

넉넉하게, 적당하게 επρωϣε

넋이 빠진 τωμτ̄, τωμn̄τ, ταμτ†

널다, 펼치다 ϭαλϭλ̄ (L)

널리 퍼뜨리다 πωϩτ̄ εϩραϊ εϫn̄-

널빤지 παϭε

넓게 펼치다 πωρϣ̄ εβολ ϩιϫn̄-

넓게 펼치다 cωρ, cαρ-, c(ε)ρ-, cαρ⸗, co(o)ρ⸗, cηρ† *p.c.* cαρ-

넓게 ογωϣc̄, ογεϣc̄-, ογοϣc⸗, ογαϣc⸗, ογοϣc̄†, ογαϣc̄†

넓이 측정 단위 ρερμη *m.*, cτεικωϩε, cτωϩε *f.*, cτωτε *f.*, cωτ

넓이 ογαϣcε, ογοϣcε *f.*

넓히다, 넓게, 여유있게 ογωϣc̄, ογεϣc̄-, ογοϣc⸗, ογαϣc⸗, ογοϣc̄†, ογαϣc̄†

넓히다, 넓은 ογαcτn̄, cωμτ̄

넓히다, 늘이다, 기다리다 cωμτ̄, cωμn̄τ, coμ(n)τ⸗, coμ(n)τ†, cαμτ̄†

넓히다, 풀어지다, 넓이 ογοcτn̄, ογαcτn̄, ογεcτωn†

넘어 ϩιβολ, παρα παρά

넘어서서 ϩιπεκρο n̄-

넘어감 παcχα πάσχα

넘어뜨리다, 떨어뜨리다 cωc, coc⸗, cηc†

넘어뜨리다 ϩβαρβρ̄ (L), ϩβρ̄βρ̄-, ϩβρ̄βωρ⸗, βρ̄βωρ⸗, ϩβρ̄βαρτ†

넘어뜨리다 ϣορϣρ̄, ϣρ̄ϣρ̄-, ϣρ̄ϣωρ⸗, ϣρ̄ϣωρ†, ϣρ̄ϣορτ̄†

넘어지다 cλα(α)τε

넘어진 ογωλc̄, ογελc̄-, ογολc⸗, ογαλc⸗, ογολc̄†, ογαλc̄†

넘쳐흐르다, 넘침 πωn εβολ

넘치다 βεεβε, βωϭε, ϭωρε (L)

넙적다리, 무릎, 어깨 αλοϭ

네 번째 μεϩϥτοογ

네 아내이다 τεκcϩιμε τε

네 이웃 πετϩιτ<ογ>ωκ

네거리, 인접구역 ραγη, ραγε(ι,) ρηγε *f.*

네거리 ϩιρ *m.*

네거리 ραγη, ραγε(ι,) ρηγε *f.*

넷 ϥτοογ, ϥταγ *m., f.* ϥτο(ε), ϥτο(ο)γ-, ϥτεγ-, -(τ)αϥτε

넷으로 나뉜 한 조각 ογωn n̄ϥτοογ

년, 해 ραμπε, *pl.* ρμ̄πεγε, ρμ̄πηγε

년도 ρμ̄π(ε)-

년도 ρομπε *f.*, ραμπ(ε)-, cπ, cεπ *f.*

노동 ειοπε *f.*, ειεπ-

노동자, 월급쟁이 ρμn̄ϣϭορ, εργατηc ἐργάτης, λαϩμϥ̄, ρεϥρ̄ ϩωβ

노동하다 ρ̄ ϩωβ, cκαι, cεκ-, cοκ⸗, cκεϊ (L)

노래하다, 연주하다ϩωc, ϫι ογλ̄λε, αnαμε-λψ ἀναμέλψ

노래하다 ϭεnϭεn, ϭn̄ϭn̄, ϭμ̄ϭμ̄, ϫ(ι)nϫ(ι)n, ϫμ̄ϫμ̄

노래하다 ϫω, ϫε-, ϫι-, ϫοο⸗, ϫο⸗, ϫιτ⸗ *imper.* αϫι-, (α)ϫι⸗ *p.c.* ϫατ-

노를 저어 앞으로 가다 ϩinε, ϩiniε

노새 ε(ι)ω, εια- *m. f.; pl.* εοογ, εωογ, ει-ωογε

노새 μαcπορκ̄, μεcπορκ̄

노아 nωϩε

노약자, 병약자 αcθεnηc, ϭωβ *m., f.* ϫοβε

노예, 종 ϭαογαn, ϭαγαn *m., pl.* ϭαογοnε, ϭοογρε, ϭαγρε

노예 ϭα(ο)γοn, ϭαγ(ογ)οn, καγοn *m., pl.* ϭαγωnε

노인, 원로 ϩλ̄λο *m., f.* ϩλ̄λω *pl.* ϩλ̄λοι, ϩλ̄λαϊ, ρμ̄nεc

노하다 μ̄βοn

노한 βωλκ̄, βωnκ̄

녹 ϣηβε *m.*

녹다, 긴장을 풀다 ⲛⲟⲩⲧϥ̄, ⲛⲟⲩⲧϥ̄ⲧ, ⲛⲁϥⲧ̄, ⲛⲉⲧϥ̄-, ⲛⲟⲧϥ̄†

녹다 ⲟⲩⲱⲧⲛ̄, ⲟⲩⲟⲧⲛ⸗

녹음이 우거진 ⲉⲧⲟⲩⲉⲧⲟⲩⲱⲧ

녹이다, 익히다 ⲡⲓⲥⲉ, ⲡⲓⲥ, ⲡⲉⲥ(ⲧ)-, ⲡⲓⲥ-, ⲡⲁⲥⲧ⸗, ⲡⲓⲥⲧ⸗, ⲡⲉⲥⲧ⸗, ⲡⲟⲥⲉ†, ⲡⲏⲥ†, *p.c.* ⲡⲁⲥ-

녹이다, 흐르게 하다 ϭⲱϣ, ϭⲟϣ⸗

녹주석 ⲃⲏⲣⲩⲗⲗⲟⲥ βήρυλλος

논밭, 들판 ⲉⲓⲱϩⲉ *m.*, ⲉⲓⲉϩ-, *pl.* ⲉⲓⲁϩⲟⲩ(ⲉ)

논술 ⲡⲣⲁⲅⲙⲁⲧⲉⲓⲁ πραγματεία

논쟁, 다툼 ⲙⲛ̄ⲧ ϩⲗ̄ⲟⲩⲱ

논쟁을 벌이다 ϩⲗ̄ⲟⲩⲱ, ϩⲣ̄ⲟⲩⲱ

놀라게 하다 ⲛⲟⲩϣⲡ̄, ⲛⲉϣⲡ̄-, ⲛⲁϣⲡ̄-, ⲛⲁϣⲡ⸗

놀라다, 감탄하다 ⲣ̄ ϣⲡⲏⲣⲉ, ⲡⲏϣⲉ, ⲑⲁⲩⲙⲁ θαῦμα

놀라다, 겁먹다 ⲣ̄ ϩⲁⲧⲉ, ϣⲗⲁⲁϩ, ϣⲟⲗϩ̄†

놀라다, 정신을 잃다 ⲡⲱϣⲥ̄, ⲡⲱⲥϣ̄, ⲡⲉϣⲥ̄-, ⲡⲟϣⲥ⸗, ⲡⲟϣⲥ†, ⲡⲁϣⲥ†

놀랄만한, 감탄할만한 ϣⲟⲩⲣ̄ ϣⲡⲏⲣⲉ, ϣⲟⲩⲣ̄ ϣⲡⲏⲣⲉ

놀리다, 휴경지로 남기다 ⲙⲓⲕⲉ, ⲁⲗⲕ ϣⲉ, ⲕⲱⲙϣ̄, ⲕⲙ̄ϣ-, ⲕⲟⲙϣ⸗

놋쇠 ⲃⲁⲣⲱⲧ, ⲃⲁⲗⲱⲧ *m.*, *pl.* ⲃⲁⲣⲁⲧⲉ

농, 혹 ⲕⲗ̄ⲕⲁ

농담 ⲗ̄ⲗⲏⲃ, ⲉⲗⲗⲏⲃ, ϩⲣⲉⲩⲙⲁ ῥεῦμα, ϣϫ̄ⲥⲱⲃⲉ

농부 ⲟⲩⲟⲉⲓⲉ, ⲟⲩⲟⲓⲉⲓⲉ, ⲟⲩⲉⲓⲏ *m.*, *pl.* ⲟⲩⲉⲉⲓⲏ

농부 ⲟⲩⲁϊⲉ, *pl.* ⲟⲩⲁϊⲏ *m.*, ⲣⲙ̄ ⲛ̄ⲧⲕⲟⲓ

농사 ⲉⲓⲉⲡⲟⲩⲟⲉⲓⲉ

농촌 ⲙⲁⲛ̄ⲟⲩⲟⲉⲓⲉ

농토 ïⲱϩⲉ *m.*, *pl.* ïⲁϩⲟⲩ, ïⲁϩ-

높아지다, 과시욕, 훌륭한 ⲗⲁϩⲗⲉϩ, ⲗⲉϩⲗⲱϩ†, ⲗⲉϩⲗⲁϩⲧ†

높아지다 ⲣ̄ ⲛⲟϭ

높은 가격의 ⲉⲛⲁϣⲉ ⲥⲟⲩⲛⲧϥ̄

높이 들린 ϩⲗⲟⲡⲗⲉⲡ, ϩⲗⲟⲡⲗⲡ̄, ϩⲗⲡ̄ⲗⲱⲡ⸗, ϩⲗⲟⲩⲗⲱⲟⲩ†, ⲗⲟⲩⲗⲱⲟⲩ†

높이 ϫⲓⲥⲉ, ϫⲉⲥⲧ-, ϫⲁⲥⲧ-, ϫⲁⲥⲧ⸗, ϫⲓⲥⲧ⸗, ϫⲉⲥⲧ⸗, ϫⲟⲥⲉ†, ϫⲁⲥⲉ† *p.c.* ϫⲁⲥⲓ-

높이 ⲡⲗⲁϊⲗⲉ

놓다, 위치하다, 허용하다, 존재하다 ⲕⲱ, ⲕⲱⲉ, ⲕⲁ-, ⲕⲁⲁ⸗, ⲕⲁ⸗, ⲕⲟⲟ⸗, ⲕⲏ†, ⲕⲁⲁⲧ†

뇌 ⲙⲟⲩ ⲛ̄ϩⲟⲩⲛ

누가 알랴? ⲁⲣⲏⲩ, ⲉⲣⲏⲩ

누구 ⲛⲓⲙ

누구든지, 모든 사람 ⲟⲩⲁⲛ ⲛⲓⲙ, ⲟⲩⲟⲛ ⲛⲓⲙ

누구를 향해 소리치다, 신을 향해 탄원하다 ⲱϣ ⲉⲃⲟⲗ ⲉϩⲣⲁï ⲉ-

누군가, 어떤 사람, 아무도 ⲟⲩⲟⲛ, ⲟⲩⲁⲛ

누그러지다. 녹다, 긴장을 풀다 ⲛⲟⲩⲧϥ̄, ⲛⲟⲩⲧϥ̄ⲧ, ⲛⲁϥⲧ̄, ⲛⲉⲧϥ̄-, ⲛⲟⲧϥ̄†

누룩 ⲑⲁⲃ

누룩이 없는 ⲁⲑⲁⲃ

누르다, 박다 ⲥⲱϩⲙ̄, ⲥⲁϩⲙ⸗, ⲥⲁϩⲙ̄†, ⲥⲟϩⲙ̄†, ⲧⲟϭⲧϭ̄, ⲧⲉϭⲧⲱϭ†

누리다 ⲙⲁⲧⲉ, ⲙⲁⲧⲱⲟⲩ†

누비아인, 에티오피아인, 흑인 ⲉϭⲱϣ *m.*, *f.* ⲉϭⲟⲟϣⲉ, *pl.* ⲉϭⲟⲟϣ

눈, 얼음 ϫⲁϥ *m.*

눈, 눈알 ⲃⲉⲗ (L), ⲉⲓⲁ, ⲉⲓⲉⲣ-, ⲉⲓⲁⲧ⸗, ïⲉⲓⲣⲉ, ïⲁⲧ⸗, ïⲉⲧ⸗, ϫⲉϥ (L) *m.*

눈가 ⲕⲱⲗⲙ̄

눈꺼풀 ⲃⲟⲩϩⲉ, ⲃⲱϩⲉ, ⲥⲙⲁⲩ, ⲥⲙⲁⲁⲩ *m. pl.*

눈동자, 처녀 ⲁⲗⲱ, ⲁⲗⲟⲩ *f.*, *pl.* ⲁⲗⲟⲟⲩⲉ

눈동자 ⲕⲉⲕⲉ, ⲕⲁⲕⲉ

눈뜨다 ⲛⲁⲩ ⲉⲃⲟⲗ

눈멀다 ϫⲁⲗ ⲃⲉⲗ

눈물 ⲣ̄ⲙⲉⲓⲏ, ⲣ̄ⲙⲉⲓⲉ, ⲣ̄ⲙⲙⲓⲏ *f.*, *pl.* ⲣ̄ⲙⲉⲓⲟⲟⲩⲉ

눈물샘의 분비 ⲗⲟⲩϫ

눈물을 흘리다, 애도하다 ϯ ⲣ̄ⲙⲉⲓⲏ

눈병 ϩⲁⲧⲁⲓⲗⲉ, ϩⲁⲧⲁⲗ(ⲉ), ϩⲁⲧⲁⲓⲗⲏ, ϩⲁⲧⲁⲗⲉⲉⲗⲉ

눈썹 ⲙ̄ϫⲛ̄ϩ, ⲉⲙϫⲛ̄ϩ, ⲥⲣ̄ⲛ̄ϩ *pl.*

눈알 ⲃⲁⲗ, ⲃⲉⲗ (L)

눈을 깜박이다, 날개를 치다 ϩⲣⲟⲡⲣⲉⲡ, ⲉⲓⲟⲣϩ̄⸗, ϩⲣⲁⲡⲣⲉⲡ (L)

눈을 들다 ϥⲓ ⲉⲓⲁⲧ⸗ ⲉϩⲣⲁⲓ

눈치를 주다 ϫⲱⲣⲙ̄, ϫⲱⲣⲙⲉ, ϫⲱⲗⲙ̄, ϫⲁⲣⲙⲉ⸗, ϫⲟⲣⲙ̄†

느리다 ϫⲛⲁ(ⲁ)ⲩ, ϫⲛⲟ

느린, 늦어지다, 오래끌다 ⲱⲥⲕ̄, ⲟⲥⲕ̄†, ⲁⲥⲕ̄†

늑골 ⲥⲉⲗⲉⲡⲓⲛ ⲛ̄ϩⲏⲧϥ̄

늑대 ⲟⲩⲱⲛϣ̄, ⲱⲛϣ̄ *m.*

늘어나다, 성장하다 ⲁⲩⲝⲁⲛⲉ, ⲁϣⲁⲓ, ⲟϣ†

늘어가다, 성장하다, 커지다 ⲁ̈ⲓⲁ̈ⲓ, ⲁⲉⲓⲉⲉⲓ, ⲁⲉⲓ†, ⲟⲓ†

늘어놓다, 펼치다ⲡⲱⲣϣ̄, ⲡⲱⲣϫ̄, ⲡ(ⲉ)ⲣϣ̄-, ⲡⲁⲣϣ-ⲡⲟⲣϣ⸗, ⲡⲁⲣϣ⸗, ⲡⲟⲣϣ̄†, ⲡⲁⲣϣ†

늘이다, 시위를 당기다, 옷을 깁다 ϫⲱⲗⲕ̄, ϫⲉⲗⲕ̄-, ϫⲟⲗⲕ⸗, ϫⲁⲗⲕ⸗, ϫⲟⲗⲕ̄†

늘이다 ⲥⲱⲧ, ⲡⲗⲁⲧⲩⲛⲉ πλατύνειν

늘이다 ⲥⲱⲙⲧ̄, ⲥⲱⲙⲛ̄ⲧ, ⲥⲟⲙ(ⲛ)ⲧ⸗, ⲥⲟⲙ(ⲛ)ⲧ†, ⲥⲁⲙⲧ̄†

늙어가다 ⲣ̄ ϩⲗ̄ⲗⲟ

늙음 ⲙⲛ̄ⲧϩⲗ̄ⲗⲟ

능가하다, 상회하다 ⲉⲧⲟⲩⲟⲧⲃ̄ (ⲡⲁⲣⲁ)

능력 있는 ϩⲓⲕⲁⲛⲟⲥ ἱκανός

능력, 힘 ⲛⲟⲙⲧⲉ *f.*, ϭⲁⲙ (L) *f.*, ⲥⲁⲕ

능력과 영광 ϫⲣⲟ ⲙⲛ̄ ϩⲓⲥⲉ

능력을 지닌 ⲟⲩⲛ̄ϭⲟⲙ, ⲟⲩⲛ̄ϣϭⲟⲙ

능력이 동등한 ⲉⲧϣⲏϣ ϩⲛ̄ⲧⲉϥϭⲟⲙ

능히 할 수 있는 ϩⲉⲡⲥⲁⲕ ⲉ-

늦다, 느리다, 지연, 게으름 ϫⲛⲁ(ⲁ)ⲩ, ϫⲛⲟ

늦어지다 ϫⲱⲧϩ̄, ϫⲟϩⲧ̄†, ϫⲟⲧϩ̄†, ⲱⲥⲕ̄, ⲟⲥⲕ̄†, ⲁⲥⲕ̄†

늦어짐 ⲁⲥⲕⲉ

늦은 ⲉⲥⲕⲉ

늪, 풀밭 ϩⲉⲗⲟⲥ ἕλος, ⲗⲓⲙⲛⲏ λίμνη

늪지대 ⲁϩⲣ(ⲉ)

늪지에 피는 꽃 ⲛⲟⲃⲣⲟⲩ

ㄷ

다 같이, 동시에 **ϩⲓⲟⲩⲥⲁⲡ**

다 함께, 동일한 장소에서 **ϩⲓⲟⲩⲙⲁ**

다가가다, 접근하다 **ϩⲱⲛⲧ̄, ϩ(ⲉ)ⲛⲧ̄-, ϩⲟⲛⲧ⸗, ϩⲏⲛⲧ†, ϩⲁⲛⲧ̄†**

다가서게 하다, 고용하다 **ⲑⲣ̄ⲕⲟ** (L), **ⲑⲣ̄ⲕⲁ⸗, ⲑ¯ⲣⲕⲟ-, ⲑⲛⲟ, ⲧϩⲛⲟ, ⲑⲛⲉ-, ⲑⲛⲟ⸗, ⲑⲛⲏⲩ†**

다가서다, 멀어지다 **ϩⲓⲛⲉ, ϩⲛ̄ⲧ⸗**

다다르게 하다 **ⲧϩⲡⲟ, ⲑⲡⲟ, ⲧϩⲡⲁ⸗, ⲑⲡⲁ⸗**

다다르다, 명령, 법령 **ⲧⲁϩⲟ, ⲧⲁϩⲉ-, ⲧⲁϩⲟ⸗, ⲧⲁϩⲏⲩ†**

다다르다, 손에 넣다, 누리다, 요구하다 **ⲙⲁⲧⲉ, ⲙⲁⲧⲱⲟⲩ†**

다락 **ⲟⲩⲉϩⲥⲟⲓ**

다량, 대중 **ⲁⲧⲟ, ⲁⲧⲉ-, ⲁⲧⲟ**

다량의 **ⲛⲁϣⲉ-, ⲛⲁϣⲱ⸗**

다른 곳 **ⲕⲉⲥⲁ**

다른 이들 **ⲕⲉⲟⲩⲁ**

다른, 역시, 아직 **ⲕⲉ, ⲕⲁⲓ-, ϭⲉ,** *pl.* **ⲕⲉⲕⲁⲩⲉ, ⲕⲉ-, ⲕⲟⲩ-** *m. f., pl.* **ⲕⲟⲟⲩⲉ**

다른 **ⲉⲧⲟⲩⲟⲧⲃ**

다리, 막대 **ϩⲣ̄ⲃ̄**

다리, 발 **ⲟⲩⲉⲣⲏⲧⲉ, ⲟⲩⲣⲏ(ⲏ)ⲧⲉ** *f.*, **ϭⲣⲁ, ⲟⲩⲣⲏⲧⲉ**

다리 **ⲡⲁⲧ** *f.*, **ⲡⲉⲧ**

다만 **ⲙⲉⲧⲉ, ⲙ̄ⲙⲉⲧⲉ**

다섯 **ϯⲟⲩ** *m., f.***ϯ(ⲉ), -ⲧⲏ, -ⲧⲉ**

다수의 **ⲙⲏϣⲉ, ⲙⲏⲏϣⲉ**

다스리다 **ⲣ̄ ⲣ̄ⲣⲟ, ⲣ̄ ϫⲟⲉⲓⲥ(ⲉ-)**

다시 **ⲛ̄ⲕⲁⲓⲥⲁⲡ, ⲛⲕⲉⲥⲁⲡ**

다시 말해 **ϫⲉ**

다시 치솟다 **ⲧⲟⲥⲧ̄ⲥ̄**

다시 하다, 몸값을 주고 사다 **ⲥⲱⲧ, ⲥⲱⲧⲉ, ⲥⲟ(ⲟ)ⲧ⸗, ⲥⲱⲧ⸗, ⲥⲁⲁⲧ⸗, ⲥⲁⲧ⸗**

다시 한 번, 역시, 여전히 **ⲁⲛ, ⲁⲙ**

다시, 아직 **ⲣⲱ, ⲡⲁⲗⲓⲛ** πάλιν

다시한 번, 재차, 더는 않다 **ⲛ̄ⲟⲩⲱϩⲙ̄**

다윗왕 **ⲇ̄ⲁ̄ⲇ̄**

다음 날 **ⲣⲁⲥⲧⲉ** *m.*

다침 **ⲡⲗⲏⲅⲏ** πληγή

다투다, 싸우다 **ⲧⲱⲛ, ⲧⲟⲛ, ⲗⲉϭⲗⲉϭ** (L), **ϯ ⲧⲱⲛ**

다투다, 싸움 **ⲙ̄ⲗⲁϩ, ⲛⲉϫⲛⲉϫ, ϣⲱⲛⲧ̄, ϣⲟⲛⲧ̄, ϣⲟⲛⲧ†**

다툼, 신경질 **ⲛⲉϭⲉ, ⲙⲛ̄ⲧ ϩⲗ̄ⲟⲩⲱ, ⲛⲁϭⲛⲉϭ, ⲫⲓⲗⲟⲛⲓⲕⲓⲁ** φιλονικία

따귀 **ⲕⲗⲯ**

따다, 모으다 **ⲕⲱⲧϥ̄, ⲕⲁⲧϥ-, ⲕⲁⲧϥ⸗**

따다, 뽑다 **ϩⲱ(ⲱ)ⲗⲉ, ϩⲁⲗ-, ϩⲟ(ⲟ)ⲗ⸗, ⲥⲁⲥⲉ, ⲥⲉⲥⲉ**

따다, 뽑다 **ⲧⲱⲕⲙ̄, ⲧ(ⲉ)ⲕⲙ̄-, ⲧⲟⲕⲙ⸗, ⲧⲁⲕⲙ⸗, ⲧⲟⲕⲙ̄†, ⲧⲁⲕⲙ̄†**

따뜻한 바람 **ⲁⲣ̄ϩⲙ̄ⲙⲉ**

따로따로 **ⲛ̄ⲥⲁ ⲟⲩⲥ̇ⲁ**

따오기, 이비스 **ϩⲓⲃⲟⲓ, ϩⲉⲃⲱⲓ, ϩ(ⲓ)ⲃⲟⲩⲓ, ϩⲁⲃⲟⲩⲓ** *m.*

딱딱한 철침대 **ⲙⲁ ⲛ̄ⲛ̄ⲕⲟⲧⲕ̄ ⲙ̄ⲃⲉⲛⲓⲡⲉ**

딱딱해지다, 두꺼워지다, 무거워지다 **ⲛ̄ϣⲟⲧ, ⲉⲛϣⲟⲧ, ⲛⲁϣⲧ̄†** *p.c.* **ⲛⲁϣⲧ̄-**

닦다 **ϥⲱⲧⲉ, ϥⲉⲧ-, ϥⲟⲧ⸗** *p.c.* **ⲃⲁⲧ-**

단 한 번 **ϩⲁⲡⲁⲝ** ἅπαξ, **ⲛ̄ⲟⲩⲥⲟⲡ, ⲛ̄ⲟⲩⲥⲁⲡ ⲛ̄ⲟⲩⲱⲧ, ϩⲓⲟⲩⲥⲁⲡ**

단 한 번으로 **ⲙ̄ⲡⲥⲟⲡ**

단검 **ⲙⲁⲕⲟⲧ, ⲙⲁⲕⲱⲧ, ⲙⲁⲅⲁⲧ, ⲙⲁⲅⲁⲇ, ⲙⲉⲣⲉϩ, ⲙⲉⲣϩ̄, ⲥⲏϥⲉ**

단계, 단어집(scala) **ⲧⲱⲣⲧⲣ̄, ϩⲓⲏ ⲙ̄ⲙⲟⲟϣⲉ**

ㄱ ㄴ ㄷ ㄹ ㅁ ㅂ ㅅ ㅇ ㅈ ㅊ ㅋ ㅌ ㅍ ㅎ

단단하게 하다, 포장하다, 짐을 싣다 ϫⲱⲥ, ϫⲟⲥ⸗, ϫⲏⲥ†

단단한, 굳어지다 ⲛ̄ϣⲁⲧ (L), ⲛⲁϣⲧ-, ⲛⲁϣⲧ̄†

단단한, 완고한 ⲱⲣϫ̄, ⲟⲩⲱⲣϫ̄, ⲱⲣϭ̄, (ⲉ)ⲣϫ̄-, ⲁⲣϫ̄-, ⲣⲉϫ-, ⲱⲣⲏϫ-, ⲁⲣϫ-, ⲟⲣϫ⸗, ⲁⲣϫ⸗, ⲟⲣ(ⲉ)ϫ†, ⲁⲣϫ†

단단한, 조악한, 거친 ϫⲁ(ⲁ)ϫⲉ, ϫⲁϫⲱ(ⲟⲩ)†

단단한 ϭⲛⲟ, ϭⲉⲛⲛⲏⲩⲧ†, ϭⲱⲥ, ⲕⲉⲥ†, ⲡⲣⲉⲥⲣⲁⲥⲧ̄†, ⲧⲁⲕ

단단해지다 ⲛⲟⲩϣⲧ̄

단도, 검 ϭⲟⲣⲧⲉ, ϭⲁⲣⲧⲉ, ⲕⲟⲣⲧⲉ *f.*

단독적으로, 하나로 일치되어, 상호 모순 없이 ⲟⲩⲁ(ⲛ̄)ⲟⲩⲱⲧ

단번에, 갑자기 ϩⲛ̄ⲟⲩϣⲥ̄

단순한 ⲃⲁⲗϩⲏⲧ

단순히 ϩⲁⲡⲗⲱⲥ ἁπλῶς

단어집(scala) ⲧⲱⲣⲧⲣ̄

단장하다 ⲕⲟⲥⲙⲉⲓ

단지 했으면! ⲉⲛⲉ

단지, 오직 ⲙⲁⲧⲉ, ⲙ̄ⲙⲁⲧⲉ

단지, 항아리 ϭⲉⲗⲙⲁⲓ, ϭⲉⲗⲙⲁ, ϭⲁⲗⲙⲁⲓ, ϭⲉⲗⲙⲏⲛ, ⲕⲩⲗⲙⲁⲛ, ⲕⲉⲗⲙⲁ *m.*

단지 ϭⲁⲗⲁϩⲧ, ϭⲁⲗⲁϩⲧⲉ, ϭⲁⲗⲉϩⲧ, ⲕⲁⲗⲁϩⲧ *f.*

단지 ⲗⲓⲕ, ϣⲟϣⲟⲩ, ϣⲁϣⲟⲩ, ϣⲟϣⲟ *m.*

단창 ⲃⲟⲗⲓⲥ

단축하다, 줄이다, 적게 하다, 저급의 ϭⲱϫⲃ̄, ϭⲱϫⲉⲃ, ⲕⲟⲩϫⲃ̄, ϭⲉϫⲃ̄-, ϭⲟϫⲃ̄⸗, ϭⲟϫⲃ̄†, ϭⲁϫⲃ̄†

단편, 파편 ⲡⲟϭⲉ, ⲡⲱϭⲉ, ⲡⲟⲕⲉ, ⲡⲁϭⲉ, ⲡⲁⲕⲉ, ⲕⲗⲁⲥⲙⲁ κλάσμα

단호한, 강한, 승자 ϫⲣⲟ, ϭⲣⲟ, ϫⲣⲟⲉⲓⲧ†, ϫⲣⲏⲩⲧ†

닫기, 문 ϣⲧⲟⲙ *m.*

닫다, 잠그다 ⲧⲱⲙ, ⲧ(ⲉ)ⲙ-, ⲧⲟⲙ⸗, ⲧⲏⲙ†, ϣⲧⲁⲙ, ϣⲧⲟⲙ, ϣⲧⲁⲙ-

닫다 ϩⲱϫⲡ̄, ϩⲉϫⲡ̄-, ϩⲟϫⲡ⸗, ϩⲟϫⲡ̄ †, ϩⲱϫⲧ̄

닫다 ϣⲧⲉⲙ, ϣⲧⲁⲙ, ϣⲁⲧⲙ̄-, ϣⲁⲧⲙ⸗, ϣⲁⲧⲙⲉ†

닫다 ϣⲱⲧⲙ̄, ϩⲱⲧⲙ̄, ϣ(ⲉ)ⲧⲙ̄-, ϣⲟⲧⲙ̄†

닫히다 ϫⲟⲗϫⲗ̄, ϫ(ⲉ)ⲗϫⲗ̄-, ϫⲗ̄ϫⲱⲗ⸗, ϫⲗ̄ϫⲱⲗ†

달, 개월 ⲉⲃⲁⲧ *m., pl.* ⲉⲃⲉⲧⲉ, ⲉⲃⲟⲧ *m., pl.* ⲉⲃⲁⲧⲉ, ⲉⲃⲉⲧⲉ

달 ⲟⲟϩ, ⲟϩ, ⲱϩ *m.*

달걀, 대머리의 꼭대기 ⲥⲟⲟⲩϩⲉ *f.*

달래다, 위로하다 ϭⲙ̄ ⲛⲟⲙⲧⲉ

달려가서 숨다 ⲡⲱⲧ ⲉⲣⲁⲧϥ̄

달리, 게다가, 다시, 아직 ⲣⲱ

달리기 ϭⲓⲛⲡⲱⲧ

달리다, 도망치다, 피하다 ⲡⲱⲧ, ⲡⲁⲧ†, ⲡⲏⲧ†

달성하다, 산출하다, 낳다, 만들다 ϫⲡⲟ, ϫⲡⲉ-, ϫⲡⲟ⸗, ϫⲡⲁ⸗, ϫⲡⲁⲉⲓⲧ†

달콤하다 ϩⲗⲟϭ, ϩⲗⲁⲕ, ϩⲟⲗϭ̄† *p.c.* ϩⲁⲗϭ-

달콤한 ϩⲗⲁϭ (L), ϩⲁⲗϭ†, ϩⲁⲗⲉϭ†, *pl.* ϩⲗ̄ϭⲁⲧⲉ

딸, 여식 ϣⲏⲣⲉ ⲛ̄ⲥϩⲓⲙⲉ

딸 ϣⲏⲣⲉ *m., f.* ϣⲉⲉⲣⲉ, ϣⲉⲣⲉ, ϣⲣ̄-, ϣ(ⲉ)ⲛ-, ϣⲉ-, ϣⲓ-, ϣⲟⲩ-, ϣⲏⲛ-, ϣⲏⲣ- *pl.* ϣⲣⲏⲩ, ϣⲣⲉⲩ

닭, 날짐승 ϭⲁⲓⲙⲉ, ⲡⲁⲡⲟⲓ, ⲡⲁⲡⲁⲓ *m.*

닮다, 비슷하다 ϭⲓⲣⲟ⸗, ϭⲓⲣⲓ-

담금질 ⲟϣⲙⲉϥ *m.*

담으로 막다 ϫⲁⲗϫⲗ̄

땀, 수고 ⲃⲱⲧⲉ, ϥⲱⲧⲉ *m. f.*

답변 ϭⲓⲛⲟⲩⲱϣⲃ̄

답변하다 ⲣ̄ ⲟⲩⲱ

당기다, 매달다, 고문하다 ⲕⲣⲁⲙⲙⲁⲧⲓⲍⲉ

당분간 ⲡⲣⲟⲥ ⲟⲩⲥⲏⲩ

당시에는 ⲙ̄ⲡⲓⲥⲏⲩ, ⲙ̄ⲡⲥⲏⲩ

당신 ⲛ̄ⲧⲱⲧⲛ̄, ⲛ̄ⲧⲉⲧⲛ̄-, -ⲧⲏⲩⲧⲛ̄

당신들의 ⲡⲉⲧⲛ̄-

당연히 좋은 ⲛⲁⲛⲟⲩϥ

당황하는, 난처한 ϣⲗⲁϩⲛ̄ϩⲏⲧ

당황하다, 비틀거리다 ⲥⲕⲁⲛⲇⲁⲗⲓⲍⲉ σκανδαλίζεσθαι

땅 한 조각 ⲡⲱϭⲉ ⲛ̄ⲕⲁϩ

땅, 나라, 지방 ⲧⲟ *m.*, ⲁⲙⲉ, ⲕⲁϩ

땅, 더러움, 찌끼 ϩⲁⲁⲃ *m.*, ϩⲁϥⲉ (L) *m.*

땅 ⲉⲓⲧⲛ̄ *m. cf.* ⲉⲡⲓⲧⲛ̄, ⲙ̄ⲡⲓⲧⲛ̄, ⲉⲥⲏⲧ, ⲓ̈ⲧⲛ̄ (L), ⲓⲧⲛⲉ

땅에 드러눕다 ϫⲧⲟ, ϫⲧⲉ-, ϫⲧⲟ⸗, ϫⲧⲏⲩ†

땅에 묻다 ⲧⲱⲙⲥ̄, ⲧ(ⲉ)ⲙⲥ̄-, ⲧⲁⲙⲥ-, ⲧⲟⲙ(ⲉ)ⲥ⸗, ⲧⲟⲙⲥ̄†

땅에 속한 사람 ⲣⲙ̄ⲛ̄ⲕⲁϩ

땅을 파다, 깎다 ϭⲱ(ⲱ)ϫⲉ, ϫⲟϫⲉ, ϭⲉϫ-, ϭⲏϫ†,ϭⲣⲏ

땅을 파다, 자르다 ϭⲱϫⲉ, ⲃⲟⲗⲃⲗ̄, ⲃⲗ̄ⲃⲱⲗ⸗, ϣⲟϥϣϥ̄, ϣⲁϥϣϥ

땅을 파다 ϣⲱⲕϩ, ϣⲉⲕϩ-, ϣⲟⲕϩ⸗, ϣⲟⲕϩ̄†, ϣⲁϫϩ̄†

닻 ϩⲁⲩϭⲁⲗ *m.*

땋은 머리 ϫⲓϫⲱⲓ, ϭⲓϫⲱⲓ

대가리 ϭⲗⲟϭ, ⲉϭⲗⲟϭ *m.*

대강의 줄거리 ⲃⲏⲕⲉ

대단히 ⲧⲟⲛϣ

대담한, 참을성 있는 ϩⲁⲣϣϩⲏⲧ

대답, 답변 ϭⲓⲛⲟⲩⲱϣⲃ̄, ⲟⲩⲱ *m.*

대답하다 ⲟⲩⲱϣⲃ̄, ⲟⲩⲉϣⲃ̄-, ⲟⲩⲁϣⲃ⸗, ⲟⲩⲱϣⲃⲉ, ⲟⲩⲁϣⲃⲉ⸗

대답하다, 되풀이하다, 번역하다 ⲟⲩⲱϩⲙ̄, ⲟⲩⲱϩⲙⲉ, ⲟⲩⲉϩⲙ̄-, ⲟⲩⲁϩⲙ⸗, ⲟⲩⲟϩⲙ⸗, ⲟⲩⲁϩⲙⲉ⸗, ⲟⲩⲟϩⲙ̄ †, ⲟⲩⲱϩ ⲉⲧⲟⲟⲧ⸗

대도시 ⲛⲟϭ ⲙ̄ⲡⲟⲗⲓⲥ

대략 ⲁ-, ⲛⲁ-, ϩⲱⲥ ὡς

대량학살, 상처를 내다 ⲣⲁϩⲧⲥ̄

대머리 ϭⲁⲗⲟⲩⲃⲓϩ *m.*, ⲕⲉⲣϩⲉ, ⲟⲩⲥ *m.*

대변, 똥 ⲥⲟⲟⲧ, ⲥⲟⲧ, ⲥⲁⲧ *m., pl.* ⲥⲁⲁⲧⲉ, ⲙⲏ ⲛ̄ⲟⲉⲓⲕ

대사 ϥⲁⲓⲟⲩⲱ, ⲁⲙⲛⲏⲥⲧⲓⲁ ἀμνηστία, ⲡⲣⲉⲥⲃⲉⲩⲧⲏⲥ πρεσβευτής

대식가 ⲗⲁⲃϩⲏ, ⲗⲁϩⲉ, ⲗⲁⲃⲙⲁϩⲧ̄, ⲗⲁⲙⲁϩⲧ̄, ⲗⲁϩⲉ, ⲗⲁⲙⲁϩⲧ

대신에 ⲉⲡⲙⲁ (ⲛ̄-)

대양, 바다 ⲱⲕⲉⲁⲛⲟⲥ *m.*

대우하다 ϫⲓ ϩⲟ

대우할만한 ⲛ̄ϣⲁⲩ

대장, 수장 ⲙⲉⲅⲓⲥⲧⲁⲛⲟⲥ μεγιστᾶνος

대장장이 ⲃⲉⲥⲛⲏⲧ *m., pl.* ⲃⲉⲥⲛⲁⲧⲉ, ϩⲁⲙⲕⲗ̄ⲗⲉ

대적자 ϫⲁϫⲉ *m. f., pl.* ϫⲓϫⲉⲉⲩ, ϫⲓϫⲉⲟⲩ, ϫⲓⲛϫⲉ(ⲉ)ⲩ(ⲉ)

대적자, 적 ⲁⲛⲧⲓⲕⲉⲓⲙⲉⲛⲟⲥ, ⲁⲛⲧⲓⲇⲓⲕⲟⲥ ἀντίδικος, ⲧⲟⲩⲣⲉ (L)

대적자의 ⲉⲧϣⲟⲟⲡ ⲟⲩⲃⲉ

대적하다, 공격을 준비하다 ⲁⲡⲁϭⲉ ⲟⲩⲃⲉ

대제사장, 교황 ⲁⲣⲭⲓⲉⲣⲉⲩⲥ

대주교 ⲁⲣⲭⲏⲉⲡⲓⲥⲕⲟⲡⲟⲥ

대추 ⲅⲁⲍⲅⲁⲍ, ⲅⲁⲍⲅⲓⲍ

대추야자수 ⲃⲉϩⲱⲗ

대항하다, 저항하다 ⲃⲱϭⲥ̄, ⲃⲁϭⲥ†, †ⲟⲩⲃⲉ

대항하여, 에 반대하여 ⲟⲩⲃⲉ-, ⲟⲩ(ϥ)ⲉ-, ⲟⲩⲃⲏ⸗, ⲟⲩⲏ⸗

때, 시기 ⲥⲙⲉⲩ (L) *m.*, ⲁϊⲃⲉ, ϩⲁⲧⲉ *f.*, ϩⲟⲧⲉ *f.*

때, 시기 ⲭⲣⲟⲛⲟⲥ χρόνος, ⲟⲩⲟⲉⲓϣ, ⲟⲩⲁⲉⲓϣ

때때로 ⲉⲛⲓⲟⲧⲉ ἐνίοτε

때려눕히다, 쓰러뜨리다 ϩⲃⲟⲣⲃⲣ̄, ⲃⲟⲣⲃⲣ̄, (ϩ)ⲃⲣ̄ⲃⲣ̄-, ϩⲃⲣ̄ⲃⲱⲣ⸗, ⲃ̄ⲣⲃⲱⲣ †, ⲃⲣ̄ⲃⲟⲣⲧ̄†

때리다, 못을 박다 ⲥⲁϩⲥ (L), ⲁⲁⲥ

때리다, 버리다 ϩⲓⲟⲩⲉ, ϩⲓ-, ϩⲟⲩ-, ϩⲓⲧ⸗ *p.c.* ϩⲁⲩ-

때리다, 부딪치다, 상처를 입히다 ⲕⲱⲗϩ̄, ⲕⲗϩ̄-, ⲕⲟⲗϩ⸗, ⲕⲟⲗϩ†

때리다, 상처를 입히다, 타살하다 ϣⲱⲱϭⲉ, ϣⲉ(ⲉ)ϭⲉ-, ϣⲟ(ⲟ)ϭ⸗, ϣⲟ(ⲟ)ϭⲉ†

때리다, 상처를 입히다 ϣⲱϭⲉ, ϣⲱϭⲉ-, ϣⲁϭⲉ-, ϣⲁϭ(ⲉ)⸗, ϣⲁϭⲉ†

때리다, 손해를 끼치다 ⲥⲱϣ, ⲥⲉϣ-, ϣⲉⲥ-, ⲥⲟϣ⸗

때리다, 치다 ⲣⲱϩⲧ̄, ⲣⲉϩⲧ̄-, ⲣⲁϩⲧ-, ⲣⲁϩⲧ⸗, ⲣⲟϩⲧ⸗, ⲣⲁϩⲧ̄ †

때리다, 치다 ⲙⲟⲩⲥⲕ̄, ⲙⲁⲥⲕ⸗, ⲣ̄ ⲧⲱⲣⲉ, ϫⲛⲁ⸗ ϫⲛⲟ⸗

때리다, 치다 ϣⲁⲁⲣ(ⲉ), ϣⲁⲓⲣⲉ, ϣⲟⲟⲣ, ϣⲁⲣⲉ-, ϣⲁⲣ⸗, ϣⲁⲣ†

때리다 ⲟⲩⲉϣⲟⲩⲉϣ, ⲟⲩⲉϣⲟⲩⲱϣ⸗, ϣⲱⲱϭⲉ, † ⲥⲁϣ

때림, 상처 ϣϭⲁ, ϣⲓϭ *m.*

때문에 ⲉⲧⲃⲉ-, ⲛ̄ⲧϥⲉ, ⲉⲧⲃⲏⲧ⸗, ⲉⲧⲃⲏⲏⲧ⸗, ⲛ̄ⲧⲗⲁⲓϭⲉ

때문에 ⲉⲃⲟⲗ ϩⲓⲧⲛ̄-, ϩⲓⲧⲛ̄-, ϩⲓⲧⲙ̄-

때밀이 소년 ⲡⲁⲧⲥⲓⲟⲟⲩⲛ

더 나빠지다 ⲑⲟ, ⲧϩⲟ

더 악화시키다 ⲑⲣ̄ϣⲟ, ⲧϩⲣ̄ϣⲟ, ⲑⲣ̄ϣⲉ-, ⲑⲣ̄ϣⲟ⸗

더 이상 …아닌 (부정과 함께 쓰여) ϭⲉ

더는 미치지 못하는 ⲁⲧⲛ̄ ⲣⲉⲧ⸗

더는 않다 ⲟⲛ

더듬다, 발로 밟다 ϩϫⲟⲡϫⲡ̄, ϩⲡⲟϭⲡϭ̄

더듬다, 살피다 ϭⲟⲙϭⲉⲙ, ϭⲟⲙϭⲙ̄, ϭⲙ̄ϭⲱⲙ⸗

더러운 벌레, 벼룩 ⲡⲉⲛⲛⲉ, ⲡⲉⲛⲛⲏ

더러운, 사악한, 더럽혀진 ⲧⲱⲗⲙ̄, ⲧⲱⲗⲙⲉ, ⲧⲟⲗⲙ⸗, ⲧⲟⲗⲙ̄ †

더러움, 불결함 ϭⲟⲣϫ, ϭⲟⲣϫⲉ *m.*

더러움, 찌끼 ϩⲁⲁⲃ *m.*, ⲕⲟⲡⲣⲓⲁ, ϩⲁϥⲉ (L) *m.*, ϣ(ⲉ)ⲃⲉ

더럽혀진, 불결한 ⲉⲧϫⲁϩⲙ

더럽혀진 ⲧⲱⲗⲙ̄, ⲧⲱⲗⲙⲉ, ⲧⲟⲗⲙ⸗, ⲧⲟⲗⲙ̄†

더럽히다 ⲃⲱⲧⲉ, ⲃⲉⲧ-, ⲃⲟⲧ-, ⲃⲏⲧ†

더럽히다 ϫⲱϩⲙⲉ (L), ϫⲱϩⲙ̄, ϫⲁϩⲙⲉ⸗, ϫⲁϩⲙ̄†, ϫⲁϩⲙⲉ†

더럽히다 ⲥⲱⲱϥ, ⲥⲉ(ⲉ)ϥ-, ⲥⲉⲉⲃⲉ-, ⲥⲟⲟϥ-, ⲥⲱⲱϥ-, ⲥⲟ(ⲟ)ϥ⸗, ⲥⲟⲟϥ†

더미, 송이 ⲡⲁϭⲗⲉ (L), ⲃⲟⲟⲩ, ⲃⲟⲩⲛⲟⲥ

더미, 현장 ⲣ̄ϫⲛⲟⲟⲩ, ⲣⲉϫⲛⲟⲟⲩ, ⲣⲓϫⲛⲟⲟⲩ, ⲣ̄ϫⲛⲟⲟⲩⲉ, ⲗⲉϫⲛⲟⲟⲩ *f.*

더위나 추위로 데다 ⲱⲣϣ̄, (ϩ)ⲟⲣϣ̄†

더하다 ⲡⲱϩⲧ̄ ⲉϫⲛ̄-

떠나가다 ⲡⲱⲱⲛⲉ ⲉⲃⲟⲗ, ⲛⲟⲩϫⲉ ⲉⲃⲟⲗ

떠나가다, 이사하다 ⲟⲩⲱⲧⲃ̄ ⲉⲃⲟⲗ, (ⲉⲃⲟⲗ) ϩⲛ̄-, ϩⲛ̄ⲧ⸗ ⲉⲃⲟⲗ, ⲟⲩⲉⲓⲛⲉ

떠나게 하는 이 ⲣⲉϥ†ⲛ̄ⲧⲁⲡⲟⲇⲏⲙⲓⲁ

떠다니다 ϩⲗⲟⲉⲓⲗⲉ, ϩⲗⲟⲉⲓⲗ, ϩⲣⲟⲉⲓⲣⲉ, ϩⲗⲉⲉⲓⲗⲉ, ϩⲉⲗⲉⲓⲗⲉ

떠돌이, 유랑 ⲥⲟⲣⲙⲉⲥ, ⲉⲧϭⲁⲗⲱⲟⲩ

떠돌이로 살다 ⲥⲱⲣⲙ̄, ⲥⲱⲣⲙⲉ, ⲥⲉⲣⲙ̄-, ⲥⲁⲣⲙⲉ-, ⲥⲟⲣⲙ⸗, ⲥⲟⲣⲙ̄†, ⲥⲁⲣⲙⲉ† *p.c.*

떠오르는 ⲁⲛⲁⲃⲓⲃⲁⲍⲱⲛ ἀναβιβάζων

덕 ⲧⲃ̄ⲃⲟ, ⲧⲃ̄ⲃⲉ-, ⲧⲃ̄ⲃⲟ⸗, ⲧⲃ̄ⲃⲏⲩ†

떡 ⲟⲉⲓⲕ

던지다, 가져오다 ϩⲱⲗ, ϩ(ⲉ)ⲗ-, ϩⲟⲗ-, ϩⲟⲗ⸗, ϩⲁⲗ⸗

던지다, 쏘다, 뿌리다, 심다 ⲥⲓⲧⲉ, ⲥⲉⲧ-, ⲥⲁⲧ-, ⲥⲓⲧ-, ⲥⲁⲧ⸗, ⲥⲉⲧ⸗, ⲥⲓⲧ⸗, ⲥⲏⲧ†

던지다, 엎드리다, 펼치다 ⲛⲟⲩϫⲉ, ⲛⲟⲩϫ, ⲛⲉϫ-, ⲛⲁϫ-, ⲛⲁϫ⸗, ⲛⲟϫ⸗, ⲛⲏϫ†

던지다 ⲧⲱⲕ, ⲧⲉⲕ-, ⲧⲉⲕ⸗, ⲧⲏⲕ† *p.c.* ⲧⲁⲕ-

떨다, 뒤흔들다, 요동하다 ⲛⲟⲉⲓⲛ

떨다, 떨게 하다, 무섭게 하다 ⲥⲧⲱⲧ

떨다 ⲛⲉϩ ϣⲗϩϥ̄, ⲥⲧⲣ̄ⲧⲣ̄

떨리다 ⲕⲓⲙ, ⲕⲉⲙⲧ⸗, ⲕⲙⲧ⸗, ⲕⲉⲙⲧ-, ⲕⲙ̄- (ⲉ-)

떨어뜨리다, 말리다, 시들게 하다 ⲥⲣⲟϥⲣ(ⲉ)ϥ, ⲣⲟϥⲣ̄ⲃ⸗, ⲥⲣⲉϥⲉⲱϥ⸗, ⲥⲣⲃ̄ⲣⲱⲃ⸗

떨어뜨리다 ⲑⲓ̈ⲟ, ⲑⲓⲁ⸗, ⲑⲓ̈ⲁⲓ̈ⲧ†, ⲑⲓⲟ, ⲑⲓⲉ-, ⲑⲓⲟ-, ⲑⲓⲟ⸗, ⲑⲓⲏⲩ†, ⲥⲱⲥ, ⲥⲟⲥ⸗, ⲥⲏⲥ †

떨어지게 하다, 물이 방울져 떨어지다 ϫⲟⲗϫ(ⲉ)ⲗ, ϫⲗ̄ϫⲗ̄-, ϫⲗ̄ϫⲱⲗ⸗

떨어지게 하다, 시들게 하다 ⲥⲣⲁϥⲣⲉϥ (L), ⲥⲣϥ̄ⲣⲁϥⲧ†

떨어지다, 쓰러지다, 타락하다 ϩⲉ, ϩⲉⲉ, ϩⲏⲉ, ϩⲉ⸗, ϩⲏⲩ†, ϩⲉⲓ̈(ⲉ)

떨어지다 ⲩⲁⲣⲟⲩⲣ (L), ⲟⲩⲣⲟⲩⲱⲣ(ⲉ)⸗, ⲟⲩⲣ-ⲱⲣ⸗, ⲟⲩⲱⲣⲟⲩⲱⲣ(ⲉ)⸗, ⲟⲩⲣⲟⲩⲁⲣⲧ†

덧붙이다, 나무를 심다 ⲧⲱϭⲉ, ⲧⲁϭ-, ⲧⲁϭ⸗, ⲧⲏϭ†

덧붙이다, 대답하다 ⲟⲩⲱϩ ⲉⲧⲟⲟⲧ⸗

덩어리 ϣⲁⲁⲧⲉ, ϣⲁⲁⲧⲥ̄

덩이, 뭉치, 혹 ⲃⲱⲗⲟⲥ βῶλος

덫, 함정 ⲉⲗⲱ, ⲁⲗⲱ, ϭⲟⲣϭⲥ̄, ϭⲁⲣϭⲥ̄

덮개, 의복 ϭⲟ(ⲟ)ⲗⲉⲥ, ⲗⲱⲃϣ̄, ⲗⲱⲧⲓⲝ

덮개 ϩⲱⲃⲥ̄, ϩ(ⲟ)ⲃⲥ̄, ϩⲃ̄ⲃⲥ̄, ϩⲏⲃⲥ̄, ϩⲁⲡⲥ̄ *m.*

덮다, 넓게 펼치다 ⲡⲱⲣϣ̄ ⲉⲃⲟⲗ ϩⲓϫⲛ̄-

덮다, 숨기다 ϩⲱⲃⲥ̄, ϩⲁⲃⲥ⸗, *pl.* ϩⲃ̄ⲥⲁⲩⲉ, ϩⲱⲃⲥ̄, ϩ(ⲉ)ⲃⲥ̄-, ϩⲟⲃⲥ⸗, ϩⲟⲃⲥ̄ †

덮어씌우다, 관을 씌우다, 지붕, 덮개 ⲗⲱⲃϣ̄

데려오다 ⲉⲓⲛⲉ, (ⲉ)ⲛ-, ⲛ̄ⲧ⸗, *impér.* ⲁⲛⲓⲛⲉ, ⲁⲛⲓ-

데려오다 ϫⲓ, ϫⲓ-, ϫⲉ-, ϫⲓⲧ⸗, ϫⲏⲩ † *p.c.* ϫⲁⲓ-

데우다 ⲑⲙⲟ, ⲧϩⲙ(ⲙ)ⲟ

데운 ⲉⲧϩⲏⲙ

도 아닌 ⲟⲩⲧⲉ οὔτε

도 역시 ⲙⲁⲩⲁⲁ⸗, ϩⲁⲣⲓϩⲁⲣⲟ⸗

도, 마찬가지로 ϩⲁⲣⲓϩⲁⲣⲟ⸗

도구, 각종 장비 ⲥⲧⲉⲃⲁⲉⲓϩ *pl.*, ⲥⲕⲉⲩⲏ σκεύη

도구, 무기, 화살 ⲥⲟⲧⲃⲉϥ, ⲥⲁⲧⲃⲉϥ, ⲥⲟⲧϥ̄, ⲥⲟⲧϩϥ̄ *m.*

도구함 ϫⲓⲗⲗⲉⲥ, ϫⲉⲗⲗⲏⲥ, ⲕⲉⲗⲗⲏⲥ, ⲭⲉⲗⲗⲉⲥ

도끼 ⲉⲓⲛⲉ *f.*, ⲕⲁⲗⲁⲃⲓⲛ, ⲕⲉⲗⲉⲃⲓⲛ

도달하다, 성숙하다 ⲡⲱϩ, ⲡⲉϩ-, ⲡⲏϩ†, ⲕⲁⲧⲁⲛⲧⲁ καταντᾶν

도둑 ϲⲁⲛⲉ (L), ϲⲟ(ⲟ)ⲛⲉ *m.*, ⲗⲏⲥⲧⲏⲥ ληστής, ⲣⲉϥϩⲱϥⲧ̄, ⲣⲉϥϫⲓⲟⲩⲉ

도둑, 악한 ⲱϫ, ⲟϫ

도둑의 소굴 ⲙⲁⲛ̄ϲⲟⲟⲛⲉ

도둑질 ⲕⲟⲗⲡϲ̄

도랑, 수로 ⲫⲟϲϲⲁ *fossa*, ϣⲧⲏ *m.*

도로, 단계 ϩⲓⲏ ⲙ̄ⲙⲟⲟϣⲉ, ϩⲓⲏ *f. pl.* ϩⲓⲟⲟⲩⲉ, ϩⲓⲏⲩ, ϩⲓⲁⲩⲉ

도마뱀의 일종 ϩⲁϥⲗⲉⲗⲉ, ϩⲁϥⲗⲗⲉ, ⲁϥⲗⲉⲗⲉ, ϩⲁⲃⲗⲉⲗⲉ *f.*

도마뱀의 일종 ϩⲁⲕⲗϥ̄, ϩⲁⲕⲏⲗϥ̄, ϩⲁⲕⲉⲗ, ϩⲁⲛⲕⲗϥ *m.*

도망치다, 피하다 ⲡⲱⲧ, ⲡⲁⲧ†, ⲡⲏⲧ†, ⲡⲱⲧ ⲉⲃⲟⲗ

도모하다 ϫⲱⲛⲧ̄, ϫ(ⲉ)ⲛⲧ̄-, ϫⲟⲛⲧ̄-, ϫⲱⲛⲧ-, ϫⲛ̄ⲧ-, ϫⲟⲛⲧ⸗, ϫⲁⲛⲧ⸗, ϫⲟⲛⲧ̄†

도살, 대량학살, 상처를 내다 ⲣⲁϩⲧϲ̄

도살자 ⲙⲁⲅⲉⲗⲗⲓⲧⲏⲥ μακελλίτης

도성 ⲡⲟⲗⲓⲧⲉⲩⲙⲁ πολίτευμα

도시 ⲡⲟⲗⲓϲ πόλις

도시의 한 구역 ⲣⲁⲩⲏ, ⲣⲁⲩⲉ(ⲓ), ⲣⲏⲩⲉ *f.*

도약, 전진 ⲟⲩⲁï *m.*

도우러 오다 ϥⲓ ⲙⲛ̄-

도움 ⲃⲟⲏⲑⲉⲓⲁ βοήθεια

도자기 조각 ⲃⲗ̄ⲗϫⲉ, ⲃⲗ̄ϫⲉ

도장 찍다 ⲧⲱⲱⲃⲉ, ⲧⲟⲟⲃ⸗, ⲧⲟ(ⲟ)ⲃⲉ†

도장, 인장 ⲧⲟⲟⲃⲉϲ *f.*, ⲧⲟⲟⲃ(ⲉ)ϥ *m.*, ⲃⲏϲⲉ, ⲧⲃ̄ⲃⲉ *f.*

도전하다 ⲧⲟⲗⲙⲁ, ⲧⲟⲗⲙⲏ τολμᾶν

도피 중, 몸을 숨기다 ⲡⲱⲧ ϩⲏⲧϥ̄

도피처, 은신처 ⲙⲁ ⲙ̄ⲡⲱⲧ

또 다른 ⲕⲁⲓⲟⲩⲉ

또 한 번, 다시 ⲛ̄ⲕⲁⲓϲⲁⲡ, ⲛⲕⲉϲⲁⲡ

또는 ⲉⲓⲧⲉ εἴτε, ⲏ ἤ, ϩⲓ-, ϩⲉ-, ϩⲓⲱⲱ⸗, ϩⲓⲱ⸗

또다시 ⲛ̄ⲕⲉϲⲟⲡ.

또한 아닌 ⲟⲩⲇⲉ οὐδέ

또한, 역시 ⲁϩⲁⲛ, ⲁⲩⲱ

독, 극약 ⲙⲁⲧⲟⲩ, ⲙⲁⲧ(ⲟⲩ)ⲉ, ⲙⲉⲧⲟⲩ (L), ⲉⲡϫⲱ

독립 ⲙⲛ̄ⲧϫⲟⲉⲓϲ

독방, 칸막이 방 ⲣⲓ *f.*

독생자 ⲁⲅⲉⲛⲛⲏⲧⲟϲ, ⲙⲟⲛⲟⲅⲉⲛⲏϲ μονογενής, ϣⲏⲣⲉⲛ̄ⲟⲩⲱⲧ ⲟⲩⲁ

독서 ϭⲓⲛⲱϣ

독소 ⲉⲡϫⲱ

독수리 ⲁⲉⲧⲟϲ ἀετός, ⲁϩⲱⲙ, ⲃⲏϭ, ⲃϭ̄, ⲛⲟⲩⲣⲉ, ⲛⲟⲩⲗⲉ *m. f.*, ⲛⲟⲩϣⲣ̄ *m.*

독수리 ϲⲉⲗⲓⲗⲉⲛ, ϲⲉⲗⲓⲗⲓⲛ

독신녀 ⲁⲧϩⲁⲓ

독약을 먹이다 ⲫⲁⲣⲙⲁⲕⲟϲ φαρμακός

독자, 낭독자 ⲁⲛⲁⲅⲛⲱϲⲧⲏϲ ἀναγνώστης

독자 ⲣⲉϥⲱϣ, ϣⲏⲣⲉ ⲛ̄ⲟⲩⲱⲧ

독재자 ⲧⲩⲣⲁⲛⲛⲟϲ τύραννος

독촉하다, 압력을 넣다 ϩⲁϣϩϣ̄ (L), ϩⲉϣϩⲱϣ⸗, ϩⲉϣϩⲁϣⲧ†, ϩϣ̄ϩⲁϣⲧ†

돈자루 ⲧⲱⲱⲙⲉ, ⲧⲱⲙⲉ, ⲧⲟⲟⲙⲉ *f.*

돌, 조약돌 ⲱⲛⲉ, ⲉⲛⲉ-, ⲁⲛⲉ- *m. f.*, ⲡⲉⲧⲣⲁ πέτρα

돌단 ⲧⲟⲩⲱⲧ *m.*, *f.* ⲧⲟⲩⲟⲟⲧⲉ

돌려보내다 ⲃⲱⲕ, ⲃⲁⲕ⸗, *p.c.* ⲃⲁⲕ-

돌로 치다 ϩⲓⲱⲛⲉ, ⲛⲉϫⲱⲛⲉ

돌리다, 돌아가다, 에워싸다, 진을 치다 ⲕⲧⲟ, ⲕⲧⲉ-, ⲕⲧϲ⸗, ⲕⲧⲏⲩ†, ⲕⲧⲟⲉⲓⲧ†

돌리다, 둘러싸다, 돌아가다 ⲕⲧⲟ, ⲕⲧⲁ⸗, ⲕⲧⲁïⲧ†, ⲕⲱⲧⲉ, ⲕⲁⲧ⸗

돌리다 ⲣⲓⲕⲉ, ⲣⲉⲕ(ⲧ)-, ⲣⲁⲕⲧ-, ⲣⲉⲕⲧ⸗, ⲣⲟⲕⲉ†, ⲣⲁⲕ(ⲧ)ⲉ†

돌보다, 걱정하다 ⲱⲧ, ⲏⲧ†, ϩⲗⲟⲟⲗⲉ, ϩⲗⲱⲗⲉ

돌보다, 걱정하다 ϥⲓ (ⲡ)ⲣⲟⲟⲩϣ, ⲣⲟⲟⲩϣ

돌아가다, 에워싸다, 진을 치다 ⲕⲧⲟ, ⲕⲧⲉ-, ⲕⲧϲ⸗, ⲕⲧⲏⲩ†, ⲕⲧⲟⲉⲓⲧ†

돌아가다 ⲕⲧⲟ, ⲕⲧⲁ⸗, ⲕⲧⲁïⲧ†

돌아서다, 탄원하다 † ϩⲟ

돌조각 ⲡⲁϩϥ̄ *m.*

돌쩌귀, 경첩 ⲙⲉϣ†ⲃϲ̄

돌출하다 ⲃⲱϭⲉ, ϩⲉï

돔 ⲙⲉⲗⲱⲧ *f.* *(m.)*, *pl.* ⲙⲉⲗⲁⲧⲉ

돕다 ⲃⲟⲏⲑⲉⲓ βοηθεῖν, † ⲧⲟ(ⲟ)ⲧ⸗, † ⲛ̄ⲧⲟⲧ⸗, ⲧⲁïⲙⲉ (L)

돗자리 ⲡⲣⲏϣ, ⲡⲣⲁϣ *m.*, ⲧⲟⲙ *m.*

동강 내다, 파다, 새기다 ϣⲟⲧϣⲧ̄, ϣⲟϫⲧ̄, ϣⲉⲧϣⲱⲧ⸗, ϣⲉⲧϣⲱⲧ†

ㄱ ㄴ ㄷ ㄹ ㅁ ㅂ ㅅ ㅇ ㅈ ㅊ ㅋ ㅌ ㅍ ㅎ

동강이 ⲥⲗ̄ⲡⲉ *f.*

동굴, 굴혈 ⲃⲏⲃ

동등 ϣⲱϣ ⲛ̄ⲟⲩⲱⲧ *nn.*

동료 ⲥⲁⲓ̈ϣ

동료 ϣⲃⲏⲣ *m., f.* ϣⲃⲉⲉⲣⲉ, ϣⲃ(ⲏ)ⲣ-, *pl.*ϣⲃⲉⲉⲣ, ϣⲃⲉⲣⲉ, ϣⲃⲏⲣⲛ̄ϩⲱⲧⲉⲣ

동류 노예 ϣⲃⲣ̄ϩⲙ̄ϩⲁⲗ

동류 시민 ϣⲃⲣ̄ⲥⲩⲙⲡⲟⲗⲓⲧⲏⲥ συμπολίτης

동류 ⲥⲩⲅⲅⲉⲛⲏⲥ συγγενής

동물 ⲍⲱⲟⲛ

동물의 가죽 ϣⲁ(ⲁ)ⲣ, ϣⲁ(ⲁ)ⲣ- *m., pl.* ϣⲁⲁⲣⲉ

동물의 사체 ⲡⲁϩⲥ̄

동반자 ⲕⲟⲓⲛⲱⲛⲟⲥ

동반하다, 호위하다, 다다르게 하다 ⲧϩⲡⲟ, ⲑⲡⲟ, ⲧϩⲡⲁ⸗, ⲑⲡⲁ⸗

동방, 해뜨는 곳 ⲙⲁⲛ̄ϣⲁ, ⲣⲁ(ⲛ̄)ϣⲁ, ⲙⲁⲛ̄ϣⲁ (ⲙ̄ⲡⲣⲏ)

동방 ⲉⲓⲃⲧ, ⲉ(ⲓ)ⲉⲃⲧ, ⲙⲁ ⲙ̄ⲡⲉⲓⲣⲉ

동산 ⲛⲉⲧⲕⲓⲙ

동시에, 함께 ϩⲓⲟⲩⲥⲟⲡ, ϩⲓⲟⲩⲥⲁⲡ

동역자 ϣⲃⲣ̄ⲣ̄ϩⲱⲃ

동요 ⲕⲓⲛⲏⲥⲓⲥ κίνησις

동요 ⲧⲁⲣⲁⲭⲏ ταραχή

동의하다, 허락하다 ⲙⲟⲩⲧⲛ̄, ⲙⲉⲧⲛ̄-, ⲙⲟⲧⲛ⸗ *p.c.* ⲙⲁⲧⲛ̄-, ⲙⲉⲧⲉ, ϯ ⲙⲉⲧⲉ

동일하게 ⲙ̄ⲙⲓⲛ, ⲙ̄ⲙⲓⲛⲉ, ⲧⲱⲉⲧⲱ

동일하게 하다, 비교하다 ϣⲱϣ, ⲥⲱϣⲉ, ϣⲟⲩϣⲟⲩ, ϣⲉϣ-, ϣⲁϣ⸗, ϣⲟϣ⸗, ϣⲏϣ†, ⲥⲏϣ†

동일한 장소에서 ϩⲓⲟⲩⲙⲁ

동일한 형태로 ⲡⲓⲥⲙⲁⲧ ⲡⲓⲥⲙⲁⲧ

동일한, 평평한 ⲉⲧϣⲏϣ, ⲧⲟⲩ ⲁⲩⲧⲟⲩ

동전, 가격 ϩⲟⲙⲛ̄ⲧ, ϩⲟⲙ(ⲉ)ⲧ *m.*

동전, 은화 ϩⲉⲧ *m.*, ϩⲁⲙⲧ *m.*, ϩⲟⲗⲟⲕⲟⲧⲓⲛⲟⲥ ὁλοκόττινος, ⲛⲟⲙⲓⲥⲙⲁ νόμισμα

동정, 자선 ⲙⲛ̄ⲧⲛⲁⲏⲧ, ⲙⲛ̄ⲧϣⲁⲛϩⲧⲏ⸗

동정심을 갖다, 인자한 ⲛⲁ, ⲛⲁⲁ, ⲛⲁⲉ, ⲛⲁ(ⲉ)ⲓ(ⲏ), *p.c.* ⲛⲁ-

동정심이 많은 ϣⲟⲟⲛⲉ

동정의, 연민을 가지는 ϣⲁⲛϩⲧⲏ⸗

동질의 ϩⲟⲙⲟⲓⲟⲩⲥⲓⲱⲥ ὁμοιουσίως

동쪽 ⲁⲛⲁⲧⲟⲗⲏ ἀνατολή, ⲉⲓⲉⲃⲧ, ⲁⲉⲓⲃⲧⲉ, ⲥⲁⲛ(ⲙ)ⲡⲣ̄ⲓ̈ⲉ

동참자 ϣⲃⲣ̄ⲕⲟⲓⲛⲱⲙⲟⲥ

동편 ⲣⲁ (ⲛ̄)ϣⲁ

동행하다 ⲁⲕⲟⲗⲟⲩⲑⲉⲓ, ⲑⲡⲟ, ⲧϩⲡⲟ, ⲑⲡⲟ⸗

동화, 역사 ϣϥⲱ *f.*

똥 ⲙⲏ ⲛ̄ⲟⲉⲓⲕ, ⲥⲟⲟⲧ, ⲥⲟⲧ, ⲥⲁⲧ *m., pl.* ⲥⲁⲁⲧⲉ

돛, 장막 ⲗⲓⲕⲧ, ⲗⲓⲕⲧ⸗, ⲃⲏⲗⲟⲛ

돛대ϩⲁ, ϩⲟ, ϩⲁⲉ *m.*

돛을 달다, 항해하다 ⲥϭⲏⲣ, ⲥⲕⲏⲣ, ϣⲥϭⲏⲣ, ϣⲕⲉⲣ, ϣϭⲏⲣ

돛을 펴다 ⲥⲁⲧⲉ

돼지 새끼 ⲣⲁⲓⲣⲉ *m. f.*

돼지 ⲉϣⲱ, ϣⲟⲩ *f., pl.* (ⲉ)ϣⲁⲩ, ⲣⲓⲣ, ⲣⲏⲗ, ⲣ̄ⲣ- *m.*

되다, 일어나다 ϣⲱⲡⲉ, ϣⲟⲟⲡ†, ϣⲟⲡ†

되돌리다, 맡기다 ϭⲟ(ⲉ)ⲓⲗⲉ, ϭⲁⲗⲉ-, ⲕⲁⲗⲉ-, ⲕⲁⲗⲱ-, ϭⲁⲗ(ⲱ)ⲱ⸗, ϭⲁⲗⲱⲟⲩ†, ϭⲁⲗⲏⲩ(ⲧ)†, ⲕⲉⲗⲟⲓⲉⲧ†

되돌리다, 차이를 내다, 가르다 ⲟⲩⲱ(ⲱ)ⲧⲉ, ⲟⲩⲁⲁⲧⲉ-, ⲃⲱⲧ-, ⲟⲩⲟ(ⲟ)ⲧ⸗, ⲟⲩⲱⲁ(ⲁ)ⲧ⸗, ⲟ[ⲩⲁ]ⲧ⸗, ⲟⲩⲟⲟⲧⲉ†, ⲟⲩⲁⲧⲉ†

되돌아가다, 뒤로밀다, 끝내다,말이, 종말 ⲣⲁϭⲱⲗ *m.*

되돌아가다 ⲛⲟⲩⲟⲩϩ (L), ⲛⲁⲩϩ-, ⲛⲁⲩϩ⸗, ⲛⲁⲩϩ†, ⲣⲁⲩⲏ, ⲣⲁⲩⲉ(ⲓ) ⲣⲏⲩⲉ *f.*

되살리다 ⲧⲛ̄ϩⲟ, ⲧⲛ̄ϩⲟ-, ⲧⲛ̄ϩⲁ⸗

되새김질 하다 ⲥⲁⲧⲃⲉ

되찾다, 다시 하다, 몸값을 주고 사다 ⲥⲱⲧ, ⲥⲱⲧⲉ, ⲥⲟ(ⲟ)ⲧ⸗, ⲥⲱⲧ⸗, ⲥⲁⲁⲧ⸗, ⲥⲁⲧ⸗

되풀이하다, 거부하다, 자리를 바꾸다 ⲧⲥⲧⲟ, ⲥⲧⲟ, ⲥⲑⲟ, ⲧⲥ̄ⲧⲉ-, ⲧⲥ̄ⲧⲟ⸗, ⲧⲥ̄ⲧⲁ⸗, ⲥⲧⲁ⸗, ⲧⲥ̄ⲧⲏⲩ†, ⲧⲥⲧⲁⲓ̈ⲧ†

되풀이하다, 덧붙이다, 대답하다 ⲟⲩⲱϩ ⲉⲧⲟⲟⲧ⸗

되풀이하다, 번역하다 ⲟⲩⲱϩⲙ̄, ⲟⲩⲱϩⲙⲉ, ⲟⲩⲉϩⲙ̄-, ⲟⲩⲁϩⲙ⸗, ⲟⲩⲟϩⲙ⸗, ⲟⲩⲁϩⲙⲉ⸗, ⲟⲩⲟϩⲙ̄†

되풀이하다, 증가시키다 ⲧⲁϣⲟ, ⲧⲁϣⲉ-, ⲧⲁϣⲟ⸗

두 마음의, 망설이는 ϩⲏⲧ ⲥⲛⲁⲩ

두 번째 ⲇⲉⲩⲧⲉⲣⲁ δευτέρα

두 얼굴의 ϩⲟ ⲥⲛⲉⲩ

두개골, 머리 ⲁⲛⲧⲉⲗⲙ, ⲁⲛⲧⲏⲗⲙ

두꺼운 ⲉⲧϩⲧⲁⲓ

두꺼워지다 ⲛ̄ϣⲟⲧ, ⲉⲛϣⲟⲧ, ⲛⲁϣⲧ̄† *p.c.* ⲛⲁϣⲧ̄-

두꺼워지다, 굳게 되다 ⲁⲕ(ⲏ)ⲧ, ϩⲧⲁ(ⲉ)ï (L), ϩⲁⲧ†

두다, 싸우다 †, †-, ⲧⲉ-, ⲧⲁ(ⲁ)⸗, ⲧⲉ⸗, ⲧⲉⲉ⸗, ⲧⲉïⲧ⸗, ⲧⲉⲧ⸗, ⲧⲛ̄ⲛⲉ⸗, ⲧⲟ†, ⲧⲟïⲉ† *p.c.* ⲧⲁⲓ-

두다 ϥⲓ, ϥⲓ-, ϥⲓⲧ⸗, ϥⲏⲩ† *p.c.* ϥⲁⲓ-

두레박 ⲁⲣⲉ

두려운 ⲛ̄ϩⲟⲧⲉ

두려움 ⲁⲣⲟϣ, ϩⲣ̄ⲧⲉ *f.*, ϩⲁⲧⲉ *f.*, ϩⲟⲧⲉ *f.*

두려워하다 ⲣ̄ ϩⲟⲧⲉ ϩⲏⲧ⸗, ⲥⲛⲁⲧ

두루마리 ϫⲱ(ⲱ)ⲙⲉ *m.*

두리번거리다 ⲙⲟⲩⲣϣ

두목 ⲁⲛϫⲱϫ

둑, 제방 ⲧⲏⲛⲉ, ⲧⲛⲏ *m.*

둔기, 흉기 ϭⲟⲡ *f.*

둔덕, 방목 언덕, 강둑 ⲥⲧⲱ *f.*

둘 다 ⲙ̄ⲡⲥⲛⲉⲩ

둘 ⲥⲛⲁⲩ *m.*, *f.* ⲥⲛ̄ⲧⲉ; -ⲥⲛⲟⲟⲩⲥ *m.*, *f.* , -ⲥⲛⲟⲟⲩⲥⲉ

둘 ⲥⲛⲉⲩ (L), ⲥⲛⲟ, -ⲥⲛⲁⲩⲥ, *f.* ⲥⲛ̄ⲧⲉ, -ⲥⲛⲁⲩⲥⲉ *m.*

둘둘 감다, 묶다 ⲱⲗⲙⲉ (L), ⲱⲗⲙ̄, ⲁⲗⲙⲉ†, ϩⲱⲗϭ̄, ϩⲱⲗϭ⸗, ϩⲟⲗϭ̄†

둘둘 말다, 되돌아가다, 뒤로밀다, 끝내다;말이, 종말 ⲣⲁϭⲱⲗ *m.*

둘러싸다, 돌아가다 ⲕⲧⲟ, ⲕⲧⲁ⸗, ⲕⲧⲁïⲧ†, ⲕⲱⲧⲉ, ⲕⲉⲧ-, ⲕⲟⲧ⸗, ⲕⲏⲧ†, ⲱⲣⲉⲃ

둘러싸이다 ϫⲟⲗϫⲗ̄, ϫ(ⲉ)ⲗϫⲗ̄-, ϫⲗ̄ϫⲱⲗ⸗, ϫⲗ̄ϫⲱⲗ†

둘로 찢다 ⲡⲱϣ, ⲡⲱϣⲉ, ⲡⲉϣ-, ⲡⲟϣ⸗, ⲡⲏϣ†

뚫다, 구멍을 내다, 직시하다, 가로지르다, 상처를 입히다 ϫⲱⲧⲉ, ϫⲉⲧ-, ϫⲁⲧ-, ϫⲱⲧ-, ϫⲟⲧ⸗, ϫⲁⲧ⸗

뚫다, 상처를 입히다, 심다, 박다 ⲧⲱⲕⲥ̄, ⲧⲱⲧⲥ̄, ⲧⲉⲕⲥ-, ⲧⲟⲕⲥ⸗, ⲧⲟⲕⲥ̄† *p.c.* ⲧⲁⲕⲥ-

뚫다 ϩⲱⲧⲉ, ⲧⲟⲣⲧⲣ̄, ⲧⲣ̄ⲧ(ⲱ)ⲣ-, ⲧⲣ̄ⲧⲱⲣ⸗, ⲧⲣ̄ⲧⲱⲣ†

둥근 어깨 ϩⲁⲙⲏⲣ *m.*

둥근 [ⲕⲟⲗⲕⲗ̄], ⲕⲉⲗⲕⲱⲗ†

둥글게 말다 ⲕⲱϥ, ⲕⲟϥ⸗

둥글둥글한, 부드러운 ϩⲁⲕ

둥지 ⲙⲁϩ, ⲙⲁⲁϩ, ϣⲧⲉ

뚱뚱한, 굳은, 거친 ⲉⲧⲛⲁⲥⲧ̄

뚱뚱해지다 ⲟⲩⲙⲟⲧ, ⲟⲩⲟⲙ(ⲛ̄)ⲧ†

뒤늦게, 마침내 ⲛ̄ϩⲁⲉ

뒤덮히다 ⲟⲩⲟⲧⲟⲩⲉⲧ

뒤돌아보다 ⲕⲁⲣⲁⲧ⸗ ⲉⲃⲟⲗ

뒤돌아서다, 철수하다 ⲧⲟⲟⲧⲉ, ⲧⲁⲁⲧⲉ

뒤로 ⲉⲡⲁϩⲟⲩ

뒤로밀다, 끝내다;말이, 종말 ⲣⲁϭⲱⲗ *m.*

뒤를 향해 ⲉⲡⲁϩⲟⲩ

뒤섞다, 휘말려 들다 ϫⲱⲗϫ̄, ϫⲗ̄ϫ-, ϫⲁⲗϫ⸗, ϫⲁⲗϫ̄†, ϫⲁⲗⲉϫ†

뒤섞다 ⲕⲉⲣⲁ κεράννυμι, ⲙⲟⲩϫⲧ̄, ⲙⲁϫⲧ†

뒤섞음, 간통 ⲥⲩⲅⲕⲣⲁⲥⲓⲥ σύγκρασις

뒤섞인, 복잡하게 얽힌 ϩⲗⲟⲙⲗⲙ̄

뒤섞인 ϭⲗⲁⲙⲗⲙ̄ (L), ϭⲗⲙ̄ⲗⲱⲙ⸗, ϭⲗⲙ̄ⲗⲱⲙ†, ϭⲗⲁⲙϭⲗⲙ†

뒤섞임 ⲙⲓⲅⲙⲁ μῖγμα

뒤얽히다, 방해하다, 옷 ⲥⲧⲟⲗⲏ, ⲥⲧⲟⲗⲁⲩⲉ στολή

뒤엎다, 넘어뜨리다 ϣⲟⲣϣⲣ̄, ϣⲣ̄ϣⲣ̄-, ϣⲣ̄ϣⲱⲣ⸗, ϣⲣ̄ϣⲱⲣ†, ϣⲣ̄ϣⲟⲣⲧ̄†

뒤엎다, 엎드리다 ⲡⲱϩⲧ̄, ⲡⲉϩⲧ̄-, ⲡⲁϩⲧ̄-, ⲡⲁϩⲧ⸗, ⲡⲁϩⲧ̄†

뒤엎다 ⲁⲛⲁⲥⲧⲣⲉⲫⲉ, ϣⲁⲣϣⲣ̄ (L), ϣⲣ̄ϣⲱⲣ⸗, ϣⲱⲣϣⲱⲣ⸗

뒤엎다 ϣⲧⲟⲣⲧⲣ̄, ϣⲧⲣ̄ⲧⲣ̄-, ϣⲧⲣ̄ⲧⲱⲣ⸗, ϣⲧⲣ̄ⲧⲱⲣ†

뒤에, 뒤를 향해 ⲉⲡⲁϩⲟⲩ, ⲙ̄ⲛ̄ⲛ̄ⲥⲁ-, ⲙ̄ⲛ̄ⲛ̄ⲥⲱ⸗, ϩⲓⲡⲁϩⲟⲩ

뒤에, 후에, 반하여, 제외한 ⲛ̄ⲥⲁ-, ⲛ̄ⲥⲱ⸗

뒤에서 ϩⲓⲡⲁϩⲟ

뒤지다 ϣⲱϥϣϥ̄, ϣⲉϥϣⲱϥ†

뒤집다 ϣⲧⲁⲣⲧⲣⲉ, ϣⲧⲁⲣⲧⲣ̄, ϣⲧⲣ̄ⲧⲱⲣ⸗, ϣⲧⲣ̄ⲧⲁⲣⲧ†

뒤틀린 ⲱⲗⲕ̄, (ⲉ)ⲗⲕ̄-, ⲟⲗⲕ⸗, ⲁⲗⲕ⸗, ⲟⲗⲕ̄ †

뒤틀어지다, 굽다 ⲥⲱⲧⲣ̄, ⲥⲟⲧⲣ̄†

뒤흔들다, 뒤엎다 ϣⲧⲟⲣⲧⲣ̄, ϣⲧⲣ̄ⲧⲣ̄-, ϣⲧⲣ̄ⲧⲱⲣ⸗, ϣⲧⲣ̄ⲧⲱⲣ†

뒤흔들다, 요동하다 ⲛⲟⲉⲓⲛ, ⲛⲁï̈ⲛⲉ (L), ⲛⲟϩⲛϩ̄, ⲛⲉϩⲛⲟⲩϩ⸗, ⲛⲉϩⲛⲟⲩϩ†

뛰어남 ⲁⲣⲉⲧⲏ ἀρετή

뛰어오르다 ⲥⲛⲉïⲛⲉ (L)

드높이다, 높이 ⲡⲗⲁïⲗⲉ, ϥⲓ ⲉϩⲣⲁï

드높이다, 상승, 높이 ϫⲓⲥⲉ, ϫⲉⲥⲧ-, ϫⲁⲥⲧ-, ϫⲁⲥⲧ⸗, ϫⲓⲥⲧ⸗, ϫⲉⲥⲧ⸗, ϫⲟⲥⲉ†, ϫⲁⲥⲉ† *p.c.* ϫⲁⲥⲓ-

드러나는 ⲉⲧⲟⲩⲟⲛϩ̄ ⲉⲃⲟⲗ

드러나다 ⲇⲟⲕⲉⲓ (ⲛⲁ⸗)

드러내는 사람 ⲣⲉϥⲟⲩⲱⲛϩ̄

드러내는 자 ⲣⲉϥϭⲱⲗⲡ̄

드러내다, 계시하다 ϭⲱⲗⲡ̄, ⲕⲱⲗⲡ̄, ϭ(ⲉ)ⲗⲡ̄-, ϭⲱⲗⲡ̄-, ϭⲁⲗⲡ-, ϭⲟⲗⲡ⸗, ϭⲁⲗⲡ⸗, ϭⲟⲗⲡ̄†, ϭⲁⲗⲡ̄†

드러내다, 나타나게 하다, 공표하다, 신앙을 고백하다 ⲟⲩⲱⲛϩ̄, ⲟⲩⲱⲛⲁϩ, ⲟⲩⲉⲛϩ̄-, ⲟⲩⲱⲛϩ-, ⲟⲩⲁⲛϩ-, ⲟⲩⲟⲛϩ⸗, ⲟⲩⲁⲛϩ⸗, ⲟⲩⲁⲛⲉϩ⸗, ⲟⲩⲟⲛϩ†, ⲟⲩⲁⲛϩ̄†, ⲟⲩⲁⲛⲉϩ†

드러내다, 펼치다 ⲡⲱⲣⲡ̄ (L), ⲃⲱϣ, ⲃⲉϣ-, ⲃⲟϣ⸗, ⲃⲏϣ†, *p.c.* ⲃⲁϣ-

드러내다 ⲧϫⲁⲓⲟ, ϫⲁⲓⲟ, ϭⲁⲓⲟ, ϫⲁⲓⲥ⸗

드러눕다, 가라앉다 ϣⲧⲟ, ϣⲧⲟ⸗, ϣⲧⲏⲩ†

뜨거운 열기 ⲕⲁⲩⲙⲁ καῦμα, ϣⲁⲣⲃⲁ, ϣⲁⲃⲣⲁ *m.*

뜨거운, 불붙는, 쓰디쓴 ϫⲟⲩϥ, ϫⲛⲟⲩϥ, ϫⲱϥ, ϫⲉϥ-, ϫⲁϥ⸗, ϫⲏϥ† *p.c.* ϫⲁϥ-, ϫⲟⲩϥ, ϫⲱϥ, ϫⲱⲃ⸗, ϫⲏϥ†, ϫⲁϥ†

뜨거운, 열기 ϩⲙⲟⲙ, ϣⲙⲟⲙ, ϩⲏⲙ†, ϩⲙⲁⲙ, ϩⲏⲙ†

뜨다, 솟다, 빛이 비취다 ϣⲁ

듣다, 귀를 기울이다 ⲥⲱⲧⲙ̄, ⲥⲱⲧⲙⲉ, ⲥⲉⲧⲙ̄-, ⲥⲁⲧⲙ⸗, ⲥⲁⲧⲙⲉ⸗, ⲥⲟⲧⲙ⸗

들고일어나다, 반발하다, 잡아뽑다,쓴 ⲟⲩⲓϩⲉ (L), ⲟⲩⲁϩⲉ†

들고일어난 ϥⲟϭⲥ̄

들러붙는 ⲗⲱϫⲕ̄, ⲗⲱϫⲧ̄, ⲗⲱϫϭ̄

들러붙다, 핥다, 붙다 ⲗⲱϫ

들어 올리다 ⲡⲗⲁⲗⲱⲱ⸗

들어가다 ϫⲓ ⲟⲩⲁï, ϣⲉ ⲉϩⲟⲩⲛ

들쥐 ⲁⲗⲓⲗ

들판 ⲉⲓⲱϩⲉ *m.*, ⲉⲓⲉϩ-, *pl.* ⲉⲓⲁϩⲟⲩ(ⲉ)

뜰 ⲟⲛϩ̄, ⲁⲛϩ̄ *m.*

뜰, 포도원 ϭⲱⲙ, ϭⲟⲙ, ⲕⲟⲙ, ϭⲱⲙⲉ *m.*, *pl.* ϭⲟⲟⲙ, ϭⲟⲟⲙⲉ, ⲕⲁⲁⲙ

등, 등뼈 ϫⲓⲥⲉ *f.*, ⲙⲟⲩⲧ, ⲥⲟⲓ *m.*

등 위에, 그리고, 또는 ϩⲓⲱ⸗

등, 촛대 ⲗⲩⲭⲛⲓⲁ

등불 ϩⲏⲃⲥ̄, ϩ(ⲉ)ⲃⲥ̄ *m.*, ⲗⲁⲙⲡⲁⲥ λαμπάς

등뼈 ϫⲓⲥⲉ *f.*, ⲕⲉⲥ ⲛ̄ϫⲓⲥⲉ

등심 ⲙⲟⲩⲧ ⲙ̄ⲙⲁⲥⲉ

등한시 ⲁⲙⲉⲗⲓⲁ

뜻 ⲱⲕ, ⲏⲕ†

띠 ⲕⲉⲣⲏ, ϭⲉⲣⲏ

ㄹ

랍비 ⲣⲁⲃⲃⲓ

레바논 ⲗⲓⲃⲁⲛⲟⲥ λίβανος

레위 ⲗⲉⲩⲓⲥ

렌즈콩 ⲁⲣϣⲓⲛ

로마의 군단 ⲗⲏⲅⲉⲱⲛ *legio*

로마인 ϩⲣⲱⲙⲁⲓⲟⲥ

루비 ⲕⲁⲕⲟ, ⲅⲁⲅⲟ

류의 ϭⲓⲣⲁ⸗ ϭⲓⲣⲉ-, ϭⲓⲣⲁ⸗ ϭⲓⲣⲟ-

률 ⲛⲁⲓ̈ϣ *m.*

ㅁ

마구 ⲃⲁⲃⲩⲗⲱⲛⲓⲕⲟⲛ βαβυλωνικόν

마귀 ⲇⲁⲓⲙⲟⲛⲓⲟⲛ, ⲇⲁⲓⲙⲱⲛ δαίμων, ⲓ̈ϩ (L)

마나님, 여주인 ⲕⲩⲣⲁ

마노 ⲁⲭⲁⲧⲏⲥ

마늘, 파 ϣϫⲏⲛ *m.*

마니교 신명의 하나 ⲫⲉⲅⲅⲟⲕⲁⲧⲟⲭⲟⲥ φεγγοκάτοχος

마니교 신명의 하나 ⲫⲱⲥⲧⲏⲣ φωστήρ

마니교도 ⲙ̄ⲛ̄ⲭⲁⲓⲟⲥ

마니에게 비난받은 종파와 그 교리 ⲛⲟⲃⲉ *f.*

마당, 더미, 현장 ⲣ̄ϫⲛⲟⲟⲩ, ⲣⲉϫⲛⲟⲟⲩ, ⲣⲓϫⲛⲟⲟⲩ, ⲣ̄ϫⲛⲟⲟⲩⲉ, ⲗⲉϫⲛⲟⲟⲩ *f.*

마르다 ϣⲟⲟⲩⲉ, ϣⲟⲩⲱⲟⲩ†, ϣⲟⲩⲱⲩ†

마른 잔가지, 불쏘시개 ϭ(ⲉ)ⲗⲙ̄, ϭ(ⲗ)ⲗⲙ̄, ⲕⲉⲗⲙ

마리아 ⲙⲁⲣⲓⲁ

마리암 ⲙⲁⲣⲓϩⲁⲙⲙⲏ

마법, 요술 ⲙⲛ̄ⲧϩⲁⲕⲟ, ⲙⲁⲅⲓⲁ μαγεία

마법사 ⲃⲁⲗϩⲓⲕ, ϩⲁⲕⲟ, ϩⲁⲅⲱ *m.*

마법사 ⲙⲁⲅⲟⲩⲥⲁⲓⲟⲥ μαγουσαῖος

마법사 ⲣⲉϥⲣ̄ ⲡⲁϩⲣⲉ, ⲣⲉϥⲣ̄ϩⲓⲕ, ⲣⲉϥⲙⲟⲩⲧⲉ

마법승 ⲙⲁⲅⲓⲥ, ⲙⲁⲅⲟⲥ μάγος

마법을 행하다 ⲣ̄ ϩⲓⲕ

마비되다, 굳어지다 ⲥⲓϭⲉ, ⲥⲱϭ, ⲥⲉϭ-, ⲥⲟϭ⸗

마비시키다, 더위나 추위로 데다 ⲱⲣϣ̄, (ϩ) ⲟⲣϣ̄†, ϣⲱⲗ, ϣⲟⲗ⸗, ϣⲁⲗ⸗, ϣⲏⲗ†

마술 ϩⲓⲕ *m.*

마술사 ⲣⲉϥⲣ̄ϩⲓⲕ

마시다 ⲥⲱ, ⲥⲉ-, ⲥⲁ-, ⲥⲉⲩ-, ⲥⲟⲩ-, ⲥⲟⲟ⸗, *p.c.* ⲥⲁⲩ-

마을 서기 ⲥⲁϫⲟ, ⲥⲁϫⲱ

마을, 소도시, 성 ϯⲙⲉ *m., pl.* ⲧⲙⲉ, ⲕⲱⲙⲏ κώμη

마을의 유력자 ⲗⲁϣⲁⲛⲉ

마음, 지혜, 이성 ϩⲏⲧ *m.,* ϩⲉⲧⲉ *pl.,* ϩⲧⲏ⸗, ⲛⲟⲩⲥ νοῦς *m.*

마음을 놓다, 병에서 놓임 받다 ⲙ̄ⲧⲟⲛ, ⲉⲙⲧⲟⲛ, ⲙⲟⲧⲛ̄†

마음을 다지다 ⲁⲓ̈ϩⲏⲧ

마음의 고통을 느꼈던가 ⲡⲉⲁⲡⲉⲕϩⲏⲧ ⲙ̄ⲕⲁϩ

마주치다, 갑자기울다, 슬퍼하다 ⲧⲟⲉⲓⲧ

마지막 ⲛ̄ϩⲁⲏ

마차의 중간축 ϩⲏⲛⲉ *f.*

마찬가지로, 그러나, 실은, 달리, 게다가, 다시, 아직 ⲣⲱ

마찬가지로, 그렇지만, 아직 ϩⲟⲙⲱⲥ ὅμως, ϩⲁⲣⲓϩⲁⲣⲟ⸗

마치다 ⲟⲩⲱ ⲉ-

마침내 ⲛ̄ϩⲁⲉ

마태 ⲙⲁⲧⲑⲁⲓⲟⲥ

마흔 ϩⲙⲉ

마흔넷 ϩⲙⲉⲧⲉϥⲧⲉ

막다, 멈추게 하다, 방해하다 ⲥⲱϣ̄ⲧ, ⲥⲱϩ̄ⲧ, ϣⲱϣ̄ⲧ, ⲥⲉϣ̄ⲧ-, ⲥⲱϣ̄ⲧ-, ⲥⲁϣⲧ-, ⲥⲟϣⲧ⸗, ⲥⲟϫ⸗, ⲥⲁϣⲧ⸗, ⲥⲟϣⲧ†, ⲥⲁϣ̄ⲧ†

막다, 멈추게 하다 ϫⲱⲗⲉ (L), ϫⲱⲗ-, ϫⲱⲗⲉ-, ϫⲱⲱⲗⲉ-, ϫⲁⲗ-, ϫⲁⲗ⸗

막다 ϩⲱⲥ, ϩⲉⲥ-, ϩⲱⲥ-, ϩⲟⲥ⸗, ⲕⲱⲗⲩ, ⲕⲱⲗⲩⲉ κωλύειν

막대 ϩⲣ̄ⲃ

막대기 ϩⲣⲃⲱⲧ, ϩⲉⲣⲃⲱⲧ, ϩⲉⲣⲃⲟⲟⲑⲉ *f.*

막대기 ⲟⲩⲁϩ *m.*, ϣⲗ̄ϩ̄, ϣⲗⲉϩ, ϣⲉⲗϩ̄, ϣⲉⲛ̄ϩⲱⲧ

막대기, 나뭇가지 ϭⲉⲣⲱⲃ *m.*, *pl.* ϭⲉⲣⲟⲟⲃ, ϭⲉⲣⲱⲱⲃ

막대기, 지휘봉 ϣⲃⲱⲧ, ϣⲃⲟⲧ *m.*, *pl.* ϣⲃⲁⲧⲉ

막대기, 창살 ⲙⲟⲭⲗⲟⲥ μοχλός

막대기로 두드리다, 손뼉을 치다, 이빨을 갈다 ϫⲁϩϫϩ̄, ϫⲁϩϫ̄, ϫⲁϩϭ̄, ϭⲁϩϫϩ̄, ϭⲁϩⲉ(ⲉ)ϩ, ϭⲟϩϭ(ⲉ)ϩ, ϭⲁϩϭ̄, ϭⲟϩϭ̄, ϫⲉϩϫⲱϩ⸗

만나다, 기회를 잡다, 우연 ⲧⲱⲙ̄ⲧ, ⲧⲱⲙⲛ̄ⲧ, ⲧⲟⲙⲛ̄ⲧ†

만나다, 도달하다 ⲕⲁⲧⲁⲛⲧⲁ καταντᾶν, ⲁⲡⲁⲛⲧⲁ ἀπαντᾶν

만들다, 경과하다 ⲉⲓⲣⲉ, (ⲉ)ⲣ-, ⲣ̄-, ⲣⲉϥ-, ⲁⲁ⸗, ⲉ⸗, ⲉⲉ⸗, ⲉⲓⲧ⸗, ⲧ⸗, ⲧⲣ̄⸗, ⲟ†, ⲟⲓ̈†, *impér.* ⲁⲣⲓⲣⲉ, ⲁⲣⲓ-, ⲁⲣⲓ⸗

만들다, 빚다 ⲡⲗⲁⲥⲧⲏⲥ πλάστης

만들다, 시키다 ⲧⲁⲛⲟ, ⲧⲁⲛⲟ-, ⲧⲁⲛⲟ⸗, ⲧⲁⲛⲁ⸗

만들다, 창안하다 ⲧⲁⲙⲓⲟ, ⲧⲁⲙⲓⲉ-, ⲧⲁⲙⲓⲟ-, ⲧⲁⲙⲓⲟ⸗, ⲧⲁⲙⲓⲏⲩ†

만들다, 형성하다 ⲙⲟⲩⲛ̄ⲕ, ⲙⲟⲩⲛ̄ⲅ, ⲙⲉⲛ̄ⲕ-, ⲙⲁⲛⲕ-, ⲙⲁⲛⲕ⸗,

만들다 ϫⲡⲟ, ϫⲡⲉ-, ϫⲡⲟ⸗, ϫⲡⲁ⸗, ϫⲡⲁⲉⲓⲧ†

만들어 내다 ⲧⲟⲃⲧ̄ⲃ, ⲧⲃ̄ⲧ(ⲉ)ⲃ-, ⲧⲃ̄ⲧⲱⲃ⸗

만류하다, 억제하다 ⲕⲁⲧⲉⲭⲉ

만물, 모든 것 ϩⲱⲃ ⲛⲓⲙ, ⲛ̄ⲕⲁ ⲛⲓⲙ

만을 제외하고 ⲛ̄ⲥⲁⲃⲏⲗ ϫⲉ-

만일, 단지 했으면! ⲉⲛⲉ, ⲉⲓ ⲙⲉⲛ εἰμέν, ⲉϣϫⲉ, ⲉϣϫⲡⲉ

만일에, 할 때에 ⲉϣⲱⲡⲉ

만족스러운 여행을 하다 ⲥⲟⲟⲩⲧⲛ̄ ⲛ̄ⲧⲉϩⲓⲏ

만족스러운 (ⲉⲓⲁ)ⲁⲛ

만족스런, 충분히 먹은 ⲥⲉⲓ, ⲥⲓ, ⲥⲏⲩ†

만족시키다 ⲣⲱϣⲉ

만지다, 더듬다, 살피다 ϭⲟⲙϭⲉⲙ, ϭⲟⲙϭⲙ̄, ϭⲙ̄ϭⲱⲙ⸗, ϭⲁⲙϭⲙ̄, ϭⲁⲙϭⲙ̄-

만지다, 오염시키다, 친척 관계 ϫⲱϩ, ϫⲱϩⲉ, ϫⲟϩ, ϫⲉϩ-, ϫⲏϩ†

만찬 ϣⲟⲡⲥ̄ *f.*

만찬회, 잔치 ϣⲁⲡⲥ̄ (L) *f.*

많아지다, 늘어나다 ⲁϣⲁⲓ, ⲟϣ†, ⲁϣⲉⲓ̈

많은 일로 지치다 ⲟⲩⲉϩϩⲓⲥⲉ

많은 ϩⲁϩ, ⲙ̄ⲡϣⲁ, ⲉⲙⲁⲧⲉ

많이 ⲛ̄ⲟⲩⲛⲁϭ

만물 ⲁⲡⲁⲣⲭⲏ ἀπαρχή

만이 ϣⲁ ⲙⲓⲥⲉ

말 많은 사람, 잔소리꾼 ⲥⲁⲛ̄ϣⲁϫⲉ

말 없는 사람 ⲣⲉϥⲑⲣ̄ⲕⲟ

말, 조랑말 ϩⲧⲟ, ϩⲧⲱ, ⲉϩⲧⲟ *m.*, *f.* ϩⲧⲱⲣⲉ, ϩⲧⲟⲟⲣⲉ, ϩⲧⲟⲣⲏ *pl.* ϩⲧⲱ(ⲱ)ⲣ, (ⲉ)ϩⲧⲱⲱⲣ(ⲉ), ϩⲧⲱⲣⲏ

말 ϣⲁϫⲉ, ϣ(ⲉ)ϫ-

말다 ⲥⲕⲁⲣⲕⲣ̄ (L), ⲥⲕⲣ̄ⲕⲱⲣ⸗, ⲥⲕⲣ̄ⲕⲣ̄†, ⲥⲕⲣ̄ⲕⲁⲣⲧ†

말다, 짜다 ϩⲱⲗⲕ̄, ϩⲱⲗϭ̄, ϩⲟⲗⲕ⸗

말똥 ϩⲁⲥ *m.*

말뚝 ϩⲁⲙⲉ *f.*, ⲛⲁⲓⲱ, (ⲛ)ⲉⲓⲱ *f.*

말려들다, 얽혀들다, 옭아매다,비,물다, 찌르다, 치다, 상처를 입히다 ⲡⲱϩⲥ̄, ⲡⲉϩⲥ̄-, ⲡⲟϩⲥ̄†

말려들다, 연루되다, 붙다 ϭⲱⲗϫ̄, ϫⲱⲗϫ̄, ϫⲱⲗϭ̄, ϭ(ⲉ)ⲗϫ̄-, ϭⲟⲗϫ̄⸗, ϭⲟⲗϭ⸗, ϭⲟⲗϫ̄†

말로 표현할 수없는 ⲁⲧϣⲁϫⲉ

ㄱ ㄴ ㄷ ㄹ ㅁ ㅂ ㅅ ㅇ ㅈ ㅊ ㅋ ㅌ ㅍ ㅎ

말리기 위해 널다 ϭⲟⲗϭⲉⲗ, ϭⲟⲗϭⲗ̄, ϭ(ⲉ)ⲗϭⲱⲗ⸗, ⲕⲗ̄ⲕⲱⲗ⸗, ϭ(ⲉ)ⲗϭⲱⲗ †

말리다, 시들게 하다 ⲥⲣⲟϥⲣ(ⲉ)ϥ, ⲣⲟϥⲣⲃ̄⸗, ⲥⲣⲉϥⲉϣϥ⸗, ⲥⲣⲃ̄ⲣⲱⲃ⸗

말발굽 ϯⲃⲥ̄, ⲧ(ⲉ)ⲃⲥ̄

말벌 ⲁⲙⲏ, ϩⲁⲃⲟⲩⲉⲓ, ϩⲁⲃⲓⲟⲩⲓ *pl.*

말씀, 설교 ⲗⲟⲅⲟⲥ λόγος

말아 넣음 ⲣⲁ ϭⲱⲗ *m.*

말을 많이 하다 ⲣ̄ ϩⲁϩⲛ̄ϣⲁϫⲉ

말하다, 노래하다 ϫⲱ, ϫⲉ-, ϫⲓ-, ϫⲟⲟ⸗, ϫⲟ⸗, ϫⲓⲧ⸗ *imper.* ⲁϫⲓ-, (ⲁ)ϫⲓ⸗ *p.c.* ϫⲁⲧ-

말하다, 선포하다, 연설하다, 말 ϣⲁϫⲉ, ϣ(ⲉ)ϫ-, ϩⲁ⸗ (L)

말하다 ϫⲉⲣⲟ-, ϫⲉⲣⲟ⸗, ϫⲉⲣⲁïⲧ†, ⲥⲉϫⲉ

말하다 ⲡⲁϫⲉ (L), ⲡⲁϫⲉ⸗, ⲡⲉϫⲉ-, ⲡⲁϫⲉ-, ⲡⲉϫⲁ⸗

말하자면 ⲛ̄ϫⲓ

말할 수 없는, 말로 표현할 수없는 ⲁⲧϣⲁϫⲉ

맛보다 ⲧⲱⲡⲉ, ⲧⲉⲡ-, ⲧⲱⲡ-, ⲧⲁⲡ-, ⲧⲟⲡ⸗, ⲧⲱⲡ⸗, ϫⲓ ϯⲡⲉ

맛있는 것 ϩ(ⲉ)ⲗϭⲉ, ϩⲗⲏϭⲉ *f.*

망각, 무의식 ⲃ̄ϣⲉ, ⲉⲃϣⲉ

망각, 무지 ⲟⲃϣⲥ̄ *f.*

망대 ⲟⲩⲣ̄ϣⲉ *f.*

망대 ⲙⲁⲛ̄ⲣⲁïⲥ

망설이는 ϩⲏⲧ ⲥⲛⲉⲩ

망설이다 ⲇⲓⲥⲧⲁⲍⲉ

망아지, 송아지 ⲡⲟⲣⲕ̄ *m. f.*, ⲥⲏϭ *m., f.* ⲥⲉⲉϭⲉ

망치 ϩⲁⲧⲏⲣ, ϩⲁⲧⲏⲣⲉ *m. f.*

망치다, 썩다 ϩⲣⲟⲩⲟⲩϫϥ̄, ⲣ̄ ϩⲣⲟⲩⲟⲩϫϥ̄

망하게 하다 ⲧⲁⲕⲟ, ⲧⲁⲕⲉ-, ⲧⲁⲕⲟ⸗, ⲧⲁⲕⲏⲩ(ⲧ)†

망하지 않는, 불멸의 ⲁⲧⲧⲁⲕⲟ

맞이하다, 사다, 결혼하다 ϣⲱⲡ, ϣ(ⲉ)ⲡ-, ϣⲁⲡ-, ϣⲡ̄- , ϣⲟⲡ⸗, ϣⲁⲡ⸗, ϣⲏⲡ†

맡기다 ϭⲟ(ⲉ)ⲓⲗⲉ, ϭⲁⲗⲉ-, ⲕⲁⲗⲉ-, ⲕⲁⲗⲱ-, ϭⲁⲗ(ⲱ)ⲱ⸗, ϭⲁⲗⲱⲟⲩ †, ϭⲁⲗⲏⲩ(ⲧ)†, ⲕⲉⲗⲟⲓⲉⲧ†

맡다 ϭⲱⲣϭ̄, ϭⲟⲣϭ⸗, ϭⲁⲣϭ⸗, ϭⲟⲣϭ̄†, ϭⲟⲗϭ̄†

매 순간마다 ⲕⲁⲧⲁ ⲟⲩⲁïϣ ⲟⲩⲁïϣ

매 시간 ⲛ̄ⲧⲟⲩⲛⲟⲩ ⲧⲟⲩⲛⲟⲩ

매, 독수리 ⲃⲏϭ, ⲃϭ̄

매 ϩⲁϣⲏⲧ, ϩⲁϣⲓⲧ, ϩⲁⲣϣⲏⲧ *m.*

매년 ⲧⲛ̄ⲣⲟⲙⲡⲉ, ⲧⲣ̄ⲣⲟⲙⲡⲉ, ⲧⲉⲣⲟⲙⲡⲉ

매다, 엮다 ⲙⲟⲩⲣ, ⲙ(ⲉ)ⲣ-, ⲙⲟⲣ⸗, ⲙⲏⲣ † *p.c.* ⲙⲁⲣ-, ⲙⲉⲣ-

매달다, 고문하다 ⲕⲣⲁⲙⲙⲁⲧⲓⲍⲉ

매달다, 못박다 ⲉⲓϣⲉ, ⲁϣⲧ-, ⲉϣⲧ-, ⲁϣⲧ⸗, ⲁϣⲉ†

매번, 언제나 ⲥⲁⲡ ⲛⲓⲙ, ϩⲣ-, ϩⲣⲉ-

매우, 대단히 ⲧⲟⲛⲱ

매일 ⲙ̄ⲙⲏⲛⲉ

맹세 ⲁⲛⲏϣ (L)

맹세하다 ⲱⲣⲕ̄, ⲱⲣⲕⲉ, ⲱⲣⲕ̄-, ⲟⲣⲕ⸗

머리 덮개 ⲕⲟⲩⲕⲗⲁ, ⲕⲟⲩⲕⲗⲉ

머리 쪽, 머리를 아래로 향하고 ⲥⲁϫⲱ⸗

머리, 꼭대기 ϫⲱ⸗ *m.*

머리, 뇌 ⲙⲟⲩ ⲛ̄ϩⲟⲩⲛ

머리, 우두머리, 정상 ⲁⲡⲉ *f., pl.* ⲁⲡⲏⲩⲉ, ϫⲱϫ, ⲁⲛⲧⲉⲗⲙ, ⲁⲛⲧⲏⲗⲙ

머리띠 ϣϭ(ⲓ)ⲗϭⲓⲗ, ⲥϭⲉⲗϭⲓⲗ, ϣⲕⲓⲗ, ϣⲕⲏⲗ

머리를 밀다 ϣⲃ̄ϫⲱ

머리를 수그리다 ⲃⲱϩ, ⲃⲉϩ-, ⲃⲏϩ†

머리를 숙이다, 복종하다 ϫⲛⲉϫⲱ⸗, ϫⲱⲃⲥ (L)

머리를 아래로 향하고 ⲥⲁϫⲱ⸗

머리를 조아리다 ⲡⲱϩⲧ̄ ⲉⲡⲉⲥⲏⲧ

머리카락 ⲃⲱⲉ (L), ϫⲟⲕ, ϫⲁⲕ *m.*, ⲕⲁⲡ

머리카락, 털 ϥⲱ, ϥⲱⲉ, ⲟⲩⲱ *m.*, ϫⲁⲕ *m.*

머리털, 흰머리 ⲥⲕⲓⲙ, ⲥϭⲓⲙ *m.*

머릿결, 속눈썹, 술 ⲗⲟⲟⲩ, ⲗⲟⲟⲩⲉ, ⲗⲱⲟⲩ, ⲗⲁ(ⲁ)ⲩ

머무르다 ϩⲙⲟⲟⲥ

머물다, 걸리다, 지속되다, 거치다 ⲙⲟⲩⲛ

머물다 ϩⲣⲟⲕ, ϩⲟⲣⲕ̄†, ⲥⲉⲡⲉ, ⲥⲱϫⲡ̄, ⲥⲁϫⲡ⸗, ⲥⲁϫⲡ†

먹구름 ϭⲟⲥⲙ̄ *m.*

먹는 사람 ⲣⲉϥⲟⲩⲱⲙ

먹다, 삼키다, 식사 ⲟⲩⲱⲙ, ⲟⲩⲟⲟⲙ, ⲟⲩ(ⲉ)ⲙ-, ⲟⲩⲱⲙ-, ⲟⲩⲟ(ⲟ)ⲙ⸗, *p.c.* ⲟⲩⲁⲙ-

먹이다 ⲥⲁ(ⲁ)ⲛϣ̄, ⲥⲁⲛϫ, ⲥⲁ(ⲁ)ⲛϣ-, ⲥⲁⲛⲟⲩϣ⸗

먹이다 ϣⲟⲡϣⲡ̅, ϣ(ⲉ)ⲡϣⲡ̅-, ϣⲡ̅ϣⲱⲡ⸗,

먹지 않는, 금식의 ⲁⲧⲟⲩⲱⲙ, ⲛ̅ⲟⲩⲉϣ ⲛ̅ⲟⲩⲱⲙ

먼 곳에서부터 ⲙ̅ⲡⲟⲩⲉ

먼 ⲟⲩⲉⲓ̈ⲉ, ⲟⲩⲏⲩ†, ⲟⲩⲏⲟⲩ†

먼저, 이른 ϣⲱⲣⲡ̅, ϣⲣ̅ⲡ̅-, ϣⲉⲣⲉⲡ-, ϣⲟⲣⲡ⸗, ϣⲟⲣⲡ̅†

먼지, 둑, 제방 ⲧⲏⲛⲉ, ⲧⲛⲏ *m.*, ⲕⲣ̅ⲙⲉⲥ, ⲕⲉⲣⲙⲉ, ⲕⲟⲛⲓⲁ

먼지 ϣϩⲓϭ, ϣϩⲓϫ, ϣⲓϭ *m.*, ϣⲟⲉⲓϣ *m.*

멀다, 외지다 ⲟⲩⲉ, ⲟⲩⲏ(ⲏ)ⲩ†

멀리 떨어진 ⲉⲧⲟⲩⲏⲩ, ⲉⲡⲟⲩⲉ

멀리하다 ⲥⲟⲟϩⲉ, ⲥⲁϩⲉ-, ⲥⲁϩⲱ(ⲱ)⸗, ⲥⲁϩⲏⲩ†

멀미가 나다 ϯⲃⲉ

멀어지다, 떠나가다 ϩⲛ̅ⲧ⸗ ⲉⲃⲟⲗ

멀어지다 ϩⲓⲛⲉ, ϩⲛ̅ⲧ⸗, ⲥⲁϩⲙⲉ (L)

멈추게 하다 ⲱϫⲛ̅, ⲱϫⲛⲉ, ⲉϫⲛ̅(ⲉ)-, ⲱϫⲛ̅-, ⲟϫⲛ⸗, ⲁϫⲛⲉ⸗

멈추게 하다, 방해하다 ⲥⲱϣⲧ̅, ⲥⲱϩⲧ̅, ϣⲱϣⲧ̅, ⲥⲉϣⲧ̅-, ⲥⲱϣⲧ̅-, ⲥⲁϣⲧ-, ⲥⲟϣⲧ⸗, ⲥⲟϫ⸗, ⲥⲁϣⲧ⸗, ⲥⲟϣⲧ†, ⲥⲁϣⲧ̅†

멈추게 하다 ϫⲱⲗⲉ (L), ϫⲱⲗ-, ϫⲱⲗⲉ-, ϫⲱⲱⲗⲉ-, ϫⲁⲗ-, ϫⲁⲗ⸗

멈추게 하다 ϫⲱⲱⲗⲉ, ϫⲟⲟⲗⲉ†

멈추다, 남다, 쉬다 ϩⲣⲁⲕ, ϩⲁⲣⲕ†, ϩⲣ̅ⲣⲉ

멈추다, 주저앉다, 조용히 머물다 ϩⲣⲟⲕ, ϩⲟⲣⲕ̅†

멈추다 ϭⲱ, ⲕⲱ, ϭⲉⲉⲧ†, ϭⲏⲏⲧ†, ⲟⲩⲁϣⲣⲉ

멍 ⲕⲗⲟⲟⲙⲉ

멍에 ϩⲃ̅ⲃⲉ, ϩⲉⲃⲃⲉ, ϩⲏⲩⲃⲉ, ϩⲏⲃ(ⲃ)ⲉ *m.*, ⲛⲁϩⲃⲉϥ *m.*

멍에를 매다, 출산하다, 기름지게 하다 ⲛⲟⲩϩⲃ̅, ⲛⲁϩⲃ̅-, ⲛⲁϩⲃ⸗, ⲛⲟϩⲃ⸗, ⲛⲁϩⲃ̅†

멍에를 지우다 ⲛⲟⲩϩⲃⲉ

멍청이, 대가리 ϭⲗⲟϭ, ⲉϭⲗⲟϭ *m.*, ⲣⲉϥⲧⲱϩ

멍하니 바라보다, 눈을 깜박이다 ⲉⲓⲟⲣϩ̅⸗

메기 ϭⲗ̅ⲃⲟⲟⲩ, ϭⲉⲗⲃⲁⲩ

메뚜기 ⲁⲗⲟⲩⲗⲁ, ⲥⲁⲛⲛⲉϩ, ϣϫⲉ *m.*, *pl.* ϣϫⲏⲩ

메마르게 하다, 파괴하다 ϩⲱϭⲃ̅, ϩⲱⲕⲙ̅, ϩⲉϭⲃ̅-, ϩⲉϭⲙ̅-, ϩⲟϭⲃ⸗, ϩⲟϭⲃ̅† *p.c.* ϩⲁϭⲃ

메마른 땅 ⲙⲁ ⲉⲙ̅ⲛⲙⲟⲟⲩ ⲛ̅ϩⲏⲧϥ̅

메마른, 무자의 ⲁϭⲣⲏⲛ, ⲁⲧϭⲣⲏⲛ, [ⲃⲱⲥⲧ], ⲃⲟⲥⲧ†, *p.c.* ⲃⲁⲥⲧ-

메말라지다 ⲧⲱⲥ, ⲧⲉⲥ-, ⲧⲟⲥ⸗, ⲧⲏⲥ†, ⲧⲉⲥ† *p.c.* ⲧⲁⲥ-

메신저 ϥⲁⲓⲟⲩⲱ

메아리치다 ⲥⲛ̅ⲥⲛ̅, ⲥⲉⲛⲥⲉⲛ

멜로디 ⲟⲩ(ⲉ)ⲗⲗⲉ

멧돼지 ⲣⲓⲣ ⲛ̅ϩⲟⲟⲩⲧ, ⲣⲓⲣϩⲟⲟⲩⲧ

멧비둘기 ϭⲣⲙ̅ⲡϣⲁⲛ, ϭⲉⲣⲉⲡϣⲁⲛ

며느리 ϣⲟⲙ, ϣⲟⲟⲙ *m.*, *f.* ϣⲱⲙⲉ *pl.* ϣⲙⲟⲩⲓ

면 ϩⲟ, ϩⲁ, ϩⲱ, ϩⲁ-, ϩⲣⲛ̅-, ϩⲣⲁ⸗, ϩⲣⲉ⸗

면류관을 주는 자 ⲣⲉϥϯⲕⲗⲁⲙ

면적 ϣⲓⲏ, ϣⲓ(ⲏ)ⲉ, ϩⲓⲏ *m. f.*

면전, 얼굴 ⲙ̅ⲧⲟ

면전에서 ⲙ̅ⲡϩⲟⲧ ⲉⲃⲟⲗ, ⲛⲁϩⲣⲛ̅-, ⲛⲁϩⲣⲉ⸗

면책을 요구하다 ⲡⲁⲣⲉⲧⲓ παραιτεῖσθαι

멸망할 자 ⲣⲉϥⲙⲟⲩ

멸시하는 사람 ⲣⲉϥⲕⲁⲧⲁⲫⲣⲟⲛⲏ

멸시하다 ⲃⲁⲃⲉ-

멸시하다 ⲕⲁⲧⲁⲫⲣⲟⲛⲉ, ⲕⲁⲧⲁⲫⲣⲟⲛⲏ καταφρονεῖν, ⲕⲁⲧⲁⲫⲣⲟⲛⲉⲓ

명령, 법령 ⲟⲩⲉϩ ⲥⲁϩⲛⲉ, ⲧⲁϩⲟ, ⲧⲁϩⲉ-, ⲧⲁϩⲟ⸗, ⲧⲁϩⲏⲩ†

명령, 지시 ⲁⲛⲥⲙ̅ⲙⲉ

명령 ⲉⲡⲓⲧⲁⲅⲏ ἐπιταγή, ⲡⲁⲣⲁⲅⲅⲉⲗⲓⲁ παραγγελία

명령을 내리다, 지시하다 ϩⲱⲛ, ϩⲟⲛ⸗

명령을 내리다, 지휘하다 ⲕⲉⲗⲉⲩⲉ κελεύειν (ⲛⲁ⸗)

명령을 내리다 ⲟⲩⲉϩ ⲥⲁϩⲛⲉ

명령하다, 이끌다 ⲁⲣⲭⲉⲓ (ⲉ-)

명반 ⲟⲃⲉⲛ, ⲟⲃⲛⲉ, ⲁⲃⲉⲛ *m.*

명상, 관찰 ϭⲓⲛϭⲱϣⲧ̅

명성 ⲁϣ ⲉⲗ *m.*, ⲣⲙ̅ⲛ̅ⲣⲁⲛ, ⲥⲟⲉⲓⲧ *m.*

명연설 ϣⲁϫⲉ ⲉⲧⲛⲉⲥⲱⲥ

명연설가 ⲣⲉϥϫⲉⲛⲟϭ ⲛ̅ϣⲁϫⲉ

모나지 않은 성격 ⲙⲛ̅ⲧϩⲁⲕ

모독, 잘못 ⲁⲣⲓⲕⲉ

모독, 죄 ⲃⲏⲩ (L)

모두 함께, 단 한 번에 ϩⲓⲟⲩⲥⲁⲡ

모두 ⲉⲡⲧⲏⲣϥ̅

모든 것, 만물 ⲛ̅ⲕⲁ ⲛⲓⲙ, ϩⲱⲃ ⲛⲓⲙ

모든 남자 ⲡⲣⲱⲙⲉ ⲧⲏⲣϥ̄

모든 방향에서 ⲛ̄ⲥⲁⲥⲁ, ⲥⲁ ⲥⲁ

모든 방향으로부터 ⲛ̄ⲥⲁⲥⲁ

모든 사람 ⲟⲩⲁⲛ ⲛⲓⲙ, ⲣⲱⲙⲉ ⲛⲓⲙ

모든 사람들 ⲛ̄ⲣⲱⲙⲉ ⲧⲏⲣⲟⲩ

모든 형태로 ⲥⲙⲁⲧ ⲥⲙⲁⲧ

모든 ⲛⲓⲙ, ⲡⲁⲛⲧⲱⲥ πάντως

모래 ϣⲱ *m.*

모레 ⲛ̄ⲥⲁⲣⲁⲥⲧⲉ

모루, 작업대 ⲉⲙⲏϣ

모방자 ⲣⲉϥϫⲓⲉⲓⲛⲉ

모양, 방법 ⲥⲙⲁⲧ (L), *pl.*ⲥⲙⲟⲟⲧ *m.*, ⲉⲓⲛⲉ, ϩⲉ, ϩⲓⲏ *f.*, ⲧⲩⲡⲟⲥ τύπος

모양을 빚다, 구성하다, 만들어 내다 ⲧⲟⲃⲧⲃ̄, ⲧⲃ̄ⲧ(ⲉ)ⲃ-, ⲧⲃ̄ⲧⲱⲃ⸗

모욕하다, 폭행하다 ϩⲁⲩϣ

모으는 사람 ⲣⲉϥⲥⲱⲩϩ

모으다, 가득 채우다, 틀어막다 ϣⲱⲣ, ϣⲟ(ⲟ)ⲣ⸗, ϣⲏⲣ†

모으다, 거두다, 추수하다 ϫⲱⲱⲗⲉ, ϣⲱⲗⲉ, ϫⲉ(ⲉ)ⲗⲉ-, ϫⲱⲗⲉ-, ϫⲟ(ⲟ)ⲗ⸗

모으다, 보유하다 ⲱⲗ, ⲟⲗ-, ⲟⲗ⸗, ⲁⲗ⸗, ⲏⲗ†, *p.c.* ⲁⲗ-, *imper.*, ⲁⲗⲓ, ⲁⲗⲓⲧ⸗

모으다 ⲕⲱⲧϥ̄, ⲕⲁⲧϥ-, ⲕⲁⲧϥ⸗, ⲟⲩⲱϭⲥ̄

모의, 공모 ⲉⲡⲓⲃⲟⲩⲗⲏ

모의하다 ⲉⲡⲓⲃⲟⲩⲗⲉⲩⲉ

모임, 사회 ⲥⲟⲟⲩϩⲥ̄, ⲥⲟⲟⲩⲁϩⲥ̄ *f.*, ⲁⲩⲏⲧ

모임, 운집 ⲥⲩⲛⲁⲝ σύναξ[ις]

모임, 회중 ⲁⲟⲩⲏⲧ

모자, 터번 ⲕⲁⲗⲁϥⲧ, ⲕⲗⲃ̄ⲧ

모자라는 ⲉⲧⲣ̄ ϩⲁⲉ

모자라다, 필요로하다 ϭⲣⲱϩ, ϭⲣⲱⲱϩ, ⲕⲣⲱϩ

목 졸라 죽이다 ϩⲁⲗϩⲗ̄ (L), ϩⲗ̄ϩⲱⲗ⸗, ϩⲗ̄ϩⲁⲗⲧ†, ϩⲟⲗϩⲗ̄, ϩⲉⲗϩⲱⲗ⸗

목, 목덜미, 어깨 ⲙⲁⲕϩ̄

목걸이 ⲕⲗⲁⲗ, ⲕⲗⲏⲗ

목구멍, 후두 ⲕⲁⲓⲣⲉ, ϣⲟⲩⲱⲃⲉ, ϣⲟⲩⲟⲃⲉ *f.*

목덜미, 어깨 ⲙⲁⲕϩ̄, ⲙⲟⲧⲉ, ⲛⲁϩⲃⲉ *f.*, ϩⲁϩ *m.*, ⲙⲉϫϩ̄ (L)

목동 ⲣⲉϥⲙⲟⲟⲛⲉ

목소리 ⲥⲙⲏ *f.*

목수 ϩⲁⲙϣⲉ

목숨, 영혼 ⲯⲩⲭⲏ ψυχή

목욕 ⲥⲓⲟⲟⲩⲛ(ⲉ), ⲥⲓⲁⲟⲩⲛ *f.*

목욕하다, 씻다 ϫⲱⲕⲙⲉ, ϫⲁⲕⲙ̄, ϫⲁⲕⲙⲛ̄, ϫⲁⲕⲙⲉ⸗, ϫⲁⲕⲙⲉ†

목을 따다 ϣⲱⲱⲧ, ϣⲱ(ⲱ)ⲧ(ⲉ), ϣⲉⲧ-, ϣ(ⲉⲉ)ⲧ-, ϣⲱⲱⲧ-, ϣⲁ(ⲁ)ⲧ⸗, ϣⲁ(ⲁ)ⲧ†, ϣⲏⲧ† *p.c.* ϣⲁⲧ-

목을 조이다, 숨막히게 하다 ⲱϭⲧ̄, ⲱⲧϭ̄, ⲁϭⲧ⸗

목이 마른 ⲉⲓⲃⲉ, ⲟⲃⲉ†, ⲁⲃⲉ†

목이 쉬다 ϩⲱⲗ, ϩⲱ(ⲱ)ⲗⲉ

목자 ⲁⲅⲉⲗⲏ ἀγέλε, ⲙⲉⲛⲏⲩ, ϣⲱⲥ *m.*, *pl.* ϣⲟⲟⲥ, ϣⲱⲱⲥ, ϣⲱⲟⲥ

목장, 우리 ϣⲉⲓⲣⲉ (L) *f.*, ⲙⲁⲛⲉⲥⲟⲟⲩ, ϣⲛⲏ *f.*, ⲭⲟⲣⲧⲟⲥ χόρτος

목초지 ⲙⲁⲙ̄ⲙⲁⲛⲉ

목축, 양떼 ⲁⲙⲉ *m.*, *pl.* ⲁⲙⲏⲩ(ⲉ), ⲟϩⲉ, ⲟⲟϩⲉ, ⲱϩⲉ *m.*

목축업자 ⲣⲉϥⲥⲁⲛⲉϣⲙ̄ⲉⲥⲉ

목축용 우리 ⲣ̄ⲥⲱ, ⲉⲣⲥⲱ *f.*, *pl.* (ⲉ)ⲣⲥⲟⲟⲩⲉ

몰상식한, 어리석은 ⲁⲧϣⲟϫⲛⲉ

몰약 ϣⲁⲗ *m.*, ϣⲉⲗ (L) *m.*

몰인정한, 사나운 ⲟⲩⲁϩⲓϩⲏⲧ, ⲟⲩⲁϩⲉⲓⲏⲧ

몸, 육체 ⲥⲱⲙⲁ σῶμα

몸값을 주고 사다 ⲥⲱⲧ, ⲥⲱⲧⲉ, ⲥⲟ(ⲟ)ⲧ⸗, ⲥⲱⲧ⸗, ⲥⲁⲁⲧ⸗, ⲥⲁⲧ⸗

몸을 숨기다 ⲡⲱⲧ ϩⲏⲧϥ̄

몸이 단 수컷 ⲗⲁⲃⲥϩⲓⲙⲉ

몸치장, 장식 ⲕⲟⲥⲙⲏⲥⲓⲥ κόσμησις

못, 말뚝 ϩⲁⲙⲉ *f.*, ⲉⲓϥⲧ, (ⲉ)ⲓⲃⲧ, ⲓ̈ϥⲧ

못 ϣⲙⲟⲩⲉ, ϣⲙⲟⲩ(ⲓ) *f.*

못박다, 고정시키다 ⲱϥⲧ̄, ⲉϥⲧ̄-, ⲟϥⲧ⸗, ⲁϥⲧ⸗, ⲟϥⲧ̄†, ⲁϥⲧ̄†

못박다 ⲉⲓϣⲉ, ⲁϣⲧ-, ⲉϣⲧ-, ⲁϣⲧ⸗, ⲁϣⲉ†

못생긴, 추한 ⲛⲉϭⲉ, ⲛⲉϭⲱ(ⲱ)⸗

못생김, 추함, 비열함 ϭⲁ, ϭⲁⲓⲉ, ϭⲁⲓⲏ *m. f.*, *pl.* ϭⲁⲓ̈ⲉⲩⲉ

못쓰게 하다 ϭⲱⲧⲡ̄, ϭⲱⲡⲧ̄, ϭⲉⲧⲡ̄-, ϭⲱⲧⲡ̄-, ϭⲁⲧⲡ-, ϭⲟⲧⲡ⸗, ϭⲁⲧⲡ⸗, ϭⲟⲧⲡ̄†

못을 박다 ⲥⲁϩⲥ (L)

묘사, 그리기 ϩⲓⲕⲟⲛⲟⲅⲣⲁⲫⲓⲁ εἰκονογραφία

묘성 ϭⲓⲛⲙⲟⲩⲧ

묘지 ⲙ̄ϩⲁⲁⲩ, ⲙ̄ϩⲁⲩ

무, 홍당무 ⲗⲁⲧⲡ̄

무가치한, 부도덕한 ⲁⲧϣⲁⲩ

무거운, 중한, 어려운 ϩⲣⲁϣ, ϩⲁⲣϣ̄†

무거워지다 ⲛ̄ϣⲟⲧ, ⲉⲛϣⲟⲧ, ⲛⲁϣⲧ̄† *p.c.* ⲛⲁϣⲧ̄-

무겁게 하다, 더 악화시키다 ⲑⲣ̄ϣⲟ, ⲧϩⲣ̄ϣⲟ, ⲑⲣ̄ϣⲉ-, ⲑⲣ̄ϣⲟ⸗

무겁게 하다 ⲃⲁⲣⲉⲓ

무겁다 ϩⲱⲣϣ, ϩⲣⲟϣ, ϩ(ⲉ)ⲣϣ̄-, ϩⲟⲣϣ̄† *p.c.* ϩⲁⲣϣ̄-

무게 ⲃⲁⲣⲟⲥ βάρος, ϩⲣⲏϣⲉ, ϩⲉⲣϣⲉ *f.*

무고자 ⲣⲉϥⲱⲣⲕ̄ ⲛ̄ⲛⲟⲩϫ

무관심하다 ⲁⲙⲉⲗⲏ ἀμελεῖν

무기, 방패 ϭⲁⲗ, ϭⲗ̄ *m.*, ϩⲟⲡⲗⲟⲛ ὅπλον

무기, 화살 ⲥⲟⲧⲃⲉϥ, ⲥⲁⲧⲃⲉϥ, ⲥⲟⲧϥ̄, ⲥⲟⲧϩϥ̄ *m.*

무기력, 약함 ⲙⲛ̄ⲧⲁⲧϭⲟⲙ

무기력한 상태 ⲟⲩⲁⲥϥⲉ *f.*

무기력한, 풀로 뒤덮히다 ⲟⲩⲟⲧⲟⲩⲉⲧ, ⲁⲧϭⲟⲙ

무너지다, 떨어지다 ⲩⲁⲣⲟⲩⲣ (L), ⲟⲩⲣⲟⲩⲱⲣ(ⲉ)⸗, ⲟⲩⲣⲱⲣ⸗, ⲟⲩⲱⲣⲟⲩⲱⲣ(ⲉ)⸗, ⲟⲩⲣⲟⲩⲁⲣⲧ†

무능력자, 불구자 ϭⲁⲗⲉ, ϭⲁⲗⲏ *pl.* ϭⲁⲗⲉ(ⲉ)ⲩ(ⲉ)

무능력한, 무기력한 ⲁⲧϭⲟⲙ

무능한 ϭⲃ̄ⲃⲉ, ϭⲟⲟⲃ†, ϭⲁⲃ† *p.c.* ϭⲁⲃ-

무더기, 공간 ϫⲛⲟⲟⲩ, ϫⲛⲁⲁⲩ, ϭⲛⲟⲟⲩ *m.*, *pl.* ϫⲛⲟⲟⲩⲉ

무덤, 묘지 ⲙ̄ϩⲁⲁⲩ, ⲙ̄ϩⲁⲩ

무덤, 사당 ⲕⲛ̄ϩⲉ

무덤, 작은 동산 ⲃⲁⲩ, ⲃⲏ, ϩⲱ, ϩⲁⲧ- *f.*, ⲙⲁⲛ̄ⲧⲱⲙⲥ̄, ⲧⲁⲫⲟⲥ τάφος

무두질하다 ⲃⲱⲕⲉ, *p.c.* ⲃⲁⲕ-

무뚝뚝한 ⲉⲧⲟⲕⲙ̄

무력화시키다, 폐하다 ⲕⲱⲣϥ̄, ϭⲱⲣⲃ̄, ⲕⲟⲣϥ̄†

무른, 신선한 ϭⲛⲟⲛ, ϭⲏⲛ†, ϭⲟⲛ†

무릎, 다리 ⲡⲁⲧ *f.*, ⲡⲉⲧ

무릎, 무릎관절 ϭⲁⲗⲟϫ *f.*, *pl.* ϫⲁⲗⲁⲩ(ϫ)

무릎, 어깨 ⲁⲗⲟϭ, ⲕⲗ̄ⲗⲉ, ⲕ(ⲉ)ⲗ-

무릎을 꿇다 ⲡⲁϩⲧϥ̄ (ϩⲁ)-

무리 ⲁⲅⲉⲗⲏ

무미건조한, 하찮은, 무시할만한, 바보 같은, 무법 ⲁⲛⲟⲙⲟⲥ ἄνομος

무사한, 아무 일 없는 ⲉⲧⲟⲩⲟϫ

무서운, 사나운 ⲟⲩⲱϩⲉ, ⲟⲩⲟϩⲉ†, *p.c.* ⲟⲩⲁϩⲓ-

무서운, 쓴 ⲟⲩⲓϩⲉ (L), ⲟⲩⲁϩⲉ†, ϣⲁⲃⲓϩⲟ

무섭게 하다 ⲥⲧⲱⲧ

무섭게 ⲕⲁⲕⲓⲛ ⲕⲁⲕⲱⲥ κακὴν κακῶς

무수한 ⲧⲃⲁ

무슨 이유로? ϩⲛ̄ⲉⲩ

무시 ⲕⲁⲧⲁⲫⲣⲟⲛⲏⲥⲓⲥ

무시하는 사람 ⲕⲁⲧⲁⲫⲣⲟⲛⲏⲧⲏⲥ

무시하다, 굴욕감을 주다, 창피해지다 ⲥⲱϣ, ϣⲱⲥ, ⲥⲉϣ-, ⲥⲟϣ⸗, ⲥⲏϣ†

무시하다, 멸시하다 ⲃⲁⲃⲉ-, ⲕⲁⲧⲁⲫⲣⲟⲛⲉⲓ

무시하다, 발로 짓밟다 ⲥⲱϣϥ̄, ⲥⲉϣϥ̄-, ⲥⲟϣϥ⸗, ⲥⲟϣϥ̄†

무시하다 ⲁⲙⲉⲗⲉⲓ, ⲃⲁⲁⲃⲉ, ⲃⲁⲃⲱ-, ⲃⲁⲃⲱϫⲱ⸗, ⲃⲁⲃⲱ†, ⲃⲁⲃⲟⲧ†

무시하다 ⲥⲓϫⲁⲛⲉ σιχαίνεσθαι, ϣⲱⲥ, ϣⲁⲥ⸗, ϣⲏⲥ†

무식, 무원칙 ⲙⲛ̄ⲧⲁⲧⲥⲃⲱ

무식한, 무학의 ⲁⲧⲥⲃⲱ

무신론자, 불신자 ⲁⲧⲛⲟⲩⲧⲉ

무언가 ⲟⲩⲁⲛ

무엇? 어떤? ⲁϣ, ⲉϣ, ⲉⲩ, ⲟ

무엇 때문에? ⲉⲧⲃⲉ ⲉⲩ, ⲉⲧⲃⲉ ⲟⲩ

무엇?, 어떤 것? ⲟⲩ

무용의, 해로운 ⲣ̄ ⲁⲧϣⲁⲩ

무우, 파, 양파 ϩϯⲧ *m.*

무원칙 ⲙⲛ̄ⲧⲁⲧⲥⲃⲱ

무의식 ⲃ̄ϣⲉ, ⲉⲃϣⲉ

무익함, 아무것도 아님 ϫⲏ, ϫⲓ ⲛ̄ϫⲏ *m.*

무자의 ⲁϭⲣⲏⲛ, ⲁⲧϭⲣⲏⲛ

무장을 갖추다, 갑옷을 입다 ⲡⲁⲛϩⲟⲡⲗⲓⲍⲉ πανοπλίζειν

무장하다 ϩⲱⲕ, ϩⲁⲕ⸗, ⲡⲁⲛϩⲟⲡⲗⲓⲍⲉ πανο-πλίζειν

무정한 ⲁⲧⲛⲁ

무지 ⲁⲡⲟⲣⲉⲓ, ⲟⲃϣⲥ̄ *f.*

무학의 ⲁⲧⲥⲃⲱ

무한한, 경계가 없는 ⲁⲧⲁⲣⲏϫϥ̄

무할례, 이방인 ⲙⲛ̄ⲧⲁⲧⲥⲃ̄ⲃⲉ

무할례의 ⲁⲧⲥⲃ̄ⲃⲉ

무화과 나무 열매 ⲗⲱϫⲱⲥ

무화과 나무 ⲃⲱ ⲛ̄ⲕⲛ̄ⲧⲉ

무화과 나무의 일종 ⲛⲟⲩϩⲉ *f.*

무화과 ⲕⲛ̄ⲧⲉ, ⲥⲉⲧⲏ, ⲥⲓⲧⲉ, ⲥⲛ̄ⲧⲉ

묵상 ⲁⲛⲁⲭⲱⲣⲏ ἀναχωρεῖν

묶다 ⲥⲱⲛϩ̄, ⲥⲁⲛϩ-, ⲥⲁⲛϩ⸗, ⲥⲟⲛϩ⸗, ⲥⲁⲛϩ̄†, ⲥⲟⲛϩ̄† *pl.* ⲥⲛⲉⲩϩ

묶다, 매다, 엮다 ⲙⲟⲩⲣ, ⲙ(ⲉ)ⲣ-, ⲙⲟⲣ⸗, ⲙⲏⲣ† *p.c.* ⲙⲁⲣ-, ⲙⲉⲣ-

묶다 ⲱⲗⲙⲉ (L), ⲱⲗⲙ̄, ⲁⲗⲙⲉ†

묶음 ⲙⲣ̄ⲣⲉ

문 ⲡⲟⲣⲧⲁ πόρτα, ⲡⲩⲗⲏ πύλη, ⲣⲟ, ⲣⲉ-, ⲣⲱ⸗ *m.*, *pl.* ⲣⲱⲟⲩ, ⲥⲃⲉ *m.pl.*ⲥⲃⲏⲩ, ϣⲧⲟⲙ *m.*

문고리 ϩⲁⲗⲁⲕ, ⲁⲗⲁⲕ, ϩⲁⲗⲏⲕ *f.*

문둥병에 걸리다 ⲥⲱⲃϩ̄, ⲥⲟⲃϩ̄-, ⲥⲟⲃϩ̄⸗ ⲥⲟⲃϩ̄†

문둥병자 ⲥⲉϩⲧ̄, ϣϭⲓⲧ (L) *m.*

문서, 두루마리 ϫⲱ(ⲱ)ⲙⲉ *m.*

문을 박차고 들어가다 ⲟⲩⲱϣϥ̄ ⲙ̄ⲡⲣⲟ

문전에서 ⲉⲣⲛ̄-, ⲉⲣⲱ⸗

문제를 일으키다, 뒤집다 ϣⲧⲁⲣⲧⲣⲉ, ϣⲧⲁⲣⲧⲣ̄, ϣⲧⲣ̄ⲧⲱⲣ⸗, ϣⲧⲣ̄ⲧⲁⲣⲧ†

문제를 일으키다 ⲉⲛⲟⲭⲗⲉⲓ (ⲛⲁ⸗)

문제를 해결하다 ⲟⲩⲱⲛ, ⲟⲩⲛ-, ⲟⲩⲏⲛ†, *p.c.* ⲟⲩⲁⲛ-, *imper.* ⲁⲟⲩⲱⲛ, ⲟⲩⲛ̄-

문지기 ⲙ̄ⲛⲟⲩⲧ, ⲡⲁ ⲡⲣⲟ, ⲑⲩⲣⲱⲣⲟⲥ θυρωρός

문지르다, 광내다, 처방하다 ⲥⲁϩⲥ̄, ⲥⲉϩⲥ̄-, ϩⲱⲧⲉ

문지르다, 윤기나게 하다 ⲥⲱⲱⲙⲉ, ⲥⲁⲁⲙⲉ-, ⲥⲟⲙⲉ⸗, ⲥⲁⲁⲙⲉ⸗

문지방 ⲟⲩⲉϭⲣⲟ, ⲧⲟⲩⲁ *m. f.*

문지방, 문턱, 입구 ⲡⲛ̄ⲛⲏ, ⲡⲛⲏ *f.*, ϩⲁⲛⲣⲟ

문턱 ϩⲁⲉⲓⲧ, ϩⲁⲓⲉⲓⲧ, ϩⲁⲓ(ⲉⲓⲏ)ⲧ, ϩⲉⲉⲓⲧ, ϩⲏ(ⲓ)ⲉⲓⲧ, ϩⲟⲉⲓⲧ *f.*

물 마시기 ⲥⲱϫⲱϥ *pl.*

물, 액체, 즙, 고름 ⲙⲟⲟⲩ, ⲙⲁⲁⲛⲕ⸗, ⲙⲟⲛⲕ⸗, ⲙⲟⲛⲅ̄†

물 ⲙⲁⲩ *m.*, *pl.* ⲙⲟⲩⲓ̈ⲉ, ⲙⲟⲩⲓ̈ⲉⲩⲉ

물감을 들이다 ϫⲱ(ⲱ)ϭⲉ, ϫⲱϫⲉ, ϫⲉϭ-, ϫⲟϭ⸗, ϫⲁⲕ⸗, ϫⲏϭ†

물감장수 ⲥⲁⲛ̄ϫⲏϭⲉ

물건, 소지품 ⲛⲕⲁ, ⲛ̄ⲕⲟ *m.*

물건, 집기, 소유물 ϩⲛⲁⲁⲩ, ϩⲛⲁ(ⲟ)ⲩ, ϩⲛⲟ(ⲟ)ⲩ

물건 ϭⲓⲛ-, ϭⲛ̄-, ⲕⲓⲛ-, ϫⲓⲛ- *f.*, ϭ(ⲓ)ⲙⲙⲟⲩⲧ, ϭⲓⲛϩⲟⲩⲧ, ϭⲓⲙϩⲟⲩⲧ, ϭⲉⲙϩⲟⲩⲧ, ⲕⲛ̄ⲙⲟⲩⲧ *m.*

물결, 파도 ϭⲗⲁ, ⲕⲗⲁ, ϭⲗⲟ *m.*

물고기 ⲓⲭⲑⲩⲥ ἰχθύς, ⲧⲃ̄ⲧ, ⲧⲏⲃⲧ̄ *m.*

물고기의 일종 ⲃⲱⲣⲉ, ϫⲏⲗ *m.*, ⲣⲁⲙⲉ, ⲣⲁⲁⲙⲉ, ⲣⲁⲙⲏ *m. f.*, ⲣⲏⲓ *m.*

물관 ⲙⲁⲛ̄ϩⲁⲧⲉ

물냉이 ϣⲗⲁⲉⲓⲛ, ϣⲗⲉⲓⲛ *m.*

물다, 찌르다, 치다, 상처를 입히다 ⲡⲱϩⲥ̄, ⲡⲉϩⲥ̄-, ⲡⲟϩⲥ̄†

물다, 찌르다 ⲗⲱⲕⲥ̄, ⲗⲟⲩⲝ, ⲗⲝ-, ⲗⲟⲕⲥ⸗

물동이, 항아리 ⲕⲁⲧⲟⲩⲥ, ⲕⲁⲇⲟⲥ, ϭⲁⲧⲟⲩⲥ

물러가다 ⲥⲓϩⲉ, ⲥⲉϩ-, ⲥⲁϩⲧ⸗, ⲥⲉϩⲧ⸗

물레 ⲛⲁⲧ, ⲛⲏⲧ, ⲛⲉⲧ *m.*

물레 가락 ⲙ̄ⲡⲁⲓ

물론 ⲁϩⲏ (L), ⲧⲱⲛⲟⲩ, ⲧⲱⲛⲉ, ⲧⲱⲛⲛⲁ, ⲧⲟⲛ(ⲛ)ⲉ, ⲧⲟⲛⲏ, ⲧⲟⲛⲛⲟⲩ

물방울 ⲕⲗⲏⲗ, ⲧⲗ̄ϯⲗⲉ *m. f.*

물방울이 떨어지다, 물을 뿌리다 ϫⲗⲁϣ (L)

물병, 단지 ϭⲁⲗⲁϩⲧ, ϭⲁⲗⲁϩⲧⲉ, ϭⲁⲗⲉϩⲧ, ⲕⲁⲗⲁϩⲧ *f.*

물병, 두레박 ⲁⲣⲉ

물병, 물건, 집기, 소유물 ϩⲛⲁⲁⲩ, ϩⲛⲁ(ⲟ)ⲩ, ϩⲛⲟ(ⲟ)ⲩ

물병, 항아리 ⲕⲉⲗⲱⲗ, ⲕⲟⲩⲗⲱⲗ, ⲕⲟⲗⲟⲗ *m.*, *pl.* ⲕⲉⲗⲟⲟⲗⲉ

물병 ϩⲟ(ⲟ)ⲙⲉⲥ *m.*, *f.* ϩⲟⲟⲙⲏⲥ, ⲗⲁⲕⲁⲛⲏ λακάνη

물없는 사막, 황무지 ⲙⲁ ⲛ̄ⲁⲧⲙⲟⲟⲩ

물에 담그다, 씻다, 침례를 행하다 ϫⲱⲕⲙ̄, ϫⲉⲕⲙ̄-, ϫⲟⲕⲙ⸗, ϫⲟⲕⲙ̄†

물에 담그다 ϩⲱⲣⲡ̄, ϩ(ⲉ)ⲣⲡ̄-, ϩⲟⲣⲡ⸗, ϩⲟⲣⲡ̄†

물에 뜨다 ϩⲗⲁⲓ̈ⲗⲉ

물에 빠지다 ϣⲉ ⲛ̄ϩⲁⲥⲓⲉ, ⲟ† ⲛ̄ϩⲁⲥⲓⲉ

물에 잠기다, 적시다 ⲥⲱⲡ, ⲥ(ⲉ)ⲡ-, ⲥⲟⲡ⸗

물에 잠기다 ϫⲱⲗⲕ̅, ϫⲁⲗⲕ-, ⲧⲱϩⲃ̅, ⲧⲁϩⲃ̅⸗, ⲧⲁϩⲃ†

물을 마시다 ⲧⲥⲟ, ⲧⲥⲉ-, ⲧⲥⲟ⸗, ⲧⲥⲁ⸗, ⲧⲥⲏⲩ†

물을 붓다 ⲥⲟⲩ

물을 뿌리다, 적시다 ϭⲟϣϭⲉϣ, ϭⲟϣϭϣ̅, ϭⲉϣϭⲉϣ-, ϭ(ⲉ)ϣϭⲱϣ⸗, ϭⲉϣϭⲱϣ†

물을 뿌리다 ϫⲗⲁϣ (L), ⲛⲟⲩϫⲕ̅, ⲛⲟⲩϫ(ϭ), ⲛⲟϫⲕ⸗, ⲛⲁϫ⸗, ⲣⲱϩⲉ, ⲣⲁϩⲉ†

물을 푸다, 추출하다 ϫⲱⲗϩ̅, ϫⲱⲗⲁϩ, ϫⲱⲣⲁϩ, ϫⲉⲗⲉϩ-, ϫⲟⲗϩ†

물의 근원 ϩⲁⲗⲙⲉ (L) *f.*

물이 끓다, 거품이 일다 ⲃⲣ̅ⲃⲣ̅

물잔 ⲗⲟⲕ, ⲗⲁⲕ, ⲗⲟϭ

물질 ϩⲩⲗⲏ, ⲑⲩⲗⲏ ὕλη

물집 ⲕⲉⲗⲕⲱⲗⲉ

물통 ϭⲱⲧ, ⲥⲁⲙⲁⲑⲉ

뭉치, 혹 ⲃⲱⲗⲟⲥ βῶλος

미 ⲥⲁ(ⲓ)

미개인 ⲃⲁⲣⲃⲁⲣⲟⲥ βάρβαρος

미끼 ⲗⲟⲟⲙⲉ, ⲙⲟⲟⲗⲉ

미나리, 샐러리 ⲙⲓⲧ

미나리과의 식물 ⲗⲁⲧ, ⲗⲉⲧ

미녀 ⲥⲁⲓⲉ, ⲥⲁ(ⲓ)ⲏ

미묘한, 부드러운, 신선한 ⲗⲱⲕ, ⲗⲏⲕ†

미세한 ϫⲗⲁϩ, ϫⲟⲗϩ̅†

미움, 불화 ⲙⲟⲥⲧⲉ, ⲙⲛ̅ⲧϫⲁϫⲉ, ⲙⲁⲥⲧⲉ

미워하다, 더럽히다 ⲃⲱⲧⲉ, ⲃⲉⲧ-, ⲃⲟⲧ-, ⲃⲏⲧ†

미워하다, 미움, 불화 ⲙⲟⲥⲧⲉ, ⲙⲁⲥⲧⲉ, ⲙⲉⲥⲧⲉ-, ⲙⲥ̅ⲧⲉ-, ⲙⲉⲥⲧⲱ⸗, ⲙⲥ̅ⲧⲱ⸗

미인, 미녀 ⲥⲁⲓⲉ, ⲥⲁ(ⲓ)ⲏ, ⲥⲁⲓⲉ

미지근한 물 ⲙⲟⲩ ⲛ̅ⲥ ⲗϩⲟ

미치광이 ⲥⲟϭ, ⲥⲏϭⲉ, ⲥⲉϭⲏ, ⲥⲓⲅⲏ *m.*

미치다, 정신이상이 되다 ϣⲱⲣⲧ̅, ϣⲁⲣⲧ̅†

미친 사람 ⲥⲉϭⲉ (L) *m.*, *pl.* ⲥⲉϭⲉⲟⲩⲉ

미친 짓 ⲁⲡⲟⲛⲟⲓⲁ

미친, 실성한 ⲗⲓⲃⲉ, ⲗⲉⲃⲧ⸗, ⲗⲟⲃⲉ†, ⲗⲁⲃⲉ†, *p.c.* ⲗⲁ(ⲃ)-

미친, 악령에 잡힌 ϣⲟⲉⲓⲧ, ⲁⲑⲏⲧ

미침 ⲙⲁⲛⲓⲁ μανία

민물 ⲙⲟⲩ ⲛ̅ϩⲱⲗϭ

민족 ⲇⲏⲙⲟⲥ, ϩⲉⲑⲛⲟⲥ ἔθνος

믿다, 신뢰하다 ⲧⲁⲛϩⲟⲩⲧ, ⲧⲁⲛϩⲉⲧ-, ⲧⲁⲛϩⲟⲩⲧ⸗, ⲧⲛ̅ϩⲟⲩⲧ⸗, ⲧⲁⲛϩⲏⲩⲧ†, ⲧⲛ̅ϩⲁⲧ†

믿다, 희망을 갖다 ⲛⲁϩⲧⲉ, ⲛ̅ϩⲉⲧ-, ⲛ̅ϩⲟ(ⲩ)ⲧ†, ⲕⲁϩⲧⲏ⸗, ⲡⲓⲥⲧⲉⲩⲉ πιστεύειν

믿을만한 문서 ⲁⲥⲫⲁⲗⲓⲁ

믿음 ⲡⲓⲥⲧⲓⲥ πίστις

믿음의 공동체 ⲉⲕⲕⲗⲏⲥⲓⲁ ἐκκλησία

믿음이 적은 자 ⲡⲁ ⲧⲕⲟⲩⲓ ⲛ̅ⲡⲓⲥⲧⲓⲥ

밀, 귀리 ⲓ̈ⲱⲧ

밀가루 ⲛⲟⲉⲓⲧ *m.*, ⲥⲟⲩⲟ *m.*, ϣⲱⲧⲉ *m.*

밀고자 ⲉⲧⲙⲟⲩϣⲧ

밀다, 가게 하다 ϭⲱⲟⲩ, ϭⲉⲩ-

밀다, 수염을 깎다 ϣⲱⲃ, ϣⲃ̅-, ϣⲟⲃ⸗, ϣⲁⲃ⸗, ϣⲏⲃ†

밀랍, 양초 ⲙⲟⲩⲗϩ̅

밀알, 밀가루 ⲥⲟⲩⲟ *m.*

밀알, 씨앗 ϭⲣⲟϭ, ϭⲣⲟⲟϭ, ϭⲗⲟϭ *m.*, *pl.* ϭⲣⲱⲱϭ, ϭⲣⲟⲟϭ, ⲕⲣⲱϫⲱϭ

밀어내다 ϩⲧⲁⲓ, ϩⲓϩⲧⲁⲓ, ⲧⲱϭⲛⲉ (L)

밀짚 ⲥⲃ̅ⲣⲟⲟⲩⲉ

밀쳐내다, 내치다, 내쫓다, 떠나가게 하다 ⲛⲟⲩϫⲉ ⲉⲃⲟⲗ

밀치다, 굴리다 ⲥⲃⲗ̅ⲧⲉ, ⲥⲗ̅ⲃⲧⲉ, ⲧⲱϭⲛ̅, ⲧⲉϭⲛ̅-, ⲧⲁϭⲛ̅-, ⲧⲟϭⲛ⸗, ⲧⲁϭⲛ⸗

밀치다, 뿌리다 ⲃⲱⲱⲣⲉ, ⲃⲉⲉⲣⲉ-, ⲃⲟⲟⲣ⸗, ⲃⲟⲟⲣⲉ†

밀치다, 어그러뜨리다 ⲁⲑⲉⲧⲉⲓ

밑으로 ⲁϩⲣⲏⲓ̈

ㅂ

바깥 ⲥⲁ(ⲛ̄)ⲃⲟⲗ

바깥에, 끝까지, 완전히 ⲉⲃⲟⲗ, ϩⲓⲃⲁⲗ, ϩⲓⲃⲟⲗ

바구니 ϫⲛⲟϥ, ϫⲉⲛⲟϥ *m.*, ϯϩⲙⲉϥ, ⲧⲓϩⲙⲉϥ

바꾸다, 건너다 ⲟⲩⲱⲧⲃⲉ (L), ⲟⲩⲁⲧⲃⲉ†

바꾸다, 변경하다, 변화시키다 ϣⲓⲃⲉ, ϣⲃ̄-, ϣ(ⲉ)ⲃⲧ̄-, ϣ(ⲉ)ⲃⲧ⸗, ϣⲟ(ⲟ)ⲃⲉ†, ϣⲁⲃⲉ†, ϣⲃⲓ̈ⲁⲓ̈ⲧ†, ϣⲃ̄ⲓ̈ⲁⲧ† *p.c.* ϣⲁⲃⲉ-

바꾸다 ⲡⲱⲛⲉ (L), ⲡⲁⲛⲉ⸗

바꿈, 교환 ϣⲃ̄ⲓ̈ⲱ *f.*, *pl.* ϣⲃ̄ⲓ̈ⲁⲩⲉ

바뀌다, 변모하다, 상속인 바뀌다 ⲡⲱⲱⲛⲉ, ⲡⲱⲛⲉ, ⲡⲉ(ⲉ)ⲛⲉ-, ⲡⲛ̄ⲛⲉ-, ⲡⲟⲟⲛⲉ⸗, ⲡⲉⲛ⸗, ⲡⲁⲁⲛⲉ⸗, ⲡⲟⲟⲛⲉ† *p.c.* ⲡⲁⲛⲉ

바느질하다 ⲧⲱⲡ, ⲧⲟⲡ⸗ *p.c.* ⲧⲁⲡ-

바늘 구멍 ⲟⲩⲁⲧϥⲉ, ⲟⲩⲁⲧⲃⲉ *f.*

바늘, 침 ϫⲁⲕⲉϥ *m.*, ϫⲉⲃⲏⲗ, ϫ(ⲓ)ⲃⲏⲗ, ϫⲉⲃⲉⲗ *m.*, ϫⲱϫ, ϫⲟϫ

바늘 ⲥⲁϩ, ⲥⲁϩϥ̄, ⲥϩ̄, ⲥⲟⲩⲣⲉ, ⲥⲟⲩⲣ-, ⲥⲁⲣ-, ⲥ(ⲉ)ⲣ- *f.*

바늘로 찌르다, 자극하다 ϫⲱ(ⲱ)ⲕⲉ, ϫⲟⲩⲟⲩⲕⲉ, ϫⲉⲉⲕⲉ-, ϫⲉⲕ-, ϫⲟⲟⲕ⸗

바늘로 찌르다 ϫⲟⲕϫⲕ̄, ϫⲉⲕϫⲱⲕ⸗, ϫⲉⲕϫⲱⲕ†, ϫⲉⲕϫⲟⲕⲧ̄†

바다, 호수 ⲉⲓⲟⲙ, ⲓ̈ⲁⲙ (L), ⲡⲉⲗⲁⲅⲟⲥ πέλαγος, ⲑⲁⲗⲁⲥⲥⲁ θάλασσα, ⲱⲕⲉⲁⲛⲟⲥ *m.*

바닥, 땅 ⲉⲥⲏⲧ, ⲗⲉϫϩ̄ (L)

바라보다 ϫⲱⲣⲙ̄, ϫⲱⲣⲙⲉ, ϫⲱⲗⲙ̄, ϫⲁⲣⲙⲉ⸗, ϫⲟⲣⲙ̄†

바라보다, 살피다 ⲉⲓⲱⲣϩ̄, ⲉⲓⲉⲣϩ̄-, ⲥⲱⲛⲧ̄, ⲥⲟⲛⲧ̄†, ⲙⲟⲩϩ, ⲥⲟⲙⲥ̄

바람 불다, 흔들리다, 고심하다, 놀라게 하다 ⲛⲟⲩϣⲡ̄, ⲛⲉϣⲡ̄-, ⲛⲁϣⲡ̄-, ⲛⲁϣⲡ⸗

바람 불다 ⲛⲓϥⲉ, ⲛⲁϥⲧ⸗, ⲛⲉϥⲧ⸗, ⲛⲓϥⲧ⸗

바람 ⲡⲛⲟⲏ πνοή, ⲧⲏⲩ, ⲧⲟⲩ- *m.*

바람소리를 내다 ⲥⲩⲣⲓⲍⲉ συρίζειν

바람쐬다 ⲥⲟⲃⲛ̄, ⲥⲟⲃⲛⲉ

바람에 날리다 ϫⲱⲱⲣⲉ, ϫⲱⲣ(ⲉ), ϫⲉ(ⲉ)ⲣⲉ-, ϫⲟⲟⲣ⸗, ϫⲟⲟⲣⲉ†

바람을 넣다 ⲛⲓϥⲉ ⲉϩⲟⲩⲛ.

바로 그 이유로 ⲇⲓⲁ ⲧⲟⲩⲧⲟ

바로 세우다 ⲥⲁⲩⲧⲛ̄, ⲥⲟⲩⲧⲱⲛ⸗, ⲥⲟⲩⲧⲁⲛⲧ̄†, ⲥⲟⲩⲧⲱⲛ†, ⲉⲡⲁⲛⲟⲣⲑⲟⲩ ἐπανορθοῦν

바로 세우다 ⲥⲉϩⲟ (L), ⲥⲉϩⲟ-, ⲥⲁϩⲱⲱ⸗, ⲥⲉϩⲁ⸗, ⲥⲉϩⲱ⸗, ⲥⲁϩⲁⲓ̈ⲧ†, ⲥⲉϩⲁⲓ̈ⲧ†

바보 같은 ⲃⲁⲃⲉ

바보, 미치광이 ⲥⲟϭ, ⲥⲏϭⲉ, ⲥⲉϭⲏ, ⲥⲓⲅⲏ *m.*, ⲥⲉϭⲉ (L) *m.*, *pl.* ⲥⲉϭⲉⲟⲩⲉ

바빌로니아인 ⲃⲁⲃⲩⲗⲱⲛⲓⲟⲥ

바빌론 ⲃⲁⲃⲩⲗⲱⲛ

바싹 마르다 ϣⲱϩⲃ̄, ϣⲉϩⲃ̄-, ϣⲟϩⲃ⸗

바울 ⲡⲁⲩⲗⲟⲥ

바위, 돌 ⲡⲉⲧⲣⲁ πέτρα

바퀴, 족제비 ⲃⲉⲕⲛⲉ

바퀴 ⲕⲁⲗⲕⲓⲗ, ⲧⲣⲟⲭⲟⲥ τροχός

박다, 심다, 뚫다 ⲧⲟⲣⲧⲣ̄, ⲧⲣ̄ⲧ(ⲱ)ⲣ-, ⲧⲣ̄ⲧⲱⲣ⸗, ⲧⲣ̄ⲧⲱⲣ†

박다 ⲥⲱϩⲙ̄, ⲥⲁϩⲙ⸗, ⲥⲁϩⲙ̄†, ⲥⲟϩⲙ̄†

박다 ⲧⲱⲕⲥ̄, ⲧⲱⲧⲥ̄, ⲧⲉⲕⲥ-, ⲧⲟⲕⲥ⸗, ⲧⲟⲕⲥ̄† *p.c.* ⲧⲁⲕⲥ-

박사 ⲥⲁϩ

박쥐 ϭⲛ̄ϭⲉⲗⲱ *f.*

박탈 ϣⲟⲗⲥ̄ *f.*

박탈하다, 약탈하다 ϣⲱⲗ, ϣ(ⲉ)ⲗ-, ϣⲟⲗ⸗, ϣⲏⲗ†, *p.c.* ϣⲁⲗ-

박하 ϩⲁϭⲓⲛ *m.*, ϩⲁϭⲓⲛⲛ̄ⲥⲧⲟⲓ, ⲥⲓⲧ(ⲉ) *m.*

반 ϭⲟⲥ, ⲕⲟⲥ, ϭⲓⲥ-, ϭⲉⲥ-, ϭⲁⲥ-

반 시간 ϭⲓⲥⲟⲩⲛⲟⲩ

반대, 항의, 반론 ⲁⲛⲧⲓⲗⲟⲅⲓⲁ

반대편의 ⲉⲧⲕⲏⲟⲩⲃⲉ-

반란을 일으키다 ϥⲱϭⲥ̄

반론 ⲁⲛⲧⲓⲗⲟⲅⲓⲁ

반론을 펴다 ⲁⲛⲧⲓⲗⲉⲅⲉ

반만 실은 ⳉⲉⲟⲩⲓ̈ⲛ

반면에 ⲛ̄ⲧⲟⲟⲩⲛ, ⲛ̄ⲧⲱⲟⲩⲛ, ϭⲉ, ⲛ̄ϭⲉ, ϫⲉ

반발 ⲁⲙⲫⲓⲃⲟⲗⲓⲁ

반발하다, 들고일어난 ϥⲟϭⲥ̄

반발하다, 벼룩 ⲡⲏⲓ

반발하다, 의문을 가지다 ⲁⲙⲫⲓⲃⲁⲗⲗⲉ

반발하다, 잡아뽑다, 탈취하다 ϥⲱϭⲉ, ϥⲱⲱϭⲉ, ϥⲉϭ-, ϥⲟϭ⸗, ϥⲏϭ†

반발하다 ϥⲱϭⲉ ⲉϩⲣⲁⲓ̈ ⲉϫⲛ̄-, ⲱⲛⲕ̄, ⲟⲛⲕ⸗, ⲟⲙⲕ⸗, ⲟⲛⲅ†

반점 ⲥⲓⲟⲩ, ⲥⲟⲩ- *m.*

반죽 ⲟⲩⲱϣⲙ̄, ⲟⲩⲉϣⲙ̄-, ⲟⲩⲟϣⲙ⸗, ⲟⲩⲟϣⲙ†, ⲟⲩⲁϣⲙⲉ†

반죽음 ⲡⲉϣⲙⲟⲩ

반죽하다, 짓이기다, 빻다, 반죽 ⲟⲩⲱϣⲙ̄, ⲟⲩⲉϣⲙ̄-, ⲟⲩⲟϣⲙ⸗, ⲟⲩⲟϣⲙ†, ⲟⲩⲁϣⲙⲉ†

반죽하다 ⲗⲱϩⲙ̄, ⲗⲉϩⲙ̄-

반지 ⳉⲟⲩⲣ, ⲕⲥⲟⲩⲣ, ϭⲥⲟⲩⲣ

반지나 귀금속의 일종 ⲁⲣⲁ

반짝이다, 빛나다 ⲧⲁⲁⲧⲉ, ⲧⲁⲁⲧⲉ†, ⲧⲟⲟⲧⲉ, ⲧⲟⲟⲧⲉ†, ⲃⲟⲩⲃⲟⲩ, ⲣⲉϭⲣⲉϭ (L)

반짝임 ⲓⲉⲗⲗⲉ

반토막, 조각 ⲡⲁϣⲉ, ⲡⲉϣⲉ, ⲡⲏϣⲉ, ⲡⲓϣⲉ, ⲡⲁϣ-, ⲡ(ⲉ)ϣ-, ⲡⲓϣ-

반하여, 제외한 ⲛ̄ⲥⲁ-, ⲛ̄ⲥⲱ⸗

받다 ϩⲩⲡⲟⲇⲉⲭⲉ ὑποδέχεσθαι

받아 들이다, 달성하다, 산출하다, 낳다, 만들다 ϫⲡⲟ, ϫⲡⲉ-, ϫⲡⲟ⸗, ϫⲡⲁ⸗, ϫⲡⲁⲉⲓⲧ†

받아 들이다, 데려오다 ϫⲓ, ϫⲓ-, ϫⲉ-, ϫⲓⲧ⸗, ϫⲏⲩ† *p.c.* ϫⲁⲓ-

받아 들이다, 맞이하다, 사다, 결혼하다 ϣⲱⲡ, ϣ(ⲉ)ⲡ-, ϣⲁⲡ-, ϣⲡ̄- , ϣⲟⲡ⸗, ϣⲁⲡ⸗, ϣⲏⲡ†, ϣⲱⲡ ϩⲣⲉ

받아 들이다 ϭⲱⲡⲉ, ϭⲱⲡ, ⲕⲱⲡ(ⲉ), ϣⲱⲡⲉ, ϭ(ⲉ)ⲡ-, ϭⲱⲡ-, ϭⲟⲡ-, ϭⲁⲡ-, ϣⲁⲡ-, ϭⲟⲡ⸗, ϭⲁⲡ⸗, ϭⲱⲡ⸗, ⲕⲱⲡ⸗, ϭⲏⲡ†, ϭⲉⲡ†

받침 ϩⲩⲡⲟⲡⲟⲇⲓⲟⲛ ὑποπόδιον, ⲥⲉⲃⲟⲟⲛ *pl.*

발밑에 몸을 던지다 ϩⲓⲧϥ̄ ⲉϩⲣⲁⲓ̈ ⲉ-

발 앞에 ϩⲁⲣⲉⲧ⸗ ⲛ̄-

발 앞에 엎드리다, 경배하다 ⲟⲩⲱϣⲧ̄, ⲟⲩⲁϣⲧ⸗, ⲛⲟϫϥ̄ ϩⲁⲣⲁⲧϥ̄

발, 무릎, 무릎관절 ϭⲁⲗⲟϫ *f., pl.* ϫⲁⲗⲁⲩ(ϫ)

발 ⲟⲩⲉⲣⲏⲧⲉ, ⲟⲩⲣⲏ(ⲏ)ⲧⲉ *f.*, ⲣⲁⲧ⸗ *m.*, ⲣⲉⲧ⸗, ⲛ̄ⲣⲉⲧ⸗

발걸음, 발바닥 ⲡⲉⲗⲙⲁ πέλμα

발견하다 ϭⲓⲛⲉ, ϭ(ⲉ)ⲛ-, ⲕⲛ̄-, ϭⲓⲛ-, ϭ(ⲉ)ⲛⲧ⸗, ϭⲏⲛⲧ⸗, ⲅⲛ̄⸗, ϩⲉ ⲉ-

발굴하다, 검사하다, 시험하다 ϩⲟⲧϩⲧ̄, ϩⲉⲧϩ(ⲉ)ⲧ-, ϩⲉⲧϩⲱⲧ⸗, ϩⲉⲧϩⲱⲧ†

발굴하다, 드러내다, 계시하다 ϭⲱⲗⲡ̄, ⲕⲱⲗⲡ̄, ϭ(ⲉ)ⲗⲡ̄-, ϭⲱⲗⲡ̄-, ϭⲁⲗⲡ-, ϭⲟⲗⲡ⸗, ϭⲁⲗⲡ⸗, ϭⲟⲗⲡ̄†, ϭⲁⲗⲡ̄†

발굴하다, 땅을 파다 ⲃⲟⲗⲃⲗ̄, ⲃⲗ̄ⲃⲱⲗ⸗

발굽, 손톱 ⲓⲓⲃ (L), *pl.* ⲓ̈ⲉⲃⲉ, ⲉⲓⲃ, ⲉⲓⲉⲃ(ⲏ)

발길질 ⲧⲃⲏⲣ *m.*

발뒤꿈치, 말발굽 ϯⲃⲥ̄, ⲧ(ⲉ)ⲃⲥ̄

발로 밟다 ϩϫⲟⲡϫⲡ̄, ϩⲡⲟϭⲡϭ̄, ϩⲡⲁϭⲡϭ̄ (L), ⲕⲁⲧⲁⲡⲁⲧⲉⲓ

발로 밟다, 짓이기다 ϩⲱⲙ, ϩ(ⲉ)ⲙ-, ϩⲟⲙ⸗, ϩⲏⲙ†

발로 짓밟다 ⲥⲱϣϥ̄, ⲥⲉϣϥ̄-, ⲥⲟϣϥ⸗, ⲥⲟϣϥ̄†

발바닥 ϭⲁⲡ *f.*, ϭⲟⲡ, ⲕⲁⲡ *f.*, ⲡⲉⲗⲙⲁ πέλμα

발산하다, 낭비하다 ϫⲟ, ϫⲱ, ϫⲉ-, ϫⲓ-, ϫⲟ⸗

발산하다, 방출하다 ⲧⲱⲕⲉ, ⲧⲱϭⲉ

발생하다 ϫⲱⲛϥ̄, ϫⲟⲟⲛⲉϥ, ϫⲁⲛϥ̄†, ϫⲁⲁⲛϥ̄†, ⲙⲏ ⲅⲉⲛⲟⲓⲧⲟ γίγνεσθαι

발성하다, 휘파람불다 ⲛⲉϫϩⲣⲟⲟⲩ

발아래에, 부근에ⲉⲣⲁⲧ⸗

발자국 ⲧⲉϭⲥⲉ, ⲧⲁϭⲥⲉ, ⲧⲁⲕⲥⲉ *f.*

발자취를 따라 추적하다 ϭⲛ̄ⲣⲁⲧ⸗

발톱 ⲓ̈ⲉⲃⲉ, ⲓⲉⲉⲃⲉ

발판 ϫⲁⲡϫⲡ, ⲙⲁ ⲛ̄ⲟⲩⲉϩⲣⲁⲧ⸗

발표하다 ϯ ⲟⲩⲱ, ϫⲓ (ⲡ)ⲟⲩⲱ

발효되다 ϩⲙⲟϫ, ϩⲟⲙϫ̄†, ϩⲟⲙⲏϫ†, ϩⲁⲙϫ̄†

발효성 음료수 ⲥⲓⲕⲁⲓⲣⲟⲛ σίκερα

빨다, 젖 빨다 ⲥⲱⲛⲕ̄, ⲥⲱⲛⲅ̄, ⲥⲱⲙⲕ̄, ⲥⲱⲙⲅ̄

빨리가다 ϩⲱⲗ, ϩⲏⲗ†

밤, 야간 ϭⲱⲣϩ̄, ϭⲱⲣⲁϩ, ⲕⲱⲣϩ̄

밤, 야간 ⲟⲩⲱϣⲏ *f.*, *pl.* ⲟⲩⲱϣⲟⲟⲩⲉ, ⲟⲩⲱϣⲁⲩⲉ, ⲟⲩⲁϣⲁⲩⲉ

밤새 지키다 ⲣ̄ ⲟⲩⲱϣⲏ ⲛ̄ⲣⲟⲉⲓⲥ

밤샘, 철야 ⲡⲁⲛⲛⲩⲭⲓⲥⲙⲟⲥ παννυχισμός

밤에 ⲛ̄ϭⲱⲣϩ̄, ⲛ̄ⲧⲟⲩϣⲏ

밤을 지새우다 ⲣ̄ ⲟⲩⲱϣⲏ (ⲛ̄ⲣⲟⲉⲓⲥ)

밧줄 ⲗⲉⲃⲁⲛ, ⲗⲉⲃⲉⲛ, ⲛⲟⲩϩ, ⲛⲱϩ *m.*, ϣϫⲱⲧ *f.*, ϣⲗⲟⲡ *m.*

방 ⲕⲟⲓⲧⲱⲛ κοιτών

방귀 ⲥⲁⲣⲁϭⲁⲧⲥⲉ

방랑자 ⲥⲁⲣⲁⲕⲱⲧⲉ, ⲥⲁⲣⲁⲕⲟⲧ(ⲧ)ⲉ, ⲥⲁⲣⲁⲕⲟⲥⲧⲉ, ⲥⲁⲣⲁⲕⲱⲧⲱⲛ *pl.*

방목 언덕, 강둑 ⲥⲧⲱ *f.*

방문, 회전체 ⲕⲟⲧ, ⲕⲁⲧ

방문하다, 요구하다 ϣⲓⲛⲉ, ϣⲉⲛ(ⲧ)-, ϣⲛⲧ⸗, ⲛ̄ⲡⲟⲩϣ

방법, 모양 ϩⲉ, ϩⲓⲏ *f.*

방법, 종류 ⲣⲏⲧⲉ *m.*, ⲥⲙⲁⲧ (L), *pl.*ⲥⲙⲟⲟⲧ *m.*

방법으로 ⲙ̄ⲡⲣⲏⲧⲉ

방석 ϣⲛ̄ϣⲱⲧⲉ, ϣⲓⲛϣⲱⲧⲉ *f.*, ϣⲟⲧ, ϣⲱⲧ *m.*, *pl.*ϣ̄ϣⲱⲧⲉ

방식, 태도 ⲥⲙⲟⲧ *m.*, *f.* ⲥⲙⲟⲩⲧ, ⲥⲙⲱⲧ

방심, 농담 ϩⲣⲉⲩⲙⲁ ῥεῦμα, ϫⲟⲗⲙ(ⲉ)ⲥ, ϫⲟⲣⲙⲉⲥ

방아 (ⲕⲟⲧ ⲛ̄)ⲥⲓⲕⲉ, ⲱⲛⲉ ⲛ̄ⲥⲓⲕⲉ

방앗간 ⲛⲟⲩⲧ, ⲛⲁⲧ⸗

방어 ⲛⲁϣⲧⲉ *m. f.*

방언 ⲁⲥⲡⲉ, ⲗⲁⲗⲓⲁ λαλιά

방종 ⲁⲕⲣⲟⲃⲩⲥⲧⲓⲁ

방주 ⲕⲓⲃⲱⲧⲟⲥ κιβωτός

방출하다 ϩⲱϥⲧ̄, ϩⲉϥⲧ̄-, ϩⲟϥⲧ⸗, ⲧⲱⲕⲉ, ⲧⲱϭⲉ

방탕 ⲥⲡⲁⲧⲁⲗⲓⲁ σπαταλεία

방탕한 삶 ⲙⲛ̄ⲧϣⲛⲁ

방탕한 삶을 살다, 즐겁게 살다 ϫⲏⲣ, ϫⲉⲣϫⲣ̄, ⲃⲗⲁⲗⲉ (L)

방패 ϭⲁⲗ, ϭⲗ̄ *m.*, ⲑⲩⲣⲱⲛ

방해 ϩⲟⲓ

방해물, 걸림돌, 사건 ϫⲣⲟⲡ *m.*

방해하다 ϫⲱⲱⲗⲉ, ϫⲟⲟⲗⲉ†, ⲙⲟⲩⲕϩ̄, ⲙⲟⲩⲗϩ̄

방해하다 ⲥⲱϣⲧ̄, ⲥⲱϩⲧ̄, ϣⲱϣⲧ̄, ⲥⲉϣⲧ̄-, ⲥⲱϣⲧ̄-, ⲥⲁϣⲧ-, ⲥⲟϣⲧ⸗, ⲥⲟϫ⸗, ⲥⲁϣⲧ⸗, ⲥⲟϣⲧ†, ⲥⲁϣⲧ̄†

방해하다, 가로막다, 잡아두다 ⲧⲁϩⲛⲟ, ⲧⲁϩⲛⲉ⸗, ϯ ϩⲓⲥⲉ, ⲟⲩⲉϩ ϩⲓⲥⲉ

방해하다, 막다 ⲕⲱⲗⲩ, ⲕⲱⲗⲩⲉ κωλύειν, ⲉⲛⲟⲭⲗⲉⲓ (ⲛⲁ⸗)

방향 ⲥⲁ *m.*

방향을 바꾸다, 극도로 조심하다 ⲣⲓⲕⲉ ⲉⲃⲟⲗ

빵 ⲁï̈ⲕ (L), ⲕⲁⲙⲁⲧⲟⲥ κάματος

빵 굽는 사람 ⲁⲙⲟⲩ, ⲁⲙⲏ, ⲁⲙⲏⲉⲓ(ⲧ)ⲛ̄, ⲁⲙⲣⲉ, ⲁⲙⲣⲏⲩ

빵 바구니 ϭⲁⲣϭⲁⲧⲁⲛⲉ, ϭⲁⲣⲁⲧⲏⲛⲏ *f.*

빵 장사 ⲥⲁ ⲛ̄ⲟⲣⲃⲉ

빵, 음식, 떡 ⲟⲉⲓⲕ

빵집 ⲙⲁⲛ̄ⲟⲩⲱⲥⲙ̄

밭 갈다, 노동하다 ⲥⲕⲉï (L)

밭, 전원, 농토 ïⲱϩⲉ *m.*, *pl.* ïⲁϩⲟⲩ, ïⲁϩ-, ⲥⲱϣⲉ, ⲥⲱϫⲉ, ⲥⲱϩⲉ *f.*, *pl.* ⲥⲟⲟϣⲉ

밭고랑, 선 ϣⲁïⲙⲉ *m.*, *f.* ϣⲓⲙⲉ, ⲧⲗⲟⲙ, ⲧⲛⲟⲙ, ⲧⲗⲟⲟⲙ, ⲧⲛⲁⲙ *m.*

빻다, 가루로 만들다 ⲥⲓⲕⲉ, ⲥⲉⲕⲧ-, ⲥⲓⲕⲧ⸗, ⲥⲁⲕⲧ⸗, ⲥⲟ(ⲟ)ⲕⲉ†

빻다, 반죽 ⲟⲩⲱϣⲙ̄, ⲟⲩⲉϣⲙ̄-, ⲟⲩⲟϣⲙ⸗, ⲟⲩⲟϣⲙ†, ⲟⲩⲁϣⲙⲉ†

빻다 ⲱⲣⲃ̄, ϩⲟⲣⲃ⸗ ϩⲟⲣ(ⲉ)ϥ†

배 ⲙⲁϩⲧ̄, ⲙⲉϩⲧ, ϫⲁï *m.*, *pl.* ⲉϫⲏⲩ

배, 위 ⲛⲏϭⲉ *f.*

배, 자궁, 생각 ϩⲏ, ϩⲏⲧ⸗ *f.*

배가 모래톱에 올라앉다 ϩⲱⲛ

배가하다, 되풀이하다, 증가시키다 ⲧⲁϣⲟ, ⲧⲁϣⲉ-, ⲧⲁϣⲟ⸗

배가하다, 여러 개로 만들다 ⲕⲱⲃ, ⲕ(ⲉ)ⲃ-, ⲕⲟⲃ⸗, ⲕⲏⲃ†

배교, 탈퇴 ⲁⲡⲟⲥⲧⲁⲥⲓⲁ

배교자, 배신자 ⲡⲉⲛⲧⲁϥ ϩⲛ̄ⲧϥ̄ⲥⲁⲃⲟⲗ, ⲁⲡⲟⲥⲧⲁⲧⲏⲥ

배기구, 구멍, 문 ⲣⲟ, ⲣⲉ-, ⲣⲱ⸗ *m.*, *pl.* ⲣⲱⲟⲩ

배꼽 ϩⲗ̄ⲡⲉ, ϩⲉⲗⲡⲉ *f.*

배낭, 행낭 ϩⲱⲧ, ϩⲟⲧ *m.*

배로 떠나다 ϩⲱ(ⲱ)ⲧ

배를 바꿔 타기, 하역 ⲉⲟⲩïⲛ

ㄱ ㄴ ㄷ ㄹ ㅁ ㅂ ㅅ ㅇ ㅈ ㅊ ㅋ ㅌ ㅍ ㅎ

배를 항구에 대기 (ϩ)ⲁⲛⲣⲟ

배반하다 ⲡⲣⲟⲇⲓⲇⲟⲩ προδιδόναι

배불리 먹다 ⲧⲥⲓⲟ, ⲧⲥⲓⲉ-, ⲧⲥⲓⲟ⸗, (ⲧ)ⲥⲓⲏⲩ†

배설하다 ⲥⲣ̄ⲣⲁⲧ⸗

배신자 ⲡⲉⲛⲧⲁϥ ϩⲛ̄ⲧϥ̄ⲥⲁⲃⲟⲗ, ⲡⲉⲛⲧⲁϥϩⲉ ⲉⲃⲟⲗ, ⲡⲣⲟⲇⲟⲧⲏⲥ προδότης

배우다, 가르치다 ⲥ(ⲁ)ⲃⲟ, ⲥⲃⲱ, ⲥⲉⲃ-, ϫⲓ ⲥⲃⲱ

배운 ⲛⲉⲥⲃⲉ-

배의 노 ⲟⲩⲟⲥⲣ *m.*

배의 돛 ⲗⲁⲩⲟ, ⲗⲁⲃⲱ

배출, 유출, 경과, 흐름 ⲁⲡⲟⲣⲣⲟⲓⲁ

빼앗다, 앗아가다 ϩⲟⲟⲩⲣⲉ, ϩⲟⲩⲣ(ⲉ)-, ϩⲟⲩⲣⲱ-, ϩⲟⲩⲣⲱ(ⲱ)⸗, ϩⲟⲩⲣⲟ⸗

빼앗다, 훔치다 ⲕⲱⲗⲡ̄, ⲕⲁⲗⲡ⸗

백 ϣⲉ, *pl.*

백부장 ⲕⲉⲛⲧⲩⲣⲓⲱⲛ

백성 ⲗⲁⲟⲥ λαός

백양궁 ⲕⲣⲓⲟⲥ κριός

백정 ϣⲁⲧⲁϥ

백합꽃 ⲕⲣⲓⲛⲟⲛ

뱀 ϩⲁϥ, ⲫⲁϥ, *f.* ϩⲃⲱ *m.*

뱀 ϩⲟϥ, ϩⲟⲡ, ϩⲁⲡ, ϩⲱⲃ, ϩϥⲱ, ϩⲃⲱ *pl.* ϩⲃⲟⲩⲓ *f.*

뱀 ⲥⲓⲧ *m.*

뱀, 파충류 ϫⲁⲧϥⲉ *m.*, ϫⲉⲧϥⲉ (L), ϫⲉϥⲧⲉ

뱀장어 ⲁⲛϣⲉⲩⲗⲉ

뱃짐, 화물 ⲁⲩⲁⲛ, ⲁⲩⲓ̈ⲛ, ⲉⲟⲩⲓ̈ⲛ, ⲁⲩⲉⲓⲛ, ⲁⲩⲁⲛ

뺨 ⲟⲩⲁϭⲉ *f.*, ⲟⲩⲟⲟϭⲉ, ⲟⲩⲟ(ⲓ)ϭⲉ *f.*

뺨을 치다, 때리다 ⲁⲁⲥ

버드나무 ⲧⲱⲣⲉ

버려두다, 포기하다 ⲟⲩⲏⲧⲉ, ⲟⲩⲉⲧ(ⲉ)

버려진 ⲉⲓⲏⲧⲉ

버리다 ϩⲓⲟⲩⲉ, ϩⲓ-, ϩⲟⲩ-, ϩⲓⲧ⸗ *p.c.* ϩⲁⲩ-

버림 ϫϩⲓⲙ

버터 ⲥⲓⲣ, ⲥⲁⲉⲓⲣ(ⲉ), ⲥⲏⲣⲉ *m.*

번개, 반짝임 ⲓⲉⲗⲗⲉ

번민 ⲙⲟⲕϩⲥ̄

번민하다 ⲟⲩⲱϫⲱⲙⲉ, ⲟⲩⲟ(ⲟ)ⲙ⸗

번역하다 ⲟⲩⲱϩⲙ̄, ⲟⲩⲱϩⲙⲉ, ⲟⲩⲉϩⲙ̄-, ⲟⲩⲁϩⲙ⸗, ⲟⲩⲟϩⲙ⸗, ⲟⲩⲁϩⲙⲉ⸗, ⲟⲩⲟϩⲙ̄†

번영 ϩⲉⲛⲟⲩϥⲉ, ϫⲓⲧⲛⲟⲩⲧⲙ̄

번제, 희생 ϭⲗⲓⲗ *m.*

번지다, 펼치다 ⲥⲟⲣⲥⲣ̄, ⲥⲣ̄ⲥⲱⲣ†

번창하는, 차고 넘치는 ⲟⲩⲱ(ⲱ)ⲗⲉ , ⲟⲩⲟ(ⲟ)ⲗⲉ†

뻔뻔한 ⲁⲧⲃⲁⲗ

뻗어가다 ⲥⲱϣⲉ

벌, 고문 ⲧⲓⲙⲱⲣⲓⲁ τιμωρία

벌, 징계 ⲕⲟⲗⲁⲥⲓⲥ κόλασις

벌, 책망 ⲉⲡⲓⲧⲓⲙⲓⲁ ἐπιτιμία

벌레 먹다 ⲗⲟϥⲗ(ⲉ)ϥ, ⲗⲉϥⲗⲱϥ⸗, ⲗⲉϥⲗⲱϥ†, ⲗⲉϥⲗⲟϥⲧ†

벌레 먹은 ⲣ̄ϩⲟⲟⲗⲉ

벌레 먹음 ϩⲟ(ⲟ)ⲗⲉ, ϩⲁⲗⲉ *m. f.*

벌레 ϥⲛ̄ⲧ, ϥⲉⲛⲧ, ⲟⲩⲉⲛⲧ *m. f.*

벌써, 이미 ⲏⲇⲏ

벌주다 ⲉⲡⲓⲧⲓⲙⲏ ἐπιτιμή, ϯⲙⲱⲣⲉ, ϯⲙⲱⲣⲏ τιμωρεῖν

벌칙 ⲟⲥⲉ *m.*

벌하다 ⲕⲟⲗⲁⲍⲉ

범람 ⲉⲙⲏⲣⲉ, ⲕⲁⲧⲁⲕⲗⲩⲥⲙⲟⲥ κατακλυσμός

범죄, 죄 ϣⲟϥⲧⲥ̄, ϣⲁϥⲧⲥ̄, ⲛⲁⲃⲉ *m.*

법, 율법 ⲉⲛⲧⲟⲗⲏ ἐντολή, ⲛⲟⲙⲟⲥ νόμος

법령, 명령 ⲧⲱϣ, ⲧⲉϣ-, ⲧⲟϣ-, ⲧⲟϣ⸗, ⲧⲏϣ†

법령 ⲟⲩⲉϩ ⲥⲁϩⲛⲉ, ⲧⲁϩⲟ, ⲧⲁϩⲉ-, ⲧⲁϩⲟ⸗, ⲧⲁϩⲏⲩ†

법령을 정하다, 심다, 접합부 ϣⲧⲙ̄ⲟⲩⲱⲛ

법정 ⲙⲁⲛ̄ϯϩⲁⲡ

법집행인, 집달관 ϥⲁⲓϣⲃⲱⲧ, ⲣⲉϥϫⲧⲟ

법학박사 ⲥⲁϩ (ϩ)ⲙ̄ⲡⲛⲟⲙⲟⲥ

베개 ⲙ̄ⲣⲱⲙ, ⲟⲩⲣⲱⲙ, ⲟⲩⲗⲱⲙ

베다, 가르다 ⲥⲗⲁⲡⲗⲉⲡ, ⲥⲗⲉⲡⲗⲉⲡ-

베드로 ⲡⲉⲧⲣⲟⲥ

베마 ⲃⲏⲙⲁ βῆμα

벨트 ⲙⲟⲩⲥ

벼룩 ϩⲗⲱⲙ, ϩⲗⲟⲙ, ⲗ̄ϩⲱⲙ *m.*

벼룩 ⲕⲁⲕⲧⲉ, ⲕⲁⲧⲕⲉ, ⲡⲉⲛⲛⲉ, ⲡⲉⲛⲛⲏ, ⲡⲏⲓ

뼈, 골수 ⲕⲁⲥ, ⲕⲉⲉⲥ, ⲕⲏⲥ, ⲕⲓⲥ *m.*, *pl.* ⲕⲉⲉⲥ, ⲕⲁⲁⲥ, ⲕⲉⲥ, ⲥⲏⲃⲉ, ⲥⲃ̄-

벽 ϫⲟ, ϫⲟⲉ, ϫⲟⲓⲉ, ϫⲟⲉⲓ *f.*, *p.c.* ϫⲉ-, ϫⲓ- *pl.* ⲉϫⲏ

벽돌 ⲧⲉⲣⲡⲟⲥⲉ(ⲛ), ⲧⲱ(ⲱ)ⲃⲉ *m. f.*

벽돌 찍는 도구ⲡⲁⲡⲉⲓⲧ

벽돌집 ⲕⲟⲉⲓϩ

벽장 ⲥⲏⲛⲉ, ⲥⲉⲛⲏ, ⲥⲉⲛⲉ

변경, 교환, 교호 ϣⲃ(ⲉ)ⲓⲱ, ϣⲃ̄ⲃⲓⲱ *f.*, ϣⲃ̄ⲧⲥ̄

변경하다 ϣⲉⲃⲓⲟ, ϣⲉⲃⲓⲏⲩ†, ϣⲃ̄ⲉⲓⲁⲉⲓⲧ†, ϣⲃ̄ⲃⲓⲏⲩ†, ϣⲃ̄ⲃⲓⲁⲉⲓⲧ†

변경하다 ϣⲓⲃⲧⲉ

변경하다, 변화시키다 ϣⲓⲃⲉ, ϣⲃ̄-, ϣ(ⲉ)ⲃⲧ̄-, ϣ(ⲉ)ⲃⲧ⸗, ϣⲟ(ⲟ)ⲃⲉ†, ϣⲁⲃⲉ†, ϣⲃ̄ⲓ̈ⲁⲓ̈ⲧ†, ϣⲃ̄ⲓ̈ⲁⲧ† *p.c.* ϣⲁⲃⲉ-

변모하다, 상속인이 바뀌다 ⲡⲱⲱⲛⲉ, ⲡⲱⲛⲉ, ⲡⲉ(ⲉ)ⲛⲉ-, ⲡⲛ̄ⲛⲉ-, ⲡⲟⲟⲛⲉ⸗, ⲡⲉⲛ⸗, ⲡⲁⲁⲛⲉ⸗, ⲡⲟⲟⲛⲉ† *p.c.* ⲡⲁⲛⲉ

변호인, 영적 인도자 ⲡⲁⲣⲁⲕⲗⲏⲧⲟⲥ, ⲡ̄ⲕ̄ⲗ̄ⲥ̄, ⲡ̄ⲣ̄ⲕ̄ⲗ̄ⲥ̄, ⲡ̄ⲣ̄ⲕ̄ⲗ̄ⲧ̄ⲥ̄ παράκλητος

변화시키다 ϣⲓⲃⲉ, ϣⲃ̄-, ϣ(ⲉ)ⲃⲧ̄-, ϣ(ⲉ)ⲃⲧ⸗, ϣⲟ(ⲟ)ⲃⲉ†, ϣⲁⲃⲉ†, ϣⲃ̄ⲓ̈ⲁⲓ̈ⲧ†,

별, 반점 ⲥⲓⲟⲩ, ⲥⲟⲩ- *m.*

별이 가득한 ⲥ(ⲓ)ⲟⲩⲥⲓⲟⲩ

병, 단지 ⲗⲓⲕ

병, 질환 ⲓ̈ⲁⲁⲃⲉ

병나다, 아프다 ϣⲱⲛⲉ, ϣⲟⲟⲛⲉ†, ϩⲓⲧⲉ, ϩⲉⲧ-, ϩⲁⲧ⸗, ϩⲉⲧ⸗

병든, 허약한 ⲗⲁϫⲗⲉϫ, ⲗⲉϫⲗⲁϫⲧ†

병아리 ϩⲣϫ

병약자 ⲁⲥⲑⲉⲛⲏⲥ

병에서 놓임 받다 ⲙ̄ⲧⲟⲛ, ⲉⲙⲧⲟⲛ, ⲙⲟⲧⲛ̄ †

병으로 인해 쓰러지다 ⲉⲧⲱⲗⲕ̄ ⲛ̄ⲥⲁⲡⲁϩⲟⲩ

병이 낫다 ⲗⲟ

병자 ⲣⲙ̄ⲛ̄ϣⲱⲛⲉ

병충해 ⲕⲟⲟⲙϥ

보게 되다, 눈뜨다 ⲛⲁⲩ ⲉⲃⲟⲗ

보고 ϩⲛ̄ⲟⲩⲙⲛ̄ⲧⲙⲁⲓϩⲏⲩ

보내다 ⲧⲛ̄ⲛⲟⲟⲩ, ⲧⲛ̄(ⲛ)ⲉⲩ-, ⲧⲛ̄(ⲛⲟ)ⲟⲩ⸗, ⲧⲛ̄ⲛⲟⲩⲧ⸗, ⲧⲛ̄ⲛⲟⲟⲩⲥ⸗

보내다, 발산하다, 낭비하다 ϫⲟ, ϫⲱ, ϫⲉ-, ϫⲓ-, ϫⲟ⸗

보내다, 산출하다, 이야기하다 ⲧⲁⲩⲟ, ⲧⲁⲩⲟⲩⲟ, ⲧⲁⲃⲟ, ⲧⲁ(ⲟ)ⲩⲉ-, ⲧⲁ(ⲟ)ⲩⲟ⸗

보내다, 생산하다 ⲧⲉⲟⲩⲟ, ⲧⲉⲟⲩⲟ-, ⲧⲉⲩ̈ⲉ-, ⲧⲉⲟⲩⲁ⸗, ⲧⲉⲩⲁ⸗

보내다, 파견하다 ϫⲟⲟⲩ, ϫⲟⲩ, ϫⲉⲩ-, ϫⲟⲟⲩ-, ϫⲁⲩ-, ϫⲟⲟⲩ⸗, ϫ(ⲁⲩ)ⲟⲩ⸗

보내다, 파견하다 ⲧⲛ̄ⲛⲁⲩ, ⲧⲛⲁⲩ, ⲧⲛ̄ⲛⲁ⸗, ⲧⲛ̄ⲛⲁⲩ⸗, ⲧⲛ̄ⲛⲁⲩⲥ⸗

보내다 ϩⲱⲃ, ϩⲁⲃ⸗, ϫⲛⲁ⸗, ϫⲟⲩ, ϫⲉ-, ⲟⲩⲱⲣⲡ̄, ⲟⲩⲱⲣⲉⲡ, ⲟⲩⲟⲣⲡ⸗;

보내다 ⲧⲃ̄ⲕⲟ, ⲧⲃ̄ⲕⲉ-, ⲧⲃ̄ⲕⲟ⸗, ⲧⲟⲩⲕⲟⲟⲩ, ⲧⲟⲩⲕⲉ-, ⲧⲟⲩⲕⲟ⸗ ⲧⲟⲩⲕⲱ⸗

보다, 관찰하다 ⲓ̈ⲱⲣϩ, ⲓ̈ⲁⲣϩ⸗, ⲛⲁⲩ *imper.* ⲁⲛⲁⲩ, ⲛⲉⲩ, ⲛⲟ

보다, 바라보다, 살피다 ⲉⲓⲱⲣϩ̄, ⲉⲓⲉⲣϩ̄-, ⲑⲉⲱⲣⲉⲓ

보도 ⲙⲁ ⲙ̄ⲙⲟⲟϣⲉ

보라! ⲁⲛⲉⲩ, ϩⲏⲧⲉ, ⲉⲓⲥ ϩⲏⲧⲉ, ⲉⲓⲥ, ⲉⲥ, ⲉⲓⲥⲧⲉ , ϩⲉⲥ

보리 ⲉⲓⲱⲧ, ⲉⲓⲟⲩⲧ

보물 창고 ⲅⲁⲍⲟⲫⲩⲗⲁⲕⲓⲟⲛ

보물, 재물 ⲭⲣⲏⲙⲁ χρῆμα, ⲁϩⲟ *m.*, *pl.* ⲁϩⲱⲱⲣ, ⲉϩⲟ, *pl.* ⲉϩⲱⲣ, ⲑⲏⲥⲁⲩⲣⲟⲥ θησαυρός

보살핌 ⲙⲉⲣⲓⲙⲛⲉ μέριμνα

보석 ⲱⲛⲉ ⲙ̄ⲙⲏⲉ

보수를 주다 ⲧⲱⲃⲉ, ⲧⲁⲃⲉ⸗

보습의 날 ⲥⲓⲛⲉ *f.*

보여주다, 이야기하다,영광을 돌리다, 경외하다 ⲧⲁⲓ̈ⲟ, ⲧⲁⲓⲉ-, ⲧⲁⲓ̈ⲟ-, ⲧⲁⲓⲟ⸗, ⲧⲁⲓ̈ⲁ⸗, ⲧⲁ(ⲉⲓ)ⲏⲩ† ⲧⲁⲓ̈ⲏⲩ†, ⲧⲁⲓ̈ⲁⲓ̈ⲧ†

보여주다 ⲇⲏⲗⲟⲩ

보여주다 ⲧⲥⲁⲃⲟ, ⲧⲥⲁⲃⲉ-, ⲧⲥⲁⲙⲃⲉ-, ⲧⲥⲉⲃⲉ-, ⲧⲥ(ⲁ)ⲃⲟ⸗, ⲧⲥⲁⲙⲟ⸗, ⲧⲥⲁⲃⲏⲩⲧ†, ⲧⲥⲁⲃⲟⲉⲓⲧ†

보유하다 ⲟⲩⲱϩ, ⲟⲩⲉϩ-, ⲟⲩⲱϩ-, ⲟⲩⲁϩ⸗, ⲟⲩⲏ(ⲏ)ϩ†, *p.c.* ⲟⲩⲁϩ-

보유하다 ⲱⲗ, ⲟⲗ-, ⲟⲗ⸗, ⲁⲗ⸗, ⲏⲗ†, *p.c.* ⲁⲗ-, *imper.*, ⲁⲗⲓ, ⲁⲗⲓⲧ⸗

보이는 물체, 상품 ⲉⲓⲇⲟⲥ εἶδος

보이는, 드러나는 ⲉⲧⲟⲩⲟⲛϩ̄ ⲉⲃⲟⲗ

보이다, 가르치다 ⲧⲟⲩⲟ, ⲧⲟⲩⲟ⸗

보이지 않는 ⲁϩⲟⲣⲁⲧⲟⲥ, ⲁⲧⲛⲁⲩ ⲉⲣⲟϥ, ⲁⲧⲟⲩⲱⲛϩ̄ ⲉⲃⲟⲗ

보자기 ϭⲟ(ⲟ)ⲗⲉⲥ

보잘것 없는 물건이나 사람 ϫⲟⲟⲩⲧ

보장 ⲁⲙⲉⲣⲓⲙⲛⲓⲁ

보조자 ϩⲩⲡⲏⲣⲉⲧⲏⲥ ὑπηρέτης

보증 서다, 인사하다 ϣⲉⲡⲧⲱⲣⲉ

보증, 급료 ⲁⲣⲏⲃ, (ⲉ)ⲣⲏⲃ, ⲉⲩⲱ *f.*, *pl.* ⲉⲩⲟⲟⲩⲉ, ⲉⲟⲩⲁⲟⲩⲉ

보증인 ⲣⲉϥϣⲉⲡⲧⲱⲣⲉ

보초, 경비원 ⲁⲛⲟⲩⲉⲣϣⲉ, ⲁⲛⲟⲩⲣϣⲉ *m.*, ⲫⲩⲗⲁⲝ φύλαξ, ⲣⲉϥϩⲁⲣⲉϩ, ⲣⲉϥⲣⲟⲉⲓⲥ

보초서다 ϩⲱⲣ, ϩⲣ̄-, ϩⲟⲣ⸗, ϩⲏⲣ†

보통 사람, 겸손한 사람 ϣⲡⲓⲏⲧ *m.*, *f.* ϣⲡⲓⲉⲉⲧⲉ

보행자 ⲣⲙ̄ⲛ̄ⲣⲁⲧ⸗

보험, 믿을만한 문서 ⲁⲥⲫⲁⲗⲓⲁ

보혜사, 변호인, 영적 인도자 ⲡⲁⲣⲁⲕⲗⲏⲧⲟⲥ, ⲡ̅ⲕ̅ⲗ̅ⲥ̅, ⲡ̅ⲣ̅ⲕ̅ⲗ̅ⲥ̅, ⲡ̅ⲣ̅ⲕ̅ⲗ̅ⲧ̅ⲥ̅ παράκλητος

보호, 후견 ⲡⲁⲧⲣⲱⲛⲓⲁ πατρωνία, ϩⲃⲱ *f.*, ⲥⲟ

보호인 ⲃⲟⲏⲑⲟⲥ βοηθός

보호자, 방어 ⲛⲁϣⲧⲉ *m. f.*, ⲣⲉϥϩⲱⲃ̅ⲥ̅

뾰족하게 깎다 ϫⲱⲣ, ϫⲏⲣ†

뾰족한 나무 꼭대기 ⲗⲉⲉ(ⲓ)ⲗⲉ†

뾰족한 ⲉⲧϫⲏⲣ

복 있는 자 ⲙⲁⲕⲁⲣⲓⲟⲥ μακάριος

복 있는 ⲙⲁⲕⲁⲣⲓⲁ μακαρία

복도 ϭⲟⲙ

복되도다 ⲛⲁⲓⲁⲧ⸗, ⲛⲉïⲉⲧ⸗, ⲛⲉïⲧ⸗

복부, 아랫배, 자궁 ⲕⲁⲗⲁϩⲏ

복사, 필사 ⲁⲛⲧⲓⲅⲣⲁⲫⲟⲛ

복사판, 동료 ⲥⲁïϣ

복수 ϫⲓⲕⲃⲁ

복수하다 ⲉⲕⲇⲓⲕⲉⲓ ἐκδικεῖν

복음 전파자 ⲉⲩⲁⲅⲅⲉⲗⲓⲥⲧⲏⲥ, ϥⲁⲓϣⲓⲛⲉ, ⲃⲁïϣⲓⲛⲉ, ⲣⲉϥⲧⲁϣⲉ ⲟⲉⲓϣ

복음 ⲉⲩⲁⲅⲅⲉⲗⲓⲟⲛ εὐαγγέλιον, ϣⲙ̄ⲛⲟⲩϥⲉ

복음을 전하다 ⲉⲩⲁⲅⲅⲉⲗⲓⲍⲉ, ϩⲓϣⲉⲛ ⲛⲟⲩϥⲓ

복잡하게 얽힌 ϩⲗⲟⲙⲗⲙ̄

복잡해지다 ϭⲗⲟⲙⲗⲙ̄, ⲕⲗⲟⲙⲗⲙ̄, ϭⲗ(ⲉ)ⲙⲗⲱⲙ-, (ⲉ)ⲗ(ⲉ)ⲙⲗⲱⲙ⸗, (ϭ)ⲗⲙ̄ⲗⲱⲙ†, ϭⲗⲙ̄ⲗⲟⲙ(ⲧ)†, ⲗⲙ̄ⲗⲏⲙ†

복종케 하는 사람 ⲣⲉϥⲛⲟⲩϣⲡ̄

복종하는, 유순한 ⲥ(ⲉ)ⲧⲙⲏⲧ, ⲥⲙⲏⲧ

복종하다 ϫⲛⲉϫⲱ⸗

복통, 설사 ϣⲁⲛⲙⲁϩⲧ̄

복화술사 ⲡⲉⲧϣⲁϫⲉ ⲉⲃⲟⲗ ⲛ̄ϩⲏⲧϥ̄

본부 ⲡⲣⲁⲓⲧⲱⲣⲓⲟⲛ

본질, 성질 ⲫⲩⲥⲓⲥ φύσις

본질, 제단 ⲁⲙⲁⲓⲏⲥ, ⲟⲩⲥⲓⲁ οὐσία

뽑다, 꼬집다, 자르다 ⲟⲩⲟⲩⲕⲉ

뽑다, 우수한 ⲥⲱⲧⲡ̄, ⲥⲱⲡⲧ̄, ⲥⲉⲧⲡ̄-, ⲥⲁⲧⲡ̄-, ⲥⲟⲧⲡ⸗, ⲥⲁⲡⲧ⸗, ⲥⲁⲧⲡ̄⸗, ⲥⲟⲧⲡ̄†, ⲥⲁⲧⲡ†

뽑다, 찢다 ⲧⲱⲗⲕ̄, ⲧⲱⲗϭ̄, ⲧⲱⲕⲉⲗ, ⲧⲟⲗⲕ⸗

뽑다 ϩⲱ(ⲱ)ⲗⲉ, ϩⲁⲗ-, ϩⲟ(ⲟ)ⲗ⸗, ⲥⲁⲥⲉ, ⲥⲉⲥⲉ

뽑다 ⲥⲱⲕ, ⲥ(ⲉ)ⲕ-, ⲥⲁⲕ-, ⲥⲱⲕ-, ⲥⲁⲕ⸗, ⲥⲟⲕ⸗, ⲥⲏⲕ† *p.c.* ⲥⲁⲕ-

뽑다 ⲧⲱⲕⲙ̄, ⲧ(ⲉ)ⲕⲙ̄-, ⲧⲟⲕⲙ⸗, ⲧⲁⲕⲙ⸗, ⲧⲟⲕⲙ̄†, ⲧⲁⲕⲙ̄†, ⲧⲗⲟⲕⲗⲉⲕ

뽑아내다 ϥⲓ ⲉⲃⲟⲗ

봉급 ⲃⲉⲕⲉ *m.*, *pl.* ⲃⲉⲕⲏⲩⲉ, ϣϭⲁⲣ (L) *m.*

봉급자, 용병 ϫⲁⲓⲃⲉⲕⲉ

봉사, 식당 ⲇⲓⲁⲕⲟⲛⲓⲁ

봉사 ⲃⲗ̄ⲗⲉ *m.*, *f.* ⲃⲗ̄ⲗⲏ, *pl.* ⲃⲗ̄ⲗⲉⲉⲩ, ϭⲓⲛⲣ̄ ϩⲱⲃ, ⲗⲉⲓⲧⲟⲩⲣⲅⲓⲁ λειτουργία

봉사하다, 섬기다 ⲡⲱϣⲛ̄, ⲡⲱϣⲛⲉ, ⲡⲉϣⲛ̄-, ⲡⲟϣⲛ⸗, ⲡⲟϣⲛ̄†, ⲡⲁϣⲛⲉ†

봉사하다, 시중들다 ϣⲙ̄ϣⲉ, ϣⲙ̄ϣⲉ-, ϣⲙ̄ϣⲏⲧ⸗, ϣⲙ̄ϣⲏⲩ†

봉사하다 ⲇⲓⲁⲕⲟⲛⲉⲓ (ⲛⲁ⸗), ⲇⲓⲁⲕⲟⲛⲏ διακονεῖν

봉숭아 ⲁⲡⲟⲃⲁⲗⲥⲁⲙⲟⲛ ἀποβάλσαμον

봉인 ⲥⲫⲣⲁⲅⲓⲥ σφραγίς

봉투, 보자기 ϭⲟ(ⲟ)ⲗⲉⲥ

봉하다 ⲥⲫⲣⲁⲅⲓⲍⲉ σφραγίζειν

봉헌, 서품, 성별 ⲁⲉⲓⲕ

부근에 ⲉⲣⲁⲧ⸗, ϩⲁⲧⲏ⸗, ϩⲓⲣⲉⲧ⸗, ⲉⲧⲟⲩ(ⲉ)ⲛ-, ⲉⲧⲟⲩⲱ⸗

부끄러움, 창피함 ϣⲗⲟϥ *m.*

부끄럽게 하는 이 ⲣⲉϥϯϣⲓⲡⲉ

부담 ⲉⲧⲁϩ

부도덕한 ⲁⲧϣⲁⲩ

부동산 ⲛⲉⲧⲕⲓⲙ ⲁⲛ

부동의 ⲁⲧⲕⲓⲙ, ⲁⲧⲛⲟⲉⲓⲛ

부드러운, 달콤한 ϩⲗⲁϭ (L), ϩⲁⲗϭ†, ϩⲁⲗⲉϭ†, *pl.* ϩⲗ̄ϭⲁⲧⲉ, ⲉⲧϩⲟⲗϭ̄

부드러운, 무른, 신선한 ϭⲛⲟⲛ, ϭⲏⲛ†, ϭⲟⲛ†, ϭⲛⲁⲛ, ϭⲁⲛ†

부드러운, 쉬운, 유쾌한 ⲛⲟⲩⲧⲙ̄, ⲛⲟⲧⲙ̄†, ⲛⲁⲧⲙⲉ†, ⲛⲁⲧⲙ̄†

부드러운, 신선한 ⲗⲱⲕ, ⲗⲏⲕ†

부드러운, 여린 ⲡⲱⲣⲥ̄, ⲡⲣ̄ⲥ-, ⲡⲟⲣⲥ̄†

부드러운, 친절한 ⲣⲁϣ, ϩⲁⲕ

부드러움, 모나지 않은 성격 ⲙⲛ̄ⲧϩⲁⲕ, ⲙⲛ̄ⲧⲣⲙ̄ⲣⲁϣ

부드러워지다 ⲗⲟⲕⲗⲕ̄, ⲗⲁϭⲗⲉϭ, ⲗⲉⲕⲗⲱⲕ⸗, ⲗⲉⲕⲗⲱϭ†

부드럽게 하다 ⲕⲱϩ, ⲕⲁϩ-, ⲕⲉϩ-, ⲕⲁϩ⸗, ⲕⲏϩ†, ⲙⲩⲣⲓⲍⲉ μυρίζειν

부드럽고 달콤함, 맛있는 것 ϩ(ⲉ)ⲗϭⲉ, ϩⲗⲏϭⲉ *f.*

부드럽다, 달콤하다 ϩⲗⲟϭ, ϩⲗⲁⲕ, ϩⲟⲗϭ̄† *p.c.* ϩⲁⲗϭ-

부딪치다, 상처를 입히다 ⲕⲱⲗϩ̄, ⲕⲗϩ̄-, ⲕⲟⲗϩ⸗, ⲕⲟⲗϩ†

부러뜨리다, 부수다, 흩트리다 ⲗⲱ(ⲱ)ⲥ, ⲗⲉⲥ-, ⲗⲁⲁⲥ(ⲉ)†

부러뜨리다 ⲕⲱⲱϣⲉ, ⲕⲟⲟϣⲉ†

부러뜨리다 ⲟⲩⲱϭⲡ̄, ⲟⲩⲱϫⲡ̄, ⲟⲩⲁϭⲡ-, ⲟⲩⲉϭⲡ̄-, ⲟⲩⲁϭⲡ⸗, ⲟⲩⲟϭⲡ⸗, ⲟⲩⲟϭⲡ†

부르다 ⲥⲙ̄ⲙⲉ (ⲉ-)

부르짖다, 포효하다 ⲗ̄ϩⲏⲙ, ϩⲙ̄ϩⲙ̄

부리망, 고삐 ϣⲧⲟⲃ

부분, 조각 ⲧⲁïⲉ *f.*, ⲧⲟⲉ, ⲧⲟ(ⲓⲉ), ⲧⲁ(ⲉ), ⲡⲗⲟϭ *m.*, ⲙⲉⲣⲟⲥ μέρος

부상자 ⲣⲉϥϣⲱϭⲉ

부수다, 누르다, 박다 ⲥⲱϩⲙ̄, ⲥⲁϩⲙ⸗, ⲥⲁϩⲙ̄†, ⲥⲟϩⲙ̄†

부수다, 망하게 하다 ⲧⲁⲕⲟ, ⲧⲁⲕⲉ-, ⲧⲁⲕⲟ⸗, ⲧⲁⲕⲏⲩ(ⲧ)†

부수다, 으깨다 ⲧⲛ̄(ⲛ)ⲟ, ⲧⲛⲁ, ⲧⲛ(ⲛ)ⲟ⸗, ⲧⲁⲛⲁ⸗, ⲧⲛ̄ⲛⲏⲩ†, ⲑⲛ̄ⲛⲏⲩ†

부수다, 흩트리다 ⲗⲱ(ⲱ)ⲥ, ⲗⲉⲥ-, ⲗⲁⲁⲥ(ⲉ)†

부수다 ϩⲱⲕ, ϩⲟⲕⲉ, ϩⲱⲕⲉ, ϩⲉⲕ-, ϩⲟⲕ⸗, ϩⲁⲕ⸗, ϩⲏⲕ†

부수다 ⲟⲩⲟϣⲟⲩⲉϣ, ⲟⲩⲱϣⲟⲩⲉϣ, ⲟⲩⲉϣⲟⲩⲉϣ, ⲟⲩⲉϣⲟⲩⲱϣ⸗

부스러기 ϫⲏ, ϫⲓ *m.*, ⲗⲁⲕⲙ̄, ⲗⲁⲕⲙⲉ, ⲥⲓϣϥ̄, ⲥⲓϣⲡ̄, ⲥⲓϥ, ⲥⲣⲉϥⲣⲓϥⲉ, ⲥⲣⲉϥⲣⲉϥ *pl.*

부식, 파먹기 ⲟⲩⲁⲙⲟⲙⲉ

부식제로 처리하다, 마비시키다, 더위나 추위로 데다 ⲱⲣϣ̄, (ϩ)ⲟⲣϣ̄†

부엉이 ⲃⲟⲙ

부역, 고역 ⲁⲗⲱⲧ

부인을 맞다, 결혼하다 ϫⲓ ⲥϩⲓⲙⲉ

부인하는 자 ⲁⲣⲛⲏⲧⲏⲥ ἀρνητής

부인하다 ⲁⲡⲁⲣⲛⲁ, ⲁⲣⲛⲁ, ⲁⲣⲛⲉ ἀρνεῖσθαι

부인하다 ϭⲱⲗ, ϭⲱⲱⲗⲉ, ⲕⲱⲗ(ⲉ), ϭⲗ̄-, ϭⲟ(ⲟ)ⲗ⸗, ϭⲏⲗ†

부자 ⲣⲙ̄ⲙⲁⲟ

부재하다 ⲁⲡⲟⲇⲏⲙⲉⲓ

부정을 나타내는 조사 ⲉⲛ, ⲉⲙ

부정을 행하다, 죄를 짓다 ϣⲱϥⲧ̄, ϣⲉϥⲧ-, ϣⲉⲃⲧ⸗, ϣⲟϥⲧ̄†

부정한 사람 ϣⲁϥⲧ(ⲉ)

부족, 재채기 ⲁⲛⲧⲁϣ

부족분을 방어하다 ⲁⲡⲟⲗⲟⲅⲓⲁ ἀπολογία

부족하다 ϫⲱⲧϩ̄, ϫⲟϩⲧ̄†, ϫⲟⲧϩ̄†, ϣⲧⲁ

부족한, 모자라는 ⲉⲧⲣ̄ ϩⲁⲉ

부채 ⲥⲁⲧⲱ, ⲥⲁⲧⲟ

부채질하다, 돛을 펴다 ⲥⲁⲧⲉ

부채질하다, 바람쐬다 ⲥⲟⲃⲛ̄, ⲥⲟⲃⲛⲉ

부처 ⲃⲟⲩⲇⲇⲁⲥ

부터, 을 향해, 을 넘어 ⲡⲁⲣⲁ παρά

부풀게 하다 ⲟⲩïⲥⲉ (L)

부풀다, 거만해지다 ⲛⲟⲩϥⲧ̄, ⲡⲟⲗⲡⲉⲗ

부풀리기, 과장 ϭⲟⲩϭ

부호 ϣⲱⲗϩ̄, ϣⲱⲗⲁϩ, ϣⲱⲗϩ̄-, ϣⲟⲗϩ⸗, ϣⲟⲗϩ̄†, ϣⲁⲗϩ̄†

부활 ⲁⲛⲁⲥⲧⲁⲥⲓⲥ ἀνάστασις, ϭⲓⲛⲧⲱⲛⲉ, ⲣⲉϥⲧⲟⲩⲛⲟⲩⲥ, ⲧⲱⲱⲛ *nn.*

부활자 ⲣⲉϥⲥⲉϩⲟ

부활하는 이 ⲣⲉϥⲧⲟⲩⲛⲟⲥ

부활하다 ⲧⲱⲛ, ⲧⲟⲩⲛⲟⲥ, ⲧⲟⲩⲛⲟⲩⲥ, ⲧⲟⲩⲛⲉⲥ-, ⲧⲟⲩⲛⲟⲩⲥ-, ⲧⲟⲩⲛⲟⲥ⸗

뿌리 ⲛⲟⲩⲛⲉ *f.*, *pl.* ⲛⲁⲛⲟⲩ

뿌리다, 심다 ⲥⲓⲧⲉ, ⲥⲉⲧ-, ⲥⲁⲧ-, ⲥⲓⲧ-, ⲥⲁⲧ⸗, ⲥⲉⲧ⸗, ⲥⲓⲧ⸗, ⲥⲏⲧ†

뿌리다 ⲃⲱⲱⲣⲉ, ⲃⲉⲉⲣⲉ-, ⲃⲟⲟⲣ⸗, ⲃⲟⲟⲣⲉ†

뿌리를 뽑다 ⲉⲧϫⲉⲛⲟⲩⲛⲉ ⲉⲃⲟⲗ, ⲡⲱⲣⲕ̄, ⲡ(ⲉ)ⲣⲕ-, ⲡⲁⲣⲕ-, ⲡⲟⲣⲕ⸗, ⲡⲁⲣⲕ⸗

북쪽, 나일 하류 ϩⲏⲧ *m.*

북쪽 ⲙ̄ϩⲓⲧ, ⲉⲙϩⲓⲧ, ⲥⲁⲙϩⲓⲧ, ϣⲙⲟⲩⲗ *m.*

북풍 ⲧⲟⲩⲙ̄ϩⲓⲧ

분내다, 성나다 ϭⲱⲛⲧ̄, ϭⲱⲱⲛⲧ̄, ⲕⲱⲛϭ̄, ϭⲟⲛⲧ̄†, ⲛⲟⲩϭⲥ̄, ⲛⲟϭⲥ̄†, ⲛⲁϭⲥ†

분노 ⲛⲁϭⲥⲉ, ⲑⲩⲙⲟⲥ θυμός, ⲭⲟⲗⲏ χολή

분뇨 ϩⲟⲉⲓⲣⲉ, ϩⲟⲓⲗⲉ *f.*

분명히, 참으로 ⲁⲙⲉⲗⲉⲓ ⲅⲉ ⲟⲩⲛ ἀμελει γε οὐν

분배자 ⲣⲉϥⲡⲱⲣϫ̄

분배처 ⲙⲁ ⲙ̄ⲡⲱϣ

분배하다, 둘로 찢다 ⲡⲱϣ, ⲡⲱϣⲉ, ⲡⲉϣ-, ⲡⲟϣ⸗, ⲡⲏϣ†

분배하다, 선악을 부여하다 ⲧⲱ(ⲱ)ⲃⲉ, ⲧⲉⲃⲉ-, ⲧⲟⲟⲃ⸗, ⲧⲃ̄ⲃⲟ⸗

분배하다 ⲡⲱⲣϫ̄ ⲉⲃⲟⲗ, ⲡⲱϣ ⲉϫⲛ̄-

분산되다, 넓게 펼치다 ⲥⲱⲣ, ⲥⲁⲣ-, ⲥ(ⲉ)ⲣ-, ⲥⲁⲣ⸗, ⲥⲟ(ⲟ)ⲣ⸗, ⲥⲏⲣ† *p.c.* ⲥⲁⲣ-

분산시키다, 바람에 날리다 ϫⲱⲱⲣⲉ, ϫⲱⲣ(ⲉ), ϫⲉ(ⲉ)ⲣⲉ-, ϫⲟⲟⲣ⸗, ϫⲟⲟⲣⲉ†

분쇄하다, 자르다 ϭⲟϫϭ(ⲉ)ϫ, ϭⲉϫϭⲱϫ⸗, ϭⲉⲧϭⲱϫ⸗, ϭⲉⲧϭⲱϭ⸗, ϭⲉϫϭⲱϫⲧ̄†

분수, 물의 근원 ϩⲁⲗⲙⲉ (L) *f.*

분출하다, 넘치다 ⲃⲉⲉⲃⲉ, ⲃⲉⲃⲉ

분할된 ⲣⲁ-, ⲣⲉ-, ⲧⲣⲉ-

분해되다, 망치다, 썩다 ϩⲣⲟⲩⲟⲩϫϥ̄, ⲣ̄ ϩⲣⲟⲩⲟⲩϫϥ̄

뿐 아니라도 ⲟⲩ ⲙⲟⲛⲟⲛ ⲁⲗⲗⲁ

불, 불꽃 ⲕⲱϩⲧ̄, ⲣⲟⲕϩⲉ, ⲣⲁⲕϩⲉ, ⲣⲟⲭⲏ *f.*

불 ⲥⲁⲧⲉ, ⲥⲁⲁⲧⲉ, ⲥⲟⲧⲉ, ⲥⲉⲧⲉ (L)

불결, 더러움 ϣ(ⲉ)ⲃⲉ, ⲁⲕⲁⲑⲁⲣⲥⲓⲁ ἀκαθαρσία

불결한 ⲉⲧϫⲁϩ ⲙ

불결함 ϭⲟⲣϫ, ϭⲟⲣϫⲉ *m.*, ⲙⲛ̄ⲧϫⲱϩⲙ̄

불경죄 ⲙⲛ̄ⲧⲣⲉϥϫⲓⲟⲩⲁ

불경한 ⲁⲥⲉⲃⲏⲥ ἀσεβής

불공평, 편중 ⲙⲛ̄ⲧⲣⲉϥϫⲓϩⲟ

불공평한 ⲣⲉϥϫⲓϩⲟ

불구의, 불구자 ϭⲁⲛⲁϩ, ⲭⲱⲗⲟⲥ χωλός

불구자 ϭⲁⲗⲉ, ϭⲁⲗⲏ *pl.* ϭⲁⲗⲉ(ⲉ)ⲩ(ⲉ), ϭⲁⲛⲁϩ

불길한 별, 악재 ⲥⲟⲩⲃⲱⲱⲛ

불꽃 ⲕⲱϩⲧ̄, ⲣⲟⲕϩⲉ, ⲣⲁⲕϩⲉ, ⲣⲟⲭⲏ *f.*, ϣⲁϩ *m.*

불다, 냄새를 발산하다 ϣⲱϣ, ϣⲁϣⲉ, ϣⲉϣ-, ϣⲁϣ⸗, ϣⲟϣ⸗, ϣⲏϣ†

불다 ⲁⲛ(ⲁ)ϩⲧⲏⲩ, ⲁⲛϣⲧⲏⲩ, ⲛⲓϥ

불리다, 과장하다 ϭⲱϭ

불멸 ⲙⲛ̄ⲧⲁⲧⲧⲁⲕⲟ

불멸의 ⲁⲧⲧⲁⲕⲟ

불명예 ⲁⲧⲓⲙⲓⲁ ἀτιμία

불명예스럽게 하다 ⲁⲧⲓⲙⲁⲍⲉ ἀτιμάζειν

불법으로 ⲁⲛⲟⲙⲱⲥ

불법을 행하다 ⲁⲛⲟⲙⲉⲓ

불붙는, 쓰디쓴 ϫⲟⲩϥ, ϫⲛⲟⲩϥ, ϫⲱϥ, ϫⲉϥ-, ϫⲁϥ⸗, ϫⲏϥ† *p.c.* ϫⲁϥ-, ϫⲟⲩϥ, ϫⲱϥ, ϫⲱⲃ⸗, ϫⲏϥ†, ϫⲁϥ†

불사 ⲙⲛ̄ⲧⲁⲧⲙⲟⲩ

불사의 ⲁⲫⲑⲟⲣⲟⲥ ἄφθορος

불상, 조각 ϣⲓⲥⲙⲉ (L) *m.*

불신, 불성실, 불효 ϣⲉϥⲧⲉ *m.*, *pl.* ϣϥ[ⲧ]ⲉⲩⲉ, ⲙⲛ̄ⲧⲁⲧⲛⲁϩⲧⲉ

불신을 보이다 ⲣ̄ ⲁⲧⲛⲁϩⲧⲉ

불신의 ⲁⲧⲛⲁϩⲧⲉ, ⲁⲡⲓⲥⲧⲟⲥ

불신자 ⲁⲧⲛⲟⲩⲧⲉ

불쌍한 자 ⲉⲃⲓⲏⲛ

불쏘시개 ϭ(ⲉ)ⲗⲙ̄, ϭ(ⲗ)ⲗⲙ̄, ⲕⲉⲗⲙ, ϭⲗⲱ, ϭⲗⲟⲩ, ⲕⲗⲱ *f.*

불씨 ⲥⲟⲗ *m.*, ⲧⲓⲕ (L) *m.*

불안해하다, 억압하다, 위협하다 ϩⲡⲟϫⲡϭ̄, ϫⲟⲡϫⲡ̄

불알, 알 ⲁⲗ

불에 굽기 ϫⲗⲱⲙ, ϫⲗⲱⲃ *m.*

불에 익히다 ϫⲟϥϫ(ⲉ)ϥ, ϫⲉϥϫⲱϥ⸗, ϫⲉϥϫⲱϥ†

불에 푹 굽다 ϫⲃ̄ⲃⲉⲥ, ϫ(ⲉ)ⲃ(ⲃ)ⲥ, ϫⲏ(ⲏ)ⲃⲥ̄, ϫⲏⲓⲃⲥ̄, ϫⲁⲓ̈ⲃⲉⲥ *f.*

불운한 ⲃⲁⲛϣⲁⲓ̈

불을 붙이다 ⲧⲙ̄ϩⲟ, ⲧⲙ̄ϩⲉ-, ⲧⲙ̄ϩⲟ⸗, ϩⲁⲫⲁⲩⲉ ἁφή *pl.*

불을 지피다, 요리하다 ⲧⲱⲕ, ⲧⲱϭ(ⲉ), ⲧⲱϫ, ⲧⲱⲕ-, ⲧⲟⲕ⸗, ⲧⲁⲕ⸗, ⲧⲟϭ⸗

불을 피우다, 요리하다 ⲥⲁϩⲧⲉ

불의 ϭⲁⲛ̄ⲥ̄ (L), ϭⲟⲛ̄ⲥ̄

불의를 행하다 ⲁⲇⲓⲕⲏ ἀδικεῖν

불의하게 행동하다 ϫⲓ ⲛ̄ϭⲟⲛ̄ⲥ̄

불의한 자 ⲁⲇⲓⲕⲟⲥ, ⲁⲕⲁⲑⲁⲣⲧⲟⲥ

불임, 고갈 ϣϫⲱϣϥⲉ *m.*

불치의 ⲁⲧⲧⲁⲗϭⲟ

불타는, 타오르는 ⲗⲱⲃϣ̄, ⲗⲟⲃϣ̄†

불타다 ⲙⲉⲕⲣⲉ

불태우다, 불에 익히다 ϫⲟϥϫ(ⲉ)ϥ, ϫⲉϥϫⲱϥ⸗, ϫⲉϥϫⲱϥ†

불태우다 ϫⲉⲣⲟ, ϫⲉⲣⲱ, ϫⲉ(ⲉ)ⲣⲉ-, ϫⲉⲣⲟ-, ϫⲉⲣⲟ⸗, ϫⲉⲣⲱ⸗, ⲙⲟⲩϩ

불태우다 ⲣⲱⲕϩ̄, ⲣⲉⲕϩ̄-, ⲣⲟⲕϩ⸗, ⲣⲁⲕϩ⸗, ⲣⲟⲕϫ⸗, ⲣⲟⲕϩ̄†, ⲣⲟϫϩ̄†, ⲣⲟϩϫ̄†, ⲣⲱϫ†

불평하다 ⲕⲣ̄ⲙ̄ⲣ̄ⲙ̄

불필요한 ⲁⲧϩⲁⲡ, ⲁⲧⲛⲟϥⲣⲉ

불행, 고민 ϩⲃⲁ *m.*

불행하게도 ⲟⲩⲟ(ⲉ)ⲓ

불행하도다 !, 화로다! ⲟⲩⲁï

불화 ⲙⲟⲥⲧⲉ

불효 ϣⲉϥⲧⲉ *m.*, *pl.* ϣϥ[ⲧ]ⲉⲩⲉ

불효자식 ⲣⲉϥⲥⲉϣⲙⲁⲁⲩ

뿔, 나팔 ⲧⲁⲡ *m.*, ⲧⲉⲡ *m.*

붉게 되다 ⲣ̄ ⲁⲩⲁⲛ ⲙ̄ⲡⲏⲣϣ̄

붉은 물체, 루비 ⲕⲁⲕⲟ, ⲅⲁⲅⲟ, ⲕⲟⲕⲕⲟⲥ

붉은, 적갈색의 ⲧⲣⲟϣⲣ(ⲉ)ϣ, ⲧⲣ(ⲉ)ϣⲣⲱϣ† ⲧⲣⲉϣⲣⲁϣ†

붉은, 적색 ⲡⲏⲣϣ̄

붉은, 황색의 ⲧⲱⲣϣ̄, ⲧⲣⲟϣ, ⲧⲟⲣϣ̄†

붉은, 황토빛의 ⲙ̄ⲣⲟϣ, ⲙⲟⲣϣ̄

붉은색, 자주빛 ϫⲏϭⲉ, ϫⲏⲕⲉ, ϫⲉⲕⲉ

붉은색, 황토색 ⲙ(ⲉ)ⲣϣ

붓게 하다, 과장하다 ϣⲓϥⲉ, ϣⲏϥⲉ, ϣⲉϥⲉ, ϣⲁ(ⲁ)ϥⲉ, ϣⲟⲃⲉ†

붓다 ⲟⲩⲱⲧϩ̄, ⲱⲧϩ̄, ⲟⲩⲉⲧϩ̄-, (ⲟⲩ)ⲟⲧϩ⸗, ⲟⲩⲁⲧϩ⸗, ⲟⲩⲱⲑ†

붓다 ⲡⲱⲛ, ⲡⲱⲱⲛⲉ, ⲡⲉⲛ(ⲉ)-, ⲡⲉⲉⲛ-, ⲡⲟⲛ⸗, ⲡⲁⲛ⸗, ⲡⲏⲛ†

붓다 ϣⲱⲃϩ̄, ϣⲱⲟⲩϩ, ϣⲟⲃϩ⸗, ϣⲟⲃϩ̄†

붓다, 불리다, 과장하다 ϭⲱϭ

붓다, 술을 따르다, 녹다 ⲟⲩⲱⲧⲛ̄, ⲟⲩⲟⲧⲛ⸗

붓다, 푸다, 끌어올리다, 옮기다 ⲡⲱⲛⲕ̄, ⲡⲱⲛⲅ̄, ⲡⲱⲛϭ̄, ⲡⲉⲛⲕ-, ⲡⲟⲛⲕ⸗, ⲡⲁⲛⲕ⸗

붕괴시키다, 파괴하다 ⲟⲩⲓⲧⲉ, ⲃⲓⲧⲉ, ⲟⲩⲉⲉⲧⲉ

붕대, 띠 ⲕⲉⲣⲏ, ϭⲉⲣⲏ

붕대를 감기 ⲕⲗ̄ⲙⲉ

붙다 ϭⲱⲗϫ̄, ϫⲱⲗϫ̄, ϫⲱⲗϭ̄, ϭ(ⲉ)ⲗϫ̄-, ϭⲟⲗϫ̄⸗, ϭⲟⲗϭ⸗, ϭⲟⲗϫ̄†

붙다 ⲗⲱϫ

비 ϩⲟⲩⲙ̄ⲡⲉ

비 오다ϩⲱⲟⲩ, ϩⲟⲩ-

비계 ⲕⲛ̄ïⲉ (L)

비교하다 ϣⲱϣ, ⲥⲱϣⲉ, ϣⲟⲩϣⲟⲩ, ϣⲉϣ-, ϣⲁϣ⸗, ϣⲟϣ⸗, ϣⲏϣ†, ⲥⲏϣ†

비교하다 ⲧⲁⲛⲧⲛ̄ (L), ⲧⲛ̄ⲧⲱⲛ⸗, ⲧⲛ̄ⲧⲁⲛⲧ̄†

비교하다, 비유, 신탁 ⲧⲟⲛⲧⲛ̄, ⲧ(ⲉ)ⲛⲧⲛ̄-, ⲧⲛ̄ⲧⲱⲛ⸗, ⲧⲛ̄ⲧⲱⲛ†, ⲧⲛ̄ⲧⲟⲛⲧ†

비난 ⲕⲁⲧⲁⲗⲁⲗⲓⲁ καταλαλιά

비난자 ⲣⲉϥϯⲛⲟⲩⲧⲉ

비난하다 ⲉⲅⲕⲁⲗⲉⲓ (ⲛⲁ⸗), ϩⲟⲟⲩϣ, ⲕⲁⲧⲁⲗⲁⲗⲉⲓ, ⲛⲟⲩϣⲥ̄, ⲛⲟϣⲥ⸗, ⲛⲁϣⲥ†

비난하다 ⲧⲁϫⲟ, ⲧⲁϫⲟ-, ⲧⲁϫⲟ⸗, ⲧⲁϫⲁ⸗, ⲧⲁϫⲁïⲧ†, ϭⲛ̄ ⲁⲣⲓⲕⲉ

비난하다, 욕하다 ⲉⲡⲓⲧⲓⲙⲁ (ⲛⲁ⸗)

비난하다, 책망하다, 벌주다 ⲉⲡⲓⲧⲓⲙⲏ ἐπιτιμή

비누 ⲁⲛϫⲓⲣ

비늘, 철판 ⲃⲏⲧⲉ, ⲡⲏⲣⲉ, ⲡⲏⲣⲁ *m.*, ϣⲉⲛϥⲉ, ϣⲛ̄ϥⲉ, ϣⲏ(ⲏ)ϥⲉ, ϣⲓϥⲉ *f.*

비다, 고갈되다 ϣⲟⲩⲟ, ϣⲟⲩ(ⲉ)-, ϣⲟⲩⲟ-, ϣⲟⲩⲱ⸗, ϣⲟⲩⲟ⸗, ϣⲟ(ⲩ)ⲉⲓⲧ†, ϣⲟⲩïⲧ†

비단 ⲙⲉⲧⲁⲝⲟⲛ μέταξον, ϣⲛ̄ⲥ *m.*

비둘기 ϭⲣⲁⲙⲡⲉ (L) *m.f.*, ϭⲣⲟⲟⲙⲡⲉ, ϭⲉⲣⲟⲙⲡⲉ *m.f.*

비둘기 둥지 ⲙⲁϩⲃⲁⲗ, ⲙⲁϩⲟⲩⲁⲗ, ⲙⲁϩⲟⲩⲉⲗ

비뚤어진, 타락한 ⲉⲧϭⲟⲟⲙⲉ, ⲉⲧϭⲟⲟⲩϭ

비밀 ⲙⲩⲥⲧⲏⲣⲓⲟⲛ μυστήριον

비밀결사 ϣⲃⲣ̄ⲙⲩⲥⲧⲏⲣⲓⲟⲛ

비밀로하다 ϩⲱⲡ, ϩⲉⲡ-, ϩⲱⲡ-,

비밀리에 ⲛ̄ϫⲓⲟⲩⲉ

비밀의 책 ϫⲱⲙⲉ ⲛ̄ⲙ̄ⲙⲩⲥⲧⲏⲣⲓⲟⲛ

비방 λa, ϣτoγнτ

비방하다 ϯ ϣτoγнτ

비보호 지역 oγopϣϥ *m.*

비비 꼬인, 뒤섞인 бλaмλм (L), бλмλωм⸗, бλмλωм†, бλaмбλм†

비상식적인 єrκaκєι

비석 oγoєιτ *m.*

비슷하다 р̄ θє, o н̄θє, бιpo⸗, бιpι-

비슷하다, 유사, 모양 єιнє

비슷한 종류의, 류의 бιpa⸗ бιpє-, бιpa⸗ бιpo-

비슷함 єιaϩ, р̄ єιaϩ

비열함 бa

비옥한 땅 м̄paγτ (L)

비웃다 нoбнєб, нєбнєб-, нєбнoγб⸗

비웃다, 놀리다 aλκ ϣє, pєϣє, κωм̄ϣ, κм̄ϣ-, κoмϣ⸗

비웃다, 연극하다 cωвє

비유 ϩр̄в *m.*, παpaвoλн παραβολή

비유, 비유의 말씀 aιнιгмa

비유, 신탁 τoнτн̄, τ(є)нτн̄-, τн̄τωн⸗, τн̄τωн†, τн̄τoнτ†

비이성적인 aτϩнτ, aθнτ

비장 нoєιϣ *m.*, cєλєπιн

비탄 ϣн̄ϩнτ

비틀거리다, 넘어지다 cλa(a)τє, cκaнδaλιzє σκανδαλίζεσθαι

비틀다, 쥐어짜다, 접다 бωωмє, бє(є)мє-, бooмє†, бaaмє†

빈곤 м̄н̄τв̄ιнн

빈번하게 ϩaϩн̄coπ

빌다, 호소하다 єπικaλєι ἐπικαλεῖσθαι

빌라도 πιλaτoc

빌림 oγϣaπ *m.*, oγϣєπ (L) *m.*

빗물 мoγ н̄ϩωoγ

빛 мιϣτωτє, мϣτωτє

빛다 πλacτнc πλάστης

빛지다 oγoн є-

빛 євpнбє, (в)вpнбє, τєpвнб *f.*

빛 φωc φῶς, oγaïнє *m.*, oγoєιн, oγaєιн(є), oγoïн *m.*

빛나기 시작하다 ϣaïє

빛나다 р̄ oγaïнє, poxpєx, τaaτє, τaaτє†, τooτє, τooτє†

빛으로 무장한 ψγλнτнc ψιλητής

빛을 발하는 사람 pм̄н̄πpïє

빛을 비추는 사람 pєϥр̄ oγoєιн, pєϥр̄oγaïнє

빛을 비추다, 빛나다 р̄ oγaïнє, р̄ oγoєιн

빛을 주시는 이 pєϥϯoγaïнє

빛의 사람 pм̄н̄oγaïнє, pм̄н̄oγoєιн

빛이 나다 ϯ єπoγвaϣ

빛이 바래다 λωωмє, λωм, λoмє†, λaмє†

빛이 발산되는 єϥπopє.

빛이 발산되다 πр̄ïє, πр̄ïωoγ†, πр̄ïωγ†

빛이 비춰다 ϣa

ㅅ

사각형 ⲛ̄ϥⲧⲟⲟⲩ ⲛ̄ⲕⲟⲟϩ

사건 ϫⲣⲟⲡ *m.*

사건으로 번지다 ⲣ̄ϫⲣⲟⲡ

사과 ϫⲉⲙⲡⲉϩ, ϫⲙ̄ⲡⲉϩ, ϫ(ⲉ)(ⲙ)ⲡⲏϩ, ϫⲏⲡⲉϩ, ϫⲓⲡⲉϩ, ϫⲱⲡⲉϩ *m.*

사과 ⲙⲏⲗⲟⲛ μήλον

사그러지다 ⲱϣⲙ̄, ⲱϣⲙⲉ, ⲟϣⲙ⸗

사기 ⲁⲡⲁⲧⲏ ἀπάτη, ⲙⲛ̄ⲧⲣ̄ ϩⲁⲗ

사기꾼 ⲣⲉϥⲁⲡⲁⲧⲏ, ⲣⲉϥϫⲏⲣ

사나운 ϩⲁⲩⲧ, ϩⲏⲩⲧ *m.*, ⲟⲩⲁϩⲓϩⲏⲧ, ⲟⲩⲁϩⲉⲓⲏⲧ, ⲟⲩⲱϩⲉ, ⲟⲩⲟϩⲉ†, *p.c.* ⲟⲩⲁϩⲓ-

사나운 사람 ⲛⲟϣⲥϥ̄

사나운, 무서운, 쓴 ⲟⲩⲓϩⲉ (L), ⲟⲩⲁϩⲉ†

사나움 ⲕⲁⲕⲓⲁ κακία

사납게, 무섭게 ⲕⲁⲕⲓⲛ ⲕⲁⲕⲱⲥ κακὴν κακῶς

사냥꾼 ϭⲉⲣⲏϭ *m.*, *pl.* ϭⲉⲣⲁϭⲉ, ϭⲉⲣⲉϭⲉ

사냥꾼의 덫, 포획하다 ϭⲟⲣϭⲥ̄ *f.*

사냥터 ⲙⲁⲛ̄ϭⲱⲣϭ̄

사냥하다 ϭⲉⲣⲏϭ, ⲕⲩⲛⲏⲕⲟⲥ κυνηγός

사냥하다, 사로잡다 ϭⲱⲣϭ̄, ϭⲁⲣϭ⸗, ϭⲟⲣϭ̄†, ϭⲁⲣϭ†, *pl.* ϭⲉⲣⲉϭⲉ

사다, 결혼하다 ϣⲱⲡ, ϣ(ⲉ)ⲡ-, ϣⲁⲡ-, ϣⲡ̄- , ϣⲟⲡ⸗, ϣⲁⲡ⸗, ϣⲏⲡ†

사다, 구입하다 ⲧⲟⲟⲩ, ⲧⲉⲩ-, ⲧⲟⲩⲉ-, ⲧⲟⲟⲩ⸗

사다리 ϭⲗⲟ(ⲟ)ϭⲉ, ϭⲗⲟϭⲉ, ⲕⲗⲟⲅⲉ, ⲧⲗⲟⲟϭⲉ, ⲧⲗⲱϭⲉ

사다리, 단계, 단어집(scala) ⲧⲱⲣⲧⲣ̄

사닥다리의 층 ⲡⲱⲉⲓϣ *m.*

사당 ⲕⲛ̄ϩⲉ

사도 ⲁⲡⲟⲥⲧⲟⲗⲟⲥ ἀπόστολος

사도직 ⲁⲡⲟⲥⲧⲟⲗⲏ ἀποστολή

사람, 남자 ⲣⲱⲙⲉ, ⲣⲙ̄-, ⲣⲉϥ-, ⲡⲁ ⲡⲕⲟⲥⲙⲟⲥ

사람을 낚는 어부 ⲣⲉϥϭⲉⲡⲣⲱⲙⲉ

사람을 사랑함 ⲟⲩⲙⲁïⲣⲱⲙⲉ

사람의 아들, 인자 ⲡϣⲏⲣⲉ ⲙ̄ⲡⲣⲱⲙⲉ

사랑 ⲁⲅⲁⲡⲏ ἀγάπη, ⲡⲙⲉïⲉ

사랑에 빠진 ⲡⲟϫ†

사랑을 불태우다 ⲑⲁⲗⲡⲉⲓ

사랑하는 자 ⲁⲅⲁⲡⲏⲧⲟⲥ

사랑하는 ⲙⲉⲣⲓⲧ, *pl.* ⲙⲉⲣⲁⲧⲉ

사랑하다 ⲁⲅⲁⲡⲁ, ⲉïⲉ, ⲙⲉⲣⲉ, ⲙⲉⲣⲓ-, ⲙⲉⲣⲓⲧ⸗, *pl.* ⲙⲉⲣⲉⲧⲉ

사랑하다, 귀여워하다, 좋아하다 ⲙⲉ, ⲙⲉⲣⲉ-, ⲙⲉⲣⲓⲧ⸗, *p.c.* ⲙⲁⲓ-

사로잡다, 받아 들이다 ϭⲱⲡⲉ, ϭⲱⲡ, ⲕⲱⲡ(ⲉ), ϣⲱⲡⲉ, ϭ(ⲉ)ⲡ-, ϭⲱⲡ-, ϭⲟⲡ-, ϭⲁⲡ-, ϣⲁⲡ-, ϭⲟⲡ⸗, ϭⲁⲡ⸗, ϭⲱⲡ⸗, ⲕⲱⲡ⸗, ϭⲏⲡ†, ϭⲉⲡ†

사로잡다, 장악하다 ⲉⲙⲁϩⲧⲉ, ⲁⲓⲭⲙⲁⲗⲱⲧⲉⲩⲉ, ϩⲱⲣⲧ̄ (L)

사로잡다 ϭⲱⲣϭ̄, ϭⲁⲣϭ⸗, ϭⲟⲣϭ̄†, ϭⲁⲣϭ†, *pl.* ϭⲉⲣⲉϭⲉ

사로잡힘 ⲁⲓⲭⲙⲁⲗⲱⲥⲓⲁ αἰχμαλωσία

사료, 지푸라기 ⲧⲱϩ, ⲧⲱⲁϩ *m.*

사막, 황무지 ⲉⲣⲏⲙⲓⲁ ἐρημία, ϫⲁⲓⲉ *m.*, ϣⲁϥⲉ *m.*

사막의, 버려진 ⲉⲓⲏⲧⲉ

사망하다 ⲙⲟⲩ, ⲙⲁⲩⲧ⸗, ⲙⲟⲟⲩⲧ†, ⲥⲃ̄ⲧⲱⲧ†

사명 ⲟⲩⲱⲣⲡ̄ ⲉⲃⲟⲗ, ⲡⲣⲉⲥⲃⲓⲁ πρεσβεία

사발, 공기 ϫⲟⲡ *m.*

사발, 그릇 ϫⲁⲡ *m.*

사방으로 흩다 ϫⲣⲁⲣⲉ (L), ϫⲣⲁⲣⲱ⸗, ϫⲣⲁⲣⲱϣ⸗, ϫⲣⲁⲣⲁⲧ†, ϫⲣⲁⲣⲁⲁⲧ†

사방으로 흩다 ⲥⲱⲗ, ⲥⲏⲗ†

사분의 일 ⲟⲩⲱⲛ ⲛ̄ϥⲧⲟⲟⲩ

ㄱ ㄴ ㄷ ㄹ ㅁ ㅂ ㅅ ㅇ ㅈ ㅊ ㅋ ㅌ ㅍ ㅎ

사상, 정신력 ⲙⲉⲉⲩⲉ, ⲇⲓⲁⲛⲟⲓⲁ

사색, 생각 ⲉⲛⲑⲩⲙⲏⲥⲓⲥ ἐνθύμησις, ⲑⲉⲱⲣⲓⲁ θεωρία

사수자리, 인마궁ⲧⲟⲝⲟⲧⲏⲥ τοξότης

사슬, 고리 ⲱϣⲛ̄ϥⲧⲟ (L)

사슬, 연결 ⲉⲓⲛⲉ *m.*, ⲁⲃⲏ (L)

사슴 ⲉⲓⲟⲩⲗ, ⲉⲉⲓⲟⲩⲗ, ⲉⲓⲉⲟⲩⲗ

사실 ⲙⲏⲉ, ⲛⲁⲙⲏⲉ

사십 대의 ⲙⲉϩϩⲙⲉ

사악, 사나움 ⲕⲁⲕⲓⲁ κακία

사악한 사람 ⲡⲟⲛⲏⲣⲟⲥ πονηρός

사악한, 나쁜 ⲃⲱⲱⲛ(ⲉ)

사악한, 더럽혀진 ⲧⲱⲗⲙ̄, ⲧⲱⲗⲙⲉ, ⲧⲟⲗⲙ⸗, ⲧⲟⲗⲙ̄†

사악함 ⲙⲉⲉⲩⲉ ⲉⲑⲟⲟⲩ, ⲡⲟⲛⲏⲣⲓⲁ πονηρία

사위, 며느리 ϣⲟⲙ, ϣⲟⲟⲙ *m.*, *f.* ϣⲱⲙⲉ *pl.* ϣⲙⲟⲩⲓ

사육자 ⲣⲉϥⲧⲛⲁϩⲥⲟ

사육장, 우리, 목축 ⲟϩⲉ, ⲟⲟϩⲉ, ⲱϩⲉ *m.*

사이에 ⲟⲩⲧⲉ-, ⲟⲩⲧⲱ⸗, ⲟⲩⲇⲉ-

사자 새끼 ⲙⲁⲥ ⲙ̄ⲙⲟⲩⲓ

사자 ⲙⲟⲩⲓ

사자가 머무는 곳 ⲉⲙⲛ̄ⲧⲉ

사자자리 ⲗⲉⲱⲛ έων

사전 의도, 구실, 핑계 ⲗⲟⲓϭⲉ

사절, 사명 ⲡⲣⲉⲥⲃⲓⲁ πρεσβεία

사정하다 ⲥⲃⲱϩ (L)

사제 ⲟⲩⲏⲏⲃ, ⲟⲩⲏⲃ

사제 서품, 안수 ϭⲓⲛⲧⲁⲗⲉϭⲓϫ, ⲡⲁϣⲛⲉⲥ *f.*

사제, 군인 ⲣⲉϥⲡⲱϣⲛ̄

사제의, 성직의ⲙⲛ̄ⲧⲟⲩⲏⲏⲃ

사촌 ⲥ(ⲛ̄)ⲟⲩⲁ, ϣ(ⲉ)ⲛ̄ⲟⲩⲁ, ϣⲟⲩⲁ

사탄, 마귀 ⲓ̈ϩ (L), ⲥⲁⲧⲁⲛⲁⲥ

사탄 ⲣⲉϥϣⲁⲁⲣ, ⲣⲉϥϣⲟⲟⲣ, ⲣⲉϥϯϣⲧⲟⲩⲏⲧ

사탄처럼 악한 자 ⲡⲁ ⲡⲇⲓⲁⲃⲟⲗⲟⲥ

사탕과자 ⲗⲁⲕⲗⲁⲕ

사프란, 식물의 일종 ϭⲟⲩϫ, ϭⲱϫ, ϭⲟⲩϭ, ⲕⲟⲩϫ, ⲕⲟⲩⲕ *m.*

사회 ⲥⲟⲟⲩϩⲥ̄, ⲥⲟⲟⲩⲁϩⲥ̄ *f.*

싸우다 ⲁⲅⲱⲛⲓⲍⲉ (ⲟⲩⲃⲉ-, ⲉ-), ⲗⲉϭⲗⲉϭ (L), ⲙⲓϣⲉ, ⲡⲱⲣϭ̄, ⲡⲁⲣϭ†

싸우다 ϣⲱϫⲉ, ϣⲱⲱϫⲉ, ϯ ⲧⲱⲛ, ⲥⲱϫⲉ, ⲧϩⲛⲁⲓⲧ†

싸우다 ϯ, ϯ-, ⲧⲉ-, ⲧⲁ(ⲁ)⸗, ⲧⲉ⸗, ⲧⲉⲉ⸗, ⲧⲉⲓ̈ⲧ⸗, ⲧⲉⲧ⸗, ⲧⲛ̄ⲛⲉ⸗, ⲧⲟ†, ⲧⲟⲓ̈ⲉ† *p.c.* ⲧⲁⲓ-

싸우다, 다투다, 싸움 ⲙ̄ⲗⲁϩ, ϣⲱⲛⲧ̄, ϣⲟⲛⲧ̄, ϣⲟⲛⲧ†, ⲧⲱⲛ, ⲧⲟⲛ

싸움 ⲙ̄ⲗⲁϩ, ⲁⲅⲱⲛ ἀγών, ⲁⲑⲗⲟⲛ ἆθλον, ⲡⲉⲗⲏ πάλη

싸인하다 ⲁϩⲉ

삭감하다, 치우다, 줄이다, 감당하다 ⲃⲓ, ⲃⲁⲓ̈-, ϭⲱϫⲃⲉ (L), ϭⲁϫⲃⲉ†

싹이 나오다 ⲡⲉⲓⲣⲉ ⲉⲃⲟⲗ

싹이 트다 ⲡⲉⲓⲣⲉ, ⲡⲓⲣⲉ, ⲡⲣ̄ⲣⲉ, ⲡⲣⲉⲓⲱⲟⲩ†, ⲡⲣⲓⲱⲟⲩ†

싹이 트다 ⲣⲱⲧ, ⲣⲉⲧ-, ⲣⲏⲧ† *p.c.* ⲣⲁⲧ-

삯, 봉급 ⲃⲉⲕⲉ *m.*, *pl.* ⲃⲉⲕⲏⲩⲉ

삯, 손실 ⲁⲛϩⲁⲗⲱⲙⲁ

삯을 주고 빌리다 ⲡⲱⲗϭ̄ ϩⲏⲙⲉ

산 ϩⲙ̄ϫ, ϩⲉⲙϫ, ϩⲏⲙϫ *m.*, ⲧⲁⲩ, *pl.* ⲧⲟⲩⲓ̈ⲉⲩⲉ *m.*

산고 ⲛⲁⲁⲕⲉ *f.*

산모 ⲣⲉϥϫⲡⲟ

산모의 초유, 버터 ⲥⲓⲣ, ⲥⲁⲉⲓⲣ(ⲉ), ⲥⲏⲣⲉ *m.*

산보하다 ϣⲉⲉⲓ

산악지방 ⲉⲧϩⲓⲡϫⲓⲥⲉ

산책하다 ϣⲉⲉⲓ, ⲥⲛⲁⲉⲓⲛ

산출물 ⲙⲓⲥⲉ

산출하다, 낳다, 만들다 ϫⲡⲟ, ϫⲡⲉ-, ϫⲡⲟ⸗, ϫⲡⲁ⸗, ϫⲡⲁⲉⲓⲧ†

산출하다, 이야기하다 ⲧⲁⲩⲟ, ⲧⲁⲩⲟⲩⲟ, ⲧⲁⲃⲟ, ⲧⲁ(ⲟ)ⲩⲉ-, ⲧⲁ(ⲟ)ⲩⲟ⸗

산토끼 ⲥⲁⲗⲁϭⲱⲱϣ, ϭⲁⲗⲁⲛϭⲱϣ, ⲥⲁⲣⲁϭⲱⲟⲩϣ, ⲥⲁⲣⲁ(ⲛ)ϭⲱϣ

산파 ⲙⲉⲥⲓⲱ, ⲙⲉⲥⲓⲟ

살, 고기 ⲁϥ *m.*, *pl.* ⲁϥⲟⲩⲓ, ⲉϥ, ⲥⲁⲣⲝ σάρξ

살갗 ϣⲁⲁⲃ, ϣⲟⲟⲃ *m.*

살다, 생명 ⲱⲛϩ̄, ⲟⲛϩ̄†, ⲟⲛⲁϩ†, ⲁⲛϩ̄†

살리다, 되살리다 ⲧⲛ̄ϩⲟ, ⲧⲛ̄ϩⲟ-, ⲧⲛ̄ϩⲁ⸗

살상하다 ϩⲱⲧⲃ̄, ϩⲱⲧⲉⲃ, ϩⲉⲧⲃ̄-, ϩⲟⲧⲃ⸗, ϩⲟⲧⲃ̄†

살아가다, 오가다, 뒤엎다 ⲁⲛⲁⲥⲧⲣⲉⲫⲉ

살아나게 하다 ⲧⲁⲛϩⲟ, ⲧⲁⲛϩⲉ-, ⲧⲁⲛϩⲟ⸗, ⲧⲁⲛϩⲏⲩ†

살육, 시체 ϩⲁⲧⲃⲉⲥ, ϩⲟⲧⲃⲉⲥ

살인 ϩⲉⲧⲃⲉ *f.*

살인자 ⲫⲟⲛⲟⲥ φόνος, ϩⲁⲧⲃⲉⲣⲱⲙⲉ, ⲣⲉϥϩⲉⲧⲃ̅ⲣⲱⲙⲉ, ⲣⲉϥϩⲱⲧⲃⲉ

살찐 ⲉⲧϩⲧⲁⲓ

살피다 ⲉⲓⲱⲣϩ̅, ⲉⲓⲉⲣϩ̅-, ϭⲟⲙϭⲉⲙ, ϭⲟⲙϭⲙ̅, ϭⲙ̅ϭⲱⲙ⸗

살피다, 고려하다 ⲥⲕⲉⲡⲧⲉ σκέπτεσθαι

삶, 생명 ⲃⲓⲟⲥ βίος

삶의 양태 ⲁⲛⲁⲥⲧⲣⲟⲫⲁⲩⲉ ἀναστροφή

삼 부스러기, 솜뭉치 ⲥⲁ(ⲁ)ⲥⲉ

삼분지 일 ⲣⲁ ϣⲟⲙⲛ̅ⲧ

삼키는 사람 ⲣⲉϥⲟⲩⲱⲙ

삼키다, 빨다, 탕진되다, 가라앉다 ⲥⲱϩⲡ̅, ⲥⲉϩⲡ̅-, ⲥⲁϩⲡ⸗, ⲥⲁϩⲡ̅†

삼키다, 식사 ⲟⲩⲱⲙ, ⲟⲩⲟⲟⲙ, ⲟⲩ(ⲉ)ⲙ-, ⲟⲩⲱⲙ-, ⲟⲩⲟ(ⲟ)ⲙ⸗, *p.c.* ⲟⲩⲁⲙ-

삼키다 ⲱⲙⲕ̅, ⲉⲙⲕ̅-, ⲱⲙⲕ̅-, ⲟⲙ(ⲉ)ⲕ⸗, ⲁⲙⲕ⸗, ⲁⲙⲉⲕ†

삼현악기 ⲡⲁⲛⲇⲟⲩⲣⲁ πανδοῦρα

삽, 가래 ⲁⲥϭ̅, ⲁⲕⲉⲥ

상 이집트 ⲙⲁ ⲣⲏⲥ, ⲥⲁⲣⲏⲥ

상, 조상 ⲁⲛⲇⲣⲉⲓⲁⲥ ἀνδριάς

상담 ⲥⲩⲙⲃⲟⲩⲗⲓⲁ συμβουλία

상담하다, 팔다 ⲣ̅ ⲉⲓⲉⲡϣⲱⲧ

상륙하다, 적용하다 ⲧⲁⲗⲟ, ⲧⲁⲗⲉ-, ⲧⲁⲗⲟ⸗, ⲧⲁⲗⲏⲩ†, ⲧⲁⲗⲉ†

상부 , 윗부분 ⲥⲁⲛ̅ⲧⲡⲉ, ϩⲣⲁⲓ *m.*

상석 ⲙⲁⲛ̅ϩⲙⲟⲟⲥ ⲛ̅ϣⲟⲣⲡ̅

상속 ⲕⲗⲏⲣⲟⲛⲟⲙⲓⲁ κληρονομία

상속 재산 ⲕⲗⲏⲣⲟⲥ κλῆρος

상속인 ⲕⲗⲏⲣⲟⲛⲟⲙⲟⲥ κληρονόμος

상속하다 ⲕⲗⲏⲣⲟⲛⲟⲙⲉⲓ, ⲕⲗⲏⲣⲟⲛⲟⲙⲏ κληρονομεῖν

상승, 높이 ϫⲓⲥⲉ, ϫⲉⲥⲧ-, ϫⲁⲥⲧ-, ϫⲁⲥⲧ⸗, ϫⲓⲥⲧ⸗, ϫⲉⲥⲧ⸗, ϫⲟⲥⲉ†, ϫⲁⲥⲉ† *p.c.* ϫⲁⲥⲓ-

상식 ⲅⲛⲱⲙⲏ γνώμη

상식을 벗어남 ⲙⲛ̅ⲧⲁⲧϩⲏⲧ

상실하다 ϯ ⲁⲥⲉ

상아 ⲉⲃⲱⲣ

상업, 상담하다, 팔다 ⲣ̅ ⲉⲓⲉⲡϣⲱⲧ

상을 당함, 초상 ϩⲏⲃⲉ, ϩⲏⲏⲃⲉ, ϩⲏⲓⲃⲉ *m. f.*

상의하다 ⲥⲩⲙⲃⲟⲩⲗⲉⲩⲉ συμβουλεύειν

상인 우두머리 ⲁⲣⲭⲓⲉⲙⲡⲟⲣⲟⲥ ἀρχιεμπορός

상인, 장사꾼 ϣⲱⲧ, ⲉϣⲱ(ⲱ)ⲧ *m., f.* ⲉϣⲱⲧⲉ *pl.* ⲉϣⲟⲧⲉ, ⲉϣⲁⲧⲉ

상인 ⲓ̈ⲁⲡⲉ (L), *pl.* ⲓ̈ⲉⲡϣⲁⲧⲉ, ⲉⲙⲡⲟⲣⲟⲥ ἔμπορος, ⲥⲁ

상자, 관, 요람 ⲧⲁⲓ̈ⲃⲉ, ⲧⲏ(ⲏ)ⲃⲉ, ⲧⲉⲃⲓ *f.*

상자, 바구니 ϯϩⲙⲉϥ, ⲧⲓϩⲙⲉϥ

상자, 방주 ⲕⲓⲃⲱⲧⲟⲥ κιβωτός

상자 ⲧⲉⲓ̈ⲃⲉ (L) *f.*(*m.*), ϫⲁ(ⲁ)ⲛⲉ, ϫⲟⲟⲛⲉ, ϫⲁⲛⲏ, ϫⲁⲛⲉ

상자 ϫⲓⲗⲗⲉⲥ, ϫⲉⲗⲗⲏⲥ, ⲕⲉⲗⲗⲏⲥ, ⲭⲉⲗⲗⲉⲥ

상징, 기적, 표지, 증거 ⲙⲁⲉⲓⲛ

상처 ⲥⲁϣ *m.f., pl.* ⲥⲏϣⲉ, ⲟⲩⲉⲓϫⲉ, ⲃⲏϫⲉ, ϣϭⲁ, ⲥⲣⲁϥ, ⲥⲉⲣⲉⲃ

상처,다침 ⲡⲗⲏⲅⲏ πληγή

상처가 아문 딱지 ⲥⲓⲣⲉϥⲉ, ⲥⲓⲗⲉϥⲉ *f.*

상처를 내다 ⲣⲁϩⲧⲥ̅

상처를 입히다 ϫⲱⲧⲉ, ϫⲉⲧ-, ϫⲁⲧ-, ϫⲱⲧ-, ϫⲟⲧ⸗, ϫⲁⲧ⸗

상처를 입히다 ⲕⲱⲗϩ̅, ⲕⲗϩ̅-, ⲕⲟⲗϩ⸗, ⲕⲟⲗϩ†, ⲡⲱϩⲥ̅, ⲡⲉϩⲥ̅-, ⲡⲟϩⲥ̅†

상처를 입히다 ϣⲱϭⲉ, ϣⲱϭⲉ-, ϣⲁϭⲉ-, ϣⲁϭ(ⲉ)⸗, ϣⲁϭⲉ†

상처를 입히다, 심다, 박다 ⲧⲱⲕⲥ̅, ⲧⲱⲧⲥ̅, ⲧⲉⲕⲥ-, ⲧⲟⲕⲥ⸗, ⲧⲟⲕⲥ̅† *p.c.* ⲧⲁⲕⲥ-

상처를 입히다, 타살하다 ϣⲱⲱϭⲉ, ϣⲉ(ⲉ)ϭⲉ-, ϣⲟ(ⲟ)ϭ⸗, ϣⲟ(ⲟ)ϭⲉ†

상처입히다, 구박하다 ⲡⲱⲗϩ̅

상처입히다, 죽이다 ⲕⲱⲛⲥ̅, ⲕⲉⲛⲥ̅, ⲕⲟⲛⲥ⸗, ⲕⲁⲛⲥ⸗, ⲕⲟⲛⲥ̅†

상층부 ϩⲣⲏⲓ̈, ⲡⲉ *f., pl.* ⲡⲏⲩⲉ, ⲧⲡⲉ, ϣⲱⲓ

상층부, 꼭대기 ⲧⲁⲡ *m.*

상층부, 하늘 ⲥⲁ(ⲛ̅)ⲧⲡⲉ

상치 ⲱϥ, ⲟⲩϥ *m.*

상태 ⲟⲩⲁⲥϥⲉ *f.,* ⲣⲁ, ⲣⲟ, ⲣⲁ- *m.*

ㄱ ㄴ ㄷ ㄹ ㅁ ㅂ ㅅ ㅇ ㅈ ㅊ ㅋ ㅌ ㅍ ㅎ

상태, 양태, 크기, 종류 ϭⲁⲧ (L) *f.*, ϭⲟⲧ *f.*

상태, 훈련, 평온 ⲕⲁⲧⲁⲥⲧⲁⲥⲓⲥ

상품, 포상 ⲃⲣⲁⲃⲉⲓⲟⲛ βραβεῖον

상품 ⲉⲓⲇⲟⲥ εἶδος, ϊⲉⲡϣⲱⲧ

상호 모순 없이 ⲟⲩⲁ(ⲛ̅)ⲟⲩⲱⲧ

상회하다 ⲉⲧⲟⲩⲟⲧⲃ̅ (ⲡⲁⲣⲁ)

쌍, 커플 ⲏⲓ

쌍둥이, 쌍방울 ϩⲁⲧⲣⲉ *m., pl.* ϩⲁⲧⲣⲉ(ⲉ)ⲩ(ⲉ)

쌍둥이자리 ⲇⲓⲇⲩⲙⲟⲥ δίδυμος

쌍방울 ϩⲁⲧⲣⲉ *m., pl.* ϩⲁⲧⲣⲉ(ⲉ)ⲩ(ⲉ)

쌍방으로 ⲉⲣⲏⲩ

쌓다, 모으다, 가득 채우다, 틀어막다 ϣⲱⲣ, ϣⲟ(ⲟ)ⲣ⸗, ϣⲏⲣ†

쌓다, 정리하다 ϩⲱⲣϭ̅, ϩⲱⲗϭ, ϩⲱⲣϫ̅, ϩ(ⲉ)ⲣϭ̅-, ϩⲟⲣϫ⸗, ϩⲁⲣϭ⸗, ϩⲟⲣϭ̅†

새 사람 ⲣⲙ̅ⲛ̅ⲃⲣ̅ⲣⲉ

새 술 ⲙ̅ⲣⲓⲥ

새, 날짐승 ϩⲁⲗⲏⲧ *m., pl.* ϩⲁⲗⲁ(ⲁ)ⲧⲉ, ϩⲁⲗⲉⲧⲉ

새, 닭 ⲡⲁⲡⲟⲓ, ⲡⲁⲡⲁⲓ *m.*

새겨진 ⲙ̅ⲡⲱⲧϩ̅

새기다 ⲡⲱⲧϩ̅, ⲡⲟⲧϩ̅⸗, ⲡⲟϩⲧ̅†

새기다 ⲥϩⲁⲓ, ⲥϩⲁⲓ-, ⲥⲉϩ-, ⲥϩⲁⲓⲥ⸗, ⲥϩⲁⲓⲧ⸗, ⲥⲁϩ⸗, ⲥϩⲁⲓ⸗, ⲥⲁϩⲧ⸗, ⲥⲉϩⲧ⸗, ⲥⲏϩ†

새기다 ϣⲟⲧϣⲧ̅, ϣⲟϫⲧ̅, ϣⲉⲧϣⲱⲧ⸗, ϣⲉⲧϣⲱⲧ†

새끼 ⲙⲁⲥ

새끼손가락 ⲥⲉⲗⲉⲡⲓⲛ, ⲥⲁⲗⲁⲡⲓⲛ

새덫 ϩⲁ(ⲁ)ϭⲉ *m.*

새로운 인간 ⲣⲙ̅ⲛ̅ⲃⲣ̅ⲣⲉ

새로운, 젊은 ⲃⲣ̅ⲣⲉ, ⲃⲏⲣⲉ, ϣⲁⲓ

새로움 ⲙⲛ̅ⲧⲃⲣ̅ⲣⲉ

새로이, 역시, 아직도, 더는 않다 ⲟⲛ

새벽, 여명, 아침 ϩⲧⲟⲟⲩⲉ, ⲧⲟⲟⲩⲉ *m.*, ϩⲧⲁⲩⲉ *m.*, ϣⲱⲣⲡ̅

새벽별 ⲥⲟⲩ ⲛ̅ϩⲧⲟⲟⲩⲉ

새싹, 꽃망울 ⲟⲩⲱ *m.*, ϣϫⲉ

새싹이 나다 ϯⲟⲩⲱ ⲉⲃⲟⲗ

새장, 우리 ⲕⲁⲗⲉⲁⲅⲣⲁ γαλεάγρα

색 ⲁⲩⲁⲛ, ⲁⲩⲉⲓⲛ

색을 칠하다, 물감을 들이다 ϫⲱ(ⲱ)ϭⲉ, ϫⲱϫⲉ, ϫⲉϭ-, ϫⲟϭ⸗, ϫⲁⲕ⸗, ϫⲏϭ†

샐러리 ⲙⲓⲧ

샘 ⲟⲑⲉ *f.*, ⲡⲏⲅⲏ πηγή

샘, 근원 ⲙⲟⲩⲙⲉ

샘, 우물 ϩⲟⲛⲃⲉ *f.*

생각 ⲉⲛⲑⲩⲙⲏⲥⲓⲥ ἐνθύμησις, ϩⲏ, ϩⲏⲧ⸗ *f.*

생각하다, 사상, 정신력 ⲙⲉⲉⲩⲉ, ⲙⲉⲉⲩ, ⲙⲉⲩⲉ

생도, 학생, 제자 ⲣⲉϥϫⲓⲥⲃⲱ, ⲥⲃⲟⲩⲓ

생명 ⲃⲓⲟⲥ βίος, ⲱⲛϩ̅, ⲟⲛϩ̅†, ⲟⲛⲁϩ†, ⲁⲛϩ̅†

생명을 주는 자 ⲣⲉϥⲧⲛ̅ϩⲟ

생명의 십자가 ⲁⲛⲁϩ

생산품 ⲅⲉⲛⲛⲏⲙⲁ

생산하다 ⲧⲉⲟⲩⲟ, ⲧⲉⲟⲩⲟ-, ⲧⲉϋⲉ-, ⲧⲉⲟⲩⲁ⸗, ⲧⲉⲩⲁ⸗

생의 기간, 존재 ⲁϩⲉ

생일 ϩⲟⲩⲙⲓⲥⲉ

생쥐 ⲡⲓⲛ *m.*

서기 ⲅⲣⲁⲙⲙⲁⲧⲉⲩⲥ

서두르는 사람, 정신이 없는 사람 ϣⲧ(ⲉ)ⲣⲧⲓⲣ

서둘다, 갑작스레 움직이다, 들고일어나다, 반발하다, 잡아뽑다, 탈취하다 ϥⲱϭⲉ, ϥⲱⲱϭⲉ, ϥⲉϭ-, ϥⲟϭ⸗, ϥⲏϭ†

서둘다 ϭⲗⲁⲙ (L), ϣⲱⲧⲡ̅, ϣⲁⲧⲡ̅†, ϭⲉⲡⲏ, ϭⲓⲡⲏ, ϭⲱⲣϭ̅, ϭⲟⲣϭ⸗, ϭⲟⲣϭ̅†

서둘다 ϊⲱⲥ (L), ⲓⲏⲥ†, ⲕⲗⲟⲙ, ⲧⲗⲟⲙ, ⲧⲗⲟⲙ, ⲕⲗⲟⲙ

서둘러, 급히 ⲛ̅ϭⲗⲁⲙ

서둘러라 ϣⲱⲧⲡ̅ⲧⲏⲛⲉ

서로 다른 ⲟⲩⲱⲧ, ⲟⲩⲉⲧ

서로서로, 쌍방으로 ⲉⲣⲏⲩ

서른 ⲙⲁⲁⲃ *m., f.* ⲙⲁⲁⲃⲉ, ⲙⲁ(ⲁ)ⲃ-

서방 ⲙⲁ ⲛ̅ϩⲱⲧⲡ̅ (ⲙ̅ⲡⲣⲏ)

서신 ⲉⲡⲓⲥⲧⲟⲗⲁⲩⲉ, ⲉⲡⲓⲥⲧⲟⲗⲟⲟⲩⲉ, ⲉⲡⲓⲥⲧⲟⲗⲏ ἐπιστολή

서약 ⲁⲛⲁϣ *m., pl.* ⲁⲛⲁⲩϣ

서열, 계층 ⲧⲁⲝⲓⲥ τάξις

서원하다, 기도하다,약속 ⲉⲣⲏⲧ, (ⲣ̅)ⲣⲏⲧ, ϣⲡ̅ⲱⲡ

서쪽 ⲉⲙⲛ̅ⲧ, ⲥⲁⲛϩⲱⲧⲡ̅

서품, 성별 ⲁⲉⲓⲕ

서한, 서신 ЄПІСТОЛН ἐπιστολή

석공 ⲖⲀⲜⲞⲤ λαοξόος, ⲢⲈϤⲔⲌ̄ⲔⲌ̄ⲰⲚⲈ

석류 재배지 ⲘⲀⲚ̄ϨⲢ̄ⲘⲀⲚ

석류 ϨⲈⲢⲘⲀⲚ, ϨⲢ̄ⲘⲀⲚ *m.*, ⲖⲈϨⲘⲈⲚ (L)

석상, 돌단 ⲦⲞⲨⲰⲦ *m.*, *f.* ⲦⲞⲨⲞⲞⲦⲈ

썩다, 냄새나다 ⲖⲰⲘⲤ̄, ⲖⲞⲘⲤ̄†, ⲖⲀⲘⲤ̄†

썩다, 벌레 먹다 ⲖⲞϤⲖ(Ⲉ)Ϥ, ⲖⲈϤⲖⲰϤ⸗, ⲖⲈϤⲖⲰϤ†, ⲖⲈϤⲖⲞϤⲦ†

썩다, 잠식하다 ⲘⲞⲘⲈ, ϨⲢⲞⲨⲞⲨϪϤ̄, Ⲣ̄ ϨⲢⲞⲨⲞⲨϪϤ̄

썩다, 헐다, 시들다 ⲖⲀϤⲖⲈϤ, ⲖⲈϤⲖⲀϤⲦ†

썩은 ϨⲀⲖⲈ, ϨⲞⲞⲨ†

썩은 것 ϪⲞⲞⲖⲈⲤ

썩음, 벌레 먹음 ϨⲞ(Ⲟ)ⲖⲈ, ϨⲀⲖⲈ *m.* *f.*

썩지 않는 ⲀⲪⲐⲀⲢⲦⲞⲤ, ⲀⲦⲢ̄ϨⲞⲞⲖⲈ

섞다, 혼합하다, 끌어들이다 ⲘⲞⲨϪϬ̄, ⲘⲞⲨϪⲔ̄, ⲘⲞⲨϪⲦ̄, ⲘⲈϪⲦ̄-, ⲘⲞϪϬ⸗, ⲘⲞϪϬ†, ⲘⲀϪⲦ†

섞다, 혼합하다 ⲦⲀϨⲦ(Ϩ), ⲦⲈϨⲦⲰϨ⸗, ⲦⲈϨⲦ-ⲰϨ†

섞다, 흔들다 ⲦⲰϨ, ⲦⲈϨ-, ⲦⲀϨ-, ⲦⲰϨ-, ⲦⲀϨ⸗, ⲦⲎϨ †

섞이지 않은, 순수한 ⲀⲔⲈⲢⲀⲒⲞⲤ ἀκέραιος

선 ⲠⲈⲦⲚⲀⲚⲞⲨϤ

선, 발고랑 ϢⲀЇⲘⲈ *m.*, *f.* ϢⲒⲘⲈ.

선견자 ⲢⲈϤϬⲚ

선망 ⲪⲐⲞⲚⲞⲤ φθόνος

선물 ⲆⲰⲢⲈⲀ δωρεά, ⲆⲰⲢⲞⲚ δῶρον, ϨⲘⲀⲦ, *pl.* ϨⲘⲞⲞⲦ, ⲘⲈⲒⲖⲒⲞⲚ μείλιον

선박 ϪⲀЇ *m.*, *pl.* ЄϪⲎⲨ, ϪⲞⲒ

선박의 승객 ϨⲞⲨⲎⲦ *pl.* ϨⲞⲨⲀⲦⲈ, ⲢⲈϤϪⲒ-ЇⲞⲢⲈ

선박의 일종 ⲂⲀⲀⲢⲈ, ⲢⲀⲘⲤ̄ (L)

선박의 일종 ϨⲀⲖⲘⲎϨⲈ, ϨⲀⲖⲘⲎϨ, ϨⲀⲖⲘⲈϨⲈ, ϨⲀⲖⲘⲈϨⲎ, ϨⲈⲖⲘⲈϨⲈ *f.*

선반, 시렁 ϨⲈⲢⲘⲎⲦⲀⲢⲒⲞⲚ ἑρμητάριον

선별하는 자 ⲢⲈϤⲤⲰⲦⲠ̄

선별하다 ⲚⲞⲨϨⲈ, ⲚⲞⲨϨ, ⲚⲰϨ, ⲚⲞϨ, ⲚⲈϨ-, ⲚⲀϨ-, ⲚⲀϨ⸗, ⲚⲎϨ†, ⲚⲈϨ†

선사하다 Ⲣ̄ ϨⲘⲀⲦ

선생, 교수, 교사, 박사 ⲤⲀϨ, ⲢⲈϤϯⲤⲂⲰ, ⲆⲒ-ⲆⲀⲤⲔⲀⲖⲞⲤ

선수 ϢⲞⲈⲒϪ *m.* *f.*, ⲀⲐⲖⲎⲦⲎⲤ ἀθλητής

선악을 부여하다 ⲦⲰ(Ⲱ)ⲂⲈ, ⲦⲈⲂⲈ-, ⲦⲞⲞⲂ⸗, ⲦⲂ̄ⲂⲞ⸗

선언하다 ЄⲜⲞⲘⲞⲖⲞⲄⲈⲒ

선원 ⲚⲈⲈϤ, ⲚⲈⲂ, ⲚⲈⲈⲨ, ⲚⲎ(Ⲏ)Ϥ *m.*, ⲢⲈϤⲢ̄ϨⲘ̄ⲘⲈ

선을 행하다 Ⲣ̄ ⲠⲈⲦⲚⲀⲚⲞⲨϤ

선을 허락하는 이 ⲢⲈϤϯϢⲘ̄ⲚⲞⲨϤⲈ

선장, 갑판장 ⲚⲞϬ Ⲛ̄ⲚⲈⲈϤ, ⲚⲞϬ Ⲛ̄ⲚⲈⲈϤ

선조 ЄⲒⲰⲦ Ⲙ̄ⲠⲈⲒⲰⲦ

선지자 ⲠⲢⲞⲄⲚⲰⲤⲦⲎⲤ προγνώστης

선집 ⲔⲀⲦⲀ ⲘⲈⲢⲞⲤ

선착장 ⲔⲢⲞ *m.*, *pl.* ⲔⲢⲰⲞⲨ

선택된 사람 ЄⲔⲖⲈⲔⲦⲞⲤ ἐκλεκτός, ⲠⲢⲰⲘⲈ Ⲛ̄ЄⲔⲖⲈⲔⲦⲞⲤ

선택된 ЄⲔⲖⲈⲔⲦⲎ ἐκλεκτή

선택하다, 뽑다, 우수한 ⲤⲰⲦⲠ̄, ⲤⲰⲠⲦ̄, ⲤⲈⲦⲠ̄-, ⲤⲀⲦⲠ̄- ⲤⲞⲦⲠ⸗, ⲤⲀⲠⲦ⸗, ⲤⲀⲦⲠ̄⸗, ⲤⲞⲦⲠ̄†, ⲤⲀⲦⲠ†

선택하다 ЄⲔⲖⲞⲄⲎ ἐκλογή

선포, 예언 ⲀЇϢ, ⲞⲈⲒϢ

선포자, 전령, 복음 전파자 ⲢⲈϤⲦⲀϢⲈ ⲞⲈⲒϢ, ⲢⲈϤⲦⲈⲞⲨⲞ

선포하다, 설교하다 ⲔⲎⲢⲨⲤⲤⲈ (ⲚⲀ⸗), ⲦⲀϢⲈ ⲞⲈⲒϢ

선포하다, 연설하다, 말 ϢⲀϪⲈ, Ϣ(Ⲉ)Ϫ-, ⲦⲀϢⲈⲞⲈⲒϢ

선한 ⲔⲀⲖⲰⲤ καλῶς, ⲚⲀⲚⲞⲨ-, ⲚⲀⲚⲈ-, ⲚⲀⲚⲞⲨ⸗

선한 사람 ⲀⲄⲀⲐⲞⲚ ἀγαθόν, ⲢⲈϤⲢ̄ ⲠⲈⲦ-ⲚⲀⲚⲞⲨϤ

선한, 좋은, 착한 ⲀⲄⲀⲐⲞⲤ ἀγαθός, ⲚⲞⲨϤⲈ

선함 ⲬⲢⲎⲤⲦⲞⲤ χρηστός

선행 Ⲙ̄ⲚⲦⲚⲀϤⲢⲈ

선행된 부분, 초기, 태초 ϨⲎ, ЄϨⲎ *m.*, *f.* ϨⲒⲎ, (Ⲉ) ϨⲎⲦ⸗

선행을 베풀기 Ⲙ̄ⲚⲦⲢⲈϤⲢ̄ⲠⲈⲦⲚⲀⲚⲞⲨϤ

선행을 하는 이 ⲤⲀⲚⲢ̄Ⲙ̄Ⲛ̄ⲦⲚⲀϤⲢⲈ

선행자 ⲢⲈϤⲢ̄Ⲙ̄Ⲛ̄ⲦⲚⲀϨⲢⲈ

선행하다 Ⲣ̄ ϢⲞⲢⲠ̄

선행한 ЄⲦⲔⲎ ЄϨⲢⲀⲒ ϪⲒⲚⲚ̄ϢⲞⲢⲠ̄

선험적 지식 ϢⲢ̄ⲠⲚ̄ⲤⲞⲞⲨⲚ

ㄱ ㄴ ㄷ ㄹ ㅁ ㅂ ㅅ ㅇ ㅈ ㅊ ㅋ ㅌ ㅍ ㅎ

설계 ⲥⲕⲉⲯⲓⲥ σκέψις

설교 ⲉⲝⲏⲅⲏⲥⲓⲥ, ⲗⲟⲅⲟⲥ λόγος

설교자 ⲣⲉϥⲧⲁϣⲉ ⲟⲉⲓϣ, ⲣⲉϥⲧⲁϣⲉⲁⲓ̈ϣ

설교하다 ⲕⲏⲣⲩⲥⲥⲉ (ⲛⲁ⸗), ⲧⲁϣⲉ ⲟⲉⲓϣ

설득하다, 아첨 ⲕⲱⲣϣ̄, ⲕⲉⲣϣ-, ⲕⲟⲣϣ⸗ (ⲉ-), ϭⲱⲣϣ

설득하다, 합의를 보다 ⲧⲱⲧ, ⲧⲉⲧ-, ⲧⲟⲧ⸗, ⲧⲏⲧ†, ⲡⲉⲓⲑⲉ πείθειν

설립하다 ⲥⲱⲛⲧ̄, ⲥⲱⲱⲛⲧ̄, ⲥ(ⲉ)ⲛⲧ-, ⲥⲟ(ⲟ)ⲛⲧ⸗, ⲥⲟⲛⲧ̄†

설립하다, 곧게 세우다 ⲧⲉϩⲟ, ⲧⲉϩⲟ-, ⲧⲉϩⲁ⸗

설립하다, 정립시키다, 다다르다, 명령, 법령 ⲧⲁϩⲟ, ⲧⲁϩⲉ-, ⲧⲁϩⲟ⸗, ⲧⲁϩⲏⲩ†

설립하다 ⲥⲙⲓⲛⲉ, ⲥⲙ(ⲉ)ⲛ-, ⲥⲙⲓⲛ-, ⲥⲙⲛ̄ⲧ-, ⲥⲙⲛ̄ⲧ⸗, ⲥⲙⲟⲛⲧ†, ⲥⲙⲁⲛⲧ†, ⲥⲙⲛⲧ†, ⲥⲙⲁⲁⲛⲧ†

설명하다 ϫⲛⲟⲩ, ϫⲓⲛⲟⲩ, ϫⲛⲟ, ϫⲛ(ⲉ)-, ϫⲛⲟⲩ-, ϫ(ⲓ)ⲛⲟⲩ⸗ ϫⲉⲛⲟⲩⲟⲩ⸗

설사 ϣⲁⲛⲙⲁϩⲧ̄, ϣⲱⲛⲉ ϩⲏ

설익은 무화과 ⲃⲏⲏϣ, ⲃⲉⲉϣ

설치, 기초, 상태, 훈련, 평온 ⲕⲁⲧⲁⲥⲧⲁⲥⲓⲥ

설치하다, 자리잡다 ⲧⲁϩⲟ ⲉⲣⲁⲧ⸗

설화, 강화, 설교 ⲉⲝⲏⲅⲏⲥⲓⲥ

섬 ⲙⲟⲩⲉ, ⲙⲟⲩ(ⲉⲓ)

섬광, 빛 ⲉⲃⲣⲏϭⲉ, (ⲃ)ⲃⲣⲏϭⲉ, ⲧⲉⲣⲃⲏϭ *f.*

섬기다 ⲡⲱϣⲛ̄, ⲡⲱϣⲛⲉ, ⲡⲉϣⲛ̄-, ⲡⲟϣⲛ⸗, ⲡⲟϣⲛ̄†, ⲡⲁϣⲛⲉ†

섬김 ⲟⲩⲁϣⲧⲉ *f.*

섭리 ⲉⲡⲓⲥⲕⲟⲡⲏ

성, 덕 ⲧⲃ̄ⲃⲟ, ⲧⲃ̄ⲃⲉ-, ⲧⲃ̄ⲃⲟ⸗, ⲧⲃ̄ⲃⲏⲩ †

성 ϯⲙⲉ *m., pl.* ⲧⲙⲉ

성가대 ⲭⲟⲣⲟⲥ χορός

성가신 ⲗⲟϭ

성공, 기회 ⲛⲁϥⲣ̄ϣⲁⲓ̈

성곽 ⲟⲩⲟⲙⲧⲉ, ⲟⲩⲟⲟⲙⲧⲉ, ⲟⲩⲟⲙⲡⲧⲉ, ⲟⲩⲟ(ⲟ)ⲙⲡⲉ *f.*

성기 ⲁⲥⲭⲏⲙⲟⲥⲩⲛⲏ

성나다, 화내다, 노하다 ⲙ̄ⲃⲟⲛ, ϭⲱⲛⲧ̄, ϭⲱⲱⲛⲧ̄, ⲕⲱⲛϭ̄, ϭⲟⲛⲧ̄†

성난, 노한 ⲃⲱⲗⲕ̄, ⲃⲱⲛⲕ̄

성내다 ⲁⲅⲁⲛⲁⲕⲧⲉⲓ, ϭⲛⲁⲧ

성냄 ⲛ̄ⲃⲁⲛ (L) *m.*

성례 ⲣⲉϥⲥⲡ̄ϩⲙⲟⲧ

성벽, 벽 ϫⲟ, ϫⲟⲉ, ϫⲟⲓⲉ, ϫⲟⲉⲓ *f., p.c.* ϫⲉ-, ϫⲓ- *pl.* ⲉϫⲏ

성벽 ⲥⲁⲃⲧ̄ (L), ⲥⲃ̄ⲧⲉⲩⲉ, ⲥⲟⲃⲧ̄ *m.*

성별 ⲁⲉⲓⲕ

성서 ⲅⲣⲁⲫⲏ γραφή *f., pl.* ⲅⲣⲁⲫⲁⲩⲉ

성소 ⲙⲁ ⲉⲧⲟⲩⲁⲁⲃ

성숙하다, 충분히 성장한 ϫⲟⲩⲱⲧ, ϫⲟⲩⲧ-, ϫ(ⲟⲩ)ⲱⲧ-, ϫⲧⲁⲓ, ϫⲏⲧ†

성숙하다 ⲡⲱϩ, ⲡⲉϩ-, ⲡⲏϩ†

성숙한 나이가 되다 ϫⲁ(ⲁ)ⲧⲉ, ϫⲟⲧⲉ†

성스러운, 순수한, 죄 없는 ⲉⲧⲟⲩⲁⲁⲃ, ⲟⲩⲟⲡ, ⲟⲩⲁⲁⲃ†, ⲟⲩⲁⲃⲉ†

성스럽게 하다, 성, 덕 ⲧⲃ̄ⲃⲟ, ⲧⲃ̄ⲃⲉ-, ⲧⲃ̄ⲃⲟ⸗, ⲧⲃ̄ⲃⲏⲩ†

성실한, 주의 깊은 ⲙⲉⲗⲉⲧⲁ μελετᾶν

성이 난, 분내다 ⲛⲟⲩϭⲥ̄, ⲛⲟϭⲥ̄†, ⲛⲁϭⲥ†;

성장 ⲙⲁⲓⲏ, ⲙⲁⲉⲓⲏ, ⲣⲱⲧ *m., pl.* ⲣⲁⲧⲉ

성장하다 ⲁⲓ̈ⲁⲓ̈, ⲁⲉⲓⲉⲉⲓ, ⲁⲉⲓ†, ⲟⲓ†, ⲁⲩⲝⲁⲛⲉ

성장하다, 싹이 트다 ⲣⲱⲧ, ⲣⲉⲧ-, ⲣⲏⲧ† *p.c.* ⲣⲁⲧ-

성직을 수행하는 사람 ⲗⲉⲓⲧⲟⲩⲣⲅⲟⲥ

성직을 수행하다 ⲉⲓⲣⲉ ⲙ̄ⲡϣⲙ̄ϣⲉ

성직의 ⲙⲛ̄ⲧⲟⲩⲏⲏⲃ

성직자 ⲣⲉϥϣⲙ̄ϣⲉ

성직자의 긴 가운 ⲗⲉⲃⲓⲧⲟⲩ, ⲗⲁⲃⲓⲧⲉ, ⲗⲉⲃⲓⲧⲟⲛ

성질 ⲫⲩⲥⲓⲥ φύσις

성징을 받다 ϫⲓ ϣⲏⲙ

성체배령하다 ϯ ϣⲁ

성취, 완수, 종말 ⲥⲩⲛⲧⲉⲗⲉⲓⲁ συντέλεια

세계, 우주 ⲕⲟⲥⲙⲟⲥ κόσμος

세관, 감옥 ⲇⲏⲙⲟⲥⲓⲟⲛ

세관원 ⲧⲉⲗⲱⲛⲏⲥ τελώνης

세금, 조공, 월세 ϩⲱⲧⲉ *m.*, ϣⲱⲙ

세금을 징수하다, 모으다 ⲟⲩⲱϭⲥ̄

세대 ⲁⲓ̈ⲱⲛ αἰών

세대 ⲅⲉⲛⲉⲁ γενεά

세대 ϫⲱⲙ, ϫⲙ̄- *m.*, ϫⲱⲱⲙⲉ *m.*

세례단 ⲃⲁⲡⲧⲓⲥⲙⲁ βάπτισμα

세례를 베풀다 ⲃⲁⲡⲧⲓⲍⲉ

세례파 ⲃⲁⲡⲧⲓⲥⲧⲏⲥ βαπτιστής

세면대 ⲛ̅ⲕⲁ ⲛ̅ⲉⲓⲱ

세무 공무원 ϣⲁⲗⲓⲟⲩ, ϣⲁⲗⲏⲟⲩ, ϣⲁⲣⲓⲟⲩ *m.*

세밀 ⲁⲕⲣⲓⲃⲓⲁ

세밀하게 열거하다, 선집 ⲕⲁⲧⲁ ⲙⲉⲣⲟⲥ

세상, 세대 ⲁⲓ̈ⲱⲛ αἰών

세상적으로 ⲕⲟⲥⲙⲓⲕⲟⲥ κοσμίκος

세속적인, 일상사의 ⲃⲓⲱⲧⲓⲕⲟⲥ

세척통 ⲣⲁϩⲧ

세척하다 ⲧⲱϭⲥ̅, ⲧⲟϭⲥ⸗, ⲧⲁϭⲥ⸗, ⲧⲟϭⲥ̅†, ⲧⲁϭⲥ̅†

세탁하다 ϣⲱⲙ, ϣⲟ(ⲟ)ⲙ⸗

셋 ϣⲁⲙⲧ̅, ϣⲙ̅ⲧ-, *f.* ϣⲁⲙⲧⲉ

셋 ϣⲟⲙⲛ̅ⲧ, ϣⲟⲙⲧ̅, ϣ(ⲉ)ⲙⲛ̅ⲧ, ϣⲙ̅ⲧ- *m., f.* ϣⲟⲙⲧⲉ, -ϣⲟⲙⲧⲉ

소 ⲃⲟⲉⲓⲧ

소, 소고기 ⲉϩⲉ *m. f., pl.* ⲉϩⲟⲟⲩ, ⲉϩⲏⲩ

소굴 ϣⲛⲁ *m.*

소근거리다, 야유하다 ϣⲙ̅ϣⲏϭⲉ

소금 ϩⲙⲟⲩ *m.*, ⲙⲉⲗϩ̅, ⲙⲏⲣϩ̅

소금물, 간수 ϫⲓⲣ

소금에 절인 작은 생선, 소금물, 간수 ϫⲓⲣ

소금장수 ⲥⲁⲛ̅ϩⲙⲟⲩ

소나기 ⲙⲟⲩⲛ̅ϩⲱⲟⲩ

소녀 ϣⲉⲉⲣⲉ ϣⲏⲙ

소년 ϣⲏⲣⲉ ϣⲏⲙ

소년기, 청년기, 처녀성 ⲙⲛ̅ⲧϣⲏⲣⲉ ϣⲏⲙ

소다 ⲕⲁⲗⲉ

소도시, 성 ϯⲙⲉ *m., pl.* ⲧⲙⲉ

소득세 ⲇⲁⲡⲁⲛⲏ

소득이 있는 ⲉⲧⲣ̅ⲛⲟϥⲣⲉ

소리 ⲫⲱⲛⲏ φωνή, ϩⲣⲟⲟⲩ, ϩⲣ(ⲟⲩ)-, ϩⲣⲁⲩ *m.*

소리 없음 ⲙ̅ⲡⲟ, ⲉⲙⲡⲟ, ⲉⲃⲱ

소리개 새ⲧⲣⲉ, ⲧⲣⲏ *m. f.*

소리를 내다, 신호를 보내다 ϯ ϩⲣⲟⲟⲩ

소리치다, 휘파람 불다 ⲛⲉϫϩⲣⲟⲟⲩ, ⲟⲩⲉ-ⲗⲟⲩⲉⲗⲉ

소리침, 명성 ⲁϣ ⲉⲗ *m.*

소멸되다, 탕진되다 ⲟⲩⲱ(ⲱ)ϣⲉ, ⲟⲩⲁϣ⸗

소비 ϣⲕⲱ *m.*

소비하다, 지불하다 ϯ ⲉⲃⲟⲗ

소속이나 기원을 나타내는 전치사 ⲛ̅ⲧⲉ-, ⲛ̅ⲧⲁ⸗

소송 상대의 ⲉⲧϫⲓ ϩⲁⲡ ⲟⲩⲃⲉ

소식, 회신, 대답 ⲟⲩⲱ *m.*, ⲁⲅⲅⲉⲗⲓⲁ ἀγγελία

소식을 가져오다, 방문하다 ⲛ̅ⲡⲟⲩⲱ

소식을 전하는 자 ⲣⲉϥϫⲓⲟⲩⲱ

소용돌이 ⲃⲉⲣⲱ, ϭⲁⲓ̈ϣⲉ (L)

소용없는 ⲉⲡⲉⲧϣⲟⲩⲉⲓⲧ, ϣⲛⲁ, ϣⲛⲁⲁ

소용없음, 헛됨 ϭⲗⲟ *m.*, ⲙⲛ̅ⲧⲁⲧⲛⲟϥⲣⲉ

소용없이 ⲁⲣⲉⲩ

소원, 약속 ϣⲡⲱⲡ, ⲟⲩⲁϣϥ̅ *m.*

소유, 장악 ⲕⲧⲏⲥⲓⲥ κτῆσις

소유물 ϩⲛⲁⲁⲩ, ϩⲛⲁ(ⲟ)ⲩ, ϩⲛⲟ(ⲟ)ⲩ, ϩⲛⲉⲉⲩ (L) *m.*

소지품 ⲛ̅ⲕⲁ, ⲛ̅ⲕⲟ *m.*

소집자 ⲣⲉϥⲥⲱⲟⲩϩ

소집하다, 의회, 회중 ⲧⲟⲟⲩⲧⲉ, ⲧⲟⲩⲏⲧ⸗, ⲧⲟⲩⲏⲧ†

소환하다 ⲧⲱϩⲙ̅, ⲧⲉϩⲙ̅-, ⲧⲁϩⲙ⸗, ⲧⲁϩⲙ̅†

쏘다, 뿌리다, 심다 ⲥⲓⲧⲉ, ⲥⲉⲧ-, ⲥⲁⲧ-, ⲥⲓⲧ-, ⲥⲁⲧ⸗, ⲥⲉⲧ⸗, ⲥⲓⲧ⸗, ⲥⲏⲧ†

속눈썹, 술 ⲗⲟⲟⲩ, ⲗⲟⲟⲩⲉ, ⲗⲱⲟⲩ, ⲗⲁ(ⲁ)ⲩ, (ⲉ)ⲛϩ

속삭이다 ⲕⲁⲥⲕⲥ̅, ⲕⲉⲥⲕⲱⲥ⸗, ⲕⲥ̅ⲕⲁⲥⲧ̅†, ⲕⲉⲥⲕⲁⲥⲧ̅†

속에 ⲛ̅ϩⲏⲧ⸗, ϩⲛ̅-, ⲉϩ(ⲉ)ⲛ-

속이다 ⲁⲡⲁⲧⲁ, ϩⲁⲗⲃⲉ- (L), ϩⲁⲗⲃⲉϩⲟ, ϩⲉⲗ

속이다, 갖고 놀다 ⲣ̅ ϩⲁⲗ

속이다, 밀어내다 ϩⲧⲁⲓ, ϩⲓϩⲧⲁⲓ

속임, 사기 ⲙⲛ̅ⲧⲣ̅ ϩⲁⲗ

속임수, 꾀 ⲕⲣⲁϥ (L), ϩⲁⲗ, ϩⲁⲗ-, ⲙⲛ̅ⲧⲣ̅ϩⲉⲗ

손 ϭⲓϫ *f.*, ⲧⲱⲣⲉ, (ⲧⲟⲣⲉ), ⲧⲟⲟⲧ, ⲧⲉⲧ-, ⲧⲛ̅-, ⲧⲟⲟⲧ⸗

손, 손바닥 ϩⲁⲣⲡⲥ̅ (L) *f.*

손가락 ⲧⲏⲃⲉ, ⲧⲏⲏⲃⲉ, ⲧⲉⲃⲉ, ϯⲃⲉ *m.*

손바닥, 앞발 ϩⲓⲱⲙⲉ, ϩⲱⲙⲉ, ϩⲓⲟⲙⲉ *f.*, ϩⲁⲣⲡⲥ̅ (L) *f.*, ϩⲃϩⲉ *f.*, ϩⲱⲙⲉ *f.*

손바닥, 한 뼘 ϣο(ο)π, ϣωπ *m.*

손뼉을 치다, 날개를 퍼덕이다 ϫακ

손뼉을 치다, 이빨을 갈다 ϫⲁϩϫϩ̄, ϫⲁϩϫ̄, ϫⲁϩϭ̄, ϭⲁϩϫϩ̄, ϭⲁϩⲉ(ⲉ)ϩ, ϭοϩϭ(ⲉ)ϩ, ϭⲁϩϭ̄, ϭοϩϭ̄, ϫⲉϩϫωϩ⸗

손뼉치다 ⲧⲁⲁⲧⲉ, ⲥⲧⲁⲁⲧⲉ

손수건 ⲗⲉⲛⲧⲓⲟⲛ, ⲗⲏⲛⲧⲥⲉ

손실, 결손, 벌칙 οⲥⲉ *m.*, ⲁⲥⲉ (L), ⲁⲛϩⲁⲗⲱⲙⲁ

손안에 떨어지다 ϩⲉ ⲉϩⲣⲁï ⲉⲛ̄ϭⲓϫ

손에 넣다 ⲙⲁⲧⲉ, ⲙⲁⲧⲱⲟⲩ†

손으로 만든 ⲙⲟⲩⲛⲕ̄ ⲛ̄ϭⲓϫ

손을 씻는 그릇 ϩⲛⲁⲁⲩ ⲛ̄ⲉⲓⲁⲧⲟⲟⲧ⸗

손톱, 발굽 ⲉⲓⲃ, ⲉⲓⲉⲃ(ⲏ), ⲓⲓⲃ (L), *pl.* ïⲉⲃⲉ

손톱으로 긁어내다, 할퀴다 ϭⲱⲣϥ̄, ϭⲟⲣϥ⸗, ⲕⲟⲣϥ⸗

손해를 끼치다 ⲥⲱϣ, ⲥⲉϣ-, ϣⲉⲥ-, ⲥⲟϣ⸗

손해를 입다 † ⲟⲥⲉ

쏟다, 엎지르다 ⲕⲁⲧⲁⲕⲗⲩⲍⲉ κατακλύζειν

솜뭉치 ⲥⲁ(ⲁ)ⲥⲉ

솟구치기 ϭⲓⲛϥⲱϭⲉ

솟구치다, 반발하다, 벼룩 ⲡⲏⲓ

솟아오르다, 빛나기 시작하다 ϣⲁïⲉ, ⲃⲉⲃⲉ, ϣⲁ

솟아오르다 ⲃⲱϩⲧ̄ (L)

송곳니 ϣⲁⲗϭⲁⲃϩⲉ

송사 ⲡⲉⲓⲣⲁⲥⲙⲟⲥ πειρασμός

송수관 ϥⲟ ⲙ̄ⲙⲟⲟⲩ

송아지, 어린 황소 ⲙⲉⲥⲉ *m.*, *pl.* ⲙ̄ⲥⲏⲩ, ⲕⲧⲏⲣ, ⲡⲟⲣⲕ̄ *m. f.*

송아지해산 ⲙⲏⲥⲉ

송이 ⲡⲁϭⲗⲉ (L)

송진 ⲕⲟⲙⲙⲉ, ⲕⲙ̄ⲙⲉ, ⲕⲏⲙⲉ, ⲕⲟⲙⲏ, ⲕⲟⲙⲓ, ⲥⲓϥⲉ, ⲥⲏϥⲉ *m.*, ⲥⲟⲛⲧⲉ *m.*

송진 ⲗⲁⲙϫⲁⲧⲡ, ⲗⲁⲙϫⲉⲧⲡ̄ , ⲗⲁϫⲁⲧⲡ, ⲗⲁⲙϫⲁⲧ, ⲗⲁⲙϫⲁⲡ(ⲧ)

송진을 바르다 ⲥⲗ̄ϭⲉ (L)

솥, 주전자 ⲭⲁⲗⲕⲓⲟⲛ χαλκεῖον, ⲣⲁϩⲧⲉ, ⲣⲁϩⲧ, ⲣⲟϩⲧⲉ, ⲗⲟϩⲧⲉ *f.*

쇄골, 작은 뼈 ϭⲁⲡⲁⲧ *f.*

쇠붙이 ⲃⲁⲛⲓⲡⲉ

쇠비름 ⲙⲉϩⲙⲟⲩϩⲉ

쇠사슬, 결합 ⲥⲛⲁⲩϩ, ⲥⲛⲟⲟⲩϩ *m.*, ⲕⲟⲗⲗⲁⲣⲓⲟⲛ κολλάριον

쇠퇴하다, 실신하다 ϣⲱⲥⲙⲉ (L), ϣⲱⲥⲙ̄

쇠퇴하다, 작아지다, 여위어지다 ϩⲱϫⲙⲉ, ϩⲱⲙ(ⲉ), ϩⲁ(ⲁ)ⲙ†

수 ⲁⲡⲥ̄

수건 ⲥⲁⲃⲁⲛ(ⲉ)

수고 ⲃⲱⲧⲉ, ⲛⲉⲕⲉ (L) *f.*

수고하다, 고통을 당하다, 힘들게 일하다 ϩⲓⲥⲉ, ϩⲁⲥⲧ-, ϩⲉⲥⲧ-, ϩⲁⲥⲧ⸗, ϩⲟⲥⲧ⸗, ϩⲉⲥⲧ⸗, ϩⲟⲥⲉ†, ϩⲁⲥⲉ†

수녀원 ϩⲉⲛⲉ(ⲉ)ⲧⲉ, ϩⲉⲛⲉ(ⲉ)ⲧⲏ, ϩⲉⲛⲏⲧⲏ, ϩⲏⲛⲏ(ⲏ)ⲧⲉ *f.*

수녀원장 ⲁⲙⲁ

수다 ϩⲣⲟⲩⲟ, ϩⲣⲟⲩⲱ

수다쟁이 ⲥⲁⲛ̄ϣⲁϫⲉ

수도승 ⲁⲛⲁⲭⲱⲣⲏⲧⲏⲥ

수도승의 옷의 일종 ⲣⲁϩⲧⲟⲩ

수도원 ⲧⲟⲟⲩ *m.*, *pl.* ⲧⲟⲩⲓⲏ

수도원 규율, 정경, 조세 기준 ⲕⲁⲛⲱⲛ

수도원, 수녀원 ϩⲉⲛⲉ(ⲉ)ⲧⲉ, ϩⲉⲛⲉ(ⲉ)ⲧⲏ, ϩⲉⲛⲏⲧⲏ, ϩⲏⲛⲏ(ⲏ)ⲧⲉ *f.*

수도원장, 신부 ⲁⲡⲁ

수레 ⲁϭⲟⲗⲧⲉ, ⲁⲕⲟⲗⲧⲉ, ⲃⲣ̄ϭⲟⲟⲩⲧ, ⲃⲉⲣⲉϭⲱⲟⲩⲧ

수레의 축 ⲣⲙ̄ϩⲛⲉϩ *m.*

수령, 태수 ⲥⲁⲧⲣⲁⲡⲏⲥ σατράπης

수로, 관 ⲟⲩ(ⲉ)ⲓⲛ *m.*, ⲫⲟⲥⲥⲁ *fossa*

수리능력, 지각, 이성 ⲗⲟⲅⲓⲥⲙⲟⲥ

수리적인 ⲁⲣⲓⲑⲙⲟⲥ ἀριθμός

수많은, 다량의 ⲛⲁϣⲉ-, ⲛⲁϣⲱ⸗, ⲙⲁϣⲟ, ⲉⲙⲁϣⲟ, ⲙⲁⲧⲉ, ⲉⲙⲁⲧⲉ

수면, 잠 ⲕⲓⲧⲉ

수병자리 ϩⲩⲇⲣⲏⲭⲟⲟⲥ ὑδρηχόος

수부, 선원 ⲛⲉⲉϥ, ⲛⲉⲃ, ⲛⲉⲉⲩ, ⲛⲏ(ⲏ)ϥ *m.*

수석 간수 ⲁⲣⲭⲓⲫⲩⲗⲁⲝ ἀρχιφύλαξ

수선용 천조각 ⲗⲁⲧⲃⲥ̄, ⲗⲁⲧⲃⲉ

수신인 ⲣⲉϥϫⲓϣⲓⲛⲉ

수염 ⲙⲁⲕⲁⲥ, ⲙⲟⲣⲧ

수염을 깎다 ϣⲱⲃ, ϣⲃ̄-, ϣⲟⲃ⸗, ϣⲁⲃ⸗, ϣⲏⲃ†

수용하다 ⲥⲩⲅⲭⲱⲣⲉ συγχωρεῖν

수월케 하는 이 ⲣⲉϥϯⲟⲩⲁⲥⲧⲛ̄

수은 ⲙⲟⲟⲩ ⲛ̄ϩⲁⲧ

수장 ⲙⲉⲅⲓⲥⲧⲁⲛⲟⲥ μεγιστᾶνος

수정 ⲕⲣⲩⲥⲧⲁⲗⲗⲟⲥ

수정하다, 바로 세우다 ⲥⲉϩⲟ (L), ⲥⲉϩⲟ-, ⲥⲁϩⲱⲱ⸗, ⲥⲉϩⲁ⸗, ⲥⲉϩⲱ⸗, ⲥⲁϩⲁϊⲧ†, ⲥⲉϩⲁϊⲧ†

수차 ⲛⲟⲩⲧ, ⲛⲁⲧ⸗

수축하다, 줄다 ⲱⲛⲧ̄, ⲱⲛϭ̄

수컷, 야성 ϩⲟⲟⲩⲧ, ⲉ(ⲓ)ϩⲟⲟⲩⲧ, ϩⲉⲟⲩⲧ, ϩⲟⲩⲧ-

수탉 ⲁⲗⲉⲕⲧⲱⲣ

수프 ⲟⲟⲩϣ *m.*

수행 ⲁⲕⲟⲗⲟⲩⲑⲓⲁ

숙고하다, 권유하다 ⲥⲁϫⲛⲉ

숙고하다 ⲣ̄ ϩⲧⲏ⸗ , ⲙⲟⲕⲙⲉⲕ

숙달된 ⲛⲁϥⲣ̄ⲧⲱⲣⲉ

숙박소 ⲡⲁⲛⲇⲟⲭⲓⲟⲛ πανδοχεῖον

숙이다, 기울다, 굽다, 돌리다 ⲣⲓⲕⲉ, ⲣⲉⲕ(ⲧ)-, ⲣⲁⲕⲧ-, ⲣⲉⲕⲧ⸗, ⲣⲟⲕⲉ†, ⲣⲁⲕ(ⲧ)ⲉ†

숙이다 ⲕⲱⲗϫ, ⲕⲗ̄ϫ-, ⲕⲟⲗϫ⸗, ⲕⲟⲗϫ†, *p.c.* ⲕⲁⲗϫ̄-, ϭⲱⲗϫ, ϭⲗ̄ϫ-

순간 ⲟⲩⲁϊϣ (L) *m.*, ⲁⲡⲣⲏⲧⲉ, ⲟⲩⲛⲟⲩ *f.*, *pl.* ⲟⲩⲛⲁⲩⲉ, ⲟⲩⲛⲁⲟⲩⲛⲉ

순간 ϣⲥ̄ⲛⲉ, ϣⲥ̄ⲛⲛⲉ, ⲥϣ̄ⲛⲉ, ϣⲱⲡ

순간, 때 ϩⲁⲧⲉ *f.*, ϩⲟⲧⲉ *f.*, ⲟⲩⲟⲉⲓϣ, ⲟⲩⲁⲉⲓϣ

순간, 짧은 시간 ⲥⲟⲩⲥⲟⲩ

순결, 절제 ⲉⲅⲕⲣⲁⲧⲓⲁ

순결한, 금욕의 ⲉⲅⲕⲣⲁⲧⲉⲓⲁ ἐγκράτεια

순교 ⲙⲁⲣⲧⲩⲣⲓⲁ μαρτυρία

순교하다 ⲙⲁⲣⲧⲩⲣⲉ μάρτυρος

순수한, 성스러운 ⲟⲩⲟⲡ, ⲟⲩⲁⲁⲃ†, ⲟⲩⲁⲃⲉ†

순수한, 죄 없는 ⲉⲧⲟⲩⲁⲁⲃ

순수한 ⲁⲕⲉⲣⲁⲓⲟⲥ ἀκέραιος, ⲕⲁⲑⲁⲣⲟⲥ καθαρός

순식간에, 갑자기 ϩⲛ̄ⲟⲩϣⲥ̄ⲛⲉ

순진 ⲙⲛ̄ⲧⲃⲁⲗϩⲏⲧ

순진한, 단순한 ⲃⲁⲗϩⲏⲧ

술 취하다 ϯϩⲉ, ⲧⲁϩⲉ†

술을 따르다, 녹다 ⲟⲩⲱⲧⲛ̄, ⲟⲩⲟⲧⲛ⸗, ⲟⲩⲱⲧⲛⲉ (L), ⲟⲩⲱⲧⲛ̄ ⲉⲃⲟⲗ

술창고 ⲧⲁⲙⲓⲟⲛ, ⲧⲁⲙⲉⲓⲟⲛ ταμιεῖον

숨, 정신 ⲡⲛⲉⲩⲙⲁ, ⲡ̄ⲛ̄ⲁ̄ πνεῦμα, ⲙ̄ϩⲏ (L)

숨결 ⲛⲓϥⲉ

숨기다 ϩⲱⲃⲥ̄, ϩⲁⲃⲥ⸗, *pl.* ϩⲃ̄ⲥⲁⲩⲉ, ⲣ̄ ϩⲁⲓⲃⲉⲥ

숨기다, 비밀로하다 ϩⲱⲡ, ϩⲉⲡ-, ϩⲱⲡ-, ϩⲁⲡ-, ϩⲟⲡ⸗, ϩⲁⲡ⸗, ϩⲏⲡ†

숨기다, 앗아가다 ⲗⲱϭⲉ, ϩⲱⲃⲥ̄, ϩ(ⲉ)ⲃⲥ̄-, ϩⲟⲃⲥ⸗, ϩⲟⲃⲥ̄†

숨기다 ⲕⲱⲡ, ⲕⲁⲡ-, ⲕⲏⲡ†

숨다 ϫⲓ ϩⲁⲓⲃⲉⲥ

숨막히게 하다 ⲱϭⲧ̄, ⲱⲧϭ̄, ⲁϭⲧ⸗

숨을 내쉬다, 침을 흘리다 ⲡⲱϭⲥ̄

숨이 막히다 ϫⲟⲗϩ̄(ⲉ)ⲥ, ϫⲟⲗ(ⲉ)ⲥ, ϫⲱⲗϩ̄,

숫양 ⲃⲁⲁⲙϩ̄ⲟⲟⲩⲧ, ⲃⲁⲁⲙⲡⲉ, ⲃⲁⲁⲙⲡ-

숫염소 ϭⲓⲉ, ϭⲓⲉⲓⲉ, ϭⲓⲏ *m.*

숫자 ⲏⲡⲉ *f.*, ⲏⲡⲥ̄

숭배 ϭⲓⲛϣⲙ̄ϣⲉ

숭배자 ⲣⲉϥⲟⲩⲱϣⲧ̄

숭배하다 ⲥⲉⲃⲉⲥⲑⲁⲓ σέβεσθαι

숱한 군중 ⲙⲏⲏϣⲉ, ⲙⲏϣⲉ

쉬게 하다, 동의하다, 허락하다 ⲙⲟⲩⲧⲛ̄, ⲙⲉⲧⲛ̄-, ⲙⲟⲧⲛ⸗ *p.c.* ⲙⲁⲧⲛ̄-

쉬다, 놀리다, 휴경지로 남기다 ⲙⲓⲕⲉ

쉬다, 휴식을 취하다, 편안하다, 마음을 놓다, 병에서 놓임 받다 ⲙ̄ⲧⲟⲛ, ⲉⲙⲧⲟⲛ, ⲙⲟⲧⲛ̄†

쉬다, 휴식하다 ⲙⲟⲩⲧⲛⲉ (L), ⲙⲁⲧⲛ(ⲉ), ⲙ̄ⲧⲁⲛ, ϩⲣⲁⲕ, ϩⲁⲣⲕ†

쉬운, 기분 좋은 ϩⲗⲱϭϥ̄, ϩⲗⲟϭϥ̄

쉬운, 유쾌한 ⲛⲟⲩⲧⲙ̄, ⲛⲟⲧⲙ̄†, ⲛⲁⲧⲙⲉ†, ⲛⲁⲧⲙ̄†

쉬운, 편한 ⲉⲧⲙⲟⲧⲛ̄

쉬움 ⲙⲟⲧⲛⲉⲥ

쉬임없는 ⲁⲧⲱϫⲛ̄

쉰 ⲧⲁϊⲟⲩ (L)

쉽게 하다 ϯ ⲟⲩⲁⲥⲧⲛ̄

스며들다, 침투하다 ϣⲗⲏ, ϣⲁⲗϣⲗ̄, ϣⲗ̄ϣⲱⲗ⸗

스물 ϫⲟⲩⲱⲧ, *f.* ϫⲟⲩⲱⲧⲉ, ϫⲟⲩⲟⲩⲱⲧⲉ, ϫⲟⲩⲧ-, ϫⲁⲩⲱⲧ- *m.*, *f.* ϫⲟⲩ(ⲱ)ⲧⲉ

스스로 움직이는 것 ⲛⲉⲧⲕⲓⲙ ⲉⲣⲟⲟⲩ

스스로 원하여 ⲉϥⲟⲩⲱϣ

스승, 선생 ⲇⲓⲇⲁⲥⲕⲁⲗⲟⲥ, ⲣⲉϥϯⲥⲃⲱ

스쳐가다, 한순간의, 떠나가다 ⲟⲩⲉⲓⲛⲉ

쓰다, 적다, 그리다 ⲥϩⲉï, ⲥⲁϩ-, ⲥϩⲉï-, ⲥⲁϩ⸗, ⲥⲏϩ†

쓰디쓴 ϫⲟⲩϥ, ϫⲛⲟⲩϥ, ϫⲱϥ, ϫⲉϥ-, ϫⲁϥ⸗, ϫⲏϥ† p.c. ϫⲁϥ-, ϫⲟⲩϥ, ϫⲱϥ, ϫⲱⲃ⸗, ϫⲏϥ†, ϫⲁϥ†, ⲥⲁϩⲙ⸗, ⲥⲁϩⲙ̅†, ⲥⲟϩⲙ̅†

쓰디쓴, 포악한 ⲥⲓϣⲉ, ⲥⲓϩⲉ, ⲥⲁϣⲉ†

쓰러뜨리다 ϩⲃⲟⲣⲃⲣ̅, ⲃⲟⲣⲃⲣ̅, (ϩ)ⲃⲣ̅ⲃⲣ̅-, ϩⲃⲣ̅ⲃⲱⲣ⸗, ⲃⲣ̅ⲃⲱⲣ†, ⲃⲣ̅ⲃⲟⲣⲧ̅†

쓰러뜨리다, 부수다, 누르다, 박다 ⲥⲱϩⲙ̅, ⲡⲟⲧⲡⲧ̅, ⲥⲱϩⲙⲉ (L)

쓰러지다 ϩⲉ, ϩⲉⲉ, ϩⲏⲉ, ϩⲉ⸗, ϩⲏⲩ†

슬퍼하다, 장례를 치르다 ⲛⲉϩⲡⲉ, ⲙ̅ⲕⲁϩ, ⲙ̅ⲕⲁϩⲛ̅ϩⲏⲧ, ⲧⲟⲉⲓⲧ

슬픈, 억압받은, 괴로운 ϭⲱⲟⲩ, ϭⲟⲟⲩ⸗, ϭⲏ(ⲟ)ⲩ†

슬픈, 괴로워하는 ⲗⲩⲡⲉⲓ, ⲱⲕⲙ̅, ⲉⲕⲙ̅-, ⲟⲕ(ⲉ)ⲙ†

슬픔 ⲗⲩⲡⲏ λύπη, ϣⲛ̅ϩⲏⲧ

쓸어내다, 거부하다 ⲥⲱϩⲣ̅, ⲥⲱϩⲣⲉ, ⲥⲏⲉⲣ̅-, ⲥⲁϩⲣ⸗, ⲥⲁϩⲣⲉ⸗, ⲥⲁϩⲣ̅†

습관, 전통 ⲥⲱⲛⲧ̅ m., ⲧⲟⲡⲥ̅, ⲧⲁ(ⲁ)ⲡⲥ̅ f.

습관이 되다 ⲧⲱⲱⲡ, ⲧⲱⲡ, ⲧⲉⲡ-, ⲧⲟⲡ⸗, ⲧⲏ(ⲏ)ⲡ†, ⲧⲁⲡⲏⲩ†

습기 ⲁϭⲃⲉⲥ, ⲁⲧⲃⲉⲥ

승락하다 ⲉⲓⲱⲣⲙ̅, ⲉⲓⲟⲣⲙ̅†

승려 ⲕⲗⲏⲣⲓⲕⲟⲥ

승리, 우승 ϭⲣⲟ m., ⲛⲓⲕⲏ νίκη

승리의 ϫⲟⲣϫⲣ̅, ϭⲉⲣϭⲱⲣ⸗, ϫⲉⲣϫⲱⲣ†

승리자 ϭⲁⲗⲁϣⲓⲣⲉ (L) m., ⲣⲉϥϭⲣⲟ

승리자가 되다 ϥⲁⲓ ⲕⲗⲟⲙ

승리하게 하는 이 ⲣⲉϥϯⲙ̅ⲡϭⲣⲟ, ⲣⲉϥϯϭⲣⲟ

승리하다 ⲣ̅ ϫⲣⲟ

승인하다, 허가하다 ⲡⲣⲟⲥⲭⲁⲣⲓⲍⲉ προσχαρίζεσθαι

승자 ϫⲣⲟ, ϭⲣⲟ, ϫⲣⲟⲉⲓⲧ†, ϫⲣⲏⲩⲧ†

승천 ⲁⲛⲁⲗⲏ(ⲙ)ⲯⲓⲥ f. ἀνάληψις

시각 ⲟⲩⲛⲟⲩ f., pl.ⲟⲩⲛⲟⲟⲩⲉ

시간, 계절 ⲕⲁⲓⲣⲟⲥ καιρός

시간, 세상, 세대 ⲁïⲱⲛ αἰών

시간, 순간 ⲟⲩⲁïϣ (L) m., ⲟⲩⲛⲟⲩ f., pl. ⲟⲩⲛⲁⲩⲉ, ⲟⲩⲛⲁⲟⲩⲛⲉ

시간, 시각 ⲟⲩⲛⲟⲩ f., pl.ⲟⲩⲛⲟⲟⲩⲉ

시간, 시기, 한나절 ⲛⲁⲩ, ⲛⲟⲩ

시간 ϫⲡ-, ⲁϫⲡ̅-, ϫⲉⲡ- m. f., ⲛⲉⲩ, ⲛⲟ

시금치, 상치 ⲱϥ, ⲟⲩϥ m., ⲥⲁⲙⲁϩⲏⲣ

시기, 계절, 시대 ⲥⲏⲩ, ⲥⲟⲩ-

시기, 질투, 선망 ⲫⲑⲟⲛⲟⲥ φθόνος

시기, 한나절 ⲛⲁⲩ, ⲛⲟⲩ

시기 ϩⲏ, ϩ(ⲉ)- m., ⲥⲙⲉⲩ (L) m., ⲭⲣⲟⲛⲟⲥ χρόνος

시기가 적절치 않게 ⲡⲁⲣⲁ ⲡⲟⲩⲟⲉⲓϣ

시기적절하게 ϩⲙ̅ ⲡⲟⲩⲟⲉⲓϣ

시기하는, 극도로 노한 ⲕⲱϩ, ⲕⲏϩ†

시기하다, 질투하다 ⲫⲑⲟⲛⲏ φθονεῖν

시대 ⲥⲏⲩ, ⲥⲟⲩ-

시도하다, 시험하다, 도모하다 ϫⲱⲛⲧ̅, ϫ(ⲉ)ⲛⲧ̅-, ϫⲟⲛⲧ̅-, ϫⲱⲛⲧ-, ϫⲛ̅ⲧ-, ϫⲟⲛⲧ⸗, ϫⲁⲛⲧ⸗, ϫⲟⲛⲧ̅†

시동, 측근 ⲇⲟⲣⲩⲫⲟⲣⲟⲥ δορυφόρος

시들게 하다 ϩⲱϭⲙⲉ (L), ϩⲱϭⲙ̅, ϩⲁϭⲙⲉ-

시들게 하다 ⲥⲣⲁϥⲣⲉϥ (L), ⲥⲣϥ̅ⲣⲁϥⲧ†, ⲥⲣⲟϥⲣ(ⲉ)ϥ, ⲣⲟϥⲣⲃ̅⸗, ⲥⲣⲉϥⲉⲱϥ⸗, ⲥⲣⲃ̅ⲣⲱⲃ⸗

시들게 하다, 그치게 하다, 꺼지다 ϫⲉⲛⲁ, ϫⲛⲉ, ϫⲛⲉ-, ϫⲉⲛⲁ⸗, ϫⲉⲛⲉ

시들게 하다, 꺼지다 ⲱϣⲙ̅, ⲟⲩⲱϣⲙ̅, ⲉϣⲙ̅-, ⲟϣⲙ⸗, ⲟϣⲙ̅†

시들게 하다, 멈추게 하다 ⲱϫⲛ̅, ⲱϫⲛⲉ, ⲉϫⲛ̅(ⲉ)-, ⲱϫⲛ̅-, ⲟϫⲛ⸗, ⲁϫⲛⲉ⸗

시들게 하다, 메마르게 하다, 파괴하다 ϩⲱϭⲃ̅, ϩⲱⲕⲙ̅, ϩⲉϭⲃ̅-, ϩⲉϭⲙ̅-, ϩⲟϭⲃ⸗, ϩⲟϭⲃ̅† p.c. ϩⲁϭⲃ

시들다, 빛이 바래다 ⲗⲱϫⲙⲉ, ⲗⲱⲙ, ⲗⲟⲙⲉ†, ⲗⲁⲙⲉ†

시들다, 애매해지다 ⲥⲱϣⲙ̅, ⲥⲱϩⲙ̅, ϣⲱⲥ(ⲉ)ⲙ, ⲥⲟϣⲙ̅†

시들다 ⲗⲁϥⲗⲉϥ, ⲗⲉϥⲗⲁϥⲧ†

시들지 않는 ⲁⲧϩⲱϭⲙⲉ

시렁, 지하 창고 ⲕⲏⲡⲉ, ϭⲉⲡⲏ, ϩⲉⲣⲙⲏⲧⲁⲣⲓⲟⲛ ἑρμητάριον

시련, 증거, 정통 ⲇⲟⲕⲓⲙⲏ, ϫⲛⲓⲧ, ϫⲟⲛⲧⲥ̅

시몬 베드로 ϣⲓⲙⲱⲛ ⲡⲉⲧⲣⲟⲥ

시민 ⲡⲟⲗⲓⲧⲏⲥ πολίτης

시민권을 가진 ⲡⲟⲗⲓⲧⲉⲓⲁ πολιτεία

시민으로 살다 ⲡⲟⲗⲓⲧⲉⲩⲉ πολιτεύεσθαι

시범 ⲥⲣⲁϩ

시야 ⲑⲉⲱⲣⲓⲁ θεωρία

시약하다, 치료하다 ⲣ̄ ⲡⲁϩⲣⲉ

시어지다, 발효되다 ϩⲙⲟϫ, ϩⲟⲙϫ̄†, ϩⲟⲙⲏϫ†, ϩⲁⲙϫ̄†

시원 ⲁⲣⲭⲏ ἀρχή

시위를 당기다 ϫⲱⲗⲕ̄, ϫⲉⲗⲕ̄-, ϫⲟⲗⲕ⸗, ϫⲁⲗⲕ⸗, ϫⲟⲗⲕ̄†

시작하다 ⲁⲣⲭⲉⲓⲥⲑⲉ, ⲁⲣⲭⲓⲥⲑⲁⲓ ἄρχεσθαι

시작하다, 명령하다, 이끌다 ⲁⲣⲭⲉⲓ (ⲉ-), ϣⲁ

시장 ϩⲁⲥⲃⲉ (L) *f.*, ϩⲟⲥⲃ̄, ϩⲟⲥⲃⲉ *f.*, ⲙⲁⲛ̄ⲉϣⲱⲧ

시장, 마을의 유력자 ⲗⲁϣⲁⲛⲉ

시저 ⲕⲉⲥⲁⲣ

시절 ⲧⲏ, ⲧⲉ

시절을 보내다 ⲣ̄ ⲟⲩⲟⲉⲓϣ

시종, 집사 ⲇⲓⲁⲕⲟⲛⲟⲥ

시중드는 사람 ⲣⲉϥⲟⲩⲱⲧϩ̄

시중들다 ⲣ̄ ϩⲙ̄ϩⲁⲗ, ⲣ̄ ϩⲁⲗ, ϣⲙ̄ϣⲉ, ϣⲙ̄ϣⲉ-, ϣⲙ̄ϣⲏⲧ⸗, ϣⲙ̄ϣⲏⲩ†

시집가다 ϩⲙⲟⲟⲥ ⲙⲛ̄ϩⲁⲓ

시체 ϩⲁⲧⲃⲉⲥ, ϩⲟⲧⲃⲉⲥ, ⲡⲧⲱⲙⲁ πτῶμα, ⲣⲉϥⲙⲟⲟⲩⲧ

시키다 ⲧⲁⲛⲟ, ⲧⲁⲛⲟ-, ⲧⲁⲛⲟ⸗, ⲧⲁⲛⲁ⸗

시편 기자 ⲯⲁⲗⲙⲱⲇⲟⲥ ψαλμῳδός, ⲯⲁⲗⲧⲏⲥ ψάλτης

시편 ⲯⲁⲗⲙⲟⲥ ψαλμός

시한부의 (ⲟⲩ)ⲡⲣⲟⲥ ⲟⲩⲁïϣ

시험, 시련 ϫⲛⲓⲧ, ⲡⲉⲓⲣⲁ πεῖρα

시험하다 ϩⲟⲧϩⲧ̄, ϩⲉⲧϩ(ⲉ)ⲧ-, ϩⲉⲧϩⲱⲧ⸗, ϩⲉⲧϩⲱⲧ†, ⲡⲉⲓⲣⲁⲍⲉ πειράζειν

시험하다, 도모하다 ϫⲱⲛⲧ̄, ϫ(ⲉ)ⲛⲧ-, ϫⲟⲛⲧ̄-, ϫⲱⲛⲧ-, ϫⲛ̄ⲧ-, ϫⲟⲛⲧ⸗, ϫⲁⲛⲧ⸗, ϫⲟⲛⲧ̄†

씨를 뿌리다 ϫⲟ, ϫⲱ, ϫⲉ-, ϫⲟ-, ϫⲟ⸗, ϫⲁ⸗, ϫⲏⲩ†

씨를 뿌리다 ϫⲟⲉⲓⲧ, ϫⲱⲉⲓⲧ, ϫⲟⲉⲓⲧ⸗ *p.c.* ϫⲁⲉⲓⲧ-

씨뿌리기, 파종 ϫⲙⲉ *m.*

씨실, 골조, 대강의 줄거리 ⲃⲏⲕⲉ

씨앗, 곡식 ⲉⲃⲣⲁ, ⲃⲣⲁ, ⲃⲣⲉ-, ⲃⲣⲓ- *m.*, *pl.* (ⲉ)ⲃⲣⲏⲩⲉ, ⲃⲣⲉ

씨앗, 불알, 알 ⲁⲗ, ⲥⲡⲉⲣⲙⲁ σπέρμα

씨앗 ⲃⲁ̄ⲃⲓⲗⲉ, ϭⲣⲁϭ, ⲛⲁⲡⲣⲉ, ⲛⲁⲡⲛⲉ, ⲛⲉⲡⲣⲉ *f.*

식당 ⲇⲓⲁⲕⲟⲛⲓⲁ

식량 ϩⲣⲉ, ϩⲉⲣⲉ *m. f.*, *pl.* ϩⲣⲏⲩⲉ, ϩⲣⲉⲟⲩⲉ, ϩⲣⲉⲟⲟⲩ

식량 ⲧⲣⲟⲫⲏ, *pl.* ⲧⲣⲟⲫⲁⲩⲉ τροφή

식료품 보관인 ⲕⲉⲗⲗⲁⲣⲓⲧⲏⲥ κελλαρίτης

식물, 풀 ⲛ̄ⲧⲏϭ, ⲉⲛⲧⲏϭ, *pl.* ⲛ̄ⲧⲉϭⲉ *m.*, ⲃⲟⲧⲁⲛⲏ βοτάνη, ⲥⲓⲙ, ⲥ(ⲓ)ⲙ-

식물의 일종 ⲁⲣⲉ, ϥⲧⲱⲧϥ̄ *m.*

식물의 일종 ϭⲟⲩϫ, ϭⲱϫ, ϭⲟⲩϭ, ⲕⲟⲩϫ, ⲕⲟⲩⲕ *m.*

식사 ⲟⲩⲱⲙ, ⲟⲩⲟⲟⲙ, ⲟⲩ(ⲉ)ⲙ-, ⲟⲩⲱⲙ-, ⲟⲩⲟ(ⲟ)ⲙ⸗, *p.c.* ⲟⲩⲁⲙ-

식사 ⲇⲉⲓⲡⲛⲟⲛ δεῖπνον

식인 ⲟⲩⲁⲙⲣⲱⲙⲉ

식초, 산 ϩⲙ̄ϫ, ϩⲉⲙϫ, ϩⲏⲙϫ *m.*

식탁 ⲧⲣⲁⲡⲉⲍⲁ τράπεζα

신, 여신 ⲛⲟⲩⲧⲉ *m.*, *f.* ⲛ̄ⲧⲱⲣⲉ *pl.* ⲉⲛⲧⲏⲣ, ⲛ̄ⲧⲏⲏⲣ, ⲛ̄ⲧⲁⲓⲣⲉ

신경 쓰다, 걱정하다 ⲣⲁⲩϣ (L)

신경, 등 ⲙⲟⲩⲧ

신경, 힘줄, 현 ⲕⲱⲃϩ̄, ⲕⲟⲟⲃϩ̄

신경병의 일종 ϩⲟϫⲉ *f.*, ϩⲁϫ *m.*

신경쓰이게 하다, 지나친 부담을 주다 ⲟⲩⲱϩ ⲉϫⲛ̄-

신경질 ⲛⲉϭⲉ

신념 ⲡⲓⲥⲙⲟⲛⲏ πεισμονή

신도 ϣⲙ̄ϣⲓⲧ

신들의 양식 ⲁⲙⲃⲣⲟⲥⲓⲁ ἀμβροσία

신랑 ϩⲁⲓ *m.*, ⲡⲁ ⲧϣⲉⲗⲉⲉⲧ

신뢰 ⲡⲉⲓⲑⲉ πείθεσθαι

신뢰감을 주다, 지반을 공고히 하다 ⲧⲁϫⲣⲟ, ⲧⲁϫⲣⲉ-, ⲧⲁϫⲣⲟ-, ⲧⲁϫⲣⲟ⸗, ⲧⲁϫⲣⲁ⸗, ⲧⲁϫⲣⲏⲩ†, ⲧⲁϫⲣⲁïⲧ†

신뢰를 갖다, 믿다 ⲕⲁϩⲧⲏ⸗, ⲕⲱ ⲛ̄ϩⲏⲧ

신뢰하는, 신앙의 ⲉⲧⲛ̄ϩⲟⲧ, ⲕⲁϩⲏⲧ ⲁⲃⲁⲗ

신뢰하다 ⲧⲁⲛϩⲟⲩⲧ, ⲧⲁⲛϩⲉⲧ-, ⲧⲁⲛϩⲟⲩⲧ⸗, ⲧⲛ̄ϩⲟⲩⲧ⸗, ⲧⲁⲛϩⲏⲩⲧ†, ⲧⲛ̄ϩⲁⲧ†

신뢰할 수 있는 ⲑⲁⲣⲣⲉ θαρρεῖν

ㄱ ㄴ ㄷ ㄹ ㅁ ㅂ ㅅ ㅇ ㅈ ㅊ ㅋ ㅌ ㅍ ㅎ

신발 **ⲧⲟⲟⲩⲉ** *m.*

신방, 결혼식장 **ⲙⲁⲛ̄ϣⲉⲗⲉⲉⲧ, ⲚⲨⲘⲪⲰⲚ** νυμφών

신부 **ⲁⲡⲁ, ϣⲉⲗⲉⲉⲧ, ϣⲉⲗⲏⲧ** *f.*

신비 입문자 **ϥⲁⲓ ⲙⲩⲥⲧⲏⲣⲓⲟⲛ**

신선한 바람, 숨 **ⲙ̄ϩⲏ** (L)

신선한, 익히지 않은 **ⲟⲩⲱⲧ, ⲟⲩⲉⲧ-, ⲟⲩⲉⲧ⸗**

신선한 **ϭⲛⲟⲛ, ϭⲏⲛ†, ϭⲟⲛ†, ⲗⲱⲕ, ⲗⲏⲕ†**

신성 모독 **ⲃⲗⲁⲥⲫⲏⲙⲓ** βλασφημεῖν, **ⲟⲩⲁ** *m.*

신성 모독자 **ⲣⲉϥϫⲓⲟⲩⲁ**

신성, 신앙 **ⲙⲛ̄ⲧⲛⲟⲩⲧⲉ**

신성모독을 하다 **ϫⲓⲟⲩⲁ, ϫⲉⲟⲩⲁ**

신성한 표식 **ϣⲏⲙ**

신성한 **ⲛ̄ⲛⲟⲩⲧⲉ**

신세대 **ⲁⲓ̈ⲱⲛ ⲛ̄ⲃⲣ̄ⲣⲉ**

신속 **ⲥⲡⲟⲩⲇⲏ** σπουδή

신실한 **ⲡⲓⲥⲧⲟⲥ** πιστός

신앙, 믿음 **ⲡⲓⲥⲧⲓⲥ** πίστις, **ⲙⲛ̄ⲧⲉⲩⲥⲉⲃⲏⲥ, ⲙⲛ̄ⲧⲛⲟⲩⲧⲉ, ⲙⲛ̄ⲧⲣⲉϥϣⲙ̄ϣⲉⲛⲟⲩⲧⲉ**

신앙을 갖다, 믿다, 희망을 갖다 **ⲛⲁϩⲧⲉ, ⲛ̄ϩⲉⲧ-, ⲛ̄ϩⲟ(ⲩ)ⲧ†**

신앙을 고백하다 **ⲟⲩⲱⲛϩ̄, ⲟⲩⲱⲛⲁϩ, ⲟⲩⲉⲛϩ̄-, ⲟⲩⲱⲛϩ-, ⲟⲩⲁⲛϩ-, ⲟⲩⲟⲛϩ⸗, ⲟⲩⲁⲛϩ⸗, ⲟⲩⲁⲛⲉϩ⸗, ⲟⲩⲟⲛϩ†, ⲟⲩⲁⲛϩ†, ⲟⲩⲁⲛⲉϩ†**

신앙의 **ⲉⲧⲛ̄ϩⲟⲧ**

신앙인 **ⲉⲩⲥⲉⲃⲏⲥ, ⲡⲣⲱⲙⲉ ⲙ̄ⲡⲓⲥⲧⲟⲥ, ⲑⲉⲟⲥⲉⲃⲏⲥ**

신앙인 **ⲣⲙ̄ⲛ̄ⲛⲟⲩⲧⲉ, ⲣⲉϥϣⲙ̄ϣⲉⲛⲟⲩⲧⲉ**

신약 **ⲇⲓⲁⲑⲏⲕⲏ ⲛ̄ⲃⲣ̄ⲣⲉ**

신용, 신임 **ⲥϩⲁⲓⲛ̄ϩⲟⲙⲛ̄ⲧ**

신을 경외하는 자, 신자 **ⲣⲉϥⲣ̄ϩⲟⲧⲉ**

신을 낳은 자 **ⲣⲉϥϫⲡⲉⲡⲛⲟⲩⲧⲉ**

신을 논하는 자, 신학자 **ⲣⲉϥϣⲁϫⲉ ⲙⲛ̄ⲡⲛⲟⲩⲧⲉ**

신을 사랑하는 **ⲙⲁⲓⲛⲟⲩⲧⲉ**

신을 섬기는 사람 **ⲣⲉϥϣⲙ̄ϣⲉ ⲛⲟⲩⲧⲉ**

신을 섬김, 제사 **ⲙⲛ̄ⲧϣⲙ̄ϣⲉ ⲛⲟⲩⲧⲉ**

신을 숭배하기 **ϣⲟⲩⲧⲁⲓⲉ ⲡⲛⲟⲩⲧⲉ**

신을 향해 탄원하다 **ⲱϣ ⲉⲃⲟⲗ ⲉϩⲣⲁⲓ̈ ⲉ-**

신음, 외침, 명성 **ⲁϣⲉⲗ, ⲉϩⲁⲙ** (L)

신음하는 **ⲟⲟⲧ†**

신음하다 **ϣ̄ⲧⲃⲟ, ⲱϣ ⲉϩⲁⲙ, ⲁϣ ⲁϩⲟⲙ**

신임 **ⲥϩⲁⲓⲛ̄ϩⲟⲙⲛ̄ⲧ**

신자 **ⲣⲉϥⲣ̄ϩⲟⲧⲉ**

신장, 간 **ϭⲗⲱⲧ** *m. f., pl.* **ϭⲗⲟ(ⲟ)ⲧⲉ, ϭⲗⲱⲧⲉ, ϭⲗⲁⲧⲉ, ϭⲗⲟⲟϭⲉ**

신장, 콩팥, 허리 **ϯⲡⲉ**

신전, 제단 **ϣⲏⲩⲉ** *f., pl.* **ϣⲟⲟⲩⲉ, ⲣ̄ⲡⲉ** *m., pl.* **ⲣ̄ⲡⲏⲩⲉ, ⲣ̄ⲡⲉⲟⲩⲉ**

신중함 **ⲉⲡⲓⲥⲧⲏⲙⲏ**

신탁 **ⲧⲟⲛⲧⲛ̄, ⲧ(ⲉ)ⲛⲧⲛ̄-, ⲧⲛ̄ⲧⲱⲛ⸗, ⲧⲛ̄ⲧⲱⲛ†, ⲧⲛ̄ⲧⲟⲛⲧ†**

신학자 **ⲣⲉϥϣⲁϫⲉ ⲙⲛ̄ⲡⲛⲟⲩⲧⲉ**

신현 축제 **ϣⲁⲙ̄ⲡϫⲱⲕⲙ̄**

신호를 보내다 **ϯ ϩⲣⲟⲟⲩ**

싣다 **ⲧⲉⲗⲟ, ⲧⲉⲗⲁ⸗, ⲧⲁⲗⲁ⸗, ⲧⲉⲗⲁⲓ̈ⲧ†**

실 가닥, 줄 **ⲣⲟ** *m.*

실로 잇다, 엮다 **ϣⲱⲗⲕ̄, ϣ(ⲱ)ⲗⲕ̄-**

실성한 **ⲗⲓⲃⲉ, ⲗⲉⲃⲧ⸗, ⲗⲟⲃⲉ†, ⲗⲁⲃⲉ†,** *p.c.* **ⲗⲁ(ⲃ)-**

실수, 죄 **ϣⲟⲃⲧⲥ̄**

실신하다, 졸도하다, 감퇴하다, 시들다, 애매해지다 **ⲥⲱϣⲙ̄, ⲥⲱϩⲙ̄, ϣⲱⲥ(ⲉ)ⲙ, ⲥⲟϣⲙ̄†**

실신하다 **ϣⲱⲥⲙⲉ** (L), **ϣⲱⲥⲙ̄**

실은, 달리, 게다가, 다시, 아직 **ⲣⲱ**

실을 땋다, 천을 짜다 **ϣⲱϣ, ϣⲉϣ-, ϣⲱϣ-, ϣⲏϣ†**

실을 뽑음 **ⲥⲏⲧⲉ**

실을 잣다, 직조하다 **ⲱⲧϩ̄, ⲟⲩⲱⲧϩ̄, ⲟⲧϩ⸗, ⲟⲧϩ̄†, ⲥⲏⲧ, ⲥⲟⲧⲉ**

실족한 자, 배교자, 배신자 **ⲡⲉⲛⲧⲁϥϩⲉ ⲉⲃⲟⲗ**

실행하다 **ⲅⲩⲙⲛⲁⲍⲉ**

싫어하다, 미워하다, 더럽히다 **ⲃⲱⲧⲉ, ⲃⲉⲧ-, ⲃⲟⲧ-, ⲃⲏⲧ†**

싫증 나게 하다 **ϯ ϩⲟⲓ**

심다 **ⲥⲓⲧⲉ, ⲥⲉⲧ-, ⲥⲁⲧ-, ⲥⲓⲧ-, ⲥⲁⲧ⸗, ⲥⲉⲧ⸗, ⲥⲓⲧ⸗, ⲥⲏⲧ†**

심다, 뚫다 **ⲧⲟⲣⲧⲣ̄, ⲧⲣ̄ⲧ(ⲱ)ⲣ-, ⲧⲣ̄ⲧⲱⲣ⸗, ⲧⲣ̄ⲧⲱⲣ†**

심다, 박다 **ⲧⲱⲕⲥ̄, ⲧⲱⲧⲥ̄, ⲧⲉⲕⲥ-, ⲧⲟⲕⲥ⸗, ⲧⲟⲕⲥ̄ †** *p.c.* **ⲧⲁⲕⲥ-**

심다, 접합부 **ϣⲧⲙ̄ⲟⲩⲱⲛ**

심성이 고운 사람 ⲣⲘⲚ̄ϩⲎⲦ

심연 ⲘⲦⲰ̄, ⲈⲘⲦⲰ, ⲘⲦⲞ̄, ⲘⲎⲦ, ⲚⲞⲨⲚ *m.*

심연 ϢⲒⲔ, ϢⲈⲒⲔ, ϢⲎⲔ *m.*, ϢⲒⲬϩϥ̄ (L), ϢⲒⲬϥ̄ *m.*

심의하다, 결정하다 ϢⲞϪⲚⲈ, ϢⲀϪⲚⲈ

심장, 마음, 지혜, 이성 ϩⲎⲦ *m.*, ϩⲈⲦⲈ *pl.*, ϩⲦⲎ⸗

심지 ϢⲞⲖⲘⲈⲤ *f.*

심판 ⲀⲠⲞⲪⲀⲤⲒⲤ ἀπόφασις

심판, 재판, 처형, 판관 ϩⲀⲠ, ϩⲞⲠ, ϩⲈⲠ

심판, 재판 ⲤⲒϬⲈ *m.*, ⲔⲢⲒⲘⲀ, ⲔⲢⲒⲤⲒⲤ

심판석, 베마 ⲂⲎⲘⲀ βῆμα

심판하다 ⲔⲢⲒⲚⲈ ρίνειν

심해, 심연 ⲘⲦⲰ̄, ⲈⲘⲦⲰ, ⲘⲦⲞ̄

십분지 일 ⲢⲈⲘⲎⲦ

십이궁 ⲌⲰⲆⲒⲞⲚ ζῴδιον

십일조 ⲢⲈⲘⲎⲦ

십자가 ⲤⲦⲀⲨⲢⲞⲤ σταυρός, †

십자가에 달다 ⲤⲦⲀⲨⲢⲈ σταυροῦν

십자가에 달린 사람 ⲢⲈϤⲠ̄ⲤⲦⲀⲨⲢⲈ

십자가형 ⲤⲦⲀⲨⲢⲰⲤⲒⲤ σταύρωσις

씹다, 되새김질 하다 ⲤⲀⲦⲂⲈ, ⲤⲈⲦⲂⲈ

씹다 ⲞⲨⲀϬⲞⲨⲈ[Ϭ], ⲞⲨⲞϬⲞⲨⲈϬ, ⲞⲨϬⲂϬ̄, ⲞⲨⲈϬⲞⲨ(Ⲱ)Ϭ⸗

씻다 ϪⲰⲔⲘⲈ, ϪⲀⲔⲘ̄, ϪⲀⲔⲘⲚ̄, ϪⲀⲔⲘⲈ⸗, ϪⲀⲔⲘⲈ†

씻다 ⲈⲒⲰ, ⲈⲒⲀ-, ⲈⲒⲀⲀ⸗, ⲈⲒⲎ†, ⲒⲰⲈ (L), ⲒⲀⲀ⸗

씻다 ⲢⲀϩⲢⲈϩ, ⲢⲈϩⲢⲰϩ⸗, ⲢⲰϩⲈ, ⲢⲀϩⲈ†

씻다, 침례를 행하다 ϪⲰⲔⲘ̄, ϪⲈⲔⲘ̄-, ϪⲞⲔⲘ⸗, ϪⲞⲔⲘ̄†

ㅇ

아끼다, 절약하다 ϯ ⲥⲟ

아니다, 그렇지 않다 ⲙ̄ⲙⲟⲛ, ⲙⲟⲛ

아니다 ⲛ̄-...ⲁⲛ... (ⲛ̄은 자주 생략), ⲁⲛ

아니요! ⲛ̄ⲛⲁⲛ, ⲙ̄ⲡⲉ

아닌 ⲙ̄ⲙⲛ-, ⲙ̄ⲛ-, ⲙⲁ-

아다마스 ⲁⲇⲁⲙⲁⲥ ἄδαμας

아담 ⲁⲇⲁⲙ

아담한, 교육을 받은 ⲁⲥⲧⲉⲓⲟⲥ

아들, 딸 ϣⲏⲣⲉ *m.*, *f.* ϣⲉⲉⲣⲉ, ϣⲉⲣⲉ, ϣⲣ̄-, ϣ(ⲉ)ⲛ-, ϣⲉ-, ϣⲓ-, ϣⲟⲩ-, ϣⲏⲛ-, ϣⲏⲣ- *pl.* ϣⲣⲏⲩ, ϣⲣⲉⲩ

아래, 하부 ϩⲣⲁⲓ *m.*, ⲉϩⲣⲁⲓ

아래로, 아래에 ⲉⲡⲓⲧⲛ̄

아래를 향해 ⲉϩⲣⲁⲓ

아래에 ⲙ̄ⲡⲓⲧⲛ̄, ⲙ̄ⲡⲥⲁⲛⲡⲓⲧⲛ̄ⲉ (ⲛ̄-), ⲉⲡⲓⲧⲛ̄, ϩⲁⲣⲁⲧ⸗

아래위가 뒤바뀐 ϫⲟϥⲧⲛ̄, ⲛ̄ϫⲟϥⲧⲛ̄

아래쪽 ⲥⲁ ⲡⲉⲥⲏⲧ

아래쪽으로, 아래 ⲉϩⲣⲁⲓ, ⲉⲡⲉⲥⲏⲧ

아랫배, 자궁 ⲕⲁⲗⲁϩⲏ

아로새기다, 인쇄하다 ⲧⲱⲃⲉ, ⲧⲁⲃⲉ⸗, ⲧⲁⲃⲉ†

아르콘 ⲁⲣⲭⲱⲛ ἄρχων

아름다운, 예쁜 ⲉⲧⲛⲉⲥⲱϥ, ⲛⲉⲥⲉ-, ⲛⲉⲥⲱ⸗, ⲛⲉⲥⲟ⸗

아름다운, 아름다움 ⲥⲁⲓ̈ⲉ, *f.* ⲥⲁⲓ̈ⲏ, ⲥⲁ, ⲥⲁⲉⲓⲟⲟⲩ†

아름다움, 미 ⲥⲁ(ⲓ), ⲥⲁⲓ̈ⲉ, *f.* ⲥⲁⲓ̈ⲏ

아름답게 하다, 장식하다 ⲧⲥⲁⲓⲟ, ⲧⲥⲁⲓⲉ-, ⲧⲥⲁⲉⲓⲟ⸗, ⲧⲥⲁⲓ̈ⲁ⸗, ⲧⲥⲁⲓⲏⲩ†, ⲧⲥⲁⲓ̈ⲁⲓ̈ⲧ†

아마도 ⲁⲣⲁ, ⲁⲣⲏⲩ, ⲧⲁⲭⲁ τάχα

아마도, 누가 알랴? ⲁⲣⲏⲩ, ⲉⲣⲏⲩ

아마포 ⲉⲓⲁⲁⲩ, (ⲛ)ⲓⲁⲁⲩ, ⲓⲱ, ⲙⲁϩⲉ

아멘 ⲁⲙⲏⲛ ἀμήν, ⲙⲁⲣⲉⲥϣⲱⲡⲉ

아모스 ⲁⲙⲙⲟⲥ

아무 이유 없이 ⲉⲡϫⲓⲛ̄ϫⲏ

아무 일 없는 ⲉⲧⲟⲩⲟϫ

아무것도 아닌 ⲗⲁⲁⲩ ⲛ̄ϩⲛⲁⲁⲩ, ⲗⲁⲁⲩ, ⲗⲁⲟⲩⲉ, ⲗⲁⲩⲉ, ⲗⲁⲁⲩⲉ

아무것도 아님 ϫⲏ, ϫⲓ ⲛ̄ϫⲏ *m.*

아무것도, 아무도 ϩⲗⲓ, ϩⲗⲉⲓ

아무도 ⲛ̄ⲁⲧⲣⲱⲙⲉ

아미스 열매 ⲉⲙⲓⲥⲉ

아버지, 양친, 조상 ⲉⲓⲱⲧ *m.*, ⲉⲓⲧ-, *pl.* ⲉⲓⲟⲧⲉ, ⲓ̈ⲱⲧ *m.*, *pl.* ⲓ̈ⲁⲧⲉ

아스팔트 ⲁⲙⲣⲏϩⲉ

아양 떨다 ⲕⲱⲣϣ̄

아주 작은, 미세한 ϫⲗⲁϩ, ϫⲟⲗϩ̄†

아직 아니다 ⲙ̄ⲡⲁⲧⲉ

아직 하지 못하다 ⲛⲟⲩ ⲉ-

아직 ⲉⲧⲓ ἔτι, ⲁⲓⲧⲉⲓ, ϩⲟⲙⲱⲥ ὅμως, ⲡⲱ πω, ⲣⲱ

아직까지, 여전히 ⲁⲕⲙⲏⲛ ἀκμήν, ϩⲉⲱⲥ ἕως

아직도, 더는 않다 ⲟⲛ

아첨 ⲕⲱⲣϣ̄, ⲕⲉⲣϣ-, ⲕⲟⲣϣ⸗ (ⲉ-), ϭⲱⲣϣ

아치형의 ϩⲁⲯⲓⲥ ἁψίς

아침 ϩⲧⲁⲩⲉ *m.*, ϩⲧⲟⲟⲩⲉ, ⲧⲟⲟⲩⲉ *m.*

아침 ⲛⲁⲩ ⲛ̄ϩⲧⲟⲟⲩⲉ, ⲛⲁⲩ ⲛ̄ϣⲱⲣⲡ̄

아프다 ϣⲱⲛⲉ, ϣⲟⲟⲛⲉ†

아픔 ⲑⲗⲓⲯⲓⲥ θλῖψις

아홉 ⲯⲓⲥ, ⲯⲓⲧ *m.*, *f.* ⲯⲓⲧⲉ, ⲯⲓⲥⲉ

아흔 ⲡⲥⲧⲁⲓ̈ⲟⲩ *m.* *f.*, ⲯⲁⲓ̈ⲧ-

악, 사악, 사나움 ⲕⲁⲕⲓⲁ κακία, ⲕⲁⲕⲱⲥ κακῶς, ⲡⲉⲑⲟⲟⲩ

ㄱ ㄴ ㄷ ㄹ ㅁ ㅂ ㅅ ㅇ ㅈ ㅊ ㅋ ㅌ ㅍ ㅎ

악령에 잡힌 ϣoeit

악령이 틈타다 ωϣ, (ϩ)oϣ⸗, onϣ⸗, aϣ⸗

악마 ⲇⲓⲁⲃⲟⲗⲟⲥ διάβολος

악어 m̄caϩ

악을 행하다, 죄를 짓다 eipe m̄(π)πeθooy

악인 pm̄bωneq, peqp̄ πeθooy

악재 coybωωn

악취 c†bωωn

악취를 풍기다 knoc, knωωc, konc†

악한 caм̄πeθooy

악한 ωϫ, oϫ

악한 마음의 ϩht bωωn

악행 πanoyprια πανουργία

악행자, 악인 peqp̄ πeθooy

안개 ϩλacт̄n *m.*, κλooλe, κλoone

안내인 peqϫι moeit, peqϫιmaït, ϫaymaït, peqϫιmaït

안내하다 ϩm̄me, p̄ ϩm̄me, ϫι moeit, coycoy

안녕, 잘 있었니 miok

안녕하신지요, 잘 계셨습니까 miωtn̄

안수 ϭintaλeϭιϫ, χeipotonια χειροτονία

안수하다 χeipotoni χειροτόνειν

안식을 주는 이 peq†matnec

안식일 cabbaton σάββατον

안식처 ma n̄m̄ton

안심, 안전, 보장 amepimnia

안심하다, 확신하다 bebaioy

안에 eϩen-, eϩoyn

안에, 에 의해 ϩn̄-, ϩm̄-(π-앞에서), n̄ϩht⸗

안장 ϩaπopk̄, ϩpecin *m.*, ckopδickoc σκόρδισκος

안전, 보장 amepimnia

안정 motn̄

안쪽으로 휘어짐, 각도 λ̄ke

앉게 하다 θm̄co, tϩm̄co, θm̄ce- , θm̄co⸗, θm̄coeit†

앉다, 상륙하다, 적용하다 taλo, taλe-, taλo⸗, taλhy†, taλe†

앉다 pωtb̄, potb⸗

앉아있는 ϩmec† (L), ϩmac†, ϩmect, mect, ϩmact̄, ϭinϩmec

앉아있다, 머무르다 ϩmooc

않을 뿐만 아니라 oy monon οὐ μόνον

알, 알갱이 aλ, bpe

알다, 깨치다, 영지 cooyn, coy(e)n-, coyωn-, coyωn⸗, ceoyωn⸗

알다, 이해하다 eime, m̄me (e-)

알다, 지식, 앎 cayne, cn̄oyωn-, coyn̄-, coyωn-, cn̄oyωn⸗, cn̄oyωne⸗, coyωn⸗, coyant†

알리다, 인지시키다, 보여주다, 이야기하다,영광을 돌리다, 경외하다 taïo, taie-, taïo-, taio⸗, taïa⸗, ta(ei)hy† taïhy†, taïaït†

알지 못하는 mn̄ϣe⸗ (L), meϣe, meϣa⸗

알파벳, 철자 aλφabhton ἀλφάβητον

앎 cayne, cn̄oyωn-, coyn̄-, coyωn-, cn̄oyωn⸗, cn̄oyωne⸗, coyωn⸗, coyant†

암 oyamome

암사자 λabaï, λaboi

암살을 위해 몰래 숨는 자리 ma n̄neϫcote

암수 한 쌍, 교미하다 coeiϣ, coeiϩ

암양 ϩieib, eϩieib, ϩι(e)b *m., f.* ϩιaibe, ϩι(ei)abe, ϩι(ei)be, ϩihbe, ϩaibe, eϩaeibe

암컷 cϩime, ϩime, cϩe *f., pl.* ϩiome, ϩiame, cϩiame

압력을 넣다 ϩaϣϩϣ̄ (L), ϩeϣϩωϣ⸗, ϩeϣϩaϣt†, ϩϣ̄ϩaϣt†

압박 opbec *f.*

압박감을 느끼는, 고민에 빠진 etϭhy

압박하다, 한덩어리로 모으다, 괴롭히다, 탄압하다 ϩωϣ, ϩaϣ, ϩeϣ-, ϩoϣ, ϩωϣ⸗, ϩaϣ⸗, ϩhϣ†

압착기 ϩpωt *f.*

압축하다, 누르다 toϭtϭ̄, teϭtωϭ†

앗시리아인 accypioc

앗아가다 ϩooype, ϩoyp(e)-, ϩoypω-, ϩoypω(ω)⸗, ϩoypo⸗

앗아가다 λωϭe

앞, 전면 ϩιϩh n̄-, ϩht(q) n̄-

앞발 ϭboi, ϭboe *m.*, ϩiωme, ϩωme, ϩiome *f.*,

ϣⲱⲡ̄ϣ *f.*

앞발, 폭력 ϫⲛⲁϩ, ϫⲛϩ̄ *m., pl.* ϫⲛⲁⲩϩ

앞서 가다, 선행하다 ⲣ̄ ϣⲟⲣⲡ̄, ⲣ̄ ϣⲁⲣⲡ̄

앞에, 곁에, 부근에 ϩⲓⲣⲉⲧ⸗, ⲁⲣⲉⲧ⸗

앞에, 에 대항해, 을 향하여,야수 ⲑⲏⲣⲓⲟⲛ θηρίον

앞에, 입구에서 ⲉⲣⲛ̄-, ϩⲓⲣⲛ̄-

앞에 ϩⲁϫⲛ̄-, ϩⲁϫⲱ⸗, ϩⲁⲑⲏ (ⲛ̄)-, ϩⲁⲣⲉⲧ⸗ ⲛ̄-, ϩⲁⲣⲱ⸗

앞에 ϩⲁⲧⲛ̄-, ϩⲁⲧⲉϩⲏ, ϩⲓⲣⲱ⸗, ϩⲓⲧⲉϩⲏ ⲛ̄-, ϩⲓⲧϩⲏ ⲛ̄-, ⲛ̄ⲛⲁϩⲣⲛ̄-, ⲛⲁϩⲣⲛ̄-,

앞에서 인도하다 ⲣ̄ ϣⲟⲣⲡ̄ ⲉϫⲛ̄-

앞에서, 면전에서 ⲙ̄ⲡϩⲟⲧ ⲉⲃⲟⲗ, ϩⲓ ⲑⲏ ⲛ̄-, ⲙⲁϩ, ⲙ̄ⲙⲁϩ

앞으로 밀다, 찌르다 ϩⲱⲃⲕ̄, ϩⲟⲣϩ(ⲉ)ⲣ

앞으로 밀려가다, 추적받다 ϩⲣⲁ, ϣⲣⲁ

앞을 향해 ⲁⲑⲏ, ⲉϩⲣⲛ̄-, ⲉϩⲣⲁ⸗

앞치마 ⲁⲕⲏⲥ

애걸하다 ϣⲓⲧⲉ, ϣⲱⲧ, ϣⲱⲧ-, ϣⲁⲁⲧ-, ϣⲉⲧ-, ϣⲓⲧ-, ϣⲁ(ⲁ)ⲧ⸗, ϣⲓⲧ⸗, ϣⲉⲧ⸗

애꾸눈 ⲡⲉⲧⲉⲟⲩⲛ̄ⲧⲁϥ ⲛ̄ⲟⲩⲃⲁⲗ ⲛ̄ⲟⲩⲱⲧ

애꾸눈을 가진 ⲉⲧⲉⲟⲩⲛ̄ⲧⲁϥ ⲟⲩⲃⲁⲗ ⲛ̄ⲟⲩⲱⲧ

애꾸눈의 ⲡⲉⲧⲉⲟⲩⲛ̄ⲧⲁϥ ⲛ̄ⲟⲩⲃⲁⲗ ⲛ̄ⲟⲩⲱⲧ

애도하다, 통곡하다 ⲣ̄ϩⲏⲃⲉ, ϯ ⲣ̄ⲙⲉⲓⲏ

애매해지다 ⲥⲱϣⲙ̄, ⲥⲱϩⲙ̄, ϣⲱⲥ(ⲉ)ⲙ, ⲥⲟϣⲙ̄†

애석하게도, 불행하게도 ⲟⲩⲟ(ⲉ)ⲓ

애씀, 방해 ϩⲟⲓ

애초부터 ϫⲛ̄ ⲛ̄ϣⲁⲣⲡ̄

액체, 즙, 고름 ⲙⲟⲟⲩ, ⲗⲓϩⲙⲉ (L)

액체를 담는 용기 ϯϩⲙⲉ, ⲧⲉϩⲙ(ⲉ), ϭⲱϫ(ⲉ), ϫⲉϫ-, ϭⲟϫϩ̄⸗, ϭⲟⲟϫⲉ† *p.c.* ϭⲁ(ⲁ)ϫⲉ-

야간 ⲟⲩϣⲏ *f., pl.* ⲟⲩϣⲟⲟⲩⲉ, ⲟⲩϣⲁⲩⲉ, ⲟⲩⲁϣⲁⲩⲉ, ϭⲱⲣϩ̄, ϭⲱⲣⲁϩ, ⲕⲱⲣϩ̄

야간 경계 ⲟⲩⲉⲣϣⲉ, ⲟⲩ(ⲏ)ⲣϣⲉ *f.*

야고보 ⲓ̈ⲁⲕⲕⲱⲃⲟⲥ, ⲓ̈ⲁⲕⲱⲃⲟⲥ

야만의, 거친 ⲧⲁϥⲉ†

야생의, 조잡한 ⲁⲅⲣⲓⲟⲥ

야성 ϩⲟⲟⲩⲧ, ⲉ(ⲓ)ϩⲟⲟⲩⲧ, ϩⲉⲟⲩⲧ, ϩⲟⲩⲧ-

야성의, 사나운 ϩⲁⲩⲧ, ϩⲏⲩⲧ *m.*

야수 ⲑⲏⲣⲓⲟⲛ θηρίον

야유하다 ϥⲓ ϣⲙ̄ϣⲏϭⲉ, ϣⲙ̄ϣⲏϭⲉ

야자, 야자수 가지 ⲃⲁⲉ(ⲓ) *m., pl.* ⲃⲁⲓ̈ⲉ, ⲃⲛ̄-, ⲃⲛ̄ⲛⲉ

야자수의 가시 ⲕⲁⲡϣⲁ

야자수의 일종 ⲗⲓⲗⲟⲟϩⲉ, ⲗⲉⲗⲱϩⲉ, (ⲉ) ⲗⲟ(ⲟ)ϩⲉ

야채 ϯϭⲉ

약, 대략 ⲁ-, ⲛⲁ-

약사, 치료자, 마법사 ⲣⲉϥⲣ̄ ⲡⲁϩⲣⲉ

약상자 ⲛⲁⲣⲑⲏⲝ νάρθηξ

약속 부호 ϩⲙ̄ⲛ̄ⲧⲱⲣⲉ, ϩⲉⲙⲉⲧⲟⲣⲉ, ϩⲉⲃⲉⲧ-ⲱⲣⲉ, ϩⲉⲙⲛ̄ⲧⲱⲣ, ϩⲁⲙⲛ̄ⲧⲱⲣ, ϩ(ⲉ)ⲙ(ⲉ)ⲧⲱⲣ, ϩⲟⲙⲱⲧⲱⲣ *m.*

약속 ⲉⲣⲏⲧ, (ⲣ̄)ⲣⲏⲧ, ϩⲩⲡⲟⲥⲭⲉⲥⲓⲥ ὑπόσχε-σις, ϣⲡⲱⲡ

약속, 계약 ⲇⲓⲁⲑⲏⲕⲏ διαθήκη

약의 복용, 치료 ⲙⲛ̄ⲧⲣⲉϥⲣ̄ ⲡⲁϩⲣⲉ

약진, 충동 ⲟⲩⲟ(ⲉ)ⲓ, ⲛ̄ⲟⲩⲟⲉⲓ

약진하다, 전진하다 ϯ (ⲡ)ⲟⲩⲟⲉⲓ

약탈 ϣⲁⲗⲥ̄ (L) *f.*

약탈자 ϥⲟϭϥ̄, ⲣⲉϥⲧⲱⲣⲡ̄

약탈하다 ⲧⲱⲣⲡ̄, ⲧ(ⲉ)ⲣⲡ̄-, ⲧⲁⲣⲡ-, ⲧⲱⲣⲡ̄- , ⲧⲟⲣⲡ⸗, ⲧⲁⲣⲡ⸗

약탈하다, 때리다, 못을 박다 ⲥⲁϩⲥ (L), ⲥⲩⲗⲁ συλᾶν

약탈하다 ϣⲱⲗ, ϣ(ⲉ)ⲗ-, ϣⲟⲗ⸗, ϣⲏⲗ†, *p.c.* ϣⲁⲗ-

약품 ⲡⲁϩⲣⲉ *m. f.*

약함 ⲙⲛ̄ⲧⲁⲧϭⲟⲙ

약혼 선물 ϩⲱ(ⲱ)ⲛ *m.*

약혼하다 ϯ ϩⲱⲛ, ϫⲓ ϩⲱⲛ

얇은 조각 ϭⲃⲥⲉⲓⲣⲉ

양 ⲉⲥⲁⲩ (L), ⲉⲥⲟⲟⲩ *m., f.* ⲉⲥⲱ, ϩⲓⲓⲃ (L), *pl.* ϩⲓⲉⲃⲉ

양 우리 ⲙⲁⲛⲉⲥⲁⲩ

양, 암양 ϩⲓⲉⲓⲃ, ⲉϩⲓⲉⲓⲃ, ϩⲓ(ⲉ)ⲃ *m., f.* ϩⲓⲁⲓⲃⲉ, ϩⲓ(ⲉⲓ)ⲁⲃⲉ, ϩⲓ(ⲉⲓ)ⲃⲉ, ϩⲓⲏⲃⲉ, ϩⲁⲓⲃⲉ, ⲉϩⲁⲉⲓⲃⲉ

양념을 치다 ϫⲱⲕⲣ̄, ϫⲉⲕⲣ̄-, ϫⲟⲕⲣ⸗, ϫⲟⲕⲣ̄†

양떼 ⲁⲙⲉ *m., pl.* ⲁⲙⲏⲩ(ⲉ)

양떼, 무리 ⲁⲅⲉⲗⲏ

양모 ⲥⲁⲣⲧ

양심, 의식 ⲥⲩⲛⲉⲓⲇⲏⲥⲓⲥ συνείδησις

양약 ⲡⲁϩⲣⲉ ⲛ̄ⲥⲁⲓⲉ

양우리 ⲧⲃⲏⲗ *m.*

양육하다 ⲥⲁⲛⲉϣ (L), ⲥⲁⲛⲟⲩϣ-, ⲥⲁⲛⲟⲩϣ⸗, ⲥⲁⲛⲁϣⲧ†

양육하다 ⲧⲙ̄(ⲙ)ⲟ, ⲧⲙ̄(ⲙ)ⲉ-, ⲧⲙ̄(ⲙ)ⲟ⸗, ⲧⲙ̄(ⲙ)ⲉ⸗, ⲧⲙ̄ⲙⲏⲩ†

양초 ⲙⲟⲩⲗϩ̄

양친, 조상 ⲉⲓⲱⲧ *m.*, ⲉⲓⲧ-, *pl.* ⲉⲓⲟⲧⲉ

양태, 보이는 물체, 상품 ⲉⲓⲇⲟⲥ εἶδος

양태, 크기, 종류 ϭⲁⲧ (L) *f.*

양태 ⲙⲟⲣⲫⲏ μορφή, ⲙⲓⲛⲉ

양털 ⲥⲟⲣⲧ̄, ⲥⲁⲣⲧ *m. f.*

양파 ⲙ̄ϫⲱⲗ, ⲉⲙϫⲱⲗ, ⲙ̄ϫⲱⲣ, ϩϯⲧ *m.*

얕은 개울 ⲙⲏϣⲧⲉ, ⲙⲓϣⲧⲉ

어그러뜨리다 ⲁⲑⲉⲧⲉⲓ

어금니, 이빨 ⲧⲁϫ̄ *m.*, ϣⲟⲗ, ϣⲱⲗ *m.*

어깨, 목덜미 ⲙⲉϫϩ̄ (L)

어깨, 앞발 ϣⲱⲡϣ̄ *f.*

어깨, 팔 ϭⲃⲁï (F) *m.*, ⲁⲗⲟϭ, ϭⲉⲗϩ̄, ϭⲗ̄ϩ̄, ϭⲗⲁϩ *m.*, ⲙⲁⲕϩ̄, ⲙⲟⲧⲉ, ⲛⲁϩⲃⲉ *f.*

어데서부터? ⲁⲃⲁⲗ ⲧⲟ

어두운, 슬픈 ⲱⲕⲙ̄, ⲉⲕⲙ̄-, ⲟⲕ(ⲉ)ⲙ†, ⲕⲣⲁⲙⲣⲙ̄ (L), ⲕⲣⲙ̄ⲣⲁⲙⲧ†

어두움, 흑암 ⲕⲙⲏⲙⲉ, ⲕⲙⲉ

어두워지다 ⲕⲙⲟⲙ, ⲕⲏⲙ†, ⲉⲃⲏ, ⲣ̄ ⲉⲃⲏ, ϩⲧⲁⲙⲧⲙⲉ (L), ϩⲧⲙ̄ⲧⲱⲙ⸗

어두침침하다, 흐리다 ⲕⲣⲟⲙⲣⲙ̄, ⲕⲣⲙ̄ⲣⲱⲙ†

어둠, 흑암 ⲕⲉⲕⲉ, ⲕⲁⲕⲉ

어둡다 ϩⲧⲟⲙⲧⲙ̄, ϩⲧⲙ̄ⲧⲙ̄-, ϩⲧⲙ̄ⲧⲱⲙ†, ϩⲧⲙ̄ⲧⲟⲙⲧ̄†

어디? ⲧⲟ, ⲧⲱⲛ

어디 ϩⲛ̄ⲁϣ ⲙ̄ⲙⲁ

어디에? ⲁⲧⲟ

어떤 것, 어떤 사람, 아무것도 아닌 ⲗⲁⲁⲩ, ⲗⲁⲟⲩⲉ

어떤 것? ⲟⲩ

어떤 사람, 아무것도 아닌 ⲗⲁⲁⲩ, ⲗⲁⲟⲩⲉ

어떤 사람, 아무도 ⲟⲩⲟⲛ, ⲙⲉϣⲉ ⲛⲓⲙ

어떤 사람들은 ϩⲟⲉⲓⲛⲉ, ϩⲟïⲛ(ⲉ), ϩⲉⲛ-

어떤 이들은 ϩⲁïⲛⲉ (L), ϩⲉⲛⲟⲩⲁ

어떤 이유로? ϫⲉ ⲉⲩ

어떤?, 무엇? ⲉϣ, ⲁϣ

어떻게? ⲡⲱⲥ πῶς, ⲛ̄ⲁϣ ⲛ̄ϩⲉ

어려운 ⲉⲧϩⲟⲟⲩ, ϩⲣⲁϣ, ϩⲁⲣϣ̄†

어리둥절하다, 넋이 빠진 ⲧⲱⲙⲧ̄, ⲧⲱⲙⲛ̄ⲧ, ⲧⲁⲙⲧ†

어리둥절하다, 어안이 벙벙하다 ⲱⲛϣ̄, ⲟ(ⲟ)ⲛϣ̄†, ⲁⲛϣ̄†

어리둥절하다 ⲥⲣⲁⲙⲣⲙ̄, ⲥⲣⲙ̄ⲣⲁⲙⲧ̄†

어리석은 짓 ⲫⲗⲩⲁⲣⲓⲁ φλυαρία

어리석은, 이성이 결여된 ⲁⲛⲟⲏⲧⲟⲥ, ⲁⲧⲥⲁⲃⲉ, ⲁⲧϣⲟϫⲛⲉ

어리석음 ⲥⲟⲉⲓϥ *m.*

어린 암소 ⲃⲁϩⲥⲉ

어린 황소 ⲙⲉⲥⲉ *m.*, *pl.* ⲙ̄ⲥⲏⲩ

어린아이, 처녀, 눈동자 ⲁⲗⲟⲩ

어린아이 ⲗⲉⲗⲟⲩ *m.f.*, *pl.* (ⲗⲉ)ⲗⲁⲩⲉ, ⲗⲁⲁⲩ, ⲗⲓⲗⲟⲩ (L) *m.f.*, *pl.* ⲗⲓⲗⲁⲩⲉ

어린이 ϣⲓⲣⲉ, ϣⲏⲣⲉ *m.*, *f.* ϣⲉⲉⲣⲉ

어머니 ⲙⲁⲁⲩ, ⲙⲉⲩ, ⲙⲉⲉⲩ, ⲙⲟ

어부 ⲟⲩⲱϩⲉ, ⲟⲩ(ⲟⲟ)ϩⲉ, ⲃⲟⲩϩⲉ *m.*

어안이 벙벙하다 ⲱⲛϣ̄, ⲟ(ⲟ)ⲛϣ̄†, ⲁⲛϣ̄†

어제 ⲥⲁϥ, ⲛ̄ⲥⲁϥ

억압받다, 고통받다 ⲗⲱϫϩ̄

억압받은, 괴로운 ϭⲱⲟⲩ, ϭⲟⲟⲩ⸗, ϭⲏ(ⲟ)ⲩ†

억압자 ⲣⲉϥⲗⲱϫϩ̄

억압하다, 압박하다, 한덩어리로 모으다, 괴롭히다, 탄압하다 ϩⲱϣ, ϩⲁϣ, ϩⲉϣ-, ϩⲟϣ, ϩⲱϣ⸗, ϩⲁϣ⸗, ϩⲏϣ†

억압하다, 짓누르다, 지배하다 ⲥⲱⲙ, ⲥⲟⲙ⸗, ⲥⲁⲙ⸗, ⲥⲏⲙ†, ϩⲡⲟϫⲡϭ̄, ϫⲟⲡϫⲡ̄

억제하다 ⲕⲁⲧⲉⲭⲉ

언덕, 더미 ⲃⲟⲩⲛⲟⲥ, ⲃⲟⲟⲩ, ⲥⲓⲃⲧ̄, ⲥⲓⲃⲉⲧ

언어, 방언 ⲁⲥⲡⲉ, ⲉⲥⲡⲉ

언어, 혀 ⲗⲉⲥ

언제? ⲧⲛⲁⲩ, (ⲛ̄)ⲧⲛ̄(ⲛ)ⲛⲁⲩ, ⲛ̄ⲉϣ ⲛ̄ⲉⲩ, ϩⲛ̄ ⲁϣⲛ̄ⲟⲩⲟⲉⲓϣ

언제까지? ϣⲁⲛⲧⲉⲟⲩ, ϣⲁⲛⲧⲉⲟⲩ ϣⲱⲡⲉ, ϣⲁⲧⲛⲁⲩ

언제나 ⲛ̄ⲟⲩⲟⲉⲓϣ ⲛⲓⲙ, ⲥⲁⲡ ⲛⲓⲙ

언제든지, 항상 ⲛ̄ⲥⲏⲩ ⲛⲓⲙ , ⲧⲙ̄ⲡⲥⲁⲡ

언젠가, 예전에 ⲛ̄ⲟⲩⲟⲩⲟⲉⲓϣ

언젠가, 책임지다 ⲣⲱϣⲉ ⲉ-

언젠가, 한 번은 ⲛ̄ⲟⲩⲥⲏⲩ

언행이 단정치 못한 ⲁⲥⲕⲏⲙⲟⲛⲉⲓ

얻다, 받아 들이다, 달성하다, 산출하다, 낳다, 만들다 ϫⲡⲟ, ϫⲡⲉ-, ϫⲡⲟ⸗, ϫⲡⲁ⸗, ϫⲡⲁⲉⲓⲧ†

얼굴 가리개 ⲕⲁⲧⲁⲡⲉⲧⲁⲥⲙⲁ καταπέτασμα

얼굴, 면 ϩⲟ, ϩⲁ, ϩⲱ, ϩⲁ-, ϩⲣⲛ̄-, ϩⲣⲁ⸗, ϩⲣⲉ⸗, ⲙ̄ⲧⲟ

얼굴을 들다 ⲃⲓ ϩⲣⲉ⸗

얼다, 축축하게 되다 ⲱϭⲃ̄, ⲱϭⲃⲉ, ϩⲱϭⲃ̄, ⲉϭⲃ̄-, ⲟϭⲃ̄†, ⲁϭⲃⲉ†

얼마나 많이? ⲟⲩⲏⲣ, ⲟⲩⲏⲏⲣ, ⲟⲩⲏⲣⲉ

얼빠지다, 멍하니 바라보다, 눈을 깜박이다 ⲉⲓⲟⲣϩ̄⸗

얼싸안다, 둘둘 감다 ϩⲱⲗϭ̄, ϩⲱⲗϭ⸗, ϩⲟⲗϭ̄†

얼음, 눈 ϫⲉϥ (L) *m.*, ϫⲁϥ *m.*

얽혀들다 ⲃⲉⲗⲏ, ϩⲗⲁⲙⲗⲙ̄ (L)

엄격한 사람 ⲣⲉϥϭⲛ̄ ⲁⲣⲓⲕⲉ

엄격한, 용을 쓰는 ⲧⲱⲣϩ̄, (ⲧⲱϩⲣ̄), ⲧⲱⲣϩ̄⸗, ⲧⲟⲣϩ†, ⲧⲁⲣϩ†

엄지손가락 ⲉⲓⲛⲉ

없는, 아닌 ⲙ̄ⲙⲛ-, ⲙ̄ⲛ-, ⲙⲁ-

없애다 ⲃⲱⲧⲉ

없이 ⲛ̄ⲟⲩⲱϣ ⲛ̄-, ⲛ̄ⲟⲩⲉϣ ⲛ̄-, ⲁϫⲛ̄-, ⲁϫⲛ̄ⲧ⸗, ⲭⲱⲣⲓⲥ χωρίς

엉겅퀴 ⲁⲣⲟⲟⲩⲉ, ⲁⲣⲱⲟⲩ

엉덩이, 넙적다리, 무릎, 어깨 ⲗⲁⲟϭ, ⲃⲓⲗⲧⲓ, ϩⲙⲁⲓⲥ *m.*, ⲙⲉϣⲕⲟⲗ, ⲡⲁϩⲟⲩ *m.*

엎드리다, 펼치다 ⲛⲟⲩϫⲉ, ⲛⲟⲩϫ, ⲛⲉϫ-, ⲛⲁϫ-, ⲛⲁϫ⸗, ⲛⲟϫ⸗, ⲛⲏϫ†

엎드리다 ⲡⲱϩⲧ̄, ⲡⲉϩⲧ̄-, ⲡⲁϩⲧ̄-, ⲡⲁϩⲧ⸗, ⲡⲁϩⲧ̄†

엎지르다 ⲕⲁⲧⲁⲕⲗⲩⲍⲉ κατακλύζειν, ⲡⲱϩⲧ̄ ⲉⲃⲟⲗ

에 대하여 ⲁⲛⲧⲓ ἀντί

에 덧붙여서, 그리고, 또는 ϩⲓ-, ϩⲉ-, ϩⲓⲱⲱ⸗

에 따라, 매번 ϩⲣ-, ϩⲣⲉ-

에 반대하여 ⲟⲩⲃⲉ-, ⲟⲩ(ϥ)ⲉ-, ⲟⲩⲃⲏ⸗, ⲟⲩⲏ⸗

에 비교하다, 비슷하다 ⲣ̄ ⲑⲉ, ⲟ ⲛ̄ⲑⲉ

에 속한 (소유대명사) ⲡⲁ- *m.*, ⲧⲁ *f.*, ⲛⲁ *pl. f.* ⲡⲱ⸗ et ⲡⲁ-, ⲡⲉⲕ-, ⲡⲉϥ-

에 의하면, 이기에 ⲉⲡⲉⲓⲇⲏ ἐπειδή

에 의하여, 때문에 ⲉⲃⲟⲗ ϩⲓⲧⲛ̄-

에 의하여 ⲕⲁⲧⲁ κατά

에 의해 ⲛ̄ⲧⲛ̄-, ⲛ̄ⲧⲟⲟⲧ⸗, ϩⲛ̄-, ϩⲙ̄-(ⲡ-앞에서), ⲛ̄ϩⲏⲧ⸗, ϩⲓⲧⲛ̄-, ϩⲓⲧⲟⲟⲧ⸗

에 의해서 ϩⲓⲧⲛ̄-

에 이르도록 ϣⲁϩⲣⲏï

에 전념하다, 을 걱정하다 ϩⲓⲣⲟⲟⲩϣ ϩⲁ-

에 주의를 기울이다 ϫⲓ ϩⲣⲉ⸗

에게 ⲉ-, ⲉⲣⲟ⸗, ⲉⲧⲛ̄-, ⲉⲧⲟⲟⲧ⸗

에너지 ⲉⲛⲉⲣⲅⲉⲓⲁ ἐνέργεια

에워싸다, 진을 치다 ⲕⲧⲟ, ⲕⲧⲉ-, ⲕⲧⲥ⸗, ⲕⲧⲏⲩ†, ⲕⲧⲟⲉⲓⲧ†

에티오피아인 ⲉϭⲱϣ *m.*, *f.* ⲉϭⲟⲟϣⲉ, *pl.* ⲉϭⲟⲟϣ

엑스터시, 정신착란 ⲉⲕⲥⲧⲁⲥⲓⲥ

여가 ⲁⲛⲟⲭⲏ

여기 저기 ⲥⲁⲙⲏ ⲥⲁⲙⲉï

여기, 거기 ⲧⲁï, ⲁⲡⲓⲙⲁ

여덟 ϣⲙⲟⲩⲛ *m.*, *f.* ϣⲙⲟⲩⲛⲉ, -ϣⲙⲏⲛⲉ

여든 ϩⲙⲉⲛⲉ, ϩⲙⲉⲛⲉ-

여러 개로 만들다 ⲕⲱⲃ, ⲕ(ⲉ)ⲃ-, ⲕⲟⲃ⸗, ⲕⲏⲃ†

여러 번 ϩⲛ̄ϩⲁϩⲙ̄ⲡⲉⲣⲟⲥ

여름, 세금 ϣⲱⲙ

여린 물건 ⲡⲟⲣⲥ̄ *f.*

여린 ⲡⲱⲣⲥ̄, ⲡⲣ̄ⲥ-, ⲡⲟⲣⲥ̄ †

여명, 아침 ϩⲧⲟⲟⲩⲉ, ⲧⲟⲟⲩⲉ *m.*, ϣⲱⲣⲡ̄

여물통 ⲙ̄ϫⲁϩⲧ̄, ⲙ̄ϫⲁⲧϩ̄, ⲙ̄ϫⲁϩϫ̄

여섯 ⲥⲁⲩ, *f.* ⲥⲟⲉ, -(ⲧ)ⲉⲥⲉ, ⲥⲟⲟⲩ *m.*, *f.* ⲥⲟ(ⲉ), ⲥⲟⲟⲩⲉ, ⲥⲉⲩ-

여성 ⲙⲛ̄ⲧⲥϩⲓⲙⲉ

여성의 의복 ⲙⲁϫⲕⲉ, ⲙⲓϫ(ⲉ)ⲕⲉ, ⲙⲓϫϭⲉ, ⲙⲉⲕϫⲉ

여식 ϣⲏⲣⲉ ⲛ̄ⲥϩⲓⲙⲉ

여신 ⲛⲟⲩⲧⲉ *m.*, *f.* ⲛ̄ⲧⲱⲣⲉ *pl.* ⲉⲛⲧⲏⲣ, ⲛ̄ⲧⲏⲏⲣ, ⲛ̄ⲧⲁⲓⲣⲉ, ⲛⲓⲛ̄ⲧⲱⲣⲉ

여우 ⲃⲁϣⲟⲣ (*m.*) *f.*, *pl.* ⲃⲁϣⲟⲟⲣ

여위어지다 ϩⲱⲱⲙⲉ, ϩⲱⲙ(ⲉ), ϩⲁ(ⲁ)ⲙ †

여유가 있는 ⲟⲩⲣⲉϩ, ⲟⲩⲣⲏϩ

여유있게 ⲟⲩⲱϣⲥ̄, ⲟⲩⲉϣⲥ̄-, ⲟⲩⲟϣⲥ⸗, ⲟⲩⲁϣⲥ⸗, ⲟⲩⲟϣⲥ̄†, ⲟⲩⲁϣⲥ̄†

여자 하인, 여종 ϩⲙ̄ϩⲁⲗ ⲛ̄ⲥϩⲓⲙⲉ

여자, 암컷 ⲥϩⲓⲙⲉ, ϩⲓⲙⲉ, ⲥϩⲉ *f.*, *pl.* ϩⲓⲟⲙⲉ, ϩⲓⲁⲙⲉ, ⲥϩⲓⲁⲙⲉ

여전히 ⲁⲕⲙⲏⲛ ἀκμήν, ⲁⲛ, ⲁⲙ

여종 ϩⲙ̄ϩⲁⲗ ⲛ̄ⲥϩⲓⲙⲉ

여주인 ⲕⲩⲣⲁ

여행을 떠나다, 부재하다 ⲁⲡⲟⲇⲏⲙⲉⲓ

역, 정거장 ⲙⲁ ⲛ̄ⲁϩⲉⲣⲁⲧ⸗

역병 ⲗⲟⲓⲙⲟⲥ

역사 ϣϥⲱ *f.*

역시 ⲁϩⲁⲛ, ⲕⲉ, ϭⲉ, ⲕⲉ-, ⲕⲟⲩ- *m. f.*, *pl.* ⲕⲟⲟⲩⲉ

역시, 동일하게 ⲙ̄ⲙⲓⲛ, ⲙ̄ⲙⲓⲛⲉ

역시, 아직 ⲕⲉ, ⲕⲁⲓ-, ϭⲉ, *pl.* ⲕⲉⲕⲁⲩⲉ

역시, 아직도, 더는 않다 ⲟⲛ

역시, 여전히 ⲁⲛ, ⲁⲙ

역청, 아스팔트 ⲁⲙⲣⲏϩⲉ

엮기, 짜기 ⲛⲏⲃⲧⲉ *f.*

엮다 ⲙⲟⲩⲣ, ⲙ(ⲉ)ⲣ-, ⲙⲟⲣ⸗, ⲙⲏⲣ† *p.c.* ⲙⲁⲣ-, ⲙⲉⲣ-, ⲛⲟⲩⲃⲧ̄, ⲛⲟⲃⲧ⸗, ⲛⲁⲃⲧ⸗

엮다 ϣⲱ(ⲱ)ⲛⲧ̄, ϣ(ⲉ)ⲛⲧ-, ϣⲟⲛⲧ⸗, ϣⲟⲛⲧ̄†, ϣⲱⲗⲕ̄, ϣ(ⲱ)ⲗⲕ̄-

연결, 묶음 ⲙ̄ⲣ̄ⲣⲉ, ⲉⲓⲛⲉ *m.*

연결, 사슬, 고리 ⲱϣⲛ̄ϥⲧⲟ (L)

연결, 쇠사슬, 결합 ⲥⲛⲁⲩϩ, ⲥⲛⲟⲟⲩϩ *m.*

연결, 줄 ⲙⲁⲛⲓⲛ, ⲙⲁⲗⲗⲓⲛ, ⲙⲁⲗⲓⲗ

연결되다, 접착하다, 꿰매다 ⲧⲱⲱⲙⲉ, ⲧⲟ(ⲟ)ⲙⲉ† ⲉ-

연결된, 접붙인, 의견을 같이하는 ⲧⲱⲙⲉ, ⲧⲁⲙⲉ†

연구원, 검사원 ⲣⲉϥϩⲟⲧϩⲧ̄

연구하다 ϫⲱⲣ, ϫⲟⲟⲣ⸗, ϫⲏⲣ†

연극 ⲑⲉⲁⲧⲣⲟⲛ

연극하다 ⲥⲱⲃⲉ

연기 ⲕⲱⲣⲙⲉ (L), ⲕⲱⲣⲙ̄

연기 ϣⲟⲩⲟ, ϣⲟⲟⲩⲉ, ϣⲟⲩ-

연기 ϩⲗⲟⲥⲧⲛ *f.*, ⲕⲁⲡⲛⲟⲥ καπνός

연기, 자욱한 안개 ⲕⲣⲙ̄(ⲛ)ⲧⲥ̄

연기, 증기 ⲗϩⲱⲃ

연령, 형태, 상태 ϭⲟⲧ *f.*

연루되다, 붙다 ϭⲱⲗϫ̄, ϫⲱⲗϫ̄, ϫⲱⲗϭ̄, ϭ(ⲉ)ⲗϫ̄-, ϭⲟⲗϫ̄⸗, ϭⲟⲗϭ⸗, ϭⲟⲗϫ̄†

연루되다, 얽혀들다 ϩⲗⲁⲙⲗⲙ̄ (L)

연못 ϣⲏⲓ, ϣⲁⲓ *m.*

연민을 가지는 ϣⲁⲛϩⲧⲏ⸗

연설 ϭⲓⲛϣⲁϫⲉ

연설가 ⲣⲉϥϣⲁϫⲉ, ⲣⲉϥⲥⲉϫⲉ

연설하다, 말 ϣⲁϫⲉ, ϣ(ⲉ)ϫ-

연약한 ⲗⲱⲕϣ̄, ⲗⲟⲕϣ̄†

연주가 ⲣⲉϥϫⲱ

연주하다, 노래하다 ϫⲓ ⲟⲩⲗ̄ⲗⲉ, ϭⲛ̄ϭⲛ̄, ϩⲱⲥ, ⲯⲁⲗⲉ ψάλλειν

열 ⲙⲏⲧ *m.*, *f.* ⲙⲏⲧⲉ, ⲙⲛ̄ⲧ-

열 번째 ⲙⲉϩⲙⲏⲧ

열광적인 ⲥⲡⲟⲩⲇⲁⲓⲟⲥ σπουδαῖος

열기 ϩⲙ̄ⲙⲉ *m. f.*, ϩⲙⲟⲙ, ϣⲙⲟⲙ, ϩⲏⲙ†

열기, 회오리 ⲕⲁⲩⲥⲱⲛ, ⲥⲗ̄ϩⲟ, ⲥⲉⲗϩⲱ

열다 ⲟⲩⲉⲛ, ⲟⲩⲁⲛⲉ⸗, ⲟⲩⲉⲛ†, ⲟⲩⲏⲛ†

열다, 열리다, 문제를 해결하다 ⲟⲩⲱⲛ, ⲟⲩⲛ-, ⲟⲩⲏⲛ†, *p.c.* ⲟⲩⲁⲛ-, *imper.* ⲁⲟⲩⲱⲛ, ⲟⲩⲛ̄-

열둘 ⲇⲱⲇⲉⲕⲁⲥ δωδεκάς

열리게 하다 ⲧⲟⲩⲛⲟ, ⲧⲟⲩⲛ(ⲉ)-, ⲧⲟⲩⲛⲟ(ⲩ)-

열리다, 문제를 해결하다 ⲟⲩⲱⲛ, ⲟⲩⲛ-, ⲟⲩⲏⲛ†, *p.c.* ⲟⲩⲁⲛ-, *imper.* ⲁⲟⲩⲱⲛ, ⲟⲩⲛ̄-

열린 ⲟⲩⲱⲣϩ̄, ⲟⲩ(ⲉ)ⲣϩ̄-, ⲟⲩⲟⲣ(ⲉϩ)-, ⲟⲩⲱⲣ(ϩ)-, ⲟⲩⲁⲣ-, ⲟⲩⲟⲣ(ϩ)⸗, ⲟⲩⲁⲣ(ϩ)⸗, ⲟⲩⲱⲣ⸗, ⲟⲩⲟⲣϩ̄†, ⲟⲩⲁⲣϩ̄†

열린 ϩⲁⲡⲗⲱⲙⲁ ἅπλωμα

열망하는, 갈망하는 ⲡⲣⲟⲑⲩⲙⲟⲥ πρόθυμος

열매 맺다 ϯⲟⲩⲱ ⲉϩⲣⲁï

열매, 가지 ⲥⲙⲁϩ *m.*, ⲟⲩⲧⲁϩ *m.*

열매, 결실의 계절 ⲕⲁⲣⲡⲟⲥ καρπός

열쇠 ϣⲟϣⲧ̄ *m.*

열쇠공, 대장장이 ϩⲁⲙⲕⲗ̄ⲗⲉ

열여덟 ⲉⲓⲏ̄

열정, 신속 ⲥⲡⲟⲩⲇⲏ σπουδή, ⲡⲁⲑⲟⲥ πάθος

열정을 갖다 ϫⲱⲙ, ϫⲁⲙ-

염색공 ϣϫⲓⲧ, ϣϫⲓϭ *m.*

염소, 숫양 ⲃⲁⲁⲙⲡⲉ, ⲃⲁⲁⲙⲡ-, ⲃⲁⲙⲡⲉ, ⲟⲉⲓⲗⲉ *m.*

염소 자리 ⲁⲓⲅⲟⲕⲉⲣⲱⲥ αἰγόκερως

영광 ⲉⲁⲩ (L), ⲉⲟⲟⲩ

영광스러운 ⲁⲅⲗⲁⲟⲥ ἀγλαός, ϩⲁⲉⲟⲟⲩ

영광 돌리다ϩⲓⲥⲉ

영광을 돌리다, 경외하다 ⲧⲁϊⲟ, ⲧⲁⲓⲉ-, ⲧⲁϊⲟ-, ⲧⲁⲓⲟ⸗, ⲧⲁϊⲁ⸗, ⲧⲁ(ⲉⲓ)ⲏⲩ† ⲧⲁϊⲏⲩ†, ⲧⲁϊⲁϊⲧ†, ϣϫ(ϩ)ⲟⲥ, ϭⲟϩⲥⲉ, ϭⲁϩⲥⲉ

영리한, 익숙한 ⲕⲟⲡⲓⲥ κόπις

영생의 마니 ⲙⲁⲛⲓⲭⲁⲓⲟⲥ, ⲙⲛⲭⲥ

영양 ϭϩⲟⲥ, ϭⲟϩⲥ̄, ϫϩⲟⲥ, ϣϭⲟⲥ, ϣⲟϣ *m.*, *f. pl.*ϣⲟⲟϣ

영웅, 승리자ϭⲁⲗⲁϣⲓⲣⲉ (L) *m.*, ⲗⲉⲙⲏⲏϣⲉ, ⲗⲉⲙⲏϣⲉ

영원 ⲁⲛⲏϩⲉ, ⲉⲛⲉϩ

영원토록 ⲁⲛⲏϩⲉ (ⲁ)ⲧⲙⲉⲧ, ϣⲁ ⲁⲛⲏϩⲉ, ϣⲁⲉⲛⲉϩ

영원히 ϣⲁⲃⲟⲗ, ϣⲁⲛⲓ ⲁⲛⲏϩⲉ

영의 사람 ⲡⲛⲉⲩⲙⲁⲧⲓⲕⲟⲛ πνευματικόν

영적 권위 ⲭⲁⲣⲓⲥⲙⲁ χάρισμα

영적 인도자 ⲡⲁⲣⲁⲕⲗⲏⲧⲟⲥ, ⲡ̄ⲕ̄ⲗ̄ⲥ̄, ⲡ̄ⲣ̄ⲕ̄ⲗ̄ⲥ̄, ⲡ̄ⲣ̄ⲕ̄ⲗ̄ⲧ̄ⲥ̄ παράκλητος

영적 지배자, 아르콘 ⲁⲣⲭⲱⲛ ἄρχων

영지, 주권, 독립 ⲙⲛ̄ⲧϫⲟⲉⲓⲥ

영지 ⲅⲛⲱⲥⲓⲥ γνῶσις

영지 ⲥⲟⲟⲩⲛ, ⲥⲟⲩ(ⲉ)ⲛ-, ⲥⲟⲩⲱⲛ-, ⲥⲟⲩⲱⲛ⸗, ⲥⲉⲟⲩⲱⲛ⸗

영혼 ⲯⲩⲭⲏ ψυχή

옆구리 ⲕⲉϩⲧⲉ

옆쪽 ⲥⲁⲥⲡⲓⲣ

예, 방식, 태도 ⲥⲙⲟⲧ *m.*, *f.* ⲥⲙⲟⲩⲧ, ⲥⲙⲱⲧ

예, 시범 ⲥⲣⲁϩ

예고자 ⲣⲉϥϯⲙⲉϊⲛⲉ

예기치않은 일을 당하다, 어리둥절하다, 넋이 빠진 ⲧⲱⲙⲧ̄, ⲧⲱⲙⲛ̄ⲧ, ⲧⲁⲙⲧ†

예루살렘 ⲑ̄ⲓ̄(ⲗ̄)ⲏ̄ⲙ̄, ϩⲓⲉⲣⲟⲩⲥⲁⲗⲏⲙ

예리한, 날카로운 ⲉⲧϣⲱϫⲧ, ⲣⲉϥϣⲱϫⲧ

예물, 제물 ⲡⲣⲟⲥⲫⲟⲣⲁ προσφορά

예민한 ϣⲙⲁ, ϣⲟ(ⲟ)ⲙⲉ†, ϣⲙⲁⲁⲧ† *p.c.* ϣⲁⲙⲁ-

예쁜 ⲉⲧⲛⲉⲥⲱϥ

예쁜, 아담한, 교육을 받은 ⲁⲥⲧⲉⲓⲟⲥ

예수 ⲓ̄ⲥ̄, ⲓ̄ⲏ̄ⲥ̄, ϊⲏⲥⲟⲩⲥ Ἰησοῦς

예순 ⲥⲉ

예언 ⲁϊϣ

예언자 ⲙⲁⲛⲧⲓⲥ μάντις, ⲡⲣⲟⲫⲏⲧⲏⲥ προφήτης

예전에 ⲛ̄ⲟⲩⲟⲩⲟⲉⲓϣ

옛 사람 ⲣⲙ̄ⲛ̄ⲉⲥ

오!, 제발! ϩⲁⲙⲁϊ

오가다, 뒤엎다 ⲁⲛⲁⲥⲧⲣⲉⲫⲉ

오가다, 산책하다 ϣⲉⲉⲓ

오그라들다 ⲕⲱⲗ, ⲣⲁϭⲣⲉϭ

오늘 ⲙ̄ⲡⲟⲟⲩ, ⲙ̄ⲡⲟⲟⲩⲉ

오늘까지 ϣⲁⲡⲟⲟⲩ

오늘부터 ϫⲛ̄ ⲙ̄ⲡⲟⲟⲩⲉ

오다 ⲉⲓ, ⲛⲏⲩ†

오디새 ⲕⲁⲕⲟⲩⲡⲁⲧ, ⲕⲣⲁⲡⲉⲡ

오라!, 하자! ⲁⲙⲱⲓⲛⲉ

오래끌다 ⲱⲥⲕ̄, ⲟⲥⲕ̄†, ⲁⲥⲕ̄†

오래된 ⲁⲥ, ⲁⲡⲁⲥ, ⲉⲥ, ⲁⲡⲟ-, ⲁⲣⲭⲁⲓⲟⲥ ἀρχαῖος

오류 ⲡⲗⲁⲛⲏ πλάνη

오른손 ⲟⲩⲛⲁⲙ, ⲟⲩ(ⲉ)ⲓⲛⲁⲙ, ⲓⲟⲩⲛⲁⲙ, (ⲓ)ⲟⲩⲛⲟⲙ *f.*, ⲟⲩⲛⲉⲙ *f.*

오른쪽 ⲥⲁⲟⲩⲛⲉ[ⲙ]

오리 ϭⲏϣⲉ, ϭⲉϣⲉ *m.*

오리온 별자리 ⲥⲟⲩⲛϩⲱⲣ

오만, 건방짐 ⲉⲡⲏⲣⲓⲁ ἐπήρεια

오순절 ⲡⲉⲛⲧⲏⲕⲟⲥⲧⲏ πεντηκοστή

오아시스 ⲟⲩⲁϩⲉ

오열, 신음 ⲉϩⲁⲙ (L)

오염시키다, 친척 관계 ϫⲱϩ, ϫⲱϩⲉ, ϫⲟϩ, ϫⲉϩ-, ϫⲏϩ†

오이, 과일, 야채 ϯϭⲉ, ⲃⲟⲛⲧⲉ, ⲃⲛ̄

오이, 호박 ϣⲱⲡⲉ, ϣⲱⲱⲡⲉ, ϣⲱ(ⲱ)ⲃⲉ, ϣⲟⲟⲃⲉ, ⲉϣⲱⲡⲉ, ϣⲱⲡ- *f.*

오전, 아침 ⲛⲁⲩ ⲛ̄ϩⲧⲟⲟⲩⲉ

오줌 ⲙⲏ, ⲙⲓ, ⲓⲱ

오직 ⲙⲁⲧⲉ, ⲙ̄ⲙⲁⲧⲉ

오천 ϭιc τβⲁ

오호! ⲁϩ, ωϩ

오호라! ωϩ ωϩ

옥 에 갇힌 ϣτεκⲁτ†

온 사방에서 ϩN̄ мⲁ ниm

온수 мoγ ϩm̄мє

온유한 사람 ρєϣq̄, ρm̄ρєϣq̄

온화하게 p̄ ρm̄ρⲁϣ, ϩωc ρm̄ρⲁϣ

올라가게 하다, 싣다 τєλo, τєλⲁ⸗, τⲁλⲁ⸗, τєλⲁϊτ†, ⲁνⲁλⲁмβⲁνє

올라가는 중이다, 일어나는 중이다 νнγ єϩρⲁι (єϫn̄-), (n̄)νⲁϩρⲁ⸗

올라가다 ⲁλє, ⲁλo⸗, ⲁλнγ†, βωκ єϩρⲁϊ, τⲁϊλє (L), τoιλє

올라가다, 우쭐거리다 ϣoι

올라타다, 앉다, 상륙하다, 적용하다 τⲁλo, τⲁλє-, τⲁλo⸗, τⲁλнγ†, τⲁλє†

올리브 ϫⲁϊτ (L) *m.*

올리브 경작지 ϣнн n̄ϫoєιτ

올리브 기름 νєϩn̄ϫoєιτ

올리브 나무 βωn̄ϫoєιτ

올리브 농원, 고환 ϫoєιτ, ϣнн n̄ϫoєιτ

올리브 밭 мⲁn̄ϫoєιτ

올바르다 ϣϣє

올빼미, 부엉이 βoм, βⲁι

옭아매다, 뒤얽히다, 방해하다, 옷 cτoλн, cτoλⲁγє στολή

옭아매다,비,물다, 찌르다, 치다, 상처를 입히다 πωϩc̄, πєϩc̄-, πoϩc̄†

옮기다 ϕoρє φορεῖν, πωνκ̄, πωνг̄, πωνϭ̄, πєνκ-, πoνκ⸗, πⲁνκ⸗

옷 가장자리 cωβє, cωπє *f.*

옷 벗기다, 드러내다 βωϣ, βєϣ-, βoϣ⸗, βнϣ†, *p.c.* βⲁϣ-

옷 ϩⲁϊτє *m.f.* , ϩβooc, ϩβωc *m. f., pl.* ϩβωωc

옷 cτoλн, cτoλⲁγє στολή

옷감 єβριєιν

옷을 깁다 ϫωλκ̄, ϫєλκ̄-, ϫoλκ⸗, ϫⲁλκ⸗, ϫoλκ̄†

옷을 벗기다 κⲁκ-, κωκ, κⲁκ⸗, κнκ†

옷을 입히다 νoγϫє єϫn̄-

옷의 일종 ρⲁϫνє *f.*

옷이 너덜너덜해지다 p̄ πλ̄ϭє

옹기, 단지 ϣoϣoγ, ϣⲁϣoγ, ϣoϣo *m.*

옹기장이 κⲁτϣoϣoγ, κєρⲁмєγc

와 토론하다 ϫι ϩρⲁ⸗

와, 사이에서 oγτє мn̄ oγτє

완결시키는 이 ρєqϫωκ

완고한 ωρϫ̄, oγωρϫ̄, ωρϭ̄, (є)ρϫ̄-, ⲁρϫ̄-, ρєϫ-, ωρнϫ-, ⲁρϫ-, oρϫ⸗, ⲁρϫ⸗, oρ(є)ϫ†, ⲁρϫ†

완벽을 기하다 ϫωλє (L), ϫⲁλ⸗, ϫⲁλє⸗

완벽한 ϩoγτєν (L), τєλєιoc τέλειος

완성, 완전 мⲁϩⲁϊπє

완수, 종말 cγντєλєιⲁ συντέλεια

완전 мⲁϩⲁϊπє

완전인 πρωмє єτϫнκ

완전자, 우주 전체 πτнρq̄ (신을 지칭)

완전하게 τмєτ (L)

완전한 мoγϩ, мєϩ-, мⲁϩ-, мⲁϩ⸗, мoϩ⸗, мєϩ†, мнϩ†

완전히 єβoλ, єπτнρq̄, ϩoλoτєλωc ὁλοτελῶς, πⲁντнπⲁντωc παντηπάντως

왕, 왕비, 황제 p̄ρo, єρ(ρ)o, oγρo *m. f.* p̄ρω, єρω *pl.* p̄ρωoγ, p̄ρooγ

왕관, 월계관 ϭρнπє *f.*, κλⲁм *m., pl.* κλooм, κλoм, θρoνoc θρόνος

왕관을 쓰다, 승리자가 되다 qⲁι κλoм, ϫι ϭρнπє

왕국, 지배 мn̄τp̄ρo

왕궁 πρєπp̄ρo *m.*

왕권의, 황제의 n̄p̄ρo

왕비, 황제 p̄ρo, єρ(ρ)o, oγρo *m. f.* p̄ρω, єρω *pl.* p̄ρωoγ, p̄ρooγ

왕자 ρm̄n̄ϭoм

왕좌, 심판석, 베마 βнмⲁ βῆμα

왜 ?єτβє єγ, ⲁϩρo⸗, ⲁϩρⲁ⸗, єτβє oγ

왜가리 єλϭωβ

왜냐하면 m̄мⲁν (L), єπєι ἐπεί, єτβє ϫє, ϫє

왜냐하면, 그래서, 반면에 n̄τooγν, n̄τωoγν,

ⲅⲁⲣ, ⲛ̄ⲅⲁⲣ γάρ

왜소해지다, 번민하다 ⲟⲩⲱⲱⲙⲉ, ⲟⲩⲟ(ⲟ)ⲙ⸗

외관, 모양, 방법 ⲥⲙⲁⲧ (L), *pl.*ⲥⲙⲟⲟⲧ *m.*, ⲥⲉⲕ

외관, 형식, 예, 방식, 태도 ⲥⲙⲟⲧ *m., f.* ⲥⲙⲟⲩⲧ, ⲥⲙⲱⲧ

외국에 살다, 이방인이 되다 ⲣ̄ ϣⲙ̄ⲙⲟ

외국인 기피 ⲙⲛ̄ⲧⲙⲁⲥⲧϣⲙ̄ⲙⲟ

외국인, 미개인 ⲃⲁⲣⲃⲁⲣⲟⲥ βάρβαρος

외국인, 이방인 ϣⲙ̄ⲙⲟ, ϣⲙⲟ, ϣⲙⲱ, *m., f.* ϣⲙ̄ⲙⲱ *pl.* ϣⲙ̄ⲙⲟⲓ, ϣⲙ̄ⲙⲁï

외눈박이, 애꾸눈 ⲡⲉⲧⲉⲟⲩⲛ̄ⲧⲁϥ ⲛ̄ⲟⲩⲃⲁⲗ ⲛ̄ⲟⲩⲱⲧ

외부, 겉 ⲃⲁⲗ

외부에 ⲙⲡⲥⲁⲛⲃⲁⲗ (ⲛ̄-)

외설, 성기 ⲁⲥⲭⲏⲙⲟⲥⲩⲛⲏ

외양 ϩⲣ̄ⲃⲉ (L) *m.*

외양간, 우리 ⲱϩⲉ *m.*, ⲣ̄ⲃⲉ, ⲉⲣⲃⲉ *f.*, ⲁⲥⲟⲩⲣ (L), ⲉⲣⲥⲱ, *pl.* ⲉⲣⲥⲟⲟⲩⲉ

외지다 ⲟⲩⲉ, ⲟⲩⲏ(ⲏ)ⲩ†

외치다 ⲁïϣⲉ, ⲁϣ(ϣ)ϭⲁⲡ, ⲱϣ ⲉⲃⲟⲗ

외치다, 낭독하다 ⲱϣ, (ⲉ)ϣ-, ⲁϣ-, ⲱϣ-, ⲟϣ⸗, ⲁϣ⸗

외침, 명성 ⲁϣⲉⲗ, ϩⲣⲁⲩ *m., pl.* ϩⲣⲟⲟⲩ

외침, 선포, 예언 ⲁïϣ, ⲟⲉⲓϣ

외침, 주장자 ϭⲏⲗ *m.*, ⲁϣ ⲁⲗ, ϣϭⲁⲡ, ϣⲕⲁⲕ *m.*

외투 ⲣ̄ϣⲱⲛ, ⲉⲣϣⲱⲛ *m.*, ⲡⲟⲣⲕ̄ *f.*, ϣⲧⲏⲛ *f.*, ⲭⲗⲁⲙⲩⲥ χλαμύς

외투에 달린 모자, 머리 덮개 ⲕⲟⲩⲕⲗⲁ, ⲕⲟⲩⲕⲗⲉ

왼손, 왼편 ϭⲃⲟⲩⲣ, ϭⲃⲣ-

왼쪽, 좌측 ϩⲃⲟⲩⲣ *f.*, ⲥⲁϭⲃⲟⲩⲣ

왼편 ϭⲃⲟⲩⲣ, ϭⲃⲣ-

요구, 추구 ⲁⲓⲧⲏⲙⲁ αἴτημα

요구하다 ⲁⲓⲧⲉⲓ, ⲙⲁⲧⲉ, ⲙⲁⲧⲱⲟⲩ†, ⲥⲁⲡⲥ̄, ⲥⲁⲡⲥⲡ̄, ϣⲓⲛⲉ, ϣⲉⲛ(ⲧ)-, ϣⲛⲧ⸗

요긴한, 소득이 있는 ⲉⲧⲣ̄ⲛⲟϥⲣⲉ

요동하다 ⲛⲟⲉⲓⲛ

요람 ⲧⲁïⲃⲉ, ⲧⲏ(ⲏ)ⲃⲉ, ⲧⲉⲃⲓ *f.*

요르단 ⲓⲟⲣⲇⲁⲛⲏⲥ

요리하는 ⲉⲧⲡⲓⲥⲉ

요리하다 ⲗⲱϩⲙ̄, ⲥⲁϩⲧⲉ, ⲧⲱⲕ, ⲧⲱϭ(ⲉ), ⲧⲱϫ, ⲧⲱⲕ-, ⲧⲟⲕ⸗, ⲧⲁⲕ⸗, ⲧⲟϭ⸗

요리하다, 굽다 ϭⲱϭ, ϭⲉϭ-, ϭⲉϫ-, ϭⲟϭ⸗, ϭⲁϭ⸗, ϭⲉϭ⸗, ⲕⲟϫ⸗, ϫⲟϫ⸗, ϭⲏϭ†, ϭⲏϫ†

요리하다, 녹이다, 익히다 ⲡⲓⲥⲉ, ⲡⲓⲥ, ⲡⲉⲥ(ⲧ)-, ⲡⲓⲥ-, ⲡⲁⲥⲧ⸗, ⲡⲓⲥⲧ⸗, ⲡⲉⲥⲧ⸗, ⲡⲟⲥⲉ†, ⲡⲏⲥ†, *p.c.* ⲡⲁⲥ-

요리하지 않은 날 음식 ⲁⲧⲡⲓⲥⲉ

요소 ⲥⲧⲟⲓⲭⲉⲓⲱⲛ, ⲥⲧⲟⲓⲭⲉⲓⲟⲛ στοιχεῖον

요술 ⲙⲛ̄ⲧϩⲁⲕⲟ

요한 ïⲱⲁⲛⲛⲏⲥ, ïⲱϩⲁⲛ

욕망 ϩⲏⲇⲟⲛⲏ, ⲑⲏⲇⲟⲛⲏ, ϩⲏⲇⲟⲛⲁⲩⲉ ἡδονή, ⲡⲉⲧⲉϩⲛⲁϥ

욕망, 갈망 ⲉⲡⲓⲑⲩⲙⲓⲁ ἐπιθυμία

욕설, 비난 ⲕⲁⲧⲁⲗⲁⲗⲓⲁ καταλαλιά

욕하다, 나무라다, 폭력을 행하다, 저주하다, 혼동하다 ϫⲡⲓⲟ, ϫⲡⲓⲉ-, ϫⲡⲓⲟ⸗, ϫⲡⲓⲁ⸗, ϫⲡⲓⲏⲧ†

욕하다, 비난하다 ϩⲟⲟⲩϣ, ⲕⲁⲧⲁⲗⲁⲗⲉⲓ, ⲉⲡⲓⲧⲓⲙⲁ (ⲛⲁ⸗), ϩⲓⲗⲁ (ⲛ̄ⲛⲟⲩϫ)

욕하다 ⲥⲁϩⲟⲩ, ⲥⲁϩⲟⲩⲉ, ⲥϩⲟⲩ(ⲉ)ⲣ-, ⲥϩⲟⲩⲱⲣ⸗, ⲥϩⲟⲩⲟⲣⲧ̄†, ⲥϩⲟⲩⲱⲣⲧ̄†, ⲥϩⲟⲩⲁⲣⲧ̄†

욕하다 ϣⲁϫⲉ ⲛ̄ⲥⲁ-

용 ⲇⲣⲁⲕⲱⲛ δράκων

용광로 ⲁϣ, ϩⲣⲱ *f.*, ⲙⲁⲛ̄ⲟⲩⲱⲧϩ̄

용기 ⲙ̄ϣⲓⲣ

용기있는 ⲧⲱⲕ, ⲧⲉⲕ-, ⲧⲟⲕ⸗, ⲧⲏⲕ†

용병 ϫⲁⲓⲃⲉⲕⲉ

용서 ⲡⲕⲁⲛⲁⲃⲉ ⲁⲃⲁⲗ

용서하는 사람 ⲣⲉϥⲕⲱ ⲁⲃⲁⲗ

용서하다 ⲕⲱ ⲛⲁⲃⲉ ⲁⲃⲁⲗ

우두머리 목동 ⲁⲣⲭⲓϣⲱⲥ

우두머리, 정상 ⲁⲡⲉ *f., pl.* ⲁⲡⲏⲩⲉ, ϫⲱϫ, ⲁⲛ-, ⲁⲛϭⲁⲙ

우리, 목축 ⲟϩⲉ, ⲟⲟϩⲉ, ⲱϩⲉ *m.*

우리, 외양간 ⲣ̄ⲃⲉ, ⲉⲣⲃⲉ *f.*

우리 ⲁⲛⲟⲛ *m. f.*, ⲁⲛ(ⲛ)-

우리 ⲕⲁⲗⲉⲁⲅⲣⲁ γαλεάγρα, ϣⲉⲓⲣⲉ (L) *f.*, ⲱϩⲉ *m.*

우리의 ⲡⲉⲛ-

우물, 샘 ⲟⲑⲉ *f.*, ϩⲟⲛⲃⲉ *f.*, ϣⲱⲧⲉ, ϣⲱⲱⲧⲉ *f.*

우박, 씨앗, 불알, 알 ⲁⲗ, ⲁⲗ ⲙ̄ⲡⲉ

ㄱ ㄴ ㄷ ㄹ ㅁ ㅂ ㅅ ㅇ ㅈ ㅊ ㅋ ㅌ ㅍ ㅎ

우상 ⲉⲓⲇⲱⲗⲟⲛ εἴδωλον, ⲕⲱ

우상, 석상, 돌단 ⲧⲟⲩⲱⲧ *m., f.* ⲧⲟⲩⲟⲟⲧⲉ

우상숭배 ⲙⲛ̄ⲧⲣⲉϥϣⲙ̄ϣⲉ ⲉⲓⲇⲱⲗⲟⲛ.

우상숭배자, 이방인 ⲣⲉϥϣⲙ̄ϣⲉ ⲉⲓⲇⲱⲗⲟⲛ

우수한, 선한, 착한 ⲛⲟⲩϥⲉ

우수한 ⲥⲱⲧⲡ̄, ⲥⲱⲡⲧ̄, ⲥⲉⲧⲡ̄-, ⲥⲁⲧⲡ̄- ⲥⲟⲧⲡ⸗, ⲥⲁⲡⲧ⸗, ⲥⲁⲧⲡ̄⸗, ⲥⲟⲧⲡ̄†, ⲥⲁⲧⲡ†

우수함, 뛰어남 ⲁⲣⲉⲧⲏ ἀρετή

우승 ϭⲣⲟ *m.*

우연 ⲧⲱⲙⲧ̄, ⲧⲱⲙⲛ̄ⲧ, ⲧⲟⲙⲛ̄ⲧ†

우연하게 ⲕⲁⲧⲁ ⲧⲩⲭⲏ

우연히 만나다, 마주치다, 갑자기울다, 슬퍼하다 ⲧⲟⲉⲓⲧ

우연히 만나다, 일치하다, 발생하다 ϫⲱⲛϥ̄, ϫⲟⲟⲛⲉϥ, ϫⲁⲛϥ̄†, ϫⲁⲁⲛϥ̄†

우유 ⲉⲣⲱⲧⲉ

우주 ⲕⲟⲥⲙⲟⲥ κόσμος

우주 전체 ⲡⲧⲏⲣϥ̄ (신을 지칭)

우쭐거리다 ϣⲟⲓ

운구, 관 ϭⲗⲟϭ, ⲧⲗⲟϭ *m.*

운동선수 ϣⲟⲉⲓϫϥ̄ *m.*

운명, 기회, 행운 ϣⲁⲓ *m.*, ⲧⲩⲭⲏ τύχη

운명을 관장하는 이 ⲣⲉϥϯⲧⲱϣ

운임 ϩⲏⲙⲉ, ϩⲉⲙⲉ, ϩⲙ̄ⲙⲉ, ϩⲓⲙⲉ *f.*

운전사, 조종사, 항해사 ⲣⲉϥⲡ̄ ϩⲙ̄ⲙⲉ

운전하다, 안내하다 ϩⲙ̄ⲙⲉ, ⲡ̄ ϩⲙ̄ⲙⲉ

운집 ⲥⲩⲛⲁⲝ σύναξ[ις]

운하, 관 ϥⲟ, ⲃⲟⲟ *f.*

운하, 관개수로 ⲟⲃⲉ

운하 ⲃⲟ, ⲉⲓⲟⲟⲣ

운항ⲃⲁϣⲟⲩϣ

울게 하다 ⲧⲣⲙⲓⲟ (L)

울다 ⲣⲓⲙⲉ

울부짖다, 소리치다 ⲟⲩⲉⲗⲟⲩⲉⲗⲉ, ϩⲙ̄ϩⲙ̄

움이 늦게 틈, 설익은 무화과 ⲃⲏⲏϣ, ⲃⲉⲉϣ

움직이게 하다 ⲥⲕⲟⲣⲕⲣ̄, ⲥⲕⲣ̄ⲕⲣ̄-, ⲥⲕⲣ̄ⲕⲱⲣ⸗, ⲥⲕⲉⲣⲕⲱⲣ†, ⲥⲕⲉⲣⲕⲟⲣⲧ†

움직이다, 뛰어오르다 ⲥⲛⲉⲓ̈ⲛⲉ (L)

움직이다, 이동하다, 자리를 내어주다,언젠가,책임지다 ⲣⲱϣⲉ ⲉ-

움직이다, 흔들리다, 떨리다 ⲕⲓⲙ, ⲕⲉⲙⲧ⸗, ⲕⲙⲧ⸗, ⲕⲉⲙⲧ-, ⲕⲙ̄- (ⲉ-), ⲉⲛⲉⲣⲅⲉⲓ

움직이지 않는, 흔들리지 않는 ⲁⲧⲡⲱϫⲱⲛⲉ

움직임, 동요 ⲕⲓⲛⲏⲥⲓⲥ κίνησις, ⲡⲱϫⲱⲛⲉⲥ, ⲡⲟⲟⲛⲉⲥ

움푹 패인 땅, 협곡 ϭⲟⲟⲛⲉ *m. f.*, ϭⲟⲛ

웃다, 비웃다, 연극하다 ⲥⲱⲃⲉ

웅덩이, 연못 ϣⲏⲓ, ϣⲁⲓ *m.*

원반 ⲇⲓⲥⲕⲟⲥ δίσκος

원숭이 ϭⲁⲡⲓ, ⲏⲛ

원인, 가정, 기회 ⲁⲫⲟⲣⲙⲏ

원인, 사전 의도, 구실, 핑계 ⲗⲟⲓϭⲉ

원인, 잘못, 유죄 ⲁⲓⲧⲓⲁ

원정 ⲥⲧⲣⲁⲧⲉⲩⲙⲁ στράτευμα

원주, 주변 ⲕⲱⲧϥ

원하다 ⲉⲡⲓⲑⲩⲙⲉⲓ (ⲉ-), ⲉⲡⲓⲑⲩⲙⲓ ἐπιθυμεῖν

원하다 ϩⲛⲉ-, ⲉϩⲛⲉ-, (ⲉ)ϩⲛⲁ⸗, ϩⲛⲉ⸗, ⲉϩⲛⲉ⸗

원하다 ϣϣⲁⲩ, ⲱⲕ ⲛ̄ϩⲏⲧ, ⲱⲕ, ⲏⲕ†

원한, 분노 ⲭⲟⲗⲏ χολή

원함, 소원 ⲟⲩⲁϣϥ̄ *m.*

원함,운명, 행운 ⲧⲩⲭⲏ τύχη

월경 ϣⲣⲱ, ϣⲣⲟ *f.*

월계관 ϭⲣⲏⲡⲉ *f.*

월급 ϣϭⲟⲣ, ϣϭⲟⲗ, ⲥϭⲟⲗ *m.*

월급쟁이 ⲣⲙⲛ̄ϩⲱⲧⲣ̄

월세, 봉급 ϣϭⲁⲣ (L) *m.*, ϣϭⲟⲣ, ϣϭⲟⲗ, ⲥϭⲟⲗ *m.*, ϩⲱⲧⲉ *m.*

위 ϩⲣⲁⲓ *m.*

위 ⲛⲏϭⲉ *f.*

위대하게, 많이 ⲛ̄ⲟⲩⲛⲁϭ

위대한 ⲛⲁϭ

위대함 ⲙⲛ̄ⲧⲛⲟϭ

위로부터의 ⲛ̄ⲧⲡⲉ

위로하다 ϭⲙ̄ ⲛⲟⲙⲧⲉ

위로하다 ⲥⲟⲗⲥⲗ̄, ⲥⲗ̄ⲥⲗ̄-, ⲥⲉⲗⲥⲱⲗ-, ⲥⲗ̄ⲥⲱⲗ⸗, ⲥⲗ̄ⲥⲟⲗⲧ†

위를 향해, 위에, 아래쪽으로, 아래 ⲉϩⲣⲁⲓ, ⲉⲡϣⲱⲓ, ⲉⲧⲡⲉ

위법의 ⲁⲗⲟⲅⲟⲥ

위에 ⲙ̄ⲡⲥⲁⲧⲡⲉ (ⲛ̄-), ⲉϫⲛ̄-, ⲉϫⲱ⸗

위에 ⲉⲡϣⲱⲓ, ϩⲓϫⲛ̄-, ϩⲓϫⲙ̄-, ϩⲓϫⲱ⸗

위에 있는 것, 상층부 ϣⲱⲓ

위에, ...앞에 ϩⲁϫⲛ̄-, ϩⲁϫⲱ⸗

위에, 아래쪽으로, 아래 ⲉϩⲣⲁⲓ

위에, 에 덧붙여서, 그리고, 또는 ϩⲓ-, ϩⲉ-, ϩⲓⲱⲱ⸗

위에서 ϩⲓⲡϫⲓⲥⲉ

위인들 ⲛ̄ⲛⲟϭ

위장 ϣⲁϣⲡⲉ (L) *f.*, ⲥⲧⲟⲙⲁⲭⲟⲥ στόμαχος

위층 ⲙⲁ ⲛ̄ⲧⲡⲉ

위치 ϩⲉⲝⲓⲥ ἕξις

위치하다 ⲕⲱ, ⲕⲱⲉ, ⲕⲁ-, ⲕⲁⲁ⸗, ⲕⲁ⸗, ⲕⲟⲟ⸗, ⲕⲏ†, ⲕⲁⲁⲧ†

위하여, 에게 ⲉ-, ⲉⲣⲟ⸗, ϩⲁ ⲡⲣⲁ

위험 ⲕⲓⲛⲇⲩⲛⲟⲥ κίνδυνος

위험에 노출되다 ⲉⲛⲟⲭⲟⲥ

위험에 빠지다 ⲕⲓⲛⲇⲩⲛⲉⲩⲉ, ϭⲛ̄ⲧⲉⲛⲉⲩⲉ κινδυνεύειν

위협하다 ϩⲡⲟϫⲡϭ, ϫⲟⲡϫⲡ̄

위협하다 ⲁⲡⲓⲗⲉ, † ϩⲟⲧⲉ

윗부분, 상층부 ⲧⲡⲉ, ⲥⲁⲛ̄ⲧⲡⲉ

윗옷 ϩⲟⲉⲓⲧⲉ ⲉⲧϩⲓⲃⲟⲗ

유다 ⲓ̈ⲟⲩⲇⲁⲥ

유다 지방 ⲓ̈ⲟⲩⲇⲁⲓⲁ

유대인 ⲓ̈ⲟⲩⲇⲁⲓⲟⲥ

유랑 ⲥⲟⲣⲙⲉⲥ

유랑자, 유혹하는 사람 ⲥⲣ̄ⲙⲉ, ⲥⲉⲣⲙⲏ

유랑하다, 캠프를 치다, 이주하다 ϭⲟⲉⲓⲗⲉ, ⲕⲟⲓⲗⲉ, ϭⲁⲗⲉ-, ϭⲁⲗⲱⲱ⸗, ϭⲁⲗⲱⲟⲩ†, ϭⲁⲗⲏⲩ(ⲧ)†, ϭⲁⲗⲟⲟⲩⲧ†

유리 ⲁⲃⲁϭⲏⲉⲓⲛ *m. f.*

유리세공업자 ⲥⲁⲛ̄ⲁϭⲁϭⲏⲉⲓⲛ

유리잔 ⲁⲡⲟⲧ *m.*, *pl.* ⲁⲡⲏⲧ

유리한 바람 ⲧⲏⲩ ⲛ̄ⲟⲩⲛⲁⲙ

유리한 ⲣ̄ ⲛⲟϥⲣⲉ, ⲛⲟⲩϥⲣ̄, ⲛⲉϥⲣ̄-, ⲛⲟϥⲣ̄- *p.c.* ⲛⲁϥⲣ̄-

유명인사 ⲣⲙ̄ⲛ̄ⲥⲟⲉⲓⲧ

유명한 ⲉⲣⲉⲡⲉϥⲣⲁⲛ ⲛ̄ⲃⲟⲗ, ⲉⲛⲁϣⲉ ⲣⲓⲛⲟⲩ, ⲥⲁⲓ̈ⲧ

유명해지다 ϫⲓⲥⲁⲓ̈ⲧ

유모 ⲙⲟⲟⲛⲉ, ⲣⲉϥⲥⲁⲁⲛϣ, ⲣⲉϥⲥⲁⲛⲉϣ

유목민, 방랑자 ⲥⲁⲣⲁⲕⲱⲧⲉ, ⲥⲁⲣⲁⲕⲟⲧ(ⲧ)ⲉ, ⲥⲁⲣⲁⲕⲟⲥⲧⲉ, ⲥⲁⲣⲁⲕⲱⲧⲱⲛ *pl.*

유목민 ⲣⲙ̄ⲛ̄ϭⲁⲓ̈ⲗⲉ, ⲣⲙ̄ⲛ̄ϭⲟⲉⲓⲗⲉ

유목생활을 하다, 천막 치다 ϭⲁⲓ̈ⲗⲉ (L), ϭⲉⲗⲓⲧ†

유방, 젖 (ⲉ)ⲕⲓⲃⲉ

유복한 ⲡⲗⲟⲩⲥⲓⲁ πλούσιος

유사, 모양 ⲉⲓⲛⲉ

유사함, 비유 ϩⲣ̄ⲃ̄ *m.*

유산 ϩⲟⲩϩⲉ, ϩⲟⲩϩⲏⲧ⸗

유산하다, 유산 ϩⲟⲩϩⲉ, ϩⲟⲩϩⲏⲧ⸗

유순한 ⲥ(ⲉ)ⲧⲙⲏⲧ, ⲥⲙⲏⲧ

유실수 ⲛ̄ⲧⲁⲓ̈ⲟⲩⲧⲁϩ

유월, 넘어감 ⲡⲁⲥⲭⲁ πάσχα

유의하다 ⲡⲣⲟⲥⲉⲭⲉ προσέχειν

유익하다 † ϩⲏⲩ, ϭⲛ̄ϩⲏⲩ

유익한, 이익되는 ⲣ̄ ϣⲁⲩ, ⲉⲧⲣ̄ ϣⲁⲩ

유익한, 합당한 ⲙ̄ⲧⲁϩ (L)

유익한 ⲭⲣⲏⲥⲓⲙⲉⲩⲉ χρησιμεύειν

유일하게, 하나로 일치하여 ⲟⲩⲁ (ⲛ̄)ⲟⲩⲱⲧ

유일한 ⲟⲩⲱⲧ, ⲟⲩⲁⲁ⸗, ⲟⲩⲁⲁⲧ⸗, ⲟⲩⲟⲟⲧ⸗

유죄 ⲁⲓⲧⲓⲁ

유죄의, 죄인 ⲁⲓⲧⲓⲟⲥ

유지하다, 견디다 ⲱϩⲉ, ⲟϩⲉ, ⲁϩⲉ†

유창한 언변 ϣⲁϫⲉ ⲉⲧⲛⲉⲥⲱϥ

유출, 경과, 흐름 ⲁⲡⲟⲣⲣⲟⲓⲁ, ϩⲁⲧⲉ, ϩⲁⲁⲧⲉ, ϩⲉⲧⲉ, ϩⲁⲁⲧ⸗

유출 ⲡⲣⲟⲃⲟⲗⲏ προβολή

유출시키다, 희박하게 하다 ϣⲱⲗ, ϣⲟⲗ⸗, ϣⲁⲗ⸗, ϣⲏⲗ†

유출하는 ⲁⲡⲟ..ⲓⲁ ἀπόρροια

유쾌한 ⲛⲟⲩⲧⲙ̄, ⲛⲟⲧⲙ̄†, ⲛⲁⲧⲙⲉ†, ⲛⲁⲧⲙ̄†

유프라테스 강 ⲉⲩⲫⲣⲁⲧⲏⲥ

유형, 모양 ⲧⲩⲡⲟⲥ τύπος

유혹, 시련 ϫⲟⲛⲧⲥ̄

유혹하는 사람 ⲥⲣ̄ⲙⲉ, ⲥⲉⲣⲙⲏ

유황 ⲑⲏⲛ

유효한, 가치 있는, 대우할만한 ⲛ̄ϣⲁⲩ

육, 살 ⲥⲁⲣⲝ σάρξ

육련성, 좀생이, 묘성 ϭⲓⲛⲙⲟⲩⲧ

육적 존재 ⲥⲱⲙⲁⲧⲓⲕⲟⲛ σωματικόν

육적인 ⲥⲁⲣⲕⲓⲕⲟⲛ σαρκικόν, ⲯⲩⲭⲓⲕⲟⲛ ψυχικόν

육체 ⲥⲱⲙⲁ σῶμα

육체의, 육적 존재 ⲥⲱⲙⲁⲧⲓⲕⲟⲛ σωματικόν

육촌 ϣⲛ̄ⲥⲛⲁⲩ

윤기나게 하다 ⲥⲗⲟϭⲗϭ̄, ⲥⲗⲉϭⲗⲱϭ-, ⲥⲗⲉϭⲗⲱϭ†, ⲥⲗⲕ̄ⲗⲱⲕ†

윤기나게 하다 ⲥⲱⲱⲙⲉ, ⲥⲁⲁⲙⲉ-, ⲥⲟⲙⲉ⸗, ⲥⲁⲁⲙⲉ⸗

윤회 ⲙⲉⲧⲁⲅⲅⲓⲥⲙⲟⲥ μεταγγισμός

율법 ⲉⲛⲧⲟⲗⲏ ἐντολή, ⲛⲟⲙⲟⲥ νόμος

융자, 빌림 ⲟⲩϣⲁⲡ *m.*

으깨다 ⲱϥ(ⲉ), ⲉϥ-, ⲱϥ-, ⲟϥ⸗

으깨다 ⲧⲛ̄(ⲛ)ⲟ, ⲧⲛⲁ, ⲧⲛ(ⲛ)ⲟ⸗, ⲧⲁⲛⲁ⸗, ⲧⲛ̄ⲛⲏⲩ†, ⲑⲛ̄ⲛⲏⲩ†

으로부터 멀리 ⲉⲃⲟⲗ ϩⲓ

으르릉거리다 ⲟⲩⲁϩⲃⲉϥ, ⲟⲩⲟϩⲃⲉϥ, ⲟⲩⲁϩⲙⲉϥ

은 매매자 ⲥⲁⲛⲣ̄ϩⲁⲧ

은, 동전 ϩⲁⲙⲧ *m.*, ϩⲁⲧ, ϩⲁ(ⲁ)ⲧⲉ *m.*

은거하다 ⲁⲛⲁⲭⲱⲣⲉⲓ

은둔자, 수도승 ⲁⲛⲁⲭⲱⲣⲏⲧⲏⲥ

은둔지 ⲁⲛⲁⲭⲱⲣⲏⲥⲓⲥ

은사, 대사 ⲁⲙⲛⲏⲥⲧⲓⲁ ἀμνηστία

은사, 영적 권위 ⲭⲁⲣⲓⲥⲙⲁ χάρισμα

은세공의, 은으로 만든 ⲛ̄ⲉⲓⲉⲡϩⲁⲧ

은세공인 ⲣⲉϥⲣ̄ϩⲁⲧ

은신처 ⲙⲁ ⲙ̄ⲡⲱⲧ

은으로 된 ⲛ̄ϩⲁⲧ

은으로 만든 ⲛ̄ⲉⲓⲉⲡϩⲁⲧ

은총을 베푸는 이 ⲣⲉϥϯϩⲙⲁⲧ

은퇴, 묵상 ⲁⲛⲁⲭⲱⲣⲏ ἀναχωρεῖν

은혜, 고마움, 선물 ϩⲙⲟⲧ *m.*, ϩⲙⲁⲧ, *pl.* ϩⲙⲟⲟⲧ, ⲭⲁⲣⲓⲥ χάρις

은혜를 갚다, 고마와하다 ϣⲡ̄ϩⲙⲟⲧ

은혜를 모르는 ⲁⲧϣⲡ̄ϩⲙⲟⲧ

은혜를 베푸는 사람, 성례 ⲣⲉϥⲥⲡ̄ϩⲙⲟⲧ

은혜를 베풀다 ⲣ̄ ϩⲙⲟⲧ

은화 ϩⲉⲧ *m.*

음란한 ⲥⲡⲁⲧⲁⲗⲟⲥ σπάταλος

음식, 떡 ⲟⲉⲓⲕ

음식물 ⲛ̄ⲕⲁⲛ̄ⲟⲩⲱⲙ, ϭⲓⲛⲟⲩⲱⲙ

음식물, 식량 ϩⲣⲉ, ϩⲉⲣⲉ *m. f.*, *pl.* ϩⲣⲏⲩⲉ, ϩⲣⲉⲟⲩⲉ, ϩⲣⲉⲟⲟⲩ

음식장수 ⲥⲁⲛ̄ⲟⲣⲃⲉ

음악, 멜로디 ⲟⲩ(ⲉ)ⲗⲗⲉ, ⲟⲩⲗ̄ⲉ *f.*

음악을 연주하다, 노래하다 ϭⲉⲛϭⲉⲛ, ϭⲛ̄ϭⲛ̄, ϭⲙ̄ϭⲙ̄, ϫ(ⲓ)ⲛϫ(ⲓ)ⲛ, ϫⲙ̄ϫⲙ̄

응고되다 ⲱϭⲣ̄, ⲱϭⲉⲣ, ⲟϭⲣ⸗, ⲟϭⲣ̄†

응수하다, 대답하다, 되풀이하다, 번역하다 ⲟⲩⲱϩⲙ̄, ⲟⲩⲱϩⲙⲉ, ⲟⲩⲉϩⲙ̄-, ⲟⲩⲁϩⲙ⸗, ⲟⲩⲟϩⲙ⸗, ⲟⲩⲁϩⲙⲉ⸗, ⲟⲩⲟϩⲙ̄†

응시하다, 주시하다 ϊⲱⲣⲙⲉ, ϊⲱⲣⲙ̄, ϊⲁⲣⲙⲉ†, ⲟⲩⲉϣ-, ⲟⲩⲱϣ-, ⲟⲩⲁϣ⸗, ⲟⲩⲟϣ⸗

의, 에 의해 ⲛ̄ⲧⲛ̄-, ⲛ̄ⲧⲟⲟⲧ⸗

의, 정의 ⲇⲓⲕⲁⲓⲟⲥⲩⲛⲏ δικαιοσύνη

의견을 같이하는 ⲧⲱⲙⲉ, ⲧⲁⲙⲉ†

의견을 말하다 ϯ ϣⲟϫⲛⲉ

의견이 일치하여 ϩⲛ̄ⲟⲩϣⲱⲛϥ̄

의도, 계획 ⲟⲩⲱϣ, ⲟⲩ(ⲱ)ϣⲉ

의도, 모의, 공모 ⲉⲡⲓⲃⲟⲩⲗⲏ

의로운 행위 ⲇⲓⲕⲁⲓⲱⲙⲁ

의문, 반발 ⲁⲙⲫⲓⲃⲟⲗⲓⲁ

의문을 가지다 ⲁⲙⲫⲓⲃⲁⲗⲗⲉ

의문조사 ⲁⲣⲁ ἆρα

의미하다 ⲥⲏⲙⲁⲛⲉ σημαίνειν

의복 수선인, 재단사 ϩⲁ(ⲁ)ⲕ *m.*, ϭⲟ(ⲟ)ⲗⲉⲥ

의복, 옷 ϩⲃⲟⲟⲥ, ϩⲃⲱⲥ *m. f.*, *pl.* ϩⲃⲱⲱⲥ

의복 ϩⲟⲉⲓⲧⲉ, ϩⲟⲓⲧⲉ *m.*, *f.* ϩⲓⲧ-, ⲙⲁⲣϫⲱϫⲉ, *pl.* ⲙⲁⲣϫⲟⲟϫⲉ

의복의 일종 ⲉⲧⲟϩ, ⲉⲧⲁϩ

의사, 치병인 ⲙⲁⲣⲕⲁⲥ, ⲙⲉⲣⲕⲁⲥ

의사 ⲥⲁⲉⲓⲛ *m.*, *f.* ⲥⲁⲓⲛⲉ, ⲥⲉϊⲛⲉ, ⲥⲉϊⲛ, ⲥⲉϊ

의상 ϩ(ⲉ)ⲃⲥⲱ *f.*, *pl.* ϩⲃ̄ⲥⲟⲟⲩⲉ

의식 ⲥⲩⲛⲉⲓⲇⲏⲥⲓⲥ συνείδησις

의심, 의혹 ⲥⲁⲛⲓⲥ, ϩⲩ̈ⲡⲟⲯⲓⲁ ὑποψία

의심하다, 망설이다 ⲇⲓⲥⲧⲁⲍⲉ

의인 ⲇⲓⲕⲁⲓⲟⲥ δίκαιος, ⲡⲣⲱⲙⲉ ⲛ̄ⲇⲓⲕⲁⲓⲟⲥ

의자, 좌석 ⲡⲟⲓ *m.*, ⲙⲁⲛ̄ϩⲙⲟⲟⲥ

의자, 층 ⲛⲏⲥⲉ *f.*

의지, 의향, 상식 ⲅⲛⲱⲙⲏ γνώμη, ⲱⲕ ⲛ̄ϩⲏⲧ

의학적인 ⲛ̄ⲥⲁⲉⲓⲛ

의한 ⲡⲣⲟⲥ πρός

의향, 상식 ⲅⲛⲱⲙⲏ γνώμη

의혹 ⲥⲁⲛⲓⲥ

의혹이나 의문을 나타내는 조사 ⲡⲉ-

의회, 회중 ⲧⲟⲟⲩⲧⲉ, ⲧⲟⲩⲏⲧ⸗, ⲧⲟⲩⲏⲧ†

이 때 ⲙ̄ⲡⲉⲓⲟⲩⲟⲉⲓϣ

이 면제된 ϣⲁⲧⲛ̄-, ϣⲁⲁⲧⲛ̄-

이 사람(지시형용사) ⲡⲏ *m.*, ⲧⲏ *f.*, ⲛⲏ *pl.*

이 사람 ⲡⲁï- *m.*, ⲧⲁï *f.*, ⲛⲁï *pl.*

이 세대 ⲙⲡⲓⲁïⲱⲛ

이 순간 ϩⲙ̄ⲡⲉⲓⲥⲏⲩ

이 위대한 사람 ⲡⲉⲓⲛⲟϭ

이, 벼룩 ⲕⲁⲕⲧⲉ, ⲕⲁⲧⲕⲉ

이것, 이 사람 ⲡⲁï- *m.*, ⲧⲁï *f.*, ⲛⲁï *pl.*

이것 ⲡⲉⲓ- *m.*, ⲧⲉⲓ- *f.*, ⲛⲉⲓ- *pl.*

이글거리는 불, 불에 푹 굽다 ϫⲃ̄ⲃⲉⲥ, ϫ(ⲉ)ⲃ(ⲃ)ⲥ, ϫⲏ(ⲏ)ⲃⲥ̄, ϫⲏⲓⲃⲥ̄, ϫⲁïⲃⲉⲥ *f.*

이기에 ⲉⲡⲉⲓⲇⲏ ἐπειδή

이끌다 ⲁⲣⲭⲉⲓ (ⲉ-)

이끌어가다 ⲉⲗⲁⲩⲛⲉ ἐλαύνειν

이끌어 나가다 ⲉⲝⲁⲅⲏ ἐξάγειν

이는 내 아들이다 ⲡⲁⲓ ⲡⲉ ⲡⲁⲥⲟⲛ

이다 ⲡⲉ *m.*, ⲧⲉ *f.*, ⲛⲉ *pl.*

이다, 되다, 일어나다 ϣⲱⲡⲉ, ϣⲟⲟⲡ†, ϣⲟⲡ†

이다, 만들다, 경과하다 ⲉⲓⲣⲉ, (ⲉ)ⲣ-, ⲣ̄-, ⲣⲉϥ-, ⲁⲁ⸗, ⲉ⸗, ⲉⲉ⸗, ⲉⲓⲧ⸗, ⲧ⸗, ⲧⲣ̄⸗, ⲟ†, ⲟï†, *impér.* ⲁⲣⲓⲣⲉ, ⲁⲣⲓ-, ⲁⲣⲓ⸗

이다, 있다, 가지다 ⲟⲩⲟⲛ, ⲟⲩⲛ̄(-), ⲟⲩ(ⲟ)ⲛⲧⲉ-, ⲟⲩⲛⲧⲁ⸗, ⲟⲩⲛⲧ(ⲉ)⸗

이단 ϩⲁⲓⲣⲉⲥⲓⲥ αἵρεσις

이동하다, 자리를 내어주다, 언젠가, 을 책임지다 ⲣⲱϣⲉ ⲉ-

이득을 찾는 자 ⲣⲉϥϭⲛ̄ϩⲏⲩ

이래로 ϫⲛ̄-, ϫⲙ̄-

이러저러한 것들 ⲟⲩ ⲙⲛ̄ ⲟⲩ

이러한 방법으로 ⲙ̄ⲡⲓⲣⲏⲧⲉ, ⲛ̄ϯϩⲉ

이러한 이유로 ⲉⲧⲃⲉ ⲡⲁï

이른 ϣⲱⲣⲡ̄, ϣⲣ̄ⲡ-, ϣⲉⲣⲉⲡ-, ϣⲟⲣⲡ⸗, ϣⲟⲣⲡ̄†

이른 새벽에, 일찌기 ⲛ̄ϣⲱⲣⲡ̄

이를 갈기 ϣⲕⲗ̄ⲕⲉⲗ, ϣⲕⲏⲗⲕⲉⲗ *m.*

이를 갈다, 막대기로 두드리다, 손뼉을 치다, 이빨을 갈다 ϫⲁϩϫϩ̄, ϫⲁϩϫ̄, ϫⲁϩϭ̄, ϭⲁϩϫϩ̄, ϭⲁϩⲉ(ⲉ)ϩ, ϭⲟϩϭ(ⲉ)ϩ, ϭⲁϩϭ̄, ϭⲟϩϭ̄, ϫⲉϩϫⲱϩ⸗

이를 갈다, 신음하다 ϣ̄ⲧⲃⲟ, ϩⲣⲟϫⲣⲉϫ, ϩⲣⲟϫⲣϫ̄, ϩⲣⲟϭⲣⲉϭ

이름 ⲣⲁⲛ, ⲣⲉⲛ, ⲣⲓⲛ, ⲣⲓⲛ⸗, ⲣⲉ(ⲛ)ⲧ⸗ ⲣⲓⲛⲧ⸗, ⲣⲁⲛⲧ⸗ *m.*

이름 짓다, 이름지어 부르다 ϯ ⲣⲁⲛ, ϯ ⲣⲓⲛϥ̄, ⲧⲁⲩⲉ ⲣⲁⲛ, ϫⲉ ⲡⲣⲁⲛ ⲉϫⲛ̄, ϯ ⲣⲉⲛ

이름난, 유명한 ⲉⲣⲉⲡⲉϥⲣⲁⲛ ⲛ̄ⲃⲟⲗ, ⲉⲛⲁϣⲉ ⲣⲓⲛⲟⲩ

이름이 알려짐, 명성 ⲥⲟⲉⲓⲧ *m.*

이름있는 날 ϩⲟⲟⲩ ⲛ̄ⲣⲁⲛ

이름지어 부르다 ϯ ⲣⲁⲛ, ϯ ⲣⲓⲛϥ̄, ⲧⲁⲩⲉ ⲣⲁⲛ, ϫⲉ ⲡⲣⲁⲛ ⲉϫⲛ̄

이리, 늑대 ⲟⲩⲱⲛϣ̄, ⲱⲛϣ̄ *m.*

이리저리 ϩⲓⲡⲉⲓⲥⲁ ⲙⲛ̄ⲡⲁⲓ

이마 ⲧⲉϩⲛⲉ *f.*

이미 ⲏⲇⲏ

이민 ⲣⲉϥⲧⲱϭⲉ

이민족, 이방인 ⲁⲗⲗⲟⲫⲩⲗⲟⲥ

이방, 출발 ⲁⲡⲟⲇⲏⲙⲓⲁ αποδήμια

이방의 제사장 ϩⲟⲛⲧ *m.*, *pl.* ϩⲱⲛⲧ

이방인, 떠돌이 ⲉⲧϭⲁⲗⲱⲟⲩ

이방인 ϣⲙ̄ⲙⲟ, ϣⲙⲟ, ϣⲙⲱ, *m.*, *f.* ϣⲙ̄ⲙⲱ *pl.* ϣⲙ̄ⲙⲟⲓ, ϣⲙ̄ⲙⲁï

이방인 ⲁⲗⲗⲟⲫⲩⲗⲟⲥ, ⲁⲗⲗⲟⲅⲉⲛⲏⲥ, ⲁⲗⲗⲟⲧⲣⲓⲟⲥ, ⲙⲛ̄ⲧⲁⲧⲥⲃ̄ⲃⲉ

이방인 ⲣⲙ̄ⲣⲉϣϥ̄, ⲣⲙ̄ⲣⲉϣⲉ, ⲣⲉϥϣⲙ̄ϣⲉ ⲉⲓⲇⲱⲗⲟⲛ

이방인의 처지 ⲙⲛ̄ⲧϣⲙ̄ⲙⲟ

이방인이 되다 ⲣ̄ ϣⲙ̄ⲙⲟ

이번에, 지금, 현재 (ϩ)ⲙ̄ⲡⲉⲓⲥⲏⲩ

이불에 솜을 넣기, 붕대를 감기 ⲕⲗ̄ⲙⲉ

이브 ⲉⲩϩⲁ

이빨, 치아 ⲟⲃϩⲉ, ⲟⲃϩ̄ *f.*, ⲛⲉϫⲉ *f.*, ⲧⲁⲝ *m.*

ㄱ ㄴ ㄷ ㄹ ㅁ ㅂ ㅅ ㅇ ㅈ ㅊ ㅋ ㅌ ㅍ ㅎ

이빨을 갈다 **ϫⲁϩϫϩ̄, ϫⲁϩϫ̄, ϫⲁϩϭ̄, ϭⲁϩϫϩ̄, ϭⲁϩⲉ(ⲉ)ϩ, ϭⲟϩϭ(ⲉ)ϩ, ϭⲁϩϭ̄, ϭⲟϩϭ̄, ϫⲉϩϫⲱϩ⸗**

이사하다 **ⲟⲩⲱⲧⲃ̄ ⲉⲃⲟⲗ**

이삭, 포도송이 **ϫⲗ̄ⲗⲉ** *f.*, **ϩⲉⲙⲥ̄, ϩⲙⲥ̄ ϩⲙ̄ⲯ, ϩⲏⲙⲥ̄** *m.*

이삭을 줍다 **ⲥⲣⲓⲧ, ⲥⲟⲁⲧ⸗, ⲥⲣⲓⲧ⸗**

이성 **ⲙⲛ̄ⲧⲣⲙⲛ̄ϩⲏⲧ, ϩⲏⲧ** *m.*, **ϩⲉⲧⲉ** *pl.*, **ϩⲧⲏ⸗**

이성 **ⲗⲟⲅⲓⲥⲙⲟⲥ**

이성에 반하는 일, 미친 짓 **ⲁⲡⲟⲛⲟⲓⲁ, ⲁⲗⲟⲅⲟⲥ**

이성에 합당한 **ⲗⲟⲅⲓⲕⲟⲥ**

이성을 갖춘 사람 **ⲣⲙⲛ̄ϩⲏⲧ**

이성이 결여된 **ⲁⲛⲟⲏⲧⲟⲥ**

이스라엘 **ⲓ̄ⲏ̄ⲗ̄**

이슬 **ⲉⲓⲱⲧⲉ, ⲓ̈ⲱⲧⲉ, ⲙⲟⲩ ⲛ̄ⲓ̈ⲱⲧⲉ, ⲟⲉⲓⲕ** *m.*

이야기하다,영광을 돌리다, 경외하다 **ⲧⲁⲓ̈ⲟ, ⲧⲁⲓⲉ-, ⲧⲁⲓ̈ⲟ-, ⲧⲁⲓⲟ⸗, ⲧⲁⲓ̈ⲁ⸗, ⲧⲁ(ⲉⲓ)ⲏⲩ† ⲧⲁⲓ̈ⲏⲩ†, ⲧⲁⲓ̈ⲁⲓ̈ⲧ†**

이야기하다 **ⲧⲁⲩⲟ, ⲧⲁⲩⲟⲩⲟ, ⲧⲁⲃⲟ, ⲧⲁ(ⲟ)ⲩⲉ-, ⲧⲁ(ⲟ)ⲩⲟ⸗**

이와 같이 **ⲛ̄ⲧⲉⲓϩⲉ**

이용하다 **ⲭⲣⲁⲥⲧⲉ** χρῆσθαι

이웃 사람 **ⲣⲙ̄ⲣⲁⲩⲏ**

이웃, 친지 **(ⲡ)ⲉⲧϩⲓⲧⲟⲩⲱ(ϥ), ⲣⲉⲟⲩⲏ** (L)

이유 **ⲗⲁⲓ̈ⲃⲉ**

이유없이 **ⲉⲓⲕⲏ** εἰκῆ

이윤, 장점, 했으면 좋으련만 **ⲛⲟϥⲣⲉ**

이익, 이윤 **ϩⲏⲩ** *m.*, **ⲙⲏ(ⲏ)ⲥⲉ**

이익되는 **ⲣ̄ ϣⲁⲩ**

이자, 이윤 **ⲙⲏ(ⲏ)ⲥⲉ**

이적, 기적 **ϣⲡⲏⲣⲉ** *f.*, **ⲙⲉⲓ̈ⲛⲉ, ⲙⲟⲉⲓϩⲉ, ⲙⲁϩⲉⲓⲉ**

이전 상태, 선행된 부분, 초기, 태초 **ϩⲏ, ⲉϩⲏ** *m.*, *f.* **ϩⲓⲏ, (ⲉ)ϩⲏⲧ⸗**

이전시키다 **ⲟⲩⲱⲧⲃ̄, ⲟⲩⲉⲧⲃ̄-, ⲟⲩⲟⲧⲃ⸗, ⲟⲩⲁⲧⲃ⸗, ⲟⲩⲟⲧ(ⲉ)ⲃ†**

이전의, 오래된 **ⲁⲡⲟ-**

이주하다 **ϭⲟⲉⲓⲗⲉ, ⲕⲟⲓⲗⲉ, ϭⲁⲗⲉ-, ϭⲁⲗⲱⲱ⸗, ϭⲁⲗⲱⲟⲩ†, ϭⲁⲗⲏⲩ(ⲧ)†, ϭⲁⲗⲟⲟⲩⲧ†**

이집트 콩 **ϭⲁⲃϭⲁⲃ, ⲕⲁϥⲕⲁϥ, ⲅⲁϥⲕⲁϥ, ϭⲁⲃϭⲏⲃ**

이쪽 저쪽으로 **ϩⲓ ⲡⲉⲓⲥⲁ ⲙⲛ̄ ⲡⲁⲓ**

이처럼, 이와 같이 **ⲛ̄ⲧⲉⲓϩⲉ, ⲣ̄ⲡⲓⲣⲏⲧⲉ, ϩⲙ̄ ⲡⲁⲓ̈**

이해시키다 **ⲁⲓⲥⲑⲁⲛⲉ** αἰσθάνεσθαι

이해하다 **ⲉⲓⲙⲉ, ⲙ̄ⲙⲉ** (ⲉ-)

이혼장 **ϫⲱⲱⲙⲉ ⲛ̄ⲧⲟⲩⲓⲟ**

이후부터 **ϫⲓⲛ-, ϫ(ⲓ)ⲛⲛ-, ϫⲓⲛⲉ-, ϫ(ⲉ)ⲛ-, ϭ(ⲉ)ⲛ-, ⲕⲛ̄-, ϣⲉⲛ-**

익숙한 **ⲕⲟⲡⲓⲥ** κόπις

익은 음식 **ⲡⲁⲥⲉ**

익히다 **ⲡⲓⲥⲉ, ⲡⲓⲥ, ⲡⲉⲥ(ⲧ)-, ⲡⲓⲥ-, ⲡⲁⲥⲧ⸗, ⲡⲓⲥⲧ⸗, ⲡⲉⲥⲧ⸗, ⲡⲟⲥⲉ†, ⲡⲏⲥ†,** *p.c.* **ⲡⲁⲥ-**

익히지 않은 **ⲟⲩⲱⲧ, ⲟⲩⲉⲧ-, ⲟⲩⲉⲧ⸗**

익힌, 데운 **ⲉⲧϩⲏⲙ**

인가? **ⲉⲛ(ⲉ), ⲛⲉ**

인간 세상 **ⲟⲓⲕⲟⲩⲙⲉⲛⲏ** οἰκουμένη

인감 **ⲧⲁⲃⲉϥ** (L) *m.*

인격 **ⲡⲣⲟⲥⲱⲡⲟⲛ** πρόσωπον

인근 지방 **ⲧⲉϣⲉ** *m. f.*, *pl.* **ⲧⲉϣⲉⲉⲩ**

인근 **ⲙⲟϣⲧⲉ, ⲙⲟⲟϣ(ⲧ)ⲉ**

인내 **ϩⲩⲡⲟⲙⲟⲛⲏ** ὑπομονή, **ⲙⲛ̄ⲧϩⲁⲣϣϩⲏⲧ, ⲙⲛ̄ⲧϫⲁⲙⲏⲧ** *f.*

인도, 인도인 **ϩⲛ̄ⲧⲟⲩ** *m.*, **ϩⲉⲛⲧⲟⲩ, ϩ(ⲏ)ⲛⲧⲟⲩ** *m.*

인도자 **ⲣⲉϥϫⲁⲩⲙⲁⲓ̈ⲧ, ⲣⲉϥϫⲓⲙⲁⲓ̈ⲧ**

인도하다, 안내하다 **ϫⲓ ⲙⲟⲉⲓⲧ**

인류 **ⲙⲛ̄ⲧⲣⲱⲙⲉ**

인마궁 **ⲧⲟⲝⲟⲧⲏⲥ** τοξότης

인사, 찬양 **ϫⲣⲟ, ⲁⲥⲡⲁⲥⲙⲟⲥ** ἀσπασμός

인사하다**ϣⲉⲡⲧⲱⲣⲉ**

인상 **ⲭⲁⲣⲁⲕⲧⲏⲣ** χαρακτήρ

인쇄하다 **ⲧⲱⲃⲉ, ⲧⲁⲃⲉ⸗, ⲧⲁⲃⲉ†**

인식, 지식, 영지 **ⲅⲛⲱⲥⲓⲥ** γνῶσις

인자 **ⲡϣⲏⲣⲉ ⲙ̄ⲡⲣⲱⲙⲉ**

인자한 **ⲛⲁ, ⲛⲁⲁ, ⲛⲁⲉ, ⲛⲁ(ⲉ)ⲓ(ⲏ),** *p.c.* **ⲛⲁ-**

인장, 봉인 **ⲥⲫⲣⲁⲅⲓⲥ** σφραγίς, **ⲫⲱⲕⲏ** φώκη, **ⲧⲟⲟⲃⲉⲥ** *f.*

인접구역 **ⲣⲁⲩⲏ, ⲣⲁⲩⲉ(ⲓ), ⲣⲏⲩⲉ** *f.*

인종 **ⲣⲉⲓ̈ⲧⲉ** (L), **ⲣⲉⲓ̈ⲉⲧⲉ**

인지, 지각 **ⲁⲓⲥⲑⲏⲥⲓⲥ** αἴσθησις

인지시키다, 보여주다, 이야기하다,영광을 돌리다, 경외하다 **ⲧⲁⲓ̈ⲟ, ⲧⲁⲓⲉ-, ⲧⲁⲓ̈ⲟ-, ⲧⲁⲓⲟ⸗,** ⲧⲁⲓ̈ⲁ⸗, ⲧⲁ(ⲉⲓ)ⲏⲩ† ⲧⲁⲓ̈ⲏⲩ†, ⲧⲁⲓ̈ⲁⲓ̈ⲧ†

인지시키다 ⲅⲛⲱⲣⲓⲍⲉ γνωρίζειν

인지자 ⲣⲉϥⲓ̈ⲱⲣϩ

일 부분, 한 조각 ⲟⲩⲱⲛ, ⲟⲩ(ⲉ)ⲛ- *m.*

일 ⲉⲣⲅⲁⲥⲓⲁ, ϩⲱⲃ, ϩⲱϥ, ϩⲟϥ *m., pl.* ϩⲃⲏⲩⲉ

일가 ⲙⲛ̄ⲧⲉⲓⲱⲧ

일각수 ⲡⲁ ⲡⲧⲁⲡ ⲛ̄ⲟⲩⲱⲧ

일격, 따귀 ⲕⲗⲯ, ⲁϫⲉ, ⲟⲩⲁϭⲉ, ⲟⲩⲱϭⲉ, ϣϭⲁ, ⲥϭⲁ *m.*, ⲧⲣⲟⲡ

일격 ⲥⲁϣ *m. f.* ⲥϣ-, ϣⲥ(ⲉ)-, ⲥⲥ̄-, ϣ(ⲉ)-, ϣⲧⲉ-, *pl.* ⲥⲏϣⲉ

일곱 ⲥⲁϣϥ̄ *m., f.* ⲥⲁϣϥⲉ, -ⲥⲁϣϥ(ⲉ)

일곱 마귀 ϩⲉⲃⲇⲟⲙⲁⲥ ἑβδομάς

일곱 번째 ⲙⲉϩⲥⲁϣϥ

일깨우다 ⲧⲛⲁϩⲥⲟ (L), ⲧⲛⲁϩⲥⲟ-, ⲧⲛⲁϩⲥⲉ-

일꾼 ⲣⲉϥⲣ̄ⲃⲏⲩ

일만, 무수한 ⲧⲃⲁ

일상사의 ⲃⲓⲱⲧⲓⲕⲟⲥ

일상의 ⲙⲏⲛⲉ, ⲙⲏⲏⲛⲉ

일순간 ϣⲥ̄ⲣⲟⲧ, ⲛ̄ϣⲥ̄ⲣⲟⲧ

일순간의, 세속적인, 일상사의 ⲃⲓⲱⲧⲓⲕⲟⲥ, ⲟⲩⲡⲣⲟⲥ ⲡⲟⲩⲁⲓ̈ϣ

일어나는 중이다 ⲛⲏⲩ ⲉϩⲣⲁⲓ (ⲉϫⲛ̄-), (ⲛ̄)ⲛⲁϩⲣⲁ⸗

일어나다 ϣⲱⲡⲉ, ϣⲟⲟⲡ†, ϣⲟⲡ†

일어나다, 깨어나다 ⲧⲱⲟⲩⲛ, ⲧⲱⲱⲛ, ⲧⲟⲩⲛ-, ⲧⲱ(ⲟⲩ)ⲛ⸗

일어나다, 부활하다 ⲧⲱⲛ

일어서 있는 ⲱϩⲉ (ⲉ)ⲣⲁⲧ⸗

일어서다 ⲁϩⲉⲣⲁⲧ⸗

일으켜세우다, 부활하다 ⲧⲟⲩⲛⲟⲥ, ⲧⲟⲩⲛⲟⲩⲥ, ⲧⲟⲩⲛⲉⲥ-, ⲧⲟⲩⲛⲟⲩⲥ-, ⲧⲟⲩⲛⲟⲥ⸗

일정한 시기 ⲕⲟⲟⲩ, ⲕⲱⲟⲩ, ⲕⲁⲩ

일찌기 ⲛ̄ϣⲱⲣⲡ̄

일출, 동쪽 ⲁⲛⲁⲧⲟⲗⲏ ἀνατολή

일출, 솟아오르다, 빛나기 시작하다 ϣⲁⲓ̈ⲉ

일출 ϭⲓⲙ̄ⲡⲣⲓ̈ⲉ, ϭⲓⲛϩⲱⲧⲡ̄

일치시키다, 동일하게 하다, 비교하다 ϣⲱϣ, ⲥⲱϣⲉ, ϣⲟⲩϣⲟⲩ, ϣⲉϣ-, ϣⲁϣ⸗, ϣⲟϣ⸗, ϣⲏϣ†, ⲥⲏϣ†

일치하다 ϣⲱⲛϥ̄, ϣⲉⲛϥ̄-, ϣⲟⲛϥ⸗, ϣⲟⲛϥ̄†

일치하다, 발생하다 ϫⲱⲛϥ̄, ϫⲟⲟⲛⲉϥ, ϫⲁⲛϥ̄†, ϫⲁⲁⲛϥ̄†

일치하여 ϩⲛ̄ⲟⲩⲥⲙⲏ ⲛ̄ⲟⲩⲱⲧ

일치함 ⲙⲛ̄ⲧⲟⲩⲁ

일하다 ⲁⲥⲕⲏ ἀσκεῖν

일흔 ϣϥⲉ, ⲥϣϥⲉ

잃다, 상실하다 ϯ ⲁⲥⲉ, ⲁⲛϩⲁⲗⲓⲥⲕⲉ

임명하다, 지시하다 ⲥⲁϩⲛⲉ

임산부 ⲉⲥⲉⲉⲧ

임신 ⲃⲁⲕⲉ, ⲃⲟⲕⲓ

임신하다 ⲱⲱ, ⲱ, ⲉ(ⲉ)ⲧ⸗, ϫⲓⲟⲩⲱ, ϫ(ⲉ)ⲟⲩⲱ, ⲱ, ⲟⲩ, ⲉⲉⲧ†

입 다물다, 조용해지다 ϣⲧⲙ̄ⲣⲱϥ, ⲧⲱⲙ ⲉⲣⲱ⸗, ϣⲧⲙ̄ ⲣⲱ⸗

입, 구멍 ⲧⲁⲡⲣⲟ *f.*

입구 ⲙⲁ ⲛ̄ⲃⲱⲕ ⲉϩⲟⲩⲛ, ⲙⲟⲉⲓⲧ ⲛ̄ⲉⲓ ⲉϩⲟⲩⲛ

입구에서 ⲉⲣⲛ̄-, ϩⲓⲣⲛ̄-

입맛 ϯⲡⲉ

입맞춤 ⲡⲓ *f.*

입술 ⲥⲡⲁⲧⲟⲩ (L), ⲥⲡⲟⲧⲟⲩ *pl.*

입양 ⲙⲛ̄ⲧϣⲏⲣⲉ

입을 다물다 ϣⲱⲧⲃ̄, ϣ(ⲉ)ⲧⲃ̄-

입을 열다 ⲟⲩⲛ̄ ⲣⲟ

있다, 가지다 ⲟⲩⲟⲛ, ⲟⲩⲛ̄(-), ⲟⲩ(ⲟ)ⲛⲧⲉ-, ⲟⲩⲛⲧⲁ⸗, ⲟⲩⲛⲧ(ⲉ)⸗

잇다, 잠자다 ⲱⲃϣ̄, ⲉⲃϣ̄-, ⲁⲃϣ-, ⲟⲃϣ⸗, ⲁⲃϣ⸗, ⲟⲃϣ̄†, ⲁⲃϣ̄†

잊어버리다 ⲣ̄ ⲡⲱⲃϣ̄

잎 ϭⲱⲃⲉ, ϭⲃ- *m. f.*, ϫⲛⲉ, ϫ(ⲏ)ⲛⲏ *m.*

잎이 무성함 ⲧⲟⲟⲃⲉϥ *m.*

ㄱ ㄴ ㄷ ㄹ ㅁ ㅂ ㅅ ㅈ ㅊ ㅋ ㅌ ㅍ ㅎ

ㅈ

자갈밭 ⲙⲁⲛ̄ⲱⲛⲉ

자격이 있는 ⲁⲝⲓⲟⲥ

자궁, 배, 위 ⲛⲏϭⲉ *f.*, ⲁⲧⲉ, ⲕⲁⲗⲁϩⲏ, ⲙⲏⲧⲣⲁ μήτρα

자궁, 생각 ϩⲏ, ϩⲏⲧ⸗ *f.*, ⲟⲟⲧⲉ, ⲟⲧⲉ, ⲧⲟⲧⲉ *f.*

자극 ϩⲟⲡϩⲡ̄ *m.*

자극하다, 바늘로 찌르다 ϫⲟⲕϫⲕ̄, ϫⲉⲕϫⲱⲕ⸗, ϫⲉⲕϫⲱⲕ†, ϫⲉⲕϫⲟⲕⲧ̄†

자극하다, 콕콕찌르다, 나쁜 의식 ⲧⲱⲃⲥ̄, ⲧ(ⲉ)ⲃⲥ̄, ⲧⲟⲃⲥ⸗

자극하다 ϫⲱ(ⲱ)ⲕⲉ, ϫⲟⲩⲟⲩⲕⲉ, ϫⲉⲉⲕⲉ-, ϫⲉⲕ-, ϫⲟⲟⲕ⸗

자기 스스로 ϩⲁⲣⲓ ϩⲁⲣⲁ⸗

자기, 꽃병, 소유물 ϩⲛⲉⲉⲩ (L) *m.*

자라투스트라 ⲍⲁⲣⲁⲇⲏⲥ

자랑하다, 자만하다 ϣⲟⲩϣⲟⲩ, ϣⲟⲩϣⲟ

자루 달린 바가지 ϩⲗⲟⲡ *m.*

자르다, 가르다 ⲟⲩⲱ(ⲱ)ϫⲉ, ⲟⲩⲉ(ⲉ)ϫ(ⲉ)-, ⲟⲩⲟ(ⲟ)ϫ⸗, ⲟⲩⲁϫⲉ⸗, ⲟⲩⲟⲩⲕⲉ

자르다, 가지치다 ϫⲱⲗ(ⲉ)ϩ, ϫⲗ̄ϩ-, ϫⲟⲗϩ⸗

자르다, 깎다, 재단하다, 파다 ϭⲱⲱϫⲉ, ϭⲱϫⲉ, ϫⲁⲕ, ϫⲁⲕ⸗, ϫⲱⲗϩ̄, ϫⲁⲗϩ⸗

자르다, 꺾다, 찢다 ⲥⲱⲗⲡ̄, ⲥ(ⲉ)ⲗⲡ̄-, ⲥⲗⲉⲡⲗⲉⲡ-, ⲥⲟⲗⲡ⸗, ⲥⲟⲗⲡ̄†, ⲥⲁⲗⲡ̄† *p.c.* ⲥⲁⲗⲡ̄-

자르다, 재단하다, 가르다, 목을 따다 ϣⲱⲱⲧ, ϣⲱ(ⲱ)ⲧ(ⲉ), ϣⲉⲧ-, ϣ(ⲉⲉ)ⲧ-, ϣⲱⲱⲧ-, ϣⲁ(ⲁ)ⲧ⸗, ϣⲁ(ⲁ)ⲧ†, ϣⲏⲧ† *p.c.* ϣⲁⲧ-

자르다, 칼로 밀다 ⲕⲱⲱⲣⲉ, ⲕⲉⲉⲣⲉ-, ⲕⲟⲟⲣⲉ⸗, ⲕⲱⲣⲉ (L)

자르다, 켜다 ⲟⲩⲉⲓⲥⲉ, ⲃⲓⲥⲉ, ⲟⲩⲁⲥⲧ⸗

자르다 ϭⲟϫϭ(ⲉ)ϫ, ϭⲉϫϭⲱϫ⸗, ϭⲉⲧϭⲱϫ⸗, ϭⲉⲧϭⲱϭ⸗, ϭⲉϫϭⲱϫⲧ̄†

자르다 ϣⲱⲗϭ̄, ϣⲗ̄ϭ-, ϣⲁⲗⲕ⸗, ϣⲟⲗϭ̄†, ϣⲁⲗϭ† *p.c.* ϣⲁⲗϫ-

자리 ⲙⲁⲛϩⲙⲉⲥ(ⲧ)

자리를 내어주다, 언젠가, 을 책임지다 ⲣⲱϣⲉ ⲉ-

자리를 바꾸다 ⲧⲥⲧⲟ, ⲥⲧⲟ, ⲥⲑⲟ, ⲧⲥ̄ⲧⲉ-, ⲧⲥ̄ⲧⲟ⸗, ⲧⲥ̄ⲧⲁ⸗, ⲥⲧⲁ⸗, ⲧⲥ̄ⲧⲏⲩ†, ⲧⲥⲧⲁⲓ̈ⲧ†

자리잡다 ϩⲱⲛⲕ̄, ϩⲱⲛⲅ̄, ϩⲉⲛⲅ̄-, ⲕⲁⲑⲓⲥⲧⲁ καθίσταναι, ⲧⲁϩⲟ ⲉⲣⲁⲧ⸗

자만, 허영심 ⲙⲛ̄ⲧϣⲟⲩϣⲟⲩ, ⲙⲛ̄ⲧϫⲁⲥⲓϩⲏⲧ

자만하다 ϣⲟⲩϣⲟⲩ, ϣⲟⲩϣⲟ

자매 ⲥⲁⲛ, *f.* ⲥⲱⲛⲉ, *pl.* ⲥⲛⲏⲩ, ⲥⲟⲛ *m.*, *f.* ⲥⲱⲛⲉ, ⲥ(ⲉ)ⲛ- *pl.* ⲥⲛⲏⲩ

자물쇠, 관절, 무릎 ⲕⲗ̄ⲗⲉ, ⲕ(ⲉ)ⲗ-

자물쇠, 열쇠 ϣⲟϣⲧ̄ *m.*, ϣⲁϣⲧ

자비, 동정 ⲙⲛ̄ⲧϣⲁⲛϩⲧⲏ⸗

자선 ⲙⲛ̄ⲧⲛⲁ, ⲙⲛ̄ⲧⲛⲁⲏⲧ

자신만만한 표정, 능력 ⲥⲁⲕ

자욱한 안개 ⲕⲣⲙ̄(ⲛ)ⲧⲥ̄

자유, 해방 ⲙⲛ̄ⲧⲣⲙ̄ϩⲉ, ⲡⲁⲣⲣⲏⲥⲓⲁ, ⲡⲁⲣϩⲏⲥⲓⲁ παρρησία, ⲉⲗⲉⲩⲑⲉⲣⲓⲁ ἐλευθέρια

자유로운 ⲉⲗⲉⲩⲑⲉⲣⲁ ἐλευθέρα, ⲉⲗⲉⲩⲑⲉⲣⲟⲥ ἐλεύθερος

자유를 얻다 ⲣ̄ ⲣⲙ̄ϩⲉ

자유함 ⲣⲙ̄ϩⲉ, ⲣⲙ̄ⲛϩⲉ *m.*, *f.* ⲣⲙ̄ϩⲏ *pl.*, ⲣⲙ̄ϩⲉⲉⲩⲉ

자정 ⲡⲁϣⲉ ⲛ̄ⲧⲉⲩϣⲏ

자주 ϩⲁϩⲛ̄ⲥⲟⲡ, ⲟⲩⲙⲏⲏϣⲉ ⲛ̄ⲥⲟⲡ

자주빛 ϫⲏϭⲉ, ϫⲏⲕⲉ, ϫⲉⲕⲉ

자취, 흔적 ⲗⲓⲯⲁⲛⲟⲛ λείψανον

자칼 ⲛⲟⲩⲃ

짜게 하다, 양념을 치다 ϫⲱⲕⲣ̄, ϫⲉⲕⲣ̄-, ϫⲟⲕⲣ⸗, ϫⲟⲕⲣ̄†, ϫⲱⲕⲣⲉ, ⲙⲟⲩⲗϩ̄

짜기 ⲛⲏⲃⲧⲉ *f.*

짜다 ϩⲱⲗⲕ̅, ϩⲱⲗϭ̅, ϩⲟⲗⲕ⸗

짜다, 엮다 ⲛⲟⲩⲃⲧ̅, ⲛⲟⲃⲧ⸗, ⲛⲁⲃⲧ⸗, ϣⲱ(ⲱ)ⲛⲧ̅, ϣ(ⲉ)ⲛⲧ-, ϣⲟⲛⲧ⸗, ϣⲟⲛⲧ̅†

짜다, 으깨다 ⲱϥ(ⲉ), ⲉϥ-, ⲱϥ-, ⲟϥ⸗

짜증 나게 하다, 싫증 나게 하다 ϯ ϩⲟⲓ

작가 ⲣⲉϥⲧⲁⲙⲓⲟ

작살로 찌르다, 고문하다 ⲕⲟⲩⲙⲡⲓⲍⲉ

작아지다, 여위어지다 ϩⲱⲱⲙⲉ, ϩⲱⲙ(ⲉ), ϩⲁ(ⲁ)ⲙ†, ⲥⲃⲟⲕ, ⲥⲟⲃⲕ̅†

작아진 ϩⲃ̅ⲃⲉ, ϩⲃ̅ⲱⲟⲩ†, ϩⲓⲃⲉ, ϩⲟⲃⲉ†, ϩⲁⲃⲉ†

작업, 봉사 ϭⲓⲛⲣ̅ ϩⲱⲃ

작업공간 ⲥⲉ, ⲥⲉ-, ⲥⲓ, ⲥⲓ-

작업대 ⲉⲙⲏϣ

작업장, 공장 ⲉⲣⲅⲁⲥⲧⲏⲣⲓⲟⲛ

작위 ⲁⲣⲁ

작은 나뭇가지, 불쏘시개 ϭⲗⲱ, ϭⲗⲟⲩ, ⲕⲗⲱ *f.*

작은 덩어리, 조각 ⲧⲁϭ, ⲧⲁⲕ, ⲧϫ

작은 동산 ⲃⲁⲩ

작은 마을, 촌락 ϭⲱⲡⲣⲟ, ϫⲉⲡⲣⲟ

작은 문, 문턱 ϩⲁⲉⲓⲧ, ϩⲁⲓⲉⲓⲧ, ϩⲁⲓ(ⲉⲓⲏ)ⲧ, ϩⲉⲉⲓⲧ, ϩⲏ(ⲓ)ⲉⲓⲧ, ϩⲟⲉⲓⲧ *f.*

작은 불씨 ϯⲕ

작은 뼈ϭⲁⲡⲁⲧ *f.*

작은 새, 병아리ϩⲣϫ

작은 선박 ⲕⲁⲧⲟ

작은 언덕, 구릉 ⲧⲁⲗ, ⲧⲟⲗ *m.*

작은 칼 ⲧⲟⲕ, ⲧⲟϭ *m.*

작은, 새끼 ⲙⲁⲥ

작은, 젊은 ϣⲏⲙ, ϣⲙ̅, ϣⲓⲣⲉ

작은, 짧은 ϣⲁⲣ- *p.c.*

작은 ⲕⲟⲩⲓ, ⲕⲟⲩ-

작품, 일 ϩⲱⲃ, ϩⲱϥ, ϩⲟϥ *m., pl.* ϩⲃⲏⲩⲉ

짝, 복사판, 동료 ⲥⲁϊϣ

잔, 컵 ϫⲱ *m.*, ϩⲟⲙⲉ *f.*

잔소리꾼 ⲥⲁⲛ̅ϣⲁϫⲉ

잔치, 결혼식장 ϩⲟⲡ, ϩⲟⲟⲡ, ϩⲁⲡ- *m.*, ϣⲟⲡⲥ̅ *f.*, ϣⲁⲡⲥ̅ (L) *f.*

잔해, 폐허 ⲁⲕⲱ

짠맛 ⲙⲉⲗϩⲉ

잘 계셨습니까 ⲙⲓⲱⲧⲛ̅

잘 있었니 ⲙⲓⲟⲕ

잘 준비된 요리 ⲧⲃ̅ⲧⲃ̅

잘 지내다, 평안한 ⲙⲓⲟ⸗

잘게 부수다 ϭⲁϫϭϫ̅ (L), ϭⲁϫϫ̅

잘게 썰다 ⲥⲱⲣϣ̅, ⲥⲁⲣϣ⸗

잘될 거야 (ⲕ)ⲟⲩⲟϫ

잘못 인도하는 자 ⲣⲉϥⲥⲁⲣⲙⲉⲣⲱⲙⲉ

잘못 인도하다 ⲣ̅ⲡⲗⲁⲛⲏ

잘못, 범죄 ⲛⲁⲃⲉ *m.*

잘못, 오류 ⲡⲗⲁⲛⲏ πλάνη

잘못, 유죄 ⲁⲓⲧⲓⲁ, ⲁⲣⲓⲕⲉ, ⲛⲟⲩϫ

잘못을 저지르다 ⲡⲁⲣⲁⲃⲁ παραβαίνειν

잘못을 지적하다, 정죄하다 ⲧϭⲁⲓⲟ, ⲧϭⲁⲉⲓⲟ, ϭⲁⲓⲟ, ⲧϭⲁⲓⲉ-, ϭⲁⲉⲓⲉ-, ⲧϭⲁⲓⲟ⸗, ⲧϭⲁⲓⲏⲩ†

짧은 생, 하루살이의 ϣⲁⲣⲁϩⲉ

짧은 시간 ⲥⲟⲩⲥⲟⲩ

짧은 ϩⲃ̅ⲃⲉ, ϩⲃ̅ⲱⲟⲩ†, ϩⲓⲃⲉ, ϩⲟⲃⲉ†, ϩⲁⲃⲉ†, ϣⲁⲣ- *p.c.*

짧음 ϩⲃⲁⲓ

잠, 망각, 무의식 ⲃ̅ϣⲉ, ⲉⲃϣⲉ

잠, 잠자다 ϩⲓⲛⲏⲃ

잠, 졸다 ⲣ(ⲉ)ⲕⲣⲓⲕⲉ, ϩⲣⲕ̅ⲣⲓⲕⲉ, ⲣ̅ⲕⲣⲓⲕⲉ

잠, 혼수상태 (ⲉ)ⲃϣⲉ *f. cf.* ⲱⲃϣ̅, ⲕⲓⲧⲉ

잠그다 ⲧⲱⲙ, ⲧ(ⲉ)ⲙ-, ⲧⲟⲙ⸗, ⲧⲏⲙ†

잠기다, 적시다, 침례를 행하다 ⲱⲙⲥ̅, ⲉⲙⲥ̅-, ⲁⲙⲥ-, ⲟⲙⲥ⸗, ⲁⲙⲥ⸗, ⲟⲙⲥ̅†

잠시 ϣⲱⲡⲉ

잠식하다 ⲙⲟⲙⲉ

잠자기 위해 드러눕다 ⲕⲟⲥⲕⲥ̅, ⲕⲉⲥⲕⲱⲥ⸗

잠자다 ⲛ̅ⲕⲁⲧⲉ, ⲛ̅ⲕⲟⲧⲕ̅, ⲉⲛⲕⲟⲧⲕ̅, ⲛ̅ⲕⲟⲧⲉ, ϩⲓⲛⲏⲃ, ϩⲱⲣⲡ̅, ϩⲟⲣⲡ̅†

잠자다 ⲱⲃϣ̅, ⲉⲃϣ̅-, ⲁⲃϣ-, ⲟⲃϣ⸗, ⲁⲃϣ⸗, ⲟⲃϣ̅†, ⲁⲃϣ̅†

잠잠해지다 ⲧⲱϭⲉⲣ, ⲧⲱⲕⲣ̅, ⲧⲱⲣϭ̅, ⲧⲱⲣⲕ̅, ⲧⲟϭⲣ̅†

잡다, 끌다 ⲥⲱϩⲙ̅

잡다, 모으다, 보유하다 ⲱⲗ, ⲟⲗ-, ⲟⲗ⸗, ⲁⲗ⸗, ⲏⲗ†, *p.c.* ⲁⲗ-, *imper.*, ⲁⲗⲓ, ⲁⲗⲓⲧ⸗

잡다, 받아 들이다, 데려오다 ϫⲓ, ϫⲓ-, ϫⲉ-, ϫⲓⲧ⸗, ϫⲏⲩ† *p.c.* ϫⲁⲓ-

잡다, 사로잡다, 받아 들이다 ϭⲱⲡⲉ, ϭⲱⲡ, ⲕⲱⲡ(ⲉ), ϣⲱⲡⲉ, ϭ(ⲉ)ⲡ-, ϭⲱⲡ-, ϭⲟⲡ-, ϭⲁⲡ-, ϣⲁⲡ-, ϭⲟⲡ⸗, ϭⲁⲡ⸗, ϭⲱⲡ⸗, ⲕⲱⲡ⸗, ϭⲏⲡ†, ϭⲉⲡ†

잡다, 장악하다 ⲁⲙⲁϩⲧⲉ, ⲉⲙⲁϩⲧⲉ, ⲁⲙⲁϩⲉ

잡아끌다, 끌어모으다 ⲥⲟⲕⲥⲉⲕ, ⲥⲉⲕⲥⲉⲕ-, ⲥⲉⲕⲥⲟⲕ⸗

잡아끌다, 따다, 뽑다 ⲧⲱⲕⲙ̄, ⲧ(ⲉ)ⲕⲙ̄-, ⲧⲟⲕⲙ⸗, ⲧⲁⲕⲙ⸗, ⲧⲟⲕⲙ̄†, ⲧⲁⲕⲙ̄†

잡아당기다, 끌어들이다, 뽑다 ⲥⲱⲕ, ⲥ(ⲉ)ⲕ-, ⲥⲁⲕ-, ⲥⲱⲕ-, ⲥⲁⲕ⸗, ⲥⲟⲕ⸗, ⲥⲏⲕ† *p.c.* ⲥⲁⲕ-

잡아두다 ⲧⲁϩⲛⲟ, ⲧⲁϩⲛⲉ⸗

잡아뽑다, 탈취하다 ϥⲱϭⲉ, ϥⲱⲱϭⲉ, ϥⲉϭ-, ϥⲟϭ⸗, ϥⲏϭ†

잡초 ⲍⲓⲍⲁⲛⲓⲟⲛ ζιζάνιον

장관, 행정관 ⲇⲟⲩⲝ, ϩⲏⲅⲉⲙⲱⲛ ἡγεμών

장교 ⲧⲁⲅⲙⲁ τάγμα

장군, 장관, 행정관 ⲇⲟⲩⲝ, ⲁⲣⲭⲱⲛ ⲛ̄ⲙ̄ⲙⲁⲧⲟⲓ, ⲥⲧⲣⲁⲧⲏⲗⲁⲧⲏⲥ στρατηλάτης

장대, 돛대 ϩⲁ, ϩⲟ, ϩⲁⲉ *m.*

장대, 막대기 ⲟⲩⲁϩ *m.*

장례 ⲕⲁⲓⲥⲉ, ⲕⲉⲓⲥⲉ

장례 준비, 장례 ⲕⲁⲓⲥⲉ, ⲕⲉⲓⲥⲉ

장례를 준비하다, 파묻다 ⲕⲱⲱⲥ, ⲕⲱⲱⲥⲉ, ⲕⲱⲛⲥ̄, ⲕⲟⲟⲥ⸗, ⲕⲏⲥ†

장례를 치르다 ⲛⲉϩⲡⲉ

장례용 침상, 운구, 관 ϭⲗⲟϭ, ⲧⲗⲟϭ *m.*

장로 ⲡⲣⲉⲥⲃⲩⲧⲉⲣⲟⲥ πρεσβύτερος

장막, 얼굴 가리개 ⲕⲁⲧⲁⲡⲉⲧⲁⲥⲙⲁ καταπέτασμα

장막 ⲃⲱϩⲛ̄, ⲃⲁϩⲛ̄, ⲗⲓⲕⲧ, ⲗⲓⲕⲧ⸗, ⲟⲩⲏⲗⲟⲛ οὐῆλον

장모, 사위, 며느리 ϣⲟⲙ, ϣⲟⲟⲙ *m., f.* ϣⲱⲙⲉ *pl.* ϣⲙⲟⲩⲓ

장미 ⲟⲩⲣⲧ̄, ⲟⲩⲁⲣⲧ̄, ⲟⲩ(ⲁ)ⲣⲏⲧ, ⲟⲩⲉⲣⲧ *m. f.*

장비 ⲁⲡⲟⲥⲕⲉⲩⲏ, ϩⲱ(ⲱ)ⲕ, ϩⲉⲕ-, ϩⲟ(ⲟ)ⲕ⸗, ϩⲏⲕ†

장비 ⲥⲕⲉⲩⲏ σκεύη, ⲥⲟⲃⲧⲉ, ⲥ(ⲉ)ⲃⲧⲉ-, ⲥⲃ̄ⲧⲱⲧ⸗

장사 ⲉⲓⲉⲡϣⲱⲧ

장사꾼 ϣⲱⲧ, ⲉϣⲱ(ⲱ)ⲧ *m., f.* ⲉϣⲱⲧⲉ *pl.* ⲉϣⲟⲧⲉ, ⲉϣⲁⲧⲉ

장소, 작업공간 ⲥⲉ, ⲥⲉ-, ⲥⲓ, ⲥⲓ-

장소 ⲙⲁ, ⲧⲟⲡⲟⲥ τόπος

장수 ϫⲓⲥⲉ ⲛ̄ⲛⲉϩⲟⲟⲩ

장식, 가장자리 ⲧⲱⲧⲉ, ⲧⲱⲱⲧⲉ, ⲧⲟⲧⲉ, ⲕⲟⲥⲙⲏⲥⲓⲥ κόσμησις

장식하다, 정리하다, 꾸미다 ⲧⲥ(ⲁ)ⲛⲟ, ⲧⲥⲁⲛⲉ-, (ⲧ)ⲥⲉⲛⲟ⸗, ⲧⲥⲁⲛⲏⲩ(ⲧ)†

장식하다 ⲕⲟⲥⲙⲉ, ⲕⲟⲥⲙⲏ κοσμεῖν, ⲧⲥⲁⲙⲓⲟ, ⲧⲥⲁⲙⲓⲉ-, ⲧⲥⲁⲙⲓⲟ⸗, ⲧⲥⲁⲙⲓⲏⲩ†

장식하다 ⲧⲥⲁⲓⲟ, ⲧⲥⲁⲓⲉ-, ⲧⲥⲁⲉⲓⲟ⸗, ⲧⲥⲁϊⲁ⸗, ⲧⲥⲁⲓⲏⲩ†, ⲧⲥⲁϊⲁϊⲧ†

장악 ⲕⲧⲏⲥⲓⲥ κτῆσις

장악하다 ⲁⲙⲁϩⲧⲉ, ⲉⲙⲁϩⲧⲉ, ⲁⲙⲁϩⲉ, ⲉⲙⲁϩⲧⲉ

장악하다, 점령하다 ⲣ̄ⲟⲩⲁⲙⲟⲙⲉ

장인, 장모, 사위, 며느리 ϣⲟⲙ, ϣⲟⲟⲙ *m., f.* ϣⲱⲙⲉ *pl.* ϣⲙⲟⲩⲓ

장인, 제조인, 상인 ⲥⲁ

장자출생 ⲙⲛ̄ⲧϣⲣ̄ⲡⲙ̄ⲙⲓⲥⲉ

장점, 했으면 좋으련만 ⲛⲟϥⲣⲉ, ⲛⲁϥⲣⲉ *f.*

재, 먼지 ⲕⲣ̄ⲙⲉⲥ, ⲕⲉⲣⲙⲉ, ⲕⲟⲛⲓⲁ

재, 연기 ⲕⲱⲣⲙⲉ (L), ⲙⲉϫⲏⲗ

재갈, 구속 ⲙ̄ⲧⲁⲧ

재결합하다, 저물다 ϩⲱⲧⲡ̄, ϩⲱⲡⲧ̄, ϩⲉⲧⲡ̄-, ϩⲟⲧⲡ⸗, ϩⲟⲧⲡ̄†, ϩⲁⲧⲡ̄†

재단사 ϩⲁ(ⲁ)ⲕ *m.*, ϩⲁⲟⲩⲉ *m.*

재단하다, 가르다, 목을 따다 ϣⲱⲱⲧ, ϣⲱ(ⲱ)ⲧ(ⲉ), ϣⲉⲧ-, ϣ(ⲉⲉ)ⲧ-, ϣⲱⲱⲧ-, ϣⲁ(ⲁ)ⲧ⸗, ϣⲁ(ⲁ)ⲧ†, ϣⲏⲧ† *p.c.* ϣⲁⲧ-

재단하다, 조각하다 ⲕⲁϩⲕ̄, ⲕⲁϩⲕϩ̄, ⲕⲁϩⲕ̄, ⲕⲉϩⲕⲉϩ-, ⲕⲉϩⲕⲱϩ⸗, ⲕⲉϩⲕⲱϩ†

재단하다, 파다 ϭⲱⲱϫⲉ

재료, 물질 ϩⲩⲗⲏ, ⲑⲩⲗⲏ ὕλη

재물 ⲭⲣⲏⲙⲁ χρῆμα

재물을 밝힘, 탐욕 ⲙⲛ̄ⲧⲙⲁⲓϩⲟⲙⲛ̄ⲧ

재배자, 이민 ⲣⲉϥⲧⲱϭⲉ

재앙 ⲥⲫⲁⲗⲙⲁ σφάλμα

재액을 쫓다, 간청하다 ⲧⲁⲣⲕⲟ, ⲧⲁⲣⲕⲉ-, ⲧⲁⲣⲕⲟ⸗ (ⲧ(ⲉ)ⲣⲕⲟ⸗)

재에 묻어 구운 빵 ⲟⲩⲱⲥⲙ̄ ⲉⲧϩⲏⲡ

재주있는, 숙달된 ⲛⲁϥⲣ̄ⲧⲱⲣⲉ

재채기 ⲁⲛⲧⲁϣ

재판 ⲇⲓⲕⲏ δίκη, ⲥⲓϭⲉ *m.*, ⲡⲉⲓⲣⲁⲥⲙⲟⲥ πειρασμός

재판, 처형, 판관 ϩⲁⲡ, ϩⲟⲡ

재판관 ⲕⲣⲓⲧⲏⲥ *m.* κριτής, ⲣⲉϥϯϩⲁⲡ

재판정, 판결 ⲕⲣⲓⲧⲏⲣⲓⲟⲛ *m.* κριτήριον

재판정 ⲙⲁⲛϯϩⲉⲡ

쟁기, 멍에 ϩⲃ̄ⲃⲉ, ϩⲉⲃⲃⲉ, ϩⲏⲩⲃⲉ, ϩⲏⲃ(ⲃ)ⲉ *m.*

쟁기의 손잡이 ⲥϩⲟ *m.*

저격 구멍 ⲣⲁ ⲙ̄ⲡⲓⲧⲉ

저급의 ϭⲱϫⲃ̄, ϭⲱϫⲉⲃ, ⲕⲟⲩϫⲃ̄, ϭⲉϫⲃ̄-, ϭⲟϫⲃ̄⸗, ϭⲟϫⲃ̄†, ϭⲁϫⲃ̄†

저녁 식사ⲇⲓⲡⲛⲟⲛ

저녁 ⲛⲁⲩ ⲛ̄ⲣⲟⲩϩⲉ, ⲣⲟⲩϩⲉ *f.*

저녁별 ⲥⲟⲩⲛⲧⲟⲟⲩⲉ

저당, 보증, 급료 ⲁⲣⲏⲃ, (ⲉ)ⲣⲏⲃ

저물다 ϩⲱⲧⲡ̄, ϩⲱⲡⲧ̄, ϩⲉⲧⲡ̄-, ϩⲟⲧⲡ⸗, ϩⲟⲧⲡ̄†, ϩⲁⲧⲡ̄†

저수지 ⲛⲟⲩⲧ *f.*

저승사자 ⲣⲙ̄ⲉⲙⲛ̄ⲧⲉ

저울 ⲙⲁϣⲉ

저장 음식 ⲁⲥⲏⲣ

저장소, 납골당 ⲁⲡⲟⲑⲏⲕⲏ ἀποθήκη, ⲙⲁ ⲉⲧⲡⲟⲣϫ̄ ⲉⲃⲟⲗ, ⲥⲁⲙⲛ̄ⲧ, ⲥⲁⲙⲉⲧ

저주 ⲁⲛⲁⲑⲉⲙⲁ

저주를 받다 ϫⲓ ⲟⲩⲁï

저주하다, 욕하다 ϩⲓⲗⲁ (ⲛ̄ⲛⲟⲩϫ), ⲁⲛⲁⲑⲉⲙⲁⲧⲓⲍⲉ, ϩⲓⲗⲁⲛ̄ⲛⲟⲩϫ

저주하다, 욕하다 ⲥⲁϩⲟⲩ, ⲥⲁϩⲟⲩⲉ, ⲥϩⲟⲩ(ⲉ)ⲣ-, ⲥϩⲟⲩⲱⲣ⸗, ⲥϩⲟⲩⲟⲣⲧ̄†, ⲥϩⲟⲩⲱⲣⲧ̄†, ⲥϩⲟⲩⲁⲣⲧ̄†

저주하다, 욕하다 ϣⲁϫⲉ ⲛ̄ⲥⲁ-

저주하다, 혼동하다 ϫⲡⲓⲟ, ϫⲡⲓⲉ-, ϫⲡⲓⲟ⸗, ϫⲡⲓⲁ⸗, ϫⲡⲓⲏⲧ†

저택 ⲏⲓ *m.*, *pl.* ⲏⲟⲩ

저항, 혁명, 항거 ⲃⲉϭⲥⲉ

저항하다 ⲃⲱϭⲥ̄, ⲃⲁϭⲥ†

적, 대적자 ϫⲁϫⲉ *m. f.*, *pl.* ϫⲓϫⲉⲉⲩ, ϫⲓϫⲉⲟⲩ, ϫⲓⲛϫⲉ(ⲉ)ⲩ(ⲉ)

적 ⲁⲛⲧⲓⲕⲉⲓⲙⲉⲛⲟⲥ

적갈색의 ⲧⲣⲟϣⲣ(ⲉ)ϣ, ⲧⲣ(ⲉ)ϣⲣⲱϣ† ⲧⲣⲉϣⲣⲁϣ†

적개심, 미움 ⲙⲛ̄ⲧϫⲁϫⲉ

적게 하다 ϭⲱϫⲃ̄, ϭⲱϫⲉⲃ, ⲕⲟⲩϫⲃ̄, ϭⲉϫⲃ̄-, ϭⲟϫⲃ̄⸗, ϭⲟϫⲃ̄†, ϭⲁϫⲃ̄†

적그리스도 ⲁⲛⲧⲓⲭⲣⲓⲥⲧⲟⲥ ἀντίχριστος

적극적으로 임하다, 열정을 갖다 ϫⲱⲙ, ϫⲁⲙ-

적극적인 사람 ⲣⲉϥⲕⲓⲙ

적다, 그리다 ⲥϩⲉï, ⲥⲁϩ-, ⲥϩⲉï-, ⲥⲁϩ⸗, ⲥⲏϩ†

적당하게 ⲉⲡⲣⲱϣⲉ

적법의 ⲙⲏⲧ

적색 ⲡⲏⲣϣ̄

적시다, 물에 담그다 ϩⲱⲣⲡ̄, ϩ(ⲉ)ⲣⲡ̄-, ϩⲟⲣⲡ⸗, ϩⲟⲣⲡ̄†, ⲥⲱⲡ, ⲥ(ⲉ)ⲡ-, ⲥⲟⲡ⸗

적시다, 침례를 행하다 ⲱⲙⲥ̄, ⲉⲙⲥ̄-, ⲁⲙⲥ-, ⲟⲙⲥ⸗, ⲁⲙⲥ⸗, ⲟⲙⲥ̄†

적시다 ϭⲟϣϭⲉϣ, ϭⲟϣϭϣ̄, ϭⲉϣϭⲉϣ-, ϭ(ⲉ)ϣϭⲱϣ⸗, ϭⲉϣϭⲱϣ†

적시에 ⲕⲁⲧⲁ ⲟⲩⲉⲩⲕⲁⲓⲣⲓⲁ

적용하다 ⲧⲁⲗⲟ, ⲧⲁⲗⲉ-, ⲧⲁⲗⲟ⸗, ⲧⲁⲗⲏⲩ†, ⲧⲁⲗⲉ†

적을 물리치다, 분쇄하다, 자르다 ϭⲟϫϭ(ⲉ)ϫ, ϭⲉϫϭⲱϫ⸗, ϭⲉⲧϭⲱϫ⸗, ϭⲉⲧϭⲱϭ⸗, ϭⲉϫϭⲱϫⲧ̄†

적응되다, 습관이 되다 ⲧⲱⲱⲡ, ⲧⲱⲡ, ⲧⲉⲡ-, ⲧⲟⲡ⸗, ⲧⲏ(ⲏ)ⲡ†, ⲧⲁⲡⲏⲩ†

적절하다, 올바르다 ϣϣⲉ

적절하다고 판단하다, 권장하다 ⲁⲝⲓⲟⲩ

적절한 시기 ⲡⲣⲟⲑⲉⲥⲙⲓⲁ προθεσμία

적합한 ϣϣⲉ, (ⲉϣ)ϣⲉ, ⲥϣⲉ

전 인류 ⲛ̄ⲣⲱⲙⲉ ⲧⲏⲣⲟⲩ

전갈 ⲟⲩⲱϩⲉ, ⲟⲩⲟ(ⲟ)ϩⲉ *f.*

전갈자리 ⲥⲕⲟⲣⲡⲓⲟⲥ σκορπίος

전개 ⲑⲉⲱⲣⲓⲁ θεωρία

전개하다 ⲡⲱⲣϣ̄ ⲉⲃⲟⲗ

전경, 광경 ⲫⲁⲛⲧⲁⲥⲓⲁ φαντασία

전나무 ϣⲉⲛ̄ⲥⲓϥⲉ

전나무의 일종 ⲛⲟⲙ, ⲛⲁⲙ *m.*

전달자, 해방자 ⲣⲉϥⲃⲱⲗ

전달하다 ⲧⲁⲙⲟ, ⲧⲁⲙⲉ-, ⲧⲁⲙⲟ⸗, ⲧⲁⲙⲁ⸗

전도자, 설교자 ⲣⲉϥⲧⲁϣⲉ ⲟⲉⲓϣ

전령, 공문서 ⲃⲉⲣⲉⲇⲁⲣⲓⲟⲥ

전령, 복음 전파자 ρεϥταϣε οειϣ, ϥαιϣινε, βαϊϣινε

전령 ϥαιϣινε, κηρυξ, ρεϥπωτ

전리품 ϩαρπαγη ἁρπαγή

전면 ϩιϩη ν̄-, ϩητ(ϥ) ν̄-, ϩοτ, ϩοτε, ϩωτ(ε)

전면에 ϩατεϩη, ϩιρν̄-

전면에서 ϩιτε⸗ϥ εϩη

전방에서 ϩιθη ν̄-

전병 ορβε, ολβε

전부, 전체 τηρ⸗

전사, 군인 ρεϥμιϣε

전시, 연출 ϭινουωνϩ̄ εβολ

전언자, 대사 ϥαιουω, πρεcβευτης πρεσβευτής

전언자 ρμ̄ν̄ουωτε

전염성 병 (ε)ιαβε, ιαιβε

전원, 관개용 수로 ϩοι, ϩαι *m., pl.* ϩιεευ(ε)

전원, 논밭 κοι(ε), κα(ι)ε, καϊε

전원, 농토 ϊωϩε *m., pl.* ϊαϩου, ϊαϩ-

전원, 밭 cωϣε, cωϫε, cωϩε *f., pl.* cοοϣε

전원 χωρα χώρα

전자가 후자에게 빚지다 νετεουντα⸗ ερο⸗

전쟁 πολεμος πόλεμος

전진 ουαϊ *m.*

전진하다 (†) cαθη, † (π)ουοει

전체 τηρ⸗

전체적으로, 전혀 ϩολωc ὅλως

전통 cωντ̄ *m.*

전투를 준비하다 βωτc̄, βοτc⸗

전투장, 경기장 μαν̄ϣωϫε

전하다 μουτε

전혀 ϩολωc ὅλως

절굿공이 cαϩμεc

절다 ϫουϩε

절대적으로, 완전히 ϩολοτελωc ὁλοτελῶς

절도, 도둑질 κολπc̄

절뚝거리다, 힘들게 걷다 ϫωραϩ

절름발이, 무능력자, 불구자 ϭαλε, ϭαλη *pl.* ϭαλε(ε)υ(ε)

절반, 반 ϭοc, κοc, ϭιc-, ϭεc-, ϭαc-, ϭc-, ξ- *m.*

절벽 ϣω(ω)με

절실함 ϩτορ *m.*

절약하다 † cο

절제 εγκρατια

절제하다 εγκρατευε ἐγκρατεύειν

젊은 βρ̄ρε, βηρε, ϣημ, ϣμ̄, ϣιρε

젊은이, 어린이 ϣιρε, ϣηρε *m., f.* ϣεερε

젊은 처녀 ϣπονου

젊음 μν̄τϣηρε ϣημ

점, 흠 το(ε) *m. f.*, ουοc

점령하다 ρ̄ουαμομε

점쟁이, 예언자 μαντιc μάντις, ρεϥμ̄πϩιν εϩουν, ρεϥκαουνου

점점이 떨어지다 τλ̄τλ̄, τλη

점치는 사람 ρεϥ†ϩικ

점토, 진흙 λαϫτε, λαϫκε

접견인 ϩυποδοχευc ὑποδοχεύς

접근이 불가능한 ατϭν̄ρατ⸗

접근하다, 들어가다 ϫι ουαϊ

접근하다 ϩων, ϩωνε, ϩν̄-, ϩον⸗, ϩην†, ϩν-ηυτ†

접근하다 ϩωντ̄, ϩ(ε)ντ̄-, ϩοντ⸗, ϩηντ†, ϩαντ̄†

접다, 말다, 짜다 ϩωλκ̄, ϩωλϭ̄, ϭνον, ϫνε-

접다 ϭωωμε, ϭε(ε)με-, ϭοομε†, ϭααμε†

접다 κωλϫ, κλ̄ϫ-, κολϫ⸗, κολϫ†, *p.c.* καλϫ̄-, ϭωλϫ, ϭλ̄ϫ-

접붙이다, 고정시키다, 법령을 정하다, 심다, 접붙인, 의견을 같이하는 τωμε, ταμε†

접시, 그릇, 향로 ϫη *f.*

접안, 배를 항구에 대기 (ϩ)ανρο

접안하다, 강변에 정박하다 μοονε

접착제 ματρ̄

접착하다, 꿰매다 τωϫμε, το(ο)με† ε-

접촉하다, 만지다, 오염시키다, 친척 관계 ϫωϩ, ϫωϩε, ϫοϩ, ϫεϩ-, ϫηϩ†

접합부 ϣτμ̄ουων

접히지 않은, 열린 ϩαπλωμα ἅπλωμα

ㄱ ㄴ ㄷ ㄹ ㅁ ㅂ ㅅ ㅇ ㅈ ㅊ ㅋ ㅌ ㅍ ㅎ

접힌, 굽은, 정도에서 벗어난 **ϭωογϭ, ϭοογϭ†, ϭαγϭ†**

정거장 **μα ν̄ϩεpατ⸗**

정경, 조세 기준 **κανων**

정당화시키다 **αποʌοrιzε**

정도, 룰 **ναϊϣ** *m.*

정도를 벗어난, 부정을 행하다, 죄를 짓다 **ϣωϥτ̄, ϣεϥτ̄-, ϣεβτ⸗, ϣοϥτ̄†**

정도에서 벗어난 **ϭωογϭ, ϭοογϭ†, ϭαγϭ†**

정돈된 상태, 밭고랑, 선 **ϣαϊμε** *m., f.* **ϣιμε**

정돈하다 **ϫαcϥε, ϫι ϫαcϥε**

정리하다, 꾸미다 **τc(α)νο, τcανε-, (τ)cενο⸗, τcανηγ(τ)†**

정리하다, 단장하다 **κοcμει**

정리하다 **ϩωpϭ̄, ϩωʌϭ, ϩωpϫ̄, ϩ(ε)pϭ̄-, ϩopϫ⸗, ϩapϭ⸗, ϩopϭ̄†**

정립시키다, 다다르다, 명령, 법령 **ταϩο, ταϩε-, ταϩο⸗, ταϩηγ†**

정말로, 참으로 **ϩν̄ογμηε**

정말로, 틀림없이, 그런가 ? **η**

정말로 **ϩαιο, (ϩ)αιω, α(ε)ιο**

정밀, 세밀 **ακpιβια**

정박지 **μαμ̄μανε**

정박하다 **μανε, μενω⸗, μενιτ†**

정복자 **pεϥϭpo**

정부 **επαpχια**

정산하다, 완전한 **μογϩ, μεϩ-, μαϩ-, μαϩ⸗, μοϩ⸗, μεϩ†, μηϩ†**

정상, 꼭대기 **ϩητ, ϩτη⸗, ϩτε⸗, ϩητ⸗, ϩετ⸗** *m., pl.* **ϩτεεγ**

정상 **απε** *f., pl.* **απηγε**

정신 **πνεγμα, π̄να** πνεῦμα

정신력 **μεεγε**

정신을 잃다 **πωϣc̄, πωcϣ̄, πεϣc̄-, ποϣc⸗, ποϣc†, παϣc†**

정신이 산만한 **τεϩτιϩ** (L)

정신이 없는 사람 **ϣτ(ε)pτip**

정신이상이 되다 **ϣωpτ̄, ϣapτ̄†**

정신착란 **εκcτacιc**

정오 **ναγ μ̄μεεpε**

정원, 공원 **κηποc, μαν̄ογοοτε**

정원, 뜰, 포도원 **ϭωμ, ϭομ, κομ, ϭωμε** *m., pl.* **ϭοομ, ϭοομε, κααμ**

정원, 목장 **ϣνη** *f.*

정원 **κωμαpιν, κωμαpιον** κωμάριον

정원사 **ϭμε, ϭμη** *m., pl.* **ϭμη(ο)γ, ϭμεεγ**

정원사 **ϭμεν̄ϭωμ, κηπογpoc** κηπουρός, **πατεϣνη**

정의 **με, μηε, ⲇικαιοcγνη** δικαιοσύνη

정의롭게, 합법적으로 **ⲇικαιωc**

정죄하다 **ϫαϊο, ϫαϊα⸗**

정죄하다 **τϭαιο, τϭαειο, ϭαιο, τϭαιε-, ϭαειε-, τϭαιο⸗, τϭαιηγ†**

정착, 거주 **μαν̄ϭοειʌε**

정통 **ⲇοκιμη**

정해진 기간 **νεε** (L) *f.*

정화 **καθαpιcμοc** καθαρισμός

정화시키다, 걸러내다 **cωτϥ̄, cετϥ̄-, cωτϥ̄-, coτϥ⸗, caτϥ⸗, coτϥ̄†, caτϥ†**

정화시키다, 성스럽게 하다, 성, 덕 **τβ̄βο, τβ̄βε-, τβ̄βο⸗, τβ̄βηγ†**

정화시키다 **καθαpιzε** καθαρίζειν

정화자 **pεϥcωτϥ̄**

젖 **(ε)κιβε**

젖 먹이다, 돌보다 **ϩʌοοʌε, ϩʌωʌε, † ϫι**

젖 먹이다, 양육하다 **τμ̄(μ)ο, τμ̄(μ)ε-, τμ̄(μ)ο⸗, τμ̄(μ)ε⸗, τμ̄μηγ†**

젖 빨다 **cωνκ̄, cωνr̄, cωμκ̄, cωμr̄**

젖가슴 **τογω⸗**

젖떼다, 금하다 **ωμϫ̄, εμϫ̄-, ομϫ⸗**

젖을 빨다 **ογαμεpωτε**

젖을 주다 **τcν̄κο** (L), **τcν̄κο-**

젖을 짜다 **ϩωp, ϩ(ε)p-, ϩop⸗**

제1 시민 **πpωτοποʌιτηc** πρωτοπολίτης

제각기 따로 **ν̄cα ογcα**

제거하다, 뽑아내다 **ϥι εβοʌ, ϥωτε εβοʌ**

제단 **ϣηγε** *f., pl.* **ϣοογε, αμαιηc, ϣηγε, ϣογpη** *f.*

제단 **θγcιαcτηpιον** θυσιαστήριον

제멋대로 **ϩν̄ογμν̄τcβω**

제멋대로의, 지나친, 비상식적인 **εrκακει**

제목 ⲥⲁⲗⲁⲡⲓⲛ

제물, 제주, 제사 ⲁⲛⲁⲫⲟⲣⲁ, ⲡⲣⲟⲥⲫⲟⲣⲁ προσφορά

제물 ⲥⲙⲟⲩ, ⲥⲙⲱ, ⲥⲙⲁⲙⲉ, ⲥⲙⲉ-, ⲥⲙⲁⲙⲉ-, ⲥⲙⲁⲙⲟⲩ⸗, ⲥⲙⲁⲙⲟⲩⲟⲩ⸗, ⲥⲙ(ⲁⲙ)ⲁⲁⲧ†, ⲥⲙⲁⲙⲁⲛⲧ†, ⲥⲙⲁⲙⲁⲧ†, ⲥⲙⲁⲙⲁⲁⲧ†

제물을 바치다 ⲑⲩⲥⲓⲁⲍⲉ θυσιάζειν

제발 하였으면 ϩⲁⲙⲟⲓ, ⲁⲙⲟⲓ

제발! ϩⲁⲙⲁⲓ̈

제방, 강 저편 언덕 ⲙⲏⲣ, ⲧⲏⲛⲉ, ⲧⲛⲏ *m.*

제비 ⲃⲏⲛⲉ, ⲃⲏⲛⲛⲉ

제사 ⲁⲛⲁⲫⲟⲣⲁ, ⲙⲛ̄ⲧϣⲙ̄ϣⲉ ⲛⲟⲩⲧⲉ.

제외하고 ⲥⲁ, ⲉⲓⲙⲏ, ⲉⲓⲙⲏⲧⲓ εἰ μήτι

제외하고, 없이 ⲭⲱⲣⲓⲥ χωρίς

제외한 ⲛ̄ⲃⲗ̄-, ⲛ̄ⲃⲗ̄ⲗ(ⲁ)⸗, ⲛ̄ⲥⲁ-, ⲛ̄ⲥⲱ⸗, ⲛ̄ⲥⲁⲃⲏⲗ-

제우스 ⲍⲉⲩⲥ

제자, 생도 ⲥⲃⲟⲩⲓ, ⲙⲁⲑⲏⲧⲏⲥ μαθητής, ⲣⲉϥϫⲓⲥⲃⲱ

제자가 되다 ⲙⲁⲑⲏⲧⲉⲩⲉ μαθητεύειν

제조업자, 기술자, 노동 ⲉⲓⲟⲡⲉ *f.*, ⲉⲓⲉⲡ-, ϩⲁⲙ, ϩⲁⲙ- *m.*, *pl.* ϩⲙⲏⲩ, ϩⲙⲉⲩ

제조인, 상인 ⲥⲁ, ⲣⲉϥⲥⲱⲛⲧ̄

제주, 제사 ⲁⲛⲁⲫⲟⲣⲁ

제한 ⲙⲟⲣⲥ̄

조각 ⲡⲁϣⲉ, ⲡⲉϣⲉ, ⲡⲏϣⲉ, ⲡⲓϣⲉ, ⲡⲁϣ-, ⲡ(ⲉ)ϣ-, ⲡⲓϣ-

조각 ⲡⲁϩⲉ *f.*, *pl.* ⲡⲟⲟϩⲉⲩⲉ

조각, 구석 ⲗⲁⲕϩ̄

조각, 불상 ϣⲓⲥⲙⲉ (L) *m.*

조각 ⲧⲁϭ, ⲧⲁⲕ, ⲧϫ

조각 ⲧⲁⲓ̈ⲉ *f.*, ⲧⲟⲉ, ⲧⲟ(ⲓⲉ), ⲧⲁ(ⲉ)

조각, 단편, 파편 ⲡⲟϭⲉ, ⲡⲱϭⲉ, ⲡⲟⲕⲉ, ⲡⲁϭⲉ, ⲡⲁⲕⲉ

조각, 단편 ⲕⲗⲁⲥⲙⲁ κλάσμα

조각, 덩어리 ϣⲁⲁⲧⲉ, ϣⲁⲁⲧⲥ̄

조각, 동강이 ⲥⲗ̄ⲡⲉ *f.*

조각, 부스러기 ⲥⲓϣϥ̄, ⲥⲓϣⲡ̄, ⲥⲓϥ

조각가 ⲁⲣⲭⲓⲍⲱⲅⲣⲁⲫⲟⲥ ἀρχιζωγράφος

조각가 ⲍⲱⲅⲣⲁⲫⲟⲥ ζωγράφοώς

조각나다 ϭⲟⲃϭⲃ̄, ϭⲃ̄ϭⲱⲃ⸗

조각하다 ⲕⲁϩⲕ̄, ⲕⲁϩⲕϩ̄, ⲕⲁϩⲕ̄, ⲕⲉϩⲕⲉϩ-, ⲕⲉϩⲕⲱϩ⸗, ⲕⲉϩⲕⲱϩ†

조각하다, 새기다 ⲡⲱⲧϩ̄, ⲡⲟⲧϩ⸗, ⲡⲟϩⲧ̄†

조각하다 ⲍⲱⲅⲣⲁⲫⲉ, ⲍⲱⲅⲣⲁⲫⲉⲓ ζωγραφεῖν

조개, 조개껍질 ϫⲉⲕ *m.*

조공, 월세 ϩⲱⲧⲉ *m.*

조금씩 ⲕⲁⲧⲁ ϣⲏⲙ, ϣⲏⲙ ϣⲏⲙ

조금씩 움직이다, 다가서다, 멀어지다 ϩⲓⲛⲉ, ϩⲛ̄ⲧ⸗

조금조금, 조금씩 ϣⲏⲙ ϣⲏⲙ

조급한 ⲗⲁⲱⲗ, ⲉⲗⲱⲗ, ⲉⲗⲁⲗⲧ̄†

조랑말 ϩⲧⲟ, ϩⲧⲱ, ⲉϩⲧⲟ *m.*, *f.* ϩⲧⲱⲣⲉ, ϩⲧⲟⲟⲣⲉ, ϩⲧⲟⲣⲏ *pl.* ϩⲧⲱ(ⲱ)ⲣ, (ⲉ)ϩⲧⲱⲱⲣ(ⲉ), ϩⲧⲱⲣⲏ

조력자 ⲃⲟⲏⲑⲟⲥ βοηθός, ⲣⲉϥϯⲧⲟⲟⲧϥ̄

조롱하다 ⲭⲗⲉⲩⲁⲍⲉ χλευάζειν

조바심내는 ϭⲁⲡϭⲉⲡ, ϭⲉⲡϭⲡ̄

조사하다 ⲁⲛⲁⲕⲣⲓⲛⲉ, ϩⲁⲧϩⲧ̄, ϫⲱⲣ, ϫⲟⲟⲣ⸗, ϫⲏⲣ†

조상, 조각 ⲁⲛⲇⲣⲉⲓⲁⲥ ἀνδριάς

조상, 선조 ⲉⲓⲱⲧ *m.*, ⲉⲓⲧ-, *pl.* ⲉⲓⲟⲧⲉ

조세 기준 ⲕⲁⲛⲱⲛ

조심성 ⲉⲡⲓⲥⲧⲏⲙⲏ

조악한 ϫⲁ(ⲁ)ϫⲉ, ϫⲁϫⲱ(ⲟⲩ)†

조약돌, 물방울 ⲕⲗⲏⲗ

조약돌, 우박, 씨앗, 불알, 알 ⲁⲗ, ϩⲣⲟⲩϫ(ⲉ)ⲃ *pl.*, ⲱⲛⲉ, ⲉⲛⲉ-, ⲁ̀ⲛⲉ- *m. f.*

조언, 상담 ⲥⲩⲙⲃⲟⲩⲗⲓⲁ συμβουλία, ⲥⲁϫⲛⲟⲩϥⲉ

조언을 구하다 ϫⲓ ϣⲟϫⲛⲉ

조언자 ⲣⲉϥϫⲓ ϣⲟϫⲛⲉ, ⲥⲩⲅⲕⲗⲏⲧⲓⲕⲟⲥ συγκλητικός, ⲥⲩⲙⲃⲟⲩⲗⲟⲥ σύμβουλος

조언하다, 의견을 말하다 ϯ ϣⲟϫⲛⲉ

조용하게, 고요하게 ϩⲛ̄ⲟⲩⲥϭⲣⲁϩⲧ̄

조용한 ϩⲡⲣⲕⲏⲧ (L), ⲕⲁⲣⲁⲉⲓⲧ†

조용해지다 ϣⲧⲙ̄ⲣⲱϥ

조용히 하다, 평화로운 ⲱⲣ(ⲉ)ⲃ, ⲱⲣⲃⲉ, ⲉⲣⲃ̄-, ⲟⲣⲃ⸗, ⲟⲣⲃ†, ⲁⲣⲃ†

조잡한 ⲁⲅⲣⲓⲟⲥ

조종사, 항해사 ⲣⲉϥⲡ̄ ϩⲙ̄ⲙⲉ

조직의 일부분 ⲧⲣⲉ, ⲧⲣⲏ *m.*

ㄱ ㄴ ㄷ ㄹ ㅁ ㅂ ㅅ ㅇ ㅈ ㅊ ㅋ ㅌ ㅍ ㅎ

조카 ϣⲚ̄ⲤⲞⲚ

조형물, 형상, 구조물 ⲠⲖⲀⲤⲘⲀ πλάσμα

쪼개다 ⲠⲰϬⲈ, ⲠⲞϬ⸗, ⲠⲞⲄ⸗, ⲠⲞⲔ⸗, ⲠⲞⲄⲈ†, ⲠⲰⲦⲤ̄, ⲠⲞⲦⲤ̄†, ⲠⲀⲦⲤ̄†

쪼개다, 찢다, 꺾다 ⲠⲰϨ, ⲠⲈϨ-, ⲠⲀϨ-, ⲠⲞϨ⸗, ⲠⲀϨ⸗, ⲠⲎϨ†, ⲠⲈϨ†

족보학 ϣⲀϪⲈ Ⲛ̄ϪⲰⲘ

족쇄 ϨⲀⲖⲨⲤⲒⲤ ἅλυσις, ⲠⲈⲆⲎⲤ πέδη

족쇄를 채우다 ϨⲰⲤ, ϨⲈⲤ-, ϨⲰⲤ-, ϨⲞⲤ⸗

족제비 ⲂⲈⲔⲚⲈ

족하다, 충족시키다 ⲢⲰϣⲈ, ⲢⲈϣⲦ-, ⲢⲀϣⲦ-, ⲢⲀϣ(Ⲧ)⸗

족한 ϨⲰ

존속하다 ϣⲰϪⲠ̄, ϣⲈϪⲠ̄-, ϣⲞϪⲠ⸗, ϣⲞϪⲠ̄†

존재 ⲀϨⲈ

존재하다 ⲔⲰ, ⲔⲰⲈ, ⲔⲀ-, ⲔⲀⲀ⸗, ⲔⲀ⸗, ⲔⲞⲞ⸗, ⲔⲎ†, ⲔⲀⲀⲦ†

졸다 Ⲣ(Ⲉ)ⲔⲢⲒⲔⲈ, ϨⲢⲔ̄ⲢⲒⲔⲈ, Ⲣ̄ⲔⲢⲒⲔⲈ

졸아들다, 왜소해지다, 번민하다 ⲞⲨⲰϪⲰⲘⲈ, ⲞⲨⲞ(Ⲟ)Ⲙ⸗

좀생이, 묘성 ϬⲒⲚⲘⲞⲨⲦ

종 ϨⲘ̄ϨⲀⲖ

종 모양의 악기 ⲔⲀⲖⲈⲖⲈ, ⲔⲈⲖⲈⲈⲖⲈ

종, 하인, 하는 사람 ϨⲀⲖ *m. f., pl.* ϨⲖⲞⲨⲒⲈ

종결, 말아 넣음 ⲢⲀ ϬⲰⲖ *m.*

종교, 숭배 ϬⲒⲚϣⲘ̄ϣⲈ

종교, 신앙 ⲘⲚ̄ⲦⲈⲨⲤⲈⲂⲎⲤ

종기, 농, 혹 ⲔⲖ̄ⲔⲀ

종기, 물집 ⲔⲈⲖⲔⲰⲖⲈ

종기, 종양 ⲘⲎϨⲈ

종려나무 ⲂⲎⲦ

종료, 완성 ϪⲰⲖⲈ (L), ϪⲀⲖ⸗, ϪⲀⲖⲈ⸗

종류, 방법, 모양 ϨⲈ, ϨⲒⲎ *f.*

종류, 양태 ⲘⲒⲚⲈ, ⲢⲎⲦⲈ *m.*

종류, 연령, 형태, 상태 ϬⲞⲦ *f.*, ϬⲀⲦ (L) *f.*

종말 ⲢⲀϬⲰⲖ *m.*, ⲤⲨⲚⲦⲈⲖⲈⲒⲀ συντέλεια

종살이 ⲘⲚ̄ⲦϨⲘ̄ϨⲀⲖ

종양 주머니 ⲘⲈⲤϨⲰⲨ, ⲘⲎϨⲈ

종을 울리다 ⲦⲘ̄ⲦⲘ̄, ⲦⲘ̄ⲦⲘ̄-, ⲦⲈⲘⲦⲰⲘ†

종자 ⲠⲢⲈⲤⲰϣⲈ

종족 ⲄⲈⲚⲞⲤ γένος

좇다, 간청하다 ⲦⲢ̄ⲔⲞ (L)

좇아내다 ϣⲰ(Ⲱ)ⲚⲈ, ϣⲈ(Ⲉ)ⲚⲈ-, ϣⲀⲚⲈ-, ϣⲞ(Ⲟ)Ⲛ⸗, ϣⲀⲚ(Ⲉ)⸗, ϣⲞⲞⲚⲈ†

좋구만, 잘될 거야 (Ⲕ)ⲞⲨⲞϪ

좋기는 ϨⲞⲨⲞ, ϨⲞⲨⲈ-

좋아하다 ⲘⲈ, ⲘⲈⲢⲈ-, ⲘⲈⲢⲒⲦ⸗, *p.c.* ⲘⲀⲒ-

좋은, 선한 ⲔⲀⲖⲰⲤ καλῶς, ⲚⲀⲚⲞⲨ-, ⲚⲀⲚⲈ-, ⲚⲀⲚⲞⲨ⸗

좋은, 우수한, 선한, 착한 ⲚⲞⲨϤⲈ, ⲚⲞⲨϤⲠ̄, ⲚⲈϤⲠ̄-, ⲚⲞϤⲠ̄- *p.c.* ⲚⲀϤⲠ̄-

좋은 ⲀⲄⲀⲐⲞⲤ ἀγαθός, ⲈⲦⲚⲀⲚⲞⲨϤ

좋은 것, 선 ⲠⲈⲦⲚⲀⲚⲞⲨϤ

좋은 기회, 성공 ⲚⲀϤⲠ̄ ϣⲀⲒ̈

좋은 냄새, 향기 Ⲥ†ⲚⲞⲨϤⲈ

좋은 소식, 복음 ϣⲘⲚⲞⲨϤⲈ

좌석 ⲔⲀⲐⲈⲆⲢⲀ, ⲔⲀⲐⲎⲆⲢⲀ καθέδρα, ⲠⲞⲒ *m.*

좌초하다, 침몰하다 ⲂⲒϬⲈ (L)

좌측 ϨⲂⲞⲨⲢ *f.*

죄, 잘못, 범죄 ⲚⲀⲂⲈ *m.*, ϣⲞϤⲦⲤ̄, ϣⲀϤⲦⲤ̄, ⲂⲎⲨ (L), ⲚⲞⲂⲈ *m.*, ϣⲞⲂⲦⲤ̄

죄 없는 ⲀⲦⲚⲞⲂⲈ, ⲀⲦⲚⲀⲂⲈ, ⲈⲦⲞⲨⲀⲀⲂ

죄를 짓다, 불법을 행하다 ⲀⲚⲞⲘⲈⲒ, Ⲣ̄ ⲚⲞⲂⲈ

죄를 짓다 ⲈⲒⲢⲈ Ⲙ̄(Ⲡ)ⲠⲈⲐⲞⲞⲨ, ϣⲰϤⲦ̄, ϣⲈϤⲦ̄-, ϣⲈⲂⲦ⸗, ϣⲞϤⲦ̄†

죄수 ⲀⲒⲬⲘⲀⲖⲰⲦⲞⲤ αἰχμάλωτος, ⲈⲦⲤⲞⲚϨ̄

죄악 ⲀⲚⲞⲘⲒⲀ ἀνομία

죄인, 부정한 사람 ϣⲀϤⲦ(Ⲉ), ⲀⲒⲦⲒⲞⲤ, ⲢⲈϤⲢ̄ⲚⲀⲂⲈ, ⲢⲈϤⲢ̄ⲚⲞⲂⲈ

죄짐 ⲈⲦⲠⲰ

주, 주님, 주인 ϪⲒⲤⲞⲞⲨ(Ⲉ), ϪⲒⲤⲎⲎⲨⲈ

주거지 ⲘⲀⲚ̄ϣⲰⲠⲈ

주교, 감독 ⲈⲠⲒⲤⲔⲞⲠⲞⲤ ἐπίσκοπος

주권, 독립 ⲘⲚ̄ⲦϪⲞⲈⲒⲤ

주근깨 ⲀⲢϣⲀⲚ

주기적인 발열 ⲀⲤⲒⲔ, ⲤⲒⲔ

주님, 주인 ϪⲒⲤⲞⲞⲨ(Ⲉ), ϪⲒⲤⲎⲎⲨⲈ, ⲔⲨ̄, ⲔⲨⲤ̄, ⲔⲤ̄ κύριος

주님 ϪⲞⲈⲒⲤ, ϪⲞⲒ̈Ⲥ, ϪⲀⲈⲒⲤ, ϪⲀⲒ̈Ⲥ, ϪⲤ̄, ϬⲤ̄, ⲞⲤ̄ *m. f., pl.*

주다, 두다, 싸우다 †, †-, ⲦⲈ-, ⲦⲀ(Ⲁ)⸗, ⲦⲈ⸗,

ⲦⲈⲈ⸗, ⲦⲈⲒ̈Ⲧ⸗, ⲦⲈⲦ⸗, ⲦⲚ̄ⲚⲈ⸗, ⲦⲞ†, ⲦⲞⲒ̈Ⲉ† *p.c.* ⲦⲀⲒ-

주다, 선사하다 Ⲣ̄ ϨⲘⲀⲦ

주름, 주름살 ⲔⲂ̄ⲂⲈ

주먹, 한줌 ϬⲀϪⲘ, ϬⲀϪⲘⲈ, ϪⲀⲘⲎ *f.*, ϬⲀϪⲘⲈⲤ

주물로 만든 작품 (ϨⲚⲀⲀⲨ) Ⲛ̄ⲞⲨⲰⲦϨ̄

주변 ⲔⲰⲦϤ

주변에 ϨⲀϨⲦⲚ̄-, ϨⲀ(Ϩ)ⲦⲈ-, ϨⲀ(Ϩ)ⲦⲎ⸗, ϨⲀⲦⲚ̄-, ϨⲀⲦⲞⲞⲦ⸗

주변에서 ⲈⲂⲞⲖ ⲞⲨⲦⲈ

주사 ϨⲂⲞⲔ, ϨⲂⲞϬ

주석 ⲂⲀⲤⲚ̄Ϭ, ⲂⲀⲤⲒϬ

주석을 달다 ϨⲈⲢⲘⲎⲚⲈⲨⲤ ἑρμηνεύς

주시하다 Ⲓ̈ⲰⲢⲘⲈ, Ⲓ̈ⲰⲢⲘ̄, Ⲓ̈ⲀⲢⲘⲈ†, ⲞⲨⲈϢ-, ⲞⲨⲰϢ-, ⲞⲨⲀϢ⸗, ⲞⲨⲞϢ⸗

주어를 동사 뒤로 돌리는 문법 요소 Ⲛ̄ϬⲒ, Ⲛ̄ⲄⲒ, Ⲛ̄ϪⲈ

주운 물건 ⲞⲖⲤ

주의 깊은 ⲘⲈⲖⲈⲦⲀ μελετᾶν

주의를 기울이다 Ϯ ϨⲦⲎ⸗

주의하다, 유의하다 ⲠⲢⲞⲤⲈⲬⲈ προσέχειν

주인 ϪⲀⲒ̈Ⲥ, ϪⲀⲈⲒⲤ, ϪⲒⲤⲞⲞⲨ(Ⲉ), ϪⲒⲤⲎⲎⲨⲈ

주인 ⲆⲈⲤⲠⲞⲦⲎⲤ δεσπότης, ⲆⲨⲚⲀⲤⲦⲎⲤ

주인 ⲔⲨⲢⲒⲞⲤ κύριος, ⲔⲨ̄, ⲔⲨⲤ̄, ⲔⲤ̄ κύριος

주인 ⲘⲀⲄⲒⲤⲦⲰⲢ μαγίστωρ, ⲚⲈⲠ (L), ⲚⲎⲂ *m., f.*

주인, 주님 ϪⲞⲈⲒⲤ, ϪⲞⲒ̈Ⲥ, ϪⲀⲈⲒⲤ, ϪⲀⲒ̈Ⲥ, ϪⲤ̄, ϬⲤ̄, ⲞⲤ̄ *m. f., pl.*

주일 ⲔⲨⲢⲒⲀⲔⲎ κυριακή

주자, 전령 ⲢⲈϤⲠⲰⲦ, ⲆⲢⲞⲘⲈⲞⲤ δρομεύς

주장자 ϬⲎⲖ *m.*

주저앉다, 조용히 머물다 ϨⲢⲞⲔ, ϨⲞⲢⲔ̄†

주전자 ⲬⲀⲖⲔⲒⲞⲚ χαλκεῖον

주조물 ϨⲚⲀⲀⲨ Ⲛ̄ⲞⲨⲰⲦϨ̄

주지사, 군장 ⲈⲠⲀⲢⲬⲞⲤ ἔπαρχος

주춤하다 ⲤⲒⲬⲀⲚⲈ σιχαίνεσθαι

주택 ⲘⲀ Ⲛ̄ⲞⲨⲰϨ

주홍색 ⲀⲠⲈⲒ

주화, 동전 ⲚⲞⲘⲒⲤⲘⲀ νόμισμα

죽, 수프 ⲞⲞⲨϢ *m.*

죽게 하다 ⲘⲞⲨⲞⲨⲦ, ⲘⲈⲨⲦ-, ⲘⲞⲞⲨⲦ⸗

죽다, 사망하다 ⲘⲞⲨ, ⲘⲀⲨⲦ⸗, ⲘⲞⲞⲨⲦ†, ⲘⲀⲨⲦ†

죽은 자들의 세계 ⲀⲘⲚ̄ⲦⲈ

죽을 운명의 사람, 멸망할 자 ⲢⲈϤⲘⲞⲨ

죽이다 ϨⲞⲖϨⲖ̄, ϨⲈⲖϨⲰⲖ⸗, ϨⲰⲦⲂⲈ, ϨⲀⲦⲂⲈ-, ϨⲀⲦⲂⲈ⸗, ϨⲀⲦⲂⲈ†

죽이다 ⲔⲰⲚⲤ̄, ⲔⲈⲚⲤ̄, ⲔⲞⲚⲤ⸗, ⲔⲀⲚⲤ⸗, ⲔⲞⲚⲤ̄†

죽이다, 넘어뜨리다 ϨⲂⲀⲢⲂⲢ̄ (L), ϨⲂⲢ̄ⲂⲢ̄-, ϨⲂⲢ̄ⲂⲰⲢ⸗, ⲂⲢ̄ⲂⲰⲢ⸗, ϨⲂⲢ̄ⲂⲀⲢⲦ†

죽이다, 살상하다 ϨⲰⲦⲂ̄, ϨⲰⲦⲈⲂ, ϨⲈⲦⲂ̄-, ϨⲞⲦⲂ⸗, ϨⲞⲦⲂ̄†

죽이다, 죽게 하다 ⲘⲞⲨⲞⲨⲦ, ⲘⲈⲨⲦ-, ⲘⲞⲞⲨⲦ⸗

죽이다, 취소하다, 파괴하다 ⲔⲰⲢϤ̄

죽지 않는 ⲀⲦⲘⲞⲨ

준비된 ϨⲈⲦⲞⲒⲘⲞⲤ ἕτοιμος

준비물, 장비 ⲤⲞⲂⲦⲈ, Ⲥ(Ⲉ)ⲂⲦⲈ-, ⲤⲂ̄ⲦⲰⲦ⸗, ⲤⲂ̄ⲦⲰⲦ†

준비하다 ⲤⲀⲂⲦⲈ, ⲤⲂ̄ⲦⲰⲦ⸗, ⲤⲂ̄ⲦⲀⲒ̈Ⲧ†, ⲤⲂ̄ⲦⲀⲒ̈†

준비하다, 맡다 ϬⲰⲢϬ̄, ϬⲞⲢϬ⸗, ϬⲀⲢϬ⸗, ϬⲞⲢϬ̄†, ϬⲞⲖϬ̄†, ϬⲰⲰⲔ, ϬⲰⲔ⸗

준비하다, 준비물, 장비 ⲤⲞⲂⲦⲈ, Ⲥ(Ⲉ)ⲂⲦⲈ-, ⲤⲂ̄ⲦⲰⲦ⸗, ⲤⲂ̄ⲦⲰⲦ†

줄, 머리카락 ⲔⲀⲠ

줄 ϨⲰ(Ⲱ)Ⲥ *m.*, ⲢⲞ *m.*, ⲘⲀⲚⲒⲚ, ⲘⲀⲖⲖⲒⲚ, ⲘⲀⲖⲒⲖ

줄, 밧줄 ⲚⲞⲨϨ, ⲚⲰϨ *m.*, ⲚⲀⲨϨ

줄, 현 ⲘⲀϢⲢ̄Ⲧ, ⲘⲀϢⲈⲢⲦ

줄(연장) ⲘⲈⲤϨⲰⲖ

줄게 하다ⲦⲤⲂ̄ⲔⲞ, ⲦⲤⲂ̄ⲔⲈ-, ⲦⲤⲂⲈⲔ-, ⲦⲤⲂ̄ⲔⲞ⸗, ⲦⲤⲂ̄ⲔⲀ⸗, ⲦⲤⲂ̄ⲔⲎⲨ†

줄다 ⲰⲚⲦ̄, ⲰⲚϬ̄

줄어들다, 고갈되다, 부족하다 ϢⲦⲀ

줄을 감다 ϨⲒⲤⲈ, ϨⲒⲤⲦ⸗, ϨⲀⲤⲦ⸗, ϨⲞⲤⲈ†

줄을 긋다, 철자, 부호 ϢⲰⲖϨ̄, ϢⲰⲖⲀϨ, ϢⲰⲖϨ̄-, ϢⲞⲖϨ⸗, ϢⲞⲖϨ̄†, ϢⲀⲖϨ̄†

줄을 땋다, 화관을 만들다 ϢⲰⲚⲦ̄, ϢⲀⲚⲦ⸗, ϢⲀⲚⲦ†

줄이다, 감당하다 ⲂⲒ, ⲂⲀⲒ̈-

줄이다, 고갈되다 ⲤⲂⲀⲔ (L), ⲤⲀⲂⲈⲔ, ⲤⲀⲂⲔ̄†

줄이다, 모자라다, 필요로하다 ϬⲢⲰϨ, ϬⲢⲰⲰϨ, ⲔⲢⲰϨ

줄이다, 삭감하다 ϬⲰϪⲂⲈ (L), ϬⲀϪⲂⲈ†

줄이다, 작아지다 ⲥⲃⲟⲕ, ⲥⲟⲃⲕ̄†

줄이다 ϭⲱϫⲃ̄, ϭⲱϫⲉⲃ, ⲕⲟⲩϫⲃ̄, ϭⲉϫⲃ̄-, ϭⲟϫⲃ̄⸗, ϭⲟϫⲃ̄†, ϭⲁϫⲃ̄†

줍다 ϭⲱⲗ, ϭ(ⲉ)ⲗ-, ϭⲱⲗ-, ϭⲟ(ⲟ)ⲗ⸗, ⲕⲟⲗ⸗, ⲕⲉⲗ† *p.c.* ϭⲁⲗ-

중간, 가운데 ⲙⲏⲧⲉ, ⲙⲏⲏⲧⲉ

중간 ⲙⲉⲥⲟⲧⲏⲥ μεσότης

중간에 위치하다 ⲣ̄ ⲡⲁϣⲉ

중단시키다, 강조하다 ⲥⲧⲓⲍⲉ στίζειν

중상, 비방 ⲗⲁ

중재자 ⲣⲉϥⲥⲁⲡⲥⲡ

중한, 어려운 ϩⲣⲁϣ, ϩⲁⲣϣ̄†

쥐색 ⲁⲩⲁⲛ ⲙ̄ⲡⲓⲛ

쥐어짜다, 접다 ϭⲱⲱⲙⲉ, ϭⲉ(ⲉ)ⲙⲉ-, ϭⲟⲟⲙⲉ†, ϭⲁⲁⲙⲉ†

즉, 말하자면 ⲛ̄ϫⲓ

즉시 ⲛ̄ⲥⲁⲧⲟⲟⲧ⸗, ⲛ̄ⲧⲟⲩⲛⲟⲩ, ϩⲛ̄ⲟⲩⲥⲁⲩⲧⲛ̄, ⲥⲁϩⲏⲧ⸗

즉시, 갑자기 ⲉⲝⲁⲡⲓⲛⲁ

즉시 (ϩ)ⲛ̄(ⲟⲩ)ⲥⲟⲟⲩⲧⲛ̄, (ϩ)ⲛ̄ⲧⲉ(ⲟ)ⲩⲛⲟⲩ

즐거운, 기쁨이 넘치는 ⲉⲧⲣⲟⲟⲩⲧ†

즐거운, 행복한, 부드러운, 쉬운, 유쾌한 ⲛⲟⲩⲧⲙ̄, ⲛⲟⲧⲙ̄†, ⲛⲁⲧⲙⲉ†, ⲛⲁⲧⲙ̄†

즐거운, 활짝 핀 ⲟⲩⲣⲟⲧ, ⲣⲟⲟⲩⲧ†

즐거워하다 ⲟⲩⲛⲟϥ, ⲉⲩⲫⲣⲁⲛⲉ

즐거이 놀다, 즐겁게 하다 ϫⲟⲩϫⲟⲩ

즐거이 응하다 ⲣ̄ ϩⲛⲁϥ

즐거이 ⲱⲕ

즐겁게 살다 ϫⲏⲣ

즐겁게 하다 ϫⲟⲩϫⲟⲩ

즐겁게 ⲛ̄ⲟⲩⲣⲟⲧ

즐기다 ⲁⲡⲟⲗⲁⲩⲉ ἀπολαύειν

즙, 고름 ⲙⲟⲟⲩ

증가시키다 ⲧⲁϣⲟ, ⲧⲁϣⲉ-, ⲧⲁϣⲟ⸗

증가하다 ⲡⲁⲩⲣⲉ (L)

증거, 정통 ⲇⲟⲕⲓⲙⲏ δοκιμή, ⲙⲁⲉⲓⲛ

증거하다 ⲇⲟⲕⲓⲙⲁⲍⲉ δοκιμάζειν

증기 ⲗϩⲱⲃ, ⲥⲱⲗⲙⲉ (L), *pl.* ⲥⲁⲗⲙⲉ

증명된 ⲇⲟⲕⲓⲙⲟⲥ δόκιμος

증언 ⲙⲛ̄ⲧⲙⲛ̄ⲧⲣⲉ

증언하다 ⲣ̄ ⲙⲛ̄ⲧⲣⲉ

증오 ⲃⲁⲧⲉ

증인 ⲙⲛ̄ⲧⲣⲉ, ⲙⲉⲧⲣⲏ

지각, 이성 ⲗⲟⲅⲓⲥⲙⲟⲥ, ⲁⲓⲥⲑⲏⲥⲓⲥ αἴσθησις, ⲁⲓⲥⲑⲏⲧⲏⲣⲓⲟⲛ αἰσθητήριον

지갑 ϭⲟⲟⲩⲛⲉ, ϭⲁⲩⲛⲉ *f.*

지금, 현재 (ϩ)ⲙ̄ⲡⲉⲓⲥⲏⲩ, ϯⲛⲟⲩ, ⲧⲉⲛⲟⲩ, ϯⲛⲟⲩ

지금부터 ϫⲛ̄ⲙ̄ⲡⲓⲛⲉⲩ

지금 이 순간 ⲙ̄ⲡⲓⲟⲩⲟⲉⲓϣ

지금 이 순간부터 ϫⲓⲛ ⲡⲉⲓⲛⲁⲩ, (부정적으로 쓰일 경우; 더는 않다)

지나가다, 가로지르다 ϫⲱⲱⲃⲉ, ϫⲉⲉⲃⲉ-, ϫⲟⲟⲃ⸗

지나가다, 가로지르다 ⲥⲓⲛⲉ, ⲥⲛ̄(ⲧ)-, ⲥⲁ(ⲁ)ⲧ-, ⲥⲉⲛ(ⲧ)-, ⲥⲁⲁⲧ⸗, ⲥⲟ(ⲟ)ⲧ⸗, ⲥⲛ̄ⲧ⸗

지나가다 ⲣ̄ ϩⲓⲏ ⲙ̄ⲙⲟⲟϣⲉ

지나가서 멀어지다 ⲥⲓⲛⲉ ⲉⲃⲟⲗ

지나치다 ⲡⲁⲣⲁⲅⲉ παράγειν

지나친 부담을 주다 ⲟⲩⲱϩ ⲉϫⲛ̄-

지나친, 비상식적인 ⲉⲅⲕⲁⲕⲉⲓ

지느러미 ⲧⲛ̄ϩ, ⲧⲉⲛⲁϩ *m.*

지도자 ⲁⲛϭⲁⲙ, ⲁⲣⲭⲏⲅⲟⲥ ἀρχηγός, ⲣⲉϥϫⲁⲩⲙⲁⲓ̈ⲧ

지면 ⲙⲁ ⲉⲧⲥⲁ ⲡⲉⲥⲏⲧ

지반을 공고히 하다 ⲧⲁϫⲣⲟ, ⲧⲁϫⲣⲉ-, ⲧⲁϫⲣⲟ-, ⲧⲁϫⲣⲟ⸗, ⲧⲁϫⲣⲁ⸗, ⲧⲁϫⲣⲏⲩ†, ⲧⲁϫⲣⲁⲓ̈ⲧ†

지방 ⲧⲟ *m.*, ⲧⲱϣ, ⲧⲟϣ, ⲧⲣϣ- *m.*, *pl.* ⲧⲟⲟϣ

지방행정구역 ⲧⲱϣ, ⲧⲉϣ-, ⲧⲟϣ-, ⲧⲟϣ⸗, ⲧⲏϣ†

지배 ⲙⲛ̄ⲧⲣ̄ⲣⲟ, ⲙⲉⲧⲣⲟⲛ μέτρον

지배 세력 ⲁⲣⲭⲟⲛⲧⲓⲕⲏ ἀρχοντική

지배하다 ⲇⲁⲙⲁⲍⲉ δαμάζειν, ⲥⲱⲙ, ⲥⲟⲙ⸗, ⲥⲁⲙ⸗, ⲥⲏⲙ†

지배하다, 다스리다 ⲣ̄ ⲣ̄ⲣⲟ, ⲣ̄ ϫⲟⲉⲓⲥ(ⲉ-)

지불하다 ⲁⲡⲟⲕⲁⲑⲓⲥⲧⲁ, ϯ ⲉⲃⲟⲗ

지붕, 다락 ⲟⲩⲉϩⲥⲟⲓ, ϫⲉⲛⲉⲡⲱⲣ *f.*, ⲙⲁⲉⲧϩⲟⲃⲥ̄

지붕, 덮개 ⲗⲱⲃϣ̄

지붕, 돔 ⲙⲉⲗⲱⲧ *f.* *(m.)*, *pl.* ⲙⲉⲗⲁⲧⲉ

지붕을 덮다, 깃들다 ⲃⲱϩⲛ̄, ⲃⲉϩⲛ̄-

지속되다 ϭⲱ, ⲕⲱ, ϭⲉⲉⲧ†, ϭⲏⲏⲧ†, ⲙⲟⲩⲛ

지속하다 ⲁⲛⲁⲥⲧⲁ ἀναστῆναι

지시 ⲁⲛⲥⲙ̄ⲙⲉ

지시하다, 명령, 법령 ⲟⲩⲉϩ ⲥⲁϩⲛⲉ, ϩⲱⲛ, ϩⲟⲛ⸗

지식, 앎 ⲥⲁⲩⲛⲉ, ⲥⲛ̄ⲟⲩⲱⲛ-, ⲥⲟⲩⲛ̄-, ⲥⲟⲩⲱⲛ-, ⲥⲛ̄ⲟⲩⲱⲛ⸗, ⲥⲛ̄ⲟⲩⲱⲛⲉ⸗, ⲥⲟⲩⲱⲛ⸗, ⲥⲟⲩⲁⲛⲧ†

지식, 영지 ⲅⲛⲱⲥⲓⲥ γνῶσις

지식을 갖춘, 배운 ⲛⲉⲥⲃⲉ-

지식의 결여, 무지 ⲁⲡⲟⲣⲉⲓ

지식인 ⲣⲙ̄ⲛ̄ⲥⲁⲩⲛⲉ, ⲣⲉϥⲥⲁⲩⲛⲉ

지역, 지점, 기후 ⲕⲗⲓⲙⲁ κλίμα

지연 ϫⲛⲁ(ⲁ)ⲩ, ϫⲛⲟ

지옥, 죽은 자들의 세계 ⲁⲙⲛ̄ⲧⲉ, ⲉⲙⲛ̄ⲧⲉ

지우다, 닦다 ϥⲱⲧⲉ, ϥⲉⲧ-, ϥⲟⲧ⸗ *p.c.* ⲃⲁⲧ-, ⲃⲱⲧⲉ, ϩⲱⲕⲉ, ϩⲱⲱⲕⲉ, ϩⲱⲕ-

지점, 기후 ⲕⲗⲓⲙⲁ κλίμα

지지, 받침 ⲥⲉⲃⲟⲟⲛ *pl.*

지지하다 ϣⲧⲱⲣⲉ

지진 ⲕⲙⲧⲟ

지참금 ϭⲣⲏϭⲉ *f.*

지체 ⲙⲉⲗⲟⲥ μέλος

지체, 늦어짐 ⲁⲥⲕⲉ

지출, 삯, 손실 ⲁⲛϩⲁⲗⲱⲙⲁ

지출, 소득세 ⲇⲁⲡⲁⲛⲏ

지출하다, 잃다 ⲁⲛϩⲁⲗⲓⲥⲕⲉ

지키는 사람 ⲉⲅⲣⲏⲅⲟⲣⲟⲥ, ⲣⲉϥⲣⲁϊⲥ

지키다, 간직하다 ϩⲁⲣⲉϩ, ⲁⲣⲉϩ, ϩⲁⲣⲏϩⲉ, ⲉⲣⲉϩ, ⲉⲣⲏϩ

지키다, 경계심을 갖다 ⲣⲟⲉⲓⲥ, ⲣⲏⲥ†, ⲣⲁϊⲥ

지키다, 보초서다 ϩⲱⲣ, ϩⲣ̄-, ϩⲟⲣ⸗, ϩⲏⲣ†

지탱하다 ϭⲱ, ⲕⲱ, ϭⲉⲉⲧ†, ϭⲏⲏⲧ†, ϫⲁⲩⲗⲉ (L), ϫⲉⲗⲱ⸗

지탱하다, 감당하다, 옮기다 ⲫⲟⲣⲉ φορεῖν

지탱하다, 유지하다, 견디다 ⲱϩⲉ, ⲟϩⲉ, ⲁϩⲉ†

지팡이, 지휘봉 ⲟⲩⲣⲁⲥ

지푸라기, 부스러기 ϫⲏ, ϫⲓ *m.*, ϫⲓⲉ (L) *m.*

지푸라기 ⲧⲱϩ, ⲧⲱⲁϩ *m.*

지하 창고 ⲕⲏⲡⲉ, ϭⲉⲡⲏ

지혜, 마음 ⲛⲟⲩⲥ νοῦς *m.*

지혜, 사상 ⲇⲓⲁⲛⲟⲓⲁ

지혜, 이성 ϩⲏⲧ *m.*, ϩⲉⲧⲉ *pl.*, ϩⲧⲏ⸗

지혜 ⲥⲟⲫⲓⲁ σοφία

지혜로운 ⲛⲟⲉⲣⲟⲛ νοερόν

지혜자 ⲥⲟⲫⲟⲥ σοφός, ⲡⲣⲱⲙⲉ ⲛ̄ⲥⲁⲃⲉ

지혜자 ⲥⲁⲃⲉ *m.*, *f.* ⲥⲁⲃⲏ, *pl.* ⲥⲁⲃⲉⲉⲩ(ⲉ), ⲥⲁⲃⲉⲩⲉ, ⲥⲁⲃⲏⲩ

지혜자, 지혜로운 ⲛⲟⲉⲣⲟⲛ νοερόν

지휘봉 ⲟⲩⲣⲁⲥ, ϣⲃⲱⲧ, ϣⲃⲟⲧ *m.*, *pl.*ϣⲃⲁⲧⲉ

지휘하다 ⲕⲉⲗⲉⲩⲉ κελεύειν (ⲛⲁ⸗)

찌꺼기 ⲥⲁⲣⲙⲉ, ⲥϩⲃⲏⲏⲧⲉ, ⲥⲃⲏ(ⲏ)ⲧⲉ, ⲥⲃⲉⲉⲧⲉ, ⲥⲃⲏⲓⲧⲉ, ϩⲃⲏ(ⲏ)ⲧⲉ *m.*

찌끼 ϩⲁⲁⲃ *m.*, ⲥⲟⲣⲙ̄, ⲥⲁⲣⲙ̄ *m.*

찌르다 ϩⲱⲃⲕ̄, ⲗⲱⲕⲥ̄, ⲗⲟⲩϫ̄, ⲗϫ̄-, ⲗⲟⲕⲥ⸗

찌르다 ⲧⲱ(ⲱ)ϭⲉ, ⲧⲱⲕⲉ, ⲧⲉϭ-, ⲧⲟⲟϭ⸗, ⲧⲟⲟϭⲉ†, ⲧⲏϭ†

찌르다, 상처입히다, 죽이다 ⲕⲱⲛⲥ̄, ⲕⲉⲛⲥ̄, ⲕⲟⲛⲥ⸗, ⲕⲁⲛⲥ⸗, ⲕⲟⲛⲥ̄†

찌르다, 자극하다 ϫⲱⲕⲉ

찌르다, 치다, 상처를 입히다 ⲡⲱϩⲥ̄, ⲡⲉϩⲥ̄-, ⲡⲟϩⲥ̄†

직물 축융기, 가죽 무두질 용 큰 통 ⲣⲁϩⲧ̄ ⲛ̄ⲧⲱϭⲥ̄

직시하다, 가로지르다, 상처를 입히다 ϫⲱⲧⲉ, ϫⲉⲧ-, ϫⲁⲧ-, ϫⲱⲧ-, ϫⲟⲧ⸗, ϫⲁⲧ⸗

직원 ϩⲣⲁⲃⲇⲟⲥ ῥάβδος

직조공 ⲥⲁϩⲧ̄, ⲥⲁϣⲧ̄ ϣⲧ̄ⲧ *m.*

직조하다 ⲥⲱϩⲉ, ⲥⲱϣⲉ, ⲥⲱϩⲧ, ⲥⲁϩⲧ-, ⲥⲁϩⲧ⸗, ⲥⲁϩⲧ† *p.c.* ⲥⲁϩⲧ-

직조하다 ⲱⲧϩ̄, ⲟⲩⲱⲧϩ̄, ⲟⲧϩ⸗, ⲟⲧϩ̄†

진기한 현상, 이적, 기적 ϣⲡⲏⲣⲉ *f.*

진드기 ⲥⲓⲃ

진리, 정의 ⲙⲏⲉ

진리의 사람 ⲣⲙ̄ⲙ̄ⲙⲏⲉ, ⲣⲙ̄ⲛ̄ⲙⲏⲉ

진실, 정의 ⲙⲉ, ⲁⲗⲏⲑⲓⲛⲟⲥ

진실로, 사실 ⲙⲏⲉ, ⲛⲁⲙⲏⲉ

진실로, 아마도 ⲁⲣⲁ, ⲁⲗⲏⲑⲱⲥ

진영 ⲡⲁⲣⲉⲙⲡⲟⲗⲏ παρεμβολή

진을 치다 ⲕⲧⲟ, ⲕⲧⲉ-, ⲕⲧⲥ⸗, ⲕⲧⲏⲩ†, ⲕⲧⲟⲉⲓⲧ†

진주 ⲙⲁⲣⲅⲁⲣⲓⲧⲏⲥ μαργαρίτης

진흙, 흙, 땅 ⲁⲙⲉ, ⲟⲙⲉ, ⲟⲟⲙⲉ, ⲁⲙⲉ, ⲁⲙ- *m.* *f.*

ㄱ ㄴ ㄷ ㄹ ㅁ ㅂ ㅅ ㅇ ㅈ ㅊ ㅋ ㅌ ㅍ ㅎ

진흙 **λαϫτε, λαϫκε**

진흙을 빚다 **πωωπε, παπ(ε)-, παπω⸗**

진흙탕 **λοιϩη**

질료, 재료, 물질 **ϩγλη, θγλη** ὕλη

질문자 **ρεqϣινε**

질문하다, 설명하다 **ϫνογ, ϫινογ, ϫνο, ϫν(ε)-, ϫνογ-, ϫ(ι)νογ⸗ ϫενογογ⸗**

질문하다 **αιτι** αἰτεῖν, **ϫονϫν, ϫν̄ϫων⸗**

질병 **λοϫλϫ̄, λοϭλεϫ, λοϭλεϭ**

질색, 증오 **βατε**

질서,경영, 행정 **οικονομια** οἰκονομία, **βαϩν̄†**

질서정연한 **ϣοειμ** *m., f.* **ϣ(ο)ιμε, ϣημε**

질책자, 엄격한 사람 **ρεqϭν̄ αρικε**

질투, 선망 **φθονος** φθόνος

질투, 중상, 비방 **λα**

질투하다 **φθονη** φθονεῖν

질환 **ϊααβε**

짊어지다, 두다 **qι, qι-, qιτ⸗, qηγ†** *p.c.* **qαι-**

짐, 부담 **ετaϩ**

짐, 장비 **αποσκεγη**

짐, 죄짐 **εтпω**

짐꾼 **βαϊετπω**

짐바리 동물 **βαρωϩ** *m., pl.* **βαραϩε, qαιναϩβ(εq)**

짐을 반만 실은 **ϫεογϊν**

짐을 싣다 **ϫωс, ϫοс⸗, ϫηс†, ωτπ̄, οτπ⸗, ατπ⸗, οτπ̄†, ατπ̄†**

짐을 지우다, 멍에를 매다, 출산하다, 기름지게 하다 **νογϩβ̄, ναϩβ̄-, ναϩβ⸗, νοϩβ⸗, ναϩβ̄†**

집, 거소, 무덤 **ϩω, ϩατ-** *f.*

집, 저택 **ηι** *m., pl.* **ηογ, οικος** οἶκος

집게 **εϫω, αϫω**

집기, 소유물 **ϩνααγ, ϩνα(ο)γ, ϩνο(ο)γ**

집달관 **qαιϣβωτ**

집사, 성직자 **ρεqϣм̄ϣε**

집사, 하인 **διακων, διακονος, πα τδια-κονια**

집사장 **αρχιδιακονος**

집안 사람 **ρм̄νηϊ**

집약서, 논술 **πραγματεια** πραγματεία

집주인 **νεπηι**

짓누르다, 억압하다, 압박하다, 한덩어리로 모으다, 괴롭히다, 탄압하다 **ϩωϣ, ϩαϣ, ϩεϣ-, ϩοϣ, ϩωϣ⸗, ϩαϣ⸗, ϩηϣ†**

짓누르다, 지배하다 **сωм, сом⸗, сам⸗, снм†**

짓다 **κωτ, κετ-, κατ-, κοτ⸗, κατ⸗, κητ†,** *p.c.* **κατ-;**

짓밟다 **ϫαπϫπ̄** (L), **ϫεπϫωπ⸗**

짓밟다 **ογωϭπ̄, ογωϫπ̄, ογαϭπ-, ογεϭπ̄-, ογαϭπ⸗, ογοϭπ⸗, ογοϭπ†**

짓밟다 **ογωϣq̄, ογεϣq̄-, ογοϣq⸗, ογαϣq⸗, ογοϣq̄†**

짓이기다, 빻다, 반죽 **ογωϣм̄, ογεϣм̄-, ογοϣм⸗, ογοϣм†, ογαϣмε†**

짓이기다 **ϩωм, ϩ(ε)м-, ϩοм⸗, ϩηм†, сαϩсϩ̄, сεϩсωϩ-, сεϩсωϩ⸗, сεϩсωϩ†**

짓이기다 **θνο, θνο-, θ(ε)νο⸗, θνω⸗, θανο⸗, θ(ε)νηγ†**

징계 **κολαсιс** κόλασις

징수원 **ρεqϫιϣωм**

징조, 이적 **μεϊνε**

짖다, 으르릉거리다 **ογαϩβεq, ογοϩβεq, ογαϩμεq**

찢다 **πατπετ, πωτπωτ⸗, πωϭε, ποϭ⸗, πογ⸗, ποκ⸗, πογε†**

찢다 **сωλπ̄, с(ε)λπ̄-, сλεπλεπ-, сολπ⸗, сολπ̄†, сαλπ̄†** *p.c.* **сαλπ̄-**

찢다 **τωλκ̄, τωλϭ̄, τωκελ, τολκ⸗**

찢다, 꺾다 **πωϩ, πεϩ-, παϩ-, ποϩ⸗, παϩ⸗, πηϩ†, πεϩ†**

ㅊ

차가움 **ⲟϭⲃ̄ⲥ̄**

차가워지다, 추위, 두려움 **ⲁⲣⲟϣ, ⲕⲃⲟ, ⲕⲃⲁ, ⲕⲃⲉ-, ⲕⲏⲃ† ⲕⲃⲁ**

차게 되다, 얼다, 축축하게 되다 **ⲱϭⲃ̄, ⲱϭⲃⲉ, ϩⲱϭⲃ̄, ⲉϭⲃ̄-, ⲟϭⲃ̄†, ⲁϭⲃⲉ†**

차게 하다 **ⲧⲕ̄ⲃⲟ, ⲧⲕ̄ⲃⲁ⸗**

차고 넘치는 **ⲟⲩⲱ(ⲱ)ⲗⲉ , ⲟⲩⲟ(ⲟ)ⲗⲉ†, ⲟⲩⲟⲟⲗ(ⲉ)ⲥ**

차라리 **ⲛ̄ⲧⲟϥ, ⲛ̄ⲧϥ̄-**

차별 **ⲇⲓⲁⲫⲟⲣⲁ** διάφορα

차용, 빌림 **ⲟⲩϣⲉⲡ** (L) *m.*

차이가 나는, 같지 않은 **ⲉⲧⲟⲩⲟⲟⲧⲉ**

차이를 내다, 가르다 **ⲟⲩⲱ(ⲱ)ⲧⲉ, ⲟⲩⲁⲁⲧⲉ-, ⲃⲱⲧ-, ⲟⲩⲟ(ⲟ)ⲧ⸗, ⲟⲩⲱⲁ(ⲁ)ⲧ⸗, ⲟ[ⲩⲁ]ⲧ⸗, ⲟⲩⲟⲟⲧⲉ†, ⲟⲩⲁⲧⲉ†**

차축 **ⲥⲟⲙϩ̄** *m.*

착용자 **ⲣⲉϥⲃⲓ**

착한 **ⲛⲟⲩϥⲉ;**

찬사, 칭찬 **ⲉⲅⲕⲱⲙⲓⲟⲛ**

찬송 **ϩⲩⲙⲛⲟⲥ, ϋⲙⲛⲟⲓⲥ** ὕμνος

찬송가 **ϩⲩⲙⲛⲱⲇⲉⲓⲁ** ὑμνῳδία

찬송하다 **ϩⲩⲙⲛⲉⲩⲉ** ὑμνεύειν

찬양 **ϫⲣⲟ**

찬양인 **ⲣⲉϥⲥⲙⲁⲙⲉ**

찬양하다, 영광 돌리다 **ϩⲓⲥⲉ**

찬양하다 **ⲧⲙⲁⲓⲟ, ⲧⲙⲁⲓⲉ-, ⲧⲙⲁⲓⲟ⸗, ⲧⲙⲁϊⲁ⸗, ⲧⲙⲁⲓⲏⲩ†, ⲧⲙⲁϊⲧ†, ⲧⲙⲁϊⲁϊⲧ†**

참, 진실 **ⲁⲗⲏⲑⲓⲛⲟⲥ**

참깨 **ⲟⲕⲉ, ⲁⲕⲉ** *m.*, **ⲥⲓⲙⲥⲓⲙ, ⲥⲙⲥⲙ, ⲥⲉⲙⲥⲏⲙ** *m.*

참는 사람 **ⲣⲉϥⲑⲃϊⲟ**

참된, 적법의 **ⲙⲏⲧ**

참모, 직원 **ϩⲣⲁⲃⲇⲟⲥ** ῥάβδος

참새 **ϫⲁϫ** *m.*, **ϫⲁⲕⲟⲩⲗ** *m.*

참소자, 사탄 **ⲣⲉϥϯϣⲧⲟⲩⲏⲧ**

참여자, 관계자 **ⲣⲉϥϫⲓⲧⲁϊⲉ**

참여자, 친구, 동반자 **ⲕⲟⲓⲛⲱⲛⲟⲥ**

참여하다 **ⲣ̄ ϣⲃⲏⲣ**

참으로 **ⲁⲙⲉⲗⲉⲓ ⲅⲉ ⲟⲩⲛ** ἀμελει γε οὐν, **ϩⲛ̄ⲟⲩⲙⲏⲉ**

참으로, 그러하기에 **ⲙ̄ⲙⲟⲛ, ⲙ̄ⲙⲁⲛ** (L)

참으로, 그렇다 **ⲛⲁⲓ** ναί

참으로, 물론 **ⲧⲱⲛⲟⲩ, ⲧⲱⲛⲉ, ⲧⲱⲛⲛⲁ, ⲧⲟⲛ(ⲛ)ⲉ, ⲧⲟⲛⲏ, ⲧⲟⲛⲛⲟⲩ**

참으로, 진실로, 사실 **ⲛⲁⲙⲏⲉ, ⲁⲗⲏⲑⲱⲥ**

참으로, 한편으로는 **ⲙⲉⲛ** μέν

참을성 없는 **ϩⲏⲧ ϣⲏⲙ**

참을성 있는 **ϩⲁⲣϣϩⲏⲧ**

참작하다, 고려하다, 대우하다 **ϫⲓ ϩⲟ**

창 **ⲃⲉⲣⲏϩ** (L), **ⲗⲟⲅⲕⲏ, ⲗⲟⲅⲭⲏ** λόγχη

창, 가시, 바늘 **ϫⲉⲃⲏⲗ, ϫ(ⲓ)ⲃⲏⲗ, ϫⲉⲃⲉⲗ** *m.*

창, 단검 **ⲙⲁⲕⲟⲧ, ⲙⲁⲕⲱⲧ, ⲙⲁⲅⲁⲧ, ⲙⲁⲅⲁⲇ, ⲙⲉⲣⲉϩ, ⲙⲉⲣϩ̄**

창고, 벽장 **ⲥⲏⲛⲉ, ⲥⲉⲛⲏ, ⲥⲉⲛⲉ**

창고, 술창고 **ⲧⲁⲙⲓⲟⲛ, ⲧⲁⲙⲉⲓⲟⲛ** ταμιεῖον

창고, 헛간 **ϣⲁϥ, ⲡⲁⲣⲁⲑⲏⲕⲏ** παραθήκη

창기병 **ϥⲁⲓⲙⲉⲣⲉϩ, ⲣⲉϥϩⲓⲗⲟⲅⲭⲏ**

창문 **ϣⲟⲩϣⲧ̄, ϣⲱϣⲧ̄** *m.*

창살 **ⲙⲟⲭⲗⲟⲥ** μοχλός

창설하다 **ⲛⲟⲩϩⲉ ⲉⲃⲟⲗ**

창세 **ϣⲁⲥⲱⲛⲧ**

창안하다 **ⲧⲁⲙⲓⲟ, ⲧⲁⲙⲓⲉ-, ⲧⲁⲙⲓⲟ-, ⲧⲁⲙⲓⲟ⸗, ⲧⲁⲙⲓⲏⲩ†**

ㄱ ㄴ ㄷ ㄹ ㅁ ㅂ ㅅ ㅇ ㅈ ㅊ ㅋ ㅌ ㅍ ㅎ

창의 끝부분 ⲧⲟⲩⲟⲥ (L)

창자, 배 ⲙⲁϩⲧ̄, ⲙⲉϩⲧ, ⲙⲉϩⲧⲉ (L)

창자루 ϩⲧⲏ *f.*

창조 ⲕⲧⲓⲥⲓⲥ

창조자, 제조인 ⲣⲉϥⲥⲱⲛⲧ̄

창조주, 작가 ⲣⲉϥⲧⲁⲙⲓⲟ, ⲇⲏⲙⲓⲟⲩⲣⲅⲟⲥ δημι-ουργός

창조하다 ⲡⲗⲁⲥⲥⲉ πλάσσειν

창피함 ϣⲗⲟϥ *m.*

창피해지다 ⲥⲱϣ, ϣⲱⲥ, ⲥⲉϣ-, ⲥⲟϣ⸗, ⲥⲏϣ†

창피해하다 ϣⲓⲡⲉ

찾다, 발견하다 ϭⲓⲛⲉ, ϭ(ⲉ)ⲛ-, ⲕⲛ̄-, ϭⲓⲛ-, ϭ(ⲉ)ⲛⲧ⸗, ϭⲏⲛⲧ⸗, ⲅⲛ̄⸗

찾다, 방문하다, 요구하다 ϣⲓⲛⲉ, ϣⲉⲛ(ⲧ)-, ϣⲛⲧ⸗

찾다, 조사하다 ϩⲁⲧϩⲧ̄

채권자 ⲁⲡⲁⲓⲧⲏⲧⲏⲥ ἀπαιτητής

채석장 ϩⲏ

채소, 잎 ϫⲛⲉ, ϫ(ⲏ)ⲛⲏ *m.*

채우다, 정산하다, 완전한 ⲙⲟⲩϩ, ⲙⲉϩ-, ⲙⲁϩ-, ⲙⲁϩ⸗, ⲙⲟϩ⸗, ⲙⲉϩ†, ⲙⲏϩ†

채찍 ⲫⲣⲁⲅⲉⲗ *flagellum*, ⲧⲁⲩⲣⲉⲁ ταυρεία

채찍질하다 ⲕⲁⲧⲱⲙⲓⲍⲉ κατωμίζειν

책, 문서, 두루마리 ϫⲱⲙⲉ, ϫⲱⲱⲙⲉ, *pl.* ϫⲙⲉ *m.*

책망 ⲉⲡⲓⲧⲓⲙⲓⲁ ἐπιτιμία

책망하다, 벌주다 ⲉⲡⲓⲧⲓⲙⲏ ἐπιτιμή

책상 ⲡⲟⲣϣⲥ̄ *f.*, ⲡⲱⲣϣ̄

책장, 벽돌집 ⲕⲟⲉⲓϩ

책임지다 ⲣⲱϣⲉ ⲉ-

처녀, 눈동자 ⲁⲗⲱ, ⲁⲗⲟⲩ *f.*, *pl.* ⲁⲗⲟⲟⲩⲉ

처녀 ⲡⲁⲣⲑⲉⲛⲟⲥ παρθένος, ⲣⲁⲩⲛⲉ, ⲣⲟⲟⲩⲛⲉ *m.*

처녀성 ⲙⲛ̄ⲧⲣⲟⲟⲩⲛⲉ, ⲙⲛ̄ⲧϣⲉⲣⲉ ϣⲏⲙ, ⲙⲛ̄ⲧϣⲏⲣⲉ ϣⲏⲙ, ⲡⲁⲣⲑⲉⲛⲓⲁ παρθενία

처럼 ⲛ̄ⲑⲉ (ⲛ̄)-, ⲕⲁⲧⲁ ⲑⲉ (ⲛ̄)-

처럼, 할 때, 그처럼, 대략 ϩⲱⲥ ὡς

처럼 ⲕⲁⲧⲁ ⲑⲉ

처음, 먼저, 이른 ϣⲱⲣⲡ̄, ϣⲣ̄ⲡ-, ϣⲉⲣⲉⲡ-, ϣⲟⲣⲡ⸗, ϣⲟⲣⲡ̄†

처음, 첫 소산 ϣⲟⲣⲡ̄ *m.*, *f.* ϣⲟⲣⲡⲉ, ϣ(ⲉ)ⲣⲡ̄-

처음, 태초 ϩⲟⲩⲉⲓⲧ, ϩⲟⲩ(ⲉ)ⲓⲧⲉ *f.*, *pl.* ϩⲟⲩⲁⲧⲉ, ϩⲟⲩⲓ̈ⲧ (L) *m.*, *f.* ϩⲟⲩⲓ̈ⲧⲉ

처음부터 존재한, 선행한 ⲉⲧⲕⲏ ⲉϩⲣⲁⲓ ϫⲓⲛⲛ̄ϣⲟⲣⲡ̄, ϫⲓⲛⲛ̄ϣⲟⲣⲡ̄

처음으로 ⲛ̄ϣⲁⲣⲡ̄

처형, 판관 ϩⲁⲡ, ϩⲟⲡ

천 ϣⲟ

천 조각 ⲧⲟⲉⲓⲥ, ⲧⲟⲉⲓⲥⲉ *f.*

천, 비단 ϣⲛ̄ⲥ *m.*

천, 포목 ⲗⲁⲥ

천구 ⲥⲫⲁⲓⲣⲁ σφαῖρα

천국 ⲡⲁⲣⲁⲇⲉⲓⲥⲟⲥ παράδεισος

천궁, 천상계 ⲥⲧⲉⲣⲉⲱⲙⲁ στερέωμα

천둥 ϩⲣⲟⲩⲙ̄ⲡⲉ, ϩⲣⲟⲩⲃ(ⲃ)ⲁⲓ *m.* *f.*

천막 ⲡⲁⲡⲓⲗⲓⲟⲛ παπυλίων, ⲥⲕⲏⲛⲏ, *pl.* ⲥⲕⲏⲛⲁⲩⲉ σκηνή, ϣⲟ(ⲟ)ⲣⲧ̄ *m.*

천막 치다 ϭⲁⲓ̈ⲗⲉ (L), ϭⲉⲗⲓⲧ†

천문관측인 ⲣⲉϥⲕⲁ ⲟⲩⲛⲟⲩ ⲛ̄ⲧⲡⲉ

천문학자 ⲣⲉϥⲕⲁⲟⲩⲛⲟⲩ ⲛ̄ⲧⲡⲉ

천사 ⲁⲅⲅⲉⲗⲟⲥ ἄγγελος

천사단 ⲁⲅⲅⲉⲗⲓⲕⲏ ἀγγελική

천사장 ⲁⲣⲭⲏⲁⲅⲅⲉⲗⲟⲥ

천상계 ⲥⲧⲉⲣⲉⲱⲙⲁ στερέωμα

천상의 ⲛ̄ⲧⲉ ⲧⲡⲉ

천을 짜다 ϣⲱϣ, ϣⲉϣ-, ϣⲱϣ-, ϣⲏϣ†

천의 가장자리 ⲁⲛⲁϩ

천장, 지붕, 돔 ⲙⲉⲗⲱⲧ *f.* (*m.*), *pl.* ⲙⲉⲗⲁⲧⲉ

천정 ⲥⲭⲏⲙⲁ σχῆμα

천체 관측 ⲙⲛⲧⲁϣ ⲥⲓⲟⲩ

천칭자리 ⲍⲩⲅⲟⲥ ζυγός

철, 쇠붙이 ⲃⲁⲛⲓⲡⲉ, ⲃⲉⲛⲓⲡⲉ, ⲡⲉⲛⲓⲡⲉ, ⲡⲓⲛⲓⲡⲉ

철로 만든 고문 기구 ⲕⲟⲣⳓ

철수하다 ⲧⲟⲟⲧⲉ, ⲧⲁⲁⲧⲉ

철야 ⲡⲁⲛⲛⲩⲭⲓⲥⲙⲟⲥ παννυχισμός

철자, 부호 ϣⲱⲗϩ̄, ϣⲱⲗⲁϩ, ϣⲱⲗϩ̄-, ϣⲟⲗϩ⸗, ϣⲟⲗϩ̄†, ϣⲁⲗϩ̄†

철자 ⲁⲗⲫⲁⲃⲏⲧⲟⲛ ἀλφάβητον

철저히 속이다 ⲉⳓⲁⲡⲁⲧⲁ

철저히, 완전히 ⲡⲁⲛⲧⲏⲡⲁⲛⲧⲱⲥ παντηπάντως

철제 쟁반 ⲙ̄ⲣⲱϩⲉ

철판, 갑옷의 비늘 ⲡⲟⲕϥ̄ *m.* ⲃⲏⲧⲉ

첨가하다, 더하다 ⲡⲱϩⲧ̄ ⲉϫⲛ̄-

첫 결실, 만물 ⲁⲡⲁⲣⲭⲏ ἀπαρχή

첫 번째 ϣⲁⲣⲡ, ϣⲁⲣ-

첫 사람 ⲡϣⲁⲣⲡ ⲛ̄ⲣⲱⲙⲉ

첫 산출물 ϣⲣ̄ⲡⲧⲁⲩⲟⲉⲃⲟⲗ

첫 소산 ϣⲣ̄ⲡ ⲙ̄ⲙⲓⲥⲉ, ϣⲟⲣⲡ̄ *m., f.* ϣⲟⲣⲡⲉ, ϣ(ⲉ)ⲣⲡ̄-

첫 싸움 ⲡϣⲁⲣⲡ ⲛ̄ⲁⲅⲱⲛ

첫 의인 ⲁⲣⲭⲓⲇⲓⲕⲁⲓⲟⲥ ἀρχιδίκαιος

첫 조상 ϣⲣ̄ⲡ ⲛ̄ⲉⲓⲱⲧ

청각장애인 ⲁⲗ, ⲕⲟⲩⲣ, ⲥⲱϩ

청년기, 처녀성 ⲙⲛ̄ⲧϣⲏⲣⲉ ϣⲏⲙ

청소년 ϩⲣ̄ϣⲓⲣⲉ, ϩⲉⲣϣⲓⲣⲉ

청소하다 ϩⲱⲕⲉ, ϩⲱⲱⲕⲉ, ϩⲱⲕ-

청청한, 신선한, 익히지 않은 ⲟⲩⲱⲧ, ⲟⲩⲉⲧ-, ⲟⲩⲉⲧ⸗

청포도 ϣⲗ̄ϣⲓⲗ *m.*

체 ⲥⲟⲗϥ̄, ⲥⲱⲗϥ̄, ⲥⲟⲗⲓⲃ, ⲥⲟⲣϥ̄ *m.*

체로 거르다 ϣⲟⲗϣⲗ̄, ϣ(ⲉ)ⲗϣⲱⲗ⸗, ϣ(ⲉ)ⲗϣⲱⲗ†, ϣⲣ̄ϣⲱⲣ†

초, 촛대 ⲕⲏⲣⲱⲛ

초가 ⲣⲁⲩⲉ, ⲣⲟⲟⲩⲉ, ⲁⲣⲟⲟⲩⲉ, ⲣⲟⲉⲓⲟⲩⲉ *m.*

초기, 태초 ϩⲏ, ⲉϩⲏ *m., f.* ϩⲓⲏ, (ⲉ)ϩⲏⲧ⸗

초대하다 ⲧⲱϩⲙⲉ (L), ⲧⲱϩⲙ̄, ⲧⲁϩⲙ-, ⲧⲁϩⲙⲉ⸗, ⲧⲁϩⲙ⸗, ⲧⲁϩⲙⲉ†

초대하다, 소환하다 ⲧⲱϩⲙ̄, ⲧⲉϩⲙ̄-, ⲧⲁϩⲙ⸗, ⲧⲁϩⲙ̄†, ⲕⲁⲗⲉ καλεῖν

초목, 풀 ⲟⲩⲟⲟⲧⲉ

초목의 일종 ⲕⲁϣⲟϣ

초목의 잎 ϣⲓⲣⲉ

초상 ϩⲏⲃⲉ, ϩⲏⲏⲃⲉ, ϩⲓⲃⲉ *m. f.*

초상화 ⲗⲓⲙⲏⲛ

초상 화가 ⲥⲁϩϩⲓⲕⲱⲛ

초석 ⲃⲁⲥⲓⲥ

초소, 감옥 ⲙⲁⲛ̄ϩⲁⲣⲉϩ, ⲙⲁⲛ̄ⲣⲟⲉⲓⲥ, ⲟⲩⲁⲣϣϥ̄ *m.*

초원, 목장 ⲭⲟⲣⲧⲟⲥ χόρτος

초원 ⲙⲁⲛ̄ⲕⲁϣ ⲉⲧⲟⲩⲉⲧⲟⲩⲱⲧ, ⲟⲩⲟⲧⲟⲩⲉⲧ, ⲟⲩⲉⲧⲟⲩⲱⲧ†

초태생 ⲙⲛ̄ⲧϣⲣ̄ⲡ ⲙ̄ⲙⲓⲥⲉ, ϣⲣ̄ⲡⲙ̄ⲙⲓⲥⲉ, ϣⲁⲙⲓⲥⲉ

촌락 ϭⲱⲡⲣⲟ, ϫⲉⲡⲣⲟ

촛대 ⲕⲏⲣⲱⲛ, ⲗⲩⲭⲛⲓⲁ

총정리 ϫⲱⲕ, ϫⲉⲕ-, ϫⲁⲕ-, ϫⲟⲕ⸗, ϫⲁⲕ⸗, ϫⲏⲕ†

최고 상석 ⲙⲁ ⲛ̄ⲛⲟϫϥ̄ ⲛ̄ϣⲟⲣⲡ

최소, 가치가 적은 ⲉⲧϭⲟϫⲃ̄

최종적으로 ⲉⲡϩⲁⲉ

추구 ⲁⲓⲧⲏⲙⲁ αἴτημα

추수군 ϫⲁⲓⲱϩⲥ̄

추수하다 ϫⲱⲗⲉ (L), ϫⲁⲗ⸗, ϫⲁⲗⲉ⸗

추수하다 ϫⲱϫⲗⲉ, ϣⲱⲗⲉ, ϫⲉ(ⲉ)ⲗⲉ-, ϫⲱⲗⲉ-, ϫⲟ(ⲟ)ⲗ⸗

추수하다 ⲱϩⲥ̄, ⲉϩⲥ̄-, ⲱϩⲥ̄-, ⲟϩⲥ⸗, ⲟⲥϩ⸗, ⲁϩⲥ⸗, ⲱⲥϩ̄

추운 ⲁⲣⲁϣ (F)

추위, 두려움 ⲁⲣⲟϣ, ⲟϭⲃⲥ̄

추잡, 외설, 성기 ⲁⲥⲭⲏⲙⲟⲥⲩⲛⲏ

추적받다 ϩⲣⲁ, ϣⲣⲁ

추적하다 ⲛ̄ⲣⲁⲧ⸗, ⲡⲱⲧ ⲛ̄ⲥⲁ-, ⲧⲱϩⲙ̄, ⲧⲁϩⲙ⸗

추정하다 ⲁⲝⲓⲱⲙⲁ ἀξίωμα

추첨하다 ⲉⲛⲓⲙ, ϩⲓⲱⲡ

추출하다, 과세하다, 전투를 준비하다 ⲃⲱⲧⲥ̄, ⲃⲟⲧⲥ⸗

추출하다 ϫⲱⲗϩ̄, ϫⲱⲗⲁϩ, ϫⲱⲣⲁϩ, ϫⲉⲗⲉϩ-, ϫⲟⲗϩ†

추측하다 ⲟⲩⲱϩ, ⲟⲩⲉϩ-

추한 ⲛⲉϭⲉ, ⲛⲉϭⲱ(ⲱ)⸗

추함, 비열함 ϭⲁ, ϭⲁⲓⲉ

축복, 축성된 빵 ⲉⲩⲗⲟⲅⲓⲁ

축복, 행복 ⲉⲩⲇⲁⲓⲙⲟⲛⲓⲁ εὐδαιμονία

축복 ⲙⲁⲕⲁⲣⲓⲥⲙⲟⲥ μακαρισμός

축사, 외양간 ⲉⲣⲥⲱ, *pl.* ⲉⲣⲥⲟⲟⲩⲉ

축제 ϣⲁ, ϣⲁϊⲉ

축제를 벌이다 ⲣ̄ ϣⲁ

축제를 벌이다, 혼란이 일어나다 ϫⲱⲗⲙ̄, ϫⲱⲗⲙⲉ, ϫⲱⲣⲙ̄, ϫⲟⲗⲙ̄†

축축하게 되다 ⲱϭⲃ̄, ⲱϭⲃⲉ, ϩⲱϭⲃ̄, ⲉϭⲃ̄-, ⲟϭⲃ̄†, ⲁϭⲃⲉ†

축축함 ⲁϭⲃⲉⲥ

축출하다 ϩⲓⲟⲩⲉ ⲉⲃⲟⲗ

출구 ⲙⲟⲉⲓⲧ (ⲛ̄ⲉⲓ) ⲉⲃⲟⲗ

출발 ⲁⲡⲟⲇⲏⲙⲓⲁ ἀποδήμια

출발하다 ⲁⲡⲟⲇⲏⲙⲏ ἀποδημεῖν

출산의 고통, 수고 ⲛⲉⲕⲉ (L) *f.*

출산하다, 기름지게 하다 ⲛⲟⲩϩⲃ̄, ⲛⲁϩⲃ̄-, ⲛⲁϩⲃ⸗, ⲛⲟϩⲃ⸗, ⲛⲁϩⲃ̄†

출산하다, 탄생, 산출물 ⲙⲓⲥⲉ, (ⲧ)ⲙⲉⲥⲓⲟ, ⲙⲉⲥⲓⲟ⸗

출석, 싸인하다 ⲁϩⲉ

춤추다 ϭⲟⲥϭⲉⲥ, ϭⲟⲥϭ̄ⲥ̄

충동 ⲟⲩⲟ(ⲉ)ⲓ, ⲛ̄ⲟⲩⲟⲉⲓ

충동을 받다, 괴로워하다 ϩⲁϫϩϫ, ϩⲉϫϩⲁϫⲧ†

충분한, 능력 있는 ϩⲓⲕⲁⲛⲟⲥ ἱκανός

충분한, 족한 ϩⲱ

충분히 먹은 ⲥⲉⲓ, ⲥⲓ, ⲥⲏⲩ†

충분히 성장한 ϫⲟⲩⲱⲧ, ϫⲟⲩⲧ-, ϫ(ⲟⲩ)ⲱⲧ-, ϫⲧⲁⲓ, ϫⲏⲧ†

충족시키다 ⲣⲱϣⲉ, ⲣⲉϣⲧ-, ⲣⲁϣⲧ-, ⲣⲁϣ(ⲧ)⸗

취소하다, 파괴하다 ⲕⲱⲣϥ̄

취소하다, 폐기하다 ⲕⲁⲧⲁⲗⲩ(ⲉ) καταλύειν

측근 ⲇⲟⲣⲩⲫⲟⲣⲟⲥ δορυφόρος

측량 단위 ⲏⲗⲗⲉ

측량할 수 없는 ⲁⲧϣϣⲓ

측면, 방향 ⲥⲁ *m.*

측정 ϣⲁⲩ *m.*

측정 단위 ⲣ̄ⲧⲟⲃ, ⲉⲣⲧⲟⲃ, ⲁⲣⲧⲟⲃ *m.*, ⲣ̄ⲧⲱ, ⲉⲣⲧⲱ *f.*

측정하다 ϣⲓ, ϣⲓ-, ϣⲓⲧ⸗, ϣⲏⲩ†

층 ϩⲏ, ϩⲉ *f.*, ⲛⲏⲥⲉ *f.*, ⲟⲩⲁϩⲙⲉ *f.*

층층이 부채꽃 ⲑⲉⲣⲙⲟⲥ, ⲑⲁⲣⲙⲟⲩⲥ

치는 사람 ⲣⲉϥⲣⲱϩⲧ̄

치는 자, 사탄 ⲣⲉϥϣⲁⲁⲣ, ⲣⲉϥϣⲟⲟⲣ

치다 ⲣⲱϩⲧ̄, ⲣⲉϩⲧ̄-, ⲣⲁϩⲧ-, ⲣⲁϩⲧ⸗, ⲣⲟϩⲧ⸗, ⲣⲁϩⲧ̄†

치다 ⲙⲟⲩⲥⲕ̄, ⲙⲁⲥⲕ⸗, ϣϭⲁϭⲉ (L)

치다 ϣⲁⲁⲣ(ⲉ), ϣⲁⲓⲣⲉ, ϣⲟⲟⲣ, ϣⲁⲣⲉ-, ϣⲁⲣ⸗, ϣⲁⲣ†

치다, 때리다, 버리다 ϩⲓⲟⲩⲉ, ϩⲓ-, ϩⲟⲩ-, ϩⲓⲧ⸗ *p.c.* ϩⲁⲩ-

치다, 때리다, 손해를 끼치다 ⲥⲱϣ, ⲥⲉϣ-, ϣⲉⲥ-, ⲥⲟϣ⸗

치다, 부수다 ϩⲱⲕ, ϩⲟⲕⲉ, ϩⲱⲕⲉ, ϩⲉⲕ-, ϩⲟⲕ⸗, ϩⲁⲕ⸗, ϩⲏⲕ†

치다, 상처를 입히다 ⲡⲱϩⲥ̄, ⲡⲉϩⲥ̄-, ⲡⲟϩⲥ̄†

치다, 종을 울리다 ⲧⲙ̄ⲧⲙ̄, ⲧⲙ̄ⲧⲙ̄-, ⲧⲉⲙⲧⲱⲙ†

치료 ⲙⲛ̄ⲧⲣⲉϥⲣ̄ ⲡⲁϩⲣⲉ

치료자, 마법사 ⲣⲉϥⲣ̄ ⲡⲁϩⲣⲉ

치료하다 ⲣ̄ ⲡⲁϩⲣⲉ, ⲧⲗ̄ϭⲟ, ⲧⲗ̄ϭⲁ⸗

치병인 ⲙⲁⲣⲕⲁⲥ, ⲙⲉⲣⲕⲁⲥ

치아 ⲁⲃϩⲉ, ⲟⲃϩⲉ, ⲟⲃϩ̄ *f.*

치안부재, 죄악 ⲁⲛⲟⲙⲓⲁ ἀνομία

치우다, 내치다, 쓸어내다, 거부하다 ⲥⲱϩⲣ̄, ⲥⲱϩⲣⲉ, ⲥⲏⲉⲣ̄-, ⲥⲁϩⲣ⸗, ⲥⲁϩⲣⲉ⸗, ⲥⲁϩⲣ̄†

치우다, 줄이다, 감당하다 ⲃⲓ, ⲃⲁϊ-

치유 ⲑⲉⲣⲁⲡⲓⲁ θεραπεία

치유자 ⲣⲉϥⲥⲱⲧⲙⲉ

치유하다 ⲕⲁϩⲕϩ

치장하다 ⲥⲟⲗⲥⲗ̄, ⲥⲗ̄ⲥⲗ̄-

치즈 ϩⲁⲗⲱⲙ, ϩⲁⲗⲟⲙ *m.*

친교, 공유 ⲕⲟⲓⲛⲱⲛⲓⲁ κοινωνία

친교를 나누다 ⲕⲟⲓⲛⲱⲛⲉ, ⲕⲟⲓⲛⲱⲛⲏ κοινωνεῖν, ⲕⲟⲓⲛⲱⲛⲉⲓ

친구, 동료 ϣⲃⲏⲣ *m.*, *f.* ϣⲃⲉⲉⲣⲉ, ϣⲃ(ⲏ)ⲣ-, *pl.*ϣⲃⲉⲉⲣ, ϣⲃⲉⲣⲉ

친구, 동반자 ⲕⲟⲓⲛⲱⲛⲟⲥ

친근관계 ϭⲓⲛⲙⲓⲥⲉ, ϣⲃⲣ̄ⲅⲉⲛⲟⲥ

친절, 부드러움 ⲙⲛ̄ⲧⲣⲙ̄ⲣⲁϣ

친절하게, 온화하게 ϩⲱⲥ ⲣⲙ̄ⲣⲁϣ

친절한 사람 ⲣⲙ̄ⲣⲁϣ

친절한 ⲛⲁⲏⲧ, ⲣⲁϣ

친족관계 ⲣⲁϊⲧⲉ *f.*

친지 (ⲡ)ⲉⲧϩⲓⲧⲟⲩⲱ(ϥ)

친척 관계 ϫⲱϩ, ϫⲱϩⲉ, ϫⲟϩ, ϫⲉϩ-, ϫⲏϩ†

친척, 동류 ⲥⲩⲅⲅⲉⲛⲏⲥ συγγενής, ϣⲛ̄ ⲉⲓⲱⲧ

침, 가래 ϫⲓϩ *m.*, ⲡⲁϭⲥⲉ, ⲡⲁⲧⲥⲉ, ⲡⲉϭⲥⲉ, ϣⲓϭ *m.*

침, 거품 ϩⲃⲏⲧⲉ, ⲧⲁϥ *m.*

침, 바늘 ϫⲁⲕⲉϥ *m.*, ⲥⲟⲧⲉ *m.*, *f.* *pl.* ⲥⲟⲟⲧⲉ,

침대 ϭⲗⲁϭ (L) *m.*

침례를 행하다 ϫωκⲙ̄, ϫⲉⲕⲙ̄-, ϫⲟⲕⲙ⸗, ϫⲟⲕⲙ̄†

침례를 행하다 ⲱⲙⲥ̄, ⲉⲙⲥ̄-, ⲁⲙⲥ-, ⲟⲙⲥ⸗, ⲁⲙⲥ⸗, ⲟⲙⲥ̄†

침몰 ⲙ̄ⲥⲉ, ⲉⲙⲥⲉ

침몰하다 ⲃⲓϭⲉ (L)

침묵하다 ⲕⲱ ⲛ̄ⲣⲱ⸗, ⲕⲁ ⲣⲱ⸗

침상 ϩⲟⲕⲙⲉⲥ, ϣⲁⲓⲣⲉ *f.*

침실 ⲙⲁ ⲛ̄ⲛ̄ⲕⲟⲧⲕ̄

침울한, 무뚝뚝한 ⲉⲧⲟⲕⲙ̄

침울한, 흐린 ⲱⲕⲙⲉ (L), ⲁⲕⲙⲉ†

침을 뱉다 ⲛⲉϫ ⲟⲩⲡⲁϭⲥⲉ, ⲛⲉϫⲧⲁϥ

침을 흘리다 ⲡⲱϭⲥ̄

침투해 들어가다, 스며들다 ϣⲁⲗϣⲗ̄, ϣⲗ̄ϣⲱⲗ⸗, ϣⲗⲏ

칭찬 ⲉⲅⲕⲱⲙⲓⲟⲛ

칭찬하다, 위로하다 ⲥⲟⲗⲥⲗ̄, ⲥⲗ̄ⲥⲗ̄-, ⲥⲉⲗⲥⲱⲗ-, ⲥⲗ̄ⲥⲱⲗ⸗, ⲥⲗ̄ⲥⲟⲗⲧ†

ㅋ

카이사르, 시저 ⲕⲉⲥⲁⲣ

카인 ⲕⲁⲓ̈ⲛ

카타르파 ⲕⲁⲑⲁⲣⲓⲟⲥ

칸막이 방 ⲣⲓ *f.*

칼 ⲁⲕⲙⲁⲇⲓⲟⲛ ἀκμάδιον, ⲧⲁⲕ *m.*

칼로 밀다 ⲕⲱⲱⲣⲉ, ⲕⲉⲉⲣⲉ-, ⲕⲟⲟⲣⲉ⸗

칼에 베임, 상처 ⲟⲩⲉⲓϫⲉ, ⲃⲏϫⲉ

칼을 뽑다 ϣⲱⲗⲙⲉ (L), ϣⲁⲗⲙⲉ-, ϣⲱⲗⲙⲉ-, ⲧⲱⲕⲙⲉ, ⲧⲁⲕⲙ⸗, ⲧⲁⲕⲙⲉ†

칼자국 ϣⲥ̄ⲛ̄ⲥⲏϥⲉ

칼집, 책장, 벽돌집 ⲕⲟⲉⲓϩ

캄캄해지다 (일식이나 월식현상) ⲁⲑⲁⲗⲓⲁ

캐내다, 파다 ⲃⲁⲗⲃⲗ̄

캠프를 치다, 이주하다 ϭⲟⲉⲓⲗⲉ, ⲕⲟⲓⲗⲉ, ϭⲁⲗⲉ-, ϭⲁⲗⲱⲱ⸗, ϭⲁⲗⲱⲟⲩ†, ϭⲁⲗⲏⲩ(ⲧ)†, ϭⲁⲗⲟⲟⲩⲧ†

커지다 ⲛⲁⲁ, ⲛⲁⲉ, ⲛⲁⲁ(ⲁ)⸗, ⲁⲓ̈ⲁⲓ̈, ⲁⲉⲓⲉⲉⲓ, ⲁⲉⲓ†, ⲟⲓ†

커지다, 높아지다 ⲣ̄ ⲛⲟϭ

커플 ⲏⲓ

컵, 유리잔 ⲁⲡⲟⲧ *m.*, *pl.* ⲁⲡⲏⲧ, ⲁⲡⲁⲧ, ϫⲱ *m.*

켜다 ⲟⲩⲉⲓⲥⲉ, ⲃⲓⲥⲉ, ⲟⲩⲁⲥⲧ⸗

코 ⲙⲁⲛϣⲱⲗⲙⲉ *m.*

코 ϣⲁ, ϣⲉ, ϣⲁⲛⲧϥ̄, ϣⲁ(ⲁ)ⲛⲧ⸗, ϣⲁ(ⲁ)ⲧ⸗, ϣⲁⲧⲧ⸗, ϣ(ⲉ)ⲛⲧ⸗

코골다, 힘겹게 숨 쉬다 ϩⲣ̄ϩⲣ̄

콕콕찌르다, 나쁜 의식 ⲧⲱⲃⲥ̄, ⲧ(ⲉ)ⲃⲥ̄, ⲧⲟⲃⲥ⸗

콩팥, 허리 ϯⲡⲉ

쿠샨 왕조 ⲕⲟⲩϣⲁⲛ

크게, 위대하게, 많이 ⲛ̄ⲟⲩⲛⲁϭ

크게 놀람 ⲡⲁϣⲥ̄ *m.*

크게 수선떨기 ⲁϣⲟⲉⲓϣ

크기 ϩⲏⲗⲓⲕⲓⲁ ἡλικία

크기, 규격 ⲁⲓⲏⲥ

크기, 종류 ϭⲁⲧ (L) *f.*

크리스찬 ⲭⲣⲏⲥⲧⲓⲁⲛⲟⲥ

크리스털, 수정 ⲕⲣⲩⲥⲧⲁⲗⲗⲟⲥ

크리스토스, 그리스도 ⲕ̄ⲣ̄ⲥ̄

큰, 거대한 ⲛⲟϭ, ⲛⲁⲕ, ⲛⲟⲩϭⲧⲉ, ⲟ, ⲱ, ⲛⲁϭ

큰 명성의 ⲉⲛⲁϣⲉ ⲣⲓⲛⲟⲩ

큰 바늘 ⲙⲥⲱⲃⲉ, ⲉⲙⲥⲱⲃⲉ, ⲙ̄ⲥⲱⲡⲉ

큰 인물, 큰 지도자, 황제 ⲁⲩⲧⲟⲕⲣⲁⲧⲱⲣ

큰 자 ⲙⲉⲓⲍⲱⲛ μείζων

큰 잘못, 범죄, 죄 ϣⲟϥⲧⲥ̄, ϣⲁϥⲧⲥ̄

큰 지도자, 황제 ⲁⲩⲧⲟⲕⲣⲁⲧⲱⲣ

큰 축제 ϣⲁⲱ

큰창자 ⲙⲉϩⲧ ⲟ

클레오파트라 ⲕⲗⲉⲟⲡⲁⲧⲣⲁ

큼, 성장 ⲙⲁⲓⲏ, ⲙⲁⲉⲓⲏ

키 ϩⲓⲉ, ϩⲓⲏ, ϩⲓⲉⲓ *m. f.*, *pl.* ϩⲓⲏⲩ, ϩⲓⲛⲓⲉ *m.*, *pl.* ϩⲉⲛⲉⲓⲉ

키로 까부른 곡식 ϫⲏⲣⲉ, ϫⲉⲉⲣⲉ *f.*

키질하다, 타작하다 ϩⲓ, ϩⲓⲧ⸗, ϩⲁⲧ⸗, ϣⲱϣ ⲉⲃⲟⲗ

ㅌ

타는 불 κρωм

타락, 파괴 ϩταπ *m.*, ϩτοπ *m.*

타락시키다 χαλα χαλᾶν

타락하다 ϩε, ϩεε, ϩнε, ϩε≠, ϩнγ†

타락한 ετϭοομε

타박상, 멍 κλοομε

타살하다 ϣωϫϭε, ϣε(ε)ϭε-, ϣο(ο)ϭ≠, ϣο(ο)ϭε†

타오르는 λωβϣ̄, λοβϣ̄†

타작마당, 키로 까부른 곡식 ϫнρε, ϫεερε *f.*

타작하다 ϩι, ϩιτ≠, ϩατ≠

탁탁 튀다, 오그라들다 ραϭρεϭ

탄생, 산출물 мιcε, ϭιnϫπο

탄성 λογλαϊ

탄압하다 ϩωϣ, ϩαϣ, ϩεϣ-, ϩοϣ, ϩωϣ≠, ϩαϣ≠, ϩнϣ†

탄원 Δεнcιc δέησις

탄원하다 † ϩο

탈것 ϩαρмα ἅρμα, мαnτελο

탈취하다 ϥωϭε, ϥωϫϭε, ϥεϭ-, ϥοϭ≠, ϥнϭ†

탈퇴 αποcταcια

탐색하다 мογϣτ̄, мεϣτ̄-, мοϣτ≠, мοϣτ† *p.c.* мαϣτ̄-

탐욕 мn̄τмαιϩομn̄τ

탑, 성곽 ογομτε, ογοομτε, ογομπτε, ογο(ο)мπε *f.*, ογαмτε (L) *f.*

탑 мεϭτωλ, мεκΔωλ, мιгΔωλ, πγρ-гιcκοc πυργίσκος, πγργοc πύργος

탕진되다, 가라앉다 cωϩπ̄, cεϩπ̄-, cαϩπ≠, cαϩπ̄†, ογω(ω)ϣε, ογαϣ≠

태도 cмοτ *m.*, *f.* cмογτ, cмωτ

태만, 등한시 αмελια

태만한 사람 αмελнc

태만한 αργοn ἀργός

태생, 친근관계 ϭιnмιcε

태수 cατραπнc σατράπης

태양 ρн *m.*

태우다, 불태우다 ϫερο, ϫερω, ϫε(ε)ρε-, ϫερο-, ϫερο≠, ϫερω≠

태초, 시원 αρχн ἀρχή

태초, 창세 ϣαcωnτ, ϩн, εϩн *m.*, *f.* ϩιн, (ε)ϩнτ≠

태초 ϩογειτ, ϩογ(ε)ιτε *f.*, *pl.* ϩογατε, ϩογϊτ (L) *m.*, *f.* ϩογϊτε

태초의 싸움 αгωn n̄ϣαρπ

태풍, 먹구름 ϭοcм̄ *m.*, ϭλαnβαλ (L), nεϥο, τρωм *m.*

터번 κλαϥτ, κλβ̄τ

턱 мαρογοϭε, м(ε)ρογο(ο)ϭε

털 ϥω, ϥωε, ογω *m.*

털, 머리카락 ϫοκ, ϫακ *m.*

털보 πα τмορτ

털옷 ϭολβε *f.*, ϣτнn n̄ϥω

텅 빈 ετϣογειτ

토끼풀 τριм, ετριм *m.*

토론하다 ραγн, ραγε(ι), ρнγε *f.*

토마스 θωм, θωмαc

토막 내다 ϣωϫτ εβολ

토의하다, 숙고하다, 권유하다 cαϫnε

토의하다, 심의하다, 결정하다 ϣοϫnε, ϣα-ϫnε

토하다 ϣετε (L)

톱 βαϣογρ, λεnτнn, λαnθεn

톱질하다 ογϊcε (L)

통, 용기 ⲙ̅ϣⲓⲣ

통곡하다 ⲣ̅ϩⲏⲃⲉ

통과 ⲟⲩⲱⲧⲃⲉ *nn.*

통과 암호, 약속 부호 ϩⲙ̅ⲛ̅ⲧⲱⲣⲉ, ϩⲉⲙⲉⲧⲟⲣⲉ, ϩⲉⲃⲉⲧⲱⲣⲉ, ϩⲉⲙⲛ̅ⲧⲱⲣ, ϩⲁⲙⲛ̅ⲧⲱⲣ, ϩ(ⲉ)ⲙ(ⲉ)ⲧⲱⲣ, ϩⲟⲙⲱⲧⲱⲣ *m.*

통역인, 해몽가 ⲣⲉϥⲟⲩⲉϩⲣⲁⲥⲟⲩ, ⲟⲩⲁϩⲙⲉϥ

통역하다, 추측하다 ⲟⲩⲱϩ, ⲟⲩⲉϩ-

통치자, 주인 ⲇⲩⲛⲁⲥⲧⲏⲥ

퇴비 ⲙⲉϩⲣⲟ

퇴적더미 ⲕⲟⲡⲣⲓⲁ

투석기 ⲃⲁⲕⲱⲛⲉ

특효약 ⲡⲁϩⲣⲉ ⲛ̅ⲛⲟϭ

튼튼히 박힌 물체 ⲧⲟϭⲥ̅, ⲧⲟⲟⲧⲥ̅

튼튼히 입지하다 ⲱϩⲉ (ⲉ)ⲣⲁⲧ⸗

틀림없이, 그런가 ? ⲏ

틀어막다 ϣⲱⲣ, ϣⲟ(ⲟ)ⲣ⸗, ϣⲏⲣ†

틈새, 절벽 ϣⲱ(ⲱ)ⲙⲉ, ⲟⲩⲱϣ

티그리스 강 ϯⲅⲣⲓⲥ, ⲧⲓⲕⲣⲓⲥ

티끌 ⲓ̈ⲧⲛ̅ (L), ⲓⲧⲛⲉ

ㄱ ㄴ ㄷ ㄹ ㅁ ㅂ ㅅ ㅇ ㅈ ㅊ ㅋ ㅌ ㅍ ㅎ

ㅍ

파, 양파 ϩⲧⲧ *m.*, ⲛϭⲉ, ϣϫⲏⲛ *m.*

파견자, 전언자, 대사 ⲡⲣⲉⲥⲃⲉⲩⲧⲏⲥ πρεσβευτής

파견하다 ϫⲟⲟⲩ, ϫⲟⲩ, ϫⲉⲩ-, ϫⲟⲟⲩ-, ϫⲁⲩ-, ϫⲟⲟⲩ⸗, ϫ(ⲁⲩ)ⲟⲩ⸗

파견하다 ⲧⲛ̄ⲛⲁⲩ, ⲧⲛⲁⲩ, ⲧⲛ̄ⲛⲁ⸗, ⲧⲛ̄ⲛⲁⲩ⸗, ⲧⲛ̄ⲛⲁⲩⲥ⸗

파견하다, 사명 ⲟⲩⲱⲣⲡ̄ ⲉⲃⲟⲗ

파괴 ϩⲧⲁⲡ *m.*, ϩⲧⲟⲡ *m.*

파괴자 ⲣⲉϥⲟⲩⲱϭⲡ̄, ⲣⲉϥⲧⲁⲕⲟ, ⲣⲉϥⲧⲉⲕⲟ

파괴하다 ϩⲱϭⲃ̄, ϩⲱⲕⲙ̄, ϩⲉϭⲃ̄-, ϩⲉϭⲙ̄-, ϩⲟϭⲃ⸗, ϩⲟϭⲃ̄† *p.c.* ϩⲁϭⲃ

파괴하다 ⲕⲱⲣϥ̄, ⲛⲟⲩⲣⲥ̄ (L), ⲛⲁⲣⲥ⸗, ⲛⲁⲣⲥ̄†, ⲟⲩⲓⲧⲉ, ⲃⲓⲧⲉ, ⲟⲩⲉⲉⲧⲉ

파괴하다 ⲟⲩⲱϣϥ̄, ⲟⲩⲉϣϥ̄-, ⲟⲩⲟϣϥ⸗, ⲟⲩⲁϣϥ⸗, ⲟⲩⲟϣϥ̄†

파괴하다 ϣⲱϥ, ϣⲉϥ-, ϣⲟϥ⸗, ϣⲏϥ†, ⲧⲉⲕⲟ, ⲧⲉⲕⲟ-, ⲧⲉⲕⲁ⸗

파괴하다, 제거하다 ϥⲱⲧⲉ ⲉⲃⲟⲗ

파괴하다, 취소하다, 폐기하다 ⲕⲁⲧⲁⲗⲩ(ⲉ) καταλύειν

파다 ⲃⲁⲗⲃⲗ̄, ϭⲱϫⲉ

파다 ϣⲟⲕϣⲉⲕ, ϣⲉⲕϣⲱⲕ-, ϣⲉⲕϣⲱⲕ⸗, ϣⲱⲕϩ̄

파다, 구멍을 뚫다 ϣⲱⲕ, ϣⲉⲕ-, ϣⲏⲕ†;

파다, 뒤지다 ϣⲱϥϣϥ̄, ϣⲉϥϣⲱϥ†

파다, 새기다 ϣⲟⲧϣⲧ̄, ϣⲟϫⲧ̄, ϣⲉⲧϣⲱⲧ⸗, ϣⲉⲧϣⲱⲧ†

파도 ϭⲗⲁ, ⲕⲗⲁ, ϭⲗⲟ *m.*

파도 ϩⲁⲓ̈ⲙⲉ (L) *f.*, *pl.* ϩⲓⲙⲉⲉⲩ, ϩⲓⲙⲉⲩⲉ

파도 ϩⲟⲉⲓⲙ, ϩⲁⲉⲓⲙ *m.*, *pl.* ϩⲏⲙⲉ, ϩⲓⲙⲏ

파도에 시달리는 ⲃⲓ ϩⲁⲓ̈ⲙⲉ

파란색 ⲁⲩⲁⲛ ⲙ̄ⲡⲉ

파렴치한, 뻔뻔한 ⲁⲧⲃⲁⲗ

파리 ⲁϥ

파먹기 ⲟⲩⲁⲙⲟⲙⲉ

파문하다 ϩⲓϩⲧⲁⲓ

파묻다 ⲕⲱⲱⲥ, ⲕⲱⲱⲥⲉ, ⲕⲱⲛⲥ̄, ⲕⲟⲟⲥ⸗, ⲕⲏⲥ†

파병, 원정 ⲥⲧⲣⲁⲧⲉⲩⲙⲁ στράτευμα

파수대, 망대 ⲟⲩⲣ̄ϣⲉ *f.*, ⲟⲩⲉⲣϣⲉ, ⲟⲩ(ⲏ)ⲣϣⲉ *f.*

파슬리, 미나리과의 식물 ⲗⲁⲧ, ⲗⲉⲧ

파여진, 구멍이 난, 깊은 ⲉⲧϣⲏⲕ

파종 ϫⲙⲉ *m.*

파충류 ϫⲁⲧϥⲉ *m.*, ϫⲉⲧϥⲉ (L), ϫⲉϥⲧⲉ

파편, 돌조각 ⲡⲁϩϥ̄ *m.*, ⲡⲟϭⲉ, ⲡⲱϭⲉ, ⲡⲟⲕⲉ, ⲡⲁϭⲉ, ⲡⲁⲕⲉ

파편, 부스러기 ⲗⲁⲕⲙ̄, ⲗⲁⲕⲙⲉ

파피루스 ϫⲟⲟⲩϥ *m.*, ⲧⲣ̄ⲃⲏⲓⲛ, ⲧⲏⲣⲃⲏⲓⲛ, ⲧⲉⲣⲃⲉⲉⲓⲛ, ⲧⲉⲣϥⲉⲉⲓⲛ, ⲧⲉⲣⲃⲁⲉⲓⲛ *m.*

판결 ⲕⲣⲓⲙⲁ, ⲕⲣⲓⲧⲏⲣⲓⲟⲛ *m.* κριτήριον

판결을 내리다 ⲧ ϩⲁⲡ

판결을 받다 ϫⲓ ϩⲁⲡ

판결하다 ⲧϩⲉⲡ

판관 ϩⲁⲡ, ϩⲟⲡ

판단 ⲇⲓⲁⲕⲣⲓⲥⲓⲥ διάκρισις

판단하다, 비난하다 ⲧⲁϫⲟ, ⲧⲁϫⲟ-, ⲧⲁϫⲟ⸗, ⲧⲁϫⲁ⸗, ⲧⲁϫⲁⲓ̈ⲧ†

판사 ⲇⲓⲕⲁⲥⲧⲏⲥ δικαστής, ⲣⲉϥⲧϩⲉⲡ

판자 ⲡⲁⲧⲥⲉ *f.*

팔, 침대 ϭⲗⲁϭ (L) *m.*, ϭⲃⲁⲓ̈ (F) *m.*

팔굽 ⲕⲁⲗⲁⲛⲕⲉϩ, ⲕⲉⲗⲉⲛⲕⲉϩ *m.*; *cf.* ⲕⲗ̄ⲗⲉ

팔다, 소비하다, 지불하다 ⲧ ⲉⲃⲟⲗ, ⲣ̄ ⲉⲓⲉⲡϣⲱⲧ, ⲧ ⲁⲃⲁⲗ

팔다 ϫⲕⲟ, ϫⲕⲱ, ϫⲕⲱ⸗

패배 ϭⲟⲧⲡⲥ̄ *f.*

퍼뜨리다, 속삭이다 ⲕⲁⲥⲕⲥ̄, ⲕⲉⲥⲕⲱⲥ⸗, ⲕⲥ̄ⲕⲁⲥⲧ̄†, ⲕⲉⲥⲕⲁⲥⲧ̄†

페르시아 ⲡⲉⲣⲥⲓⲥ

펠리칸 ϩⲣⲓⲙ *m.*

편리한 ⲉⲧⲣ̄ ϣⲁⲩ

편안하게 처신하다 ⲟⲩⲱϣⲥ̄ ⲉⲃⲟⲗ

편안하다, 마음을 놓다, 병에서 놓임 받다 ⲙ̄ⲧⲟⲛ, ⲉⲙⲧⲟⲛ, ⲙⲟⲧⲛ̄†

편안한, 한 숨 놓은, 건강한 ⲁⲥⲁⲓ, ⲁⲥⲱⲟⲩ†, ⲁⲥⲓ̈ⲱⲟⲩ†

편안함, 쉬움 ⲙⲟⲧⲛⲉⲥ

편중 ⲙⲛ̄ⲧⲣⲉϥϫⲓϩⲟ

편한 ⲉⲧⲙⲟⲧⲛ̄

펼치다 ⲛⲟⲩϫⲉ, ⲛⲟⲩϫ, ⲛⲉϫ-, ⲛⲁϫ-, ⲛⲁϫ⸗, ⲛⲟϫ⸗, ⲛⲏϫ†

펼치다 ⲡⲱⲣϣ̄, ⲡⲱⲣϫ̄, ⲡ(ⲉ)ⲣϣ̄-, ⲡⲁⲣϣ-ⲡⲟⲣϣ⸗, ⲡⲁⲣϣ⸗, ⲡⲟⲣϣ̄†, ⲡⲁⲣϣ†

펼치다, 늘이다 ⲥⲱⲧ, ϭⲁⲗϭⲗ̄ (L), ⲡⲱⲣⲡ̄ (L), ⲥⲟⲣⲥⲣ̄, ⲥⲣ̄ⲥⲱⲣ†

평등, 동등 ϣⲱϣ ⲛ̄ⲟⲩⲱⲧ *nn.*

평안한 ⲙⲓⲟ⸗

평안히 쉬다 ⲥϭⲣⲁϩⲧ̄, ⲥϭⲣⲉϩⲧ̄, ϣϭⲣⲁϩⲧ̄, ⲥϣϭⲣⲁϩⲧ̄

평온 ⲕⲁⲧⲁⲥⲧⲁⲥⲓⲥ

평온한 ⲉϥⲥϭⲣⲁϩⲧ̄

평온한 상태 ⲙⲛ̄ⲧⲁⲧⲣⲟⲟⲩϣ

평탄하게 하다, 부드럽게 하다 ⲕⲱϩ, ⲕⲁϩ-, ⲕⲉϩ-, ⲕⲁϩ⸗, ⲕⲏϩ†

평평하게 하다, 납작한, 너른 ⲡⲱϫϭ, ⲡⲱϫⲕ̄, ⲡⲱϫⲧ̄, ⲡⲟϫⲧ̄†

평평하게 하다, 윤기나게 하다 ⲥⲗⲟϭⲗϭ, ⲥⲗⲉϭⲗⲱϭ-, ⲥⲗⲉϭⲗⲱϭ†, ⲥⲗⲕ̄ⲗⲱⲕ†

평평한 ⲉⲧϣⲏϣ

평화 ⲉⲓⲣⲏⲛⲏ, ϩⲓⲣⲏⲛⲏ εἰρήνη, ⲙⲁⲧⲛⲉⲥ

평화로운 ⲉⲧϩⲟⲣⲕ̄, ⲱⲣ(ⲉ)ⲃ, ⲱⲣⲃⲉ, ⲉⲣⲃ̄-, ⲟⲣⲃ⸗, ⲟⲣⲃ†, ⲁⲣⲃ†;

폐기하다 ⲕⲁⲧⲁⲗⲩ(ⲉ) καταλύειν

폐지하다 ⲕⲁⲧⲁⲣⲅⲉⲓ

폐지하다, 취소하다, 무기력한, 풀로 뒤덮히다 ⲟⲩⲟⲧⲟⲩⲉⲧ

폐하다 ⲃⲱⲗ, ⲃⲉⲗ-, ⲃⲟⲗ⸗, ⲃⲏⲗ†, *p.c.* ⲃⲁⲗ-, ⲕⲱⲣϥ̄, ϭⲱⲣⲃ̄, ⲕⲟⲣϥ̄†

폐허 ⲁⲕⲱ

폐허가 되다 ⲗⲱⲱϥⲉ, ⲗⲟⲟϥⲉ†, *p.c.* ⲡⲁϫϭ-

포구 ⲙⲁ ⲙ̄ⲙⲟⲟⲛⲉ

포기하다 ⲁⲡⲟⲥⲧⲁ, ⲁⲡⲟⲧⲁⲥⲥⲉ ἀποτάσσεσθαι

포기하다 ⲕⲁ ⲧⲟⲟⲧ⸗ ⲉⲃⲟⲗ, ⲟⲩⲏⲧⲉ, ⲟⲩⲉⲧ(ⲉ)

포도 ⲉⲗⲁⲗⲉ, ⲉⲗⲟⲟⲗⲉ *m.*, (ⲉ)ⲗⲉⲗ-, ⲗⲓⲗ-,

포도나무 ⲃⲱ ⲛ̄ⲉⲗⲁⲗⲉ

포도송이 ϫⲗ̄ⲗⲉ *f.*

포도원 ϭⲱⲙ, ϭⲟⲙ, ⲕⲟⲙ, ϭⲱⲙⲉ *m.*, *pl.* ϭⲟⲟⲙ, ϭⲟⲟⲙⲉ, ⲕⲁⲁⲙ

포도재배자 ⲟⲩⲟⲉⲓⲉ ⲛ̄ⲉⲗⲟⲟⲗⲉ

포도주 ⲏⲣⲡ̄ *m.* (*f.*), (ⲉ)ⲣⲡ-

포도주 부대 ⲁⲥⲕⲟⲥ ἀσκός

포도즙, 새 술 ⲙ̄ⲣⲓⲥ

포도틀 밟는 이들 ϩⲁⲙⲏⲧ (L), *pl.* ϩⲁⲙⲉⲧⲉ

포목 ⲗⲁⲥ

포상 ⲃⲣⲁⲃⲉⲓⲟⲛ βραβεῖον

포악한 ⲥⲓϣⲉ, ⲥⲓϩⲉ, ⲥⲁϣⲉ†

포옹, 인사 ⲁⲥⲡⲁⲥⲙⲟⲥ ἀσπασμός

포옹하다, 환영하다 ⲁⲥⲡⲁⲍⲉ ἀσπάζεσθαι

포유동물 ϫⲓ *m.*

포장하다 ϫⲱⲥ, ϫⲟⲥ⸗, ϫⲏⲥ†

포크 ⲕⲣⲁⲩⲣⲁ, ⲕⲗⲁⲩⲣⲁ, ⲅⲣⲉⲗⲅⲣⲁ

포획하다 ϭⲟⲣϭⲥ̄ *f.*

포효하다, 울부짖다 ϩⲙ̄ϩⲙ̄, ⲗ̄ϩⲏⲙ

폭군, 독재자 ⲧⲩⲣⲁⲛⲛⲟⲥ τύραννος, ⲣⲉϥϫⲓⲛ̄ϫⲛⲁϩ

폭력, 불의 ϭⲟⲛⲥ̄, ϫⲛⲁϩ, ϫⲛ̄ϩ *m.*, *pl.* ϫⲛⲁⲩϩ

폭력을 행하다, 저주하다, 혼동하다 ϫⲡⲓⲟ, ϫⲡⲓⲉ-, ϫⲡⲓⲟ⸗, ϫⲡⲓⲁ⸗, ϫⲡⲓⲏⲧ†

폭우 ⲭⲓⲙⲱⲛ χειμών

폭정 ⲧⲩⲣⲁⲛⲛⲓⲁ τυραννία

폭정을 하다 ⲧⲩⲣⲁⲛⲛⲉⲩⲉ τυραννεύειν

폭풍 ϭⲁⲥⲙⲉ (L), ϭⲁⲥⲙ̄ *m.*, ϩⲁⲃⲧⲥ (L), ϩⲁⲗⲁⲧⲏⲩ (L), ϩⲟⲃⲥⲧ̄

폭행, 불의 ϭⲁⲛⲥ̄ (L)

폭행하다 ϩⲁⲩϣ

표류하다, 침몰하다 ⲃⲱⲕ ⲉⲛ̄ⲙ̄ⲧⲱ

표식 CHMEION σημεῖον, TOOB(E)q *m.*

표식을 하다, 줄을 긋다 ϣωλϩ̄, ϣωλλϩ, ϣωλϩ̄-, ϣολϩ⸗, ϣολϩ̄†, ϣαλϩ̄†

표준 CIΓNON *signum*

표지, 증거 MAEIN

푸는 사람 ρεϣρεϣ, ϩουρεϣρεϣ.

푸다, 끌어올리다, 옮기다 πωνκ̄, πωνΓ̄, πωνϭ̄, πενκ-, πονκ⸗, πανκ⸗

풀 ν̄τηϭ, εντηϭ, *pl.* ν̄τεϭε *m.*, ουοοτε

풀, 식물 CIM, C(I)M-

풀, 접착제 ματρ̄

풀, 초원, 목장 χορτος χόρτος, λαχανον ἀχανον

풀다, 해소하다, 폐하다 βωλ, βελ-, βολ⸗, βηλ†, *p.c.* βαλ-

풀로 뒤덮히다, 초원 ουοτουετ, ουετουωτ†

풀무 αϩρ̄ταυ (L)

풀밭 ϩελος ἕλος

풀어지다 ουοcτν̄, ουαcτν̄, ουεcτων†

품 αλομ, κουν⸗, κουουν⸗

풍기다 ϣναϣ (L), ϣανϣ̄†, ϣνεϣτ†

풍작, 번영 ϫιτνουτμ̄

풍작기 ϩενουϥε

프라이팬 λακν̄τ, λαϭν̄τ

피, 혈액 cνοq *m.*, *pl.* cνωωq, cναq *m.*

피로 ϣοcμεc *f.*

피리 cηβε, cβ̄-, cηϥε

피부, 가죽 ⲇερρε

피부가 상하다, 붓다 ϣωβϩ̄, ϣωουϩ, ϣοβϩ⸗, ϣοβϩ̄†

피부병의 일종 πα(ι)ϣε, πεϣε, πιϣε, πιϩε *f.*

피부의 반점, 주근깨 αρϣαν

피하다 πωτ, πατ†, πητ†

필기도구 ϩναα(υ) ν̄cϩαι

필사 αντιγραφον

필사본 cϩαιν̄ϭιϫ

필수품 αναγκαιοc

필요, 절실함 ϩτορ *m.*, ϩταρ (L)

필요로하다 ϭρωϩ, ϭρωωϩ, κρωϩ

필요성 αναγκη ἀνάγκη, χρεια χρεία

필요없는 μεϣϣε

필요하다 ϩαπ̄c, ϩοπ̄c

핍박 ⲇιωγμοc διωγμός

핍박자 ⲇιωκτηc διώκτης

핍박하다 ⲇιωκε διώκειν

핑계 λοιϭε

ㅎ

하게 하다 ⲧⲣⲟ, ⲧⲣⲉ-, ⲧⲉ-, ⲧⲣ⸗, ⲧ⸗

하고 난 후에 ⲙⲛ̄ⲛ̄ⲥⲁⲧⲣⲉ⸗

하기 전에 ⲙⲡⲁⲧⲉ

하기까지 ⲙⲉⲭⲣⲓ μέχρι, ϣⲁⲛⲧⲉ-

하나 ⲟⲩⲁ *m., f.* ⲟⲩ(ⲉ)ⲓ, -ⲟⲩⲉ(ⲓ), ⲟⲩⲉ *m., f.* ⲟⲩϊⲉ

하나는 또 하나는 ⲟⲩⲱⲧ . . ⲟⲩⲱⲧ

하나님의 사람 ⲡⲣⲱⲙⲉ ⲙ̄ⲡⲛⲟⲩⲧⲉ, ⲣⲙ̄ⲛ̄ⲛⲟⲩⲧⲉ

하나로 일치되어 ⲟⲩⲁ(ⲛ̄)ⲟⲩⲱⲧ

하나하나씩 ⲟⲩⲁ ⲟⲩⲁ

하는 때 ⲥⲁⲡ

하는 사람 ϩⲁⲗ *m. f., pl.* ϩⲗⲟⲩⲓⲉ, ⲣⲉϥ-

하늘, 상층부 ⲡⲉ *f., pl.* ⲡⲏⲩⲉ, ⲥⲁ(ⲛ̄)ⲧⲡⲉ

하늘색, 파란색 ⲁⲩⲁⲛ ⲙ̄ⲡⲉ

하늘에 속한 사람 ⲣⲙ̄ⲛ̄ⲧⲡⲉ

하늘의 사람 ⲣⲙ̄ⲙ̄ⲡⲉ

하늘의, 위로부터의 ⲛ̄ⲧⲡⲉ

하도록, 하기 위해서 ϫⲉ

하려고 한다 ⲛⲟⲩ, ⲛⲁ, ⲛⲏⲩ†, ⲛ̄ⲛⲏⲩ†, ⲛⲏⲟⲩ†, ⲛⲏⲩⲉ†

하루, 날 ϩⲟⲟⲩ, ϩⲟⲩ- *m.*, ϩⲟⲟⲩⲉ, ϩⲟⲟⲩ *m., pl.* ϩⲣⲉⲩ

하루살이의 ⲡⲣⲟⲥⲟⲩⲟⲉⲓϣ, ϣⲁⲣⲁϩⲉ

하부 ϩⲣⲏϊ, ϩⲣⲁⲓ *m.*

하부층, 지면 ⲙⲁ ⲉⲧⲥⲁ ⲡⲉⲥⲏⲧ

하얀 ⲁⲗⲁⲩ, ⲁⲗⲏⲩ, ⲉⲧⲟⲩⲟⲃϣ̄

하역 ⲉⲟⲩϊⲛ

하위의, 바닥, 땅 ⲉⲥⲏⲧ

하이에나 ϩⲟⲉⲓⲧⲉ, ϩⲟⲓⲧⲉ *f.*

하인, 신도 ϣⲙ̄ϣⲓⲧ, ⲇⲓⲁⲕⲱⲛ

하인, 종 ϩⲙ̄ϩⲁⲗ *m. f.*

하인, 하는 사람 ϩⲁⲗ *m. f., pl.* ϩⲗⲟⲩⲓⲉ

하자! ⲁⲙⲱⲓⲛⲉ

하지 마라 ⲙ̄ⲡⲱⲣ, ⲙ̄ⲡⲣ̄-

하지 않도록 ⲙⲏⲡⲱⲥ μήπως

하지만, 그러나 ⲁⲗⲗⲁ ἀλλά, ⲕⲁⲛ κἄν

하찮은, 바보 같은 ⲃⲁⲃⲉ

하천 ϊⲉⲣⲟ, *pl.* ϊⲉⲣⲱⲟⲩ

하층민의 ϩⲁϯⲗ (L)

하프 ⲃⲁϊⲛⲉ (L), ⲃⲟⲓⲛⲉ

하프 연주자 ϫⲁⲧⲃⲁϊⲛⲉ

하프의 현, 줄, 머리카락 ⲕⲁⲡ

학교 ⲁⲛⲥⲏⲃⲉ, ⲁⲛⲥⲏⲃ, ⲁⲛⲍⲏⲃⲉ, ⲙⲁⲛ̄ϫⲓ ⲥⲃⲱ

학대하다 ⲑⲙ̄ⲕⲟ, ⲧϩⲙ̄ⲕⲟ, ⲑⲙ̄ⲕⲉ-, ⲑⲙ̄ⲕⲟ⸗, ⲑⲙ̄ⲕⲏⲩ†

학생, 제자 ⲣⲉϥϫⲓⲥⲃⲱ

한 때 ⲥⲟⲡ, ⲥ(ⲉ)ⲡ-, ⲥⲱ(ⲱ)ⲡ, ⲥⲟⲟⲡ, ϩⲙ̄ ⲡⲛⲁⲩ ⲛ̄-

한 모금 ⲥⲓϩⲡⲉ

한 묶음 ⲙⲁ(ⲁ)ⲣ, ⲙⲏⲣ, ⲙⲉⲣ *m.*

한 번, 하는 때 ⲥⲁⲡ, ⲥⲟⲡ, ⲥ(ⲉ)ⲡ-, ⲥⲱ(ⲱ)ⲡ, ⲥⲟⲟⲡ

한 번은 ⲛ̄ⲟⲩⲥⲏⲩ

한 뼘, 한 줌 ϣⲱϥⲧ̄, ϣⲟϥⲧ̄ *m.*, ϩⲱϩϥ̄ *f.*

한 뼘 ϣⲟ(ⲟ)ⲡ, ϣⲱⲡ *m.*

한 사람 ⲉⲧⲉ, ⲉⲧ-

한 숨 놓은, 건강한 ⲁⲥⲁⲓ, ⲁⲥⲱⲟⲩ†, ⲁⲥϊⲱⲟⲩ†

한 숨 쉬다 ⲁϣ ⲁϩⲟⲙ

한 숨, 오열, 신음 ⲉϩⲁⲙ (L)

한 쌍 ϩⲁⲧⲣⲉⲥ *f.*

한 입, 한 잔 ⲟⲩⲟⲧϩ(ⲉ), ⲟⲩⲁⲑ

한 조각 ⲟⲩⲱⲛ, ⲟⲩ(ⲉ)ⲛ- *m.*, ⲡⲗⲟϭ *m.*

한 조각씩 따로 **ποϭε ποϭε**

한 줌 **ϭⲁϫⲙ, ϭⲁϫⲙⲉ, ϫⲁⲙⲏ** *f.*, **ϭⲁϫⲙⲉⲥ, ϣⲱϥⲧ̄, ϣⲟϥⲧ̄** *m.*

한 행동이나 행위, 물건 **ϭⲓⲛ-, ϭⲛ̄-, ⲕⲓⲛ-, ϫⲓⲛ-** *f.*, **ϭ(ⲓ)ⲙⲙⲟⲩⲧ, ϭⲓⲛϩⲟⲩⲧ, ϭⲓⲙϩⲟⲩⲧ, ϭⲉⲙϩⲟⲩⲧ, ⲕⲛ̄ⲙⲟⲩⲧ** *m.*

한 후에 **ⲙⲛ̄ⲛ̄ⲥⲁ**

한계 **ϣⲓⲏ, ϣⲓ(ⲏ)ⲉ, ϩⲓⲏ** *m. f.*

한계점 **ⲁⲣⲏϫ⸗**

한나절 **ⲛⲁⲩ, ⲛⲟⲩ**

한덩어리로 모으다, 괴롭히다, 탄압하다 **ϩⲱϣ, ϩⲁϣ, ϩⲉϣ-, ϩⲟϣ, ϩⲱϣ⸗, ϩⲁϣ⸗, ϩⲏϣ†**

한목소리로, 일치하여 **ϩⲛ̄ⲟⲩⲥⲙⲏ ⲛ̄ⲟⲩⲱⲧ**

한순간 **ⲥⲟⲩⲥⲟⲩ** *m.*

한순간의, 떠나가다 **ⲟⲩⲉⲓⲛⲉ**

한숨 쉬는, 신음하는 **ⲟⲟⲧ†**

한아름 **ⲕⲛⲁⲁⲩ**

한탄 **ⲁϩⲟⲙ**

한탄하다 **(ⲉ)ϣⲗⲟⲩⲗⲁⲓ, ⲁϣ ⲁϩⲟⲙ**

한편으로는 **ⲙⲉⲛ** μέν

할 가능성을 주다, 허용하다 **† ⲑⲉ ⲉ-**

할 가치가 있는 **ⲙ̄ⲡϣⲁ, ⲉⲙⲡϣⲁ, ⲙ̄ϣⲁ**

할 동안 **ϩⲟⲥⲟⲛ** ὅσον

할 때 **ⲙ̄ⲡⲉⲟⲩⲟⲉⲓϣ ⲉ-, ⲙ̄ⲡⲛⲉⲩ, ϩⲙ̄ ⲡⲛⲁⲩ ⲛ̄-**

할 때, 그처럼, 대략 **ϩⲱⲥ** ὡς

할 때 **ϩⲟⲧⲁⲛ** ὅταν

할 때에 **ⲉⲫⲟⲥⲟⲛ, ⲉϣⲱⲡⲉ**

할 수 있는 **ϣ-, ⲉϣ-**

할 순간에, 아직 하지 못하다 **ⲛⲟⲩ ⲉ-**

할 일 없는 **ⲉⲧⲟⲩⲟⲥϥ̄**

할 필요 있는, 가 적합한 **ϣϣⲉ, (ⲉϣ)ϣⲉ, ⲥϣⲉ**

할당하다, 보수를 주다 **ⲧⲱⲃⲉ, ⲧⲁⲃⲉ⸗**

할례를 받지 않음, 방종 **ⲁⲕⲣⲟⲃⲩⲥⲧⲓⲁ**

할례를 행하다 **ⲥⲃ̄ⲃⲉ, ⲥⲃ̄ⲃⲉ-, ⲥⲃ̄ⲃⲏⲧ⸗, ⲥⲃ̄ⲃⲏⲩ(ⲧ)†**

할머니 **ⲙⲁⲁⲩ ⲙ̄ⲙⲁⲁⲩ**

할아버지, 선조 **ⲉⲓⲱⲧ ⲙ̄ⲡⲉⲓⲱⲧ**

할지라도 **ⲕⲁⲓⲧⲟⲓⲅⲉ** καίτοιγε

할퀴다 **ϭⲱⲛϭ̄, ϭⲱϭ, ϭⲱⲛϭⲛ̄, ϭ(ⲉ)ⲛϭ-, ϭⲱⲣϥ̄, ϭⲟⲣϥ⸗, ⲕⲟⲣϥ⸗**

핥다, 붙다 **ⲗⲱϫ**

함께 가다, 동행하다 **ⲁⲕⲟⲗⲟⲩⲑⲉⲓ**

함께 모이다 **ⲥⲱⲟⲩϩ, ⲥⲉⲩϩ-, ⲥⲁϩ⸗, ⲥⲁⲩϩ⸗, ⲥⲟⲟⲩϩ⸗, ⲥⲁⲩϩ†, ⲥⲟⲟⲩϩ†**

함께, 그리고 **ⲙⲛ̄-, ⲛⲙ̄, ⲛ̄ⲙ̄ⲙⲁ⸗, ⲛ̄ⲙ̄ⲙⲉ⸗**

함께, 동시에 **ϩⲓⲟⲩⲥⲟⲡ**

함께 **ϩⲁϩⲧⲏ⸗, ϩⲓⲟⲩⲥⲟⲡ**

함께하다, 친교를 나누다 **ⲕⲟⲓⲛⲱⲛⲉⲓ**

함정 **ⲁⲗⲱ, ⲉⲗⲱ** *f., pl.* **ⲁⲗⲟⲟⲩⲉ, ⲉⲗⲱ, ⲁⲗⲱ**

함정 **ⲡⲁϣ** *m.*, **ⲡⲁϣϥ̄** *m.*, **ⲥⲁϩⲙⲉⲗⲱ** (L)

함정 **ⲥⲕⲁⲛⲇⲁⲗⲟⲛ** σκάνδαλον

함정, 웅덩이, 연못 **ϣⲏⲓ, ϣⲁⲓ** *m.*

합당치 않은, 필요없는 **ⲙⲉϣϣⲉ**

합당한 **ⲙ̄ⲧⲁϩ** (L)

합법적으로 **ⲇⲓⲕⲁⲓⲱⲥ**

합의를 보다 **ⲧⲱⲧ, ⲧⲉⲧ-, ⲧⲟⲧ⸗, ⲧⲏⲧ†**

합의하다, 결정하다 **ⲡⲱⲗϭ̄, ⲡⲱⲗⲕ̄, ⲡⲁⲣⲕⲉ, ⲡⲱⲗϫ̄, ⲡⲗ̄ϭ-, ⲡⲟⲗϭ⸗**

합의하다, 도우러 오다 **ϥⲓ ⲙⲛ̄-**

합의하다 **ϩⲱⲧⲉⲣ, ϩⲉⲧ(ⲉ)ⲣ-, ϩⲟⲧ(ⲉ)ⲣ-, ϩⲟⲧⲣ⸗, ϩⲟⲧⲣ(ⲉ)†**

합창단, 성가대 **ⲭⲟⲣⲟⲥ** χορός

합치다, 허락하다, 계약을 맺다 **ϩⲱⲧⲣⲉ**

합치다 **ϩⲱⲧⲉⲣ, ϩⲉⲧ(ⲉ)ⲣ-, ϩⲟⲧ(ⲉ)ⲣ-, ϩⲟⲧⲣ⸗, ϩⲟⲧⲣ(ⲉ)†**

항거 **ⲃⲉϭⲥⲉ**

항거하다, 반란을 일으키다 **ϥⲱϭⲥ̄**

항구 **ⲙ̄ⲣⲱ ⲙ̄ⲙⲁⲛⲉ, ⲙ̄ⲣⲱ, ⲉⲙⲡⲣⲱ**

항구, 포구 **ⲙⲁ ⲙ̄ⲙⲟⲟⲛⲉ**

항구 **ⲕⲣⲏⲡⲓⲥ** κρηπίς, **ⲗⲓⲙⲏⲛ** λιμήν

항문, 화장실 **ⲙⲁ ⲛ̄ⲣ̄ ⲙⲏ**

항상 **ⲛ̄ⲥⲏⲩ ⲛⲓⲙ, ⲛ̄ⲟⲩⲟⲉⲓϣ ⲛⲓⲙ**

항아리 **ϭⲉⲗⲙⲁⲓ, ϭⲉⲗⲙⲁ, ϭⲁⲗⲙⲁⲓ, ϭⲉⲗⲙⲏⲛ, ⲕⲩⲗⲙⲁⲛ, ⲕⲉⲗⲙⲁ** *m.*

항아리 **ⲕⲁⲧⲟⲩⲥ, ⲕⲁⲇⲟⲥ, ϭⲁⲧⲟⲩⲥ, ϣⲁϣⲟⲩ** *m.*

항아리 **ⲕⲉⲗⲱⲗ, ⲕⲟⲩⲗⲱⲗ, ⲕⲟⲗⲟⲗ** *m., pl.* **ⲕⲉⲗⲟⲟⲗⲉ**

항아리 공장 **ⲥⲉⲕⲱⲧ, ⲥⲓⲕⲱⲧ**

항아리 덮개 **ⲡⲁⲣϩⲥ̄** *f.*

항아리 받침 ⲁϭⲁⲛ, ⲁϭⲟⲛ

항의, 반론 ⲁⲛⲧⲓⲗⲟⲅⲓⲁ

항의하다, 반론을 펴다 ⲁⲛⲧⲓⲗⲉⲅⲉ

항의하다, 불평하다 ⲕⲣⲙ̄ⲣⲙ̄

항해 ϩⲱⲧ

항해사 ⲣⲉϥⲣ̄ ϩⲙ̄ⲙⲉ

항해하다 ⲡⲗⲉⲁ πλεῖν, ⲥϭⲏⲣ, ⲥⲕⲏⲣ, ϣⲥϭⲏⲣ, ϣⲕⲉⲣ, ϣϭⲏⲣ

해, 년도 ⲣⲙ̄ⲡ(ⲉ)-

해독제 ⲁⲛⲧⲓⲇⲟⲧⲟⲥ ἀντίδοτος

해돋이, 일출 ϭⲓⲙ̄ⲡⲣ̄ⲓ̈ⲉ

해뜨는 곳, 동쪽 ⲥⲁⲛ(ⲙ)ⲡⲣ̄ⲓ̈ⲉ, ⲙⲁⲛ̄ϣⲁ, ⲣⲁ(ⲛ̄)ϣⲁ, ⲙⲁⲛ̄ϣⲁ (ⲙ̄ⲡⲣⲏ)

해로운 ⲣ̄ ⲁⲧϣⲁⲩ

해마다 ⲧⲛ̄ⲣⲟⲙⲡⲉ

해면체 ⲥⲡⲟⲅⲅⲟⲥ σπόγγος

해몽가 ⲣⲉϥⲟⲩⲉϩ ⲣⲁⲥⲟⲩ

해방 ⲙⲛ̄ⲧⲣⲙ̄ϩⲉ, ⲡⲁⲣⲣⲏⲥⲓⲁ, ⲡⲁⲣϩⲏⲥⲓⲁ παρρησία

해방자 ⲣⲉϥⲃⲱⲗ

해산의 고통을 당하다 ϯ ⲛⲁⲁⲕⲉ

해석 ϩⲉⲣⲙⲏⲛⲓⲁ ἑρμηνεία

해석자 ϩⲉⲣⲙⲏⲛⲉⲩⲧⲏⲥ ἑρμηνευτής

해석하다 ϩⲉⲣⲙⲏⲛⲉⲩⲉ ἑρμηνεύειν

해소하다, 폐하다 ⲃⲱⲗ, ⲃⲉⲗ-, ⲃⲟⲗ⸗, ⲃⲏⲗ†, *p.c.* ⲃⲁⲗ-

해외의, 이방, 출발 ⲁⲡⲟⲇⲏⲙⲓⲁ ἀποδήμια

해자, 함정, 웅덩이, 연못 ϣⲏⲓ, ϣⲁⲓ *m.*

해지는 곳, 서방 ⲙⲁⲛ̄ϩⲱⲧⲡ̄

했으면 좋으련만 ⲛⲟϥⲣⲉ

행낭 ϩⲱⲧ, ϩⲟⲧ *m.*

행동, 효율성 ⲉⲛⲉⲣⲅⲓⲁ

행동하다, 움직이다 ⲉⲛⲉⲣⲅⲉⲓ

행복 ⲁⲡⲟⲗⲁⲩⲥⲓⲥ, ⲉⲩⲇⲁⲓⲙⲟⲛⲓⲁ εὐδαιμονία

행복한, 부드러운, 쉬운, 유쾌한 ⲛⲟⲩⲧⲙ̄, ⲛⲟⲧⲙ̄†, ⲛⲁⲧⲙⲉ†, ⲛⲁⲧⲙ̄†

행악자 ⲡⲗⲁⲛⲟⲥ πλάνος, ⲣⲉϥⲣ̄ⲡⲉⲑⲁⲩ, ⲥⲁⲙ̄ⲡⲉⲑⲟⲟⲩ, ⲥⲁⲛⲧⲙⲛ̄ⲧⲃⲟⲟⲛⲉ

행운 ϣⲁⲓ *m.*, ⲧⲩⲭⲏ τύχη

행음자 ⲛⲁⲓ̈ⲕ (L) *m.*

행정 ⲟⲓⲕⲟⲛⲟⲙⲓⲁ οἰκονομία;

행정 관리하다 ⲇⲓⲟⲓⲕⲉⲓ

행정관, 장관 ϩⲏⲅⲉⲙⲱⲛ ἡγεμών, ⲇⲟⲩⲝ, ⲉⲡⲓⲧⲣⲟⲡⲟⲥ ἐπίτροπος, ⲗⲓⲧⲟⲩⲣⲅⲟⲥ λειτουργός

행정구역, 정부 ⲉⲡⲁⲣⲭⲓⲁ, ⲧⲱϣⲛ̄ⲟⲩⲱⲧ

행하다, 이다, 만들다, 경과하다 ⲉⲓⲣⲉ, (ⲉ)ⲣ-, ⲣ̄-, ⲣⲉϥ-, ⲁⲁ⸗, ⲉ⸗, ⲉⲉ⸗, ⲉⲓⲧ⸗, ⲧ⸗, ⲧⲣ̄⸗, ⲟ†, ⲟⲓ̈†, *impér.* ⲁⲣⲓⲣⲉ, ⲁⲣⲓ-, ⲁⲣⲓ⸗

행하다 ⲙⲟⲟϣⲉ, ⲙⲟϣⲉ

향, 레바논 ⲗⲓⲃⲁⲛⲟⲥ λίβανος

향, 연기 ϣⲟⲩⲟ, ϣⲟⲟⲩⲉ, ϣⲟⲩ-

향, 향내 ϣⲁⲩ, ϣⲟⲩϩⲏⲛⲉ *m.*

향고 ⲁⲡⲟⲃⲁⲗⲥⲁⲙⲟⲛ ἀποβάλσαμον

향기 ⲥϯⲛⲟⲩϥⲉ, ⲥⲧⲟⲓ, ⲥϯ-, ⲥⲧⲟⲓ-, ⲥⲧⲉ- *m.*

향기로운 제물, 희생물 ϣⲟⲩⲥⲟⲟⲩϣⲉ, ϣⲟⲩⲥⲱⲟⲩϣⲉ, ϣⲟⲩⲥⲟⲟⲩϩⲉ, ⲥⲟⲩⲥⲟⲟⲩϣⲉ *m.*

향내 ϣⲁⲩ

향로, 제단 ϣⲟⲩⲣⲏ *f.*, ϫⲏ *f.*, ϫⲏⲏⲥ *f.*

향료, 향수 ϩⲏⲛⲉ *m.*

향수의 일종 ⲕⲣⲓ, ⲕⲗⲓ

향유, 행복 ⲁⲡⲟⲗⲁⲩⲥⲓⲥ

향유, 기름 ⲥⲟϭⲛ̄, ⲥⲁⲕⲛⲉ, ⲥⲕⲉⲛ- *m.*

향을 피우다 ϣⲟⲩⲧⲁⲗⲟ, ϣⲟⲩⲥⲟⲟⲩϣⲉ

향하여, 을 위하여, 에게 ⲉ-, ⲉⲣⲟ⸗

향하여,야수 ⲑⲏⲣⲓⲟⲛ θηρίον

향하여 ⲁϩⲣⲛ̄-, ⲁϩⲣⲉ⸗, ⲁϩⲣⲱ⸗

향해, 가까이로 ⲉⲡⲥⲁ ⲛ̄-, ⲉⲧⲛ̄-, ⲉⲧⲟⲟⲧ⸗

향해, 을 넘어 ⲡⲁⲣⲁ παρά

향해서 ⲧⲁ-

허가 ⲙⲟⲩⲙϣ̄

허가하다 ⲡⲣⲟⲥⲭⲁⲣⲓⲍⲉ προσχαρίζεσθαι

허기진 ϩⲕⲟ, ⲉϩⲕⲟ, ϩⲕⲁⲉⲓⲧ†, ϩⲕⲟⲉⲓⲧ†, ϩⲟⲕⲣ̄†, ϩⲕⲉⲉⲧ†, ϩⲕⲉⲓ̈ⲧ†

허기진 ϣⲁⲡϩⲕⲟ

허락, 허가 ⲙⲟⲩⲙϣ̄

허락하다, 계약을 맺다 ϩⲱⲧⲣⲉ, ⲙⲟⲩⲧⲛ̄, ⲙⲉⲧⲛ̄-, ⲙⲟⲧⲛ⸗ *p.c.* ⲙⲁⲧⲛ̄-

허리, 앞치마 ⲁⲕⲏⲥ

허리, 엉덩이 ⲃⲓⲗⲧⲓ

허리, 옆구리 κε2τε, ϯπε

허리띠 ενζωνη, ανζωνε

허리띠 μοϫ2̄, μαϫ2̄, μουϫ2̄, μοϫ(κ2̄), μοϫ2q̄, μοϫκq̄, μοϫq̄2q̄, μοϫq

허리를 두르다, 무장하다 2ωκ, 2ακ⸗

허벅지 ϭοολεc *f.*

허약한 λαϫλεϫ, λεϫλαϫτ†

허약함 αcθενια

허약한, 무능한 ϭβ̄βε, ϭοοβ†, ϭαβ† *p.c.* ϭαβ-

허영, 무익함, 아무것도 아님 ϫη, ϫι ν̄ϫη *m.*

허영 επρα, πιϭα, πιϭη, πιϭι

허영심 μν̄τϣουϣου

허용되다 εξεcτι (να⸗)

허용하다, 수용하다 cυrχωρε συγχωρεῖν, ϯ θε ε-

허용하다 κω, κωε, κα-, καα⸗, κα⸗, κοο⸗, κη†, κααт†

허파 ουαq *m.*, ουοq, ουωq *m.*

허풍, 수다 2ρουο, 2ρουω

허풍, 자만, 허영심 μν̄τϣουϣου, μν̄τχαυνοc

허풍떨다 χαυνοc χαῦνος

허풍쟁이 ετϣουϣου

헌신하다, 자리잡다 2ωνκ̄, 2ωνr̄, 2ενr̄-

헐다, 시들다 λαqλεq, λεqλαqτ†

헐떡거리기 2ελ2ιλε *f.*

험담하는 사람 λαβλα

헛간 ϣαq

헛되이, 공짜로, 아무 이유 없이 επϫιν̄ϫη

헛되이, 소용없는 επετϣουειτ

헛된 일, 허영 επρα

헛됨 ϭλο *m.*

헛소리 φλυαροc φλύαρος, ϣϫ̄cοϭ

헝겊 πλ̄ϭε, πελϫε, πρ̄ϫε *m.*, ωλ

헤롯 2ηρωδηc

헤매다 πλανη πλανᾶσθαι

헤엄치다, 떠다니다 2λοειλε, 2λοειλ, 2ροειρε, 2λεειλε, 2ελειλε

헤엄치다 νηηβε, νηβε, νιβε

혀 λαc, λεc

혀 μαν̄ϫιϯπε

혁명, 항거 βεϭcε

현 κωβ2̄, κοοβ2̄, μαϣρ̄τ, μαϣερτ

현관, 문턱 2ανρο

현악기를 연주하다 κιθαριζε

현악기의 일종 ουλ̄λε ν̄κωβ2̄

현자, 지혜자 cαβε *m.*, *f.* cαβη, *pl.* cαβεεu(ε), cαβευε, cαβηυ

현장 ρ̄ϫνοου, ρεϫνοου, ριϫνοου, ρ̄ϫνοουε, λεϫνοου *f.*

현재 (2)μ̄πειcηυ

현저하게, 공공연하게 2ν̄ουουων2̄ εβολ

현존, 전면 2οτ, 2οτε, 2ωτ(ε)

혈관 μομε, μοομε

혈기가 많은 사람 ρεqqωϭε εβολ

혈액 cνοq *m.*, *pl.* cνωωq

협곡 ϭον, ϭοονε *m. f.*

협조자 ρεqϯτοοτq̄

형기 연장 ϫλακ *m.*

형상, 구조물 πλαcμα πλάσμα, 2ικων, θικων εἰκών

형상, 외관, 형식, 예, 방식, 태도 cμοτ *m.*, *f.* cμουτ, cμωτ

형상을 만들다, 조각하다 ζωrραφε, ζωrραφει ζωγραφεῖν

형성하다, 창조하다 πλαccε πλάσσειν

형성하다 μουνκ̄, μουνr̄, μενκ̄-, μανκ-, μανκ⸗,

형식, 예, 방식, 태도 cμοτ *m.*, *f.* cμουτ, cμωτ

형제, 자매 cαν, *f.* cωνε, *pl.* cνηυ, cον *m.*, *f.* c(ε)ν- *pl.* cνηυ

형제애 μν̄τμαιcον

형태, 꼴, 천정 cχημα σχῆμα

형태, 상태, 양태ϭοτ *f.*, μορφη μορφή

형태, 외관, 모양, 방법 cματ (L), *pl.*cμοοτ *m.*

형태, 외양 2ρ̄βε (L) *m.*, 2ρ̄β *m.*

형태, 종류, 방법, 모양 2ε, 2ιη *f.*

호두나무 καροια

호모 ρεqν̄κοτκ̄ μν̄2οουτ

호박, 멍청이, 대가리 ϭλοϭ, εϭλοϭ *m.*

호박, 오이, 과일, 야채 ⲧⲃⲉ, ⲃⲟⲛⲧⲉ, ⲃⲛ̄

호박 ϣⲱⲡⲉ, ϣⲱⲱⲡⲉ, ϣⲱ(ⲱ)ⲃⲉ, ϣⲟⲟⲃⲉ, ⲉϣⲱⲡⲉ, ϣⲱⲡ- *f.*

호소 ⲉⲡⲓⲕⲗⲏⲥⲓⲥ ἐπίκλησις

호소하다 ⲉⲡⲓⲕⲁⲗⲉⲓ ἐπικαλεῖσθαι

호수 ⲉⲓⲟⲙ

호언장담의, 과장된 ⲉϥϫⲉ ⲛⲟϭ ⲛ̄ϣⲁϫⲉ

호위, 수행 ⲁⲕⲟⲗⲟⲩⲑⲓⲁ

호위하다 ⲧϩⲡⲟ, ⲑⲡⲟ, ⲧϩⲡⲁ⸗, ⲑⲡⲁ⸗

호의를 보이다 ⲭⲁⲣⲓⲍⲉ χαρίζεσθαι

호출하다, 초대하다 ⲧⲱϩⲙⲉ (L), ⲧⲱϩⲙ̄, ⲧⲁϩⲙ-, ⲧⲁϩⲙⲉ⸗, ⲧⲁϩⲙ⸗, ⲧⲁϩⲙⲉ†

혹 ⲃⲱⲗⲟⲥ βῶλος, ⲕⲗ̄ⲕⲁ

혹시 ⲉⲓ(ⲉ), ϩⲓⲉ

혼동하다 ϫⲡⲓⲟ, ϫⲡⲓⲉ-, ϫⲡⲓⲟ⸗, ϫⲡⲓⲁ⸗, ϫⲡⲓⲏⲧ†

혼란이 일어나다 ϫⲱⲗⲙ̄, ϫⲱⲗⲙⲉ, ϫⲱⲣⲙ̄, ϫⲟⲗⲙ̄†

혼수상태 (ⲉ)ⲃϣⲉ *f. cf.* ⲱⲃϣ̄

혼을 부르는 자 ⲣⲉϥⲙⲟⲩⲧⲉ

혼합, 동요 ⲧⲁⲣⲁⲭⲏ ταραχή

혼합, 뒤섞음, 간통 ⲥⲩⲅⲕⲣⲁⲥⲓⲥ σύγκρασις

혼합하다, 끌어들이다 ⲙⲟⲩϫϭ̄, ⲙⲟⲩϫⲕ̄, ⲙⲟⲩϫⲧ̄, ⲙⲉϫⲧ̄-, ⲙⲟϫϭ⸗, ⲙⲟϫϭ†, ⲙⲁϫⲧ†

혼합하다 ⲧⲁϩⲧ(ϩ), ⲧⲉϩⲧⲱϩ⸗, ⲧⲉϩⲧⲱϩ†

홀로, 도 역시 ⲙⲁⲩⲁⲁ⸗

홀로, 유일하게, 하나로 일치하여 ⲟⲩⲁ (ⲛ̄) ⲟⲩⲱⲧ, ⲟⲩⲁⲁ⸗, ⲟⲩⲁⲁⲧ⸗, ⲟⲩⲟⲟⲧ⸗

홍당무 ⲗⲁⲧⲡ̄

홍수, 범람 ⲉⲙⲏⲣⲉ, ⲕⲁⲧⲁⲕⲗⲩⲥⲙⲟⲥ κατακλυσμός

화관 ⲥⲧⲉⲫⲁⲛⲟⲥ στέφανος

화관을 만들다 ϣⲱⲛⲧ̄, ϣⲁⲛⲧ⸗, ϣⲁⲛⲧ†

화관을 씌우다 ⲥⲧⲉⲫⲁⲛⲟⲩ στεφανοῦν

화내는 사람 ⲣⲉϥⲧⲃⲗ̄ⲕⲉ

화내다, 노하다 ⲙ̄ⲃⲟⲛ, ϭⲱⲱⲛⲧ̄, ϭⲁⲛⲧ†

화로, 화덕, 가마 ⲧⲣⲓⲣ *f.*, ⲕⲁⲙⲓⲛⲟⲥ κάμινος

화로다 ! ⲟⲩⲁⲓ̈

화물 ⲁⲩⲁⲛ, ⲁⲩⲓ̈ⲛ, ⲉⲟⲩⲓ̈ⲛ, ⲁⲩⲉⲓⲛ

화살, 단창 ⲃⲟⲗⲓⲥ, ⲥⲟⲧⲉ *m., f. pl.* ⲥⲟⲟⲧⲉ, ⲥⲁⲧⲉ

화살 ⲥⲟⲧⲃⲉϥ, ⲥⲁⲧⲃⲉϥ, ⲥⲟⲧϥ̄, ⲥⲟⲧϩϥ̄ *m.*

화살촉에 바르는 독 ⲕⲗⲟ

화살통 ϩⲛⲁⲁⲩ ⲛ̄ⲕⲁⲥⲟⲧⲉ

화장실 ⲙⲁ ⲛ̄ⲣ ⲙⲏ, ⲙⲁ ⲛ̄ⲧⲙⲟⲟⲩ, ⲙⲉϣϣⲉ ⲙⲁⲉⲧⲉϣϣⲉ

화폐 이름 ⲗⲓⲧⲣⲁ, ⲗⲓⲧⲣⲉ

화환 ⲙⲁϩⲛ̄ϭⲛⲟⲩⲧ

확고한, 용기있는 ⲧⲱⲕ, ⲧⲉⲕ-, ⲧⲟⲕ⸗, ⲧⲏⲕ†

확고히 하다, 더욱 강하게 하다, 신뢰감을 주다, 지반을 공고히 하다 ⲧⲁϫⲣⲟ, ⲧⲁϫⲣⲉ-, ⲧⲁϫⲣⲟ-, ⲧⲁϫⲣⲟ⸗, ⲧⲁϫⲣⲁ⸗, ⲧⲁϫⲣⲏⲩ†, ⲧⲁϫⲣⲁⲓ̈ⲧ†

확신, 신념 ⲡⲓⲥⲙⲟⲛⲏ πεισμονή

확신하다 ⲃⲉⲃⲁⲓⲟⲩ

확실하게 ϩⲛ̄ⲟⲩⲱⲣϫ̄

확실하다 ⲟⲩⲟ(ⲉ)ⲓ

확실함, 보험, 믿을만한 문서 ⲁⲥⲫⲁⲗⲓⲁ

확실히 ϩⲁⲓⲟ, (ϩ)ⲁⲓⲱ, ⲁ(ⲉ)ⲓⲟ

확장 ⲥⲟⲛⲧϥ̄ *m.*

환멸하다, 가증스럽게 여기다 ⲱⲣⲉⲃ, ⲁⲣϥ†

환영하다 ⲁⲥⲡⲁⲍⲉ ἀσπάζεσθαι

환호 ⲗⲟⲩⲗⲁⲓ̈

활 쏘는 창, 저격 구멍 ⲣⲁ ⲙ̄ⲡⲓⲧⲉ

활 ⲡⲓⲧⲉ *f.*

활짝 피다 ⲟⲩⲱⲗⲉ, ⲟⲩⲁⲗⲉ⸗, ⲟⲩⲁⲗⲉ†

활짝 핀 ⲟⲩⲣⲟⲧ, ⲣⲟⲟⲩⲧ†

황금빛의 ⲛ̄ⲁⲩⲁⲛ ⲙ̄ⲡⲛⲟⲩⲃ

황무지 ⲉⲣⲏⲙⲓⲁ ἐρημία, ⲙⲁ ⲛ̄ⲁⲧⲙⲟⲟⲩ

황산구리 ⲁⲛⲓⲕⲁⲙ

황색의 ⲧⲱⲣϣ̄, ⲧⲣⲟϣ, ⲧⲟⲣϣ̄†

황소 ⲃⲁⲓ̈ⲧ, ϭⲁⲙ

황소자리 ⲧⲁⲩⲣⲟⲥ ταῦρος

황제 ⲡ̄ⲣⲟ, ⲉⲣ(ⲣ)ⲟ, ⲟⲩⲣⲟ *m. f.* ⲡ̄ⲣⲱ, ⲉⲣⲱ *pl.* ⲡ̄ⲣⲱⲟⲩ, ⲡ̄ⲣⲟⲟⲩ

황제 ⲁⲩⲧⲟⲕⲣⲁⲧⲱⲣ

황제의 ⲛ̄ⲡ̄ⲣⲟ

황토빛의 ⲙ̄ⲣⲟϣ, ⲙⲟⲣϣ̄

황토색 ⲙ(ⲉ)ⲣϣ

황폐케 하다, 붕괴시키다, 파괴하다 ⲟⲩⲓⲧⲉ, ⲃⲓⲧⲉ, ⲟⲩⲉⲉⲧⲉ

ㄱ ㄴ ㄷ ㄹ ㅁ ㅂ ㅅ ㅇ ㅈ ㅊ ㅋ ㅌ ㅍ

황폐케 하다, 파괴하다 ϣⲱϥ, ϣⲉϥ-, ϣⲟϥ⸗, ϣⲏϥ†

황폐케 하다 ⲉⲣⲏⲙⲱⲥⲓⲥ ἐρήμωσις

황폐한 ⲉⲣⲏⲙⲟⲥ ἔρημος

회개, 개심 ⲙⲉⲧⲁⲛⲟⲓⲁ μετάνοια

회계 ⲟⲡ̄ⲥ̄

회당에서의 추방 ⲁⲡⲟⲥⲩⲛⲁⲅⲱⲅⲟⲥ

회당장 ⲁⲣⲭⲓⲥⲩⲛⲁⲅⲱⲅⲟⲥ

회랑 ⲁⲩⲗⲏ αὐλή

회반죽, 여물통 ⲙ̄ⲭⲁϩⲧ̄, ⲙ̄ⲭⲁⲧϩ̄, ⲙ̄ⲭⲁϩⲭ̄

회복시키다, 고치다, 멀리하다 ⲥⲟⲟϩⲉ, ⲥⲁϩⲉ-, ⲥⲁϩⲱ(ⲱ)⸗, ⲥⲁϩⲏⲩ†

회신, 대답 ⲟⲩⲱ *m.*

회오리 ⲕⲁⲩⲥⲱⲛ

회전 ⲕⲟⲧ̄ⲥ̄

회전운동, 방문, 회전체 ⲕⲟⲧ, ⲕⲁⲧ

회전체 ⲕⲟⲧ, ⲕⲁⲧ

회중, 모임 ⲁⲩⲏⲧ, ⲁⲟⲩⲏⲧ, ⲧⲟⲟⲩⲧⲉ, ⲧⲟⲩⲏⲧ⸗, ⲧⲟⲩⲏⲧ†

회중 ⲥⲩⲛⲁⲅⲱⲅⲏ συναγωγή

회합, 모임, 사회 ⲥⲟⲟⲩϩⲥ̄, ⲥⲟⲟⲩⲁϩⲥ̄ *f.*

회향, 시금치 ⲥⲁⲙⲁϩⲏⲣ, ϣⲁⲙⲁⲣ

효능 ϣⲉⲩ

효모균 ⲥⲓⲣ, ⲥⲉⲣⲉ *m.*

효용, 가치 ϣⲁⲩ, ϣⲁⲟⲩ, ϣⲟⲟⲩ, ϣⲟⲩ- *m.*

효율성 ⲉⲛⲉⲣⲅⲓⲁ

후각기관 ϭⲓⲛϣⲱⲗⲙ̄

후견 ⲡⲁⲧⲣⲱⲛⲓⲁ πατρωνία

후계자 ⲇⲓⲁⲧⲟⲭⲟⲥ διάδοχος

후대하기 ⲙⲁϊϣⲙ̄ⲙⲟ

후두 ⲕⲁⲓⲣⲉ

후에, 뒤에 ⲙ̄ⲛ̄ⲛ̄ⲥⲁ-, ⲙ̄ⲛ̄ⲛ̄ⲥⲱ⸗

후에, 반하여, 제외한 ⲛ̄ⲥⲁ-, ⲛ̄ⲥⲱ⸗, ⲥⲁ

후춧가루 ⲡⲓⲡⲣⲉ *m.*

후퇴, 은퇴, 묵상 ⲁⲛⲁⲭⲱⲣⲏ ἀναχωρεῖν

후회하는 (ⲡ)ϩⲏⲧ ⲟⲩⲱⲙ ⲛ̄(ⲥⲁ)-

훈계 ⲡⲣⲟⲧⲣⲟⲡⲏ προτροπή

훈련, 평온 ⲕⲁⲧⲁⲥⲧⲁⲥⲓⲥ, ⲁⲥⲕⲏⲥⲓⲥ ἄσκησις

훌륭한, 완벽한 ϩⲟⲩⲧⲉⲛ (L), ⲁⲝⲓⲱⲙⲁⲧⲓⲕⲏ ἀξιωματικός

훌륭한 ⲗⲁϩⲗⲉϩ, ⲗⲉϩⲗⲱϩ†, ⲗⲉϩⲗⲁϩⲧ†

훔치다 ϩⲁⲩⲣⲉ (L), ϫⲓⲟⲩⲉ, ⲕⲱⲗⲡ̄, ⲕⲁⲗⲡ⸗

휘게 하다, 짓이기다 ⲥⲁϩⲥϩ̄, ⲥⲉϩⲥⲱϩ-, ⲥⲉϩⲥⲱϩ⸗, ⲥⲉϩⲥⲱϩ†

휘말려 들다 ϫⲱⲗϫ̄, ϫⲗ̄ϫ-, ϫⲁⲗϫ⸗, ϫⲁⲗϫ̄†, ϫⲁⲗⲉϫ†

휘어지다, 굽히다 ϭⲱⲧⲥ̄, ϭⲁⲧⲥ̄†

휘파람 불다 ⲛⲉϫϩⲣⲟⲟⲩ

휜, 굽은, 뒤틀린 ⲱⲗⲕ̄, (ⲉ)ⲗⲕ̄-, ⲟⲗⲕ⸗, ⲁⲗⲕ⸗, ⲟⲗⲕ̄†

휴경지 ϣⲛⲁ *m.*

휴경지로 남기다 ⲙⲓⲕⲉ

휴식, 평화 ⲙⲁⲧⲛⲉⲥ, ⲁⲛⲁⲡⲁⲩⲥⲓⲥ

휴식을 취하다, 편안하다, 마음을 놓다, 병에서 놓임 받다 ⲙ̄ⲧⲟⲛ, ⲉⲙⲧⲟⲛ, ⲙⲟⲧⲛ̄†

휴식을 취하다, 평안히 쉬다 ⲥϭⲣⲁϩⲧ̄, ⲥϭⲣⲉϩⲧ̄, ϣϭⲣⲁϩⲧ̄, ⲥϣϭⲣⲁϩⲧ̄

휴식처, 안식처 ⲙⲁ ⲛ̄ⲙ̄ⲧⲟⲛ

휴식하다 ⲙⲟⲩⲧⲛⲉ (L), ⲙⲁⲧⲛ(ⲉ), ⲙ̄ⲧⲁⲛ

휴지통 ⲃⲓⲣ *m.*, *f.* ⲃⲁⲓⲣⲉ, *pl.* ⲃⲣⲏⲟⲩⲉ, ⲗⲓⲅⲛⲉ, ⲗⲓⲕⲛⲉ

흉기 ϭⲁⲡ, ϭⲟⲡ *f.*

흉내 내다, 비교하다, 비유, 신탁 ⲧⲟⲛⲧⲛ̄, ⲧ(ⲉ)ⲛⲧⲛ̄-, ⲧⲛ̄ⲧⲱⲛ⸗, ⲧⲛ̄ⲧⲱⲛ†, ⲧⲛ̄ⲧⲟⲛⲧ†

흉내 내다, 비교하다 ⲧⲁⲛⲧⲛ̄ (L), ⲧⲛ̄ⲧⲱⲛ⸗, ⲧⲛ̄ⲧⲁⲛⲧ̄†

흉부 ⲙⲉⲥⲑⲏⲧ, ⲙⲉⲥⲧⲛ̄ϩⲏⲧ

흉상 ⲡⲣⲟⲧⲟⲙⲏ προτομή

흉악한, 무서운 ϣⲁⲃⲓϩⲟ

흉하게 하다, 나쁘다고 판단하다 ϭⲁϊⲟ, ϭⲁϊⲟ-, ϭⲁϊⲱⲩ†, ϭⲁϊⲧ†

흐느낌 ⲧϣⲃⲟ (L)

흐르게 하다, 유출시키다, 희박하게 하다 ϣⲱⲗ, ϣⲟⲗ⸗, ϣⲁⲗ⸗, ϣⲏⲗ†

흐르다, 붓다 ⲡⲱⲛ, ⲡⲱⲱⲛⲉ, ⲡⲉⲛ(ⲉ)-, ⲡⲉⲉⲛ-, ⲡⲟⲛ⸗, ⲡⲁⲛ⸗, ⲡⲏⲛ†

흐르다, 흘러넘치다, 유출 ϩⲁⲧⲉ, ϩⲁⲁⲧⲉ, ϩⲉⲧⲉ, ϩⲁⲁⲧ⸗, ϩⲉⲧⲉ, ϩⲉⲧϊⲉ, ϩⲉ⳿ⲧⲉ

흐름 ⲁⲡⲟⲣⲣⲟⲓⲁ, ⲟⲩⲣⲁⲙ (L) *m.*

흐리다 ⲕⲣⲟⲙⲣⲙ̄, ⲕⲣⲙ̄ⲣⲱⲙ†

흐린 ⲱⲕⲙⲉ (L), ⲁⲕⲙⲉ†

흑암, 어둠 ⲕⲁⲕⲉ, ⲕⲉⲕⲉ, ⲕⲙⲏⲙⲉ

흑암 ⲅⲛⲟⲫⲟⲥ γνόφος, ⲕⲛⲟⲫⲟⲥ

흑인 ⲉϭⲱϣ *m.*, *f.* ⲉϭⲟⲟϣⲉ, *pl.* ⲉϭⲟⲟϣ

흔들다 ⲧⲱϩ, ⲧⲉϩ-, ⲧⲁϩ-, ⲧⲱϩ-, ⲧⲁϩ⸗, ⲧⲏϩ†

흔들리다, 고심하다, 놀라게 하다 ⲛⲟⲩϣⲡ̄, ⲛⲉϣⲡ̄-, ⲛⲁϣⲡ̄-, ⲛⲁϣⲡ⸗

흔들리다, 떨리다 ⲕⲓⲙ, ⲕⲉⲙⲧ⸗, ⲕⲙⲧ⸗, ⲕⲉⲙⲧ-, ⲕⲙ̄- (ⲉ-)

흔들리지 않는 ⲁⲧⲡⲱⲱⲛⲉ

흔적 ⲗⲓⲯⲁⲛⲟⲛ λείψανον

흘러가다 ϩⲁⲧⲉ ⲉⲃⲟⲗ

흘러나가다, 비다, 고갈되다 ϣⲟⲩⲟ, ϣⲟⲩ(ⲉ)-, ϣⲟⲩⲟ-, ϣⲟⲩⲱ⸗, ϣⲟⲩⲟ⸗, ϣⲟ(ⲩ)ⲉⲓⲧ†, ϣⲟⲩϊⲧ†

흘러넘치다, 유출 ϩⲁⲧⲉ, ϩⲁⲁⲧⲉ, ϩⲉⲧⲉ, ϩⲁⲁⲧ⸗

흙, 나라 ⲕⲁϩ, ⲟⲙⲉ, ⲟⲟⲙⲉ, ⲁⲙⲉ, ⲁⲙ- *m. f.*

흙, 땅 ⲉⲓⲧⲛ̄ *m. cf.* ⲉⲡⲓⲧⲛ̄, ⲙ̄ⲡⲓⲧⲛ̄

흙 단지, 항아리 ϣⲁϣⲟⲩ *m.*

흠 ⲧⲟ(ⲉ) *m. f.*

흠내다 ⲃⲗⲁⲡⲧⲉ βλάπτειν

흠 없는 ⲁⲧⲁϊⲃⲉ

흡족하게 생각하다, 원하다 ⲱⲕ ⲛ̄ϩⲏⲧ

흠집, 때 ⲁϊⲃⲉ

흡족한, 만족스러운 (ⲉⲓⲁ)ⲁⲛ

흡혈귀 ⲣⲉϥⲥⲉϩⲡ̄ ⲥⲛⲟϥ

흩트리다 ⲗⲱ(ⲱ)ⲥ, ⲗⲉⲥ-, ⲗⲁⲁⲥ(ⲉ)†

희망 ϩⲉⲗⲡⲓⲥ, ϩⲗ̄ⲡⲓⲥ, ⲉⲗⲡⲓⲥ, ⲑⲉⲗⲡⲓⲥ ἐλπίς

희망을 갖다 ⲛⲁϩⲧⲉ, ⲛ̄ϩⲉⲧ-, ⲛ̄ϩⲟ(ⲩ)ⲧ†

희망하다 ϩⲃⲁϣⲃⲉϣ (L)

희박하게 하다 ϣⲱⲗ, ϣⲟⲗ⸗, ϣⲁⲗ⸗, ϣⲏⲗ†

희생 ϭⲗⲓⲗ *m.*

희생물 ⲑⲩⲥⲓⲁ θυσία

희생물 ϣⲟⲩⲥⲟⲟⲩϣⲉ, ϣⲟⲩⲥⲱⲟⲩϣⲉ, ϣⲟⲩⲥⲟⲟⲩϩⲉ, ⲥⲟⲩⲥⲟⲟⲩϣⲉ *m.*

흰, 깨끗한 ⲟⲩⲃⲁϣ, ⲟⲩⲁⲃϣ̄†, ⲟⲩⲟⲃϣ̄†

흰, 하얀 ⲗⲁⲗⲩ, ⲗⲁⲏⲩ

흰눈 ⲭⲓⲱⲛ χιών

흰머리 ⲥⲕⲓⲙ, ⲥϭⲓⲙ *m.*

흰옷 ⲗⲉⲩⲕⲟⲛ ευκόν

힘 ⲃⲓⲁ βία, ⲛⲟⲙⲧⲉ *f.*

힘, 가능성 ϫⲓⲛ *m.*

힘, 권능, 기적 ϭⲟⲙ, ϭⲁⲙ (L) *f.*

힘, 권력 ⲇⲩⲛⲁⲙⲓⲥ, ⲙⲛ̄ⲧϫⲓⲛϫⲛⲁϩ

힘, 에너지, 행동, 효율성ⲉⲛⲉⲣⲅⲉⲓⲁ ἐνέργεια, ⲉⲛⲉⲣⲅⲓⲁ

힘 주시는 이 ⲣⲉϥϯϭⲁⲙ

힘겹게 숨 쉬다 ϩⲣ̄ϩⲣ̄

힘들게 걷다 ϫⲱⲣⲁϩ

힘들게 일하다 ϩⲓⲥⲉ, ϩⲁⲥⲧ-, ϩⲉⲥⲧ-, ϩⲁⲥⲧ⸗, ϩⲟⲥⲧ⸗, ϩⲉⲥⲧ⸗, ϩⲟⲥⲉ†, ϩⲁⲥⲉ†

힘들게 하다 ⲙⲟⲩⲕϩ̄

힘줄, 신경, 등 ⲙⲟⲩⲧ

힘줄, 현 ⲕⲱⲃϩ̄, ⲕⲟⲟⲃϩ̄

힘찬 ⲇⲩⲛⲁⲧⲟⲥ δυνατός

그리스어 곱트어 대조표

그리스어	곱트어	뜻
ἀγαθός	ⲁⲅⲁⲑⲟⲥ	선한
ἀγάπη	ⲁⲅⲁⲡⲏ	사랑
ἀγγεῖον	ⲁⲅⲅⲓⲟⲛ	그릇
ἀγγελία	ⲁⲅⲅⲉⲗⲓⲁ	소식
ἀγγελική	ⲁⲅⲅⲉⲗⲓⲕⲏ	천사단
ἄγγελος	ⲁⲅⲅⲉⲗⲟⲥ	천사
ἀγέλε	ⲁⲅⲉⲗⲏ	가축무리
ἁγία	ϩⲁⲅⲓⲁ	성스러운
ἀγλαός	ⲁⲅⲗⲁⲟⲥ	영광스러운
ἁγνιστής	ϩⲁⲅⲛⲓⲥⲧⲏⲥ	성결케하다
ἀγορά	ⲁⲅⲟⲣⲁ	광장
ἀγών	ⲁⲅⲱⲛ	싸움
ἄδαμας	ⲁⲇⲁⲙⲁⲥ	아다마스
ἀδικεῖν	ⲣ̄ ⲁⲇⲓⲕⲏ	틀리게하다
ἀετός	ⲁⲉⲧⲟⲥ	독수리
ἀήρ	ⲁⲏⲣ	공기
ἀθλητής	ⲁⲑⲗⲏⲧⲏⲥ	선수
ἆθλον	ⲁⲑⲗⲟⲛ	경쟁
αἰγόκερως	ⲁⲓⲅⲟⲕⲉⲣⲱⲥ	염소자리
αἵρεσις	ϩⲁⲓⲣⲉⲥⲓⲥ	이단
αἰσθάνεσθαι	ⲣ̄ⲁⲓⲥⲑⲁⲛⲉ	이해시키다
αἴσθησις	ⲁⲓⲥⲑⲏⲥⲓⲥ	납득
αἰσθητήριον	ⲁⲓⲥⲑⲏⲧⲏⲣⲓⲟⲛ	감각기관
αἰτεῖν	ⲁⲓⲧⲓ	요구하다
αἴτημα	ⲁⲓⲧⲏⲙⲁ	추구
αἰχμαλωσία	ⲁⲓⲭⲙⲁⲗⲱⲥⲓⲁ	사로잡힘
αἰχμαλωτίζειν	ⲣ̄ⲁⲓⲭⲙⲁⲗⲱⲧⲓⲍⲉ	사로잡다
αἰχμάλωτος	ⲁⲓⲭⲙⲁⲗⲱⲧⲟⲥ	포로
αἰών	ⲁⲓ̈ⲱⲛ	아이온
ἀκαθαρσία	ⲁⲕⲁⲑⲁⲣⲥⲓⲁ	불결
ἀκέραιος	ⲁⲕⲉⲣⲁⲓⲟⲥ	순수한
ἀκμάδιον	ⲁⲕⲙⲁⲇⲓⲟⲛ	칼
ἀκμήν	ⲁⲕⲙⲏⲛ	아직도
ἄκρον	ⲁⲕⲣⲟⲛ	꼭대기
ἀκτίς	ⲁⲕⲧⲓⲛ	광선
ἀλλά	ⲁⲗⲗⲁ	그러나
ἅλυσις	ϩⲁⲗⲩⲥⲓⲥ	사슬
ἀλφάβητον	ⲁⲗⲫⲁⲃⲏⲧⲟⲛ	알파베트
ἀμβροσία	ⲁⲙⲃⲣⲟⲥⲓⲁ	암브로시아
ἀμελει γε οὐν	ⲁⲙⲉⲗⲉⲓ ⲅⲉ ⲟⲩⲛ	참으로
ἀμελεῖν	ⲁⲙⲉⲗⲏ	무관심하다
ἀμεριμνία	ⲁⲙⲉⲣⲓⲙⲛⲉⲓⲁ	걱정없는
ἀμήν	ⲁⲙⲏⲛ	아멘
ἀμνηστία	ⲁⲙⲛⲏⲥⲧⲓⲁ	사면
ἀναβιβάζων	ⲁⲛⲁⲃⲓⲃⲁⲍⲱⲛ	끌어올림
ἀναγκάζειν	ⲁⲛⲁⲅⲕⲁⲍⲉ	불평하다
ἀνάγκη	ⲁⲛⲁⲅⲕⲏ	필요
ἀναγνώστης	ⲁⲛⲁⲅⲛⲱⲥⲧⲏⲥ	독자
ἀνάληψις	ⲁⲛⲁⲗⲏⲯⲓⲥ	승천
ἀναμέλψ	ⲁⲛⲁⲙⲉⲗⲯ	노래하다
ἀνάστασις	ⲁⲛⲁⲥⲧⲁⲥⲓⲥ	부활
ἀναστῆναι	ⲁⲛⲁⲥⲧⲁ	일어나다
ἀναστροφή	ⲁⲛⲁⲥⲧⲣⲟⲫⲁⲩⲉ	태도
ἀνατολή	ⲁⲛⲁⲧⲟⲗⲏ	동방
ἀναχωρεῖν	ⲁⲛⲁⲭⲱ[ⲣⲏ]	물러나다
ἀνδριάς	ⲁⲛⲇⲣⲉⲓⲁⲥ	석상
ἀνέχειν	ⲁⲛⲉⲭⲉ	괴로워하다
ἀνομία	ⲁⲛⲟⲙⲓⲁ	부정
ἄνομος	ⲁⲛⲟⲙⲟⲥ	무법의
ἀντί	ⲁⲛⲧⲓ	대항하여
ἀντίδικος	ⲁⲛⲧⲓⲇⲓⲕⲟⲥ	대적자
ἀντίδοτος	ⲁⲛⲧⲓⲇⲟⲧⲟⲥ	해독제
ἀντίχριστος	ⲁⲛⲧⲓⲭⲣⲓⲥⲧⲟⲥ	적그리스도
ἀξίωμα	ⲁⲝⲓⲱⲙⲁ	예상하다
ἀξιωματικός	ⲁⲝⲓⲱⲙⲁⲧⲓⲕⲏ	유명한
ἀπαιτητής	ⲁⲡⲁⲓⲧⲏⲧⲏⲥ	채권자
ἀπαντᾶν	ⲁⲡⲁⲛⲧⲁ	만나다
ἅπαξ	ϩⲁⲡⲁⲝ	단한번
ἀπαρχή	ⲁⲡⲁⲣⲭⲏ	만물
ἀπάτη	ⲁⲡⲁⲧⲏ	속임수
ἅπλωμα	ϩⲁⲡⲗⲱⲙⲁ	펼쳐진 것
ἁπλῶς	ϩⲁⲡⲗⲱⲥ	단순하게
ἀποδημεῖν	ⲁⲡⲟⲇⲏⲙⲏ	출발하다
ἀποδήμια	ⲁⲡⲟⲇⲏⲙⲓⲁ	출항
ἀποθήκη	ⲁⲡⲟⲑⲏⲕⲏ	창고
ἀποκάλυψις	ⲁⲡⲟⲕⲁⲗⲩⲯⲓⲥ	계시

그리스어	곱트어	뜻
ἀπολαύειν	ⲁⲡⲟⲗⲁⲩⲉ	즐기다
ἀπολογία	ⲁⲡⲟⲗⲟⲅⲓⲁ	변호
ἀπόρροια	ⲁⲡⲟ.ⲓⲁ	유출하는
ἀποστολή	ⲁⲡⲟⲥⲧⲟⲗⲏ	파송
ἀπόστολος	ⲁⲡⲟⲥⲧⲟⲗⲟⲥ	사도
ἀποτάσσεσθαι	ⲁⲡⲟⲧⲁⲥⲥⲉ	부정하다
ἀπόφασις	ⲁⲡⲟⲫⲁⲥⲓⲥ	심판
ἆρα	ⲁⲣⲁ	의문조사
ἀργός	ⲁⲣⲅⲟⲛ	게으름뱅이
ἀρετή	ⲁⲣⲉⲧⲏ	우수함
ἀριθμός	ⲁⲣⲓⲑⲙⲟⲥ	숫자
ἅρμα	ϩⲁⲣⲙⲁ	탈 것
ἀρνεῖσθαι	ⲣ̄ⲁⲣⲛⲉ	부인하다
ἀρνητής	ⲁⲣⲛⲏⲧⲏⲥ	배교자
ἁρπαγή	ϩⲁⲣⲡⲁⲅⲏ	전리품
ἀρχαῖος	ⲁⲣⲭⲁⲓⲟⲥ	오래된
ἄρχεσθαι	ⲣ̄ⲁⲣⲭⲓⲥⲑⲁⲓ	시작하다
ἀρχή	ⲁⲣⲭⲏ	태초
ἀρχηγός	ⲁⲣⲭⲏⲅⲟⲥ	시원자
ἀρχιδίκαιος	ⲁⲣⲭⲓⲇⲓⲕⲁⲓⲟⲥ	최상 의인
ἀρχιεμπορός	ⲁⲣⲭⲓⲉⲙⲡⲟⲣⲟⲥ	상인 두목
ἀρχιζωγράφος	ⲁⲣⲭⲓⲍⲱⲅⲣⲁⲫⲟⲥ	수석 조각가
ἀρχιτέκτων	ⲁⲣⲭⲓⲧⲉⲕⲧⲱⲛ	건축가
ἀρχιφύλαξ	ⲁⲣⲭⲓⲫⲩⲗⲁⲝ	간수장
ἀρχοντική	ⲁⲣⲭⲟⲛⲧⲓⲕⲏ	지배세력
ἄρχων	ⲁⲣⲭⲱⲛ	지배자
ἀσεβής	ⲁⲥⲉⲃⲏⲥ	불경건한
ἀσκεῖν	ⲣ̄ⲁⲥⲕⲏ	일하다
ἄσκησις	ⲁⲥⲕⲏⲥⲓⲥ	훈련
ἀσκός	ⲁⲥⲕⲟⲥ	술자루
ἀσπάζεσθαι	ⲁⲥⲡⲁⲍⲉ	환대하다
ἀσπασμός	ⲁⲥⲡⲁⲥⲙⲟⲥ	인사
ἀτιμάζειν	ⲁⲧⲓⲙⲁⲍⲉ	푸대접하다
ἀτιμία	ⲁⲧⲓⲙⲓⲁ	박대
αὐλή	ⲁⲩⲗⲏ	뜰
αὐλός	ⲁⲩⲗⲟⲥ	피리
ἁφή	ϩⲁⲫⲁⲩⲉ	연결
ἄφθορος	ⲁⲫⲑⲟⲣⲟⲥ	불사의
ἁψίς	ϩⲁⲯⲓⲥ	무지개
βαβυλων	ⲃⲁⲃⲩⲗⲱⲛ	바벨론
βαθμός	ⲃⲁⲑⲙⲟⲥ	계급
βάκχος	ⲃⲁⲭⲟⲥ	박커스
βάπτισμα	ⲃⲁⲡⲧⲓⲥⲙⲁ	세례
βαπτιστής	ⲃⲁⲡⲧⲓⲥⲧⲏⲥ	세례자
βάρβαρος	ⲃⲁⲣⲃⲁⲣⲟⲥ	야만인
βάρος	ⲃⲁⲣⲟⲥ	무게
βασανίζειν	ⲃⲁⲥⲁⲛⲓⲍⲉ	고문하다
βάσανος	ⲃⲁⲥⲁⲛⲟⲥ	고문
βῆμα	ⲃⲏⲙⲁ	베마
βήρυλλος	ⲃⲏⲣⲩⲗⲗⲟⲥ	녹주석
βία	ⲃⲓⲁ	생명력
βιβλίδιον	ⲃⲓⲃⲗⲓⲇⲓⲟⲛ	소책자
βίος	ⲃⲓⲟⲥ	생명
βλάπτειν	ⲃⲗⲁⲡⲧⲉ	흠내다
βλασφημεῖν	ⲃⲗⲁⲥⲫⲏⲙⲓ	모독하다
βλάττα	ⲃⲗⲁⲧⲧⲁ	블라타
βοήθεια	ⲃⲟⲏⲑⲉⲓⲁ	도움
βοηθεῖν	ⲃⲟⲏⲑⲉⲓ	돕다
βοηθός	ⲃⲟⲏⲑⲟⲥ	돕는 사람
βοτάνη	ⲃⲟⲧⲁⲛⲏ	식물
βραβεῖον	ⲃⲣⲁⲃⲉⲓⲟⲛ	보상
βῶλος	ⲃⲱⲗⲟⲥ	덩어리
γαλεάγρα	ⲕⲁⲗⲉⲁⲅⲣⲁ	새장
γάρ	ⲅⲁⲣ	왜냐하면
γενεά	ⲅⲉⲛⲉⲁ	세대
γένος	ⲅⲉⲛⲟⲥ	인종
γίγας	ⲅⲓⲅⲁⲥ	거인
γίγνεσθαι	ⲙⲏ ⲅⲉⲛⲟⲓⲧⲟ	발생하다
γνόφος	ⲅⲛⲟⲫⲟⲥ	흑암
γνώμη	ⲅⲛⲱⲙⲏ	의지
γνωρίζειν	ⲣ̄ⲅⲛⲱⲣⲓⲍⲉ	알게하다
γνῶσις	ⲅⲛⲱⲥⲓⲥ	영적 지식
γραφεύς	ⲅⲣⲁⲫⲉⲩⲥ̄	기자
γραφή	ⲅⲣⲁⲫⲏ	글씨
δαίμων	ⲇⲁⲓⲙⲱⲛ	마귀
δαμάζειν	ⲇⲁⲙⲁⲍⲉ	억누르다
δέ	ⲇⲉ	그런데
δέησις	ⲇⲉⲏⲥⲓⲥ	요구
δεῖπνον	ⲇⲉⲓⲡⲛⲟⲛ	저녁 식사
δεσπότης	ⲇⲉⲥⲡⲟⲧⲏⲥ	선생
δευτέρα	ⲇⲉⲩⲧⲉⲣⲁ	두번째
δημιουργός	ⲇⲏⲙⲓⲟⲩⲣⲅⲟⲥ	조물주
διάβολος	ⲇⲓⲁⲃⲟⲗⲟⲥ	악마
διάδοχος	ⲇⲓⲁⲧⲟⲭⲟⲥ	계승자
διαθήκη	ⲇⲓⲁⲑⲏⲕⲏ	계약
διακονεῖν	ⲇⲓⲁⲕⲟⲛⲏ	봉사하다
διακρίνειν	ⲇⲓⲁⲕⲣⲓⲛⲉ	구별하다
διάκρισις	ⲇⲓⲁⲕⲣⲓⲥⲓⲥ	구분
διάφορα	ⲇⲓⲁⲫ	다른
διάφοροι	ⲇⲓⲁⲫⲟⲣⲁ	차별
δίδυμος	ⲇⲓⲇⲩⲙⲟⲥ	쌍둥이좌
δίκαιος	ⲇⲓⲕⲁⲓⲟⲥ	의로운
δικαιοσύνη	ⲇⲓⲕⲁⲓⲟⲥⲩⲛⲏ	정의
δικαστής	ⲇⲓⲕⲁⲥⲧⲏⲥ	판관
δίκη	ⲇⲓⲕⲏ	재판
δίσκος	ⲇⲓⲥⲕⲟⲥ	원반
διωγμός	ⲇⲕⲱⲅⲙⲟⲥ	박해
διώκειν	ⲇⲕⲱⲕⲉ	박해하다

그리스어	곱트어	뜻	그리스어	곱트어	뜻
διώκτης	ⲇⲓⲱⲕⲧⲏⲥ	박해자	ἐξετάζειν	ⲉⲝⲉⲧⲁⲍⲉ	검사하다
δόγμα	ⲇⲟⲅⲙⲁ	교리	ἕξις	ϩⲉⲝⲓⲥ	위치
δοκιμάζειν	ⲇⲟⲕⲓⲙⲁⲍⲉ	시험하다	ἐξουσία	ⲉⲝⲟⲩⲥⲓⲁ	권력
δοκιμή	ⲇⲟⲕⲓⲙⲏ	시련	ἐξουσιαστής	ⲉⲝⲟⲩⲥⲓⲁⲥⲧⲏⲥ	권력자
δόκιμος	ⲇⲟⲕⲓⲙⲟⲥ	단련된	ἐπανορθοῦν	ⲣ̄ⲉⲡⲁⲛⲟⲣⲑⲟⲩ	세우다
δορυφόρος	ⲇⲟⲣⲩⲫⲟⲣⲟⲥ	보병	ἔπαρχος	ⲉⲡⲁⲣⲭⲟⲥ	두목
δράκων	ⲇⲣⲁⲕⲱⲛ	용	ἐπεί	ⲉⲡⲉⲓ	왜냐하면
δρομεύς	ⲇⲣⲟⲙⲉⲟⲥ	질주자	ἐπειδή	ⲉⲡⲉⲓⲇⲏ	그렇기에
δρόμος	ⲇⲣⲟⲙⲟⲥ	경기	ἐπήρεια	ⲉⲡⲏⲣⲓⲁ	모독하다
δυνατός	ⲇⲩⲛⲁⲧⲟⲥ	힘찬	ἐπιθυμεῖν	ⲉⲡⲓⲑⲩⲙⲓ	원하다
δωδεκάς	ⲇⲱⲇⲉⲕⲁⲥ	열둘	ἐπιθυμία	ⲉⲡⲓⲑⲩⲙⲓⲁ	욕망
Δωρεά	ⲇⲱⲣⲉⲁ	선물	ἐπικαλεῖσθαι	ⲉⲡⲓⲕⲁⲗⲉⲓ	부르다
δῶρον	ⲇⲱⲣⲟⲛ	은사	ἐπίκλησις	ⲉⲡⲓⲕⲗⲏⲥⲓⲥ	부름
ἑβδομάς	ϩⲉⲃⲇⲟⲙⲁⲥ	헵도마스	ἐπίσημος	ⲉⲡⲓⲥⲏⲙⲟⲥ	구별된
ἔγγαμος	ⲉⲅⲕⲁⲙⲟⲥ	결합한	ἐπίσκοπος	ⲉⲡⲓⲥⲕⲟⲡⲟⲥ	주교
ἐγκράτεια	ⲉⲅⲕⲣⲁⲧⲉⲓⲁ	절제	ἐπιστολή	ⲉⲡⲓⲥⲧⲟⲗⲏ	서한
ἐγκρατεύειν	ⲉⲅⲕⲣⲁⲧⲉⲩⲉ	절제하다	ἐπιταγή	ⲉⲡⲓⲧⲁⲅⲏ	명령
ἐγκρατής	ⲉⲅⲕⲣⲁⲧⲏⲥ	절제자	ἐπιτιμή	ⲉⲡⲓⲧⲓⲙⲏ	벌주다
ἔθνος	ϩⲉⲑⲛⲟⲥ	민족	ἐπιτιμία	ⲉⲡⲓⲧⲓⲙⲓⲁ	벌
εἰ γοῦν	ⲉⲓ ⲅⲟⲩⲛ	게다가	ἐπίτροπος	ⲉⲡⲓⲧⲣⲟⲡⲟⲥ	관리자
εἶδος	ⲉⲓⲇⲟⲥ	유형	ἐργάτης	ⲉⲣⲅⲁⲧⲏⲥ	일꾼
εἴδωλον	ⲉⲓⲇⲱⲗⲟⲛ	우상	ἐρημία	ⲉⲣⲏⲙⲓⲁ	사막
εἰκῆ	ⲉⲓⲕⲏ	헛되이	ἔρημος	ⲉⲣⲏⲙⲟⲥ	황량한
εἰκονογραφία	ϩⲓⲕⲟⲛⲟⲅⲣⲁⲫⲓⲁ	초상화	ἐρήμωσις	ⲉⲣⲏⲙⲱⲥⲓⲥ	황폐케하다
εἰμέν	ⲉⲓ ⲙⲉⲛ	만약	ἑρμηνεία	ϩⲉⲣⲙⲏⲛⲓⲁ	해석
εἰ μήτι	ⲉⲓⲙⲏⲧⲓ	~외에	ἑρμηνεύειν	ϩⲉⲣⲙⲏⲛⲉⲩⲉ	해석하다
εἰκών	ϩⲓⲕⲱⲛ	형상	ἑρμηνεύς	ϩⲉⲣⲙⲏⲛⲉⲩⲥ	해석자
εἰρήνη	ⲉⲓⲣⲏⲛⲏ	평화	ἑρμηνευτής	ϩⲉⲣⲙⲏⲛⲉⲩⲧⲏⲥ	주석자
εἴτε	ⲉⲓⲧⲉ	그래서	ἐρινύς	ⲉⲣⲓⲛⲩⲥ	복수의 여신
ἐκδικεῖν	ⲉⲕⲇⲓⲕⲉⲓ	보복하다	ἑρμητάριον	ϩⲉⲣⲙⲏⲧⲁⲣⲓⲟⲛ	고문대
ἐκκλησία	ⲉⲕⲕⲗⲏⲥⲓⲁ	교회	ἔτι	ⲉⲧⲓ	아직
ἔκλαχος	ⲉⲕⲗⲁⲭⲟⲥ	?	ἕτοιμος	ϩⲉⲧⲟⲓⲙⲟⲥ	준비된
ἐκλεκτή	ⲉⲕⲗⲉⲕⲧⲏ	선택된 여자	εὐαγγέλιον	ⲉⲩⲁⲅⲅⲉⲗⲓⲟⲛ	복음
ἐκλεκτός	ⲉⲕⲗⲉⲕⲧⲟⲥ	선택된 남자	εὐγενής	ⲉⲩⲅⲉⲛⲏⲥ	귀족
ἐκλογή	ⲉⲕⲗⲟⲅⲏ	선택하다	εὐδαιμονία	ⲉⲩⲇⲁⲓⲙⲟⲛⲓⲁ	행복
ἐλαύνειν	ⲉⲗⲁⲩⲛⲉ	밀다	εὐκαιρία	ⲉⲩⲕⲁⲓⲣⲓⲁ	기회
ἐλευθέρα	ⲉⲗⲉⲩⲑⲉⲣⲁ	자유로운	εὐχαριστεύειν	ⲉⲩⲭⲁⲣⲓⲥⲧⲉⲩⲉ	감사하다
ἐλευθέρια	ⲉⲗⲉⲩⲑⲉⲣⲓⲁ	자유	ἕως	ϩⲉⲱⲥ	~까지
ἐλεύθερος	ⲉⲗⲉⲩⲑⲉⲣⲟⲥ	자유인	ζιζάνιον	ⲍⲓⲍⲁⲛⲓⲟⲛ	잡초
ἕλος	ϩⲉⲗⲟⲥ	늪	ζυγός	ⲍⲩⲅⲟⲥ	천칭좌
ἐλπίς	ϩⲉⲗⲡⲓⲥ	희망	ζωγραφεῖν	ⲍⲱⲅⲣⲁⲫⲉ	그리다
ἔμπορος	ⲉⲙⲡⲟⲣⲟⲥ	상인	ζωγραφία	ⲍⲱⲅⲣⲁⲫⲉⲓⲁ	그림
ἶνδυμα	ⲉⲛⲇⲩⲙⲁ	옷	ζωγράφοώς	ⲍⲱⲅⲣⲁⲫⲟⲥ	화가
ἐνέργεια	ⲉⲛⲉⲣⲅⲉⲓⲁ	에너지	Ζῴδιον	ⲍⲱⲇⲓⲟⲛ	십이궁
ἐνεργεῖν	ⲣ̄ⲉⲛⲉⲣⲅⲏ	일	Ζώνη	ⲍⲱⲛⲏ	영역
ἐνθύμησις	ⲉⲛⲑⲩⲙⲏⲥⲓⲥ	생각	ἤ	ⲏ	또는
ἐνίοτε	ⲉⲛⲓⲟⲧⲉ	때때로	ἡγεμών	ϩⲏⲅⲉⲙⲱⲛ	지배자
ἐντολή	ⲉⲛⲧⲟⲗⲏ	율법	ἡδονή	ϩⲏⲇⲟⲛⲏ	욕구
ἐξάγειν	ⲉⲝⲁⲅⲏ	밀쳐내다	ἡλικία	ϩⲏⲗⲓⲕⲓⲁ	나이

그리스어	곱트어	뜻
ἧπαρ	ϩⲏⲡⲁⲣ	간장
θάλασσα	ⲑⲁⲗⲁⲥⲥⲁ	바다
θαρρεῖν	ⲣ̄ⲑⲁⲣⲣⲉ	신뢰하는
Θαῦμα	ⲑⲁⲩⲙⲁ	놀라다
θεμέλιος	ⲑⲉⲙⲉⲗⲓⲟⲥ	기초
Θεραπεία	ⲑⲉⲣⲁⲡⲓⲁ	치유
θεραπεύειν	ⲑⲉⲣⲁⲡⲉⲩⲉ	고치다
θεωρεῖν	ⲑⲉⲱⲣⲉ	관찰하다
θεωρία	ⲑⲉⲱⲣⲓⲁ	관찰
θηρίον	ⲑⲏⲣⲓⲟⲛ	짐승
θησαυρός	ⲑⲏⲥⲁⲩⲣⲟⲥ	보물
θλίβεσθαι	ⲑⲗⲓⲃⲉ	고통받다
θλῖψις	ⲑⲗⲓⲯⲓⲥ	고통
θρόνος	ⲑⲣⲟⲛⲟⲥ	왕좌
θυμός	ⲑⲩⲙⲟⲥ	분노
θυρωρός	ⲑⲩⲣⲱⲣⲟⲥ	문지기
θυσία	ⲑⲩⲥⲓⲁ	희생
θυσιάζειν	ⲑⲩⲥⲓⲁⲍⲉ	제사지내다
θυσιαστήριον	ⲑⲩⲥⲓⲁⲥⲧⲏⲣⲓⲟⲛ	제단
ἱκανός	ϩⲓⲕⲁⲛⲟⲥ	능숙한
ἰχθύς	ⲓⲭⲑⲩⲥ	물고기
κάδος	ⲕⲁⲇⲟⲥ	그릇
καθαρίζειν	ⲕⲁⲑⲁⲣⲓⲍⲉ	정화시키다
καθαρισμός	ⲕⲁⲑⲁⲣⲓⲥⲙⲟⲥ	정화
καθαρός	ⲕⲁⲑⲁⲣⲟⲥ	순수
καθέδρα	ⲕⲁⲑⲉⲇⲣⲁ	좌석
καθίσταναι	ⲕⲁⲑⲓⲥⲧⲁ	자리잡다
καί	ⲕⲁⲓ	그리고
καὶ γάρ	ⲕⲁⲓⲅⲁⲣ	또그렇기에
καὶ ταῦτα	ⲕⲁⲓ ⲧⲁⲩⲧⲁ	그럴지라도
καιρός	ⲕⲁⲓⲣⲟⲥ	때
καίτοιγε	ⲕⲁⲓⲧⲟⲓⲅⲉ	~할지라도
κακία	ⲕⲁⲕⲓⲁ	사악함
κακῶς	ⲕⲁⲕⲱⲥ	악하게
καλεῖν	ⲕⲁⲗⲉ	초대하다
καλῶς	ⲕⲁⲗⲱⲥ	선한
κάματος	ⲕⲁⲙⲁⲧⲟⲥ	빵
κάμινος	ⲕⲁⲙⲓⲛⲟⲥ	가마
καμπτήρ	ⲕⲁⲙⲡⲧⲏⲣ	경주자
κἄν	ⲕⲁⲛ	하지만
καπηλεύειν	ⲕⲁⲡⲏⲗⲉⲩⲉ	행악하다
καπνός	ⲕⲁⲡⲛⲟⲥ	연기
κάρκινος	ⲕⲁⲣⲕⲓⲛⲟⲥ	게좌
καρπός	ⲕⲁⲣⲡⲟⲥ	과실
κατά	ⲕⲁⲧⲁ	~에 반하여
κατακλύζειν	ⲕⲁⲧⲁⲕⲗⲩⲍⲉ	물에잠기다
κατακλυσμός	ⲕⲁⲧⲁⲕⲗⲩⲥⲙⲟⲥ	홍수
καταλαλιά	ⲕⲁⲧⲁⲗⲁⲗⲓⲁ	비방
καταλύειν	ⲕⲁⲧⲁⲗⲩⲉ	취소하다
καταντᾶν	ⲕⲁⲧⲁⲛⲧⲁ	도달하다
καταπέτασμα	ⲕⲁⲧⲁⲡⲉⲧⲁⲥⲙⲁ	장막
καταφρονεῖν	ⲕⲁⲧⲁⲫⲣⲟⲛⲉ	무시하다
κατηγορεῖν	ⲕⲁⲧⲏⲅⲟⲣⲉ	비난하다
κατηγορία	ⲕⲁⲧⲏⲅⲟⲣⲓⲁ	고발
κατήγορος	ⲕⲁⲧⲏⲅⲟⲣⲟⲥ	고발자
κατηχούμενος	ⲕⲁⲧⲏⲭⲟⲩⲙⲉⲛⲟⲥ	입문자
κατωμίζειν	ⲕⲁⲧⲱⲙⲓⲍⲉ	채찍질하다
καῦμα	ⲕⲁⲩⲙⲁ	열기
κελεύειν	ⲕⲉⲗⲉⲩⲉ	명령하다
κελλαρίτης	ⲕⲉⲗⲗⲁⲣⲓⲧⲏⲥ	창고지기
κεφάλαιον	ⲕⲉⲫⲁⲗⲁⲓⲟⲛ	큰 가르침
κεντηνάριον	ⲕⲉⲛⲧⲏⲛⲁⲣⲓⲟⲛ	백부장
κεράννυμι	ⲕⲉⲣⲁ	섞다
κηπουρός	ⲕⲏⲡⲟⲩⲣⲟⲥ	정원사
κῆτος	ⲕⲏⲧⲟⲥ	고래
κιβωτός	ⲕⲓⲃⲱⲧⲟⲥ	상자
κιθάρα	ⲕⲓⲑⲁⲣⲁ	피리
κινδυνεύειν	ⲕⲓⲛⲇⲩⲛⲉⲩⲉ	위험하다
κίνδυνος	ⲕⲓⲛⲇⲩⲛⲟⲥ	위험
κίνησις	ⲕⲓⲛⲏⲥⲓⲥ	움직임
κλάδος	ⲕⲗⲁⲇⲟⲥ	나뭇가지
κλάσμα	ⲕⲗⲁⲥⲙⲁ	조각
κληρονομεῖν	ⲕⲗⲏⲣⲟⲛⲟⲙⲏ	상속받다
κληρονομία	ⲕⲗⲏⲣⲟⲛⲟⲙⲓⲁ	상속
κληρονόμος	ⲕⲗⲏⲣⲟⲛⲟⲙⲟⲥ	상속자
κλῆρος	ⲕⲗⲏⲣⲟⲥ	상속분
κλίμα	ⲕⲗⲓⲙⲁ	지역
κοινωνεῖν	ⲕⲟⲓⲛⲱⲛⲉ	교제하다
Κοινωνία	ⲕⲟⲓⲛⲱⲛⲓⲁ	친교
Κοιτών	ⲕⲟⲓⲧⲱⲛ	방
κόλασις	ⲕⲟⲗⲁⲥⲓⲥ	벌칙
κολλάριον	ⲕⲟⲗⲗⲁⲣⲓⲟⲛ	사슬
κόπις	ⲕⲟⲡⲓⲥ	칼
κοσμεῖν	ⲕⲟⲥⲙⲉ	서명하다
κόσμησις	ⲕⲟⲥⲙⲏⲥⲓⲥ	서명
κοσμίκος	ⲕⲟⲥⲙⲓⲕⲟⲥ	세계적으로
κόσμος	ⲕⲟⲥⲙⲟⲥ	세계
κρηπίς	ⲕⲣⲏⲡⲓⲥ	항구
κρίνειν	ⲕⲣⲓⲛⲉ	심판하다
κριός	ⲕⲣⲓⲟⲥ	백양궁
κρίσις	ⲕⲣⲓⲥⲓⲥ	심판
κριτήριον	ⲕⲣⲓⲧⲏⲣⲓⲟⲛ	재판정
κριτής	ⲕⲣⲓⲧⲏⲥ	판사
κτῆσις	ⲕⲧⲏⲥⲓⲥ	소유물
κυνηγός	ⲕⲩⲛⲏⲕⲟⲥ	사냥하다
Κυριακή	ⲕⲩⲣⲓⲁⲕⲏ	주의 날
κύριος	ⲕ̅ⲩ̅	주님
κωλύειν	ⲕⲱⲗⲩⲉ	막다

κωμάριον	ⲕⲱⲙⲁⲣⲓⲛ	정원
κώμη	ⲕⲱⲙⲏ	마을
λαικόν	ⲗⲁⲓ̈ⲕⲟⲛ	평신도석
λακάνη	ⲗⲁⲕⲁⲛⲏ	물병
λαλιά	ⲗⲁⲗⲓⲁ	말
λαμπάς	ⲗⲁⲙⲡⲁⲥ	등
λαός	ⲗⲁⲟⲥ	백성
λαοξόος	ⲗⲁⲝⲟⲥ	석수
λάχανον	ⲗⲁⲭⲁⲛⲟⲛ	풀
λειτουργία	ⲗⲉⲓⲧⲟⲩⲣⲅⲓⲁ	봉사하다
λειτουργός	ⲗⲓⲧⲟⲩⲣⲅⲟⲥ	경영하다
λείψανον	ⲗⲓⲯⲁⲛⲟⲛ	유적
λευκόν	ⲗⲉⲩⲕⲟⲛ	백의
λέων	ⲗⲉⲱⲛ	사자좌
λῃστής	ⲗⲏⲥⲧⲏⲥ	강도
λίβανος	ⲗⲓⲃⲁⲛⲟⲥ	향
λιμήν	ⲗⲓⲙⲏⲛ	항구
λίμνη	ⲗⲓⲙⲛⲏ	습지
λιτή	ⲗⲓⲧⲏ	기원
λόγος	ⲗⲟⲅⲟⲥ	말씀
λόγχη	ⲗⲟⲅⲭⲏ	창
λοιπόν	ⲗⲟⲓⲡⲟⲛ	이제부터
λύπη	ⲗⲩⲡⲏ	슬픔
μαγεία	ⲙⲁⲅⲓⲁ	마법의
μαγίστωρ	ⲙⲁⲅⲓⲥⲧⲱⲣ	주인
μάγος	ⲙⲁⲅⲟⲥ	마기승
μαγουσαῖος	ⲙⲁⲅⲟⲩⲥⲁⲓⲟⲥ	마법사
μαθητεύειν	ⲙⲁⲑⲏⲧⲉⲩⲉ	제자가 되다
μαθητής	ⲙⲁⲑⲏⲧⲏⲥ	제자
μακαρία	ⲙⲁⲕⲁⲣⲓⲁ	복있는
μακάριος	ⲙⲁⲕⲁⲣⲓⲟⲥ	복있는 자
μακαρισμός	ⲙⲁⲕⲁⲣⲓⲥⲙⲟⲥ	축복
μακελλίτης	ⲙⲁⲅⲉⲗⲗⲓⲧⲏⲥ	도살자
μάλα μόγις	ⲙⲁⲗⲁ ⲙⲟⲅⲓⲥ	드문
μανία	ⲙⲁⲛⲓⲁ	미침
μάντις	ⲙⲁⲛⲧⲓⲥ	예언자
μαργαρίτης	ⲙⲁⲣⲅⲁⲣⲓⲧⲏⲥ	진주
μαρτυρία	ⲙⲁⲣⲧⲩⲣⲓⲁ	순교
μάρτυρος	ⲙⲁⲣⲧ ⲩⲣⲉ	순교자
ματρώνα	ⲙⲁⲧⲣⲱⲛⲁ	귀부인
μεγιστᾶνος	ⲙⲉⲅⲓⲥⲧⲁⲛⲟⲥ	우두머리
μεθόριον	ⲙⲉⲑⲟⲣⲓⲟⲛ	변경
μείζων	ⲙⲉⲓⲍⲱⲛ	가장 큰
μείλιον	ⲙⲉⲓⲗⲓⲟⲛ	선물
μελετᾶν	ⲙⲉⲗⲉⲧⲁ	숙달시키다
μελέτη	ⲙⲉⲗⲉⲧⲏ	훈련
μέλος	ⲙⲉⲗⲟⲥ	지체
μέν	ⲙⲉⲛ	참으로
μέριμνα	ⲙⲉⲣⲓⲙⲛⲉ	보살핌
μέρος	ⲙⲉⲣⲟⲥ	부분
μεσότης	ⲙⲉⲥⲟⲧⲏⲥ	중간
μεταγγισμός	ⲙⲉⲧⲁⲅⲅⲓⲥⲙⲟⲥ	윤회
μετάνοια	ⲙⲉⲧⲁⲛⲟⲓⲁ	회개
μετανοεῖν	ⲙⲉⲧⲁⲛⲟⲓ̈ⲉ	회개하다
μέταξον	ⲙⲉⲧⲁⲝⲟⲛ	비단
μέτρον	ⲙⲉⲧⲣⲟⲛ	지배
μέχρι	ⲙⲉⲭⲣⲓ	~까지
μῆλον	ⲙⲏⲗⲟⲛ	사과
μήπως	ⲙⲏⲡⲱⲥ	~하지 않도록
μήτρα	ⲙⲏⲧⲣⲁ	자궁
μῖγμα	ⲙⲓⲅⲙⲁ	혼합물
μοιχεία	ⲙⲟⲓⲭⲓⲁ	간음
μονογενής	ⲙⲟⲛⲟⲅⲉⲛⲏⲥ	독생자
μορφή	ⲙⲟⲣⲫⲏ	모양
μοχλός	ⲙⲟⲭⲗⲟⲥ	난간
μυρίζειν	ⲙⲩⲣⲓⲍⲉ	달게하다
μυστήριον	ⲙⲩⲥⲧⲏⲣⲓⲟⲛ	비밀
ναί	ⲛⲁⲓ	그렇다
νάρθηξ	ⲛⲁⲣⲑⲏⲝ	약상자
νηστεία	ⲛⲏⲥⲧⲓⲁ	금식
νηστεύειν	ⲛⲏⲥⲧⲉⲩⲉ	금식하다
νίκη	ⲛⲓⲕⲏ	승리
νοεῖν	ⲛⲟⲓ̈ⲉ	이해하다
νοερόν	ⲛⲟⲉⲣⲟⲛ	지혜자
νόημα	ⲛⲟⲏⲙⲁ	이해
νόμισμα	ⲛⲟⲙⲓⲥⲙⲁ	동전
νόμος	ⲛⲟⲙⲟⲥ	법
νοῦς	ⲛⲟⲩⲥ	마음
νυμφών	ⲛⲩⲙⲫⲱⲛ	신방
οἰκονομεῖν	ⲣ̄ⲟⲓⲕⲟⲛⲟⲙⲏ	운영하다
οἰκονομία	ⲟⲓⲕⲟⲛⲟⲙⲓⲁ	경영
οἶκος	ⲟⲓⲕⲟⲥ	집
οἰκουμένη	ⲟⲓⲕⲟⲩⲙⲉⲛⲏ	세상
ὁλοκόττινος	ϩⲟⲗⲟⲕⲟⲧⲓⲛⲟⲥ	동전
ὁλοτελῶς	ϩⲟⲗⲥⲧⲉⲗⲱⲥ	완전히
ὅλως	ϩⲟⲗⲱⲥ	전체적으로
ὁμιλία	ϩⲟⲙⲓⲗⲓⲁ	가르침
ὁμολογεῖν	ϩⲟⲙⲟⲗⲟⲅⲏ	고백하다
ὁμολογία	ϩⲟⲙⲟⲗⲟⲅⲓⲁ	고백
ὁμοιουσίως	ϩⲟⲙⲟⲓⲟⲩⲥⲓⲱⲥ	유사본질의
ὅμως	ϩⲟⲙⲱⲥ	유사하게
ὅπλον	ϩⲟⲡⲗⲟⲛ	무기
ὀποβάλσαμον	ⲁⲡⲟⲃⲁⲗⲥⲁⲙⲟⲛ	향고
ὀπώρα	ⲟⲡⲱⲣⲁ	결실
ὄργανον	ⲟⲣⲅⲁⲛⲟⲛ	기구
ὀρφανός	ⲟⲣⲫⲁⲛⲟⲥ	고아
ὅσον	ϩⲟⲥⲟⲛ	~할 동안
ὅταν	ϩⲟⲧⲁⲛ	~할 때

οὐδέ	ⲟⲩⲇⲉ	아니면
οὐῆλον	ⲟⲩⲏⲗⲟⲛ	장막
οὐ μόνον	ⲟⲩ ⲙⲟⲛⲟⲛ	~뿐아니라
οὖν	ⲟⲩⲛ	그러므로
οὐσία	ⲟⲩⲥⲓⲁ	본질
οὔτε	ⲟⲩⲧⲉ	~도 아닌
πάθος	ⲡⲁⲑⲟⲥ	격정
παιδεύειν	ⲡⲁⲓⲇⲉⲩⲉ	교육시키다
παίδευσις	ⲡⲁⲓⲇⲉⲩⲥⲓⲥ	교육
παλάτιον	ⲡⲁⲗⲁⲧⲓ̈ⲟⲛ	궁궐
πάλη	ⲡⲏⲗⲏ	격투
πάλιν	ⲡⲁⲗⲓⲛ	또다시
πανδοῦρα	ⲡⲁⲛⲇⲟⲩⲣⲁ	삼현금
πανδοχεῖον	ⲡⲁⲛⲇⲟⲭⲓⲟⲛ	숙소
παννυχισμός	ⲡⲁⲛⲛⲩⲭⲓⲥⲙⲟⲥ	철야
πανοπλία	ⲡⲁⲛϩⲟⲡⲗⲓⲁ	갑옷
πανοπλίζειν	ⲡⲁⲛϩⲟⲡⲗⲓⲍⲉ	무장하다
πανουργία	ⲡⲁⲛⲟⲩⲣⲅⲓⲁ	꾀
παντηπάντως	ⲡⲁⲛⲧⲏⲡⲁⲛⲧⲱⲥ	전적으로
πάντως	ⲡⲁⲛⲧⲱⲥ	모든
παπυλίων	ⲡⲁⲡⲓⲗⲓⲟⲛ	천막
παρά	ⲡⲁⲣⲁ	대하여
παραβαίνειν	ⲡⲁⲣⲁⲃⲁ	죄짓다
παραβάτης	ⲡⲁⲣⲁⲃⲁⲧⲏⲥ	죄인
παραβολή	ⲡⲁⲣⲁⲃⲟⲗⲏ	비유
παραγγελία	ⲡⲁⲣⲁⲅⲅⲉⲗⲓⲁ	질서
παράγειν	ⲡⲁⲣⲁⲅⲉ	지나가다
παράδειδος	ⲡⲁⲣⲁⲇⲉⲓⲥⲟⲥ	낙원
παραδιδόναι	ⲡⲁⲣⲁⲇⲓⲇⲟⲩ	건네주다
παραθήκη	ⲡⲁⲣⲁⲑⲏⲕⲏ	저장소
παράκλητος	ⲡⲁⲣⲁⲕⲗⲏⲧⲟⲥ	보혜사
παρατηρεῖν	ⲡⲁⲣⲁⲧⲏⲣⲏ	보살피다
παρατήρησις	ⲡⲁⲣⲁⲧⲏⲣⲏⲥⲓⲥ	관찰
παρεμβολή	ⲡⲁⲣⲉⲙⲡⲟⲗⲏ	진영
παραιτεῖσθαι	ⲡⲁⲣⲉⲧⲓ	간청하다
παρθενία	ⲡⲁⲣⲑⲉⲛⲓⲁ	처녀성
παρθένος	ⲡⲁⲣⲑⲉⲛⲟⲥ	처녀
παρρησία	ⲡⲁⲣⲣⲏⲥⲓⲁ	해방
πάσχα	ⲡⲁⲥⲭⲁ	건너가다
πατρίς	ⲡⲁⲧⲣⲓⲥ	고국
πατρωνία	ⲡⲁⲧⲣⲱⲛⲓⲁ	보호
πέδη	ⲡⲉⲇⲏⲥ	쇠사슬
πείθειν	ⲡⲉⲓⲑⲉ	설득하다
πεῖρα	ⲡⲉⲓⲣⲁ	시험
πειράζειν	ⲡⲉⲓⲣⲁⲍⲉ	유혹하다
πειρασμός	ⲡⲉⲓⲣⲁⲥⲙⲟⲥ	유혹
πεισμονή	ⲡⲓⲥⲙⲟⲛⲏ	확신
πέλαγος	ⲡⲉⲗⲁⲅⲟⲥ	바다
πέλεκυς	ⲕⲉⲗⲉⲃⲓⲛ	도끼
πέλμα	ⲡⲉⲗⲙⲁ	발바닥
πεντηκοστή	ⲡⲉⲛⲧⲏⲕⲟⲥⲧⲏ	유월절
πέρας	ⲡⲉⲣⲁⲥ	결과
πετάλιον	ⲡⲉⲧⲁⲗⲓⲟⲛ	꽃잎
πέτρα	ⲡⲉⲧⲣⲁ	바위
πηγή	ⲡⲏⲅⲏ	샘
πήσσειν	ⲡⲏⲥⲥⲉ	고정시키다
πιστεύειν	ⲡⲓⲥⲧⲉⲩⲉ	믿다
πιίστις	ⲡⲓⲥⲧⲓⲥ	신앙
πιστός	ⲡⲓⲥⲧⲟⲥ	신자
πλανᾶσθαι	ⲡⲗⲁⲛⲏ	잘못
πλάνη	ⲡⲗⲁⲛⲏ	틀리다
πλάνος	ⲡⲗⲁⲛⲟⲥ	오류
πλάσμα	ⲡⲗⲁⲥⲙⲁ	조형물
πλάσσειν	ⲡⲗⲁⲥⲥⲉ	만들다
πλάστης	ⲡⲗⲁⲥⲧⲏⲥ	장인
πλατεῖα	ⲡⲗⲁⲧⲓⲁ	거리
πλατύνειν	ⲡⲗⲁⲧⲩⲛⲉ	늘이다
πλεῖν	ⲡⲗⲉⲁ	항해하다
πληγή	ⲡⲗⲏⲅⲏ	상처
πλούσιος	ⲡⲗⲟⲩⲥⲓⲁ	부자
πνεῦμα	ⲡⲛⲉⲩⲙⲁ	영혼
πνευματικόν	ⲡⲛⲉⲩⲙⲁⲧⲓⲕⲟⲛ	혼의 사람
πνοή	ⲡⲛⲟⲏ	바람
πόλεμος	ⲡⲟⲗⲉⲙⲟⲥ	전쟁
πόλις	ⲡⲟⲗⲓⲥ	도시
πολιτεία	ⲡⲟⲗⲓⲧⲉⲓⲁ	시민
πολιτεύεσθαι	ⲡⲟⲗⲓⲧⲉⲩⲉ	거주하다
πολίτευμα	ⲡⲟⲗⲓⲧⲉⲩⲙⲁ	도성
πολίτης	ⲡⲟⲗⲓⲧⲏⲥ	시민권
πονηρία	ⲡⲟⲛⲏⲣⲓⲁ	사악함
πονηρός	ⲡⲟⲛⲏⲣⲟⲥ	악인
πορνεία	ⲡⲟⲣⲛⲓⲁ	간음
πορνεύειν	ⲣ̄ⲡⲟⲣⲛⲉⲩⲉ	간음하다
πόρτα	ⲡⲟⲣⲧⲁ	대문
πραγματεία	ⲡⲣⲁⲅⲙⲁⲧⲉⲓⲁ	논설
πραγματευτής	ⲡⲣⲁⲅⲙⲁⲧⲉⲩⲧⲏⲥ	사업
πρεσβεία	ⲡⲣⲉⲥⲃⲓⲁ	대사관
πρεσβευτής	ⲡⲣⲉⲥⲃⲉⲩⲧⲏⲥ	대사
πρεσβύτερος	ⲡⲣⲉⲥⲃⲩⲧⲉⲣⲟⲥ	장로
προβολή	ⲡⲣⲟⲃⲟⲗⲏ	유출
προγνώστης	ⲡⲣⲟⲅⲛⲱⲥⲧⲏⲥ	선지자
προδιδόναι	ⲡⲣⲟⲇⲓⲇⲟⲩ	배반하다
προδότης	ⲡⲣⲟⲇⲟⲧⲏⲥ	배신자
προθεσμία	ⲡⲣⲟⲑⲉⲥⲙⲓⲁ	적시
πρόθυμος	ⲡⲣⲟⲑⲩⲙⲟⲥ	선의
πρός	ⲡⲣⲟⲥ	~을 위한
προσέχειν	ⲡⲣⲟⲥⲉⲭⲉ	헌신하다
προσφορά	ⲡⲣⲟⲥⲫⲟⲣⲁ	제물

그리스어	곱트어	뜻
προσχαρίζεσθαι	ⲡⲣⲟⲥⲭⲁⲣⲓⲍⲉ	허용하다
προσωπεῖον	ⲡⲣⲟⲥⲱⲡⲓⲟⲛ	얼굴
πρόσωπον	ⲡⲣⲟⲥⲱⲡⲟⲛ	인격
προτομή	ⲡⲣⲟⲧⲟⲙⲏ	형상
προτροπή	ⲡⲣⲟⲧⲣⲟⲡⲏ	자극
προφήτης	ⲡⲣⲟⲫⲏⲧⲏⲥ	예언자
πρωτοπολίτης	ⲡⲣⲱⲧⲟⲡⲟⲗⲓⲧⲏⲥ	첫 시민
πτῶμα	ⲡⲧⲱⲙⲁ	시체
πύλη	ⲡⲩⲗⲏ	문
πύργος	ⲡⲩⲣⲅⲟⲥ	탑
πυργίσκος	ⲡⲩⲣⲅⲓⲥⲕⲟⲥ	탑
πω	ⲡⲱ	아직
πῶς	ⲡⲱⲥ	어떻게
ῥάβδος	ϩⲣⲁⲃⲇⲟⲥ	지휘봉
ῥεῦμα	ϩⲣⲉⲩⲙⲁ	농담
σάββατον	ⲥⲁⲃⲃⲁⲧⲟⲛ	안식일
σάλπιγξ	ⲥⲁⲗⲡⲓⲅⲝ	나팔
σαργάνη	ⲥⲁⲣⲅⲁⲛⲏ	그물
σαρκικόν	ⲥⲁⲣⲕⲓⲕⲟⲛ	육적인 사람
σάρξ	ⲥⲁⲣⲝ	육
σατράπης	ⲥⲁⲧⲣⲁⲡⲏⲥ	총독
σέβεσθαι	ⲥⲉⲃⲉⲥⲑⲁⲓ	숭배하다
σημαίνειν	ⲥⲏⲙⲁⲛⲉ	의미하다
σημεῖον	ⲥⲏⲙⲉⲓⲟⲛ	상징
σίκερα	ⲥⲓⲕⲁⲓⲣⲟⲛ	발효음료
σιχαίνεσθαι	ⲥⲓⲭⲁⲛⲉ	포기하다
σκανδαλίζεσθαι	ⲥⲕⲁⲛⲇⲁⲗⲓⲍⲉ	당황하다
σκανδαλισμός	ⲥⲕⲁⲛⲇⲁⲗⲓⲥⲙⲟⲥ	거스르다
σκάνδαλον	ⲥⲕⲁⲛⲇⲁⲗⲟⲛ	함정
σκέπτεσθαι	ⲥⲕⲉⲡⲧⲉ	주시하다
σκεύη	ⲥⲕⲉⲩⲏ	장비
σκεῦος	ⲥⲕⲉⲩⲟⲥ	도구
σκέψις	ⲥⲕⲉⲯⲓⲥ	구도
σκηνή	ⲥⲕⲏⲛⲏ	천막
σκορπίος	ⲥⲕⲟⲣⲡⲓⲟⲥ	전갈좌
σκόρδισκος	ⲥⲕⲟⲣⲇⲓⲥⲕⲟⲥ	안장
σοφία	ⲥⲟⲫⲓⲁ	지혜
σοφός	ⲥⲟⲫⲟⲥ	지혜자
σπαταλεία	ⲥⲡⲁⲧⲁⲗⲓⲁ	외설
σπάταλος	ⲥⲡⲁⲧⲁⲗⲟⲥ	음란자
σπεῖρα	ⲥⲡⲉⲓⲣⲁ	분대
σπέρμα	ⲥⲡⲉⲣⲙⲁ	씨알
σπήλαιον	ⲥⲡⲏⲗⲁⲓⲟⲛ	굴혈
σπόγγος	ⲥⲡⲟⲅⲅⲟⲥ	걸레
σπουδαῖος	ⲥⲡⲟⲩⲇⲁⲓⲟⲥ	열심인
σπουδή	ⲥⲡⲟⲩⲇⲏ	열정
στατήρ	ⲥⲧⲁⲧⲉⲉⲣ	동전
σταυρός	ⲥⲧⲁⲩⲣⲟⲥ	십자가
σταυροῦν	ⲥⲧⲁⲩⲣⲉ	십자가형
σταύρωσις	ⲥⲧⲁⲩⲣⲱⲥⲓⲥ	십자가형
στερέωμα	ⲥⲧⲉⲣⲉⲱⲙⲁ	천상계
στέφανος	ⲥⲧⲉⲫⲁⲛⲟⲥ	가시관
στεφανοῦν	ⲥⲧⲉⲫⲁⲛⲟⲩ	대관
στίζειν	ⲥⲧⲓⲍⲉ	맞추다
στοιχεῖον	ⲥⲧⲟⲓⲭⲉⲓⲱⲛ	요소
στολή	ⲥⲧⲟⲗⲏ	옷
στόμαχος	ⲥⲧⲟⲙⲁⲭⲟⲥ	위장
στράτευμα	ⲥⲧⲣⲁⲧⲉⲩⲙⲁ	원정
στρατηλάτης	ⲥⲧⲣⲁⲧⲏⲗⲁⲧⲏⲥ	장군
στῦλος	ⲥⲧⲩⲗⲟⲥ	기둥
στύραξ	ⲥⲧⲩⲣⲁⲝ	소합향
συγγένεια	ⲥⲩⲅⲅⲉⲛⲓⲁ	가족
συγγενής	ⲥⲩⲅⲅⲉⲛⲏⲥ	친척
συγκλητικός	ⲥⲩⲅⲕⲗⲏⲧⲓⲕⲟⲥ	조언자
σύγκρασις	ⲥⲩⲅⲕⲣⲁⲥⲓⲥ	혼음
συγχωρεῖν	ⲥⲩⲅⲭⲱⲣⲉ	허용하다
συλᾶν	ⲥⲩⲗⲁ	약탈하다
συμβουλεύειν	ⲥⲩⲙⲃⲟⲩⲗⲉⲩⲉ	상의하다
συμβουλία	ⲥⲩⲙⲃⲟⲩⲗⲓⲁ	조언
σύμβουλος	ⲥⲩⲙⲃⲟⲩⲗⲟⲥ	조언자
συμπολίτης	ⲱⲃⲣ̄ⲥⲩⲙⲡⲟⲗⲓⲧⲏⲥ	동류시민
συναγωγή	ⲥⲩⲛⲁⲅⲱⲅⲏ	회중
σύναξ[ις]	ⲥⲩⲛⲁⲝ	회집
συνείδησις	ⲥⲩⲛⲉⲓⲇⲏⲥⲓⲥ	양심
συνήθεια	ⲥⲩⲛⲏⲑⲓⲁ	습관
συνουσία	ⲥⲩⲛⲟⲩⲥⲓⲁ	동거
συντέλεια	ⲥⲩⲛⲧⲉⲗⲉⲓⲁ	종료
συντομία	ⲥⲩⲛⲧⲟⲙⲓⲁ	짧음
συρίζειν	ⲥⲩⲣⲓⲍⲉ	휘파람불다
σφαῖρα	ⲥⲫⲁⲓⲣⲁ	천구
σφάλμα	ⲥⲫⲁⲗⲙⲁ	재난
σφραγίζειν	ⲥⲫⲣⲁⲅⲓⲍⲉ	감추다
σφραγίς	ⲥⲫⲣⲁⲅⲓⲥ	봉인
σχεδόν	ⲥⲭⲉⲇⲟⲛ	거의
σχῆμα	ⲥⲭⲏⲙⲁ	구도
σῶμα	ⲥⲱⲙⲁ	육체
σωματικόν	ⲥⲱⲙⲁⲧⲓⲕⲟⲛ	육의 사람
σωτήρ	ⲥⲱⲧⲏⲣ	구세주
τάγμα	ⲧⲁⲅⲙⲁ	상류층
ταλαιπωρία	ⲧⲁⲗⲁⲓⲡⲱⲣⲓⲁ	수난
ταμιεῖον	ⲧⲁⲙⲓⲟⲛ	방
τάξις	ⲧⲁⲝⲓⲥ	계층
ταραχή	ⲧⲁⲣⲁⲭⲏ	혼돈
ταυρεία	ⲧⲁⲩⲣⲉⲁ	채찍
ταῦρος	ⲧⲁⲩⲣⲟⲥ	황소좌
τάφος	ⲧⲁⲫⲟⲥ	무덤
τάχα	ⲧⲁⲭⲁ	아마도
τέλειος	ⲧⲉⲗⲉⲓⲟⲥ	완벽한

그리스어	곱트어	뜻
τελώνης	ⲧⲉⲗⲱⲛⲏⲥ	세리
τέρψις	ⲧⲉⲣⲯⲓⲥ	기쁨
τέχνη	ⲧⲉⲭⲛⲏ	기술
τεχνίτης	ⲧⲉⲭⲛⲓⲧⲏⲥ	기술자
τιμή	ⲧⲓⲙⲏ	값
τιμωρεῖν	ϯⲙⲱⲣⲉ	벌주다
τιμωρία	ⲧⲓⲙⲱⲣⲓⲁ	고문
τολμᾶν	ⲧⲟⲗⲙⲁ	감행하다
τοξότης	ⲧⲟⲝⲟⲧⲏⲥ	사수좌
τόπος	ⲧⲟⲡⲟⲥ	장소
τότε	ⲧⲟⲧⲉ	그러면
τράπεζα	ⲧⲣⲁⲡⲉⲍⲁ	식탁
τρόπος	ⲧⲣⲟⲡⲟⲥ	방법
τροφή	ⲧⲣⲟⲫⲏ	식량
τροχός	ⲧⲣⲟⲭⲟⲥ	바퀴
τύπος	ⲧⲩⲡⲟⲥ	형태
τυραννεύειν	ⲧⲩⲣⲁⲛⲛⲉⲩⲉ	폭정을 펴다
τυραννία	ⲧⲩⲣⲁⲛⲛⲓⲁ	폭정
τύραννος	ⲧⲩⲣⲁⲛⲛⲟⲥ	폭군
τύχη	ⲧⲩⲭⲏ	운명
ὑδρηχόος	ϩⲩⲇⲣⲏⲭⲟⲟⲥ	수병좌
ὕλη	ϩⲩⲗⲏ	질료
ὑμνεύειν	ϩⲩⲙⲛⲉⲩⲉ	찬양하다
ὕμνος	ϩⲩⲙⲛⲟⲥ	찬송
ὑμνῳδία	ϩⲩⲙⲛⲱⲇⲉⲓⲁ	찬송가
ὑπηρέτης	ϩⲩⲡⲏⲣⲉⲧⲏⲥ	보조자
ὑποδέχεσθαι	ϩⲩⲡⲟⲇⲉⲭⲉ	맞이하다
ὑποδοχεύς	ϩⲩⲡⲟⲇⲟⲭⲉⲩⲥ	접대인
ὑπομένειν	ϩⲩⲡⲟⲙⲉⲓⲛⲉ	견디다
ὑπομονή	ϩⲩⲡⲟⲙⲟⲛⲏ	인내
ὑποπόδιον	ϩⲩⲡⲟⲡⲟⲇⲓⲟⲛ	발등상
ὑπόσχεσις	ϩⲩⲡⲟⲥⲭⲉⲥⲓⲥ	약속
ὑποψία	ϩⲩ̈ⲡⲟⲯⲓⲁ	의심
φαντασία	ⲫⲁⲛⲧⲁⲥⲓⲁ	환상
φαρμακός	ⲫⲁⲣⲙⲁⲕⲟⲥ	음독자
φεγγοκάτοχος	ⲫⲉⲅⲅⲟⲕⲁⲧⲟⲭⲟⲥ	팽고카토코스
φθονεῖν	ⲫⲑⲟⲛⲏ	시기하다
φθόνος	ⲫⲑⲟⲛⲟⲥ	질투
φιλονικία	ⲫⲓⲗⲟⲛⲓⲕⲓⲁ	논쟁
φλυαρία	ⲫⲗⲩⲁⲣⲓⲁ	어리석음
φλύαρος	ⲫⲗⲩⲁⲣⲟⲥ	바보
φόνος	ⲫⲟⲛⲟⲥ	살인자
φορεῖν	ⲣ̄ⲫⲟⲣⲉ	지탱하다
φοσσᾶτον	ⲫⲟⲥⲥⲁⲧⲟⲛ	국경수비대
φύλακή	ⲫⲩⲗⲁⲕⲏ	감옥
φύλαξ	ⲫⲩⲗⲁⲝ	보초
φυλή	ⲫⲩⲗⲏ	부족
φύσις	ⲫⲩⲥⲓⲥ	자연
φώκη	ⲫⲱⲕⲏ	바다표범
φωνή	ⲫⲱⲛⲏ	소리
φῶς	ⲫⲱⲥ	빛
φωστήρ	ⲫⲱⲥⲧⲏⲣ	광명자
χαῖρε	ⲭⲁⲓⲣⲉ	기뻐하다
χάλαζα	ⲭⲁⲗⲁⲍⲁ	환영
χαλᾶν	ⲭⲁⲗⲁ	추락시키다
χαλκεῖον	ⲭⲁⲗⲕⲓⲟⲛ	냄비
χαρακτήρ	ⲭⲁⲣⲁⲕⲧⲏⲣ	부조
χαρίζεσθαι	ⲭⲁⲣⲓⲍⲉ	사면하다
χάρις	ⲭⲁⲣⲓⲥ	은혜
χάρισμα	ⲭⲁⲣⲓⲥⲙⲁ	권위
χαῦνος	ⲣ̄ⲭⲁⲩⲛⲟⲥ	허세부리다
χειμών	ⲭⲓⲙⲱⲛ	폭풍
χειροτόνειν	ⲭⲉⲓⲣⲟⲧⲟⲛⲓ	안수하다
χειροτονία	ⲭⲉⲓⲣⲟⲧⲟⲛⲓⲁ	안수
χήρα	ⲭⲏⲣⲁ	과부
χιών	ⲭⲓⲱⲛ	눈
χλαμύς	ⲭⲗⲁⲙⲩⲥ	외투
χλευάζειν	ⲭⲗⲉⲩⲁⲍⲉ	놀리다
χολή	ⲭⲟⲗⲏ	분노
χορός	ⲭⲟⲣⲟⲥ	합창
χόρτος	ⲭⲟⲣⲧⲟⲥ	초목
χρεία	ⲭⲣⲉⲓⲁ	필요성
χρῆμα	ⲭⲣⲏⲙⲁ	재물
χρῆσθαι	ⲭⲣⲁⲥⲧⲉ	이용하다
χρησιμεύειν	ⲭⲣⲏⲥⲓⲙⲉⲩⲉ	유용한
χρηστός	ⲭⲣⲏⲥⲧⲟⲥ	선함
χρόνος	ⲭⲣⲟⲛⲟⲥ	시간
χωλός	ⲭⲱⲗⲟⲥ	절름발이
χώρα	ⲭⲱⲣⲁ	전원
χωρίς	ⲭⲱⲣⲓⲥ	~없이
ψάλλειν	ⲯⲁⲗⲉ	찬양하다
ψαλμός	ⲯⲁⲗⲙⲟⲥ	찬송
ψαλμῳδός	ⲯⲁⲗⲙⲱⲇⲟⲥ	찬미자
ψάλτης	ⲯⲁⲗⲧⲏⲥ	찬미자
ψιλητής	ⲯⲩⲗⲏⲧⲏⲥ	경무장병
ψυχή	ⲯⲩⲭⲏ	혼
ψυχικόν	ⲯⲩⲭⲓⲕⲟⲛ	혼의 사람
ὦ	ⲱ	감탄사
Ὠμοφόρος	ⲱⲙⲟⲫⲟⲣⲟⲥ	아틀라
ὡς	ϩⲱⲥ	~처럼
ὥστε	ϩⲱⲥⲧⲉ	그래서

통합 곱트어 사전

발행일 : 2008년 4월 17일
지은이 : 권영흠
입력 : 홍성부
디자인 : 김윤정
표지 사진 : Stèle funéraire à la croix, A.D.1084,
빠리 루브르 박물관 소장
사진 : 박영송
펴낸곳 : 스틸로그라프

제 2004-9호 (2004.10.6)
경기도 광주시 초월읍 산이리 18-1
019-294-0050 / +(33) 6 11 29 90 53
kimyj@stylographe.net

ISBN 978-89-955829-3-0 91790